ECDL

Der Europäische Computer Führerschein

Das komplette Kursbuch für Microsoft Office XP nach Syllabus 4.0

ECDL

Der Europäische Computer Führerschein

Das komplette Kursbuch für Microsoft Office XP nach Syllabus 4.0

Brendan Munnely und Paul Holden

Übersetzung aus dem Englischen:
Astrid Boventer

Markt+Technik Verlag

Bibliografische Information Der Deutschen Bibliothek

Die Deutsche Bibliothek verzeichnet diese Publikation in der Deutschen Nationalbibliografie; detaillierte bibliografische Daten sind im Internet über *http://dnb.ddb.de* abrufbar.

Titel der englischen Originalausgabe:
ECDL3 – The Complete Coursebook

Umwelthinweis:
Dieses Buch wurde auf chlorfrei gebleichtem Papier gedruckt.

10 9 8 7 6 5 4 3

07 06 05

ISBN 3-8272-6445-6

ein Imprint der Pearson Education Deutschland GmbH,
Martin-Kollar-Straße 10–12, D-81829 München/Germany

Covergestaltung: Thomas Arlt, tarlt@adesso21.net
Lektorat: Cornelia Karl, ckarl@pearson.de
Herstellung: Elisabeth Prümm, epruemm@pearson.de
Satz: mediaService, Siegen (www.media-Service.tv)
Druck und Verarbeitung: Bosch Druck, Ergolding
Printed in Germany

Inhaltsverzeichnis

Liebe Leserin, lieber Leser,

ich freue mich, dass Sie sich für dieses Buch zum Europäischen Computer Führerschein – kurz ECDL – entschieden haben. Dieses Buch soll Ihnen mit seinen Erklärungen, Definitionen und Übungen dabei helfen, den Sprung in die Welt der Informationtechnolgie (IT) zu wagen, oder, falls Sie den Sprung schon gewagt haben, Ihre Kenntnisse weiter auszubauen.

In früheren Zeiten wurde man bei vielen Einstellungsgesprächen gefragt: »Beherrschen Sie Stenografie?« Die Zeiten haben sich geändert, und so ist heute die am häufigsten gestellte Frage: »Über welche Computerkenntnisse verfügen Sie?« Und da fängt das Problem auch schon an, und zwar nicht nur für Sie, sondern auch für einen potenziellen Arbeitgeber. Wie erklären Sie, was Sie können, welche Aufgaben Sie z.B. in der Textverarbeitung, Tabellenkalkulation etc. beherrschen? Und wie kann die andere Seite sicher sein, über welche Computerkompetenz Sie tatsächlich verfügen? Für diese Problematik bietet der ECDL die perfekte Lösung, da er auf einem systematisch aufgebauten, modularen Lehrplan, auch Syllabus genannt, basiert. Auch als privater Anwender hilft Ihnen der ECDL dabei, die Möglichkeiten, die Ihr PC zu bieten hat, besser und effizienter zu nutzen.

Der Europäische Computer Führerschein ist ein international anerkanntes, standardisiertes, unabhängiges Zertifikat für umfassende Kenntnisse im IT-Bereich. Er basiert auf einer Initiative des Council of European Professional Informatics Societies (CEPIS) in Zusammenarbeit mit der Europäischen Union (EU). Die ECDL-Foundation, eine Non-Profit-Organisation mit Sitz in Dublin, garantiert die Einhaltung des international einheitlichen Standards. Der ECDL ist zur Zeit in 31 europäischen Ländern vertreten. In weiteren nichteuropäischen Ländern ist der ECDL unter dem Namen International Computer Driving Licence, ICDL, bekannt und verbreitet. Sollten Sie also z.B. einmal in die USA, nach Südafrika oder die Bermudas auswandern, können Sie auch dort bei der Arbeitssuche Ihren ECDL vorlegen. Der ECDL/ICDL-Syllabus dient der Sicherstellung eines gemeinsamen Niveaus aller ECDL-Prüfungen, die in autorisierten Testzentren rund um den Globus durchgeführt werden. Er wird von der ECDL-Foundation in regelmäßigen Abständen aktualisiert und kann auf der ECDL-Website nachgelesen werden. Der Inhalt des vorliegenden Buches basiert auf dem aktualisierten Syllabus 4.0, der ab Anfang 2003 prüfungsrelevant ist.

In Deutschland gibt es derzeit über 1000 Testzentren, bei denen Sie die sieben Teilprüfungen zum ECDL ablegen können und nach Bedarf auch Vorbereitungskurse belegen können. Nur durch die in Bonn ansässige Dienstleistungsgesellschaft für Informatik (DLGI) autorisierte Zentren dürfen sich in Deutschland ECDL-Prüfungszentren nennen. Unter www.ecdl.de finden Sie im Internet eine aktuelle Liste der autorisierten Zentren.

Der ECDL setzt sich aus sieben Teilprüfungen zusammen, bei denen praxisbezogenes Wissen im Vordergrund steht. Die 7 Module des ECDL sind:

- Grundlagen der Informationstechnologie
- Computerbenutzung
- Textverarbeitung
- Tabellenkalkulation
- Datenbanken
- Präsentation
- Information und Kommunikation

Die Prüfungen zum ECDL werden in Deutschland online, also über das Internet durchgeführt. Das Zeitlimit für jede Teilprüfung beträgt 45 Minuten. Die Fragen sind zum Teil Ja/Nein-Fragen, Multiple-Choice-Fragen, Hot-Spot-Fragen (Sie müssen zur Beantwortung einer Frage an die richtige Stelle auf dem Bildschirm klicken) oder so genannte Performer-Fragen, bei denen Sie im Originalprogramm den Ablauf einer bestimmten Aktion ausführen müssen. Sie können die Online-Prüfung in einem Prüfungszentrum Ihrer Wahl ablegen, bei dem Sie dann ein Benutzer-ID und ein Passwort bekommen, um sich in die Prüfung einzuloggen. Haben Sie eine Teilprüfung erfolgreich abgeschlossen, wird dies in der so genannten Skills-Card, einem DIN-A4-Formular, eingetragen, die Sie gegen eine Gebühr von 50 Euro bei den autorisierten Prüfungszentren erhalten. Wenn Sie alle sieben (kostenpflichtigen) Prüfungen erfolgreich abgelegt haben, wird Ihnen der Europäische Computer Führerschein ausgestellt.

Als "kleiner Bruder" des ECDL wird der so genannte "ECDL-Start" angeboten. Um den ECDL-Start zu erhalten, müssen Sie zu mindestens vier Modulen erfolgreich die Prüfung abgelegt haben, wobei Sie die Module nach Ihren Bedürfnissen frei wählen können. Die Gesamtkosten für den ECDL können je nach Prüfungszentrum unterschiedlich ausfallen. Preise und Seminartermine erfragen Sie bitte bei einem Prüfungszentrum Ihrer Wahl.

Ob Sie nun den Anlauf zum Selbststudium nehmen oder einen Lehrgang besuchen, dieses Buch geleitet Sie durch alle sieben Module des ECDL, wobei die zahlreichen Übungen Ihnen dabei helfen, den Stoff auch wirklich zu verinnerlichen. Denn der Europäische Computer Führerschein hat eines mit dem Autoführerschein gemeinsam: »Fahren« lernen müssen Sie selbst, und der alte Spruch – Übung macht den Meister – hat hier immer noch Gültigkeit. Ein Buch kann dazu Anleitung, Nachschlagewerk und Hilfestellung sein. Ich möchte Sie daher dazu ermutigen, ein wenig experimentierfreudig an die Sache heranzugehen, und auch mal auf Entdeckungsreise zu gehen. Nehmen Sie die Sache mutig in Angriff und machen Sie auch Ihre eigenen Erfahrungen; es gibt fast immer den Befehl »Rückgängig machen«, Sie können also fast nichts falsch machen.

Weltweit sind schon fast 2 Mio. Menschen im Besitz des ECDL bzw. ICDL, und die Zahl wächst täglich weiter. Der ECDL bietet Computerkompetenz für jedermann, also auch für Sie. Ich wünsche Ihnen viel Spaß auf dem Weg zum Europäischen Computer Führerschein, der Ihnen beruflich und privat zu einer effizienten und angenehmen Nutzung des PCs verhelfen wird.

Herzlichst
Ihre Astrid Boventer

Ihre Meinung interessiert uns!

Schreiben Sie uns unter *astrid.boventer@mut.de*, wenn Sie Anregungen, Kritik, Vorschläge oder Wünsche haben. Wir freuen uns auch über Ihre Erfolgsberichte. Sie helfen uns damit, unsere Bücher für Sie laufend weiter zu verbessern und Ihren Anforderungen am besten gerecht zu werden.

Ihre Cornelia Karl
Lektorat Markt+Technik
ckarl@pearson.de

1 Grundlagen der Informationstechnologie

Wenn man sich das erste Mal mit Computern auseinander setzt, dann ist das in etwa so, als wenn man sich mit einem fremden Land beschäftigt. Ein Land, in dem Wörter wie »Megabyte« und »Peripherie« zum normalen Wortschatz gehören. Das einzige, was hier gesät und geerntet wird, sind Daten. Und wenn es um Computer geht, ist es nicht nur wichtig, dass dieser schneller ist als der des Nachbarn, sondern auch noch kleiner.

Man muss sich jedoch ein wenig Wissen über dieses Land aneignen. Einst war es ein abgelegenes Fleckchen, von dem sich nur eine Handvoll Wissenschaftler angezogen fühlten. Heute hingegen gibt des kaum ein beliebteres Ziel.

Wie jeder gute Reiseführer versucht auch dieses Modul, behutsam an die gebräuchlichen Begriffe der Computersprache heranzuführen. Es zeigt die wichtigsten Orientierungspunkte auf (Festplatte, Speicher und Prozessor sind einige Stationen). Das erste Modul hilft Ihnen dabei, nicht die typischen Fehler der falschen Wortwahl zu begehen. Dies könnten Computer-Muttersprachler als Beleidigung empfinden, wenn z.B. ein Betriebssystem mit einem Anwendungsprogramm verwechselt wird.

Gute Reise und viel Glück!

Lektion 1.1: Streifzug durch die Geschichte der Informatik

In dieser Lektion

Diese Lektion bietet einen kurzen Überblick über die kommerzielle Informatik und zeigt die Rolle des Computers in der heutigen Welt auf.

Neue Fähigkeiten

Am Ende dieser Lektion sollten Sie wissen, dass Computer

- erst vor verhältnismäßig kurzer Zeit entwickelt wurden,
- jedes Jahr schneller, zuverlässiger und billiger werden,
- in der Geschäftswelt und im Erziehungswesen weit verbreitet sind.

Ein langer Weg

Von jeher hat der Mensch Dinge gezählt, gemessen, Aufzeichnungen über etwas gemacht und anderen Leuten davon erzählt. Dabei konnte es sich um die Anzahl Schafe in einer Herde, das Gewicht eines Kindes, die Größe eines Feldes, die Zeit seit der letzten Dürre oder die Intensität eines Erdbebens handeln.

Und von jeher nahm der Mensch Werkzeug und Techniken zu Hilfe, um zuverlässigere Zählergebnisse zu erhalten, genauer zu messen, langfristigere Aufzeichnungen machen zu können und klarer weiterzugeben. Und dazu verwendete er Dinge wie Maßbänder, Rechenschieber, Sextanten, Waagen und Uhren.

Der Computer bildet einfach nur das neueste Glied in dieser langen Kette von Rechen- und Aufzeichnungsmaschinen. Und damit sind wir auch schon bei der Sache. Alles, was ein Computer heute macht, und ein Computer macht ziemlich viel, tut er, weil er rechnen und die Ergebnisse dieser Berechnungen speichern kann.

Und ein Computer nennt noch eine weitere herausragende Eigenschaft sein Eigen. Was Computer tun, mag einfach sein, aber sie bewältigen einen enormen Arbeitsumfang schnell und zuverlässig. Die Geschwindigkeit eines Computers wird heute in Millionen Operationen pro Sekunde gemessen. Die einzelnen Operationen mögen einfach sein, aber sie können auf vielerlei Weise miteinander verbunden werden, um so viele nützliche Funktionen auszuführen.

Fast die gesamte Entwicklung vollzog sich in den letzten 30 bis 40 Jahren und beschreibt somit die gesamte Geschichte der kommerziellen Computernutzung.

In den 60er-Jahren nahm ein gewerblich genutzter Computer einen kompletten klimatisierten Raum ein. Ein Team von Spezialisten war nötig, um ihn zu bedienen. Hoher Stromverbrauch und häufige Abstürze standen auf der Tagesordnung.

Heutzutage sind Computer in der Regel sehr viel kleiner und schneller. Was früher einen ganzen Raum füllte, passt heute in ein kleines Gehäuse. Computer können heute mehr Informationen speichern, verbrauchen weniger Energie und sind wesentlich einfacher zu bedienen.

Es folgen ein paar Daten, damit Sie sich ein Bild vom Fortschritt der Geschwindigkeit bei Computern machen können. Die ersten Personalcomputer (PCs) kamen 1974 mit einer Taktgeschwindigkeit bzw. Taktfrequenz (keine Bange, so wird die Geschwindigkeit eines Computers gemessen) von ca. 2 Megahertz (MHz) auf den Markt. Wenn Sie heute einen neuen Computer kaufen, wird Ihnen wahrscheinlich kein Rechner mit weniger als 1.000 MHz (1 Gigahertz) angeboten, also 500-mal so schnell. Ähnlich rasante Fortschritte gelangen auch in anderen Bereichen, welche die Kapazität eines Computers ausmachen, so z.B. bei der Speicherkapazität.

Sie müssen nicht unbedingt verstehen, wie es dazu kam, und Sie müssen auch nicht alle Details wissen. Allerdings sollten Sie sich der rasanten Entwicklung bewusst sein und wissen, in welchen Einheiten bestimmte Dinge angegeben bzw. gemessen werden. Beim nächsten Computerkauf werden Sie also wenigstens wissen, welche Fragen Sie stellen müssen. Darüber hinaus werden Sie auch die Antworten verstehen.

Jedes Jahr werden Computer kleiner, schneller, billiger, zuverlässiger und einfacher in der Bedienung. Sie werden mittlerweile auf vielen Gebieten eingesetzt, wo es früher unmöglich gewesen wäre. Nicht nur in der Geschäftswelt und der Verwaltung, sondern auch im Erziehungswesen, in der Unterhaltung, im Gesundheitswesen, beim Sport, in der Kunst und im Designbereich. Sie treffen Computer in Privathaushalten, Vereinen und Restaurants an. Man kann sie zwar nicht immer sehen, aber sie sind auch in Autos vorhanden, wo sie Motoren steuern, in Bankautomaten, im Supermarkt, in Waschmaschinen, im Telefonsystem und im Videorecorder. Wahrscheinlich tragen Sie sogar gerade einen versteckt an Ihrem Handgelenk, in Ihrer Armbanduhr.

Wir sind also überall von Computern umgeben.

Aber das ist kein Grund, sich bedroht zu fühlen. Computer sind Maschinen bzw. Werkzeuge, die von Menschen erdacht werden, um den Bedürfnissen des Menschen gerecht zu werden, und sie werden auch von Menschen bedient. Sie werden von Menschen an- und ausgeschaltet. Menschen wie Sie und ich.

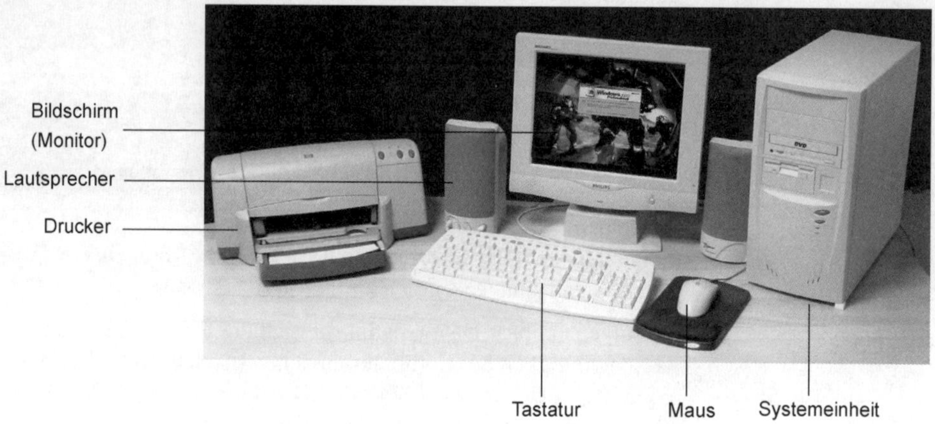

Der ECDL, also der Europäische Computer Führerschein, soll dazu beitragen, der Computerwelt ihre beängstigende Komponente zu nehmen und Ihnen das notwendige Wissen und die Fähigkeiten zu vermitteln, um diese Technologie zu nutzen. Dieses Buch soll Ihnen die gängigsten PC-Anwendungen nahe bringen. Sie werden nicht alles lernen. Es ist nicht nötig, alles zu wissen, es ist sogar unmöglich. Dieses Buch zielt vielmehr darauf ab, Ihnen *ausreichend* Wissen zu vermitteln – genug, um einen Großteil der Aufgaben zu bewältigen, die von den meisten Menschen am häufigsten ausgeführt werden. Weiterhin möchten wir Ihnen genügend Selbstvertrauen mit auf den Weg geben, damit Sie es wagen, sich auch auf unbekannte Pfade zu begeben und durch Erfahrung weiter zu lernen.

Zusammenfassung der Lektion: Das haben Sie gelernt

Der Computer ist einfach nur das neueste Glied in einer langen Kette von Werkzeugen zur Anfertigung von Berechnungen und zur Speicherung der Ergebnisse. Im Laufe seiner Entwicklung ist er schneller und zuverlässiger geworden und er kann mehr Informationen speichern. Diese Entwicklung führte dazu, dass er in den verschiedenen Bereichen des kommerziellen Lebens, der Verwaltung, im Gesundheitswesen und in der Unterhaltung zum Einsatz kommt.

Schnelltest: Streifzug durch die Geschichte der Informatik

1.	**Um welchen Faktor sind Computer heute schneller als die ersten PCs?**
A	5-mal so schnell
B	30-mal mal so schnell
C	500-mal so schnell
D	1.000-mal so schnell

2.	**In welches der folgenden Geräte kann ein Computer eingebaut sein? (Wählen Sie so viele, wie Sie für richtig halten, und geben Sie bei jeder Antwort an, was der Computer dabei machen könnte.)**
A	Ein Automotor
B	Ein Videorecorder
C	Ein Bankautomat
D	Ein Fahrrad

3.	**In den 60er-Jahren wurden Computer von Hand und aus stabilerem Material gefertigt. Daher waren sie zuverlässiger als Computer, die heute hergestellt werden.**
A	Richtig
B	Falsch

4.	**Moderne Computer sind sehr klein und daher nur schwierig herzustellen, fast unmöglich zu reparieren und daher sehr teuer.**
A	Richtig
B	Falsch

Lektion 1.2: Was genau ist ein Computer?

In dieser Lektion

In dieser Lektion lernen Sie, was einen Computer von anderen Maschinen unterscheidet und welche verschiedenen Arten von Computern heute verwendet werden.

Neue Fähigkeiten

Am Ende dieser Lektion sollten Sie wissen,

- was ein Computer ist,
- was der Unterschied zwischen Hardware und Software ist,
- welche verschiedenen Kategorien von Computern es gibt.

Neue Wörter

Am Ende dieser Lektion sollten Sie folgende Begriffe erklären können:

- Hardware
- Software
- PC
- Mainframe
- Dummes Terminal
- Intelligentes Terminal

Das Problem der Definition

Es ist in der Tat einfach, eine Waschmaschine, einen Automotor oder ein Telefon zu definieren. Auch wenn diese Geräte über eine komplizierte und fortschrittliche Technologie verfügen, können wir eine klare Aussage über ihre Bestimmung treffen. Sie waschen Textilien, transportieren Leute von A nach B oder ermöglichen es Menschen, auch über eine räumliche Distanz hinweg miteinander zu sprechen.

Wie Sie in den vorherigen Lektionen gesehen haben, kann ein Computer für fast alles verwendet werden, einschließlich der Programmierung verschiedener Waschabläufe in einer Waschmaschine.

Der erste Teil unserer Definition eines Computers trägt dieser Tatsache Rechnung. Ein Computer ist eine *Universalmaschine*. Derselbe Computer kann innerhalb von mehreren Stunden als Schreibmaschine, DTP-Studio, Soundeditor, Videoeditor, E-Mail-Übermittler, Internet-Browser etc. benutzt werden.

Wenn Sie einen Lichtschalter betätigen, geht das Licht an. Man kann also sagen, dass das Licht Ihrem Befehl gehorcht hat. Ein Computer reagiert auf die gleiche Weise auf Befehle, die jedoch bei einem Computer als Programme bezeichnet werden. Programme werden geschrieben, damit sich Computer in einer bestimmten Weise verhalten und sie so zur Textverarbeitung oder zur Kontrolle eines Kraftwerks eingesetzt werden können. Computer sind also programmierbar.

Unterschiedliche Programme erlauben, dass ein und derselbe Computer in unterschiedlicher Weise funktionieren kann. Wir könnten es bei unserer Definition hierbei belassen, jedoch ist es hilfreich, noch zwei Dinge hinzuzufügen. Computer können rechnen und die Ergebnisse ihrer Berechnungen speichern.

Computer

Ein Computer ist ein programmierbares Universalgerät, das in der Lage ist, Berechnungen anzustellen und die Ergebnisse dieser Berechnungen zu speichern.

Man kann Computer als eine Art Black Box betrachten, die auf der einen Seite eine Eingabe mit einem Eingabegerät wie z.B. Maus, Tastatur, Scanner, Joystick etc akzeptiert, diese irgendwie durch die Zentraleinheit weiterverarbeitet und dann eine Ausgabe durch ein Ausgabegerät wie z.B. Monitor, Drucker etc. auf der anderen Seite produziert. Diesen Vorgang nennt man auch das EVA-Prinzip.

Eingabe → **Verarbeitung** → **Ausgabe**

Mögliche Eingaben sind ein mathematisches Problem, die Lieferantenrechnungen eines Monats, die Suche nach einem guten Restaurant in München oder die Temperatur eines Hochofens. Ausgaben sind dann die Antwort auf das mathematische Problem, die Schecks zur Tilgung der Rechnungen, Name und Adresse des gesuchten Restaurants oder die Gebrauchsanweisung, wie man die Steuerventile für die Brennstoffversorgung schließt.

Was innerhalb der Black Box geschieht, nennt man Verarbeitung, also die Manipulation einer Eingabe, die notwendig ist, um eine Ausgabe zu erzeugen.

Jedoch ist die Black Box keine *Magic Box*. Alles, wirklich alles, was in einen Computer eingegeben wird, wird erst einmal in Zahlen umgewandelt. Und alle Ausgaben, sei es ein Textausdruck, Grafik auf einem Bildschirm, Musik und gar Telefongespräche, müssen erst in Zahlen umgewandelt werden, bevor sie ihre endgültige Form annehmen. In der Mitte, also in der Black Box, werden die Zahlen auf verschiedene Art und Weise und verschieden kombiniert addiert, und zwar unter Verwendung bestimmter Regeln, also eines Programms. Das einzig Magische an der Sache ist, dass mehrere Millionen Berechnungen pro Sekunde durchgeführt werden, und natürlich die menschliche Genialität, was Design und Programmierung angeht.

Computer setzen sich aus zwei sehr unterschiedlichen Komponenten zusammen: Hardware und Software.

- Hardware umfasst alle physikalischen Bestandteile, die man anfassen, fühlen, wiegen und in seltenen Fällen auch treten kann.
- Software ist die nicht greifbare Informationskomponente. Also die Befehle oder Programme, welche die Hardware zur Ausführung bestimmter Aktionen veranlassen.

Hardware

Hardware bezeichnet die physikalischen Bestandteile eines Computers.

Software

Software bezeichnet die Befehle, die das Computersystem veranlassen, bestimmte Handlung auszuführen.

Computerkategorien

Computer lassen sich in mehrere Kategorien unterteilen, jedoch ist die Grenze zwischen den einzelnen Kategorien nicht immer ganz klar, sondern eher fließend. Am einen Ende des Spektrums stehen Mainframe-Computer. Das sind große, teure Maschinen, die in der Regel in großen Unternehmen, staatlichen Organisationen und wissenschaftlichen Forschungsinstituten verwendet werden. Sie laufen durchgehend 24 Stunden am Tag und 365 Tage im Jahr. Sie sind in der Lage, eine enorme Zahl an Vorgängen zu verarbeiten, und führen extrem komplizierte Berechnungen aus.

Am anderen Ende des Spektrums steht der Computer, den die meisten von uns kennen – der PC (Personalcomputer), früher als Mikrocomputer bekannt. Heute kann man einen PC für weniger als 1.000 Euro erwerben. Es gibt diese Personalcomputer in verschiedenen Formen und Größen. Desktopcomputer sind die gebräuchlichsten, da sie normalerweise über eine Systemeinheit, auch Zentraleinheit genannt, einen Bildschirm und eine Tastatur als separate Komponenten verfügen. Laptops und Notebooks gelten eher als tragbare Geräte. Der Bildschirm ist hier ein Flüssigkristalldisplay (LCD), das gleichzeitig eine Abdeckung für Tastatur und Systemeinheit bildet. Laptops sind jedoch etwas teurer als Desktopcomputer.

Zwischen diesen beiden Enden des Spektrums sind die Minicomputer anzusiedeln, die in der Regel von Firmen mittlerer Größe oder Abteilungen innerhalb großer Organisationen verwendet werden. Wie auch die Mainframe-Computer bieten sie eine höhere Verarbeitungsleistung, eine größere Speicherkapazität und sind zuverlässiger als PCs.

Netzwerkcomputer (Netzwerkserver) sind Computer (PCs), denen die geeignete Hardware und Software für den Anschluss an ein Netzwerk zur Verfügung steht, die also in ein bestehendes Netzwerk eingebunden werden können. Benutzer eines Netzwerks können auf Ressourcen (Daten, Software, Hardware) auf einem Netzwerkserver zugreifen. In der Vergangenheit haben solche Benutzer in der Regel dumme Terminals verwendet – Geräte, die lediglich Eingaben des Benutzers akzeptierten und Ergebnisse anzeigten. Die Verarbeitung selbst und auch die Speicherung liefen im Server ab. Heutzutage haben die meisten Benutzer intelligente Terminals, also PCs, die über ihre eigene lokale Verarbeitungs- und Speicherkapazität verfügen.

Zusammenfassung der Lektion: Das haben Sie gelernt

Computer sind Universalmaschinen. Was einen Computer, der Lohnzahlungen berechnet, von einem Computer unterscheidet, der die Wettervorhersage bestimmt, ist das jeweils verwendete Programm. Und tatsächlich könnte derselbe Computer so programmiert werden, dass er beide Aufgaben ausführen kann.

Computer akzeptieren Information von außen (Eingabe), tun etwas mit ihr (Verarbeitung) und zeigen das Ergebnis an oder drucken es aus. Die zwei wesentlichen Komponenten in einem Computersystem sind Hardware und Software. Als Hardware bezeichnet man die physikalischen Teile, als Software die Befehle oder Programme, die den Computer veranlassen, bestimmte Aktionen auszuführen.

Die weithin bekanntesten Computer werden PCs oder Mikrocomputer genannt. Die größten und teuersten hingegen, die von großen Organisationen verwendet werden, heißen Mainframes. Dazwischen existieren noch die so genannten Minicomputer.

Ein Computernetzwerk wird von einem Netzwerkserver gesteuert. Die Geräte, die an einen Server angeschlossen werden, heißen Terminals. Das können dumme Terminals sein, die nicht selbst verarbeiten oder speichern können, oder intelligente Terminals, die über eine eigene Verarbeitungs- und Speicherkapazität verfügen.

Schnelltest: Was genau ist ein Computer?

1.	**Was ist der Unterschied zwischen einem Computer und einem Taschenrechner?**
A	Da die normale Rechenmaschine für einen bestimmten Zweck gebaut wird, ist sie genauer.
B	Es gibt keinen Unterschied, denn im Taschenrechner steckt ein Computer.
C	Der Computer verfügt über eine Textverarbeitung, der Taschenrechner nicht.
D	Ein Computer hat einen größeren Bildschirm.

2.	**Welche der folgenden Aussagen ist/sind richtig?**
A	Kabel und andere flexible Teile eines Computers werden als Software, alle festen Teile als Hardware bezeichnet.
B	Unter Hardware versteht man die physikalischen Bestandteile eines Computers.
C	Disketten und CDs gehören zur Software, Bildschirm und Tastatur zur Hardware.
D	Software ist ein anderes Wort für Programm.

3.	**Welche der folgenden Aussagen ist/sind richtig?**
A	Als Mainframe bezeichnet man einen riesigen Computer, der in den 60er- und 70er-Jahren gebaut wurde und heute veraltet ist.
B	Als Mainframe bezeichnet man einen großen Computer, der in der Regel von großen Firmen und staatlichen Organisationen benutzt wird.
C	Als Mainframe bezeichnet man einen Metallrahmen innerhalb des Computergehäuses.
D	Mainframe ist nur ein anderes Wort für Hardware.

4.	**Ein Mikrocomputer wird oft auch als PC bezeichnet. Die Abkürzung PC steht für:**
A	Personal Computer
B	Portable Computer
C	Politically Correct
D	Personal Calculator
E	Professional Capacity

5.	**Welche der folgenden Computer sind tragbare Computer?**
A	Minicomputer
B	Mikrocomputer
C	Laptop
D	Notebook

6.	**Welche der folgenden Aussagen ist/sind richtig?**
A	Netzwerkserver ist ein anderes Wort für ein dummes Terminal.
B	Ein dummes Terminal ist ohne Netzwerkserver nutzlos.
C	Ein Netzwerkserver ist ohne ein dummes Terminal nutzlos.
D	Ein dummes Terminal ist ein Computer ohne Lautsprecher.
E	Ein intelligentes Terminal ist ein Computer für Militär- und Industriespionage.
F	Ein intelligentes Terminal ist ein anderes Wort für Geldautomat.

Lektion 1.3: Computer-Hardware

In dieser Lektion

Wenn Sie einen Computer kaufen möchten, so werden Sie mit einer Fülle verschiedener Möglichkeiten und Informationen überhäuft, die selbst bei erfahrenen Computerleuten für Verwirrung sorgt. Um eine vernünftige Wahl treffen zu können, müssen Sie die Hauptkomponenten in einem Computersystem kennen und die verschiedenen Kriterien, nach denen Sie Ihre Auswahl treffen sollten.

Im Normalfall besteht ein PC-System aus verschiedenen Komponenten. Manche davon sind unerlässlich, andere optional. In einigen Fällen stehen Alternativen zur Verfügung, zwischen denen Sie auswählen müssen.

Diese Lektion stellt Ihnen ein typisches Computersystem vor und beschreibt alle Hardware-Komponenten. Zuerst schauen wir uns an, was normalerweise in einer Zentraleinheit (im Gehäuse) vorhanden ist. Anschließend werfen wir einen Blick auf die anderen typischen Dinge (außerhalb des Gehäuses).

Neue Fähigkeiten

Am Ende dieser Lektion sollten Sie in der Lage sein,

- die Hardware-Komponenten in einem Computer zu benennen,
- zu erklären, wozu die einzelnen Komponenten dienen,
- ein paar optionale Extras aufzählen und erklären zu können,
- zu beschreiben, wie Sie Ihren Computer pflegen.

Neue Wörter

Am Ende dieser Lektion sollten Sie folgende Begriffe erklären können:

- Prozessor
- Speicher
- Festplatte
- Diskette
- Tastatur
- Bildschirm
- Maus
- Drucker
- Modem
- Multimedia

Wenn es um Computerhardware geht, sind leider einige Ausdrücke aus dem Fachjargon unumgänglich. Weitere neue Wörter in der Lektion sind daher *kursiv* gedruckt und im Kontext erklärt.

Im Gehäuse

Die Systemeinheit, normalerweise ein graues oder beigefarbenes Gehäuse, ist der wichtigste Teil eines Computers. Das Gehäuse beherbergt den Prozessor (das Gehirn), die verschiedenen Speicher (weiter unten beschrieben) und die Elektronik, die alle Computerkomponenten steuert. Komponenten wie Prozessor und Speichergröße sind Faktoren, die die Leistung eines Computers beeinflussen. Es sei jedoch an dieser Stelle bemerkt, dass sich auch die Anzahl der zur gleichen Zeit laufenden Programme erheblich auf die Rechnerleistung auswirken kann. Des Weiteren befinden sich im Gehäuse die Grafikkarte sowie eventuell weitere Steckkarten wie z.B. Audiokarte oder Modemkarte. Normalerweise befindet sich im Gehäuse auch ein Ventilator, um die Einheit zu kühlen. Der Ventilator verursacht das Summen, das Sie hören, wenn Sie den Computer einschalten, wobei zu bemerken ist, dass auch die Festplatte ein leises Summen hervorruft. Die Systemeinheit kann vertikal auf dem Boden stehen (ein *Tower*) oder horizontal auf einem Schreibtisch liegen, mit einem Bildschirm darauf (*Desktop*-einheit). Bei einem *Laptop* oder *Notebook* befindet sich die Systemeinheit für gewöhnlich unter der Tastatur.

Prozessor

Die Zeit, die ein Computer benötigt, um eine Aufgabe auszuführen, hängt von mehreren Faktoren ab. Da wäre zunächst einmal der Faktor Prozessorgeschwindigkeit, die vom Chip im Herzen des Computers abhängt. Diese Geschwindigkeit wird in MHz (Megahertz) oder GHz (Gigahertz) gemessen. Je größer die Zahl, desto schneller der Prozessor (desto mehr Berechnungen pro Sekunde kann er ausführen).

Der Prozessor-Chip und die unterstützende Elektronik, die gemeinsam die Befehle in Computerprogrammen ausführen, werden als zentrale Verarbeitungseinheit (CPU – *Central Processing Unit*) bezeichnet.

Prozessor

Die Rechen- und Steuereinheit eines Computers und somit die Einheit, die Befehle interpretiert und ausführt.

Speicher

Die Definition eines Computers beinhaltet auch den Begriff Speicher, denn der Computer muss in der Lage sein, die Ergebnisse seiner Berechnungen zu speichern. Tatsächlich muss ein Computer eine Vielzahl von Informationen speichern, er verfügt dazu über verschiedene Arten von Speichern. Die zwei Speicher, die normalerweise auch in einer Werbung für einen Computer genannt werden, sind RAM und Festplattengröße.

Random Access Memory

Random Access Memory (RAM) ist ein Speicher mit wahlfreiem Zugriff. Er dient dem Computer als eine Art Arbeitsbereich, während dieser Aufgaben bearbeitet. Hier befinden sich die Liste der Befehle, die Daten und Zwischenergebnisse, die momentan bearbeitet werden. Das R in RAM steht für den Hauptvorteil: *random*. Es erlaubt dem Computer einen *wahlfreien* Zugriff, was bedeutet, dass er direkt auf jegliche Daten zugreifen kann. Es muss also nicht von Anfang bis Ende durch den gesamten Speicher gesucht werden, bevor die gewünschte Information gefunden wird. Ein Zugriff ist in jeder beliebigen Reihenfolge möglich und macht die ganze Sache schnell. Ganz allgemein kann man sagen: je mehr RAM, desto besser. Manche Programme benötigen sogar ein Minimum an RAM, um überhaupt gestartet werden zu können. RAM wird oft auch als Arbeits- oder Hauptspeicher bezeichnet.

Die Speicherkapazität wird in *Byte* gemessen. Ein Byte besteht aus acht *Bit*. Im elektrischen Sinne ist Bit ein Schalter und es gibt die Stellungen EIN und AUS. Im mathematischen Sinne kommt es einer einzigen Binärzahl gleich, 0 oder 1. Acht von diesen Bits bilden ein Byte und können einen Buchstaben des Alphabets oder eine einzelne Zahl darstellen. Ein neuer Computer wird Ihnen zurzeit wohl mit mindestens 128 Megabyte (128 MB – ca. 128 Millionen Byte) oder sogar 512 MB RAM angeboten. (Das ist das Doppelte von dem, was man Ihnen vor einem Jahr angeboten hat, und halb so viel, wie man Ihnen voraussichtlich nächstes Jahr um diese Zeit anbieten wird.)

Random Access Memory (RAM)

RAM ist der Arbeitsspeicher (bzw. Hauptspeicher) eines Computers und somit entscheidend für seine Rechengeschwindigkeit. RAM ist ein flüchtiger Speicher. Sobald die Stromzufuhr unterbrochen wird, geht alles, was im RAM war, verloren.

In Binär-Systemen (Dualsystem) werden die Maßeinheiten für die Kapazität von Speichergrößen wie folgt berechnet:

1KB (Kilobyte)	= 2^{10} Byte	= 1.024 Byte	= ca. 1.000 Zeichen
1MB (Megabyte)	= 2^{20} Byte	= 1.024 Kbyte	= ca. 1 Mio. Zeichen
1GB (Gigabyte)	= 2^{30} Byte	= 1.024 Mbyte	= ca. 1 Milliarde Zeichen
1TB (Terabyte)	= 2^{40} Byte	= 1.024 Gbyte	= ca. 1 Billion Zeichen

Es ist relativ einfach, den Speicher Ihres Computers zu erweitern, indem Sie zusätzliche Speicherchips (Speichererweiterung) kaufen. Diese Chips sind nicht teuer und relativ leicht einzubauen. Abhängig davon, wofür Sie Ihren Computer benutzen, kann eine Speichererweiterung einen erheblichen Unterschied in der Rechnerleistung bedeuten. (Wenn Sie jedoch mit der Materie nicht vertraut sind, sollten Sie nicht versuchen, eine zusätzliche Speichererweiterung ohne fachliche Hilfe zu installieren.)

Read-Only Memory

RAM sollte nicht mit einem anderen Speicher verwechselt werden, von dem Sie gelegentlich hören werden: ROM (Read-Only Memory), zu Deutsch Nur-Lese-Speicher. Das ist der Ort, an dem der Computer seine niedrigen Programme (low-level-programs) speichert. Das wiederum sind jene Programme, die ihm sagen, was er tun soll, wie er seinen eigenen Schaltkreis prüft, wie er mit den verschiedenen Eingabegeräten umgehen soll usw. ROM unterscheidet sich in zwei Punkten vom RAM. Erstens: Das ROM ändert sich nicht, nachdem der Computer zusammengebaut ist (man kann davon lesen, es aber nicht beschreiben). Moderne Computer sind jedoch meistens mit einem so genannten Flash-ROM ausgestattet, das es ermöglicht, die Inhalte des ROM-Speichers zu aktualisieren. Zweitens: Der Inhalt des ROM bleibt unverändert, auch wenn die Stromzufuhr abgestellt wird. (Das RAM hingegen ist *temporär*, sein Inhalt wird gelöscht, wenn die Stromzufuhr abgestellt wird.)

Read-Only Memory (ROM)

Computer verfügen in der Regel über ein kleines ROM, auf dem sich die kleinen Programme zum Start des Computers befinden. Im Gegensatz zum RAM kann ROM nicht von normalen Programmen beschrieben werden.

Festplatte

Nach Prozessorgeschwindigkeit und RAM-Größe stellt die Festplatte den nächsten wichtigen Faktor dar, der für die Rechnerleistung entscheidend ist. Dabei handelt es sich um Magnetplatten zum Speichern von Information, die sich wesentlich vom RAM unterscheidet.

- Erstens: Platten zeichnen Informationen magnetisch auf und zwar in fast der gleichen Weise wie Musik- bzw. Videokassetten. Es handelt sich um nicht temporäre Speicher. Die Information, die einmal aufgezeichnet wurde, verbleibt also so lange auf der Platte, bis sie verändert oder gelöscht wird.
- Zweitens: Um Informationen auf eine Platte zu bringen oder Informationen auf einer Platte zu suchen, bedarf es einer mechanischen Bewegung. Die Platte rotiert mit einer hohen konstanten

Geschwindigkeit und ein Schreib-/Lesekopf bewegt sich knapp über der Oberfläche der Platte. Der *Schreib-/Lesekopf* kann die Polarisierung kleinster magnetischer Partikel auf der Oberfläche der Platte verändern und sie auch ermitteln. Bewegliche Teile neigen dazu, mit der Zeit zu verschleißen, was dazu führt, dass Platten eher mal eine Störung aufweisen als das nicht bewegliche RAM.

Bei beweglichen Teilen kommt es außerdem zu einer Verzögerung beim Lese- und Schreibvorgang, während das Lesen von einem RAM fast gleichzeitig vollzogen wird.

Wie die Speicherkapazität wird auch die Plattenkapazität in Byte gemessen. Jedoch ist die Festplattenkapazität um einiges größer. Eine Festplatte von 20 Gigabyte (20 GB – ca. 20 Milliarden Byte) ist bei einem aktuellen Computer schon fast die Regel, die Werte reichen bis zu 160 GB.

Es sei noch zu bemerken, dass es interne und externe Festplatten gibt. Die meisten Festplatten befinden sich im Computer, sind also intern. Es gibt jedoch auch Festplatten, die extern an den Computer angeschlossen werden können.

Wir sollten uns das einmal verdeutlichen: 20.000.000.000 Byte. Die 32 Bände der Encyclopaedia Britannica bestehen aus ca. 44.000.000 Wörtern, oder anders gesagt aus ca. 220.000.000 Buchstaben (Byte). Auf einer 20-GB-Festplatte könnte man den gesamten Text also 90 Mal speichern. Dabei wiegt diese Platte aber nur ca. 1 Kilogramm und beansprucht weniger Platz als ein Band der Enzyklopädie. Die Menge an Information, die auf einer Festplatte gespeichert werden kann, ist das dritte Leistungsmerkmal, das Sie beim Kauf eines Computers berücksichtigen sollten.

Festplatte

Eine oder mehrere sich drehende Magnetscheiben, auf der Rechnerdaten gespeichert werden. Die Speicherkapazität einer Festplatte reicht von einigen GB bis hin zu 160 GB.

Disketten, CD-ROMs, DVDs, Zip-Disketten, Bänder

Die auf den vorherigen Seiten beschriebenen Platten sind im Computer eingebaut und werden oft Festplatten genannt. Normalerweise verbleiben sie im Computer und werden nicht zwischen einzelnen Computern ausgetauscht. Jedoch gibt es eine Anzahl beweglicher Speicher, die sehr einfach von einem Computer zu einem anderen bewegt werden können. Sie lassen sich auch als Sicherheitskopie, genannt Backup, verwenden, für den Fall, dass der Computer verloren geht, beschädigt oder gestohlen wird. Die Festplatte hat von den externen Speichern die schnellste, so genannte mittlere Zugriffszeit (Zeit, die der Schreib-/Lesekopf im Durchschnitt zum Wechseln zwischen Sektoren benötigt).

Disketten (Floppy Disks)

Eine andere Plattenart ist die so genannte Floppy Disk oder auch ganz einfach Diskette genannt. Früher waren Wechseldatenträger (magnetische Kunststoffscheiben) in einer flexiblen Hülle untergebracht, was ihnen den Namen Floppy einbrachte. Das aktuelle Design, das Sie wahrscheinlich kennen, besteht aus einer harten Kunststoffhülle mit einer verschiebbaren Metallabdeckung.

Der gebräuchlichste Diskettentyp fasst 1,44 MB. Diese Speicherkapazität reicht zum Speichern vieler Textverarbeitungsdateien aus, um sie von einer Person zur anderen weiterzugeben. Sie können eine Diskette verwenden, wenn Sie z.B. Daten von Ihrem Arbeitscomputer auf Ihren Computer zu Hause schaffen möchten. Kopieren Sie das entsprechende Dokument einfach auf die Diskette und nehmen Sie diese mit nach Hause. Der gesamte Inhalt dieses Buchs (jedoch ohne die Bilder und Grafiken) passt leicht auf eine solche Diskette.

So wie man RAM häufig Arbeitsspeicher oder Hauptspeicher nennt, werden Disketten oft als Datensicherung bzw. Sekundärspeicher bezeichnet.

Sie können eine Datei nur auf eine *formatierte* Diskette kopieren. Die meisten im Handel erhältlichen Disketten sind bereits formatiert. Durch die Formatierung wird eine *Dateizuordnungstabelle* auf der Diskette erstellt, was den späteren Abruf von gespeicherten Daten ermöglicht. Auch werden beschädigte Bereiche auf der Diskette für die Speicherung von Daten als unbrauchbar markiert.

Diskette

Eine kleine Magnetscheibe, die aus dem Computer entfernt werden kann. Eine Diskette kann in der Regel Informationen mit einem Umfang von 1,44 MB aufnehmen.

CD-ROM und DVD

Bis vor nicht allzu langer Zeit waren Disketten auch das übliche Medium, über das Programme auf einen Computer geladen wurden. Heutzutage wird Software jedoch meistens auf CD-ROM (Compact Disk Read-Only-Memory) geliefert. Rein äußerlich ist eine CD-ROM nicht von einer Musik-CD zu unterscheiden. Und in der Tat sind fast alle CD-Laufwerke in Computern in der Lage, auch Musik-CDs abzuspielen.

Der Wechsel von der Diskette zur CD-ROM als bevorzugtes Medium zur Softwareverteilung vollzog sich hauptsächlich aufgrund der Größe moderner Softwaresysteme. Neuere Software benötigt mehr Speicherplatz. Es wird mehr Platz gebraucht, da die Funktionalität der Programme gestiegen ist, sie über ein anspruchsvolleres grafisches Design verfügen und eventuell noch andere Multimediakomponenten beinhalten. Eine einzige CD-ROM fasst so viel Information wie 460 Disketten, also ca. 650 MB.

Ein CD-ROM-Laufwerk (der Teil eines Computers, der CD-ROMs lesen kann) ist heute im Standardlieferumfang eines Computers enthalten. Hier müssen Sie lediglich auf die Geschwindigkeit des Laufwerks achten, die immer als ein Vielfaches eines normalen CD-Players angegeben wird. Heutzutage ist eine Geschwindigkeit von 52x normal.

Es gibt jedoch eine Einschränkung bei Standard CD-ROMs. Sie können beliebig oft gelesen, aber nur einmal beschrieben werden Es gibt aber neuerdings einen anderen Typ von CD-ROM, und zwar die so genannte CD-RW (Re-Writable), die wiederbeschreibbare CD. Mit wiederbeschreibbaren CDs können Sie arbeiten wie mit Disketten oder wie mit der Festplatte. Sie können also Daten darauf abspeichern, so oft Sie möchten.

CD-ROM

Eine Kunststoffscheibe, die in der Regel ca. 650 MB Daten aufnehmen kann. Standard-CD-ROMs können nur einmal beschrieben werden. Eine CD-RW kann mehr als einmal beschrieben werden.

CD-ROMs werden zur Zeit von DVDs (Digital Versatile Disks) überholt. Sie sehen fast wie eine CD-ROM aus, haben aber eine Speicherkapazität von bis zu 17 Gigabyte.

Um Informationen auf einer CD zu speichern (zu brennen), benötigen Sie einen CD-Recorder, auch CD-Brenner genannt. Die Informationen werden in Form winziger Löcher auf der CD-Oberfläche kodiert, die von einem Laserstrahl abgetastet werden.

Magnetische Bänder

Magnetische Bänder werden ähnlich wie Musikkassetten dazu verwendet, Software zu verteilen oder Sicherheitskopien großer Datenmengen anzufertigen. Sie sind für den täglichen Gebrauch nicht ganz so nützlich, weil ein Magnetband keinen wahlfreien Zugriff erlaubt, sondern die Daten von Anfang an durchgegangen werden müssen, um die gewünschte Information zu finden.

Zip-Disketten usw.

Wechselbare Disketten mit hoher Kapazität werden immer beliebter, um Sicherheitskopien (Backups) zu erstellen und große Datenmengen zwischen Computern zu transferieren. Einige verwenden die Magnettechnologie, andere die Lasertechnologie. Eines der bekanntesten ist das so genannte *Zip-Laufwerk* der Firma Iomega, das an jeden Parallelport (Druckerverbindung) angeschlossen werden kann. Es erlaubt die Speicherung auf wechselbaren 100-MB- oder 250-MB-Disketten.

Medium	Normale Kapazität	Normale Kosten (Stand Juli 2002)
Festplatte	20-80 Gigabyte	80 bis 130 €
Diskette	1,44 Megabyte	unter 0,50 €
CD	650 Megabyte	0,50 bis 1,00 €
DVD	4,7 und 9,4 Gigabyte	10 bis 30 €
Zip	100 und 250 Megabyte	unter 15 €
Band	20-80 Gigabyte	20 bis 80 €

Außerhalb des Gehäuses

Alles, was sich außerhalb des Gehäuses befindet, wird als *Peripherie* bezeichnet. (Hier mogeln wir ein wenig, denn technisch gesehen können alle Sekundärspeicher wie Disketten, CD-ROMs etc. auch als peripher angesehen werden.) Die meisten Computersysteme umfassen drei wesentliche Peripheriegeräte: Tastatur und Maus für die Dateneingabe und einen Bildschirm für die Datenausgabe.

Tastatur

Eine Tastatur verfügt ähnlich wie eine Schreibmaschine über Buchstabentasten, die es dem Benutzer erlauben, Informationen und Befehle in den Computer einzugeben. Es gibt drei verschiedene Tastenarten auf einer Computertastatur:

- **Alphanumerische Tasten**: Buchstaben und Zahlen
- **Interpunktionstasten**: Komma, Punkt, Semikolon usw.
- **Spezialtasten**: Funktionstasten, Steuerungstasten, Pfeiltasten, Feststelltasten

Bildschirm

Der Bildschirm sieht in etwa aus wie ein Fernseher. Er wird auch als *Monitor* oder selten VDU (*visual display unit*) bezeichnet. Die meisten Programme sind so beschaffen, dass die Dateneingabe sofort von der Tastatur auf den Monitor erfolgt. Tatsächlich wird die Information in den Prozessor eingegeben und der zeigt dann auf dem Monitor an, was er an Informationen erhalten hat. Die meisten Programme geben Ihnen ein ununterbrochenes Feedback und zeigen die Ausgabe auf dem Bildschirm an. Die Kennzeichnung der Bildschirme mit GS-Zeichen und Prüfstellensiegel, vor allem unter Hinweis auf die schwedischen Strahlenschutzprotokolle (MPR II und TCO), garantieren die Einhaltung der verschiedenen Strahlungswerte. Eine Gefährdung für die Gesundheit kann nach heutigen arbeitswissenschaftlichen Erkenntnissen bei zertifizierten Geräten nicht nachgewiesen werden. Zurzeit wird als Standard die Norm *TCO '99* benutzt. Dieses Prüfsiegel fordert sehr hohe Werte für Kontrast, Helligkeit (Bildwiederholfrequenz – wie oft das Bild pro Sekunde neu aufgebaut wird, mindestens 85 Hz) sowie die Vorgaben zur Geräuschentwicklung, Einschaltzeit, Gehäusedesign usw.

Seit einiger Zeit werden auch Flachbildschirme, so genannte Flat-Screen-Monitore erschwinglich. Statt herkömmlicher Kathodenstrahlröhren wird bei diesen Flachbildschirmen die LCD-Technik (liquid crystal display) genutzt, wie sie auch für Notebooks, Camcorder, digitale Kameras etc. verwendet wird. Durch die verwendete TFT-Technik (thin film transistor) wird nicht nur Energie und Platz gespart. Die Monitore überzeugen auch durch ein besonders flimmerfreies und brillantes Bild, und das auch bei einem großen seitlichen Betrachtungswinkel oder hellem Umgebungslicht.

LCD-Display – Flüssigkristalldisplay

Ein Displaytyp auf der Basis von Flüssigkristallen, die als dünne Schicht zwischen zwei transparenten Elektroden eingeschlossen sind.

Maus

Viele Programme präsentieren sich auf dem Bildschirm als *Grafische Benutzeroberfläche* (GUI – Graphical User Interface). Eine grafische Benutzeroberfläche stellt Programme, Ordner und Funktionen als Bilder auf dem Monitor dar. Zur grafischen Benutzeroberfläche gehört auch ein Zeiger, den Sie bewegen können, bis er auf die Stelle bzw. das Bild zeigt, das für die Aktivität steht, die Sie ausführen möchten. Durch Klicken wird das Programm aufgefordert, in einer gewissen Weise zu reagieren.

Mit Hilfe der Maus bewegen Sie den Zeiger auf dem Bildschirm. Auf der Unterseite der Maus befindet sich eine Kugel und während Sie nun die Maus über Ihren Schreibtisch bewegen, nimmt die Kugel die Bewegung wahr und wandelt sie in Bewegungen des Zeigers um. Bewegen Sie die Maus nach rechts, so bewegt sich der Zeiger nach rechts. Eine Mausbewegung nach links und der Zeiger bewegt sich nach links. Entsprechend bewegt sich der Zeiger, wenn Sie die Maus von sich weg (nach oben) bzw. zu sich her (nach unten) bewegen. Nach kurzer Zeit geht Ihnen das in Fleisch und Blut über.

Beachten Sie dabei, dass sich die Kugel – und somit der Zeiger – nur bewegt, wenn die Unterseite der Maus Kontakt mit einer Unterlage hat. So können Sie den Mauszeiger über eine lange Distanz hinweg bewegen, indem Sie mit der Maus mehrere kleine Bewegungen in diese Richtung vollziehen und dabei die Maus jedes Mal hochheben, sodass beim Zurückholen der Maus die Position des Zeigers nicht beeinflusst wird.

Im Gegensatz zu der oben beschriebenen mechanischen Maus gibt es auch die so genannte optische Maus, bei der die Mausbewegung mit Hilfe einer Fotozelle weitergegeben wird.

Die Maus verfügt auf ihrer Oberseite über zwei oder drei Tasten, wobei die dritte, mittlere Taste oft auch ein Scrollrad ist. Sie dienen dazu, dem Computer mitzuteilen, dass Sie mit dem Zeiger dort angekommen sind, wo Sie hinmöchten. Hierzu drücken Sie einmal (das nennt man *klicken*) oder zweimal ganz schnell hintereinander (das nennt man einen *Doppelklick*) auf eine Taste.

Die Maus oder ein anderes Zeigegerät (siehe auch den folgenden Abschnitt) erleichtern die Handhabung des Computers, sind aber in den seltensten Fällen absolut notwendig. Die meisten Programme erlauben es Ihnen, den Zeiger auf dem Bildschirm zu bewegen, aber Sie haben auch die Wahl, Spezialtasten oder bestimmte Tastenkombinationen auf der Tastatur zu benutzen. Manche Benutzer bevorzugen diese Methode, da sie auf diese Weise alle Arbeiten und Operationen von der Tastatur aus steuern können. Sie müssen also nicht ständig zwischen Tastatur und Maus hin und her wechseln.

Andere Zeigegeräte

Mäuse sind bei weitem die bekanntesten und gebräuchlichsten Zeigegeräte, aber es gibt auch andere.

- **Trackballs** funktionieren wie umgedrehte Mäuse. Der Zeiger wird hier durch das Bewegen des Balls bzw. der Kugel mit dem Finger gesteuert. Sie empfehlen sich in einer Umgebung, wo nicht genügend Arbeitsfläche vorhanden ist.
- **Joysticks** und **Handsteuergeräte** erfüllen die gleiche Funktion, sind jedoch für den speziellen Gebrauch bei Spielen und Simulationen gedacht.
- Die meisten tragbaren Computer haben ein in der Tastatur eingebautes Gerät, um den Zeiger zu bewegen. Entweder in Form eines Miniatur-Joysticks oder eines druckempfindlichen **Touchpads**, das die Bewegungen Ihres Fingers registriert.
- **Lichtgriffel** sind Geräte in Stiftform, die in der Nähe eines Bildschirms als Zeichengerät und zur Steuerung von auf dem Bildschirm angezeigten Icons oder Optionen verwendet werden können.

- **Touchscreens** trifft man oft an Stellen an, wo es um öffentliche Informationen geht. Der Benutzer berührt den Bildschirm an der Stelle, die für ihn von Interesse ist, um damit eine bestimmte Sache bzw. einen Befehl auszuwählen.
- Ein **Grafiktablett** ist eine flache Oberfläche, die Bewegungen eines Kunststoffstifts auf ihr wahrnimmt. Sie werden für gewöhnlich in Verbindung mit Kunst- und Designprogrammen verwendet. Aber eine kleinere Ausführung des Grafiktabletts findet man auch bei Pocket-, Handheld- und Palmtopcomputern. Diese Geräte, auch unter der Bezeichnung Personal Digital Assistants bzw. PDAs bekannt, sind zu klein, um damit tippen bzw. schreiben zu können.

Außerhalb des Gehäuses: Optionale Extras

Ohne die auf den vorherigen Seiten beschriebenen Komponenten wäre es relativ schwierig, den Computer dazu zu bringen, sinnvolle Dinge zu tun. Es gibt aber noch eine Anzahl anderer Geräte, die, obwohl sie nicht unbedingt notwendig sind, so doch fast immer normale Teile eines Systems zu Hause, im Büro und in Schulen sind. Da wären z.B. Drucker, Modems und Lautsprecher. Einige andere Geräte, wie Scanner, Digitalkamera und Mikrofon wären noch vor einigen Jahren als mehr oder weniger exotisch bezeichnet worden, gehören aber heute vermehrt zur Standardausstattung.

Drucker

Es gibt verschiedene Druckertypen auf dem Markt. Die zwei gebräuchlichsten sind *Laserdrucker* und *Tintenstrahldrucker (Inkjet).*

- **Laserdrucker** verwenden eine ähnliche Technologie wie Kopierer, um ein Abbild auf Papier zu schaffen. Das Abbild wird auf Befehl des Computers hin gezeichnet.
- **Tintenstrahldrucker** verfügen über einen beweglichen Stift (den *Druckkopf*) mit einer Tintenpatrone. Dieser Druckkopf bewegt sich auf einer Seite hin und her und gibt – vom Computer gesteuert – eine winzige Menge Tinte auf die Stellen ab, wo sie benötigt wird.

Sie werden bisweilen einer dritten Art von Druckern begegnen, dem *Anschlagdrucker.* Diese Drucker arbeiten wie eine Schreibmaschine. Die Markierungen werden hierbei auf dem Papier erzeugt, indem ein Farbband gegen das Papier gedrückt wird. Es gibt hier verschiedene Arten, die alle eine nur geringfügig abweichende Verfahrensweise anwenden: Nadeldrucker oder Typenraddrucker. Heutzutage werden sie nur noch für bestimmte Aufgaben eingesetzt (Ausdrucke von Registrierkassen, Zeit- und Datumsdruck auf Parkscheinen eines Parkhauses, Ausdrucke mit Durchschlägen), aber auch bei hohen Auflagen von Dokumenten ohne Grafik (Steuerformulare, Stromrechnungen).

Plotter sind Zeichengeräte und werden bei speziellen Anwendungen verwendet, so z.B. bei Architekten- und Ingenieurszeichnungen. Die meisten von ihnen werden dazu benutzt, große Zeichnungen akkurat umzusetzen. Plotter sind verhältnismäßig teuer.

Wie man den richtigen Drucker wählt

Einige Faktoren, die Sie beim Kauf eines Druckers beachten sollten:

- **Ausgabegeschwindigkeit:** Die meisten Laserdrucker sind in der Lage, 8 bis 12 Seiten pro Minute zu drucken. Die Druckgeschwindigkeit hängt jedoch auch davon ab, was Sie drucken möchten: Grafiken oder Textseiten mit vielen verschiedenen Schriftarten dauern gewöhnlich länger. Wenn Sie einen schnelleren Drucker benötigen, sollten Sie mit einem erheblich höheren Preis rechnen.

  Tintenstrahldrucker sind in der Regel um einiges langsamer als Laserdrucker, aber ihre Druckgeschwindigkeit hängt nicht von dem ab, was Sie drucken möchten. Die Druckqualität kann variieren, da der Druck von einem sich bewegenden Druckkopf abhängt.
- **Farbe:** Wenn Sie farbig drucken möchten, so müssen Sie sich einen Farbdrucker zulegen. So einfach ist das. Farblaserdrucker sind sehr teuer. Farbtintenstrahldrucker sind nur geringfügig teurer als Schwarzweißdrucker.

  Einige Farbdrucker verwenden drei verschiedene Tinten, um eine Druckausgabe zu erzeugen, andere sogar vier. Andere verwenden eine Drei- oder Vierkammerpatrone, andere separate Kammern für jede einzelne Farbe. Ihre Wahl sollte von der Verwendung des Druckers abhängen. Wenn Sie nur gelegentlich farbig drucken, sollten Sie sicherstellen, dass Ihr Drucker über eine separate schwarze Patrone verfügt. Die Schwärze eines Ausdrucks durch eine schwarze Patrone ist wesentlich höher als die einer Farbkombination. Wenn Sie eine kombinierte Vierfarbpatrone haben, so müssen Sie die noch fast vollen Farbkammern wegwerfen, weil Sie kein Schwarz mehr erzeugen können.
- **Verbrauchskosten:** Der anfängliche Kaufpreis eines Druckers ist nur ein Kostenfaktor, der berücksichtigt werden muss. Tintenpatronen (Tintenstrahldrucker) und Tonerkartuschen (Laserdrucker) müssen regelmäßig ersetzt werden. Es lohnt sich daher, die Kosten pro Seitenausdruck zu berechnen, bevor Sie eine endgültige Entscheidung treffen.

Modem

Ein *Modem* wird dazu benutzt, um den Computer mit einem Telefonnetz zu verbinden, damit Sie E-Mail versenden oder das Internet nutzen können. Bei den meisten Computern, die Sie heute kaufen können, gehört ein integriertes Modem bereits zum Lieferumfang. Sie können aber auch ein externes Modem erwerben, das durch ein Kabel mit dem Computer verbunden wird. Die meisten Modems erlauben die Nutzung Ihres Computers als Fax (wenn Sie jedoch nicht über einen Scanner verfügen, können Sie nur im Computer erstellte Dateien als Fax versenden).

Multimedia

Computer können jegliche Art von Daten, die in Zahlen umgewandelt werden können, verarbeiten. Dazu gehören auch Musik, Bilder, animierte Zeichnungen und Sprache. Viele Anwendungen sind aufgrund dieser Möglichkeiten entstanden, beispielsweise die Möglichkeit, Text, Video und Ton zu mischen, um so Gebrauchsanweisungen, Informationen oder ganz einfach Unterhaltung zu produzieren. Solche Anwendungen werden *Multimedia-Anwendungen* genannt und ein Computer, der in der Lage ist, diese Anwendungen abzuspielen, wird oft auch als *Multimedia-Computer* bezeichnet. Heutzutage verfügen die meisten Computer über diese Fähigkeit. Wenn Multimedia jedoch Ihr Hauptanliegen ist, so sollten Sie einen Computer mit größerem Bildschirm, erweitertem Sound und der Möglichkeit, Videos abzuspielen, in Betracht ziehen. Zusätzlich sind noch einige spezielle Peripheriegeräte für den Multimedia-Einsatz im Handel erhältlich.

Scanner

Stellen Sie sich einen Scanner wie einen Teil eines Kopierers vor. Der Scanner erstellt eine Kopie einer Fotografie, Zeichnung oder Textseite in Ihrem Computer, wo Sie diese dann mit den entsprechenden Programmen bearbeiten oder ausdrucken (zweiter Teil eines Kopierers) können. Der Scanner ermöglicht es Ihnen, ein Bild oder eine Zeichnung in ein Rundschreiben einzubinden oder eine OCR-Software (*OCR – Optical Character Recognition*) zur Texterkennung zu verwenden und so ein gesamtes Textdokument oder Teile daraus zu verwenden, ohne dass Sie es noch einmal neu schreiben müssen.

Digitale Kamera

Eine Digitalkamera funktioniert ebenso wie eine gewöhnliche Kamera, mit dem einzigen Unterschied, dass sie keinen Film verwendet, sondern die Bilder digital im Speicher der Kamera aufgezeichnet werden. Vom Speicher aus können die Bilder auf Ihren Computer übertragen und dann ausgedruckt werden. Sie können Ihre Fotos auch mit einer speziellen Software bearbeiten, für die Nachwelt archivieren oder Freunden per E-Mail schicken.

Soundkarte

Sehr wahrscheinlich verfügt Ihre Systemeinheit auch über eine Soundkarte, die dazu dient, die Wiedergabe aller Audiodateien (Musik, Sprache etc.) zu steuern. Wenn jedoch die qualitativ hohe Wiedergabe von Musik für Sie wichtig ist, sollten Sie vielleicht eine bessere Soundkarte als die mitgelieferte erwerben.

Lautsprecher

Lautsprecher gehören bei fast allen Computern zum normalen Lieferumfang. Sie dienen der Wiedergabe von Musik und anderen Tondateien.

Mikrofon

Viele Software-Anwendungen können durch Spracheingabe gesteuert werden. Dazu sprechen Sie einfach in ein angeschlossenes Mikrofon.

Multimedia

Die Verwendung eines Computers zur gleichzeitigen Wiedergabe von Text, Grafiken, Animation und Ton. Benötigte Hardwaregeräte sind z.B. Scanner, Soundkarte, Lautsprecher, und Mikrofon.

Ein- und Ausgabegeräte

In den letzten Abschnitten haben wir Ihnen einige Geräte außerhalb des Gehäuses näher vorgestellt, und Ihnen die jeweilige Verwendung näher erläutert. Einige dieser Geräte werden als Eingabe-, andere als Ausgabegeräte bezeichnet. Zu den Eingabegeräten gehören: Maus, Tastatur, Scanner, Lichtgriffel, Trackball, Joystick, digitale Kamera und Mikrophon. Zu den Ausgabegeräten zählen: Monitor, Flachbildschirme, Drucker, Plotter und Lautsprecher.

Allerdings gibt es auch Geräte, die sowohl Eingabe- als auch Ausgabegerät sind. Dies bedeutet, dass über diese Geräte sowohl eine Eingabe als auch eine Ausgabe von Informationen stattfindet. Dies gilt zum Beispiel für ein Modem, dass eingehende und ausgehende Signale verarbeitet.

Auch ein Touchscreen ist ein Eingabe-/Ausgabegerät. Ein Touchscreen reagiert auf das Drücken mit dem Finger auf bestimmte Symbole oder Befehle und gibt dann die gewünschte Information auf dem Bildschirm aus. Man findet heutzutage immer häufiger Touchscreens im öffentlichen Leben, z.B. in Banken, auf Bahnhöfen oder auf Messen, oder als Touchscreen-Kasse in Restaurants.

Hardware-Pflege

Moderne Computer sind robust und zuverlässig. Haben sie ihre Arbeit einmal aufgenommen, laufen sie in der Regel immer weiter. Vergessen Sie aber bitte nicht, dass es sich bei einem Computer um ein empfindliches Gerät handelt, dessen Toleranzgrenzen Sie nicht ständig austesten sollten.

Schaffen Sie Ihrem Computer genügend Raum, damit er atmen kann. Er braucht Zugang zu Frischluft, damit der Ventilator das elektronische System kühl halten kann.

Blockieren Sie die Luftschlitze des Gehäuses nicht durch Bücherstapel oder noch schlimmer, indem Sie Textilien über den Computer hängen.

Halten Sie Ihren Computer trocken. Zu viel Feuchtigkeit kann Schaden an den elektrischen Schaltkreisen hervorrufen.

Essen und trinken Sie nicht, während Sie am Computer arbeiten. Brotkrümel können die Tastatur blockieren und verschütteter Kaffee kann Ihren Computer zerstören oder, was noch schlimmer wäre, Ihre gesamten abgespeicherten Dateien unwiederbringlich zerstören.

Halten Sie Ihren Computer staubfrei. Sie werden feststellen, dass er dazu neigt, Staub anzuziehen. Säubern Sie ab und zu die Belüftungsschlitze und reinigen Sie den Bildschirm mit einem Antistatiktuch.

Setzen Sie Ihren Computer keinen extremen Temperaturen aus.

Fahren Sie Ihren Computer ordnungsgemäß herunter, indem Sie zuerst alle laufenden Programme schließen und anschließend das Betriebssystem herunterfahren. Schalten Sie ihn nicht einfach aus oder ziehen das Stromkabel heraus.

Halten Sie Disketten vom Bildschirm fern. Das starke magnetische Feld des Bildschirms kann Daten löschen oder verändern.

Bewegen Sie die Systemeinheit nicht, während der Computer läuft. Das könnte eine Beschädigung der Festplatte zur Folge haben.

Wenn mal etwas nicht klappt

Sie werden wohl eher ein Computerbenutzer als ein Computertechniker sein und daher Ihren Computer als ein empfindliches Gerät ansehen. Sollte der Computer einmal nicht richtig funktionieren, versuchen Sie nicht, ihn selbst zu reparieren. Sie laufen Gefahr, ihn zu zerstören oder einen Stromschlag zu bekommen. Bitten Sie immer einen qualifizierten Fachmann um Hilfe.

Zusammenfassung der Lektion: Das haben Sie gelernt

In der Regel besteht ein Computer aus einer Systemeinheit, auch Rechnereinheit genannt, einem Bildschirm und einer Tastatur. Normalerweise verfügt auch jeder Computer über ein Zeigegerät. Das bekannteste ist die Maus.

In der Systemeinheit befinden sich der Prozessor (CPU), der Hauptspeicher, die Festplatte und wechselbare Speicher, normalerweise ein Diskettenlaufwerk.

Weitere, fast unumgängliche Geräte sind Drucker und Modem. Ein Modem dient dazu, den Computer mit dem Telefonnetz zu verbinden, sodass Sie E-Mails senden und empfangen können und Zugang zum Internet haben.

Fast alle Computer, die Sie heute kaufen können, sind auf Multimedia ausgelegt. Sie verfügen über Lautsprecher, Soundkarte und Mikrofon.

Um Bilder, Zeichnungen oder Fotografien einzulesen, die Sie dann in Newsletter, Projektberichte oder E-Mails einbauen können, benötigen Sie einen Scanner oder eine Digitalkamera.

Am Ende haben Sie noch gelernt, wie Sie Ihren Computer richtig behandeln, damit er ein langes Leben hat und Ihnen lange gute Dienste leistet.

Schnelltest: Hardware

1.	**Welches Teil bzw. welche Teile eines Computers ist/sind unentbehrlich für sein Funktionieren?**
A	Prozessor
B	Scanner
C	Hammer
D	Textverarbeitungsprogramm

2.	**Das C in CPU steht für:**
A	Central
B	Computer
C	Computing
D	Commercial

3.	**In welcher Einheit wird die Geschwindigkeit eines Computers gemessen?**
A	CPUs
B	MHz
C	MB
D	K
E	RAM
F	GUIs

4.	**Das R in ROM steht für:**
A	Random
B	Read
C	Regular
D	Right

5.	**Das R in RAM steht für:**
A	Random
B	Read
C	Regular
D	Right

6.	**Berichtigen Sie die folgenden Aussagen, wenn sie falsch sind.**
A	Ein Bit entspricht genau 8 Byte.
B	Ein Megabyte ist das Doppelte von einem normalen Byte.
C	100 Kbyte entsprechen einem GB.
D	Ein Gigabyte entspricht ungefähr 1.000.000.000 Byte.

7.	**Welche der folgenden Aussagen sind/ist richtig?**
A	Informationen, die im RAM gespeichert sind, werden gelöscht, wenn der Computer abgeschaltet wird.
B	Informationen, die im ROM gespeichert sind, werden gelöscht, wenn der Computer abgeschaltet wird.
C	Das M in RAM steht für Memory.
D	Das M in ROM steht für Memory.
E	Festplatten, Disketten und CD-ROMs werden alle dazu verwendet, Computerprogramme zu speichern.

8.	Nennen Sie drei verschiedene Arten von Zeigegeräten.
A	
B	
C	

9.	Nennen Sie die zwei bekanntesten Druckertypen.
A	
B	

10.	Worauf können Sie mehr Information speichern?
A	Normale Diskette
B	Zip-Diskette

11.	Nennen Sie ein Gerät, das zugleich Eingabe- und Ausgabegerät ist.

Lektion 1.4: Software und Daten

In dieser Lektion

In dieser Lektion lernen Sie mehr über die verschiedenen Arten von Software und deren Herstellung. Sie erfahren auch, was das Wertvollste in Ihrem Computersystem ist – die Daten.

Neue Fähigkeiten

Am Ende dieser Lektion sollten Sie in der Lage sein,

- zwischen Systemsoftware und Anwendungssoftware zu unterscheiden,
- den Prozess der Softwareentwicklung beschreiben zu können,
- über Software-Lizenzen und verschiedene Lizenzarten zu sprechen,
- zu beschreiben, wie man Software und Daten vor unerlaubtem Zugriff, Verlust oder Beschädigung und Computerviren schützt,
- die wichtigsten Regeln zum Copyright zu nennen,
- die wichtigsten Regeln zum Datenschutz und die Hauptbestimmungen zum Datenschutzgesetz zu nennen,
- die Vorteile von Computernetzwerken zu beschreiben,
- den Gebrauch von Telefonnetzwerken in Verbindung mit Computern zu beschreiben,
- den Gebrauch von E-Mail, Internet und des World Wide Web (WWW) zu beschreiben.

Neue Wörter

Am Ende dieser Lektion sollten Sie folgende Begriffe erklären können:

- Systemsoftware
- Anwendungssoftware
- Grafische Benutzeroberfläche
- Lizenzierte Software
- Freeware
- Shareware
- Systemanalytiker
- Programmierer
- Backup
- Virus
- Copyright
- Datenschutz

Software

Software ist die nicht greifbare Komponente beim Computer. Es ist der Oberbegriff für alle Programme, also die Einheit von Befehlen, die darüber entscheiden, wie ein Computer reagiert.

Wir unterscheiden zwei Arten von Software: Systemsoftware und Anwendungssoftware.

- Systemsoftware bezieht sich auf den Computer selbst. Sie bestimmt, welche Geräte er steuern kann, wie er Dateien verwaltet und speichert und wie er mit außergewöhnlichen Bedingungen umgeht.
- Anwendungssoftware bezieht sich auf die Welt außerhalb des Computers, die Welt der Geschäftsbeziehungen, der Unterhaltung und der Erziehung.

Software

Die Programme (eine Gruppe von Befehlen), die entscheiden, wie der Computer sich verhält bzw. was er tut.

Systemsoftware

Wenn wir von Systemsoftware reden, geht es uns in erster Linie um das *Betriebssystem* (OS – Operating System). Erst dieses Programm bringt Ihren Computer zum Laufen. Ohne ein solches Programm ist der Computer praktisch nutzlos. Alle anderen Programme hängen vom Betriebssystem ab, um mit der Hardware zu kommunizieren und sie zu steuern. Das Betriebssystem steuert auch den zeitlichen Ablauf verschiedener Ereignisse, damit sie in der richtigen Reihenfolge abgearbeitet werden. Außerdem verwaltet es den Datenzugriff, um Sicherheit zu gewährleisten.

Wenn Sie Ihrem System eine neue Hardware-Komponente hinzufügen, müssen Sie gegebenenfalls eine spezielle Software, so genannte Treiber, laden, damit das Betriebssystem diese neue Hardware steuern kann. Ältere Computer benutzen DOS (Disk Operating System) als Betriebssystem. Um DOS benutzen zu können, müssen Sie Befehle wie DIR, COPY oder REN eingeben.

Systemsoftware

Software, die Aufgaben erfüllt wie das Erkennen der Eingabe über die Tastatur oder Maus, Ausgabe an den Monitor, Kommunikation mit dem Drucker oder anderen Peripheriegeräten.

Grafische Benutzeroberfläche

Neuere Computer zeigen ihr Betriebssystem über eine grafische Benutzeroberfläche (GUI) an. Die grafische Benutzeroberfläche stellt alle Ressourcen des Computers als kleine Symbole dar, so genannte Icons. Das gilt für Hardware-Ressourcen wie Festplatten und Drucker und für Software-Ressourcen – Betriebssoftware genauso wie für Anwendungssoftware und Dateiordner, die Sie bearbeiten können. Sie verwenden die Maus, um den Zeiger auf ein Symbol Ihrer Wahl zu bringen, und führen einen Klick mit der Maustaste aus, um Ihrem Willen Ausdruck zu verleihen. Das ist wesentlich einfacher, als wenn man Befehle behalten und auch noch eingeben muss. Als Beispiele für Betriebssysteme mit grafischer Benutzeroberfläche seien hier Windows, Windows NT, Linux, Unix, MacOS und SunOS genannt.

GUI – Grafische Benutzeroberfläche

Eine Umgebung, in der Programme, Dateien und Optionen durch Symbole, Menüs, und Dialogfelder am Bildschirm dargestellt werden.

Anwendungssoftware

Niemand möchte einen Rasenmäher, ein Telefon oder einen Satelliten benutzen. Vielmehr möchte man Rasen mähen, mit Freunden sprechen oder das Wetter vorhersagen. Dementsprechend möchten Sie auch nicht wirklich einen Computer benutzen, sondern Sie möchten ihn dazu verwenden, etwas anderes zu tun. Dieses *Andere* ist Ihre Anwendung und das Programm, mit dessen Hilfe Sie das tun können; es wird Anwendungssoftware genannt. Wenn Sie dieses Buch durchgearbeitet haben, werden Sie verschiedene Anwendungsprogramme benutzen können: Textverarbeitung, Tabellenkalkulation, E-Mail usw. Einige dieser Anwendungen sind sehr bekannt. Es wird schwer sein, ein Büro zu finden, das nicht *Microsoft Word* oder *Excel* benutzt oder auch verschiedene Internet Browser wie *Netscape Navigator* oder *Microsoft Explorer*. Viele Computer werden schon mit vorinstallierten Programmen verkauft. Große Software-Hersteller wie *Microsoft, Lotus, Star* oder *Corel* verkaufen Ihre Standardanwendungen (Text, Tabellen, Grafik, Datenbank) in einem Paket, das Office-Anwendungen genannt wird.

- Die bekanntesten Textverarbeitungsprogramme: MS-Word, Word Perfect, Word Pro
- Die bekanntesten Tabellenkalkulationsprogramme: MS-Excel, Quattro Pro, 1-2-3 von Lotus
- Die bekanntesten Datenbankprogramme: MS-Access, StarBase, Paradox, dBase, Filemaker Pro
- Die bekanntesten E-Mail-Programme: MS-Outlook, MS-Outlook Express, Eudora
- Die bekanntesten Web-Browser sind Microsoft Internet-Explorer und Netscape Communicator
- Die bekanntesten Buchhaltungsprogramme sind z.B. FIBU-2000, BBS, KHK
- Die bekanntesten DTP-Programme: Pagemaker, Publisher, Quark-Xpress

Andere Programme werden für ganz spezielle Aufgaben entwickelt. Einzelpersonen und auch Organisationen erwerben Programme, die genau auf ihre ganz persönlichen Bedürfnisse abgestimmt sind. Ein Architekt z.B. könnte vielleicht ein hoch qualifiziertes Zeichenprogramm verwenden, um Häuser zu entwerfen. Ein Hersteller von U-Booten würde vielleicht ein Programm zum Projektmanagement erwerben, mit dem er die vielen tausend Komponenten zur Herstellung verwalten könnte. In Lektion 1.6 werden wir uns die Programme für den täglichen Gebrauch im Geschäftsleben, in der Verwaltung, im Erziehungswesen, in der Unterhaltung und in der Kommunikation etwas genauer anschauen.

Programme werden gewöhnlich in regelmäßigen Abständen aktualisiert, erweitert und verbessert. Es kommen also immer wieder aktuelle Versionen auf den Markt. Dies gilt für Systemsoftware genauso wie für Anwendungssoftware. Die meisten Programme haben fortlaufende Versionsnummern (z.B. 3.0, 3.1, 4.0, 5.0, etc.). Dateien, die mit älteren Versionen erstellt wurden, können von einer höheren Version gelesen werden. Umgekehrt ist das oft ein Problem. Für diesen Fall haben Sie aber bei den meisten Programmen die Möglichkeit, ihre Datei unter einer niedrigeren Versionsnummer abzuspeichern, dass sie auch von Personen, die nicht über die aktuellste Softwareversion verfügen, gelesen werden kann.

Anwendungssoftware

Ein Programm, das dazu konzipiert ist, den Benutzer bei der Ausführung bestimmter Aufgaben zu unterstützen, z.B. beim Schreiben von Texten, bei der Finanzbuchhaltung, beim Erstellen von Architekturplänen etc.

Die Herstellung von Software

Die Entwicklung jeglicher Software schließt immer folgende Dinge ein: Forschung, Analyse, Entwicklung und einen Testlauf. Dazu werden bestimmte Spezialisten benötigt:

- **Systemanalytiker:** Sie analysieren den geschäftlichen Ablauf dessen, was die Software später unterstützen soll, und stellen ein Design für die Software her. Sie entscheiden, was die Software tun bzw. können soll, aber nicht notwendigerweise, wie sie es tun soll. Ein Systemanalytiker ist so etwas wie ein Software-Architekt. Systemanalytiker konzentrieren sich auf die Bedürfnisse der Anwender der jeweiligen Programme.
- **Programmierer:** Sie übersetzen quasi das Design in ein Arbeitsprogramm. Sie schreiben Befehle, die dem Computer sagen, was er tun soll, um die Aufgaben zu lösen bzw. zu bearbeiten, für die das Programm ausgelegt ist. Der Programmierer ist so etwas wie

ein Software-Erbauer. Programmierer konzentrieren sich auf den Computer; auf seine Möglichkeiten wie auch auf seine Grenzen.

Software-Copyright

Eigentlich muss man bei Software eher von Lizenzieren als von Verkaufen sprechen. Wenn Sie ein Software-Paket erwerben, geht die Software nicht in Ihr Eigentum über. Vielmehr erwerben Sie das Recht, sie unter bestimmten Bedingungen zu nutzen, also eine so genannte User-Lizenz.

Im Allgemeinen ist es einfach, Software zu vervielfältigen, was skrupellosen Leuten das Produzieren nicht autorisierter Kopien leicht macht. Diese Software-Piraterie ist selbstverständlich illegal. Sie dürfen lediglich eine Sicherheitskopie (Backup) erstellen. Darüber hinaus beraubt es den Entwickler bzw. die Software-Firma ihres rechtmäßigen Einkommens, welches sie aber benötigen, um auch die nächste Version der jeweiligen Software oder eine neue Anwendung – vielleicht auch für Ihren Gebrauch – produzieren zu können. Die Produkt-ID-Nummer eines Softwareproduktes finden Sie in den meisten Fällen im Menü *Hilfe* und dann unter *Info*.

Akzeptieren Sie daher keine Software aus zweifelhaften Quellen, weder von Personen direkt noch in E-Mail-Form oder über das Internet. Sie sind dafür verantwortlich, dass die Software, die Sie verwenden, auch legaler Herkunft ist.

Lizenzierte Software

Software, die nur verwendet werden kann, wenn ein Unternehmen oder ein einzelner Benutzer das Recht erlangt hat, diese unter bestimmten Bedingungen zu benutzen.

Es gibt aber auch Software, so genannte *Freeware*, die kostenlos vertrieben wird. Sie finden solche Software z.B. auf CDs, die Zeitschriften beigefügt sind, oder im Internet, von wo sie geladen werden können. Aber auch hier sollten Sie sich über die Bedingungen im Klaren sein. In den meisten Fällen können Sie diese Programme benutzen, sie aber nicht verkaufen, in irgendeiner Weise verändern oder so tun, als sei es Ihr eigenes Produkt.

Freeware

Software, die zwar dem Copyright unterliegt, jedoch weitergegeben wird, ohne dass der Urheber dafür Geld verlangt. Im Normalfall erlaubt der Urheber die Verwendung seiner Software, jedoch nicht deren Verkauf.

Weiterhin gibt es so genannte *Shareware*. Sie wird ähnlich wie Freeware verbreitet. Shareware können Sie ausprobieren und wenn Sie sie dann tatsächlich einsetzen möchten, werden Sie gebeten, dem Entwickler dieser Software eine Lizenzgebühr zu bezahlen. In einigen Fällen basiert dieses Prozedere auf Vertrauen, in anderen Fällen funktioniert die Software nach Ablauf einer bestimmten Frist (meistens 30 Tage) gar nicht mehr oder nur sehr eingeschränkt. Wenn Sie dem Software-Entwickler die Lizenzgebühr zukommen lassen, erhalten Sie eine vollwertige Kopie der Software oder ein Passwort, mit dem Sie dann alle Funktionen freischalten können.

Shareware

Software, die im Allgemeinen gratis erworben werden kann. Im Normalfall verlangt der Urheber jedoch einen geringen Beitrag, falls das Programm Gefallen findet und regelmäßig verwendet wird. Registrierte Benutzer können Service und Updates zum Programm bekommen.

Probleme mit der Software

Software, auch der noch so winzige Teil einer Anwendungssoftware, ist kompliziert. Es ist sehr schwierig, Software durch und durch zu testen, da es schwierig ist, sich jede erdenkliche Eingabe in jeder erdenklichen Kombination im Voraus vorzustellen. Manchmal werden einfach Fehler gemacht bzw. eher ungewöhnlichen Umständen lassen Programmdesigner nicht genügend Sorgfalt zukommen.

Wenn eine Software falsche oder unerwartete Ergebnisse hervorbringt, spricht man von einem *Programmfehler*. Die Bandbreite der Programmfehler reicht von minimalen Störungen, bei denen z.B. die Bildschirmanzeige unbeständig ist, über schwer wiegende Fehler, wie nicht korrekte Summen bei Berechnungen, bis hin zum totalen Absturz.

Ein Beispiel für kurzsichtiges Programmieren war der so genannte *Millennium-Programmfehler*. Viele Programme speicherten ein Datum als sechs Ziffern, wobei jeweils zwei für den Tag, den Monat und das Jahr standen. Für die meisten Gelegenheiten ist das problemlos, wenn Sie jedoch Datumsangaben in Berechnungen verwenden, dann können Probleme auftreten. Ist zum Beispiel jemand, der am 06.01.1999 geboren wurde, etwas über zwei Jahre oder über hundert Jahre alt? Diese Art von Doppeldeutigkeit kann zu einem wichtigen bzw. kritischen Faktor werden, wenn es sich dabei um Dinge handelt wie Zinszahlung, Haltbarkeitsdatum, Rentenanspruch usw. Auch wenn dieses Problem zunächst unbedeutend scheinen mag, hat es die Geschäftswelt rund um den Globus doch mehrere Millionen Mark gekostet, den Fehler zu beheben.

Wenn der Computer nicht mehr reagiert, also nicht mehr funktioniert, keine Eingaben und auch keine Ausgaben mehr erfolgen können, dann sagt man: Der Computer *hängt*. Wenn Ihnen das passiert, können Sie auf einen kleinen Trick zurückgreifen: Drücken Sie drei Tasten der Tastatur, STRG, ALT und ENTF, gleichzeitig. In den meisten Fällen können Sie auf diese Art und Weise das fehlerhafte Programm schließen und an etwas anderem weiterarbeiten. Wenn Sie diese Tastenkombination zweimal drücken, führt dies normalerweise zum Neustart Ihres Computers.

Selten führt ein Programmfehler dazu, dass das gesamte System *abstürzt*. Hier besteht die einzige Lösung darin, die Stromzufuhr zu unterbrechen, eine Minute zu warten und dann den Computer wieder einzuschalten. Ein schnellerer Weg ist das Drücken der *Reset*-Taste an Ihrer Rechnereinheit. Wählen Sie diese Lösung jedoch als letzten Ausweg, da alle Arbeiten, die nach dem letzten Speichervorgang durchgeführt wurden, verloren gehen, und zwar bei allen zur Zeit des Absturzes geöffneten Programmen.

Daten

Wir haben bis jetzt noch gar nicht über Daten gesprochen. Daten sind eine andere nicht greifbare Komponente in einem Computersystem, die jedoch normalerweise nicht vom Software-Entwickler, sondern vom Benutzer selbst erstellt werden.

Um einen Brief zu schreiben, benötigen Sie eine Tastatur, einen Bildschirm, einen Drucker (Hardware) und ein Textverarbeitungsprogramm (Software). Der Brief selbst, der Name und die Adresse des Empfängers sind Daten.

Daten werden in einem Computersystem in *Dateien* abgelegt. Dateien wiederum sind in Verzeichnissen bzw. *Ordnern* organisiert. Den Dateien und Verzeichnissen werden Namen zugeordnet, damit man sie wiederfinden und erkennen kann, wenn man sie benötigt. Und auch das Betriebssystem kann sie auf diese Weise wieder finden und bearbeiten.

Datenpflege

Bei den meisten Computern stellen Daten das wichtigste Element dar. Hardware und Software können relativ einfach ersetzt werden, wenn sie zerstört werden oder abhanden kommen. In Daten hingegen kann die Arbeit vieler Jahre stecken, die unersetzlich ist. Es macht also Sinn, seine Daten zu pflegen. Daten können verloren gehen, gefälscht und beschädigt oder aber auf vielerlei Arten missbraucht werden. Dies kann versehentlich oder auch mit Absicht geschehen.

Sicherheit und Passwörter

Sie können Ihre Daten vor Diebstahl, Fälschung und neugierigen Blicken schützen, indem Sie *Passwörter* verwenden. Abhängig vom Programm können Sie Passwörter benutzen, um bestimmte Zugangsberechtigungen zu erteilen und so zu entscheiden, wer Ihre Daten nur sehen und wer sie verändern darf. Neuere Programme wie Windows NT, Windows 2000 und Windows XP bieten eine Zugangskontrolle. Hier wird über einen Benutzernamen definiert, wer Sie sind, und ein einzugebendes Passwort dient der weiteren Identifizierung.

Bei den meisten Programmen können Sie Ihr Passwort selbst festlegen. Sie werden aufgefordert, es von Zeit zu Zeit zu ändern. Wählen Sie ein Passwort, auf das keiner so leicht kommt. Wenn es zu einfach zu erraten ist, ist der Sinn und Zweck des Passworts nicht mehr gegeben. Sie sollten jedoch ein Passwort wählen, das Sie selbst leicht behalten können. Denn wenn Sie es vergessen, bleibt auch Ihnen der Zugang zu Ihren eigenen Daten verwehrt. Wenn Sie Ihr Passwort aufschreiben, könnte es von anderen gefunden und benutzt werden. Am besten sind Passwörter, die aus einer Kombination von Zahlen und Buchstaben zusammengesetzt sind und so den Zugriff durch unbefugte Personen erschweren.

Sicherungskopien

Dateien können versehentlich gelöscht oder zerstört werden. Datenverluste können die Folge von Festplattencrashs oder sogar einem Brand in Ihrem Büro sein. Sie können sich vor diesen Horrorszenarien schützen, indem Sie von all Ihren Daten Sicherungskopien, auch Backups genannt, auf Diskette oder anderen Wechselträgern anfertigen und diese dann zu Hause oder an einem anderen sicheren Ort aufbewahren. Auf diese Weise sind Sie auch für den schlimmsten Fall gewappnet.

Regelmäßig speichern

Sie sollten Ihre Daten auch während der Arbeit in regelmäßigen Abständen speichern. Erinnern Sie sich daran, dass der Computer Ihre Daten im RAM bearbeitet, und der ist flüchtig. Wenn es zu einem Stromausfall kommt oder jemand versehentlich Ihren Rechner von der Stromversorgung trennt, geht alles das, was Sie nach der letzten Speicherung erarbeitet haben, verloren. Sie sollten es sich daher dringend angewöhnen, nach jedem Textabschnitt oder einem komplizierten Vorgang Ihre Daten abzuspeichern.

Viren

Computerviren sind Sabotageversuche. Dabei handelt es sich um intelligente, aber bösartige Programme, die von böswilligen Software-Entwicklern oder Amateurhackern geschrieben werden. Viren attackieren die Sicherheit Ihrer Dateien und sind so aufgebaut, dass sie schnell und mit Tücke von einem auf den anderen Computer übertragen werden können. Oft haben sie auch die Eigenschaft, sich selbst zu kopieren. Die Auswirkungen reichen von kleineren Störungen (auf Ihrem Bildschirm wird eine Meldung angezeigt, aber es werden keine Daten zerstört) über Unannehmlichkeiten (eine oder mehrere Dateien werden in Mitleidenschaft gezogen) bis hin zur totalen Katastrophe (die Festplatte wird dauerhaft unbrauchbar).

Viren werden durch Anhänge an E-Mails und infizierte Disketten verbreitet bzw. übertragen. Öffnen Sie also nie den Anhang einer E-Mail, wenn Sie nicht genau wissen, woher bzw. von wem sie kommt. Außerdem sollten Sie immer einen Virenscanner verwenden, um jede Diskette zu prüfen, die von außen in Ihren Besitz gelangt. Auch beim Herunterladen von Dateien, Programmen und jeglicher Information aus dem Internet sollten Sie Vorsicht walten lassen. Auch hier können Viren versteckt sein, die sich dann nach dem Herunterladen ausbreiten. Es existieren verschiedene Arten von Viren. Hier einige der bekannten Virentypen:

- **Bootsektorviren** platzieren sich auf dem Startsektor der Festplatte oder Diskette.
- **Programmviren** setzen sich an eine Position innerhalb eines Programms.
- **Makroviren** befinden sich innerhalb von Dokumenten und werden aktiv, sobald ein Makro ausgeführt wird.
- **Polymorphe Viren** verändern sich bei jeder Infektion.
- **Tarnkappenviren** nehmen Veränderungen am Betriebssystem vor, um sich zu tarnen.

Computervirus

Ein Programm, das auf den Computer geladen wird, ohne dass der Benutzer Kenntnis davon hat, und welches die vorhandene Software oder auch Daten in irgendeiner Weise beschädigt. Die meisten Viren haben die Angewohnheit, sich selbst zu vervielfältigen.

Vorbeugen ist besser als heilen. Sorgen Sie also dafür, dass Sie eine anerkannte Anti-Viren-Software installiert haben, die automatisch Ihre Platten (Festplatte und Disketten) auf Viren überprüft und gefundene Viren entfernt. Eine Anti-Viren-Software muss immer auf dem aktuellen Stand gehalten werden. Es werden ständig neue Viren erzeugt und so sollte denn auch die Software immer die neueste sein. Ist sie das nicht, so bietet sie keinen ausreichenden Schutz, sodass sie neue Viren einfach nicht erkennt und so auch nicht eliminieren kann.

Daten- und Informationssicherheit

Wenn wir von Daten sprechen, kommen wir nicht umhin, uns auch mit der Datensicherheit ganz allgemein zu beschäftigen. Wie bei Computerviren im Speziellen ist es auch bei der allgemeinen Datensicherung besser, vorbeugende Maßnahmen zu treffen. Dinge wie Virenscanner, Benutzer-ID und Passwörter haben wir weiter oben schon kennen gelernt. Wenn es um Daten- bzw. Informationssicherheit geht, tauchen gewöhnlich drei Schlagworte auf: Schwachstellen, Bedrohungen und Gegenmaßnahmen. Schwachstelle ist dabei der Punkt, an dem das System für eine mögliche Bedrohung anfällig ist und weswegen es verschiedener Gegenmaßnahmen bedarf.

Es gibt verschiedene Arten von Schwachstellen: physische Schwachstellen (Diebstahl), natürliche Schwachstellen (Erdbeben, Feuer, Überschwemmung), Hard- und Software-Schwachstellen (Fehler im System oder in der Software) und menschliche Schwachstellen (menschliche Fehler, unerlaubter Zugriff), um nur einige zu nennen.

Alle diese Schwachstellen stellen dann auch Bedrohungen dar. Doch auch Bedrohungen können ganz unterschiedlicher Natur sein: natürlich, beabsichtigt und unbeabsichtigt. Unter natürlichen Bedrohungen verstehen wir wieder Naturkatastrophen. Als unbeabsichtigte Bedrohungen bezeichnen wir diejenigen, die ein ignorantes Verhalten, Unwissenheit oder auch Unaufmerksamkeit mit sich bringen. Ein schlecht ausgebildeter Administrator kann da schon eine ganz schöne Bedrohung darstellen.

Die schlimmsten Bedrohungen sind jedoch die beabsichtigten, und genau gegen diese sollte man wirksame Sicherheitsmaßnahmen anwenden. Es sollten immer Maßnahmen eingesetzt werden, und nicht erst dann, wenn es vielleicht schon zu spät ist. Dabei ist zu bedenken, dass beabsichtigte Bedrohungen bzw. Angriffe von innen und außen kommen können. Dabei gibt es von außen wie von innen verschiedenen Arten, sich Zugang zum System zu verschaffen. Angefangen bei Diebstahl über elektronischen Zugang bis hin zum *Knacken* oder *der Weitergabe* von Passwörtern.

Wenn man den Studien Glauben schenkt, kommen die meisten *Angriffe* auf Informationssysteme *von innen.* Man geht davon aus, dass bis zu 80 Prozent der Angriffe von autorisierten Benutzern ausgeführt werden, die ihre Zugriffsrechte dazu verwenden, nichtautorisierte Funktionen auszuführen.

Einer der *gefährlichsten* Insider ist der unwissende Mitarbeiter, der beispielsweise keine ausreichend sicheren Passworte benutzt, der aus Unwissenheit Daten (auch E-Mails!) unverschlüsselt weiterleitet, oder Papier-Ausdrucke oder Sicherheitskopien mit sensiblen Daten offen herumliegen lässt. Durch fehlende Umsicht in diesem Bereich kann sehr viel Schaden angerichtet werden.

Zum Glück lassen sich aber von Anfang an Gegenmaßnahmen – Maßnahmen zum Schutz von Computersystemen und Informationen – ergreifen. Ein Unternehmen tut gut daran, klare Sicherheitsbestimmungen im Umgang mit Unternehmensdaten festzuschreiben, also eine klar umrissene Sicherheitspolitik zu verfassen. Außerdem sollten Mitarbeiter dahin gehend sensibilisiert werden, dass jeder einzelne eine Verantwortung innerhalb des Systems übernehmen muss. Denn nur wenn jeder einzelne Mitarbeiter sich des Sicherheitsproblems, das immer existiert, bewusst ist und dementsprechend handelt, können Maßnahmen greifen.

Viele Firmen verfügen heute schon über eine elektronische Besucherkontrolle, und jeder Mitarbeiter bekommt seine ganz eigenen Zugriffsrechte, bezogen auf das System. Das bedeutet, dass ein Mitarbeiter nur Zugriff auf die Daten erhält, mit denen er auch arbeiten muss.

Bei allen Gegen- bzw. Schutzmaßnahmen geht es um die Computer-Sicherheit, was eigentlich im engeren Sinne bedeutet, dass es um die Sicherheit des Systems und der darauf befindlichen Daten geht. Dabei kann es sich um den Schutz des Systems selbst handeln (z.B. Diebstahl), aber auch um den Schutz bei der Bearbeitung und Übertragung von Daten.

Bei der elektronischen Übertragung gibt es heute wirksame Maßnahmen, um einen Missbrauch zu vermeiden. Es werden verschiedene Arten der Datenverschlüsselung angeboten, von denen man nach Möglichkeit auch Gebrauch machen sollte.

Heutzutage ist der Diebstahl von Datenträgern einfacher als früher. Die Geräte, auf den Daten gespeichert sind, werden immer kleiner. Es ist einfacher, ein Handy, ein Palm oder ein Notebook zu stehlen, als eine PC-Anlage, bestehend aus Tower, Monitor, Tastatur etc. So klein das Gerät auch sein mag, so kann der Schaden im Falle eines Diebstahls doch erheblich sein. Datenbanken mit Namen und Telefonnummern von Kunden oder andere sensible Daten können in falsche Hände gelangen und missbraucht werden. Sie sollten also von allen Daten immer eine Sicherheitskopie haben, die Ihnen im Falle eines Diebstahls zur Verfügung steht, damit Sie auf Ihre Daten zugreifen, und im Bedarfsfall andere betroffene Personen informieren können, um einem Missbrauch vorbeugen zu können.

Daten-Copyright

Denken Sie daran, dass Computerdaten dem gleichen Copyright und der gleichen Verantwortung unterliegen wie das gedruckte Wort oder eine Musikkomposition. Die Daten gehören demjenigen, der sie erzeugt hat. Wenn Sie also Informationen oder Bilder aus dem Internet herunterladen, dürfen Sie diese möglicherweise nicht ohne die Zustimmung des Urhebers in einer Ihrer eigenen Publikationen verwenden. Auch die Weitergabe von auf CDs oder Disketten gespeicherten Daten oder Programmen unterliegen dem Urheberrecht. Seien Sie sich dessen beim Kopieren jeglicher Art von Daten bewusst und handeln Sie dementsprechend.

Datenschutz

Wir alle, oder besser gesagt die Daten zu unserer Person erscheinen in einer Vielzahl von Datenbanken. Banken, Versicherungsgesellschaften, Lehrinstitute, Arbeitgeber und die staatliche Verwaltung verfügen über Dateien, die mit personenbezogener Information gefüllt sind. Geburtsdatum, Adresse und Familienstand, unser Einkommen, unser Gesundheitszustand, die eventuell kriminelle Laufbahn, Zahlungsfähigkeit – alles Daten, die einzelne Institutionen über uns gesammelt haben. Diese Informationen sind manchmal allgemeiner, aber oftmals auch sehr spezieller Natur. Es kann sich auch um sehr *empfindliche* Informationen handeln, die, wenn sie in die falschen Hände geraten, gefährliche und nachteilige Auswirkungen haben.

Marketingabteilungen sind oft bereit, einen hohen Preis für eine Datenbank zu zahlen, die Informationen wie Name und Adresse einer bestimmten Gruppe von Leuten enthält. Solche Informationen ermöglichen es, Produkte und Dienstleistungen gezielt an eine ganz bestimmte Verbraucherschicht heranzutragen.

Folglich ist das Sammeln, das Aufbereiten und Verwalten sowie der Schutz solcher Informationen mit einem hohen Grad an Verantwortung verbunden und verlangt darüber hinaus großen Respekt. Falsche oder irreführende Informationen können dazu führen, dass einer Person eine Hypothek, eine Arbeitsstelle, ein Arbeitsvisum für Übersee oder eine Krankenversicherung verwehrt wird. Eine falsche Information kann unter Umständen das Leben einer Person ruinieren. Daher verlangt die Handhabung personenbezogener Daten ein Höchstmaß an Vorsicht und Sorgfalt. All diese Aspekte werden im *Datenschutzgesetz* berücksichtigt und behandelt.

Datenschutz

Die Auffassung, dass personenbezogene Daten, die von Organisationen oder Unternehmen gesammelt und verwendet werden, bestimmten Richtlinien unterliegen.

Die europäische Richtlinie zum Datenschutz

Alle EU-Staaten haben bereits Gesetze zur Umsetzung dieser EU-Richtlinie verabschiedet oder werden dies in der nahen Zukunft tun.

Diese Richtlinie besagt, dass alle computergestützten Daten

- fair und rechtmäßig verarbeitet werden müssen,
- für einen ganz spezifischen und klar umrissenen Zweck gesammelt werden müssen,
- der Sache angemessen, relevant und nicht übertrieben sein sollen,
- akkurat und wenn nötig auf dem neuesten Stand sein sollen,

- so aufbewahrt werden müssen, dass die Person, über die diese Daten erhoben wurden, nicht mehr identifiziert werden kann, sobald eine Identifikation nicht länger notwendig ist.

Das Sammeln von Daten über Internet-Benutzer ist weit verbreitet, denn es unterstützt Online-Unternehmen bei der effektiveren Gestaltung ihrer Marketingstrategien. Derartige Praktiken sind auch ein Thema der Datenschutzgesetze. In der EU-Richtlinie sind die Informationen festgelegt, die dem Internet-Benutzer gegeben werden müssen, wenn Informationen über ihn gesammelt werden. Der Internet-Benutzer muss über die Identität des Datensammlers sowie die Absicht, mit der die Daten gesammelt werden, informiert werden. Außerdem muss ihm mitgeteilt werden, wem diese Daten eventuell zur Verfügung gestellt werden, und er muss das Recht auf einen Zugang zu diesen Daten haben, um sie im Falle unrichtiger Angaben korrigieren zu können. Jedes EU-Mitglied muss versichern, dass die oben genannten Regeln respektiert und befolgt werden.

Das so genannte *Hacken* bereitet dem Datenschutz bzw. den Datenschützern große Sorgen. Von den Verantwortlichen wird verlangt, dass sie entsprechende Sicherheitsmaßnahmen treffen, um Daten vor zufälligem oder auch böswilligem Zugriff durch Hacker bzw. Enthüllungen zu schützen. Dies gilt besonders dort, wo Information über ein Netzwerk läuft, wie auch fürs Internet.

Die Schwierigkeit beim Internet liegt darin, dass es länderübergreifend ist. Daten können mit einem Klick von einer Webseite in der EU auf eine Seite in den USA kopiert werden. Die EU-Richtlinie verbietet jedoch den Transfer von Informationen in Länder außerhalb der EU, es sei denn, das besagte Land verfügt über ähnliche Schutzmaßnahmen.

Zusammenfassung der Lektion: Das haben Sie gelernt

Ein Computer selbst ist Hardware, aber er braucht Software. Die Software entscheidet darüber, wie sich ein Computer bei einem bestimmten Problem, das sich ihm stellt, verhält.

Systemsoftware steuert den Computer von innen.

Anwendungssoftware richtet ihr Augenmerk nach außen, auf ein bestimmtes Problem. Sie verrichtet Abläufe, die von uns gewünscht werden.

Software wird von Systemanalytikern und Programmierern entwickelt, und zwar in einem Prozess, der eine detaillierte Forschung, Analyse, Programmentwicklung und Tests umfasst. Das Testen von Software kann nie vollkommen sein, sodass manchmal Fehler und Probleme (Programmfehler), auch Bugs genannt, auftreten.

Lizenzierte Software muss gekauft werden und darf nur unter bestimmten Bedingungen verwendet werden.

Shareware ist normalerweise ohne Kosten zu erlangen. Jedoch muss eine geringe Summe entrichtet werden, wenn das Programm regelmäßig genutzt wird. Registrierte Benutzer erhalten in der Regel Servicehilfe und Updates.

Freeware ist Software, die, obwohl sie ebenfalls dem Copyright unterliegt, vom Urheber unentgeltlich weitergegeben wird.

Software gehört dem Urheber, weshalb es im Normalfall illegal ist, sie zu kopieren.

Daten sind meistens der wertvollste Teil in einem Computersystem, denn sie sind am schwierigsten zu ersetzen. Daher sollten Sie Ihre Daten gegen Verlust und Beschädigung schützen, indem Sie Passwörter und ein Anti-Viren-Programm verwenden. Sie sollten Ihre Arbeit auch in bestimmten Abständen speichern und regelmäßig Sicherheitskopien, so genannte Backups anfertigen. Außerdem sollten immer bereits im Voraus Maßnahmen zum Schutz des Systems getroffen werden. Zu den wichtigsten gehören starke Passwörter, individuelle Zugriffsrechte, Virenscanner etc.

Mit Personendaten müssen Sie besonders vorsichtig umgehen. Das Datenschutzgesetz legt jedem, der über eine Datenbank mit personenbezogenen Daten verfügt, eine gewisse Verantwortung auf.

Schnelltest: Software und Daten

1.	Was ist ein Textverarbeitungsprogramm?
A	Systemsoftware
B	Anwendersoftware

2.	Was ist Windows?
A	Systemsoftware
B	Anwendersoftware

3.	Worin besteht der Unterschied zwischen Freeware und Shareware?

4.	Welche der folgenden Aussagen ist/sind richtig?
A	Ordner ist ein anderer Name für Diskette.
B	Eine Datei kann eine Vielzahl von Ordnern enthalten.

4.	**Welche der folgenden Aussagen ist/sind richtig?**
C	Dateien enthalten Datensätze

5.	**Was ist ein Computervirus?**

6.	**Nennen Sie einige Möglichkeiten, Ihre Daten vor Verlust und Missbrauch zu schützen.**

7.	**Sie bringen den Newsletter für Ihre örtliche Gemeinde heraus. Sind Sie berechtigt, die Mailingliste an eine Marketingagentur zu verkaufen? Warum bzw. warum nicht?**

Lektion 1.5: Netzwerke und das Internet

In dieser Lektion

In dieser Lektion werden Sie erfahren, dass sich durch Netzwerke im Computerbereich produktive und interessante Möglichkeiten zur Ressourcen- und Informationsteilung eröffnen.

Sie werden lernen, dass das Internet das weltweit größte Netzwerk ist, welches Millionen von Computern miteinander verbindet. Im Gegensatz zu kleineren privaten Netzwerken, die zentral kontrolliert werden, ist das Internet ein dezentralisiertes Netzwerk.

Neue Fähigkeiten

Am Ende dieser Lektion sollten Sie in der Lage sein:

- die Vorteile von Computernetzwerken zu beschreiben,
- den Gebrauch des Telefonnetzwerkes im Computerbereich zu beschreiben,
- den Gebrauch von E-Mail, Internet und des World Wide Web zu beschreiben,
- die Auswirkungen, die E-Commerce auf die Geschäftspraktiken hat, zu beschreiben.

Neue Wörter

Am Ende dieser Lektion sollten Sie folgende Begriffe erklären können:

- Netzwerk
- Client
- Server
- LAN
- PSTN
- E-Mail
- World Wide Web
- E-Commerce
- Suchmaschine
- WAN
- ISDN
- ADSL
- DSL
- Internet
- Browser

Netzwerke

Computer funktionieren für sich alleine ganz gut (eigenständige Computer), werden jedoch immer öfter zu einem *Netzwerk* verbunden.

Die Vorteile eines Netzwerks

Wenn Ihr Computer mit einem anderen Computer verbunden ist, so ist er Teil eines Netzwerks. Dabei spielt es keine Rolle, ob der andere Computer im gleichen Raum oder am anderen Ende der Welt steht.

Es gibt das *Peer-to-Peer*-Netzwerk, in dem alle Computer im Netzwerk gleichberechtigt sind. Jedes Gerät kann den anderen Ressourcen wie beispielsweise Festplattenkapazität, einen angeschlossenen Drucker oder Scanner usw. zur Verfügung stellen. Die einfachste Form dieser Art von Netzwerk ist die Verbindung zweier Computer über eine serielle Schnittstelle. Sollen mehr als zwei Computer zu einem Netzwerk zusammen geschlossen werden, müssen die jeweiligen Rechner über eine eingebaute Netzwerkkarte verfügen. Moderne Betriebssysteme beinhalten bereits die erforderlichen Softwarekomponenten, sodass die Installation spezieller Programme in der Regel nicht nötig ist.

Eine weitere Art des Netzwerks ist das so genannte *Client/Server*-Netzwerk. Die Aufgabe des Servers ist es hierbei, den Clients Dienste anzubieten. Die ans Netzwerk angeschlossenen Computer (Clients) werden vom Server verwaltet. Je nachdem, welche Art von Dienst der Server anbietet, hat dieser einen speziellen Namen: File-Server (stellt Daten und Programme zur Verfügung), Drucker-Server, Backup-Server etc.

Auch für ein Client/Server-Netzwerk werden alle Rechner über eingebaute Netzwerkkarten und Kabel miteinander verbunden. Für ein Client/Server-Netzwerk wird jedoch zusätzlich eine eigene Software benötigt, die standardmäßig von Novell, Unix, aber auch von Microsoft (Windows NT/2000/XP) kommt.

Wenn Sie an ein Netzwerk angeschlossen sind, können Sie auf Ihrem Computer weiterhin Ihre ganz normalen Arbeiten verrichten, aber es eröffnen sich Ihnen auf Grund der Struktur auch noch ganz andere Möglichkeiten:

- **Gemeinsame Nutzung von Hardware:** In einer Einzelplatzumgebung kann jemand nur dann drucken, wenn ein Drucker direkt an seinen Computer angeschlossen ist. Wenn jedoch ein oder mehrere Drucker in ein Computernetzwerk eingebunden sind, dann kann jeder, dessen Computer an dieses Netzwerk angeschlossen ist, über diese Drucker seine Dokumente ausdrucken. Gemeinsame Druckernutzung bedeutet einfach, dass jeder drucken kann (wenn auch nicht gleichzeitig), ohne dass der Einzelne über einen eigenen Drucker verfügen muss. Das Gleiche gilt auch für andere Hardware wie Modem, Scanner und Plotter.
- **Gemeinsame Nutzung von Dateien:** An einem Einzelplatzcomputer können Sie alle Dateien bearbeiten, die auf der Festplatte Ihres Computers gespeichert sind. An einem Computer, der an ein Netzwerk angeschlossen ist, können Sie eventuell auch Dateien bearbeiten, die auf dem Computer anderer Leute gespeichert sind. Damit Netzwerkbenutzer jedoch nicht durch alle Computer der anderen Netzwerkbenutzer stöbern, wird normalerweise die Information, die z.B. von allen Mitgliedern einer Abteilung in einem Kaufhaus (z.B. Rechnungsabteilung) benötigt wird, auf einen ein-

zelnen, leistungsfähigen, so genannten Dateiserver gelegt, der ständig in Betrieb ist.

- **E-Mail:** Innerhalb einer Organisation kommunizieren die einzelnen Mitglieder in der Regel mit Hilfe von Meetings, Telefongesprächen, Briefen und Memos. Durch ein Computernetzwerk wird aber auch noch eine andere Art der Kommunikation möglich: die elektronische Post, kurz E-Mail genannt. Es ist der Austausch von Nachrichten (normalerweise einfacher Text) zwischen Benutzern von Computern, die alle an ein Netzwerk angeschlossen sind.
- **Datenaustausch:** Benutzer eines Netzwerks können Dateien untereinander austauschen. Eine Person kann einen Artikel für den Newsletter verfassen, eine andere Person bearbeitet den Artikel, die nächste erledigt das Layout, während eine vierte Person eine Zeichnung oder eine vorher eingescannte Fotografie einfügt. Diese Art der kooperativen Arbeit über ein Netzwerk nennt man *Arbeitsgruppe* oder *Gruppenarbeit.*

Computernetzwerk

Zwei oder mehr Computer, die miteinander verbunden sind und somit ihren Benutzern z.B. die gemeinsame Nutzung eines Druckers oder von Dateien und E-Mail ermöglichen.

LANs und WANs

Netzwerke gibt es in zwei Größen, klein und groß. Ein Local Area Network, LAN, ist ein Netzwerk, das Computer eines Büros, eines Gebäudes oder einer Gruppe angrenzender Gebäude miteinander verbindet.

Local Area Network (LAN)

Ein Netzwerk, das Computer über einen relativ begrenzten Bereich hinweg miteinander verbindet.

Große Firmen betreiben Computernetzwerke, die Büros an unterschiedlichen Standorten innerhalb eines Landes, aber auch länderübergreifend miteinander verbinden. Solche Wide Area Networks, WANs, ermöglichen beispielsweise, dass

- das Büro in Frankfurt E-Mails mit dem Büro in Sydney austauscht,
- das Büro in Tokio Dateien lesen kann, die auf einem Computer in New Orleans gespeichert sind,
- das Büro in Kapstadt einen Bericht auf einem Drucker ausdruckt, der im Büro in Bombay steht.

Wide Area Network (WAN)

Ein Netzwerk, das Computer in geografisch weit auseinander liegenden Regionen miteinander verbindet, in der Regel über nationale Grenzen hinweg.

In der Realität sind die meisten Netzwerke größer als LANs, aber kleiner als WANs. Netzwerke, die eine Stadt oder einen Ballungsraum umspannen, nennt man MANs (Metropolitan Area Network). Beispiele: MANDA – Metropolitan Area Network Darmstadt, MAN-BS – Metropolitan Area Network Braunschweig oder das Netzwerk des Münchner Verkehrsverbunds, MVV.

Computernetzwerke können für alle offen oder aber nur ausgewählten Benutzern zugänglich sein. Ein Beispiel für ein Netzwerk mit privatem Zugriff ist ein Netzwerk, das von einer Firma oder einer Verwaltungsstelle betrieben wird und auf das nur vom eigenen Personal zugegriffen werden kann. Ein Beispiel für ein Netzwerk mit öffentlichem Zugriff ist das Internet.

Man spricht daher auch von Intranet und Extranet. Unter Intranet versteht man ein Netz, basierend auf Internettechnologie, das z.B. Mitarbeitern einer Firma oder einer Organisation zum elektronischen Informationsaustausch zur Verfügung steht. Es handelt sich dabei um eine geschlossene Benutzergruppe. Unter Extranet versteht man die Erweiterung eines firmeninternen Intranets auf nahe stehende Gruppen wie z.B. Kunden oder Verkaufspartner, wobei diesen über das Internet bestimmte Informationen zugänglich gemacht werden. Es handelt sich also um einen Teil des Intranets und ebenfalls um eine geschlossene Benutzergruppe. Im Gegensatz zu einem reinen Internet-Angebot sind die dort vorhandenen Daten aber nicht für die breite Öffentlichkeit bestimmt und von dieser auch nicht einsehbar.

Die Verbindung herstellen

Wie aber sind die Computer eines Netzwerks nun tatsächlich miteinander verbunden? Bei einem LAN ist dies relativ einfach. Die Computer und Drucker sind durch spezielle Kabel miteinander verbunden. Bei einem WAN fällt diese Möglichkeit schon aus. Es wäre doch sehr unpraktisch, Kabel von einem Ende des Landes zum anderen zu legen oder gar bis zu einem anderen Kontinent.

Das Telefonnetzwerk

Die Lösung: WANs verwenden bereits vorhandene Kabel, nämlich die Leitungen der nationalen und internationalen Telefonsysteme (öffentliche Fernsprechwählnetze, PSTN – Public Switched Telephone Network), und sie nutzen auch alle anderen Technologien eines Telefonnetzwerks: Satelliten, Mikrowellen, Glasfaser usw. Dies hat große Vorteile, aber auch einen entscheidenden Nachteil:

- **Vorteile:** Das notwendige Kabelnetz ist schon vorhanden, man muss also keine WAN-Kabel durch Flüsse oder über Berge legen. So sind die Verbindungspunkte nie weit voneinander entfernt. Das Telefonsystem reicht bis in jedes Büro und praktisch bis in jeden Haushalt.
- **Nachteile:** Computersignale (das sind die Signale, die in einem Computer herumschwirren) unterscheiden sich von denen, die von einem Telefonsystem akzeptiert werden (Signale, die durch die menschliche Stimme erzeugt werden). Computersignale sind *digital*, Stimmensignale *analog*.

Wir haben also ein Problem – das Problem der unterschiedlichen Signalformen. Um also einen Computer an eine Telefonleitung anzuschließen, benötigen wir ein Gerät, das zwei Dinge kann. Welche Aufgabe dieses Gerät dann gerade ausführt, hängt von der Richtung ab, in der die Daten fließen.

- **Ausgehende Information:** Wenn Ihr Computer Daten in eine Telefonleitung sendet (z.B. E-Mail), so muss das Gerät Computersignale in Telefonsignale umwandeln, also von digital in analog.
- **Eingehende Information:** Wenn Sie Daten empfangen (z.B. Dateien von einem entfernten Computer), so muss das Gerät Telefonsignale in Computersignale konvertieren, also von analog in digital.

Ein anderes Wort, das auch häufig für diese Art der Umformung verwendet wird, ist Modulation. Ein Gerät, das ein Signal **mo**duliert und **dem**oduliert, bezeichnet man als Modem.

Modem

Ein Gerät, dass es Computern ermöglicht, über eine Telefonleitung zu kommunizieren. Am aussendenden Computer konvertiert das Modem die ausgehenden Daten in ein Format, das von einem Telefonsystem akzeptiert wird. Am empfangenden Computer konvertiert ein anderes Modem die Daten in das ursprüngliche Computerformat zurück.

Die meisten modernen Computer verfügen über ein eingebautes Modem. Um einen solchen Computer mit der Telefonleitung zu verbinden, stecken Sie den Stecker der Telefonleitung einfach in die dafür vorgesehene Öffnung an der Rückseite Ihres Computergehäuses. Handelt es sich bei Ihrem Modem um ein externes Gerät, so schließen Sie die Telefonleitung an Ihr Modem an und verbinden dieses durch ein separates Kabel mit dem seriellen Port an Ihrem Computer. Es kann sein, dass das Modem per Batteriebetrieb läuft oder an die normale Stromversorgung angeschlossen werden muss.

Modems werden nach ihrer Übertragungsgeschwindigkeit bewertet. Die *Baudrate* drückt aus, wie oft in der Sekunde Signaländerungen vorgenommen werden. Jede Signaländerung kann jedoch mehr als ein Bit Daten übermitteln. Daher wird die Übertragungsrate heutzutage eher in *Bits pro Sekunde*, *bps* gemessen. Die schnellsten Modems erreichen derzeit eine Übertragungsgeschwindigkeit von rund 56 Kbps.

ISDN

Eine Alternative zur Nutzung der normalen Telefonsysteme ist die Verwendung von ISDN (*Integrated Services Digital Network*). Wie der Name schon verrät, dient dieses Netz der Übertragung von digitalen Signalen. In der Vergangenheit wurde ISDN hauptsächlich von Geschäftsleuten benutzt, die häufiger große Datenmengen mit anderen Büros austauschten. Mittlerweile wird es jedoch zunehmend auch von Privatkunden genutzt. Die Preise für ISDN bewegen sich heute in einer Größenordnung, die auch für kleinere Firmen und Privathaushalte erschwinglich sind.

ISDN ermöglicht den Zugriff auf zwei 64-Kbps-Leitungen. Diese können getrennt oder gemeinsam benutzt werden, um Daten mit einer Geschwindigkeit von bis zu 128 Kbps zu übertragen.

ISDN – Integrated Services Digital Network

Ein weltweites digitales Kommunikationsnetzwerk, das aus vorhandenen Telefondiensten entwickelt wurde.

DSL und ADSL

Nachdem ISDN auch für Privathaushalte erschwinglich wurde, drängt nun die DSL-Technologie (Digital Subscriber Line) und somit auch die ADSL-Technologie auf den Markt. Bei DSL, oft auch als xDSL bezeichnet, handelt es sich um einen Überbegriff für diverse Technologien zu denen ADSL (Asymmetric Digital Subscriber Line), RADSL (Rate-adaptive Asymmetric Digital Subscriber Line), IDSL (Internet Digital Subscriber Line), SDSL (Symmetric Digital Subscriber Line), HDSL (High-data-rate Digital Subscriber Line) und VDSL (Very-high-rate Digital Subscriber Line) gehören. All diese Technologien arbeiten über verdrillte Kabel, unterscheiden sich aber hinsichtlich der Übertragungsmethode und der Übertragungsgeschwindigkeit. Einige dieser Technologien sind asymmetrisch, was bedeutet, dass sie beim Empfang eine höhere Geschwindigkeit als beim Senden erreichen. Die übrigen Technologien arbeiten symmetrisch, was bedeutet, dass die Übertragung in beiden Richtungen mit derselben Geschwindigkeit abläuft. DSL erzielt eine hohe Übertragungsgeschwindigkeit über das standardmäßige, verdrillte Kupfertelefonkabel, das von den Telefongesellschaften verwendet wird. DSL-Technologien dienen dazu, Hochgeschwindigkeitszugänge zu ermöglichen, ohne dass dafür neue Kabel verlegt werden müssen. ADSL, eine der bekanntesten Technologien dieser Art, erzielt z.B. beim Empfang rund 8 Megabit pro Sekunde (Mbps) und beim Senden 16 bis 640 Kilobit pro Sekunde (Kbps), abhängig davon, wie weit der Telefonanschluss von der Ortsvermittlungsstelle entfernt ist. VDSL bietet noch eine weitaus höhere Übertragungsgeschwindigkeit. Beim Empfang werden rund 50 Mbps und beim Senden etwa 2 Mbps erreicht. Symmetrische DSL-Technologien – dazu gehört HDSL – übertragen mit etwa 2 Mbps in beiden Richtungen.

ADSL – Asymmetric Digital Subscriber Line

Technologie und Hardwarekomponenten, die Hochgeschwindigkeitsübertragungen von digitalen Signalen über ein gewöhnliches verdrilltes Kupfertelefonkabel ermöglichen.

E-Mail

Netzwerke ermöglichen ihren Benutzern den Austausch persönlicher Nachrichten. Das ist auch die Idee, die hinter E-Mail steckt.

Um jemandem eine E-Mail senden zu können, müssen Sie mit einem Netzwerk verbunden sein, dem auch der Computer des Empfängers (direkt oder indirekt) angehört. Des Weiteren brauchen Sie eine E-Mail-Software und eine eindeutige Adresse des Empfängers. Das ist das Minimum an nötigen Voraussetzungen. Eine E-Mail-Adresse setzt sich zusammen aus dem Namen, dem Trennzeichen @, der Domäne (Provider, Online-Dienst) und der Kennung.

Beispiel: Heiner.Klein@arcor.de

In der Praxis bedeutet dies, dass beide Personen mit den folgenden Dingen ausgestattet sind:

- Computer
- Modem oder ISDN-Karte
- Telefonleitung
- Anmeldung bei einem Internet Service Provider (ISP)

Der ISP verfügt über eine ständige Verbindung zum Internet und bewahrt auf seinem Computer alle E-Mails aus aller Welt auf, die an Ihre Mailbox geschickt werden, bis diese von Ihnen unter Verwendung eines Passworts zum Nachweis Ihrer Berechtigung abgerufen werden.

Dies bedeutet, dass Sie Ihrem Freund auch dann eine E-Mail senden können, wenn sein Computer gar nicht eingeschaltet ist. Die E-Mail wird von seinem ISP so lange gespeichert, bis sie vom Adressaten abgerufen wird.

ISP (auch Service-Provider)

Ein Unternehmen, das allgemeine Internet-Dienstleistungen an Privatpersonen, Unternehmen und andere Organisationen verkauft.

So können Sie also auf elektronische Weise über einen längeren Zeitraum hinweg eine Art Kommunikation mit Ihrem Freund führen, ohne dass Sie jemals zur gleichen Zeit sprechen. Das ist eine praktische Sache, besonders wenn man in verschiedenen Zeitzonen lebt.

E-Mail

Darunter versteht man den Austausch von Nachrichten (normalerweise einfacher Text) zwischen Benutzern, deren Computer an ein gemeinsames Netzwerk angeschlossen sind.

E-Mail hat zwei frühere Technologien abgelöst, die auch das Telefonnetz zum Senden und Empfangen von geschriebenen Nachrichten nutzten:

- Das **Fax** kann als Kopierer verstanden werden, der in der Ferne kopiert. Der Versender benutzte ein Fax, um einen Brief, eine Zeichnung, eine Karte oder Ähnliches einzuscannen. Das Faxgerät kodierte die Nachricht so, dass sie durch eine Telefonleitung verschickt werden konnte. Das Faxgerät des Empfängers dekodierte die Nachricht wieder und druckte sie aus.
- **Telex** war eine wesentlich simplere Technologie und funktionierte wie eine Schreibmaschine. Es akzeptierte nur Text, der auf einer speziellen Telexmaschine geschrieben wurde (keine Bilder). Auf der Empfängerseite druckte das Telexgerät den gleichen Text bzw. Zahlen wieder aus.

Das Internet

Das Internet ist in aller Munde. Möglicherweise ist es ja auch der Hauptgrund, weshalb Sie etwas über Computer erfahren und lernen möchten.

Internet

Das Internet ist eine weltweite Zusammenführung von Netzwerken.

Wenn Sie mit dem Internet verbunden sind, können Sie:

- E-Mails an andere Benutzer versenden,
- sich Zugang zu Informationen verschaffen, die auf Computern rund um den Erdball gespeichert sind.

Es gibt Millionen von Internet-Nutzern. Hunderttausende von Computern sind permanent mit dem Internet verbunden. Dabei handelt es sich um Regierungscomputer, Universitätscomputer, Firmencomputer, Computer mittelständischer Unternehmen, Computer freiwilliger Organisationen und auch Computer von Privatpersonen. Jeder Benutzer, egal wo er sich befindet, kann eine Nachricht an jeden anderen Benutzer versenden und Zugriff auf Dateien auf anderen Computern haben. Dieser Informationsreichtum kann für Forschung, Nachrichten, Unterhaltung, Erziehung, Information, Sport, aktuelle Begebenheiten, Kunst und zum Einkaufen genutzt werden.

Das Internet ist das wohl bekannteste Netzwerk für den E-Mail-Versand geworden. Und das hat mehrere Gründe:

- Das Netzwerk ist bereits vorhanden. Es muss also kein neues aufgebaut werden, um alle Personen, mit denen Sie kommunizieren möchten, zu verbinden.
- Die Anzahl der schon angeschlossenen Benutzer ist sehr groß. Die Chancen stehen also gut, dass die Person, mit der Sie kommunizieren möchten, bereits über einen Internet-Anschluss verfügt.
- Das Internet ist so konzipiert, dass es im Falle von Teilabstürzen weiter stabil bleibt. Wenn ein Computer oder Netzwerk zusammenbricht oder eine Telefonleitung nicht funktioniert, übernehmen andere Teile die Aufgabe. Die Nachricht wird einfach umgeleitet und so lässt sich das Problem umgehen.
- Das Internet benutzt allgemeine Standards. Eine Nachricht, die von einem Computersystem in einem Land verschickt wird, kann von einem anderen Computersystem in einem anderen Land korrekt interpretiert und ausgegeben werden.

World Wide Web

Der Begriff *World Wide Web* beschreibt Dokumente, die über das Internet verbreitet werden und ein bestimmtes grafisches Format aufweisen. Die Dokumente können durch einen Link miteinander verbunden sein, unabhängig davon, wo ihr physikalischer Standort ist. Ein Benutzer kann diesen *Links* (Verknüpfungen) von Dokument zu Dokument folgen. So können Sie durch ein bestimmtes Thema blättern, und zwar von allgemeinen Dingen bis hin zu spezieller Information, von Details bis hin zu großen Bildern, von Grafik bis Text, von Text bis Sound. Diese Links bezeichnet man als *Hyperlinks*. Dokumente, die sich aus diesen Hyperlinks zusammensetzen, nennt man Hypertext oder Hypermedia, wenn auch Sound, Grafik oder Video mit eingebunden sind.

Die Software, die verwendet wird, um WWW-Dokumente (auch Webseiten genannt) anzuzeigen, wird *Browser* genannt. Die bekanntesten Browser sind der *Microsoft Internet Explorer* und der *Netscape Navigator*.

World Wide Web

Die komplette Sammlung von Dokumenten, die im Internet in einer Form veröffentlicht sind, in der sie mit einem Browser angezeigt werden können.

Browser

Ein Programm, das Webseiten darstellen und so genannten Links von einer Seite zur anderen folgen kann.

Wie aber findet man da noch etwas Vernünftiges? Bei Hunderttausenden von Computern, die ans Internet angeschlossen sind und die alle Tausende von Seiten mit Information bereitstellen, keine einfache Sache, oder?

Am besten verwenden Sie eine Suchmaschine, ein Programm, das das Internet nach Informationen absucht, die für Sie interessant sind: Der Kurs einer Aktie, die Flugzeit von Athen nach Rom, der Vergleich zweier Staubsaugermarken, die korrekte Schreibweise eines englischen Wortes, die Prognose eines medizinischen Zustands, das heutige Fernsehprogramm, alles ist vorhanden – irgendwo. Die Suchmaschine kann aber nur die Einträge vergleichen, die sie in der ihr zugrunde liegenden Datenbank findet. Es ist also für Homepage-Betreiber wichtig, eine erstellte Homepage in mehreren Suchmaschinen zu registrieren.

Das Internet und das World Wide Web wird auch mit dem Begriff Informations- bzw. Datenhighway, oft auch mit dem Ausdruck Datenautobahn bezeichnet.

Suchmaschine

Ein Programm, das das World Wide Web nach Dokumenten absucht, die den von Ihnen bestimmten Kriterien entsprechen.

Zusammenfassung der Lektion: Das haben Sie gelernt

Die Arbeit in einem Computernetzwerk ermöglicht den Benutzern den gemeinsamen Zugriff auf Hardware und Daten und den Austausch von Nachrichten. Diese Art der Zusammenarbeit über ein Netzwerk wird als Gruppenarbeit oder Teamarbeit bezeichnet. Das Netzwerk kann eine kleine begrenzte Fläche umfassen, und wird dann als LAN (local area network) bezeichnet. Wenn das Netzwerk eine große geografische Fläche umfasst, wird es als WAN (wide area network) bezeichnet. WANs verwenden zur Verbindung von weit auseinander liegenden Computerbenutzern normale Telefonleitungen bzw. das schon vorhandene Telefonsystem. Dazu benötigt man ein Modem. Immer mehr Telefongesellschaften bieten jedoch ISDN und ADSL zur schnelleren Computerkommunikation an.

Um E-Mail nutzen zu können, müssen Sender und Empfänger über einen PC, ein Modem oder eine ISDN-Karte, Zugriff auf eine Telefonleitung und über einen Zugang zu einem Internet Service Provider (oder einen anderen E-Mail-Boten) verfügen.

Das Internet ist ein weltweites Netzwerk von miteinander verbundenen Netzwerken. Es ist das gebräuchlichste Medium für E-Mail und stellt die Infrastruktur für das World Wide Web zur Verfügung. Letzteres ist eine enorme Dokumentensammlung, die über das Internet in einem speziellen Format zur Verfügung steht. Dank dieses speziellen Formats ist ein Browser in der Lage, die einzelnen Dokumente darzustellen. Der Browser erlaubt es Ihnen, ein Dokument Ihrer Wahl anzuzeigen und durch Hyperlinks von einem zum nächsten Dokument zu wechseln.

Das Internet unterstützt viele Unternehmen dabei, neue Märkte zu erschließen, und es bietet Kunden neue Dienstleistungen rund um den Globus. Und das genau versteht man unter E-Commerce.

Schnelltest: Netzwerke und das Internet

1.	Nennen Sie zwei Gründe, Ihren Computer an ein Netzwerk anzuschließen.

2.	Das L in LAN steht für:
A	Leading
B	Local
C	Long
D	Linked

3.	Das A in WAN steht für:
A	Access
B	Attached
C	Area
D	Aerial

4.	**Kommentieren Sie die folgenden Aussagen und bewerten Sie sie als richtig oder falsch.**
A	Computernetzwerke werden in Kürze das Telefonsystem überholt haben.
B	Modems werden verwendet, um die Geschwindigkeit zu erhöhen, mit der Computer miteinander kommunizieren.
C	Das Telefonsystem ist geradezu ideal für die Kommunikation zwischen Computern.
D	E-Mail ist ein anderer Name für Internet.

5.	**Was ist das Internet? Nennen Sie zwei der häufigsten Nutzungsmöglichkeiten.**

6.	**Was ist das World Wide Web? Welche Software benötigen Sie, um es zu nutzen?**

7.	**Was ist eine Suchmaschine?**

Lektion 1.6: Wozu Computer gebraucht werden

In dieser Lektion

Diese Lektion beschreibt, wozu Computer eigentlich gebraucht werden und welche Auswirkungen sie auf unser Leben haben. Diese Darstellung erhebt natürlich keinerlei Anspruch auf Vollständigkeit. Das wäre auch völlig unmöglich, da täglich neue Computerbenutzer hinzukommen. Dennoch werden Sie am Ende dieser Lektion die große Vielfalt der Programme schätzen lernen.

Neue Fähigkeiten

Am Ende dieser Lektion sollten Sie in der Lage sein,

- über die weit verbreitete Nutzung von Computern in der modernen Gesellschaft zu diskutieren,
- Beispiele verschiedener Computerprogramme und ihrer Anwendungsmöglichkeiten in Unternehmen, Industrie, Schulen, im Gesundheitswesen wie auch zu Hause geben zu können,
- den angemessenen und unangemessenen Einsatz von Computern zu diskutieren,
- über die Informationsgesellschaft ganz allgemein zu diskutieren.
- die Veränderungen von Geschäftspraktiken durch elektronisches Einkaufen (E-Commerce), E-Business, E-Learning etc. zu beschreiben.

Neue Wörter

Am Ende dieser Lektion sollten Sie folgende Begriffe erklären können:

- E-Commerce
- E-Government
- Telearbeit
- CBT
- E-Business
- Online-Shopping
- E-Learning

Geschäftswelt und Verwaltung

Die meisten Büros sind heutzutage von Computern abhängig. Computer werden dazu verwendet, Konten zu führen, Rechnungen zu versenden, Aufzeichnungen über Kunden und Zulieferer zu sammeln, den Lagerbestand zu verwalten, das Gehalt zu berechnen, Briefe, Memos und Berichte zu verfassen und zu bearbeiten, Verkaufspräsentationen zu entwerfen, mit anderen Firmen zu kommunizieren, Marktdaten zu sammeln und mit anderen in Forschungsprojekten zusammenzuarbeiten.

Computer kommen aber auch in komplexeren Geschäftsprozessen wie Ressourcenplanung, Zeitplanung, Routenplanung, Kundenmanagement, Verkaufsanalysen und Simulationen zum Einsatz.

Computer sind da besonders nützlich, wo große Datenmengen verarbeitet, analysiert, gespeichert und gefiltert oder komplexe, sich wiederholende Berechnungen vorgenommen werden müssen.

Industrie

In der verarbeitenden Industrie dienen Computer allen schon weiter oben genannten administrativen Funktionen und darüber hinaus noch vielen anderen. Computer dienen der zeitlichen Steuerung von Produktionsabläufen, überwachen den Verbrauch von Rohstoffen und die Qualität des Endprodukts, steuern Maschinenwerkzeuge, entwerfen neue Produkte, minimieren den Abfall und helfen, die Lagerbestände zu optimieren.

In den hoch automatisierten Betrieben werden Computer dazu verwendet, Aufträge von Kunden entgegenzunehmen. Daraufhin erteilen sie den Befehl, die benötigten Produkte gemäß den Kundenangaben herzustellen, automatisch Teile und Material bei den entsprechenden Zulieferern zu bestellen (nachdem zuerst geprüft wurde, ob sie auch fristgerecht liefern können) und den Terminplan für den Betrieb und das Personal zu erstellen, damit der Kundenauftrag zufrieden stellend ausgeführt werden kann.

Einzelhandel

In Supermärkten und zunehmend auch in kleineren Geschäften werden Computer dazu eingesetzt, am Ausgang den Barcode Ihrer Einkäufe abzulesen und daraufhin Ihre Rechnung zu erstellen. In vielen Geschäften wird die Information über Ihre Einkäufe unverzüglich an ein Lagerhaus weitergegeben und Nachbestellungen werden automatisch ausgeführt, sobald der Warenbestand unter ein vorher festgelegtes Niveau fällt. Auch für das Personal, das für die Bestückung der Regale zuständig ist, können entsprechende Anweisungen ausgegeben werden, sodass die Regale immer gut mit Ware bestückt sind. Diese Technologie erlaubt es dem Supermarkt, seinen Lagerbestand minimal zu halten. Das verhindert totes Kapital in Form von überflüssigen Lagerbeständen und teurer Lagerfläche.

Computer können weiterhin dazu verwendet werden, bewegliche Spruchbänder zu Werbezwecken zu steuern. Diese Anzeigen, auch Displays genannt, bestehen aus Hunderten kleiner Leuchtdioden (LEDs), die blitzschnell an- und ausgeschaltet werden und so einen Text oder Bilder erzeugen.

E-Commerce

Unternehmen in aller Welt sind dabei, das Internet zum Aufbau neuer Märkte für sich zu nutzen. Sie verwenden das Internet, um für ihre Produkte zu werben, Aufträge anzunehmen und in vielen Fällen auch, um ihre Waren und Leistungen zu liefern. Es ist völlig klar, dass nur ganz spezielle Produkte online geliefert werden können. Darunter befinden sich aber auch Produkte, die ursprünglich in Geschäften verkauft wurden, beispielsweise Software, Musik, Konzertkarten und Bücher. Das Internet wird von Unternehmen aber auch genutzt, um den billigsten oder effektivsten Markt für Rohstoffe zu finden, Nachfragen und Auslieferungen zu verfolgen oder mit ihren Kunden zu kommunizieren.

Diese Nutzungsmöglichkeiten des Internets für elektronische Geschäftsprozesse fasst man unter dem Begriff E-Business zusammen. Unter dem Unterbegriff E-Commerce (elektronischer Handel) versteht man die Vermarktung und den Handel von Waren und Dienstleistungen über das Internet bzw. über andere elektronische Medien.

Das Internet revolutioniert die Art und Weise, in der Sie einkaufen. Sie können Preise mehrerer Anbieter vergleichen und direkt vom Hersteller oder einem Anbieter irgendwo auf der Welt kaufen. Außerdem können Sie mit anderen Käufern kommunizieren und deren Meinung zu Qualität und Eignung des Produkts einholen. Wenn Sie eine Reise machen möchten, können Sie Ihren Reiseplan zusammenstellen, den billigsten Flug recherchieren, nach Hotelalternativen suchen und deren Leistungen und Preise vergleichen, besondere Angebote prüfen, Landkarten anschauen und eine Veranstaltungsliste durchsehen. Sie können Flüge buchen, Autos, Hotelzimmer oder eine sonstige Unterkunft mieten, Konzerte, Sportveranstaltungen und sogar ein Abendessen in Ihrem Lieblingsrestaurant buchen.

E-Commerce

Geschäfte, die über ein Netzwerk oder das Internet getätigt werden. Die angebotenen Produkte und Serviceleistungen können in digitaler Form vorliegen, müssen aber nicht.

Einkaufen im Internet – Online-Shopping

Der Ablauf des Einkaufs im Internet in so genannten Online-Shops läuft meistens nach einem üblichen Schema ab. Sie haben sich z.B. dazu entschieden, über die Homepage eines Versandhauses einzukaufen. Auf der Startseite werden Ihnen normalerweise die verschiedenen Produktgruppen angezeigt, ähnlich wie die verschiedenen Abteilungen in einem Warenhaus. Einige Anbieter erlauben auch die Suche über einen Index, um so ein schnelles Navigieren durch den oftmals umfangreichen Katalog zu erleichtern. Wählen Sie eine bestimmte Produktart aus, um sich dann für einen bestimmten Artikel zu entscheiden, den Sie normalerweise dann auch detailliert betrachten können. Manchmal wird eine 3-D-Ansicht des Produktes geboten oder im Falle von Musik-CDs sogar eine Hörprobe. Im Normalfall gibt es zum ausgewählten Produkt eine Beschreibung und die Möglichkeit, sich alle Produktdaten wie Größe, Farbe, technische Daten etc. anzeigen zu lassen. Wenn Sie ein passendes Produkt gefunden haben, können Sie es per Mausklick in den Warenkorb legen. In diesem virtuellen Einkaufswagen können Sie nun alles sammeln, was Sie kaufen möchten. Der Inhalt des Warenkorbs lässt sich jederzeit anzeigen, und Sie können Artikel löschen oder die Stückzahl verändern. Je nach den vorgenommenen Änderungen wird dann auch der Gesamtwarenwert neu berechnet. Sind Sie mit dem Inhalt Ihres Warenkorbs zufrieden, so müssen Sie nun ein Formular mit Ihren persönlichen Daten ausfüllen, soweit Sie nicht bereits über eine Kundennummer verfügen. Außerdem können Sie in den meisten Fällen die Liefer- und Zahlungsbedingungen festlegen. Nachdem Sie nun alle Daten noch einmal überprüft haben, können Sie die Bestellung abschicken. Bei Anbietern, die eine Zahlung über Kreditkarte anbieten, sollten Sie darauf achten, dass die Übertragung der Daten über eine gesicherte, also verschlüsselte Seite stattfindet. Bei Kartenzahlung muss der Name des Karteninhabers, die Kartennummer sowie das Ablaufdatum der Karte in ein dafür vorgesehenes Formular eingetragen werden.

Das Online-Shopping bringt viele Vorteile für den Kunden mit sich. Man ist nicht an Geschäftszeiten gebunden und kann bequem von zu Hause aus 24 Stunden am Tag und 365 Tage im Jahr nach Herzenslust einkaufen. Da die Bestellungen direkt in ein Formular eingetragen werden und so direkt im Computer des Anbieters landen, sind Online-Bestellungen wesentlich weniger anfällig für Fehler, als dies bei einer Fax- oder Telefonbestellung der Fall ist. Außerdem haben Sie die Möglichkeit, mehrere Produkte verschiedener Anbieter miteinander zu vergleichen, und können so das für Sie beste Angebot zu nutzen. Da ein Online-Katalog in der Regel einfacher und schneller zu aktualisieren ist, sind diese oft aktueller als ein herkömmlicher Papierkatalog.

Aber das Online-Shopping und somit E-Commerce im weitesten Sinne birgt auch Nachteile. Es fehlt der menschliche Kontakt und die oftmals wichtige persönliche Beratung. Sie müssen sich also relativ sicher sein und sich eventuell im Vorfeld schon die nötigen Informationen besorgt haben. Da die meisten Anbieter eine Zahlung über Kreditkarte wünschen, gibt es noch viele Menschen, die vor dem Online-Einkauf zurückschrecken. Denn immer noch gibt es Lücken im Sicherheitssystem der elektronischen Zahlung und es ist in der Vergangenheit vorgekommen, dass Hacker sich die Kreditkartendaten einzelner Personen zunutze gemacht haben.

E-Banking

Wenn Sie Ihre Waren nun per normaler Rechnung bezahlen möchten, aber dennoch nicht extra zur Bank gehen möchten, bietet sich die Möglichkeit des E-Banking, auch Homebanking genannt. T-Online war einer der ersten Anbieter dieses Service und lief beim Start im Jahre

1984 noch unter der Bezeichnung BTX (Bildschirmtext). Homebanking zählt heute zu den am häufigsten genutzten Diensten im Internet. Dieser Dienst ist sicherer als der über das normale Internet. Der Datentransfer zwischen dem Kunden und dem Geldinstitut erfolgt auf besonders geschützten Leitungen. Der Online-Geldverkehr wird mit Hilfe von so genannten TANs (Transaction Number) und PINs (Personal Identification Number) geregelt, die Ihnen von Ihrem jeweiligen Geldinstitut zugewiesen werden. Sie fungieren als »Unterschrift« für jegliche Art von Banktransaktionen. Für alle Arten der Transaktion stehen Ihnen im Browser bestimmte Formulare zur Verfügung, die Sie wie z.B. einen ganz normalen Überweisungsträger ausfüllen müssen. Wenn Sie alle Daten überprüft haben, können Sie den Auftrag absenden.

Viele Geldinstitute bieten auch so genanntes Internet-Banking an. Beim Internet-Banking haben Sie die Möglichkeit, direkt über das Internet auf Ihre Bankdaten zuzugreifen. Hierzu werden Signatur- und Verschlüsselungsverfahren eingesetzt. Während des Telebankings werden die Daten mit einem so genannten S-HTTP-Protokoll (Secure HyperText Transfer Protocol = Sicheres HTTP-Protokoll) verschlüsselt übertragen. Solche Internetseiten erkennen Sie daran, dass die Adresse mit https:// anfängt und unten links in der Statusleiste des Browsers ein Schloss zu sehen ist.

Abschließend kann gesagt werden, dass immer mehr Unternehmen und Institutionen ihre Administration über eine maßgeschneiderte Software steuern und viele von ihnen einen Teil Ihres Geschäftes auch über das Internet abwickeln. Das fängt beim Online-Einkauf im Supermarkt an, geht über die Online-Ticketbuchung bei einer bestimmten Airline bis hin zu Online-Angeboten (Online-Formulare zur Ermittlung der Versicherungsprämie und zur Schadensmeldung) von Versicherungen und Abwicklung von Geldgeschäften mit Online-Banking.

Zu Hause

Auch in den privaten Haushalten erschließt sich Computern ein weites Einsatzgebiet: zum Spielen (die wohl häufigste Nutzung), zur Haushaltsabrechnung, zur Informationsbeschaffung über das Internet (Nachforschungen über die Geschichte des Altertums für ein Hausaufgabenprojekt oder der aktuelle Tabellenstand der italienischen Fußball-Liga), oder um E-Mails an Freunde und Verwandte im Ausland zu versenden. Die Liste wird jeden Tag länger und die Grenzen liegen allein in Ihrer Vorstellungskraft.

Viele Leute haben sich zu Hause ein professionelles Designstudio bzw. DTP-Unternehmen mit Hilfe ihres PCs eingerichtet. Andere wiederum nutzen ihren Computer, um Video- und Soundbearbeitung anzubieten, und zwar vergleichbar mit dem, was sonst nur mit teurer und erlesener Ausrüstung angeboten wird. Buchhalter, Journalisten, Schriftsteller und Betreiber von Datenbanken sind dank des Computers und der guten Verbindungen auch in der Lage, von zu Hause aus zu arbeiten.

Diese Art der Arbeit nennt man Telearbeit. Dies bedeutet einfach, dass eine Person am Computer außerhalb des Unternehmens arbeitet – zum Beispiel zu Hause. Die Arbeit, die der Telearbeitnehmer zu Hause am Computer verrichtet, wird dann mit Hilfe des Computers an seine Firma übermittelt. Bei den sinkenden Kosten für Flatrates (Pauschaltarif für die Internetnutzung) kann das z.B. über eine Standleitung geschehen. Die Telearbeit hat Vor-, aber auch Nachteile. Die Vorteile liegen auf der Hand: Fahrtkosten werden reduziert oder ganz beseitigt, die Arbeitszeit kann flexibel eingeteilt werden und das Unternehmen braucht keinen Arbeitsraum zur Verfügung zu stellen, womit wiederum Kosten eingespart werden. Aber es gibt auch Nachteile. Der direkte Kontakt zu den Kollegen geht verloren und es besteht die Gefahr der Vereinsamung. Auch bei Teamprojekten kann sich Telearbeit negativ auswirken, da die direkte Kommunikation untereinander erschwert wird. Denn es gibt immer noch Dinge, die sich leichter im direkten Gespräch als per E-Mail oder Telefon besprechen lassen. Eine gesunde Mischung aus Telearbeit und Arbeit am Arbeitsplatz im Unternehmen wäre wohl ideal. Von Experten wird die Telearbeit als die Arbeitsform der Zukunft gesehen.

Ähnlich wie die Telearbeit funktioniert auch das Telelearning, auch E-Learning genannt. Dies bedeutet, dass die betreffende Person eine Ausbildung oder einen Kurs von zu Hause aus durchführt und mit seinem Trainer oder Tutor über den Computer kommuniziert bzw. Arbeitsergebnisse über das Internet versendet. Dabei kann ein Teil der Ausbildung oder des Kurses eine Internetkurs sein, an dem man online teilnimmt. Es gibt mittlerweile groß angelegte Lernplattformen im Internet, die eine große Auswahl an Kursen anbieten. Es gibt auch schon Unternehmen, die ihren Mitarbeitern Telelearning, also Lernen über das Internet, innerhalb der Firma anbieten.

Schulen

Wenn man davon hört, dass junge Leute in der Schule Computer benutzen, dann denkt man immer noch an technische Nutzungsmöglichkeiten wie das Programmieren. Das ist jedoch nur selten der Fall.

Die hauptsächliche Nutzung der Computer in der Schule bezieht sich auf die einzelnen Fächer. Es gibt eine Menge Lehr- bzw. Lernsoftware auf dem Markt, in der fächerbezogenes Wissen strukturiert und unterhaltsam aufbereitet wird. Solche Programme werden auch oft als CBT (computer based training) bezeichnet und können in der Schule, aber auch ganz normal zu Hause eingesetzt werden. Computerbasiertes Training setzt jedoch voraus, dass der Benutzer über einige Vorkenntnisse verfügt, denn der Begriff Training steht im weitesten Sinne für Üben und Vertiefen. Manche Schüler sind für diese Art der Informationsaufnahme empfänglicher und jeder Schüler kann seinem eigenen Rhythmus entsprechend lernen und Fortschritte machen. Der Computer wiederholt Lektionen beliebig oft, ohne dabei ungeduldig zu werden.

Außerdem bedeutet der Computer die Öffnung der Schule hin zur Außenwelt. Schüler können Informationen bei Büchereien, Universitäten, staatlichen Stellen, privaten Gesellschaften, neuen Organisationen und anderen Stellen anfragen und suchen. Sie können mit Schülern in anderen Ländern kommunizieren und an gemeinsamen Projekten arbeiten. Sie können Unterricht bei Experten dieser Welt nehmen, ohne den Klassenraum verlassen zu müssen.

Computer können dazu verwendet werden, wissenschaftliche Experimente, die entweder sehr teuer oder sehr gefährlich sind, zu simulieren. So können die Schüler lernen, ohne sich selbst in Gefahr zu bringen bzw. die Kosten für Material und Ausrüstung des Experiments aufbringen zu müssen.

Schüler können den Computer auch nutzen, um Berichte zu schreiben, eine Schülerzeitung zu produzieren oder Poster zu entwerfen.

Aber auch für administrative Zwecke kommt der Computer in Schulen und ganz allgemein im Bildungswesen zum Einsatz. Er hilft bei der Erfassung von Schüler- und Studentendaten, vereinfacht die Stunden-, Seminar- und Raumverteilungsplanung und vieles andere mehr.

Gesundheitswesen

Die Verwaltung eines Krankenhauses hängt zunehmend vom Einsatz von Computern ab. Tatsächlich decken sich viele Anwendungsbereiche mit denen der verarbeitenden Industrie. Planung für teure und seltene Ausrüstung, Aufstellen von Dienstplänen, Patiententermine planen etc. Außerdem werden hier Computer zur Patientenüberwachung gebraucht, also Überwachung des Gesundheitszustands und eventuell Alarmierung des Personals im Falle besonderer Vorkommnisse. Computer ermöglichen es dem Arzt, genaue Patientenberichte zu erstellen und zu bewahren. Seit neuestem gibt es auch Computer, die ganze Operationen ausführen und dabei als verlängerter Arm des Menschen bzw. des Arztes fungieren.

Auch die Forschung ist in hohem Maße von Computern abhängig. Die meisten Medikamente, die heute auf dem Markt sind, werden mit Hilfe von Computern zusammengestellt und computergesteuert produziert. Projekte in der Genforschung, die einen Durchbruch in der Behandlung genetischer Defekte versprechen, wären ohne leistungsstarke Computer gar nicht denkbar.

Computer und Kommunikationstechnologie werden auch dazu verwendet, abgelegene Regionen medizinisch zu versorgen. Der Patient kann für eine Diagnose und eventuelle Behandlung die Verbindung zu einem Hauptzentrum (oder einem Spezialistenteam) herstellen. Diese Entwicklung soll zu Kosteneinsparungen und besseren Behandlungsmöglichkeiten der Patienten in den kommenden Jahren führen.

Regierung und öffentliche Verwaltung

Der gesamte Apparat der öffentlichen Verwaltung nutzt Computer für viele Dinge, ähnlich wie Unternehmen: zur Abrechnung, Bestandsaufnahme, Haushaltsplanung, für Projektmanagement, Vorhersagen usw. Der Hauptunterschied liegt in der Größenordnung. Im Allgemeinen müssen die öffentliche Verwaltung und Regierungsstellen riesige Datenmengen bewältigen, z.B. Geburtsregister, standesamtliche Daten, Steuer- und Sozialversicherungsbescheide, Daten zur Volkszählung, Wahlregister etc. Es wäre heute fast unmöglich, diese Datenflut ohne Computer zu bewältigen. Aber der Einsatz von Computern in der öffentlichen Verwaltung kann noch weitergehen.

E-Government

Als E-Government bezeichnet man eine Sonderform des E-Business. Gemeint ist die Abwicklung staatlicher Verwaltungsakte und Dienstleistungen, die auf elektronischem Wege abgewickelt werden. Statt einer Firma steht auf der anderen Seite eine Behörde oder ein Amt, und wir selbst handeln nicht unbedingt als Kunde, sondern als Bürger. Die Einführung des E-Government verläuft jedoch zur Zeit noch sehr schleppend. Kritik und Vorbehalte gibt es von beiden Seiten. Auch hier ist einer der Nachteile der fehlende menschliche Kontakt und die persönliche Beratung. Viele Verwaltungsakte sind aber auch immer noch viel zu aufwändig und starr reglementiert, als dass sie sich für einen elektronischen Verwaltungsprozess eignen. Mittlerweile können Sie aber z.B. bei den meisten Gemeinden Ihre Steuererklärung online abgeben.

Ein Beispiel für E-Government ist die Präsenz des Arbeitsamtes im Internet. Das Bundesamt für Arbeit bietet unter *www.arbeitsamt.de* ein Portal für Arbeitssuchende. Über verschiedene Menüs kann gezielt gesucht werden.

Wie beim E-Business im Allgemeinen muss auch beim E-Government gewährleistet sein, dass Daten vertraulich behandelt werden und nicht in falsche Hände gelangen. Es gibt auf diesem Sektor noch einiges zu tun. Mögliche Einsatzmöglichkeiten für E-Government wären: elektronische Wahl übers Internet, Ab- und Anmelden von Mülltonnen, Volkszählung, Reservierung von Wunschkennzeichen für das Kfz-Nummernschild, Angebot von öffentlichen Ausschreibungen, Bestand des Fundamtes im Internet mit Fotos der Fundgegenstände etc. Die Liste kann beliebig fortgeführt werden.

Computer im täglichen Leben

Sie sind nun in der Lage, Computer in den bisher beschriebenen Anwendungsgebieten auszumachen. Allerdings wird Computertechnik auch in vielen nicht auf den ersten Blick zu erkennenden Bereichen verwendet. Computer steuern z.B. den Waschgang in Ihrer Waschmaschine, die Uhr in Ihrem Videorecorder, Ampelphasen sowie die Kraftstoffzufuhr in Ihrem Auto. Fast überall, wo automatisch etwas passiert, verbirgt sich ein Computer, der die Außenwelt überwacht und auf sie reagiert. Kleine Plastikkarten (Smart Cards genannt), die einen lesbaren Mikroprozessor enthalten, werden in EC-Karten, Telefonkarten, Mitgliederausweisen und Handys sowie als Speicher für digitales Geld verwendet.

Sprachsynthesizer sind Programme zur Erstellung computerbasierter Sprache und somit einer Imitation der menschlichen Sprache. Sie werden verstärkt in Telefonanwendungen eingesetzt, wie Telefonauskunft, Anrufbeantworterfunktionen, Telefon-Banking und beim Reiseinformationsservice. Sprachsynthesizer ermöglichen aber auch blinden oder augenkranken Menschen die Benutzung eines Computers, indem ihnen z.B. jeglicher auf dem Bildschirm angezeigter Text laut vorgelesen wird.

Informationstechnologie und Gesellschaft

Es gibt Leute, die die starke Ausbreitung von Computern eher beunruhigend finden. Gibt es noch Aspekte unseres täglichen Lebens, die vom Computereinsatz unberührt geblieben sind? Tragen Computer, die Menschen ersetzen, zum Problem der Arbeitslosigkeit bei? Werden Computer dazu benutzt, um uns zu überwachen und zu kontrollieren? Sind alle computerunterstützten Dienstleistungen und computergefertigten Produkte besser als ihre Vorgänger?

Diese Fragen können nicht eindeutig beantwortet werden.

Angesichts der Erörterungen dieser Lektion werden Sie sicher zustimmen, dass in der heutigen Gesellschaft eine Menge Computer benutzt werden und dass viele Waren, die wir konsumieren, und Dienstleistungen, die wir in Anspruch nehmen, ohne Computer gar nicht verfügbar wären. Ob Sie es nun wollen oder nicht, wir leben im Computerzeitalter, dem Informationszeitalter oder dem digitalen Zeitalter – suchen Sie sich etwas aus – und unsere Gesellschaft wird daher als *Informationsgesellschaft* bezeichnet. Zusammengefasst bedeutet dies, dass diese Gesellschaft von Information geprägt ist.

Im Zeitalter der Landwirtschaft stand die Nahrungsmittelherstellung im Zentrum. Im Industriezeitalter war die Gesellschaft durch die industrielle Produktion geprägt. Ausreichend vorhandene Lebensmittel galten fast schon als etwas Selbstverständliches. Es wurde durch den Einzelnen nur noch vergleichsweise wenig Zeit für die Nahrungsbeschaffung aufgewendet. Werte, Reichtum und Einkommen beruhten zunehmend auf produzierten Gütern.

Die letzten Jahre brachten eine erneute Änderung. Inzwischen stehen Dienstleistungs- und Büroberufe im Mittelpunkt – Berufe, in denen Information, Wissen und Intelligenz eine Schlüsselrolle spielen. Und in dieser neuen Wirtschaft spielen Computer eine wichtige und zentrale Rolle. Die Informationstechnologie (IT) umfasst alle Aspekte der Informationsverarbeitung.

Dennoch lohnt es sich zu hinterfragen, ob die Verwendung eines Computers in jedem Fall gut und angebracht ist. Wenn es um Transaktionen im Bankgeschäft geht, wird schnell der Vorteil des Computers deutlich. Wären wir aber auch damit einverstanden, wenn Computer über die Vergabe eines Darlehens entscheiden? Routinemäßige Verwaltungsarbeit, wie das Erstellen von Bußgeldbescheiden, könnte auf nützliche Weise von Computern erledigt werden. Aber wie wäre es, wenn plötzlich Richter im Gericht durch Computersysteme ersetzt würden? Auch in der Medizin gibt es sicherlich viele sinnvolle Anwendungsmöglichkeiten für Computer, aber auch Anwendungsbereiche, die bei einigen Menschen eher Unbehagen hervorrufen.

Auch in der Welt der Kunst gibt es Diskussionen. Verdient Kunst, die mit dem Computer hergestellt wurde, wirklich den Namen Kunst? Kann ein Computer Gedichte schreiben, Bilder malen oder Musik komponieren? Und sollten solche Werke nach den gleichen Kriterien bewertet werden wie die von Menschen geschaffenen?

Wie schon eingangs erwähnt, gibt es hier keine klaren Antworten. Aber es lohnt sich auf jeden Fall, darüber nachzudenken. Denn diese Fragen gewinnen in unserem täglichen Leben zunehmend an Bedeutung.

An der Informationsgesellschaft teilnehmen

Computer und die damit verbundenen Technologien begleiten unser Leben rund um die Uhr. Von morgens, wenn der Wecker klingelt, bis zum Abend, wenn wir mit der Fernbedienung den Fernseher ausschalten. Wir können als passive Konsumenten von Unterhaltung und Werbung reagieren oder aktive Teilnehmer dieser Gesellschaft werden.

Teilnahme bedeutet, eine Wahl zu treffen. Eine Wahl darüber, welche Information wir wann und in welcher Form bekommen und was wir damit tun. Es bedeutet auch, die Information zu untersuchen, und zwar auf Wichtigkeit, Bedeutung und Richtigkeit. Weiterhin bedeutet es zu entscheiden, welche Information wir behalten und welche wir verwerfen. Wir müssen entscheiden, was wir produzieren, was wir veröffentlichen, an wen wir uns dabei richten, in welcher Form und zu welcher Zeit.

Der Grundgedanke hinter dem ECDL und so auch hinter diesem Buch ist, Ihnen die Möglichkeit zu geben, einige der Werkzeuge benutzen zu können, um so aktiv an der Informationsgesellschaft teilzunehmen.

Die wichtigsten Instrumente besitzen Sie jedoch bereits und Sie wissen auch, wie man sie benutzt: Ihr gesunder Menschenverstand und Ihre Intelligenz, Ihre kritischen Fähigkeiten und die Fähigkeit, entscheiden zu können, ob etwas Sinn macht oder nicht. Und diese Fähigkeiten sind durch keine Technologie zu ersetzen. Daher sollten Sie sich nie durch irgendwelche technologischen Zaubereien blenden lassen und Ihren angeborenen Talenten nicht misstrauen.

Zusammenfassung der Lektion: Das haben Sie gelernt

Computer werden in Unternehmen, in der Industrie, im Einzelhandel, zu Hause, in Schulen und Universitäten, im Gesundheitswesen, in der öffentlichen Verwaltung und in fast allen anderen Lebensbereichen eingesetzt.

Es lohnt sich, ab und zu einmal darüber nachzudenken, ob jede mögliche Computeranwendung auch immer eine sinnvolle ist. Manche Dinge belässt man besser in der Hand des Menschen, wie z.B. das menschliche Urteilsvermögen und Bereiche, in denen menschliche Werte wichtig sind und zum Tragen kommen.

Und es lohnt sich auch, darüber nachzudenken, was diese Ausbreitung von Computern in alle Lebensbereiche für die Gesellschaft bedeutet. Es besteht die Gefahr einer Spaltung der Gesellschaft – in diejenigen, die Zugang zu einem Computer haben und auch wissen, wie man ihn bedient, und die, die keinen Zugang zu einem Computer haben und nicht wissen, wie man damit umgeht.

Der ECDL vermittelt Ihnen die nötigen Fähigkeiten, um an der Informationsgesellschaft teilzunehmen. Dabei wird aber Ihr kritisches Beurteilungsvermögen immer mehr gefragt sein. Denken Sie immer daran, dass all die Informationen, die Ihnen über das Internet zugänglich gemacht werden, von irgendjemandem irgendwo erstellt und eingegeben wurden. Und dieser Jemand könnte fehlgeleitet sein, Vorurteile haben oder seine Informationen könnten schlicht falsch sein.

Schnelltest: Computer in der Gesellschaft

1.	**Mit welchen der folgenden Aussagen stimmen Sie überein und warum?**
A	Computer sind bei mathematischen Berechnungen schneller als Menschen.
B	Menschen haben ein verlässlicheres Langzeitgedächtnis als Computer.
C	Computer können zum Gedichte schreiben programmiert werden.
D	Computer können medizinische Zustände besser diagnostizieren und behandeln als Ärzte.

2.	**Nennen Sie einige Bereiche, in denen der Supermarkt bei Ihnen um die Ecke Computer einsetzt. Erläutern Sie kurz, wie jeder dieser Einsatzbereiche Einfluss auf das Management, das Personal oder auch auf die Kunden hat.**

3.	Was bedeutet der Begriff *Informationsgesellschaft*?

4.	Wer profitiert von einem Wechsel hin zur Informationsgesellschaft? Welche Probleme könnten entstehen?

5.	Die Informationsgesellschaft wird einen scharfen Einschnitt in die persönliche Privatsphäre mit sich bringen. Äußern Sie sich zu diesem Statement.

6.	Was versteht man unter E-Commerce?

7.	Welche Güter können am einfachsten über das Internet vertrieben werden?

8.	Wählen Sie eine der folgenden Unternehmensformen aus und erläutern Sie, wie ihr Geschäft durch E-Commerce verändert werden könnte: Reisebüro, Plattenfirma, Supermarkt, Restaurant, Friseur.

9.	Was versteht man unter Telearbeit?

10.	Was bedeutet CBT und wo kommt es zum Einsatz?

Lektion 1.7: Das Wichtigste: Gesundheit, Sicherheit und Umwelt

In dieser Lektion

Diese Lektion beschäftigt sich mit etwas, das noch wertvoller ist als Hardware, Software oder Daten. Etwas, das unersetzbar ist – Sie selbst.

So, wie wir uns daran gewöhnt haben, im Auto den Sicherheitsgurt anzulegen, so müssen wir uns auch bezüglich des Arbeitens mit dem Computer sichere Arbeitsweisen angewöhnen. Probleme können in den verschiedensten Bereichen auftreten, aber eine gute Vorsorge hilft Ihnen bei der Vermeidung und Bewältigung von Problemen. Zu Gesundheit und Sicherheit gehört aber im weitesten Sinne auch, dass Sie mit den Auswirkungen vertraut sind, die Computer, mit allem, was dazu gehört, auf unsere Umwelt haben.

Neue Fähigkeiten

Am Ende dieser Lektion sollten Sie in der Lage sein,

- ein paar Gefahren zu beschreiben, die mit der Benutzung eines Computers zusammenhängen,
- vernünftige Arbeitsweisen am Computer zu beschreiben.

Neue Wörter

Am Ende der Lektion sollten Sie in der Lage sein, den folgenden Begriff zu erklären:

- Repetitive Strain Injury (*RSI*)

Gesundheitswarnung

Im Normalfall sind Computer sauber, leise und sicher zu handhaben. Dennoch sollten Sie ein paar potenzielle Gefahren kennen und wissen, wie man Sie meidet.

Neben einem ergonomisch eingerichteten Arbeitsplatz spielen auch noch andere Dinge eine wichtige Rolle. So sollte immer auch auf eine gute Belüftung und Klimatisierung, wie eine adäquate Beleuchtung der Räumlichkeiten geachtet werden. Es sollten auf jeden Fall auch regelmäßige Pausen eingelegt werden, also Zeiten, in denen Sie weder auf den Bildschirm schauen, noch auf der Tastatur schreiben. Durch das Einhalten regelmäßiger Pausen können Sie Verspannungen und Sehstörungen vorbeugen.

Repetitive Strain Injury

Wenn Sie eine körperliche Aktivität über einen längeren Zeitraum ohne Pause ausüben, dann laufen Sie Gefahr, sich zu überanstrengen bzw. sich zu verletzen. Wird über einen längeren Zeitabschnitt hinweg eine Tastatur und eine Maus bedient, so kann es bei Computerbenutzern zu gesundheitlichen Beeinträchtigungen ähnlich einem Tennisarm kommen. Dabei können Finger, Hände, Handgelenke, Ellbogen und sogar der Rücken in Mitleidenschaft gezogen werden. Entsprechende Symptome sind unter dem Namen RSI bzw. *Repetitive Strain Injury* oder auch Mausarm bekannt. Hier empfiehlt es sich, alle 15 bis 20 Minuten eine Pause zu machen und somit Ihren Muskeln die Chance zu geben, sich zu entspannen und zu erholen.

Repetitive Strain Injury

Sehnen-, Nerven- und Muskelschmerzen, die durch bestimmte wiederholte Bewegungen ausgelöst werden.

Auch sollten Sie sicherstellen, dass Ihr Schreibtisch und Ihr Stuhl die richtige Höhe haben und dass sich die Tastatur in einem angenehmen Winkel zum Körper befindet (siehe Zeichnung).

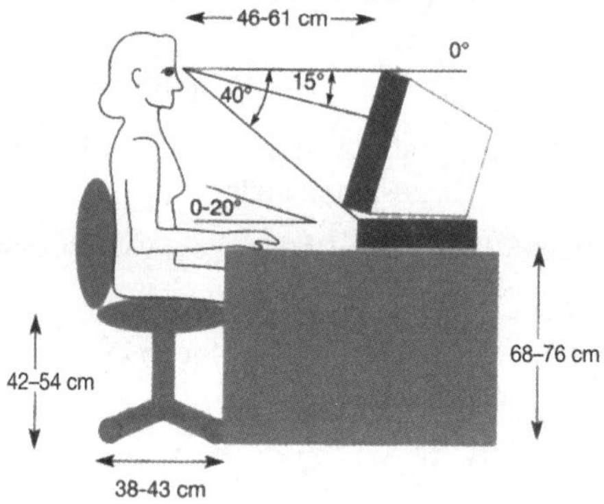

Sehkraft

Wenn man über längere Zeit hinweg auf einen Computerbildschirm schaut, kann das zur Übermüdung und Überanstrengung der Augen führen. Schauen Sie daher öfter vom Bildschirm weg und fixieren Sie dabei Dinge, die sich am anderen Ende des Raums oder außerhalb des Fensters befinden. Stellen Sie auch sicher, dass Ihre Arbeitsumgebung angemessen beleuchtet und klimatisiert ist. Beleuchtungstechnisch sieht man sich bei der Gestaltung von Bildschirmarbeitsplätzen mit zwei Problemen konfrontiert: Spiegelungen und Helligkeitsunterschiede. Lampen und Fenster, die sich auf dem Monitor spiegeln, wirken störend und lästig. Nach längerer Zeit kann das Gefühl entstehen, als hätten Sie Sand in den Augen. Bei starker Lichteinstrahlung kann die Bildschirmdarstellung gänzlich unlesbar werden. Starke Helligkeitsunterschiede zwischen Bildschirm und Hintergrund wirken störend. Mit einer richtigen Gestaltung des Arbeitsplatzes lassen sich jedoch solche Spiegelungen und Helligkeitsunterschiede vermeiden oder wenigstens vermindern.

Der Bildschirm sollte mit Blickrichtung parallel zur Fensterfront aufgestellt werden. Eine Blickrichtung zum Fenster wäre – obwohl sich dieses nicht spiegelt – ungünstig. Die hohe Helligkeit des Himmels oder auch von sonnenbeschienenen Außenwänden kann bei der Arbeit am Bildschirm blenden. Bei Sonneneinstrahlung helfen Lamellenjalousien und dicht gewobene, nicht zu helle Vorhänge, um die Helligkeit des Fensterbereichs zu dämpfen.

Bildschirme werden zwischen Leuchtenreihen mit Blickrichtung parallel zu diesen platziert. Bisweilen hilft ein leichtes Schrägstellen der vertikalen Bildschirmachse, verbleibende Reflexionen zu eliminieren. Reflexionsmindernd wirken auch spezielle Beschichtungen der Bildröhre, worauf schon beim Kauf geachtet werden sollte.

Körperhaltung

Ergonomische Aspekte sind oftmals so offensichtlich, dass sie übersehen werden. Die Anordnung Ihrer Computerhardware sollte so gestaltet sein, dass Sie einfach und bequem alles erreichen können. Der Bildschirm sollte sich auf der richtigen Höhe auf Ihrem Schreibtisch befinden. Ihr Stuhl sollte bequem und verstellbar sein und eine Unterstützung im Bereich des Lendenwirbels bieten.

Unfälle

Ihr Computersystem umfasst eine Vielzahl verschiedener physikalischer Geräte, die alle durch Kabel verbunden sind. Die Systemeinheit ist über einen Stecker mit der Hauptstromversorgung verbunden. Bei einigen Modellen erfolgt die Stromversorgung des Bildschirms über die Systemeinheit, bei anderen separat über das normale Stromnetz. Lautsprecher werden normalerweise an die Stromversorgung angeschlossen. Das Modem ist mit der Telefonleitung verbunden.

Wir haben es also mit einer Unmenge von Kabeln und Leitungen zu tun. Stellen Sie sicher, dass die Kabel, mit denen die einzelnen Komponenten verbunden sind, ordnungsgemäß und sicher verlegt sind. Sie sollten nicht im Weg liegen, sodass niemand darüber stolpern kann. Sorgen Sie auch dafür, dass die Steckdosen des Stromnetzes für die erforderliche Strommenge bzw. Belastung ausgelegt sind. Stecken Sie also nicht alle Stecker in eine Mehrfachsteckdose und vermeiden Sie so eine Überlastung.

Umwelt

Computer bestehen aus Stoffen, die nicht immer sehr zuträglich für unsere Umwelt sind. Bei der Entsorgung eines Rechners sollten wir daher darauf achten, dass sie sachgerecht vorgenommen wird. Einige Teile enthalten Schwermetalle und andere Stoffe und gehören zum Elektro- oder Sondermüll.

Aber auch Drucker wirken sich auf unsere Umwelt aus. Ähnlich wie auch Kopierer erzeugen Laserdrucker Ozon und sollten daher nur in gut belüfteten Räumlichkeiten verwendet werden. Dazu kommen noch der Toner bzw. die Tonerkartuschen von Laserdruckern, die als Problemmüll einzustufen sind. Manche Firmen nehmen gebrauchte Kartuschen zurück, um sie einem Recyclingprozess zuzuführen.

Auch nicht mehr benötigte Ausdrucke sollten dem Altpapier zugeführt werden, damit sie in einen Recyclingprozess kommen. Voraussetzung ist jedoch, dass die Dokumente keine sensiblen Daten enthalten oder vorher durch einen Schredder gelaufen sind.

Um unnötig viele Ausdrucke auf Papier zu verhindern, verfügen die meisten Programme heutzutage über ein Online-Hilfe-System. Das bedeutet, dass sie Informationen auf den Bildschirm holen und dort lesen können, womit der Papierverbrauch drastisch eingeschränkt werden kann.

Was den Energieverbrauch eines Computers und seiner dazugehörigen Geräte angeht, so sollte dieser nicht unterschätzt werden. Moderne Computer verfügen allerdings über Einstellungen zur Energieersparnis (z.B. Standby-Modus) und helfen so, wie auch moderne Monitore mit Energiesparfunktion, die Umwelt und den Geldbeutel zu schonen.

Zusammenfassung der Lektion: Das haben Sie gelernt

Die Benutzung eines Computers ist in der Regel eine sichere Angelegenheit. Es gibt jedoch ein paar Gefahren, die aber vermeidbar sind. Solche Beeinträchtigungen, besonders RSI und eine Überanstrengung der Augen, treten auf, wenn Sie über einen langen Zeitraum hinweg ohne Pause am Computer arbeiten. Andere Probleme resultieren aus einer schlechten Körperhaltung oder der falschen Position bzw. Anordnung der einzelnen Geräte. Darüber hinaus stellt die Verkabelung eine potenzielle Unfallquelle dar. Stellen Sie also eine ordentliche Verlegung der Kabel sicher.

Das Recycling von Ausdrucken und Tonerkassetten sowie Strom sparende Einstellungen an Ihrem Computer können dazu beitragen, die Umweltbelastung zu reduzieren.

Schnelltest: Gesundheit und Sicherheit

1.	Welche der folgenden Aussagen ist/sind richtig?
A	Am besten erledigen Sie Ihre gesamte Dateneingabe morgens, während Sie noch frisch sind.
B	Sie sollten so nah wie möglich vor dem Bildschirm sitzen, damit Sie Ihre Augen nicht überanstrengen.
C	Wenn Sie zu nah am Bildschirm sitzen, können Sie sich einen Computervirus einfangen.
D	Die beste Methode, RSI zu vermeiden, ist es, weiterzuarbeiten, wenn Sie Schmerzen bekommen. Auf diese Art wird Ihre Armmuskulatur schneller aufgebaut.

2.	Welche Art von Stuhl sollten Sie verwenden, wenn Sie über lange Zeit hinweg am Computer arbeiten?
A	Einen Bürostuhl, der höhenverstellbar ist.
B	Ein Esszimmerstuhl mit Armlehnen.
C	Ein komfortables Sofa.

3.	Im Winter sollten Sie das Systemgehäuse mit einer Decke abdecken, damit es nicht zu kalt wird.
A	Richtig
B	Falsch

4.	Nennen Sie einige Gefahren, die bei der Benuzung eines Computers auftreten können, und wie man das Risiko möglichst gering hält.

5.	Wo sollte sich ein Fenster befinden, damit Sie Spiegelungen auf dem Bildschirm möglichst vermeiden?
A	In Blickrichtung auf den Monitor sollte sich ein Fenster befinden.
B	Ein Fenster sollte sich hinter der am PC sitzenden Person befinden.
C	Die Blickrichtung auf den Bildschirm sollte parallel zu einem Fenster verlaufen.
D	Es sollten sich ein Fenster neben und ein Fenster hinter dem Bildschirm befinden.

2 Computerbenutzung

Das Modul 1 war der Reiseführer, um Sie auf die Reise ins Computerland vorzubereiten. In diesem Modul 2 lernen Sie nun die Einwohner näher kennen.

Die Einwohner heißen Dateien und können als recht exotische Gestalten bezeichnet werden. Sie leben in Häusern, die Ordner genannt werden, und diese Ordner sind auf Flächen erbaut, die Festplatten heißen. (Dateien in Ordnern, Ordner auf Festplatten – Sie haben schon eine Menge gelernt!)

Die Einwohner sind zudem auch noch sehr ergeben. Man kann ihre Namen ändern, sie von einer Stelle an eine andere verschieben, ihr Erscheinungsbild verändern, sich ihrer entledigen, falls man sie nicht mehr benötigt, und man kann sogar aus dem Nichts heraus neue erzeugen.

Sie sollten jedoch nicht vergessen, Dateien ihrer Empfindlichkeit wegen mit der nötigen Sorgfalt zu behandeln. Speichern Sie Ihre Dateien in regelmäßigen Abständen. Fertigen Sie Kopien an, für den Fall, dass der Originaldatei einmal etwas zustößt. Es ist wie immer: Die Dateien, die Sie am meisten lieben und am nötigsten brauchen, sind die, die als Erstes abhanden kommen. Daher ist es besser, diese Lektion jetzt und hier aus dem Buch zu lernen, um nicht später die schmerzliche Erfahrung des Datenverlustes machen zu müssen.

Lektion 2.1: Einschalten, klicken, ausschalten

In dieser Lektion

Sind Sie bereit, den ersten Schritt mit Ihrem Computer zu wagen?

Diese Lektion leitet Sie sicher durch die Grundlagen. Sie werden lernen, wie ein Computer ordnungsgemäß ein- und ausgeschaltet wird, was die kleinen verschiedenen Bilder auf der Windows-Oberfläche bedeuten und wie man *Word, Excel* und andere Programme, denen Sie beim ECDL begegnen werden, startet und beendet.

Neue Fähigkeiten

Am Ende dieser Lektion sollten Sie in der Lage sein,

- einen Computer hoch- und herunterzufahren,
- das Startmenü zum Öffnen eines Programms zu benutzen,
- zwischen geöffneten Programmen hin und her zu wechseln,
- einen Klick, Doppelklick und Rechtsklick auszuführen,
- die drei Schaltflächensymbole in der oberen rechten Ecke des Programmfensters zu benutzen,
- Fenster zu verschieben und in ihrer Größe zu verändern,
- bei Problemen einen Neustart Ihres Computers durchzuführen.

Neue Wörter

Am Ende der Lektion sollten Sie in der Lage sein, folgende Begriffe zu erklären:

- Hochfahren/Booten
- Mauszeiger
- Klicken
- Menü
- Taskleiste
- Schließen-Feld
- Verkleinern-Feld
- Doppelklick
- Ordner
- Dialogfeld
- Desktop-Fenster
- Programmfenster
- Minimieren-Feld
- Maximieren-Feld
- Ziehen
- Kontextmenü

Den Computer starten

Stellen Sie sicher, dass Ihr Computer am Stromnetz angeschlossen ist, und schalten Sie ihn durch Drücken des Hauptschalters (Ein/Aus) ein.

- Bei manchen Computern wird über den Hauptschalter nicht nur der Computer, sondern gleichzeitig auch der Bildschirm eingeschaltet.

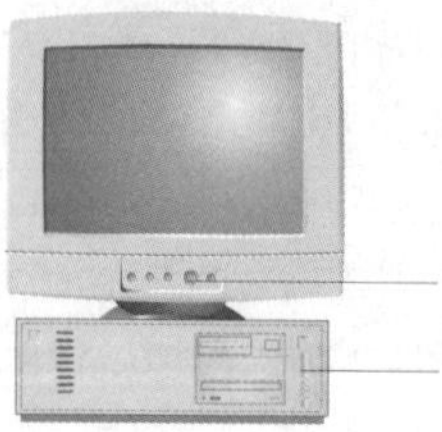

Typische Anordnung für Ein/Aus-Schalter an Computer und Bildschirm

- Andere Computer verfügen über zwei getrennte Schalter für Computer und Bildschirm.

Ihr Computer gibt nun ein paar summende Geräusche von sich und gleichzeitig werden verschiedene Meldungen über den Bildschirm laufen. Keine Angst, Ihr Computer wärmt sich nur auf und kontrolliert, ob auch alles in Ordnung ist und korrekt funktioniert.

Wenn der Computer von mehreren Benutzern verwendet wird, müssen Sie zuerst Ihren Benutzernamen anklicken und eventuell ein Kennwort eingeben, um beginnen zu können.

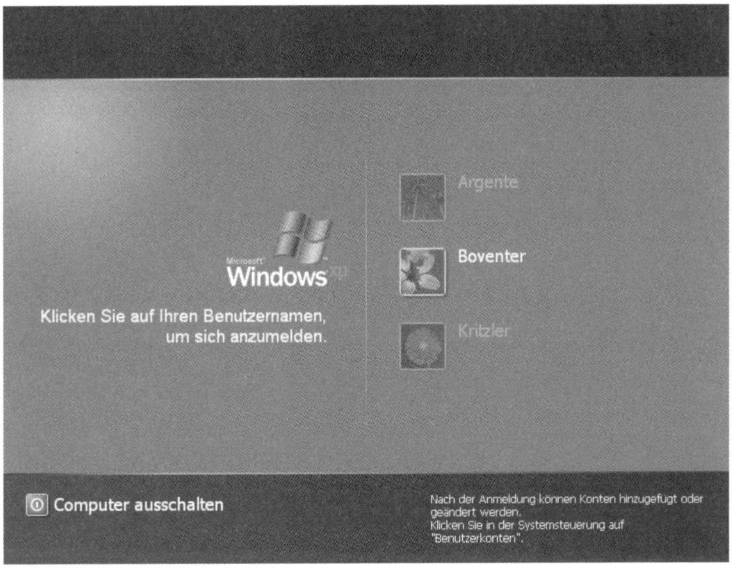

Der Windows-Desktop

Als Nächstes erscheint die Arbeitsoberfläche von Windows, auch *Desktop* genannt. Die kleinen Bilder auf einem farbigen Hintergrund werden *Symbole* oder auch *Icons* genannt. Am unteren Rand des Bildschirms sehen Sie eine blaue Leiste mit einer Schaltfläche links (*Start*) und einer Uhr auf der rechten Seite. Diese Leiste wird als *Taskleiste* bezeichnet.

Später werden Sie noch mehr über Symbole und die Taskleiste lernen. Weiterhin erfahren Sie, wie Sie das Erscheinungsbild Ihrer *Windows*-Arbeitsoberfläche verändern können, um sie Ihrem Geschmack und den persönlichen Bedürfnissen anzupassen.

Ein Beispiel für den Windows-Desktop.

Die kleinen Bilder werden Icons oder Symbole genannt.

Die blaue Leiste am unteren Rand des Bildschirms wird Taskleiste genannt.

Glückwunsch! Sie haben soeben Ihren Computer hochgefahren.

Hochfahren/Booten

Der technische Ausdruck dafür, einen Computer einzuschalten und die Windows-Oberfläche angezeigt zu bekommen. Man »macht« einen Computer nicht an, sondern fährt ihn hoch bzw. bootet ihn.

Programme starten

Software-Anwendungen sind nützliche Programme wie z.B. die Microsoft-Produkte *Word, Excel, Access* und *PowerPoint*, die Ihnen dabei helfen, Dokumente, Tabellen, Datenbanken und Präsentationen zu erstellen. Sie werden in den Modulen 3, 4, 5 und 6 des ECDL-Kurses noch viel über diese Programme lernen. Der erste Schritt, um mit Programmen arbeiten zu können, besteht im Öffnen des Programms.

Der Gebrauch der Maus

Legen Sie Ihre Hand auf die Maus und schieben Sie sie auf Ihrer Unterlage umher. Entsprechend der Bewegungen der Maus bewegt sich der so genannte Mauszeiger auf der Windows-Oberfläche. Auf diese Weise können Sie ein bestimmtes Element zum Arbeiten bzw. Bearbeiten auswählen.

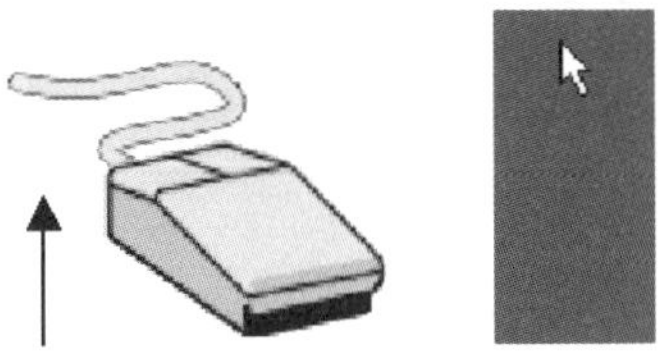

Um den Mauszeiger auf dem Bildschirm nach oben zu bewegen, schieben Sie die Maus von sich weg.

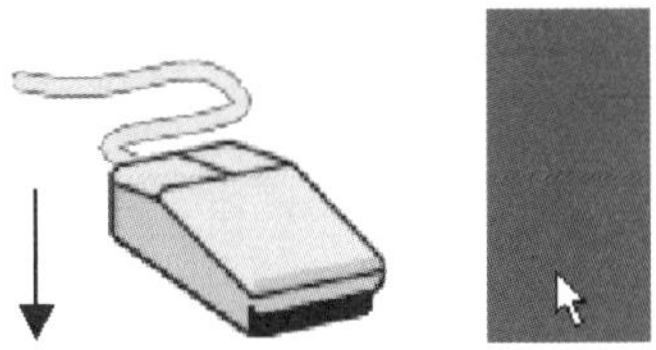

Um den Mauszeiger auf dem Bildschirm nach unten zu bewegen, ziehen Sie die Maus zu sich hin.

Mauszeiger

Der Mauszeiger wird durch ein Symbol, meist einen Pfeil, dargestellt, den Sie über die Bildschirmoberfläche bewegen können, indem Sie die Maus über einen Untergrund (z.B. Ihren Schreibtisch oder ein Mauspad) bewegen.

Die Schaltfläche Start

Bewegen Sie den Mauszeiger in die linke untere Ecke Ihres Bildschirms auf die Schaltfläche START. Drücken Sie nun kurz die linke Maustaste und lassen Sie sie wieder los. Sie brauchen die Maustaste nur ganz kurz gedrückt zu halten. Diesen Vorgang nennt man Klicken.

Klicken mit der Maus

Als Klicken bezeichnet man das kurze Drücken der linken Maustaste. Indem Sie auf ein Symbol auf dem Bildschirm klicken, teilen Sie dem Computer mit: »Ich möchte diesen Punkt, z.B. einen Befehl, auswählen.«

Durch Klicken auf die Schaltfläche START wird das Startmenü angezeigt. Es werden auch die Programme, die Sie am häufigsten verwenden aufgelistet. Bewegen Sie den Mauszeiger an die Stelle *Alle Programme*. Sobald sich der Mauszeiger auf dem Menüpunkt *Alle Programme* befindet, öffnet sich rechts davon Untermenü, in dem alle auf dem Computer installierten Programme aufgelistet werden. Bewegen Sie den Mauszeiger auf die Stelle, an der *Microsoft Word* steht, und klicken Sie darauf. Das Programm *Microsoft Word* wird geöffnet.

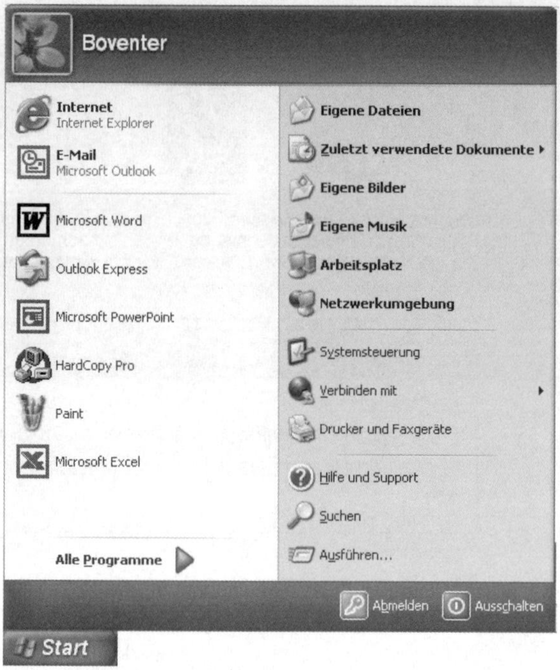

Menü

Eine Liste verschiedener Punkte auf dem Bildschirm, die es Ihnen ermöglichen, mit Programmen oder Dateien zu arbeiten und mehr Information zu bekommen. Einige Menüs verfügen über Untermenüs mit weiteren Wahlmöglichkeiten.

Multitasking mit Windows

Mehrere Programme gleichzeitig geöffnet zu haben, wird Multitasking genannt. Bewegen Sie den Mauszeiger zurück auf die Schaltfläche START und klicken Sie darauf. Führen Sie den Mauszeiger wieder bis auf den Menüpunkt *Alle Programme*.

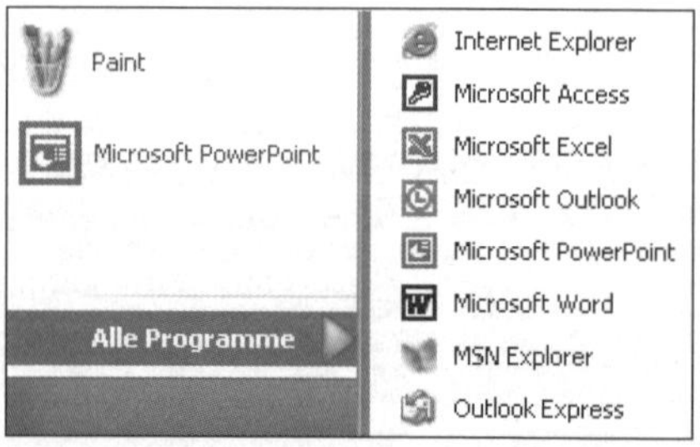

Gehen Sie im Untermenü mit dem Mauszeiger auf *Microsoft Excel* und klicken Sie darauf. Sie haben nun ein zweites Programm geöffnet.

Aber warum nur zwei Programme öffnen? Die Übung 2.1 zeigt Ihnen die Schritte, um ein drittes Programm zu öffnen, den Editor.

Übung 2.1: Editor öffnen

1) Klicken Sie auf die Schaltfläche START.
2) Zeigen Sie auf den Eintrag ALLE PROGRAMME.
3) Wählen Sie den Menüeintrag ZUBEHÖR, um das zugehörige Untermenü zu öffnen.
4) Klicken Sie nun auf EDITOR, um das Programm zu öffnen.

Glückwunsch! Sie haben nun drei Programme auf Ihrem Bildschirm geöffnet.

Die Schreibweise START/ALLE PROGRAMME ist die Kurzform für: Öffnen Sie das Startmenü und wählen Sie die Option ALLE PROGRAMME. Und START/ALLE PROGRAMME/ZUBEHÖR/EDITOR bedeutet: Öffnen Sie das Startmenü und wählen Sie die Option ALLE PROGRAMME. Aus dem Programmmenü wählen Sie dann ZUBEHÖR und im Zubehörmenü wählen Sie EDITOR.

Auch wenn Sie mehrere Programme gleichzeitig geöffnet haben, kann immer nur eines im Vordergrund stehen. Die anderen liegen dahinter und warten im Hintergrund. Wie aber machen Sie Windows klar, welches Programm Sie gern im Vordergrund hätten?

Schauen Sie sich einmal die Taskleiste am unteren Rand der Windows-Arbeitsoberfläche an. Sie sehen dort die Namen bzw. Symbole aller Programme, die Sie geöffnet haben.

Klicken Sie auf den Namen einer Anwendung, um sie im Vordergrund anzuzeigen.

Um ein Programm auszuwählen, z.B. *Word*, klicken Sie auf *Dokument 1 – Microsoft Word*. Um *Excel* auszuwählen, klicken Sie auf *Microsoft Excel*. Sie benutzen die *Taskleiste*, um zwischen offenen Programmen hin und her zu wechseln und die jeweilige Anwendung im Vordergrund anzuzeigen. Sie können auch die Tastenkombination [Alt]+[⇆] verwenden, um von einem geöffneten Programm oder einer geöffneten Datei zum/zur nächsten zu wechseln.

> **Taskleiste**
>
> *Eine horizontale Leiste am unteren Rand des Windows-Desktops, in der die Schaltfläche* START *und die Namen jedes geöffneten Programms angezeigt werden. Klicken Sie auf einen Programmnamen, damit das Programm im Vordergrund angezeigt wird.*

Sie werden noch merken, dass diese Eigenschaft von Windows, mehrere Programme gleichzeitig geöffnet haben zu können, sehr nützlich ist. So können Sie z.B. einen Brief in Word (ECDL Modul 3), eine Excel-Tabelle (Modul 4) und eine E-Mail (Modul 7) zur gleichen Zeit geöffnet haben. Sie werden auch noch lernen, dass man bestimmte Elemente wie Text oder Bilder von einer Anwendung in andere kopieren kann.

Multitasking

Die Fähigkeit von Windows, mehrere Programme und Dateien gleichzeitig geöffnet zu haben.

Die Fenstersymbole

Wechseln Sie über die Taskleiste zum Editor. Dort sehen Sie in der oberen rechten Ecke drei kleine Schaltflächen, die so genannten Fenstersymbole. Wie Sie in der folgenden Übung sehen werden, können Sie über diese Schaltflächen verschiedene Aktionen ausführen.

Übung 2.2: Gebrauch des Schließen-Feldes

Schließen-Feld

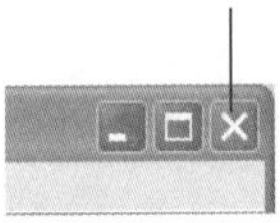

1) Ist der *Editor* im Vordergrund? Wenn nicht, klicken Sie bitte auf den entsprechenden Namen in der Taskleiste.
2) Bewegen Sie den *Mauszeiger* in die rechte obere Ecke der Anwendung und klicken Sie auf die Schaltfläche, die mit einem X gekennzeichnet ist.
3) Sie haben den Editor unter Verwendung des Schließen-Feldes geschlossen.

Schließen-Feld

Eine Schaltfläche in der oberen rechten Ecke eines Programmfensters, über die eine Anwendung geschlossen werden kann.

In den nächsten zwei Übungen lernen Sie, wie Sie das Maximieren-/Verkleinern-Feld benutzen.

Übung 2.3: Gebrauch des Verkleinern-Feldes zur Verkleinerung des Anwendungsfensters

1) Ist *Excel* im Vordergrund? Wenn nicht, klicken Sie bitte auf den entsprechenden Namen in der Taskleiste.

Verkleinern-Feld

2) Bewegen Sie den Mauszeiger in die rechte obere Ecke der Anwendung und klicken Sie auf das Verkleinern-Feld.

   Das *Excel-Fenster* wird reduziert, sodass es nicht mehr den gesamten *Windows-Desktop* einnimmt.
3) Gehen Sie in die *Taskleiste* und wechseln Sie zu *Word*. Klicken Sie auch bei *Word* auf das Verkleinern-Feld.

Sie sollten jetzt beide Anwendungen auf Ihrem Bildschirm sehen. Die gerade ausgesuchte (aktive) Anwendung, in diesem Fall *Word*, überlagert die andere Anwendung *Excel*. Jede der Anwendungen erscheint in ihrem eigenen Programmfenster.

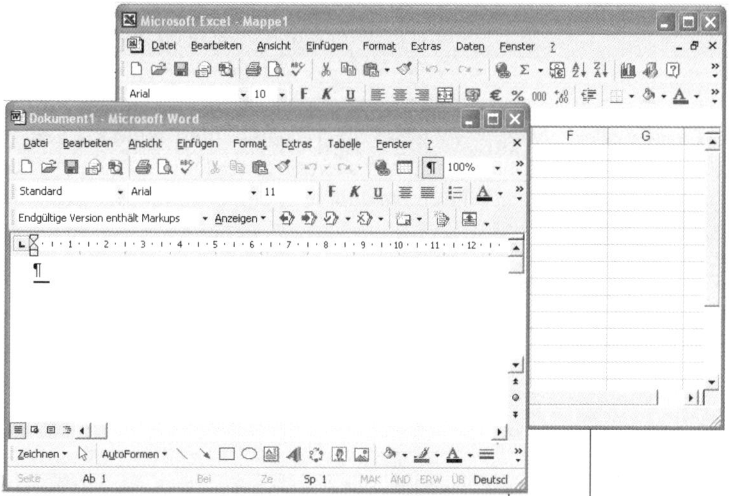

Sich überlappende Anwendungsfenster von Microsoft Word und Microsoft Excel

Verkleinern-Feld

Eine Schaltfläche neben dem Schließen-Feld, über die man die Größe des Anwendungsfensters reduzieren kann.

Um nun *Excel* in den Vordergrund zu bringen, klicken Sie einfach auf eine beliebige Stelle im *Excel-Fenster*. Sie müssen nicht auf den Namen in der *Taskleiste* klicken. Das *Excel-Fenster* befindet sich im Vordergrund und überlappt das *Word-Fenster*. Wenn Sie das *Word-Fenster* wieder im Vordergrund haben möchten, klicken Sie einfach wieder an eine Stelle im *Word-Fenster*.

Wenn Sie mehrere Fenster oder auch Dokumente geöffnet haben, können Sie auch über die Tastenkombination [Alt]+[⇆] von einer Anwendung bzw. von einem Dokument ins nächste gelangen.

Sobal Sie [Alt]+[⇆] drücken, erscheint eine Abbildung, in der Sie sehen können, welche Programme und Dokumente Sie geöffnet haben. Halten Sie die [Alt]-Taste gedrückt, um mit der [⇆]-Taste von einem Symbol zum nächsten zu gehen. Probieren Sie es einfach einmal aus.

Anwendungsfenster, Programmfenster
Ein rechteckiger Bereich, in dem eine Datei oder Dateien einer Anwendung angezeigt werden können. Alle Anwendungsfenster, gleich welchen Inhalts, verfügen über gemeinsame Komponenten und Merkmale.

Maximieren-Feld

Wenn Sie auf das Verkleinern-Feld klicken, um die Größe eines Fensters zu reduzieren, so verschwindet das Verkleinern-Feld und es wird durch ein anderes Feld, das Maximieren-Feld, ersetzt.

Wenn Sie auf dieses Feld klicken, wird der Effekt des Verkleinern-Felds rückgängig gemacht. Die Größe des Fensters wird maximiert, sodass es wieder die gesamte Größe des Windows-Desktops einnimmt.

Maximieren-Feld
Eine Schaltfläche, über die man die Größe eines vorher verkleinerten Fensters wieder auf die volle Größe des Windows-Desktops zurückbringen kann.

Minimieren-Feld

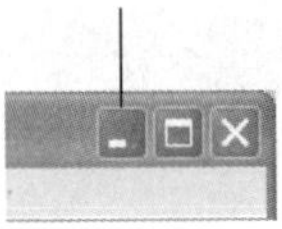

Es bleibt uns noch ein Fenstersymbol, das Minimieren-Feld. In Übung 2.4 geben wir Ihnen ein Beispiel für den Gebrauch des Minimieren-Felds.

Übung 2.4: Ein Fenster mit Hilfe des Minimieren-Felds verkleinern

1) Ist *Word* im Vordergrund? Wenn nicht, klicken Sie bitte auf den entsprechenden Namen in der Taskleiste.
2) Klicken Sie im Word-Fenster auf das Minimieren-Feld.

   Word wird reduziert und erscheint nur noch in der Taskleiste.
3) Klicken Sie in das *Excel-Fenster*, um es auszuwählen, und dann auf das Minimieren-Feld.

   Beide Anwendungen erscheinen jetzt nur noch in der Taskleiste.

Um *Word* und *Excel* wieder anzuzeigen, klicken Sie auf die jeweiligen Namen in der Taskleiste.

Minimieren-Feld
Eine Schaltfläche, über die ein Programmfenster reduziert wird. Es ist dann nur noch in der Taskleiste sichtbar.

Sie finden die Felder zum Schließen, Verkleinern, Maximieren und Minimieren in der oberen rechten Ecke jeder Anwendung.

Fenster mit Hilfe der Titelleiste verschieben

Ein anderes Merkmal, das allen Fenstern gemein ist, ist die *Titelleiste*. Diese Leiste dient zur Identifizierung und verläuft quer am oberen Rand des Fensters. Sie können die *Titelleiste* dazu verwenden, das Fenster an eine andere Position auf dem *Desktop* zu verschieben. Dies funktioniert folgendermaßen:

- Klicken Sie mit der linken Maustaste auf die *Titelleiste* des entsprechenden Fensters und halten Sie die Maustaste gedrückt.
- Bewegen Sie die Maus, um das Fenster an eine andere Position zu bringen, und halten Sie dabei weiterhin die Maustaste gedrückt.
- Wenn Sie das Fenster an der gewünschten Stelle positioniert haben, lassen Sie die Maustaste einfach los.

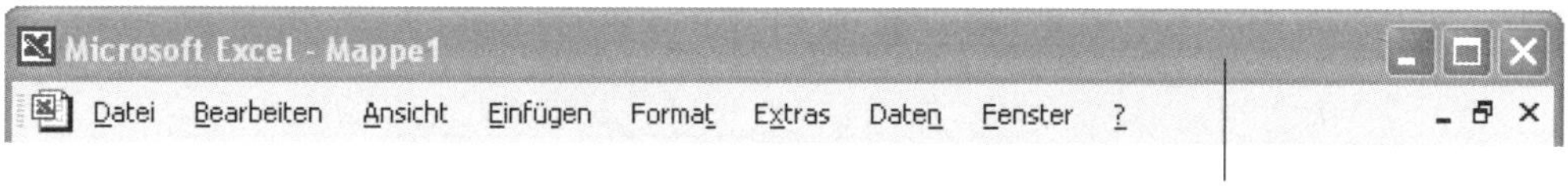

Klicken Sie auf die Titelleiste, um das Fenster an der gewünschten Stelle zu positionieren

Diese Abfolge von *Klicken-Verschieben-Loslassen* nennt man Ziehen.

Ziehen mit der Maus
So bezeichnet man das Verschieben eines ausgewählten Elements auf dem Desktop, indem man mit der linken Maustaste klickt und sie gedrückt hält.

Schließen Sie *Excel* über das Schließen-Feld. Jetzt ist nur noch *Word* auf Ihrem Desktop geöffnet.

Das Arbeiten mit Desktop-Fenstern

Bewegen Sie den *Mauszeiger* auf dem *Windows-Desktop* auf das kleine Symbol mit dem Namen *Arbeitsplatz* und klicken Sie darauf. Das Symbol erscheint jetzt markiert. Ein einfacher Klick markiert das Symbol, ohne dass eine Handlung ausgeführt wird.

Klicken Sie nun auf eine beliebige andere Stelle auf dem *Desktop*, um die Markierung des vorher markierten Symbols wieder aufzuheben.

Bringen Sie den *Mauszeiger* erneut auf das Symbol *Arbeitsplatz*. Klicken Sie nun zweimal schnell hintereinander auf das Symbol *Arbeitsplatz*. Mit dieser Aktion, Doppelklick genannt, öffnet sich das Symbol und Sie können den Inhalt sehen.

Ein Beispiel für das Arbeitsplatz-Fenster

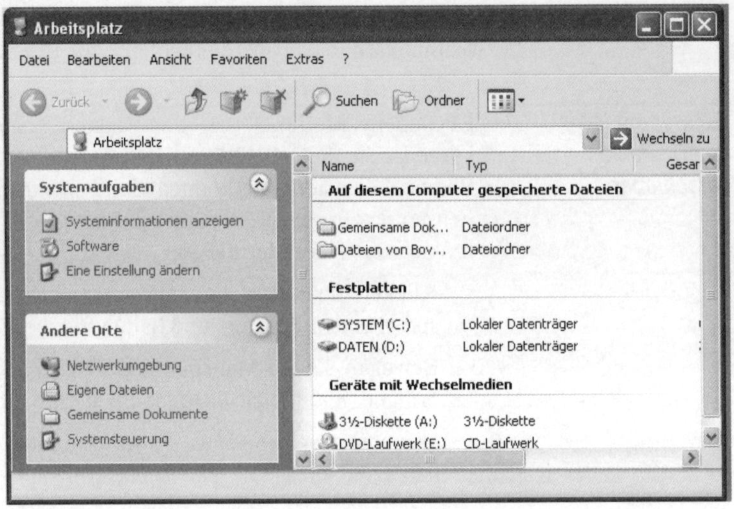

Doppelklick mit der Maus

Um Windows mitzuteilen, dass es eine Aktion am ausgewählten Element ausführen soll, betätigen Sie die Maustaste zweimal kurz hintereinander.

Klicken Sie auf das Schließen-Feld in der oberen rechten Ecke des Arbeitsplatz-Fensters, um es zu schließen. Der *Arbeitsplatz* ist ein Beispiel für einen *Desktop-Ordner* – ein Symbol, das verschiedene gemeinsam gruppierte Elemente repräsentiert.

Andere Ordner, die Sie eventuell selbst auf Ihrem *Desktop* erstellen, sehen wie ganz normale Ordner aus. Hier ein paar Beispiele:

Ordner

Ein Symbol auf dem Windows-Desktop, das ein oder mehrere Symbole beinhaltet, die Programme, Dateien oder Geräte repräsentieren.

Ein Fenster, das sich bei einem Doppelklick auf einen Ordner öffnet, nennt man *Desktop*-Fenster. *Desktop-Fenster* sind in ihrem Aussehen und in ihrer Handhabung Programmfenstern so ähnlich, dass der Begriff Fenster für beide Arten gleichermaßen verwendet wird.

Desktop-Fenster

Ein Fenster, das durch einen Doppelklick auf einen Ordner geöffnet wird. Desktop-Fenster beinhalten ähnliche Komponenten und Merkmale wie Programm-Fenster.

Üben Sie das Öffnen von Ordnern auf Ihrem *Desktop* durch einen Doppelklick beispielsweise auf das Symbol *Arbeitsplatz*. Sie werden feststellen, dass einige Ordner weitere Unterordner beinhalten. (Ein Unterordner ist nichts anderes als ein normaler Ordner, mit dem Unterschied, dass er sich in einem anderen Ordner befindet.) Schließen Sie nun alle Ordner über das jeweilige Schließen-Feld.

Die Form und Größe eines Fensters ändern

Sie können die Form und die Größe eines *Desktop-/Programm*-Fensters ändern, indem Sie es aktivieren und an einem der vier Ränder ziehen.

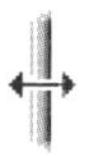

Um die Breite eines Fensters zu verändern, klicken Sie auf den rechten oder linken Rand. Der Mauszeiger wird zu einem Strich mit zwei Pfeilenden. Ziehen Sie die Maus in die jeweils gewünschte Richtung.

Um ein Fenster höher oder niedriger zu machen, klicken Sie auf den oberen bzw. unteren Rand. Der *Mauszeiger* wird wieder zu einem Strich mit zwei Pfeilenden und Sie können den Rand mit der Maus verschieben.

Um gleichzeitig Breite und Höhe eines Fensters zu verändern, klicken Sie auf die untere rechte Ecke des Fensters. Der *Mauszeiger* wird zu einem diagonalen Strich mit zwei Pfeilspitzen. Sie können nun die Ecke mit Hilfe der Maus ziehen.

Üben Sie das Ändern der Fensterform und -größe mit dem Fenster des *Arbeitsplatz-Ordners*.

Das Scrollen in einem Fenster

Manchmal ist ein Fenster nicht groß genug, um den gesamten Inhalt anzuzeigen. In einem solchen Fall erscheinen rechts und/oder unten am Fensterrand so genannte *Bildlaufleisten*. Sie können damit verschiedene Teile eines Fensters anschauen.

- Die Position des *Bildlauffeldes* innerhalb der *Bildlaufleiste* zeigt an, welche Stelle im Fenster eingeblendet wird. Wenn sich das *Bildlauffeld* z.B. in der Mitte der *Bildlaufleiste* befindet, so wird der Inhalt in der Mitte des Fensters angezeigt.
- Die Größe des Bildlauffeldes zeigt an, wie viel Inhalt auf einmal im Fenster sichtbar ist. Wenn das Bildlauffeld also halb so groß ist wie die *Bildlaufleiste* selbst, können Sie die Hälfte des Fensterinhalts auf dem aktuellen Bildschirm sehen.

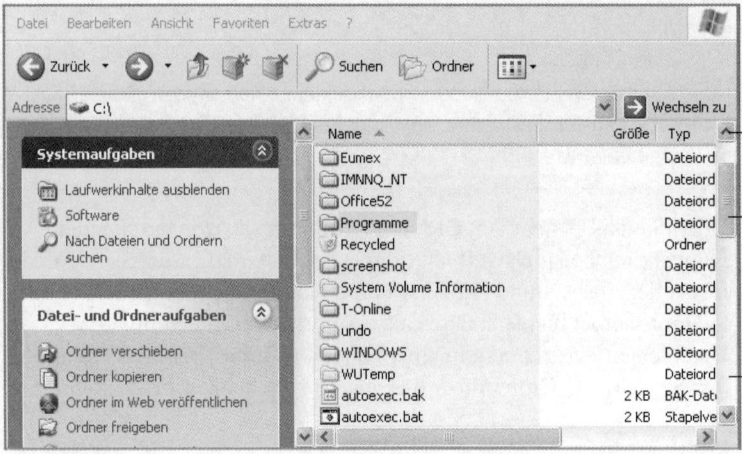

Rechtsklick und Kontextmenüs

Zusätzlich zum Klicken (Auswählen), Ziehen (Verschieben) und Doppelklicken (eine Aktion ausführen) bietet *Windows* noch eine vierte Möglichkeit der Mausbewegung, den Rechtsklick.

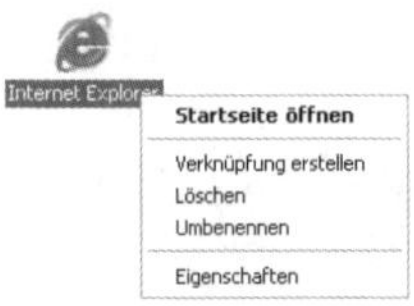

Rechtsklick bedeutet, einen einfachen Klick mit der rechten Maustaste ausführen.

Durch einen Rechtsklick auf ein Element, sei es ein Ordner, eine Anwendung, ein Dateisymbol oder sogar der *Desktop* selbst, wird ein Kontextmenü eingeblendet. Die eingeblendeten Menüoptionen hängen vom angeklickten Element ab.

Rechtsklick mit der Maus

Das kurze Drücken der rechten Maustaste in Windows zeigt ein Kontextmenü mit mehreren Optionen an.

Eine Option, die immer durch einen Rechtsklick angezeigt wird, ist EIGENSCHAFTEN. Wählen Sie diese Option aus dem Kontextmenü, wenn Sie Details über das angeklickte Element angezeigt bekommen möchten.

Üben Sie das Rechtsklicken auf Symbole und auf den *Desktop*-Hintergrund. Klicken Sie dabei immer auf die Option EIGENSCHAFTEN im Kontextmenü.

Kontextmenü

Ein kleines Menü, das zeitweise erscheint. Üblicherweise wird es angezeigt, wenn Sie einen Rechtsklick auf ein Element ausführen. Wenn Sie eine Option aus dem Kontextmenü ausgewählt haben, wird es in der Regel wieder ausgeblendet.

Den Computer herunterfahren

Das Gegenteil von *Hochfahren* bei einem Computer ist das *Herunterfahren*. Schalten Sie Ihren Computer nie einfach so aus. Sie könnten dadurch nichtgespeicherte Informationen verlieren und eventuell sogar die Festplatte Ihres Computers beschädigen (und dabei auch gespeicherte Informationen verlieren).

Um Ihren Computer ordnungsgemäß herunterzufahren, führen Sie bitte die Schritte in Übung 2.5 aus.

Übung 2.5: Ihren Computer herunterfahren

1) Klicken Sie auf die Schaltfläche START.
2) Klicken Sie auf AUSSCHALTEN.
3) Wählen Sie die Option AUSSCHALTEN.

Einige Computer können sich selbst automatisch abschalten. Bei anderen muss man, nachdem die Meldung »Sie können den Computer jetzt ausschalten« erscheint, den Ein/Aus-Schalter am Computer betätigen.

Fahren Sie Ihren Computer nun wieder hoch. Warten Sie aber mindestens zwanzig Sekunden, bevor Sie dies tun, da sonst das Laufwerk Ihrer Festplatte beschädigt werden könnte.

Der Neustart Ihres Computers

Die Option NEU STARTEN hat den gleichen Effekt, als würden Sie Ihren Computer herunter- und sofort wieder hochfahren, allerdings ohne das Risiko, dass die Hardware beschädigt wird.

Übung 2.6: Neustart des Computers

1) Klicken Sie auf START/AUSSCHALTEN.
2) Wählen Sie die Option NEU STARTEN.

Wenn Ihr Computer einmal hängt

Manchmal kann es passieren, dass ein Programm *hängt* bzw. *einfriert*. Das bedeutet, dass Ihr Computer nicht mehr auf das Drücken von Tasten oder Mausklicks reagiert. Es kann aber auch passieren, dass *Windows* selbst nicht mehr auf Befehle reagiert. Der gesamte Computer reagiert dann nicht mehr. Was ist in einem solchen Fall zu tun? Die Antwort darauf finden Sie hier.

Anwendungsprobleme

Wenn eine bestimmte Anwendung nicht mehr reagiert, drücken Sie gleichzeitig die drei folgenden Tasten: `Strg`, `Alt` und `Entf`. Die meisten Benutzer halten dafür die `Strg` und `Alt`-Taste mit den Fingern der linken Hand gedrückt und drücken dann mit einem Finger der rechten Hand die `Entf`-Taste.

Die Kurzschreibweise hierfür ist: [Strg]+[Alt]+[Entf].

Ein Fenster ähnlich wie das in der Abbildung wird eingeblendet, das alle geöffneten Programme Ihres Computers auflistet. Neben dem Programm, das *hängt*, steht *Keine Rückmeldung*.

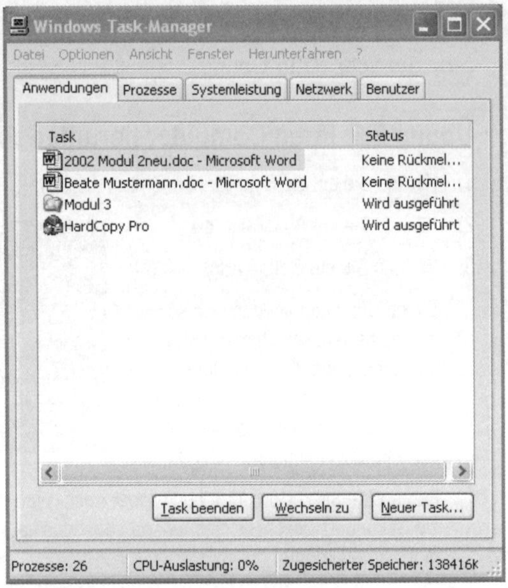

Klicken Sie auf den entsprechenden Programmnamen und dann auf die Schaltfläche TASK BEENDEN. Sie können das Programm nun wie gewohnt wieder starten.

Probleme mit Windows

Wenn *Windows* nicht mehr reagiert, drücken Sie [Strg]+[Alt]+[Entf] zweimal kurz hintereinander. Ihr Computer wird nun herunter- und schnell wieder hochgefahren, ohne Risiko für Ihre Hardware. Durch Drücken von [Strg]+[Alt]+[Entf] erreichen Sie das Gleiche wie über die Option NEU STARTEN im *Computer ausschalten*-Fenster.

Unsachgemäßes Abschalten und ScanDisk

Wenn Sie Ihren Computer anders als über START/AUSSCHALTEN abschalten, schlägt Ihnen *Windows* beim nächsten Start vor, ein Programm namens *ScanDisk* laufen zu lassen. Dieses Programm untersucht die Festplatte bzw. alle vorhandenen Festplatten auf Fehler. Nach Beenden von ScanDisk wird *Windows* automatisch gestartet.

Das Dialogfeld

Das Fenster *Windows Task-Manager*, wie im letzten Abschnitt beschrieben, ist ein Beispiel für ein *Windows*-Dialogfeld. Wenn Sie den *Windows-Explorer*, *Word, Excel* und andere Anwendungen benutzen, werden Sie diesen Dialogfeldern öfter begegnen.

Dialogfeld

Damit bezeichnet man ein rechteckiges Fenster, das Windows einblendet, wenn weitere Informationen benötigt werden, bevor ein Befehl weiterbearbeitet werden kann, oder Windows Ihnen etwas mitteilen möchte.

Die Komponenten eines Dialogfelds

Dialogfelder beinhalten in der Regel die folgenden Komponenten:

- **Befehlsschaltfläche:** Eine Schaltfläche, die ausführenden Charakter besitzt. OK und ABBRECHEN sind die zwei häufigsten. Aber es gibt noch mehr:

- **Dropdown-Listenfeld:** Eine Liste, aus der Sie Optionen auswählen können. Klicken Sie auf den Pfeil rechts, um alle verfügbaren Optionen angezeigt zu bekommen.

  Das Beispiel stammt aus einem Dialogfeld zur Formatierung von Zeichen. Es zeigt Ihnen die verfügbaren Arten der Unterstreichung. Durch Klicken wählen Sie eine Art der Unterstreichung aus.

- **Optionsfelder:** Mehrere kleine Kreise, die Alternativen anzeigen, wobei immer nur ein Optionsfeld ausgewählt werden kann. Hier ein Beispiel aus dem Dialogfeld *Drucken*.

- **Kontrollkästchen:** Mehrere kleine Kästchen, die Sie aktivieren oder deaktivieren können, um Optionen auszuwählen. Es können mehrere Kontrollkästchen gleichzeitig aktiviert werden.

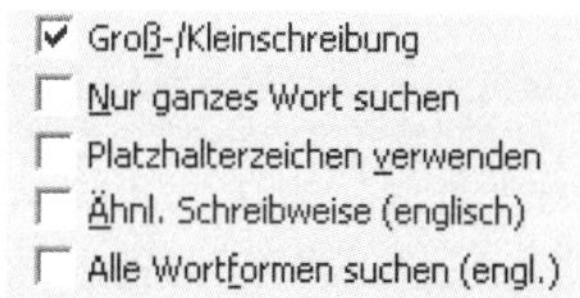

Die Standardoptionen

Die meisten Dialogfelder bieten voreingestellte oder Standardeinstellungen an. Wenn Sie nichts anderes angeben, bestimmen die Standardeinstellungen, welche Aktionen ausgeführt werden. Wenn Sie ein Word-Dokument drucken, ist die Standardeinstellung so, dass alle Seiten eines Dokuments gedruckt werden. Um die angebotenen Standardeinstellungen zu akzeptieren, drücken Sie einfach die [↵]-Taste.

Zusammenfassung der Lektion: Das haben Sie gelernt

Um Ihren Computer zu starten, schalten Sie ihn an der Systemeinheit ein. Wenn der Bildschirm eine separate Ein/Aus-Taste besitzt, schalten Sie ihn an. *Windows* wird gestartet und verschiedene *Symbole* werden auf dem *Desktop* angezeigt.

Benutzen Sie das Menü START/ALLE PROGRAMME, um eine Anwendung wie *Word* oder *Excel* zu starten und die *Taskleiste*, um zwischen geöffneten Programmen zu wechseln.

Über die Schaltflächen in der oberen rechten Ecke des Fensters können Sie das Fenster maximieren, minimieren und schließen. Sie können ein Fenster durch Ziehen an der *Titelleiste* auf dem *Desktop* verschieben. Um die Größe eines Fensters zu verändern, ziehen Sie an dessen Rändern.

Die Symbole auf dem *Desktop*, auch *Icons* genannt, stehen für Laufwerke, Anwendungen, Dateien oder Ordner.

Ein Element wird durch Klicken ausgewählt. Ein Doppelklick führt zu einer Aktion. Durch einen Rechtsklick wird ein Kontextmenü mit möglichen Optionen eingeblendet.

Wenn ein Fenster zu klein ist, um den gesamten Inhalt auf einmal anzuzeigen, können Sie scrollen, um die verschiedenen Teile des Fensters sehen zu können. Wenn das Fenster weitere Informationen benötigt, um Befehle auszuführen, wird ein Dialogfeld eingeblendet.

Fahren Sie Ihren Computer immer ordnungsgemäß herunter. Um eine Anwendung, die nicht mehr reagiert, zu schließen, drücken Sie `Strg`+`Alt`+`Entf`. Drücken Sie diese Tastenkombination zweimal kurz hintereinander, wenn *Windows* nicht mehr reagiert bzw. sich aufgehängt hat.

Schnelltest: Einschalten, klicken, ausschalten

1.	Um eine Anwendung wie z.B. den Editor zu öffnen, wählen Sie:
A	START/ALLE PROGRAMME/MICROSOFT OFFICE TOOLS
B	START/ALLE PROGRAMME/ZUBEHÖR/EDITOR
C	START/SYSTEMSTEUERUNG/SOFTWARE
D	START/EIGENE DOKUMENTE

2.	Um ein Fenster zu verkleinern (sodass der Name nur in der Taskleiste erscheint), drücken Sie:
A	die Schaltfläche MINIMIEREN
B	die Schaltfläche MAXIMIEREN
C	die Schaltfläche SCHLIESSEN
D	die Schaltfläche VERKLEINERN

3.	Wie fahren Sie Ihren Computer herunter?
A	Klicken Sie auf die Schaltfläche START und dann auf ABMELDEN. Klicken Sie dann auf ABMELDEN.
B	Klicken Sie auf die Schaltfläche START und dann auf AUSSCHALTEN. Klicken Sie dann auf STAND BY, um den Computer auszuschalten.
C	Klicken Sie auf die Schaltfläche START und dann auf AUSSCHALTEN. Klicken Sie dann auf NEUSTART, um den Computer auszuschalten.
D	Klicken Sie auf die Schaltfläche START und dann auf AUSSCHALTEN. Klicken Sie dann auf AUSSCHALTEN, um den Computer auszuschalten.

4.	Wenn Ihr Computer sich »aufgehängt« hat, drücken Sie:
A	Strg + Alt + ↵
B	Strg + Alt + Esc
C	Strg + Alt + Entf
D	Strg + Alt + Einfg

5.	Um ein Fenster zu vergrößern, drücken Sie:
A	die Schaltfläche MINIMIEREN
B	die Schaltfläche MAXIMIEREN
C	die Schaltfläche SCHLIESSEN
D	die Schaltfläche VERKLEINERN

6.	**Auf welcher Leiste können Sie sehen, welche Programme Sie geöffnet haben?**
A	Auf der Menüleiste
B	Auf der Standardsymbolleiste
C	Auf der Taskleiste
D	Auf der Formatsymbolleiste

7.	**Mit welcher Tastenkombination können Sie zwischen geöffneten Programmen bzw. geöffneten Dateien wechseln?**
A	[Strg] + [↹]
B	[Strg] + [Entf]
C	[Alt] + [↹]
D	[Strg] + [Entf]

Lektion 2.2: Entdecken Sie Ihren Computer

In dieser Lektion

Haben Sie sich schon einmal gefragt, welche Informationen auf Ihrem oder auf den Computern anderer Leute gespeichert sind? Nach dem Lesen dieser Lektion werden Sie in der Lage sein, folgende Fragen zu beantworten: Welche Laufwerke sind auf einem Computer installiert? Welche Namen haben seine Ordner und Dateien? Welchen Prozessor und wie viel Speicher hat der Computer?

Sie werden auch erfahren, wie man eine bestimmte Datei findet, ohne ihren Namen zu kennen, und wie man die *Windows-Online-Hilfe* verwendet.

Neue Fähigkeiten

Am Ende dieser Lektion sollten Sie in der Lage sein,

- zwischen Dateien, Ordnern und Laufwerken zu unterscheiden,
- den Arbeitsplatz zu nutzen, um Laufwerke, Ordner und Dateien anzuschauen,
- die Reihenfolge, in der Ordner und Dateien im *Arbeitsplatz*-Fenster angezeigt werden, zu verändern,
- Dateinamenerweiterungen zu erklären und die bekanntesten unter ihnen zuordnen zu können,
- nach Ordnern und Dateien zu suchen,
- das *Windows Hilfe- und Supportcenter* zu verwenden.

Neue Wörter

Am Ende dieser Lektion sollten Sie in der Lage sein, die folgenden Begriffe zu erklären:

- Datei
- Ordner
- Unterordner
- Laufwerk
- Arbeitsplatz
- Papierkorb
- Dateinamenerweiterung
- Windows-Suchen
- Platzhalter

Wie Ihr Computer Informationen speichert

Wenn Sie alle Ihre Sachen auf einen großen Haufen werfen, werden Sie es schwer haben, etwas zu finden. Wie viel einfacher ist es, Ihre Dinge vorher zu ordnen und sie ordentlich in Regalen und Schubladen unterzubringen. Wenn Sie dann einmal etwas suchen, wissen Sie genau, wo es ist.

Was für Ihre persönlichen Dinge zutrifft, gilt auch für die Informationen auf Ihrem Computer. In dieser Lektion lernen Sie etwas über Dateien, Ordner und Laufwerke. Das sind zugleich die drei Ebenen, in denen Informationen auf einem Computer gespeichert werden.

Dateien

Alle Informationen auf Ihrem Computer sind in einzelnen Dateien gespeichert. Betrachten Sie eine Datei als die grundlegende Einheit zur Speicherung auf Ihrem Computer.

Datei

Dies ist die grundlegende Einheit eines Computers zur Speicherung. Alles auf einem Computer ist in einer Datei der einen oder anderen Art gespeichert.

Ordner

Ein Computer kann leicht über viele tausend Dateien verfügen. Um dem Computer und auch Ihnen die Suche zu erleichtern, lassen sich Dateien in einem Ordner zusammenfassen.

Ordner

Eine Gruppe von Dateien. Dateien, die in Ordnern organisiert sind, sind leichter zu finden.

Ein Ordner kann auch einen oder mehrere Ordner beinhalten und so eine baumähnliche Hierarchie bilden.

Unterordner

Ein Ordner, der sich in einem anderen Ordner befindet.

Im Beispiel links beinhaltet der Ordner *Word-Dokumente* zwei Unterordner: *Briefe* und *Berichte*.

Ein anderer Vorteil, der sich aus dem Ablegen von Dateien in Ordnern und Unterordnern ergibt, ist der, dass Sie mit Dateien als Gruppe arbeiten können. Sie können z.B. alle Dateien eines Ordners auf einmal löschen.

Viren

Aber Dateien können auch Viren enthalten, und so ziemlich viel Unheil in Ihrem Computer anrichten. Ein Virus ist ein Programm, das Kopien von sich selbst in Computerdateien einfügt und dadurch eine »Infizierung« dieser Dateien herbeiführt. Wird eine solche Datei in den Speicher geladen und gestartet, wird in der Regel zusätzlich eine Kopie des Virus aktiviert, der damit auch andere Dateien auf Ihrem Rechner infizieren kann. Die meisten Viren zielen darauf ab, Datenbestände zu zerstören. Einige Viren können z.B. die Festplatte Ihres Computers zerstören oder Speicherplatz belegen, der sonst von Programmen verwendet werden könnte.

Hier einige der bekannten Virentypen:

- **Bootsektorviren** platzieren sich auf dem Startsektor der Festplatte oder Diskette.
- **Programmviren** setzen sich an eine Position innerhalb eines Programms.
- **Makroviren** befinden sich innerhalb von Dokumenten und werden aktiv, sobald ein Makro ausgeführt wird.
- **Polymorphe Viren** verändern sich bei jeder Infektion.
- **Tarnkappenviren** nehmen Veränderungen am Betriebssystem vor, um sich zu tarnen.

Wie aber kommen Viren auf bzw. in Ihren Computer? Am häufigsten geschieht dies durch »verseuchte« E-Mail-Anhänge oder durch das Herunterladen von Dateien aus dem Internet. Einige dieser Download-Dateien können Viren enthalten. Wenn Sie ein infiziertes Programm direkt von einer Website ausführen oder eine infizierte Datei öffnen und dies zur Folge hat, dass Ihr Computer heruntergefahren wird, oder Programme geschlossen werden, können nicht gespeicherte Daten verloren gehen. Wenn Sie eine Datei oder ein Programm jedoch zuerst auf Ihrer Festplatte speichern, können Sie es vor dem Öffnen oder Ausführen mit einem Virenscanner überprüfen.

Moderne Computerumgebungen sollten in der Lage sein, ein vorsätzliches Einschleusen von Viren in Computer und Netzwerke zu verhindern. Es gibt dazu einige vorbeugende Regeln, an die man sich unbedingt halten sollte:

- Informieren Sie sich regelmäßig über neue Viren und ihre üblichen Verbreitungswege.
- Achten Sie auf Anzeichen für Viren: Verringerte Systemleistung, ungewöhnliche Bildschirmmeldungen, fehlende Daten, auf die Festplatte kann nicht zugegriffen werden.
- Prüfen Sie alle Disketten, bevor Sie Dateien kopieren bzw. öffnen oder ein Programm von der Diskette starten.

- Sie sollten ein kommerzielles Virenerkennungsprogramm installiert haben und dieses regelmäßig aktualisieren. Die Aktualisierung der Software ist sehr wichtig, da es fast täglich neue Viren gibt. Das Update der jeweiligen Software ist oftmals über einen bestimmten Zeitraum hinweg kostenfrei.
- Lassen Sie Ihren Computer regelmäßig von einem Anti-Viren-Programm scannen.

Weitere Informationen zu Viren finden Sie in der Regel in der Dokumentation zu Ihrer Virenerkennungssoftware (z.B. McAfee, Panda, Norton).

Ein Anti-Viren-Programm ist ein Programm, das sämtliche Dateien auf Ihrem Computer durchsucht, um Viren zu lokalisieren, zu isolieren und zu entfernen. Die meisten Anti-Viren-Programme bieten zusätzlich die Möglichkeit, eingehende Dateien (z.B. E-Mail-Anhänge) auf Viren zu überprüfen, während der Computer die Dateien herunterlädt.

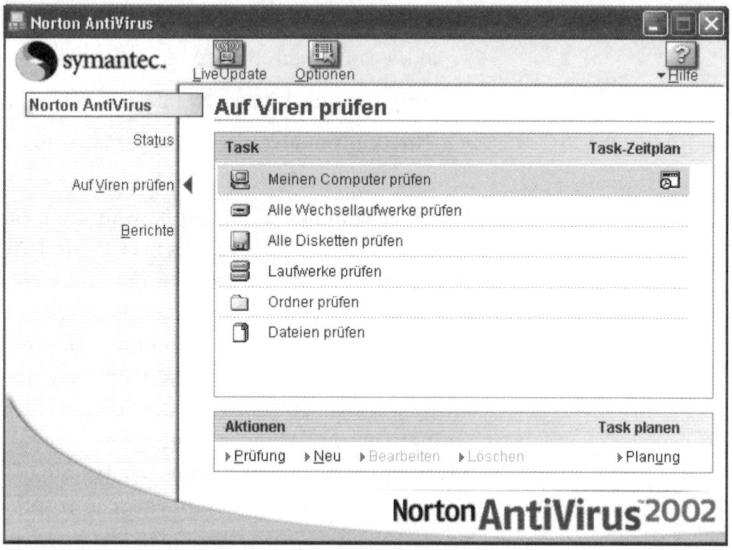

Beispiel für ein Anti-Viren-Programm, in diesem Fall Norton AntiVirus

In der Regel bietet Ihnen ein Programm mehrere Optionen an. So können Sie z.B. bestimmte Laufwerke, Ordner oder Dateien scannen und auf Viren überprüfen lassen, also gezielt bestimmte Bereiche Ihres Computers durchsuchen lassen.

Laufwerke

Auf einem Laufwerk werden Dateien und Ordner gespeichert. Normalerweise trägt die Festplatte den Namen Laufwerk C:. Manche Computer haben die Festplatte auch in Laufwerk C: und Laufwerk D: unterteilt. Die Festplatte ist dann *partitioniert*.

Der nächste verfügbare Buchstabe wird dem CD-ROM-Laufwerk zugeteilt, also D: oder E:. Das hängt, wie schon erwähnt, davon ab, ob

Ihre Festplatte partitioniert ist oder nicht bzw. ob der Computer über mehr als eine Festplatte verfügt. Das Diskettenlaufwerk wird mit A: bezeichnet.

> **Laufwerk**
>
> *Dabei handelt es sich um ein Speichergerät, um Dateien in einem Ordner aufzubewahren. Normalerweise ist A: das Diskettenlaufwerk, C: die Festplatte und D: das CD-ROM-Laufwerk.*

Und wo ist das B:-Laufwerk? Ältere Computer verfügten nur über zwei Diskettenlaufwerke, A: und B:. Mit dem Aufkommen der Festplatte C: und der Standardisierung von Disketten wurde das zweite Diskettenlaufwerk überflüssig.

Arbeitsplatz benutzen

Schauen Sie sich den *Windows-Desktop* Ihres Computers an. Sie sehen einen Ordner mit dem Namen *Arbeitsplatz*. Wenn nicht, verkleinern oder minimieren Sie alle offenen Programmfenster, bis Sie den *Arbeitsplatz* sehen. Sie können auch über START/ARBEITSPLATZ gehen.

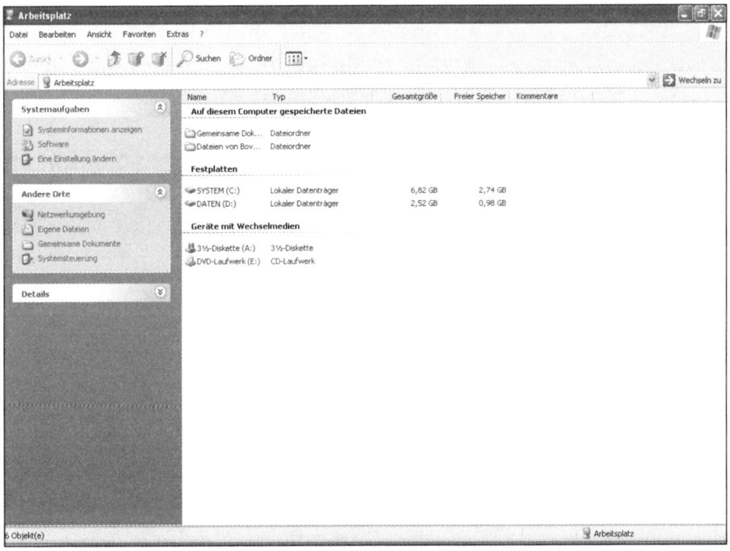

Wenn Sie den Arbeitsplatz öffnen, werden Symbole für Festplatte, Diskettenlaufwerk und CD-ROM-Laufwerk auf Ihrem Computer angezeigt. Der Arbeitsplatz enthält auch Links (Verknüpfungen) zu Systemaufgaben und zur *Systemsteuerung* (hier können Sie die Einstellungen Ihres Computers verändern).

Arbeitsplatz

Ein Desktop-Ordner, in dem Sie fast alles auf Ihrem Computer sehen können. Dazu gehören auch Laufwerksinhalt und Computer-, Drucker- und Internet-Einstellungen.

Die Laufwerke über den Arbeitsplatz erkunden

Über welche Laufwerke verfügt Ihr Computer? In Übung 2.7 können Sie dies herausfinden.

Übung 2.7: Laufwerke über den Arbeitsplatz erkunden

1) Führen Sie einen Doppelklick auf das Symbol ARBEITSPLATZ auf dem *Windows-Desktop* aus. In der folgenden Abbildung unten können Sie vier Laufwerke sehen: ein Diskettenlaufwerk (A:), zwei Festplatten (C: und D:), und ein DVD-Laufwerk (E:).

Nun wissen Sie also, wie Sie feststellen können, welche Laufwerke sich auf Ihrem oder jedem anderen Computer befinden. In Übung 2.8 werden Sie lernen, wie man sich grundlegende Informationen über die eingebauten Laufwerke anzeigen lässt.

Übung 2.8: Laufwerkseigenschaften anschauen

1) Klicken Sie mit der rechten Maustaste im geöffneten Fenster *Arbeitsplatz* auf das Symbol für Laufwerk C:.
2) Klicken Sie im daraufhin eingeblendeten Kontextmenü auf die Option EIGENSCHAFTEN.
3) Wenn Sie fertig sind, klicken Sie auf OK.

   Um etwas Übung zu bekommen, führen Sie den gleichen Ablauf auch mit Ihren anderen Laufwerken aus.

   Lassen Sie das *Arbeitsplatz*-Fenster auf dem *Desktop* geöffnet. Das Symbol für *Arbeitsplatz* wird auch in der *Taskleiste* angezeigt.

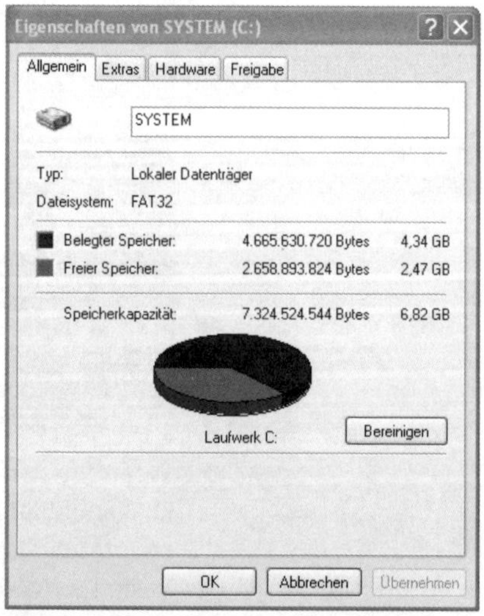

Ein Dialogfeld ähnlich dem hier abgebildeten wird angezeigt. Sie können erkennen, wie viel Platz auf Ihrer Festplatte belegt und wie viel frei ist. Über dieses Dialogfeld können Sie Ihrer Festplatte auch einen Namen zuweisen.

Ordner und Dateien über den Arbeitsplatz erforschen

Sie können den *Arbeitsplatz* dazu benutzen, um Ordner und Dateien, die auf einem Laufwerk gespeichert sind, anzuzeigen. Führen Sie einfach einen Doppelklick auf das entsprechende Symbol, z.B. das Symbol für Laufwerk C: aus und der Arbeitsplatz öffnet ein zweites Fenster, das den Inhalt des Laufwerks anzeigt.

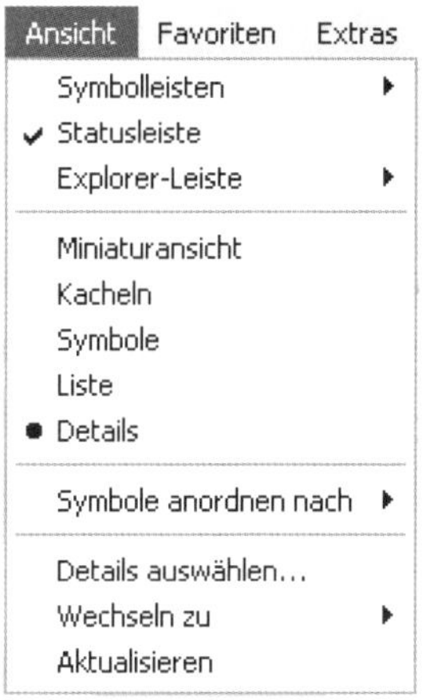

Im *Arbeitsplatz* können Ordner und Dateien der einzelnen Laufwerke in verschiedener Weise dargestellt werden. Mit einem Klick auf das Menü ANSICHT werden Ihnen die verschiedenen Möglichkeiten angezeigt. Klicken Sie die verschiedenen Möglichkeiten an, um sich einen Überblick über die verschiedenen Darstellungsweisen zu verschaffen.

Für die Übungen in diesem Buch wählen Sie bitte den Menübefehl ANSICHT/DETAILS. Dieser Ansichtenmodus bietet Ihnen die umfassendsten Informationen über den Inhalt Ihrer Laufwerke.

Am unteren Rand des *Arbeitsplatz*-Fensters können Sie in der Statusleiste ablesen, wie viele Elemente sich im Fenster befinden und wie viel Speicherplatz diese auf der Platte einnehmen. Wenn Sie die Statusleiste oder Symbolleiste nicht sehen können, klicken Sie auf die entsprechenden Optionen im Menü ANSICHT, sie werden dann angezeigt.

Ordner und Dateien sortieren

Sie können die Reihenfolge, in der Ihre Ordner und Dateien im Arbeitsplatz angezeigt werden, verändern. Mit der Standardeinstellung werden Ordner und Dateien dem Namen nach in alphabetischer Reihenfolge angezeigt. Möchten Sie alles nach Größe sortiert haben, klicken Sie einfach in der Leiste am oberen Fensterrand auf *Größe*. Als alternative Möglichkeiten können Sie auch nach *Typ* und *Geändert am* sortieren.

Übung 2.9: Ordner und Dateien im Arbeitsplatz sortieren

1) Lassen Sie über *Arbeitsplatz* den Inhalt Ihres Laufwerks C: anzeigen.
2) Klicken Sie oben im Fenster auf die Überschrift *Name*. Die Ordner und Dateien werden nun in umgekehrter Reihenfolge alphabetisch sortiert. Klicken Sie noch einmal auf *Name*, um sie wieder in die ursprüngliche Reihenfolge zu bringen.

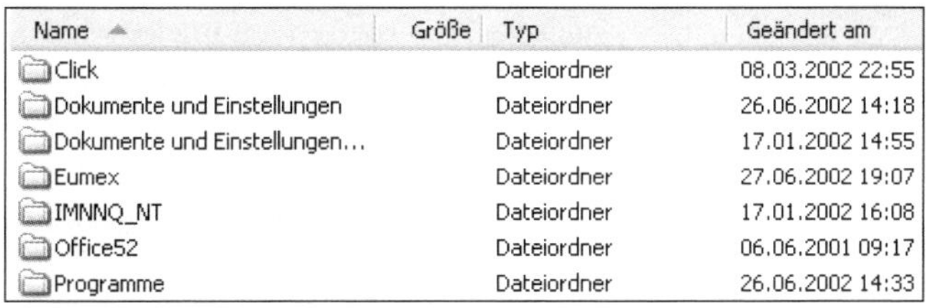

Name	Größe	Typ	Geändert am
Click		Dateiordner	08.03.2002 22:55
Dokumente und Einstellungen		Dateiordner	26.06.2002 14:18
Dokumente und Einstellungen...		Dateiordner	17.01.2002 14:55
Eumex		Dateiordner	27.06.2002 19:07
IMNNQ_NT		Dateiordner	17.01.2002 16:08
Office52		Dateiordner	06.06.2001 09:17
Programme		Dateiordner	26.06.2002 14:33

3) Klicken Sie oben im Fenster auf die Überschrift *Größe*. Die Ordner und Dateien werden nun der Größe nach sortiert, wobei das kleinste Element (in der Regel sind dies Ordner) oben steht. Klicken Sie noch einmal auf *Größe*, um sie in umgekehrter Reihenfolge zu sortieren.

4) Klicken Sie oben im Fenster auf die Überschrift *Geändert am*. Die Ordner und Dateien werden nun so angezeigt, dass jenes Element, das zuletzt bearbeitet oder erstellt wurde, ganz unten steht. Klicken Sie noch einmal auf *Geändert am*, dann wird das älteste Element unten angezeigt.

Sie können die einzelnen Spalten in ihrer Breite verändern. Klicken Sie dazu oben in den Trennstrich zwischen den Spaltenüberschriften. Der Mauszeiger verwandelt sich in ein kreuzähnliches Zeichen. Halten Sie die Maustaste gedrückt und ziehen Sie die Trennlinie nach rechts oder links.

Die Eigenschaften eines Ordners betrachten

Um die Informationen zu einem bestimmten Ordner im *Arbeitsplatz* anzuzeigen, z.B. den Inhalt des *Windows*-Ordners, suchen Sie diesen Ordner über den Arbeitsplatz auf dem entsprechenden Laufwerk (in der Regel Laufwerk C:) und klicken Sie mit der rechten Maustaste darauf. Ein Kontextmenü wird eingeblendet, in dem Sie nun die Option EIGENSCHAFTEN auswählen.

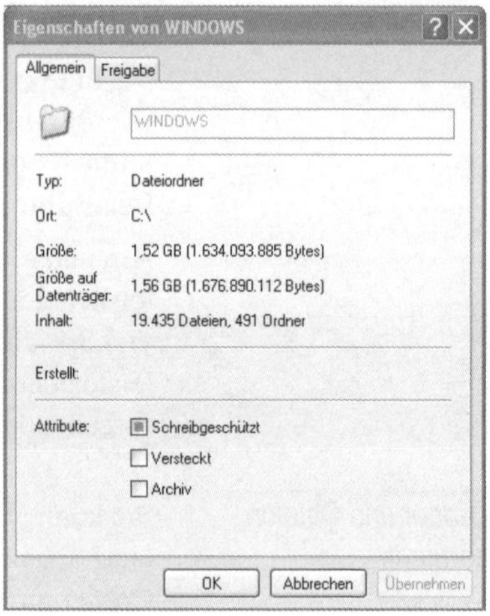

Es wird Ihnen ein Dialogfeld angezeigt, das ähnlich aussieht wie das in der Abbildung.

Neben anderen Details erfahren Sie hier, wie viele Ordner und Dateien sich im *Windows*-Ordner befinden.

Außerdem wird das Laufwerk, auf dem sich der Ordner befindet (hier Laufwerk C:), und die Größe des Ordners (hier 1,56 GB) angezeigt.

Diesen Vorgang können Sie mit jedem beliebigen Ordner durchführen. Wenn Sie die Anzahl von Dateien eines bestimmten Dateityps in einem Ordner erfahren möchten, so markieren Sie die Dateien dieses Dateityps im rechten Fensterausschnitt des Explorers. Die Anzahl der markierten Dateien wird unten in der Leiste angegeben. Um alle Dateien eines Dateityps zu markieren, ist es einfacher, wenn Sie die Dateien im rechten Fensterausschnitt zuerst nach *Typ* sortieren, sodass Sie diese dann als zusammenhängende Liste mit Hilfe der Umschalttaste auswählen können.

Die Eigenschaften einer Datei betrachten

Genauso, wie Sie sich Details über Ordner anzeigen lassen können, können Sie auch Informationen zu einzelnen Dateien in einem Fenster anzeigen lassen. Klicken Sie dazu im Windows-Explorer mit der rechten Maustaste auf die Datei, zu der Sie Informationen angezeigt bekommen möchten, und wählen Sie dann im Kontextmenü den Eintrag EIGENSCHAFTEN aus.

Daraufhin wird ein Dialogfeld geöffnet, das dem in der folgenden Abbildung gezeigten weitestgehend gleicht.

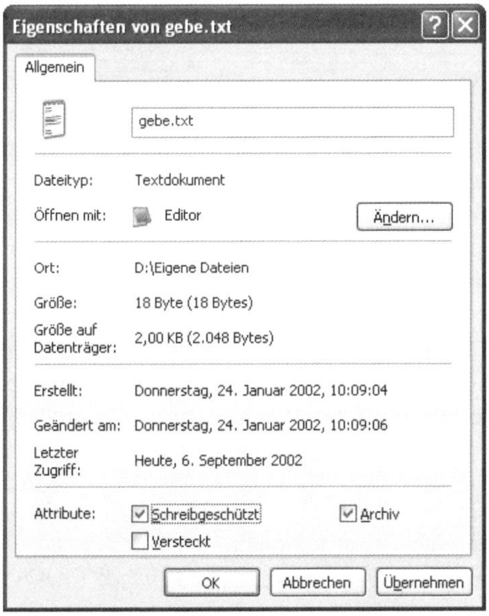

Neben anderen Details erfahren Sie hier, ob die Datei schreibgeschützt ist oder nicht. Es gibt im Bereich *Attribute* ein Kontrollkästchen *Schreibgeschützt*, das Sie durch Anklicken aktivieren bzw. deaktivieren können. Wenn eine Datei schreibgeschützt ist, bedeutet dies, dass die Datei nicht geändert oder (eventuell versehentlich) gelöscht werden kann. Sie kann nur gelesen oder kopiert werden. Wenn Sie eine schreibgeschützte Datei bearbeiten oder ändern möchten, so können Sie die Änderungen nur sichern, indem Sie das Dokument unter einem anderen Namen abspeichern.

Über die Direkthilfe des Dialogfeldes lassen sich Informationen zu den weiteren Optionen abrufen.

Dateinamenerweiterungen und Symbole

Eine Datei ist, wie schon am Anfang dieser Lektion erwähnt, die grundlegende Einheit eines Computers zur Speicherung. Wenn Sie Dateien im Arbeitsplatz-Fenster betrachten, werden Sie feststellen, dass verschiedene Dateien durch unterschiedliche Symbole dargestellt werden.

Das Symbol, das Windows zur Darstellung einer Datei verwendet, hängt von der aus drei Buchstaben bestehenden Dateinamenerweiterung ab. Anwendungsdateien haben die Endung .exe, .com, .bat oder .cmd. Die Dateinamenerweiterung ist durch einen Punkt vom Dateinamen getrennt. Sollten Sie im Windows-Explorer keine Dateinamenerweiterungen sehen, liegt dies vermutlich daran, dass in der Voreinstellung von Windows XP keine Dateinamenerweiterungen angezeigt werden. Sie können diese Einstellung ändern, indem Sie im Windows-Explorer den Menübefehl EXTRAS/ORDNEROPTIONEN aufrufen, und dann auf der Registerkarte *Ansicht* das Häkchen im Kontrollkästchen *Erweiterungen bei bekannten Dateitypen ausblenden* entfernen.

Wenn Sie eine Datei in einem Programm speichern (z.B. ein Word-Dokument in Microsoft Word) oder ihr einen Namen zuweisen, so wird dem Dateinamen automatisch eine entsprechende Endung aus drei Buchstaben angehängt. So haben Audiodateien z.B. die Erweiterung *wav* oder *mp3*, Videodateien die Erweiterung *mpg* oder *avi* und die gängigsten Erweiterungen für Grafik- bzw. Bilddateien sind *.bmp*, *.gif* und *.jpg*. Diese Erweiterung ist wichtig, da sie die Struktur bestimmt, mit welcher die Datei auf dem Bildschirm oder dem Drucker ausgegeben wird. Achten Sie daher beim Umbenennen einer Datei darauf, dass Sie die Dateinamenerweiterung beibehalten, sodass die Datei weiterhin vom entsprechenden Programm erkannt und mit ihm geöffnet werden kann.

Dateinamenerweiterung

Eine aus drei Buchstaben bestehende Erweiterung, die an den Dateinamen angehängt wird und angibt, um welche Art von Datei es sich handelt. Ein Punkt trennt die Erweiterung vom Dateinamen.

Es folgen einige Dateinamenerweiterungen von gebräuchlichen Programmen zusammen mit ihren entsprechenden Symbolen.

Dateityp / Anwendung	Erweiterung	Symbol
Microsoft Word-Dokument	.doc	
Microsoft Excel-Tabelle	.xls	
Microsoft Access-Datenbank	.mdb	
Microsoft PowerPoint-Präsentation	.ppt	
Nur-Text-Datei	.txt	
Online-Hilfe-Datei	.hlp	
Webseiten-Datei	.htm	

Nach Ordnern und Dateien suchen

Der schnellste Weg, einen Ordner oder eine Datei auf Ihrem Computer zu finden, führt über den *Windows*-Befehl SUCHEN. Die meisten Suchvorgänge basieren auf einem kompletten Ordner- oder Dateinamen oder Teilen davon. Aber die Option SUCHEN erlaubt auch eine erweiterte Suche nach Datum oder Inhalt.

Um einen Ordner oder eine Datei auf einem Laufwerk zu finden, wählen Sie START/SUCHEN. Sie können nun weiter entscheiden, nach was Sie suchen: Bilder, Dokumente, alle Dateien etc. Je weiter Sie in der Suche fortschreiten, desto weiter schränken Sie die Suchkriterien ein.

Der Inhalt des nächten Dialogfeldes hängt davon ab, wonach Sie suchen. In unserem Beispiel wird angezeigt, was erscheint, wenn man nach einem Doument sucht. In diesem Fall können Sie festlegen, wie lange es her ist, dass Sie dieses Dokument geändert haben, und auch einen Teil oder den gesamten Dokumentennamen angeben.

Das folgende Beispiel zeigt die Suche nach einem Dokument mit dem Namen *report.doc*. Klicken Sie auf SUCHEN, um das Suchergebnis angezeigt zu bekommen.

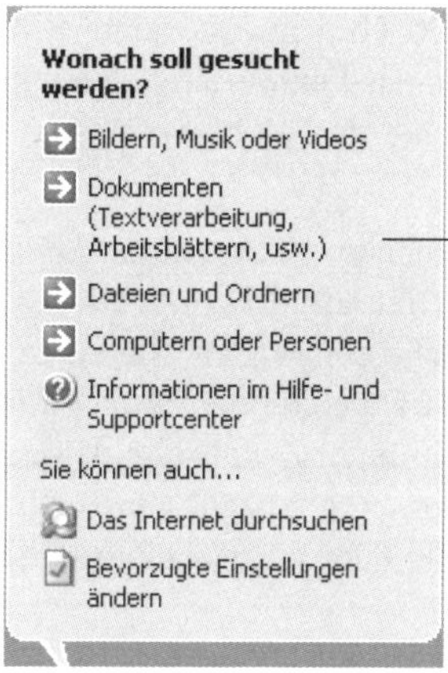

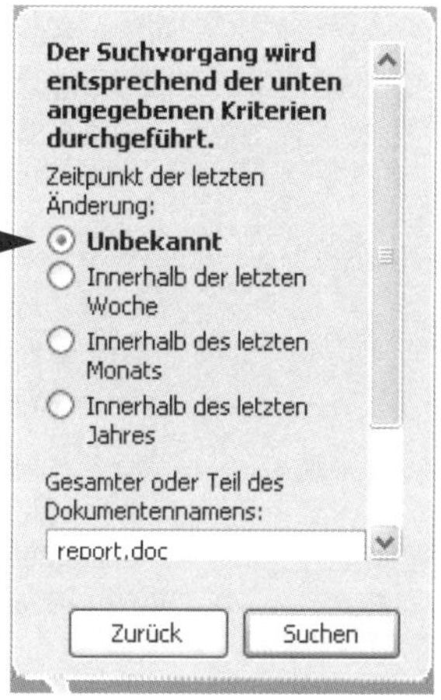

Die Suche mit Platzhalter

Wenn Sie nach einem Ordner oder einer Datei suchen, so können Sie das Sternchen (*) oder das Fragezeichen (?) als Platzhalter verwenden, der ein (Fragezeichen) oder mehrere Zeichen (Sternchen) repräsentieren kann. Wenn Sie sich also nicht an den vollständigen Namen des gesuchten Elements erinnern können, schreiben Sie den Platzhalter an die Stelle eines oder mehrerer Buchstaben.

Eine Suche nach *Bericht*.doc* findet alle Dateien, die mit *Bericht* beginnen und die Erweiterung .doc haben. Beispiele wären z.B. *Bericht3.doc*, *Berichtneu.doc* und *Bericht-a.doc*.

Wenn Sie nach .xls suchen, findet Windows alle Dateien, die eine *Microsoft Excel*-Endung bzw. Erweiterung haben. Probieren Sie es einfach mal aus.

Platzhalter

Das Sternchen (*) oder das Fragezeichen (?) können für ein Zeichen oder eine Kombination aus mehreren Zeichen stehen, wenn Sie eine Suche nach einem Ordner oder einer Datei starten.

Übung 2.10: Alle Word-Dokumente mit Hilfe des Platzhalters finden

1) Wählen Sie START/SUCHEN/DATEIEN UND ORDNER.
2) Schreiben Sie **.doc* in das Feld für den Dateinamen.
3) Im Feld *Suchen in* wählen Sie Laufwerk C:.
4) Klicken Sie auf *Suchen*.

Windows zeigt Ihnen in einem Fenster alle Dateien mit der Erweiterung *.doc* an. Sie können jede angezeigte Datei direkt mit einem Doppelklick öffnen. Um das Dialogfeld *Suchen* zu schließen, klicken Sie auf das Schließen-Feld in der oberen rechten Ecke.

Die datumsbasierte Suche

Wenn Sie auf das Register *Wann wurde die Datei geändert* im Dialogfeld *Suchen* klicken, können Sie Ihre Suche eingrenzen. Sie können bestimmen, dass nur Dateien oder Ordner, die während eines bestimmten Zeitabschnitts oder während einer bestimmten Anzahl von Tagen oder Monaten erstellt oder geändert wurden, gesucht werden.

Sie können auch einfach nur nach einem Datum oder Zeitabschnitt suchen, wenn Sie den Datei- oder Ordnernamen nicht kennen. Oder wenn Sie einfach nur wissen möchten, welche Dateien bzw. Ordner an bestimmten Tagen oder innerhalb eines Zeitabschnitts erstellt oder geändert wurden.

Die inhaltsbasierte Suche

Wenn Sie überhaupt keine Ahnung haben, wie das gesuchte Element heißt oder wann es erstellt bzw. geändert wurde, können Sie auch nach Inhalten suchen.

Im Register *Name/Ort* des Dialogfelds *Suchen* befindet sich ein Feld *Enthaltener Text*. Hier können Sie ein oder mehrere Wörter eingeben, die in der gesuchten Datei enthalten sein könnten.

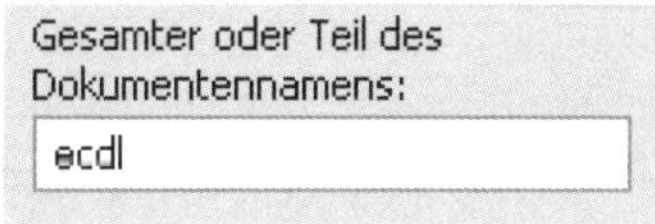

Windows-Suche

Eine Funktion, die es Ihnen erlaubt, Ordner oder Dateien auf der Basis eines der folgenden Kriterien zu suchen: kompletter Dateiname oder Teile davon, Erstelldatum oder zuletzt geändert am oder enthaltener Text.

Der Papierkorb

Windows speichert gelöschte Dateien zunächst in einem Bereich, der Papierkorb genannt wird. Können Sie das entsprechende Symbol auf Ihrem *Desktop* sehen? Wenn nicht, ändern Sie bitte die Größe der geöffneten Fenster oder minimieren Sie sie, bis das Symbol sichtbar wird.

Papierkorb mit Inhalt

Leerer Papierkorb

Wenn Sie versehentlich eine Datei löschen, doppelklicken Sie einfach auf den Papierkorb. Klicken Sie dann auf die entsprechende Datei, um sie auszuwählen, und rufen Sie den Menübefehl DATEI/WIEDERHERSTELLEN auf. Sie können Ihren Papierkorb leeren, indem Sie den Link PAPIERKORB LEEREN anklicken.

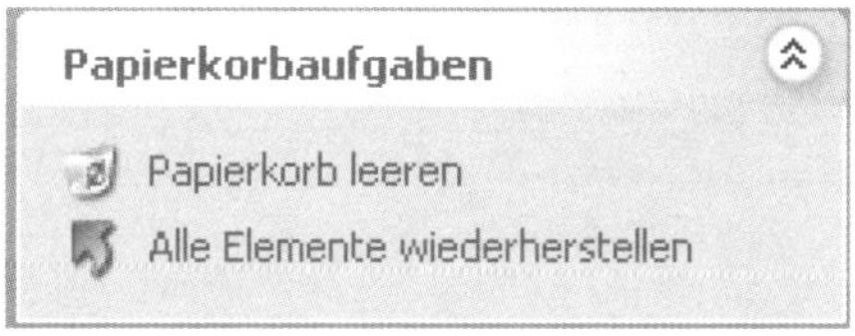

Durch das Leeren des Papierkorbs schaffen Sie weiteren Speicherplatz auf Laufwerk C:.

Papierkorb

Ein Bereich, in dem Windows gelöschte Dateien zwischenspeichert. Sie können Dateien, die Sie versehentlich gelöscht haben, dort wiederfinden und wiederherstellen oder den Papierkorb leeren, um mehr Speicherplatz zu schaffen.

Informationen zum System anschauen

Welche Spezifikationen hat Ihr Computer? Um dies herauszufinden, führen Sie folgende Schritte durch:

- Wählen Sie START/SYSTEMSTEUERUNG und dann das Symbol für SYSTEM.

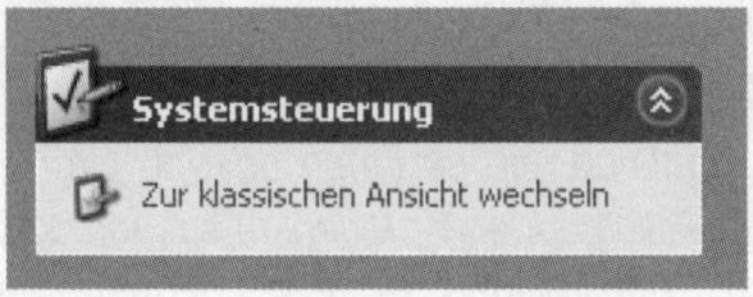

Falls Sie sich in der Kategorieansicht befinden, klicken Sie auf den Link *Leistung und Wartung* oder wechseln Sie in die *Klassische Ansicht*, um zum Symbol *System* zu gelangen. Das Dialogfeld *Systemeigenschaften* wird angezeigt. Auf der Registerkarte *Allgemein* wird das Betriebssystem, der Prozessortyp und die RAM-Größe Ihres Rechners angezeigt.

- Wahlweise können Sie auch einen Klick auf den Link SYSTEMSTEUERUNG im *Arbeitsplatz*-Fenster ausführen.
- Klicken Sie auf das Symbol SYSTEM.

Das Hilfe- und Supportcenter

Das *Windows Hilfe- und Supportcenter* bietet Ihnen den Zugriff auf eine *Online-Hilfe*, die alle Themen zur Benutzung von *Windows* umfasst.

- Das Wort *Hilfe* in Online-Hilfe bedeutet, dass Informationen vorliegen, die Sie dabei unterstützen, Windows, also das Betriebssystem, zu verstehen und zu benutzen.
- Das Wort *Online* bedeutet, dass die Information auf dem Bildschirm verfügbar ist, statt auf Papier.

Sie können die Online-Hilfe durchsuchen und lesen, indem Sie START/HILFE UND SUPPORT wählen. Wahlweise können Sie ?/HILFE UND SUPPORTCENTER wählen, wenn Sie den Arbeitsplatz benutzen. In beiden Fällen gelangen Sie auf die Startseite der Hilfe.

Sie können dann auf die Hilfeinformationen, die Sie benötigen, auf verschiedene Arten zugreifen:

- Das Thema auswählen, das Sie interessiert.
- Den Index der Hilfe verwenden.
- Ein Thema auf der Startseite des Hilfe- und Supportcenters auswählen.

Nach Hilfe suchen

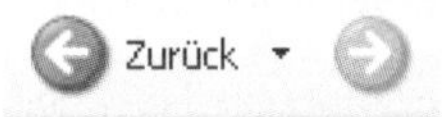

Schreiben Sie das Wort oder den Ausdruck, nach dem Sie suchen, in das Feld *Suchen*. Das Suchergebniss wird angezeigt, und Sie können das Thema auswählen, das Ihnen am geeignetsten erscheint. Verwenden Sie die Schaltflächen *Zurück* und zur *Nächsten Seite* im oberen linken Teil der Symbolleiste, um durch die Hilfeseiten zu navigieren.

Gebrauch des Index

Klicken Sie auf die Schaltfläche *Index*, um das Inhaltsverzeichnis bzw. den Inhalt der Hilfe angezeigt zu bekommen. Tippen Sie das Schlüsselwort ein, nach dem Sie suchen, oder suchen Sie in der Liste danach.

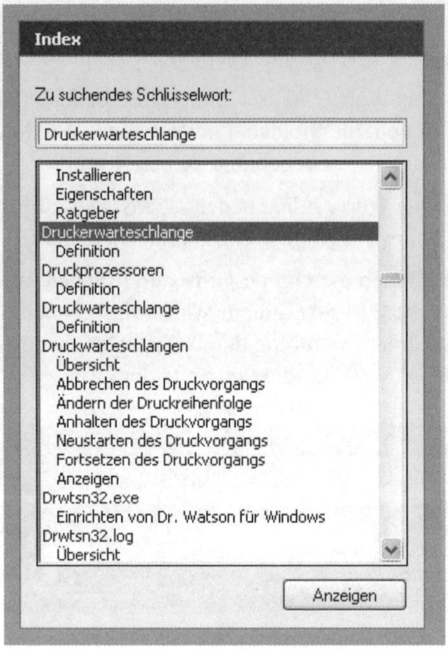

Ein Thema auswählen

Das Fenster des Hilfe- und Supportcenters bietet Ihnen eine Auswahl der häufigsten Hilfethemen und eine Auswahl an Supportoptionen an. Darin enthalten ist z.B. der Zugang zum Microsoft-Support über das Internet, Zugang zu Updates für das Betriebssystem sowie Diagnose- und Instandhaltungstools.

Zusammenfassung der Lektion: Das haben Sie gelernt

Eine Datei ist die grundlegende Einheit zur Speicherung in einem Computer. Ein Ordner besteht aus einer Gruppe von Dateien (und vielleicht auch Unterordnern). Wenn man Dateien in Ordnern zusammenfasst, ist es einfacher, sie wiederzufinden. Dateien können verschiedene Arten vonViren enthalten, die Sie mit Hilfe eines Anti-Viren-Programms »bekämpfen« können.

Ein Laufwerk ist ein physikalisches Speichergerät für Ordner und Dateien. In der Regel ist A: ein Diskettenlaufwerk, C: die Festplatte und D: das CD-ROM-Laufwerk.

Über den *Arbeitsplatz* können Sie die Hierarchie der Ordner auf Ihrem Computer einsehen und sich alle Dateien und Unterordner in einem beliebigen ausgewählten Ordner anzeigen lassen.

Zur Anzeige von Detailinformationen eines Laufwerks, Ordners oder einer Datei klicken Sie mit der rechten Maustaste auf das entsprechende Symbol und wählen im Kontextmenü die Option EIGENSCHAFTEN.

Windows hängt eine aus drei Buchstaben bestehende Dateinamenerweiterung an jede Datei, um anzugeben, um welche Art von Datei es sich handelt. Ein Punkt (.) trennt die Erweiterung vom Namen der Datei. Übliche Dateierweiterungen sind .doc (*Word*), .xls (*Excel*), .mdb (*Access*) und .ppt (*PowerPoint*).

Um eine Datei auf einem Laufwerk zu finden, wählen Sie START/SUCHEN/DATEIEN UND ORDNER. Unter Windows können Sie so genannte Platzhalter verwenden, um einen oder mehrere fehlende Buchstaben darzustellen. Sie können die Suche nach einer Datei auch einschränken, und zwar unter Angabe eines Datums, einer bestimmten Zeitspanne oder bestimmter Schlüsselwörter aus dem Inhalt der Datei.

Die *Windows-Online-Hilfe* stellt Ihnen eine Hilfe zur Verfügung, in der Sie die Merkmale und Abläufe des Systems verständlich beschrieben finden und die Sie auf bestimmte Themen hin durchsuchen können.

Schnelltest: Entdecken Sie Ihren Computer

1.	**Sie können die Laufwerke Ihres Computers erkunden, indem Sie auf *Arbeitsplatz* klicken.**
A	Richtig
B	Falsch

2.	**Wie können Sie sehen, wie viel Speicherplatz noch auf Ihrer Festplatte zur Verfügung steht?**
A	Führen Sie einen Doppelklick auf *Arbeitsplatz* aus. Führen Sie dann einen Rechtsklick auf das *Diskettenlaufwerk (A:)* aus und wählen Sie EIGENSCHAFTEN aus dem Kontextmenü.
B	Führen Sie einen Doppelklick auf *Arbeitsplatz* aus. Führen Sie dann einen Rechtsklick auf *Festplatte (C:)* aus und wählen Sie *Explorer* aus dem Kontextmenü.
C	Führen Sie einen Doppelklick auf *Arbeitsplatz* aus. Führen Sie dann einen Rechtsklick auf das *Diskettenlaufwerk (A:)* aus und wählen Sie *Explorer* aus dem Kontextmenü.
D	Führen Sie einen Doppelklick auf *Arbeitsplatz* aus. Führen Sie dann einen Rechtsklick auf *Festplatte (C:)* aus und wählen Sie *Eigenschaften* aus dem Kontextmenü.

3.	**Wie verwenden Sie den *Arbeitsplatz*, um die auf dem Laufwerk C: enthaltenen Dateien nach ihrer Größe zu sortieren?**
A	Führen Sie einen Doppelklick auf *Arbeitsplatz* aus und klicken Sie dann auf *Laufwerk A:*. Klicken Sie in den Spaltenüberschriften auf *Größe*.
B	Führen Sie einen Doppelklick auf *Arbeitsplatz* aus und klicken Sie dann auf *Laufwerk C:*. Klicken Sie in den Spaltenüberschriften auf *Dateityp*.
C	Führen Sie einen Doppelklick auf *Arbeitsplatz* aus und klicken Sie dann auf *Laufwerk C:*. Klicken Sie in den Spaltenüberschriften auf *Größe*.
D	Führen Sie einen Doppelklick auf *Arbeitsplatz* aus und klicken Sie dann auf *Laufwerk A:*. Klicken Sie in den Spaltenüberschriften auf *Änderungsdatum*.

4.	**Wie finden Sie mit Hilfe eines Platzhalters ein Worddokument?**
A	Wählen Sie START/SUCHEN/DATEIEN UND ORDNER. Schreiben Sie *.xls in das Feld *Gesamter oder Teil des Dateinamens* und wählen Sie das Laufwerk aus. Klicken Sie auf SUCHEN.
B	Wählen Sie START/SUCHEN/DATEIEN UND ORDNER. Schreiben Sie *.doc in das Feld *Gesamter oder Teil des Dateinamens* und wählen Sie das Laufwerk aus. Klicken Sie auf SUCHEN.
C	Wählen Sie START/SUCHEN/DATEIEN UND ORDNER. Schreiben Sie *.ppt in das Feld *Gesamter oder Teil des Dateinamens* und wählen Sie das Laufwerk aus. Klicken Sie auf SUCHEN.
D	Wählen Sie START/SUCHEN/DATEIEN UND ORDNER. Schreiben Sie *.txt in das Feld *Gesamter oder Teil des Dateinamens* und wählen Sie das Laufwerk aus. Klicken Sie auf SUCHEN.

5.	**Sie können Dateien aus dem Papierkorb wiederherstellen.:**
A	Richtig
B	Falsch

6.	**Welche Möglichkeiten der Ansicht haben Sie, um Ordner und Dateien darzustellen?**

Lektion 2.3: Mit Ordnern und Dateien arbeiten

In dieser Lektion

In der vorherigen Lektion haben Sie den *Arbeitsplatz* verwendet, um die Ordner und Dateien auf Ihrem PC zu erforschen. In dieser Lektion werden Sie lernen, wie man mit Ordnern und Dateien arbeitet bzw. was man mit ihnen machen kann. Man kann sie erstellen, benennen und umbenennen, verschieben und kopieren, löschen und ihre Löschung rückgängig machen. Dabei werden Sie den Gebrauch des *Windows-Explorers* kennen lernen.

Neue Fähigkeiten

Am Ende dieser Lektion sollten Sie in der Lage sein,

- Ordner zu erstellen, zu speichern, umzubenennen und zu löschen,
- Dateien zu erstellen, zu speichern, umzubenennen und zu löschen,
- Ordner und Dateien zu verschieben und zu kopieren,
- mehrere zusammenhängende oder nicht zusammenhängende Ordner oder Dateien auszuwählen.
- Dateien zu komprimieren und extrahieren

Neue Wörter

Am Ende dieser Lektion sollten Sie in der Lage sein, die folgenden Begriffe zu erklären:

- Windows-Explorer
- Zwischenablage
- Pulldown-Menü
- Symbolleiste
- Komprimierung

Der Windows-Explorer

Wenn man an eine *Windows*-Anwendung denkt, fallen einem wahrscheinlich sofort Namen wie *Word*, *Excel* und *PowerPoint* ein. Aber es gibt noch eine andere leistungsfähige Anwendung unter *Windows*. Es ist der *Windows-Explorer*. Dieser kann verwendet werden, um

- Ordner sowie die Hierarchie von Unterordnern und Dateien innerhalb eines Ordners auf Ihrem Computer anzeigen zu lassen,
- Operationen wie Umbenennen, Kopieren, Verschieben und Löschen an Ordnern und Dateien durchzuführen.

Sie können den *Explorer* auf zwei Arten öffnen:

- Wählen Sie START/ALLE PROGRAMME/ZUBEHÖR/WINDOWS-EXPLORER.
- Oder: Rechtsklick auf die Schaltfläche START und dann auf EXPLORER klicken.

Die zwei Fensterausschnitte im Windows-Explorer

Der *Windows-Explorer* unterscheidet sich vom Arbeitsplatz in der Weise, dass sein Fenster in einen *rechten* und einen *linken Fensterausschnitt* unterteilt ist.

- Im **linken Fensterausschnitt** wählen Sie ein bestimmtes Laufwerk oder einen bestimmten Ordner aus. Hier werden keine Dateien angezeigt.
- Im **rechten Fensterausschnitt** werden Ihnen Ordner und Dateien des vorher auf der linken Seite ausgewählten Laufwerks oder Ordners angezeigt.

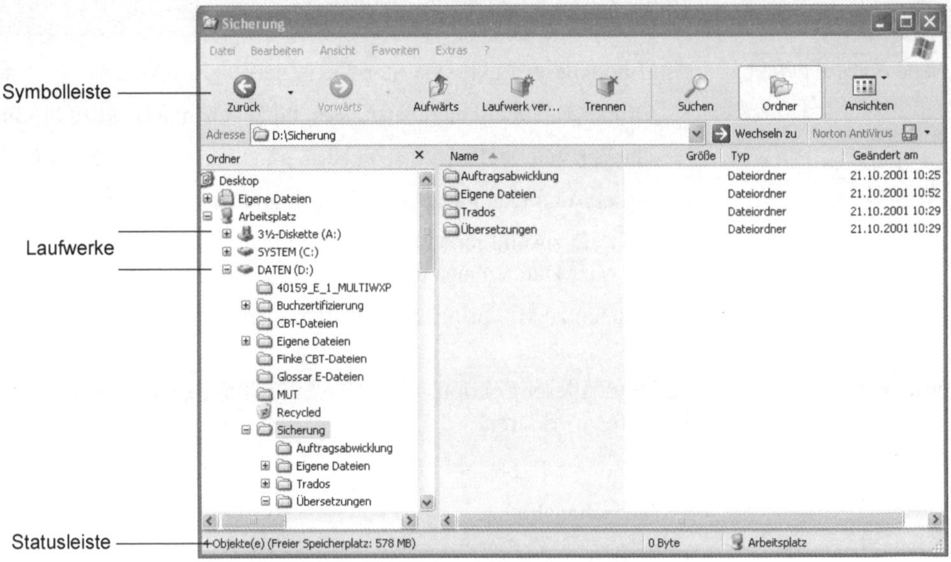

Im linken Fensterausschnitt des *Windows-Explorers* können Sie ein hierarchisches Diagramm des Speicherplatzes Ihres Computers sehen.

Der *rechte Fensterausschnitt* sieht so ähnlich aus wie das Fenster des *Arbeitsplatzes* und wird auch in ähnlicher Weise verwendet.

- Wenn Sie im linken Fenster auf ein Laufwerk klicken, werden Ihnen im rechten Fenster die Ordner und Dateien angezeigt, die auf diesem Laufwerk gespeichert sind.
- Wenn Sie einen Doppelklick auf einen Ordner im rechten Fenster ausführen, werden Ihnen die darin enthaltenen Unterordner und Dateien angezeigt.

Windows-Explorer

Eine Windows-Anwendung zur Anzeige der Hierarchie bzw. Struktur von Ordnern und Dateien und zur Durchführung von Operationen wie Umbenennen, Verschieben, Kopieren und Löschen.

Optionen zur Ansicht

Wie im *Arbeitsplatz*, so haben Sie auch im *Windows-Explorer* die Möglichkeit, sich die Laufwerke, Ordner und Dateien auf verschiedene Weise anzeigen zu lassen. Wählen Sie den Menübefehl ANSICHT/DETAILS. Mit diesem Ansichtsmodus bekommen Sie die meisten Informationen auf kleinstem Bildschirmraum dargestellt.

Am unteren Rand des *Explorer*-Fensters befindet sich die Statusleiste. Hier werden Informationen über den aktuellen Ordner bzw. die markierte Datei angezeigt. Es wird angezeigt, wie viel Speicherplatz der im linken Fenster markierte Ordner auf dem Laufwerk einnimmt und wie viel freier Speicherplatz noch verfügbar ist. Wenn Sie im rechten Fenster eine Datei markieren, so wird Ihnen im gleichen Fenster Information über diese Datei (Art des Dokuments, Änderungsdatum, Größe, Autor, Titel) angezeigt.

Wenn Sie die Statusleiste oder Symbolleiste nicht sehen können, wählen Sie bitte die entsprechenden Optionen im Menü ANSICHT, um die jeweilige Anzeige zu aktivieren.

Führen Sie die Übung 10.1 durch, um den Umgang mit dem *Windows-Explorer* zu trainieren.

Übung 2.11: Windows-Ordner anzeigen

1) Falls Sie den *Windows-Explorer* noch nicht geöffnet haben, öffnen Sie ihn jetzt (Menübefehl START/ALLE PROGRAMME/ZUBEHÖR/WINDOWS-EXPLORER).

2) Klicken Sie im linken Fensterausschnitt zunächst auf das *Arbeitsplatz*-Symbol und dann auf das Symbol für Laufwerk C:.

3) Scrollen Sie im rechten Fensterausschnitt so lange, bis Sie den *Windows*-Ordner gefunden haben. Führen Sie nun einen Doppelklick darauf aus.

   Sie sehen die Ordner und Dateien, die im *Windows*-Ordner enthalten sind. An oberster Stelle werden die Ordner aufgeführt. Scrollen Sie im Fenster weiter nach unten, um auch die enthaltenen Dateien zu sehen.

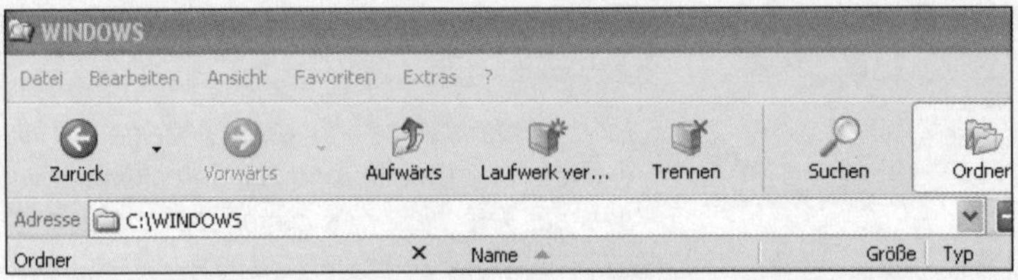

Die Plus- und Minuszeichen im Explorer

Ein Ordner im *Windows-Explorer*, vor dem kein Plus- (+) oder Minuszeichen (–) steht, ist entweder leer oder beinhaltet nur Dateien.

Ein Ordner, vor dem ein Pluszeichen (+) steht, beinhaltet Ordner und eventuell auch Dateien. Um einen solchen Ordner zu öffnen, klicken Sie auf den Ordnernamen oder das Pluszeichen.

Ein Minuszeichen (–) vor dem Ordner bedeutet, dass der Ordner geöffnet ist. Seine Unterordner werden auf dem Bildschirm angezeigt.

Klicken Sie auf das Pluszeichen, um die untergeordnete Ebene angezeigt zu bekommen, oder auf das Minuszeichen, um die untergeordnete Ebene auszublenden.

Mit Ordnern arbeiten

In den nächsten Übungen werden Sie mit dem *Windows-Explorer* Ordner und Unterordner erstellen, umbenennen, löschen und wiederherstellen.

Übung 2.12: Drei neue Ordner erstellen

1) Klicken Sie im linken Fensterausschnitt des *Windows-Explorers* auf Laufwerk C:.

2) Rufen Sie den Menübefehl DATEI/NEU/ORDNER auf. Windows fügt am Ende der Liste im rechten Fenster einen neuen Ordner ein. Er wird standardmäßig *Neuer Ordner* genannt.

3) Schreiben Sie den Namen für Ihren neuen Ordner und schließen Sie mit der [↵]-Taste ab (wenn Ihre Initialen AB sind, so nennen Sie ihn *AB Ordner 1*).

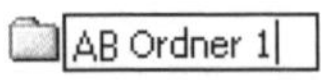

4) Wiederholen Sie die Schritte 1 bis 3 noch zweimal. Nennen Sie Ihren zweiten Ordner *AB Ordner 2* und den dritten *AB Ordner 3*.

Übung 2.13: Einen Unterordner erstellen

1) Doppelklicken Sie im rechten Fensterausschnitt des *Windows-Explorers* auf den Ordner *AB Ordner 1*, den Sie in Übung 2.12 erstellt haben.

2) Rufen Sie den Menübefehl DATEI/NEU/ORDNER auf. Windows fügt einen neuen Unterordner ein.

3) Tippen Sie den Namen für Ihren neuen Ordner ein und schließen Sie mit der [↵]-Taste ab (wenn Ihre Initialen AB sind, dann schreiben Sie *AB Unterordner 1*).

Einen Ordner umbenennen

Sie können den Namen eines Ordners jederzeit ändern. In Übung 2.14 erfahren Sie, wie dies funktioniert.

Übung 2.14: Ordner umbenennen

1) Klicken Sie mit der rechten Maustaste auf den soeben erstellten Ordner *AB Unterordner 1*. Es wird Ihnen ein Kontextmenü angezeigt.
2) Wählen Sie UMBENENNEN.
3) Tippen Sie den neuen Namen Ihres Ordners ein, z.B. *AB Neuer Ordner*, und schließen Sie mit der [↵]-Taste ab.

Geschafft. Sie haben Ihrem Ordner einen neuen Namen gegeben.

Einen Ordner löschen

Nun kann es ja vorkommen, dass Sie einen bestimmten Ordner nicht mehr benötigen. Hier erfahren Sie, wie Sie einen Ordner löschen, den Sie nicht mehr brauchen.

Übung 2.15: Ordner löschen

1) Klicken Sie im linken Fensterausschnitt des *Windows-Explorers* auf den Ordner *AB Ordner 1*, den Sie in Übung 2.12 erstellt haben. Er sollte den Unterordner *AB Neuer Ordner*, den Sie in Übung 2.13 erstellt und in Übung 2.14 umbenannt haben, enthalten.
2) Führen Sie im linken Fensterausschnitt einen Rechtsklick auf den Unterordner *AB Neuer Ordner* aus. Wählen Sie aus dem Kontextmenü die Option LÖSCHEN.

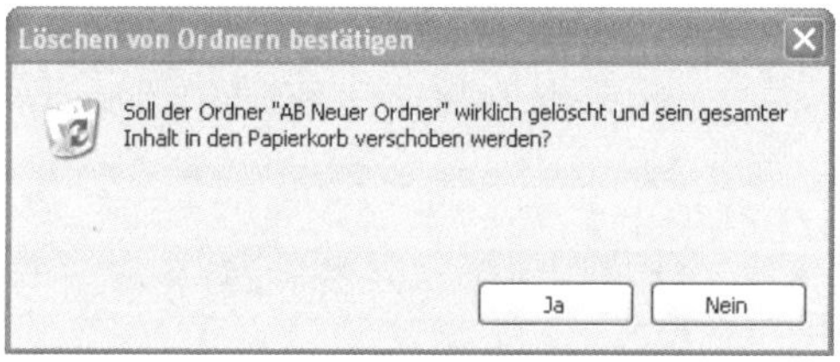

3) Klicken Sie auf JA, um das Löschen des Ordners zu bestätigen.

Der Ordner und auch alle darin eventuell enthaltenen Unterordner und Dateien sind jetzt gelöscht.

Das Wiederherstellen eines Ordners und möglicher enthaltener Dateien

Wo ist Ihr gelöschter Ordner? Ein gelöschter Ordner wird von *Windows* in den *Papierkorb* verschoben. Führen Sie die Schritte in Übung 2.16 aus, um den gelöschten Ordner wiederherzustellen.

Übung 2.16: Gelöschten Ordner wiederherstellen

1) Scrollen Sie im linken Fensterausschnitt so lange, bis Sie den *Papierkorb* gefunden haben, und klicken Sie darauf.

   Der *Windows-Explorer* zeigt Ihnen den Inhalt des *Papierkorbs* im rechten Fensterausschnitt an.

2) Wählen Sie Bearbeiten/Löschen rückgängig machen, um den Ordner wiederherzustellen.

Mit Dateien arbeiten

Wie Sie in Lektion 2.2 gelernt haben, ist eine Datei die grundlegende Einheit zur Speicherung auf einem Computer. In den nächsten Übungen werden Sie erfahren, wie man eine Datei erstellt, speichert sowie mit einem Namen versieht, löscht und wiederherstellt.

Eine Datei erstellen

Dateien werden von Programmen erstellt. Sie können z.B. einen Brief in *Word* oder eine Tabelle in *Excel* erstellen.

Die unproblematischste Datei, die Sie auf einem Computer erstellen können, ist eine einfache Textdatei. Eine Datei dieser Art besteht nur aus Wörtern, Zahlen und Interpunktionszeichen. Wir haben es hier also nicht mit kunstvollen Formatierungen oder Grafiken zu tun.

Die Windows-Anwendung zum Erstellen solcher einfachen Textdateien heißt *Editor*.

Übung 2.17: Eine Datei erstellen

1) Wählen Sie Start/Alle Programme/Zubehör/Editor. Ein leeres Editorfenster wird eingeblendet und Sie können schreiben.

2) Schreiben Sie die folgenden Wörter: *Das ist nur ein Test*

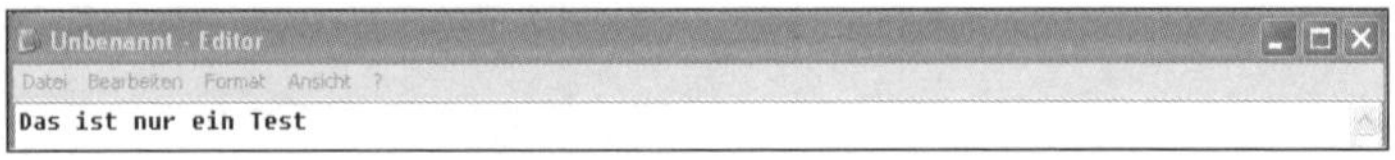

Sie haben eine Datei erstellt und ihr einen Inhalt gegeben. Ihre Datei ist aber noch nicht auf der Festplatte gespeichert. Sie existiert bisher nur im Speicher des Computers. Wenn Ihr Computer jetzt aus irgendeinem Grund abgeschaltet würde, so ginge Ihre Datei verloren.

Einer Datei einen Namen geben und sie speichern

Wenn Sie eine Datei zum ersten Mal abspeichern, werden Sie von Windows aufgefordert, ihr einen Namen zu geben. Führen Sie die Schritte in Übung 2.18 aus, um zu erfahren, wie das funktioniert.

Übung 2.18: Einer Datei einen Namen geben und sie speichern

1) Rufen Sie im Editor den Menübefehl DATEI/SPEICHERN auf. Das Dialogfeld SPEICHERN UNTER wird eingeblendet. Windows möchte von Ihnen wissen:

   - Auf welchem Laufwerk möchten Sie die Datei speichern?

   - In welchem Ordner möchten Sie Ihre Datei speichern?

   - Welchen Namen möchten Sie Ihrer Datei geben?

2) Klicken Sie auf den Pfeil des Felds *Speichern in*. Ein Drop-down-Listenfeld wird angezeigt.

   Scrollen Sie nun, bis Sie das Symbol für Laufwerk C: gefunden haben, und klicken Sie darauf.

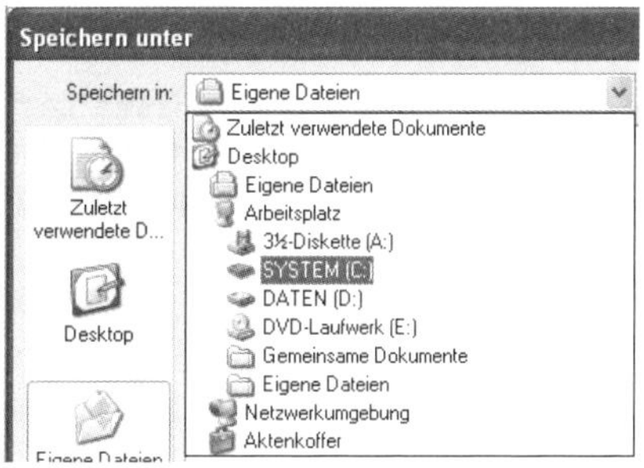

   Es werden Ihnen über das Dialogfeld *Speichern unter* die Ordner auf Laufwerk C: angezeigt.

3) Suchen Sie den Ordner, den Sie in Übung 2.14 umbenannt haben (Unterordner *AB Neuer Ordner* im Ordner *AB Ordner 1*), und führen Sie einen Doppelklick darauf aus.

   Sie haben Windows nun mitgeteilt, auf welchem Laufwerk und in welchem Ordner Sie Ihre Datei speichern möchten. Sie müssen Ihrer Datei jetzt nur noch einen Namen geben.

4) Tippen Sie im Feld *Dateiname* den Namen für Ihre Datei ein. Wenn Ihre Initialen AB sind, nennen Sie sie *AB Neue Datei.*

   Danach klicken Sie auf SPEICHERN.

   Windows fügt dem Namen automatisch die Drei-Buchstaben-Erweiterung .txt an. Das ist die Endung aller Nur-Text-Dateien, die im Editor erstellt werden.

Geschafft! Sie haben gelernt, wie man einer Datei einen Namen gibt und sie speichert.

Gehen Sie mit dem Mauszeiger in die obere rechte Ecke und schließen Sie den *Editor* über das Schließen-Feld.

Den Namen einer Datei ändern

Sie können den Namen einer Datei jederzeit ändern. In Übung 2.19 erfahren Sie, wie es funktioniert.

Übung 2.19: Den Namen einer Datei ändern

1) Öffnen Sie über den *Windows-Explorer* den Ordner, der Ihre in Übung 2.18 gespeicherte Datei enthält.
2) Klicken Sie mit der rechten Maustaste auf das Dateisymbol. Ein Kontextmenü wird eingeblendet.
3) Wählen Sie UMBENENNEN.
4) Tippen Sie einen neuen Namen für Ihre Datei ein, z.B. *AB umbenannte Datei*. Ändern Sie nichts an der Dateinamenerweiterung (.txt) und löschen Sie diese auch nicht. Schließen Sie mit der [↵]-Taste ab.

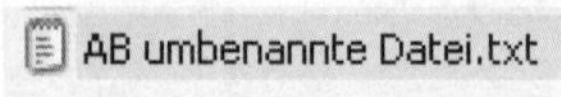

Sie haben Ihrer Datei einen neuen Namen zugewiesen.

Eine Datei löschen

Wenn Sie über einen längeren Zeitraum mit Ihrem Computer gearbeitet haben, gibt es vielleicht Ordner oder Dateien, die Sie nicht mehr benötigen, die aber unnötig Platz auf der Festplatte einnehmen.

Sie können diese Dateien löschen. Seien Sie aber vorsichtig, dass Sie keine Dateien löschen, die Ihr Computer zum Ablauf von Programmen benötigt. Wenn Sie Zweifel haben, löschen Sie lieber nicht!

In Übung 2.20 erfahren Sie, wie man nicht mehr benötigte Dateien löscht.

Übung 2.20: Eine Datei löschen

1) Gehen Sie über den *Windows-Explorer* zu der Datei, die Sie in Übung 2.19 umbenannt haben, und klicken Sie mit der rechten Maustaste auf deren Symbol.
2) Wählen Sie LÖSCHEN aus dem Kontextmenü.
3) Klicken Sie auf JA, um das Löschen der Datei und somit das Verschieben in den Papierkorb zu bestätigen.

Eine Datei wiederherstellen

Führen Sie die Schritte der Übung 2.21 aus, um Ihre gelöschte Datei wiederherzustellen.

Übung 2.21: Eine Datei wiederherstellen

1) Scrollen Sie im linken Fensterausschnitt so lange, bis Sie den *Papierkorb* gefunden haben, und klicken Sie darauf. Der *Windows-Explorer* zeigt Ihnen den Inhalt des *Papierkorbs* im rechten Fensterausschnitt an.
2) Klicken Sie auf die Datei, um sie zu markieren, und rufen Sie den Menübefehl DATEI/WIEDERHERSTELLEN auf.

Zuletzt verwendete Dokumente

Über die Schaltfläche START können Sie sich jederzeit eine Liste der zuletzt bearbeiteten Dateien anzeigen lassen. Dazu klicken Sie auf die Schaltfläche START und wählen dann *Zuletzt verwendete Dokumente*. Eine Liste der zuletzt bearbeiteten Dokumente wird angezeigt. Durch Anklicken können Sie die gewünschte Datei öffnen.

Sollte der Befehl *Zuletzt verwendete Dokumente* nicht im Startmenü verfügbar sein, gehen Sie wie folgt vor:

- Führen Sie einen Rechtsklick auf die Schaltfläche START aus, und klicken Sie dann auf Eigenschaften.
- Wählen Sie die Registerkarte *Startmenü*, und klicken Sie dann auf ANPASSEN.
- Auf der Registerkarte Erweitert aktivieren Sie das Kontrollkästchen *Zuletzt verwendete Dokumente auflisten*.

Beim nächsten Klicken auf die Schaltfläche START wird nun der neue Ordner *Zuletzt verwendete Dokumente* angezeigt.

Die Windows-Zwischenablage

Nehmen wir einmal an, Sie wollten einen Ordner oder eine Datei an einer anderen Stelle auf Ihrem Computer ablegen. Oder aber Sie wollen eine Datei reproduzieren, sodass eine zweite Kopie Ihrer Datei an einer anderen Stelle auf dem Computer abgelegt ist. Ist das überhaupt möglich? Ja natürlich! Dazu sind zwei Schritte nötig:

- **Kopieren:** Sie wählen einen Ordner oder eine Datei aus und kopieren sie in die *Zwischenablage*, einem temporären Speicher. Der ausgewählte Ordner oder die Datei verbleibt dabei an ihrem Ursprung.

– oder –

- **Ausschneiden:** Sie wählen einen Ordner oder eine Datei aus und schneiden sie aus, sodass sie in der *Zwischenablage* abgelegt wird. Der ausgewählte Ordner oder die Datei verbleibt dabei nicht mehr an ihrem Ursprung.
- **Einfügen:** Sie fügen den Ordner oder die Datei von der *Zwischenablage* an einer anderen Stelle auf Ihrem Computer wieder ein. Das kann ein anderer Ordner oder sogar ein anderes Laufwerk sein.

Zwischenablage

Ein temporärer Speicherbereich, in den man Ordner oder Dateien kopieren oder ausschneiden kann. Aus der Zwischenablage können Sie Elemente an jeder Stelle des gleichen oder eines anderen Laufwerks des Computers einfügen.

Über die Zwischenablage

Fakten, die Sie über die *Zwischenablage* wissen sollten:

- Die *Zwischenablage* ist temporär. Wenn Sie Ihren Computer abschalten, wird der Inhalt der *Zwischenablage* gelöscht.
- Elemente verbleiben auch nach dem Einfügen in der *Zwischenablage*. Sie können also einen Ordner oder eine Datei an beliebig vielen Stellen einfügen.

Fenster- oder Bildschirminhalt kopieren

Über die Zwischenablage lassen sich so genannte Screenshots erstellen, die Sie beispielsweise in ein Textdokument einfügen können. Screenshots sind Bilder, die Teile oder die Gesamtheit des Bildschirmbildes eines Computers wiedergeben. Die Abbildungen in diesem Buch sind zum größten Teil Screenshots, die Ihnen beim Verständnis des Buches behilflich sein sollen. Sie können Screenshots mit speziellen Programmen anfertigen, von denen viele als Freeware oder Shareware aus dem Internet heruntergeladen werden können, und die Ihnen eine Vielzahl von Möglichkeiten zur weiteren Verarbeitung bieten. Es gibt aber auch in Windows eine einfache Möglichkeit, um Screenshots zu erstellen. Dabei wird der Bildschirminhalt in die Zwischenablage kopiert und kann dann in ein beliebiges Dokument eingefügt werden.

- Um das aktive Fenster zu kopieren, drücken Sie die Tastenkombination `Alt`+`Druck`.
- Um den gesamten Bildschirminhalt zu kopieren, drücken Sie die Taste `Druck`.
- Wählen Sie in der entsprechenden Anwendung (z.B. Word oder Excel) den Befehl BEARBEITEN/EINFÜGEN oder klicken Sie auf die Schaltfläche EINFÜGEN in der *Standard*-Symbolleiste, um das Bild in ein Dokument einzufügen.

Ordner kopieren und verschieben

Einen Ordner kopieren bedeutet, eine Kopie von ihm zu erstellen, um diese an einer anderen Stelle einzufügen. Die Übung 2.22 zeigt Ihnen die erforderlichen Schritte.

Übung 2.22: Einen Ordner kopieren

1) Klicken Sie im linken Fensterausschnitt des *Windows-Explorers* auf das Laufwerk C:, sodass im rechten Fensterausschnitt alle unter C: befindlichen Ordner angezeigt werden.
2) Doppelklicken Sie dann im rechten Fensterausschnitt auf den Ordner *AB Ordner 1*, sodass Ihnen der Unterordnerordner *AB Neuer Ordner* (Sie haben ihn in Übung 2.14 umbenannt) angezeigt wird, und klicken Sie dann darauf.
3) Rufen Sie den Menübefehl BEARBEITEN/IN ORDNER KOPIEREN auf.
4) Suchen Sie im Dialogfeld *Elemente kopieren* den Ordner *AB Ordner 2*.

5) Klicken Sie auf den Ordner *AB Ordner 2*, um ihn zu öffnen.

6) Klicken Sie auf KOPIEREN.

Eine Kopie Ihres Ordners befindet sich jetzt im *AB Ordner 2*-Ordner.

Einen Ordner verschieben bedeutet, ihn an einer neuen Stelle abzulegen und ihn von seinem alten Platz zu entfernen. In Übung 2.23 erfahren Sie, wie das mit Hilfe der Funktion *In Ordner verschieben* funktioniert.

Übung 2.23: Einen Ordner verschieben

1) Klicken Sie im linken Fensterausschnitt den Ordner *AB Ordner 2*, in den Sie in Übung 2.22 den Unterordner kopiert haben, und klicken Sie dann im rechten Fensterausschnitt auf den Ordner *AB Neuer Ordner*, um ihn zu markieren.

2) Rufen Sie den Menübefehl BEARBEITEN/IN ORDNER VERSCHIEBEN auf.

3) Suchen Sie im Dialogfenster *Elemente verschieben* den Ordner *AB Ordner 3*.

4) Klicken Sie auf den Ordner, um ihn zu öffnen.

5) Klicken Sie auf VERSCHIEBEN.

Ihr Ordner wird so im Ordner *AB Ordner 3* abgelegt.

Dateien kopieren und verschieben

In Übung 2.24 kopieren Sie Ihre einfache Textdatei. Die Kopie legen Sie in einem anderen Ordner auf Ihrer Festplatte ab. In Übung 2.25 werden Sie die Datei dann aus ihrem jetzigen Ordner in einen neuen Ordner verschieben.

Übung 2.24: Eine Datei kopieren

1) Suchen Sie im linken Fensterausschnitt den Ordner, der die Datei enthält, die Sie in Übung 2.17 erstellt haben. Klicken Sie auf diesen Ordner, um dessen Inhalt im rechten Fensterausschnitt anzuzeigen.

2) Markieren Sie im rechten Fensterausschnitt die gewünschte Datei.

3) Rufen Sie den Menübefehl BEARBEITEN/KOPIEREN auf.

4) Scrollen Sie im linken Fensterausschnitt bis zum Ordner *AB Ordner 3*.

5) Klicken Sie auf den Ordner, um ihn zu öffnen.

6) Rufen Sie den Menübefehl BEARBEITEN/EINFÜGEN auf.

7) Sie haben nun eine Kopie Ihrer Datei im Ordner *AB Ordner 3* abgelegt.

Übung 2.25: Dateien verschieben

1) Suchen Sie im rechten Fensterausschnitt die Datei, die Sie in Übung 2.24 in den Ordner *AB Ordner 3* kopiert haben. Klicken Sie darauf, um sie zu markieren.

2) Rufen Sie den Menübefehl BEARBEITEN/AUSSCHNEIDEN auf.

3) Scrollen Sie im rechten Fensterausschnitt zum Ordner *AB Ordner 2*.

4) Führen Sie einen Doppelklick auf den Ordner aus, um ihn zu öffnen.

5) Rufen Sie den Menübefehl BEARBEITEN/EINFÜGEN auf.

6) Sie haben nun die Datei in den Ordner *AB Ordner 2* verschoben.

Sie können Dateien aber auch mit der Maus kopieren oder verschieben. Setzen Sie den Mauszeiger auf eine der markierten Dateien, halten Sie dann die linke Maustaste gedrückt und ziehen Sie den Mauszeiger auf den gewünschten Ordner oder das entsprechende Laufwerk.

Ob Sie kopieren oder verschieben, können Sie an der Form des Mauszeigers erkennen.

Das Pluszeichen (+) zeigt an, dass die Dateien kopiert werden. Standardmäßig werden Dateien innerhalb eines Laufwerks mit der oben beschriebenen Methode verschoben. Wenn Sie Dateien kopieren (statt verschieben) möchten, halten Sie beim Ziehen die [Strg]-Taste oder die rechte Maustaste gedrückt. Halten Sie die [⇧]-Taste gedrückt, wenn Sie Dateien verschieben (statt kopieren) möchten.

Mit mehreren Dateien arbeiten

Der *Windows-Explorer* stellt Ihnen eine einfache Methode zur Verfügung, um mehrere Dateien in einem Arbeitsgang zu kopieren oder zu verschieben. Das funktioniert aber nur dann, wenn

- die Dateien, die Sie kopieren oder verschieben möchten, sich im gleichen Ordner befinden.
- der Ordner, in den sie kopiert oder verschoben werden sollen, auch ein und derselbe ist.

Es gibt zwei denkbare Möglichkeiten, wie die Dateien, die Sie im *Windows-Explorer* kopieren oder verschieben möchten, angeordnet sind.

- Es sind zusammenhängende Dateien. Das bedeutet, dass sie in der Liste hintereinander stehen.
- Es sind nichtzusammenhängende Dateien. Das bedeutet, dass sie in der Liste nicht unmittelbar hintereinander stehen.

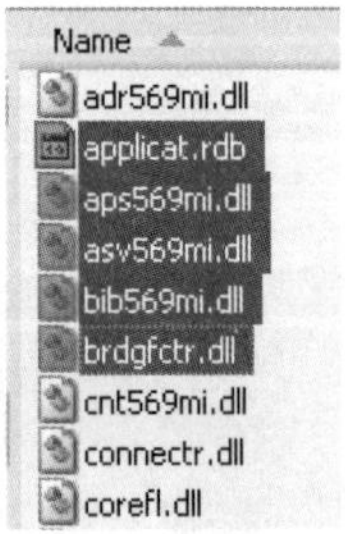

Bei zusammenhängenden Dateien gehen Sie wie folgt vor:

- Klicken Sie auf die erste Datei.
- Drücken Sie die [⇧]-Taste und halten Sie sie gedrückt.
- Klicken Sie auf die letzte Datei.

Alle Dateien, die erste, die letzte und alle dazwischen liegenden, sind nun ausgewählt, und Sie können sie in einem einzigen Arbeitsschritt kopieren oder verschieben.

Bei nicht zusammenhängenden Dateien gehen Sie wie folgt vor:

- Klicken Sie auf die erste Datei.
- Drücken Sie die `Strg`-Taste und halten Sie sie gedrückt.
- Klicken Sie nun auf die weiteren Dateien, die Sie auswählen möchten.

Auch bei diesem Vorgang werden alle ausgewählten Dateien in einem einzigen Arbeitsschritt kopieren oder verschoben.

Während Sie mehrere Dateien auswählen, können Sie nach oben oder nach unten scrollen. Diese Methode funktioniert mit Dateien und mit Ordnern. Eine weitere Operation, die Sie mit ausgewählten Dateien oder Ordnern ausführen können, ist das Löschen. Wählen Sie einfach die entsprechenden Dateien oder Ordner aus (zusammenhängend oder nicht) und drücken Sie die `Entf`-Taste.

Dateien komprimieren

Als Komprimierung bezeichnet man das Reduzieren der Größe einer Dateneinheit, sodass sich der benötigte Speicherplatz, den z.B. eine Datei oder ein Ordner auf einem Laufwerk oder einem auswechselbaren Datenträger einnimmt, verringert. Normalerweise werden Daten komprimiert, indem sich wiederholende Bitmuster entfernt und durch eine spezielle zusammengefasste Form, die weniger Speicherplatz benötigt, ersetzt werden,. Bei der Dekomprimierung werden die Bitmuster wieder in der ursprünglichen Form hergestellt. Komprimierte Dateien können aber auch schneller von einem Computer auf andere übertragen werden, was z.B. beim Versenden großer Datenmengen per E-Mail von Nutzen sein kann. Komprimierte Ordner bzw. Dateien können auf jedes Laufwerk oder in jeden Ordner auf dem Computer verschoben oder kopiert werden.

Windows XP stellt Ihnen eine Option zur Komprimierung zur Verfügung. Der Eintrag ZIP-KOMPRIMIERTER ORDNER wird jedoch aus dem Kontextmenü entfernt, wenn Sie ein anderes Komprimierungsprogramm unter Windows XP installieren. Die Option wird dann durch das Symbol des installierten Programms ersetzt.

Es gibt verschiedene Programme zum Komprimieren von Dateien, die teilweise aus dem Internet geladen werden können. Eines der bekanntesten ist wohl das Shareware-Programm WinZip. Eine Beschreibungen zu den einzelnen Programmen finden Sie im jeweiligen Programm. Bei allen Programmen geht es aber immer um Komprimieren und Dekomprimieren bzw. extrahieren.

In Übung 2.26 erfahren Sie, wie Sie mit der unter Windows XP zur Verfügung stehenden Option Dateien komprimieren.

Übung 2.26: Einen ZIP-komprimierten Ordner erstellen

1) Wählen Sie START/ARBEITSPLATZ, um den Arbeitsplatz zu öffnen.
2) Doppelklicken Sie auf ein Laufwerk oder einen Ordner.
3) Wählen Sie DATEI/NEU/ZIP-KOMPRIMIERTER ORDNER.

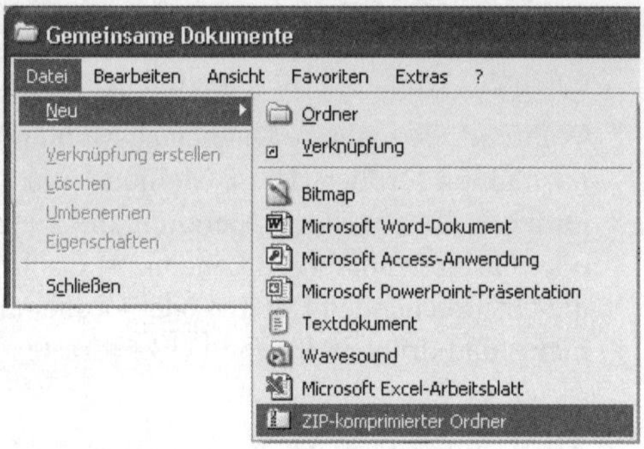

4) Geben Sie einen Namen für den Ordner ein und drücken Sie die [↵]

   – oder –

5) Klicken Sie mit der rechten Maustaste auf den Desktop.
6) Wählen Sie aus dem Kontextmenü den Eintrag NEU und im Untermenü ZIP-KOMPRIMIERTER ORDNER.

Einen komprimierten Ordner erkennen Sie am Reißverschluss auf dem Ordnersymbol. Sie können einen ZIP-komprimierten Ordner unter Windows genauso per Doppelklick öffnen wie jeden anderen Ordner auch.

In Übung 2.27 fügen Sie Dateien in einen ZIP-komprimierten Ordner ein.

Übung 2.27: Dateien zu einem ZIP-komprimierten Ordner hinzufügen

1) Wählen Sie START/ARBEITSPLATZ, um den Arbeitsplatz zu öffnen.
2) Suchen Sie auf dem entsprechenden Laufwerk nach dem komprimierten Ordner, den Sie in Übung 2.26 erstellt haben.
3) Ziehen Sie Dateien in den komprimierten Ordner, um diese zu komprimieren.

Sie können einen Doppelklick auf Programme und Dateien in komprimierten Ordnern ausführen, um diese zu öffnen. Es gibt aber auch Programme, die Sie vor dem Öffnen extrahieren müssen. Wie das funktioniert, erfahren Sie in Übung 2.28.

Übung 2.28: Dateien aus einem ZIP-komprimierten Ordner extrahieren

1) Wählen Sie START/ARBEITSPLATZ, um den Arbeitsplatz zu öffnen.
2) Suchen Sie auf dem entsprechenden Laufwerk nach dem komprimierten Ordner, dem Sie in Übung 2.27 Dateien hinzugefügt haben.
3) Doppelklicken Sie auf den komprimierten Ordner, um diesen zu öffnen.
4) Ziehen Sie nun die Datei oder die Dateien, die Sie extrahieren möchten, aus dem komprimierten Ordner an die Stelle, an der Sie die Datei bzw. die Dateien ablegen möchten.

Sie können auch alle Dateien gleichzeitig aus einem Ordner extrahieren. Dazu klicken Sie mit der rechten Maustaste auf den komprimierten Ordner und wählen dann ALLE EXTRAHIEREN. Im Assistenten für das Extrahieren von ZIP-komprimierten Ordnern legen Sie fest, an welcher Stelle Sie die extrahierten Dateien speichern möchten.

Wenn Sie eine Datei extrahieren, so bleibt die komprimierte Version der Datei im komprimierten Ordner erhalten. Um die komprimierte Version zu löschen, klicken Sie mit der rechten Maustaste auf die Datei und wählen dann im Kontextmenü den Eintrag LÖSCHEN. Auf die gleiche Weise, also durch einen Rechtsklick und über das Kontextmenü können Sie auch einen ZIP-komprimierten Ordner löschen.

Es gibt viele Komprimierungsprogramme, die Sie als Freeware oder Shareware aus dem Internet herunterladen können. Zu den wohl bekanntesten gehört WinZip.

Der Ablauf ist in der Regel immer der gleiche: Dateien werden komprimiert, um ihre Größe zu reduzieren, und dann beim Öffnen wieder extrahiert. Genaue Beschreibungen finden Sie beim jeweiligen Programm.

Menüleisten, Symbolleisten und Tastenkombinationen

Im letzten Abschnitt dieser Lektion werden Ihnen drei Wege aufgezeigt, wie Sie Operationen in einer Windows-Anwendung ausführen können: Menübefehle, Schaltflächen der Symbolleiste und Tastenkombinationen.

Die Menüleisten

Starten Sie das Programm *Microsoft Word*. Sehen Sie sich die Wörter in der Leiste unterhalb der Titelleiste einmal genauer an. Jedes dieser Wörter repräsentiert ein *Pulldown-Menü*.

Klicken Sie auf DATEI. Die verfügbaren Befehle werden im Menü angezeigt. Sie teilen Word mit, welche Handlung Sie gern ausführen möchten, indem Sie auf den entsprechenden Befehl im Pulldown-Menü klicken. Wenn Sie im Menü den Befehl BEENDEN wählen, wird Word geschlossen.

Pulldown-Menü

Eine Liste mit Optionen, die eingeblendet wird, wenn Sie auf einen Menünamen klicken. In der Regel befindet sich die Menünamen in einer Menüleiste am oberen Rand des Fensters. Das Menü erscheint unterhalb der Menüleiste, so als würden Sie es herunterziehen.

Wenn rechts neben einem Menübefehl ein Pfeil sichtbar ist, so wird Ihnen bei Auswahl dieser Option noch ein weiteres Untermenü mit Optionen angezeigt.

Einige Menüs sind in allen Windows-Anwendungen gleich. Wenn Sie den Sinn und Zweck dieser Menüs verstehen, sind Sie in der Lage, die meisten Anwendungen zu benutzen. Die folgenden Menüs finden Sie in fast allen Anwendungen:

- **Datei:** Die Befehle in diesem Menü werden dazu verwendet, neue Dateien zu erstellen, existierende Dateien zu öffnen, die aktuelle Datei zu speichern, die aktuelle Datei unter einem anderen Namen abzuspeichern (SPEICHERN UNTER), die aktuelle Datei zu drucken und die Anwendung zu beenden.
- **Bearbeiten:** Die Befehle in diesem Menü werden dazu verwendet, ausgewählte Dateien oder Elemente (Text oder Grafik) zu kopieren, zu verschieben oder zu löschen.
- **Ansicht:** Die Befehle in diesem Menü werden dazu verwendet, Dateien auf verschiedene Arten anzuzeigen, einschließlich einer Zoom-Funktion.
- **Hilfe:** Die Befehle in diesem Menü (meist mit *?* bezeichnet) werden dazu verwendet, Informationen der Online-Hilfe der jeweils aktiven Anwendung anzuzeigen.

Die Symbolleisten

Die zweite Methode, Aktionen auszuführen, führt über eine Schaltfläche auf der *Symbolleiste*. Anstatt z.B. den Menübefehl DATEI/SPEICHERN aufzurufen, klicken Sie einfach auf die Schaltfläche SPEICHERN in der *Symbolleiste.* Nicht von jedem Menübefehl gibt es eine Entsprechung als Schaltfläche, aber von den gebräuchlichsten.

Symbolleiste

Eine Ansammlung von Schaltflächen in einer Leiste, auf die Sie klicken können, um häufig benötigte Aktionen wie z.B. das Erstellen, Öffnen und Speichern einer Datei auszuführen, und für Operationen, die über die Zwischenablage laufen.

Die folgende Abbildung zeigt die Schaltflächen, die Sie bei den meisten Windows-Anwendungen vorfinden.

Tastenkombinationen

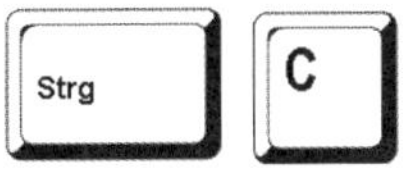

Tastenkombination zum Kopieren in die Zwischenablage

Die dritte Art, Aktionen unter Windows auszuführen, ist die Benutzung bestimmter Tastenkombinationen. Möglicherweise ist diese Art der Bedienung für Sie schneller als die Verwendung der Menüpunkte oder Schaltflächen der Symbolleiste, da beide Hände auf der Tatstatur bleiben.

Ein Beispiel für eine Tastenkombination ist Strg+C. Das bedeutet im Klartext: Halten Sie die *Steuerungstaste* gedrückt und drücken Sie die Buchstabentaste C. Das Ergebnis ist das gleiche wie bei BEARBEITEN/KOPIEREN.

Folgende Tabelle zeigt die gebräuchlichsten Tastenkombinationen:

Tastenkombination	Aktion	Menübefehl
Strg+O	Bestehende Datei wird geöffnet	DATEI/ÖFFNEN
Strg+N	Neue Datei	DATEI/NEU
Strg+S	Aktuelle Datei speichern	DATEI/SPEICHERN
Strg+C	Kopieren in die Zwischenablage	BEARBEITEN/KOPIEREN
Strg+X	Ausschneiden in die Zwischenablage	BEARBEITEN/AUSSCHNEIDEN
Strg+V	Einfügen aus der Zwischenablage	BEARBEITEN/EINFÜGEN

Zusammenfassung der Lektion: Das haben Sie gelernt

Verwenden Sie den *Windows-Explorer*, um die Hierarchie der Ordner auf Ihrem Computer anzusehen. Außerdem können Sie sich die Laufwerke, Ordner und Dateien auf Ihrem Computer anzeigen lassen und damit arbeiten. Der *Windows-Explorer* besteht aus zwei Fensterausschnitten. Der linke Ausschnitt wird dazu verwendet, ein bestimmtes Laufwerk oder einen Ordner auszuwählen. Der rechte Ausschnitt dient dazu, die Ordner und Dateien des im linken Fensterausschnitt ausgewählten Laufwerks oder Ordners anzuzeigen. Schauen Sie sich dazu das Beispiel in Übung 2.10 an.

Im *Windows-Explorer* können Sie Ordner und Dateien kopieren, verschieben, umbenennen und löschen. Sie können aber auch neue Ordner erstellen. Schauen Sie sich dazu die Beispiele in den Übungen 2.12, 2.13, 2.14 und 2.15 an.

Dateien hingegen werden mit Anwendungen erstellt. Schauen Sie sich dazu die Übung 2.17 an. Die *Zwischenablage* dient als temporärer Speicher, in den Sie Ordner oder Dateien kopieren oder ausschneiden können. Aus der Zwischenablage können Sie Elemente an jede Stelle auf dem gleichen oder einem anderen Laufwerk einfügen. Schauen Sie sich dazu die Beispiele in Übung 2.22 und 2.23 an.

Sie können mehrere Dateien gleichzeitig auswählen und sie dann in einem Arbeitsgang kopieren, ausschneiden, einfügen oder löschen. Schauen Sie sich die Beispiele in Übung 2.24 und 2.25 an.Wenn es sich um zusammenhängende Dateien handelt, klicken Sie auf die erste, halten die Umschalttaste gedrückt und klicken dann auf die letzte Datei. Wenn es sich um nicht zusammenhängende Dateien handelt, klicken Sie auf die erste, halten die *Steuerungstaste* [Strg] gedrückt und klicken dann nacheinander die noch fehlenden einzelnen Dateien an, um sie auszuwählen.

Sie können einen ZIP-komprimierten Ordner erstellen und Dateien dort hineinziehen, um sie zu komprimiren.

Ein *Pulldown-Menü* ist eine Liste von Optionen, die angezeigt wird, wenn Sie auf einen Menünamen in der Menüleiste klicken. Ein Pfeil rechts neben einer ausgewählten Option bedeutet, dass es zusätzlich noch ein *Untermenü* mit weiteren Optionen gibt. Sie teilen *Word* mit, dass Sie eine bestimmte Aktion ausführen möchten, indem Sie die entsprechende Menüoption im *Pulldown-Menü* anklicken.

Die zweite Möglichkeit, eine Aktion auszuführen, führt über die Schaltflächen der Symbolleiste. Die meisten Anwendungen verfügen über Schaltflächen zum ERSTELLEN, ÖFFNEN und SPEICHERN von Dateien und für Operationen in Verbindung mit der Zwischenablage.

Die dritte Möglichkeit ist die der Tastenkombination. Dabei halten Sie die STRG-Taste in Verbindung mit einer bestimmten Buchstabentaste gedrückt. Beispiele für solche Tastenkombinationen sind [Strg]+[C], um in die Zwischenablage zu kopieren, und [Strg]+[V], um aus der Zwischenablage heraus einzufügen.

Wählen Sie START/SUCHEN/DATEIEN UND ORDNER. Schreiben Sie **.doc* in das Feld *Gesamter* oder *Teil des Dateinamens* und wählen Sie das entsprechende Laufwerk aus. Klicken Sie auf SUCHEN.

Schnelltest: Mit Ordnern und Dateien arbeiten

1.	**Wie erstellen Sie einen neuen Ordner auf Laufwerk C:?**
A	Öffnen Sie den Windows-Explorer. Klicken Sie auf *Laufwerk C:* im linken Fensterausschnitt und wählen Sie DATEI/NEU/ORDNER. Geben Sie einen Namen für den neuen Ordner ein.
B	Öffnen Sie den Windows-Explorer. Klicken Sie auf *Laufwerk C:* im linken Fensterausschnitt und wählen Sie DATEI/NEU/AKTENKOFFER. Geben Sie einen Namen für den neuen Ordner ein.
C	Öffnen Sie den Windows-Explorer. Klicken Sie auf *Laufwerk C:* im linken Fensterausschnitt und wählen Sie DATEI/NEU/MICROSOFT WORD-DOKUMENT. Geben Sie einen Namen für den neuen Ordner ein.
D	Öffnen Sie den Windows-Explorer. Klicken Sie auf *Laufwerk A:* im linken Fensterausschnitt und wählen Sie DATEI/NEU/ORDNER. Geben Sie einen Namen für den neuen Ordner ein.

2.	**Um eine Datei zu speichern, wählen Sie:**
A	DATEI/SPEICHERN UNTER
B	DATEI/SPEICHERN
C	DATEI/NEU
D	DATEI/SCHLIESSEN

3.	**Wie ändern Sie einen Dateinamen?**
A	Öffnen Sie den Windows-Explorer, um den Ordner mit der entsprechenden Datei zu öffnen. Führen Sie einen Rechtsklick auf die Datei aus und wählen Sie *Eigenschaften* aus dem angezeigten Kontextmenü. Geben Sie den neuen Dateinamen ein.
B	Öffnen Sie den Windows-Explorer, um den Ordner mit der entsprechenden Datei zu öffnen. Führen Sie einen Rechtsklick auf die Datei aus und wählen Sie *Verknüpfung erzeugen* aus dem angezeigten Kontextmenü. Geben Sie den neuen Dateinamen ein.

C	Öffnen Sie den Windows-Explorer, um den Ordner mit der entsprechenden Datei zu öffnen. Führen Sie einen Rechtsklick auf die Datei aus und wählen Sie *Umbenennen* aus dem angezeigten Kontextmenü. Geben Sie den neuen Dateinamen ein.
D	Öffnen Sie den Windows-Explorer, um den Ordner mit der entsprechenden Datei zu öffnen. Führen Sie einen Rechtsklick auf die Datei aus und wählen Sie *Eigenschaften* aus dem angezeigten Kontextmenü. Geben Sie den neuen Ordnernamen ein.

4.	Die Tastenkombination zum Speichern einer Datei ist:
A	Strg + V
B	Strg + X
C	Strg + N
D	Strg + S

5.	Wenn Sie Ihren Computer ausschalten, wird der Inhalt der Zwischenablage gelöscht.
A	Richtig
B	Falsch

6.	Mit welcher Taste können Sie nicht zusammenhängende Dateien markieren?
A	⇧-Taste
B	Strg-Taste
C	Alt-Taste
D	↹-Taste

Lektion 2.4: Windows beherrschen

In dieser Lektion

Sie haben sich mit den Grundlagen von *Windows* vertraut gemacht und können sich nun den Funktionen für Fortgeschrittene zuwenden.

Sie werden In dieser Lektion erfahren, wie Sie mit dem *Windows-Desktop* umgehen und ihn Ihren Arbeitsbedürfnissen und Ihrem persönlichen Geschmack anpassen können. Weiterhin lernen Sie, wie Sie eine Sicherungskopie, ein so genanntes Backup, von Ihren Dateien auf Diskette anfertigen.

Neue Fähigkeiten

Am Ende dieser Lektion sollten Sie in der Lage sein,

- Ihren *Desktop* Ihren persönlichen Bedürfnissen anzupassen, indem Sie Symbole verschieben und Ordner erstellen, die Anwendungen und Dateisymbole beinhalten,
- Verknüpfungen zu erstellen, mit denen Sie direkt auf eine bestimmte Anwendung, einen bestimmten Ordner oder eine bestimmten Datei zugreifen können,
- einen Bildschirmschoner auszuwählen,
- Ihr Hintergrundbild, Hintergrundmuster und Bildschirmauflösung anzupassen,
- die Datums- und Zeiteinstellungen an Ihrem Computer vorzunehmen,
- die Lautstärke an Ihrem Computer zu regulieren,
- die Ländereinstellungen Ihres Computers zu ändern,
- Disketten zu formatieren,
- eine Datei auf Diskette zu speichern,
- eine Datei auf Diskette zu kopieren,
- verschiedene Druckereinstellungen zu nutzen.

Neue Wörter

Am Ende der Lektion sollten Sie folgende Begriffe erklären können:

- *Desktop*-Verknüpfung
- Bildschirmschoner
- Druckerwarteschlange

Ihren Desktop beherrschen

Sie können Ihren *Windows-Desktop* so anpassen, dass er Ihren Arbeitsbedürfnissen und Ihrem persönlichen Geschmack entspricht.

- Um Ihre Symbole auf dem *Desktop* neu zu ordnen, markieren Sie ein Symbol durch Anklicken mit der linken Maustaste und ziehen Sie es einfach an die gewünschte Stelle.

- Um Ihrem *Desktop* ein aufgeräumtes Aussehen zu geben, erstellen Sie Ordner, in denen Sie Symbole für Anwendungen und Dateien unterbringen.

Einen *Desktop*-Ordner erstellen Sie wie folgt:

- Klicken Sie mit der rechten Maustaste auf den *Desktop*. Ein Kontextmenü wird eingeblendet.

- Wählen Sie NEU/ORDNER. *Windows* erstellt einen *Desktop*-Ordner mit dem Standardnamen *Neuer Ordner*.
- Tippen Sie den gewünschten Namen für Ihren Ordner ein und drücken Sie die [↵]-Taste.

Führen Sie nun einen Doppelklick auf den Ordner aus, um ihn zu öffnen und *Symbole* vom *Desktop* oder anderen *Desktop*-Ordnern durch Hineinziehen in ihm abzulegen.

Eine Desktop-Verknüpfung erstellen

Es gibt Anwendungen, die man häufiger benötigt als andere. Sie können Zeit sparen, indem Sie Verknüpfungen zu diesen Programmen auf Ihrem *Desktop* oder in anderen *Desktop*-Ordnern erstellen. Sie brauchen dann nicht mehr jedes Mal den Weg über START/ALLE PROGRAMME zu gehen, um eine Anwendung zu öffnen.

Führen Sie die Schritte in Übung 2.29 aus, um eine *Desktop*-Verknüpfung für den Editor (Notepad) zu erstellen.

Übung 2.29: Eine Desktop-Verknüpfung für den Editor erstellen

1) Wählen Sie START/ALLE PROGRAMME/ZUBEHÖR/WINDOWS-EXPLORER. Wenn der *Explorer* den gesamten Bildschirm einnimmt, klicken Sie auf das Verkleinern-Feld in der oberen rechten Ecke.
2) Suchen Sie die Anwendung, zu der Sie eine Verknüpfung erstellen möchten. Sie finden WordPad im *Windows*-Ordner.

3) Klicken Sie mit der rechten Maustaste auf das Editor-Symbol und wählen Sie im Kontextmenü den Eintrag VERKNÜPFUNG ERSTELLEN aus. Ziehen Sie das Verknüpfungssymbol in den *Desktop* im linken *Explorer*-Fenster.

Wenn Ihnen der Standardname Ihrer Verknüpfung nicht gefällt, klicken Sie mit der rechten Maustaste, wählen im Kontextmenü den Eintrag UMBENENNEN, tippen einen neuen Namen ein und drücken die [↵]-Taste. Sie können auch Verknüpfungen für häufig benötigte Dateien oder Ordner erstellen. Sie können das Symbol für den Editor auf dem *Desktop* belassen oder es in einen *Desktop*-Ordner ziehen.

Sie können einen Ordner oder ein Programm jederzeit öffnen, indem Sie:

- Einen Doppelklick auf die Verknüpfung ausführen,

– oder –

- einen Rechtsklick auf die Verknüpfung ausführen und dann ÖFFNEN aus dem Kontextmenü wählen.

Desktop-Verknüpfung
Ein vom Benutzer erstelltes Symbol, über das er per Doppelklick direkt auf eine Anwendung, einen Ordner oder eine Datei zugreift. Es ist eine schnelle und bequeme Alternative zum Startmenü.

In Übung 2.30 werden Sie einen Desktop-Ordner mit dem Namen *Office* erstellen und in ihm Verknüpfungen für vier Office-Anwendungen.

Übung 2.30: Einen Desktop-Ordner namens *Office* mit vier Verknüpfungen erstellen

1) Klicken Sie mit der rechten Maustaste auf Ihren Desktop. Wählen Sie im angezeigten Kontextmenü nacheinander die Einträge NEU/ORDNER. Windows erstellt daraufhin einen Ordner mit dem Standardnamen *Neuer Ordner.*

2) Tippen Sie den Ordnernamen *Office* ein und drücken Sie die [↵]-Taste.

3) Führen Sie einen Doppelklick auf Ihren neuen Ordner aus, um ihn zu öffnen. Sie können nun Verknüpfungen erstellen, die Sie in diesem Ordner ablegen.

4) Wir fangen mit einer Verknüpfung für *Microsoft Word* an. Wählen Sie START/SUCHEN, um das Dialogfeld *Suchergebnisse* einzublenden.

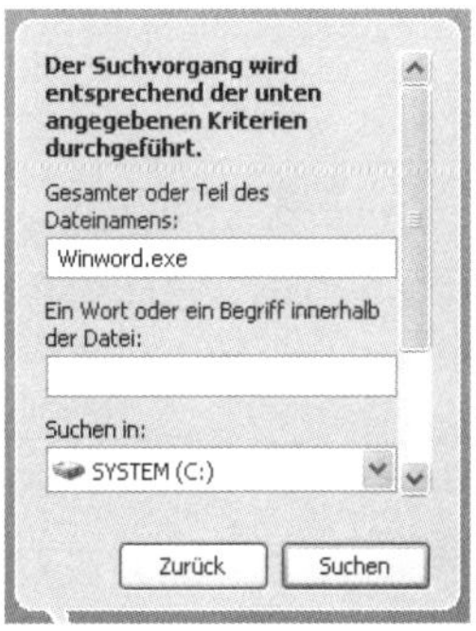

5) Klicken Sie auf *Dateien und Ordner.* In das Feld *Gesamter oder Teil des Dateinamens* schreiben Sie *winword.exe.* Wählen Sie das Laufwerk aus und klicken Sie auf SUCHEN.

6) Wenn *winword.exe* gefunden wurde, klicken Sie mit der rechten Maustaste auf das Symbol, halten die Maustaste gedrückt und ziehen es vom Dialogfeld *Suchergebnisse* in Ihren *Office*-Ordner. Lassen Sie die rechte Maustaste wieder los und wählen Sie im anschließend geöffneten Kontextmenü den Eintrag VERKNÜPFUNGEN HIER ERSTELLEN.

7) Klicken Sie wiederum auf das Dialogfeld *Suchergebnisse.* Wiederholen Sie die Schritte 5 und 6 für die folgenden Anwendungsdateien: *excel.exe, powerpnt.exe* und *msaccess.exe.*

   Wenn Sie fertig sind, können Sie die Verknüpfungen im *Office*-Ordner wie abgebildet umbenennen.

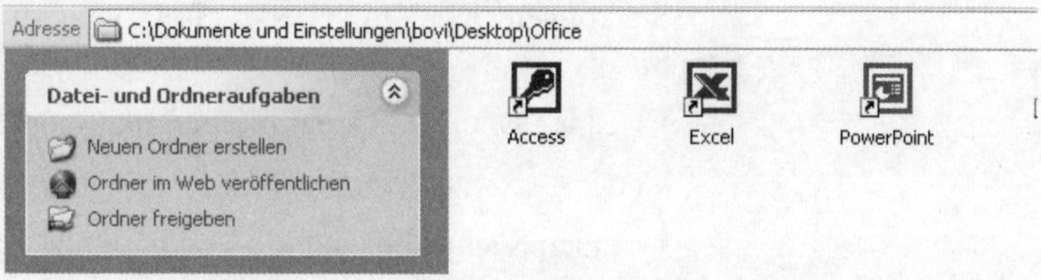

Um eine Datei, einen Ordner oder ein Programm über eine Verknüpfung auf dem Desktop zu öffnen, brauchen Sie nun nur noch einen Doppelklick auf das entsprechende Symbol bzw. Icon auf dem Desktop auszuführen, oder den Befehl ÖFFNEN aus dem Kontextmenü zu wählen, wenn Sie zuvor einen Rechtsklick auf das Symbol ausgeführt haben.

Das Datum und die Zeit einstellen

Datum und Uhrzeit

Zeigt Ihr Computer die richtige Uhrzeit und das korrekte Datum an? Falls dem nicht so ist, dann erstellen und bearbeiten Sie Dateien und versenden E-Mails mit irreführenden Zeitangaben. In Übung 2.13 lernen Sie, wie man die Uhrzeit und das Datum an Ihrem Computer einstellt.

Übung 2.31: Datum und Uhrzeit an Ihrem Computer einstellen

1) Wählen Sie START/SYSTEMSTEUERUNG.
2) Im angezeigten Ordner klicken Sie auf das Symbol DATUM UND UHRZEIT.

   Falls Sie sich in der Kategorieansicht befinden, wechseln Sie zur Klassischen Ansicht, um auf das Symbol für *Datum und Uhrzeit* klicken zu können.
3) Nehmen Sie die notwendigen Änderungen vor, klicken Sie dann auf ÜBERNEHMEN und auf OK.

Eine kleine Batterie im Inneren Ihres Computers stellt sicher, dass Windows diese Einstellungen auch behält, wenn Ihr Computer abgeschaltet ist.

Die Lautstärkeregelung

Moderne Computer sind in der Lage, Musikdateien über Lautsprecher oder Kopfhörer auszugeben. Folgen Sie den Schritten in Übung 2.32, um zu erfahren, wie man die Wiedergabelautstärke an Ihrem Computer regelt.

Übung 2.32: Wiedergabelautstärke verändern

1) Klicken Sie auf das Symbol für die Lautstärke, das rechts im Infobereich der *Taskleiste* angezeigt wird. Das Aussehen des Symbols hängt von der eingebauten *Soundkarte* ab. Im Normalfall sieht es wie ein kleiner Lautsprecher aus.

   Wenn Sie nicht sicher sind, welches das richtige Symbol für die Lautstärke ist, positionieren Sie den Mauszeiger nacheinander auf jedem Symbol, bis Sie in einem Textfeld (einer s ogenannten *QuickInfo*) das Wort *Lautstärke* lesen.

2) Schieben Sie nun im angezeigten Kontextmenü den Lautstärkeregler nach oben bzw. nach unten, um die Lautstärke zu erhöhen oder zu verringern.

   Sie können den Klang auch komplett ausschalten, indem Sie das Kontrollkästchen TON AUS aktivieren.

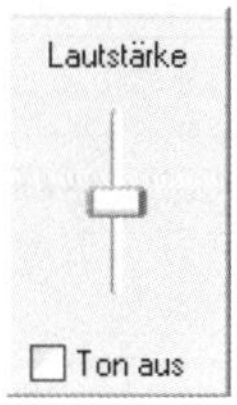

3) Wenn Sie fertig sind, klicken Sie einfach auf eine beliebige Stelle auf Ihrem Bildschirm, um das Feld *Lautstärke* zu schließen.

Bildschirmschoner einstellen

Ein Bildschirmschoner ist ein Programm, das die Bildschirmanzeige ausblendet oder ein Bild einblendet, wenn während eines zuvor eingestellten Zeitraums keine Tasten- oder Mausbewegung registriert wird.

Bildschirmschoner sollten ursprünglich Beschädigungen am Bildschirm verhindern, die durch lange auf dem Bildschirm angezeigte, unveränderte Abbildungen entstehen konnten. Bildschirmschoner ließen den Bildschirm komplett leer oder sie zeigten eine Reihe sich bewegender Motive.

Heutzutage sind Bildschirme gegenüber diesem Problem unempfindlicher geworden. Ein Bildschirmschoner kann jedoch auch als "Zugriffsschutz" dienen. Verantwortlich dafür ist das Kontrollkästchen "Willkommenseite bei Reaktivierung".

Die Übung 2.33 zeigt Ihnen, wie Sie einen Bildschirmschoner auf Ihrem Computer einrichten oder ändern.

> **Bildschirmschoner**
>
> *Ein Programm, das die Bildschirmanzeige aus- oder ein bestimmtes Bild einblendet, wenn keine Tasten- oder Mausbewegung über einen zuvor eingestellten Zeitraum registriert wird. Der Bildschirm wird komplett leer gelassen oder sich bewegende Motive werden eingeblendet.*

Übung 2.33: Einen Bildschirmschoner einrichten oder ändern

1) Führen Sie einen Rechtsklick auf den *Windows-Desktop* aus und wählen Sie aus dem Kontextmenü die Option EIGENSCHAFTEN. Aktivieren Sie anschließend die Registerkarte BILDSCHIRMSCHONER.

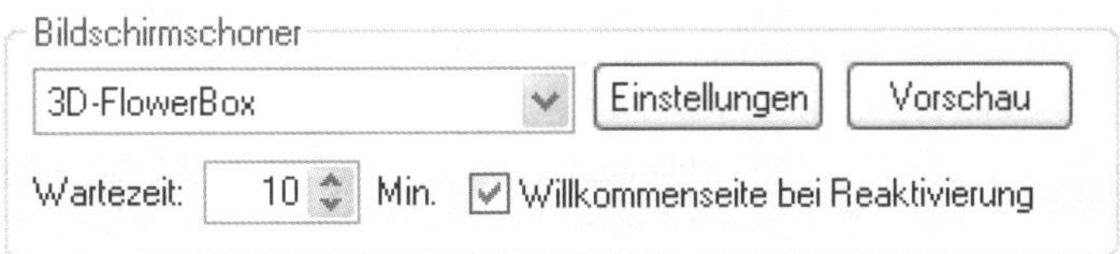

2) Klicken Sie auf den Pfeil rechts neben dem Dropdown-Listenfeld. Eine Liste mit den auf Ihrem Computer installierten Bildschirmschonern wird angezeigt.

3) Klicken Sie in der Liste auf den Bildschirmschoner Ihrer Wahl.

4) Im Feld WARTEZEIT tragen Sie die Minuten ein, die bis zur Aktivierung des Bildschirmschoners vergehen sollen. Klicken Sie dann auf OK.

Um wieder zur ursprünglichen Bildschirmanzeige zurückzukommen, nachdem sich der Bildschirmschoner eingeschaltet hat, bewegen Sie einfach die Maus oder betätigen Sie eine Taste auf der Tastatur.

Den Bildschirm individuell anpassen

Das Erscheinungsbild von Windows auf Ihrem Computer wird durch die Einstellung von zwei Elementen bestimmt. Sie können jedes einzelne Element ändern und es Ihren individuellen Bedürfnissen und dem persönlichen Geschmack anpassen.

- Hintergrundbild (*Wallpaper*)
- Schema

Das Hintergrundbild

Als Hintergrundbild für Ihren *Desktop* können Sie ein Bild einfügen. Dabei kann es sich um ein eingescanntes Foto oder ein Bild handeln, das Sie aus dem Internet heruntergeladen haben.

Führen Sie die folgenden Schritte aus:

- Durch einen Klick mit der rechten Maustaste auf den *Desktop* öffnen Sie das Kontextmenü. Wählen Sie die Option EIGENSCHAFTEN und dann die Registerkarte DESKTOP.

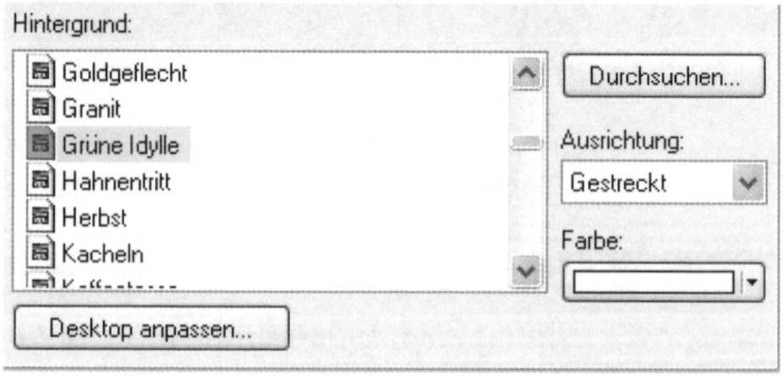

- Wählen Sie im Listenfeld den gewünschten Hintergrund aus.
- Über das Dropdown-Listenfeld *Ausrichtung* legen Sie die Art der Anzeige fest (zentriert, gestreckt, nebeneinander etc.). Klicken Sie dann auf OK.

Das Schema

Hierbei handelt es sich um eine Kombination aus Farbe, Schriftart und Abständen, die das Aussehen der Elemente wie Titelleiste, Bildlaufleiste und Symbole steuert. Um sich ein Schema anzeigen zu lassen oder es zu ändern, gehen Sie wie folgt vor:

- Klicken Sie mit der rechten Maustaste auf den *Desktop* und wählen Sie aus dem Kontextmenü die Option EIGENSCHAFTEN. Wechseln Sie dann zur Registerkarte *Darstellung*.

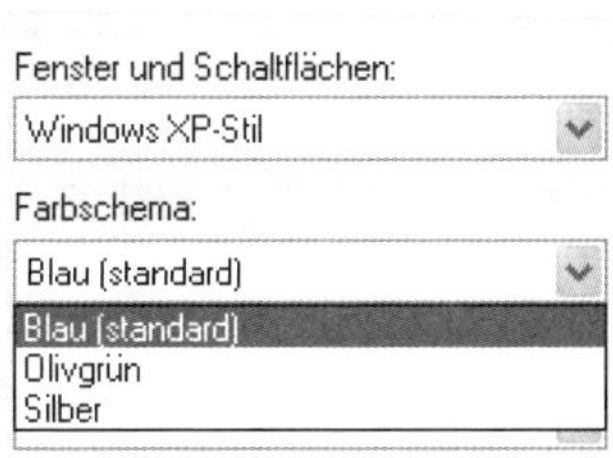

- Wählen Sie Ihr *Farbschema* und *Fenster und Schaltflächen* in den entsprechenden Dropdown-Listenfeldern aus. Legen Sie nun noch einen Schriftgrad (Schriftgröße) fest und klicken Sie auf OK.

Sie können Ihr Hintergrundbild und das Schema beliebig oft ändern. Die entsprechenden Dialogfelder beinhalten ein Vorschaufenster, in dem Sie alle Veränderungen begutachten können, bevor Sie auf OK klicken. Experimentieren Sie einfach ein wenig mit den verschiedenen Einstellungen.

Das Ändern der Bildschirmauflösung

Alles, was Sie auf dem Bildschirm sehen, ist aus kleinen quadratischen Punkten zusammengesetzt, den so genannten Pixelen. Die Anzahl der angezeigten Pixel hängt von der Bildschirmauflösung ab.

- Bei einer niedrigen Bildschirmauflösung (z.B. 640x480) werden weniger und größere Pixel angezeigt. Alles auf Ihrem Bildschirm erscheint größer und unförmiger.
- Bei einer hohen Bildschirmauflösung (z.B. 1.024x768) werden mehr und kleinere Pixel angezeigt. Alles auf Ihrem Bildschirm erscheint kleiner und genauer.

So ändern Sie die Auflösung Ihres Bildschirms:

- Klicken Sie mit der rechten Maustaste auf den Desktop aus und wählen Sie aus dem Kontextmenü die Option EIGENSCHAFTEN. Aktivieren Sie dann die Registerkarte *Einstellungen*.
- Verschieben Sie den Regler für die Bildschirmauflösung nach links, um sie zu verringern, oder nach rechts, um sie zu erhöhen.

Sie können die Änderung der Auflösung im Vorschaufenster verfolgen. Wenn Sie fertig sind, klicken Sie auf OK, um Ihre Einstellungen zu speichern und das Dialogfeld zu schließen.

Die Ländereinstellungen ändern

Die Optionen, die Sie unter den Windows-Ländereinstellungen wählen, entscheiden darüber, welches Währungssymbol standardmäßig in Ihren Anwendungen verwendet wird und nach welchen Regeln sich

Windows bei der Anzeige von Uhrzeit, Datum und Zahlen richtet. Und auch das Tastaturlayout lässt sich über die Regions- und Sprachoptionen einstellen.

So ändern Sie die Ländereinstellungen:

- Wählen Sie START/SYSTEMSTEUERUNG und doppelklicken Sie dann auf das Symbol *Regions- und Sprachoptionen*.
- Falls Sie sich in der Kategorieansicht befinden, wechseln Sie in die *Klassische Ansicht*, um zum Symbol *Regions- und Sprachoptionen* zu gelangen.
- Auf der Registerkarte *Regionale Einstellungen* wählen Sie aus den Dropdown-Listenfeldern die für Sie relevanten Einstellungen aus.

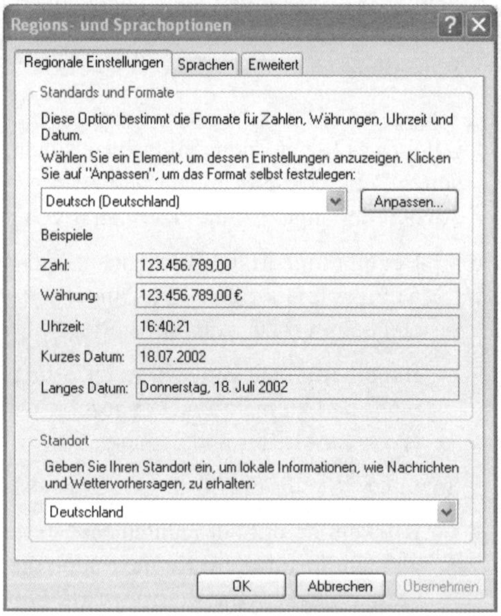

- Um die Standardeinstellungen der gewählten Ländereinstellung zu überschreiben, klicken Sie auf die Schaltfläche ANPASSEN. Geben Sie die erforderlichen Details in die vorgesehenen Felder auf den Registerkarten *Zahlen*, *Währung*, *Uhrzeit* und *Datum* ein.
- Klicken Sie anschließend auf OK, um Ihre neuen Einstellungen zu speichern und das Dialogfeld zu schließen.

So ändern Sie die Tastatursprache:

- Wählen Sie START/SYSTEMSTEUERUNG und doppelklicken Sie dann auf das Symbol *Regions- und Sprachoptionen*.
- Falls Sie sich in der Kategorieansicht befinden, wechseln Sie in die *Klassische Ansicht*, um zum Symbol *Regions- und Sprachoptionen* zu gelangen.

- Auf der Registerkarte *Sprachen* klicken Sie im *Bereich Textdienste und -eingabesprachen* auf die Schaltfläche DETAILS, um zum Dialogfeld *Textdienste und Eingabesprachen* zu gelangen.

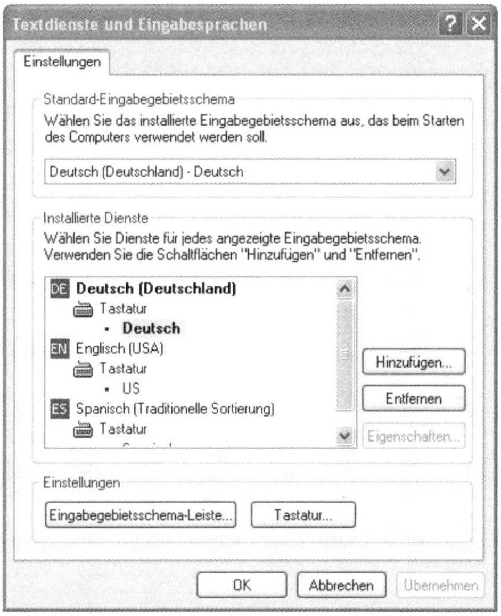

- Verwenden Sie unter *Installierte Dienste* die Schaltflächen HINZUFÜGEN und ENTFERNEN, um Eingabegebietsschemas hinzuzufügen oder zu entfernen. Über die Schaltfläche HINZUFÜGEN gelangen Sie zum Dialogfeld *Eingabegebietsschema hinzufügen*, in dem Sie aus einer Liste das entsprechende Land bzw. die entsprechende Sprache auswählen können. In der Regel wird das Tastaturlayout automatisch angepasst. Je nachdem, in welcher Sprache Sie arbeiten, stimmen die Zeichen auf dem Bildschirm wahrscheinlich nicht mehr mit den auf der Tastatur abgebildeten Zeichen überein, da z.B. eine englische oder spanische Tastatur anders aufgebaut ist als eine deutsche.
- Klicken Sie auf TASTATUR, um zum Dialogfeld *Erweiterte Tastatureinstellungen* zu gelangen.
- Hier sehen Sie, mit welcher Tastenkombination Sie von einem Gebietsschema zum anderen wechseln können. Um die Tastenkombination für den Wechsel zu ändern und Ihren Bedürfnissen anzupassen, wählen Sie TASTENKOMBINATION ÄNDERN und klicken im daraufhin geöffneten Dialogfeld die entsprechenden Optionen an.

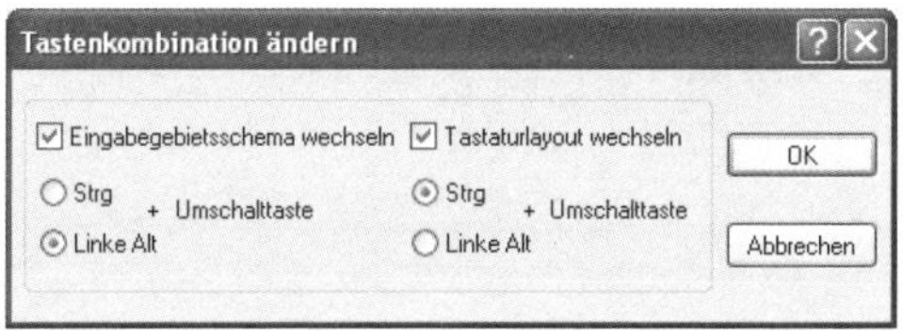

- Fügen Sie nur jene Sprachen hinzu, die Sie tatsächlich verwenden, da jede hinzugefügte Sprache beim Start des Computers in den Arbeitsspeicher geladen wird und sich daher auf das Leistungsverhalten des Computers auswirkt.

Ein Anwendungsprogramm hinzufügen oder entfernen

Sie können über die Systemsteuerung auch Anwendungsprogramme hinzufügen oder entfernen. In der Regel erhalten Sie Anwendungsprogramme auf Diskette oder auf CD. In den meisten Fällen brauchen Sie den Datenträger nur einzulegen, um eine automatische Instalation zu starten, bei der Sie nur noch den Anweisungen auf dem Bildschirm folgen müssen. Sie können das Hinzufügen eines Programms aber auch über die Systemsteuerung vornehmen.

So installieren Sie ein Anwendungsprogramm von einer CD oder einer Diskette:

- Wählen Sie START/SYSTEMSTEUERUNG und dann das Symbol *Software* (Sie gelangen zu diesem Symbol, egal ob Sie sich in der Kategorie- oder der klassischen Ansicht befinden).
- Klicken Sie auf NEUE PROGRAMME HINZUFÜGEN.

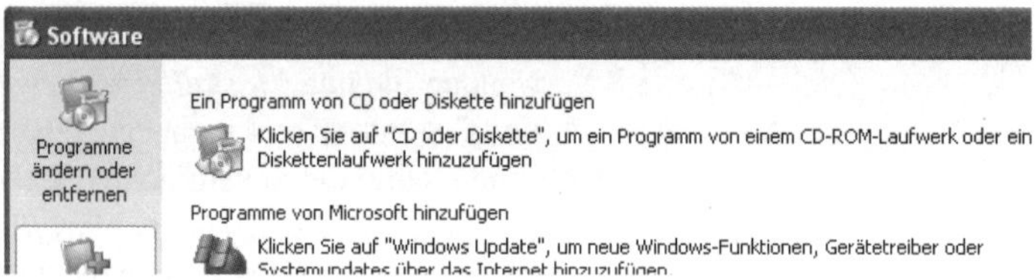

- Wählen Sie nun CD ODER DISKETTE und folgen Sie den Anweisungen auf dem Bildschirm.
- Wählen Sie nun CD ODER DISKETTE und folgen Sie den Anweisungen auf dem Bildschirm.

So entfernen Sie ein Anwendungsprogramm:

- Wählen Sie START/SYSTEMSTEUERUNG und dann das Symbol *Software* (Sie gelangen zu diesem Symbol, egal ob Sie sich in der Kategorieansicht oder der klassischen Ansicht befinden).
- Klicken Sie auf PROGRAMME ÄNDERN ODER ENTFERNEN und dann auf das Programm, das Sie entfernen oder ändern möchten.
- Gehen Sie mit den Schaltflächen ÄNDERN oder ENTFERNEN vorsichtig um, da Programme möglicherweise ohne Rückfragen entfernt werden.

Mit Disketten arbeiten

Sie können Dateien und Ordner von Ihrer Festplatte auf Disketten kopieren.

- Fertigen Sie eine Kopie von einer Arbeit an, die Sie einem Kollegen oder Freund geben möchten.
- Erstellen Sie eine zweite Kopie (Sicherungskopie oder Backup) von Ihrer Arbeit, für den Fall, dass Ihr Computer beschädigt wird und die darauf befindlichen Daten verloren gehen.

Je regelmäßiger Sie solche Backups durchführen, desto aktueller sind Ihre Sicherungskopien, wenn Ihr Computer mal versagt.

Eine Diskette formatieren

Sie können eine Datei nur auf eine *formatierte* Diskette kopieren. Bei der Formatierung durch Windows geschieht Folgendes:

- Eine Auflistung, die *Dateizuordnungstabelle* (bzw. File Allocation Table – FAT), wird auf der Diskette erstellt, sodass die gespeicherten Daten später gefunden und abgerufen werden können.
- Es wird nach eventuell beschädigten Bereichen auf der Diskette gesucht. Diese beschädigten Bereiche werden dann als für das Speichern von Daten unbrauchbar markiert.

Die meisten neuen Disketten sind bereits formatiert. Günstiger ist es jedoch, unformatierte Disketten zu kaufen und sie selbst zu formatieren. Der ECDL-Lehrplan verlangt auch, dass Sie wissen, wie man eine Diskette formatiert. In Übung 2.34 erfahren Sie, wie das funktioniert.

Übung 2.34: Eine Diskette formatieren

1) Schieben Sie die zu formatierende Diskette in das Diskettenlaufwerk ein.
2) Führen Sie einen Doppelklick auf das Arbeitsplatz-Symbol aus und dann einen Rechtsklick auf das entsprechende Laufwerksymbol (A:).
3) Wählen Sie aus dem Kontextmenü FORMATIEREN und dann STARTEN.
4) Nachdem Windows die Diskette formatiert hat, erscheint ein Dialogfeld. Klicken Sie auf OK.
5) Klicken Sie auf SCHLIESSEN.

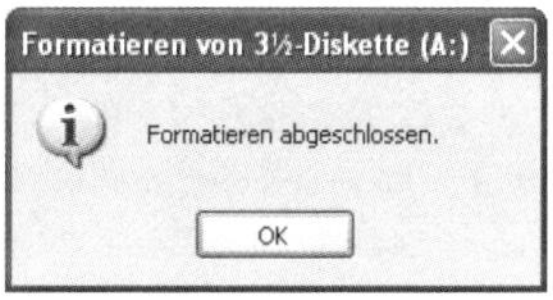

Durch das Formatieren einer Diskette werden alle Daten, die vorher auf ihr gespeichert waren, überschrieben. *Windows* kann dadurch keine vor der Formatierung abgespeicherten Dateien auf dieser Diskette mehr finden.

Kommen Sie daher auf keinen Fall auf die Idee, die Festplatte Ihres Computers zu formatieren!

Eine Diskette kann nicht formatiert werden, wenn auf ihr befindliche Dateien geöffnet sind.

Eine Datei auf Diskette kopieren

Sie können eine Datei mit der unter Windows vorhandenen Option KOPIEREN und EINFÜGEN auf eine Diskette kopieren. Wie dies funktioniert, erfahren Sie in Übung 2.35.

Übung 2.35: Eine Datei auf eine Diskette kopieren

1) Schieben Sie eine formatierte Diskette in das Laufwerk A: Ihres Computers.
2) Wählen Sie START/ALLE PROGRAMME/ZUBEHÖR/WINDOWS-EXPLORER, sodass die von Ihnen ausgesuchte Datei, z.B. die Datei *IE Setup Log* aus dem *Windows*-Ordner, im rechten Fensterausschnitt angezeigt wird.
3) Klicken Sie auf die Datei und wählen Sie BEARBEITEN/KOPIEREN oder drücken Sie [Strg]+[C].

4) Klicken Sie im linken Fensterausschnitt auf das Symbol für Laufwerk A:.

   Wenn sich auf der aktuellen Diskette Dateien befinden, so werden diese im rechten Fensterausschnitt angezeigt.

5) Wählen Sie BEARBEITEN/EINFÜGEN oder drücken Sie [Strg]+[V], um die Datei auf Diskette zu kopieren.

Eine Datei auf Diskette speichern

Eine zweite Möglichkeit, eine Datei auf eine Diskette zu kopieren, bieten das Menü DATEI/SPEICHERN UNTER des Programms, in dem die Datei erstellt wurde. Wenn Sie die entsprechende Anwendung momentan geöffnet ist, so geht das schneller als über den *Explorer*. Übung 2.36 zeigt das Vorgehen.

Übung 2.36: Eine Datei auf einer Diskette speichern

1) Wählen Sie STARTALLE /PROGRAMME/ZUBEHÖR/EDITOR.
2) Wählen Sie DATEI/ÖFFNEN. Suchen Sie die Datei, die Sie in Übung 2.35 gespeichert haben, und klicken Sie auf ÖFFNEN.
3) Wählen Sie DATEI/SPEICHERN UNTER, suchen Sie Laufwerk A: und klicken Sie auf SPEICHERN, um die Datei auf Diskette zu speichern.

Eine Kopie der Textdatei ist nun auf der Diskette gespeichert.

Dateien drucken

Jetzt, wo Sie Dateien öffnen und bearbeiten können, möchten Sie Ihre Arbeit sicherlich auch ausdrucken, um das Ergebnis auf Papier betrachten zu können.

Übung 2.37: Eine Datei drucken

1) Öffnen Sie eine Datei, z.B. ein *Word*-Dokument.
2) Wählen Sie DATEI/DRUCKEN.
3) Klicken Sie auf OK im Dialogfeld DRUCKEN.

Wenn Ihr Drucker ordnungsgemäß angeschlossen und eingestellt ist, wird Ihre Datei jetzt gedruckt.

Die Druckwarteschlange

Was passiert mit einer Datei, nachdem Sie den Befehl zum Drucken gegeben haben? Die Datei wird vorübergehend in einem Bereich abgelegt, in der so genannten Druckwarteschlange, bevor sie vom ausgewählten Drucker ausgedruckt wird.

In der Druckwarteschlange können viele Dateien gespeichert werden, die der Drucker dann der Reihe nach abruft, sobald er für den Ausdruck bereit ist. Die Zeit, die ein Drucker benötigt, um eine Datei auszudrucken, hängt von der Anzahl und Größe der noch vor ihr in der Druckwarteschlange stehenden Druckaufträge ab.

Sie können sich die Druckwarteschlange ansehen, um einen Überblick über die vorliegenden Druckaufträge zu bekommen. Druckaufträge lassen sich löschen, die Reihenfolge der Druckaufträge in der Liste können Sie ändern.

Druckwarteschlange

Eine Liste mit Dateien (Druckaufträge), die darauf warten, ausgedruckt zu werden. Der Drucker ruft die Aufträge aus der Druckwarteschlange nacheinander ab.

Die Druckwarteschlange anschauen

Welche Druckaufträge befinden sich augenblicklich noch in der Druckwarteschlange? In Übung 2.38 erfahren Sie mehr.

Übung 2.38: Druckwarteschlange anschauen

1) Wählen Sie START/DRUCKER UND FAXGERÄTE.
2) Doppelklick Sie auf das Symbol des Druckers, über den Sie mehr erfahren möchten.

Windows blendet eine Liste ein, in der alle Druckaufträge der Druckwarteschlange aufgeführt sind.

Einen Druckauftrag in der Druckwarteschlange löschen

Es kann viele Gründe für das Löschen eines Druckauftrags geben. Vielleicht druckt der Drucker nicht einwandfrei, Sie verfügen bereits über einen Ausdruck der Datei oder Sie ändern einfach Ihr Vorhaben.

Führen Sie die Schritte in Übung 2.39 aus, um einen Druckauftrag zu löschen.

Übung 2.39: Einen Druckauftrag aus der Druckwarteschlange entfernen

1) Wählen Sie START/DRUCKER UND FAXGERÄTE.
2) Doppelklicken Sie auf das Symbol des Druckers, über den Sie mehr erfahren möchten. *Windows* blendet eine Liste ein, in der alle Druckaufträge der Druckwarteschlange aufgeführt sind.
3) Markieren Sie das Dokument, das Sie doch nicht drucken möchten.
4) Rufen Sie den Menübefehl DOKUMENT/ABBRECHEN auf.

Die Reihenfolge der Druckaufträge ändern

Sie können die aktuelle Reihenfolge der Druckaufträge in der Druckwarteschlange wie folgt ändern.

Übung 2.40: Die Reihenfolge der Druckaufträge ändern

1) Wählen Sie START/DRUCKER UND FAXGERÄTE.
2) Doppelklicken Sie auf das Symbol des Druckers, über den Sie mehr erfahren möchten. *Windows* blendet eine Liste ein, in der alle Druckaufträge der Druckwarteschlange aufgeführt sind.
3) Klicken Sie mit der rechten Maustaste auf das Dokument, das Sie verschieben möchten, und wählen Sie EIGENSCHAFTEN. Verschieben Sie auf der Registerkarte *Allgemein* den Schieberegler für die Dringlichkeit, um die Priorität des Dokuments in der Druckerwarteschlange zu verändern.
4) Klicken Sie auf OK. Die Dokumente werden in der festgelegten Reihenfolge gedruckt. Diese Reihenfolge wird jedoch nicht unbedingt in der Dokumentenliste angezeigt.

Ein Dokument, das bereits gedruckt wird, können Sie nicht mehr verschieben.

Alle Dokumente aus der Druckwarteschlange löschen

Führen Sie die Schritte in Übung 2.41 aus, um alle anstehenden Druckaufträge aus der Druckwarteschlange zu entfernen.

Übung 2.41: Alle Druckaufträge aus der Druckwarteschlange löschen

1) Wählen Sie START/DRUCKER UND FAXGERÄTE.
2) Doppelklicken Sie auf das Symbol des Druckers, über den Sie mehr erfahren möchten. *Windows* blendet eine Liste ein, in der alle Druckaufträge der Druckwarteschlange aufgeführt sind.
3) Wählen Sie den Menübefehl DRUCKER/ALLE DRUCKAUFTRÄGE ABBRECHEN.

Das Dialogfeld Drucken

Wenn Sie den Menübefehl DATEI/DRUCKEN in einem Programm wählen, wird ein Dialogfeld angezeigt, das normalerweise die folgenden Optionen anbietet:

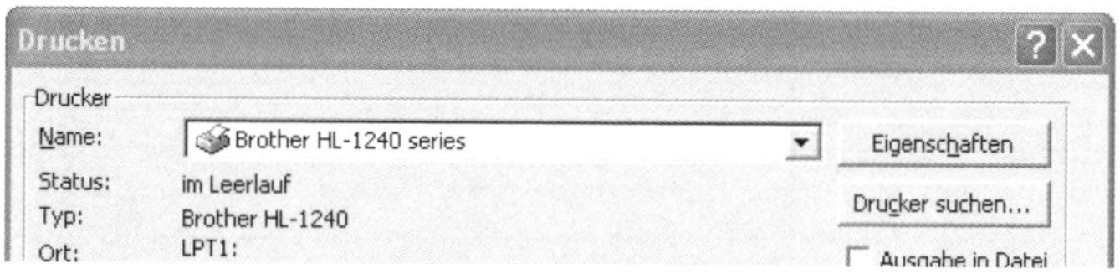

Name

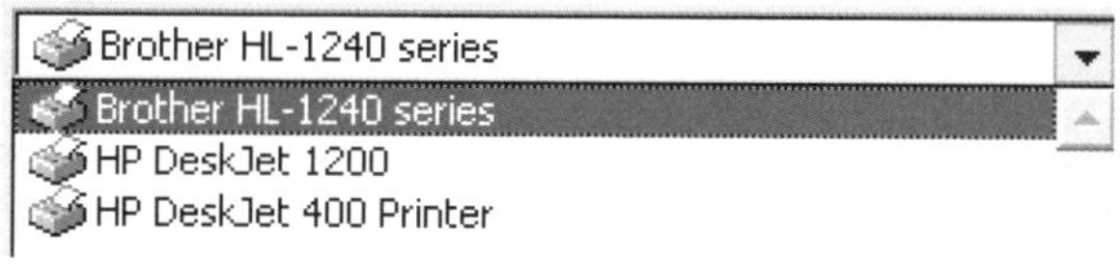

Um einen anderen unter Windows installierten Drucker auszuwählen, klicken Sie auf den Pfeil rechts neben dem Namenfeld. Wählen Sie dann im Dropdown-Listenfeld den entsprechenden Drucker aus.

Der Druckbereich

Sie können einen Druckbereich festlegen. Wählen Sie zwischen *Alles*, *Aktuelle Seite* oder *Seiten*.

Um eine bestimmte Anzahl aufeinander folgender Seiten zu drucken, geben Sie die erste und die letzte Seitenzahl ein, getrennt durch einen Bindestrich, beispielsweise 2-6 oder 12-13.

Um Seiten zu drucken, die nicht direkt aufeinander folgen, tragen Sie die einzelnen Seitenzahlen jeweils durch ein Semikolon getrennt ein. Das sieht dann z.B. so aus: 3;5;7 oder 13;16;19. Sie können den Druck aufeinander folgender Seiten mit nicht aufeinander folgenden Seiten kombinieren. Schreiben Sie dazu beispielsweise 3;5;6-8;9.

Die Anzahl der Kopien

Sie können festlegen, wie viele Kopien eines Dokuments Sie drucken möchten. Wenn Sie mehrere Kopien eines Dokuments drucken, stellen Sie sicher, dass Sie das Kontrollkästchen zum Sortieren im Dialogfeld *Drucken* aktiviert haben.

Die Schaltfläche Eigenschaften

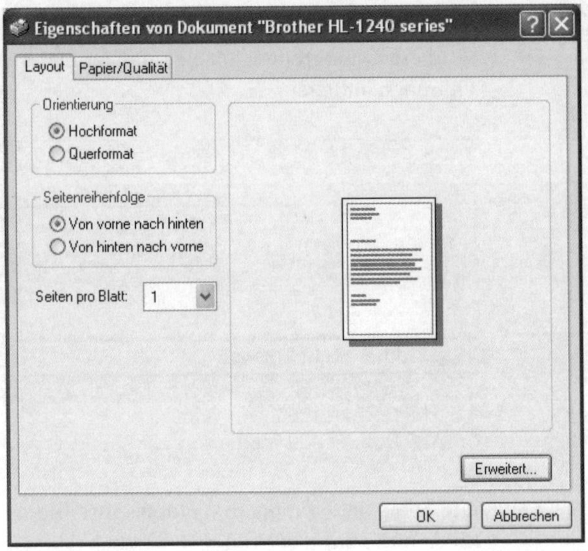

Wenn Sie auf die Schaltfläche *Eigenschaften* klicken, werden Ihnen noch weitere Möglichkeiten angeboten, die vom ausgewählten Drucker abhängen, ob es sich z.B. um einen Farb- oder Schwarz-Weiß-Drucker oder um einen Laser- oder InkJet-Drucker handelt.

Alle Drucker bieten verschiedene Optionen bezüglich des Papierformats (A4 ist Standard) und der Ausrichtung (Hochformat und Querformat) an.

Wenn Sie Ihre Wahl getroffen haben, klicken Sie auf OK, um Ihre Datei zu drucken.

Die Druckvorschau

Fast alle Windows-Anwendungen verfügen über den Befehl SEITENANSICHT im Menü DATEI. So können Sie auf dem Bildschirm sehen, wie Ihr Dokument später im ausgedruckten Zustand aussieht. Eine solche Funktion wird häufig auch mit WYSIWYG (What you see is what you get) bezeichnet und bedeutet so viel wie: So, wie das Dokument auf dem Bildschirm aussieht, erscheint es auch im Ausdruck.

Den Standarddrucker ändern

Wenn Ihr PC an ein Netzwerk angeschlossen ist, steht Ihnen möglicherweise mehr als nur ein Drucker zur Verfügung. Es macht daher Sinn, den Drucker, den Sie am häufigsten nutzen, als Standarddrucker zu definieren. Wenn Sie in *Word* oder einer anderen Windows-Anwendung den Befehl DRUCKEN aus dem Menü DATEI wählen, so wird Ihr Dokument automatisch über den Standarddrucker ausgegeben, es sei denn, Sie legen etwas anderes fest.

Mit den folgenden Schritten definieren Sie Ihren Standarddrucker.

- Wählen Sie START/DRUCKER UND FAXGERÄTE.
- Klicken Sie mit der rechten Maustaste auf das Symbol des Druckers, den Sie zum Standarddrucker machen möchten.
- Wählen Sie aus dem Kontextmenü den Befehl ALS STANDARD DEFINIEREN.

Wenn sich neben dem Befehl ein Häkchen befindet, so ist der Drucker bereits als Standard definiert.

Einen neuen Drucker installieren

Es kann sein, dass Sie sich irgendwann einen neuen Drucker anschaffen und diesen dann installieren möchten.

Mit den folgenden Schritten installieren Sie einen neuen Drucker:

- Wählen Sie START/DRUCKER UND FAXGERÄTE.
- Klicken Sie im Bereich *Druckeraufgaben* auf den Link DRUCKER HINZUFÜGEN.
- Der *Druckerinstallations-Assistent* wird geöffnet. Folgen Sie den Anweisungen auf dem Bildschirm.

Zusammenfassung der Lektion: Das haben Sie gelernt

Sie passen Ihren *Windows-Desktop* individuell an, indem Sie Symbole neu anordnen, neue Ordner erstellen und Programm- und Dateisymbole darin ablegen. Schauen Sie sich dazu die Beispiele in Übung 2.29 und 2.30 an.

Sie können auch *Desktop*-Verknüpfungen erstellen, Symbole, über die Sie direkt auf bestimmte Anwendungen, Dateien oder Ordner zugreifen können. Schauen Sie sich dazu die Beispeile in Übung 2.31 an. Weiterhin können Sie das Hintergrundbild, das Schema und den Bildschirmschoner anpassen.

Die Datums- und Uhrzeiteinstellungen auf Ihrem Computer lassen sich anpassen, sodass Windows von Ihnen erstellte Dateien und E-Mails, die Sie versenden, mit der korrekten Uhrzeit- und Datumsangabe versieht. Schauen Sie sich dazu die Beispiele in Übung 2.32 an. Sie können außerdem noch die Ausgabelautstärke an Ihrem Computer regeln.

Wenn über einen vorher festgelegten Zeitraum kein Tastenanschlag bzw. keine Mausbewegung registriert wird, nimmt ein Bildschirmschoner Ihren Bildschirm in Beschlag. Der Bildschirm wird entweder abgeschaltet oder eine Reihe von sich ständig bewegenden Objekten wird angezeigt. Schauen Sie sich dazu Übung 2.33 an.

Über die Regions- und Sprachoptionen können Sie die Sprache und einen Standard für Währungssymbole bestimmen, die in Ihren Anwendungen angezeigt werden. Außerdem lässt sich hier festgelegen, welches Uhrzeit-, Datums- und Zahlenformat von Windows verwendet wird.

Hinter der Bildschirmauflösung verbirgt sich die Anzahl der angezeigten Pixel. Eine niedrige Auflösung lässt alles größer und klobiger erscheinen, während eine höhere Auflösung alles kleiner, aber genauer anzeigt.

Bevor Sie eine Datei auf eine Diskette speichern können, müssen Sie die Diskette formatieren. Wenn Sie eine vorher benutzte Diskette formatieren, sind eventuell darauf abgespeichert Dateien nicht mehr zugänglich. Schauen Sie sich dazu die Übung 2.34 an.

Alles, was Sie ausdrucken möchten, wird zunächst einmal in der so genannten Druckwarteschlange gesammelt. Dort können sich mehrere Druckaufträge befinden. Der ausgewählte Drucker holt sich die Druckaufträge nacheinander aus der Druckwarteschlange ab. Sie können sich die Druckwarteschlange anzeigen lassen, um zu sehen, welche Druckaufträge noch in der Liste stehen, um Druckaufträge zu löschen und um die Liste der Druckaufträge neu zu ordnen. Schauen Sie sich dazu die Beispiele in Übung 2.38, 2.39 und 2.40 an.

Über *Drucker und Faxgeräte* können Sie den Standarddrucker wechseln und auch einen neuen Drucker hinzufügen.

Sie haben nun das Modul 2 des ECDL beendet. Herzlichen Glückwunsch!

Schnelltest: Windows beherrschen

1.	Wie erstellen Sie eine Desktop-Verknüpfung für Word?
A	Wählen Sie Word im Windows-Explorer. Führen Sie einen Rechtsklick auf das Word-Symbol aus und wählen Sie *Umbenennen* aus dem angezeigten Kontextmenü. Ziehen Sie das Verknüpfungssymbol auf den Desktop im linken Fensterausschnitt des Windows-Explorers.
B	Wählen Sie Word im Windows-Explorer. Führen Sie einen Rechtsklick auf das Word-Symbol aus und wählen Sie *Verknüpfung erstellen* im angezeigten Kontextmenü aus. Ziehen Sie das Verknüpfungssymbol auf den Desktop im linken Fensterausschnitt des Windows-Explorers.
C	Wählen Sie Word im Windows-Explorer. Führen Sie einen Rechtsklick auf das Word-Symbol aus und wählen Sie *Umbenennen* im angezeigten Kontextmenü aus. Ziehen Sie das Verknüpfungssymbol auf den Desktop im linken Fensterausschnitt des Windows-Explorers.
D	Wählen Sie Word im Windows-Explorer. Führen Sie einen Rechtsklick auf das Word-Symbol aus und wählen Sie *Eigenschaften* im angezeigten Kontextmenü aus. Ziehen Sie das Verknüpfungssymbol auf den Desktop im linken Fensterausschnitt des Windows-Explorers.

2.	**Wie wählen und aktivieren Sie einen Bildschirmschoner?**
A	Führen Sie einen Rechtsklick auf den Windows-Desktop aus und wählen Sie *Eigenschaften* aus dem angezeigten Kontextmenü. Aktivieren Sie dann die Registerkarte *Desktop*. Treffen Sie Ihre Auswahl und klicken Sie auf OK.
B	Führen Sie einen Rechtsklick auf den Windows-Desktop aus und wählen Sie *Neu/Verknüpfung* aus dem angezeigten Kontextmenü. Aktivieren Sie dann die Registerkarte *Bildschirmschoner*. Treffen Sie Ihre Auswahl und klicken Sie auf OK.
C	Führen Sie einen Rechtsklick auf den Windows-Desktop aus und wählen Sie *Eigenschaften* aus dem angezeigten Kontextmenü. Aktivieren Sie dann die Registerkarte *Bildschirmschoner*. Treffen Sie Ihre Auswahl und klicken Sie auf OK.
D	Führen Sie einen Rechtsklick auf den Windows-Desktop aus und wählen Sie *Eigenschaften* aus dem angezeigten Kontextmenü. Aktivieren Sie dann die Registerkarte *Einstellungen*. Treffen Sie Ihre Auswahl und klicken Sie auf OK.

3.	**Wie kopieren Sie eine Datei auf Diskette?**
A	Öffnen Sie die Datei und wählen Sie DATEI/SPEICHERN. Wechseln Sie auf das Laufwerk A: und klicken Sie auf SPEICHERN, um die Datei zu speichern.
B	Öffnen Sie die Datei und wählen Sie DATEI/SPEICHERN UNTER. Wechseln Sie zum Laufwerk C: und klicken Sie auf SPEICHERN, um die Datei zu speichern.
C	Öffnen Sie die Datei und wählen Sie DATEI/SPEICHERN UNTER. Wechseln Sie auf das Laufwerk A: und klicken Sie auf SPEICHERN, um die Datei zu speichern.
D	Öffnen Sie die Datei und wählen Sie DATEI/SPEICHERN. Wechseln Sie auf das Laufwerk C: und klicken Sie auf SPEICHERN, um die Datei zu speichern.

4.	**Wie entfernen Sie einen Druckauftrag aus der Druckerwarteschlange?**
A	Wählen Sie START/DRUCKER UND FAXGERÄTE. Doppelklicken Sie auf das Symbol des Druckers, dessen Warteschlange Sie sehen möchten. Windows zeigt Ihnen eine Liste der anstehenden Druckaufträge an. Wählen Sie den Druckauftrag aus, den Sie abbrechen möchten, und wählen Sie dann DOKUMENT/ABBRECHEN.
B	Wählen Sie START/DRUCKER UND FAXGERÄTE. Doppelklicken Sie auf das Symbol des Druckers, dessen Warteschlange Sie sehen möchten. Windows zeigt Ihnen eine Liste der anstehenden Druckaufträge an. Wählen Sie den Druckauftrag aus, den Sie abbrechen möchten, und wählen Sie dann DRUCKER/DRUCKER ANHALTEN.
C	Wählen Sie START/DRUCKER UND FAXGERÄTE. Doppelklicken Sie auf das Symbol des Druckers, dessen Warteschlange Sie sehen möchten. Windows zeigt Ihnen eine Liste der anstehenden Druckaufträge an. Wählen Sie den Druckauftrag aus, den Sie abbrechen möchten, und wählen Sie dann DRUCKER/ALLE DRUCKAUFTRÄGE ABBRECHEN.
D	Wählen Sie START/DRUCKER UND FAXGERÄTE. Doppelklicken Sie auf das Symbol des Druckers, dessen Warteschlange Sie sehen möchten. Windows zeigt Ihnen eine Liste der anstehenden Druckaufträge an. Wählen Sie den Druckauftrag aus, den Sie abbrechen möchten, und wählen Sie dann DOKUMENT/NEU STARTEN.

5.	**Wie stellen Sie das Datum und die Uhrzeit auf Ihrem Computer ein?**
A	Wählen Sie START/SYSTEMSTEUERUNG. Führen Sie einen Doppelklick auf das Symbol *Ansicht* aus. Nehmen Sie die gewünschten Änderungen vor und klicken Sie erst auf ÜBERNEHMEN und dann auf OK.
B	Wählen Sie START/SYSTEMSTEUERUNG. Führen Sie einen Doppelklick auf das Symbol *Geplante Tasks* aus. Nehmen Sie die gewünschten Änderungen vor und klicken Sie erst auf ÜBERNEHMEN und dann auf OK.
C	Wählen Sie START/SYSTEMSTEUERUNG. Führen Sie einen Doppelklick auf das Symbol *Tastatur* aus. Nehmen Sie die gewünschten Änderungen vor und klicken Sie erst auf ÜBERNEHMEN und dann auf OK.
D	Wählen Sie START/SYSTEMSTEUERUNG. Führen Sie einen Doppelklick auf das Symbol *Datum und Uhrzeit* aus. Nehmen Sie die gewünschten Änderungen vor und klicken Sie erst auf ÜBERNEHMEN und dann auf OK.

3 Textverarbeitung

In vergangenen Tagen, als die Menschen dachten, sie könnten die Zukunft vorhersehen, benutzte jemand den Ausdruck »Papierloses Büro«.

Als immer mehr Computer in Büros und an Arbeitsplätzen Einzug hielten, ging man davon aus, dass eine Kommunikation auf Papier für immer verschwinden würde.

Aber mit dem Aufkommen erschwinglicher Computer kamen auch preiswerte Drucker auf den Markt. Das führte zu einem eher höheren als niedrigeren Papierverbrauch an Computerarbeitsplätzen. Nie zuvor hat der Handel mit Artikeln des Bürobedarfs ein besseres Geschäft gemacht.

In diesem Modul »Textverarbeitung« werden Sie lernen, wie Sie Ihren Beitrag zum computergenerierten Papierwust dieser Welt leisten können.

Sie werden erfahren, wie man formelle Geschäftsbriefe und -berichte sowie stilvolle Plakate und Menükarten erstellt. Außerdem werden wir Sie in das Geheimnis der personenbezogenen Formbriefe einweihen, die z.B. als Wurfsendungen bekannt sind.

Lektion 3.1: Ihr erster Brief mit Word

In dieser Lektion

Zur Textverarbeitung gehört zwar weit mehr als nur das Schreiben und Bearbeiten von Wörtern, aber es sind zwei grundlegende Dinge. Lesen Sie diese Lektion und nehmen Sie die angeführten Beispiele zu Hilfe. Sie werden die grundlegenden Fähigkeiten erwerben, um später auch schwierigere Aufgaben zu bewältigen.

Sie lernen, wie Sie die Word-Online-Hilfe benutzen, denn sie ist ein hervorragendes Instrument, um Antworten und Hinweise zur Bedienung des Programms zu finden.

Neue Fähigkeiten

Am Ende dieser Lektion sollten Sie in der Lage sein,

- Word zu starten und zu beenden,
- Text einzugeben und ihn zu bearbeiten,
- nicht druckbare Zeichen in Word zu erkennen,
- die Tasten [⇧], [←], [Entf], [↹] sowie die Pfeiltasten zu benutzen,
- einen Standardbrief zu schreiben und zu drucken,
- die Word-Funktion *Datum einfügen* zu verwenden,
- Eingaben mit dem Word-Befehl RÜCKGÄNGIG rückgängig zu machen,
- Word-Dokumente zu erstellen, zu speichern, zu benennen, zu öffnen und zu schließen,
- die Online-Hilfe zu benutzen, um mehr über Word zu lernen.

Neue Wörter

Am Ende dieser Lektion sollten Sie in der Lage sein, folgende Begriffe zu erklären:

- Dokument
- Absatzmarke
- Automatischer Zeilenumbruch
- Nicht druckbare Zeichen

Word starten

Microsoft Word

Führen Sie einen Doppelklick auf das Word-Symbol aus oder wählen Sie START/ALLE PROGRAMME/MICROSOFT WORD. Microsoft Word wird gestartet und zeigt ein neues Fenster mit einem neuen, leeren Dokument an, in dem Sie nun schreiben können.

Ein leeres Word-Dokument bereit zur Texteingabe

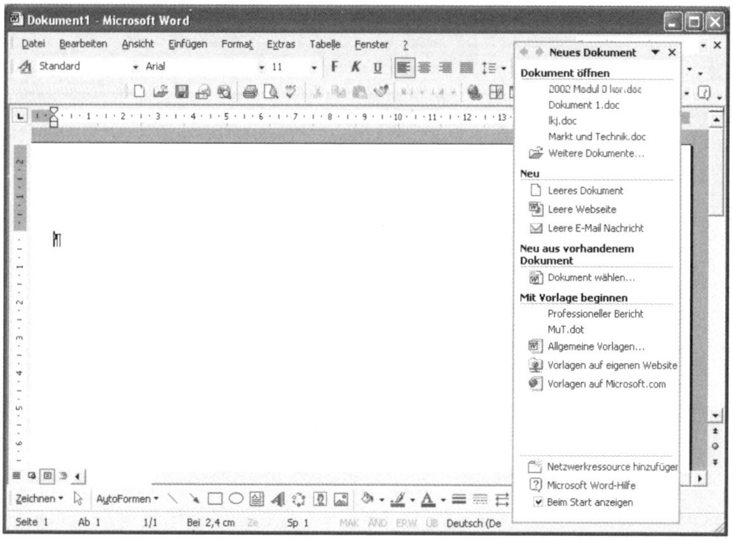

Word-Dokument

Eine Microsoft Word-Datei, z.B. ein Brief oder Bericht.

Was? Ein neues, leeres Dokument?

Wenn Word nicht automatisch ein neues, leeres Dokument öffnet, klicken Sie einfach auf die Schaltfläche NEUES LEERES DOKUMENT oben links in der Symbolleiste.

Schaltfläche Neues leeres Dokument

Einfügemarke und Absatzmarke

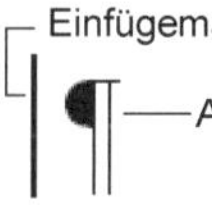

In der oberen linken Ecke Ihres Dokuments sehen Sie zwei Elemente:

- **Einfügemarke:** Ein blinkender vertikaler Strich. Wenn Sie einen Text eingeben, so zeigt Word ihn immer genau an der Stelle an, wo sich die Einfügemarke befindet. Betrachten Sie die häufig auch als Cursor bezeichnete Einfügemarke als Anzeige für: *Sie befinden sich gerade hier.* Er teilt Ihnen mit, an welcher Stelle im Dokument Sie sich befinden.
- **Absatzmarke:** In jedem neuen Word-Dokument ist ein solches Zeichen vorhanden (es ähnelt einem seitenverkehrten P), aber nicht immer sichtbar (siehe unten). Jedes Mal, wenn Sie die [↵]-Taste drücken, um einen neuen Absatz zu beginnen, fügt Word eine weitere Absatzmarke an dieser Stelle ein. Die Absatzmarke erscheint jedoch nur auf dem Bildschirm und nicht im Ausdruck.

> **Absatzmarke**
>
> *Ein Symbol, das auf dem Bildschirm erscheint (aber nicht gedruckt wird), um das Ende eines Absatzes anzuzeigen. Jedes Mal, wenn Sie die [↵]-Taste betätigen, fügt Word eine weitere Absatzmarke ein.*

Sie sehen keine Absatzmarke?

Wenn Word keine Absatzmarke anzeigt, klicken Sie auf die Schaltfläche ¶ EINBLENDEN/AUSBLENDEN in der *Standard*-Symbolleiste oben rechts im Word-Fenster oder drücken Sie die Tastenkombination [Strg]+[⇧]+[*].

Das müssen Sie wissen

Hier finden Sie die wichtigsten Operationen, die Sie für Word beherrschen müssen:

- Text schreiben,
- vorher geschriebenen Text bearbeiten (ändern),
- [⇧]-Taste verwenden, um Großbuchstaben zu schreiben,
- [↵]-Taste verwenden, um einen neuen Absatz zu beginnen.

Sie werden diese Dinge in den vier folgenden Übungen trainieren.

Übung 3.1: Text in Word eingeben

1) Schreiben Sie die Zahl *7*.
2) Drücken Sie die [Leer]-Taste. Word zeigt einen Punkt im Dokument an. Mit diesem Punkt teilt Word Ihnen mit, dass Sie ein Leerzeichen eingegeben haben. Dieser Punkt wird jedoch nicht gedruckt.
3) Schreiben Sie das Wort *zwerge*.

7·zwerge¶

Glückwunsch! Sie haben Ihren ersten Text in Word geschrieben.

Übung 3.2: Vorher eingegebenen Text bearbeiten

Eingegebene Texte werden Sie später sicher auch mal verändern oder löschen wollen. Und das nennt man dann Bearbeiten.

1) Klicken Sie mit der Maus rechts neben die *7*.
2) Drücken Sie die [⟵]-Taste (sie befindet sich genau über der [↵]-Taste).
3) Schreiben Sie das Wort *sieben*.

7|zwerge¶

|zwerge¶

sieben|zwerge¶

Sie haben diese Übung zur Bearbeitung abgeschlossen.

Übung 3.3: Verwendung der [⇧]-Taste

1) Klicken Sie links neben den Buchstaben *s* des Wortes *sieben*.
2) Drücken Sie die Taste [Entf], um das *s* zu löschen.
3) Halten Sie nun die [⇧]-Taste gedrückt und schreiben Sie den Buchstaben *s*. Word fügt einen Großbuchstaben *S* ein.
4) Bringen Sie die Einfügemarke rechts neben den Buchstaben *z* des Wortes *zwerge*.
5) Drücken Sie die [Rück]-Taste, um das *z* zu löschen.
6) Halten Sie nun die [⇧]-Taste gedrückt und schreiben Sie den Buchstaben *z*. Word fügt einen Großbuchstaben *Z* ein.

Gut gemacht! Sie haben eine weitere Übung beendet.

Übung 3.4: Verwendung der [↵]-Taste, um eine neue Absatzmarke einzufügen

Sie verwenden nun die [↵]-Taste, um einen Absatz zu beenden und einen neuen zu beginnen.

1) Klicken Sie rechts neben das Wort *Zwerge* und drücken Sie die [↵]-Taste. Ein neuer Absatz wird eingefügt. Word platziert die Einfügemarke am Anfang einer neuen Zeile.
2) Schreiben Sie *Jan* und drücken Sie die [↵]-Taste.
3) Schreiben Sie *Paul* und drücken Sie die [↵]-Taste.
4) Schreiben Sie *Georg* und drücken Sie die [↵]-Taste.
5) Schreiben Sie *Tim*.

Diesen Text benötigen Sie nicht mehr für weitere Übungen. Löschen Sie ihn wie folgt:

1) Klicken Sie rechts neben das Wort *Tim*.
2) Betätigen Sie die [←]-Taste und halten Sie sie gedrückt, bis Word den gesamten Text des Dokuments gelöscht hat.

Tasten, die Sie kennen sollten

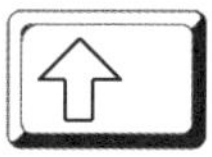

Im Folgenden finden Sie eine Zusammenfassung der wichtigsten Tasten.

- **Umschalttaste:** Wenn diese Taste in Verbindung mit einer Buchstabentaste gedrückt wird, erzeugt das einen Großbuchstaben. In Verbindung mit einer Zahlen- oder Symboltaste wird das obere Symbol der Taste erzeugt. Sie finden jeweils eine Umschalttaste an beiden Seiten der Tastatur.

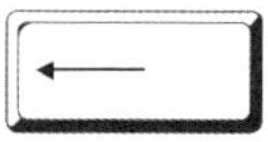

- **Rücktaste:** Mit der Rücktaste wird das Zeichen links vom Cursor gelöscht. Die Rücktaste befindet sich oben rechts auf der Tastatur, genau über der Eingabetaste.

- **Entfernentaste:** Hiermit wird das Zeichen rechts neben dem Cursor gelöscht. Diese Taste befindet sich im Sechsertastenblock rechts neben der Eingabetaste.

- **Einfügetaste:** Wechselt zwischen dem Einfüge- und Überschreibmodus. Im Einfügemodus wird ein vorhandener Text bei der Eingabe eines neuen Textes nach rechts und unten verschoben, um für die Neueingabe Platz zu schaffen. Im Überschreibmodus werden vorhandene Zeichen durch eine Neueingabe überschrieben.

- **Pfeiltasten:** Sie können die Einfügemarke nicht nur mit Hilfe der Maus im Dokument bewegen, sondern auch mittels der Pfeiltasten, die sich rechts neben der Eingabetaste befinden. Möglicherweise ist dies für Sie eine schnellere Möglichkeit, die Einfügemarke zu bewegen, als mit der Maus zu klicken und sie zu bewegen, da Sie keine Hand von der Tastatur nehmen müssen.

Einen Brief schreiben

Nun sind Sie bereit, einen längeren Text, z.B. einen Brief zu schreiben.

Übung 3.5: Einen Absatz eines Briefes schreiben

1) Schreiben Sie den folgenden Text:

   Ich schreibe Ihnen bezüglich unseres nächsten Treffens am 17. Oktober im Wissenschaftszentrum Bonn.

   Ihr Bildschirm sollte nun Folgendes anzeigen.

Ich· schreibe· Ihnen· bezüglich· unseres· nächsten· Treffens· am· 17.· Oktober· im· Wissenschaftszentrum·Bonn.¶

Sie werden bemerkt haben, dass Word die Einfügemarke beim Erreichen des Zeilenendes automatisch an den Anfang der nächsten Zeile gebracht hat.

Bei einer alten Schreibmaschine mussten Sie am Ende einer Zeile auf die ↵-Taste drücken, um in die nächsten Zeile zu gelangen. Word erledigt das für Sie automatisch. Dieses Merkmal bezeichnet man als automatischen Zeilenumbruch. Dieser veranlasst Word, in eine neue Zeile zu springen, sobald eine Zeile voll ist.

Automatischer Zeilenumbruch

Eine Funktion in Word, die die Einfügemarke automatisch in eine neue Zeile bringt, sobald der Text das Ende der vorherigen Zeile erreicht hat.

Übung 3.6: Noch mehr Text in Ihren Brief schreiben

In dieser Übung werden Sie noch mehr Text in den Brief einfügen und Ihren Namen ans Ende des Briefes setzen.

1) Klicken Sie an den Anfang der ersten Zeile, sodass sich die Einfügemarke links vom *I* befindet.
2) Drücken Sie die [↵]-Taste, um eine neue Zeile zu erstellen, und dann die Pfeiltaste nach oben, um die Einfügemarke an den Anfang des neuen Absatzes zu bringen.
3) Schreiben Sie *Sehr geehrter Herr Schmitz,* und drücken Sie die [↵]-Taste, und ändern Sie das *I* in *Ich* von Großschreibung in Kleinschreibung.

Sehr·geehrter·Herr·Schmitz,¶
¶
ich·schreibe·Ihnen·bezüglich·unseres·nächsten·Treffens·am·17.·Oktober·im·Wissenschaftszentrum·Bonn.¶

4) Klicken Sie ans Ende der letzten Zeile, sodass sich die Schreibmarke rechts neben dem Punkt und links neben der Absatzmarke am Satzende befindet.
5) Drücken Sie zweimal die [↵]-Taste.
6) Schreiben Sie den folgenden Text und drücken Sie anschließend zweimal die [↵]-Taste:

   In den vergangenen Jahren waren Sie so freundlich, immer einen Preis für unser Glücksrad zu stiften.
7) Schreiben Sie den folgenden Text und drücken Sie anschließend zweimal die [↵]-Taste:
   Wir würden gern wissen, ob wir auch dieses Jahr wieder mit einer Spende rechnen können.
8) Schreiben Sie: *Anna Baus*
9) Klicken Sie links neben das *A von Anna*. Drücken Sie die [↵]-Taste, um eine neue Zeile einzufügen, und setzen Sie die Schreibmarke an den Anfang der oberhalb erzeugten neuen Zeile.

Bindestrichtaste

10) Halten Sie die [⇧]-Taste gedrückt und drücken Sie ca. zwanzigmal auf die Bindestrichtaste (die zweite Taste von rechts in der unteren Buchstabenreihe).

    Lassen Sie die [⇧]-Taste los. Wenn Sie den Brief drucken, können Sie Ihren Namen auf die Linie schreiben, die Sie durch das wiederholte Drücken der Bindestrichtaste erstellt haben.

Sehr·geehrter·Herr·Schmitz,¶
¶
ich·schreibe·Ihnen·bezüglich·unseres·nächsten·Treffens·am·17.·Oktober·im·
Wissenschaftszentrum·Bonn.¶
¶
In·den·vergangenen·Jahren·waren·Sie·so·freundlich,·immer·einen·Preis·für·
unser·Glücksrad·zu·stiften.¶
¶
Wir·würden·gern·wissen,·ob·wir·auch·dieses·Jahr·wieder·mit·einer·Spende·rechnen·können.¶
¶
___________________________¶
Anna·Baus¶

Fertig! Sie haben die Übung beendet.

Ein Brief ist jedoch ohne Adresse und Datum nicht vollständig. In Übung 3.7 und 3.8 erfahren Sie, wie Sie mit der [↹]-Taste die Adresse positionieren können und mit dem Word-Befehl DATUM UND UHRZEIT das aktuelle Datum in diesen Brief oder auch in andere Dokumente einfügen können.

Übung 3.7: Absender- und Empfängeradresse eingeben

1) Klicken Sie an den Anfang der Zeile *Sehr geehrter Herr Schmitz*.
2) Drücken Sie fünfmal die [↵]-Taste, um neue Zeilen oben in Ihrem Brief einzufügen.
3) Klicken Sie an den Anfang der ersten Zeile, sodass sich die Einfügemarke ganz oben links in Ihrem Brief befindet.

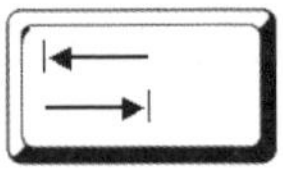

   Drücken Sie achtmal die [↹]-Taste und schreiben Sie:

   Anna Baus

4) Klicken Sie an den Anfang der zweiten Zeile, drücken Sie achtmal die [↹]-Taste und schreiben Sie:

   Musterstr. 123

5) Klicken Sie an den Anfang der vierten Zeile, drücken Sie achtmal die [↹]-Taste und schreiben Sie:

   45678 Musterstadt

6) Klicken Sie an den Anfang der fünften Zeile und drücken Sie die [↵]-Taste.
7) In die neue Zeile schreiben Sie *Leo Schmitz* und drücken dann die [↵]-Taste:

   Schreiben Sie *Gartenstr. 123* und drücken Sie zweimal die [↵]-Taste.

   Schreiben Sie *80799 München*, und drücken Sie fünfmal die [↵]-Taste.

Übung 3.8: Datum in einen Brief eingeben

1) Klicken Sie an den Anfang der Zeile über *Sehr geehrter Herr Schmitz,* und drücken Sie achtmal die [Tab]-Taste. Sie können jetzt das Datum einfügen.
2) Wählen Sie dazu den Menübefehl EINFÜGEN/DATUM UND UHRZEIT.
3) Word blendet ein Dialogfeld ein, welches das aktuelle Datum in verschiedenen Schreibweisen anzeigt.
4) Wählen Sie eine Schreibweise aus und klicken Sie auf OK.

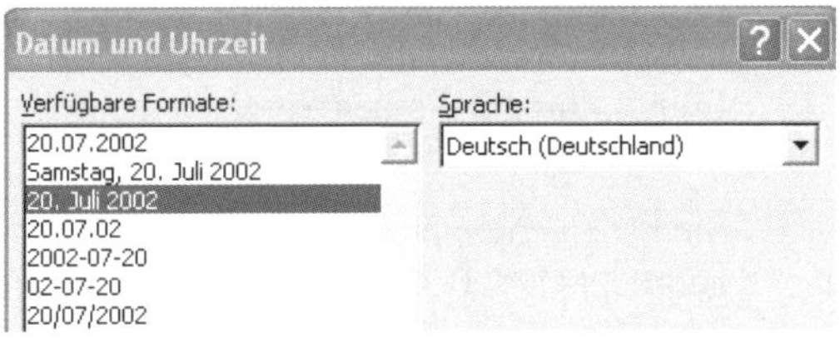

Wählen Sie ein Format aus und klicken Sie auf OK.

Das Datum wird in Ihren Brief eingefügt und das Dialogfeld geschlossen.

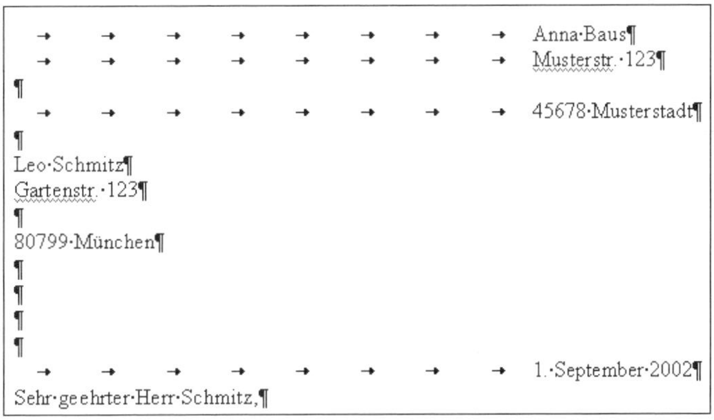

Gut gemacht! Sie haben den ersten Brief in *Word* geschrieben. Er sollte wie in der Abbildung aussehen.

Nicht druckbare Zeichen und wellenförmige Unterstreichung

Jedes Mal, wenn Sie die Tab-Taste drücken, fügt *Word* ein Pfeilsymbol auf dem Bildschirm ein. Wie die Absatzmarke, die das Ende eines Absatzes markiert, und der Punkt, der einen Leerschritt zwischen Wörtern darstellt, ist auch das Tabulatorsymbol ein nicht druckbares Zeichen.

Nicht druckbares Zeichen

Symbole, die von Word auf dem Bildschirm angezeigt werden, um Ihnen beim Schreiben und Bearbeiten Ihrer Dokumente behilflich zu sein. Diese Zeichen werden nicht gedruckt.

Musterstr.·¶

Eine wellenförmige Unterstreichung weist auf ein eventuelles Rechtschreib- oder Grammatikproblem hin.

Abhängig davon, wie Word auf Ihrem Computer eingestellt ist, sehen Sie bei bestimmten Wörtern oder Sätzen grüne und/oder rote wellenförmige Unterstreichungen. Diese haben etwas mit der Rechtschreib- bzw. Grammatiküberprüfung in Word zu tun. Diese Funktionen werden in Lektion 3.3 näher erklärt und sollten bis dahin einfach ignoriert werden.

Ihren Brief drucken

Ihr Brief ist nun fertig und kann ausgedruckt werden. Rufen Sie den Menübefehl DATEI/DRUCKEN auf. Ist Ihr Drucker korrekt eingerichtet, brauchen Sie nun nur noch auf OK im Dialogfeld DRUCKEN zu klicken. Im Lektion 3.3 werden Sie noch mehr über das Drucken erfahren.

Der Befehl Rückgängig in Word

Schaltfläche Rückgängig

Schaltfläche Wiederherstellen

Sie haben einen falschen Text eingegeben oder die falsche Taste gedrückt? Der Befehl RÜCKGÄNGIG in *Word* macht es möglich, die zuletzt ausgeführten Aktionen wieder zurückzunehmen, falls diese ein unerwünschtes Ergebnis hervorgerufen haben.

- Wählen Sie den Menübefehl BEARBEITEN/RÜCKGÄNGIG oder klicken Sie auf die Schaltfläche *Rückgängig* auf der Standardsymbolleiste.
- Indem Sie den Befehl BEARBEITEN/RÜCKGÄNGIG mehrmals anwenden, werden nach und nach die zuletzt vorgenommenen Aktionen rückgängig gemacht. Um eine Liste der zuletzt ausgeführten Aktionen angezeigt zu bekommen, auf die Sie den Befehl anwenden können, klicken Sie auf den Pfeil rechts neben der Schaltfläche *Rückgängig*. Wenn Sie eine Aktion rückgängig gemacht haben und sich nun doch anders besinnen, klicken Sie auf die Schaltfläche *Wiederherstellen* (rechts neben der Schaltfläche *Rückgängig*).

Die Symbolleisten von Word

Die in Word integrierten Symbolleisten ermöglichen Ihnen den Zugriff auf die am häufigsten verwendeten Befehle durch einen einfachen Klick. Standardmäßig werden in Word die *Standard*- und die *Format*-Symbolleiste in einer Reihe angezeigt. Um sie in zwei untereinander liegenden Reihen anzuzeigen, gehen Sie wie folgt vor:

- Wählen Sie den Menübefehl EXTRAS/ANPASSEN und aktivieren Sie im daraufhin geöffneten Dialogfeld die Registerkarte *Optionen*.

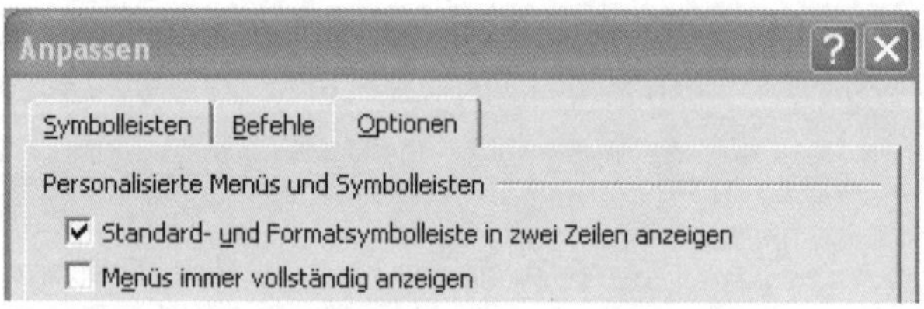

- Aktivieren Sie das Kontrollkästchen *Standard- und Formatsymbolleiste in zwei Zeilen anzeigen* und klicken Sie auf SCHLIESSEN.

Symbolleisten ein- und ausblenden

Sie können die Symbolleisten von Word über den Menübefehl ANSICHT/SYMBOLLEISTEN ein- oder ausblenden, indem Sie die gewünschten Leisten aus dem geöffneten Untermenü durch Anklicken aktivieren bzw. durch erneutes Anklicken wieder deaktivieren. Wenn Sie an einer beliebigen Stelle auf der Symbolleiste mit der rechten Maustaste klicken, wird das gleiche Menü angezeigt.

Die Häkchen vor Standard und Format bedeuten, dass diese Symbolleisten bereits ausgewählt sind.

Die Symbolleisten Standard und Format

Für dieses ECDL-Modul sind nur zwei Symbolleisten von Word relevant: die *Standard*-Symbolleiste und die *Format*-Symbolleiste.

Die *Standard*-Symbolleiste enthält Schaltflächen zur Dateiverwaltung, also Word-Dokumente, und zur Arbeit mit Tabellen.

Die *Format*-Symbolleiste enthält Schaltflächen zur Textdarstellung (Formatierung) und zum Einfügen auf Aufzählungszeichen.

Statt alle diese Schaltflächen auf einmal zu erklären, werden wir sie einzeln vorführen, und zwar in der Reihenfolge, in der sie im ECDL-Modul *Textverarbeitung* auftreten.

Schaltflächen auf der Symbolleiste ein- und ausblenden

Sie können eine oder mehrere Schaltflächen von der Symbolleiste entfernen. Führen Sie dazu die folgenden Schritte aus:

- Zeigen Sie die Symbolleiste an, die Sie verändern möchten.
- Drücken Sie die `Alt`-Taste, und ziehen Sie die Schaltfläche von der Symbolleiste.
- Word entfernt die ausgewählte Schaltfläche von der Symbolleiste.

Möchten Sie die Schaltfläche wiederhaben? Führen Sie dazu folgende Schritte aus:

- Zeigen Sie die Symbolleiste an. Klicken Sie auf die Schaltfläche *Optionen für Symbolleisten* am rechten Ende der Symbolleiste, und wählen Sie dann *Schaltflächen hinzufügen oder entfernen* aus dem Dropdown-Menü.

- Wählen Sie den Namen der Symbolleiste, die Sie bearbeiten möchten.

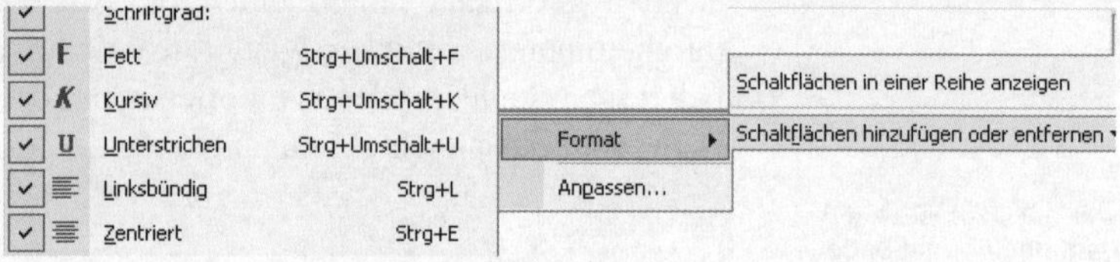

- Klicken Sie auf die Schaltfläche, die Sie wieder anzeigen möchten.
- Klicken Sie an eine beliebige Stelle außerhalb des Menüs.

Word zeigt nun die Schaltfläche auf der Symbolleiste wieder an.

Angepasste Menüs in Word

Die Standardeinstellung eines Menüs in Word ist so, dass beim ersten Mal nur einige wenige Befehle bzw. Menüpunkte angezeigt werden. Um alle Befehle angezeigt zu bekommen, klicken Sie einfach auf den Doppelpfeil am unteren Ende des Menüs.

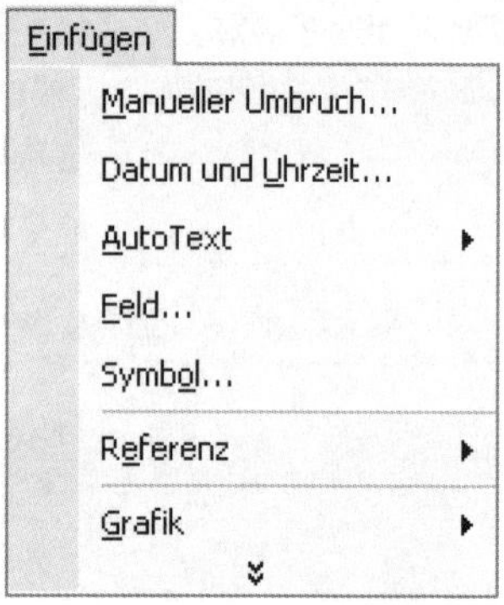

Wenn Sie einen Befehl verwenden, der nicht standardmäßig angezeigt wird, so fügt Word ihn in die Liste der beim nächsten Mal angezeigten Befehle ein.

Um immer sämtliche Befehle angezeigt zu bekommen, führen Sie die folgenden Schritte aus:

- Wählen Sie den Menübefehl EXTRAS/ANPASSEN und aktivieren Sie im geöffneten Dialogfeld die Registerkarte *Optionen.*

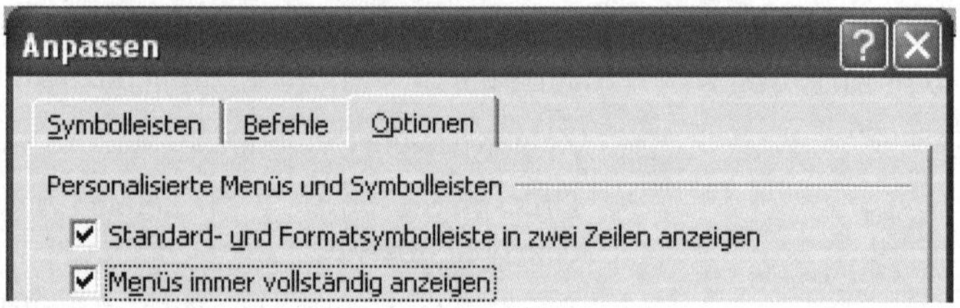

- Aktivieren Sie das Kontrollkästchen *Menüs immer vollständig anzeigen* und bestätigen Sie mit *Schließen*.

Der Aufgabenbereich in Word

Während die Symbolleisten in Word Ihnen häufig verwendete Befehle mit einem Klick zur Verfügung stellen, finden Sie im *Aufgabenbereich* von Word gesammelt mehrere Befehle, die Sie eventuell benötigen, um wichtige Aufgaben zu erledigen wie z.B. ein Dokument erstellen oder öffnen, ein Dokument formatieren und Serienbriefe erstellen.

Der *Aufgabenbereich* ist an der rechten Seite des Bildschirms angesiedelt und kann je nach Bedarf geöffnet oder geschlossen werden.

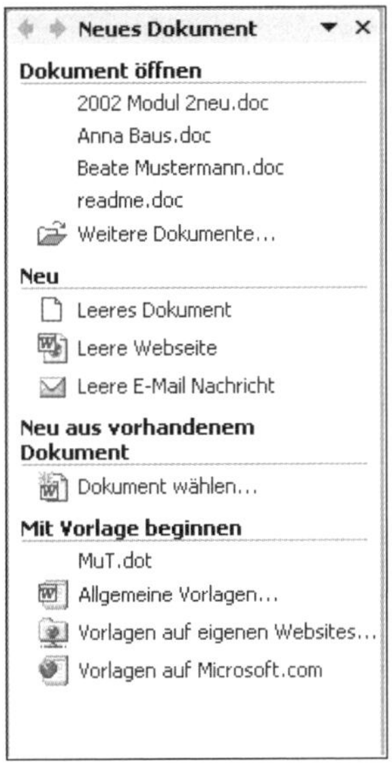

Aufgabenbereiche sind für viele verschiedene Aufgaben verfügbar. Der hier abgebildete Aufgabenbereich ist der Bereich *Neues Dokument*, in dem Sie die verschiedenen Optionen zum Erstellen von neuen Dokumenten und dem Öffnen vorhandener Dokumente vorfinden. Wir erklären Ihnen die verschiedenen Aufgabenbereiche, die Sie kennen sollten, in derjenigen Reihenfolge, wie sie im Modul vorkommen und für das ECDL-Modul *Textverarbeitung* relevant sind.

Den Aufgabenbereich öffnen und schließen

Ein relevanter *Aufgabenbereich* öffnet sich automatisch, wenn Sie mit einer Aufgabe beginnen, für die es einen *Aufgabenbereich* gibt. Um den Aufgabenbereich jederzeit anzeigen zu lassen, wählen Sie den Menübefehl ANSICHT/AUFGABENBEREICH.

Um den *Aufgabenbereich* zu schließen, klicken Sie einfach auf das *Schließfeld* in dessen Titelleiste.

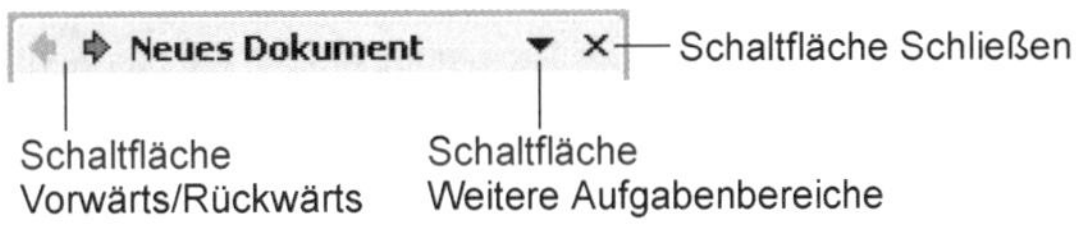

Zwischen Aufgabenbereichen wechseln

Um von einem *Aufgabenbereich* in einen anderen zu wechseln, klicken Sie einfach auf die Schaltfläche *Weitere Aufgabenbereiche* in der Titelleiste. Sie können dann einen Aufgabenbereich aus dem Dropdown-Menü auswählen.

Online-Hilfe

Wie *Excel*, *Access*, *PowerPoint* und andere Microsoft-Anwendungen bietet auch *Word* eine Online-Hilfe an, die Sie nach Themen durchsuchen können.

- Das Wort *Hilfe* in Online-Hilfe bedeutet, dass Informationen vorliegen, die Sie dabei unterstützen, eine Anwendung zu verstehen und zu benutzen.
- Das Wort *Online* weist darauf hin, dass die Information auf dem Bildschirm verfügbar ist, statt auf Papier.

Sie können die Online-Hilfe auf verschiedene Arten nutzen: entweder über das Menü ?, über Dialogfelder oder indem Sie den *Office-Assistenten* verwenden.

Den Office-Assistenten verwenden

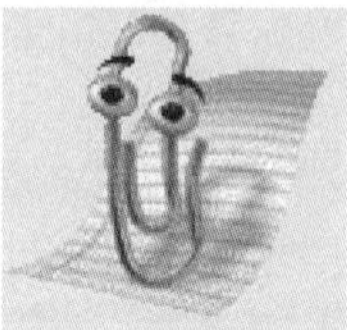

Der Office-Assistent ist ein freundliches, animiertes Werkzeug, das es Ihnen erlaubt, ein Thema oder eine Frage, nach der Sie suchen, einzugeben. Der Assistent zeigt sodann eine Liste der gefundenen Themen an, aus der Sie das gewünschte Thema auswählen können. In Übung 3.9 erfahren Sie, wie es geht.

Übung 3.9: Verwendung des Office-Assistenten

1) Klicken Sie auf den *Office-Assistenten.*

   Wenn der Office-Assistent nicht auf dem Bildschirm sichtbar ist, wählen Sie ?/OFFICE-ASSISTENTEN ANZEIGEN.

2) Schreiben Sie in die angezeigte Sprechblase das Wort *Hilfe.*
3) Klicken Sie auf die Schaltfläche *Suchen.*
4) Klicken Sie auf ein beliebiges Thema in der angezeigten Liste. Das entsprechende Thema wird dann im Fenster *Microsoft Word-Hilfe* angezeigt (dieses Fenster wird weiter unten im Abschnitt »Verwendung des Hilfe-Fensters« erklärt).
5) Schließen Sie das Fenster, indem Sie auf das *Schließfeld* rechts oben in der Ecke klicken.

Verwendung des Fragefensters

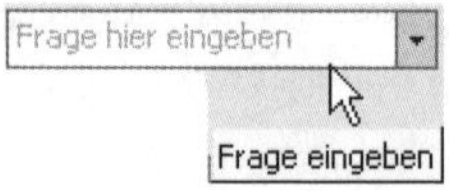

Das Fragefenster auf der rechten Seite der Word-Menüleiste erlaubt es Ihnen, ein Thema oder eine Frage einzugeben, ohne dass Sie den Office-Assistenten verwenden müssen.

- Schreiben Sie ein Thema oder eine Frage in das Fenster und drücken Sie die [↵]-Taste. Word zeigt eine Themenliste an, aus der Sie auf die gleiche Weise wählen können wie aus der Liste, die der Office-Assistent anzeigt.

Verwendung des Hilfe-Fensters

Um das Hilfe-Fenster direkt zu verwenden, müssen Sie zuerst den Office-Assistenten ausschalten. Führen Sie dazu folgende Schritte durch:

- Klicken Sie mit der rechten Maustaste auf den Office-Assistenten und wählen Sie dann im Kontextmenü den Eintrag OPTIONEN aus.
- Deaktivieren Sie das Kontrollkästchen *Den Office-Assistenten verwenden* und klicken Sie dann auf OK.

Schaltfläche Microsoft Word-Hilfe

Um das Hilfe-Fenster zu Word zu öffnen, wählen Sie ?/MICROSOFT WORD-HILFE, klicken Sie auf die Schaltfläche *Microsoft Word-Hilfe* in der *Standard*-Symbolleiste oder drücken Sie die Funktionstaste F1.

Das Hilfe-Fenster verfügt über drei Registerkarten, die es Ihnen erlauben, auf unterschiedliche Weise nach Informationen zu suchen.

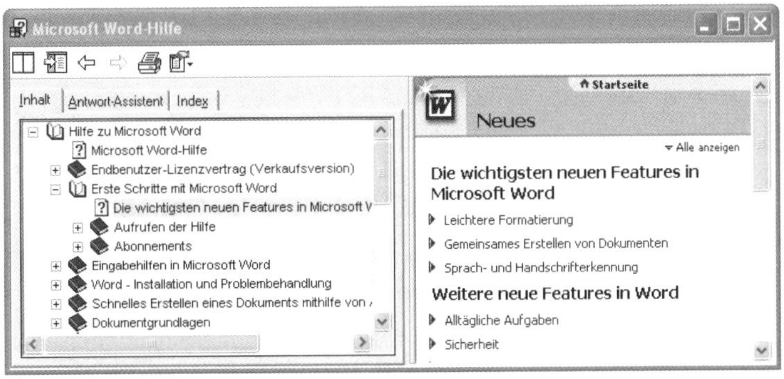

- **Registerkarte Inhalt**: Diese Registerkarte bietet Ihnen eine kurze Beschreibung der Hauptmerkmale von Word.

  Wo Sie ein Buchsymbol sehen, doppelklicken Sie darauf, damit Ihnen die damit verwandten Themen angezeigt werden.

  Doppelklicken Sie auf ein Fragezeichen, um den Hilfetext zu lesen.
- **Registerkarte Antwort-Assistent**: Schreiben Sie Ihre Frage in das Feld *Was möchten Sie tun?* und klicken Sie auf SUCHEN. Word zeigt alle Übereinstimmungen aus der Online-Hilfe an. Klicken Sie eines der Themen an, um den gesamten Text im rechten Fenster angezeigt zu bekommen.
- **Registerkarte Index**: Schreiben Sie ein Wort oder einen Ausdruck, oder wählen Sie ein Schlüsselwort aus der angezeigten Liste. Klicken Sie dann auf *Suchen*. Word zeigt eine Liste zur Verfügung stehender Hilfethemen im unteren linken Fenster an.

  Wenn Sie das gewünschte Thema gefunden haben, klicken Sie darauf, um den dazu gehörigen Text auf der rechten Seite angezeigt zu bekommen.

Während Sie die Online-Hilfe lesen bzw. durchsuchen, sehen Sie die folgenden Schaltflächen am oberen Rand des Online-Hilfe-Fensters.

- **Automatisch nebeneinander:** Erlaubt Ihnen, das Online-Hilfe-Fenster und das Dokument, an dem Sie gerade arbeiten, zu betrachten.
- **Ausblenden/Einblenden:** Blendet den linken Fensterausschnitt des Dialogfelds mit den Registerkarten *Inhalt, Antwort-Assistent* und *Index* ein oder aus.
- **Zurück/Vorwärts:** Führt Sie vorwärts und rückwärts durch vorher schon besuchte Hilfethemen.
- **Drucken:** Druckt das ausgewählte Thema aus.
- **Optionen:** Bietet einige Optionen zur Ansicht und ermöglicht das Drucken gerader angezeigter Online-Hilfe-Texte.

Der Gebrauch der Hilfe im Dialogfeld

Sie können auch direkt von einem Dialogfeld aus auf die Online-Hilfe zugreifen. Dies wird Ihnen in Übung 3.10 demonstriert.

Übung 3.10: Aufruf der Online-Hilfe in einem Dialogfeld

1) Wählen Sie den Menübefehl BEARBEITEN/SUCHEN, um in das Dialogfeld *Suchen und Ersetzen* zu gelangen.

Schaltfläche Hilfe

2) Klicken Sie auf das Fragezeichen in der rechten oberen Ecke des Dialogfeldes. Word blendet ein Fragezeichen rechts neben dem Mauszeiger ein.
3) Bewegen Sie die Maus nach unten und klicken Sie irgendwo in das Feld *Suchen nach*.

   Word zeigt Ihnen einen Hilfetext an, der Ihnen Auskunft über die Verwendung des Feldes *Suchen nach* gibt.
4) Klicken Sie an eine beliebige Stelle im Word-Fenster, um den Hilfetext wieder auszublenden.
5) Führen Sie diese Übung auch mit anderen Dialogfeldern in Word durch.

Das Arbeiten mit Word-Dokumenten

Ein Word-Dokument ist eine Datei, die Text enthält (und manchmal auch Grafiken oder andere Objekte). Die Namen von Word-Dokumenten haben die Dateierweiterung *.doc*. Das hilft Ihnen, Word-Dateien von anderen Dateien zu unterscheiden.

Das Speichern Ihres Dokuments

Wie in allen anderen Programmen, sollten Sie auch in Word Ihre Dokumente regelmäßig speichern. Warten Sie mit dem Speichern eines Dokuments nicht, bis Sie es fertig gestellt haben. Um ein Dokument zu speichern, gehen Sie wie folgt vor:

Schaltfläche Speichern

- Wählen Sie den Menübefehl DATEI/SPEICHERN oder klicken Sie auf die Schaltfläche *Speichern* in der *Standard*-Symbolleiste.

Wenn Sie ein Dokument zum ersten Mal speichern, werden Sie von Word aufgefordert, der Datei einen Namen zuzuweisen und den Speicherort anzugeben. Die folgende Übung 3.11 zeigt Ihnen, wie dies funktioniert.

Übung 3.11: Ein neues Dokument speichern und benennen

1) Wählen Sie den Menübefehl DATEI/SPEICHERN oder klicken Sie auf die Schaltfläche SPEICHERN in der *Standard*-Symbolleiste. Word blendet ein Dialogfeld ähnlich der Abbildung ein.

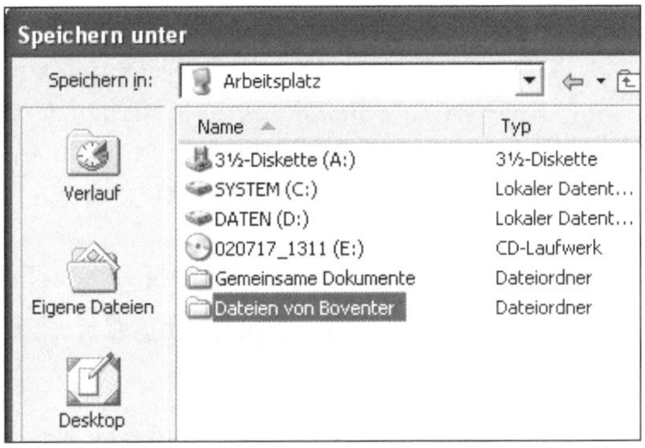

2) Wenn Sie ein Dokument zum ersten Mal speichern, werden Sie von Word aufgefordert einen Speicherort anzugeben. Standardmäßig schlägt Word vor, das Dokument im Ordner *Eigene Dateien* zu speichern. Akzeptieren oder ändern Sie den Speicherort.

3) Standardmäßig schlägt Word die ersten Worte im Dokument als Dateinamen vor. Ändern Sie den Dateinamen in einen Namen, den Sie behalten und wiedererkennen können. Wenn Ihre Initialen AB sind, so nennen Sie die Datei z.B. *AB Brief.* Klicken Sie nun auf die Schaltfläche SPEICHERN.

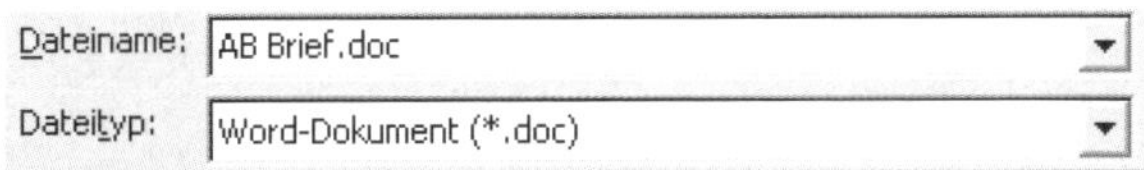

Word fügt dem Dateinamen automatisch die Erweiterung *.doc* hinzu. Sie müssen diese nicht extra angeben.

Sie können in Word auch Änderungen in der Standardeinstellung für den Speicherort eingeben.

- Wählen Sie dazu EXTRAS/OPTIONEN und aktivieren Sie dann die Registerkarte *Speicherort für Dateien.*
- Wählen Sie im Bereich *Dateispeicherorte* einen Ort aus oder klicken Sie auf ÄNDERN, um einen neuen Speicherort auszuwählen.

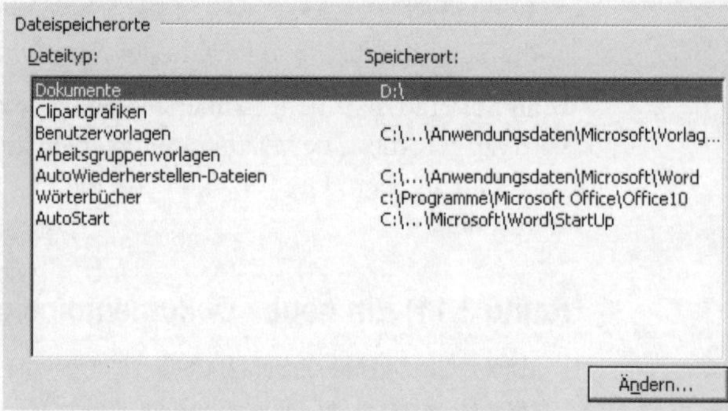

Sie bestimmen hier den Ordner, den Word automatisch öffnet, wenn Sie SPEICHERN oder ÖFFNEN (im Menü *Datei*) wählen.

Nach Aufruf des Menübefehls EXTRAS/OPTIONEN können Sie auf der Registerkarte *Benutzerinformationen* auch noch die Standardbenutzerinformationen wie Name und Initialen ändern, falls diese vom Standardbenutzer abweichen sollen.

Ein neues Dokument erstellen

Schaltfläche Neues leeres Dokument

Um ein neues Word-Dokument zu erstellen:

- Wählen Sie den Menübefehl DATEI/NEU.

– oder –

- Klicken Sie auf die Schaltfläche *Neues leeres Dokument* in der *Standard*-Symbolleiste.

Ein vorhandenes Dokument öffnen

Schaltfläche Öffnen

Um ein bereits vorhandenes Dokument zu öffnen:

- Wählen Sie den Menübefehl DATEI/ÖFFNEN.

– oder –

- Klicken Sie auf die Schaltfläche *Öffnen* in der *Standard*-Symbolleiste. Wählen Sie die gewünschte Datei aus dem Dialogfeld aus.

Sie können mehrere Dokumente gleichzeitig geöffnet haben.

Ein Dokument schließen

Um ein Dokument zu schließen:

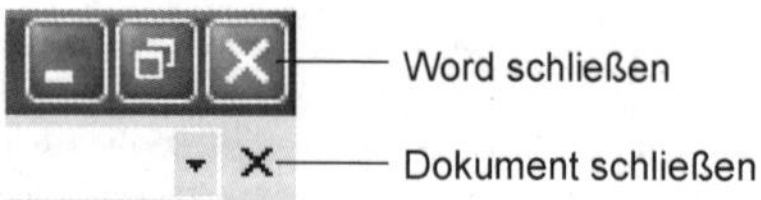

- Wählen Sie den Menübefehl DATEI/SCHLIESSEN oder klicken Sie auf das Schließenfeld im Dokumentfenster.

Hierdurch wird das aktuelle Dokument geschlossen. Alle anderen eventuell geöffneten Dokumente bleiben weiterhin geöffnet.

Wenn Sie das Dokument seit der letzten Speicherung noch verändert haben, werden Sie von Word dazu aufgefordert, die Änderungen vor dem Schließen zu speichern.

Word beenden

Um Word zu verlassen:

- Wählen Sie den Menübefehl DATEI/BEENDEN oder klicken Sie auf das Schließenfeld im Word-Fenster.

Wenn Sie Dateien geöffnet haben, die noch nicht gespeichert wurden, fordert Word Sie auf, diese zu speichern.

Sie haben nun die erste Lektion des ECDL-Moduls *Textverarbeitung* abgeschlossen. Sie können das Dokument und auch Word selbst jetzt schließen.

Zusammenfassung der Lektion: Das haben Sie gelernt

Ein Word-Dokument ist eine Datei, die Text enthält (manchmal auch Grafiken oder andere Objekte). In jedem neuen Word-Dokument sehen Sie einen blinkenden Strich, der als Einfügemarke oder auch als Cursor bezeichnet wird. Immer wenn Sie Text eingeben, fügt Word diesen an jener Stelle ein, an der sich die Einfügemarke gerade befindet. Sie können die Einfügemarke mit der Maus oder den Pfeiltasten an eine andere Stelle bewegen. Schauen Sie sich dazu das Beispiel in Übung 3.1 an.

Jedes neue Dokument enthält auch eine Absatzmarke. Immer wenn Sie die [↵]-Taste drücken, um einen neuen Textabsatz oder eine leere Zeile einzugeben, fügt Word dort eine neue Absatzmarke ein. Schauen Sie sich dazu das Beispiel in Übung 3.4 an.

Sie können Text mit den zwei folgenden Tasten bearbeiten:

- [⟵]-Taste: Löscht Text, der sich links befindet.
- [Entf]-Taste: Löscht Text, der sich rechts von der Einfügemarke befindet.

Drücken Sie die [⇧]-Taste in Verbindung mit einer Buchstaben-, Nummern- oder Symboltaste, um einen Großbuchstaben oder ein Symbol zu erzeugen.

Drücken Sie wiederholt die [↹]-Taste, um Text nach rechts zu verschieben. Verwenden Sie die [↹]-Taste beispielsweise dann, wenn Sie die Adresse und dazugehörige Details in die obere rechte Ecke eines Briefs verschieben möchten. Schauen Sie sich dazu das Beispiel in Übung 3.7 an.

Der Befehl DATUM UND UHRZEIT im Menü EINFÜGEN von Word fügt das aktuelle Datum ein. Sie können zwischen verschiedenen Formaten auswählen. Schauen Sie sich dazu das Beispiel in Übung 12.8 an.

Die nicht druckbaren Zeichen in Word, wie z.B. der Punkt für einen Leerschritt, erscheinen nicht im Ausdruck. Sie werden nur auf dem Bildschirm angezeigt und dienen als Eingabe- und Bearbeitungshilfe.

Der Befehl RÜCKGÄNGIG in Word ermöglicht es, die letzten ausgeführten Aktionen rückgängig zu machen, falls diese zu einem unerwünschten Ergebnis geführt haben.

Speichern Sie in Word, wie in allen anderen Anwendungen auch, Ihre Arbeit in regelmäßigen Abständen. Wenn Sie ein Dokument zum ersten Mal speichern, fordert Word Sie auf, der Datei einen Namen zu geben. Die Dateinamenerweiterung *.doc* wird von Word automatisch an alle gespeicherten Dateien angehängt.

Word bietet Ihnen eine Online-Hilfe zum Durchsuchen an, auf die Sie auf verschiedene Arten zugreifen können: über das HILFE-Fenster, über Dialogfelder und den Office-Assistenten. Schauen Sie sich dazu das Beispiel in Übung 3.9 an.

Schnelltest: Ihr erster Brief mit Word

1.	Um den Office-Assistenten auszublenden, müssen Sie:
A	?/OFFICE-ASSISTENT AUSBLENDEN wählen.
B	Den Office-Assistenten anklicken und OFFICE-ASSISTENTEN AUSBLENDEN aus Kontextmenü wählen.
C	Mit der rechten Maustaste auf den *Office-Assistenten* klicken, im Kontextmenü den Eintrag OPTIONEN auswählen und das Kontrollkästchen *Den Office-Assistenten verwenden* deaktivieren.

2.	Mit der [Entf]-Taste wird das Zeichen links von der Einfügemarke gelöscht.
A	Richtig
B	Falsch

3.	Welches nicht druckbare Zeichen zeigt Word in einem Dokument an, wenn Sie die [Tab]-Taste drücken?
A	Einen Punkt
B	Einen Strich
C	Einen Pfeil

4.	Um das aktuelle Datum in ein Dokument einzufügen:
A	Wählen Sie EINFÜGEN/DATUM und UHRZEIT.
B	Wählen Sie EINFÜGEN/SYMBOL, und wählen Sie dann das Format für die Anzeige aus der angezeigten Liste aus.
C	Wählen Sie EINFÜGEN/DATUM und UHRZEIT und wählen Sie dann das Datumsformat aus einer angezeigten Liste aus.

Lektion 3.2: Text formatieren, positionieren und kopieren

In dieser Lektion

Neben dem Schreiben und Bearbeiten von Text können Sie ein Textverarbeitungsprogramm auch noch für folgende Dinge verwenden:

- Sie können Text in seinem Aussehen verändern. Dabei spricht man von Formatieren. Darunter versteht man Aktionen wie Text fett, unterstrichen oder kursiv darzustellen. Außerdem können Sie die Schriftart und die Schriftgröße verändern, dem Text Aufzählungszeichen und Ränder hinzufügen oder mit Schatten (farbiger Hintergrund) hinterlegen.
- Sie können die Position eines Textes innerhalb einer Seite verändern. Wie Sie Text mit Hilfe der [⇥]-Taste verschieben, haben Sie ja schon gelernt. Jetzt werden Sie noch zwei weitere Methoden kennen lernen: Ausrichten und Einrücken.

In dieser Lektion werden Sie außerdem erfahren, wie man Text innerhalb eines Dokuments oder mehrerer Dokumente kopiert und wie man Symbole und Sonderzeichen einfügt.

Neue Fähigkeiten

Am Ende dieser Lektion sollten Sie in der Lage sein,

- Text auszuwählen,
- Text zu formatieren (fett, kursiv und unterstrichen),
- Text zu kopieren, auszuschneiden und einzufügen,
- Text vom rechten und linken Rand her einzurücken,
- Text auszurichten (links, rechts, zentriert, bündig),
- Text mit Aufzählungszeichen zu erstellen,
- Schriftarten und Schriftgrößen sowie die Begriffe »Hochgestellt« und »Tiefgestellt« zu erklären,
- Rahmen und Schattierungen hinzuzufügen,
- die Zoom-Funktion zu verwenden, um die Dokumentenanzeige zu vergrößern bzw. zu verkleinern,
- ein Word-Dokument auf Diskette zu speichern,
- Symbole und Sonderzeichen einzufügen,
- den Word-Befehl FORMAT ÜBERTRAGEN zu verwenden.

Neue Wörter

Am Ende dieser Lektion sollten Sie in der Lage sein, folgende Begriffe zu erklären:

- Auswählen
- Aufzählung
- Zwischenablage
- Schriftart
- Einrücken
- Hochgestellt
- Tiefgestellt
- Ausrichtung
- Format übertragen

Text auswählen

Wenn Sie Text formatieren oder positionieren möchten, handelt es sich normalerweise nur um einen bestimmten Buchstaben, ein Wort, eine Wortfolge oder einen Abschnitt, auf den die Änderung angewendet werden soll.

Um Word mitzuteilen, welchen Teil des Textes Sie verändern möchten, müssen Sie ihn auswählen. Diesen Vorgang bezeichnet man auch manchmal als Hervorheben oder Markieren.

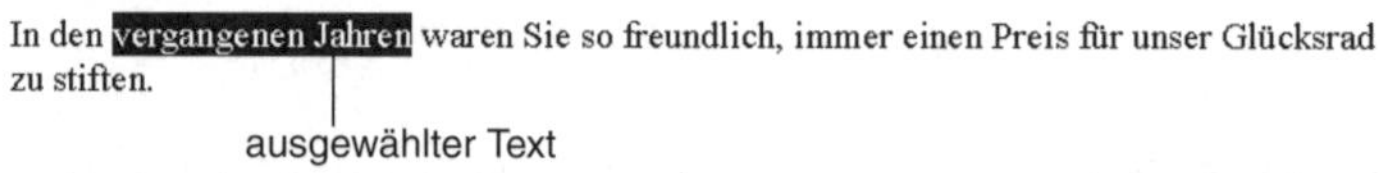

Wenn Sie Text auswählen, so stellt Word ihn negativ dar (weiße Schrift auf schwarzem Hintergrund), ähnlich wie beim Negativ eines Fotos.

Text auswählen
Das Hervorheben eines Textteils, um daran Veränderungen bezüglich der Formatierung oder Ausrichtung vorzunehmen.

Formatieren und Ausrichten sind nur zwei der möglichen Änderungen, die Sie an ausgewähltem Text vornehmen können. Später werden Sie noch erfahren, wie man Text sucht und ersetzt und die Rechtschreibprüfung an ausgewähltem Text anwendet.

Um in einem Word-Dokument Text auszuwählen bzw. zu markieren, stehen Ihnen mehrere Möglichkeiten zur Verfügung:

- Zum Markieren eines einzelnen Worts platzieren Sie den Mauszeiger mitten im Wort und führen dann einen Doppelklick aus.
- Um Text in einer Zeile auszuwählen, ziehen Sie die Maus bei gedrückter Taste nach rechts, bis Sie die Buchstaben oder Wörter, die Sie auswählen möchten, hervorgehoben haben.

- Um einen ganzen Absatz zu markieren, platzieren Sie den Mauszeiger links im Markierungsbereich und führen dann einen Doppelklick aus.
- Um Text über mehrere Zeilen auszuwählen, ziehen Sie die Maus bei gedrückter Taste nach rechts und dann nach unten, bis Sie die Zeilen, die Sie auswählen möchten, hervorgehoben haben.

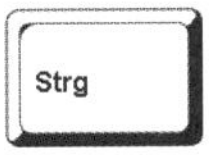

Steuerungs-Taste

- Um das gesamte Dokument auszuwählen, halten Sie die Strg-Taste gedrückt und klicken irgendwo in den linken Randbereich. Alternativ können Sie den Mauszeiger auch links im Markierungsbereich platzieren und dreimal klicken.
- Um nicht zusammenhängende Textabschnitte auszuwählen, wählen Sie zuerst einen Textteil aus, halten dann die Strg-Taste gedrückt und wählen weitere Textstellen aus.

Übung 3.12: Text auswählen

In dieser Übung erfahren Sie, wie man Text auswählt: Buchstaben, Wörter, Sätze und ganze Abschnitte.

1) Öffnen Sie Word und den Brief, den Sie in Übung 3.11 im Lektion 3.1 abgespeichert haben.

2) Setzen Sie die Einfügemarke links neben den Buchstaben *S* von *Sehr geehrter Herr Schmitz.*
3) Ziehen Sie die Maus nach rechts, bis der Buchstabe *S* ausgewählt ist, und lassen Sie die Maustaste los.

Sie haben gelernt, wie man einen einzelnen Buchstaben auswählt. Klicken Sie nun irgendwo im Dokument, um die Auswahl des Buchstabens aufzuheben. Die Auswahl eines Textbereichs aufzuheben bedeutet nicht, dass dieser Teil gelöscht wird. Es hat nur zur Folge, dass er nicht mehr ausgewählt, also hervorgehoben ist.

4) Setzen Sie die Einfügemarke wieder links neben den Buchstaben *S* und ziehen Sie diesmal mit der Maus nach rechts, bis Sie das gesamte Wort *Sehr* ausgewählt haben.

Lassen Sie die Maustaste los.

5) Klicken Sie irgendwo außerhalb des ausgewählten Textes, um die Auswahl aufzuheben. Führen Sie nun eine Doppelklick auf das Wort *Sehr* aus, um es erneut auszuwählen.
6) Bringen Sie die Einfügemarke nun wieder links neben den Buchstaben *S* und ziehen Sie die Maus nach rechts und nach unten, bis Sie den ersten Absatz Ihres Briefes ausgewählt haben.

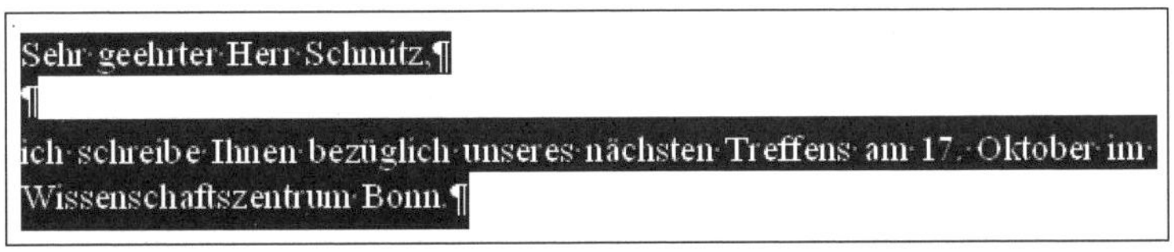

7) Klicken Sie irgendwo außerhalb des ausgewählten Textes, um die Auswahl aufzuheben. Führen Sie nun eine Dreifach-Klick auf den ersten Abschnitt aus, um ihn erneut auszuwählen.

Die Übung ist hiermit beendet. Sie sollten aber an den verschiedenen Stellen des Dokuments das Auswählen von Textstellen durch das Ziehen der Maus in verschiedene Richtungen oder durch Doppel- bzw. Dreifach-Klicken noch weiter üben.

Einen Text formatieren

Schaltflächen Format

Die am häufigsten in Word verwendeten Formatierungen sind:

- **Fett:** Dicker, schwarzer Text, oft als Überschrift verwendet.
- *Kursiv:* Schräger Text, oft zum Hervorheben von Fremdwörtern verwendet.
- Unterstrichen: Eine einfache Linie unter dem Text, oft in Rechtsdokumenten und als Unterschriftenlinie in Briefen verwendet.

Sie finden diese Schaltflächen in der *Format*-Symbolleiste. In der nächsten Übung lernen Sie, wie man die Formate *Fett* und *Kursiv* anwendet.

Übung 3.13: Das Format *Fett* anwenden

1) Setzen Sie die Einfügemarke an den Anfang der ersten Zeile der Empfängeranschrift.
2) Ziehen Sie mit der Maus, bis Sie die gesamte Adresse ausgewählt haben.
3) Klicken Sie in der *Format*-Symbolleiste auf die Schaltfläche FETT oder drücken Sie die Tastenkombination [Strg]+[⇧]+[F] (Steuerungstaste und Umschalttaste gedrückt halten und gleichzeitig auf f drücken).
4) Heben Sie die Auswahl auf, indem Sie auf irgendeine Stelle im Dokument klicken.

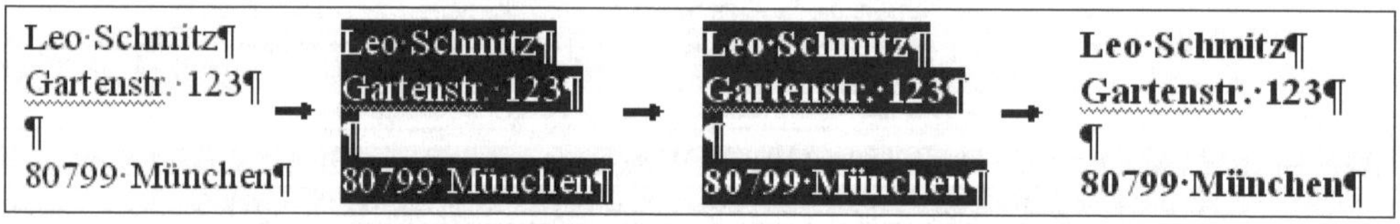

Übung 3.14: Das Format Kursiv anwenden

1) Setzen Sie die Einfügemarke an den Anfang von A. Baus.
2) Ziehen Sie die Maus nach rechts, bis der komplette Name ausgewählt ist.
3) Klicken Sie in der *Format*-Symbolleiste auf die Schaltfläche KURSIV oder drücken Sie die Tastenkombination [Strg]+[⇧]+[K].
4) Heben Sie die Auswahl auf, indem Sie auf eine beliebige Stelle im Dokument klicken.

Gut gemacht! Speichern Sie Ihren Brief jetzt ab.

Einen Text kopieren und einfügen

Stellen Sie sich vor, Sie möchten denselben Text, bestimmte Wörter oder einzelne Abschnitte mehr als einmal in einem Dokument verwenden. Müssen Sie dann alles noch einmal schreiben? Nein, natürlich nicht!

Mit Word brauchen Sie einen Text nur einmal zu schreiben. Sie können ihn dann so beliebig oft an anderen Stellen einfügen. Das geschieht in zwei Schritten:

- **Kopieren:** Sie wählen einen Text aus und kopieren ihn dann in die Zwischenablage, einen temporären Speicher.
- **Einfügen:** Sie fügen den Text aus der Zwischenablage an einer anderen Stelle desselben oder auch eines anderen Dokuments wieder ein.

Zwischenablage

Ein temporärer Speicherort, in den Sie Text (oder Grafik) kopieren können. Sie können die Daten aus der Zwischenablage an jeder Stelle desselben oder auch eines anderen Dokuments einfügen.

Übung 3.14: Kopieren und Einfügen eines Textes innerhalb eines Dokuments

1) Wählen Sie den zweiten Absatz Ihres Briefs aus.

In·den·vergangenen·Jahren·waren·Sie·so·freundlich,·immer·einen·Preis·für·unser·Glücksrad·
zu·stiften.¶

Schaltfläche Kopieren

2) Klicken Sie auf die Schaltfläche KOPIEREN in der *Standard*-Symbolleiste oder wählen Sie den Menübefehl BEARBEITEN/KOPIEREN.
3) Setzen Sie die Einfügemarke nun links an die Absatzmarke der nächsten Zeile.

In·den·vergangenen·Jahren·waren·Sie·so·freundlich,·immer·einen·Preis·für·unser·Glücksrad·
zu·stiften.¶
¶

Schaltfläche Einfügen

4) Klicken Sie auf die Schaltfläche EINFÜGEN der *Standard*-Symbolleiste oder wählen Sie den Menübefehl BEARBEITEN/EINFÜGEN.

In·den·vergangenen·Jahren·waren·Sie·so·freundlich,·immer·einen·Preis·für·unser·Glücksrad·
zu·stiften.¶
In·den·vergangenen·Jahren·waren·Sie·so·freundlich,·immer·einen·Preis·für·unser·Glücksrad·
zu·stiften.¶

Wählen Sie den Absatz, den Sie aus der Zwischenablage eingefügt haben, aus und drücken Sie die `Entf`-Taste. Sie benötigen diesen Absatz nicht mehr.

Einen Text ausschneiden und einfügen

Es kann vorkommen, dass Sie einen Teil des Textes in einem Dokument entfernen und ihn an einer anderen Stelle wieder einfügen möchten.

Anstatt den Text zu löschen und an einer anderen Stelle wieder neu zu schreiben, ermöglicht Word es Ihnen, Text zu verschieben. Dazu schneiden Sie ihn an der aktuellen Stelle aus, um ihn an einer neuen Stelle wieder einzufügen.

Schaltfläche Ausschneiden

Ausschneiden/Einfügen unterscheidet sich von *Kopieren/Einfügen* in der Weise, dass Word den ausgeschnittenen Text entfernt, während kopierter Text an seinem ursprünglichen Ort verbleibt. Sie können ausgewählten Text über die Schaltfläche *Ausschneiden* in der *Standard*-Symbolleiste oder über den Menübefehl BEARBEITEN/AUSSCHNEIDEN ausschneiden.

Tastenkombinationen

Über Tastenkombinationen zum Kopieren, Ausschneiden und Einfügen kommen Sie eventuell schneller zum Ziel, da die Hände auf der Tastatur bleiben können.

- Kopieren: Strg + C
- Einfügen: Strg + V
- Ausschneiden: Strg + X

Sie können aber auch einen Rechtsklick auf Ihr Dokument ausführen. Es erscheint ein Kontextmenü mit den verfügbaren Befehlen zum Kopieren, Ausschneiden und Einfügen.

Wichtiges über die Zwischenablage

Es gibt einige Dinge, die Sie über die Zwischenablage wissen sollten:

- Die Zwischenablage ist temporär. Wenn Sie den Computer abschalten, ist der Inhalt der Zwischenablage gelöscht.
- Dieselbe Zwischenablage ist für alle *Windows*-Anwendungen verfügbar. So können Sie also z.B. aus *Excel* kopieren und in *Word* einfügen.
- Die Office-Zwischenablage fasst bis zu vierundzwanzig Elemente (Text, Grafik etc.). Werden mehr als vierundzwanzig Speicherplätze in der Zwischenablage benötigt, so wird der erste Inhalt gelöscht, um Platz zu schaffen, usw.
- Sie können den Inhalt der Zwischenablage anschauen, indem Sie den Aufgabenbereich *Zwischenablage* öffnen (Menübefehl BEARBEITEN/OFFICE-ZWISCHENABLAGE). Dort werden alle in der Zwischenablage enthaltenen Elemente aufgelistet, wobei das neueste Element an oberster Stelle steht. Jedes Element ist mit einem Symbol versehen, an dem zu erkennen ist, aus welchem Programm es stammt. Außerdem wird ein kleiner Ausschnitt des Textes oder eine Miniaturabbildung einer kopierten Grafik angezeigt.

- Um das zuletzt kopierte oder ausgeschnittene Element aus der Zwischenablage wieder in das Dokument einzufügen, klicken Sie auf die Schaltfläche EINFÜGEN auf der *Standard*-Symbolleiste oder wählen Sie den Menübefehl BEARBEITEN/EINFÜGEN.
- Um ein anderes Element einzufügen, klicken Sie auf das entsprechende Symbol im Aufgabenbereich *Zwischenablage*.
- Um alle vorher kopierten oder ausgeschnittenen Elemente einzufügen, klicken Sie auf die Schaltfläche ALLE EINFÜGEN im Aufgabenbereich.
- Inhalte bleiben auch nach dem Einfügen in der Zwischenablage erhalten. Sie können also denselben Inhalt einfügen, so oft und wo Sie möchten.
- Um Elemente aus der Zwischenablage zu löschen, klicken Sie im Aufgabenbereich *Zwischenablage* mit der rechten Maustaste auf das entsprechende Element und wählen dann im Kontextmenü den Eintrag LÖSCHEN aus. Um alle Elemente aus der Zwischenablage zu löschen, klicken Sie im Aufgabenbereich auf die Schaltfläche ALLE LÖSCHEN.

Übung 3.15: Text zwischen verschiedenen Dokumenten kopieren und einfügen

Die Zeile, die Sie in Übung 3.14 kopiert haben, befindet sich also immer noch in der Zwischenablage. In dieser Übung fügen Sie diese Zeile in ein anderes Dokument ein.

Schaltfläche Neues leeres Dokument

1) Klicken Sie auf die Schaltfläche NEUES LEERES DOKUMENT in der *Standard*-Symbolleiste, um ein neues, leeres Dokument zu erstellen.
2) Word platziert die Einfügemarke an den Anfang des Dokuments.
3) Klicken Sie auf die Schaltfläche EINFÜGEN der *Standard*-Symbolleiste oder wählen Sie den Menübefehl BEARBEITEN/EINFÜGEN.
4) Rufen Sie den Menübefehl DATEI/SCHLIESSEN auf, um das neue Dokument wieder zu schließen. Die Frage von Word, ob Sie das neue Dokument speichern möchten, beantworten Sie mit NEIN.

Wenn Sie mehr als ein Dokument geöffnet haben, können Sie zwischen den einzelnen Dokumenten hin und her wechseln, indem Sie den Menübefehl FENSTER/<DOKUMENTNAME> wählen.

Formatierte Dokumente

Alle Word-Dokumente sind formatiert, einige mehr, andere weniger. Am Ende der Lektion finden Sie die Word-Werkzeuge, um ein Plakat zu formatieren. Dazu gehören die Funktionen *Einrücken*, *Ausrichten*, *Aufzählung*, *Schriftarten*, *Rahmen* und *Schattierungen*.

Rechter und linker Einzug

Der Begriff *Einzug* steht für das Einrücken vom Rand. Das Word-Merkmal *Einzug* ermöglicht es, einen Textabsatz in einen gewissen Abstand zum rechten oder linken Rand oder beides zu bringen.

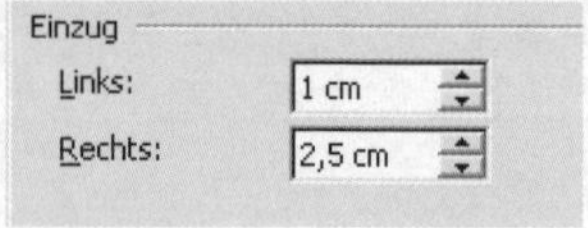

Um einen ausgewählten Absatz einzurücken, rufen Sie den Menübefehl FORMAT/ABSATZ auf und tragen dann die benötigten Abstände mit rechter und/oder linker Ausrichtung auf der Registerkarte *Einzüge und Abstände* des Dialogfelds *Absatz* ein.

In umfangreicheren Dokumenten kommt es vor, dass Einzüge dazu verwendet werden, die Aufmerksamkeit auf bestimmte Textpassagen zu lenken. Hier ein Beispiel für einen rechten und linken Einzug, verbunden mit einer kursiven Formatierung.

> *In den weiteren erfolgreichen Jahren stiegen die Einkünfte um 35% und die Gewinne um 47,5%. Unser Unternehmen ist auf die Herausforderungen der Zukunft gut vorbereitet.*

Einzug

Die Positionierung eines Textabsatzes mit bestimmten Abständen zum rechten und/oder linken Rand.

Einen Text ausrichten

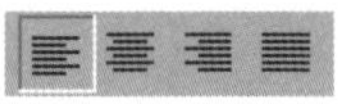

Einen Text auszurichten bedeutet, ihn in eine bestimmte horizontale (rechts/links) Form zu bringen. *Word* bietet vier Möglichkeiten an:

- **Links:** Das ist die Standardeinstellung, die für Briefe und Geschäftsdokumente verwendet wird. Links ausgerichteter Text ist in der Regel am einfachsten zu lesen.
- **Zentriert:** Platziert den Text genau zwischen den rechten und linken Rand. Wird oft bei Überschriften verwendet.
- **Rechts:** Richtet den Text am rechten Rand der Seite aus. Wird von Grafikern zu dekorativen Zwecken verwendet.
- **Blocksatz:** Der Text ist gleichmäßig am rechten und linken Rand ausgerichtet. Wird bei schmalen Spalten wie z.B. Zeitungen und Zeitschriften verwendet.

Sie können nur Absätze ausrichten und keine einzelnen Buchstaben oder Wörter innerhalb eines Absatzes.

Um einen einzelnen Absatz auszurichten, brauchen Sie nicht den gesamten Absatz auszuwählen. Sie brauchen nur die Einfügemarke an eine Stelle innerhalb des Absatzes zu setzen. Die vier Schaltflächen für die Ausrichtung finden Sie in der *Format*-Symbolleiste.

Ausrichten

Die horizontale Positionierung von Zeilen in einem Absatz. Sie können einen gemeinsamen Mittelpunkt haben, im gleichen Abstand rechts oder links vom Rand stehen oder eine gleichmäßige Ausrichtung der Textzeilen bezüglich beider Ränder haben.

Aufzählung mit Zeichen und Zahlen

Schaltfläche Aufzählungszeichen

Schaltfläche Nummerierung

Aufzählungslisten eignen sich gut, um mehrere kurze Aussagen oder Anweisungen aufzulisten. Man unterscheidet dabei zwei Arten:

- **Liste mit Aufzählungszeichen:** Sie wird verwendet, wenn die Reihenfolge nicht so wichtig ist. In der Regel ist das Zeichen vor der Aufzählung ein Punkt, ein Viereck, eine Raute, ein Strich oder ein Pfeil. Um eine Liste mit Aufzählungszeichen zu erstellen, wählen Sie den Absatz aus und klicken auf die Schaltfläche AUFZÄHLUNGSZEICHEN in der *Format*-Symbolleiste.
- **Nummerierte Liste:** Sie wird verwendet, wenn die Reihenfolge wichtig ist. Dies ist z.B. bei Anweisungen und Benutzungsvorschriften der Fall. Jedem Element wird eine Nummer in ansteigender Reihenfolge zugeordnet. Um eine nummerierte Liste zu erstellen, wählen Sie den Absatz aus und klicken auf die Schaltfläche NUMMERIERUNG in der *Format*-Symbolleiste.

Sie können auch eine Liste erstellen, indem Sie den Menübefehl FORMAT/NUMMERIERUNG UND AUFZÄHLUNGSZEICHEN aufrufen. Word bietet Ihnen eine Palette verschiedener Aufzählungszeichen und Zahlenformate sowie verschiedene Abstände zwischen Nummer bzw. Zeichen und dem eigentlichen Listentext.

Listen mit Zahlen und Aufzählungszeichen

Eine Liste kurzer Aussagen. Die Liste kann mit davor stehenden Zeichen (Punkt, Strich etc.) oder Nummern (in aufsteigender Reihenfolge) gegliedert sein.

Die folgenden Übungen führen Sie durch die einzelnen Schritte, um einen ausgewählten Text als Aufzählung mit Zeichen oder Zahlen zu formatieren.

Übung 3.16: Liste mit Zahlen versehen

Feststelltaste

1) Öffnen Sie ein neues Dokument, drücken Sie die [⇩]-Taste einmal, schreiben Sie den folgenden Text und drücken Sie zweimal die [↵]-Taste.

   MEIN LIEBLINGSOBST

   (Die [⇩]-Taste befindet sich links neben dem Buchstaben *a*. Nachdem Sie diese Taste gedrückt haben, wird jeder eingetippte Buchstabe als Großbuchstabe dargestellt.)

2) Drücken Sie die [⇩]-Taste noch einmal, um die Großschreibung aufzuheben.

3) Wählen Sie den Text *MEIN LIEBLINGSOBST* aus, indem Sie vor das *M* in *Mein* klicken und die Maus nach rechts ziehen.

   ▪ MEIN·LIEBLINGSOBST   MEIN·LIEBLINGSOBST¶

4) Klicken Sie auf die Schaltfläche UNTERSTRICHEN in der *Format*-Symbolleiste, um den ausgewählten Text zu unterstreichen.

5) Klicken Sie auf die letzte Absatzmarke, die Sie eingefügt haben, und geben Sie die folgenden Obstnamen ein, wobei Sie nach jedem Namen die [↵]-Taste drücken: *Äpfel*, *Bananen*, *Trauben*, *Kiwis*, *Orangen*, *Pfirsiche*. Ihr Text sollte nun so aussehen.

   ▪ MEIN·LIEBLINGSOBST¶
   ¶
   Äpfel¶
   Bananen¶
   Trauben¶
   Kiwis¶
   Orangen¶
   Pfirsiche¶

6) Wählen Sie nun die Obstnamen aus, indem Sie vor das *Ä* von *Äpfel* klicken und die Maus nach unten bis zur letzten Absatzmarke ziehen.

7) Klicken Sie auf die Schaltfläche NUMMERIERUNG in der *Format*-Symbolleiste, um dem ausgewählten Text eine Nummerierung zuzuweisen.

8) Klicken Sie irgendwo im Dokument, um die Auswahl des Textes aufzuheben. Ihr Text sollte nun so aussehen (die Pfeile nach den Zahlen sind nicht druckbare Zeichen).

   ▪ MEIN·LIEBLINGSOBST¶
   ¶
   1. → Äpfel¶
   2. → Bananen¶
   3. → Trauben¶
   4. → Kiwis¶
   5. → Orangen¶
   6. → Pfirsiche¶

9) Rufen Sie den Menübefehl DATEI/SPEICHERN auf oder drücken Sie die Tastenkombination [Strg]+[S], um das Dokument zu speichern. Falls Ihre Initialen AB sind, speichern Sie es z.B. unter *ABListe.doc*. Lassen Sie das Dokument geöffnet.

In der folgenden Übung 3.17 ersetzen Sie die Zahlen in der Liste aus Übung 3.16 durch Zeichen.

Übung 3.17: Liste mit Aufzählungszeichen versehen

1) Wählen Sie die sechs Obstnamen aus, die Sie in Übung 3.16 eingegeben haben. (Sie werden feststellen, dass Sie die Zahlen nicht mit auswählen können. Warum ist das so? Sie sind kein eingegebener Text, sondern wurden von Word automatisch generiert.)

2) Klicken Sie auf die Schaltfläche AUFZÄHLUNGSZEICHEN in der *Format*-Symbolleiste. Word ersetzt nun die Zahlen durch Symbole.

3) Rufen Sie den Menübefehl FORMAT/NUMMERIERUNG UND AUFZÄHLUNGSZEICHEN auf, aktivieren Sie die Registerkarte *Aufzählungszeichen* und klicken Sie auf ANPASSEN.

4) Ersetzen Sie nun im Feld *Aufzählungszeichenposition* den Wert 0,63 cm (Standardwert) durch 0 cm. Die Aufzählungszeichen stehen nun ganz am linken Rand.

5) Ersetzen Sie nun im Feld *Textposition* den Standardwert für *Tabstopp nach* und *Einzug bei* jeweils auf 1 cm. Der Text wird nun bei 1 cm eingerückt.
Klicken Sie auf OK.

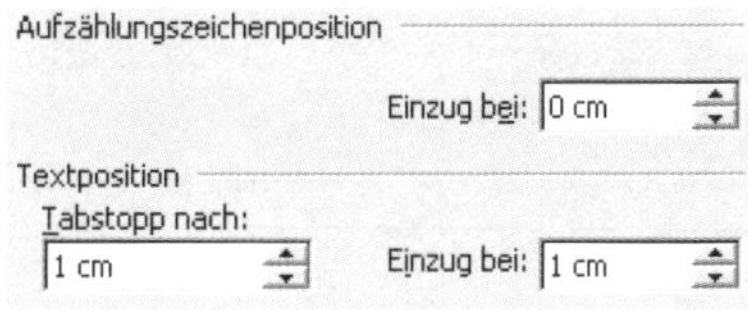

6) Klicken Sie irgendwo im Dokument außerhalb des markierten Bereichs, um die Auswahl aufzuheben.

Ihr Text sollte nun so aussehen.

(Die Pfeile nach den Aufzählungszeichen sind nicht druckbare Zeichen.)

▪ MEIN·LIEBLINGSOBST¶
¶
• → Äpfel¶
• → Bananen¶
• → Trauben¶
• → Kiwis¶
• → Orangen¶
• → Pfirsiche¶

Manchmal möchten Sie vielleicht nur bestimmten Elementen eine Aufzählung zuweisen. Die folgende Übung 13.8 zeigt Ihnen dazu ein Beispiel.

Übung 3.18: Ausgewählten Elementen in einer Liste Aufzählungszeichen zuweisen

1) Klicken Sie auf die Absatzmarke hinter dem Wort *Kiwi* und drücken Sie die [↵]-Taste, um eine neue Zeile zu erzeugen. Sie werden feststellen, dass Word ein Aufzählungszeichen vor die Zeile setzt.

2) Schreiben Sie Folgendes: *(mein absoluter Favorit)*

3) Sie möchten nun nicht, dass diese neue Zeile durch ein Aufzählungszeichen angeführt wird.

4) Wählen Sie die neue Zeile aus und klicken Sie auf die Schaltfläche AUFZÄHLUNGSZEICHEN in der *Format*-Symbolleiste. Word entfernt das Aufzählungszeichen wieder von der ausgewählten Zeile.

5) Nun müssen Sie nur noch die neue Zeile an den anderen Aufzählungszeilen ausrichten.

6) Die neue Zeile ist immer noch ausgewählt. Wählen Sie nun den Menübefehl FORMAT/ ABSATZ, tragen Sie einen *Einzug links* von 1 cm ein und klicken Sie auf OK.

7) Klicken Sie irgendwo im Dokument, um die Auswahl aufzuheben. Ihr Text sollte nun so aussehen.

Die Übung zur Nummerierung und Aufzählung ist hiermit beendet. Speichern Sie Ihr Dokument und schließen Sie es.

Schriftarten

Eine Schriftart ist eine bestimmte Art von Text. Welche Schriftarten sind auf Ihrem Computer installiert? Klicken Sie auf den Pfeil am Dropdown-Menü *Schriftarten* in der *Format*-Symbolleiste, um die installierten Schriften zu sehen.

Müssen Sie sich die Namen und Charakteristika all dieser Schriften merken? Nein, müssen Sie nicht. Sie sollten sich allerdings zwei Dinge in Bezug auf Schriftarten merken:

- Es gibt eigentlich nur zwei Arten (Familien) von Schriften: Serifenschriften und serifenlose Schriftarten.
- Serifenschriften sind aufgrund der besseren Lesbarkeit besonders für lange Textabschnitte geeignet. Serifenlose Schriftarten eignen sich besonders für kurze Textabschnitte wie Überschriften, Titel und eventuell Auflistungen.

Sie können die Familienzugehörigkeit einer Schriftart danach beurteilen, ob sie Serifen (Schnörkel, Schwänzchen) an den Enden hat.

Serifenschrift

Serifenlose Schrift

Serifenschriften

Words Standardschrift ist eine Serifenschrift mit Namen *Times New Roman*. Sie erhielt ihren Namen von der Londoner Zeitung *The Times*, für die sie in den 30er-Jahren entwickelt wurde.

Weitere bekannte Serifenschriften sind *Garamond* und *Century Schoolbook*.

Dieser Text ist in Garamond geschrieben.

Dieser Text ist in Century Schoolbook geschrieben.

Serifenlose Schriften

Words Standard für eine serifenlose Schrift ist Arial. Sie basiert auf einer anderen Schriftart namens Helvetica.

Weitere bekannte serifenlose Schriften sind Verdana und AvantGarde.

Dieser Text ist in Verdana geschrieben.

Dieser Text ist in AvantGarde geschrieben.

Schriftarten
Eine bestimmte Art von Schrift. Die zwei Hauptfamilien sind Serifenschriften und serifenlose Schriften.

Schriftgrößen

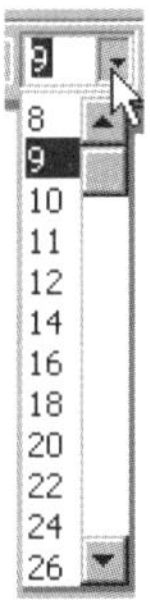

Schriftgrößen werden in einer nicht metrischen Einheit namens Punkt gemessen. Dabei entsprechen 72 Punkt ungefähr 2,5 cm.

- Für einen Textkörper oder ein längeres Geschäftsdokument, z.B. einen Bericht, ist ein Schriftgrad von 10, 11 oder 12 Punkt angemessen. Für Überschriften werden Schriftgrößen zwischen 14 und 28 Punkt verwendet.
- Für die Beschriftung von Kopf- oder Fußzeilen, Fußnoten und Bildunterschriften wird oft eine Schriftgröße von 8 oder 9 Punkt verwendet.

Um die Schriftgröße eines ausgewählten Textes zu verändern, klicken Sie auf die benötigte Schriftgröße der Dropdown-Liste für die Schriftgröße in der *Format*-Symbolleiste.

Schrifteigenschaften

Über das Dialogfeld zum Menübefehl FORMAT/ZEICHEN können Sie den einzelnen Schriften mehrere Eigenschaften wie Schriftschnitt, Effekte, Farbe und Abstand zuweisen.

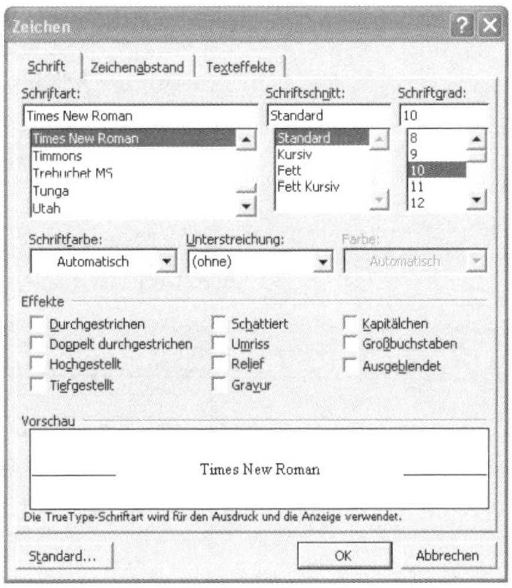

Schriftschnitt

Sie haben diese verschiedenen Möglichkeiten schon über die Schaltflächen FETT und KURSIV in der Formatierungssymbolleiste angewendet.

Unterstreichen

Hier gibt es eine Vielzahl von Möglichkeiten. Die einfache Unterstreichung ist nicht nur die einfachste, sondern auch die gebräuchlichste. Sie wird auch zugewiesen, wenn Sie die Schaltfläche UNTERSTRICHEN in der *Format*-Symbolleiste verwenden.

Schriftfarbe

Haben Sie einen Farbdrucker? Wenn ja, möchten Sie eventuell einmal eine andere Schriftfarbe als *Automatisch* zuweisen. Und auch ohne Farbdrucker möchten Sie vielleicht Ihre Überschriften einmal in Grau drucken.

Welche Farbe ist nun *Automatisch*? *Automatisch* ist schwarz, es sei denn, der Hintergrund ist schwarz oder dunkelgrau. In diesen Fällen wechselt Auto zu weiß.

Effekte

Sie können mit den verschiedenen Schrifteffekten experimentieren, indem Sie die verschiedenen Effekte in den Kontrollkästchen des Dialogfeldes *Zeichen* anklicken und sich das Ergebnis im Vorschaufenster gleich darunter anschauen.

Ein wichtiger Effekt, den Sie kennen sollten, heißt *Hochgestellt*.

Diese Auswahl bewirkt einen Versatz des ausgewählten Textes nach oben in der gleichen Zeile, während der Schriftgrad gleichzeitig reduziert wird. Das Hochstellen von Text wird häufig für mathematische Symbole wie 2^2, X^8 oder 10^3 verwendet.

Hochgestellt

Text, der höher als der Resttext in der gleichen Zeile gestellt wird und dessen Schriftgrad gleichzeitig reduziert wird. Wird häufig in mathematischen Texten als Indexziffer verwendet.

Das Gegenteil von hochgestellt ist tiefgestellt. Sie werden diesen Effekt beispielsweise in chemischen Formeln wie H_2SO_4 finden.

Tiefgestellt

Text, der tiefer als der Resttext in der gleichen Zeile gestellt wird und dessen Schriftgrad gleichzeitig reduziert wird. Wird häufig in chemischen Texten für Formeln verwendet.

Schriftabstand

Sie können den Abstand zwischen den einzelnen Buchstaben vergrößern oder verringern, indem Sie die Option *Laufweite* des Registers *Zeichenabstand* im Dialogfeld *Zeichen* verwenden.

Hier ein Text, dessen Laufweite um 1 Punkt erweitert ist.

Dieser Buchstabenabstand eignet sich gegebenenfalls für Überschriften.

Rahmen und Schattierung von Schrift

Sie können Ihren Dokumenten eine besondere Note geben, indem Sie Rahmen (dekorative Kästchen) und Schattierungen (farbige Hintergründe) verwenden, die Ihnen als Optionen über den Menübefehl FORMAT/RAHMEN UND SCHATTIERUNG zur Verfügung stehen.

Word bietet eine Reihe von verschiedenen Rahmenmöglichkeiten, wobei *Kontur* und *Schattiert* die gebräuchlichsten sind. Verwenden Sie die Vorschau auf der rechten Seite des Dialogfeldes, um die entsprechenden Seiten auszuwählen, die Sie als Rahmen dargestellt haben möchten. Als Standard sind alle vier Seiten ausgewählt.

Achten Sie auch auf das Dropdown-Feld *Übernehmen für* unten rechts. Ihre Wahl ist entscheidend dafür, wie Word den Befehl ausführt. Schauen Sie sich die Beispiele an.

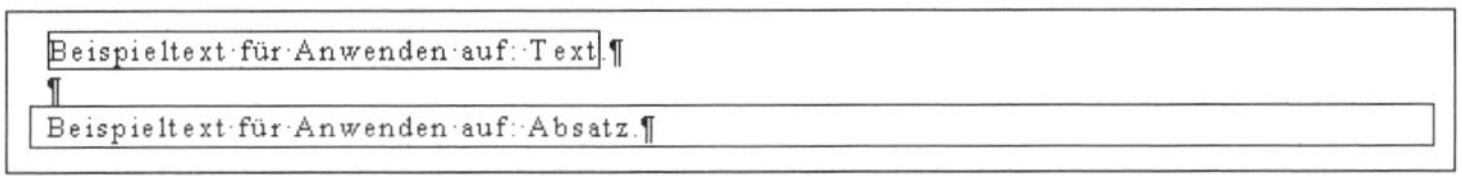

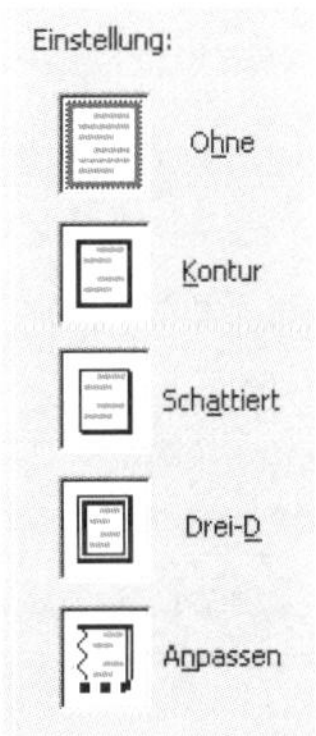

Um einem ausgewählten Text eine Schattierung zuzuweisen, rufen Sie den Menübefehl FORMAT/RAHMEN UND SCHATTIERUNG auf und suchen dann die entsprechenden Optionen für Ausfüllen, Linienart und Farbe auf der Registerkarte *Schattierung* des Dialogfeldes.

- **Ausfüllen**: Hier wird die Farbe für die Schattierung bestimmt. Wenn Sie eine schwarze Schrift mit grauem Schatten hinterlegen, sollte das Grau nicht mehr als 25% betragen, da der Text sonst nur schwer zu lesen ist.
- **Linienart**: Diese Option erlaubt es Ihnen, verschiedene Tönungen (Farbprozente) oder Muster einer zweiten Farbe (im Feld *Farbe* auszuwählen) über der ausgewählten Füllfarbe zuzuweisen. Wenn Sie keine zweite Farbe zuweisen möchten, lassen Sie einfach den Standardwert *Transparent* im Feld *Linienart* stehen.
- **Farbe**: Wenn Sie im Feld *Linienart* ein Muster ausgewählt haben, können Sie hier die Farbe der Linien und Punkte in diesem Muster auswählen.

Sie können Rahmen und Schattierung einem oder mehreren Buchstaben, aber auch Wörtern und ganzen Absätzen zuweisen. Sie müssen nicht beides gemeinsam anwenden, aber in der Regel werden die Merkmale Rahmen und Schattierung gemeinsam verwendet.

Übung 3.19: Ein Plakat entwerfen

Übung macht den Meister. In dieser Übung verwenden Sie die in dieser Lektion erlernten Kenntnisse über Formatierung (Schriftarten, Aufzählung, Rahmen und Schattierung) und Textposition (Ausrichtung und Einzug). Das Ziel ist es, ein Plakat mit Text zu entwerfen.

1) Öffnen Sie ein neues Dokument und schreiben Sie den angegebenen Text.

¶
Jährlicher·Verkauf·der·Arbeiten¶
¶
Zur·Unterstützung·der·ortsansässigen·Pfadfinder¶
¶
Glücksrad¶
Kuchen¶
Bücher¶
Kinderspielplatz¶
¶
¶
¶
Wo:¶
Örtliche·Turnhalle,·Hauptstraße¶
¶
Wann:¶
14:00·Uhr¶
Sonntag·17.·Oktober¶
¶
Eintritt·frei¶
¶
Alle·sind·herzlich·willkommen¶

2) Markieren Sie den Text *Jährlicher Verkauf der Arbeiten* und weisen Sie ihm über den Menübefehl FORMAT/ZEICHEN das Format *Times New Roman, 28 Punkt* und über den Menübefehl FORMAT/ABSATZ das Format *Zentriert* zu.

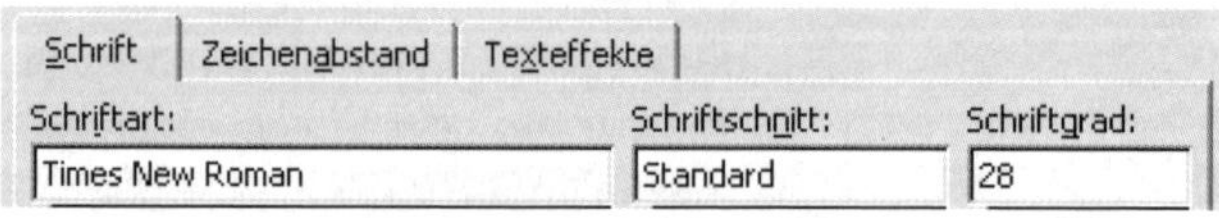

3) Rufen Sie den Menübefehl FORMAT/RAHMEN UND SCHATTIERUNG auf, klicken Sie dann auf *Kontur* und wählen Sie im Feld *Übernehmen für:* den Eintrag *Text.*

4) Wechseln Sie zur Registerkarte *Schattierung* und wählen Sie in der Schattierungstabelle die Farbe *Grau-15%* aus. Achten Sie darauf, dass auch hier im Feld *Übernehmen für:* der Eintrag *Text* ausgewählt ist. Klicken Sie dann auf OK.

5) Wählen Sie nun den Text *Zur Unterstützung der ortsansässigen Pfadfinder* aus. Verwenden Sie die Optionen in der *Format*-Symbolleiste, um den Text zu *zentrieren* und ihn in *Arial 14* Punkt zu ändern.

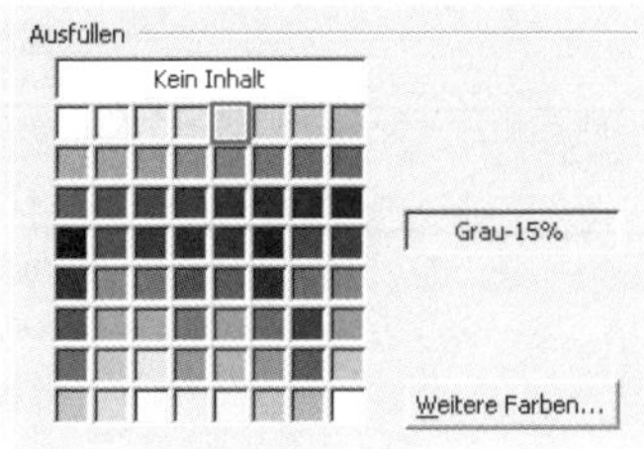

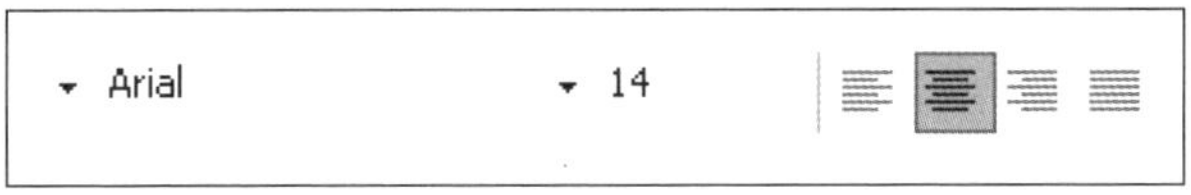

6) Wählen Sie die vier Attraktionen *Glücksrad*, *Kuchen*, *Bücher* und *Kinderspielplatz* aus und ändern Sie diese in *Arial 20* Punkt.

Stellen Sie sicher, dass die Absatzmarke hinter Kinderspielplatz mit ausgewählt ist.

Aufzählungszeichen Pfeil

Wählen Sie den Menübefehl FORMAT/NUMMERIERUNG UND AUFZÄHLUNGSZEICHEN. Auf der Registerkarte *Aufzählungszeichen* wählen Sie die pfeilähnlichen Zeichen als Aufzählungszeichen aus. Eventuell müssen Sie auf die Schaltfläche ANPASSEN klicken, um diese Option zu finden.

7) Die Aufzählung sollte dort platziert werden, wo sie die Aufmerksamkeit auf sich zieht, also zwischen dem rechten und linken Seitenrand.

Weisen Sie aber nicht *Zentriert* als Ausrichtung zu, wie unten dargestellt. Denn die Aufzählung ist einfacher zu lesen, wenn die Aufzählungszeichen untereinander angeordnet sind.

8) Die vier Attraktionen sind immer noch ausgewählt. Rufen Sie den Menübefehl FORMAT/ABSATZ auf und weisen Sie einen linken Einzug von 4,5 cm zu.

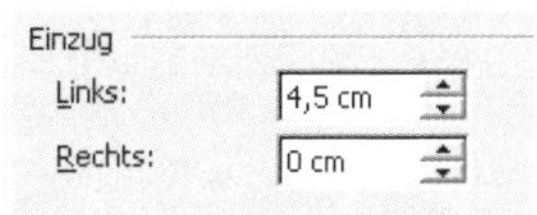

Der Text der Aufzählung erscheint nun linksbündig, aber auf der Mitte der Seite.

9) Wählen Sie den restlichen Text aus und weisen Sie ihm *Arial, 20 Punkt* und *Zentriert* zu.

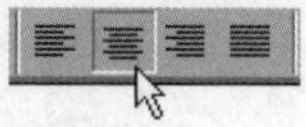

10) Wählen Sie nun nacheinander bei gedrückter `Strg`-Taste die Wörter *Wo, Wann* und *Eintritt frei* aus und klicken Sie auf die Schaltfläche *Fett* in der *Format*-Symbolleiste.

11) Markieren Sie die Wörter *Alle sind herzlich willkommen* und weisen Sie ihnen über die Schaltfläche *Kursiv* den entsprechenden Schriftschnitt zu.

12) Abschließend platzieren Sie die Einfügemarke irgendwo auf der Seite, wählen FORMAT/RAHMEN UND SCHATTIERUNG und aktivieren die Registerkarte *Seitenrand.*

    Wählen Sie hier die Option *Kontur* und im Feld *Übernehmen für* den Eintrag *Gesamtes Dokument.* Klicken Sie nun auf OK.

    Ihr Plakat ist nun fertig gestellt und sollte – nachdem Sie die nicht druckbaren Zeichen ausgeblendet haben – wie das abgebildete Beispiel aussehen. Speichern Sie Ihr Plakat unter einem Namen ab, den Sie leicht behalten und wiedererkennen, beispielsweise *ABPlakat.doc.*

    Wenn Sie über einen Drucker verfügen, drucken Sie Ihr Plakat aus, um Ihr Werk zu begutachten.

Die Zoom-Ansichten in Word

Mit der Zoom-Funktion von *Word* können Sie die Dokumentenansicht vergrößern oder verkleinern. Sie können diese Funktion auf zwei Arten verwenden:

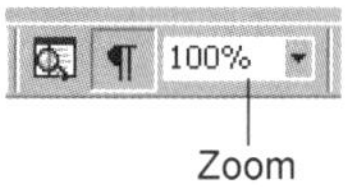

- Klicken Sie auf das *Zoom*-Feld in der *Standard*-Symbolleiste, wählen Sie einen Wert zwischen 10% und 500% aus und drücken Sie die [↵]-Taste.
- Rufen Sie den Menübefehl ANSICHT/ZOOM auf. Ein Dialogfeld wird geöffnet, in dem Sie eine Zoom-Option durch Anklicken auswählen können.

Um von einer vergrößerten oder verkleinerten Ansicht wieder zur Normalgröße zu gelangen, wählen Sie im *Zoom*-Feld den Eintrag *100%*.

Zoom und Drucken

Die Zoom-Funktion hat nur Einfluss auf die Bildschirmdarstellung eines Dokuments und nicht darauf, wie es ausgedruckt wird. In Lektion 3.3 werden Sie mehr über das Drucken von Dokumenten erfahren.

Auf eine Diskette speichern

Haben Sie Ihre Dokumente im Verlauf der Übungen gespeichert? Sie sollten es jedenfalls getan haben. Es ist auch ratsam, eine Kopie Ihrer Arbeit auf Diskette zu speichern. Führen Sie die Schritte in Übung 3.20 aus, um Ihr Plakat auf eine Diskette in Laufwerk A: zu speichern.

Übung 3.20: Ein Word-Dokument auf Diskette speichern

1) Schieben Sie eine Diskette in das Diskettenlaufwerk Ihres Computers.

   Stellen Sie bei einer neuen Diskette sicher, dass diese formatiert ist.

   Wenn die Diskette schon beschrieben ist, stellen Sie sicher, dass genügend Speicherplatz vorhanden ist, um Ihr Plakat darauf abzuspeichern. Die Größe Ihrer Plakatdatei dürfte rund 20 KB betragen.

2) Wählen Sie den Menübefehl DATEI/SPEICHERN UNTER. Wechseln Sie zum Laufwerk A: und klicken Sie auf SPEICHERN. Word schlägt Ihnen den Standardnamen, in diesem Fall *ABPlakat.doc*, vor, den Sie akzeptieren oder ändern können. Falls Sie also die Kopie Ihrer Datei umbenennen möchten, geben Sie hier einen neuen Namen für das Dokument ein.

Wenn Sie damit fertig sind, speichern Sie Ihr Dokument noch einmal über den Menübefehl DATEI/SPEICHERN UNTER an seinem ursprünglichen Ort auf Ihrem Computer ab.

Wenn Sie dies nicht tun, so wird das Dokument bei späteren Speicherungen (über DATEI/SPEICHERN oder die Schaltfläche SPEICHERN in der *Standard*-Symbolleiste) automatisch wieder auf Diskette und nicht auf der Festplatte Ihres Computers gespeichert.

Symbole und Sonderzeichen

Word ermöglicht es Ihnen, Symbole und Sonderzeichen in Ihr Dokument einzufügen.

- **Symbole:** Unter Symbolen versteht man unter anderem die Buchstaben fremder Sprachen mit Akzenten (z.B. á, é, ñ), Brüche und Zeichen, die in der Mathematik und in der Wissenschaft verwendet werden. Welche Symbole Ihnen zur Verfügung stehen, hängt von den unter Windows installierten Schriftarten ab.
- **Sonderzeichen:** Darunter versteht man z.B. das Copyrightzeichen ©, das Registrierzeichen ®, das Trademarkzeichen ™ und typographische Zeichen wie Anführungszeichen etc.

Um ein Symbol oder Sonderzeichen einzufügen:

- Klicken Sie an die Stelle, an der das Zeichen stehen soll.
- Rufen Sie den Menübefehl EINFÜGEN/SYMBOL auf und aktivieren Sie dann eine der Registerkarten *Symbole* oder *Sonderzeichen.*
- Führen Sie einen Doppelklick auf das Zeichen bzw. Symbol aus, das Sie einfügen möchten.
- Klicken Sie auf SCHLIESSEN, um das Dialogfeld zu schließen.

Format übertragen

Die Schaltfläche FORMAT ÜBERTRAGEN, die in Word zur Verfügung steht, ermöglicht es Ihnen, das Format eines ausgewählten Textes schnell und einfach auf einen anderen Text zu übertragen. Führen Sie die folgenden Schritte aus:

Schaltfläche Format übertragen

- Wählen Sie den Text aus, der das Format hat, welches Sie übertragen möchten.
- Klicken Sie auf die Schaltfläche FORMAT ÜBERTRAGEN in der *Standard*-Symbolleiste.
- Wählen Sie nun den Text aus, auf den Sie das Format übertragen möchten.

Um das ausgewählte Format auf verschiedene Textstellen im Dokument zu übertragen, führen Sie einen Doppelklick auf die Schaltfläche FORMAT ÜBERTRAGEN aus.

Wenn Sie mit dem Übertragen des Formats fertig sind, klicken Sie erneut auf die Schaltfläche FORMAT ÜBERTRAGEN oder drücken Sie die [Esc]-Taste in der oberen linken Ecke Ihrer Tastatur.

Übung 3.21: Formatierung kopieren

Sie beginnen diese Übung mit der Aufhebung der Formatierung von zwei Zeilen Ihres Plakats.

1) Wenn Sie das Plakat-Dokument aus der Übung 3.19 nicht geöffnet haben, öffnen Sie es bitte.

Wählen Sie das Wort *Wo* aus, rufen Sie den Menübefehl FORMAT/ZEICHEN auf und wählen Sie dann nacheinander die Einträge, *Times New Roman, Standard* und *10 Punkt* aus. Klicken Sie abschließend auf OK.

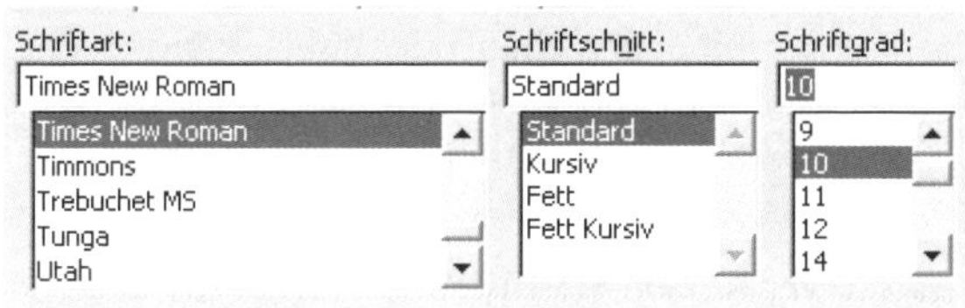

2) Wählen Sie das Wort *Wann* aus und ändern Sie es auch in *10 Punkt*, *Times New Roman, Standard.*

Im nächsten Teil der Übung kopieren Sie die Formatierung eines anderen Teils des Plakats, um Sie den zwei Zeilen, die Sie in Schritt 2 und 3 geändert haben, wieder zuzuweisen.

3) Klicken Sie irgendwo zwischen die Wörter *Eintritt frei.*

4) Doppelklicken Sie in der *Standard*-Symbolleiste auf die Schaltfläche FORMAT ÜBERTRAGEN.

5) Markieren Sie das Wort *Wo.*

6) Markieren Sie anschließend das Wort *Wann.*

7) Drücken Sie auf die [Esc]-Taste, um die Funktion *Format übertragen* wieder auszuschalten.

Nun sieht Ihr Plakat wieder so aus wie vor dieser Übung. Speichern Sie das Plakat, schließen Sie das Dokument und beenden Sie Microsoft Word. Sie haben nun das Lektion 3.2 des ECDL-Moduls *Textverarbeitung* abgeschlossen.

Zusammenfassung der Lektion: Das haben Sie gelernt

Bevor Sie einen Text formatieren oder ausrichten, müssen Sie ihn auswählen. Dazu klicken Sie mit der Maus und ziehen diese über den gewünschten Text. Word stellt ausgewählten Text negativ dar (weißer Text auf schwarzem Hintergrund). Schauen Sie sich dazu das Beispiel in Übung 13.1 an.

Die gebräuchlichsten Formatierungen in Word sind *Fett, Kursiv* und *Unterstrichen*. Schaltflächen für diese Optionen finden Sie in der *Format*-Symbolleiste. Schauen Sie sich dazu die Beispiele in Übung 3.13 und 3.14 an.

Sie können an einer Stelle im Dokument Text kopieren und ihn an einer anderen Stelle (auch in einem anderen Dokument) wieder einfügen. Dies geschieht über die Zwischenablage, einem temporären Speicherort. Sie können Text auch ausschneiden und wieder einfügen. In diesem Fall löscht Word den ausgeschnittenen Text an seiner ursprünglichen Stelle aus dem Dokument. Schauen Sie sich dazu die Beispiele in Übung 3.15 und 3.16 an.

Einzug oder auch *Einrücken* bedeutet, Text in einem bestimmten Abstand zum rechten oder linken Seitenrand oder auch zu beiden Rändern zu verschieben. Mit dem Merkmal *Ausrichten* kann die Position von Text in einem Abschnitt beeinflusst werden, sodass dieser entweder mit dem rechten oder linken Rand bündig abschließt, bis zu beiden Rändern (Blocksatz) oder genau zwischen den beiden Rändern (zentriert) läuft. Schaltflächen für diese Optionen finden Sie in der *Format*-Symbolleiste.

Verwenden Sie Listen für kurze Aussagen oder ein Folge von Anweisungen. Aufzählungslisten, in denen jedem Element ein *Aufzählungszeichen* bzw. -symbol wie z.B. ein Punkt oder eine Raute vorangestellt wird, eignen sich besonders, wenn die Reihenfolge der einzelnen Elemente keine große Rolle spielt. Nummerierte Listen hingegen, bei denen jedem Element eine Zahl (in aufsteigender Reihenfolge) vorangestellt wird, eignen sich für Gebrauchsanweisungen und Anleitungen, bei denen es auf eine genaue Reihenfolge ankommt. Schauen Sie sich dazu die Beispiele in Übung 3.17, 3.18 und 3.19 an.

Schriften sind verschiedene Schriftarten, die auf einen Text angewendet werden können. Serifenschriften eignen sich eher für lange Texte, während serifenlose Schriften vor allem für Überschriften oder Bildunterschriften verwendet werden. Zwei wichtige Schrifteffekte sind Hochgestellt (wird in der Mathematik verwendet) und Tiefgestellt (wird in chemischen Formeln verwendet).

Sie können Ihren Dokumenten ein interessantes Aussehen verleihen, indem Sie mit dekorativen Rahmen und Schattierungen arbeiten. Schauen Sie sich dazu das Beispiel in Übung 3.20 an.

Mit der Zoom-Funktion in Word können Sie die Dokumentenanzeige auf dem Bildschirm vergrößern oder verkleinern, ohne dass dies Auswirkungen beim Drucken hat.

Sie können auch Symbole und Sonderzeichen in Ihren Text einfügen, um z.B. Buchstaben aus anderen Sprachen mit Akzent oder Tilde, Brüche, Zeichen aus Wissenschaft und Mathematik und typographische Zeichen wie Gedankenstriche und Anführungszeichen darzustellen.

Der Word-Befehl *Format übertragen* bietet eine schnelle und bequeme Möglichkeit, um die Formatierung eines bestimmten Textes zu kopieren und auf einen anderen Teil des Textes zu übertragen. Schauen Sie sich dazu das Beispiel in Übung 3.22 an.

Schnelltest: Formatieren, Positionieren und Kopieren von Text

1.	**Um den gesamten Abschnitt in einem Text auszuwählen, ...**
A	führen Sie einen Doppelklick irgendwo im Abschnitt aus.
B	führen Sie einen Dreifachklick irgendwo im Abschnitt aus.
C	halten Sie die `Strg`-Taste gedrückt und führen einen Doppelklick irgendwo im Abschnitt aus.

2.	**Sie können die Formatierungen Fett, Kursiv und Unterstrichen zuweisen, indem Sie Schaltflächen der Format-Symbolleiste verwenden.**
A	Richtig
B	Falsch

3.	**Die Tastenkombination zum Kopieren von Text ist:**
A	`Strg`+`V`
B	`Strg`+`P`
C	`Strg`+`C`

4.	**Welche zwei Möglichkeiten der unten beschriebenen dienen dazu, einer Liste Aufzählungszeichen hinzuzufügen?**
A	Klicken Sie auf die Schaltfläche AUFZÄHLUNGSZEICHEN in der *Format*-Symbolleiste, geben Sie Ihre Liste ein, und klicken Sie erneut auf die Schaltfläche AUFZÄHLUNGSZEICHEN, um die Auswahl aufzuheben.
B	Schreiben Sie Ihre Liste, wählen Sie sie aus und klicken Sie auf die Schaltfläche AUFZÄHLUNGSZEICHEN in der *Format*-Symbolleiste.
C	Schreiben Sie die Liste und markieren Sie sie. Rufen Sie den Menübefehl FORMAT/NUMMERIERUNG UND AUFZÄHLUNGSZEICHEN auf, wählen Sie einen Aufzählungszeichentyp aus und klicken Sie auf OK.
D	Schreiben Sie Ihre Liste, klicken Sie irgendwo in die Liste und klicken Sie dann auf die Schaltfläche Aufzählungszeichen auf der Formatsymbolleiste.

5.	**Um einen Abschnitt mit einem Rahmen zu versehen, ...**
A	Klicken Sie irgendwo in den Abschnitt, rufen Sie den Menübefehl FORMAT/RAHMEN und Schattierung auf und klicken Sie dann auf OK.
B	Klicken Sie irgendwo in den Absatz, rufen Sie den Menübefehl FORMAT/RAHMEN und Schattierung auf, wählen Sie den Rahmen aus, den Sie anwenden möchten. Wählen Sie dann Absatz im Übernehmen für Feld. Klicken Sie auf OK.
C	Rufen Sie den Menübefehl FORMAT/RAHMEN und Schattierung auf, wählen Sie dann den Rahmentyp und klicken Sie auf OK. Wählen Sie nun den Absatz aus, auf den Sie den Rahmen anwenden möchten.

6.	**Wenn Sie den Zoom auf 150% stellen, wird auch Ihr Ausdruck des Dokuments in dieser Vergrößerung gedruckt.**
A	Richtig
B	Falsch

Lektion 3.3: Umfangreiche Dokumente, kleine Details

In dieser Lektion

Für den Schreiber wie für den Leser gibt es bei umfangreichen Dokumenten Probleme, die bei kurzen Texten nicht auftreten. Word bietet einige Möglichkeiten, um das Leben ein wenig zu erleichtern.

Um Ihnen bei der Eingabe von langen Texten behilflich zu sein, stellt Word eine Rechtschreib- und Grammatiküberprüfung sowie eine *Suchen/Ersetzen*-Funktion zur Verfügung.

Sie können dem Leser helfen, sich in Ihren Dokumenten zurechtzufinden, indem Sie Seitenzahlen und andere Details in Kopf- oder Fußzeilen einfügen.

Darüber hinaus werden Sie in dieser Lektion erfahren, wie Sie den vertikalen Abstand zwischen Zeilen und Absätzen steuern, wie Sie neue Einzüge festlegen, um Abstände zwischen Absätzen hervorzuheben, und wie Sie Zeilen- und Seitenwechsel einfügen.

Neue Fähigkeiten

Am Ende dieser Lektion sollten Sie in der Lage sein,

- die Abstände zwischen Zeilen und Absätzen zu verändern,
- einen Erstzeileneinzug im Absatz anzuwenden,
- einen hängenden Einzug im Absatz anzuwenden,
- Text zu suchen und zu ersetzen (auch formatierten Text und Sonderzeichen),
- Seitenränder und Papierformat anzupassen,
- Kopf- und Fußzeilen zu erstellen und zu formatieren,
- Seitenzahlen und andere Details in Kopf- oder Fußzeilen einzufügen,
- manuelle Zeilen- und Seitenwechsel einzufügen,
- die Rechtschreib- und Grammatikprüfung in Word zu verwenden
- und die Druckoptionen in Word zu benutzen.

Neue Wörter

Am Ende dieser Lektion sollten Sie in der Lage sein, folgende Begriffe zu erklären:

- Zeilenabstand
- Seitenrand
- Abstand zwischen Absätzen
- A4-Format
- Erstzeileneinzug
- Kopf- und Fußzeile
- Hängender Einzug

Ein umfangreiches Dokument erstellen

Um den Umgang mit umfangreichen Dokumenten in Word zu erlernen, benötigen Sie ein etwas größeres Beispieldokument.

Übung 3.22: Einen Text schreiben und mehrmals kopieren

1) Öffnen Sie Word und rufen Sie den Menübefehl DATEI/NEU auf.

2) Schreiben Sie den folgenden Text in das leere Dokument.

   Internationaler Standard für PC-Anwender

   Sie kennen sich in manchen Anwendungen aus, aber es fällt Ihnen schwer, klar zu formulieren, welche Kenntnisse Sie tatsächlich haben.

   Sie sind auch davon überzeugt, dass Sie Ihren PC effizient nutzen können, aber Sie haben keine Möglichkeit, das zu dokumentieren. In Stellenanzeigen ist oft von PC-Kenntnissen die Rede. Aber was bedeutet das eigentlich? Und wie können Sie sicher sein, diesen Anforderungen gerecht zu werden?

3) Beachten Sie dabei bitte auch die Absatzschaltungen.

Internationaler·Standard·für·PC-Anwender¶

Sie·kennen·sich·in·manchen·Anwendungen·aus,·aber·es·fällt·Ihnen·schwer,·klar·zu·formulieren,·welche·Kenntnisse·Sie·tatsächlich·haben.¶

¶

Sie·sind·auch·davon·überzeugt,·dass·Sie·Ihren·PC·effizient·nutzen·können,·aber·Sie·haben·keine·Möglichkeit,·das·zu·dokumentieren.·In·Stellenanzeigen·ist·oft·von·PC-Kenntnissen·die·Rede.·Aber·was·bedeutet·das·eigentlich?·Und·wie·können·Sie·sicher·sein,·diesen·Anforderungen·gerecht·zu·werden?¶

4) Setzen Sie die Einfügemarke an den Anfang der ersten Zeile und drücken Sie die [↵]-Taste, um eine neue Zeile einzufügen. Setzen Sie die Einfügemarke an den Anfang dieser neuen Zeile.

5) Halten Sie die [Strg]-Taste gedrückt und klicken Sie gleichzeitig in den linken Rand der Seite, wo sich kein Text befindet. Der gesamte Text im Dokument wird markiert.

¶

Internationaler·Standard·für·PC-Anwender¶

Sie·kennen·sich·in·manchen·Anwendungen·aus,·aber·es·fällt·Ihnen·schwer,·klar·zu·formulieren,·welche·Kenntnisse·Sie·tatsächlich·haben.¶

¶

Sie·sind·auch·davon·überzeugt,·dass·Sie·Ihren·PC·effizient·nutzen·können,·aber·Sie·haben·keine·Möglichkeit,·das·zu·dokumentieren.·In·Stellenanzeigen·ist·oft·von·PC-Kenntnissen·die·Rede.·Aber·was·bedeutet·das·eigentlich?·Und·wie·können·Sie·sicher·sein,·diesen·Anforderungen·gerecht·zu·werden?¶

6) Wählen Sie den Menübefehl BEARBEITEN/KOPIEREN, um den Text in die Zwischenablage zu kopieren. Heben Sie die Textauswahl auf, indem Sie an eine beliebige Stelle des Dokuments klicken.

7) Setzen Sie die Einfügemarke nach unten ans Ende des zweiten Absatzes und drücken Sie zweimal die [↵]-Taste. Die Einfügemarke rutscht zwei Zeilen nach unten.

8) Der Text, den Sie in die Zwischenablage kopiert haben, befindet sich immer noch dort. Wählen Sie den Menübefehl BEARBEITEN/EINFÜGEN, um ihn einzufügen.

9) Wiederholen Sie die Schritte 7 und 8 achtzehnmal, um ein umfangreiches Dokument von vier Seiten zu erzeugen.

10) Rufen Sie den Menübefehl DATEI/SPEICHERN auf, um das Dokument unter einem Namen abzuspeichern, den Sie leicht behalten können, beispielsweise *ABlang.doc*.

Zeilenabstand

Als Zeilenabstand bezeichnet man den vertikalen Abstand zwischen den Zeilen innerhalb eines Absatzes in einem Text. Als Standard weist Word immer einen einfachen Zeilenabstand zu. Sie können den Abstand eines ausgewählten Textabschnitts aber auch vergrößern, indem Sie den Menübefehl FORMAT/ABSATZ aufrufen und dann im Feld *Zeilenabstand* einen der Einträge *1,5 Zeilen* oder *Doppelt* auswählen.

Wahlweise können Sie auch eine Schriftgröße im Feld *Maß* eingeben und im Feld *Zeilenabstand* den Wert *Mindestens* auswählen. Als gute Regel gilt: Der Zeilenabstand sollte immer ein Punkt mehr als die Schriftgröße betragen. Wenn Ihr Text in 10 Punkt geschrieben ist, so sollte der Zeilenabstand 11 Punkt betragen.

Zeilenabstand

Der vertikale Abstand zwischen den Zeilen innerhalb eines Absatzes in einem Text. Die Standardeinstellung in Word ist ein einfacher Zeilenabstand.

Beispiele für Zeilenabstände:
Einfach
1,5 Zeilen
Doppelt

Eine Zusammenfassung eines Onlinedokuments können Sie lesen, wenn Sie das Dokument in der Ansicht **AutoZusammenfassen** anzeigen lassen. In dieser Ansicht können Sie zwischen einer Anzeige, bei der nur die Schwerpunkte angezeigt werden (der übrige Teil des Dokuments bleibt ausgeblendet), und einer	Eine Zusammenfassung eines Onlinedokuments können Sie lesen, wenn Sie das Dokument in der Ansicht **AutoZusammenfassen** anzeigen lassen. In dieser Ansicht können Sie zwischen einer Anzeige, bei der nur	Eine Zusammenfassung eines Onlinedokuments können Sie lesen, wenn Sie das Dokument in der Ansicht **AutoZusammenfassen** anzeigen lassen. In

Abstände zwischen Absätzen

Das Betätigen der [↵]-Taste zum Einfügen einer neuen Zeile ist ein eher grober Weg, um den Abstand zwischen zwei Absätzen in Ihrem Dokument zu steuern.

Bei umfangreicheren Dokumenten bietet es sich jedoch an, diesen Abstand im Dialogfeld zum Menübefehl FORMAT/ABSATZ einzustellen. Hier können Sie einen Wert für den Abstand vor und nach einem Absatz eingeben.

- Für den Textkörper tragen Sie einen Wert in das Feld *Nach* ein (der Wert sollte etwas höher als der Schriftgrad des Textes ein), um den nächsten Absatz vom vorherigen zu trennen.
- Für Überschriften tragen Sie einen Wert in das Feld *Vor* ein. So bleibt über der Überschrift immer noch Raum frei. Auf diese Weise heben sich die Überschriften vom restlichen Text noch weiter ab.

Beispiel für erzeugte Abstände zwischen Absätzen. Einmal mit und einmal ohne zusätzliche Absatzmarke

Eine· Zusammenfassung· eines· Onlinedokuments· können· Sie· lesen,· wenn· Sie· das· Dokument· in· der· Ansicht· **AutoZusammenfassen**·anzeigen·lassen.·¶ ¶ In· dieser· Ansicht· können· Sie· zwischen· einer· Anzeige,· bei· der· nur· die· Schwerpunkte· angezeigt· werden· (der· übrige· Teil· des· Dokuments· bleibt· ausgeblendet),·und·einer·¤	Eine·Zusammenfassung· eines·Onlinedokuments· können·Sie·lesen,·wenn·Sie· das·Dokument·in·der·Ansicht·**Auto Zusammenfassen**·anzeigen·lassen.¶ In·dieser·Ansicht·können· Sie·zwischen·einer·Anzeige,· bei·der·nur·¤

Abstand zwischen Absätzen

Der Abstand zwischen zwei aufeinander folgenden Absätzen.

Eine andere Möglichkeit, in umfangreichen Texten den Beginn eines neuen Absatzes zu kennzeichnen, besteht darin, den Abstand für Textkörper auf null zu setzen und stattdessen die erste Zeile eines Absatzes einzurücken. Mehr dazu erfahren Sie im nächsten Abschnitt.

Erstzeileneinzug

Sie haben bereits gelernt, wie man einen ausgewählten Absatz von der rechten und/oder linken Seite her einrückt. Mit Word können Sie aber auch nur die erste Zeile eines Absatzes einrücken. Die erste Zeile bekommt dadurch, verglichen mit dem restlichen Absatz, einen größeren Abstand zum linken Rand.

Übung 3.23: Einen Erstzeileneinzug erstellen

Sie werden einen Erstzeileneinzug verwenden, um zwei Absätze eines Textkörpers voneinander zu trennen.

1) Wählen Sie den zweiten Absatz Ihres Beispieltextes aus.

Sie·sind·auch·davon·überzeugt,·dass·Sie·Ihren·PC·effizient·nutzen·können,·aber·Sie·haben· keine·Möglichkeit,·das·zu·dokumentieren.·In·Stellenanzeigen·ist·oft·von·PC-Kenntnissen· die·Rede.·Aber·was·bedeutet·das·eigentlich?·Und·wie·können·Sie·sicher·sein,·diesen· Anforderungen·gerecht·zu·werden?¶

2) Rufen Sie den Menübefehl FORMAT/ABSATZ auf.

3) Auf der Registerkarte *Einzüge und Abstände* wählen Sie im Feld *Sondereinzug* die Option *Erste Zeile* aus. Im Feld *Um* geben Sie den Wert *1 cm* ein und klicken dann auf OK.

4) Löschen Sie die Absatzmarke über dem eingerückten Absatz. Ihr Text sollte nun so aussehen.

Sie·sind·auch·davon·überzeugt,·dass·Sie·Ihren·PC·effizient·nutzen·können,·aber·Sie·haben·keine·Möglichkeit,·das·zu·dokumentieren.·In·Stellenanzeigen·ist·oft·von·PC-Kenntnissen·die·Rede.·Aber·was·bedeutet·das·eigentlich?·Und·wie·können·Sie·sicher·sein,·diesen·Anforderungen·gerecht·zu·werden?¶

5) Machen Sie das Einrücken der ersten Zeile und das Löschen der Absatzmarke rückgängig, indem Sie zweimal den Menübefehl BEARBEITEN/RÜCKGÄNGIG aufrufen. Der Befehl RÜCKGÄNGIG in Word kann nicht nur Schreib- und Bearbeitungsaktionen rückgängig machen, sondern auch Formatierungs- und Positionsoperationen.

Ihr Beispieltext sollte nun wie vor dieser Übung aussehen.

Erstzeileneinzug

Die Positionierung der ersten Zeile eines Absatzes in einem größeren Abstand zum linken Rand als der restliche Text desselben Absatzes.

Wenn Sie den Erstzeileneinzug verwenden, um Absätze voneinander zu trennen, setzen Sie den Abstand zwischen den Absätzen auf 0 oder höchstens 1 oder 2 Punkt. Wenden Sie den Erstzeileneinzug nicht bei einem Absatz direkt nach einer Überschrift an.

Hängender Einzug

Man spricht von einem hängenden Einzug, wenn alle Zeilen außer der ersten eingerückt sind. Ein hängender Einzug wird manchmal bei Listen wie Bibliografien verwendet. Hier ein Beispiel:

Rainer·Maria·Rilke,·Katharina·Kippenberg.·Briefwechsel.·Hg·von·Bettina·von·Bomhard.·Wiesbaden·1954¶
Rainer·Maria·Rilke·und·Marie·von·Thurn·und·Taxis.·Briefwechsel.·2·Bde.·Zürich·und·Wiesbaden·1951¶

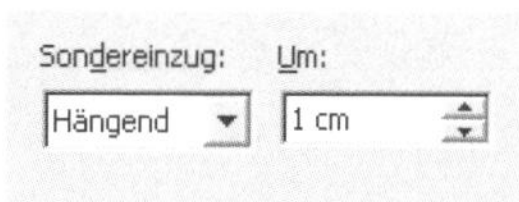

Üben Sie das Erzeugen eines hängenden Einzugs am Beispieltext, indem Sie den Menübefehl FORMAT/ABSATZ aufrufen und dann im Feld *Sondereinzug* den Eintrag *Hängend* auswählen und im Feld *Um* einen Wert eintragen. Machen Sie am Ende alle vorgenommenen Änderungen im Dokument wieder rückgängig.

Hängender Einzug

Alle Zeilen eines Absatzes außer der ersten Zeile sind eingerückt. Wird gelegentlich bei Listen angewendet.

Text suchen

Müssen Sie auf die Schnelle ein bestimmtes Wort oder einen bestimmten Satz in einem umfangreichen Dokument suchen? Die *Suchen*-Funktion von Word hilft Ihnen dabei und bringt Sie direkt an die gesuchte Textstelle im Dokument.

Standardmäßig durchsucht Word das gesamte Dokument. Um die Suche auf einen bestimmten Teil des Textes einzugrenzen, markieren Sie zunächst den Teil des Textes, den Word durchsuchen soll. Wenn Word die Suche für den ausgewählten Bereich beendet hat, werden Sie gefragt, ob der Suchvorgang für das restliche Dokument fortgesetzt werden soll.

Die Grundlagen

Rufen Sie den Menübefehl BEARBEITEN/SUCHEN auf, um das Dialogfeld *Suchen und Ersetzen* zu öffnen. Im Feld *Suchen nach* tragen Sie denjenigen Text ein (oder fügen Sie ihn über die Zwischenablage ein), nach dem Sie suchen möchten, und klicken dann auf die Schaltfläche WEITERSUCHEN.

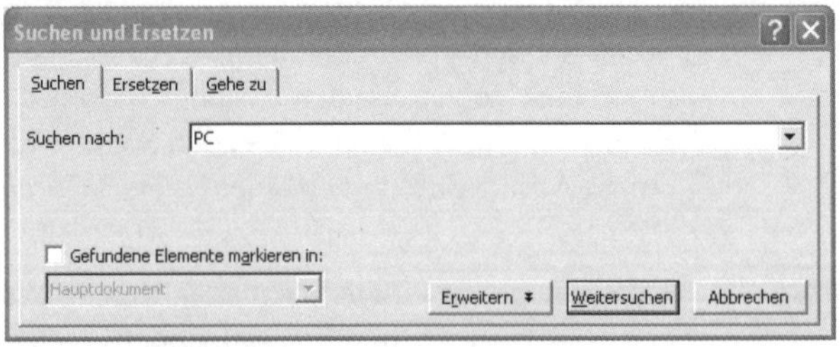

Word sucht nun nach der ersten Übereinstimmung in Ihrem Dokument. Das Dialogfeld bleibt auf dem Bildschirm geöffnet. Klicken Sie auf WEITERSUCHEN, um die Suche nach weiteren Übereinstimmungen fortzusetzen, oder klicken Sie auf ABBRECHEN, um die Suche zu beenden und das Dialogfeld zu schließen. Üben Sie diesen Vorgang, indem Sie in Ihrer Beispieldatei nach dem Wort *Dokument* suchen.

Besondere Optionen

Standardmäßig sucht und findet Word sowohl Teile eines Wortes als auch ganze Wörter. Wenn Sie also nach *Dokument* suchen, findet Word auch *Dokumentes* oder *dokumentieren*. Sie können Word aber auch anweisen, dass es nur nach ganzen Wörtern suchen soll. Klicken Sie dazu auf ERWEITERN und aktiveren dann das Kontrollkästchen *Nur ganzes Wort suchen*.

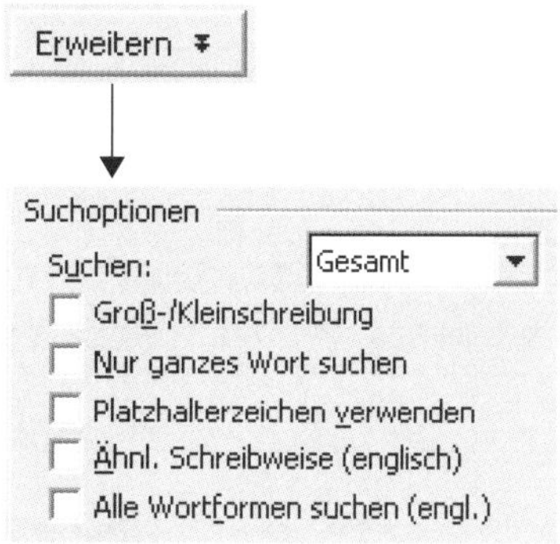

Eine andere Möglichkeit besteht darin, das Kontrollkästchen *Groß-/Kleinschreibung* zu aktivieren. Wenn Sie dann nach *Dokument* suchen, werden Schreibweisen wie *dokument* oder *DOKUMENT* bei der Suche nicht berücksicht.

Um Absatzmarken, Tabstopps oder andere nicht druckbare Zeichen zu finden, klicken Sie auf die Schaltfläche SONSTIGES und wählen dann das entsprechende Zeichen aus.

Formate

Sie können *Word* auch nach Text suchen lassen, der mit einem bestimmten Format übereinstimmt. Wählen Sie ERWEITERT und dann FORMAT. Suchen Sie nun aus der Liste das Format aus, nach dem Sie suchen möchten.

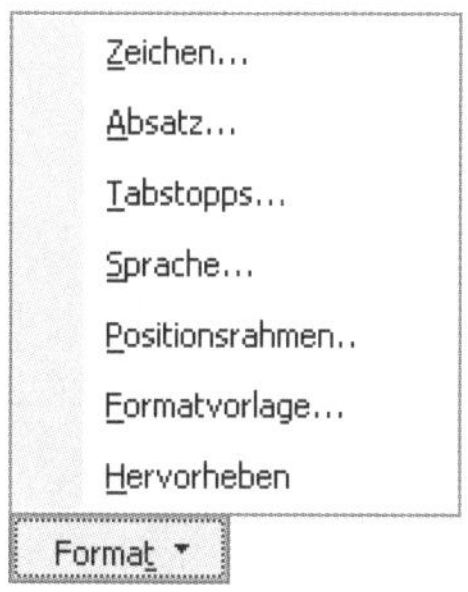

Text suchen und ersetzen

Es kann vorkommen, dass Sie ein bestimmtes Wort oder einen Satz im Text finden und immer durch ein anderes Wort bzw. einen anderen Satz ersetzen möchten – wenn Sie z.B. das ganze Dokument hindurch ein Wort falsch geschrieben haben oder im gesamten Dokument das Wort *Menschen* durch *Leute* ersetzen möchten.

Rufen Sie den Menübefehl BEARBEITEN/ERSETZEN auf, um Text zu ersetzen. Tragen Sie im Feld *Suchen nach* den Text ein, der ersetzt werden soll, und geben Sie im Feld *Ersetzen durch* den Ersatztext an.

Zwei Methoden des Ersetzens

Auf der Registerkarte *Ersetzen* des Dialogfeldes *Suchen und Ersetzen* werden Ihnen zwei Möglichkeiten angeboten:

- **Ersetzen:** Word ersetzt nacheinander die gefundenen Übereinstimmungen im Text. Bei jeder gefundenen Übereinstimmung fragt Word nach, ob Sie den gefundenen Text ersetzen möchten. Das ist also der *sichere* Weg.

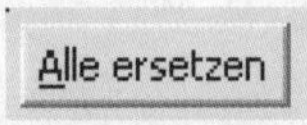

- **Alle ersetzen:** Word ersetzt alle gefundenen Textstellen in einem Arbeitsschritt. Sie sollten diese Möglichkeit nur dann verwenden, wenn Sie wirklich sicher sind, dass Sie jede mit den Suchkriterien übereinstimmende Textstelle ersetzen möchten.

Besondere Optionen

Alles, was Sie über die *Suchen*-Funktion finden können, kann auch durch den Befehl BEARBEITEN/ERSETZEN ersetzt werden. Dazu gehören auch Formatierungen, Tabulatorzeichen und andere Sonder- und nicht druckbare Zeichen.

Übung 3.24: Text suchen und ersetzen

In dieser Übung lernen Sie anhand Ihrer umfangreichen Beispieldatei das *Suchen und Ersetzen* von Text.

1) In Ihrem Text haben Sie immer die Abkürzung *PC* verwendet. Nun möchten Sie aber lieber *Computer* an Stelle von *PC* schreiben.

   Statt nun alle Vorkommen von *PC* per Hand zu ersetzen, gehen Sie wie folgt vor.

2) Setzen Sie die Einfügemarke an den Anfang der ersten Zeile des Dokuments und rufen Sie den Menübefehl BEARBEITEN/ERSETZEN auf.

3) Tippen Sie *PC* in das Feld *Suchen nach* ein.

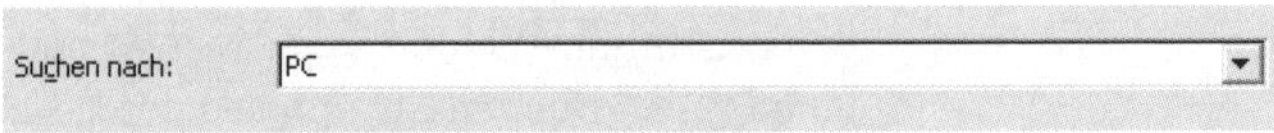

4) Schreiben Sie *Computer* in das Feld *Ersetzen durch.*

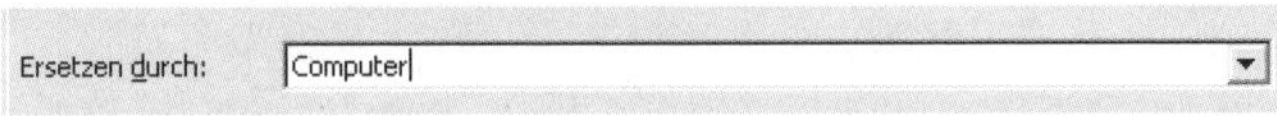

5) Klicken Sie auch auf die Schaltfläche ERWEITERN und aktivieren Sie das Kontrollkästchen *Groß-/Kleinschreibung*. Sonst werden alle *PC* durch *COMPUTER* ersetzt.

6) Klicken Sie auf die Schaltfläche ALLE ERSETZEN.

   Word wendet nun den SUCHEN UND ERSETZEN-Befehl auf das gesamte Dokument an. Das ist sehr viel einfacher, als wenn Sie jedes Vorkommen einzeln korrigieren würden.

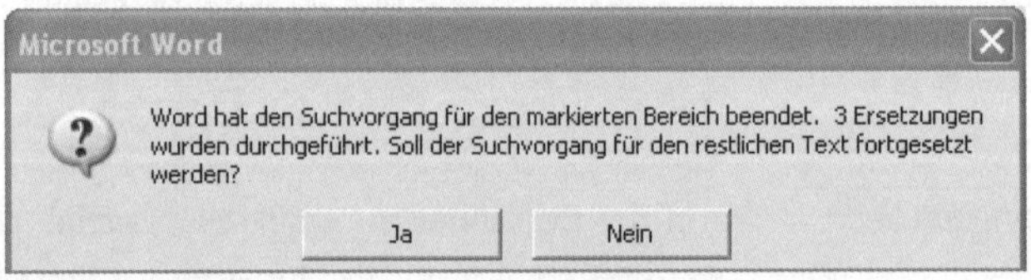

7) Am Ende zeigt Word ein Dialogfeld an, ähnlich dem der Abbildung. Klicken Sie auf OK, um das Dialogfeld zu schließen.

8) Schließen Sie das Dialogfeld *Suchen und Ersetzen*, indem Sie auf das Schließfeld klicken.

Übung 3.25: Formatierung suchen und ersetzen

In dieser Übung verwenden Sie die Word-Funktion *Suchen und Ersetzen*, um alle Überschriften in Ihrem langen Beispieltext umzuformatieren.

1) Setzen Sie die Einfügemarke an den Anfang der ersten Zeile des Dokuments und rufen Sie den Menübefehl BEARBEITEN/ERSETZEN auf.

2) Auf der Registerkarte *Ersetzen* steht im *Suchen nach*-Feld immer noch der Text aus Übung 3.24. Klicken Sie in dieses Feld, löschen Sie den Text und schreiben Sie *Internationaler Standard für Computer-Anwender.*

3) Klicken Sie in das Feld *Ersetzen durch* und löschen Sie den darin enthaltenen Text.

4) Klicken Sie auf die Schaltfläche ERWEITERN und dann auf FORMAT.

   Sie brauchen nicht noch einmal den ganzen Text zu schreiben, sondern nur noch das neue Format anzugeben.

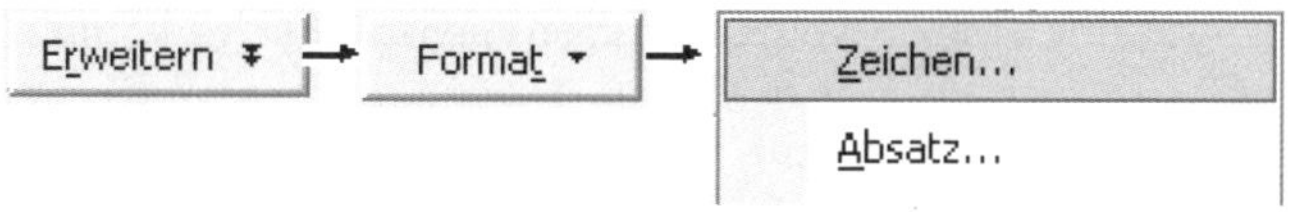

5) Wählen Sie hier den Menüeintrag ZEICHEN aus und im geöffneten Dialogfeld *Zeichen ersetzen* die Einträge *Arial, Fett* und *14* Punkt. Klicken Sie auf OK.

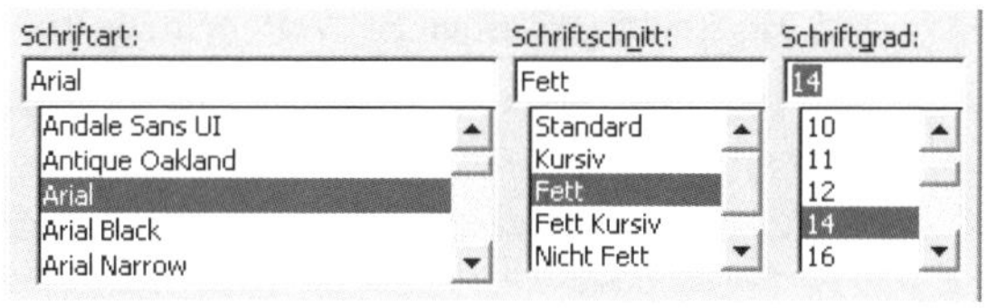

6) Klicken Sie auf ALLE ERSETZEN.

Word ersetzt automatisch alle Vorkommen der Überschrift und setzt das neue Format ein. Klicken Sie auf die Schaltfläche SCHLIESSEN, um das Dialogfeld wieder zu verlassen.

Übung 3.26: Sonderzeichen finden und ersetzen

In dieser Übung werden Sie die Absatzmarke, welche die zwei Absätze Ihres Beispieltextes trennt, entfernen.

1) Setzen Sie die Einfügemarke an den Anfang der ersten Zeile des Dokuments und rufen Sie den Menübefehl BEARBEITEN/ERSETZEN auf.

2) Auf der Registerkarte *Ersetzen* steht im *Suchen nach*-Feld immer noch der Text aus Übung 3.25. Drücken Sie die `Entf`-Taste, um den Text zu löschen.

3) Während sich die Einfügemarke im Feld *Suchen nach* befindet, klicken Sie auf die Schaltfläche ERWEITERT, dann auf SONSTIGES und wählen dann im geöffneten

Menü den Eintrag *Absatzmarke* aus. Klicken Sie erneut auf SONSTIGES und wählen Sie aus der Liste noch einmal *Absatzmarke* aus.

Das Feld *Suchen nach* sollte nun zwei Symbole für *Absatzmarke* enthalten.

4) Klicken Sie in das Feld *Ersetzen durch*. Klicken Sie auch auf *Keine Formatierung*, damit alle Formate, die Sie in Übung 3.25 ausgewählt haben, gelöscht werden.
5) Während sich die Einfügemarke im Feld *Ersetzen durch* befindet, klicken Sie auf die Schaltfläche ERWEITERT, dann auf *Sonstige* und wählen Sie *Absatzmarke* aus der Liste aus.

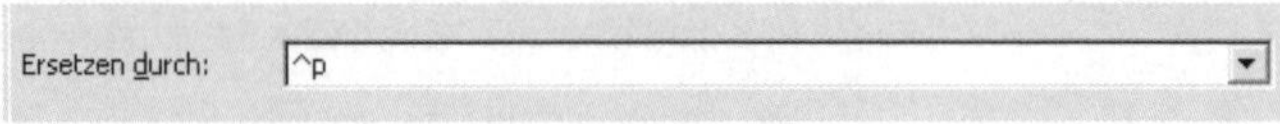

6) Klicken Sie dann auf ALLE ERSETZEN.

Word ersetzt automatisch alle Vorkommen von zwei aufeinander folgenden Absatzmarken durch eine. Klicken Sie auf SCHLIESSEN, um das Dialogfeld wieder zu verlassen.

Übung 3.27: Textpositionen suchen und ersetzen

In dieser Übung weisen Sie allen auftretenden zweiten Absätzen des Beispieltextes einen Erstzeileneinzug zu.

1) Setzen Sie die Einfügemarke an den Anfang der ersten Zeile des Dokuments und wählen Sie den Menübefehl BEARBEITEN/ERSETZEN.
2) Auf der Registerkarte *Ersetzen* steht im *Suchen nach*-Feld immer noch der Text aus Übung 3.26. Klicken Sie in dieses Feld, löschen Sie den Text und schreiben Sie die beiden ersten Wörter *Sie sind* des zweiten Absatzes des Beispieltextes.
3) Klicken Sie in das Feld *Ersetzen durch*, löschen Sie den darin enthaltenen Text aus Übung 3.26 und schreiben Sie auch hier *Sie sind.*

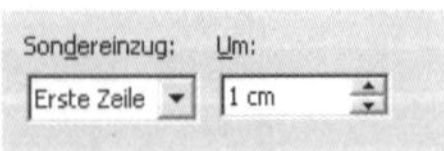

4) Während sich die Einfügemarke im Feld *Ersetzen durch* befindet, klicken Sie zunächst auf die Schaltfläche FORMAT, wählen im Menü den Eintrag ABSATZ und definieren dann einen Sondereinzug für *Erste Zeile* von 1 cm. Klicken Sie auf OK.

   Ihr *Suchen und Ersetzen*-Dialogfeld sollte nun so aussehen.

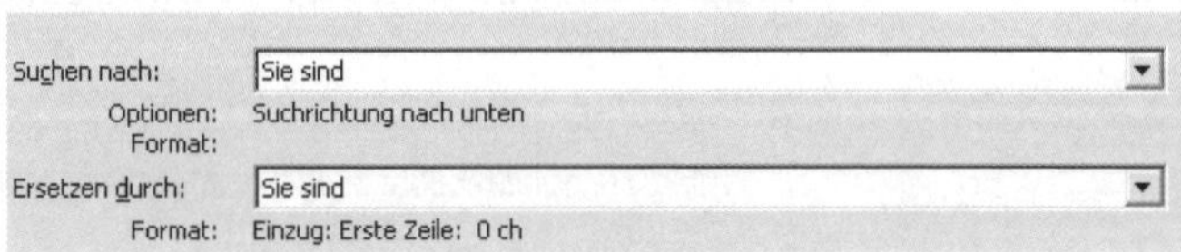

5) Klicken Sie auf die Schaltfläche ALLE ERSETZEN.

   Word rückt nun die erste Zeile des jeweils zweiten Absatzes Ihres Beispieltextes ein.

6) Klicken Sie auf OK, um die Ersetzungen zu akzeptieren, und dann auf SCHLIESSEN, um das Dialogfeld zu verlassen. Ihr Text sollte nun wie das Beispiel unten aussehen.

Internationaler·Standard·für·Computer-Anwender¶
Sie·kennen·sich·in·manchen·Anwendungen·aus,·aber·es·fällt·Ihnen·schwer,·klar·zu·formulieren,·welche·Kenntnisse·Sie·tatsächlich·haben.¶
Sie·sind·auch·davon·überzeugt,·dass·Sie·Ihren·Computer·effizient·nutzen·können,·aber·Sie·haben·keine·Möglichkeit,·das·zu·dokumentieren.·In·Stellenanzeigen·ist·oft·von·Computer-Kenntnissen·die·Rede.·Aber·was·bedeutet·das·eigentlich?·Und·wie·können·Sie·sicher·sein,·diesen·Anforderungen·gerecht·zu·werden?¶

Sie haben die Übung zum Suchen und Ersetzen hiermit abgeschlossen. Speichern Sie Ihr langes Dokument und lassen Sie es geöffnet.

Seite einrichten

Sie haben gelernt, wie man Text an der richtigen Stelle positioniert, wie man Text ausrichtet und Zeilen- bzw. Absatzabstände kontrolliert.

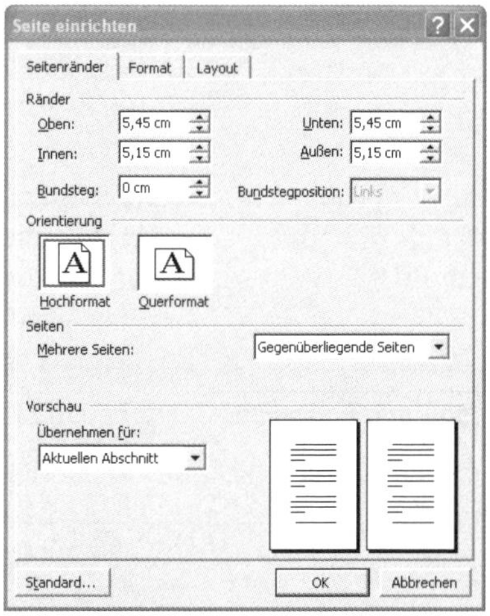

Wie aber steht es mit der Seite, also dem Stück Papier, auf dem der Text erscheinen soll? Welche Optionen kann Word Ihnen hier bieten?

Rufen Sie den Menübefehl DATEI/SEITE EINRICHTEN auf. Es erscheint ein Dialogfeld mit vier Registerkarten, über die Sie eine Seite einrichten können. Zum jetzigen Zeitpunkt sind nur zwei dieser Registerkarten für uns interessant: *Seitenränder* und *Format*.

Registerkarte Seitenränder

Seitenränder werden hier durch gestrichelte Linien dargestellt.

Als Seitenrand bezeichnet man den Abstand vom Papierrand zu der Stelle, an der Text bzw. Grafik eingefügt wird.

Die Standardwerte in Word liegen bei 2,5 cm für die Ränder oben, rechts und links und bei 2 cm für den unteren Rand. Diese Einstellung eignet sich für die meisten Briefe und Geschäftsdokumente. Wenn Sie Briefe auf Geschäftspapier drucken, das z.B. schon Absender, Firmenlogo etc. enthält, müssen Sie die Seitenränder so einstellen, dass Ihr Text außerhalb dieses schon »bedruckten« Bereichs liegt, um zu verhindern, dass der Text Ihres Dokument nicht in diesen Bereich gedruckt wird.

Sie können die Seitenränder Ihres Dokuments jederzeit verändern und Ihre neuen Einstellungen zu Standardeinstellungen machen, indem Sie im Dialogfeld *Seite einrichten* auf die Schaltfläche STANDARD klicken.

Seitenrand

Der Abstand von Textkörper oder Grafik zum tatsächlichen Papierrand. Sie können in Word verschiedene Abstände für den oberen, unteren, linken und rechten Rand bestimmen.

Papierformat

Verwenden Sie auf der Registerkarte *Format* die Einstellung für das europäische Standardpapierformat A4 (21 cm breit und 29,7 cm hoch). A4 wird für fast alle Briefe und Geschäftsdokumente verwendet.

A4

Das Standardpapierformat für die meisten Briefe und Geschäftsdokumente in Europa.

Die Symbolschaltflächen für *Orientierung* beziehen sich darauf, wie das Dokument ausgedruckt werden soll. Dazu steht sowohl das *Hochformat* als auch das *Querformat* zur Verfügung. Briefe und die meisten anderen Dokumente werden im Hochformat gedruckt.

Kopf- und Fußzeilen

Kopf- und Fußzeilen gibt es am oberen und unteren Rand jeder Seite eines Dokuments (üblicherweise jedoch nicht auf Deckblättern und Inhaltsverzeichnissen).

Wenn Sie sich einmal veröffentlichte Dokumente ansehen, so werden Sie feststellen, dass sich in den Kopf- bzw. Fußzeilen in der Regel Informationen wie Dokumententitel, Firmenname, Name des Autors und vielleicht eine Versions- oder Entwurfsnummer zu finden sind. Normalerweise sind in der Kopf- oder Fußzeile auch die einzelnen Seitenzahlen zu finden. Mit der Seitennummerierung werden wir uns im nächsten Abschnitt noch näher beschäftigen.

Word platziert Kopf- und Fußzeilen in die über den Befehl Datei/Seite einrichten festgelegten oberen und unteren Seitenränder

Bei Word brauchen Sie den Text einer Kopf- und/oder Fußzeile nur einmal zu schreiben. Das Programm setzt den Text automatisch in jeder Seite ein. Sie können dem Text in der Kopf- und Fußzeile die gleichen Formatierungen – fett, kursiv, Ausrichtung, Rahmen und Schattierung – zuweisen wie dem normalen Text im Dokument. Auch Grafiken wie z.B. das Firmenlogo können in die Kopf- bzw. Fußzeile eingefügt werden.

Kopf- und Fußzeile

Standardtext und Grafiken, die beim Druck standardmäßig auf jeder Seite eines Dokuments am oberen oder unteren Rand erscheinen.

Hier ein paar Fakten über Kopf- bzw. Fußzeilen in Word:

- Sie werden über den Menübefehl ANSICHT/KOPF- UND FUSSZEILE zugewiesen.
- Über diesen Befehl erscheinen die Kopf- oder Fußzeile in einem gestrichelten Rahmen, der Dokumententext (kann in dieser Ansicht nicht bearbeitet werden) und die Symbolleiste für Kopf- und Fußzeilen (über diese Symbolleiste sind die häufigsten Befehle direkt zugänglich).

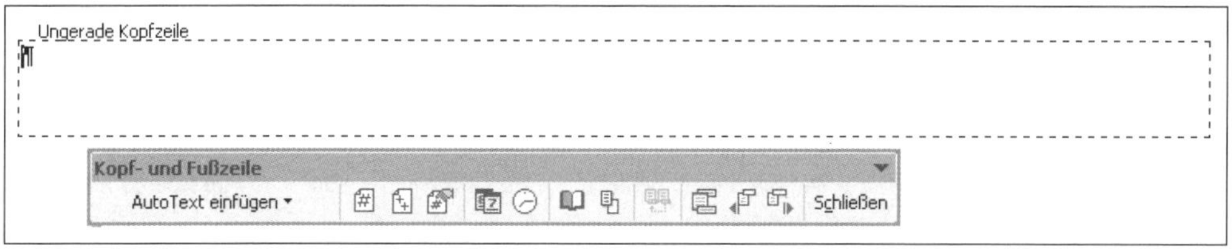

- Word setzt die Absatzmarke links oben in die Kopf- oder Fußzeile, sodass Sie sofort schreiben können.
- Word fügt automatisch zwei vordefinierte Tabstopps ein, um Ihnen die Arbeit zu erleichtern. Betätigen Sie die [⭾]-Taste einmal, um Ihren Text der Kopf- oder Fußzeile zentriert zu schreiben, oder zweimal, um ihn rechtsbündig zu schreiben.

Schaltfläche Zwischen Kopf- und Fußzeile wechseln

- Klicken Sie auf die Schaltfläche ZWISCHEN KOPF- UND FUSSZEILE WECHSELN, um in den jeweils anderen Bereich zu wechseln. Die zwei Bereiche gleichen sich im Aussehen und in der Handhabung.
- Positionieren Sie Seitenzahlen (Näheres im nächsten Abschnitt) außerhalb des Seitenrands (rechts für rechte ungerade Seiten, links für linke gerade Seiten) oder zentriert in der Kopf- bzw. Fußzeile.
- Setzen Sie Text zentriert oder rechts- bzw. linksbündig zum Rand des Kopf- bzw. Fußzeilenbereichs.

Übung 3.28: Eine Kopfzeile erstellen

In dieser Übung fügen Sie Ihrem Beispieldokument eine Kopfzeile hinzu.

1) Rufen Sie den Menübefehl DATEI/SEITE EINRICHTEN auf und aktivieren Sie die Registerkarte *Layout*. Stellen Sie sicher, dass die Kontrollkästchen der Kopf- und Fußzeilen wie hier abgebildet erscheinen, und klicken Sie auf OK.

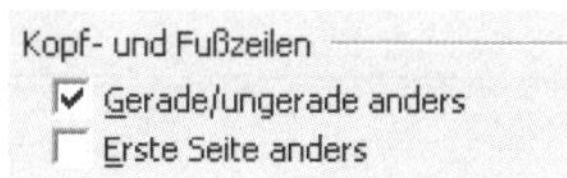

2) Rufen Sie den Menübefehl ANSICHT/KOPF- UND FUSSZEILE auf. Word setzt die Absatzmarke an den linken Rand des Kopfzeilenbereichs und Sie können sofort schreiben.
3) Schreiben Sie *Jahresbericht*.

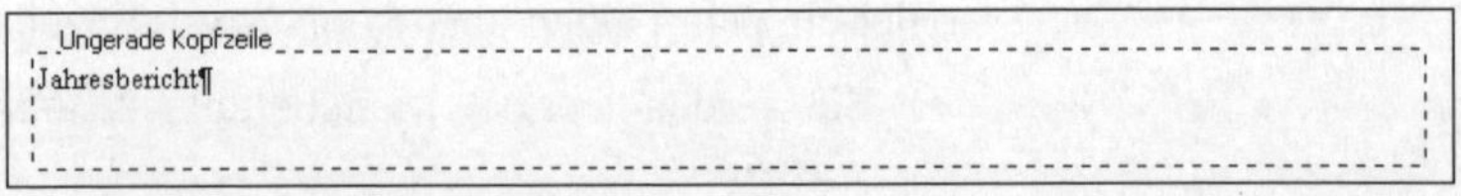

Schaltfläche Nächste anzeigen

4) Klicken Sie auf die Schaltfläche *Nächste anzeigen* in der Symbolleiste der Kopf- und Fußzeile. Word zeigt die nächste Seite an, und zwar die erste Seite (linke Seite) mit gerader Seitenzahl.

5) Drücken Sie zweimal auf die [⇆]-Taste, um die Absatzmarke an den rechten Rand zu setzen. Schreiben Sie *ABC GmbH*.

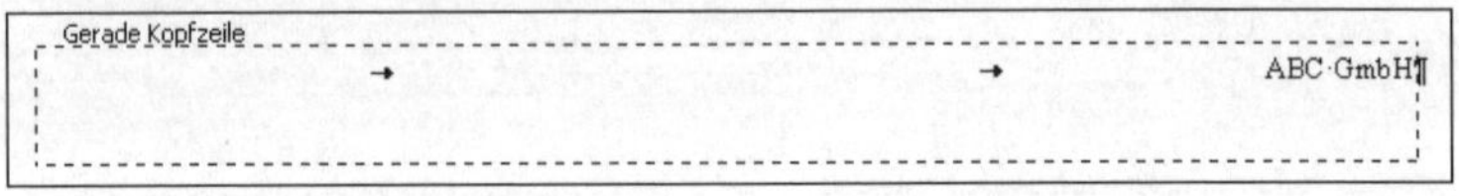

6) Klicken Sie auf die Schaltfläche *Schließen* in der *Kopf- und Fußzeile*-Symbolleiste und speichern Sie Ihr Dokument.

Sie haben am Anfang der Übung über den Menübefehl DATEI/SEITE EINRICHTEN das Kontrollkästchen *Gerade/ungerade anders* aktiviert. Aufgrund dieser Einstellungen in Word kann sich der Text in der Kopfzeile ungerader (rechter) Seiten von dem gerader (linker) Seiten unterscheiden.

In der folgenden Übung setzen Sie eine Linie unter den Text der Kopfzeile, um den Bereich noch sichtbarer vom Textkörper zu trennen, und Sie ändern die Schriftart und die Schriftgröße. In der Regel ist der Text einer Kopfzeile um 2 bis 3 Punkt kleiner als der des Textkörpers. Bei einer solchen Schriftgröße ist eine serifenlose Schrift wie Arial besser zu lesen als eine Serifenschrift.

Übung 3.29: Eine Kopfzeile formatieren

1) Zeigen Sie die erste Seite Ihres Dokuments an und wählen Sie den Menübefehl ANSICHT/KOPF- UND FUSSZEILE. Wahlweise können Sie auch einen Doppelklick in den Kopfzeilenbereich ausführen.

2) Markieren Sie den Text der Kopfzeile auf der ersten Seite Ihres Dokuments.

3) Rufen Sie den Menübefehl FORMAT/ZEICHEN auf und legen Sie im Dialogfeld die Einstellungen *Arial, Standard, 8 Punkt* fest.

Weisen Sie der Kopfzeile einen unteren Rand zu

4) Lassen Sie den Text weiter markiert und rufen Sie den Menübefehl FORMAT/RAHMEN UND SCHATTIERUNG auf.

5) Auf der Registerkarte *Rahmen* wählen Sie als Einstellung *Ohne*. Wählen Sie dann im Vorschaufenster die Option für einen Rand unten und eine Linienbreite von 1 Punkt. Im Feld *Übernehmen für* gehen Sie auf *Absatz* und klicken dann auf OK.

6) Klicken Sie auf die Schaltfläche NÄCHSTE ANZEIGEN in der Symbolleiste *Kopf- und Fußzeile* und wiederholen Sie die Schritte 4 und 5 für die linken Seiten.

7) Klicken Sie nun auf die Schaltfläche SCHLIESSEN in der Symbolleiste *Kopf- und Fußzeile*.

Der obere Teil Ihrer rechten Seite sollte nun wie die Abbildung unten aussehen.

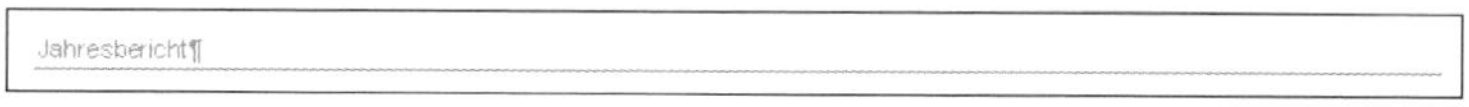

Der obere Teil Ihrer linken Seite sollte nun wie die Abbildung unten aussehen.

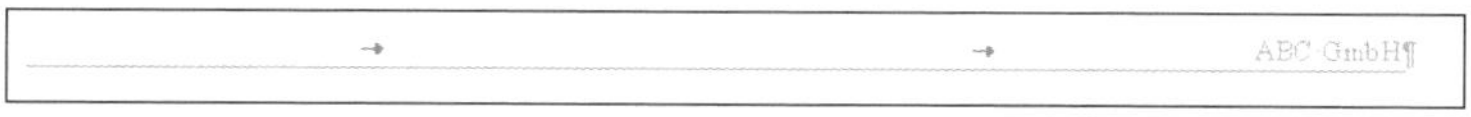

Sie werden feststellen, dass der Text der Kopfzeile in Grau erscheint. Dies bedeutet, dass Sie den Kopfzeilenbereich nicht bearbeiten können, während Sie am Textkörper des Dokuments arbeiten.

Seitennummerierung

Sie können dem Dokument über die Kopf- oder Fußzeile Seitenzahlen hinzufügen. Wenn Sie Ihrem Dokument Seiten hinzufügen oder löschen, aktualisiert Word die Seitennummerierung entsprechend. Der Seitennummerierung können die gleichen Formatierungen wie dem normalen Text im Kopf- und Fußzeilenbereich zugewiesen werden. Sie können eine Seitenzahl im Kopf- und Fußzeilenbereich am rechten oder linken Seitenrand ausrichten oder auch zentriert platzieren.

Übung 3.30: Seitenzahl einfügen

In dieser Übung fügen Sie eine Seitenzahl mit der Ausrichtung *Zentriert* in die Fußzeile des Dokuments ein.

1) Rufen Sie den Menübefehl ANSICHT/KOPF- UND FUSSZEILE auf und klicken Sie auf die Schaltfläche ZWISCHEN KOPF- UND FUSSZEILE WECHSELN.
2) Klicken Sie in den Fußzeilenbereich und drücken Sie die [Tab]-Taste, um die Absatzmarke in die Mitte (zentriert) zu bringen.

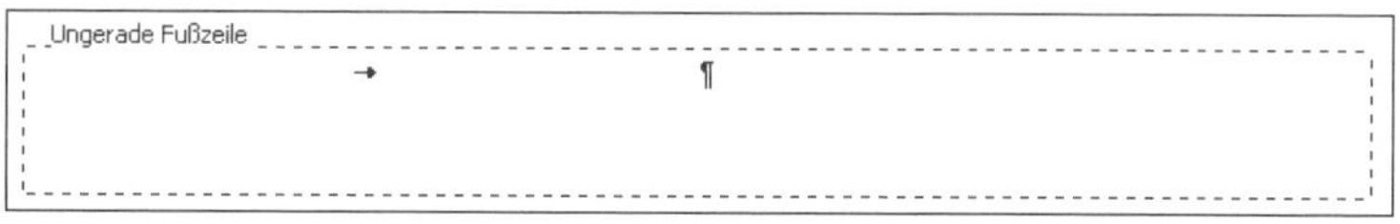

Schaltfläche Seitenzahl einfügen

3) Klicken Sie auf die Schaltfläche SEITENZAHL EINFÜGEN in der Symbolleiste *Kopf- und Fußzeile. Word* fügt eine Seitenzahl ein.

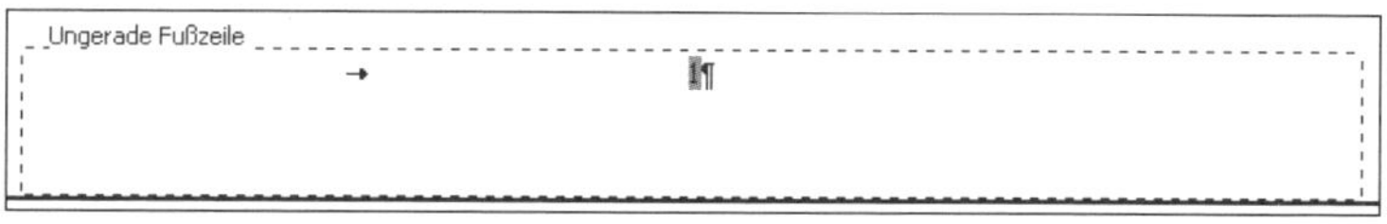

4) Klicken Sie auf die Schaltfläche NÄCHSTE ZEIGEN in der Symbolleiste *Kopf- und Fußzeile*, um auf die zweite und gleichzeitig erste Seite mit gerader Seitenzahl (linke Seite) in Ihrem Dokument zu gelangen.

5) Wiederholen Sie die Schritte 2 und 3, um eine Seitenzahl mit zentrierter Ausrichtung einzufügen.

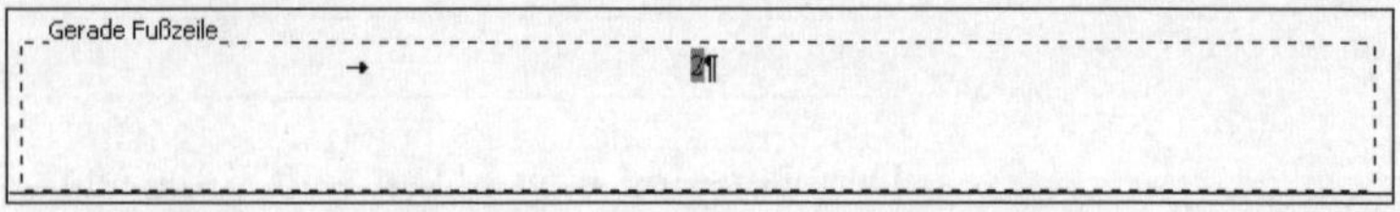

6) Klicken Sie auf die Schaltfläche SCHLIESSEN in der Symbolleiste *Kopf- und Fußzeile* und speichern Sie Ihr Dokument.

Verschiedene Möglichkeiten bei der Seitennummerierung

Schaltfläche Seitenzahlen formatieren

Klicken Sie auf die Schaltfläche *Seitenzahlen formatieren* in der Symbolleiste *Kopf- und Fußzeile*. Ein Dialogfeld mit den verschiedenen Möglichkeiten zur Seitennummerierung wird eingeblendet.

Sie können für die Nummerierung zwischen Zahlen, Buchstaben und römischen Zeichen auswählen und müssen nicht unbedingt mit Seite 1 beginnen.

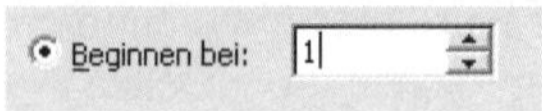

Erstelldatum und Autorenname

Word bietet bestimmte Funktionen an, um Ihnen die Eingabe des Erstelldatums und des Autorennamens in einer Kopf- oder Fußzeile zu erleichtern.

Erstelldatum eines Dokuments

Um das aktuelle Datum (wie bei Ihrem Computer eingestellt) in eine Kopf- oder Fußzeile einzufügen, führen Sie bitte die folgenden Schritte aus:

- Rufen Sie den Menübefehl ANSICHT/KOPF- UND FUSSZEILE auf.
- Setzen Sie die Einfügemarke an die Stelle, an der Sie das aktuelle Datum einfügen möchten.
- Klicken Sie auf die Schaltfläche DATUM EINFÜGEN in der Symbolleiste *Kopf- und Fußzeile*.

Schaltfläche Datum einfügen

Name des Autors

Um den Namen des Autors des Dokuments (Ihren Namen) einzufügen, gehen Sie bitte folgendermaßen vor:

- Rufen Sie den Menübefehl DATEI/EIGENSCHAFTEN auf und stellen Sie sicher, dass auf der Registerkarte *Zusammenfassung* im Feld *Autor* Ihr Name angezeigt wird.

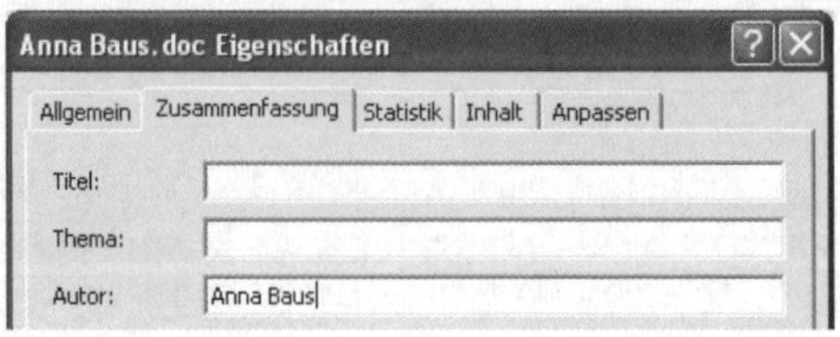

Hier trägt Word automatisch den Benutzernamen ein, der bei der Installation von Windows auf Ihrem Computer angegeben wurde. Wenn Ihr Name nicht im Feld *Autor* steht, löschen Sie den Eintrag und tippen Ihren Namen ein. Klicken Sie auf OK.

- Rufen Sie den Menübefehl ANSICHT/KOPF- UND FUSSZEILE auf.
- Setzen Sie die Einfügemarke an diejenige Stelle in der Kopf- oder Fußzeile, an der Sie Ihren Namen einfügen möchten.
- Wählen Sie den Menübefehl EINFÜGEN/FELD. Das Dialogfeld *Feld* wird angezeigt.

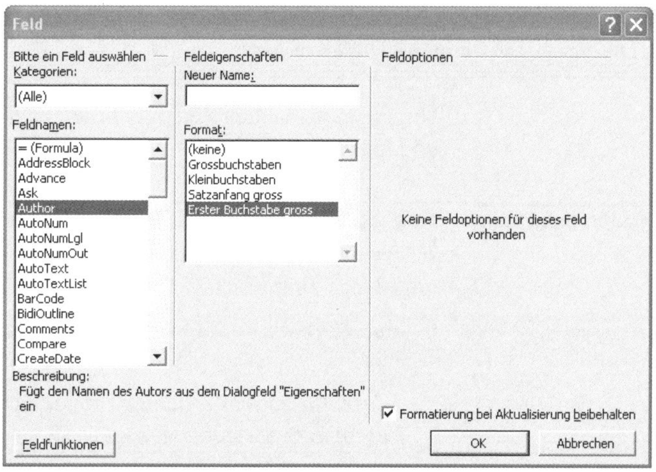

- Wählen Sie in der Liste *Feldnamen* die Option *Author,* und im Feld Format *Erster Buchstabe gross*. Klicken Sie auf OK.

In der Symbolleiste *Kopf- und Fußzeile* befindet sich auch ein Dropdown-Menü AUTOTEXT EINFÜGEN. Hier finden Sie viele Optionen, um der Kopf- oder Fußzeile Informationen hinzuzufügen.

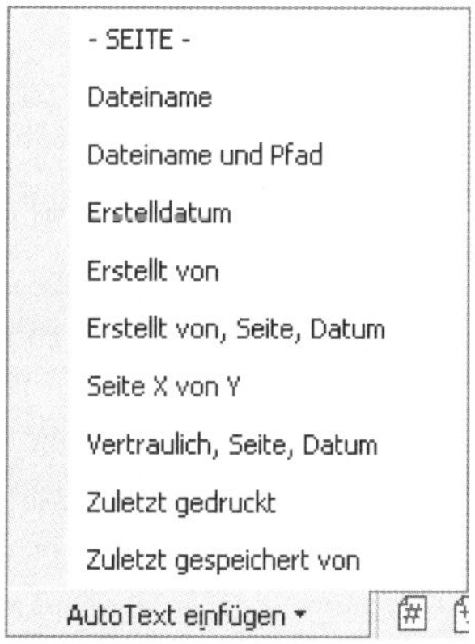

Klicken Sie in der Kopf- oder Fußzeile an die Stelle, an der Sie Informationen einfügen möchten, und wählen Sie eine Option wie z.B. *Dateiname und Pfad, Erstellt von* etc. durch Anklicken aus. Word fügt diese Information nun automatisch an der ausgewählten Stelle ein.

Manueller Zeilen- und Seitenumbruch

Word fügt jedes Mal, wenn Sie die [↵]-Taste betätigen, eine neue Absatzmarke ein. Um einen Zeilenwechsel innerhalb eines Absatzes zu erzeugen, drücken Sie gleichzeitig die [⇧]- und die [↵]-Taste.

Um einen manuellen Zeilenumbruch zu löschen, markieren Sie ihn betätigen dann die Entfernen-Taste.

Jan↵
Paul↵
Georg↵
Tim¶
¶

Beispiel für drei manuelle Zeilenwechsel

Word erzeugt automatisch eine neue Seite, wenn der Text über eine Seite hinausgeht.

Sie können aber auch an jeder Stelle des Dokuments einen manuellen Seitenwechsel einfügen, indem Sie gleichzeitig die [Strg]- und die [↵]-Taste drücken. Wahlweise können Sie auch den Menübefehl EINFÜGEN/MANUELLER UMBRUCH wählen und die Option *Seitenumbruch* anklicken. Bestätigen Sie dann mit OK.

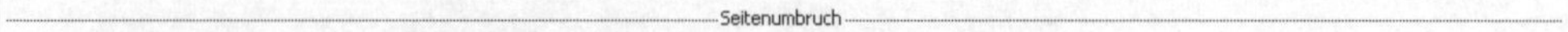

Words Anzeige für einen manuellen Seitenumbruch

Um einen manuellen Zeilenumbruch zu löschen, markieren Sie ihn und betätigen die [Entf]-Taste.

Rechtschreibprüfung

Und wie steht es mit Ihrer Rechtschreibung? Word kann Ihre Rechtschreibung überprüfen und hat zwei Möglichkeiten, Ihnen Korrekturvorschläge zu machen.

- *AutoKorrektur* während Sie ein Dokument erstellen bzw. bearbeiten.
- Korrektur auf Anforderung immer dann, wenn Sie den Menübefehl EXTRAS/RECHTSCHREIBUNG UND GRAMMATIK aufrufen.

Sie können die automatische Rechtschreibprüfung über das Kontrollkästchen *Rechtschreibung während der Eingabe überprüfen* auf der Registerkarte *Rechtschreibung und Grammatik* aktivieren bzw. deaktivieren. Zu dieser Registerkarte gelangen Sie über den Menübefehl EXTRAS/OPTIONEN.

Automatische Rechtschreibprüfung

Eine rote wellenförmige Linie, die während der Eingabe unter einem Wort erscheint, weist Sie auf einen möglichen Rechtschreibfehler hin.

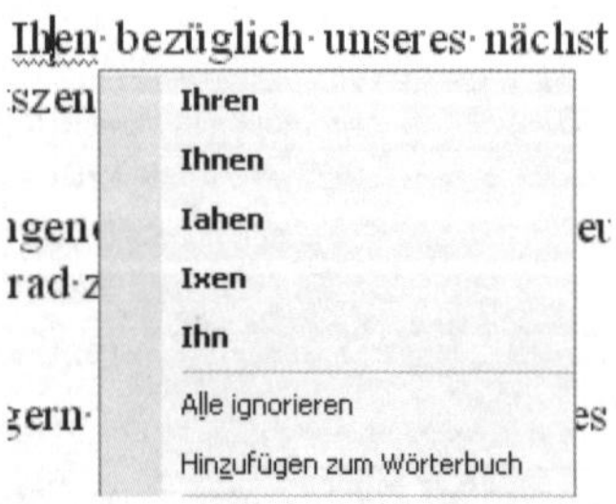

Um eine Korrektur vorzunehmen, klicken Sie mit der rechten Maustaste auf das unterringelte Wort. Sie können nun aus einem Kontextmenü die für Sie in Frage kommende Lösung auswählen. Falls Sie ein Wort eingegeben haben, dass zwar richtig geschrieben, aber dem Wörterbuch nicht bekannt ist, so können Sie dieses Wort über den Befehl HINZUFÜGEN ZUM WÖRTERBUCH im Kontextmenü ins Wörterbuch aufnehmen. Es wird dann beim nächsten Mal erkannt und nicht mehr als Fehler angezeigt.

Wenn Sie im unteren Bereich des Kontextmenüs die Option RECHTSCHREIBUNG wählen, blendet Word das Dialogfeld *Rechtschreibung* ein.

Dialogfeld Rechtschreibung

Sie können Ihr Dokument jederzeit über den Menübefehl EXTRAS/RECHTSCHREIBUNG UND GRAMMATIK auf Rechtschreibfehler hin überprüfen lassen, egal ob die automatische Rechtschreibprüfung aktiviert ist oder nicht.

Wenn Word bei der Überprüfung keine Fehler findet, wird ein Dialogfeld eingeblendet, das Ihnen mitteilt, dass die Überprüfung abgeschlossen ist.

Wenn Word Wörter findet, die es nicht erkennt, wird das Dialogfeld *Rechtschreibung* eingeblendet. Dabei wird das fragliche Wort rot angezeigt.

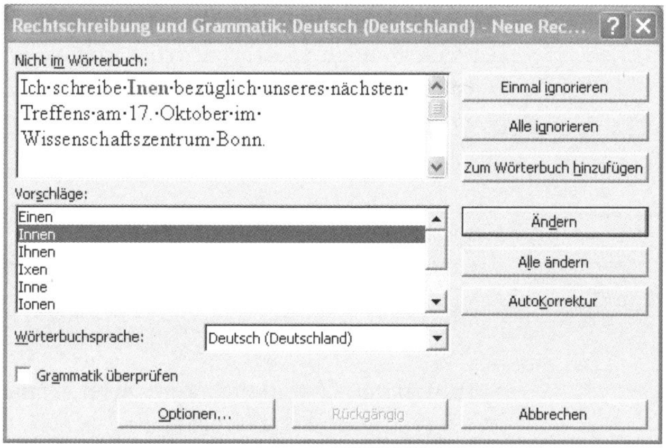

Im Dialogfeld finden Sie auch einen Bereich *Vorschläge*, in dem Ihnen Alternativen zum fraglichen Wort angezeigt werden. Wenn Sie das fragliche Wort durch einen dieser Vorschläge ersetzen möchten, klicken Sie dieses Wort einfach an. Wenn keines der vorgeschlagenen Wörtern Ihren Vorstellungen entspricht, können Sie Ihre Korrektur auch direkt in das Feld *Nicht im Wörterbuch* eintragen.

Wenn die Rechtschreibhilfe ein fragliches Wort findet, bietet Sie Ihnen mehrere Möglichkeiten an:

- **Einmal ignorieren:** Lässt den hervorgehobenen Fehler unverändert.
- **Alle ignorieren:** Lässt den hervorgehobenen Fehler im gesamten Dokument unverändert.
- **Zum Wörterbuch hinzufügen:** Fügt dem Benutzerwörterbuch das hervorgehobene Wort hinzu, sodass Word dieses Wort bei

neuerlichen Überprüfungen erkennt. Wählen Sie diese Option für Namen, Orte, Abkürzungen oder Akronyme, die Sie regelmäßig verwenden.

- **Ändern:** Korrigiert den hervorgehobenen Fehler, es erscheint aber bei weiteren Vorkommen des gleichen Fehlers im Dokument eine neue Aufforderung zur Änderung.
- **Alle ändern:** Korrigiert den hervorgehobenen Fehler an dieser Stelle und falls vorhanden auch an allen anderen Stellen im Dokument.

Ein Wort zur Vorsicht: Wenn ein Wort korrekt geschrieben, aber im Kontext falsch ist – z.B. der statt die –, so erkennt die Rechtschreibprüfung diesen Fehler nicht. Daher sollten Sie die letzte Version Ihres Dokuments zum Schluss immer noch einmal lesen, um sicherzustellen, dass es (möglichst) fehlerfrei ist.

Welche Sprache?

Bevor Sie Ihr Dokument auf korrekte Rechtschreibung überprüfen lassen, wählen Sie bitte über den Menübefehl EXTRAS/SPRACHE/SPRACHE FESTLEGEN die richtige Sprache, also das richtige Wörterbuch aus. Wenn die Einstellung nicht stimmt, z.B. *Deutsch (Österreich)* statt *Deutsch (Deutschland),* wählen Sie bitte die richtige Sprache und klicken dann auf die Schaltfläche STANDARD.

Die Grammatikprüfung

Word ist in der Lage, Ihre Grammatik zu überprüfen und Korrekturvorschläge zu machen. Das kann auf zwei Arten geschehen:

- *AutoKorrektur,* während Sie ein Dokument erstellen bzw. bearbeiten.
- Korrektur auf Anfrage immer dann, wenn Sie den Menübefehl EXTRAS/RECHTSCHREIBUNG UND GRAMMATIK aufrufen.

Sie können die automatische Grammatikprüfung über das Kontrollkästchen *Grammatik während der Eingabe überprüfen* auf der Registerkarte *Rechtschreibung und Grammatik* aktivieren bzw. deaktivieren. Zu dieser Registerkarte gelangen Sie über den Menübefehl EXTRAS/OPTIONEN.

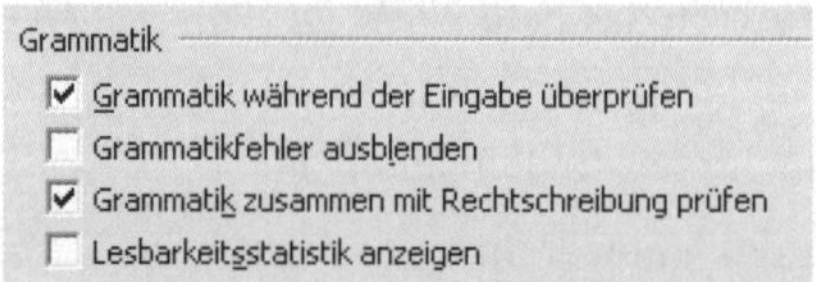

Bei aktivierter Grammatiküberprüfung weist eine grüne wellenförmige Linie, die während der Eingabe unter einem Wort erscheint, auf einen möglichen Grammatikfehler hin. Die Grammatikprüfung kann in der gleichen Weise wie die Rechtschreibprüfung gehandhabt werden.

Die Druckoptionen

Word bietet Ihnen eine Fülle von Druckoptionen. Darunter befinden sich Möglichkeiten wie Vorschau des Dokuments auf dem Bildschirm vor dem Druck, die Möglichkeit, das gesamte Dokument, die aktuelle Seite, zusammenhängende und nicht zusammenhängende Seiten oder einen ausgewählten Text zu drucken.

Die Seitenansicht

Dieser Befehl zeigt ein Dokument auf dem Bildschirm so an, wie es auf einem Ausdruck auf Papier aussieht. Und so gelangen Sie zur Seitenansicht Ihres Dokuments:

Schaltfläche Seitenansicht

- Rufen Sie den Menübefehl DATEI/SEITENANSICHT auf oder klicken Sie auf die Schaltfläche SEITENANSICHT in der *Standard*-Symbolleiste. Klicken Sie auf SCHLIESSEN, um zu Ihrem Dokument zurückzukehren.

Den Druckbereich festlegen

Nach Aufruf des Menübefehl DATEI/DRUCKEN können Sie auswählen, welche Seiten des Dokuments gedruckt werden sollen.

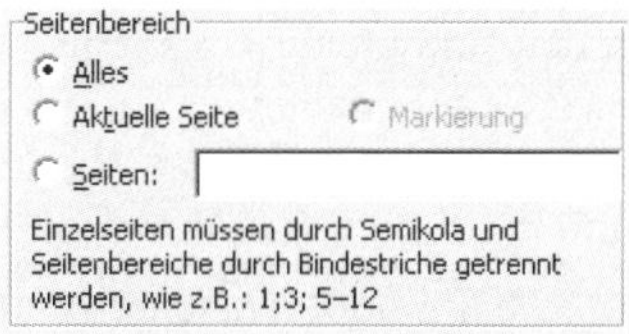

- **Alles:** Druckt sämtliche Seiten des Dokuments.
- **Aktuelle Seite:** Druckt die Seite, auf der sich momentan die Einfügemarke befindet.
- **Markierung:** Druckt nur die aktuelle Markierung (Text und/oder Grafik).
- **Seiten:** Druckt die von Ihnen als Nummern in das Feld eingegebenen Seiten.

Um mehrere aufeinander folgende Seiten zu drucken, geben Sie bitte die erste und die letzte Seitenzahl ein und trennen Sie die Zahlen durch einen Bindestrich, z.B. 2-6 oder 12-13.

Um nicht aufeinander folgende Seiten zu drucken, geben Sie bitte die einzelnen Seitenzahlen ein und trennen diese durch ein Semikolon, z.B. 3;5;9 oder 12;17;34. Sie können die Auswahl für aufeinander folgende und nicht aufeinander folgende Seiten kombinieren.

Weitere Optionen im Dialogfeld *Drucken* ermöglichen es Ihnen, zu entscheiden, wie viele Kopien eines Dokuments bzw. ob Sie nur Seiten mit gerader oder ungerader Seitenzahl drucken möchten.

Speichern und schließen Sie Ihr Dokument und beenden Sie Microsoft Word.

Sie haben damit die Lektion 3.3 des ECDL-Moduls *Textverarbeitung* beendet.

Zusammenfassung der Lektion: Das haben Sie gelernt

Sie können den Standardwert für Zeilen- und Absatzabstände in Word vergrößern oder verkleinern.

Sie können den Beginn eines neuen Absatzes auf verschiedene Arten hervorheben: Indem Sie eine neue Absatzmarke einfügen (grob, aber effizient), indem Sie den Abstand zwischen den Absätzen vergrößern oder indem Sie einen Erstzeileneinzug einfügen. Das Gegenteil eines Erstzeileneinzugs ist der hängende Einzug, der oftmals für Listen verwendet wird.

Der Word-Befehl SUCHEN UND ERSETZEN hilft Ihnen, einen bestimmten Textteil oder ein Wort schnell zu finden und ihn durch einen anderen Text zu ersetzen. Sie können auch Text mit einer bestimmten Formatierung und Sonderzeichen wie Tabstopps oder Absatzmarken suchen und ersetzen.

Das Standardseitenformat ist A4 und kann als Hoch- oder Querformat verwendet werden. Als Seitenrand bezeichnet man den Abstand zwischen Textkörper (oder Grafik) und eigentlichem Papierrand.

Kopf- und Fußzeilen sind kleine Textelemente, die auf jeder Seite (oder jeder zweiten Seite) erscheinen. In der Regel enthalten sie Details zum Dokumententitel oder den Namen des Autors. Beide können auch eine automatische Seitennummerierung beinhalten.

Word verfügt auch über eine Rechtschreib- und Grammatikprüfung. Sie können beide Prüfungen permanent mitlaufen lassen oder nur auf Anforderung eine Prüfung durchführen.

Die Druckoptionen in Word erlauben eine Druckvorschau sowie das Drucken einer oder mehrerer Seiten.

Schnelltest: Umfangreiche Dokumente, kleine Details

1.	**Um den Abstand zwischen einzelnen Absätzen zu ändern, ...**
A	wählen Sie den Menübefehl FORMAT/ABSATZ und verwenden Sie die Optionen zum Ändern der Abstände zwischen Absätzen.
B	wählen Sie den Menübefehl FORMAT/ABSATZ und verwenden Sie die Optionen im Abschnitt *Zeilenabstand*, um den Abstand zwischen Absätzen zu ändern.
C	wählen Sie den Menübefehl FORMAT/ABSATZ und geben Sie einen Wert entweder in das Feld *Abstand vor* oder *Abstand nach* oder in beide ein.

2.	**Sie können alle Vorkommen eines Wortes oder von Wörtern neu formatieren, indem Sie die Schaltfläche ERWEITERN im Dialogfeld *Suchen und Ersetzen* verwenden.**
A	Richtig
B	Falsch

3.	**Um die Seitenränder eines Dokuments zu ändern, ...**
A	verwenden Sie den Menübefehl DATEI/EIGENSCHAFTEN.
B	verwenden Sie den Menübefehl DATEI/SEITE EINRICHTEN.
C	verwenden Sie den Menübefehl FORMAT/HINTERGRUND.

4.	**Um in ein Dokument Kopf- und Fußzeilen einzufügen, ...**
A	wählen Sie den Menübefehl EINFÜGEN/KOPF- UND FUSSZEILE.
B	wählen Sie den Menübefehl ANSICHT/KOPF- UND FUSSZEILE.
C	wählen Sie den Menübefehl FORMAT/KOPF- UND FUSSZEILE.

5.	**Um in einer Fußzeile Seitenzahlen einzufügen, ...**
A	verwenden Sie die Schaltfläche SEITENZAHL EINFÜGEN in der Symbolleiste *Kopf- und Fußzeile.*
B	verwenden Sie die Schaltfläche ANZAHL DER SEITEN EINFÜGEN in der Symbolleiste *Kopf- und Fußzeile.*
C	verwenden Sie die Schaltfläche SEITENZAHLEN FORMATIEREN in der Symbolleiste *Kopf- und Fußzeile.*

6.	**Um die automatische Rechtschreibprüfung zu aktivieren, ...**
A	wählen Sie den Menübefehl EXTRAS/RECHTSCHREIBUNG UND GRAMMATIK.
B	wählen Sie den Menübefehl EXTRAS/OPTIONEN und dann auf der Registerkarte RECHTSCHREIBUNG UND GRAMMATIK das Kontrollkästchen *Rechtschreibung während der Eingabe prüfen.*
C	wählen Sie den Menübefehl EXTRAS/OPTIONEN und *Grammatik zusammen mit Rechtschreibung prüfen.*

7.	**Worin besteht bei einem Einzug der Unterschied zwischen der Einstellung *Hängend* und *Erste Zeile*?**

8.	**Was müssen Sie tun, wenn Sie ein Briefpapier verwenden, dass mit einem eingedruckten Logo und Absender versehen ist?**

Lektion 3.4: Tabellen, Tabstopps und Grafiken

In dieser Lektion

Bei den meisten Word-Dokumenten fließt der Text für gewöhnlich von links nach rechts über die gesamte Seitenbreite. Manchmal kann es aber auch angebracht sein, dass Sie nebeneinander liegende schmale Spalten für Text, Zahlen oder Grafiken verwenden.

In dieser Lektion lernen Sie die zwei Möglichkeiten in Word kennen, die das Erstellen von nebeneinander liegenden Spalten ermöglichen: Tabellen und Tabulatoren.

Außerdem erfahren Sie, wie man Grafiken und AutoFormen in Word verändert.

Zum Schluss lernen Sie noch die Silbentrennung kennen. Es geht hierbei um die Trennung langer Wörter in einer Zeile, um das Erscheinungsbild eines Textes zu verbessern.

Neue Fähigkeiten

Am Ende dieser Lektion sollten Sie in der Lage sein,

- Tabellen zu erstellen und zu formatieren,
- Tabulatoren einzufügen und zu bearbeiten,
- Grafiken einzufügen,
- AutoFormen zu erstellen,
- Grafiken und AutoFormen zu verschieben und in ihrer Form und Größe zu verändern,
- Die manuelle und automatische Silbentrennung in einem Text anzuwenden.

Neue Wörter

Am Ende dieser Lektion sollten Sie in der Lage sein, folgende Begriffe zu erklären:

- Tabelle
- Tabulator
- AutoForm
- Silbentrennung

Die Verwendung von Tabellen in Word

Eine Tabelle besteht aus rechteckigen Zellen, die in Zeilen und Spalten angelegt sind. Text verhält sich in einer Zelle genauso wie auf einer normalen Seite. Während Sie Text in eine Zelle eingeben, wächst die Zeilenhöhe mit jeder neuen Textzeile.

Sie können entweder neue, leere Tabellen erzeugen und sie mit Text und Grafik füllen, oder Sie wandeln einen bereits vorhandenen Text in eine Tabelle um. Eine Tabelle sollte nach Möglichkeit nicht ganz oben in einem Dokument erstellt werden. Wenn Sie oben im Dokument zuerst eine Leerzeile einfügen, haben Sie danach immer die Möglichkeit, noch einen Titel oder sonstigen Text oberhalb der Tabelle einzugeben.

Tabelle
Eine Reihe von Zellen, die in Zeilen und Spalten angeordnet sind und sowohl Text als auch Grafik enthalten können.

Übung 3.31: Eine neue Tabelle erstellen

In dieser Übung erstellen Sie eine Tabelle, die Sie mit Text füllen.

1) Öffnen Sie Word und klicken Sie dann auf die Schaltfläche NEU, um ein neues Dokument zu erstellen. Klicken Sie auf die Schaltfläche SPEICHERN, um das Dokument zu speichern. Geben Sie dem Dokument einen Namen, den Sie sich leicht merken können, z.B. *ABTabelle.doc*.

2) Fügen Sie am Anfang eine Leerzeile ein und wählen Sie dann den Menübefehl TABELLE/EINFÜGEN/TABELLE. Geben Sie in das eingeblendete Dialogfeld den Wert 2 für Spalten und 4 für Zeilen ein und klicken Sie auf OK. Sie können später noch Zeilen und Spalten hinzufügen oder löschen.

   Belassen Sie den Standardwert *Auto* für die Spaltenbreite. Bei dieser Einstellung werden gleich breite Spalten erzeugt, die auf die Seitenbreite anpasst sind.

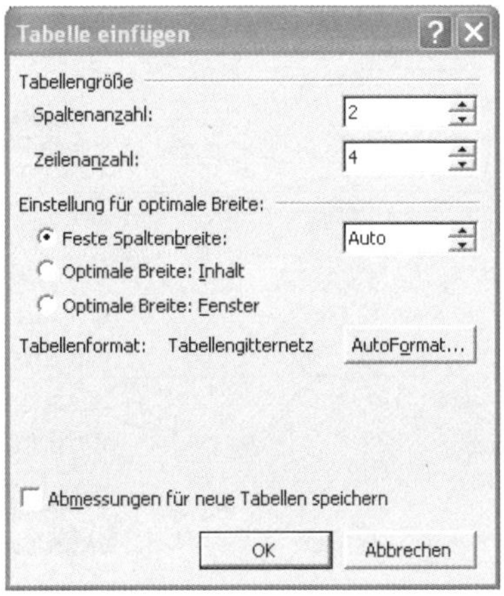

¤	¤
¤	¤
¤	¤
¤	¤

3) Klicken Sie in die obere linke Zelle und schreiben Sie *Verkaufsregion*.

4) Drücken Sie auf die [Tab]-Taste. Wenn Sie innerhalb einer Tabelle die [Tab]-Taste verwenden, wird dadurch kein Tabstopp eingefügt, sondern die Einfügemarke springt in die nächste Zelle. Wenn Sie gleichzeitig die [⇧]- und die [Tab]-Taste drücken, springt die Einfügemarke zurück in die vorherige Zelle. Sie können aber auch die Pfeiltasten und die Maus verwenden, um in die verschiedenen Zellen zu gelangen. Um einen Tabstopp in eine Tabelle einzugeben, drücken Sie [Strg]+[Tab].

   Mit der Einfügemarke in der oberen rechten Zelle schreiben Sie *Anzahl verkaufte Einheiten*.

5) Bewegen Sie die Einfügemarke durch die übrigen Zellen und geben Sie Text ein, bis Ihre Tabelle wie unten aussieht.

Verkaufsregion¤	Anzahl·verkaufte·Einheiten¤	¤
Europa¤	1234¤	¤
Lateinamerika¤	5678¤	¤
China¤	4321¤	¤

Glückwunsch, Sie haben gerade Ihre erste Tabelle in Word erstellt! Speichern Sie Ihre Tabelle und lassen Sie das Dokument dann geöffnet.

Einzelne Zellen einer Tabelle auswählen

Das Formatieren und Ausrichten von Text innerhalb einer Zelle läuft nach den gleichen Regeln ab wie bei Text auf einer normalen Seite. Text in einer Zelle wählen Sie wie folgt aus:

- Um Text in einer Zelle auszuwählen, ziehen Sie die Maus darüber.
- Um eine einzelne Zelle auszuwählen, klicken Sie einfach an den linken Zeilenrand.

- Um eine ganze Zeile auszuwählen, positionieren Sie den Mauszeiger am linken Rand der am weitesten links liegenden Zelle, warten, bis der Cursor sich in einen dicken Pfeil verwandelt, und führen dann einen Doppelklick aus (durch einen einfachen Klick wird nur die Zelle ganz links ausgewählt).

  Wahlweise können Sie auch in eine beliebige Zelle der Zeile klicken und den Menübefehl TABELLE/MARKIEREN/ZEILE wählen.
- Um eine Spalte auszuwählen, bewegen Sie den Mauszeiger mit Hilfe der Maus an den oberen Rand einer Spalte, bis der Zeiger sich in einen dicken, nach unten gerichteten Pfeil verwandelt. Klicken Sie dann, um die gesamte Spalte auszuwählen.

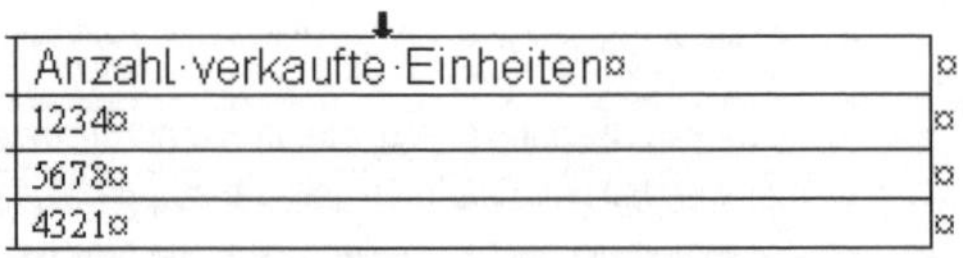

  Wahlweise können Sie auch in eine beliebige Zelle der Spalte klicken und den Menübefehl TABELLE/MARKIEREN/SPALTE wählen.
- Um die gesamte Tabelle auszuwählen, platzieren Sie die Einfügemarke irgendwo in der Tabelle. Word zeigt oben links den Anfasser zum Verschieben der Tabelle an. Klicken Sie auf den Anfasser, um die gesamte Tabelle auszuwählen.

Anfasser →

Verkaufsregion	Anzahl verkaufte Einheiten
Europa	1234
Lateinamerika	5678
China	4321

Wahlweise können Sie die Tabelle auch auswählen, indem Sie die Einfügemarke in eine Zelle platzieren und den Menübefehl Tabelle/Markieren/Tabelle aufrufen.

Änderungen in einer Tabelle vornehmen

Hier ein paar Regeln, um in einer Tabelle Änderungen vorzunehmen.

- Um eine neue Zeile einzufügen, wählen Sie die Zeile unterhalb oder oberhalb der Stelle, an der Sie die neue Zeile einfügen möchten, und anschließend einen der Untermenübefehle Zeilen unterhalb oder Zeilen oberhalb im Menü Tabelle/Einfügen.
- Um am unteren Ende der Tabelle eine zusätzliche Zeile einzufügen, setzen Sie die Einfügemarke in die letzte Zelle der Tabelle und drücken die ⭾-Taste.
- Um eine Spalte einzufügen, wählen Sie die Spalte rechts oder links neben der Stelle, an der Sie die neue Spalte einfügen möchten und anschließend einen der Untermenübefehle Spalten nach links oder Spalten nach rechts im Menü Tabelle/Einfügen.
- Um eine Zeile oder Spalte zu löschen, markieren Sie diese und rufen anschließend einen der Menübefehle Tabelle/Löschen/Spalten oder Tabelle/Löschen/Zeilen auf.
- Um zwei oder mehrere Zellen derselben Zeile oder Spalte zu einer einzigen zu verbinden, wählen Sie den Menübefehl Tabelle/Zellen verbinden.
- Um eine ausgewählte Zelle in zwei Zellen der gleichen Zeile zu teilen, wählen Sie Tabelle/Zellen teilen, geben dann die erforderlichen Daten im angezeigten Dialogfeld ein und klicken auf OK.
- Um Zellen einen Rahmen und/oder eine Schattierung hinzuzufügen, wählen Sie die entsprechenden Zellen, Zeilen, Spalten oder die gesamte Tabelle aus und rufen anschließend den Menübefehl Format/Rahmen und Schattierung auf.
- Um die Standardrahmen (Gitternetzlinien) einer Tabelle auszuschalten, sodass sie zwar auf dem Bildschirm in hellem Grau, nicht aber im Ausdruck erscheinen, wählen Sie die Tabelle aus und dann Tabelle/Gitternetzlinien ausblenden. Dieser Befehl wirkt sich auf das gesamte Dokument und nicht nur auf bestimmte Tabellen aus.

Übung 3.32: Ihre Tabelle formatieren und verändern

1) Markieren Sie die oberste Zeile der in Übung 3.31 erstellten Tabelle. Rufen Sie dann den Menübefehl FORMAT/ZEICHEN auf, legen Sie die Optionen *Arial, Fett, 12* Punkt fest und klicken Sie dann auf OK.

2) Während die oberste Zeile noch markiert ist, klicken Sie auf die Schaltfläche *Zentriert*.

Verkaufsregion¤	**Anzahl·verkaufte·Einheiten¤**	¤
Europa¤	1234¤	¤

3) Setzen Sie die Einfügemarke in die Zelle, in der »Lateinamerika« steht, wählen Sie den Menübefehl TABELLE/EINFÜGEN/ZEILEN OBERHALB und schreiben Sie den folgenden Text.

Südafrika¤	581¤	¤

4) Wählen Sie die oberste Zeile der Tabelle aus und rufen Sie dann den Menübefehl TABELLE/ EINFÜGEN/ZEILEN OBERHALB.

5) Während die oberste Zeile noch markiert ist, wählen Sie TABELLE/ZELLEN VERBINDEN.

6) Schreiben Sie *Verkaufszahlen* in die Zelle.

7) Markieren Sie die oberste verbundene Zeile. Rufen Sie den Menübefehl FORMAT/ ZEICHEN auf und legen Sie die Optionen *Arial, Fett Kursiv, 14* Punkt fest. Klicken Sie auf OK.

8) Als Standard hat jede Zelle in Word einen Rahmen, der als ½ Punkt, schwarze, durchgehende Linie formatiert ist. Wählen Sie die oberste Zeile aus, rufen Sie dann den Menübefehl FORMAT/RAHMEN UND SCHATTIERUNG auf und weisen Sie ihr dann eine doppelte Linie als unteren Rand zu.

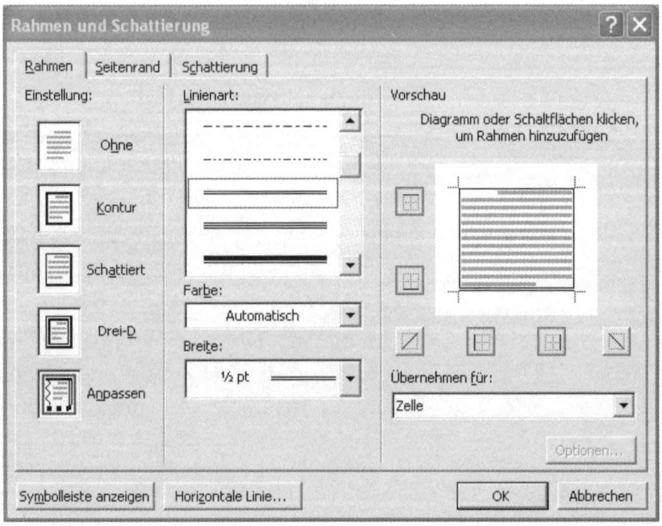

9) Markieren Sie alle Zeilen außer der obersten und rufen Sie dann den Menübefehl FORMAT/RAHMEN UND SCHATTIERUNG auf. Aktivieren Sie die Registerkarte *Schattierung* und wählen Sie dann die Farbe *Grau-15%* aus.

   Ihre Tabelle sollte wie abgebildet aussehen.

Verkaufszahlen¤	
Verkaufsregion¤	**Anzahl·verkaufte·Einheiten¤**
Europa¤	1234¤
Südafrika¤	581¤
Lateinamerika¤	5678¤
China¤	4321¤

   Speichern Sie Ihre Tabelle wieder und lassen Sie das Dokument geöffnet.

Spaltenbreite, Zeilenhöhe und Abstand

Um die Breite einer Spalte zu verändern, setzen Sie den Mauszeiger auf den rechten oder linken vertikalen Rand der Spalte. Der Mauszeiger ändert seine Form. Ziehen Sie dann mit der Maus, bis die Spalte die gewünschte Breite hat.

Während Sie die Breite einer Spalte verändern, passt Word die übrigen Spalten automatisch an, sodass die Gesamtbreite der Tabelle erhalten bleibt. Wenn Sie während der Änderung der Spaltenbreite die [⇧]-Taste gedrückt halten, verändert Word die Breite der gesamten Tabelle um dieses Maß.

Die Zeilenhöhe kann auf ähnliche Weise geändert werden.

AutoFormat für Tabellen

Das in Word enthaltene AutoFormat für Tabellen bietet Ihnen eine Reihe verschiedener vordefinierter Tabellen mit Rahmen und Schattierung. Um einer Tabelle ein AutoFormat zuzuweisen, wählen Sie diese aus, bevor Sie den Menübefehl TABELLE/AUTOFORMAT FÜR TABELLEN aufrufen. Das Dialogfeld *Tabelle AutoFormat* bietet Ihnen eine Vorschau an, in der Sie die verschiedenen Formatierungen Ihrer Tabelle sehen können.

	Jan	Feb	Mrz	Summe
Ost	7	7	5	19
West	6	4	7	17
Süd	8	7	9	24
Summe	21	18	21	60

	Jan	Feb	Mrz	Summe
Ost	7	7	5	19
West	6	4	7	17
Süd	8	7	9	24
Summe	21	18	21	60

	Jan	Feb	Mrz	Summe
Ost	7	7	5	19
West	6	4	7	17
Süd	8	7	9	24
Summe	21	18	21	60

	Jan	Feb	Mrz	Summe
Ost	**7**	7	**5**	**19**
West	**6**	**4**	7	**17**
Süd	**8**	7	**9**	**24**
Summe	**21**	**18**	**21**	**60**

Üben Sie diesen Vorgang, indem Sie Ihre Tabelle auswählen und ihr die verschiedenen AutoFormate zuweisen. Speichern und schließen Sie Ihr Dokument, wenn Sie fertig sind.

Einführung in die Welt der Tabulatoren

Alte Schreibmaschinen hatten eine Tabulatortaste, die, wenn sie gedrückt wurde, die Position des Anschlags veränderte. In der Regel gab es ca. 10 Tabulatorstellen, Tabstopps genannt, die ca. 1,5 cm voneinander entfernt waren.

Das einmalige Drücken der Tabulatortaste brachte den Anschlag auf den ersten Tabstopp, ein weiteres Drücken auf den zweiten Tabstopp usw.

Das Schreiben eines Textes an den gleichen Tabstopp in verschiedenen Reihen untereinander ermöglichte es, vertikale Textspalten zu erzeugen.

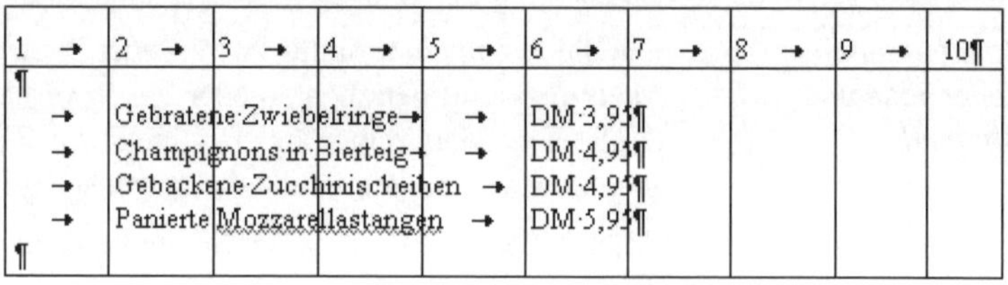

Im Beispiel sehen Sie, wie der zweite Tabstopp dazu verwendet wird, die verschiedenen Artikel untereinander zu schreiben, während der sechste Tabstopp die verschiedenen Preise aufreiht.

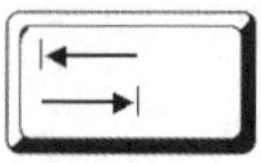
Tab-Taste

Die Idee der Tabstopps findet sich auch in den Programmen der Textverarbeitung wieder. Die Tastatur eines Computers verfügt über eine ⇆ -Taste und wie andere Programme bietet auch Word Tabulatoren an.

Wenn Sie Tabulatoren verwenden, ähnelt das Ergebnis einer Tabelle. Text erscheint in Spalten und läuft nicht einfach lückenlos vom linken zum rechten Seitenrand.

Tabstopps

Eine vordefinierte Stelle zwischen dem linken und rechten Seitenrand zur horizontalen Textpositionierung. Durch die Verwendung gleicher Tabstopps in aufeinander folgenden Zeilen wird eine spaltenähnliche Struktur des Textes erreicht.

Wenn es darum geht, kleine Textmengen wie z.B. Adressen am oberen Teil eines Dokuments zu positionieren, ist die Verwendung von Tabstopps schneller als die einer Tabelle.

Die Verwendung von Tabulatoren in Word

Word fügt automatisch Tabstopps von links nach rechts im Abstand von 1,27 cm ein. Sie können dies sehen, wenn Sie die ⇆ -Taste mehrmals hintereinander drücken. Bei jedem Drücken bewegt sich die Einfügemarke 1,27 cm nach rechts.

Übung 3.33: Mit Hilfe von Tabstopps eine Speisekarte erstellen

1) Öffnen Sie ein neues Dokument und geben Sie den folgenden Text ein:

```
Brot·mit·Gouda·5,50€·Brot·mit·Appenzeller·6,50€¶
Brot·mit·Frischkäse·5,50€·Brot·mit·Emmentaler·6,50€¶
Brot·mit·Mettwurst·6,50€·Brot·mit·Blutwurst·6,50€¶
Brot·mit·geräuchertem·Schinken·8,50€·Brot·mit·gekochtem·Schinken·8,50€¶
```

2) Werden die Tabstopps in Word in cm, Zoll oder einer anderen Maßeinheit gemessen? Um das herauszufinden, rufen Sie den Menübefehl EXTRAS/OPTIONEN auf und aktivieren dann die Registerkarte *Allgemein.* Im Feld *Maßeinheit* sollte »Zentimeter« angegeben sein. Überprüfen Sie das und klicken Sie dann auf OK.

3) Setzen Sie die Einfügemarke in der ersten Zeile an das Ende des Wortes *Gouda* und drücken Sie die [Entf]-Taste, um den Leerschritt zwischen *Gouda* und *5,50 €* zu entfernen. Drücken Sie dann dreimal die [⭾]-Taste.

4) Wiederholen Sie Schritt 3 bei den nächsten drei Zeilen. Achten Sie darauf, wie oft Sie die [⭾]-Taste drücken müssen, damit alles klar untereinander steht.

```
Brot·mit·Gouda→      →      →    5,50€·Brot·mit·Appenzeller·6,50€¶
Brot·mit·Frischkäse  →      →    5,50€·Brot·mit·Emmentaler·6,50€¶
Brot·mit·Mettwurst   →      →    6,50€·Brot·mit·Blutwurst·6,50€¶
Brot·mit·geräuchertem·Schinken→  8,50€·Brot·mit·gekochtem·Schinken·8,50€¶
```

5) Setzen Sie die Einfügemarke in der ersten Zeile hinter *5,50 €* und drücken Sie die [Entf]-Taste, um den Leerschritt zwischen € und *Brot* zu löschen. Drücken Sie zweimal auf die [⭾]-Taste.

6) Wiederholen Sie Schritt 5 mit den übrigen drei Zeilen.

7) Setzen Sie den Cursor in der ersten Zeile hinter *Appenzeller* und drücken Sie die [Entf]-Taste, um den Leerschritt zwischen *Appenzeller* und *6,50 €* zu löschen. Drücken Sie dreimal auf die [⭾]-Taste.

8) Wiederholen Sie Schritt 7 mit den übrigen drei Zeilen. Ihr Text sollte nun so aussehen:

```
Brot·mit·Gouda→      →      →  5,50€→  →  Brot·mit·Appenzeller  →  →  →  6,50€¶
Brot·mit·Frischkäse  →      →  5,50€→  →  Brot·mit·Emmentaler   →  →  →  6,50€¶
Brot·mit·Mettwurst   →      →  6,50€→  →  Brot·mit·Blutwurst    →  →  →  6,50€¶
Brot·mit·geräuchertem·Schinken→ 8,50€→  →  Brot·mit·gekochtem·Schinken →  →  8,50€¶
```

Speichern Sie Ihr Dokument unter einem leicht zu merkenden Namen, z.B. *BMSpeisekarte.doc*, ab und schließen Sie es.

Tabulator-Ausrichtung

Die Tabstopps, die Sie bis jetzt verwendet haben, waren alle linksbündig. Bei einem Tabstopp von 5 cm bedeutet dies, dass der entsprechende Text oder die entsprechende Zahl so positioniert wird, dass die Eingabe 5 cm vom linken Blattrand nach innen eingerückt erfolgt. Word hat aber noch drei andere Tabstopps zu bieten:

- **Zentriert:** Der durch diesen Tabstopp positionierte Text bzw. die Zahl ist so ausgerichtet, dass seine Mitte (angenommen) 5 cm vom linken Blattrand liegt.
- **Rechtsbündig:** Der durch diesen Tabstopp positionierte Text bzw. die Zahl ist so ausgerichtet, dass er bei (angenommen) 5 cm endet.
- **Dezimal:** Wenn es sich um eine Dezimalzahl handelt, die durch diesen Tabstopp positioniert wird, wird die Zahl so ausgerichtet, dass sich das Dezimalkomma (angenommen) 5 cm vom linken Rand befindet.

Wenn es sich um Text oder eine Zahl ohne Dezimalkomma handelt, so entspricht das Ergebnis dem rechtsbündigen Tabstopp.

Jegliche Tabstopppositionen, die Sie in einem Absatz eingeben, beziehen sich immer nur auf diesen bestimmten Absatz. Das bedeutet, dass verschiedene Absätze eines Dokuments verschiedene Tabstopppositionen und Tabstopptypen enthalten können.

In der nächsten Übung verwenden wir alle vier Arten von Tabstopps: rechtsbündig, linksbündig, zentriert und dezimal.

Übung 3.34: Die verschiedenen Arten des Tabstopps verwenden

1) Erstellen Sie ein neues Dokument und schreiben Sie den Text wie unten angezeigt. Formatieren Sie den Text *Preis pro Einheit* fett.

Preis·pro·Einheit¶
,853¶
621¶
45¶
68,82¶

2) Wählen Sie nacheinander jede einzelne der fünf Zeilen aus (jedoch ohne die dazugehörige Absatzmarke), kopieren Sie den Text und fügen Sie ihn jeweils rechts dreimal wieder ein. Ihr Dokument sollte nun so aussehen.

Preis·pro·Einheit·Preis·pro·Einheit·Preis·pro·Einheit·Preis·pro·Einheit¶
,853,853,853,853¶
621621621621¶
45454545¶
68,8268,8268,8268,82¶

3) Fügen Sie nun, wie unten angezeigt, in jeder Zeile vier Tabstopps ein (die Positionen der Tabstopps sind Words Standardwerte).

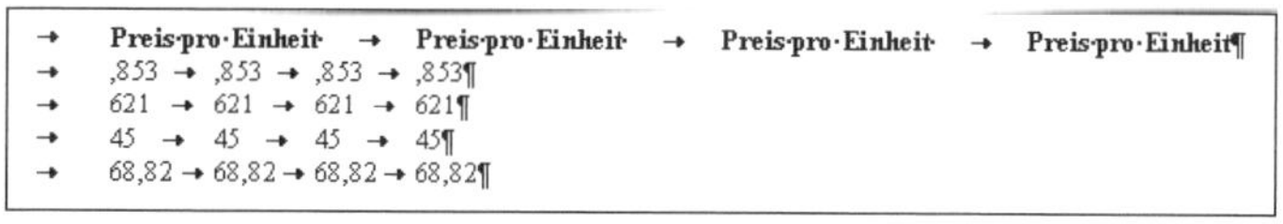

→	**Preis·pro·Einheit** →	**Preis·pro·Einheit** →	**Preis·pro·Einheit** →	**Preis·pro·Einheit**¶
→	,853 →	,853 →	,853 →	,853¶
→	621 →	621 →	621 →	621¶
→	45 →	45 →	45 →	45¶
→	68,82 →	68,82 →	68,82 →	68,82¶

4) Wählen Sie alle fünf Zeilen des Textes aus, rufen Sie dann den Menübefehl FORMAT/TABSTOPP auf und klicken Sie auf die Schaltfläche *Alle löschen*, um alle Standard-Tabstopps zu löschen.

5) Übernehmen Sie die folgenden Tab-Werte mit den entsprechenden Ausrichtungen.

Tabstoppposition	Ausrichtung
1 cm	Links
6 cm	Zentriert
11 cm	Rechts
15 cm	Dezimal

Geben Sie dabei die einzelnen Werte ein, wählen Sie eine Ausrichtung und klicken Sie auf *Festlegen*.

6) Wenn Sie fertig sind, klicken Sie auf OK. Ihr Dokument sollte nun so aussehen.

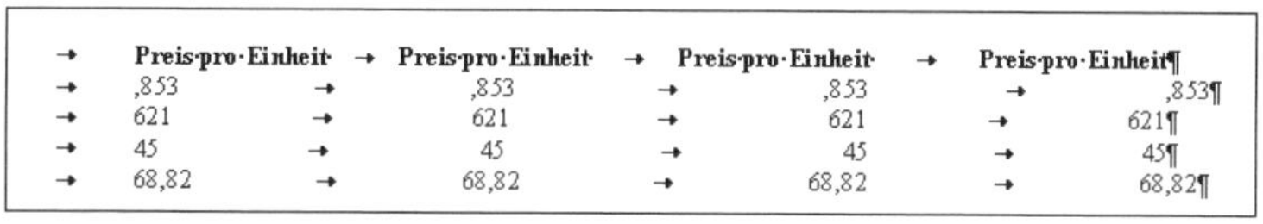

→	**Preis·pro·Einheit** →	**Preis·pro·Einheit** →	**Preis·pro·Einheit** →	**Preis·pro·Einheit**¶
→	,853 →	,853 →	,853 →	,853¶
→	621 →	621 →	621 →	621¶
→	45 →	45 →	45 →	45¶
→	68,82 →	68,82 →	68,82 →	68,82¶

7) Speichern Sie Ihr Dokument unter einem leicht zu merkenden Namen, z.B. *ABPreis pro Einheit.doc*.

Tabstopps mit Lineal verwenden

Sie können die Standard-Tabstopps von Word anzeigen lassen und ändern, indem Sie den Menübefehl ANSICHT/LINEAL aufrufen. Am oberen Rand des Dokuments erscheint (falls noch nicht vorhanden) ein Lineal. Sie können die Standard-Tabstopps hierauf als gleichmäßige Abstände ablesen.

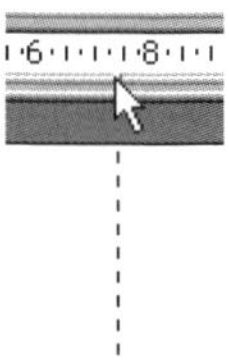

Sie können die Position der einzelnen Tabstopps verändern, indem Sie sie auf dem Lineal einfach nach rechts oder links verschieben.

Der Abstand zwischen den einzelnen Standard-Tabstopps ändert sich proportional. Währen Sie einen Tabstopp verschieben, zeigt *Word* eine vertikale, gestrichelte Linie an, die sich vom Lineal unten durch das Dokument zieht.

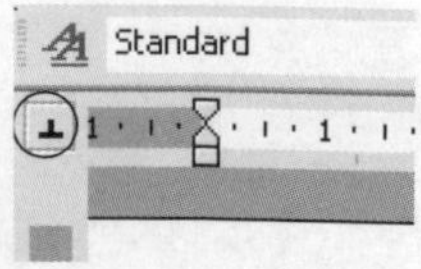

Am linken Ende des Lineals befindet sich eine Schaltfläche, um die gewünschte Tabulatorart auszuwählen. Durch das Anklicken dieser Schaltfläche werden die fünf verschiedenen Tabulatorarten im Wechsel angezeigt: *Tabstopp links* (Standard), *Tabstopp zentriert*, *Tabstopp rechts*, *Tabstopp dezimal* und *Tabstopp Leiste*.

Um einen neuen Tabstopp einzufügen, klicken Sie so lange auf die Schaltfläche zur Tabstoppwahl, bis der gewünschte Tabstopp angezeigt wird. Klicken Sie dann an die Stelle des Lineals, an der Sie den Tabstopp setzen möchten. Um einen Tabstopp zu entfernen, klicken Sie ihn einfach an und ziehen Sie ihn nach oben oder unten aus dem Lineal.

Der Gebrauch von Grafiken in Word

Sie können Ihre Word-Dokumente mit verschiedenen Arten von Grafik illustrieren:

- Mit Diagrammen, die Sie in einem Programm zur Tabellenkalkulation, z.B. *Microsoft Excel*, erstellt haben.
- Zeichnungen und Fotos, die in einem Zeichenprogramm, z.B. *Paint Shop Pro* oder *Adobe Photoshop*, erstellt bzw. geändert wurden.

In Word finden Sie so genannten ClipArts. Diese ClipArts können Sie immer wieder in den unterschiedlichsten Dokumenten verwenden. Beispiele für Standard-ClipArts sind z.B. Mann am Telefon, Weihnachtsmann, Zeigefinger, Sonnenuntergang etc. Sie können ClipArts auch auf vielen CD-ROMs und im Internet finden.

ClipArt-Sammlung

Eine Sammlung frei verfügbarer Standardbilder, die immer wieder in verschiedenen Dokumenten verwendet werden können.

Grafik importieren: zwei Methoden

Es gibt mehrere Möglichkeiten, Grafiken zu importieren: zum einen *Kopieren* und *Einfügen*, zum anderen *Aus Datei einfügen* oder aus *ClipArt Galerie einfügen*.

Grafiken: Kopieren und Einfügen

Diese Möglichkeit funktioniert nur, wenn Sie die Datei, in der sich die Grafik befindet, öffnen können. Dazu benötigen Sie auf Ihrem Computer ein Programm, das die verschieden Grafikformate lesen kann.

Wenn Sie z.B. eine Grafik in Word einbinden möchten, die in Adobe Photoshop erstellt worden ist, muss Adobe Photoshop auf Ihrem Computer installiert und geöffnet sein. Wenn dies nicht der Fall ist, benötigen Sie zumindest ein anderes Grafikprogramm, das in der Lage ist, Photoshop-Dateien (.psd) zu öffnen.

Öffnen Sie die Datei mit der gewünschten Grafik. Wählen Sie dann die Grafik (oder Teile davon) aus und kopieren Sie dann mit dem Menübefehl BEARBEITEN/KOPIEREN die Grafik in die Zwischenablage. Wechseln Sie dann wieder zu Word und setzen Sie die Einfügemarke an jene Stelle, an der Sie die Grafik einfügen möchten. Rufen Sie dann den Menübefehl BEARBEITEN/EINFÜGEN auf.

Grafiken: Datei einfügen

Diese Variante ermöglicht es Ihnen, eine Grafik in Word einzubinden, auch wenn Sie das Programm, mit dem die Grafikdatei erstellt wurde, nicht auf Ihrem Computer installiert haben.

Setzen Sie die Einfügemarke an jene Stelle im Dokument, an der die Grafik eingefügt werden soll, und wählen Sie dann den Menübefehl EINFÜGEN/GRAFIK/AUS DATEI. Suchen Sie nach der gewünschten Grafikdatei, die sich auf Ihrer Festplatte, auf einer Diskette in Laufwerk A: oder auf einer CD-ROM befinden kann. Klicken Sie die entsprechende Datei an und wählen Sie dann die Schaltfläche *Einfügen.*

Um an die ClipArts zu gelangen, die zu Word gehören, wählen Sie den Menübefehl EINFÜGEN/GRAFIK/CLIPART. Der Aufgabenbereich *Clip Art einfügen*, in dem Sie das entsprechende Bild auswählen können, wird geöffnet. In der Übung 15.6 wird Ihnen erklärt, wie dies funktioniert.

Mit Grafiken arbeiten

Es gibt eine Reihe von Operationen, die Sie an einer eingefügten Grafik vornehmen können. Dabei ist es gleichgültig, um welchen Datentyp es sich handelt.

Eine Grafik verschieben

Um eine Grafik zu verschieben, müssen Sie diese zuerst formatieren, indem Sie einfach irgendwo in der Grafik einen Doppelklick ausführen. Wählen Sie im Dialogfeld *Grafik formatieren* die Registerkarte *Layout*, klicken Sie auf die Umbruchart *Rechteck* und verlassen Sie das Dialogfeld mit OK. Wenn Sie nun den Mauszeiger über die Grafik führen, wird dieser zu einem Kreuz. Halten Sie die linke Maustaste gedrückt und ziehen Sie die Grafik ganz einfach an eine andere Stelle im Dokument.

Um eine Grafik zwischen zwei Dateien hin und her zu schieben, verwenden Sie die Befehle zum AUSSCHNEIDEN und EINFÜGEN im Menü BEARBEITEN.

Form und Größe einer Grafik ändern

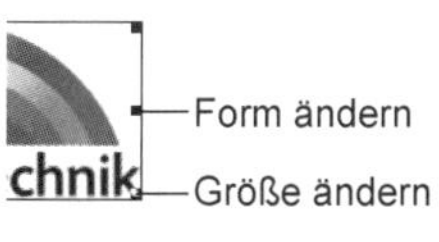

Sie können die Form und Größe einer Grafik verändern, indem Sie die Grafik auswählen und auf einen ihrer acht Markierungspunkte klicken.

Halten Sie die Maustaste gedrückt und ziehen Sie an den mittleren Markierungspunkten, um die Form der Grafik zu verändern. Während Sie die Grafik verändern, also am Rand ziehen, stellt Word den Rahmen als gestrichelte Linie dar.

Um die Größe einer Grafik zu ändern und gleichzeitig die ursprüngliche Form beizubehalten, benutzen Sie zum Ziehen die Markierungspunkte an den Ecken.

Übung 3.35: Einfügen eine Word-ClipArt-Datei

1) Öffnen Sie das Plakat, das Sie in Lektion 3.4 erstellt und gespeichert haben.
2) Wählen Sie den Menübefehl EINFÜGEN/GRAFIK/CLIPART, um den Aufgabenbereich *Clip Art einfügen* zu öffnen.
3) Da Sie ein Banner unten in Ihrem Plakat einfügen werden, klicken Sie Sie auf den Pfeil rechts neben *Suchen in*: und navigieren Sie zur Sammlung »Banner«.
4) Klicken Sie »Banner« an, um die Sammlung auszuwählen.

   Wenn alle Sammlungen ausgewählt sind, so entfernen Sie zuvor das Häkchen vor den entsprechenden Sammlungen, um die Auswahl aufzuheben.
5) Klicken Sie auf die Schaltfläche SUCHEN im Aufgabenbereich *Clip Art einfügen*. Word zeigt Ihnen alle Elemente der Bannersammlung an.
6) Klicken Sie das grüne Banner an und ziehen Sie es auf den unteren Bereich Ihres Plakats.
7) Führen Sie einen Doppelklick auf die Grafik aus. Wählen Sie auf der Registerkarte *Layout* die Umbruchart *Rechteck* oder *Passend* und klicken Sie auf OK. Ziehen Sie nun die Grafik an die gewünschte Stelle unterhalb des Textes *Alle sind herzlich willkommen*. Der untere Teil Ihres Plakats sollte nun so aussehen.

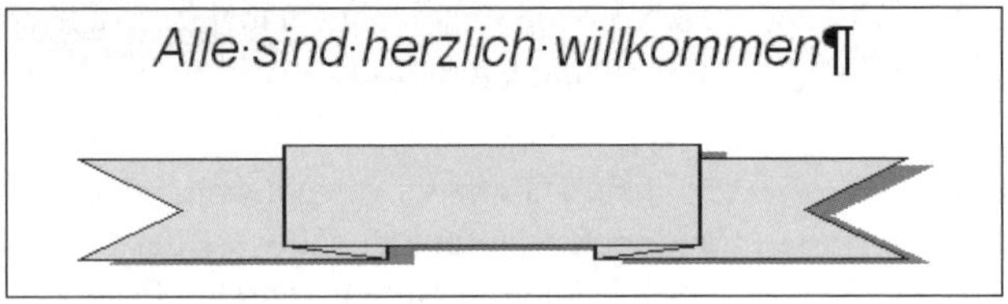

AutoFormen einfügen

AutoFormen sind Kategorien vordefinierter Formen, die Sie in Ihr Word-Dokument einfügen können. Unter den AutoFormen finden Sie Linien, Standardformen, Elemente für Flussdiagramme, Sterne und Bänder und Legenden.

Wenn Sie eine AutoForm in einem Dokument verwenden, können Sie deren Position, Form, Größe und Farbe nach Ihren Bedürfnissen verändern.

So wählen Sie eine AutoForm aus:

- Blenden Sie die Symbolleiste *Zeichnen* in Word ein, indem Sie den Menübefehl ANSICHT/SYMBOLLEISTEN/ZEICHNEN wählen.
- Klicken Sie nun auf die Schaltfläche *AutoFormen* in der Symbolleiste *Zeichnen*.

Sie können aus dem eingeblendeten Kontextmenü eine Kategorie auswählen.

AutoFormen

Verschiedene Kategorien vorgefertigter Formen. Unter den AutoFormen befinden sich Linien, Standardformen, Elemente für Flussdiagramme, Sterne und Banner sowie Legenden.

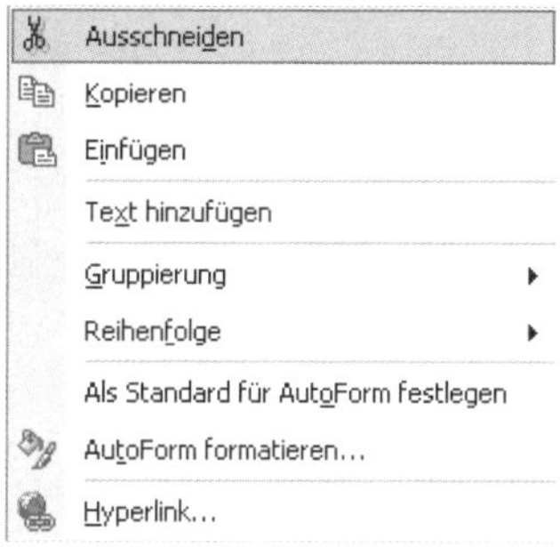

Wenn Sie einen Rechtsklick auf eine AutoForm ausführen, bietet *Word* Ihnen mehrere Möglichkeiten an.

- **Text hinzufügen:** Dieser Befehl ermöglicht es Ihnen, in eine AutoForm – Kreis, Rechteck, Oval oder eine andere Form – hineinzuschreiben. Sie können auch Text aus der Zwischenablage in eine AutoForm einfügen.
- **AutoForm formatieren:** Über diesen Befehl können Sie die Farbe der Außenlinie und der Füllung einer AutoForm verändern.

AutoFormen werden auf die gleiche Weise wie andere Grafiken in ihrer Form und Größe verändert.

Die folgende Übung 3.36 zeigt Ihnen, wie es gemacht wird.

Übung 3.36: Mit AutoFormen arbeiten

1) Wenn Ihr Dokument *ABPlakat.doc* nicht geöffnet ist, öffnen Sie es jetzt.
2) Markieren Sie den Text *Eintritt frei* (aber nicht die dazugehörige Absatzmarke).

3) Schneiden Sie den markierten Text in die Zwischenablage aus und drücken Sie die [↵]-Taste, um eine zweite Absatzmarke einzufügen.
4) Klicken Sie auf die Schaltfläche AUTOFORMEN in der Symbolleiste *Zeichnen.* Wählen Sie aus dem Kontextmenü den Eintrag STANDARDFORMEN aus. Klicken Sie dann auf das Rechteck mit abgerundeten Ecken. Falls die Symbolleiste *Zeichnen* nicht geöffnet ist, rufen Sie den Menübefehl ANSICHT/SYMBOLLEISTEN/ZEICHNEN auf, um sie anzuzeigen.

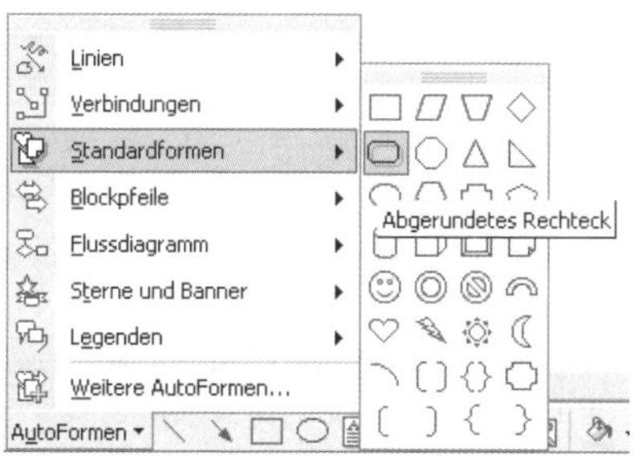

5) Word zeigt eine Zeichnungsfläche an mit den Worten: »Erstellen Sie Ihre Zeichnung hier«. Für den ECDL müssen Sie diese Funktion nicht kennen. Drücken Sie die *Entf*-Taste, um das Feld auszublenden.

6) Zeichnen Sie nun Ihr Rechteck an die Stelle, an der Sie den Text in Schritt 3 ausgeschnitten haben. Stellen Sie sicher, dass das Rechteck groß genug ist, um den Text der Zwischenablage zu fassen. Richten Sie die Form zentriert zwischen rechtem und linkem Rand aus.

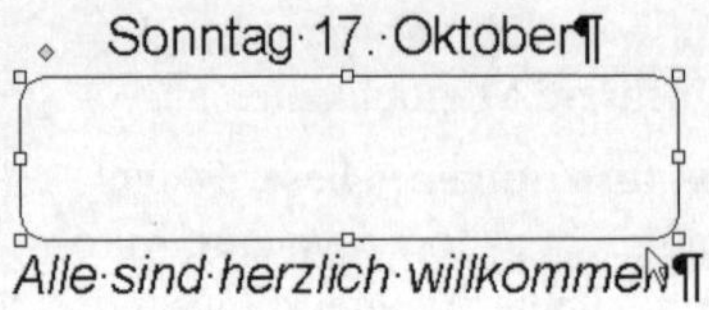

7) Klicken Sie mit der rechten Maustaste auf die AutoForm, wählen Sie TEXT HINZUFÜGEN und fügen Sie dann den Text aus der Zwischenablage in die AutoForm ein. Markieren Sie den eingefügten Text und wählen Sie dann zentriert, um ihn in der Mitte der AutoForm zu positionieren. Ändern Sie den Text in *Arial, 20 Punkt*, *Fett*.

8) Klicken Sie auf eine Ecke der AutoForm, um sie zu markieren, und anschließend mit der rechten Maustaste. Im daraufhin geöffneten Kontextmenü wählen Sie den Eintrag AUTOFORM FORMATIEREN aus.

9) Legen Sie auf der Registerkarte *Farben und Linien* als Füllfarbe *Gelb* und eine Linienstärke von *1,5 Punkt* fest. Klicken Sie auf OK.

10) Markieren Sie den Text innerhalb der AutoForm und rufen Sie dann den Menübefehl FORMAT/ABSATZ auf. Ändern Sie den *Abstand Vor* so lange, bis der Text auch vertikal mittig zwischen dem oberen und unteren Rand der Autoform steht. Das neue Plakat-Layout sollte nun so aussehen.

Speichern und schließen Sie das Plakat-Dokument.

Um ein Bild, eine Grafik, eine Autoform oder auch ein Diagramm zu löschen, markieren Sie das gewünschte Objekt und drücken Sie die `Entf`-Taste. Alternativ können Sie das Objekt auch markieren und dann den Befehl LÖSCHEN im Menü BEARBEITEN verwenden.

Silbentrennung beim Blocksatz

Sie haben zuvor schon die Ausrichtungsform Blocksatz kennen gelernt, bei der Text gleichmäßig zwischen dem rechten und linken Rand verteilt ist. Blocksatz wird normalerweise bei schmalen Textspalten in Tageszeitungen oder Zeitschriften verwendet.

Als Blocksatz gesetzte Spalten können bisweilen größere weiße Leerstellen aufweisen, da Word den Text so auseinander zieht, dass er auch tatsächlich bis an beide Ränder läuft. Insbesondere wenn der Text viele lange Wörter enthält, kommt es zu diesen großen Lücken.

Hier kann die Silbentrennung helfen. Sie trägt zu einem professionelleren Aussehen von Text im Blocksatz bei, indem sie lange Wörter trennt und auf zwei Zeilen aufteilt.

Sie können die Funktion
zur Silbentrennung
setzen, um das
nungsbild Ihres
ments professioneller
aussehen zu lassen.
Durch Silbentrennung
vermeiden Sie
spielsweise Lücken in
einem Text, der im
Blocksatz formatiert
wurde. Außerdem lassen
sich dadurch
ßige Zeilenlängen in
schmalen Spalten

Ohne Silbentrennung

Sie können die Funktion
zur Silbentrennung ein-
setzen, um das Erschei-
nungsbild Ihres Doku-
ments professioneller
aussehen zu lassen.
Durch Silbentrennung
vermeiden Sie bei-
spielsweise Lücken in
einem Text, der im
Blocksatz formatiert
wurde. Außerdem lassen
sich dadurch gleichmä-
ßige Zeilenlängen in
schmalen Spalten errei-

Mit Silbentrennung

Word wendet bei der Silbentrennung zwei Regeln an. Es gibt Wörter, die nie getrennt werden, und Wörter, die nur an ganz bestimmten Stellen im Wort getrennt werden. Sie können die Silbentrennung auf gleichmäßig und nicht gleichmäßig ausgerichteten Text anwenden.

Silbentrennung

Das Trennen eines langen Wortes über zwei Zeilen, um unschöne Lücken im Text zu vermeiden. Wird meistens bei schmalen Spalten im Blocksatz angewendet.

Die Silbentrennung kann auf zwei Arten angewendet werden: automatisch und manuell.

Automatische Silbentrennung

Word kann die automatische Silbentrennung während der Eingabe auf Ihr Dokument anwenden. Wählen Sie den Menübefehl EXTRAS/SPRACHE/SILBENTRENNUNG, aktivieren Sie das Kontrollkästchen AUTOMATISCHE SILBENTRENNUNG und klicken Sie auf OK.

Einstellungen der automatischen Silbentrennung

Word bietet Ihnen bei der Auswahl der automatischen Silbentrennung mehrere Möglichkeiten der Anwendung auf Ihr Dokument an.

- **Wörter in Großbuchstaben trennen:** In der Regel sind Überschriften in Großbuchstaben geschrieben, aber auch Abkürzungen wie LINUX, UNIX etc., die natürlich nicht getrennt werden sollten. Sie können entscheiden, ob die automatische Silbentrennung auf diese Teile des Textes angewendet werden soll oder nicht.
- **Silbentrennzone:** Die Entfernung vom rechten Rand, innerhalb derer der Dokumententext getrennt werden soll (nicht bei Blocksatz). Eine breitere Trennzone reduziert die Anzahl der erforderlichen Trennungen, eine schmale Trennzone erhöht die Anzahl der zu trennenden Wörter und somit einen allzu *ausgefransten* rechten Rand.
- **Aufeinander folgende Trennstriche:** Die maximal zulässige Zahl aufeinander folgender Textzeilen, die mit einem Trennstrich enden (normalerweise sollten nicht mehr als zwei aufeinander folgende Textzeilen mit Trennstrichen versehen sein).

Manuelle Silbentrennung

Wenn Sie nicht möchten, dass Word eine automatische Silbentrennung auf Ihr Dokument anwendet, sorgen Sie dafür, dass diese Option im Kontrollkästchen deaktiviert ist.

Oftmals ist es besser, die automatische Silbentrennung auszuschalten und eine manuelle Silbentrennung durchzuführen, nachdem Sie einen Text zu Ende geschrieben und bearbeitet haben.

Anwendung der manuellen Silbentrennung

Um die manuelle Silbentrennung auf Ihren Text (oder einen Teil davon) anzuwenden, wählen Sie bitte Extras/Sprache/Silbentrennung und klicken Sie dann auf die Schaltfläche Manuell.

Word durchläuft den Text und blendet ein Dialogfeld ein, wenn es ein Wort findet, das seiner Meinung nach getrennt werden sollte.

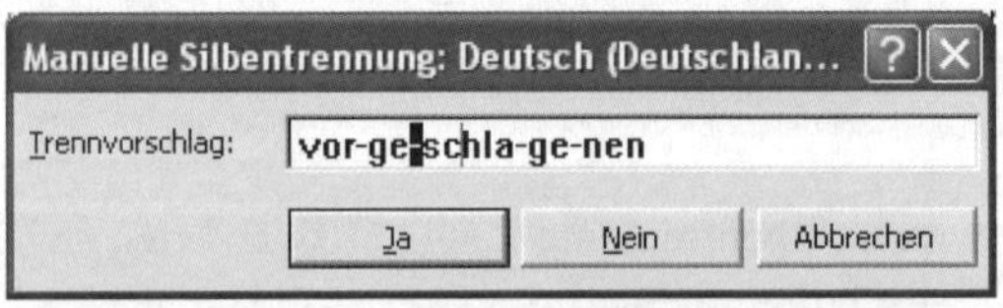

Klicken Sie auf Ja, wenn Word den Trennstrich an der vorgeschlagenen Stelle einfügen soll. Wenn Sie das Wort an einer anderen als der vorgeschlagenen Stelle trennen möchten, bewegen Sie die Einfügemarke an diese Stelle und klicken Sie dann auf Ja. Wenn Sie auf Nein klicken, wird das Wort nicht getrennt.

Sie können nun alle geöffneten Dokumente schließen und Microsoft Word beenden. Hiermit ist die Lektion 3.4 des ECDL-Moduls *Textverarbeitung* abgeschlossen.

Zusammenfassung der Lektion: Das haben Sie gelernt

Eine Word-Tabelle besteht aus Zellen, die in Zeilen und Spalten angeordnet sind. Falls nötig, können Sie zusätzliche Zeilen und Spalten in die Tabelle einfügen. Außerdem können Sie Zellen teilen, also aus einer Zelle zwei machen oder mehrere Zellen zu einer verbinden.

Sie können Höhe und Breite von Zeilen und Spalten ändern, Formatierungen anwenden und Rahmen und Schattierungen hinzufügen. Die Option *AutoFormat* in Word bietet Ihnen eine schnelle Möglichkeit, das Aussehen Ihrer Tabelle zu verbessern.

Tabstopps sind vordefinierte horizontale Einteilungen. Wenn Sie Tabstopps in hintereinander folgenden Zeilen anwenden, entsteht der Eindruck von Textspalten.

Sie können auf mehrere Arten Grafiken in ein Word-Dokument einfügen: durch *Kopieren* und *Einfügen* oder indem Sie eine Grafik aus einer Datei oder als ClipArt einfügen. Sie können jede Grafik verschieben, neu positionieren und ihre Größe und Form ändern.

AutoFormen sind vordefinierte Formen, die Sie in Ihre Word-Dokumente einfügen können. Unter AutoFormen finden Sie Linienformen, Standardformen, Blockpfeile, Elemente für Flussdiagramme, Sterne und Banner und Legenden. AutoFormen werden ähnlich wie Grafiken behandelt bzw. verändert.

Sie können die in Word enthaltene Funktion zur Silbentrennung verwenden, um störende, weiße Lücken im Text zu vermeiden. Dabei werden zu lange Wörter am Ende einer Zeile getrennt. Die Silbentrennung wird meistens auf schmale Spalten im Blocksatz angewendet.

Schnelltest: Tabellen, Tabstopps und Grafiken

1.	**In einer Tabelle drücken Sie die [Tab]-Taste, ...**
A	um einen Tabstopp einzufügen.
B	um die Einfügemarke in die nächste Zelle zu bewegen.
C	um die Einfügemarke an den Anfang der Tabelle zu bewegen.

2.	**Um eine neue Zeile oberhalb der Zeile einzufügen, in der die Einfügemarke steht, ...**
A	wählen Sie den Menübefehl TABELLE/EINFÜGEN/ZEILE oberhalb.
B	wählen Sie den Menübefehl TABELLE/EINFÜGEN/ZEILE.
C	wwählen Sie den Menübefehl TABELLE/ZEILE OBERHALB.

3.	**Sie wählen eine Zelle einer Tabelle aus, indem Sie einen Doppelklick darin ausführen.**
A	Richtig
B	Falsch

4.	**Um einem Absatz einen neuen Tabstopp hinzuzufügen, ...**
A	wählen Sie den Menübefehl FORMAT/TABSTOPP, dann die Art des Tabstopp, und klicken dann an die Stelle des Lineals, an der Sie ihn setzen möchten.
B	klicken Sie an die Stelle des Lineals, an der Sie den neuen Tabstopp setzen möchten, und wählen Sie den Menübefehl FORMAT/TABSTOPP.
C	klicken Sie auf die Schaltfläche für Tabstopps an der linken Seite des Lineals, wählen Sie die Art des Tabstopps aus, und klicken Sie dann an die Stelle des Lineals, an der Sie den Tabstopp setzen möchten.

5.	**Um in Word ein ClipArt-Bild einzufügen, ...**
A	klicken Sie an die Stelle, an der Sie die Grafik einfügen möchten, rufen Sie den Menübefehl EINFÜGEN/GRAFIK/CLIPART auf, wählen Sie dann das entsprechende Bild aus, und klicken Sie auf EINFÜGEN.
B	wählen Sie den Menübefehl EINFÜGEN/GRAFIK/CLIPART, verwenden Sie den Aufgabenbereich *Clip Art einfügen*, um das gewünschte Bild zu finden, und ziehen Sie dann das Bild ins Dokument.
C	klicken Sie an die Stelle, an der Sie die Grafik einfügen möchten, wählen Sie den Menübefehl BEARBEITEN/INHALTE EINFÜGEN, dann das entsprechende Bild und klicken Sie auf OK.

6.	**Um einem Dokument eine AutoForm hinzuzufügen, ...**
A	wählen Sie den Menübefehl EINFÜGEN/GRAFIK/WORDART.
B	klicken Sie auf die Schaltfläche AUTOFORMEN in der *Format*-Symbolleiste.
C	klicken Sie auf die Schaltfläche AUTOFORMEN in der *Zeichnen*-Symbolleiste.

7.	**Welche Arten von Tabstopps kennen Sie?**

Lektion 3.5: Seriendruck und Dokumentvorlagen

In dieser Lektion

Post, die zwar individuelle Namen und Adressen (wie *Sehr geehrter Herr Müller*), aber denselben Brieftext (z.B. *Wir erlauben uns, Sie auf unsere neue Kollektion aufmerksam zu machen*) enthält, wird auch als Infopost oder Postwurfsendung bezeichnet.

Wie werden solche Infopostbriefe erstellt? Vom Grundsatz her sind die einzelnen Briefe gleich, aber bei näherer Betrachtung stellt man fest, dass es sich nicht einfach um identische Kopien handelt, sondern dass sie sich in einigen Dingen unterscheiden.

An dieser Stelle schon mal ein kleiner Hinweis: Jeder einzelne Brief ist das Ergebnis der Zusammenführung von zwei Komponenten. Zum einen der Formbrief, der den eigentlichen Text enthält, und zum anderen die Datenquelle, die aus einer Liste von Namen und dazugehörigen Adressen und anderen Details besteht.

Außerdem erfahren Sie in dieser Lektion etwas über Dokumentvorlagen und Formatvorlagen. Diese Vorlagen bieten eine schnellen Weg zu Dokumenten, die einen vorgefertigten Text, Bilder, bestimmte Formate und Seiteneinstellungen enthalten.

Neue Fähigkeiten

Am Ende dieser Lektion sollten Sie in der Lage sein,

- die zwei Komponenten eines Serienbriefs zu erstellen: das Hauptdokument und die Datenquelle,
- die entsprechenden Seriendruckfelder auszuwählen und sie in den Formbrief einzufügen,
- einen Formbrief mit einer Datenquelle zu einem Serienbrief zu verbinden,
- die zwei möglichen Rollen einer Word-Dokumentvorlage zu erklären: Dokumentenmuster und Schnittstellensteuerung,
- eine geeignete Word-Dokumentvorlage für einen bestimmten Dokumententyp auszuwählen,
- die Beziehung zwischen Stilen und Dokumentvorlagen zu erklären und Stile auf markierten Text anzuwenden,
- eine andere Dokumentvorlage mit einem Dokument zu verknüpfen und eine neue Dokumentvorlage zu erstellen,
- die verschiedenen Arten der Seitenansicht in Word zu verwenden.

Neue Wörter

Am Ende dieser Lektion sollten Sie in der Lage sein, folgende Begriffe zu erklären:

- Hauptdokument
- Dokumentvorlage
- Datenquelle
- Stil
- Seriendruckfeld
- Ansicht *Normal*
- Ansicht *Seitenlayout*
- Ansicht *Weblayout*
- Ansicht *Gliederung*

Komponenten des Seriendrucks

Ein Seriendruck besteht aus zwei Komponenten: dem Hauptdokument und der Datenquelle. Die Seriendruckfelder übernehmen dabei die Rolle einer *Verbindung*, die die zwei Komponenten zusammenhält. Im weiteren Verlauf werden Sie erfahren, was diese Begriffe bedeuten.

Das Hauptdokument

Das Hauptdokument beinhaltet den Text, der in der Regel bei allen Briefen des Serienbriefdrucks identisch ist. Das gilt auch für Zeichensetzung, Abstände und eventuelle Grafiken.

Name und Adresse werden nie in das Hauptdokument eingetragen, weil sie in jeder Kopie des Serienbriefs unterschiedlich sind.

Hauptdokument

Ein Word-Dokument, das Informationen (Text, Abstände, Zeichensetzung und Grafiken) enthält, die in der Regel in jeder Kopie eines Seriendrucks identisch sind.

Datenquelle

Eine Datenquelle enthält die Informationen, die bei jeder Kopie eines Seriendrucks unterschiedlich sind. Dabei handelt es sich um Name und Adresse der Empfänger, denen Sie eine Kopie des Serienbriefs zukommen lassen möchten.

Sie können eine Datenquelle in Word, in einer Tabellenkalkulation (z.B. Excel) oder in einem Datenbankprogramm (z.B. Access) erstellen. Egal welchen Dateityp Sie verwenden, der Inhalt muss in einer Tabelle stehen. Die oberste Zeile der Tabelle muss eine Titelzeile sein, in der die Namen der verschiedenen Kategorien wie Name, Ort etc. stehen, denen die darunter liegenden Spalten angehören.

Datenquelle

Eine Datei, die Informationen (Name, Adresse) enthält, die in jeder ausgegebenen Kopie des Seriendrucks unterschiedlich sind.

Seriendruckfelder

Seriendruckfelder sind spezielle Befehle, die in das Hauptdokument eingefügt werden. Über diese Felder erfährt Word, welche Details aus der Datenquelle eingefügt und wo sie im Brief positioniert werden sollen.

«Anrede»¶
«Vorname» «Nachname»¶
«Firmenname»¶
«Adresszeile_1»¶

«Postleitzahl» «Ort»¶

Seriendruckfelder stehen in Winkelklammern

Im Serienbrief ersetzt Word die Seriendruckfelder durch die damit verknüpften Inhalte aus der Datenquelle.

Seriendruckfelder haben Bezeichnungen wie z.B. Anrede, Vorname und Stadt. Wenn Sie nun das Hauptdokument mit der Datenquelle verbinden, ersetzt Word die Seriendruckfelder durch die entsprechenden Details der Datenquelle. Dabei würde zum Beispiel das Seriendruckfeld *Stadt* in den verschiedenen Kopien durch *München*, *Köln* oder *Hamburg* ersetzt.

Seriendruckfeld
Ein Befehl für Word, an dieser Stelle des Hauptdokuments eine bestimmte Art von Information, z.B. die Anrede oder eine Adresszeile einzufügen.

Der Ablauf zum Seriendruck

In Word können Sie einen Seriendruck über den Seriendruck-Assistenten oder die Symbolleiste *Seriendruck* erstellen. Die Übungen in dieser Lektion bedienen sich des Assistenten. Wenn Sie jedoch mehr Erfahrung im Umgang mit dem Seriendruck gesammelt haben, möchten Sie vielleicht lieber die Symbolleiste verwenden.

Stellen Sie sich einen Seriendruck als einen Ablauf bestehend aus fünf Schritten vor. Die Schritte 1 und 2 betreffen die Vorbereitungen des Hauptdokuments und der Datenquelle.

In Schritt 3 stellen Sie die Verbindung zwischen den zwei Komponenten her, indem Sie die Seriendruckfelder in Ihr Hauptdokument einfügen. Dabei entspricht ein Seriendruckfeld jeweils einer Kategorie der Datenquelle, die Sie als Information im Hauptdokument aufnehmen möchten.

Schritt 4 ist optional, aber empfehlenswert. Bevor Sie Ihren Seriendruck endgültig fertig stellen, sollten Sie sich das Ergebnis der ersten und zweiten Kopie vorab in der Vorschau anzeigen lassen, um zu überprüfen, ob die Zusammenführung auch erfolgreich vollzogen wurde.

Schritt 5 beinhaltet dann den eigentlichen Ausdruck Ihres Serienbriefs.

Schritt 1: Hauptdokument vorbereiten

Beim Formbrief oder auch Hauptdokument handelt es sich um ein einfaches Word-Dokument. Im Schritt *Startdokument wählen* des Seriendruck-Assistenten können Sie Folgendes tun:

- Sie können einen neuen Brief für Ihren Seriendruck erstellen.
- Sie können einen schon bestehenden Brief als Hauptdokument auswählen.

Die Übungen 3.37 und 3.38 leiten Sie durch diese Schritte.

Schritt 2: Datenquelle vorbereiten

Mit dem Schritt *Empfänger wählen* des Seriendruck-Assistenten können Sie Folgendes tun:

- Ein Datenquelle erstellen und darin die Namen und Adressen der Leute eintragen, denen Sie eine Kopie Ihres Serienbriefs zukommen lassen möchten.
- Eine in einer anderen Anwendung erstellte Datei auswählen.
- Empfänger aus Ihren *Microsoft Outlook*-Kontakten auswählen.

In Übung 3.39 erfahren Sie, wie man eine Datenquelle in Word erstellt.

Schritt 3: Seriendruckfelder ins Hauptdokument einfügen

Mit dem Schritt *Schreiben Sie Ihren Brief* des Seriendruck-Assistenten fügen Sie in Ihr Hauptdokument alle benötigten Felder des Seriendrucks ein. In Übung 3.40 erfahren Sie, wie dies geht.

Schritt 4: Vorschau des Seriendrucks

Bevor Sie Ihren Serienbrief (vielleicht ja Hunderte oder Tausende) fertig stellen, verwenden Sie den Schritt *Vorschau auf Ihre Briefe* des Seriendruck-Assistenten, um Ihren Serienbrief vorab nochmals zu kontrollieren.

In Übung 3.41 erfahren Sie, wie Sie eine Vorschau auf Ihren Serienbrief durchführen können.

Schritt 5: Ausdruck des Serienbriefs

Wenn Sie mit der Vorschau zufrieden sind, gehen Sie zum Schritt *Seriendruck beenden* des Seriendruck-Assistenten, um den Seriendruck fertig zu stellen und die einzelnen Kopien Ihres Serienbriefes zu drucken.

In Übung 3.42 erfahren Sie, wie Sie Ihren Serienbrief drucken.

Die Übungen zum Seriendruck

Die Übungen 3.37 bis 3.38 führen Sie durch den gesamten Prozess, der für einen Seriendruck notwendig ist.

Die einzelnen Übungen sind Bestandteile eines Ablaufes und sollten möglichst nacheinander durchgeführt werden. Sollten Sie den Seriendruckprozess dennoch unterbrechen müssen, so können Sie das Hauptdokument speichern. Wenn Sie den Brief dann das nächste Mal öffnen und den Seriendruck-Assistenten starten, führt Sie dieser an den Punkt, an dem Sie aufgehört haben.

Bei diesen Übungen setzen wir voraus, dass die Briefe auf ein schon bestehendes Briefpapier mit Absendername und -adresse gedruckt werden. Es müssen also nur noch die Namen und Adressen der Empfänger eingetragen werden.

Übung 3.37: Ein bestehendes Dokument als Hauptdokument verwenden

Wenn Sie Ihren Brief aus Übung 3.33 noch haben, dann erfahren Sie jetzt, wie Sie diesen Brief als Hauptdokument verwenden.

Wenn Sie den Brief nicht mehr haben, gehen Sie weiter zu Übung 3.38, um ein neues Dokument zu erstellen.

1) Die Möglichkeit des Seriendrucks ist nur dann zugänglich, wenn Sie ein Dokument in Word geöffnet haben. Also öffnen Sie jetzt ein neues Dokument, indem Sie auf das Symbol NEUES LEERES DOKUMENT auf der *Standard*-Symbolleiste klicken.

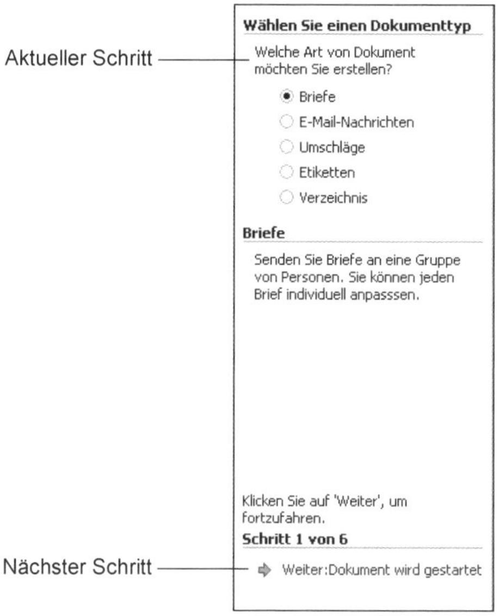

2) Rufen Sie den Menübefehl EXTRAS/BRIEFE UND SENDUNGEN/SERIENDRUCK-ASSISTENT auf. *Word* öffnet den Seriendruck-Assistenten im Aufgabenbereich *Seriendruck*, siehe Abbildung.

3) Im ersten Schritt des Assistenten fordert Word Sie auf, die Art des Dokuments festzulegen, das Sie zum Seriendruck verwenden möchten. Klicken Sie auf *Briefe* und dann auf den Link zum nächsten Schritt des Assistenten *(Weiter:Dokument wird gestartet)* unten im Aufgabenbereich *Seriendruck*.

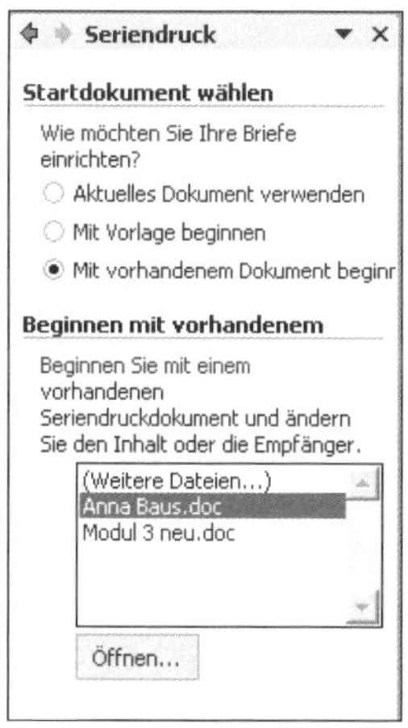

4) Unter *Startdokument* wählen aktivieren Sie die Option *Mit vorhandenem Dokument beginnen*. Wählen Sie im Listenfeld *Beginnen mit vorhandenem* Ihren Brief und klicken Sie auf ÖFFNEN.

   Wenn Ihr Brief nicht aufgelistet ist, doppelklicken Sie auf die Option *Weitere Dateien*, um das Standard-Dialogfeld *Öffnen* von Word anzuzeigen. Suchen Sie Ihren Brief und öffnen Sie ihn von hier.

   Der Assistent öffnet nun Ihr Briefdokument und geht automatisch weiter zum nächsten Schritt des Assistenten, der in Übung 3.39 erklärt wird. Vorher müssen Sie aber noch einige Änderungen an Ihrem Brief vornehmen.

5) Löschen Sie den Namen und die Adresse des Empfängers aus der linken oberen Ecke des Briefes und den Absender aus der rechten Ecke. Löschen Sie auch *Herr Schmitz* nach *Sehr geehrter*.

6) Schreiben Sie in die obere linke Ecke *An:* und drücken Sie die [Tab]-Taste. Fügen Sie drei neue Zeilen ein, jeweils mit einem Tabstopp unter *An:*. Ihr Brief sollte nun so aussehen:

```
An: → ¶
    → ¶
    → ¶
    → ¶
    → → → → → → → →  22.·Juli·2002¶
Sehr·geehrter·¶
¶
ich·schreibe·Ihnen·bezüglich·unseres·nächsten·Treffens·am·17.·Oktober·im·
Wissenschaftszentrum·Bonn.¶
¶
In·den·vergangenen·Jahren·waren·Sie·so·freundlich,·immer·einen·Preis·für·
unser·Glücksrad·zu·stiften.¶
¶
```

7) Speichern Sie den neuen Brief und geben Sie ihm einen Namen, den Sie leicht behalten können, z.B. *ABhauptdokument.doc.*

Gehen Sie nun zu Übung 3.38.

Übung 3.38: Ein neues Hauptdokument erstellen

Folgen Sie den Schritten in dieser Übung, um einen neuen Brief für Ihren Seriendruck zu erstellen.

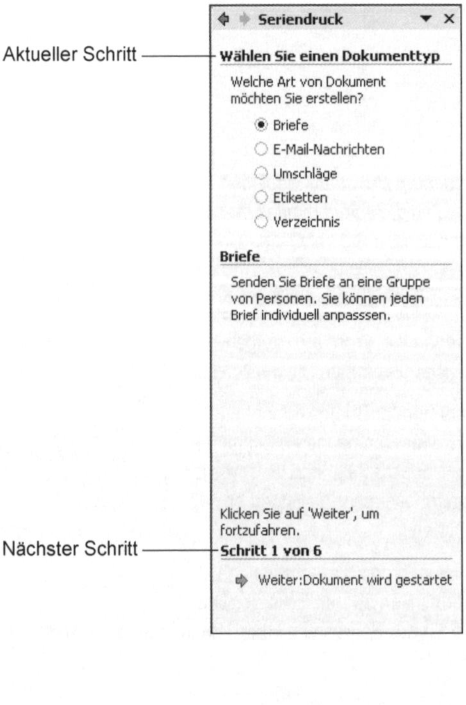

1) Die Möglichkeit des Seriendrucks ist nur dann zugänglich, wenn Sie ein Dokument in Word geöffnet haben. Also öffnen Sie jetzt ein neues Dokument, indem Sie auf das Symbol NEUES LEERES DOKUMENT in der *Standard*-Symbolleiste klicken.
2) Rufen Sie den Menübefehl EXTRAS/BRIEFE UND SENDUNGEN/SERIENDRUCK-ASSISTENT auf. Word öffnet den Seriendruck-Assistenten im Aufgabenbereich *Seriendruck*, siehe Abbildung.
3) Im ersten Schritt des Assistenten fordert Word Sie auf, die Art des Dokuments festzulegen, das Sie zum Seriendruck verwenden möchten. Klicken Sie auf *Briefe* und dann auf den Link zum nächsten Schritt des Assistenten *(Weiter:Dokument wird gestartet)* unten im Aufgabenbereich *Seriendruck.*
4) Unter *Startdokument wählen* aktivieren Sie die Option *Aktuelles Dokument verwenden.*

5) Im neuen Dokument, das Sie erstellt haben, geben Sie den Text ein, der in Übung 3.37 angezeigt ist.

6) Speichern Sie den neuen Brief, und geben Sie Ihrer Datei einen leicht zu merkenden Namen wie z.B. *ABhauptdokument.doc*.

Fahren Sie mit Übung 3.39 fort.

Übung 3.39: Eine Datenquelle erstellen

In dieser Übung erstellen Sie eine Datenquelle mit Namen, Adressen und anderen Informationen, die sich in den einzelnen Kopien Ihres Serienbriefs unterscheiden.

Fangen Sie mit dieser Übung nicht an, bevor Sie Übung 3.37 oder 3.38 beendet haben.

1) Wenn Word Sie nicht automatisch zum Schritt *Empfänger wählen* im Assistent geführt hat, dann lassen Sie ihn jetzt anzeigen, indem Sie die nächste Option *Empfänger wählen* am unteren Rand des Aufgabenbereichs auswählen.

2) Unter *Empfänger wählen* aktivieren Sie die Option *Neue Liste eingeben* und klicken auf *Erstellen*.

   Word zeigt nun das Dialogfeld *Neue Adressliste* an.

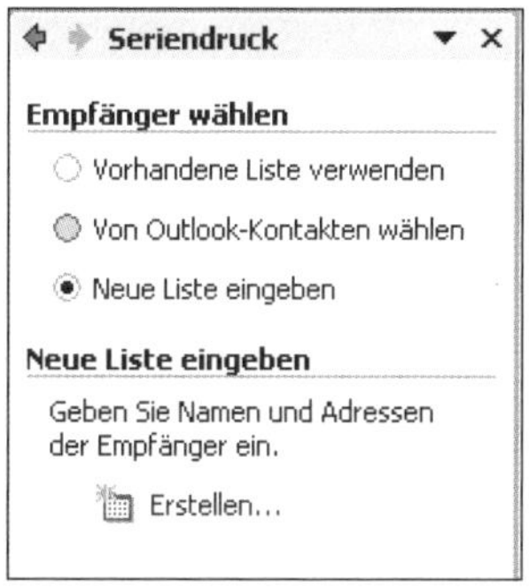

3) Klicken Sie auf *Anpassen*. Word öffnet das Dialogfeld *Adressliste anpassen*, aus dem Sie die für Sie wichtigen Seriendruckfelder auswählen können.

4) Klicken Sie in der angezeigten Liste auf folgende Feldnamen, um sie dann über die Schaltfläche *Löschen* zu entfernen: *Adresszeile2, Bundesland, Land, Telefon privat, Telefon beruflich, E-Mail-Adresse*. Wenn Word Sie fragt, ob Sie sicher sind, dass Sie das Feld löschen möchten, bestätigen Sie mit *Ja*. Sollte der Ort vor der Postleitzahl stehen, so können Sie dies über die Schaltflächen NACH OBEN bzw. NACH UNTEN in die richtige Reihenfolge bringen.

   Die Liste sollte nun so aussehen.

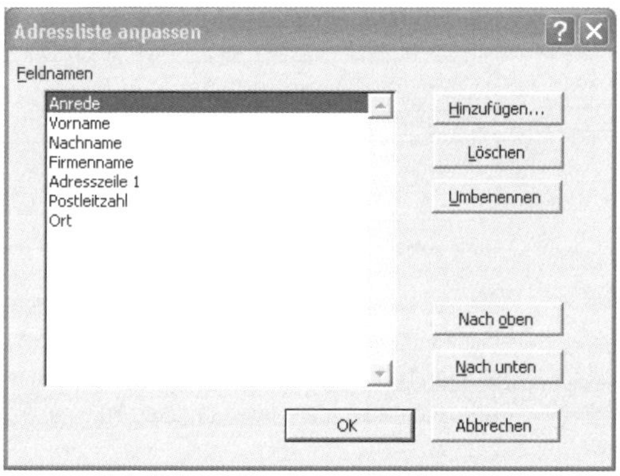

5) Sie haben nun alle nötigen Seriendruckfelder. Klicken Sie auf OK.

   Word bringt Sie zurück zum Dialogfeld *Neue Adressliste*, in das Sie nun Ihre Daten zu den entsprechenden Empfängern des Seriendrucks eintragen können.

6) Geben Sie die Daten wie unten abgebildet ein.

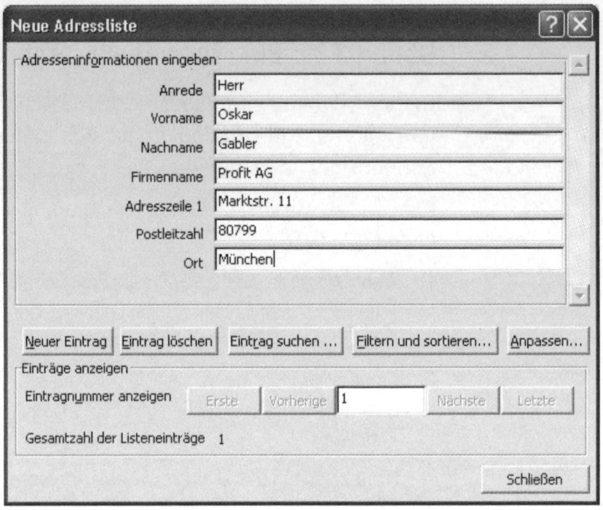

7) Klicken Sie auf *Neuer Eintrag*, um einen zweiten Satz mit Daten wie unten angezeigt einzugeben.

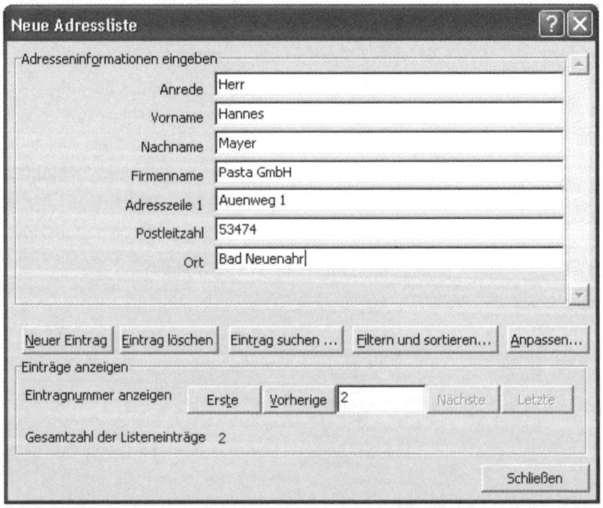

Sie haben nun eine Datenquelle mit zwei Datensätzen eingegeben, genug für diese Übung. Sie könnten aber auch eine Datenquelle mit Hunderten oder Tausenden von Datensätzen anlegen, wobei jeder Datensatz den Namen, die Adresse und andere Informationen zu einer Person oder einem Unternehmen enthält.

8) Klicken Sie auf SCHLIESSEN. *Word* fordert Sie nun auf, die Datenquelle zu speichern und ihr einen Namen zu geben. Nennen Sie die Datei z.B. *ABdatenquelle* und klicken Sie auf SPEICHERN.

9) Word möchte nun von Ihnen wissen, welche Personen aus der Datenquelle Sie in Ihren aktuellen Seriendruck einbeziehen möchten.

Standardmäßig werden alle Datensätze der Datenquelle mit einbezogen. Sie können also auf OK klicken und mit Übung 3.40 fortfahren.

Übung 3.40: Seriendruckfelder einfügen

Bevor Sie den eigentlichen Seriendruck ausführen, müssen Sie noch etwas tun. Sie müssen die Seriendruckfelder in Ihren Brief einfügen. Diese Übung zeigt Ihnen, wie es geht.

1) Gehen Sie zu Schritt 4 des Seriendruck-Assistenten, indem Sie den nächsten Schritt *Weiter:Schreiben Sie Ihren Brief* am unteren Rand des Aufgabenbereichs *Seriendruck* anklicken.

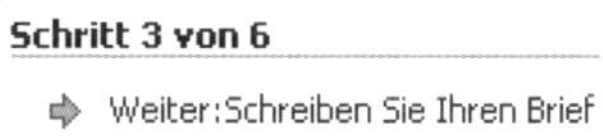

2) Für jedes Seriendruckfeld führen Sie folgende Schritte aus:

- Setzen Sie die Einfügemarke an die gewünschte Stelle im Hauptdokument.
- Klicken Sie auf den Link *Weitere Elemente* im Abschnitt *Schreiben Sie Ihren Brief* des Aufgabenbereichs.
- Im Dialogfeld *Seriendruckfeld einfügen* klicken Sie auf das entsprechende Feld und dann auf *Einfügen.*

Fügen Sie alle Felder, die Sie benötigen (gleiche Zeile oder untereinander, wobei Sie nach *Adresszeile 1* und *Postleitzahl/Ort* jeweils noch einen Absatz einfügen) ein, und klicken Sie dann auf *Schließen.*

Ihr Hauptdokument sollte nun so aussehen:

```
An: →  «Anrede»¶
    →  «Vorname»·«Nachname»¶
    →  «Firmenname»¶
    →  «Adresszeile_1»¶
¶
    →  «Postleitzahl»·«Ort»¶
¶
    →    →    →    →    →    →    →    →    22.Juli·2002¶
¶
Sehr·geehrter·«Anrede»·«Nachname»,¶
```

Vergessen Sie nicht, Leerschritte zwischen den einzelnen Seriendruckfeldern einzugeben, wie Sie es auch bei einem normalen Text tun würden. Geben Sie auch Kommas und Punkte ein.

Wenn Sie fertig sind, geben Sie Ihrem Dokument einen Namen und speichern es ab.

Es sind nun alle nötigen Vorbereitungen für einen Seriendruck getroffen.

Übung 3.41: Vorschau des Seriendrucks

1) Gehen Sie zu Schritt 5 des Seriendruck-Assistenten, indem Sie den Link *Weiter:Vorschau auf Ihre Briefe* unten im unteren Bereich des Aufgabenbereichs *Seriendruck* anklicken. Word zeigt Ihnen das erste Seriendruckdokument. Es sollte wie unten aussehen.

```
An: →  Herr¶
    →  Oskar·Gabler¶
    →  Profit·AG¶
    →  Marktstr.·11¶
¶
    →  80799·München¶
¶
    →    →    →    →    →    →    →    →    →    22.·Juli·2002¶
Sehr·geehrter·Herr·Gabler,¶
¶
```

2) Sie können sich auch das zweite Dokument ansehen, indem Sie auf die Schaltfläche >> (Vorwärts) im Bereich *Vorschau auf Ihre Briefe* im Aufgabenbereich *Seriendruck* klicken.

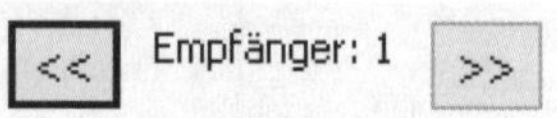

Sie können den Seriendruck jetzt starten.

Übung 3.42: Seriendruck ausführen

1) Gehen Sie zu Schritt 6 des Seriendruck-Assistenten, indem Sie den Link *Weiter:Seriendruck beenden* unteren im Aufgabenbereich *Seriendruck* anklicken.

2) Klicken Sie im Bereich *Zusammenführen* auf den Link DRUCKEN.
3) Im Dialogfeld *Seriendruck an Drucker* wählen Sie die Option *Alle* und klicken auf OK.
4) Word zeigt nun das Dialogfeld *Drucken* an. Klicken Sie auf OK. Ihr Hauptdokument und die zwei Datensätze aus der Datenquelle werden nun zusammengeführt und an den Drucker weitergegeben.

Glückwunsch! Sie haben Ihren ersten Serienbrief in Word fertig gestellt.

Was aber, wenn sich nun auch eine Frau unter den Adressaten befindet? Dann ist die Anrede nicht mehr »Sehr geehrter«, sondern »Sehr geehrte«. Auch dafür gibt es in Word eine Lösung – man kann Bedingungsfelder einfügen. Gehen Sie die Schritte des Serienbrief-Assistenten noch einmal durch, tragen Sie aber diesmal zwei Herren und zwei Frauen in Ihre Datenquelle ein. Erfinden Sie die Daten einfach selbst.

Bei der Briefanrede gehen Sie nun folgendermaßen vor:

Schreiben Sie *Sehr geehrte*, denn dieser Text ist immer gleich. Die Einfügemarke steht direkt hinter dem Wort *geehrte*. Klicken Sie nun auf die Schaltfläche BEDINGUNGSFELD EINFÜGEN, und wählen Sie *Wenn... Dann...Sonst* aus. Falls die Schaltfläche nicht sichtbar ist, wählen Sie ANSICHT/SYMBOLLEISTEN/ANPASSEN und fügen Sie dann über die Registerkarte *Befehle* zur Kategorie *Seriendruck* die Schaltfläche BEDINGUNGSFELD EINFÜGEN... hinzu.

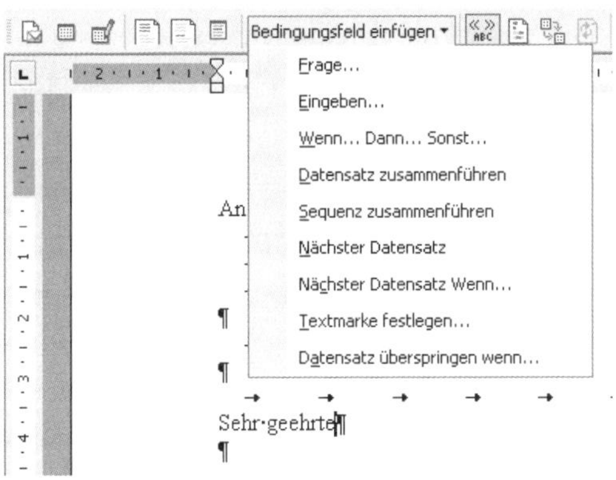

Das Dialogfeld *Bedingungsfeld einfügen: Wenn* wird geöffnet. Hier teilen Sie Word mit: Wenn das Feld *Anrede* Gleich dem Wort *Frau* ist, dann soll dieser Text eingegeben werden: *Leerzeichen Frau*. Ansonsten soll *r Herr* eingefügt werden.

Beachten Sie, dass vor Frau im Dann...-Feld ein Leerzeichen eingegeben ist.

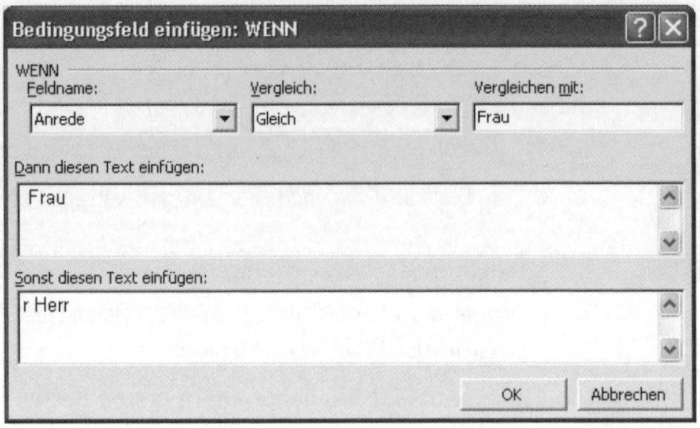

Klicken Sie auf OK. Abhängig davon, ob es sich um einen Herrn oder eine Frau handelt, wird nun entweder *Frau* mit einem Leerzeichen davor angezeigt, oder *r Herr*. Geben Sie danach noch ein Leerzeichen ein und fügen Sie das Seriendruckfeld *Nachname* mit einem abschließenden Komma ein.

Experimentieren Sie ein wenig mit Wenn...Dann...Sonst. Sie brauchen diese Übung nicht zu speichern.

Datenquellen verwenden, die nicht in Word erstellt wurden

Muss Ihre Datenquelle unbedingt ein Word-Dokument sein? Nein, muss sie nicht. Sie können auch Dateien verwenden, die in Excel oder Access erstellt wurden. Die einzige Bedingung besteht darin, dass die Information in einer Art Tabelle stehen muss, eine Titelzeile bzw. ein Steuerungssatz mit den Namen der Seriendruckfelder, gefolgt von anderen Zeilen, welche die Informationen der einzelnen Datensätze enthalten.

Adressetiketten im Seriendruck

Sie können die Funktionen des Seriendrucks in Word auch dazu verwenden, eine Namens- oder Adressenliste (oder andere strukturierte Informationen) auf Etiketten zu drucken. In Übung 3.43 erfahren Sie, wie das funktioniert.

Übung 3.43: Seriendruck von Adressetiketten

1) Klicken Sie auf die Schaltfläche NEUES LEERES DOKUMENT, um ein neues Word-Dokument zu erstellen.
2) Rufen Sie den Menübefehl EXTRAS/BRIEFE UND SENDUNGEN/SERIENDRUCK-ASSISTENT auf.
3) Word startet den Seriendruck-Assistenten im Aufgabenbereich *Seriendruck*.

4) Im ersten Schritt des Assistenten fordert Word Sie auf, die Art des Dokuments festzulegen, das Sie zum Seriendruck verwenden möchten. Klicken Sie auf *Etiketten* und dann auf den Link zum nächsten Schritt des Assistenten *(Weiter:Dokument wird gestartet)* unten im Aufgabenbereich *Seriendruck*.
5) Wählen Sie hier im Bereich *Dokumentenlayout ändern* den Link *Etikettenoptionen*.
6) Im Dialogfeld *Etiketten einrichten*, wählen Sie einen Drucker und das entsprechende Etikettenformat, das Sie verwenden möchten. Klicken Sie auf OK.

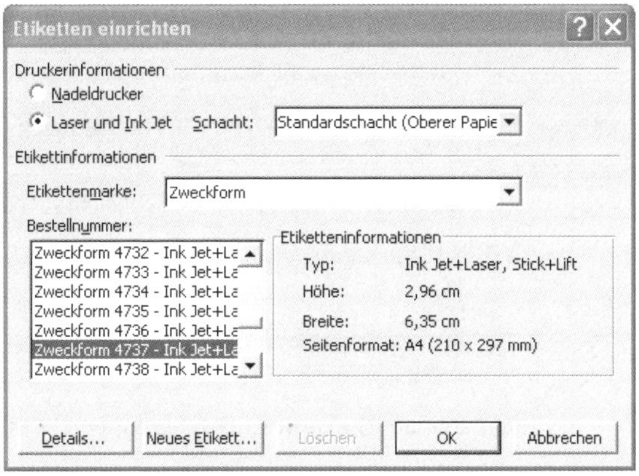

7) Gehen Sie zu Schritt 3 des *Serienbrief-Assistenten*, indem Sie den Link *Weiter:Empfänger wählen* unten im Fenster anklicken.
8) Wählen Sie die Option *Vorhandene Liste verwenden* und klicken Sie auf *Durchsuchen*, um die Datenquelle zu finden, die Sie in Übung 3.39 erstellt haben.
9) Word möchte nun von Ihnen wissen, welche Personen aus der Datenquelle sie für in Ihren aktuellen Seriendruck einbeziehen möchten.

   Standardmäßig werden alle Datensätze der Datenquelle mit einbezogen. Sie können also auf OK klicken.
10) Gehen Sie zu Schritt 4 des Seriendruck-Assistenten über, indem Sie auf den Link *Ordnen Sie Ihre Etiketten an* klicken.
11) Positionieren Sie die Einfügemarke im ersten Etikett, das im Dokument angezeigt wird.
12) Für jedes Seriendruckfeld, das auf dem Etikett erscheinen soll:
    - Platzieren Sie die Einfügemarke an der entsprechenden Stelle im Etikett
    - Klicken Sie die Option *Weitere Elemente* im Bereich *Ordnen Sie Ihre Etiketten* im Aufgabenbereich *Seriendruck* an.
    - Im Dialogfeld *Seriendruckfeld einfügen* klicken Sie auf den entsprechenden Feldtitel und dann auf *Einfügen*.
    - Wiederholen Sie diesen Schritt für jedes Seriendruckfeld, das Sie in derselben Zeile einfügen möchten, und klicken Sie dann auf *Schließen*.
    - Machen Sie so weiter, bis das Etikett wie unten in der Abbildung aussieht.

«Anrede»¶
«Vorname»·«Nachname»¶
«Firmenname»¶
«Adresszeile_1»¶
¶
«Postleitzahl»·«Ort»¶
¤

13) Im Bereich *Etiketten replizieren* im Aufgabenbereich *Seriendruck* klicken Sie auf *Alle Etiketten aktualisieren.*

14) Gehen Sie zu Schritt 5 des Seriendruck-Assistenten über, indem Sie auf den Link *Weiter:Vorschau auf Ihre Etiketten* unten im Aufgabenbereich klicken.

15) Gehen Sie zu Schritt 6 des *Seriendruck-Assistenten,* indem Sie auf den Link *Weiter:Seriendruck beenden* unten im Aufgabenbereich klicken.

16) Klicken Sie im Bereich *Zusammenführen* auf die Option *Drucken.*

17) Im Dialogfeld *Seriendruck an Drucker* wählen Sie die Option *Alle* und klicken auf OK.

18) Word zeigt nun das Dialogfeld *Drucken* an. Klicken Sie auf OK, um die Etiketten zu drucken.

Gut gemacht! Damit sind die Übungen zum Seriendruck abgeschlossen.

Word-Dokumentvorlagen

Microsoft Word besteht aus drei Komponenten: dem eigentlichen Anwendungsprogramm Word, den Dokumenten, die in Word erstellt werden, und einer dritten Komponente, die wir bis jetzt noch nicht kennen gelernt haben: die Dokumentvorlage.

- **Word-Anwendung:** Die Anwendung stellt Ihnen die Standardmenüs, -befehle und -symbolleisten zur Verfügung, also all das, was Sie zum Erstellen und Bearbeiten von Dokumenten benötigen.
- **Dokumentendateien:** In diesen Dateien finden Sie den Text, die Grafiken, Formatierungen und Seiteneinstellungen wie Ränder und Ausrichtung für ein bestimmtes Dokument.
- **Dokumentvorlagen:** Diese verfolgen zwei Absichten:
  - Sie können Ihnen eine fertige Vorlage für ein Dokument liefern.
  - Sie steuern die Word-Schnittstellen: Menüs, Befehle und Symbolleisten, die mit bestimmten Dokumentvorlagen zur Verfügung stehen.

Eine Dokumentvorlage als Dokumentenmuster

Eine Dokumentvorlage kann als Muster für ein Dokument dienen, indem sie folgende Dinge speichert:

- Häufig verwendeten Text oder Grafiken, wie z.B. Ihren Firmennamen und Ihr Firmenlogo

- Vordefinierte Formatierungen (wie Schriftart) und Textposition (wie Ausrichtung, Einzüge, Tabstopps, Zeilen- und Absatzabstände)
- Vordefinierte Seitenelemente (wie Seitenränder und Seitenformat)

So könnten Sie den Mitarbeitern in Ihrer Firma viel Zeit sparen, indem Sie z.B. eine Memo-Dokumentvorlage mit voreingestellten Seitenrändern, dem Firmenlogo und Standardtext für Memos, wie *An:* und *Von:*, erstellen. Der Benutzer einer solchen Dokumentvorlage muss dann nur noch den fehlenden Text eingeben, da der größte Teil der Formatierung schon erledigt ist.

Eine Dokumentvorlage als Schnittstellensteuerung

Eine Dokumentvorlage kann auch benutzerdefinierte Word-Befehle wie Menüs und Symbolleisten speichern, nicht benötigte Merkmale lassen sich entfernen. Auf diese Weise kann Word relativ einfach an die verschiedenen Bedürfnisse unterschiedlicher Benutzer angepasst werden.

So könnten Sie z.B. eine Dokumentvorlage erstellen, die neuen Benutzern von Word eine benutzerdefinierte Symbolleiste mit entsprechenden Schaltflächen und Menüs zur Verfügung stellt, um die häufigsten Aufgaben des normalen Tagesablaufs bewältigen zu können.

Dokumentvorlagen und Dokumente

Ob Sie es nun bemerkt haben oder nicht, jedes Word-Dokument, das Sie neu geöffnet haben, basiert auf einer Dokumentvorlage.

Eine einzige Dokumentvorlage kann die Basis vieler Dokumente bilden, aber jedem Dokument kann nur jeweils eine Dokumentvorlage zugrunde liegen.

Wie ein normales Dokument, so ist auch eine Dokumentvorlage eine Word-Datei. Dokumente tragen die Dateinamenerweiterung *.doc*, während die Dateinamenerweiterung für Dokumentvorlagen *.dot* lautet.

Die Dokumentvorlage Normal.dot

Wenn Sie ein neues Dokument in Word erstellen, basiert es, wenn nicht ausdrücklich anders angegeben, auf einer Dokumentvorlage mit dem Namen *Normal.dot*.

Zusätzlich zu dieser Allzweck-Dokumentvorlage bietet Word auch noch andere speziellere Dokumentvorlagen für Briefe, Faxe, Memos und Berichte an.

Word-Dokumentvorlage

Eine Datei, die vorgefertigten Text, Formatierungen, Seiteneinstellungen und eine Schnittstellensteuerung enthalten kann. Jedes Word-Dokument basiert auf einer Dokumentvorlage, deren Charakteristika es übernimmt.

Dokumentvorlagen und neue Dokumente

Sie haben zwei Möglichkeiten kennen gelernt, ein neues Dokument zu erstellen:

- Das Klicken auf die Schaltfläche NEUES LEERES DOKUMENT in der *Standard*-Symbolleiste.
- Der Aufruf des Menübefehls DATEI/NEU.

Wenn Sie auf die Schaltfläche NEUES LEERES DOKUMENT klicken, öffnet Word automatisch ein neues Dokument, das auf der Dokumentvorlage *Normal.dot* basiert.

Wenn Sie statt der Schaltfläche den Menübefehl DATEI/NEU wählen, öffnet Word den Aufgabenbereich *Neues Dokument,* der Ihnen eine größere Auswahl an verschiedener Optionen anbietet. Unter anderem können Sie ein neues Dokument auf der Basis einer Dokumentvorlagen Ihrer Wahl erstellen.

Übung 3.44: Eine Vorschau auf Word-Dokumentvorlagen

1) Rufen Sie den Menübefehl DATEI/NEU auf, um den Arbeitsbereich *Neues Dokument* anzuzeigen.
2) Klicken Sie im Bereich *Mit Vorlage beginnen* auf *Allgemeine Vorlagen.* Das Dialogfeld *Vorlagen* wird eingeblendet.

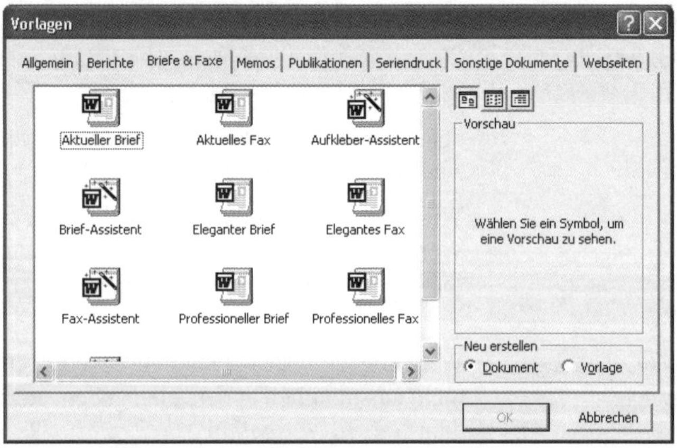

3) Klicken Sie auf die einzelnen Dokumentvorlagen. Rechts im Vorschaufenster wird eine Miniatur-Vorschau der jeweiligen Dokumentvorlage angezeigt.

Dokumentvorlagen und Formatvorlagen

Oben links in der Formatsymbolleiste gibt es eine Dropdown-Liste, die Begriffe wie *Standard, Überschrift 1, Überschrift 2* etc. enthält. Diese Bezeichnungen werden *Formatvorlagen* genannt.

Für den ECDL müssen Sie nur vier Dinge über Formatvorlagen wissen:

- Eine Formatvorlage ist eine Einheit mehrerer Formatierungs- und Positionierungseinstellungen.
- Um eine Formatvorlage zuzuweisen, setzen Sie die Einfügemarke an die gewünschte Stelle im Text und klicken dann in der Drop-down-Liste auf das entsprechende Format.
- Wenn Sie nicht ausdrücklich etwas anderes angeben, wendet Word automatisch das Format *Standard* an.
- Formatvorlagen sind immer an Dokumentvorlagen gebunden. Während in einer Dokumentvorlage das Format *Überschrift 3* zentriert, Times 10 Punkt, kursiv sein kann, kann das Format *Überschrift 3* in einer anderen Dokumentvorlage als linksbündig, Arial, 12 Punkt, fett formatiert sein.

Der Aufgabenbereich Formatvorlagen und Formatierung

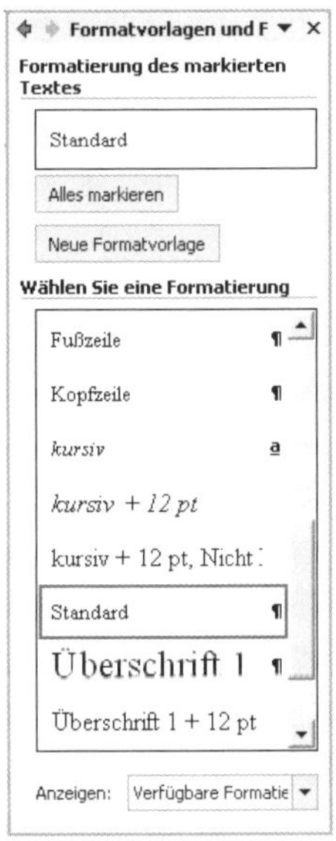

Dem Aufgabenbereich *Formatvorlagen und Formatierung* können Sie nähere Informationen zum Format und zur Formatierung Ihres Dokuments entnehmen:

- Eine Liste von Formaten, die im Dokument zugänglich sind, z.B. *Standard* und *Überschrift 1.*
- Eine Liste von Formatkombinationen, die Sie direkt angewendet haben, indem Sie den Befehl FORMAT/ZEICHEN oder die Schaltflächen in der *Format*-Symbolleiste verwendet haben.
- Die Formateigenschaften eines gerade ausgewählten Textes.

Die Option *Anzeigen* am unteren Fensterrand des Aufgabenbereiches erlaubt es Ihnen auszuwählen, welche Elemente in der Liste *Wählen Sie eine Formatierung* angezeigt werden:

- **Verfügbare Formatierungen:** Alle Formate und Formatierungen, die in diesem Dokument zur Verfügung stehen.
- **Benutzte Formatierungen:** Alle Formate und Formatierungen, die in diesem Dokument verwendet werden.
- **Verfügbare Formatvorlagen:** Alle Vorlagen, die in diesem Dokument zur Verfügung stehen.

Schaltfläche Formatvorlagen und Formatierung

Um den Aufgabenbereich *Formatvorlagen und Formatierung* zu öffnen, klicken Sie auf die gleichnamige Schaltfläche auf der linken Seite der *Format*-Symbolleiste.

Übung 3.45: Einem Text eine Formatvorlage zuweisen

Für diese Übung öffnen Sie ein zuvor erstelltes und gespeichertes Dokument und weisen ihm eine Formatvorlage für die Überschrift zu.

1) Öffnen Sie das Dokument, das Sie in Übung 3.30 in Lektion 3.3 gespeichert haben.
2) Öffnen Sie den Aufgabenbereich *Formatvorlagen und Formatierung*, indem Sie die gleichnamige Schaltfläche in der *Format*-Symbolleiste anklicken.
3) Klicken Sie auf die erste Überschrift im Dokument. Im Feld *Formatierung des markierten Textes* des Arbeitsbereiches wird die aktuelle Formatierung angezeigt: *Arial, 14 Punkt, fett.*
4) Klicken Sie auf *Alle markieren*, um alle Vorkommen dieser Formatierung im Text auszuwählen.

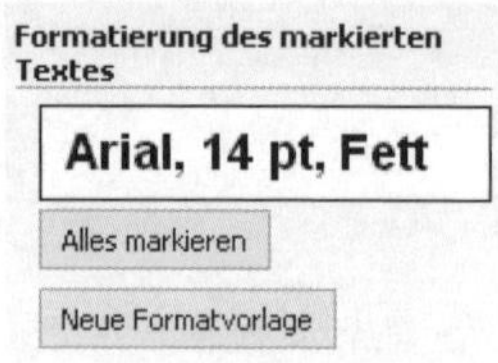

5) Während alle Überschriften ausgewählt sind, aktivieren Sie in der Liste *Wählen Sie eine Formatierung* den Eintrag *Formatierung löschen.* Hierdurch wird die Formatierung, die Sie in früheren Übungen zugewiesen haben, gelöscht.
6) Während alle Überschriften noch ausgewählt sind, klicken Sie in der Liste *Wählen Sie eine Formatierung* auf das Format *Überschrift 1.*

   Word weist nun allen Überschriften in Ihrem Dokument die Formatvorlage *Überschrift1* zu. Das Format für alle Überschriften sollte nun Arial, 16 Punkt, fett sein, es sei denn, Sie haben die in *Normal.dot* enthaltene Formatvorlage für *Überschrift1* irgendwann einmal geändert.

Warum Formatvorlagen verwenden?

Die Verwendung von Formatvorlagen zur Steuerung des Erscheinungsbildes eines Dokuments hat drei entscheidende Vorteile:

- Sie können einem ausgewählten Text auf diese Weise in einem Arbeitsschritt schnell ein Paket von Formatierungs- und Textpositionierungseinstellungen zuweisen.
- Wenn Sie die Einstellungen einer bestimmten Formatvorlage ändern, kann Word diese neuen Einstellungen automatisch auf alle Vorkommen dieses Formats innerhalb des gesamten Dokuments anwenden.
- Wenn Sie z.B. die Formatvorlage für *Überschrift 1* von fett in kursiv ändern, so wird der gesamte Text im *Überschrift 1*-Format von fett in kursiv geändert. Das ist natürlich wesentlich einfacher, als alle Überschriften einzeln manuell auszuwählen und zu ändern.
- Wenn Sie eine Dokumentvorlage ändern, die als Grundlage eines Dokuments verwendet wird, so nimmt das Dokument die Einstellungen der neuen Dokumentvorlage an.

Sie können also das Erscheinungsbild eines gesamten Dokuments verändern, indem Sie es mit einer anderen Dokumentvorlage verknüpfen. In Übung 3.46 führen wir eine solche Änderung durch.

Formatvorlage

Eine Sammlung von Formatierungs- und Positionierungseinstellungen, die in einem einzigen Arbeitsschritt auf einen ausgewählten Text angewendet werden. Formatvorlagen sind immer mit einzelnen Dokumentvorlagen verbunden und können daher in verschiedenen Dokumentvorlagen auch unterschiedliche Formatierungen haben.

Übung 3.46: Einem Dokument eine andere Dokumentvorlage zuweisen

1) Falls das Dokument, mit dem Sie in Übung 3.45 gearbeitet haben, nicht geöffnet ist, öffnen Sie es jetzt bitte. Markieren Sie den gesamten Text des Dokuments (z.B. über `Strg` + `A`) und rufen Sie den Menübefehl BEARBEITEN/KOPIEREN auf (oder drücken `Strg` + `C`). Schließen Sie das Dokument wieder.

2) Wählen Sie den Menübefehl DATEI/NEU, um den Aufgabenbereich *Neues Dokument* zu öffnen. Klicken Sie unter *Mit Vorlage beginnen* auf *Allgemeine Vorlagen.* Aktivieren Sie im Dialogfeld *Vorlagen* die Registerkarte *Berichte.* Klicken Sie auf die Dokumentvorlage *Professioneller Bericht.dot* und klicken Sie dann auf OK.

3) *Word* öffnet ein neues Dokument auf der Grundlage der Dokumentvorlage *Professioneller Bericht.dot.*

   Das Dokument enthält Anweisungen, die Sie ignorieren können. Halten Sie die `Strg`-Taste gedrückt und klicken Sie gleichzeitig in den linken Seitenrand, um den Inhalt des gesamten Dokuments auszuwählen. Drücken Sie auf die `Entf`-Taste, um den Inhalt zu löschen.

4) Wählen Sie BEARBEITEN/EINFÜGEN (oder `Strg` + `V`), um den kopierten Text aus der Zwischenablage einzufügen. Weisen Sie dem neuen Dokument einen Namen zu und speichern Sie es.

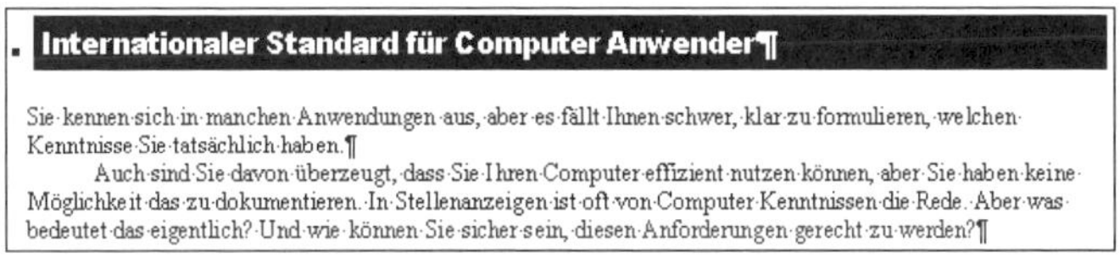
Internationaler Standard für Computer Anwender¶

Sie·kennen·sich·in·manchen·Anwendungen·aus,·aber·es·fällt·Ihnen·schwer,·klar·zu·formulieren,·welchen·Kenntnisse·Sie·tatsächlich·haben.¶

Auch·sind·Sie·davon·überzeugt,·dass·Sie·Ihren·Computer·effizient·nutzen·können,·aber·Sie·haben·keine·Möglichkeit·das·zu·dokumentieren.·In·Stellenanzeigen·ist·oft·von·Computer·Kenntnissen·die·Rede.·Aber·was·bedeutet·das·eigentlich?·Und·wie·können·Sie·sicher·sein,·diesen·Anforderungen·gerecht·zu·werden?¶

Sie werden bemerken, dass der gesamte Text in Ihrem Dokument mit der Formatvorlage *Standard* und *Überschrift 1* sein Erscheinungsbild ändert. Das liegt daran, dass dieser Text seine Formatvorlagen jetzt aus der Dokumentvorlage *Professioneller Bericht.dot* und nicht mehr aus *Normal.dot,* der ursprünglichen Dokumentvorlage bezieht.

Sie können das Dokument nun schließen.

Eine neue Dokumentvorlage erstellen

Word bietet mehrere Möglichkeiten, um eine neue Dokumentvorlage zu erstellen. Nachfolgend finden Sie die einfachste Möglichkeit beschrieben:

- Erstellen Sie ein Dokument, das über die Merkmale, die Sie in Ihre Dokumentvorlage übernehmen möchten, verfügt. Das kann z.B. häufig verwendeter Text oder auch eine bestimmte Seitenrandeinstellung sein.
- Speichern Sie das am Bildschirm angezeigte Dokument nicht als Dokument, sondern als Dokumentvorlage.

Wenn Sie in Zukunft über den Menübefehl DATEI/NEU ein neues Dokument anlegen, wird künftig Ihre Dokumentvorlage auf der Registerkarte *Allgemein* des Dialogfelds *Vorlagen* erscheinen.

Die Übung 3.47 leitet Sie durch die einzelnen Schritte dieses Ablaufs.

Übung 3.47: Eine neue Dokumentvorlage erstellen

1) Öffnen Sie ein neues Dokument und geben Sie Folgendes ein.

Monatlicher·Ausgabenbericht·der·ABC·GmbH¶

Posten¤	Betrag¤	¤
¤	¤	¤
¤	¤	¤
¤	¤	¤
¤	¤	¤
¤	¤	¤
¤	¤	¤
¤	¤	¤
¤	¤	¤

Weisen Sie die folgenden Einstellungen zu:

- Überschrift: Zentrieren Sie die Überschrift und weisen Sie ihr *Times New Roman, 20* Punkt zu.
- Tabelle: Erstellen Sie eine Tabelle aus 2 Spalten und 19 Zeilen. Markieren Sie die Tabelle und klicken Sie mit der rechten Maustaste. Im Kontextmenü wählen Sie TABELLENEIGENSCHAFTEN, wechseln zur Registerkarte *Zeile* und setzen die Zeilenhöhe auf 2 cm.

2) Rufen Sie den Menübefehl DATEI/SPEICHERN UNTER auf und speichern Sie das Dokument als Dokumentvorlage ab.

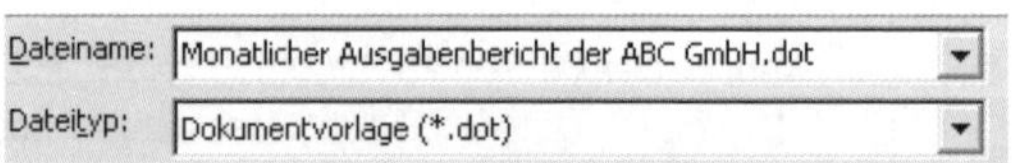

3) Wählen Sie den Menübefehl DATEI/SCHLIESSEN, um Ihre neue Dokumentvorlage zu schließen.
4) Wählen Sie den Menübefehl DATEI/NEU, um den Aufgabenbereich *Neues Dokument* zu öffnen. Unter dem Bereich *Mit Vorlage beginnen* klicken Sie auf *Allgemeine Vorlagen*.

5) Sie finden Ihre neue Dokumentvorlage auf der Registerkarte *Allgemein* des Dialogfeldes *Vorlagen* vor. Wählen Sie Ihre neue Vorlage aus und klicken Sie auf OK.

Word erstellt ein neues Dokument auf der Grundlage Ihrer Dokumentvorlage. Sie können die Dokumentvorlage wieder schließen.

Formatvorlagen und Gliederungsansicht

Die Verwendung von Formatvorlagen in Ihren Word-Dokumenten bietet noch weitere Vorteile. Dokumente können so dargestellt werden, dass ihre Struktur erkennbar ist. Eine solch strukturierte Ansicht eines Dokuments wird Gliederungsansicht genannt.

Um in die Gliederungsansicht zu wechseln, rufen Sie den Menübefehl ANSICHT/GLIEDERUNG auf. Die Gliederungsansicht eines Dokuments, das mit Formatvorlagen formatiert ist, sieht in etwa so aus.

Im abgebildeten Beispiel sind drei Formatvorlagen zugewiesen. *Überschrift 1, Überschrift 2* und *Standard* (Standard für den Textkörper).

Sie werden feststellen, dass Word den Text, der mit einer Formatvorlage belegt ist, je nach Wichtigkeit einrückt. *Überschrift 1* nimmt dabei die höchste Priorität ein.

Um von der Gliederungsansicht in eine andere Ansicht zu wechseln, öffnen Sie das Menü ANSICHT und wählen dann einen der Befehle NORMAL oder SEITENLAYOUT. Die verschiedenen Ansichten werden im nächsten Abschnitt behandelt.

Gliederungsansicht

Die Ansicht eines durch Formatvorlagen formatierten Dokuments. Die Gliederungsansicht zeigt die Struktur des Dokuments an, wobei Text mit niedrigerer Priorität nach rechts eingerückt dargestellt wird.

Andere Ansichten

Die häufigste Art und Weise, ein Dokument anzeigen zu lassen, ist *Normal, Seitenlayout oder Weblayout.*

Normalansicht

Diese Einstellung bietet die schnellste Ansicht zum Schreiben, Bearbeiten und Scrollen. Um in die Normalansicht zu wechseln, rufen Sie den Menübefehl ANSICHT/NORMAL auf.

Ansicht Normal

In dieser Ansicht werden Textformatierungen in einem Word-Dokument angezeigt, das Layout jedoch nur vereinfacht dargestellt

Seitenlayout

Das *Seitenlayout* ist die Standardeinstellung für alle neuen Word-Dokumente. Auch wenn Sie eine Grafik oder AutoForm in Ihr Dokument einfügen, wechselt *Word* automatisch in die Ansicht *Seitenlayout*. Diese Ansicht ist notwendig, um Grafiken und AutoFormen zu verändern, verlangsamt aber Aufgaben wie Schreiben, Bearbeiten und Scrollen. Um in die Ansicht *Seitenlayout* zu wechseln, rufen Sie den Menübefehl ANSICHT/SEITENLAYOUT auf.

Wenn Sie an einem umfangreichen Dokument arbeiten, das nur wenige Grafiken oder AutoFormen enthält, ist es sinnvoll, in die Normalansicht zu wechseln.

Ansicht Seitenlayout

In dieser Ansicht werden Text und alle Grafiken und andere Objekte in einem Word-Dokument so angezeigt, wie sie im Ausdruck erscheinen.

Weblayout

Das *Weblayout* zeigt ein Dokument so an, wie es in einem Webbrowser erscheinen würde. Verwenden Sie diese Ansicht, wenn Sie eine Webseite erstellen. Um in die Ansicht *Weblayout* zu gelangen, rufen Sie den Menübefehl ANSICHT/WEBLAYOUT auf.

Sie können nun alle Dokumente schließen und Microsoft Word beenden. Hiermit ist die Lektion 3.5 des ECDL-Moduls *Textverarbeitung* abgeschlossen.

Zusammenfassung der Lektion: Das haben Sie gelernt

Unter Seriendruck versteht man die Zusammenführung eines Hauptdokuments (der Text, der in der Regel für alle Kopien gleich bleibt) und einer Datenquelle (Namen, Adressen und andere Details, die in jeder Kopie des Seriendrucks unterschiedlich sind).

Die Datenquelle kann in Word, in einer Tabellenkalkulation (Excel) oder in einem Datenbankprogramm (Access) erstellt werden. Egal welchen Dateityp Sie verwenden, die Daten müssen in einer Tabelle angeordnet sein. In der obersten Zeile der Tabelle müssen die Titel der unterschiedlichen Kategorien der Information stehen, z.B. Anrede, Vorname, Nachname etc.

Die Seriendruckfelder in einem Brief geben an, welche Informationen aus der Datenquelle eingefügt werden soll und an welcher Stelle im fertigen Dokument sie erscheint.

Eine Vorlage kann als Muster für ein Dokument verwendet werden, indem man vorgefertigten Text und Grafiken, z.B. das Firmenlogo, vordefinierte Formatierungs- und Positionierungseinstellungen und ein bestimmtes Papierformat verwendet. Eine Vorlage kann auch als Schnittstellensteuerung fungieren. Dabei wird dann entschieden, auf welche Menüs, Befehle und Symbolleisten zugegriffen werden kann.

Wie ein normales Dokument, so ist auch eine Vorlage eine Word-Datei. Dokumente besitzen die Dateinamenerweiterung *.doc*, Vorlagen hingegen die Erweiterung *.dot*.

Jedes neue Word-Dokument wird automatisch auf der Grundlage der so genannten *Normal.dot* erstellt, es sei denn, Sie haben vorher etwas anderes eingestellt. Word bietet Ihnen auch Dokumentvorlagen für bestimmte Arten von Dokumenten. Sie können außerdem neue Dokumentvorlagen selbst erstellen oder die Dokumentvorlage, auf der ein Dokument basiert, ändern.

Formatvorlagen, die mit einer Dokumentvorlage verbunden sind, erlauben die Zuweisung mehrerer Formatierungs- und Positionierungseinstellungen auf einen ausgewählten Text in einem einzigen Arbeitsschritt.

In der Gliederungsansicht wird die Struktur eines Dokuments, das auf Formatvorlagen basiert, dargestellt. In der Ansicht *Normal* sehen Sie nur den Text eines Dokuments. In der Ansicht *Seitenlayout* hingegen werden auch im Dokument enthaltene Grafiken und AutoFormen angezeigt. Die Ansicht *Weblayout* zeigt eine Seite so, wie sie im Webbrowser dargestellt würde.

Schnelltest: Seriendruck und Dokumentvorlagen

1.	**Um den Seriendruck-Assistenten zu starten, ...**
A	wählen Sie den Menübefehl EXTRAS/BRIEFE UND SENDUNGEN/SERIENDRUCK-SYMBOLLEISTE EINBLENDEN.
B	wählen Sie den Menübefehl EXTRAS/BRIEFE UND SENDUNGEN/BRIEF-ASSISTENT.
C	wählen Sie den Menübefehl EXTRAS/BRIEFE UND SENDUNGEN/SERIENDRUCK-ASSISTENT.

2.	**Mit dem Seriendruck-Assistenten können Sie ein Hauptdokument aus einem bestehenden Dokument erstellen.**
A	Richtig
B	Falsch

3.	**Um einem Absatz ein neues Format zuzuweisen, ...**
A	öffnen Sie den Aufgabenbereich FORMATVORLAGEN UND FORMATIERUNG, wählen eine Vorlage aus, die Sie zuweisen möchten, und dann den Absatz, auf den Sie die Vorlage anwenden möchten.
B	wählen Sie auf der *Format*-SYMBOLLEISTE aus dem Listenfeld FORMATVORLAGE ein Format, das Sie zuweisen möchten, und dann den Absatz, auf den Sie die Vorlage anwenden möchten.
C	klicken Sie irgendwo in den Absatz, dem Sie ein neues Format zuweisen möchten, öffnen den Aufgabenbereich FORMATVORLAGEN UND FORMATIERUNG, und klicken auf das Format, das Sie zuweisen möchten.

4.	**Um eine neue Dokumentvorlage zu erstellen, ...**
A	erstellen Sie ein Dokument mit allen Eigenschaften, die Ihre Vorlage haben soll, und speichern es dann als Dokumentvorlage (*.dot) ab.
B	erstellen Sie ein Dokument mit allen Eigenschaften, die Ihre Vorlage haben soll, und speichern es dann als Text mit Layout (*.ans) ab.
C	erstellen Sie ein Dokument mit allen Eigenschaften, die Ihre Vorlage haben soll, wählen NEUE FORMATVORLAGE im Arbeitsbereich FORMATVORLAGEN UND FORMATIERUNG, geben einen Namen für die Dokumentvorlage ein und klicken auf *Speichern*.

5.	**Die Ansicht Normal in Word zeigt alle Grafiken und AutoFormen in Ihrem Dokument an.**
A	Richtig
B	Falsch

6.	**Die Datenquelle für einen Seriendruck muss ein Worddokument sein.**
A	Richtig
B	Falsch

Lektion 3.6: Dateiformate, Daten aus einer Tabellenkalkulation importieren

In dieser Lektion

In dieser Lektion erfahren Sie, dass Word 2002, wie alle anderen Anwendungen auch, ein bestimmtes Dateiformat verwendet. Weiterhin lernen Sie, wie Sie Ihren Dokumenten ein anderes als das Word 2002-Format geben, sodass diese Dateien auch von Leuten, die mit anderen Anwendungen als Word 2002 arbeiten, geöffnet und gelesen werden können.

Das Kopieren und Einfügen innerhalb und zwischen Word-Dokumenten haben wir schon in einem früheren Lektionen dieses Moduls beschrieben. Diese Lektion geht jedoch noch einen Schritt weiter. Sie zeigt Ihnen, wie man Daten aus einer Tabellenkalkulation in ein Textverarbeitungsprogramm verschieben kann. Sie werden sehen, dass man Daten auf zwei Arten verschieben kann: Einfügen und Einbetten.

Neue Fähigkeiten

Am Ende dieser Lektion sollten Sie in der Lage sein,

- Word 2002-Dokumente unter den folgenden Formaten abzuspeichern: vorhergehende Versionen von Word, RTF, WordPerfect, nur Text und HTML,
- den Unterschied zwischen Einfügen und Einbetten von Daten aus einem Tabellenkalkulationsprogramm in Word zu erklären,
- Daten aus einer Tabellenkalkulation in Word einzufügen,
- Daten aus einer Tabellenkalkulation in Word einzubinden.

Neue Wörter

Am Ende dieser Lektion sollten Sie in der Lage sein, folgenden Begriff zu erklären:

- Dateiformat

Dateiformate

In den vorherigen Lektionen sind Sie dem Begriff *Format* schon einmal begegnet. Dort bezog sich der Begriff auf das Erscheinungsbild von Text in einem Word-Dokument – kursiv, Farbe, Aufzählungszeichen etc. Wenn der Begriff *Format* jedoch in Verbindung mit dem Wort Datei verwendet wird, hat er eine andere Bedeutung.

Im Modul 1 des ECDL haben Sie gelernt, dass Information, die auf Ihrem Computer gespeichert ist, einzig und allein aus zwei Zeichen besteht: 1 und 0. Das wiederum wirft zwei Fragen auf:

- Wie werden diese Einsen und Nullen in Text und Grafik auf Ihrem Bildschirm umgewandelt, wenn Sie eine Datei öffnen?
- Wie werden Text und Grafik auf Ihrem Bildschirm wieder in Einsen und Nullen zurückverwandelt, wenn Sie die Datei schließen?

Die Antwort ist recht einfach. Die Entwickler von Programmen wenden bestimmte Regeln bei der Umformung zwischen Einsen und Nullen und dargestelltem Text bzw. der dargestellten Grafik an. Ein solches Regelpaket wird Dateiformat genannt.

Dateiformat
Ein Regelpaket, dass Einsen und Nullen in Text und Grafik auf dem Bildschirm umwandelt und umgekehrt.

Bei einer Word-Datei spricht man vom Word-Format, bei einer Excel-Datei vom Excel-Format etc.

Verschiedene Anwendungen, verschiedene Dateiformate

Verschiedene Software-Hersteller verwenden auch verschiedene Regelpakete, um Einsen und Nullen in Text und Grafik auf dem Bildschirm umzuwandeln.

Sogar verschiedene Versionen ein und desselben Programms können unterschiedliche Dateiformate verwenden. So war z.B. das Dateiformat von Word 2002 anders als das der vorherigen Word-Versionen.

Wie Sie sich vorstellen können, kann es bei verschiedenen Dateiformaten zu Schwierigkeiten kommen.

- In einem Dateiformat kann 10101010 z.B. in *w*, Arial, 12 Punkt, kursiv, 5 cm vom linken Seitenrand entfernt umgewandelt werden.
- In einem anderen Dateiformat werden die gleichen Zeichen 10101010 vielleicht in eine dicke, blaue Linie am rechten Seitenrand umgewandelt.

Dateinamenerweiterung

Das Format einer Datei wird durch die Dateinamenerweiterung eines Dateinamens, das sind drei Buchstaben, angezeigt. Diese Erweiterung wird automatisch vom Programm angehängt, sobald die Datei gespeichert wird.

Die Dateinamenerweiterung *.doc* weist z.B. auf eine Word-Datei hin, die Erweiterung *.xls* auf eine Excel-Datei. Wenn Sie schon einmal mit Grafikprogrammen gearbeitet haben, werden Ihnen Erweiterungen wie *.bmp*, *.gif* und *.jpg* nicht unbekannt sein.

Das verwendete Format von Seiten im World Wide Web ist HTML. Diese Abkürzung steht für HyperText Markup Language. Die Erweiterung von HTML-Dateien ist üblicherweise *.htm*.

Mögliche Dateiformate bei Word

Unter Word 2002 können Sie Ihre Dokumente auch unter einem anderen Dateityp außer dem Word-internen Format abspeichern. Diese Möglichkeit kann sehr hilfreich sein, wenn Sie Ihr Dokument für jemanden abspeichern möchten, der mit einem anderen Textverarbeitungsprogramm als Word 2002 arbeitet.

Sie können sich die verschiedenen Dateiformate, die Ihnen in Word 2002 zum Speichern zur Verfügung stehen, anzeigen lassen.

- Öffnen Sie ein Dokument.
- Wählen Sie den Menübefehl DATEI/SPEICHERN UNTER.
- Klicken Sie auf den Pfeil, der sich neben dem Feld *Dateityp* befindet. Eine Dropdown-Liste wird angezeigt.

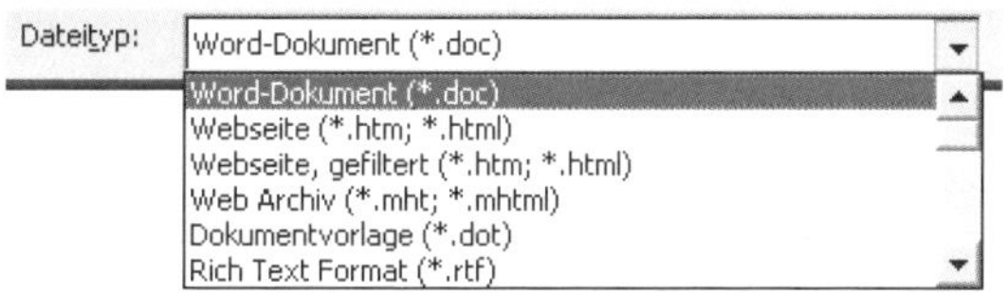

Nur einige der angezeigten Formate sind für dieses ECDL-Modul *Textverarbeitung* von Bedeutung.

Frühere Word-Versionen

Um Ihr Word 2002-Dokument in einem früheren Word-Format zu speichern, wählen Sie entweder *Word 97-2002 & 6.0/95 – RTF* oder *Word 2.x für Windows*. Beide Formate haben die gleiche Dateinamenerweiterung wie Word 2002 (*.doc*).

Wenn Sie Dateien aus Word 2002 unter einem früheren Word-Format abspeichern, können Formatierungen verloren gehen.

Rich-Text-Format

Hierbei handelt es sich um das gemeinsame Format aller Microsoft Office-Anwendungen, einschließlich Word. Ein Word 2002-Dokument, das unter diesem Dateiformat abgespeichert wird, sieht genauso aus wie ein Dokument, das als Word 2002-Datei abgespeichert wird. Die angehängte Dateinamenerweiterung ist *.rtf*.

WordPerfect-Format

Wählen Sie dieses Dateiformat zur Speicherung Ihres Dokuments, damit es in WordPerfect, einer anderen Textverarbeitung, geöffnet und gelesen werden kann. Unter den verschiedenen Möglichkeiten für WordPerfect ist das Format *WordPerfect 5.x für Windows* das am häufigsten verwendete.

Das Umwandeln einer Word 2002-Datei in eine WordPerfect-Datei kann zu Verlusten bei der Formatierung führen. Die Dateinamenerweiterung für WordPerfect für Windows ist ebenfalls *.doc*.

Nur-Text-Format

Wie schon der Name verrät, speichert dieses Format nur den Text einer Datei. Jegliche Textformatierungen (wie fett oder kursiv) oder im Word 2002-Dokument enthaltene Grafik geht verloren. Die angefügte Dateinamenerweiterung ist *.txt*. Dieses Format wird auch als ASCII-Format bezeichnet.

Nur zwei der unter Word genannten Nur-Text-Formate sind wichtig:

- **Nur-Text:** Jeder Absatz im Original-Word-Dokument wird zu einer einzigen Zeile im Nur-Text-Dokument. Dabei kommt es oft zu unendlich langen Zeilen, die man nur durch horizontales Scrollen lesen kann. Die Dateinamenerweiterung ist *.txt*.
- **Text mit Layout:** Bei diesem Format bleibt die Zeilenlänge der Original-Word-Datei erhalten, sodass der Text auf dem Bildschirm einfacher zu lesen ist. Die Dateinamenerweiterung ist *.ans*.

Da das Nur-Text-Format ein unkompliziertes Grundformat ist, können alle Dateien in diesem Format von fast allen Anwendungen auf praktisch jedem Computer geöffnet und korrekt gelesen werden. Nur-Text ist das am häufigsten verwendete Format für elektronische Nachrichten im Internet.

HTML (Web)-Format

Webseiten werden im HTML-Format erstellt. Die Dateinamenerweiterung dieses Formats ist *.htm* (oder manchmal *.html*).

Sie können ein Word 2002-Dokument auf zwei Arten als HTML-Datei speichern.

- Rufen Sie den Menübefehl Datei/Als Webseite speichern auf.

– oder –

- Rufen Sie den Menübefehl Datei/Speichern unter auf und wählen Sie dann als Dateityp *Webseite (*.htm; *.html)* aus.

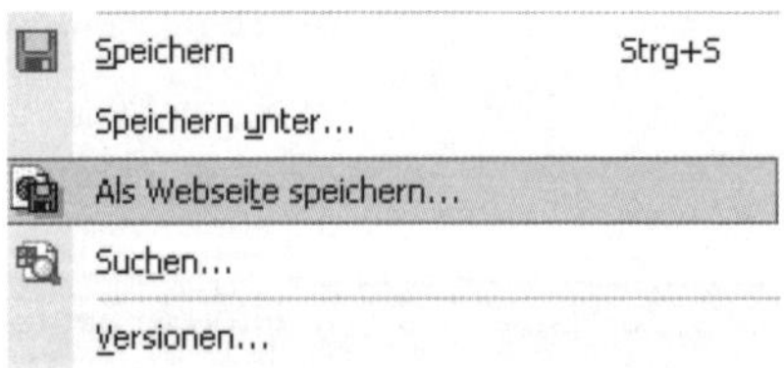

Sie können Dateien im HTML-Format mit einem Webbrowser wie Microsoft Internet Explorer oder *Netscape* anzeigen lassen und drucken.

Tabellendaten einfügen oder einbetten

Microsoft Office-Anwendungen (und die meisten anderen Windows-Anwendungen) ermöglichen einen Datentransfer untereinander. Für dieses ECDL-Modul brauchen Sie nur zu wissen, wie man Daten (Text und Zahlen) aus dem Tabellenkalkulationsprogramm Excel in Word einfügt. In Excel werden Zahlen und Text in kleinen Kästchen, so genannten Zellen, gespeichert.

Um Informationen von Excel in Word zu übermitteln, führen Sie die folgenden Schritte aus:

- Öffnen Sie die Excel-Datei und markieren Sie die gewünschten Zellen.
- Kopieren Sie die markierten Excel-Zellen in die Zwischenablage.
- Öffnen Sie die Word-Datei und fügen Sie die Excel-Zellen in Word ein.

Spezielle Optionen zum Einfügen

Zum Einfügen von Excel-Zellen in Word wird der Befehl BEARBEITEN/INHALTE EINFÜGEN verwendet.

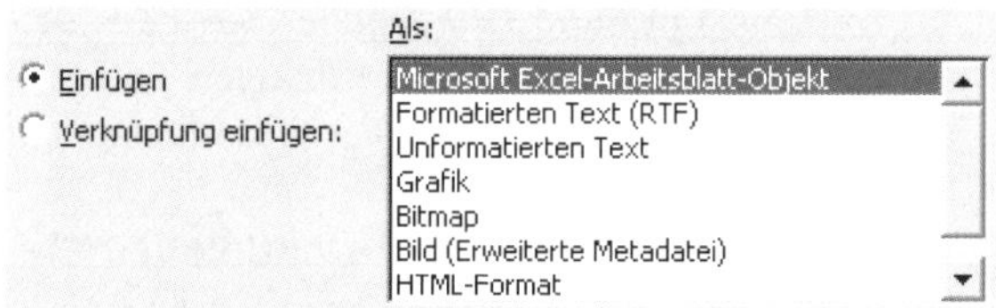

Das Dialogfeld *Inhalte einfügen* bietet folgende Möglichkeiten.

- **Einfügen** oder **Verknüpfen:** Belassen Sie es hier bei der Standardeinstellung *Einfügen.*
- **Über den Text legen** oder **Als Symbol:** Behalten Sie hier die Standardeinstellung *Über den Text legen* bei.
- **Als:** Hier ist eine der angebotenen Optionen wichtig: *Microsoft Excel-Arbeitsblatt-Objekt.*

Daten aus Excel einfügen

Wenn Sie den Menübefehl BEARBEITEN/EINFÜGEN wählen, haben die eingefügten Tabellendaten folgende Merkmale:

- Die Daten werden voll in Word integriert.
- Die Daten werden als Word-Tabelle ausgegeben.
- Die Daten können in Word bearbeitet werden.

Excel-Daten auf diese Art in ein Word-Dokument einzufügen, ähnelt dem Einfügen von Daten aus einem anderen Word-Dokument.

Daten aus Excel einbetten

Wenn Sie die Daten über den Menübefehl BEARBEITEN/INHALTE EINFÜGEN und die Auswahl von *Microsoft Excel-Arbeitsblatt-Objekt* einfügen, haben die eingefügten Tabellendaten folgende Merkmale:

- Die Datentabelle wird im Word-Dokument positioniert, bleibt aber ein Teil von Excel.
- Die Datentabelle verhält sich wie eine eingefügte Grafik. Sie kann durch Markieren und Ziehen verschoben und in ihrer Größe verändert werden.

- Die Datentabelle kann nicht in Word bearbeitet werden.

Wenn Sie versuchen, die Daten der Tabelle in Word zu verändern (eine Zahl ändern oder einen anderen Rahmen zuweisen möchten), verschwinden die Word-Menüs und Word-Symbolleisten auf Ihrem Bildschirm und werden durch Excel-Menüs und Excel-Symbolleisten ersetzt. Diese Art, Daten einzufügen, schließt die Funktionen des Programms ein, in dem die Daten erstellt wurden. Man nennt dies *Einbetten*.

Die folgenden vier Übungen zeigen Ihnen, wie man Daten aus Excel in Word einfügt bzw. einbettet.

In Übung 3.48 erstellen Sie zwei identische Kopien eines Word-Dokuments. In Übung 3.49 erstellen Sie die Excel-Daten, die Sie in Word einfügen möchten. In den Übungen 3.50 und 3.51 fügen bzw. betten Sie die Excel-Daten in zwei Word-Dokumente ein.

Übung 3.48: Ein Word-Dokument erstellen, in das Sie Daten einfügen bzw. einbetten können

1) Öffnen Sie Word und legen Sie ein neues Dokument an.
2) Schreiben Sie *Verkaufszahlen 1. Quartal* und drücken Sie zweimal die ↵-Taste.
3) Markieren Sie den Text und weisen Sie ihm das Format *Arial, fett, 24 Punkt, kursiv, zentriert* zu.
4) Schreiben Sie darunter *Glückwunsch an ALLE !!!* und drücken Sie dreimal die ↵-Taste.
5) Markieren Sie den Text, den Sie in Schritt 4 geschrieben haben, und weisen Sie ihm das Format *Times New Roman, kursiv, 22 Punkt, zentriert* zu. Ihr Dokument sollte nun so aussehen:

Verkaufszahlen·1.·Quartal¶

Glückwunsch·an·ALLE!!!¶

6) Geben Sie dem Dokument einen Namen, z.B. *ABverkaufszahlen.doc*, und speichern Sie es ab.
7) Wählen Sie den Menübefehl DATEI/SPEICHERN UNTER, um Ihr Dokument noch einmal unter einem anderen Namen zu speichern. Nennen Sie es *ABverkaufszahlen2.doc*.
8) Wählen Sie den Menübefehl DATEI/ÖFFNEN und laden Sie das als erstes gespeicherte Dokument (*ABverkaufszahlen.doc*) erneut.

   Sie haben nun zwei verschiedene Word-Dokumente mit identischem Inhalt auf Ihrem Bildschirm geöffnet.

Übung 3.49: Eine Datenquelle in Excel erstellen

1) Wählen Sie START/ALLE PROGRAMME/MICROSOFT EXCEL, um eine neue Excel-Datei auf dem Bildschirm zu öffnen.

2) Klicken Sie in Zelle C3, schreiben Sie *Januar* und drücken Sie die [↵]-Taste.

	A	B	C	D	E
1					
2					
3			Januar		
4					
5					

3) Füllen Sie die weiteren Zellen gemäß der Abbildung mit dem Text und Zahlen.

	A	B	C	D	E
1					
2					
3			Januar	Februar	März
4		Produkt 1	213	345	698
5		Produkt 2	180	245	401
6		Produkt 3	270	389	528
7		Produkt 4	134	262	390
8		Produkt 5	90	145	310

4) Wenn Sie fertig sind, speichern Sie die Excel-Datei. Als Namen verwenden Sie z.B. *ABverkaufszahlen.xls*. Lassen Sie die Excel-Datei auf dem Bildschirm geöffnet.

5) Klicken Sie auf die Zelle B3 und halten Sie die Maustaste gedrückt. Ziehen Sie die Maus nach rechts unten bis zu Zelle E8.

	A	B	C	D	E
1					
2					
3			Januar	Februar	März
4		Produkt 1	213	345	698
5		Produkt 2	180	245	401
6		Produkt 3	270	389	528
7		Produkt 4	134	262	390
8		Produkt 5	90	145	310
9					

6) Rufen Sie den Menübefehl BEARBEITEN/KOPIEREN auf, um den markierten Zellbereich in die Zwischenablage zu kopieren.

   Schließen Sie die Excel-Datei nicht, da Sie sie für die Übung 3.50 noch benötigen.

Übung 3.50: Das Einbetten der Excel-Daten in Word

1) Wechseln Sie über die Windows-Taskleiste zur ersten Word-Datei (in diesem Fall *ABverkaufszahlen.doc*), und klicken Sie auf die letzte Absatzmarke im Dokument.

2) Wählen Sie den Menübefehl BEARBEITEN/INHALTE EINFÜGEN, dann die Option *Microsoft Excel-Arbeitsblatt-Objekt* und klicken Sie auf OK (diese Option wird nur dann bereitgestellt, wenn die Original-Excel-Datei auf Ihrem Rechner geöffnet ist).

   Die Exceldaten werden nun aus der Zwischenablage in *Word* eingebettet.

3) Klicken Sie auf den Anfasspunkt rechts unter den eingefügten Daten und ziehen Sie so lange, bis die Daten gleichmäßig zwischen dem rechten und linken Rand positioniert sind. Ihr Word-Dokument sollte nun so aussehen:

Verkaufszahlen 1 Quartal

Glückwunsch an Alle!!!

	Januar	Februar	März
Produkt 1	213	345	698
Produkt 2	180	245	401
Produkt 3	270	389	528
Produkt 4	134	262	390
Produkt 5	90	145	310

Sie können einen eingebetteten Datenbereich genauso bearbeiten wie eine Grafik, also auswählen, verschieben und die Größe verändern. Sie können die Daten jedoch nicht bearbeiten, zumindest nicht in Word.

Um eingebettete Daten in irgendeiner Weise zu verändern – Zahlen bearbeiten, Zeilen löschen oder farbige Rahmen hinzufügen – müssen Sie zuerst einen Doppelklick auf die Daten ausführen. Dadurch werden die Word-Menüs und -Symbolleisten durch die von Excel ersetzt. Versuchen Sie es einmal und sehen Sie selbst. Ihr Bildschirm sollte wie in der Abbildung aussehen.

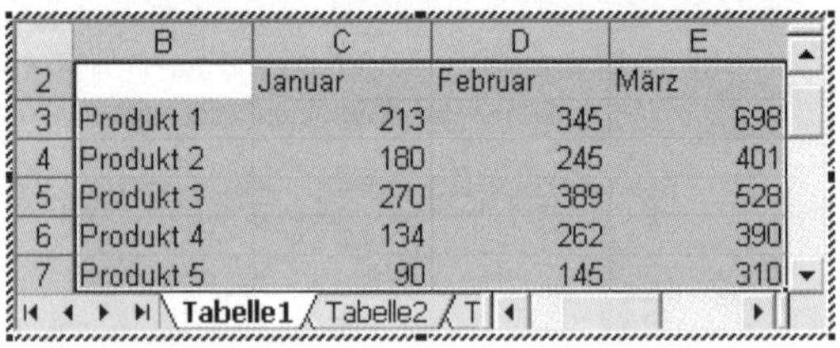

Um zu Word zurückzukehren, klicken Sie einfach irgendwo im Word-Dokument, außerhalb der Tabelle. Speichern Sie Ihr Dokument.

Sie können Excel jetzt schließen. Für Übung 3.51 muss es nicht geöffnet sein.

Übung 3.51: Excel-Daten in Word einfügen

1) Wählen Sie den Menübefehl FENSTER/<DOKUMENTENNAME>, um das zweite Dokument, das Sie gespeichert haben (in diesem Fall *ABverkaufszahlen2.doc*) anzuzeigen. Setzen Sie die Einfügemarke an die letzte Absatzmarke im Dokument.

2) Rufen Sie den Menübefehl BEARBEITEN/EINFÜGEN auf.

   Die Excel-Daten werden aus der Zwischenablage in das Word-Dokument eingefügt. Die Zellen der Tabelle haben die Form einer Word-Tabelle.

3) Klicken Sie irgendwo in die Tabelle, wählen Sie den Menübefehl TABELLE/AUTOFORMAT FÜR TABELLEN und dann die Option *Tabelle Aktuell*. Klicken Sie auf *Übernehmen*.

4) Ziehen Sie den rechten vertikalen Rand der letzten Spalte, bis die Tabelle gleichmäßig zwischen dem rechten und linken Seitenrand ausgerichtet ist.

5) Mit der Einfügemarke innerhalb der Tabelle rufen Sie den Menübefehl TABELLE/AUTOANPASSEN/SPALTEN GLEICHMÄSSIG VERTEILEN auf.

6) Während die Tabelle noch ausgewählt ist, ändern Sie den Schriftgrad in 14 Punkt.

Ihre Word-Tabelle sollte nun so aussehen.

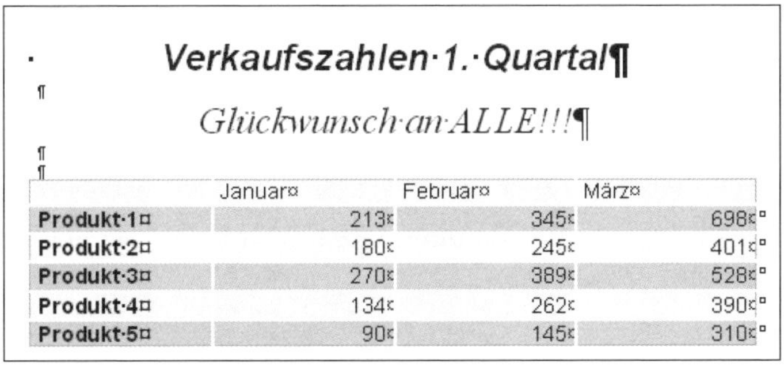

Verkaufszahlen 1. Quartal

Glückwunsch an ALLE!!!

	Januar	Februar	März
Produkt 1	213	345	698
Produkt 2	180	245	401
Produkt 3	270	389	528
Produkt 4	134	262	390
Produkt 5	90	145	310

7) Speichern Sie Ihr Word-Dokument. Sie haben die Übungen zum Einbetten und Einfügen beendet und können beide Word-Dokumente schließen.

Sie haben die letzte Lektion des ECDL-Moduls *Textverarbeitung* abgeschlossen. Herzlichen Glückwunsch!

Zusammenfassung der Lektion: Das haben Sie gelernt

Ein Dateiformat ist eine Art Regelpaket, das die Umrechnung von Einsen und Nullen ermöglicht, die von einem Computer verwendet werden, um Information und die Texte und Grafiken, die auf dem Bildschirm ausgegeben werden, zu speichern. Verschiedene Anwendungen, ja sogar verschiedene Versionen einer gleichen Anwendung können unterschiedliche, nicht kompatible Dateiformate verwenden.

Um es zu ermöglichen, dass Sie Ihre Dateien auch anderen zugänglich machen, können Sie Ihre Dateien unter Word auch unter einem anderen als dem eigentlichen Word 2002-Format abspeichern. Zu diesen zusätzlichen Formaten zählen: frühere Versionen von Microsoft Word, RTF (das gemeinsame Office-Dateiformat), WordPerfect (ein anderes Textverarbeitungsprogramm) und HTML (das Dateiformat für Webseiten).

Sie können ein Word-Dokument aber auch als Nur-Text-Datei speichern. Dieses Format kann von praktisch allen Anwendungen an jedem Computer geöffnet und korrekt gelesen werden. Es ist jedoch zu beachten, dass die gesamte Formatierung und auch Grafiken in einem Word-Dokument verloren gehen.

Tabellendaten aus Excel können auf zwei Arten in Word eingefügt werden: durch Einfügen und Einbetten.

Eingefügte Daten werden gänzlich in das Word-Dokument integriert. Die Daten werden als Word-Tabelle wiedergegeben und können daher auch in Word bearbeitet werden. Daten auf diese Weise in Word einzufügen kommt dem Kopieren und Einfügen zwischen verschiedenen Word-Dokumenten gleich.

Eingebettete Tabellendaten bleiben, auch wenn sie in einem Word-Dokument positioniert sind, Teil von Excel. Die Tabelle verhält sich wie eine importierte Grafik und kann in Word nicht bearbeitet werden. Wenn Sie versuchen, die Tabellendaten zu ändern, werden Word-Menüs und Word-Symbolleisten durch die von Excel ersetzt. Eingebettete Daten werden von den Funktionen der Anwendung, in der sie erstellt wurden, begleitet.

Schnelltest: Dateiformate und Tabellendaten importieren

1.	**Um ein Dokument im HTML-Format zu speichern, ...**
A	wählen Sie den Menübefehl DATEI/SPEICHERN UNTER, dann im Listenfeld *Dateityp* den Eintrag *Rich Text Format*, und klicken dann auf *Speichern*.
B	wählen Sie den Menübefehl DATEI/WEBSEITENVORSCHAU.
C	wählen Sie den Menübefehl DATEI/SPEICHERN UNTER, dann im Listenfeld *Dateityp* den Eintrag *Webseite* und klicken dann auf *Speichern*.

2.	**Wenn Sie eine Excel-Tabelle in ein Word-Dokument einbetten, so bleibt es ein Bestandteil von Excel und kann über Excel-Symbolleisten und -Menüs bearbeitet werden.**
A	Richtig
B	Falsch

3.	**Die Original-Excel-Tabelle muss in Excel geöffnet sein, wenn Sie eine Kopie dieser Tabelle in ein Word-Dokument einbetten.**
A	Richtig
B	Falsch

4.	**Um eine Excel-Tabelle in ein Word-Dokument einzubetten, ...**
A	wählen Sie den Menübefehl BEARBEITEN/EINFÜGEN, dann *Microsoft Excel-Arbeitsblatt-Objekt*, und klicken auf OK.
B	wählen Sie den Menübefehl BEARBEITEN/INHALTE EINFÜGEN, dann die Option FORMATIERTER TEXT und dann OK.
C	wählen Sie den Menübefehl BEARBEITEN/INHALTE einfügen, dann die Option *Microsoft Excel-Arbeitsblatt-Objekt* und klicken dann OK.

5.	**Was sagt eine Dateinamenerweiterung über ein Dokument aus?**

6.	**Was passiert, wenn Sie beim Speichern den Dateinamen angeben, ohne die Dateinamenerweiterung anzuhängen?**

4 Tabellenkalkulation

Es gibt Dinge, die sind ganz einfach zu erklären oder zu beschreiben, dafür aber schwierig in der Handhabung. Für Tabellenkalkulationen gilt jedoch genau das Gegenteil.

Am Ende dieses Moduls werden Sie in der Lage sein, Tabellen aufzubauen, um darin jede erdenkliche Art von Zahlenmaterial zu verarbeiten, zu analysieren und grafisch darzustellen.

Egal, ob es sich um vierteljährliche Verkaufsprovisionen, den jährlichen Niederschlag oder das monatliche Haushaltsbudget handelt: was Sie heute in Zahlen ausdrücken können, werden Sie am Ende dieser Lektion in Tabellen verarbeiten können.

Im Verlauf dieser Lektion zeigen wir Ihnen Tastenkombinationen, so genannte Shortcuts, die Ihnen dabei helfen, lange Zahlen mit geringem Schreibaufwand und in kurzer Zeit zu bearbeiten.

Es wird Ihnen aber auch nach dieser Lektion nicht leichter fallen, in einem Satz auszudrücken, was eine Tabellenkalkulation ist.

Vielleicht ist es die Tatsache, dass es sich bei Tabellenkalkulationen um die Verarbeitung von Zahlen, und nicht von Wörtern handelt, die es so schwierig macht, eine klare Definition zu finden.

Mit diesem Modul sind Sie es, der zählt – und nicht gezählt wird. Viel Glück damit!

Lektion 4.1: Erste Schritte in Excel

Zu dieser Lektion

Warum muss ich das alles wissen? Was soll das alles? Das sind die Fragen, die Sie sich beim Durchlesen dieser Lektion stellen werden.

Aber so sind erste Lektionen nun mal; egal, ob man Gitarre, Karate oder Tabellenkalkulation lernt.

In der ersten Unterrichtsstunde ist man meist fast ausschließlich damit beschäftigt, sich neue Handlungsabläufe und Wörter zu merken. Nur selten kommt man jetzt schon in den Genuss, sein neues Wissen auch in die Praxis umzusetzen.

Nichts in dieser Lektion ist wirklich schwierig oder kompliziert. Wir haben uns bemüht, nur das für Sie absolut Notwendige zusammenzutragen, und es dann auf eine möglichst schonende Art und Weise für Sie aufbereitet.

Auf halbem Wege durch diese Lektion werden Sie feststellen, wie leistungsfähig und praktisch eine Tabellenkalkulation ist, und dann werden Sie sich plötzlich eine ganz andere Frage stellen: »Wie habe ich es bis jetzt geschafft, mein Leben ohne Microsoft Excel zu meistern?«

Neue Fähigkeiten

Am Ende dieser Lektion sollten Sie in der Lage sein,

- Excel zu starten und zu beenden,
- den Unterschied zwischen Arbeitsblatt und Arbeitsmappe zu erklären,
- Excel-Arbeitsblätter zu erstellen und zu benennen,
- Zahlen, Text und Zellbezüge in ein Arbeitsblatt einzugeben,
- Zellinhalte zu bearbeiten und zu löschen,
- den Befehl RÜCKGÄNGIG in Excel zu verwenden, um Befehle und Zelleingaben rückgängig zu machen,
- Excel-Arbeitsmappen zu speichern, zu benennen, zu öffnen, zu erstellen und zu schließen,
- die Excel-Online-Hilfe zu benutzen.

Neue Wörter

Am Ende dieser Lektion sollten Sie in der Lage sein, folgende Begriffe zu erklären:

- Arbeitsblatt
- Spalte
- Arbeitsmappe
- Namenfeld
- Aktive Zelle
- Abhängige Zelle

- Zelle
- Zellbezug
- Zeile

Excel starten

Führen Sie einen Doppelklick auf das Excel-Symbol aus.

– oder –

Wählen Sie START/ALLE PROGRAMME/MICROSOFT EXCEL.

Excel wird gestartet und zeigt eine neue Arbeitsmappe mit drei Arbeitsblättern an, mit denen Sie nun arbeiten können.

Arbeitsblätter und Arbeitsmappen

Dieses ECDL-Modul beschäftigt sich mit Tabellen. In Excel selbst wird dieses Wort jedoch kaum verwendet. Vielmehr werden zwei andere Wörter benutzt: Arbeitsblatt und Arbeitsmappe. Was aber genau bedeuten diese Wörter?

Arbeitsblatt

Eine Seite, die aus vielen kleinen Zellen besteht, die in Zeilen und Spalten angeordnet sind. Zwischen den einzelnen Zellen können Bezüge hergestellt werden, sodass durch Änderungen des Inhalts einer Zelle auch der Inhalt einer mit ihr verbundenen Zelle geändert wird.

Ein Excel-Arbeitsblatt ist eine Tabelle. Ein Arbeitsblatt ist jedoch sehr viel größer als Ihr Bildschirm. Daher sehen Sie auf Ihrem Bildschirm immer nur einen kleinen Ausschnitt des Arbeitsblatts.

Arbeitsmappe

Eine Datei, die Arbeitsblätter enthält.

Wenn Sie eine neue Arbeitsmappe erstellen, erzeugt Excel drei leere Arbeitsblätter innerhalb dieser Arbeitsmappe. Excel bezeichnet die Arbeitsblätter mit *Tabelle1, Tabelle2* und *Tabelle3*.

Wenn Ihnen drei Arbeitsblätter nicht ausreichen, können Sie Ihrer Arbeitsmappe noch weitere Arbeitsblätter hinzufügen, wobei das Maximum bei 255 liegt. Betrachten Sie die einzelnen Arbeitsblätter einfach als die Seiten eines Buchs und die Arbeitsmappe als das Buch selbst, in dem sich diese Seiten befinden.

Um von einem Arbeitsblatt zum anderen zu wechseln, klicken Sie auf das entsprechende Register am unteren Rand, z.B. Tabelle 1 oder Tabelle 2.

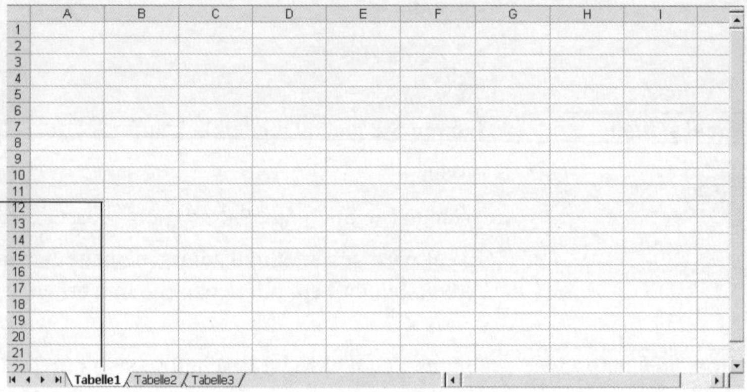

Um einer Arbeitsmappe ein weiteres Arbeitsblatt hinzuzufügen, gehen Sie wie folgt vor:

- Rufen Sie den Menübefehl EINFÜGEN/TABELLENBLATT auf.
- Excel fügt ein neues Arbeitsblatt in die Arbeitsmappe ein, wobei das neue Arbeitsblatt weiter durchnummeriert wird und standardmäßig den Namen *Tabelle4*, *Tabelle5*, *Tabelle6* etc. erhält, je nachdem, das wievielte Tabellenblatt es ist.
- Um ein Tabellenblatt wieder zu löschen, führen Sie einen Rechtsklick am unteren Rand in das entsprechende Register des zu löschenden Tabellenblatts aus und wählen LÖSCHEN aus dem Kontextmenü. Alternativ können Sie auch BEARBEITEN/BLATT LÖSCHEN wählen.
- Nun möchten Sie aber vielleicht einem bestimmten Tabellenblatt auch einen bestimmten Namen geben, um sich besser zurechtzufinden. Auch das geht ganz einfach:
- Führen Sie einen Rechtsklick auf das Register des entsprechenden Tabellenblatts aus und wählen Sie UMBENENNEN aus dem Kontextmenü.

- Der Standardname wird markiert und Sie können ihn nun mit dem neuen Namen, den Sie vergeben möchten, überschreiben.

Sie können die Einstellungen aber auch von vornherein so ändern, dass Sie standardmäßig mehr Tabellen zur Verfügung haben. Um Standardeinstellungen zu ändern bzw. Ihren Bedürfnissen anzupassen, gehen Sie wie folgt vor:

- Aktivieren Sie nach Aufruf des Menübefehls EXTRAS/OPTIONEN die Registerkarte *Allgemein*.
- Geben Sie im Bereich *Blätter in neuer Arbeitsmappe* die entsprechende Anzahl (maximal 255) ein.

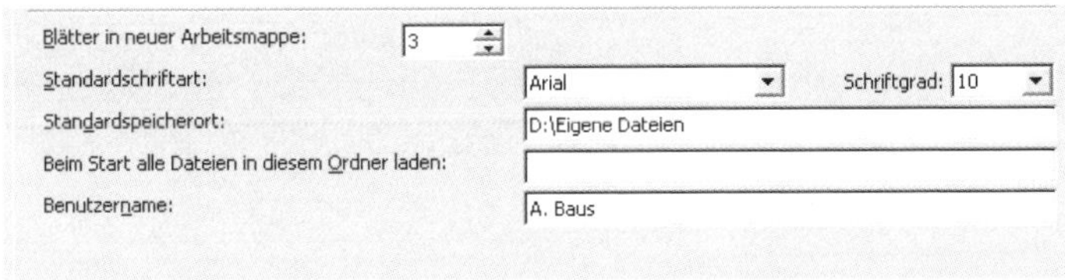

- Auf derselben Registerkarte können Sie auch die Standardschriftart samt Schriftgrad, den Standardspeicherort und einen Benutzernamen eingeben (falls dieser vom Standardbenutzer abweichen soll).

Wir möchten Sie nun mit ein paar wichtigen Bestandteilen eines Arbeitsblatts vertraut machen.

Zelle
Die kleinen Kästchen, aus denen ein Arbeitsblatt besteht.

Zellen sind in Zeilen (horizontal) und Spalten (vertikal) angeordnet.

Aktive Zelle
Die Zelle, in der sich gegenwärtig die Zellmarkierung befindet.

Es kann jeweils immer nur eine Zelle im Arbeitsblatt aktiv sein. Sie können eine aktive Zelle immer daran erkennen, dass Excel einen dickeren Rahmen um diese Zelle legt. Sie können eine Zelle durch Klicken mit der Maus aktivieren.

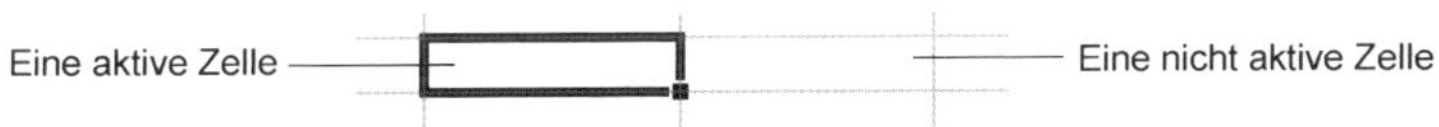

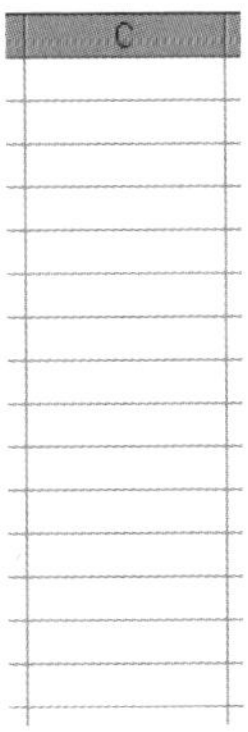

Spalte in einem Arbeitsblatt

Wenn Sie eine neue Arbeitsmappe öffnen, aktiviert Excel die Zelle ganz oben links im ersten Arbeitsblatt.

Spalte
Eine vom oberen bis zum unteren Rand des Arbeitsblatts vertikal verlaufende Zellreihe.

Jedes Arbeitsblatt verfügt über 256 Spalten. Jede Spalte wird mit einem Buchstaben oder einer Buchstabenreihe versehen. Die ersten Spalten sind von A bis Z benannt. Die übrigen werden mit AA bis AZ, BA bis BZ usw. bis IA bis IV benannt.

Zeile

Eine von links nach rechts verlaufende horizontale Zellreihe des Arbeitsblatts.

Jedes Arbeitsblatt verfügt über 65.536 Zeilen. Excel nummeriert die Zeilen von 1 bis 65536 durch. Folglich besteht ein Arbeitsblatt aus 16.777.216 Zellen! Das ist das Ergebnis von 256 multipliziert mit 65.536.

Zeile in einem Arbeitsblatt

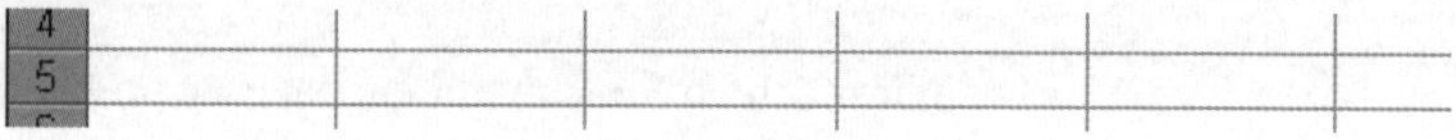

Jede einzelne Zelle eines Arbeitsblatts hat eine eindeutige Adresse, einen so genannten Zellbezug.

Zellbezug

Die Position bzw. Adresse einer Zelle im Arbeitsblatt.

Ein Zellbezug besteht aus zwei Teilen:

- Spaltenbuchstabe (A, B, C, ...)
- Zeilennummer (1, 2, 3, ...)

Wenn Sie eine neue Arbeitsmappe in Excel öffnen, so ist die aktive Zelle im Arbeitsblatt *Tabelle1* die Zelle *A1*.

Wichtig: Zuerst kommt immer der Buchstabe der Spalte, dann die Nummer der Zeile, z.B. B6, C8 und J12.

Spaltenbuchstaben: Groß- oder Kleinbuchstaben?

Die Spaltenbuchstaben von Zellbezügen werden immer in Großbuchstaben angezeigt (z.B. A1, B10 und W9). Jedenfalls trifft das für die Excel-Online-Hilfe und für dieses Buch zu.

Dennoch brauchen Sie bei der Eingabe von Zellbezügen in Excel nicht auf Groß- oder Kleinschreibung zu achten. Wie Sie in Übung 4.1 sehen werden, akzeptiert Excel beide Schreibweisen als Eingabe für Spaltenbuchstaben. Die Kleinschreibung vereinfacht jedoch die Eingabe der Spaltenbuchstaben, da Sie nur die Buchstabentaste und nicht auch noch die [⇧]-Taste betätigen müssen.

Namenfeld

Ein rechteckiges Feld über der linken Ecke des Arbeitsblatts, in dem Excel den Zellbezug der gerade aktiven Zelle anzeigt.

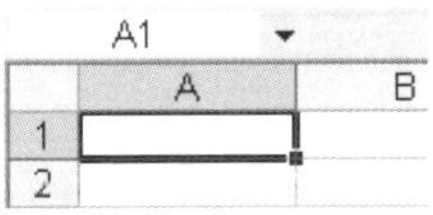

Sie können das Namenfeld dazu verwenden, die Zellmarkierung in eine beliebige Zelle auf dem Arbeitsblatt zu setzen, indem Sie die gewünschte Zelle zur aktiven Zelle machen.

Um dies zu erreichen, schreiben Sie einfach den entsprechenden Zellbezug in das Namenfeld und drücken die [↵]-Taste.

Übung 4.1: Namenfeld und Zellbezüge

Führen Sie diese Übung durch, um zu lernen, wie man einen Zellbezug in das Namenfeld eingibt.

1) Klicken Sie in das Namenfeld.
2) Schreiben Sie *B2* und drücken Sie die [↵]-Taste.

   Excel macht B2 zur aktiven Zelle.

Um etwas Übung zu bekommen, wiederholen Sie diese zwei Schritte noch für die Zellen D8, A3, H5 und I19.

Zahlen in Zellen eingeben

Wenn Sie etwas in eine Zelle schreiben und die [↵]-Taste drücken, überprüft Excel Ihre Eingabe nach den folgenden Bedingungen:

- Handelt es sich um eine Zahl?
- Handelt es sich um einen Zellbezug?
- Handelt es sich um Text?
- Handelt es sich um eine Berechnung (Formel oder Funktion)?

Jede Art von Eingabe wird von Excel unterschiedlich behandelt. In dieser Lektion beschäftigen wir uns mit der Eingabe von Zahlen, Text und Zellbezügen.

Excel akzeptiert zwei Arten der Berechnung: Formeln (diese werden Sie in Lektion 4.2 kennen lernen) und Funktionen (Erläuterungen dazu finden Sie in Lektion 4.3).

Übung 4.2: Eingabe von Zahlen in eine Zelle

1) Klicken Sie in die Zelle B3, um sie zu aktivieren.
2) Schreiben Sie die Zahl *1274.*
3) Drücken Sie die [↵]-Taste.

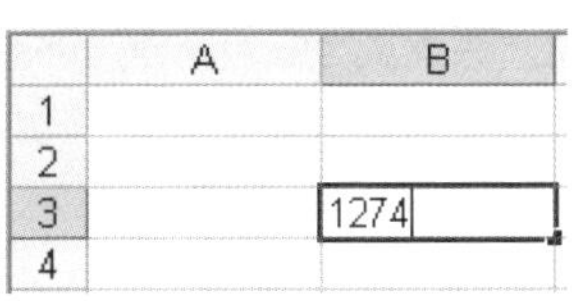

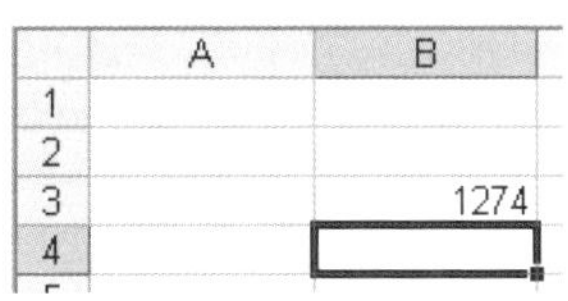

Warum werden Zahlen in Excel rechtsbündig ausgerichtet?

In der Übung 4.2 hat Excel zwei Dinge getan, nachdem Sie die ↵-Taste gedrückt haben.

- Excel hat die Zahl 1274 innerhalb der Zelle B3 vom linken zum rechten Zellenrand verschoben. Bei einer Zahleneingabe geht Excel davon aus, dass Sie die eingegebene Zahl für eine Addition oder sonstige mathematische Operation verwenden möchten. Wenn Sie mehrere Zahlen auf ein Blatt Papier schreiben, um sie zu addieren, positionieren Sie diese auch rechtsbündig untereinander. Aus dem gleichen Grund zeigt auch Excel Zahlen rechtsbündig an.
- Außerdem wurde die Zellmarkierung von Zelle B3 in die darunter liegende Zelle B4 verschoben. Auch der Grund hierfür kommt aus der Zahlenlehre. Excel geht davon aus, dass Sie eine weitere Zahl unter der schon geschriebenen eingeben möchten.

Text in eine Zelle eingeben

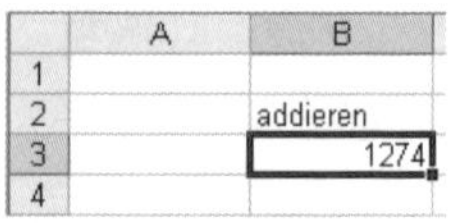

So wie Sie Zahlen in Ihr Arbeitsblatt eingeben, können Sie auch Text eingeben. Wenn Sie Text verwenden, um den Zahlen eine Zuordnung zu geben, wird Ihr Arbeitsblatt leichter lesbar und verständlicher.

Übung 4.3: Eingabe von Text in eine Zelle

1) Klicken Sie in die Zelle B2, um sie zu aktivieren.
2) Schreiben Sie *addieren.*
3) Drücken Sie die ↵-Taste.

Haben Sie bemerkt, was Excel gemacht hat, nachdem Sie die ↵-Taste gedrückt haben?

- Das Wort *addieren* blieb in Zelle B2 linksbündig. Excel richtet Schrift linksbündig und Zahlen rechtsbündig aus.
- Gleichzeitig wurde die Zellmarkierung in Zelle B3 unterhalb von B2 verschoben. Excel geht davon aus, dass das die nächste Zelle ist, die Sie bearbeiten möchten.

Der Text, der eine Zahl in einem Arbeitsblatt näher beschreibt, wird Beschriftung genannt.

Beschriftung

Ein kurzer Text in der Zelle eines Arbeitsblatts, der Informationen über die Zahl einer benachbarten Zelle enthält, die sich in der Regel gleich darunter oder rechts davon befindet.

Einen Zellbezug in eine Zelle eingeben

Eine andere Art des Zelleintrags ist der Zellbezug, also die Adresse einer anderen Zelle, mit einem vorausgehenden Gleichheitszeichen (=). Wenn Sie eine solche Eingabe machen, reproduziert Excel den Inhalt der anderen Zelle in der aktiven Zelle.

Übung 4.4: Einen Zellbezug in eine Zelle eingeben

Wenn Zelle B3 nicht mehr die Zahl 1274 aus Übung 18.2 beinhaltet, geben Sie die Zahl bitte wieder ein.

1) Klicken Sie in Zelle B10 und schreiben Sie *=B3* (Gleichheitszeichen gefolgt vom Zellbezug B3).
2) Drücken Sie die [↵]-Taste.

Excel zeigt den gegenwärtigen Inhalt der Zelle B3 (die Zahl 1274) in Zelle B10 an.

Die Pfeiltasten

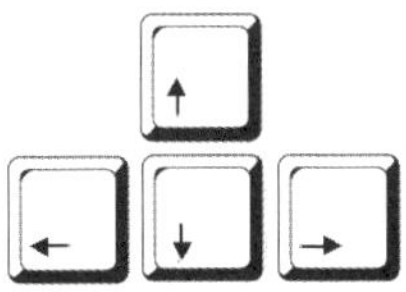

Bis jetzt haben Sie die Maus und das Namenfeld benutzt, um die Zellmarkierung auf Ihrem Arbeitsblatt zu bewegen.

Eine weitere Art, die Zellmarkierung zu bewegen, ist das Drücken der Pfeiltasten. Diese Methode ist schneller als das Bewegen mit der Maus, da Sie die Hände nicht von der Tastatur nehmen müssen.

Zellinhalte bearbeiten

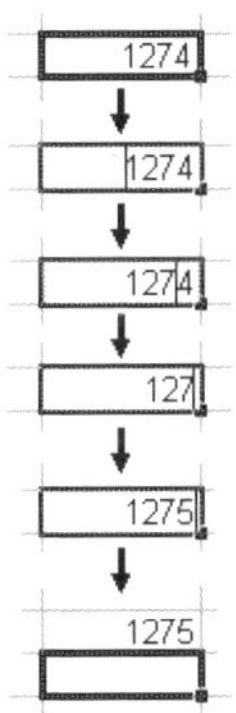

Nun kann es durchaus vorkommen, dass Sie den Inhalt einer Zelle ändern möchten. In Übung 4.5 erfahren Sie, wie das geht.

Übung 4.5: Zellinhalte bearbeiten

1) Doppelklicken Sie in Zelle B3.

   Der Rahmen um die Zelle wird etwas dünner und eine blinkende Einfügemarke wird in der Zelle angezeigt (die Position der blinkenden Einfügemarke hängt von der Stelle ab, an der Sie einen Doppelklick ausgeführt haben).

2) Verwenden Sie die Pfeiltaste, um die blinkende Einfügemarke links neben die *4* zu bringen.
3) Drücken Sie die [Entf]-Taste, um die 4 zu löschen.
4) Geben Sie *5* ein.
5) Drücken Sie die [↵]-Taste.

   Die Zellmarkierung wird aus der Zelle B3 in die Zelle B4 verschoben. Excel hat *1274* durch *1275* ersetzt. Beachten Sie, dass sich auch die Zahl in B10 geändert hat.

Abhängige Zellen

Die Zelle B10 ist ein Beispiel für eine abhängige Zelle. Das bedeutet, dass der Inhalt dieser Zelle vom Inhalt einer anderen abhängt. In diesem Fall ist die andere Zelle die Zelle B3.

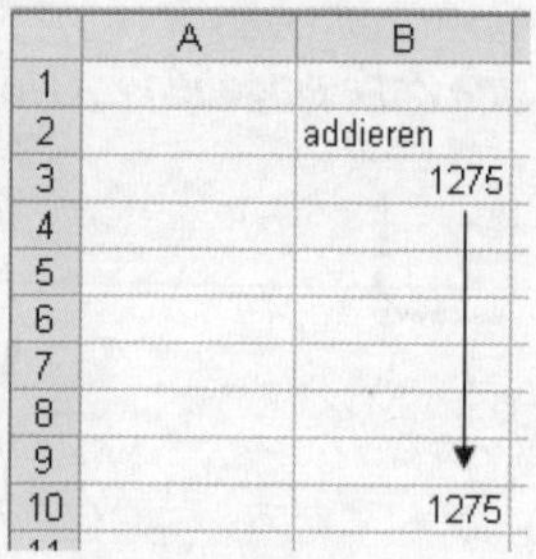

Der Inhalt in B10 ist abhängig vom Inhalt von B3

Als der Inhalt von B3 von *1274* in *1275* geändert wurde, hat sich auch der Inhalt in B10 geändert. Das liegt daran, dass sich in B10 ein Zellbezug *=B3* befindet.

Sie werden in späteren Lektionen dieses Moduls lernen, dass die Verbindungen zwischen einzelnen Zellen die Grundlage der Tabellenkalkulation bilden.

F2: Excels Bearbeitungstaste

In Übung 4.5 haben Sie einen Doppelklick auf die Zelle B3 ausgeführt. Dadurch konnte diese Zelle bearbeitet werden. Dies bedeutet, dass Sie die Einfügemarke innerhalb der Zelle bewegen und den Inhalt ändern konnten.

Wenn eine Zelle schon aktiv ist, können Sie diese mit Hilfe der [F2]-Taste editierbar, d.h. bearbeitbar machen, denn [F2] ist die Bearbeitungstaste von Excel. Das Drücken der Taste geht manchmal schneller als der Doppelklick mit der Maus.

Den Inhalt einer Zelle löschen

Möchten Sie eine Zahl, einen Text oder Zellbezug in einer Zelle löschen? In der folgenden Übung erfahren Sie, wie es geht.

Übung 4.6: Den Inhalt einer Zelle löschen

1) Setzen Sie die Zellmarkierung in Zelle B10. Diese sollte aus den Übungen 4.4 und 4.5 noch den Zellbezug *=B3* enthalten und *1275* anzeigen.
2) Drücken Sie die [⟵]-Taste oder die [Entf]-Taste.

   Excel löscht den Inhalt der Zelle B10. Sie ist nun leer.

Löschen und die Eingabe-Taste

Wenn Sie etwas in eine Zelle eingeben, müssen Sie die [↵]-Taste drücken, um die neue Eingabe zu bestätigen. Auch wenn Sie den Inhalt einer Zelle später bearbeiten, nimmt Excel die Änderungen nur vor, wenn Sie mit der [↵]-Taste bestätigen.

Wenn Sie den Inhalt einer Zelle löschen, müssen Sie die Löschung nicht mit der [↵]-Taste bestätigen. Es genügt, wenn Sie die [Entf]-Taste oder die [⟵]-Taste drücken.

Zellinhalte, aber nicht die Zelle löschen

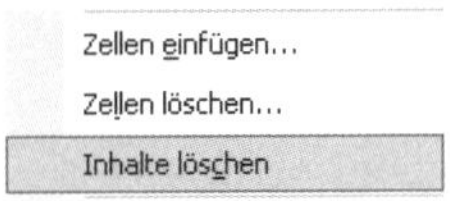

Eine andere Art, Zellinhalte zu löschen, ist mittels eines Rechtsklicks in die entsprechende Zelle. Aus dem angezeigten Kontextmenü können Sie dann INHALTE LÖSCHEN wählen.

Wählen Sie aus diesem Kontextmenü auf keinen Fall den Befehl ZELLEN LÖSCHEN. Er löscht nicht nur den Inhalt der Zelle, sondern auch die Zelle selbst aus dem Arbeitsblatt. Dadurch müssen andere Zellen ihre Position ändern, um die entstandene Lücke aufzufüllen.

Die Symbolleisten in Excel

Die in Excel integrierten Symbolleisten ermöglichen Ihnen den Zugriff der am meisten verwendeten Befehle durch einen einfachen Klick. In der Voreinstellung werden in Excel die *Standard-* und die *Format-*Symbolleiste in einer Reihe angezeigt. Um sie in zwei untereinander liegenden Reihen anzuzeigen, gehen Sie wie folgt vor:

- Rufen Sie den Menübefehl EXTRAS/ANPASSEN AUF und aktivieren Sie dann die Registerkarte *Optionen.*

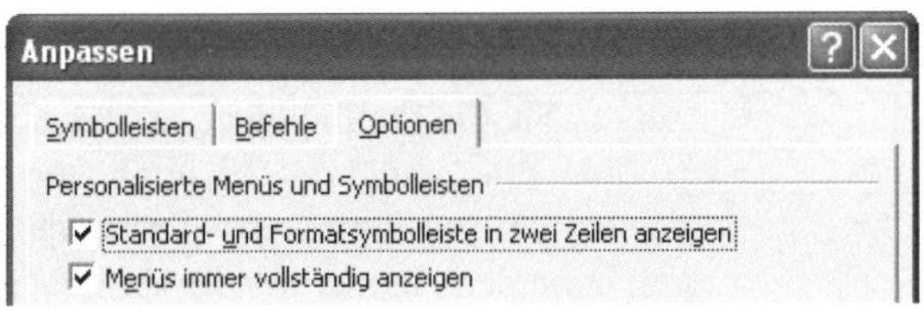

- Markieren Sie das Kontrollkästchen *Standard- und Formatsymbolleiste in zwei Zeilen anzeigen* und bestätigen Sie mit *Schließen.*

Symbolleisten ein- und ausblenden

Sie können die einzelnen Symbolleisten von Excel über den Menübefehl ANSICHT/SYMBOLLEISTEN ein- oder ausblenden, indem Sie dann die entsprechenden Symbolleisten und deren Optionen aus dem Dropdown-Menü aktivieren bzw. deaktivieren. Die Häkchen neben der *Standard-* und der *Format-*Symbolleiste zeigen an, das diese schon ausgewählt sind.

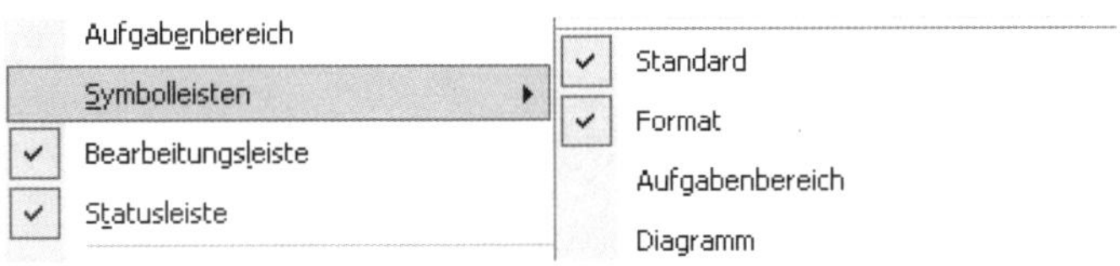

Standard- und Formatsymbolleisten

Nur zwei der Excel-Symbolleisten sind für dieses ECDL-Modul relevant, die *Standard-*Symbolleiste und die *Format-*Symbolleiste.

Die *Standard-*Symbolleiste enthält Schaltflächen zur Steuerung von Dateien und zum Arbeiten mit Zahlen in Zellen.

Die *Format*-Symbolleiste enthält Schaltflächen, um das Erscheinungsbild von Text und Zahlen in Zellen zu verändern.

Anstatt alle diese Schaltflächen auf einmal zu erklären, werden wir sie einzeln behandeln, und zwar in der Reihenfolge, in der sie im ECDL-Modul *Tabellenkalkulation* vorkommen.

Schaltflächen auf der Symbolleiste ein- und ausblenden

Sie können eine oder mehrere Schaltflächen von der Symbolleiste entfernen. Führen Sie dazu die folgenden Schritte aus.

- Zeigen Sie die Symbolleiste an, die Sie verändern möchten:
- Drücken Sie die Alt-Taste, und ziehen Sie die Schaltfläche von der Symbolleiste.

Excel entfernt die ausgewählte Schaltfläche von der Symbolleiste. Möchten Sie die Schaltfläche wiederhaben? Führen Sie dazu folgende Schritte aus:

- Zeigen Sie die Symbolleiste an. Klicken Sie auf die Schaltfläche *Optionen für Symbolleisten* am äußeren Ende der Symbolleiste, wählen Sie den Eintrag *Schaltflächen hinzufügen oder entfernen* und dann den Namen der Symbolleiste.

- Klicken Sie auf die Schaltfläche, die Sie wieder anzeigen möchten. Schaltflächen, die ein Häkchen haben, werden bereits auf der Symbolleiste angezeigt, die ohne Häkchen nicht.

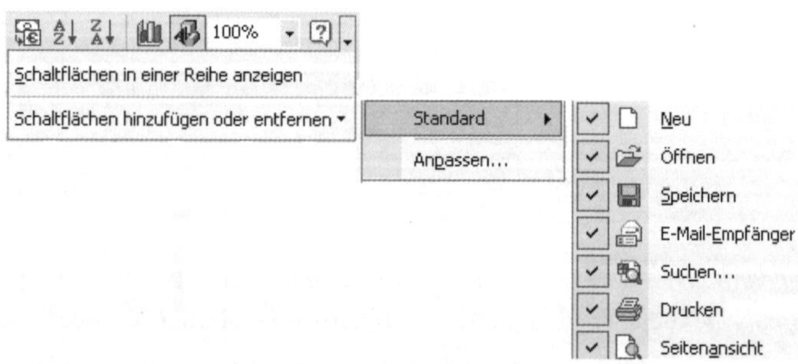

- Klicken Sie irgendwo außerhalb des Menüs, um es zu schließen.

Excel zeigt die Schaltfläche auf der Symbolleiste an.

Der Aufgabenbereich in Excel

Während die Symbolleisten in Excel Ihnen oft verwendete Befehle mit einem Klick zur Verfügung stellen, finden Sie im *Aufgabenbereich* von Excel gesammelt mehrere Befehle vor, die Sie eventuell benötigen, um wichtige Aufgaben wie ein Dokument zu erstellen oder zu öffnen und Informationen zu kopieren und einzufügen durchzuführen.

Der *Aufgabenbereich* ist an der rechten Seite des Bildschirms angesiedelt und wird standardmäßig angezeigt, wenn Sie Excel öffnen.

Aufgabenbereiche sind für viele verschiedene Aufgaben verfügbar. Der hier abgebildete Aufgabenbereich ist der Bereich *Neue Arbeitsmappe*, in dem Sie die verschiedenen Optionen zum Erstellen von neuen Arbeitsmappen und dem Öffnen vorhandener Arbeitsmappen finden. Wir erklären Ihnen die verschiedenen Aufgabenbereiche, die Sie kennen sollten, in der Reihenfolge, wie sie im Modul vorkommen und für das ECDL-Modul *Tabellenkalkulation* relevant sind.

Den Aufgabenbereich öffnen und schließen

Ein relevanter Aufgabenbereich öffnet sich automatisch, wenn Sie mit einer Aufgabe beginnen, für die es einen Aufgabenbereich gibt. Um den Aufgabenbereich jederzeit anzeigen zu lassen, wählen Sie den Menübefehl ANSICHT/AUFGABENBEREICH.

Um den Aufgabenbereich zu schließen, klicken Sie einfach auf das *Schließfeld* seiner Titelleiste.

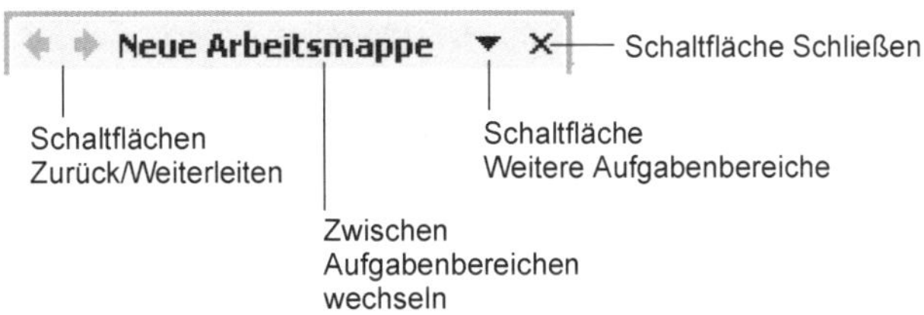

Zwischen Aufgabenbereichen wechseln

Um von einem Aufgabenbereich zu einem anderen zu wechseln, klicken Sie einfach auf die Schaltfläche *Weitere Aufgabenbereiche* in der Titelleiste. Sie können dann einen Aufgabenbereich aus dem Dropdown-Menü auswählen.

Um zwischen den Aufgabenbereichen vor- und zurückzublättern, verwenden Sie die entsprechenden Schaltflächen auf der linken Seite der Titelleiste.

Angepasste Menüs in Excel

Die Standardeinstellung eines Menüs in Excel ist so, dass beim ersten Mal nur einige Befehle bzw. Menüpunkte angezeigt werden. Um alle Befehle angezeigt zu bekommen, klicken Sie einfach auf den Doppelpfeil am unteren Ende des Menüs.

Wenn Sie einen Befehl verwenden, der nicht standardmäßig angezeigt wird, so fügt Excel ihn in die Liste der beim nächsten Mal angezeigten Befehle ein.

Um immer alle Befehle angezeigt zu bekommen, führen Sie die folgenden Schritte aus:

- Rufen Sie den Menübefehl EXTRAS/ANPASSEN auf und aktivieren Sie die Registerkarte *Optionen.*
- Markieren Sie das Kontrollkästchen *Menüs immer vollständig anzeigen* und bestätigen Sie mit *Schließen*.

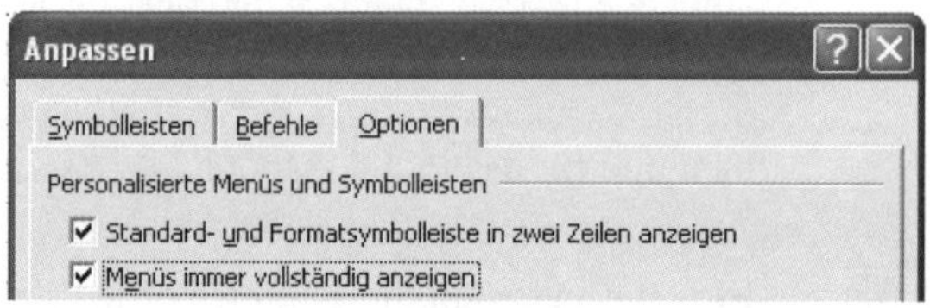

Excel-Funktion Rückgängig

Schaltfläche Rückgängig

Schaltfläche Wiederholen

Haben Sie falsche Daten eingegeben oder die falsche Taste gedrückt? Kein Grund zur Panik. Excel ermöglicht Ihnen das Rückgängig machen der letzten Zelleinträge und Aktionen für den Fall, dass Sie eine unerwünschte Eingabe bzw. Handlung vorgenommen haben. Um eine Zelleingabe oder Aktion rückgängig zu machen:

- wählen Sie den Menübefehl BEARBEITEN/RÜCKGÄNGIG

– oder –

- klicken auf die Schaltfläche RÜCKGÄNGIG in der *Standard*-Symbolleiste.

Ein wiederholtes Drücken der Schaltfläche *Rückgängig* macht die letzten Aktionen rückgängig. Um eine Liste der zuletzt ausgeführten Handlungen zu sehen, klicken Sie auf den Pfeil rechts neben der Schaltfläche *Rückgängig*. Wenn Sie eine Handlung rückgängig machen und dann Ihre Meinung doch wieder ändern, klicken Sie einfach auf die Schaltfläche *Wiederholen* (rechts neben der Schaltfläche *Rückgängig*).

Übung 4.7: Gebrauch der Funktion Rückgängig

Führen Sie diese Übung durch, um sich mit der Funktion *Rückgängig* ein wenig vertraut zu machen.

1) Klicken Sie in Zelle B2 und drücken Sie die [Entf]-Taste.
2) Klicken Sie in Zelle B3 und drücken Sie die [Entf]-Taste.

   Alles, was Sie in das Arbeitsblatt eingegeben hatten, ist jetzt gelöscht. Über die Funktion *Rückgängig* können Sie die beiden Löschvorgänge wieder zurücknehmen.

3) Klicken Sie auf die Schaltfläche *Rückgängig.*

   Dadurch wird die letzte Aktion (Schritt 2 oben) wieder rückgängig gemacht. B3 enthält nun wieder die Zahl 1275.

4) Klicken Sie noch einmal auf die Schaltfläche *Rückgängig.*

   Dadurch wird die letzte Aktion (Schritt 1 oben) wieder rückgängig gemacht. B2 enthält nun wieder das Wort *addieren.*

Mit Excel-Arbeitsmappen arbeiten

Eine Excel-Arbeitsmappe ist ganz einfach eine Datei, die eine Sammlung von Arbeitsblättern enthält. Die Dateinamen von Excel-Arbeitsmappen haben die Erweiterung *.xls*. Das hilft Ihnen, Excel-Dateien von anderen zu unterscheiden, z.B. von *Word*-Dateien (Erweiterung *.doc*).

Ihre Arbeitsmappe speichern

Schaltfläche Speichern

Speichern Sie in Excel, wie auch in allen anderen Programmen, Ihre Dateien während der Arbeit. Warten Sie nicht, bis Sie mit der Arbeit fertig sind. Um eine Arbeitsmappe zu speichern:

- wählen Sie DATEI/SPEICHERN

– oder –

- klicken auf die Schaltfläche *Speichern* in der *Standard*-Symbolleiste.

Wenn Sie eine Arbeitsmappe zum ersten Mal speichern, werden Sie von Excel aufgefordert, ihr einen Namen zuzuweisen. Die Übung 4.8 zeigt Ihnen, wie das funktioniert.

Übung 4.8: Eine neue Arbeitsmappe speichern und benennen

1) Die *Tabelle1* in Ihrer Arbeitsmappe sollte in Zelle B2 immer noch das Wort *addieren* und in Zelle B3 die Zahl *1275* enthalten.

   Falls das nicht der Fall ist, geben Sie diese Daten bitte ein.

2) Rufen Sie den Menübefehl DATEI/SPEICHERN auf oder klicken Sie auf die Schaltfläche *Speichern* in der *Standard*-Symbolleiste. Excel blendet ein Dialogfeld mit zwei Listenfeldern ein, ähnlich der folgenden Abbildung.

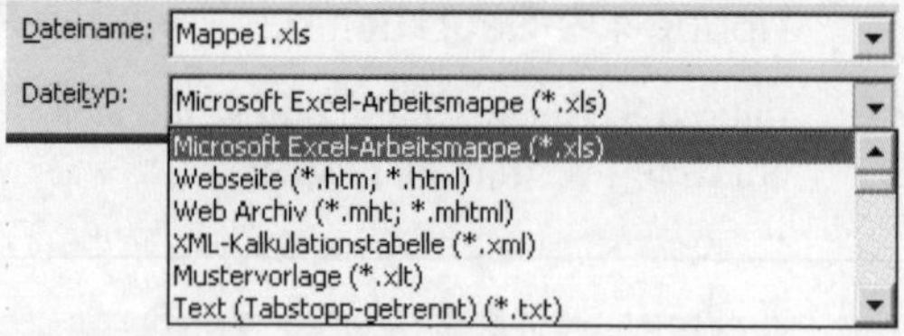

3) Standardmäßig nennt Excel die erste Arbeitsmappe, die Sie öffnen und speichern, *Mappe1*. Ersetzen Sie *Mappe1* durch einen Dateinamen, den Sie gut behalten können, z.B. Ihren Namen, und klicken Sie dann auf die Schaltfläche *Speichern*.

Excel hängt dem Dateinamen automatisch die Dateinamenerweiterung *.xls* an, diese muss also nicht eingegeben werden.

Eine neue Arbeitsmappe erstellen

Schaltfläche Neu

Um eine neue Arbeitsmappe zu erstellen, rufen Sie den Menübefehl DATEI/NEU auf, um den Aufgabenbereich *Neue Arbeitsmappe* zu öffnen. Hier können Sie wählen, ob Sie eine bereits bestehende oder eine neue leere Arbeitsmappe öffnen, eine neue Arbeitsmappe auf der Basis einer bereits vorhandenen Arbeitsmappe erstellen oder eine neue Arbeitsmappe auf Grundlage einer Mustervorlage erstellen möchten. Oder klicken Sie auf die Schaltfläche *Neu* in der *Standard*-Symbolleiste, um eine neue, leere Arbeitsmappe zu öffnen.

Eine bereits vorhandene Arbeitsmappe öffnen

Schaltfläche Öffnen

Um eine bereits vorhandene Arbeitsmappe zu öffnen:

- Rufen Sie den Menübefehl DATEI/ÖFFNEN auf

– oder –

- klicken Sie auf die Schaltfläche *Öffnen* in der *Standard*-Symbolleiste. Wählen Sie im Dialogfeld die entsprechende Datei aus.

Eine Arbeitsmappe schließen

Um eine Arbeitsmappe zu schließen:

- Rufen Sie den Menübefehl DATEI/SCHLIESSEN auf

– oder –

- klicken Sie auf das *Schließenfeld* im Arbeitsmappenfenster.

Schließenfeld der Arbeitsmappe

Wenn Sie seit dem letzten Speichern Änderungen an Ihrer Arbeitsmappe vorgenommen haben, werden Sie von Excel aufgefordert, diese zu speichern, bevor Sie die Datei schließen.

Übung 4.9: Schließen und erneutes Öffnen einer gespeicherten Arbeitsmappe

In dieser Übung schließen und öffnen Sie die in Übung 4.8 gespeicherte Arbeitsmappe.

1) Rufen Sie den Menübefehl DATEI/SCHLIESSEN auf oder klicken Sie auf das Schließenfeld rechts oben im Fenster der Arbeitsmappe.

2) Wählen Sie den Menübefehl DATEI/ÖFFNEN oder klicken Sie auf die Schaltfläche *Öffnen* in der *Standard*-Symbolleiste. Ein Dialogfeld wird angezeigt. Wählen Sie Ihre Arbeitsmappe aus und öffnen Sie sie.

Wenn Sie mehr als eine Arbeitsmappe geöffnet haben, können Sie zwischen den einzelnen Mappen hin und her wechseln, indem Sie den Menübefehl FENSTER/DOKUMENTNAME wählen. Alternativ können Sie auch auf das entsprechende Symbol in der Statusleiste unten im Fenster klicken.

Excel beenden

Um Excel zu beenden:

- Rufen Sie den Menübefehl DATEI/BEENDEN auf

– oder –

- klicken Sie auf das *Schließenfeld* im Excel-Fenster.

Schließenfeld
im Excel-Fenster

Online-Hilfe

Wie Word, Access, PowerPoint und andere Microsoft-Anwendungen bietet auch Excel eine Online-Hilfe an, die Sie nach bestimmten Themen durchsuchen können.

- Das Wort *Hilfe* in Online-Hilfe bedeutet, dass Informationen vorliegen, die Sie dabei unterstützen, Excel zu verstehen und zu benutzen.
- Das Wort *Online* bedeutet, dass die Information auf dem Bildschirm verfügbar ist statt auf Papier.

Sie können die Online-Hilfe auf verschiedene Arten lesen: entweder über das Menü ?, über Dialogfelder oder indem Sie den *Office-Assistenten* verwenden.

Den Office-Assistenten verwenden

Der Office-Assistent ist ein freundliches, animiertes Tool, das es Ihnen erlaubt, ein Thema oder eine Frage, nach der Sie suchen, einzugeben. Der Assistent zeigt sodann eine Liste der gefundenen Themen an, aus der Sie das gewünschte Thema auswählen können. In Übung 4.10 erfahren Sie, wie dies geht.

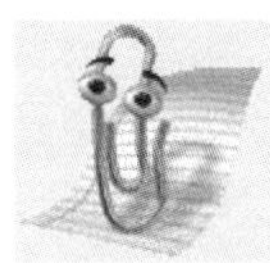

Übung 4.10: Verwendung des Office-Assistenten

1) Klicken Sie auf den *Office-Assistenten.*

   Wenn der Office-Assistent nicht auf dem Bildschirm sichtbar ist, wählen Sie den Menübefehl ?/OFFICE-ASSISTENTEN ANZEIGEN.

2) Schreiben Sie in die angezeigte Sprechblase das Wort *Hilfe.*

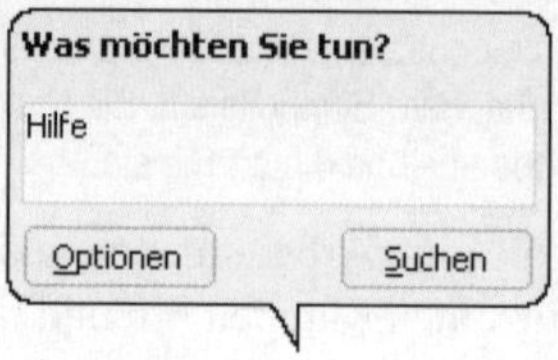

3) Klicken Sie auf die Schaltfläche *Suchen.*
4) Klicken Sie auf ein beliebiges Thema in der angezeigten Liste. Das entsprechende Thema wird dann im *Microsoft Word Hilfe-Fenster* angezeigt. (Dieses Fenster wird weiter unten im Abschnitt »Verwendung des Hilfe-Fensters« erklärt.)
5) Schließen Sie das Fenster, indem Sie auf das *Schließfeld* rechts oben in der Ecke klicken.

Verwendung des Fragefensters

Das Fragefenster auf der rechten Seite der Excel Menüleiste erlaubt es Ihnen, ein Thema oder eine Frage einzugeben, ohne dass Sie den Office-Assistenten verwenden müssen.

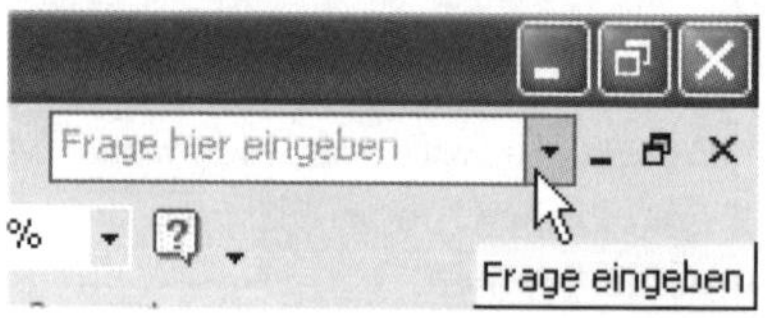

- Schreiben Sie ein Thema oder eine Frage in das Fenster und drücken Sie die [↵]-Taste. Excel zeigt eine Themenliste an, aus der Sie auf die gleiche Weise wählen können wie aus der Liste, die der Office-Assistent anzeigt.

Verwendung des Hilfe-Fensters

Um das Hilfe-Fenster direkt zu verwenden, müssen Sie zuerst den Office-Assistenten ausschalten. Führen Sie dazu folgende Schritte durch:

- Klicken Sie mit der rechten Maustaste auf den Office-Assistenten, und wählen Sie dann OPTIONEN aus dem Dropdown-Menü.
- Deaktivieren Sie das Kästchen *Den Office-Assistenten verwenden* und klicken Sie dann auf OK.

Um das Hilfe-Fenster von Microsoft Excel zu öffnen, rufen Sie den Menübefehl ?/MICROSOFT EXCEL-HILFE oder klicken auf die Schaltfläche *Microsoft Excel-Hilfe* in der *Standard*-Symbolleiste.

Das Hilfe-Fenster weist drei Registerkarten auf, die es Ihnen erlauben, auf verschiedene Weise nach Hilfe zu suchen.

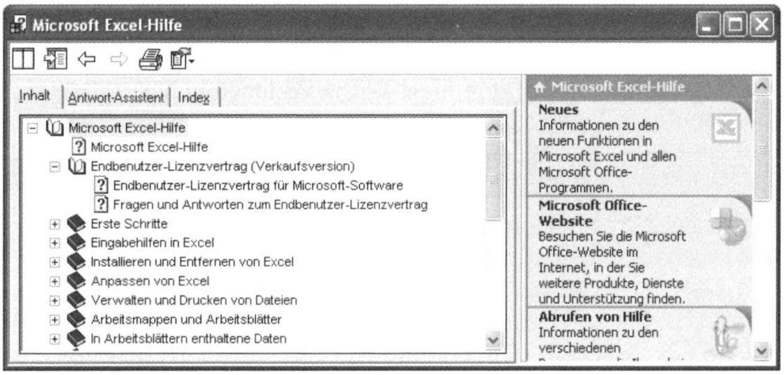

- **Registerkarte Inhalt:** Diese Registerkarte bietet Ihnen eine kurze Beschreibung der Hauptmerkmale von Excel.

  Wo Sie ein Buchsymbol sehen, doppelklicken Sie darauf, damit Ihnen die damit verwandten Themen angezeigt werden.

  Doppelklicken Sie auf ein Fragezeichen, um den Hilfetext zu lesen.

- **Registerkarte Antwort-Assistent:** Schreiben Sie Ihre Frage in das Feld *Was möchten Sie tun?* und klicken Sie auf *Suchen*. Excel zeigt alle Übereinstimmungen aus der Online-Hilfe an. Klicken Sie eines der Themen an, um den gesamten Text im rechten Fenster angezeigt zu bekommen.
- **Registerkarte Index:** Schreiben Sie ein Wort oder einen Ausdruck oder wählen Sie ein Schlüsselwort aus der angezeigten Liste. Klicken Sie dann auf *Suchen*. Excel zeigt eine Liste zur Verfügung stehender Hilfethemen im unteren linken Fenster an.

Wenn Sie das gewünschte Thema gefunden haben, klicken Sie darauf, um den dazugehörigen Text auf der rechten Seite angezeigt zu bekommen.

Während Sie die Online-Hilfe lesen bzw. durchsuchen, sehen Sie die folgenden Schaltflächen am oberen Rand des Online-Hilfe-Fensters.

- **Automatisch nebeneinander:** Erlaubt Ihnen, das Online-Hilfe-Fenster und das Dokument, an dem Sie gerade arbeiten, zu betrachten.

- **Ausblenden/Einblenden:** Blendet den linken Fensterausschnitt des Hilfe-Fensters ein oder aus.

- **Zurück/Vorwärts:** Führt Sie vorwärts und rückwärts durch vorher schon besuchte Hilfethemen.

- **Drucken:** Druckt das ausgewählte Thema.

- **Optionen:** Bietet einige Optionen zur Ansicht und ermöglicht das Drucken momentan angezeigter Online-Hilfe-Texte.

Der Gebrauch der Hilfe im Dialogfeld

Sie können auch direkt vom Dialogfeld aus auf die Online-Hilfe zugreifen. Dies wird Ihnen in Übung 4.11 demonstriert.

Übung 4.11: Gebrauch der Online-Hilfe in einem Dialogfeld

1) Rufen Sie den Menübefehl ANSICHT/ZOOM auf, um in das Dialogfeld *Zoom* zu gelangen.
2) Klicken Sie auf das Fragezeichen in der rechten oberen Ecke des Dialogfeldes. Excel blendet ein Fragezeichen rechts neben dem Mauszeiger ein.

3) Bewegen Sie die Maus nach unten und klicken Sie irgendwo in das Feld *An Markierung anpassen.*

   Excel zeigt einen Hilfetext an, der Ihnen Auskunft über die Verwendung des Feldes *An Markierung anpassen* gibt.

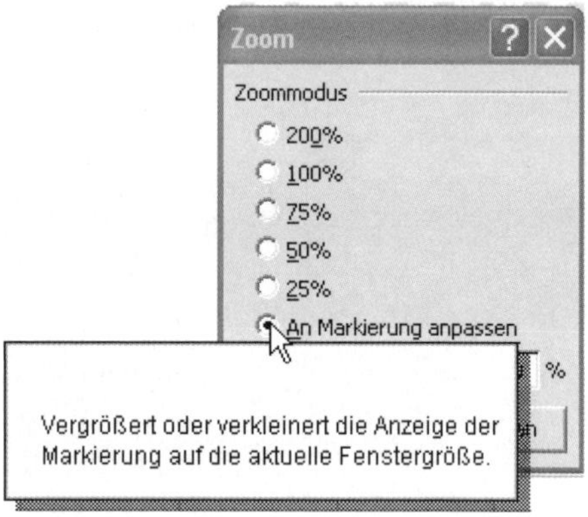

4) Führen Sie diese Übung auch mit anderen Dialogfeldern in Excel durch.

Wenn Sie fertig sind, können Sie Ihre Arbeitsmappe schließen und Excel beenden. Sie haben die Lektion 4.1 des ECDL-Moduls *Tabellenkalkulation* beendet.

Zusammenfassung der Lektion: Das haben Sie gelernt

Eine Excel-Arbeitsmappe ist eine Datei, die Tabellen enthält, die von Excel als Arbeitsblätter bezeichnet werden. Die Dateinamenerweiterung für Arbeitsmappen ist *.xls*.

Ein Arbeitsblatt besteht aus Zellen, die in Spalten und Zeilen angeordnet sind. Jede Zelle hat einen eindeutigen Zellbezug, der aus dem Spaltenbuchstaben und der Zeilennummer besteht, z.B. B3 oder G47.

Es kann immer nur eine Zelle aktiv sein. Sie aktivieren eine Zelle, indem Sie die Zellmarkierung in die entsprechende Zelle setzen. Sie können dazu die Maus, die Pfeiltasten oder das Namenfeld verwenden.

Sie können eine Zahl, Text (Beschriftung) oder einen Zellbezug in jede beliebige Zelle eingeben. Drücken Sie die [↵]-Taste, um Ihre Eingabe zu bestätigen. Text wird in Excel linksbündig, eine Zahl hingegen rechtsbündig ausgerichtet.

Um eine Zelle zu bearbeiten, müssen Sie sie zur Bearbeitung bereitmachen. Dies geschieht durch einen Doppelklick mit der Maus in die entsprechende Zelle. Wahlweise können Sie auch eine Zelle aktivieren und dann die Excel-Bearbeitungstaste [F2] drücken. Schauen Sie sich dazu das Beispiel in Übung 4.5 an.

Sie können den Inhalt einer aktiven Zelle (aber nicht die Zelle selbst) löschen, indem Sie die [Entf]-Taste oder die [⟵]-Taste verwenden. Schauen Sie sich dazu das Beispiel in Übung 4.6 an.

Die Excel-Funktion *Rückgängig* ermöglicht es Ihnen, kürzlich vorgenommene Aktionen wieder rückgängig zu machen, falls diese zu einem unerwünschten Ergebnis geführt haben. Schauen Sie sich dazu das Beispiel in Übung 4.7 an.

Sie können die verschiedenen Symbolleisten in Excel anzeigen oder ausblenden lassen. Die zwei am häufigsten verwendeten Symbolleisten sind die *Standard*- und die *Format*-Symbolleiste.

Auf die Online-Hilfe in Excel kann über das Menü ? oder über einzelne Dialogfelder zugegriffen werden. Sie stellt Ihnen einen umfassenden Führer zu Funktionen und Abläufen des Programms zur Verfügung. Schauen Sie sich dazu die Beispiele in Übung 4.10 und 4.11 an.

Schnelltest: Erste Schritte in Excel

1.	Die Excel-Bearbeitungstaste ist:
A	Alt
B	F2
C	Einfg
D	Strg

2.	Wenn Sie die Entf-Taste drücken, wird der Zellinhalt und die Zelle selbst gelöscht.
A	Richtig
B	Falsch

3.	Wenn Sie ein Symbol von einer Excel-Symbolleiste entfernen, können Sie es nicht wieder zurückholen.
A	Richtig
B	Falsch

4.	Das Namenfeld zeigt ...
A	den Zellbezug der aktiven Zelle.
B	den Namen der Arbeitsmappe.
C	den Namen des Arbeitsblattes.
D	Ihren Namen.

5.	Wie behandelt Excel Zahlen und wie Text?

6.	Der Spaltenbuchstabe für Zellbezüge muss immer in Großbuchstaben geschrieben werden.
A	Richtig
B	Falsch

Lektion 4.2: Arithmetik mit Excel

Zu dieser Lektion

In Lektion 4.1 haben Sie die Bezeichnungen der wichtigsten Bestandteile eines Excel-Arbeitsblatts kennen gelernt und einfache Operationen, wie die Eingabe von Zahlen, Text und Zellbezügen, vorgenommen.

Sie verfügen also jetzt über die nötigen Grundlagen, um in dieser Lektion der wahren Leistungsstärke von Excel auf den Grund zu gehen.

Sie werden rasch erkennen, warum Leute wie Buchhalter, Statistiker, Ingenieure und Projektmanager, die viel mit Zahlen arbeiten, sich auf eine Tabellenkalkulation verlassen; sie führt langwierige Berechnungen schnell, einfach und präzise aus.

In den praktischen Übungen werden Sie weniger als ein Dutzend Zahlen verwenden. Aber diese einfachen Beispiele unterscheiden sich nur in ihrer Größe von mehrseitigen Finanzberichten großer Firmen. Vom Grundsatz her stellen Sie das Gleiche dar. Lernen Sie in dieser Lektion die Grundlagen und Sie werden nie wieder auf eine Datenmenge stoßen, die zu umfangreich oder kompliziert scheint. Dank Ihrer erlernten Fähigkeiten bezüglich Tabellenkalkulation, können nun alle Datenmengen von Ihnen bewältigt werden.

Neue Fähigkeiten

Am Ende dieser Lektion sollten Sie in der Lage sein,

- zu erklären, was eine Excel-Formel ist und ihre Komponenten zu nennen,
- Excel-Formeln zur Addition, Subtraktion, Multiplikation und Division zu verwenden,
- mathematische Gesetze auf Berechnungen in Excel anzuwenden,
- die Fehlermeldungen in Excel zu verstehen,
- die Zoom-Funktion in Excel zu benutzen, um die Anzeige eines Arbeitsblatts zu vergrößern oder zu verkleinern,
- eine Arbeitsmappe auf Diskette zu speichern.

Neue Wörter

Am Ende dieser Lektion sollten Sie in der Lage sein, die folgenden Begriffe zu erklären:

- Formel
- Operator
- Argument
- Nicht zusammenhängende Zellen
- Berechnete Zelle
- Konstante

Formeln in Excel

In Lektion 4.1 haben Sie gelernt, Zahlen, Text und Zellbezüge in Zellen eines Arbeitsblatts einzugeben. Nun wird es Zeit, eine vierte Art der Eingabe kennen zu lernen: eine Berechnung.

Berechnungen sind normalerweise der Grund dafür, dass Sie Zahlen in Zellen eingeben. Und mit Berechnungen sind wir auch schon beim Rechnen. Sie können Ihre eingegebenen Zahlen addieren, subtrahieren, multiplizieren und dividieren.

Excel akzeptiert zwei Arten von Berechnungen: Formeln und Funktionen. In dieser Lektion lernen Sie, wie man Berechnungen anhand von Formeln vornimmt. In der nächsten Lektion widmen wir uns dann den Funktionen.

Übung 4.12: Zwei Zahlen mit einer Excel-Formel addieren

1) Öffnen Sie die Arbeitsmappe, die Sie in Übung 4.8 gespeichert haben. Wenn die Zellen B2 und B3 nicht das Wort *addieren* und die Zahl *1275* enthalten, geben Sie diese Daten jetzt bitte ein.

2) Klicken Sie auf B4 und schreiben Sie die Zahl *52*.

Taste mit
Plus-Zeichen

3) Drücken Sie die [↵]-Taste.

4) Klicken Sie in Zelle B5 und schreiben Sie *=B3+B4*.

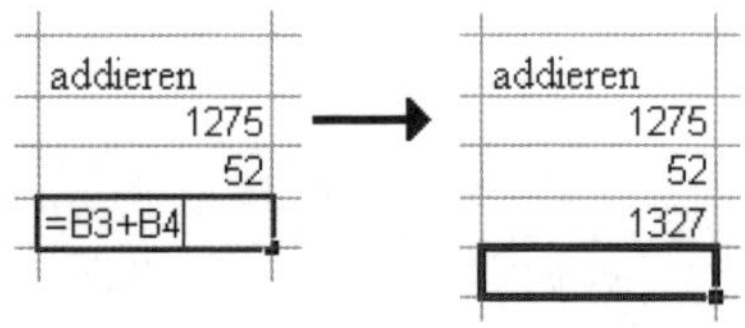

   Wenn Sie die Formel eingeben, zeigt Excel jeden Zellbezug in einer anderen Farbe dar, und färbt gleichzeitig auch den Zellrand der entsprechenden Zelle in der gleichen Farbe. Sie können also einfach erkennen, auf welche Zellen sich Ihre Formel bezieht.

5) Drücken Sie die [↵]-Taste.

   In B5 zeigt Excel nun die Summe des Inhalts der beiden Zellen B3 und B4 an.

Glückwunsch! Sie haben gerade Ihre erste Berechnung in Excel durchgeführt.

Formeln und Argumente

Den beiden Begriffen Formel und Argument werden Sie noch häufiger begegnen, während Sie sich mit Tabellenkalkulation beschäftigen. Es ist daher sehr wichtig, dass Sie diese Wörter verstehen und auch wissen, was sie bedeuten.

Formel

Eine Gleichung, die Operationen wie Addition, Subtraktion, Multiplikation und Division an Daten vornimmt, die in einem Arbeitsblatt gespeichert sind.

In Übung 4.12 war die verwendete Formel =B3+B4. Folgendes sollten Sie sich bezüglich Formeln merken:

- Schreiben Sie immer ein Gleichheitszeichen (=) vor die Formel.
- Drücken Sie immer die [↵]-Taste, um Ihre Formel zu bestätigen.

Die Komponenten, aus denen eine Formel besteht, nennt man Argumente. In der Formel =B3+B4 sind die Argumente B3 und B4. Beides sind Zellbezüge. Sie werden sehen, dass man auch Zahlen als Argumente benutzen kann.

Argument
Die Eingabe der Werte für eine Berechnung, die zu einem Ergebnis führt.

Lassen Sie uns nun drei weitere mathematische Berechnungen mit Excel-Formeln durchführen: Subtraktion, Multiplikation und Division.

Übung 4.13: Subtraktion mit Excel

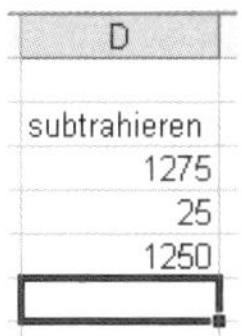

1) Geben Sie in Zelle D2 das Wort *subtrahieren* ein (schreiben Sie das Wort und drücken Sie dann die [↵]-Taste).
2) Geben Sie in Zelle D3 die Zahl *1275* ein.
3) Geben Sie in Zelle D4 die Zahl *25* ein.
4) Geben Sie in Zelle D5 folgende Formel ein:

   =D3-D4 (schreiben Sie die Formel und drücken Sie dann die [↵]-Taste).

   D5 zeigt Ihnen nun das Ergebnis der Subtraktion des Inhalts der Zelle D4 von D3 an.

Übung 4.14: Multiplizieren mit Excel

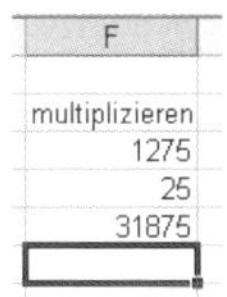

1) Geben Sie in Zelle F2 das Wort *multiplizieren* ein.
2) Geben Sie in Zelle F3 die Zahl *1275* ein.
3) Geben Sie in Zelle F4 die Zahl *25* ein.
4) Geben Sie in Zelle F5 folgende Formel ein:

   *=F3*F4*

   Excel zeigt in F5 das Ergebnis der Multiplikation der Inhalte von F3 und F4 an.

Übung 4.15: Dividieren mit Excel

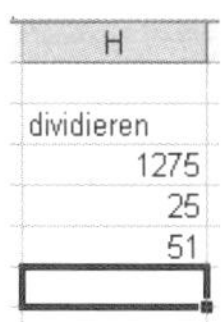

1) Geben Sie in Zelle H2 das Wort *Dividieren* ein.
2) Geben Sie in Zelle H3 die Zahl *1275* ein.
3) Geben Sie in Zelle H4 die Zahl *25* ein.
4) Geben Sie in Zelle H5 folgende Formel ein:

   =H3/H4

   Excel zeigt in H5 das Ergebnis der Division der Inhalte von H3 und H4 an.

Berechnete Zellen

In den Übungen 4.12 bis 4.15 haben die Zellen B3 und B4, D3 und D4, F3 und F4 und H3 und H4 etwas gemeinsam:

- Sie enthalten Zahlen und
- sie zeigen Zahlen an.

Die Zellen B5, D5, F5 und H5 hingegen enthalten eine Sache (eine Formel), zeigen aber etwas anderes (eine Zahl) an. Sie sind Beispiele berechneter Zellen.

Berechnete Zellen
Eine Zelle, die eine Berechnung enthält, aber nur das Ergebnis dieser Berechnung anzeigt.

Betrachten Sie eine berechnete Zelle als eine Art Antwortzelle.

Neben den Argumenten stellen Operatoren eine weitere Komponente in Formeln dar.

Operatoren
*Symbole bzw. Zeichen, welche die Art der Berechnung bestimmen, die auf die Argumente einer Formel angewendet werden soll. Die vier wichtigsten arithmetischen Operatoren in Excel sind +, –, * und /.*

Excel bietet noch weitere komplizierte Operatoren an, die aber über die Lernziele des ECDL weit hinausgehen.

Vertikal oder horizontal addieren

Die Addition von Zahlen, die vertikal oder horizontal in einer Liste angeordnet sind, ist die am häufigsten verwendete mathematische Operation in einer Tabelle. In den Übungen 4.16 und 4.17 finden Sie für beides ein Beispiel.

Übung 4.16: Addieren einer vertikalen Zahlenliste

8		1234
9		4532
10		5693
11		3512
12		239
13	Summe	15210
14		

1) In die Zellen B8, B9, B10, B11 und B12 geben Sie nacheinander die Zahlen *1234, 4532, 5693, 3512* und *239* ein.
2) Geben Sie in Zelle A13 das Wort *Summe* ein.
3) Geben Sie in Zelle B13 folgende Formel ein:

   =B8+B9+B10+B11+B12

   In Zelle B13 zeigt Excel das Summenergebnis der ausgewählten Zellen an.

Übung 4.17: Addieren einer horizontalen Zahlenliste

1) Geben Sie in die Zellen B16, C16, D16, E16 und F16 die Zahlen *1234, 4532, 5693, 3512* und *239* ein (die gleichen Zahlen wie in Übung 4.16).

						Summe
	1234	4532	5693	3512	239	15210

2) Geben Sie in Zelle G15 das Wort *Summe* ein.
3) Geben Sie in Zelle G16 folgende Formel ein:

   =B16+C16+D16+E16+F16

   In Zelle G16 zeigt Excel das Summenergebnis der ausgewählten Zellen an.

Addieren von nicht zusammenhängenden Zellen

Excel kann aber auch Zellen addieren, die nicht direkt neben- oder übereinander angeordnet sind. Wie das geht, erfahren Sie in Übung 4.18. Zellen, die nicht direkt neben- bzw. untereinander liegen, werden nicht zusammenhängende Zellen genannt.

Übung 4.18: Addieren von nicht zusammenhängenden Zellen

Geben Sie die folgenden Zahlen ein:

1) *1234* in B20, *4532* in C22, *5693* in D21, *3512* in E19 und *239* in F20 (die gleichen Zahlen wie in den Übungen 4.16 und 4.17).
2) Geben Sie in Zelle G19 das Wort *Summe* ein.
3) Geben Sie in Zelle G20 folgende Formel ein:

   =B20+C22+D21+E19+F20

19					3512		Summe
20		1234				239	15210
21				5693			
22			4532				

In Zelle G20 zeigt Excel das Summenergebnis der ausgewählten Zellen an.

Nicht zusammenhängende Zellen
Zellen, die nicht direkt neben-, über- oder untereinander liegen.

Formeln bearbeiten

In Übung 4.5 der Lektion 4.1 haben Sie gelernt, wie man Zahlen in einer Zelle bearbeitet. Sie können aber auch Formeln bearbeiten. Wie das geht, erfahren Sie in Übung 4.19.

Übung 4.19: Eine Formel bearbeiten

1) Doppelklicken Sie auf G20. (Alternativ können Sie die Zellmarkierung auch über die Pfeiltasten in die Zelle bringen und dann die [F2]-Taste drücken.)

Summe
=B20+C22+D21+E19+F20

2) Löschen Sie mit der [⟵]-Taste oder der [Entf]-Taste das Argument *F20* und das davor stehende Pluszeichen (+) aus der Formel.

Summe
=B20+C22+D21+E19

3) Wenn Sie damit fertig sind, drücken Sie die [↵]-Taste.

   Excel zeigt nun in G20 nur die Summe von B20, C22, D21 und E19 an.

Mehrere Operatoren verwenden

Sie können auch mehr als nur einen Operator in eine Zelle eingeben. In Übung 4.20 geben Sie eine Formel ein, die jeweils einen Operator zur Addition und zur Subtraktion beinhaltet.

Übung 4.20: Formeln mit mehreren Operatoren

Ihre Firma stellt vier Produkte her. Diese Produkte haben fixe Kosten, variable Kosten, Preisnachlässe und Preise, wie in der Abbildung aufgeführt.

25	Name	Fest	Variabel	Summe	Nachlass	Preis	Gewinn
26	Produkt 1	12	2		2	21	
27	Produkt 2	34	6		8	55	
28	Produkt 3	56	28		12	112	
29	Produkt 4	127	92		19	290	

Ihr Aufgabe ist es nun, eine Formel einzugeben, um die Gesamtkosten für jedes einzelne Produkt und den Gewinn an jedem Produkt zu ermitteln.

1) Geben Sie die Zahlen und den Text wie oben abgebildet ein (beginnen Sie in Zelle A25).

2) Geben Sie, wie angezeigt, die Formeln in die Zellen D26, D27, D28 und D29 ein.

   Wenn Sie nun nach der Eingabe der Formel die [↵]-Taste drücken, zeigt Excel das berechnete Ergebnis an.

D	→	D
Summe		Summe
=B26+C26		14
=B27+C27		40
=B28+C28		84
=B29+C29		219

3) Geben Sie, wie rechts angezeigt, die Formeln in die Zellen G26, G27, G28 und G29 ein.

   Wenn Sie nun nach der Eingabe der Formel die [↵]-Taste drücken, zeigt Excel das berechnete Ergebnis an.

G	→	G
Gewinn		Gewinn
=F26-(D26+E26)		5
=F27-(D27+E27)		7
=F28-(D28+E28)		16
=F29-(D29+E29)		52

   Das Ergebnis gibt den Gewinn für jedes Produkt an: den Produktpreis minus den Gesamtkosten und dem Preisnachlass.

Formeln: Konstanten verwenden

Formeln in Excel können Zahlen statt (oder auch) Zellbezüge beinhalten. In Excel heißen diese Zahlen *Konstanten*.

Konstante
Ein Argument in einer Formel, das aus einer unveränderlichen Zahl besteht.

Hier ein paar Beispiele für Formeln, die sowohl Zellbezüge als auch Konstanten beinhalten.

=26*109

=45*(A12+3)

=B2/100-B3/50

Sie können sogar Formeln eingeben, die nur Konstanten und keine Zellbezüge beinhalten. Wir zeigen Ihnen das in Übung 4.21.

Übung 4.21: Eingabe von Formeln, die nur Konstanten beinhalten

Geben Sie Folgendes in Zelle B32 ein:

1) *=32/4*

   Excel gibt in B32 das Ergebnis (*8*) an.

Formeln: Die Regeln der Arithmetik

Excel ermöglicht es Ihnen, Additionen, Subtraktionen, Multiplikationen und Divisionen in einer einzigen Formel gemeinsam zu verwenden. Ein Beispiel:

=C5*(A4+A7)-(C4/C7)

Excel folgt dabei den mathematischen Gesetzen zur Berechnung solcher Formeln.

- Dabei werden die Operationen in einer bestimmten Reihenfolge ausgeführt: Division, Multiplikation, Addition und Subtraktion.

  Die folgende Formel erzeugt z.B. das Ergebnis 11, weil zuerst 2 mit 3 multipliziert (ergibt 6) und dann 5 addiert wird.

  =5+2*3

- Sie können aber auch Klammern ( ) verwenden, um eine bestimmte Reihenfolge der Berechnungen innerhalb einer Formel zu erzwingen.

Die folgende Formel erzeugt z.B. das Ergebnis 21, weil Excel zuerst 5 und 2 addiert (weil die Zahlen in Klammern stehen) und dann das Ergebnis mit 3 multipliziert.

=(5+2)*3

Stellen Sie sicher, dass Sie den Gebrauch einer öffnenden Klammer immer mit einer entsprechenden schließenden Klammer abschließen, da das Ergebnis, je nach Klammer, sehr unterschiedlich ausfallen kann.

Ein paar Beispiele:

6/2*3+4=13

6/(2*3)+4=5

6/2*(3+4)=21

6/(2*(3+4))=0,42857

Berechnungen mit festgelegten Faktoren

In einigen Berechnungen müssen Sie die gleiche Zahl oder den gleichen Faktor mehrmals auf unterschiedliche Zahlen anwenden. Der feste Faktor kann z.B. der Wechselkurs einer Devise, ein bestimmter Steuersatz oder ein festgelegter Provisionssatz sein.

Am besten setzt man solche festen Faktoren in eine eigene Zelle und gibt bei Bedarf den Zellbezug in die Formel mit ein. Die Übung 4.22 enthält ein Beispiel.

Übung 4.22: Verkaufsprovisions- und Steuerberechnungen

In Ihrer Firma sind vier Vertreter beschäftigt. Bernd, Hans, Eva und Heike. Zusätzlich zum Grundgehalt erhält jeder eine Provision von 20% auf die verkaufte Ware. Alle haben einen Steuersatz von 15%.

Sie können nun anhand der unten im Bild angezeigten Daten eine Excel-Formel benutzen, um das Nettogehalt jedes einzelnen zu errechnen.

	B	C	D	E	F	G	H
34							
35	Provision		0,2				
36	Steuersatz		0,15				
37							
38							
39	Person	Grundgehalt	Verkauf	Provision	Brutto	Steuer	Netto
40	Bernd	1200	3000				
41	Hans	1300	3100				
42	Eva	1600	3500				
43	Heike	1700	3800				

1) Geben Sie die Zahlen und den Text wie oben abgebildet ein. Geben Sie 20% als *,2* und 15% als *,15* ein. Excel zeigt die eingegebenen Zahlen als *0,2* und *0,15* an.
2) Um die Provision, das Bruttoeinkommen, die Steuerzahlungen und das Nettogehalt jedes Einzelnen zu berechnen, geben Sie bitte die Formeln wie unten in der Abbildung ein.

Provision	Brutto	Steuer	Netto
=D40*D35	=C40+E40	=F40*D36	=F40-G40
=D41*D35	=C41+E41	=F41*D36	=F41-G41
=D42*D35	=C42+E42	=F42*D36	=F42-G42
=D43*D35	=C43+E43	=F43*D36	=F43-G43

Wenn Sie nun nach der Eingabe der Formel die [↵]-Taste drücken, zeigt Excel das berechnete Ergebnis an.

Provision	Brutto	Steuer	Netto
600	1800	270	1530
620	1920	288	1632
700	2300	345	1955
760	2460	369	2091

Die Übung 4.23 liefert Ihnen ein Beispiel zur Währungsumrechnung, eine andere Art der Berechnung mit festen Faktoren.

Übung 4.23: Währungsumrechnung

Ihre Firma verkauft fünf verschiedene Produkte, mit Preisen zu je 100 €, 150 €, 200 €, 250 € und 300 € in die USA und nach Japan.
Der Umrechnungskurs des Dollar liegt bei 0,99 und der des Yen bei 117,21.

Die Aufgabe besteht nun darin, eine Tabelle zu erstellen, in der die Preise der unterschiedlichen Produkte in Dollar und Yen angegeben sind.

1) Geben Sie nun die Beschriftung und Zahlen wie unten angegeben ein.

	B	C	D
45			
46	€/USD	0,99	
47	€/JPY	117,2	
48			
49	€	Dollar	Yen
50	100		
51	150		
52	200		
53	250		
54	300		

2) In die Zellen C50 bis C54 geben Sie die Formel zur Berechnung des Dollarpreises für jedes Produkt ein. Hierzu müssen Sie den €-Preis eines Produkts mit dem Wechselkurs in Zelle C46 multiplizieren.

In die Zellen D50 bis D54 geben Sie die Formel zur Berechnung des Preises in Yen für jedes Produkt ein. Hierzu müssen Sie den €-Preis eines Produkts mit dem Wechselkurs in Zelle C47 multiplizieren

Dollar	Yen
=B50*C46	=B50*C47
=B51*C46	=B51*C47
=B52*C46	=B52*C47
=B53*C46	=B53*C47
=B54*C46	=D54*C47

Die entsprechenden Formeln sehen Sie in der rechten Spalte der Abbildung.

Wenn Sie nun nach der Eingabe der Formel die [↵]-Taste drücken, zeigt Excel das berechnete Ergebnis an.

	B	C	D
45			
46	€/USD	0,99	
47	€/JPY	117,2	
48			
49	€	Dollar	Yen
50	100	99	11720
51	150	148,5	17580
52	200	198	23440
53	250	247,5	29300
54	300	297	35160

Berechnungen und Neuberechnungen

In den Übungen 4.12 bis 4.23 haben Sie gelernt, wie Sie Ihren *1000 €* teuren Computer als 5-€-Taschenrechner verwenden können. Sie führten Berechnungen mit einer Handvoll Zahlen durch. Aber sicherlich können Sie sich nun auch vorstellen, wie Sie die gleichen Methoden anwenden, um Hunderte, ja sogar Tausende von Zahlen in Ihrem Arbeitsblatt aufzuzeichnen und zu berechnen.

Die Leistungsstärke und der Vorteil eines Arbeitsblatts liegen nicht so sehr in der Fähigkeit, Berechungen erstellen zu können, sondern vielmehr darin, diese Berechnungen neu berechnen zu können. Excel berechnet das Ergebnis einer Addition (oder jeder anderen Operation) neu, sobald Zahlen, die diese Berechnung beinhaltet, verändert werden.

Probieren wir dies einfach einmal aus.

Übung 4.24: Eine Addition neu berechnen

In Übung 4.12 haben Sie die Zahl 52 in die Zelle B4 geschrieben.

1) Klicken Sie in B4, geben Sie *25* ein und drücken Sie die [↵]-Taste.

   Sie werden bemerken, dass Excel B5 (die Antwortzelle) neu berechnet hat und ein neues Ergebnis anzeigt.

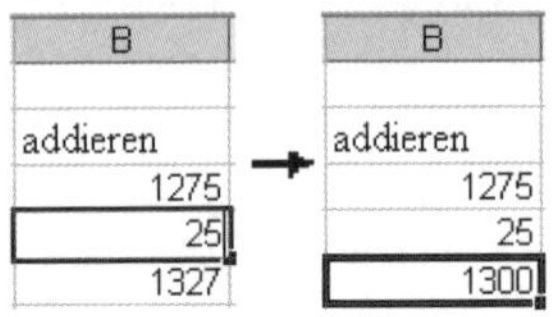

In dieser Übung waren es nur zwei Zahlen, die eingegeben wurden. Aber es könnten leicht auch hundert oder mehr sein.

Übung 4.25: Eine Multiplikation neu berechnen

In Übung 4.23 haben Sie den Umtauschkurs von 0,99 €/Dollar in Zelle C46 und eine Rate von 117,2 €/Yen in Zelle C47 eingegeben.

1) Klicken Sie in C46, geben Sie *1,00* ein und drücken Sie die [↵]-Taste.

2) Klicken Sie in C47, geben Sie *116,2* ein und drücken Sie die [↵]-Taste.

   Sie werden sehen, dass Excel die Währungsbeträge für alle fünf Produkte neu berechnet (siehe unten).

	B	C	D
45			
46	€/USD	1	
47	€/JPY	116,2	
48			
49	€	Dollar	Yen
50	100	100	11620
51	150	150	17430
52	200	201	23240
53	250	251	29050
54	300	300	34860

Stellen Sie sich einfach einmal vor, dass Excel die Preise von Hunderten von Produkten neu berechnet. Dann bekommen Sie eine Vorstellung von der Leistungsfähigkeit von Tabellen bzw. Arbeitsblättern und lernen sie zu schätzen.

Um noch ein wenig zu üben, gehen Sie zurück zu Übung 4.22 und ändern Sie die Provisionsrate (D35) und den Steuersatz (D36). Schauen Sie sich dann an, welche Auswirkungen das auf die Spalten mit der Provision, dem Bruttogehalt und dem Nettogehalt hat.

Fehlermeldungen: Wenn was nicht stimmt

Wenn eine Formel ein Ergebnis nicht korrekt berechnen kann, zeigt Excel eine Fehlermeldung in der zu berechnenden Zelle an. Die Fehlermeldung verrät die Art des aufgetretenen Fehlers. Im Folgenden sehen Sie die wichtigsten Fehlermeldungen, denen Sie im Rahmen des ECDL-Moduls eventuell begegnen könnten.

#####

Ihre Zelle enthält eine Zahl oder ein Berechnungsergebnis, das zu lang ist, um in der Zelle angezeigt zu werden. Das ist aber nicht wirklich ein Fehler. Excel hat zwar die richtige Information, kann sie aber aufgrund einer zu geringen Spaltenbreite nicht anzeigen. Mehr über das Anpassen von Spaltenbreiten erfahren Sie weiter hinten.

Wert!

Ihre Formel enthält Text (oder einen Zellbezug, der auf eine Zelle verweist, die Text beinhaltet). Bearbeiten Sie die Formel, um das Problem zu beheben.

#DIV/0!

Sie haben versucht, eine Zahl durch null zu teilen, oder Ihr Divisor ist ein Zellbezug, der auf eine Zelle verweist, die eine Null enthält.

Die gleiche Fehlermeldung wir Ihnen angezeigt, wenn Sie versuchen, eine Zahl durch einen Zellbezug zu teilen, der auf eine leere Zelle verweist. Eine leere Zelle wird von Excel als null interpretiert.

#BEZUG!

Diese Fehlermeldung wird normalerweise angezeigt, wenn Ihre Zelle einen Zellbezug beinhaltet, der auf eine gelöschte Zelle verweist.

Die Zoom-Ansicht in Excel

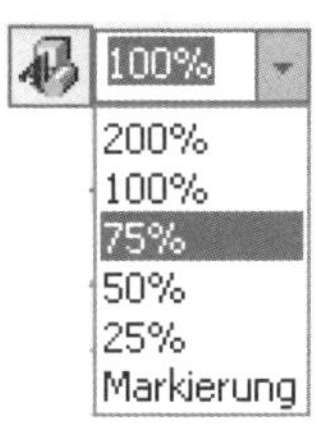

Die Zoom-Funktion in Excel ermöglicht es, die Anzeige des Arbeitsblatts zu vergrößern oder zu verkleinern. Sie können den Zoom auf zweierlei Arten verwenden:

- Klicken Sie in das *Zoom*-Feld in der *Standard*-Symbolleiste, geben Sie dann eine Zahl zwischen *10* und *400* ein und drücken Sie die [↵]-Taste (das Prozentzeichen % brauchen Sie nicht zu schreiben).
- Rufen Sie den Menübefehl ANSICHT/ZOOM auf und entscheiden Sie sich für einen der Werte im Dialogfeld.

Sie können eine voreingestellte Option (25 bis 200%) wählen oder *Benutzerdefiniert* anklicken und einen Wert zwischen 10 und 400 eingeben. Wahlweise können Sie auch die Option *An Markierung anpassen* wählen. Durch diesen Befehl verkleinern bzw. vergrößern Sie die Umgebung der aktiven Zelle oder mehrere ausgewählte Zellen, sodass die Zelle bzw. Zellen fast den gesamten Bildschirm einnehmen. (Sie werden noch mehr über den Bereich mehrerer ausgewählter Zellen erfahren.)

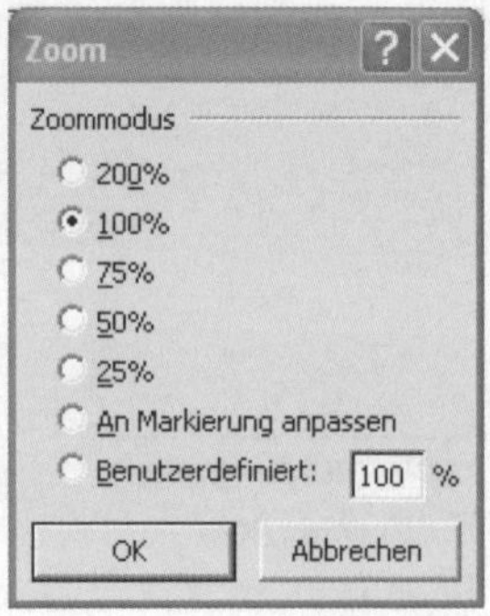

Um von einer Zoom-Ansicht wieder in eine normale Ansicht zu gelangen, wählen Sie als Zoomfaktor 100% oder klicken Sie einfach auf die Schaltfläche *Rückgängig* in der *Standard*-Symbolleiste.

Zoom und Drucken

Die Zoom-Funktion wirkt sich nur auf die Art der Anzeige eines Arbeitsblatts oder einer Arbeitsmappe in Excel aus. Sie hat keinen Einfluss auf den Ausdruck eines Arbeitsblatts. In Lektion 4.3 erfahren Sie, wie Sie ein Arbeitsblatt in einer anderen Größe als 100% ausdrucken.

Spalten und Zeilen fixieren

Es gibt aber noch andere Möglichkeiten, wie man die Ansicht eines Arbeitsblattes beeinflussen kann, um das Arbeiten in einem Arbeitsblatt zu erleichtern. Stellen Sie sich einmal vor, Sie haben große Datenmengen einzugeben. Dabei müssen bestimmte Daten in bestimmte Spalten oder Zeilen mit bestimmten Überschriften eingegeben werden. Irgendwann sehen Sie jedoch die Spalten- bzw. Zeilenüberschriften nicht mehr, da die oberste Zeile bzw. die am weitesten links liegende Spalte aus dem Fenster verschwindet, sodass Sie keinen Anhaltspunkt mehr für Ihre Eingabe haben. Was also tun? Jedes Mal nach oben oder links scrollen, um die Überschriften zu sehen? Das wäre, wie Sie sich vorstellen können, ein wenig lästig. Aber keine Angst, Excel hat dafür eine viel einfachere Lösung, nämlich das Fixieren von Spalten und Zeilen. Sie können so Daten festlegen, die sichtbar bleiben sollen, wenn in einem Arbeitsblatt ein Bildlauf (scrollen) durchgeführt wird, also z.B., dass die Spalte oder Zeile, die Sie als Referenz zur Eingabe von Daten benötigen, sichtbar bleibt.

Um Spalten oder Zeilen zu fixieren, gehen Sie wie folgt vor:

- Um einen oberen, horizontalen Ausschnitt zu fixieren, also bestimmte Zeilen, markieren Sie die Zeile unterhalb der Stelle, an der Sie die Teilung vornehmen möchten.
- Um einen linken, vertikalen Ausschnitt zu fixieren, also bestimmte Spalten, markieren Sie die Spalte rechts neben der Stelle, an der Sie die Teilung vornehmen möchten.

- Wählen Sie dann Menü FENSTER/FENSTER FIXIEREN.

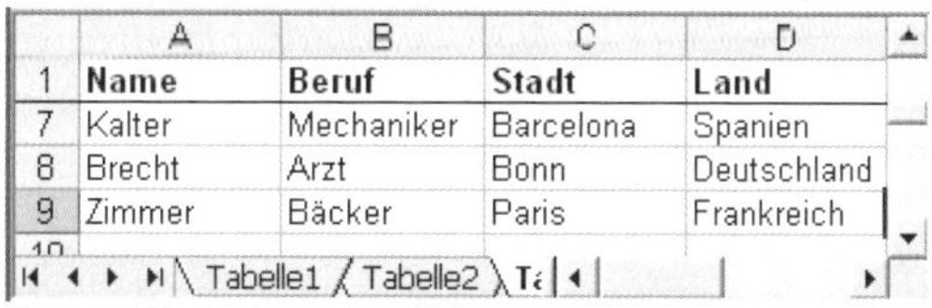

Beispiel für horizontales Fixieren

Sie können das Fenster aber auch einfach nur horizontal oder vertikal teilen. Sie können dann weiterhin in allen Teilen des Fensters scrollen, da keine Spalten- oder Zeilenfixierung stattfindet.

Teilungsfeld der horizontalen Bildlaufleiste

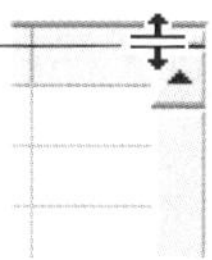

Um ein Fenster zu teilen, gehen Sie mit dem Mauszeiger auf das Teilungsfeld oben in der vertikalen Bildlaufleiste oder am rechten Rand der horizontalen Bildlaufleiste. Wenn der Mauszeiger seine Form ändert (siehe Abbildung) ziehen Sie das Teilungsfeld nach unten oder links an die gewünschte Stelle.

Auf Diskette speichern

Haben Sie Ihre Arbeitsmappe während Ihrer Arbeit gespeichert? Jedenfalls sollten Sie das getan haben. Eine Kopie Ihrer Arbeitsmappe sollten Sie aber auch auf Diskette speichern. Folgen Sie den Schritten in Übung 4.26, um zu erfahren, wie das funktioniert.

Übung 4.26: Eine Excel-Arbeitsmappe auf Diskette speichern

1) Legen Sie eine Diskette in das Diskettenlaufwerk Ihres Computers ein.
   - Wenn die Diskette neu ist, stellen Sie sicher, dass sie auch formatiert ist.
   - Wenn die Diskette vorher schon einmal verwendet wurde, stellen Sie sicher, dass genügend Speicherplatz darauf vorhanden ist, um Ihre Excel-Arbeitsmappe darauf abzuspeichern. Die Größe Ihrer Arbeitsmappe sollte etwa 16 KB betragen.
2) Rufen Sie den Menübefehl DATEI/SPEICHERN UNTER auf, wählen Sie das Laufwerk A: aus und klicken Sie auf *Speichern*, um die Datei zu speichern.

Wenn Sie fertig sind, wählen Sie noch einmal den Menübefehl DATEI/ SPEICHERN UNTER, und wählen Sie diesmal den ursprünglichen Speicherort Ihrer Datei aus. Sie werden gefragt, ob die bereits existierende Datei überschrieben werden soll. Bestätigen Sie dies mit *Ja*.

Wenn Sie Ihre Arbeitsmappe nicht wieder an Ihrer ursprünglichen Stelle speichern, so wird die Datei in Zukunft (über die Schaltfläche *Speichern* in der *Standard*-Symbolleiste oder den Menübefehl DATEI/SPEICHERN) auf Diskette abgespeichert, und nicht auf der Festplatte Ihres Computers.

Sie haben nun die Lketion 4.2 des ECDL-Moduls *Tabellenkalkulation* abgeschlossen. Sie können Ihre Arbeitsmappe schließen und Excel beenden.

Zusammenfassung der Lektion: Das haben Sie gelernt

Sie können Berechnungen in Zellen eines Arbeitsblatts auf zwei Arten durchführen: Sie verwenden Formeln oder Funktionen. Eine Formel beginnt immer mit einem Gleichheitszeichen (=) und beinhaltet einen oder mehrere Operatoren, wie z.B. für Addition (+), Subtraktion (–), Multiplikation (*) oder Division (/).

Die Komponenten bzw. Argumente einer Formel können Zellbezüge, Zahlen oder beides sein. Ein Formelbeispiel wäre:

=A12+B12+3

Eine einzige Zelle kann verschiedene Arten von Operatoren beinhalten, z.B. Addition und Multiplikation. In Formeln folgt Excel den Gesetzen der Arithmetik. Multiplikation und Division werden zuerst durchgeführt, dann folgen Addition und Subtraktion. Sie können aber auch Klammern () verwenden, um Excel zu zwingen, Ihre Formel in einer bestimmten Reihenfolge zu berechnen. Die Berechnung der folgenden zwei Beispiele ergibt verschiedene Ergebnisse.

=(A1+A2)*B1

=A1+(A2*B1)

Excel speichert das Ergebnis seiner Berechnungen in einer berechneten Zelle, die zwar eine Formel enthält, aber ein Rechenergebnis anzeigt.

Die Zoom-Funktion in Excel ermöglicht es Ihnen, die Bildschirmanzeige eines Arbeitsblatts zu vergrößern oder zu verkleinern. Die Möglichkeiten reichen von 10 bis 400% der Normalgröße. Durch die Zoom-Funktion wird nur die Bildschirmanzeige beeinflusst, nicht der Ausdruck über einen Drucker.

Wenn eine Formel kein korrektes Ergebnis berechnen kann, zeigt Excel Ihnen eine Fehlermeldung in der berechneten Zelle an und gibt Ihnen dabei die Art des auftretenden Fehlers bekannt.

Schnelltest: Arithmetik mit Excel

1.	**Bei einer Berechnung ohne Klammern berechnet Excel wie folgt:**
A	Zuerst Subtraktion, dann Multiplikation, dann Addition und schließlich Division.
B	Zuerst Division, dann Multiplikation, dann Subtraktion und schließlich Addition.
C	Zuerst Division, dann Multiplikation, dann Addition und schließlich Subtraktion.
D	Zuerst Multiplikation, dann Division, dann Addition und schließlich Subtraktion.

2.	**Wenn Sie den Wert in einer Zelle ändern, müssen Sie Formeln die einen Bezug zu dieser Zelle haben, neu eingeben, um diese neu zu berechnen.**
A	Richtig
B	Falsch

3.	**Das Zeichen für Division in Excel ist:**
A	:
B	!
C	~
D	/

4.	**Jede Formel muss mit einem Gleichheitszeichen (=) beginnen.**
A	Richtig
B	Falsch

5.	**Sie können in einer Formel nur einen Operatoren verwenden.**
A	Richtig
B	Falsch

6.	**Wie addieren Sie nicht zusammenhängende Zellbereiche in Excel?**

Lektion 4.3: Funktionen, Formatierung und Drucken

Zu dieser Lektion

Wie Sie in Lektion 4.2 gelernt haben, ermöglichen Formeln die Ausführung von Berechnungen an Zahlen. In dieser Lektion lernen Sie eine zweite Methode zur Berechnung kennen, die auf Funktionen beruht. Außerdem werden Sie mit der sehr nützlichen Schaltfläche *AutoSumme* Bekanntschaft machen.

Bei der Arbeit mit Zahlen ist es wichtig, dass das Ergebnis stimmt. Aber auch das Erscheinungsbild ist von Bedeutung. Excel bietet Ihnen eine Reihe von Formatierungs-, Ausrichtungs-, Rahmen- und Farbmöglichkeiten, mit deren Hilfe Sie Ihrem Arbeitsblatt ein professionelles Aussehen verleihen können. Sie werden darüber hinaus auch lernen, wie man die Spaltenbreite und die Zeilenhöhe verändert.

Weitere Themen dieser Lektion beziehen sich auf angrenzende und nicht angrenzende Zellen, Suchen und Ersetzen, Kopf- und Fußzeilen und das Drucken von Arbeitsblättern.

Neue Fähigkeiten

Am Ende dieser Lektion sollten Sie in der Lage sein,

- die Excel-Funktionen *SUMME* und *MITTELWERT* zu verwenden, um Berechnungen durchzuführen, und die Schaltfläche *AutoSumme* in der *Standard*-Symbolleiste von Excel zu verwenden,
- zusammenhängende und nicht zusammenhängende Zellverbände auszuwählen,
- Spaltenbreite und Zeilenhöhe anzupassen,
- Schriftart, Schriftschnitt (fett und kursiv) und Schriftgröße zu ändern,
- Zellen horizontal und vertikal auszurichten und sie zu drehen,
- Rahmen und Füllungen (farbiger Zellhintergrund) zuzuweisen,
- innerhalb des Arbeitsblatts Elemente zu finden und zu ersetzen und die Rechtschreibprüfung anzuwenden,
- das Papierformat zu ändern und Kopf- und Fußzeilen einzufügen,
- mit Excel zu drucken.

Neue Wörter

Am Ende dieser Lektion sollten Sie in der Lage sein, die folgenden Begriffe zu erklären:

- Funktion
- Zusammenhängende Zellen
- Nicht zusammenhängende Zellen

Excel-Funktionen

Sie haben gelernt, wie Excel mittels Formeln Zahlen addieren, subtrahieren, multiplizieren und dividieren kann.

Excel bietet aber noch eine zweite Art von Berechnungen an, und zwar Funktionen.

Funktion
Eine vordefinierte, in Excel eingebaute Formel, die für bestimmte Zwecke verwendet wird.

Die meisten Excel-Funktionen sind nur dann interessant, wenn Sie die Tabellenkalkulation für ganz spezielle Zwecke verwenden, wie z.B. statistische Analysen. Zwei der Funktionen, nämlich *SUMME* und *MITTELWERT*, sind jedoch für fast jeden nützlich. Außerdem sind die Funktionen *SUMME, MITTELWERT, MINIMUM, MAXIMUM* und *ANZAHL* Bestandteil des ECDL-Lehrplans. Sie sollten also wissen, wie man sie verwendet.

Die SUMME-Funktion

In Lektion 4.2 haben Sie gelernt, wie man Zahlen unter Verwendung von Formeln addiert.

=B3+B4+B5

Man kann sich aber vorstellen, dass die Eingabe von Additionsformeln mühselig werden kann und zu Fehleingaben führt, wenn diese viele Argumente enthalten, wenn Sie z.B. 100 anstatt nur drei Zellen addieren müssen.

Die Funktion *SUMME* ermöglicht es Ihnen, die Gesamtsumme einer Zahlenliste zu berechnen, indem Sie nur drei Dinge eingeben:

- Name der Funktion (in dem Fall *SUMME*)
- Zellbezug der ersten Zelle
- Zellbezug der letzten Zelle

Groß- oder Kleinbuchstaben

Wie Spaltenbuchstaben können Sie auch Namen von Funktionen in Groß- oder Kleinbuchstaben eingeben. So wie Sie *A4* oder *a4* verwenden können, akzeptiert Excel sowohl *SUMME* als auch *Summe* oder *summe* bzw. *MITTELWERT*, *Mittelwert* oder *mittelwert*.

In der Excel-Online-Hilfe und in diesem Buch werden Funktionsnamen jedoch in Großbuchstaben dargestellt. Bei der Eingabe von Funktionen in ein Arbeitsblatt geht es aber meistens schneller, den Namen in Kleinbuchstaben zu schreiben, da Sie dadurch den Gebrauch der [⇧]-Taste umgehen.

Die folgende Übung zeigt Ihnen, wie die Funktion *SUMME* funktioniert.

Übung 4.27: Verwendung der SUMME-Funktion

1) Öffnen Sie das Arbeitsblatt, das Sie in Lektion 4.2 gespeichert haben.
2) Klicken Sie auf das Register *Tabelle2*, damit Ihnen das zweite Arbeitsblatt der Arbeitsmappe angezeigt wird.
3) Geben Sie in die Zellen B3, B4 und B5 die Zahlen *2356, 4921* und *2903* ein.
4) Geben Sie nun in die Zellen A3, A4 und A5 die Namen *Schmitz*, *Meyer* und *Backes* ein, um den eingegebenen Zahlen eine Beschriftung zu geben.
5) Schreiben Sie die folgende Funktion in B6 und drücken Sie die [↵]-Taste.

   =SUMME(B3:B5)

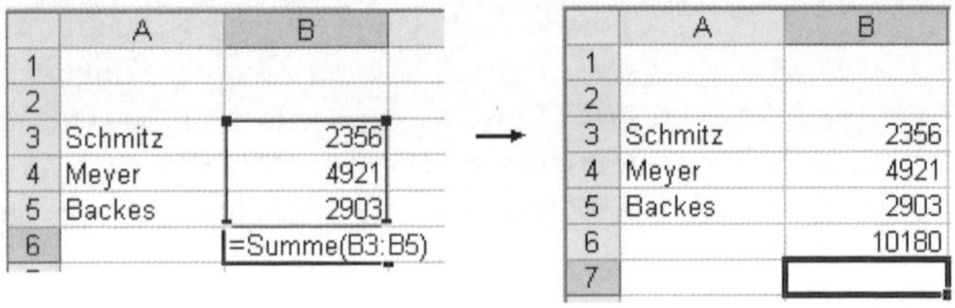

Gut gemacht! Sie haben gerade die *SUMME*-Funktion in Excel verwendet, um Zahlen zu addieren.

Die Schaltfläche AutoSumme

Da die Funktion *SUMME* so häufig verwendet wird, gibt es dafür in der *Standard*-Symbolleiste von Excel eine eigene Schaltfläche.

Übung 4.28: Einsatz der Schaltfläche AutoSumme

1) Löschen Sie die in Übung 4.27 in Zelle B6 eingegebene SUMME-Funktion.
2) Mit B6 als aktive Zelle klicken Sie nun auf die Schaltfläche *AutoSumme* in der *Standard-Symbolleiste.*

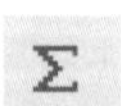

Schaltfläche AutoSumme

   Excel versucht zu erraten, welche Zellen Sie addieren möchten. In unserem Beispiel geht Excel davon aus (und das ist hier richtig), dass die Zellen B3 bis B5 addiert werden sollen.

3) Drücken Sie die [↵]-Taste, um zu bestätigen, dass B3, B4 und B5 die Zellen sind, die addiert werden sollen.

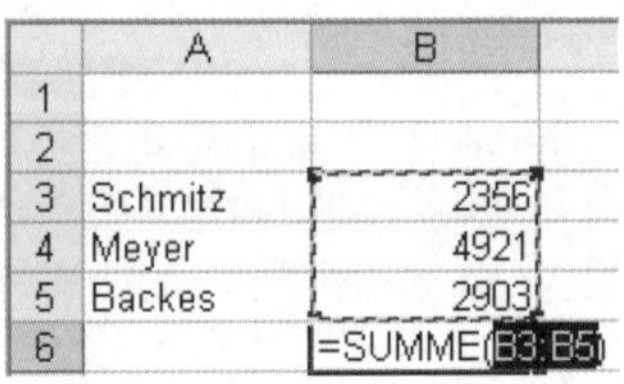

SUMME toleriert Text und leere Zellen

Die *SUMME*-Funktion von Excel ist eine tolerante Funktion. Sie ignoriert Zellen, die Text beinhalten, und leere Zellen. Die Funktion =SUMME(W12:W16) addiert z.B. alle Zahlen, die sie in den Zellen W12, W13, W14, W15 und W16 finden kann.

Allerdings ist es so, dass der Vorschlag der AutoSumme-Funktion (beispielsweise nach oben) nur bis zur ersten Zelle mit einer Zahl reicht. Existiert oberhalb dieser Zelle z.B. ein Text und noch weiter oberhalb wiederum Zahlen, so werden diese in den Summierungsvorschlag nicht mit aufgenommen. Der Anwender muss den Markierungsvorschlag also manuell auf die Zahlen oberhalb der Text-Zelle erweitern. Man sollte sich also vor dem Drücken der Eingabe-Taste bei der AutoSumme-Funktion vergewissern, dass auch alle gewünschten Zellen mit in die Addition eingeschlossen sind. Denn die *SUMME*-Funktion zeigt keine Fehlermeldung an, wenn irgendeine dieser Zellen Text statt einer Zahl enthält.

In der nächsten Übung geben Sie noch mehr Zahlen und Text in das Arbeitsblatt *Tabelle2* ein.

Übung 4.29: Noch mehr Zahlen und Text eingeben

1) Geben Sie in *Tabelle2* noch zwei weitere Spalten, und zwar C und D, mit Zahlen ein, so wie in der Abbildung. Oberhalb der Spalten B, C, D und E geben Sie die Beschriftung (Text) der einzelnen Spalten ein, wie unten dargestellt.

   (Der Monat März wurde bewusst ausgespart. Sie werden in Übung 4.47 der Lektion 4.4 eine neue Spalte für März einfügen.).

	A	B	C	D	E
1					
2		Januar	Februar	April	Summe
3	Schmitz	2356	3621	4560	
4	Meyer	4921	4055	3542	
5	Backes	2903	3308	3622	

2) Verwenden Sie die Schaltfläche AUTOSUMME, um die Gesamtsumme der Zeilen 3, 4 und 5 zu errechnen. Die *Summe*-Funktion gibt in E3 *=SUMME(B3:D3)*, in E4 *=Summe(B4:D4)* und in E5 *=SUMME(B5:D5)* ein.

   Wenn Sie in E5 und dann auf die Schaltfläche AUTOSUMME klicken, rät Excel, welche Zellen Sie addieren möchten. Excel geht (fälschlicherweise) davon aus, dass Sie die zwei direkt darüber liegenden Zellen E3 und E4, wie in der Abbildung, addieren möchten.

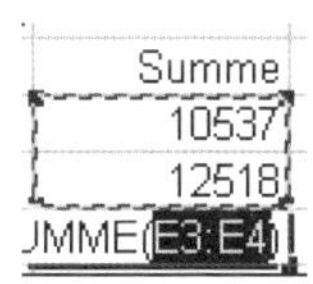

   Doppelklicken Sie in die Zelle E5 (oder drücken Sie F2), um sie bearbeitbar zu machen. Ändern Sie dann die Argumente der SUMME-Funktion in *=SUMME(B5:D5)* um.

3) Verwenden Sie nun die Schaltfläche AUTOSUMME, um die Zahlen in Zeile 6 der Spalten C, D und E zusammenzuzählen. Die SUMME-Funktion gibt in C6 *=SUMME(C3:C5),* in D6 *=SUMME(D3:D5)* und in E6 *=SUMME(E3:E5)* ein.

   Ihr Arbeitsblatt sollte nun so aussehen.

	A	B	C	D	E
1					
2		Januar	Februar	April	Summe
3	Schmitz	2356	3621	4560	10537
4	Meyer	4921	4055	3542	12518
5	Backes	2903	3308	3622	9833
6		10180	10984	11724	32888

Die Funktion MITTELWERT

Wie Sie sich sicher schon gedacht haben, ermittelt diese Funktion den Mittelwert einer Zahlengruppe.

Wie die Funktion *SUMME*, beginnt auch die Funktion *MITTELWERT* mit einem Gleichheitszeichen (=). Es folgen der Name der Funktion und schließlich in Klammern die Argumente. Die Übung 4.30 zeigt ein Beispiel für die Anwendung der Funktion *MITTELWERT*.

Übung 4.30: Verwendung der Funktion MITTELWERT

1) Klicken Sie auf das Register *Tabelle1*, damit Ihnen das erste Arbeitsblatt der Arbeitsmappe angezeigt wird.

   Tabelle1 / Tabelle2 / Tabelle3 /

2) Geben Sie in Zelle B44 die Beschriftung *Mittelwert* ein.

3) Aktivieren Sie die Zelle C44, klicken Sie auf den Pfeil der Schaltfläche *AutoSumme* in der *Standard*-Symbolleiste und wählen Sie aus dem Dropdown-Menü die Funktion *MITTELWERT*.

   Excel geht davon aus, dass es den Mittelwert der Werte in den Zellen C40, C41, C42 und C43 berechnen soll, und trägt in Zelle C44 die Formel =MITTELWERT(C40:C43) ein. Bestätigen Sie mit der Eingabe-Taste.

4) C44 zeigt nun den Mittelwert der Zellinhalte von C40, C41, C42 und C43 an.

5) Wiederholen Sie den Schritt 3 für die Spalten D, E, F, G und H, um den Mittelwert der darüber liegenden Zellen zu ermitteln.

   Die Zeile 44 sollte nun wie die angezeigte Zeile im Bild aussehen.

44	Mittelwert	1450	3350	670	2120	318	1802

Wie Sie sicherlich gesehen haben, finden Sie in der Dropdown-Liste der AutoSumme-Funktion nicht nur Summe und Mittelwert, sondern auch noch Anzahl, Min und Max. Sie können die Schritte 2 bis 5 der Übung 4.30 für jede dieser Funktionen wiederholen, um sich die verschiedenen Ergebnisse anzuschauen. *Min* zeigt Ihnen den Minimumwert an, der in der ausgewählten Liste vorhanden ist, *Max* den entsprechenden Maximumwert. *Anzahl* ermittelt die Anzahl der vorhandenen Einträge in einer ausgewählten Liste. Es werden jedoch nur die Einträge berücksichtigt, die Zahlen, null, Wahrheitswerte, Datumsangaben oder Zahlen in Textform sind.

Diese Funktionen können bei großen, unüberschaubaren Zahlenreihen sehr nützlich sein, wenn Sie z.B. Minimum- und Maximumwerte miteinander vergleichen möchten.

Wenn-dann-Funktion

Nun kann es ja durchaus sein, dass der Arbeitgeber gewillt ist, eine gute Arbeit auch noch zusätzlich mit einem Bonus zu honorieren. So könnte er z.B. sagen, dass jeder, der für mehr als 3.300 € Waren verkauft hat, einen zusätzlichen Bonus von 200 € erhält. Um schnell zu ermitteln, wer dies geschafft hat, und dann auch noch die Grundsumme plus Bonus zu errechnen, kann man eine so genannte Wenn-dann-Funktion verwenden. Eine Wenn-dann-Funktion besteht aus *Prüfung, Dann-Wert* und *Sonst-Wert*. Bei der Formeleingabe müssen diese mit einem Semikolon von einander getrennt werden.

In Übung 4.31 lassen Sie mit Hilfe einer Wenn-dann-Funktion anzeigen, wer einen Bonus bekommt und worauf sich die Gesamtsumme beläuft. Ihre Formel dazu sagt aus: Wenn der Wert in D40 größer ist als 3300, dann gibt es einen Bonus von 200 €, der zum Grundgehalt addiert wird, sonst bleibt der Wert *Grundgehalt* unverändert.

Übung 4.31: Wenn-dann-Funktion anwenden

1) Öfnen Sie Ihre Arbeitsmappe und gehen Sie in Tabelle1.

2) Wählen Sie die Zelle I40 aus und geben Sie Folgendes ein:
=Wenn(D40>3300;C40+200;C40)

   Excel blendet automatisch unterhalb der Zeile folgendes ein: Wenn(Prüfung; [Dann_Wert];[Sonst_Wert]). Sie können die Formel auch erstellen, indem Sie auf die entsprechenden Zellen klicken und die restlichen Zeichen und Zahlen eingeben. Nach einem eingegebenen Semikolon wird jeweils das nächste Argument fett dargestellt.

3) Drücken Sie die Eingabetaste.

   Da der Wert der Zelle unter 3300 liegt, gibt es keinen Bonus, die Summe bleibt also unverändert.

4) Markieren Sie die Zelle I40 und kopieren Sie sie in die Zellen I41,I42 und I43.

   Sie werden sehen, dass in den Zellen I42 und I43 ein Bonus von 200 dazugerechnet wurde, die Summe also nicht mehr mit dem Grundgehalt in Zelle C42 und C43 übereinstimmt.

Sie können jedoch auch Text statt Werten eingeben. Wenn Sie also einfach nur wissen möchten, ob jemand einen Bonus bekommt oder nicht, geben Sie folgende Formel ein:

=Wenn(D40>3300;"Bonus";"Kein Bonus")

Beachten Sie, dass Text in Anführungszeichen gesetzt werden muss. Geben Sie diese Formel in die Zelle J40 ein, drücken Sie die Eingabetaste und kopieren Sie die Zelle dann in die Zellen J41 bis J43.

	B	C	D	I	J
39	Person	Grundgehalt	Verkauf		
40	Bernd	1200	3000	1200	Kein Bonus
41	Hans	1300	3100	1300	Kein Bonus
42	Eva	1600	3500	1800	Bonus
43	Heike	1700	3800	1900	Bonus

Einzelne Zellen formatieren und ausrichten

Schaltflächen zur Formatierung

Schaltflächen zur Ausrichtung

Der Begriff Formatierung bezieht sich hier auf das Erscheinungsbild von Zahlen und Text innerhalb einer Zelle. Dabei kann der Zellinhalt z.B. fett oder kursiv formatiert werden.

Die Position von Zahlen oder Text innerhalb einer Zelle bezeichnet man als Ausrichtung. Die drei häufigsten Optionen sind linksbündig, rechtsbündig oder zentriert. Die schnellste Methode, einer Zelle eine Formatierung oder Ausrichtung zuzuweisen, ist es, die Zelle zu markieren und dann auf die entsprechende Schaltfläche in der *Format*-Symbolleiste zu klicken.

Sie lernen jetzt, wie Zellen in einem Arbeitsblatt formatiert und ausgerichtet werden. Verwenden Sie dafür das Arbeitsblatt *Tabelle2*.

Übung 4.32: Zellen formatieren und ausrichten

1) Klicken Sie in Ihrem Arbeitsblatt *Tabelle2* in die Zelle B2.
2) Klicken Sie auf die Schaltfläche *Fett* in der *Format*-Symbolleiste. Excel zeigt das Wort *Januar* fett an.
3) Klicken Sie auf die Schaltfläche *Zentriert* in der *Format*-Symbolleiste. Excel richtet das Wort *Januar* zentriert aus.
4) Klicken Sie nun in Zelle A3 und dann auf die Schaltfläche *Kursiv* in der *Format*-Symbolleiste. Excel zeigt das Wort *Schmitz* kursiv an.

Zellverbände formatieren und ausrichten

Sie können Zeit und Mausklicks sparen, wenn Sie eine Gruppe von mehreren Zellen in einem Arbeitsschritt formatieren oder ausrichten. Bevor Sie das jedoch tun können, müssen Sie auswählen, welche der Zellen zur Gruppe gehören.

Sie können eine Gruppe auswählen, indem Sie in die obere linke Zelle der Gruppe klicken und dann die Maus mit gedrückter linker Maustaste über die anderen Zellen der Gruppe ziehen. Übung 4.33 zeigt Ihnen, wie es geht.

Übung 4.33: Mehrere Zellen gleichzeitig formatieren und ausrichten

1) Klicken Sie in Zelle C2.

2		**Januar**	Februar	April	Summe
3	*Schmitz*	2356	3621	4560	10537

2) Ziehen Sie nun die Maus mit gedrückter Maustaste bis hinüber zu Zelle E2.

2		**Januar**	Februar	April	Summe

3) Klicken Sie auf die Schaltfläche *Fett* in der *Format*-Symbolleiste.

4) Klicken Sie auf die Schaltfläche *Zentriert* in der *Format*-Symbolleiste.

5) Markieren Sie die Zelle A4.

6) Ziehen Sie nun die Maus, während Sie die linke Maustaste gedrückt halten, bis hinunter zu Zelle A5.

7) Klicken Sie auf die Schaltfläche *Kursiv* in der *Format*-Symbolleiste.

	A	B	C	D	E
1					
2		**Januar**	**Februar**	**April**	**Summe**
3	*Schmitz*	2356	3621	4560	10537
4	*Meyer*	4921	4055	3542	12518
5	*Backes*	2903	3308	3622	9833
6		10180	10984	11724	32888

Ihr Arbeitsblatt *Tabelle2* sollte nun so aussehen.

Klicken Sie irgendwo auf das Arbeitsblatt, aber außerhalb des markierten Zellbereichs, um die Markierung der Zellen aufzuheben.

Format übertragen

Um das Format von Zellen oder eines Zellbereiches in eine andere Zelle oder einen Zellbereich zu kopieren, können Sie auch den Befehl FORMAT ÜBERTRAGEN verwenden. Um ein Format zu kopieren bzw. zu übertragen, gehen Sie wie folgt vor:

Schaltfläche Format übertragen

- Markieren Sie eine Zelle oder einen Zellbereich deren Format sie kopieren möchten.
- Klicken Sie auf die Schaltfläche FORMAT ÜBERTRAGEN in der *Standard*-Symbolleiste.
- Klicken Sie anschließend in jene Zelle, auf die Sie das Format übertragen möchten.

Um das Format an mehrere Stellen zu kopieren, führen Sie, nachdem Sie eine Zelle mit dem gewünschten Format markiert haben, einen Doppelklick auf die Schaltfläche FORMAT ÜBERTRAGEN aus und übertragen dann nach und nach das Format auf die gewünschten Zellen. Um den Vorgang abzuschließen, klicken Sie noch einmal auf die Schaltfläche Format übertragen.

Eine Markierung aufheben

Sind Sie mit der Formatierung der ausgewählten Zellen fertig? Oder haben Sie vielleicht die falschen Zellen markiert? Um die Auswahl bzw. Markierung aufzuheben, klicken Sie einfach irgendwo außerhalb der Markierung.

Das Aufheben einer Markierung hat nicht das Löschen der Zelle oder der Gruppe von Zellen aus dem Arbeitsblatt zur Folge. Es wird lediglich die Auswahl aufgehoben.

Zellbereiche

Zellbereich

In Excel wird eine Gruppe von Zellen in einem Arbeitsblatt als Zellbereich bezeichnet.

Es gibt zwei verschiedene Arten von Zellbereichen, zusammenhängende und nicht zusammenhängende.

Zusammenhängender Zellbereich

Eine Gruppe von Zellen, die direkt neben-, über- oder untereinander liegen. Es wird auch manchmal von angrenzenden Zellbereichen gesprochen.

Ein zusammenhängender Zellbereich wird wie folgt definiert:

- Zellbezug der Zelle links oben
- Doppelpunkt (:)
- Zellbezug der Zelle rechts unten

Der angrenzende Zellbereich A1:B2 umfasst z.B. folgende vier Zellen: A1, A2, B1 und B2.

Angrenzende Zellbereiche können auch ohne Weiteres die Zellen aus nur einer Spalte (z.B. B2:B5) oder einer Zeile (z.B. D9:F9) beinhalten.

Nicht zusammenhängende Zellbereiche

Können auch Zellen, die in verschiedenen Bereichen eines Arbeitsblatts liegen, als ein Zellbereich ausgewählt werden? Die Antwort ist Ja. In Excel wird dies als *nicht zusammenhängender Zellbereich* bezeichnet.

Nicht zusammenhängender Zellbereich

Eine Gruppe von Zellen, die nicht direkt neben-, über- oder untereinander liegen. Es ist auch manchmal von nicht angrenzenden Zellen die Rede.

Ein nicht zusammenhängender Zellbereich kann aus einzelnen Zellen bestehen, die überall im Arbeitsblatt verteilt sind. Wie in Übung 4.34 der Fall, kann er aber auch aus einer Anzahl verschiedener kleiner Untergruppen zusammenhängender Zellen bestehen.

Nicht zusammenhängende Zellbereiche werden ausgewählt, indem man die erste Zelle (oder erste Untergruppe zusammenhängender Zellen) markiert, die Strg -Taste drückt und gedrückt hält und dann weitere Zellen (oder zusammenhängende Zellbereiche) auswählt.

Ein nicht zusammenhängender Zellbereich wird mit Semikola zwischen den einzelnen Zellen (z.B. A2;B3;C4) oder kleineren Untergruppen von zusammenhängenden Zellen (z.B. A2:A6;H4:H8) angegeben.

Übung 4.34: Nicht zusammenhängende Zellbereiche auswählen

1) Markieren Sie die erste Zelle oder Untergruppe zusammenhängender Zellen, z.B. B2:B6 (also die Zellen B2, B3, B4, B5 und B6).

	A	B	C	D	E
1					
2		**Januar**	**Februar**	**April**	**Summe**
3	*Schmitz*	2356	3621	4560	10537
4	*Meyer*	4921	4055	3542	12518
5	*Backes*	2903	3308	3622	9833
6		10180	10984	11724	32888

2) Halten Sie die Strg -Taste gedrückt.

3) Markieren Sie die nächste Zelle oder nächste Untergruppe zusammenhängender Zellen, z.B. den Zellbereich E2:E6.

	A	B	C	D	E
1					
2		**Januar**	**Februar**	**April**	**Summe**
3	*Schmitz*	2356	3621	4560	10537
4	*Meyer*	4921	4055	3542	12518
5	*Backes*	2903	3308	3622	9833
6		10180	10984	11724	32888

Sie können so fortfahren, bis Sie alle Zellen des nicht zusammenhängenden Zellbereichs, den Sie auswählen möchten, markiert haben.

Klicken Sie irgendwo außerhalb des markierten Zellbereichs, um die Auswahl aufzuheben.

Markierte Zellen und die aktive Zelle

In Lektion 4.1 haben Sie gelernt, wie man einzelne Zellen durch Mausklick, Bewegen der Einfügemarke über die Pfeiltasten oder durch Eingabe des Zellbezugs in das Namenfeld auswählt. Diese Zelle ist dann die aktive Zelle.

Wenn wir also von einer einzelnen Zelle sprechen, bedeuten aktive Zelle und markierte Zelle das Gleiche. Man kann also sagen, eine Zelle auswählen bzw. markieren oder eine Zelle aktivieren.

Sie können zwar mehrere Zellen gleichzeitig auswählen, es kann aber nur eine Zelle aktiv sein. Excel zeigt ausgewählte Zellen mit einem farbigen Hintergrund an. Die aktive Zelle wird jedoch mit schwarzer Schrift auf weißem Hintergrund dargestellt.

Eine aktive Zelle

Vier markierte Zellen

F8: Die Excel-Auswahltaste

In Übung 4.34 haben Sie einen zusammenhängenden Zellbereich ausgewählt, indem Sie die erste Zelle markiert und dann die Maus über die entsprechenden Zellen gezogen haben.

Wahlweise können Sie auch die erste Zelle auswählen, F8 drücken und dann die Pfeiltasten benutzen, um den Auswahlbereich über die restlichen Zellen auszuweiten. F8 ist die Auswahltaste von Excel. Diese Methode ist unter Umständen schneller als jene mit der Maus, kann aber nur zur Auswahl zusammenhängender Zellbereiche angewendet werden.

Spalten und Zeilen auswählen

Excel bietet schnelle Wege, um eine oder mehrere Zeilen oder Spalten auszuwählen.

- Um eine gesamte Zeile auszuwählen, klicken Sie einfach auf den Zeilenkopf.

- Um mehrere zusammenhängende Zeilen auszuwählen, klicken Sie auf die oberste und halten Sie die Maustaste gedrückt, währen Sie die Maus nach unten ziehen.
- Um mehrere nicht zusammenhängende Zeilen zu markieren, klicken Sie auf den Zeilenkopf der ersten, halten dann die Strg-Taste gedrückt und klicken die übrigen Zeilen an.
- Um eine gesamte Spalte auszuwählen, klicken Sie einfach auf den Spaltenkopf.

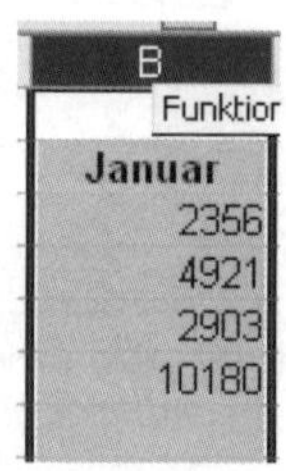

- Um mehrere zusammenhängende Spalten auszuwählen, klicken Sie auf den ersten Spaltenkopf und ziehen dann die Maus nach links oder rechts.
- Um mehrere nicht zusammenhängende Spalten zu markieren, klicken Sie auf den ersten Spaltenkopf, halten dann die Strg-Taste gedrückt und klicken die übrigen Spalten an.

Zeilen und Spalten löschen

Um den Inhalt einer oder mehrerer Spalten bzw. Zeilen zu löschen, markieren Sie zunächst die entsprechenden Zeilen oder Spalten und drücken dann die `Entf`-Taste.

Es wird hierbei nur der Inhalt der Zeilen bzw. Spalten gelöscht. Die Spalten und Zeilen bleiben erhalten und werden leer angezeigt. Die eigentlichen Spalten und Zeilen werden nicht gelöscht. In Lektion 4.4 lernen Sie, wie man Spalten und Zeilen aus dem Arbeitsblatt löscht.

Ein komplettes Arbeitsblatt markieren

Um ein ganzes Arbeitsblatt auszuwählen, klicken Sie oben links in das Arbeitsblatt, da wo sich Zeilen und Spalten treffen.

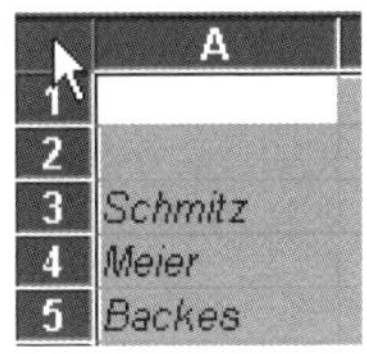

Ein schneller Weg, den gesamten Inhalt eines Arbeitsblatts zu löschen, besteht darin, das ganze Arbeitsblatt zu markieren und dann die `Entf`-Taste zu drücken.

Spaltenbreite und Zeilenhöhe anpassen

Sie können das Erscheinungsbild Ihres Arbeitsblatts ändern, indem Sie die Breite einer oder mehrerer Spalten bzw. die Höhe einer oder mehrerer Zeilen anpassen.

- **Spaltenbreite:** Um die Breite einer Spalte zu verändern, setzen Sie die Zellmarkierung in den entsprechenden Spaltenkopf und ziehen dann den rechten Rand des Spaltenkopfs, bis die Spalte die gewünschte Breite hat. Sehen Sie auch Übung 4.35.
- **Zeilenhöhe:** Um die Zeilenhöhe zu verändern, setzen Sie die Zellmarkierung in den Zeilenkopf und ziehen dann den Rand des Zeilenkopfs, bis die Zeile die gewünschte Höhe hat. Mehr darüber erfahren Sie in Übung 4.36.

Übung 4.35: Spaltenbreite anpassen

1) Klicken Sie im Arbeitsblatt *Tabelle2* auf den Rand des Spaltenkopfs zwischen Spalte A und B.

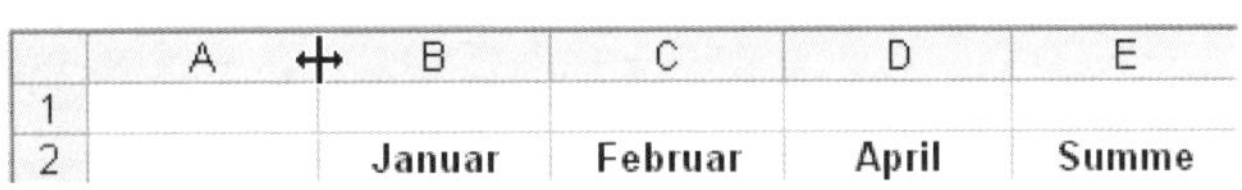

2) Ziehen Sie den Rand nach links, um die Spalte A schmaler zu machen.

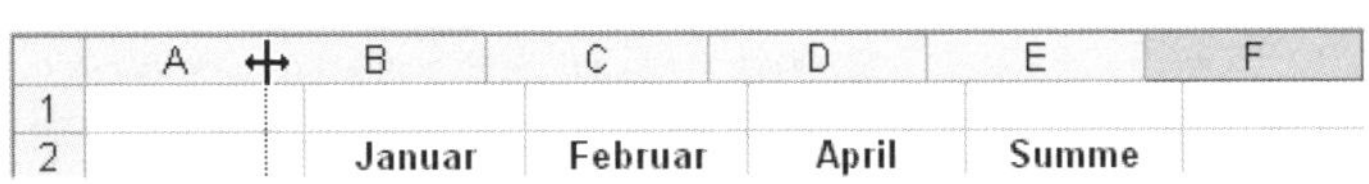

3) Kehren Sie den Effekt von Schritt 2 der Übung wieder um, indem Sie den Rand der Spalte A nach rechts ziehen und so die ursprüngliche Spaltenbreite wiederherstellen.

Übung 4.36: Zeilenhöhe anpassen

1) Klicken Sie im Zeilenkopf auf den Rand zwischen den Zeilen 2 und 3.

2) Ziehen Sie den Rand ca. 1 cm nach unten, bis die Zeile so aussieht, wie die in der Abbildung.

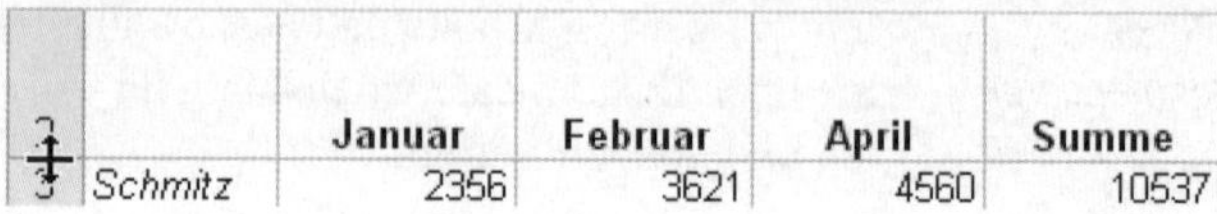

Gut gemacht! Sie haben die Höhe einer Zeile in Ihrem Arbeitsblatt geändert. Für Übung 4.37 lassen Sie die geänderte Zeilenhöhe bitte bestehen.

Vertikale Ausrichtung

Die drei Schaltflächen *Linksbündig*, *Rechtsbündig* und *Zentriert* in der *Format*-Symbolleiste ermöglichen Ihnen die horizontale Ausrichtung des Zellinhalts. Mit Excel können Sie den Inhalt einer Zelle aber auch vertikal ausrichten. Die Übung 4.37 zeigt ein Beispiel für die vertikale Ausrichtung.

Übung 4.37: Vertikale Ausrichtung verändern

1) Markieren Sie den Zellbereich B2:E2 in Zeile 2, deren Höhe sie in Übung 4.36 vergrößert haben.

2) Rufen Sie den Menübefehl FORMAT/ZELLEN auf und wählen Sie dann auf der Registerkarte *Ausrichtung* in der Liste *Vertikal* die Option *Zentrieren* aus. Klicken Sie auf OK.

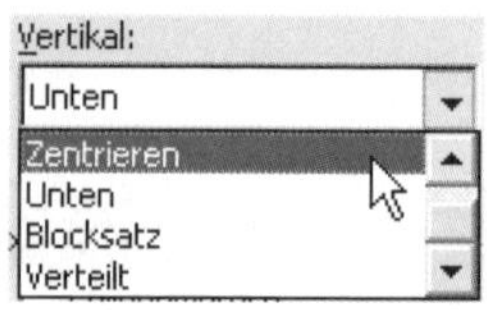

Excel richtet nun den Zellinhalt vertikal aus, sodass sich dieser nun genau zwischen dem oberen und unteren Rand der Zelle befindet.

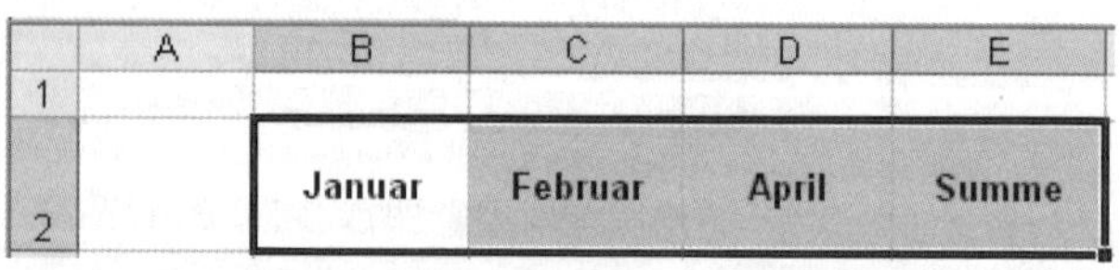

3) Klicken Sie auf die Schaltfläche *Rückgängig* in der *Standard*-Symbolleiste, um der Zelle wieder ihre standardmäßige Ausrichtung (unten) zuzuweisen. Klicken Sie dann noch ein zweites Mal auf *Rückgängig*, um der Zeile wieder ihre ursprüngliche Zeilenhöhe zu geben.

Zeilenumbruch

Es kann schon einmal vorkommen, dass der Text in einer Zelle etwas umfangreicher ausfällt, Sie aber die Zelle nicht verbreitern möchten. Hier hilft der Zeilenumbruch innerhalb einer Zelle. Um den Zeilenumbruch innerhalb einer Zelle festzulegen, gehen Sie wie folgt vor:

- Markieren Sie die Zellen, die Sie mit einem Zeilenumbruch versehen möchten.
- Wählen Sie FORMAT/ZELLEN und dann das Register *Ausrichtung*.

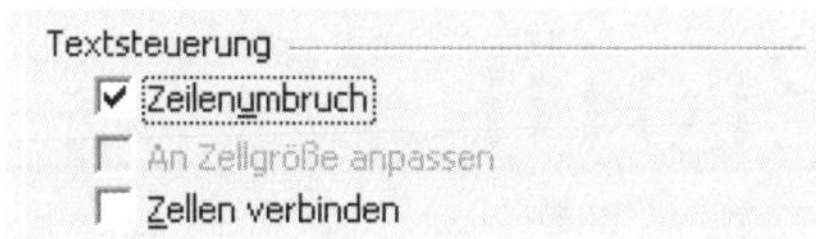

- Machen Sie im Bereich *Textsteuerung* ein Häkchen in das Kontrollkästchen *Zeilenumbruch*.

Textrichtung

Excel bietet aber noch ein weiteres Formatierungsmerkmal an. Text oder Zahlen lassen sich innerhalb der Zelle um einen bestimmten Grad drehen bzw. die Laufrichtung kann verändert werden (siehe auch Übung 4.38).

Übung 4.38: Zellinhalte drehen

1) Wählen Sie den Zellbereich B2:E2 und rufen Sie den Menübefehl FORMAT/ZELLEN auf. Geben Sie im Feld zur Gradangabe auf der Registerkarte *Ausrichtung* den Wert *90* an und klicken Sie dann auf OK.

Excel dreht bzw. rotiert den Zellinhalt um 90 Grad, sodass dieser nun im 90-Grad-Winkel zur horizontalen Linie, wie unten im Bild nach der Vergrößerung der Zeilenbreite, verläuft.

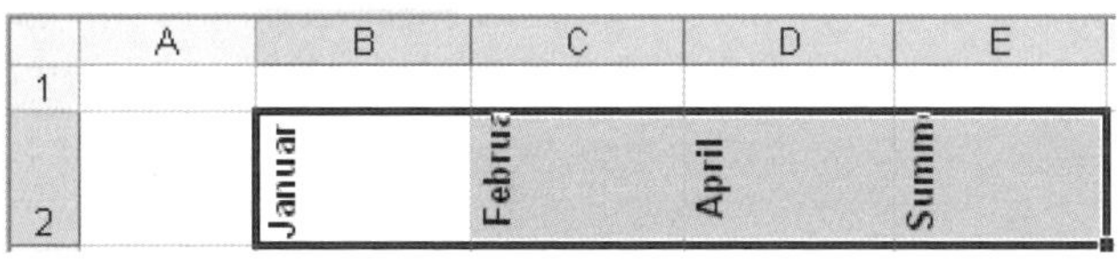

2) Klicken Sie auf die Schaltfläche *Rückgängig* in der *Standard*-Symbolleiste, um die ursprüngliche Ausrichtung wieder herzustellen. Der Standardwert beträgt 0.

Die Eingabe eines positiven Werts in das Feld *Grad* bewirkt eine Drehung des Zellinhalts von unten links nach oben rechts. Die Eingabe eines negativen Werts bewirkt eine Drehung des Zellinhalts von oben links nach unten rechts.

Schriftarten

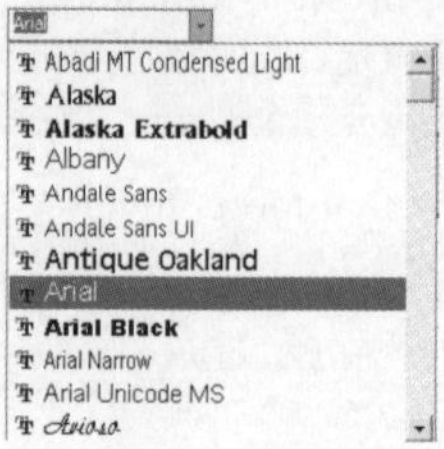

Eine Schriftart ist eine bestimmte Art von Schrift. Welche Schriften sind auf Ihrem Computer installiert? Klicken Sie auf den Pfeil neben dem Dropdown-Feld mit Schriftarten in der *Format*-Symbolleiste von Excel.

Es gibt in der Tat nur zwei Arten von Schriften oder auch Schriftfamilien: Serifenschriften und serifenlose Schriften. Serifenlos bedeutet einfach nur ohne Serifen (Schwänzchen oder Schnörkel) an ihren Enden. An diesen Serifen unterscheiden Sie die beiden Schriftfamilien.

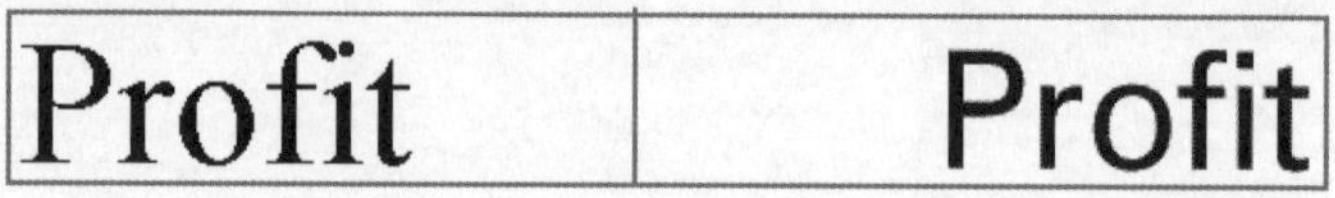

Eine Serifenschrift — Eine serifenlose Schrift

Die Standardschrift in Excel ist Arial, eine serifenlose Schrift. Die am häufigsten verwendete Serifenschrift ist Times New Roman. Arial und andere serifenlose Schriften sind besser zur Anzeige von Zahlen geeignet. Vielleicht möchten Sie aber auch die Beschriftung Ihres Arbeitsblatts in einer Serifenschrift vornehmen.

> **Schriftart**
>
> *Ein Schriftbild, eine bestimmte Schrift. Die zwei Hauptfamilien sind Serifenschriften und serifenlose Schriften.*

Sie können die Schriftart jeder Zelle oder jedes Zellbereichs ändern, indem Sie zuerst die entsprechenden Zellen auswählen und dann eine neue Schriftart aus der Dropdown-Liste in der Formatsymbolleiste auswählen.

Schriftgröße

Die Schriftgröße, auch Schriftgrad genannt, wird in Punkt gemessen. Dabei entsprechen 72 Punkt ungefähr 2,5 cm. Die Standardschriftgröße in Excel beträgt 10 Punkt.

Sie können die Schriftgröße jeder Zelle oder jedes Zellbereichs ändern, indem Sie zuerst die entsprechenden Zellen auswählen und dann eine neue Schriftgröße aus der Dropdown-Liste in der *Format*-Symbolleiste auswählen.

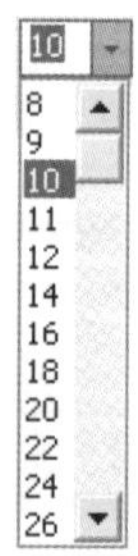

Schriftfarbe

Sie können die Farbe des Zellinhalts in Excel von *Standard* auf *Automatisch* ändern. Welche Farbe verbirgt sich hinter *Automatisch*? Automatisch ist Schwarz, es sei denn, der Zellhintergrund ist schwarz oder dunkelgrau. Dann wählt *Automatisch* Weiß als Farbe aus.

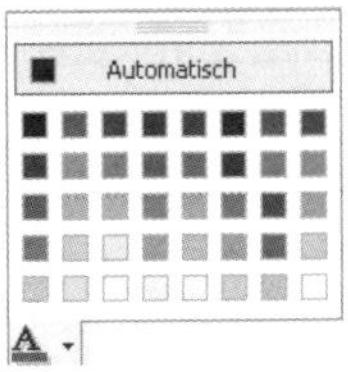

Sie können die Anzeige der Text- oder Zahlenfarbe in jeder Zelle bzw. in jedem Zellbereich verändern. Markieren Sie zuerst die entsprechenden Zellen, klicken Sie dann auf den Pfeil rechts neben der Schaltfläche *Schriftfarbe* in der *Format*-Symbolleiste und dann auf die gewünschte Farbe.

In der nächsten Übung erlernen Sie das Ändern von Schriftart, -größe und -farbe anhand der Beschriftung in *Tabelle1* Ihrer Arbeitsmappe.

Übung 4.39: Schriftart, Schriftgröße und Schriftfarbe ändern

1) Klicken Sie auf das Register *Tabelle1*, damit Ihnen das erste Arbeitsblatt der Arbeitsmappe angezeigt wird.
2) Klicken Sie in Zelle B2. Halten Sie die `Strg`-Taste gedrückt und klicken Sie auch auf die folgenden Zellen: D2, F2 und H2.
3) Ändern Sie die Schriftart über die *Format*-Symbolleiste in *Times New Roman, 12 Punkt* und wählen Sie *Dunkelblau* als Schriftfarbe. Als Nächstes klicken Sie auf die Schaltflächen *Fett* und *Zentriert*. Falls notwendig, passen Sie die Spaltenbreite an.

   Ihr Arbeitsblatt sollte nun so aussehen (die Überschriften sind blau).

addieren		subtrahieren		multiplizieren		dividieren
1275		1275		1275		1275
52		25		25		25
1327		1250		31875		51

Zellrahmen

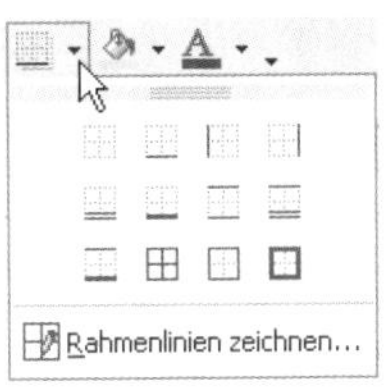

Excel bietet Ihnen eine Reihe von Rahmen, die sich dazu verwenden lassen, eine bestimmte Zelle oder bestimmte Zellbereiche hervorzuheben. Das können z.B. Zellen sein, die Zwischen- oder Gesamtergebnisse enthalten. Sie können über die Schaltfläche *Rahmen* auf der *Format*-Symbolleiste auf diese Option zugreifen.

Die am häufigsten verwendeten Zellrahmen sind: einfache Linie unten (Standard), Doppellinie oder dickere Linie unten und Kontur. Die zuletzt genannte Option weist allen vier Seiten einer Zelle einen Rahmen zu. Die Übung 4.40 zeigt ein Beispiel.

Übung 4.40: Zellen eine Grundlinie (unten) zuweisen

1) Wählen Sie die nicht zusammenhängenden Zellen B4, D4, F4 und H4 aus.

2) Klicken Sie auf den Pfeil rechts neben der Schaltfläche *Rahmen* in der *Format*-Symbolleiste. Klicken Sie in der angezeigten Auswahl auf die dicke einfache Linie für den unteren Rand.

   Ihr Arbeitsblatt sollte nun so aussehen:

addieren		subtrahieren		multiplizieren		dividieren
1275		1275		1275		1275
52		25		25		25
1327		1250		31875		51

Farbe des Zellhintergrunds

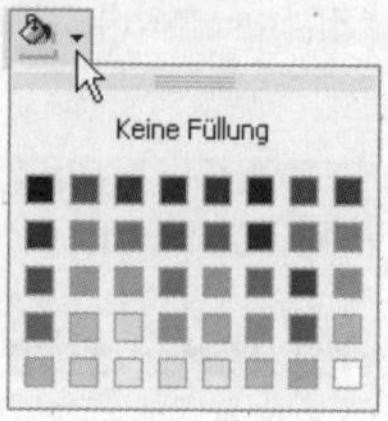

Wie Zellrahmen, können Sie in Excel auch die Hintergrundfarbe einer Zelle ändern. Diese Farbe wird in Excel Füllfarbe genannt.

Sie können über den Pfeil rechts neben der Schaltfläche *Füllfarbe* in der *Format*-Symbolleiste auf diese Option zugreifen.

In Übung 4.41 sehen Sie ein Beispiel.

Übung 4.41: Füllfarbe ändern

1) Markieren Sie den zusammenhängenden Zellbereich B25:G25.
2) Klicken Sie auf den Pfeil rechts neben der Schaltfläche *Füllfarbe* und wählen Sie dann Gelb aus.

   Die Überschriften haben jetzt einen gelben Hintergrund.

In Übung 4.42 können Sie Ihre neuen Fähigkeiten bezüglich Zellrahmen und Füllfarbe noch etwas vertiefen.

Übung 4.42: Weitere Übung zu Zellrahmen und Füllfarbe

1) Markieren Sie den zusammenhängenden Zellbereich B25:G25
2) Klicken Sie auf den Pfeil rechts neben der Schaltfläche *Rahmen* und klicken Sie dann auf *Alle Rahmenlinien* (alle vier Seiten der Zellen).

3) Markieren Sie den Zellbereich B35:D36.
4) Klicken Sie auf den Pfeil rechts neben der Schaltfläche RAHMEN und klicken Sie dann auf *Rahmenlinie außen* (ein großer Rahmen um den Zellbereich).

5) Markieren Sie den Zellbereich B35:D36.
6) Klicken Sie auf den Pfeil rechts neben der Schaltfläche *Rahmen* und klicken Sie dann auf den Rahmentyp *Rahmenlinie links*.

7) Markieren Sie den Zellbereich B43:D43.
8) Klicken Sie auf den Pfeil rechts neben der Schaltfläche *Rahmen* und dann auf die Rahmenart *Dicke Rahmenlinie unten*.

9) Markieren Sie den nicht zusammenhängenden Zellbereich B46:D47, B49:D54. Klicken Sie auf den Pfeil rechts neben der Schaltfläche *Rahmen* und dann auf *Rahmenlinie außen* (alle vier Seiten des Zellenbereichs).
10) Während der nicht zusammenhängende Zellbereich noch ausgewählt ist, klicken Sie auf den Pfeil rechts neben der Schaltfläche *Füllfarbe* und wählen dann *Grau-25%* aus.

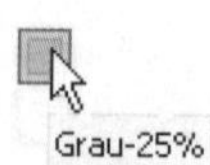

Zellinhalte suchen

Sie können ein Arbeitsblatt nach Beschriftungstext, direkt eingegebenen Zahlen, Zahlenergebnissen aus Berechnungen und Berechnungskomponenten (Funktionsnamen, Zellbezüge, arithmetische Operatoren und Konstanten) durchsuchen.

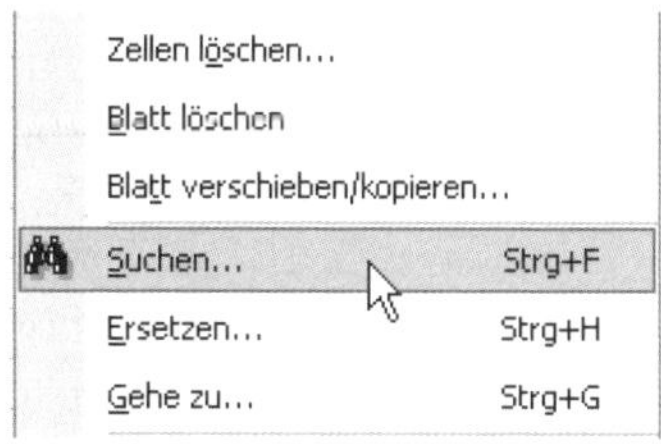

- Markieren Sie den Zellbereich, den Sie durchsuchen möchten. (Um das gesamte Arbeitsblatt zu durchsuchen, klicken Sie in eine beliebige Zelle.)
- Rufen Sie den Menübefehl BEARBEITEN/SUCHEN auf.
- Geben Sie in das Feld *Suchen nach* Elemente ein, nach denen Sie suchen möchten, und klicken Sie dann auf *Weitersuchen.*

Sie können einen Suchvorgang abbrechen, indem Sie die [Esc]-Taste drücken.

Optionen der Funktion Suchen

Die Funktion *Suchen* bietet folgende Möglichkeiten:

- **Suchen:** Wählen Sie, ob Sie im aktuellen Tabellenblatt oder in der gesamten Arbeitsmappe suchen möchten.
- **Suchen:** Wählen Sie die Richtung aus, in der Sie suchen möchten (in Spalten oder in Zeilen).
- **Suchen in:** Die Art von Zellen, die Sie durchsuchen möchten (Formeln, Werte, Kommentare).
- **Groß-/Kleinschreibung beachten:** Sucht nur genau nach den Buchstaben, wie Sie im Feld *Suchen* stehen. Wenn Sie z.B. nach *Schmitz* suchen, wird *schmitz* nicht gefunden.
- **Gesamten Zellinhalt vergleichen:** Sucht nur nach einer exakten, vollständigen Zelle. Eine Suche nach *Sc* findet z.B. nicht *Schmitz* und *330* findet nicht *3308.*

Zellinhalte ersetzen

Alles, was man in einem Arbeitsblatt über den Menübefehl BEARBEITEN/SUCHEN finden kann, lässt sich auch durch eine bestimmte Alternative ersetzen. Sie könnten z.B. alle Zellbezüge F34 durch F36 ersetzen. Das funktioniert folgendermaßen:

- Wählen Sie den gewünschten Zellbereich aus. Um den Vorgang *Suchen und Ersetzen* im gesamten Arbeitsblatt durchzuführen, klicken Sie in eine beliebige Zelle.
- Rufen Sie den Menübefehl BEARBEITEN/ERSETZEN auf.

- Geben Sie in das Feld *Suchen nach* das Element ein, das Sie ersetzen möchten. Geben Sie in das Feld *Ersetzen durch* das Element ein, mit dem ersetzt werden soll. Sie können aus den ausgewählten Zellen die Zeichen, die Sie in das Feld *Suchen nach* eingetragen haben, löschen, indem Sie das Feld *Ersetzen durch* einfach leer lassen.
- Klicken Sie auf *Weitersuchen*. Um nur hervorgehobene Übereinstimmungen der ausgewählten Zeichen zu finden, wählen Sie *Ersetzen*.
- Um alle Übereinstimmungen der gefundenen Zeichen in den ausgewählten Zellen zu ersetzen, klicken Sie auf *Alle ersetzen*.

Die Übung 4.43 gibt Ihnen ein Beispiel für die Funktion *Suchen und Ersetzen* in Excel.

Übung 4.43: Text in einem Arbeitsblatt Suchen und Ersetzen

1) Klicken Sie auf das Register *Tabelle2*, damit Ihnen das zweite Arbeitsblatt der Arbeitsmappe angezeigt wird.
2) Wählen Sie den Zellbereich A2:E6 aus.
3) Rufen Sie den Menübefehl BEARBEITEN/ERSETZEN auf. Geben Sie in das Feld *Suchen nach* den Begriff *Backes* ein. Geben Sie in das Feld *Ersetzen durch* den Namen *Konrad* ein.
4) Aktivieren Sie die Kontrollkästchen *Groß-/Kleinschreibung* und *Gesamten Zellinhalt vergleichen*. Klicken Sie auf *Alle ersetzen*.

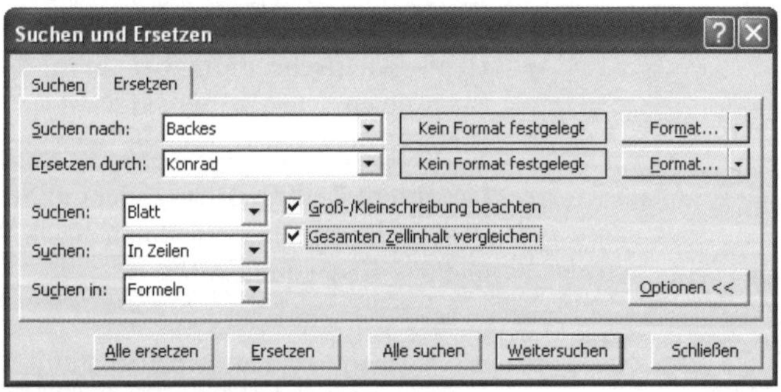

Ihr Arbeitsblatt *Tabelle2* sollte nun so aussehen.

	A	B	C	D	E
1					
2		**Januar**	**Februar**	**April**	**Summe**
3	*Schmitz*	2356	3621	4560	10537
4	*Meyer*	4921	4055	3542	12518
5	*Konrad*	2903	3308	3622	9833
6		10180	10984	11724	32888

Die Rechtschreibprüfung

Schaltfläche Rechtschreibprüfung

Excel kann die Rechtschreibung von Text im gesamten Arbeitsblatt oder nur in einem Teil davon überprüfen.

Um Ihre Rechtschreibung zu überprüfen, gehen Sie wie folgt vor:

- Markieren Sie den Zellbereich, dessen Rechtschreibung Sie prüfen möchten. (Um das gesamte Arbeitsblatt zu überprüfen, klicken Sie in irgendeine Zelle.)
- Klicken Sie auf die Schaltfläche *Rechtschreibung* in der -Symbolleiste.

Wenn Excel ein Wort findet, das es aufgrund seines Wörterbuchs (dasselbe wie für Microsoft Word*)* nicht erkennt, wird das Dialogfeld *Rechtschreibung* geöffnet, wie in der folgenden Abbildung angezeigt.

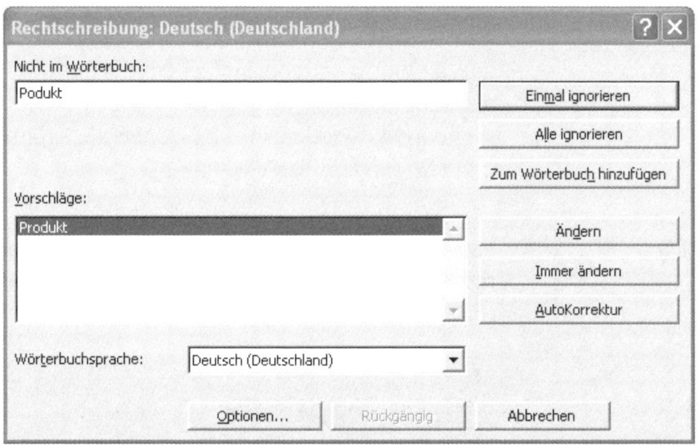

Sie haben die folgenden Möglichkeiten:

- **Einmal ignorieren:** Das Auftreten dieses Wortes bleibt diesmal unverändert.
- **Alle ignorieren:** Alle Vorkommen dieses Wortes in den ausgewählten Zellen bleiben unverändert.
- **Ändern:** Korrigiert dieses Vorkommen des Wortes, reagiert aber beim nächsten Auftreten des Wortes erneut.
- **Immer ändern:** Korrigiert dieses und alle anderen Vorkommen des gleichen Wortes, ohne wiederholtes Reagieren.
- **Zum Wörterbuch hinzufügen:** Fügt dieses Wort dem benutzerdefinierten Wörterbuch (Ihr eigenes) hinzu. Wählen Sie diese Möglichkeit, um Namen von Leuten oder Orte, Abkürzungen oder Akronyme aufzunehmen, die Sie regelmäßig beim Schreiben verwenden. In Zukunft wird Excel dann diese hinzugefügten Wörter bei der Überprüfung jedes Arbeitsblatts erkennen.

Üben Sie ein wenig, indem Sie die Rechtschreibprüfung für *Tabelle1* und *Tabelle2* Ihrer Arbeitsmappe durchführen.

Seite einrichten

Im verbleibenden Teil dieser Lektion lernen Sie noch Excels verschiedene Druckoptionen kennen. Wir beginnen mit den Möglichkeiten, die Sie auf den vier Registerkarten des Dialogfelds *Seite einrichten* finden. Das sind die Registerkarten *Papierformat, Seitenränder, Kopfzeile/Fußzeile* und *Tabelle*.

Papierformat

Nachdem Sie über den Menübefehl DATEI/SEITE EINRICHTEN das Dialogfeld *Seite einrichten* geöffnet haben, können Sie auf der Registerkarte *Papierformat* die Papiergröße festlegen. Die Standardeinstellung ist A4, das europäische Standardformat (21cm breit und 29,7 cm hoch).

Orientierung

Diese Option befindet sich ebenfalls auf der Registerkarte *Papierformat*. Hier können Sie entscheiden, in welcher Richtung Ihre Datei später gedruckt werden soll. Es stehen die Möglichkeiten *Hochformat* und *Querformat* zur Verfügung.

Skalierung

Es stehen Ihnen auf der Registerkarte *Papierformat* zwei Skalierungsmöglichkeiten zum Vergrößern und Verkleinern Ihres Tabellenausdrucks zur Verfügung.

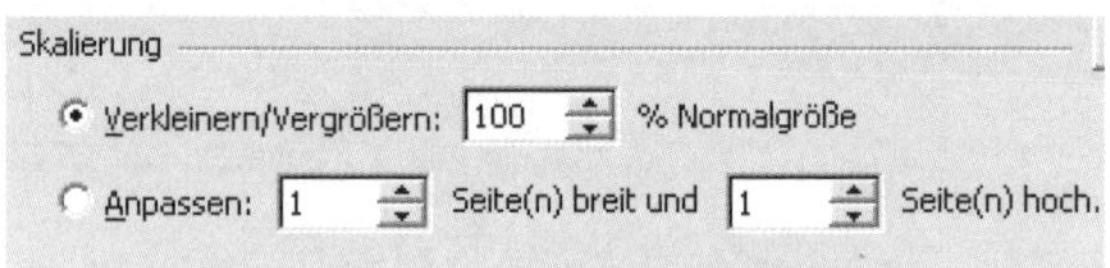

- **Verkleinern/Vergrößern:** Sie können eine Zahl zwischen 10 und 400% als Wert zur normalen Größe angeben (Sie brauchen das Prozentzeichen nicht zu schreiben).
- **Anpassen:** Passt das Arbeitsblatt (oder ausgewählte Zellen) in der Größe so an, dass es auf eine bestimmte Anzahl von Blättern passt. Sie können die Anzahl der Seiten vertikal, horizontal oder beides festlegen.

Seitenränder

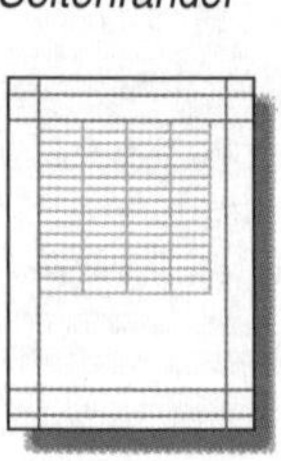

Die Seitenränder bezeichnen den Abstand, den das ausgedruckte Arbeitsblatt bzw. die ausgedruckten Zellen von den vier Rändern des Blatts der ausgedruckten Seite hat/haben. Die Werte hierfür werden nach Aufruf des Menübefehls DATEI/SEITE EINRICHTEN auf der Registerkarte *Seitenränder* eingestellt. Sie können für Kopf- und Fußzeilen noch separate Werte bzw. Abstände eingeben. Dies ist aber ein Thema im nächsten Abschnitt.

Es ist sehr unwahrscheinlich, dass Sie die Standardränder in Excel (2,5 cm jeweils oben und unten sowie 2 cm jeweils rechts und links) ändern müssen.

Auf der Registerkarte *Seitenränder* können Sie auch einstellen, dass Ihr Arbeitsblatt oder die ausgewählten Zellen horizontal zentriert (also genau zwischen rechtem und linkem Rand) oder vertikal zentriert (also zwischen oberem und unterem Rand) positioniert wird/werden. Sie können auch beides zusammen auswählen.

Gitternetzlinien und Überschriften

Standardmäßig beinhalten die Ausdrucke in Excel keine Zellrahmen (Gitternetzlinien) oder Zeilen- und Spaltenüberschriften. Sie können jede einzelne oder auch beide Möglichkeiten auf der Registerkarte *Tabelle* über das Dialogfeld *Seite einrichten* ändern.

Drucktitel auf allen Seiten drucken

Sie können beim Ausdruck auf mehreren Seiten bestimmen, dass Drucktitel – Wiederholungsspalten und/oder Wiederholungszeilen – auf allen Seiten des ausgedruckten Arbeitsblattes erscheinen. Wählen Sie dazu auf der Registerkarte *Tabelle* unter *Drucktitel* eine Option aus.

- Wählen Sie WIEDERHOLUNGSZEILEN OBEN aus, wenn Sie als horizontalen Seitentitel bestimmte Zeilen verwenden möchten.
- Wählen Sie WIEDERHOLUNGSSPALTEN LINKS aus, wenn Sie auf allen Seiten vertikale Titel drucken möchten.

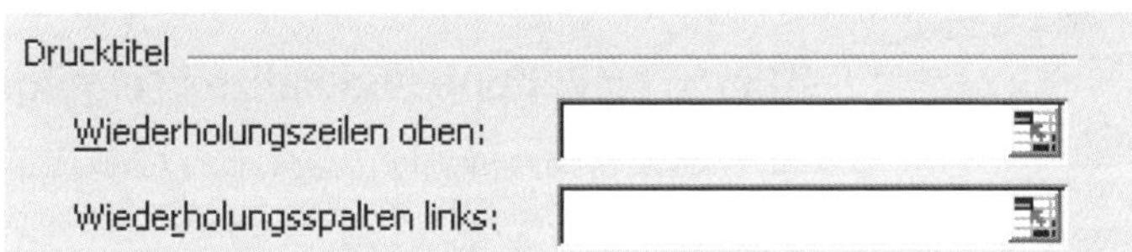

- Wählen Sie anschließend im Arbeitsblatt eine oder mehrere Zellen aus, die den gewünschten Titelzeilen oder -spalten entsprechen.
- Schließen Sie das angezeigte Dialogfeld SEITE EINRICHTEN – WIEDERHOLUNGSZEILEN OBEN: oder WIEDERHOLUNGSSPALTEN LINKS:

Die entsprechenden Zeilen bzw. Spalten werden nun auf allen Seiten Ihres Ausdrucks als Titelzeilen bzw. Titelspalten gedruckt.

Kopfzeilen und Fußzeilen

Es handelt sich hier um Text, der oben und unten auf jedem ausgedruckten Arbeitsblatt erscheint. Normalerweise enthalten Kopf- und Fußzeilen solche Details wie Dateiname, Urheber, Datum und Seitenzahl.

In Excel brauchen Sie den Text für Kopf- und Fußzeile nur einmal zu schreiben. Das Programm weist ihn automatisch jeder einzelnen Seite zu. Sie können dem Text der Kopf- und Fußzeile Formatierungen wie Schriftart, Schriftschnitt (fett, kursiv) etc. zuweisen.

Hier ein paar Fakten zu Kopf- und Fußzeilen in Excel:

- Kopf- und Fußzeilen werden nach Aufruf des Menübefehl DATEI/SEITE EINRICHTEN auf der Registerkarte *Kopfzeile/Fußzeile* eingefügt.
- Die Registerkarte *Kopfzeile/Fußzeile* bietet eine Dropdown-Liste, in der vorgefertigter Text für die Kopf- bzw. Fußzeile zur Auswahl steht. Sie können hier eine Wahl treffen.
- Der ausgewählte Text lässt sich über die Schaltflächen *Benutzerdefinierte Kopfzeile* bzw. *Benutzerdefinierte Fußzeile* bearbeiten und formatieren. Entscheiden Sie sich hier für die entsprechenden Möglichkeiten.
- Über eine der beiden Schaltflächen können Sie den Kopf- bzw. Fußzeilentext formatieren, aber auch eine oder alle der folgenden Elemente einfügen: Seitenzahl, Gesamtseitenzahl, Datum, Uhrzeit, Dateiname, Name des Arbeitsblatts.
- Achten Sie beim Festlegen der Ränder für Kopf- und Fußzeile auf der Registerkarte *Seitenränder* des Dialogfelds *Seite einrichten* darauf, dass der Wert unter dem des oberen und unteren Seitenrands liegt. Anderenfalls kann es passieren, dass der Text der Kopf- und Fußzeile beim Ausdruck die Zellen überlagert.

Die Übung 4.44 enthält ein Beispiel für die Funktionen der *Kopf- und Fußzeile* in Excel.

Übung 4.44: Kopf- und Fußzeile einfügen

1) Wählen Sie das Register *Tabelle1* Ihrer Arbeitsmappe aus und aktivieren dann über den Menübefehl DATEI/SEITE EINRICHTEN die Registerkarte *Kopfzeile/Fußzeile*.
2) Wählen Sie aus der Dropdown-Liste für die Kopfzeile den Namen Ihrer Excel-Arbeitsmappe aus.
3) Wählen Sie aus der Dropdown-Liste für die Fußzeile *Seite 1 von ?*.

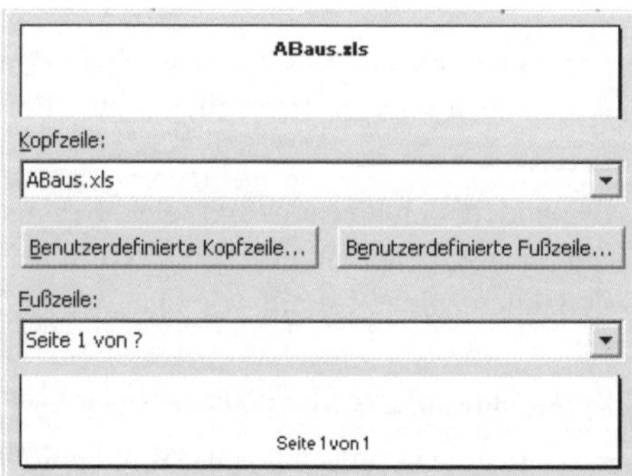

Schaltfläche Schrift

4) Klicken Sie auf die Schaltfläche BENUTZERDEFINIERTE KOPFZEILE. Wählen Sie für den mittleren Abschnitt den Dateinamen, markieren Sie ihn und klicken Sie auf die Schaltfläche SCHRIFT. Wählen Sie dort *fett* als Format aus.

5) Schreiben Sie in den linken Abschnitt *Mein erstes Arbeitsblatt* und in den rechten Abschnitt ECDL *Modul 4*.

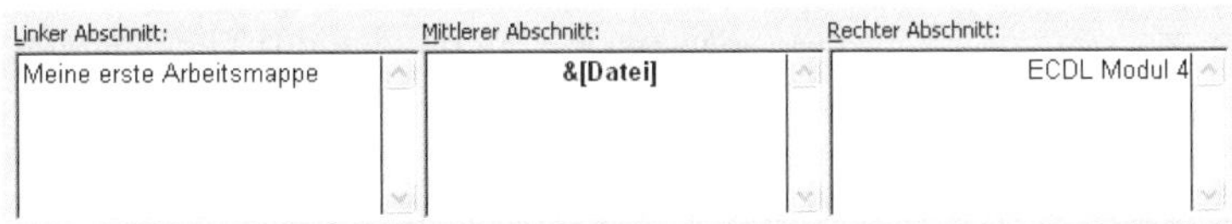

6) Klicken Sie nun auf OK, um zur Registerkarte *Kopf- und Fußzeile* im Dialogfeld *Seite einrichten* zurückzukehren.

Schaltfläche Datum

Schaltfläche Uhrzeit

7) Klicken Sie auf die Schaltfläche *Benutzerdefinierte Fußzeile*, dann in den linken Abschnitt und danach auf die Schaltfläche *Datum*.

8) Klicken Sie in den rechten Abschnitt und dann auf die Schaltfläche *Uhrzeit*.

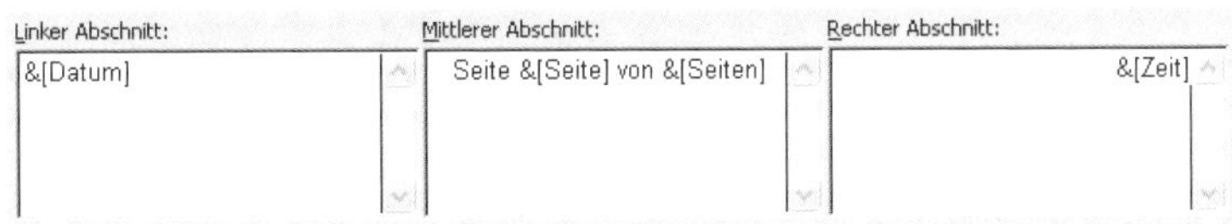

9) Ein Klick auf OK bringt Sie zurück zur Registerkarte *Kopfzeile/Fußzeile* im Dialogfeld *Seite einrichten*. Klicken Sie auf OK, um das Dialogfeld zu schließen.

Gut gemacht! Sie haben Ihrer Arbeitsmappe eine Kopf- und Fußzeile hinzugefügt. Die Kopf- und Fußzeile ist auf dem Bildschirm nicht zu sehen. Sie erscheint nur im Ausdruck bzw. in der Vorschau.

Druckoptionen

Excel bietet Ihnen eine Fülle von Druckoptionen. Darunter befinden sich Möglichkeiten wie Vorschau des Arbeitsblatts auf dem Bildschirm vor dem Druck, die Möglichkeit, das gesamte Arbeitsblatt, die ausgewählten Zellen und Seiten oder die gesamte Arbeitsmappe zu drucken.

Seitenumbruchvorschau

Rufen Sie den Menübefehl ANSICHT/SEITENUMBRUCHVORSCHAU auf, um zu sehen, wo Seitenumbrüche entstehen, wenn Sie Ihre Tabelle drucken. Die Seitenumbrüche werden durch blaue Linien und die Seitenzahl in grauen Zahlen im Hintergrund jeder Seite angezeigt.

Sie können die Position der Seitenumbrüche verändern, indem Sie die Teilungslinien an eine neue Position ziehen. Excel passt die Größe der Daten in der Tabelle dann so an, dass die Daten auf eine Seite passen. Um zur normalen Ansicht zurückzukehren, wählen Sie den Menübefehl ANSICHT/NORMAL.

Seitenansicht

Schaltfläche Seitenansicht

Dieser Befehl zeigt jede Seite auf dem Bildschirm so an, wie sie im Ausdruck auf Papier aussieht. Und so gelangen Sie zur Seitenansicht Ihres Arbeitsblatts.

- Rufen Sie den Menübefehl DATEI/SEITENANSICHT auf.

– oder –

- Klicken Sie auf die Schaltfläche *Seitenansicht* in der *Standard*-Symbolleiste.

Klicken Sie auf *Schließen*, um zu Ihrem Arbeitsblatt zurückzukehren.

Druckbereich festlegen

Nach dem Aufruf des Menübefehls DATEI/DRUCKEN können Sie festlegen, welche Bereiche Ihrer Arbeitsmappe gedruckt werden sollen.

- **Alles:** Das aktuelle Arbeitsblatt.
- **Seiten:** Druckt die von Ihnen als Nummern in das Feld eingegebenen Seiten des aktuellen Arbeitsblatts.
- **Markierung:** Druckt nur die ausgewählten Zellen des aktuellen Arbeitsblatts.
- **Gesamte Arbeitsmappe:** Druckt alle Arbeitsblätter der Arbeitsmappe, die Daten enthalten.
- **Ausgewählte Blätter:** Druckt nur die aktiven Arbeitsblätter der Arbeitsmappe. Um mehrere Arbeitsblätter einer Arbeitsmappe zu aktivieren, klicken Sie auf das Register des ersten auszuwählenden Arbeitsblattes, halten die `Strg`-Taste gedrückt und klicken dann die Register für jedes weitere Arbeitsblatt an, das Sie drucken möchten.

Weitere Optionen im Dialogfeld *Drucken* ermöglichen es Ihnen, zu entscheiden, wie viele Kopien Sie drucken möchten oder ob die Seiten sortiert werden sollen.

Übung 4.45: Ein Arbeitsblatt drucken

1) Klicken Sie auf das Register *Tabelle1*, damit Ihnen das erste Arbeitsblatt der Arbeitsmappe angezeigt wird.
2) Rufen Sie den Menübefehl DATEI/DRUCKEN auf, übernehmen Sie die Standardeinstellungen des Dialogfeldes und klicken Sie auf OK.

   Ihr Ausdruck sollte etwa so wie in der Abbildung auf S. 353 oben aussehen.

Speichern Sie Ihre Arbeitsmappe und schließen Sie Excel. Sie haben die Lektion 4.3 des ECDL-Moduls *Tabellenkalkulation* beendet.

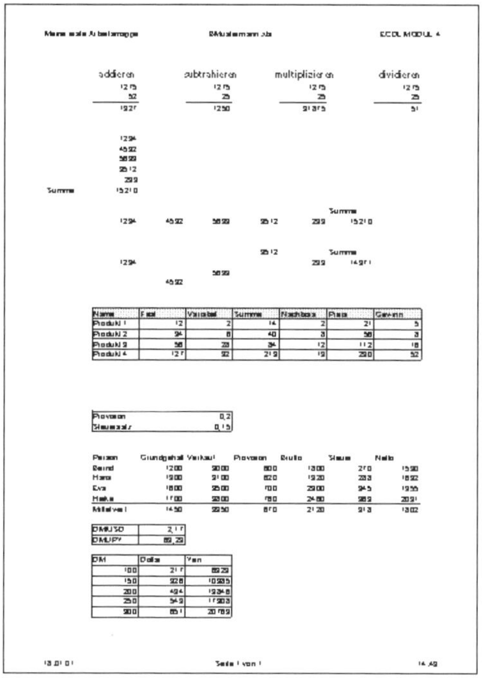

Zusammenfassung der Lektion: Das haben Sie gelernt

Funktionen sind vordefinierte, in Excel eingebaute Formeln, die es Ihnen erlauben, bestimmte Berechnungen durchzuführen. Funktionen beginnen genauso wie Formeln immer mit einem Gleichheitszeichen (=).

Für die *SUMME*-Funktion brauchen Sie nur zwei Argumente einzugeben, wenn Sie eine Liste von Zellen addieren möchten: den ersten und den letzten Zellbezug. Schauen Sie sich das Beispiel in Übung 4.27 an. Ein Beispiel für eine *SUMME*-Funktion wäre:

=SUMME(A2:A6)

Um Listen von Zellen auf möglichst schnellem Wege zu addieren, markieren Sie die Zellen und klicken auf die Schaltfläche *AutoSumme*. Excel macht einen Vorschlag, welche Zellen Sie zusammenzählen möchten. Wenn Excel richtig vermutet hat, drücken Sie einfach die [↵]-Taste, um die vorgeschlagenen Argumente zu bestätigen. Wenn Sie mit dem Vorschlag nicht einverstanden sind, bearbeiten Sie die Argumente der *SUMME*-Funktion. Schauen Sie sich dazu das Beispiel in Übung 4.28 an.

Die Funktion *MITTELWERT* berechnet, wie ihr Name schon vermuten lässt, den Mittelwert einer horizontalen oder vertikalen Liste von Zahlen. Ein Beispiel:

=MITTELWERT(D5:F5)

Schauen Sie sich dazu das Beispiel in Übung 4.30 an. Weiterhin können Sie das Minimum und das Maximum sowie die Anzahl anzeigen lassen.

Mit der Wenn-dann-Funktion können Sie eins von zwei möglichen Resultaten anzeigen lassen. Dabei kann das Ergebnis eine Zahl oder auch ein Text sein.

Ein Zellbereich ist eine Gruppe von Zellen in einem Arbeitsblatt. Sie können einen Bereich zusammenhängender Zellen markieren, indem Sie die Maus mit gedrückter linker Maustaste über die entsprechenden Zellen ziehen. Nicht zusammenhängende Zellbereiche werden ausgewählt, indem man die erste Zelle (oder erste Untergruppe zusammenhängender Zellen) markiert, die Strg-Taste drückt und gedrückt hält und dann weitere Zellen (oder zusammenhängende Zellbereiche) auswählt. Schauen Sie sich dazu das Beispiel in Übung 4.33 an.

Der Inhalt ausgewählter Zellen kann formatiert (fett oder kursiv), ausgerichtet (horizontal oder vertikal) oder gedreht werden. Außerdem können Sie den Zellen Rahmen und Füllungen (farbiger Hintergrund) zuweisen und Schriftart bzw. -größe ändern. Schauen Sie sich dazu die Beispiele in Übung 4.31, 4.32, 4.38 und 4.41 an. Außerdem können Sie mit dem Befehl *Format übertragen* das Format ausgewählter Zellen in andere Zellen kopieren.

Sie passen die Spaltenbreite bzw. Zeilenhöhe an, indem Sie an den Begrenzungen eines Spalten- bzw. Zeilenkopfs ziehen. Schauen Sie sich dazu die Beispiele in Übung 4.34 und 4.35 an.

Sie können den gesamten Bereich eines Arbeitsblatts nach Beschriftungstext, direkt eingegebenen Zahlen, Zahlenergebnissen aus Berechnungen und Berechnungskomponenten (Funktionsnamen, Zellbezüge, arithmetische Operatoren und Konstanten) durchsuchen. Außerdem lassen sich gesuchte bzw. gefundene Elemente durch Alternativen ersetzen. Schauen Sie sich dazu das Beispiel in Übung 4.42 an. Weiterhin können Sie auf Ihr gesamtes Arbeitsblatt oder einen Teil davon die Rechtschreibprüfung anwenden.

Das Standardpapierformat ist A4, die Seiten können im Hoch- oder Querformat ausgegeben werden. Als Rand bezeichnet man den Abstand der Zelle vom jeweiligen Seitenrand.

Kopf- und Fußzeilen sind kleinere Textelemente, die auf jeder ausgedruckten Seite erscheinen. Sie enthalten normalerweise Details wie Dateiname, Name des Autors oder ein Datum. Beide können aber auch eine automatisch erstellte Seitennummerierung enthalten. Schauen Sie sich dazu das Beispiel in Übung 4.43 an.

Zu den Druckoptionen in Excel gehören eine Funktion zur Seitenvorschau und die Möglichkeit, nur markierte Zellen zu drucken.

Schnelltest: Funktionen, Formatierung und Drucken

1.	**Die Funktion SUMME generiert eine Fehlermeldung, wenn eines ihrer Argumente keine Zahl ist.**
A	Richtig
B	Falsch

2.	**Um nicht zusammenhängende Zellen auszuwählen, ...**
A	wählen Sie die erste Zelle aus, halten die ⇧-Taste gedrückt und wählen dann weitere Zellen aus.
B	wählen Sie die erste Zelle aus, halten die Alt-Taste gedrückt und wählen dann weitere Zellen aus.
C	wählen Sie die erste Zelle aus, halten die Strg-Taste gedrückt und wählen dann weitere Zellen aus.
D	wählen Sie die erste Zelle aus, halten die F2-Taste gedrückt und wählen dann weitere Zellen aus.

3.	**Wenn Sie den Befehl SUCHEN verwenden, um nach Inhalten in einer Arbeitsmappe zu suchen, können Sie ...**
A	in einem einzelnen Arbeitsblatt suchen.
B	nur in ausgewählten Zellen suchen.
C	die gesamte Arbeitsmappe auf einmal durchsuchen.
D	alles tun, was oben angegeben ist.

4.	**Wenn Sie Ihre Arbeitsmappe drucken, erscheinen Kopf- und Fußzeilen ...**
A	nur auf der ersten Seite.
B	auf der ersten Seite jedes Arbeitsblattes.
C	nur auf ungeraden Seiten.
D	auf allen Seiten.

5.	**Wenn Sie mit Excel drucken, müssen Sie immer die gesamte Arbeitsmappe drucken.**
A	Richtig
B	Falsch

6.	**Mit der Funktion *AutoSumme* können Sie nur übereinander liegende Zellen addieren.**
A	Richtig
B	Falsch

Lektion 4.4: Zellen einfügen, sortieren und verschieben

Zu dieser Lektion

Die meisten Excel-Benutzer verbringen nur wenig Zeit damit, neue Arbeitsmappen zu erstellen und Daten in die Zellen des Arbeitsblatts einzugeben und zu formatieren. Die übrige Zeit wird aufgewendet, bereits bestehende Arbeitsmappen zu öffnen und die bereits eingegebenen Daten zu ergänzen bzw. zu berichtigen.

In dieser Lektion lernen Sie drei weitere Möglichkeiten kennen, Ihre Tabellen zu bearbeiten.

Das Einfügen von Zeilen und Spalten erlaubt es Ihnen, einem Arbeitsblatt, das schon Zellen mit eingegebenen Daten beinhaltet, neue Zellen hinzuzufügen. Einfügung (oder Löschung) bedeutet, dass die umliegenden Zellen ihre Position anpassen müssen, um Platz zu schaffen (oder den Platz gelöschter Zellen einnehmen müssen).

Die Funktionen *Kopieren, Ausschneiden* und *Verschieben* erlauben es Ihnen, Zellen zu reproduzieren oder zu verschieben. Das gilt innerhalb eines Arbeitsblatts, zwischen Arbeitsblättern derselben Arbeitsmappe oder sogar zwischen verschiedenen Arbeitsmappen. Das Kopieren und Ausschneiden von Berechnungen führt uns zum Begriff des relativen und absoluten Zellbezugs.

Das Sortieren schließlich ermöglicht es Ihnen noch, die in einem Arbeitsblatt eingegebenen Daten in einer anderen Reihenfolge anzuordnen.

Neue Fähigkeiten

Am Ende dieser Lektion sollten Sie in der Lage sein,

- Zeilen, Spalten und Zellen zu löschen und einzufügen,
- Zellinhalte zu kopieren, auszuschneiden und einzufügen,
- den Unterschied zwischen relativen und absoluten Zellbezügen zu erklären und zu bestimmen, bei welchen Berechnungen ein absoluter Zellbezug angebracht ist,
- Zellen nach ein oder zwei Kriterien zu sortieren,
- Symbole und Sonderzeichen in Excel einzufügen.

Neue Wörter

Am Ende dieser Lektion sollten Sie in der Lage sein, die folgenden Begriffe zu erklären:

- Laufrahmen
- Sortieren
- Relativer Zellbezug
- Sortierreihenfolge
- Absoluter Zellbezug

Zeilen einfügen und löschen

Warum sollten Sie auf die Idee kommen, einem Arbeitsblatt, das ohnehin schon über mehr als 4 Mio. Zellen verfügt, noch welche hinzuzufügen? Ganz einfach. Manchmal benötigen Sie in Ihrem Arbeitsblatt eine neue Spalte oder Zeile, die neue Daten zur Ergänzung eines bereits vorhandenen Zellbereichs mit Text und Zahlen enthält.

Die Übungen 4.46 und 4.47 führen Sie durch die einzelnen Schritte zum Einfügen von Zeilen und Spalten.

Übung 4.46: Eine neue Zeile einfügen

1) Öffnen Sie das zweite Arbeitsblatt *Tabelle2* in Ihrer Arbeitsmappe.
2) Markieren Sie den Zeilenkopf der Zeile, die unmittelbar unter der Zeile liegt, unter der Sie eine neue einfügen möchten. Wenn Sie z.B. eine neue Zeile unterhalb von Zeile 4 einfügen möchten, klicken Sie auf den Zeilenkopf von Zeile 5.

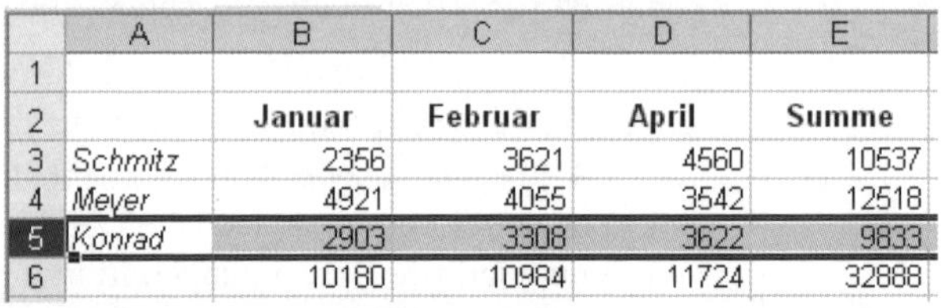

	A	B	C	D	E
1					
2		**Januar**	**Februar**	**April**	**Summe**
3	*Schmitz*	2356	3621	4560	10537
4	*Meyer*	4921	4055	3542	12518
5	*Konrad*	2903	3308	3622	9833
6		10180	10984	11724	32888

3) Rufen Sie den Menübefehl EINFÜGEN/ZEILEN auf. Excel fügt eine neue Zeile mit leeren Zellen ein.

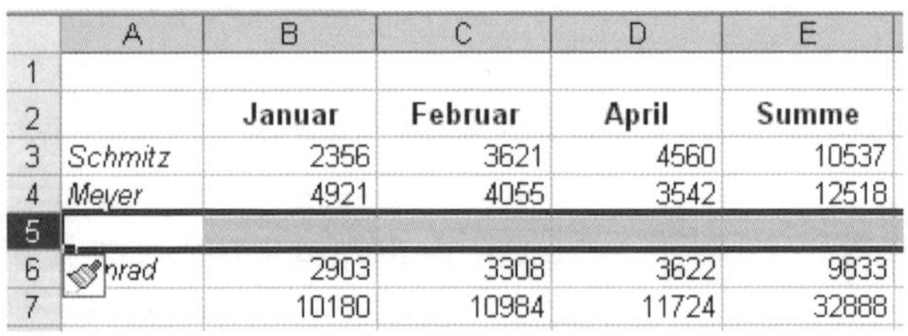

	A	B	C	D	E
1					
2		**Januar**	**Februar**	**April**	**Summe**
3	*Schmitz*	2356	3621	4560	10537
4	*Meyer*	4921	4055	3542	12518
5					
6	*nrad*	2903	3308	3622	9833
7		10180	10984	11724	32888

4) Es erscheint eine Schaltfläche EINFÜGE-OPTIONEN unterhalb der eingefügten Zeile. Klicken Sie auf den Pfeil, der erscheint, wenn Sie mit der Maus auf die Schaltfläche zeigen, um die Formatoptionen angezeigt zu bekommen, die Sie den Zellen der neuen Zeile zuweisen können. Wählen Sie den Eintrag GLEICHES FORMAT WIE ZELLE OBEN, um den Zellen die gleiche Formatierung wie den Zellen in Zeile 4 (direkt darüber) zuzuweisen.

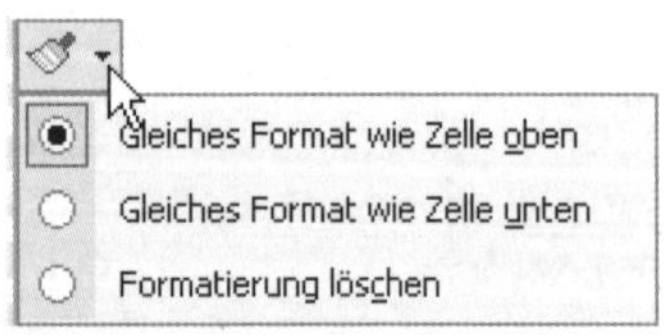

5) Geben Sie neuen Text und Zahlen gemäß der folgenden Abbildung (S.359 oben) in die Zellen A5, B5, C5 und D5 ein. Während Sie die neuen Zahlen eingeben, berechnet Excel das Gesamtergebnis in Zeile 7 automatisch neu.

6) Geben Sie in Zelle E5 die folgende SUMME-Funktion ein (falls Excel das nicht automatisch macht), um die Zellen von Zeile 5 zu addieren.

   =SUMME(B5:D5)

   Excel berechnet E7, die Summe der Gesamtsummen, neu, um E5, die Summe der Zahlen, die Sie in Zeile 5 eingegeben haben, zu berücksichtigen. Ihr Arbeitsblatt sollte nun so aussehen:

	A	B	C	D	E
1					
2		**Januar**	**Februar**	**April**	**Summe**
3	*Schmitz*	2356	3621	4560	10537
4	*Meyer*	4921	4055	3542	12518
5	*Backes*	3872	2441	4949	11262
6	*Konrad*	2903	3308	3622	9833
7		14052	13425	16673	44150
8					

7) Damit das Arbeitsblatt leichter zu lesen ist, fügen Sie eine leere Zeile über der Zeile mit den Gesamtergebnissen der einzelnen Spalten ein.

	A	B	C	D	E
1					
2		**Januar**	**Februar**	**April**	**Summe**
3	*Schmitz*	2356	3621	4560	10537
4	*Meyer*	4921	4055	3542	12518
5	*Backes*	3872	2441	4949	11262
6	*Konrad*	2903	3308	3622	9833
7					
8		14052	13425	16673	44150

Zeilen löschen

Um eine Zeile zu löschen, wählen Sie den entsprechenden Zeilenkopf aus und rufen dann den Menübefehl BEARBEITEN/ZELLEN LÖSCHEN auf. Die darunter liegende Zeile rutscht nun hoch, um den nunmehr frei gewordenen Platz zu füllen.

Spalten einfügen und löschen

Das Einfügen einer neuen Spalte in ein Arbeitsblatt funktioniert ähnlich wie das Einfügen einer neuen Zeile. Die Übung 4.47 zeigt Ihnen, wie dies geht.

Übung 4.47: Eine neue Spalte einfügen

1) Markieren Sie den Spaltenkopf der Spalte, die unmittelbar rechts neben der Spalte liegt, neben der Sie eine neue einfügen möchten.

   Wenn Sie z.B. eine neue Spalte rechts neben Spalte C einfügen möchten, klicken Sie in den Spaltenkopf von Spalte D.

D
April
4560
3542
4949
3622
16673

2) Rufen Sie den Menübefehl EINFÜGEN/SPALTEN auf. Excel fügt eine neue Spalte leerer Zellen ein.

3) Wie auch beim Einfügen von Zeilen erscheint eine Schaltfläche *Einfügeoptionen*. Klicken Sie auf den Pfeil, der erscheint und wählen Sie *Gleiches Format wie Zelle links*, um jeder Zelle der neuen Spalte die gleiche Formatierung wie die jeweils links davon liegende Zelle zuzuweisen.

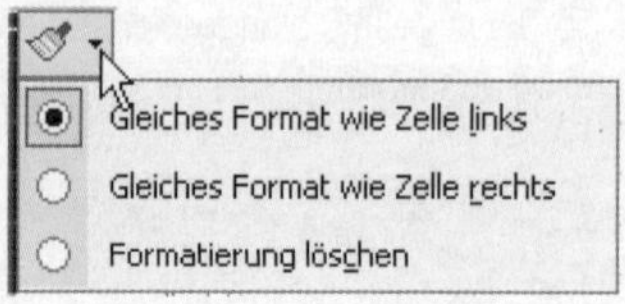

4) Geben Sie in D2:D6 Text und Zahlen wie angezeigt ein.

   Während Sie die neuen Zahlen in Spalte D eingeben, berechnet Excel die Gesamtergebnisse in Spalte F automatisch neu.

5) Um die neuen Zahlen in Spalte D zu addieren, geben Sie folgende SUMME-Funktion in Zelle D8 ein.

   =SUMME(D3:D6)

	A	B	C	D	E	F
1						
2		**Januar**	**Februar**	**März**	**April**	**Summe**
3	*Schmitz*	2356	3621	4185	4560	14722
4	*Meier*	4921	4055	3814	3542	16332
5	*Backes*	3872	2441	2888	4949	14150
6	*Konrad*	2903	3308	3487	3622	13320
7						
8		14052	13425	14374	16673	58524

6) Damit Ihr Arbeitsblatt leichter zu lesen ist, fügen Sie eine Spalte rechts von der Spalte *April* ein.

7) Die leere Spalte ist breiter als nötig. Klicken Sie im Spaltenkopf auf die Begrenzungslinie der Spalten F und G und ziehen Sie die Begrenzung nach links.

Spalten löschen

Um eine Spalte zu löschen, wählen Sie den entsprechenden Spaltenkopf aus und rufen dann den Menübefehl BEARBEITEN/ZELLEN LÖSCHEN auf. Die Spalte rechts neben der ausgewählten Spalte rutscht nach links, um den Platz der zuvor gelöschten Spalte einzunehmen.

Zellen einfügen und löschen

Sie können einzelne Zellen in Ihr Arbeitsblatt einfügen, indem Sie zuerst eine Zelle auswählen, die unmittelbar unter oder rechts neben der Stelle liegt, an der Sie eine neue Zelle einfügen möchten. Rufen Sie dann den Menübefehl EINFÜGEN/ZELLEN auf.

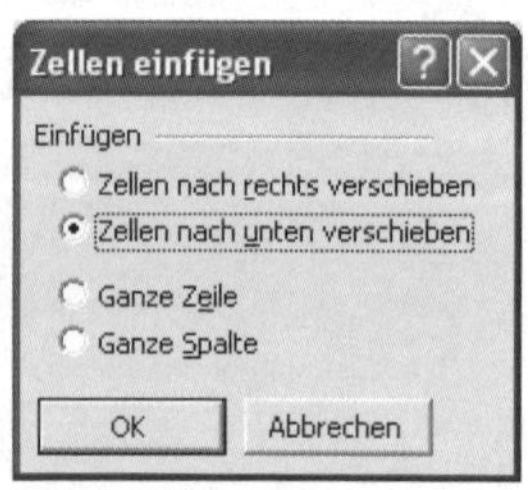

Um eine Zelle zu löschen, wählen Sie die entsprechende Zelle aus und rufen dann den Menübefehl BEARBEITEN/ZELLEN LÖSCHEN auf.

Seien Sie beim Einfügen und Löschen von neuen Zellen oder Zellbereichen vorsichtig, da Excel die Position der Zellen in der Umgebung automatisch anpasst. Excel fordert Sie auf anzugeben, ob die benachbarten Zellen nach rechts oder nach unten verschoben werden.

Zellinhalte kopieren und einfügen

Nehmen wir einmal an, Sie haben einen Text oder eine Zahl in einer Zelle und Sie möchten diesen Inhalt in eine andere Zelle kopieren. Wie funktioniert das? Es gibt viele Möglichkeiten, eine Zelle bzw. Zellen in einem Arbeitsblatt zu kopieren. Wir möchten Ihnen die zwei bequemsten Möglichkeiten zeigen:

- Drag&Drop
- Rechtsklick

In den Übungen 4.48 und 4.49 lernen Sie jeweils eine dieser Methoden kennen.

Übung 4.48: Mit Drag&Drop kopieren und einfügen

1) Markieren Sie die Zelle, deren Inhalt Sie kopieren möchten.

   Klicken Sie z.B. auf das Register *Tabelle1*, um Ihr erstes Arbeitsblatt anzuzeigen. Schreiben Sie 1234 in Zelle B57 und drücken Sie die [↵]-Taste. Klicken Sie als Nächstes in Zelle B57, um sie auszuwählen.

   Sie werden bemerken, dass der Mauszeiger die Form eines Kreuzes annimmt.

2) Bewegen Sie den Mauszeiger an den unteren Rand der ausgewählten Zelle und halten Sie die [Strg]-Taste gedrückt. Excel verwandelt den Mauszeiger vom Kreuz in einen Pfeil mit einem kleinen Pluszeichen.

   (Sie können den Mauszeiger an jeden Rand einer ausgewählten Zelle bewegen. Es kommt nicht darauf an, welchen Rand Sie nehmen. Der Mauszeiger ändert in jedem Fall seine Form.)

3) Während Sie die [Strg]-Taste gedrückt halten, ziehen Sie die Zelle an die Stelle, an der Sie den Inhalt einfügen möchten, z.B. in Zelle D57.

4) Lassen Sie zuerst die Maustaste und dann erst die [Strg]-Taste los.

   (Wenn Sie die [Strg]-Taste zuerst loslassen, verschiebt Excel den Zellinhalt, statt ihn zu kopieren.)

   Excel überschreibt eventuell bereits vorhandenen Zellinhalt der Zelle D57 mit den eingefügten Daten.

   Gut gemacht! Sie haben eine Zahl aus einer Zelle des Arbeitsblatts in eine andere Zelle kopiert, ohne auf eine Schaltfläche der Symbolleiste zu klicken oder einen Menübefehl auszuwählen.

Übung 4.49: Mit einem Rechtsklick kopieren und einfügen

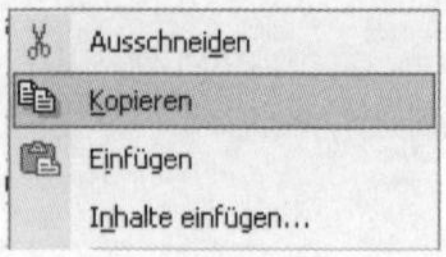

1) Markieren Sie die Zelle, deren Inhalt Sie kopieren möchten. Markieren Sie, wie schon in Übung 4.48, die Zelle B57.
2) Klicken Sie mit der rechten Maustaste in die Zelle.
3) Wählen Sie KOPIEREN aus dem Kontextmenü. Excel deponiert den Inhalt der Zelle B57 in der Zwischenablage.
4) Klicken Sie in Zelle F57.
5) Klicken Sie mit der rechten Maustaste in die Zelle.
6) Wählen Sie im Kontextmenü den Eintrag EINFÜGEN.

Excel überschreibt eventuell bereits vorhandenen Zellinhalt der Zelle F57 mit den eingefügten Daten.

Eine Schaltfläche *Einfügen-Optionen* erscheint unterhalb der Zelle mit dem eingefügten Inhalt. Klicken Sie auf den Pfeil, der erscheint, wenn Sie mit der Maus über die Schaltfläche gehen, um die Formatierungsoptionen zu sehen, die Sie der eingefügten Information zuweisen können.

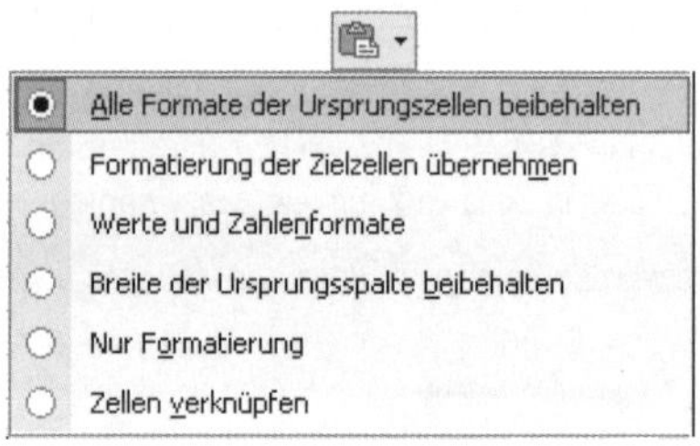

Wählen Sie *Alle Formate der Ursprungszellen beibehalten*, um den eingefügten Inhalt genauso zu formatieren wie den Inhalt der kopierten Zelle.

Sie können Drag&Drop oder auch den Rechtsklick nicht nur auf einzelne Zellen anwenden. Beide Methoden funktionieren auch mit ausgewählten Zellbereichen.

Die Zwischenablage

Wenn Sie auf eine andere Art als mit Drag&Drop kopieren (ausschneiden) und einfügen, so werden die kopierten (ausgeschnittenen) Zellen in einem temporären Speicher namens Zwischenablage abgelegt. Es gibt einige Dinge, die Sie sich bezüglich der Zwischenablage merken sollten:

- Die Zwischenablage ist ein temporärer Speicher. Wenn Sie Ihren Computer abschalten, wird der Inhalt der Zwischenablage gelöscht.
- Ein und dieselbe Zwischenablage steht allen Windows-Anwendungen zur Verfügung. Sie können z.B. etwas aus Excel kopieren und in Word einfügen.

- Die Office-Zwischenablage kann gleichzeitig bis zu vierundzwanzig kopierte Elemente beinhalten. Werden mehr als vierundzwanzig Speicherplätze in der Office-Zwischenablage benötigt, so wird der erste Inhalt gelöscht, um Platz zu schaffen, usw.

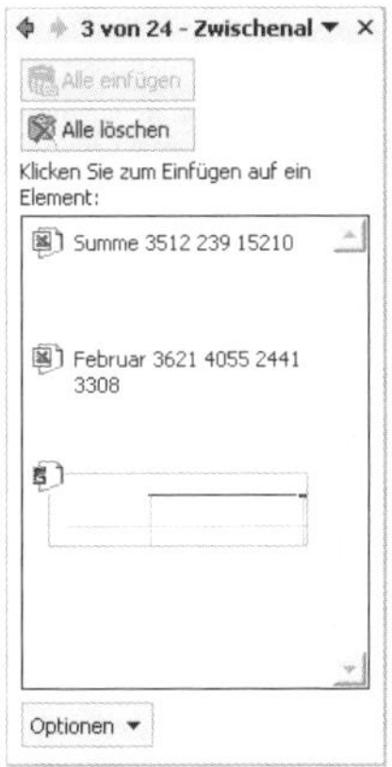

- Sie können den Inhalt der Office-Zwischenablage anschauen, indem Sie den Aufgabenbereich *Zwischenablage* öffnen (Menübefehl BEARBEITEN/OFFICE-ZWISCHENABLAGE). Dort werden alle in der Zwischenablage enthaltenen Elemente aufgelistet, wobei das neueste Element an oberster Stelle steht. Jedes Element ist mit einem Symbol versehen, an dem zu erkennen ist, aus welchem Programm es stammt. Außerdem wird ein kleiner Ausschnitt des Textes oder eine Miniaturabbildung einer kopierten Grafik angezeigt.
- Um das zuletzt kopierte oder ausgeschnittene Element aus der Zwischenablage einzufügen, klicken Sie einfach auf die Schaltfläche *Einfügen* in der *Standard*-Symbolleiste oder wählen Sie den Menübefehl BEARBEITEN/EINFÜGEN.
- Um ein anderes Element einzufügen, klicken Sie auf das entsprechende Symbol im Aufgabenbereich *Zwischenablage*.
- Um alle vorher kopierten oder ausgeschnittenen Elemente einzufügen, klicken Sie auf die Schaltfläche *Alle einfügen* im *Aufgabenbereich.*
- Inhalte bleiben auch nach dem Einfügen in der Zwischenablage erhalten. Sie können also denselben Inhalt einfügen, so oft und wo Sie möchten.
- Um Elemente aus der Zwischenablage zu löschen, führen Sie im Aufgabenbereich Zwischenablage einen Rechtsklick auf das entsprechende Element aus, und wählen dann LÖSCHEN aus dem Kontextmenü. Um alle Elemente aus der Zwischenablage zu löschen, wählen Sie die Schaltfläche *Alle löschen* im Aufgabenbereich.

Der blinkende Laufrahmen

Wenn Sie eine Zelle oder einen Zellbereich anders als mit Drag&Drop kopieren (oder ausschneiden), umgibt Excel die ausgewählten Zellen mit einem blinkenden Rechteck, dem so genannten Laufrahmen.

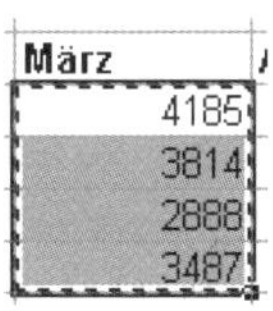

Laufrahmen

Ein blinkendes Rechteck, mit dem Excel eine Zelle oder einen Zellbereich markiert, den Sie in die Zwischenablage kopiert haben.

Sie können einen Laufrahmen jederzeit durch Drücken der [Esc]-Taste oben links auf der Tastatur entfernen.

Wenn Sie den Laufrand entfernen, entfernt Excel den Inhalt der ausgewählten Zelle oder des Zellbereichs aus der Zwischenablage.

Übung 4.50: Einen Zellbereich kopieren und einfügen

In dieser Übung wird ein zusammenhängender Zellbereich kopiert und eingefügt. Für das Kopieren und Einfügen verwenden Sie die entsprechenden Tastenkombinationen.

1) Schreiben Sie in *Tabelle1* die Zahl *1234* in die Zellen C57 und E57.
2) Wählen Sie den Zellbereich B57:F57 aus.
3) Drücken Sie [Strg]+[C], um die Zellen in die Zwischenablage zu kopieren.
4) Klicken Sie in Zelle B59 und drücken Sie [Strg]+[V], um die Daten aus der Zwischenablage einzufügen.

   Excel kopiert die Zellen in den neuen Zellbereich B59:F59, wie folgende Abbildung zeigt.

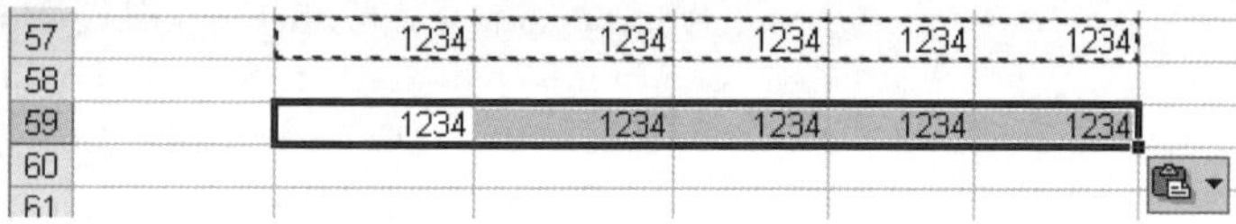

Wie schon zuvor, erscheint die Schaltfläche *Einfügen-Optionen*. Klicken Sie auf den Pfeil an der rechten Seite der Schaltfläche und wählen Sie *Alle Formate der Ursprungszellen beibehalten.*

Sie können die Daten aus der Zwischenablage in einem Arbeitsschritt in mehrere Bereiche einfügen. Die Übung 4.51 zeigt Ihnen, wie es geht.

Übung 4.51: Kopieren und an unterschiedlichen Stellen einfügen

1) Während sich der Zellbereich B57:F57 aus der Übung 21.5 noch in der Zwischenablage befindet, wählen Sie den zusammenhängenden Zellbereich B61:F64 aus.
2) Drücken Sie [Strg]+[V], um die Zellen einzufügen. Alle vier Zeilen des zusammenhängenden Zellbereichs enthalten nun die eingefügten Zellen.
3) Wählen Sie den nicht zusammenhängenden Zellbereich B66:F66, B68:F68, B70:F70.
4) Drücken Sie [Strg]+[V], um die Zellen einzufügen. Alle drei nicht zusammenhängenden Zeilen des Zielbereichs enthalten nun die eingefügten Zellen.

   Ihr Arbeitsblatt sollte so aussehen:

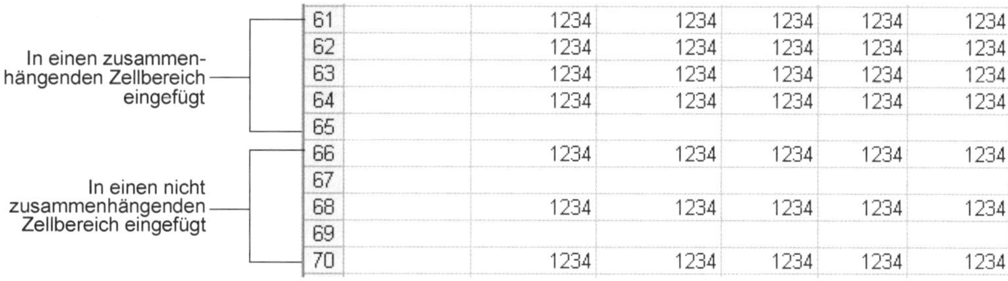

Zellinhalte ausschneiden und einfügen

Schaltfläche Kopieren

Schaltfläche Ausschneiden

Schaltfläche Einfügen

Der Unterschied zwischen *Ausschneiden/Einfügen* und *Kopieren/Einfügen* besteht darin, dass Excel beim Ausschneiden den Inhalt aus der Ursprungszelle entfernt, während beim Kopieren der Inhalt an seiner ursprünglichen Stelle verbleibt. Ausschneiden entfernt aber nicht die Zelle, wie es der Menübefehl BEARBEITEN/LÖSCHEN tut. Nur der Inhalt wird gelöscht, sodass eine leere Zelle zurückbleibt.

Halten Sie beim Ziehen des Zellinhalts an seinen neuen Platz nicht die [Strg]-Taste gedrückt, wenn Sie mit Drag&Drop ausschneiden und einfügen.

Wählen Sie AUSSCHNEIDEN und nicht KOPIEREN, wenn Sie über das Kontextmenü ausschneiden und einfügen. Die Befehle AUSSCHNEIDEN, KOPIEREN und EINFÜGEN können Sie auch im Menü BEARBEITEN von Excel finden. Die Tastenkombination zum Ausschneiden einer Zelle oder eines Zellbereichs ist [Strg]+[X].

Zusätzlich können Sie aber auch die Schaltflächen *Ausschneiden*, *Kopieren* und *Einfügen* in der *Standard*-Symbolleiste verwenden.

Zwischen Arbeitsblättern und Arbeitsmappen kopieren

Das Kopieren, Ausschneiden und Einfügen von Zellen ist nicht auf ein und dasselbe Arbeitsblatt (z.B. *Tabelle1*) beschränkt. Sie können auch zwischen den einzelnen Arbeitsblättern einer Arbeitsmappe (also *Tabelle1* und *Tabelle2* Ihrer Arbeitsmappe), ja sogar zwischen verschiedenen Arbeitsmappen kopieren, ausschneiden und einfügen.

Übung 4.52: Zwischen Arbeitsmappen kopieren und einfügen

1) Markieren Sie im Arbeitsblatt *Tabelle2* den Zellbereich A2:G8.
2) Rufen Sie den Menübefehl BEARBEITEN/KOPIEREN auf, um die Zellen in die Zwischenablage zu kopieren.
3) Klicken Sie auf die Schaltfläche *Neu* in der *Standard*-Symbolleiste, um eine neue Arbeitsmappe zu öffnen. Eine neue Arbeitsmappe mit *Tabelle1* in der Anzeige wird geöffnet.

4) Geben Sie in das *Namenfeld* der neuen Arbeitsmappe *A100* ein und drücken Sie dann die [↵]-Taste. Die Zellmarkierung wird in Zelle A100 gesetzt, die somit zur aktiven Zelle wird.

5) Wählen Sie den Menübefehl BEARBEITEN/EINFÜGEN, um den Zellbereich aus der Zwischenablage einzufügen.

Die Übung ist hiermit beendet. Schließen Sie die neue Arbeitsmappe, ohne sie zu speichern.

Verschieben oder Kopieren von Blättern

Sie können aber auch ein gesamtes Arbeitsblatt oder alle Arbeitsblätter einer Arbeitsmappe kopieren oder verschieben. Seien Sie beim Verschieben und Kopieren von Arbeitsblättern jedoch vorsichtig, da Berechnungen oder Diagramme, die auf den Daten eines Arbeitsblattes basieren, falsche Werte zurückgeben, wenn Sie das Arbeitsblatt verschieben. Um Blätter in eine andere Arbeitsmappe zu verschieben oder zu kopieren, gehen Sie wie folgt vor:

- Öffnen Sie die Arbeitsmappe, in die die Blätter eingefügt werden sollen.
- Wechseln Sie zu der Arbeitsmappe, in der sich das Arbeitsblatt oder die Arbeitsblätter befinden, die Sie verschieben bzw. kopieren möchten.
- Markieren Sie das gewünschte Arbeitsblatt oder mehrere Arbeitsblätter.

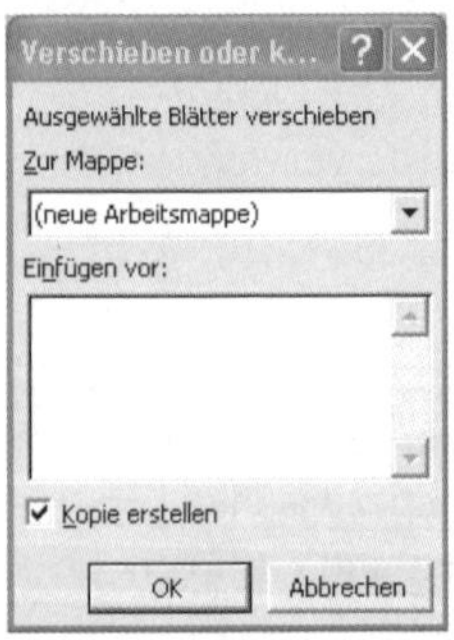

- Rufen Sie den Menübefehl BEARBEITEN/BLATT VERSCHIEBEN/KOPIEREN auf.
- Wählen Sie im angezeigten Dialogfeld im Listenfeld *Zur Mappe* die Arbeitsmappe, in die Sie die Blätter einfügen möchten.
- Um die markierten Blätter in eine neue Arbeitsmappe zu verschieben oder zu kopieren, wählen Sie *(neue Arbeitsmappe)*.
- Wählen Sie im Feld *Einfügen vor* aus, an welche Stelle verschoben oder kopiert werden soll
- Wenn Sie die Blätter nicht verschieben, sondern kopieren möchten, machen Sie ein Häkchen im Kontrollkästchen *Kopie erstellen*.

Um ein einzelnes Arbeitsblatt zu markieren, klicken Sie auf die Registerlasche des entsprechenden Arbeitsblattes.

Um zwei oder mehrere aneinander grenzende Arbeitsblätter zu markieren, klicken Sie auf die Registerkarte des ersten Arbeitsblattes, das Sie kopieren oder verschieben möchten, halten die Umschalttaste gedrückt und klicken dann auf die Registerlasche des letzten Arbeitsblattes, das Sie markieren möchten.

Um zwei oder mehrere nicht aneinander grenzende Arbeitsblätter zu markieren, klicken Sie auf die Registerlasche des ersten Arbeitsblattes, das Sie kopieren oder verschieben möchten, halten die [Strg]-

Taste gedrückt und klicken dann auf die Registerlaschen der weiteren Blätter, die Sie markieren möchten.

Um alle Arbeitsblätter einer Arbeitsmappe zu markieren, klicken Sie mit der rechten Maustaste auf die Registerlasche des ersten Blattes und wählen im Kontextmenü den Eintrag ALLE BLÄTTER AUSWÄHLEN aus.

Wenn Sie Arbeitsblätter innerhalb einer aktiven Arbeitsmappe verschieben möchten, klicken Sie in das entsprechende Blattregister, und ziehen das Arbeitsblatt mit gedrückter Maustaste an eine andere Stelle in der Leiste. Um Arbeitsblätter innerhalb einer aktiven Arbeitsmappe zu kopieren, halten Sie beim Ziehen die [Strg]-Taste gedrückt. Lassen Sie zuerst die Maustaste und dann die [Strg]-Taste los.

Berechnungen verschieben

Zahlen und Text können in der Regel ohne Probleme kopiert, ausgeschnitten und eingefügt werden. Aber wie steht es mit Berechnungen? Können beim Verschieben von Formeln und Funktionen Fehler auftreten?

Ja, aber nur dann, wenn Berechnungen mit festgelegten Faktoren (Konstanten) betroffen sind. Wie Sie in Lektion 4.2 gelernt haben, handelt es sich dabei um Berechnungen, in denen ein gemeinsamer Zellbezug mit einem festgelegten Faktor in Formeln oder Funktionen verschiedener Spalten oder Zeilen verwendet wird. Häufige Beispiele für solche festgelegten Faktoren sind Wechselkurse, Steuersätze oder Provisionssätze.

In Übung 4.53 zeigen wir Ihnen, welches Problem beim Kopieren festgelegter Faktoren auftreten kann.

Übung 4.53: Berechnungen mit festen Faktoren kopieren

1) Wählen Sie in *Tabelle1* den Zellbereich B46:D54 aus und drücken Sie [Strg]+[C], um in die Zwischenablage zu kopieren.

2) Klicken Sie in Zelle F46 und drücken Sie [Strg]+[V]. Excel kopiert die Zelle ohne Fehler an ihre neue Stelle.

   Wenn Sie auf irgendeine berechnete Zelle klicken, können Sie sehen, dass Excel automatisch die Argumente der Formeln an die neuen Zellbezüge angepasst hat.

   C50 enthält z.B. die Formel =B50*C46. Die entsprechende Zelle in den eingefügten Daten, G50, enthält die Formel F50*G46.

3) Wählen Sie den Zellbereich B49:D54 aus und drücken Sie [Strg]+[C], um in die Zwischenablage zu kopieren.

4) Klicken Sie in Zelle J49 und drücken Sie [Strg]+[V], um die Daten aus der Zwischenablage einzufügen.

   Diesmal erzeugt das Einfügen der Zellen einen Berechnungsfehler. Excel hat die Zellbezüge der zwei festgelegten Faktoren (die Umrechnungskurse für Dollar und Yen) geändert. Die Formeln verweisen jetzt auf den neuen Ort der Zellen K46 und K47, diese sind jedoch leer.

	J	K	L
46			
47			
48			
49	€	Dollar	Yen
50	100	=J50*K46	=J50*K47
51	150	=J51*K46	=J51*K47
52	200	=J52+K46	=J52*K47
53	250	=J53+K46	=J53*K47
54	300	=J54*K46	=J54*K47

Aber es gibt eine Lösung für dieses Problem. Wählen Sie als Erstes den Zellbereich J49:J54 aus und löschen Sie ihn dann über den Befehl BEARBEITEN/LÖSCHEN/ALLES. Dadurch wird nicht nur der Zellinhalt, sondern auch die Formatierung gelöscht.

5) Führen Sie einen Doppelklick auf C50 aus und ändern Sie die Formel wie folgt: B50*$C$46. Gleiches gilt auch für C51:C54, ändern Sie alle Bezüge von C46 in $C$46.

   Als Nächstes ändern Sie in den Zellen D50:D54 alle Zellbezüge von C47 in $C$47 um. Ihr Formeln im Arbeitsblatt sollten nun so aussehen wie in der folgenden Abbildung.

49	€	Dollar	Yen
50	100	=B50*$C$46	=B50*$C$47
51	150	=B51*$C$46	=B51*$C$47
52	200	=B52+$C$46	=B52*$C$47
53	250	=B53+$C$46	=B53*$C$47
54	300	=B54*$C$46	=B54*$C$47

6) Wählen Sie die Zellen B49:D54 aus und drücken Sie Strg + C, um sie zu kopieren.

7) Klicken Sie in Zelle J49 und drücken Sie Strg + V, um die Daten aus der Zwischenablage einzufügen. Keine Fehler! Wenn Sie nun auf irgendeine Zelle mit Formel klicken, stellen Sie fest, dass Excel die Zellbezüge, die das Symbol $ enthielten, nicht angepasst hat. Auch beim Einfügen an einer neuen Stelle verweist die Berechnung weiterhin auf die ursprünglichen Zellverweise, die zwei Wechselkurse.

Diese Übung verdeutlichte den Unterschied zwischen relativem und absolutem Zellbezug. Das nächste Thema hält noch mehr Einzelheiten hierzu bereit.

Zellbezüge: Zwei Arten

Die Lektion 4.1 zeigte, dass jede Zelle in einem Arbeitsblatt einen eindeutigen Zellbezug hat, der in der Form A1 geschrieben wird, zuerst der Spaltenbuchstabe, dann die Zeilenzahl.

Tatsache ist aber, dass Excel zwei Arten von Zellbezügen unterstützt: relative (die Art A1, die Sie schon kennen) und absolute (die Art $A$1, die Sie gerade in Übung 4.53 kennen gelernt haben).

Warum reicht eine Art des Zellbezugs nicht aus? Wie Übung 4.53 gezeigt hat, ergibt sich die Antwort aus der Art und Weise, wie Excel Berechnungen, die Zellbezüge enthalten, kopiert und einfügt.

Einen Zellbezug, den Excel automatisch anpasst, wenn die Berechnungszelle, die diesen Bezug enthält, an eine neue Position verschoben wird, nennt man relativen Zellbezug.

Relativer Zellbezug

Ein Verweis auf eine Zelle oder einen Zellbereich im Format A1. Excel ändert einen relativen Zellbezug, wenn Sie eine Formel oder Funktion kopieren, die einen solchen Bezug enthält.

Ein absoluter Zellbezug hingegen ändert sich nicht, wenn die Berechnung, die diesen Bezug enthält, an eine neue Position verschoben wird. Sie sollten also mit absoluten Zellbezügen arbeiten, wenn es sich um Berechnungen mit festgelegten Faktoren handelt. Sie können einen Teil eines Zellbezugs relativ und einen anderen Teil absolut machen: z.B. G$13 oder $D17. Dies wird auch als gemischter Zellbezug bezeichnet.

Absoluter Zellbezug

Der Verweis auf eine Zelle oder einen Zellbereich im Format $A$1. Excel passt einen absoluten Zellbezug nicht an, wenn Sie eine Berechnung, die einen solchen Bezug beinhaltet, an eine neue Position verschieben.

Übung 4.54: Mit absoluten Zellbezügen arbeiten

In dieser Übung verwenden Sie die Funktion *Suchen und Ersetzen*, um relative Zellbezüge in absolute umzuwandeln und dann die damit zusammenhängenden Berechnungen an eine neue Position zu kopieren.

1) Markieren Sie im Arbeitsblatt *Tabelle1* den Zellbereich E40:E43.

2) Rufen Sie den Menübefehl BEARBEITEN/ERSETZEN auf. Geben Sie die Werte wie unten dargestellt ein, wählen Sie *Alle ersetzen* und anschließend *Schließen*.

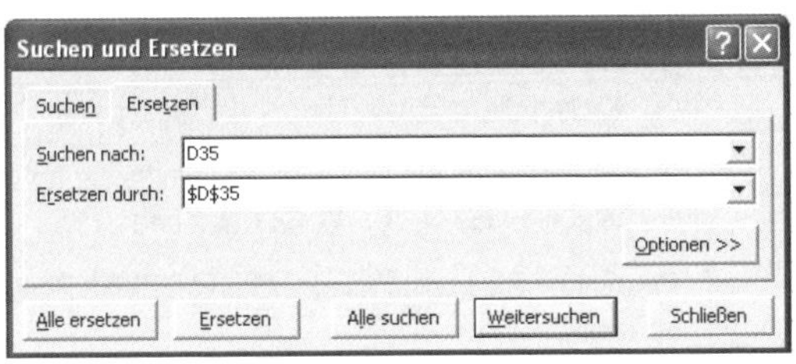

3) Wählen Sie den Zellbereich G40:G43 aus und wiederholen Sie Schritt 2. Ersetzen Sie dieses Mal jedes Auftreten von D36 durch $D$36.

   Sie können jetzt die zwei Zellen kopieren, die auf die zwei festen Faktoren Verkaufsprovision und Steuersatz verweisen.

4) Wählen Sie den Zellbereich B39:H44 aus und drücken Sie `Strg`+`C`, um ihn in die Zwischenablage zu kopieren.

5) Klicken Sie in Zelle J39 und drücken Sie `Strg`+`V`. Die Berechnungen wurden nun ohne Fehler kopiert.

Sortieren: Zellen nach Inhalt sortieren

Möglicherweise entspricht die Reihenfolge, in der Sie Daten in Ihr Arbeitsblatt eingegeben haben, nicht der Reihenfolge, die Sie sich für die Anzeige oder den Ausdruck dieser Information wünschen. Nehmen wir einmal an, Sie haben eine Liste von Zahlen in die Spalte eines Arbeitsblatts eingegeben.

Sie können Zellen so sortieren lassen, dass Excel sie in aufsteigender oder absteigender Reihenfolge gemäß ihres Wertes anzeigt. Wählen Sie dazu den entsprechenden Zellbereich aus und klicken Sie dann auf die Schaltfläche *Aufsteigend* (oder *Absteigend*). Die neu sortierte Liste ist vielleicht einfacher zu lesen als die ursprüngliche unsortierte.

Sortieren
Das Neuanordnen von Zellen in einer Spalte nach dem Wert in den einzelnen Zellen. Das Sortieren ändert nichts am Inhalt der Zellen, sondern nur an ihrer Position.

Excel bietet mehrere Möglichkeiten der Reihenfolge, genannt Sortierreihenfolge.

Sortierreihenfolge
Eine bestimmte Weise, in der Zellen, auf ihrem Wert basierend, sortiert werden. Eine Sortierreihenfolge kann alphabetisch oder numerisch und zusätzlich aufsteigend (0-9, A-Z) oder absteigend (9-0, Z-A) sein.

Übung 4.55: Einfaches Sortieren

1) Klicken Sie in *Tabelle1* in Zelle B73 und geben Sie dann die Beschriftung *Original* ein.

2) Geben Sie in die sechs Zellen unmittelbar unter B73 die folgende Zahlenliste vertikal ein: *453, 123, 340, 683, 987* und *213*.

3) Geben Sie in die Zellen C73 und D73 die Beschriftung *Aufsteigend* bzw. *Absteigend* ein.

4) Wählen Sie den Zellbereich B74:B79 aus und drücken Sie `Strg`+`C`.

5) Wählen Sie den Zellbereich C74:D79 aus und drücken Sie [Strg]+[V].

Schaltfläche Aufsteigend sortieren

6) Wählen Sie nun den Zellbereich C74:C79 aus und klicken Sie auf die Schaltfläche *Aufsteigend sortieren* in der *Standard*-Symbolleiste.

Es erscheint das Dialogfeld *Sortierwarnung*, um sicherzugehen, ob Sie nur die ausgewählten Daten sortieren möchten, oder ob die Daten der benachbarten Zellen ebenfalls sortiert werden sollen. Da es sich hier um ein einfaches Sortieren handelt, wählen Sie *Mit bestehender Markierung fortfahren* und klicken dann auf *Sortieren*.

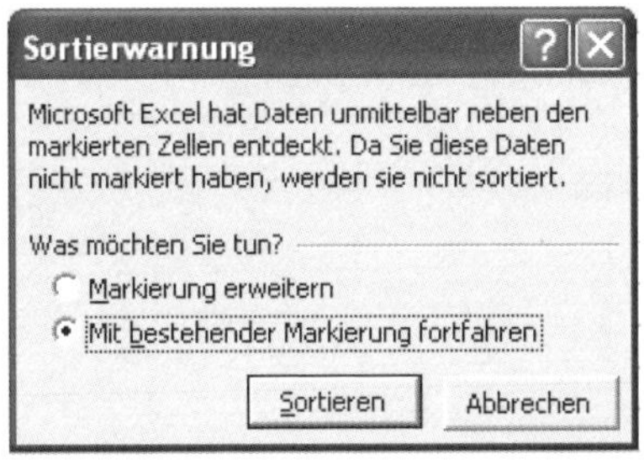

In Übung 4.56 nehmen Sie eine Mehrfachsortierung vor, bei der Sie Daten in mehreren Spalten auf einmal sortieren.

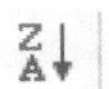

Schaltfläche Absteigend sortieren

7) Wählen Sie nun den Zellbereich D74:D79 aus und klicken Sie auf die Schaltfläche *Absteigend sortieren* in der *Standard*-Symbolleiste.

8) Wie schon zuvor erscheint das Dialogfeld *Sortierwarnung*. Wählen Sie *Mit bestehender Markierung fortfahren* und klicken Sie dann auf *Sortieren*.

Ihr Arbeitsblatt sollte nun so aussehen.

	B	C	D
72			
73	Original	Aufsteigen	Absteigend
74	453	123	987
75	123	213	683
76	340	340	453
77	683	453	340
78	987	683	213
79	213	987	123

Die zwei Schaltflächen zum Sortieren bieten einen schnellen Weg, um mit einem Klick einen Zellbereich neu zu sortieren. Wie Sie in Übung 4.56 erfahren werden, bietet der Excel-Befehl DATEN/SORTIEREN noch eine zusätzliche Möglichkeit. Sie können einen Zellbereich nach den Werten in mehreren Spalten sortieren lassen. Das nennt sich dann *Sortieren nach mehreren Kriterien*.

Übung 4.56: Komplexes Sortieren

Bevor wir die Daten alphabetisch sortieren, geben wir noch ein paar Daten mehr in die Tabelle ein, wozu noch einige Zeilen eingefügt werden müssen.

	A	B	C	D	E	F	G
1							
2		**Januar**	**Februar**	**März**	**April**		**Summe**
3	*Schmitz*	2356	3621	4185	4560		14722
4	*Meyer*	4921	4055	3814	3542		16332
5	*Backes*	3872	2441	2888	4949		14150
6	*Konrad*	2903	3308	3487	3622		13320
7							
8		14052	13425	14374	16673		58524

1) Wählen Sie Zeile 7 aus, indem Sie auf den Zeilenkopf klicken, und wählen Sie dann den Menübefehl EINFÜGEN/ZEILEN. Als Nächstes drücken Sie zweimal [Strg]+[Y]. Das ist die Tastenkombination in Excel für den Befehl Wiederholen. Excel fügt unterhalb von Zeile 6 drei neue Zeilen ein.

	A	B	C	D	E	F	G
1							
2		**Januar**	**Februar**	**März**	**April**		**Summe**
3	*Schmitz*	2356	3621	4185	4560		14722
4	*Meyer*	4921	4055	3814	3542		16332
5	*Backes*	3872	2441	2888	4949		14150
6	*Konrad*	2903	3308	3487	3622		13320
7							
8							
9							
10							
11		14052	13425	14374	16673		58524

2) Geben Sie in die Zeilen 7, 8 und 9 den Text und die Zahlen,wie unten im Bild dargestellt ein.

	A	B	C	D	E	F	G
1							
2		**Januar**	**Februar**	**März**	**April**		**Summe**
3	*Schmitz*	2356	3621	4185	4560		14722
4	*Meyer*	4921	4055	3814	3542		16332
5	*Konrad*	3872	2441	2888	4949		14150
6	*Backes*	2903	3308	3487	3622		13320
7	*Wilms*	2512	2864	3290	3741		12407
8	*Müller*	3463	3981	4210	4974		16628
9	*Schmitz*	5951	6226	6481	6852		25510
10							
11		25978	26496	28355	32240		113069

Die Argumente der *SUMME*-Funktion in Zeile 11 und Spalte G werden automatisch aktualisiert. Wenn dies nicht der Fall ist, tun Sie dies, indem Sie z.B. in G7 die Formel =SUMME(B7:E7) usw. eingeben.

3) Wählen Sie Spalte B aus, indem Sie auf den Spaltenkopf klicken, und rufen Sie den Menübefehl EINFÜGEN/SPALTEN auf. Geben Sie nun in der neuen Spalte die Vornamen wie in der Abbildung gezeigt ein.

	A	B	C	D	E	F	G	H
1								
2			**Januar**	**Februar**	**März**	**April**		**Summe**
3	*Schmitz*	*Hans*	2356	3621	4185	4560		14722
4	*Meyer*	*Robert*	4921	4055	3814	3542		16332
5	*Konrad*	*Manfred*	3872	2441	2888	4949		14150
6	*Backes*	*Andreas*	2903	3308	3487	3622		13320
7	*Wilms*	*Markus*	2512	2864	3290	3741		12407
8	*Müller*	*Heike*	3463	3981	4210	4974		16628
9	*Schmitz*	*Martina*	5951	6226	6481	6852		25510
10								
11			25978	26496	28355	32240		113069

4) Wählen Sie den Zellbereich A3:H9 aus und rufen Sie dann den Menübefehl DATEN/SORTIEREN auf.

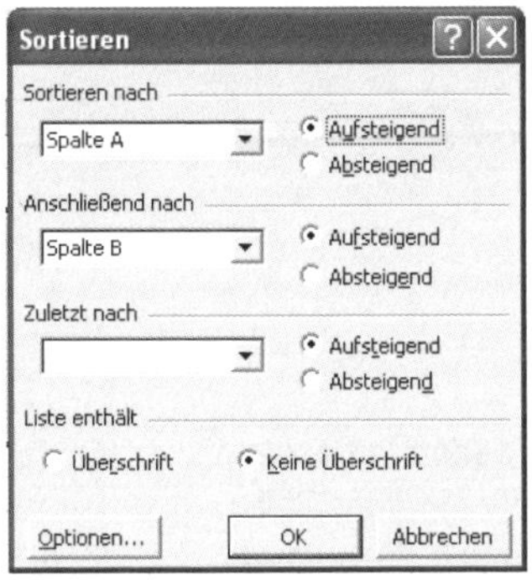

Standardmäßig zeigt Excel die erste Spalte des ausgewählten Bereichs, Spalte A, im Feld *Sortieren nach* in der Dropdown-Liste an.

Im Feld *Anschließend nach* in der Dropdown-Liste wählen Sie Spalte B.

Wählen Sie dann die Sortierreihenfolge *Aufsteigend* für beide Spalten, A und B, aus und klicken Sie auf OK.

Ihr Arbeitsblatt sollte nun so aussehen:

	A	B	C	D	E	F	G	H
1								
2			**Januar**	**Februar**	**März**	**April**		**Summe**
3	*Backes*	*Andreas*	2903	3308	3487	3622		13320
4	*Konrad*	*Manfred*	3872	2441	2888	4949		14150
5	*Meyer*	*Robert*	4921	4055	3814	3542		16332
6	*Müller*	*Heike*	3463	3981	4210	4974		16628
7	*Schmitz*	*Hans*	2356	3621	4185	4560		14722
8	*Schmitz*	*Martina*	5951	6226	6481	6852		25510
9	*Wilms*	*Markus*	2512	2864	3290	3741		12407
10								
11			25978	26496	28355	32240		113069

Das Sortieren nach mehreren Kriterien ist sinnvoll, wenn sich in einer Spalte doppelte Einträge befinden. In dieser Übung enthielten die Zellen A3 und A9 jeweils den gleichen Texteintrag *Schmitz*.

Symbole und Sonderzeichen

Wenn Sie das ECDL-Modul *Textverarbeitung* abgeschlossen haben, wissen Sie, dass Microsoft Word es Ihnen erlaubt, Symbole und Sonderzeichen in Ihr Dokument einzufügen.

- **Symbole:** Dazu zählen Buchstaben mit Akzenten aus anderen Sprachen (wie á, é und ñ), Brüche und Buchstaben, wie sie in der Wissenschaft und Mathematik verwendet werden.
- **Sonderzeichen:** Dazu gehören Zeichen wie Copyright (©), Registriert (®) und Trademark (TM) sowie typographische Zeichen wie Bindestrich oder Gedankenstrich und verschiedene Arten von Anführungszeichen.

Excel bietet wie Word einen Befehl zum Einfügen von Symbolen oder Sonderzeichen über das Menü EINFÜGEN/SYMBOL. Um ein Symbol oder ein Sonderzeichen einzufügen, tun Sie Folgendes:

- Klicken Sie an die Stelle, an der Sie das Symbol oder Sonderzeichen einfügen möchten.

- Wählen Sie den Menübefehl EINFÜGEN/SYMBOL und aktivieren Sie entweder die Registerkarte *Symbole* oder die Registerkarte *Sonderzeichen*.
- Doppelklicken Sie auf das Symbol oder das Sonderzeichen, das Sie einfügen möchten.
- Wählen Sie *Schließen*, um das Dialogfeld zu schließen.

Zusammenfassung der Lektion: Das haben Sie gelernt

Die geläufigste Möglichkeit zum weiteren Bearbeiten in Excel ist das Einfügen von Zeilen und Spalten. Durch das Einfügen passen sich die Zellen der Umgebung ihrer Position an, um Platz für die neuen Daten zu schaffen. Schauen Sie sich dazu die Übungen 4.46 und 4.47 an

Umgekehrt verhält es sich, wenn Zeilen oder Spalten gelöscht werden. Die Zellen in der Umgebung rutschen nach oben oder rechts, um den Platz, den die nun gelöschten Zellen einnahmen, zu füllen. Auch einzelne Zellen bzw. Zellbereiche lassen sich einfügen oder löschen.

Sie können ausgewählte Zellen oder einen ausgewählten Zellbereich innerhalb desselben Arbeitsblatts, zwischen Arbeitsblättern der gleichen Arbeitsmappe und zwischen verschiedenen Arbeitsmappen kopieren oder verschieben (ausschneiden). Excel stellt mehrere Möglichkeiten zum Kopieren, Ausschneiden und Einfügen zur Verfügung. Dazu gehören Methoden wie Drag&Drop, das Kontextmenü über den Rechtsklick, Befehle der Menüleiste, Tastenkombinationen und Schaltflächen in der Standardsymbolleiste. Die Übungen 4.48 bis 4.53 geben Beispiele für die verschiedenen Vorgehensweisen zum Kopieren und Einfügen.

Excel passt Zellbezüge in Berechnungen automatisch an, wenn die Berechnungen an einer neuen Position eingefügt werden. Um zu verhindern, dass Excel einen Zellbezug in dieser Weise anpasst, bestimmen Sie die Zelladresse als einen absoluten Zellbezug im Format $A$1. Absolute Zellbezüge werden für gewöhnlich in Berechnungen mit festgelegten Faktoren angewendet.

Sortieren erlaubt Ihnen eine Neuordnung ausgewählter Zellen auf der Basis des Zellinhalts. Das Sortieren ändert nichts am Inhalt der Zellen, sondern nur an ihrer Position. Die Sortierreihenfolge kann alphabetischer und numerischer Natur sein. Außerdem kann die Sequenz aufsteigend (0–9, A–Z) oder absteigend (9–0, Z–A) sein. Beispiele für einfaches und komplexes Sortieren finden Sie in den Übungen 4.55 und 4.56.

Symbole und Sonderzeichen können über das Menü EINFÜGEN/SYMBOLE direkt in Excel eingefügt werden.

Schnelltest: Zellen einfügen, sortieren und verschieben

1.	**Wenn Sie eine neue Zeile oder Spalte in ein Arbeitsblatt einfügen, ...**
A	wird die ausgewählte Zeile oder Spalte ersetzt.
B	wird diese unterhalb der ausgewählten Zeile oder rechts neben der ausgewählten Spalte eingefügt.
C	wird diese oberhalb der ausgewählten Zeile oder links neben der ausgewählten Spalte eingefügt.
D	wird sie immer ganz oben im aktuellen Arbeitsblatt eingefügt.

2.	**Um zu verhindern, das Informationen versehentlich verloren gehen, können Zeilen und Spalten nur eingefügt, nicht aber gelöscht werden.**
A	Richtig
B	Falsch

3.	**Die Zwischenablage kann nur ein kopiertes Element fassen.**
A	Richtig
B	Falsch

4.	**Ein absoluter Zellbezug, der beim Kopieren und Einfügen von Zellen bestehen bleibt, sieht folgendermaßen aus:**
A	$(F28)
B	$F28
C	F28$
D	$F$28

5.	**Wenn Sie eine komplexe Sortierung mehrerer Spalten durchführen, ...**
A	müssen entweder alle Spalten in aufsteigender Reihenfolge oder alle Spalten in absteigender Reihenfolge sortiert werden.
B	kann jede einzelne Spalte eine unterschiedliche Reihenfolge in der Sortierung haben.
C	muss für jede ausgewählte Spalte eine Sortierreihenfolge festgelegt werden.
D	muss die erste Spalte vor den anderen sortiert werden.

Lektion 4.5: Mehr über Zahlen, Texte und Berechnungen

Zu dieser Lektion

Die Lektionen 4.1 und 4.2 vermittelten die Grundlagen des Umgangs mit Zahlen, Zellbezügen und Texten. Nun ist es an der Zeit, auf dem Gelernten aufzubauen.

Sie werden erfahren, dass es in Wirklichkeit mehrere Arten von Zahlen und Zellbezügen gibt und Excel diese verschiedenen Arten auch unterschiedlich behandelt.

Sie werden auch noch etwas mehr über die Eingabe von Text lernen und mit der Funktion *AutoAusfüllen*, einer sehr bequemen und Zeit sparenden Funktion zur Dateneingabe in Zellen Bekanntschaft machen.

Neue Fähigkeiten

Am Ende dieser Lektion sollten Sie in der Lage sein,

- ein geeignetes Zahlenformat für die Zahlen, die Sie in Ihr Arbeitsblatt eingeben und speichern, auszuwählen,
- Text über mehrere Spalten einzugeben,
- Zahlen als Text einzugeben,
- Zahlen zu erkennen, die in einer Berechnung als absoluter und nicht als relativer Zellbezug eingegeben werden sollten,
- die *AutoAusfüllen*-Funktion zu verwenden, um Zahlen und Text zu übertragen und Zahlenreihen und besondere Eingaben (Datumsreihen, Wochentage, Monate und Jahre) zu erstellen,
- die *AutoAusfüllen*-Funktion zu verwenden, um Berechnungen, die auf mehrere Spalten oder Zeilen Anwendung finden, zu kopieren.

Neue Wörter

Am Ende dieser Lektion sollten Sie in der Lage sein, die folgenden Begriffe zu erklären:

- Zahlenformat
- Relativer Zellbezug
- Standardzahlenformat
- Absoluter Zellbezug
- Tausender-Trennzeichen
- Erweiterung
- Währungsformat
- AutoAusfüllen
- Prozentzeichen

Zahlen: die unterschiedlichen Formate

In Lektion 4.1 haben Sie gelernt, dass eine Zahl eine Möglichkeit ist, eine Eingabe in die Zelle Ihres Arbeitsblatts vorzunehmen. Die anderen Varianten waren Text, Zellbezüge und Berechnungen (Formeln und Funktionen).

Tatsache ist, dass Excel viele verschiedene Zahlentypen erkennt. Diese werden als Zahlenformat bezeichnet. Verwechseln Sie diesen Begriff bitte nicht mit dem Format für stilistische Elemente wie fett und kursiv.

Ein Zahlenformat bezieht sich nur auf die Art und Weise, wie eine Zahl auf dem Bildschirm bzw. in einem Ausdruck angezeigt wird. Es hat nichts mit dem eigentlichen Wert zu tun. Schauen Sie sich das folgende Beispiel einmal an:

- Eine Zelle enthält die Zahl 1,2345.
- Dieselbe Zelle enthält ein Zahlenformat mit einer Dezimalstelle.

Die Zahl wird also als 1,2 dargestellt. Wenn die Zelle jedoch in einer Berechnung verwendet wird, so wird mit dem Wert 1,2345 gerechnet. Das kann gelegentlich zu überraschenden Ergebnissen führen.

	A	B	C
1	1,2345	2	2,469
2	1,2	2	2,469
3			

Im Beispiel wird die Zelle A1 mit B1 und A2 mit B2 multipliziert. Die Ergebnisse erscheinen in C1 und C2. A1 enthält den gleichen Wert wie A2, nur dass A2 als Zahl mit einer Dezimalstelle formatiert ist.

Zahlenformat

Die Art und Weise, wie Excel eine Zahl auf dem Bildschirm bzw. in einem Ausdruck darstellt. Das Zahlenformat betrifft nur das Erscheinungsbild, nicht den Wert einer Zahl.

Das Format Standard

Excel verfügt über ein Format *Standard*. Wenn keine Änderungen in ein anderes Zahlenformat vorgenommen werden, wendet Excel dieses Standardformat auf jede eingegebene Zahl an.

123,4
345,75
9383,5
45

Im Folgenden lesen Sie ein paar Dinge, die Sie über das Standardzahlenformat wissen sollten.

Nullen nach dem Dezimalkomma

Das Standardformat zeigt keine Nullen hinter dem Dezimalkomma an. Geben Sie z.B. *123,00* ein. Mit dem Standardzahlenformat zeigt Excel *123* an.

Nullstellen

Eine Null, die hinter der letzten Dezimalstelle eingegeben wird, bezeichnet man als Nullstelle.

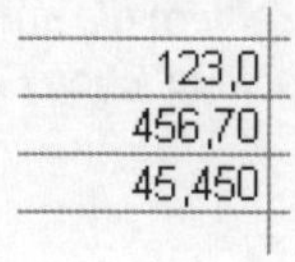

Das Standardzahlenformat zeigt diese Nullen nicht an.

Geben Sie z.B. *123,40* ein. Mit dem Standardformat zeigt Excel *123,4* an.

Tausender-Format

Das Standardformat fügt nicht automatisch einen Punkt (.) ein, um Tausenderzahlen zu trennen.

Geben Sie z.B. 2500 ein. Excel zeigt die Zahl als 2500 und nicht als 2.500 an.

Währungssymbole

Wenn Sie in Excel ein Währungssymbol (z.B. €) vor einer Zahl eingeben, könnte es sein, dass Excel Ihre Eingabe als Text und nicht als Zahl behandelt. Es kann also sein, dass Excel bei der Eingabe $123 in einer Berechnung die Fehlermeldung #Wert! erzeugt. Beim Euro-Symbol trifft dieser missliche Zustand nicht zu. Die Eingabe wird korrekt als Zahl interpretiert und ein evtl. vorhandenes Standardzahlenformat automatisch auf "Währung" umgestellt.

Für Geldbeträge ungeeignet

Die oben aufgeführten Punkte lassen klar erkennen, dass das Standardzahlenformat nicht geeignet ist, Geldbeträge in einem Arbeitsblatt darzustellen.

Tausender-Trennzeichen

Schaltfläche 1.000er-Trennzeichen

Ändern Sie das Tausender-Format, damit Excel Tausenderstellen durch einen Punkt trennt. Excel zeigt auch alle Zahlen mit zwei Dezimalstellen an. Übung 4.57 zeigt Ihnen das Tausender-Format.

Übung 4.57: Das Zahlenformat in Tausender ändern

1) Öffnen Sie *Tabelle2* Ihrer Arbeitsmappe und wählen Sie den Zellbereich C3:C9 aus.

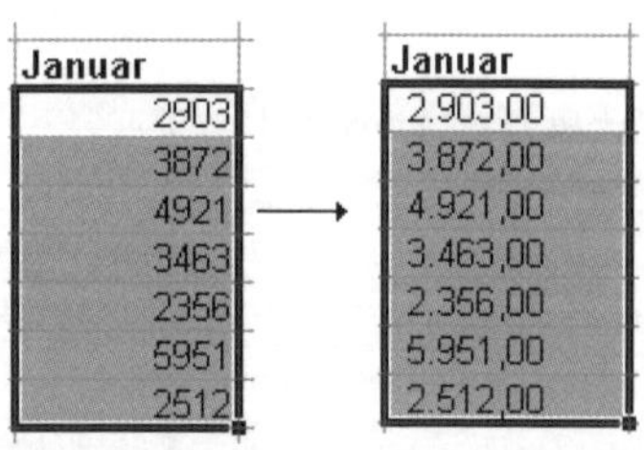

2) Klicken Sie auf die Schaltfläche *1.000er-Trennzeichen* in der *Standard*-Symbolleiste.

   Excel fügt den Zahlen im ausgewählten Zellbereich einen Punkt und zwei Dezimalstellen hinter dem Komma hinzu. Rechts in der Abbildung sehen Sie den Unterschied.

3) Rufen Sie den Menübefehl BEARBEITEN/RÜCKGÄNGIG: FORMATVORLAGE auf (oder drücken Sie `Strg` + `Z`), um wieder zum Standardzahlenformat zurückzukehren.

Das Format Währung

Schaltfläche Währung

Wechseln Sie zum Format *Währung*, wenn Sie mit Zahlen arbeiten wollen, die Geldbeträge angeben. Die Übung 4.58 demonstriert Ihnen das Format *Währung*.

Übung 4.58: Das Zahlenformat in Währung ändern

1) Wählen Sie in *Tabelle2* den Zellbereich C3:H11 aus.
2) Klicken Sie auf die Schaltfläche *Währung* in der *Format*-Symbolleiste.

   Excel fügt das Währungssymbol (€), den 1.000er-Trennpunkt und zwei Nullen hinter dem Dezimalkomma ein.
3) Rufen Sie den Menübefehl BEARBEITEN/RÜCKGÄNGIG auf (oder drücken Sie [Strg]+[Z]), um zum allgemeinen Format zurückzukehren.

	A	B	C	D	E	F	G	H
1								
2			Januar	Februar	März	April		Summe
3	Backes	Andreas	2.903,00 €	3.308,00 €	3.487,00 €	3.622,00 €		13.320,00 €
4	Konrad	Manfred	3.872,00 €	2.441,00 €	2.888,00 €	4.949,00 €		14.150,00 €
5	Meyer	Robert	4.921,00 €	4.055,00 €	3.814,00 €	3.542,00 €		16.332,00 €
6	Müller	Heike	3.463,00 €	3.981,00 €	4.210,00 €	4.974,00 €		16.628,00 €
7	Schmitz	Hans	2.356,00 €	3.621,00 €	4.185,00 €	4.560,00 €		14.722,00 €
8	Schmitz	Martina	5.951,00 €	6.226,00 €	6.481,00 €	6.852,00 €		25.510,00 €
9	Wilms	Markus	2.512,00 €	2.864,00 €	3.290,00 €	3.741,00 €		12.407,00 €
10								
11			25.978,00 €	26.496,00 €	28.355,00 €	32.240,00 €		113.069,00 €

Das Format Prozent

Schaltfläche Prozent

Dieses Format führt zwei Aktionen durch:

- Es multipliziert die ausgewählte Zelle oder den ausgewählten Zellbereich mit 100.
- Es fügt hinter jeder ausgewählten Zahl ein Prozentzeichen (%)ein.

Verwenden Sie dieses Format, um Dezimalbruchteile (0,0525) als besser lesbare Prozentzahlen (5,25%) darzustellen.

In Übung 4.59 werden Sie einige solcher Dezimalbruchteile erzeugen, die sich zur Darstellung in Prozent eignen. In Übung 4.59 werden Sie diese Zahlen dann in das Prozentformat umwandeln.

Übung 4.59: Dezimalbruchteile erzeugen

In dieser Übung fügen Sie der *Tabelle2* zwei neue Elemente hinzu.

- Eine neue Spalte, um das Ergebnis jeder einzelnen Person im Verhältnis zum Gesamtergebnis darzustellen.
- Eine neue Zeile, um das Ergebnis jedes Monats im Verhältnis zum Gesamtergebnis darzustellen.

I
%
0,11780417
0,12514482
0,14444277
0,14706064
0,13020368
0,22561445
0,10972946

1) Fügen Sie in Zelle I2 und B13 ein Prozentzeichen (%) ein. Weisen Sie dem Symbol das Format *fett* und *zentriert* zu.
2) Geben Sie in I3 die Formel *=H3/H11* ein, um zu berechnen, welchen Anteil *Hans Schmitz* am Gesamtergebnis hat.

   Geben Sie nun die entsprechenden Formeln in die Zellen I4:I9 ein.

   Geben Sie z.B. in Zelle I5 *=H5/H11* und in Zelle I6 *=H6/H11* ein.

   Spalte I sollte nun wie links in der Abbildung aussehen.
3) Geben Sie in C13 die Formel *=C11/H11* ein, um zu berechnen, welchen Anteil der *Januar* am Gesamtergebnis hat.
4) Geben Sie nun die entsprechenden Formeln in die Zellen D13:F13 ein, beispielsweise *= D11/H11* in Zelle D13. Zeile 13 sollte nun so aussehen.

	A	B	C	D	E	F
12						
13		%	0,229753513	0,234334787	0,250776075	0,285135625

Übung 4.60: Das Format Prozent anwenden

Sie werden nun die Ergebnisse der Berechnungen aus Übung 4.59 als Prozentzahlen anzeigen, indem Sie das Prozentformat verwenden. Außerdem werden Sie den Zellen mit Prozentzahlen eine Füllung (Hintergrundfarbe) zuweisen.

1) Wählen Sie den Zellbereich I3:I9 und klicken Sie auf die Schaltfläche *Prozent*. Weisen Sie den Zellen außerdem das Format *Zentriert* zu.
2) Während der Zellbereich I3:I9 noch ausgewählt ist, klicken Sie auf den Pfeil zum Öffnen der Dropdown-Liste neben der Schaltfläche *Füllfarbe* in der Formatsymbolleiste.
3) Wählen Sie aus der Farbpalette *Grau-25%* aus. Klicken Sie auf OK.
4) Wählen Sie den Zellbereich C13:F13 aus und klicken Sie auf die Schaltfläche *Prozent*.
5) Wiederholen Sie die Schritte 2 und 3 für die Zellen C13:F13, um ihnen die Hintergrundfarbe *Grau-25%* zuzuweisen.
6) Während C13:F13 noch ausgewählt ist, weisen Sie den Zellen das Format *Zentriert* zu.

Gut gemacht! Sie haben diese Übung jetzt beendet. Ihr Arbeitsblatt sollte nun so aussehen.

	A	B	C	D	E	F	G	H	I
1									
2			**Januar**	**Februar**	**März**	**April**		**Summe**	%
3	Backes	Andreas	2903	3308	3487	3622		13320	12%
4	Konrad	Manfred	3872	2441	2888	4949		14150	13%
5	Meyer	Robert	4921	4055	3814	3542		16332	14%
6	Müller	Heike	3463	3981	4210	4974		16628	15%
7	Schmitz	Hans	2356	3621	4185	4560		14722	13%
8	Schmitz	Martina	5951	6226	6481	6852		25510	23%
9	Wilms	Markus	2512	2864	3290	3741		12407	11%
10									
11			25978	26496	28355	32240		113069	
12									
13		%	23%	23%	25%	29%			

Vom Format Standard wechseln

Es gibt zwei Möglichkeiten, vom Excel-Format *Standard* zu wechseln.

- Geben Sie zuerst die Zahlen ein und ändern Sie dann das Zahlenformat.
- Ändern Sie zuerst das Zahlenformat der leeren Zellen und geben Sie dann Ihre Zahlen ein.

Die zweite Möglichkeit ist die bessere. Wenn Sie ein neues Arbeitsblatt erstellen, um Geldbeträge einzugeben, wählen Sie das gesamte Arbeitsblatt aus und weisen Sie ihm das Format *Währung* zu, bevor Sie irgendwelche Zahlen eingeben. Das Format *Währung* wirkt sich nur auf eingegebene Zahlen, nicht aber auf Text aus.

Das Format Zahlen

Tabellen werden oft dazu verwendet, physikalische Messungen und Ergebnisse bei Laborexperimenten aufzuzeichnen. Diese Zahlen arbeiten nicht mit Finanzzahlen, sodass das Format *Währung* hierfür ungeeignet ist. Vielmehr verlangt diese Art von Zahlen die Anzeige von mehr als zwei oder drei Dezimalstellen hinter dem Komma. Das geeignete Zahlenformat für diesen Zweck heißt *Zahlen*. Die Übung 4.61 zeigt ein Beispiel.

Übung 4.61: Anzahl der Dezimalstellen angeben

Ihre Aufgabe ist es, die folgenden Zahlen mit vier Stellen hinter dem Komma aufzuzeichnen: *3,4512, 5,13, 9,59383* und *4,531.*

1) Klicken Sie auf das Register *Tabelle1*, damit Ihnen das erste Arbeitsblatt der Arbeitsmappe angezeigt wird.
2) Markieren Sie den Zellbereich B84:B88 und rufen Sie den Menübefehl FORMAT/ZELLEN auf.
3) Wählen Sie auf der Registerkarte *Zahlen* die Kategorie *Zahl* und im Feld *Dezimalstellen* den Wert *4*.

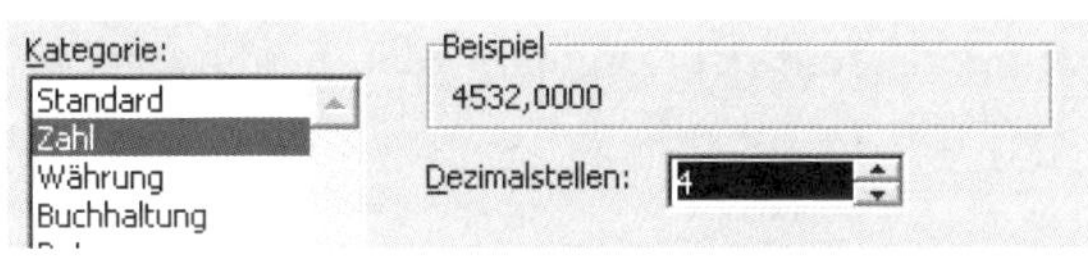

4) Klicken Sie auf B84 und schreiben Sie die erste Zahl. Geben Sie als Nächstes die übrigen drei Zahlen in die drei Zellen des Zellbereichs ein.

Wie Sie links sehen können, zeigt Excel die Eingaben im eingestellten Format bis auf die vierte Dezimalstelle an.

3,4512
5,1300
9,5938
4,5310

- Die Zahl mit mehr als vier Dezimalstellen wird jetzt nur noch mit den ersten vier Dezimalstellen angezeigt.
- Bei der Zahl, die weniger als vier Dezimalstellen hatte, fügt Excel Nullen als fehlende Dezimalstellen ein.

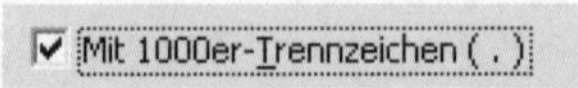

Auf der Registerkarte *Zahlen* des Dialogfelds *Zellen* befindet sich auch die Option zum Einfügen des Tausender-Trennpunkts.

Sie können diese Option unabhängig davon wählen, ob Sie Dezimalstellen angeben oder nicht.

Schaltflächen der Symbolleiste

Zwei Schaltflächen in der Excel-Formatsymbolleiste bieten eine schnelle Möglichkeit, die Anzahl der angezeigten Dezimalstellen eines Zellbereichs zu erhöhen oder zu reduzieren. Bei jedem Klick auf eine der Schaltflächen wird die Anzahl der Dezimalstellen in den markierten Zellen um eine erhöht oder reduziert.

Schaltfläche
Dezimalstelle hinzufügen

Schaltfläche
Dezimalstelle löschen

Die Schaltflächen funktionieren in Verbindung mit Zahlen im Standard-, Währungs- und Zahlenformat.

Excel und Datumsangaben

Ob nun mit finanziellen Transaktionen oder mit Ergebnissen von Experimenten eingetragen, Datumsangaben können einen wichtigen Faktor in einem Arbeitsblatt darstellen. Excel behandelt Datumsangaben wie Zahlen, wobei die Serienzahl 1 dem Datum 1. Januar 1900 entspricht. Auf diese Weise kann Excel Datumsangaben addieren und subtrahieren und sie in seine Berechnungen einbeziehen.

Datumsangaben eingeben

Verwenden Sie einen Bindestrich oder Schrägstrich, um die einzelnen Teile der Datumseingabe zu trennen. Ein Beispiel:

17/10/00
26-Nov-01
9. Februar 1969

Wenn Sie nur einfach *TT/MM* (also 13/02 oder 19-11) eingeben, geht Excel beim Datum vom laufenden Jahr aus.

Wenn Sie ein Datum eingeben, das Excel erkennt, wird der Zelle automatisch eines der voreingestellten Datumsformate zugewiesen. Außerdem wird das Datum rechtsbündig ausgerichtet.

Wenn Excel das Datum nicht erkennt, wird das Datum als Text aufgezeichnet und linksbündig ausgerichtet.

Datumsangaben formatieren

Die Art und Weise, in der Excel ein eingegebenes Datum anzeigt, hängt vom zugewiesenen Zahlenformat der Zelle ab.

Zur Anzeige einer Liste mit den möglichen Ausgabeformaten wählen Sie den Menübefehl FORMAT/ZELLE, dann die Registerkarte *Zahlen* und die Kategorie *Datum*. Im Feld *Typ* können Sie die verschiedenen Formatoptionen betrachten.

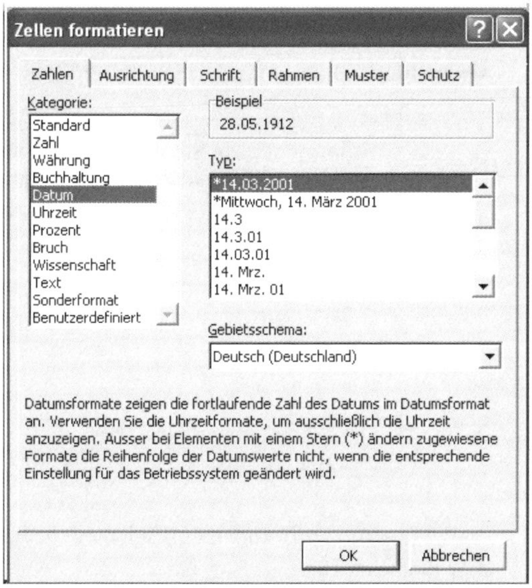

Machen Sie sich mit der Art und Weise, wie Excel Datumseingaben behandelt, vertraut, indem Sie einige Datumsangaben in verschiedenen Formaten in Ihr Arbeitsblatt eingeben. Wählen Sie danach die Zellen aus und weisen Sie den Eingaben über den Menübefehl FORMAT/ZELLE einige der Formate aus der Formatliste zu.

Ländereinstellungen

Regions- und Sprachoptionen

Optionen, die über die Funktion *Regions- und Sprachoptionen* der Windows-Systemsteuerung ausgewählt werden, wirken sich auf die Währungs- und Datumsanzeige der Zelleinträge in Excel aus.

- **Änderung der Währung:** Um eine andere Währung in Ihren Arbeitsblättern als Standard zu verwenden, wählen Sie START/SYSTEMSTEUERUNG (stellen Sie sicher, dass Sie sich in der klassischen Ansicht der Systemsteuerung befinden) und doppelklicken auf das Symbol *Regions- und Sprachoptionen*. Wählen Sie auf der Registerkarte *Regionale Einstellungen* das entsprechende Land aus und klicken Sie auf *Anpassen*. Auf der Registerkarte *Währung* des Dialogfeldes *Regionale Einstellungen anpassen* akzeptieren Sie die Währungsangaben wie Währungssymbol, Anzahl der Dezimalstellen und Dezimalzeichen oder passen diese an.

- **Änderung der Datumsangabe:** Um die Datumsanzeige eines anderen Landes als Standard in Ihren Arbeitsmappen zu verwenden, wählen Sie das entsprechende Land auf der Registerkarte *Regions- und Sprachoptionen* aus und klicken auf *Anpassen.* Auf der Registerkarte *Datum* des Dialogfeldes *Regionale Einstellungen anpassen* akzeptieren oder ändern Sie die Kalender bzw. Datumseinstellungen.

Excel und Text

Es gibt noch zwei weitere Dinge, die Sie in Bezug auf Text wissen sollten. Sie können Text eingeben, der sich über mehrere Spalten Ihres Arbeitsblatts erstreckt, und Sie können Zahlen als Text eingeben.

Text über mehrere Spalten

Es kann vorkommen, dass Sie eine Textzeile eingeben möchten, die länger ist als die Breite einer einzelnen Spalte. Excel erlaubt Ihnen eine solche Eingabe, vorausgesetzt, der Text läuft nicht in eine Zelle, die Daten enthält.

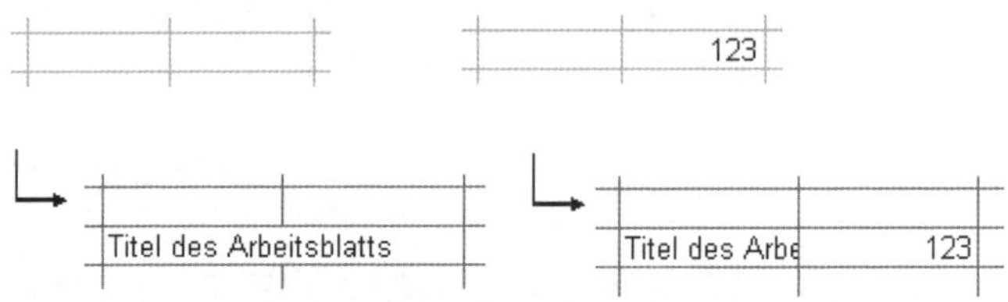

Die Übung 4.62 gibt Ihnen ein Beispiel zur Eingabe von Text, der sich über mehrere Spalten erstreckt.

Übung 4.62: Text über mehrere Spalten eingeben

1) Markieren Sie die Zeile 1 in *Tabelle2*, indem Sie auf den entsprechenden Zeilenkopf klicken.
2) Rufen Sie den Menübefehl EINFÜGEN/ZEILEN.
3) Drücken Sie `Strg` + `Y`, um das Einfügen einer Zeile zu wiederholen. Sie haben nun zwei neue leere Zeilen am oberen Rand Ihres Arbeitsblatts.
4) Geben Sie in Zelle C2 folgenden Text ein:

   Verkaufszahlen 1. Quartal
5) Markieren Sie C2, klicken Sie auf die Dropdown-Liste *Schriftgrad* und wählen Sie dann *14 Punkt.*

   Während C2 noch markiert ist, klicken Sie auf die Schaltflächen *Fett* und *Kursiv* in der *Format*-Symbolleiste.

   Die obersten Zeilen von *Tabelle2* sollten nun so aussehen.

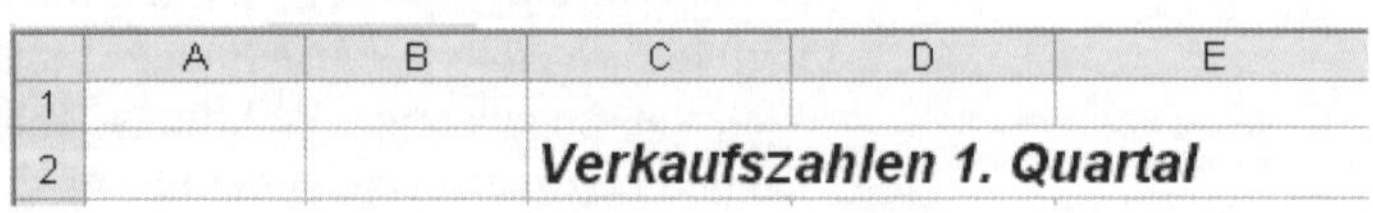

Zahlen als Text eingeben

Warum in aller Welt sollten Sie sich wünschen, dass Excel eine Zahl als etwas anderes als eine Zahl behandelt? Die Antwort ist ganz einfach: wenn die Zahl nicht für eine Menge oder einen Betrag steht, sondern eine Kennzahl für irgendetwas darstellt. Als Beispiele könnte man Modellreihenbezeichnungen (wie 010-34 oder M5339), Postleitzahlen und Telefonnummern nennen.

Um nun eine Zahl als Text einzugeben, müssen Sie der leeren Zelle zuerst das Format *Text* zuweisen und dann, wie in Übung 4.63, die Zahlen eingeben. Wenn Sie zuerst die Zahlen eingeben, weist Excel ihnen kein Textformat zu. Sie müssten dann alle Zahlen neu eingeben.

Übung 4.63: Zahlen als Text formatieren

1) Wählen Sie in *Tabelle2* die Zellen B20:B23 aus.
2) Rufen Sie den Menübefehl FORMAT/ZELLEN auf.
3) Wählen Sie auf der Registerkarte *Zahlen* die Kategorie *Text* aus und klicken Sie dann auf OK.
4) Geben Sie in die Zellen B20:B23 die Zahlen wie unten angezeigt ein.

010-53
M56-47N
091-10000
W1-S9

5) Excel behandelt die Zahlen als Text. Sie können diese vier Eingaben jetzt wieder aus Ihrem Arbeitsblatt löschen.

AutoAusfüllen-Funktion in Excel

Excel bietet eine wirklich brauchbare Funktion namens *AutoAusfüllen* an, um die Eingabe in eine Zelle oder einen Zellbereich zu übertragen oder weiterzuführen (in einer definierten Sequenz).

Übung 4.64: AutoAusfüllen zum Kopieren und Erweitern von Zahlen und Texten verwenden

1) Geben Sie in *Tabelle3* Folgendes in den Zellbereich M19:Q19 und in Zelle N20 ein.

19	12	12	Hello	Jan	Mo
20		13			

2) Klicken Sie in Zelle M19 und positionieren Sie den Mauszeiger auf den Anfasser, das kleine schwarze Viereck rechts unten an der markierten Zelle.

3) Ziehen Sie den Anfasser nach unten bis zur Zelle M24. Excel kopiert den Inhalt der Zelle M19 in alle anderen ausgewählten Zellen.

Es erscheint unterhalb des Zellbereichs eine Schaltfläche Auto-Ausfülloptionen. Klicken Sie auf den Pfeil, der rechts neben der Schaltfläche erscheint, wenn Sie mit der Maus darüber fahren.

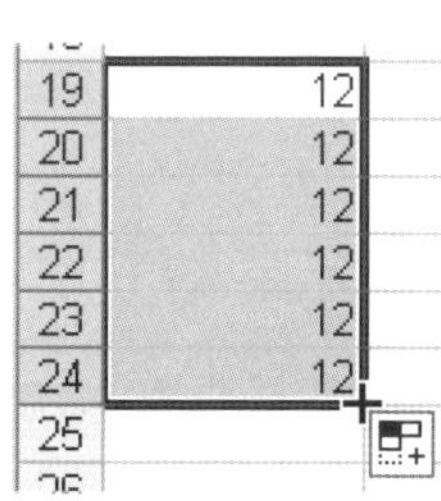

Die Optionen, die Sie anwenden können, werden angezeigt. Excel ist automatisch davon ausgegangen, dass Sie die Option *Zellen kopieren* verwenden möchten, um den Inhalt von Zelle M19 in die anderen ausgewählten Zellen zu kopieren.

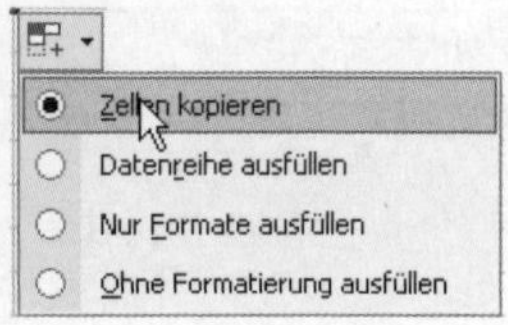

4) Wählen Sie den Zellbereich N19:N20 aus und ziehen Sie den Anfasser bis N24 hinunter. Excel verwendet die Option *Datenreihe ausfüllen* und erhöht die Zahl der folgenden Zelle immer um den Faktor eins.

5) Markieren Sie O19 und ziehen Sie den Anfasser bis O24 hinunter. Excel verwendet die Option *Zellen kopieren* um den Inhalt von Zelle O19 in die anderen Zellen zu kopieren.

6) Markieren Sie P19 und ziehen Sie den Anfasser bis P24 hinunter. Excel verwendet die Option *Datenreihe ausfüllen* und trägt den folgenden Monatsnamen in die folgende Zelle ein.

7) Markieren Sie Q19 und ziehen Sie den Anfasser bis Q24 hinunter. Excel verwendet die Option *Datenreihe* ausfüllen und trägt den folgenden Wochentag in die folgende Zelle ein.

Ihr Arbeitsblatt sollte nun so aussehen:

	M	N	O	P	Q
18					
19	12	12	Hello	Jan	Mo
20	12	13	Hello	Feb	Di
21	12	14	Hello	Mrz	Mi
22	12	15	Hello	Apr	Do
23	12	16	Hello	Mai	Fr
24	12	17	Hello	Jun	Sa

Sie können die Übung nun wieder löschen, da wir sie nicht mehr benötigen.

AutoAusfüllen und einzelne Zahlen und Text

Für die Zellbereiche M19:M24 und O19:O24 haben Sie ursprünglich eine einzelne Zelle ausgewählt, die eine Zahl (12) oder Text (Hallo) beinhaltet. Als Sie nun den Anfasser nach unten gezogen haben, hat Excel die Zahl bzw. den Text in die Zellen kopiert, über die Sie den Anfasser gezogen haben.

AutoAusfüllen und Zahlenreihen

Für den Zellbereich N19:N24 haben Sie ursprünglich zwei Zellen markiert. Excel hat erkannt, dass diese Zellen zwei Zahlen in aufsteigender Reihenfolge (12 und 13) zum Inhalt hatten. Als Sie nun den Anfasser nach unten gezogen haben, hat Excel den Zuwachs der Zahlenreihe (14, 15 usw.) in die Zellen eingetragen, über die Sie den Anfasser gezogen haben.

AutoAusfüllen bei Monaten, Tagen, Uhrzeiten und Jahren

Beim Zellbereich P19:P24 und Q19:Q24 hat Excel erkannt, dass die einzelne Zelle, die Sie ausgewählt hatten, einen Monatsnamen bzw. einen Wochentag enthielt. Als Sie den Anfasser nun nach unten zogen, fügte Excel Erweiterungen dieser Serien (Feb, Mrz ... Di, Mi) ein.

Excel erkennt auch Zeitangaben (wie 9:00 oder 12:30), Datumsangaben (wie 1. Mai oder 10. April) und Jahresangaben (wie 1996 oder 2002).

AutoAusfüllen und Berechnungen

Oftmals müssen Sie an Spalten oder Zeilen eines Arbeitsblatts die gleiche Aktion ausführen, z.B. Addieren oder den Mittelwert errechnen. Verwenden Sie *AutoAusfüllen* in zwei Schritten, um Berechnungen (Formeln und Funktionen) für Summen und Mittelwert nicht für jede Spalte und Zeile einzeln eingeben zu müssen.

- Geben Sie die Berechnung für eine Zeile oder Spalte ein.
- Verwenden Sie die Funktion *AutoAusfüllen*, um die Formel oder Funktion in die zusammenhängenden Zellen zu kopieren.

AutoAusfüllen und Zellbezüge

AutoAusfüllen passt die Zellbezüge beim Kopieren der Berechnung in die ausgewählten Zellen automatisch an.

Wenn eine Berechnung einen festgelegten Faktor enthält, wie z.B. Steuersatz, Umrechnungskurs oder Verkaufsprovision, möchten Sie natürlich vermeiden, dass Excel die Zellbezüge mit festgelegtem Faktor beim *AutoAusfüllen* anpasst. Ändern Sie in diesem Fall die Zellbezüge mit festgelegtem Faktor in einen absoluten Zellbezug. Die Übung 4.65 zeigt Ihnen den Gebrauch von *AutoAusfüllen* mit relativen und absoluten Zellbezügen.

Übung 4.65: AutoAusfüllen zum Kopieren von Berechnungen verwenden

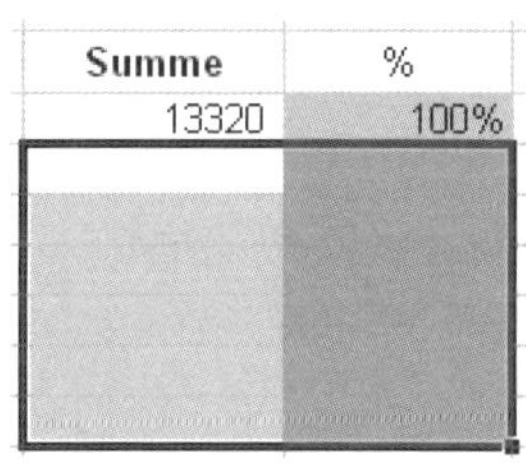

1) Wählen Sie in *Tabelle2* den Zellbereich H5:I11 aus und drücken Sie die [Entf]-Taste, um den Inhalt der Zellen zu löschen.

   In Zelle I5 sehen Sie nun den Eintrag 100% und die Zelle Gesamtergebnis H13 zeigt 13320 an.

2) Markieren Sie H5 und ziehen Sie den Anfasser bis H11 hinunter.

   AutoAusfüllen weitet die Berechnung in H5 auf den Zellbereich H6:H11 aus.

   In jedem einzelnen Fall passt *AutoAusfüllen* den Zellbezug an. Die Zelle H5 z.B. beinhaltet die Funktion =SUMME(C5:F5), während Zelle H9 dagegen die Funktion =SUMME(C9:F9) enthält.

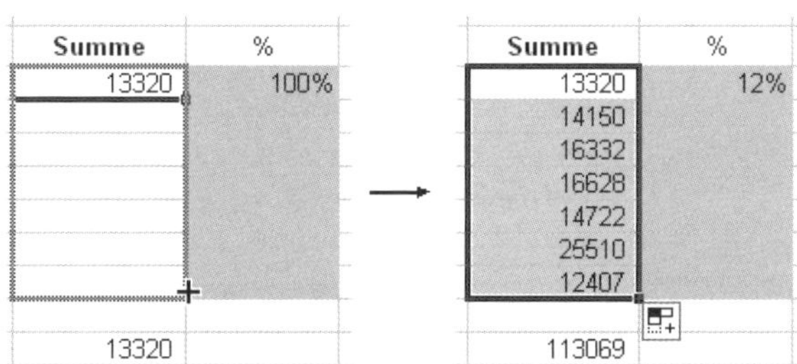

3) Wählen Sie die Zelle I5 aus, um die Funktion zu bearbeiten und den relativen Zellbezug in einen absoluten Zellbezug umzuwandeln.

4) Während I5 noch ausgewählt ist, ziehen Sie den Anfasser bis zu Zelle I11 hinunter.

AutoAusfüllen weitet die Berechnung in I5 auf den Zellbereich I6:I11 aus. Dabei passt *AutoAusfüllen* den relativen Zellbezug H5 an, den absoluten Zellbezug $H$13 jedoch nicht.

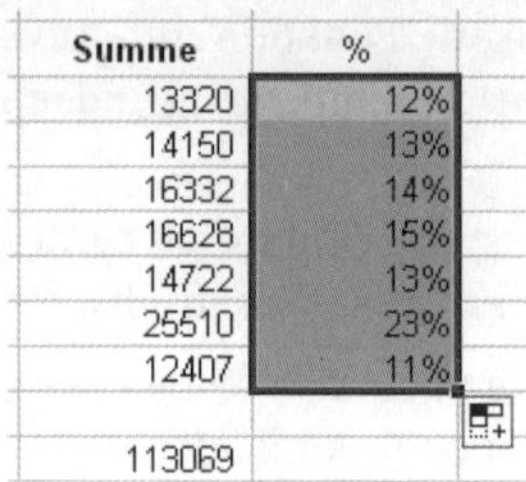

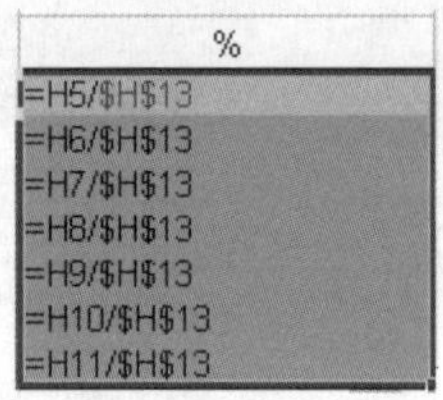

Wie Sie in den Schritten 5 und 6 dieser Übung lernen werden, funktioniert *AutoAusfüllen* sowohl bei Spalten als auch bei Zeilen.

5) Wählen Sie den Zellbereich D13:F13 und drücken Sie die `Entf`-Taste, um den Inhalt der Zellen zu löschen.

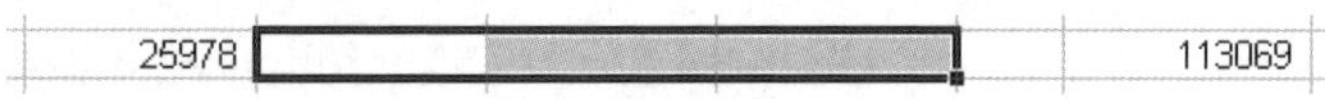

6) Wählen Sie C13 aus und ziehen Sie den Anfasser nach rechts bis zur Zelle F13.

Die Tastenkombination für AutoAusfüllen

Vielleicht geht *AutoAusfüllen* für Sie mit der Tastenkombination schneller als das Ziehen des Anfassers mit der Maus. Führen Sie die folgenden Schritte aus:

- Markieren Sie die Zellen, deren Inhalt Sie kopieren möchten.
- Ziehen Sie die Maus nach unten (oder nach rechts), um die Zellen zu markieren, die Sie mit Inhalt füllen möchten.
- Drücken Sie `Strg`+`U`, um nach unten auszufüllen, und `Strg`+`R`, um nach rechts auszufüllen.

AutoAusfüllen

Ein Werkzeug in Excel zum schnellen Kopieren oder Erweitern (in einer bestimmten Reihenfolge) von Eingaben in eine Zelle oder einen Zellbereich.

Sie haben die Lektion 4.5 des ECDL-Moduls *Tabellenkalkulation* beendet. Speichern Sie Ihre Arbeitsmappe und schließen Sie Excel.

Zusammenfassung der Lektion: Das haben Sie gelernt

Excels Standardzahlenformat zeigt keine Nullstellen an, fügt nicht automatisch ein Tausender-Trennzeichen ein und eignet sich nicht zur Eingabe von Finanz- bzw. Geldbeträgen. Das Format *1.000er-Trennzeichen* fügt einen Punkt zur Trennung der Tausender ein und zeigt alle Zahlen mit zwei Dezimalstellen hinter dem Komma an. Schauen Sie sich dazu das Beispiel in Übung 4.57 an.

Das Format *Währung* fügt automatisch das entsprechende nationale Währungssymbol ein und verwendet die entsprechenden Einstellungen zur Anzahl der Dezimalstellen. Übung 4.58 gibt Ihnen ein Beispiel für die Anwendung des Währungssymbols.

Das Format *Prozent* multipliziert Zahlen mit 100 und fügt das Prozentzeichen (%) hinter jeder Zahl ein. Übung 4.60 gibt Ihnen ein Beispiel für die Anwendung des Formats Prozent.

Wenn Sie auf ein anderes als das Standardzahlenformat zurückgreifen möchten, ist es besser, dies auszuwählen, bevor Sie die Zahlen eingeben. Vom Zahlenformat sind nur Zahlen, nicht aber Texteinträge betroffen.

Sie können Text über mehrere Spalten eingeben (vorausgesetzt, die anderen überschriebenen Zellen sind leer) und Zahlen auch als Text formatieren. Das kann nützlich sein, wenn Ihre eingegebenen Zahlen Kennzahlen (Teilenummern, Telefonnummern etc.) und keine Beträge sind.

In Berechnungen können Zellen einen relativen oder einen absoluten Zellbezug haben. Wenn Sie Berechnungen in andere Zellen kopieren, ändert Excel die relativen Zellbezüge. Absolute Zellbezüge bleiben beim Kopieren unverändert. Verwenden Sie absolute Zellbezüge für Zellen, die festgelegte Faktoren wie z.B. Steuersatz etc. beinhalten.

AutoAusfüllen kopiert den Inhalt einer Zelle in andere ausgewählte Zellen der gleichen Spalte oder Zeile. Darüber hinaus kann *AutoAusfüllen* Zahlenreihen von Zeit-, Datums-, Monats- und Jahresangaben fortführen. Schauen Sie sich dazu die Übungen 4.64 und 4.65 an.

Schnelltest: Mehr über Zahlen, Texte und Berechnungen

1.	**Welche der folgenden Aussagen über das Tausender-Trennzeichen ist nicht richtig?**
A	Das Format Tausender-Trennzeichen zeigt Zahlen bis zur zweiten Dezimalstelle an.
B	Mit dem Tausender-Trennzeichen wird das Dezimalkomma in einen Punkt umgeändert.
C	Das Tausender-Trennzeichen kann durch eine Schaltfläche auf der *Format*-Symbolleiste hinzugefügt werden.

2.	**Das Zahlenformat einer Zelle kann vor Eingabe der Zahl festgelegt werden.**
A	Richtig
B	Falsch

3.	**In Excel kann Text nie über mehrere Spalten hinweggehen.**
A	Richtig
B	Falsch

4.	**Ein relativer Zellbezug kann sich verändern, wenn eine Formel in eine andere Zelle kopiert wird.**
A	Richtig
B	Falsch

5.	**Sie können *AutoAusfüllen* für Folgendes verwenden:**
A	Um Zahlen und Text in aufeinander folgende Zellen zu kopieren.
B	Um in aufeinander folgenden Zellen fortlaufende Monatsnamen bzw. Wochentage auszufüllen.
C	Um Zellen in aufeinander folgende Zellen zu kopieren.
D	Um alles zu tun, was unter A, B, C angegeben ist.

6.	**Wie erstellen Sie möglichst einfach und bequem eine Datenreihe 10, 20, 30 ... usw.?**

7.	**Sie möchten einem eingegebenen Zahlenwert nachträglich zwei Dezimalstellen hinzufügen. Was müssen Sie tun?**

Lektion 4.6: Diagramme in Excel erzeugen

Zu dieser Lektion

Bis jetzt haben Sie Excel dazu verwendet, die Zellen in Ihrem Arbeitsblatt mit Inhalt zu füllen, neu zu bearbeiten, zu berechnen, zu formatieren und an andere Stellen zu verschieben.

In dieser Lektion lernen Sie, wie Sie den Inhalt der Zellen Ihrer Arbeitsblätter mit Excel in so genannten Charts – es handelt sich um ein amerikanisches Produkt – darstellen können. In unseren Breitengraden werden statt Chart jedoch eher die Begriffe Diagramm oder Grafik verwendet.

Neue Fähigkeiten

Am Ende dieser Lektion sollten Sie in der Lage sein,

- den Diagramm-Assistenten in Excel zu verwenden, um Diagramme zu erzeugen, die auf Zahlen, Texten und Berechnungen Ihres Arbeitsblatts basieren,
- geeignete Optionen in den Dialogfeldern des Excel-Diagramm-Assistenten auszuwählen,
- Säulen-, Balken- und Kreisdiagramme zu erzeugen,
- Diagrammtext zu formatieren und Diagrammfarben zu ändern,
- Datenbeschriftung hinzuzufügen und zu bearbeiten,
- Diagramme zu verschieben und in ihrer Größe zu verändern,
- die Skalierung der Achsen zu ändern.

Neue Wörter

Am Ende dieser Lektion sollten Sie in der Lage sein, die folgenden Begriffe zu erklären:

- Diagramm
- Diagrammfläche
- Zeichnungsfläche
- Datenpunkt
- Datenreihe
- Datenbeschriftung

Diagramme erzeugen in zwei Schritten

Um in Excel ein Diagramm zu erzeugen, gehen Sie in zwei Schritten vor:

- Markieren Sie die Zellen, deren Inhalt Sie zur Darstellung im Diagramm verwenden möchten.
- Starten Sie den Diagramm-Assistenten von Excel.

Excel-Diagramm

Eine Grafik oder ein Diagramm, das auf Zahlen, Text und Berechnungen basiert, die in Spalten und Zeilen eines Excel-Arbeitsblatts angeordnet sind.

Die vier Dialogfelder bis zum Excel-Diagramm

Wenn Sie den Diagramm-Assistenten starten, zeigt Excel Ihnen eine Folge von vier Dialogfeldern an. Die vier Dialogfelder tragen folgende Namen:

- **Diagrammtyp:** Excel bietet viele verschiedene Diagrammtypen an. Sie entscheiden, welcher Diagrammtyp sich am besten für Ihre Daten eignet.
- **Diagrammquelldaten:** Welche Daten möchten Sie in einem Diagramm darstellen? Möchten Sie alle Zellen Ihres Arbeitsblatts verwenden oder nur einen bestimmten Zellbereich?
- **Diagrammoptionen:** Wie soll Ihr Diagramm aussehen? Excel bietet eine Vielzahl von Möglichkeiten.
- **Diagrammplatzierung:** Wo soll Ihr Diagramm angezeigt werden? Im aktuellen Arbeitsblatt, in einem anderen Arbeitsblatt oder in einem neuen Arbeitsblatt? Es ist allein Ihre Entscheidung.

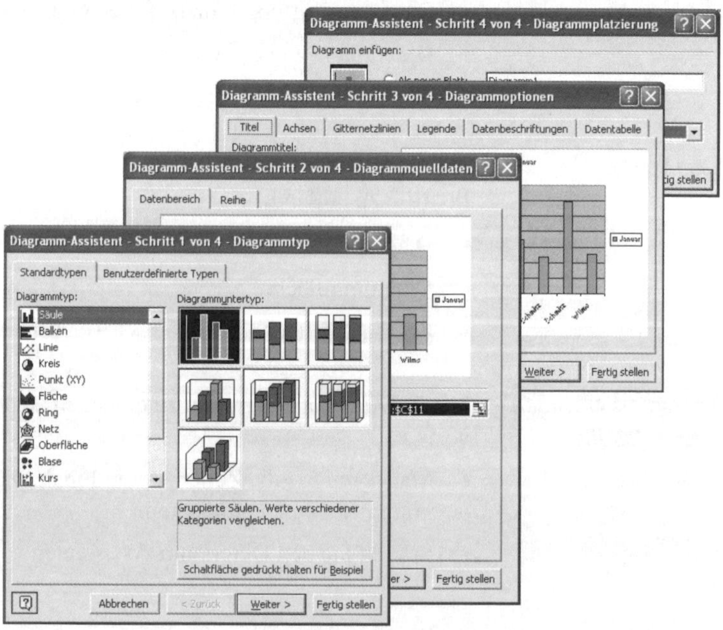

Kommt Ihnen das jetzt etwas viel vor, all die Dialogfelder, die man kennen muss? Keine Angst – alle vier Dialogfelder bieten Standardeinstellungen an, mit denen sich schon ein sehr eindrucksvolles Diagramm erstellen lässt. Im Zweifelsfall klicken Sie also in den drei ersten Dialogfeldern einfach auf die jeweilige Schaltfläche *Weiter* und im vierten auf *Fertig stellen*.

Führen Sie die Übung 4.66 durch, um sich mit Diagrammen in Excel vertraut zu machen.

Übung 4.66: Ein einfaches Excel-Diagramm erzeugen

1) Öffnen Sie die Arbeitsmappe, die Sie in Lektion 4.5 gespeichert haben, und klicken Sie auf *Tabelle2*, um das zweite Arbeitsblatt anzuzeigen.
2) Wählen Sie den nicht zusammenhängenden Zellbereich A4:A11, C4:C11 aus.

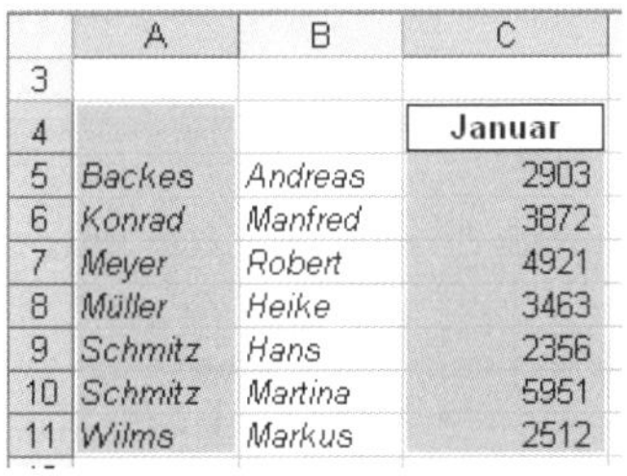

Schaltfläche Diagramm-Assistent

3) Sehen Sie die Schaltfläche rechts oben auf der *Standard*-Symbolleiste? Damit rufen Sie den *Diagramm-Assistent* auf. Klicken Sie darauf.
4) Excel blendet nacheinander eine Reihe von vier Dialogfeldern ein. Klicken Sie in den ersten drei aufeinander folgenden Dialogfeldern jeweils auf die Schaltfläche *Weiter* und im vierten Dialogfeld auf die Schaltfläche *Fertig stellen*.

   Glückwunsch! Sie haben gerade Ihr erstes Diagramm in Excel erstellt.

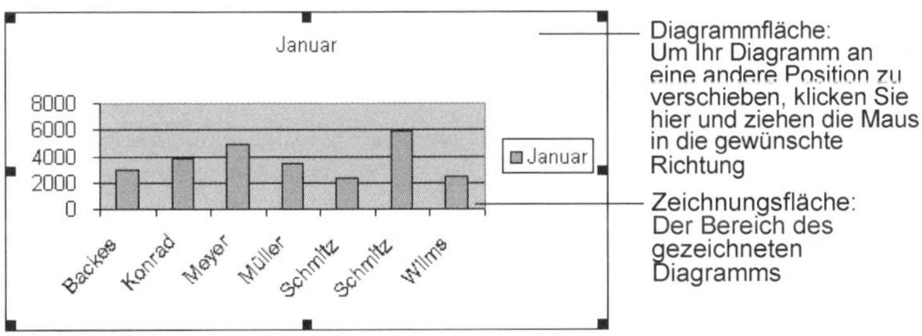

5) Leider legt Excel Ihr Diagramm über die Daten, sodass Sie nicht beides gleichzeitig betrachten können.

   Klicken Sie in einen leeren Bereich innerhalb des Diagrammrahmens, um das Diagramm zu verschieben. Excel bezeichnet diesen Bereich als Diagrammfläche. Halten Sie die Maustaste gedrückt und ziehen Sie das Diagramm nach unten, bis die obere linke Ecke über der Zelle B19 liegt.

Diagrammfläche

Die Fläche innerhalb des Diagrammrahmens, aber außerhalb der Zeichnungsfläche. Normalerweise befindet sich hier die Beschriftung der Diagrammachsen.

Um ein Diagramm an einer anderen Stelle im Arbeitsblatt zu positionieren, klicken Sie irgendwo in den Diagrammfläche und ziehen Sie dann mit der Maus. Um ein Diagramm zu löschen, klicken Sie irgendwo in die Diagrammfläche und drücken Sie die `Entf`-Taste.

Zeichnungsfläche

Der Bereich, der die eigentliche Darstellung enthält. Die Zeichnungsfläche wird von den Diagrammachsen begrenzt und von der Diagrammfläche umschlossen.

Diagramme: Zwei Dinge, die Sie wissen sollten

Alle Diagramme, ob nun mit Excel oder mit Papier und Bleistift erstellt, basieren auf zwei grundlegenden Dingen, dem Datenpunkt und der Datenreihe. Sie werden diesen zwei Begriffen häufig in den Diagramm-Dialogfeldern und der Online-Hilfe von Excel begegnen. Wenn Sie diese zwei Begriffe kennen und verstehen, versetzt Sie das in die Lage, die Möglichkeiten zum Erzeugen von Diagrammen in Excel gänzlich auszuschöpfen.

Datenpunkte

Datenpunkt – die Idee, die dahinter steht, ist so einfach, dass Sie sich fragen werden, warum man dafür überhaupt einen Namen benötigt. Schauen Sie sich die vier Beispiele unten an.

Artikel	Wert		Artikel	Wert
Äpfel	4		Januar	1.965,34€
Birnen	3		Februar	2.451,50€
Bananen	6		März	8.301,49 €
Artikel	Wert		Artikel	Wert
Maria	15,00%		Verkauf	4.954.032,00 €
Katharina	50,00%		Kosten	394.823,00 €
Margret	35,00%		Betriebskosten	25.068,00 €

Jedes Beispiel besteht aus einzelnen Elementen (oder Menschen), für die Messungen vorgenommen werden. Es handelt sich um Obstsorten, Monate eines Jahres, Menschen und Geldbeträge.

Jedem dieser Elemente ist eine Zahl zugeordnet, die seinen gemessenen Wert angibt. Ein Datenpunkt umfasst ein einzelnes Element und seinen numerischen Wert.

Im ersten Beispiel sind die drei Datenpunkte: Äpfel und 4, Birnen und 3 und Bananen und 6. Weitere Datenpunkte der Beispiele oben sind Februar und 2.451,50 €, Katharina und 50%, Betriebskosten und 25.068,00 €.

Ein Datenpunkt besteht also immer aus zwei Teilen: einem Element und einem Wert. Für sich allein genommen ist weder eine Zahl noch ein Element ein Datenpunkt. Ein Datenpunkt besteht zwangsläufig aus zwei Teilen.

Datenpunkt
Ein Element, das gemessen wird, und sein gemessener Wert.

Datenreihen

Ein einzelner Datenpunkt sagt nicht viel aus. Ein Diagramm macht nur dann Sinn, wenn es sich um mehr als einen Datenpunkt handelt. Mehrere Datenpunkte werden als Datenreihe bezeichnet.

Sie könnten z.B. ein Diagramm erzeugen, das die Verkaufszahlen der Firma für die verschiedenen Monate darstellt. Oder ein Diagramm, das die Verkaufszahlen der einzelnen Abteilungen in einem bestimmten Monat miteinander vergleicht.

Datenreihen
Eine Gruppe in Beziehung stehender Datenpunkte. Eine Datenreihe kann z.B. verschiedene Elemente miteinander vergleichen, die zur gleichen Zeit gemessen wurden, oder einzelne Elemente, die zu unterschiedlichen Zeiten erfasst wurden.

Diagramme mit nur einer Datenreihe

Wir haben den Begriff »einfach« verwendet, um damit das Diagramm zu bezeichnen, das Sie in Übung 4.66 erzeugt haben. Genauer gesagt handelt es sich um ein Beispiel für ein Diagramm mit einer Einzeldatenreihe.

Übung 4.67: Weitere Diagramme mit einzelnen Datenreihen erzeugen

1) Üben Sie Ihre Fähigkeiten im Erstellen von Diagrammen, indem Sie die nicht zusammenhängenden Zellbereiche unten auswählen und jeweils ein Diagramm daraus erzeugen.

2) Ziehen Sie das erste Diagramm unter das Diagramm aus Übung 23.1. Ziehen Sie die restlichen drei Diagramme in der *Tabelle2* nach unten, sodass eins unter dem anderen positioniert ist.

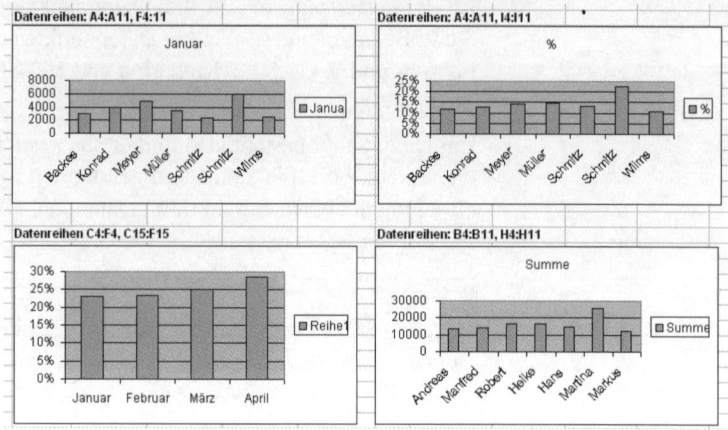

Diagramm aus mehreren Datenreihen erzeugen

Sie können natürlich auch mehr als eine Datenreihe in einer Sammlung von in Beziehung stehenden Informationen haben.

	Januar	Februar
Backes	2903	3308
Konrad	3872	2441
Meyer	4921	4055
Müller	3463	3981
Schmitz	2356	3621
Schmitz	5951	6226
Wilms	2512	2864

Schauen Sie sich dazu den Teil des Arbeitsblatts an. Wie viele Datenreihen können Sie erkennen? Die Antwort lautet zwei.

Es gibt eine Datenreihe für Januar und eine Datenreihe für Februar.

	Januar
Backes	2903
Konrad	3872
Meyer	4921
Müller	3463
Schmitz	2356
Schmitz	5951
Wilms	2512

	Februar
Backes	3308
Konrad	2441
Meyer	4055
Müller	3981
Schmitz	3621
Schmitz	6226
Wilms	2864

In den Übungen 4.68 und 4.69 erzeugen Sie ein Diagramm aus zwei Datenreihen und eines aus drei Datenreihen.

Übung 4.68: Ein Diagramm aus zwei Datenreihen erzeugen

1) Wählen Sie die nicht zusammenhängenden Zellbereiche A4:A8 und C4:D8 aus.

2) Klicken Sie auf die Schaltfläche *Diagramm-Assistent* und akzeptieren Sie die Standardeinstellungen in den drei hintereinander folgenden Dialogfeldern. Ihr Diagramm sollte nun so aussehen:

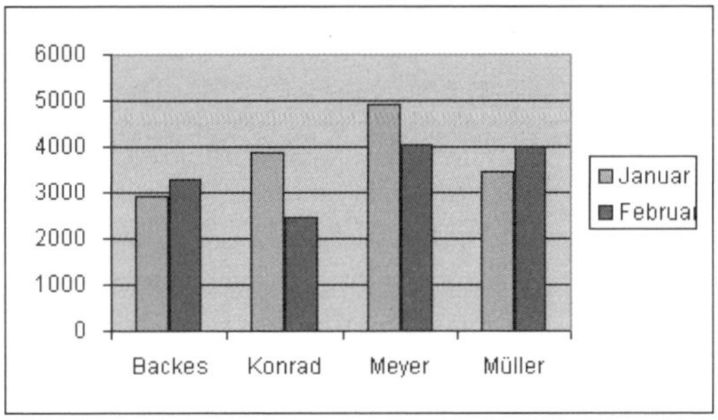

3) Ziehen Sie Ihr Diagramm nach unten, sodass Sie es unterhalb der vier in Übung 4.67 erstellten Diagramme positionieren können.

Wenn Excel ein Diagramm mit mehr als einer Datenreihe erstellt, verwendet es unterschiedliche Farben zur Darstellung der verschiedenen Elemente.

Übung 4.69: Ein Diagramm aus drei Datenreihen erzeugen

1) Wählen Sie den nicht zusammenhängenden Zellbereich A4:A8 und C4:E8 aus.
2) Klicken Sie auf die Schaltfläche *Diagramm-Assistent* und akzeptieren Sie die Standardeinstellungen in den drei hintereinander folgenden Dialogfeldern. Ihr Diagramm sollte nun so aussehen:

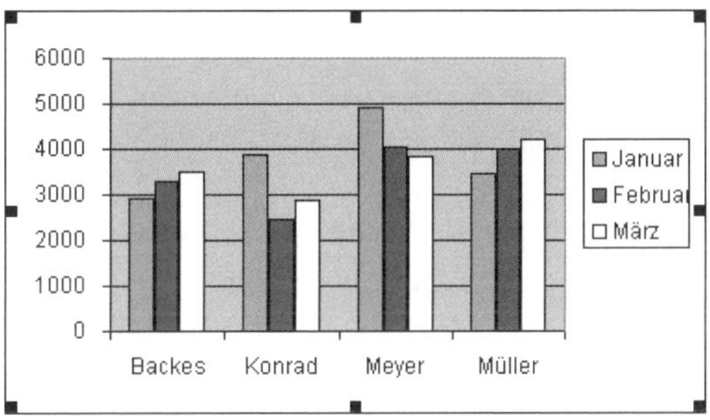

3) Ziehen Sie das Diagramm im Arbeitsblatt nach unten, sodass Sie es unterhalb des Diagramms, das Sie in Übung 4.68 erzeugt haben, positionieren können.

Ein Diagramm bearbeiten

Wenn Sie ein Diagramm erzeugen, sollten Sie sich vor Augen halten, dass man es später noch verändern kann. Sie können jeden einzelnen Punkt Ihres Diagramms verändern.

Ändern von Diagrammdaten

Sie können den Inhalt der Zellen im Arbeitsblatt, auf dem Ihr Diagramm basiert, berichtigen bzw. ergänzen. Sobald Sie die Zellen in Ihrem Arbeitsblatt verändern, aktualisiert Excel das Diagramm anhand der neuen Daten.

Größe eines Diagramms verändern

So verändern Sie die Größe eines Diagramms:

- Klicken Sie einmal auf die Diagrammfläche. Es erscheinen Anfasspunkte (kleine, schwarze Quadrate) entlang des Diagrammrahmens.
- Klicken Sie auf einen dieser Anfasspunkte und halten Sie die Maustaste gedrückt, während Sie an dem Punkt ziehen, um die Form des Diagramms zu verändern.

Wenn Sie an einem der Eckpunkte ziehen, vergrößert bzw. verkleinert sich das Diagramm proportional zu seiner aktuellen Größe. Wenn Sie an einem anderen als den Eckpunkten ziehen, vergrößert bzw. verkleinert sich das Diagramm nur in die entsprechende Richtung. Während Sie die Größe eines Diagramms verändern, passt Excel automatisch die Schriftgröße des Diagrammtextes an.

Diagrammtitel ändern

Um den Titel eines Diagramms zu bearbeiten, klicken Sie einmal darauf. Danach klicken Sie irgendwo innerhalb des Titeltextes. Sie können den Text jetzt bearbeiten. Zum Löschen des Diagrammtitels klicken Sie darauf und drücken dann die `Entf`-Taste. Um den Diagrammtitel neu zu formatieren, führen Sie einen Doppelklick darauf aus, um in das Dialogfeld *Diagrammtitel formatieren* zu gelangen. Wählen Sie die nötigen Optionen aus den drei Registerkarten des Dialogfelds aus: *Muster, Schrift* und *Ausrichtung*.

Diagrammtitel hinzufügen

Wenn Ihr Diagramm noch keinen Titel enthält, können Sie ihm einen hinzufügen.

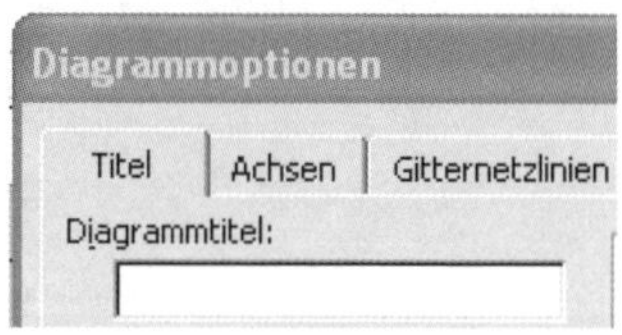

- Klicken Sie mit der rechten Maustaste auf die Diagrammfläche.
- Wählen Sie aus dem angezeigten Kontextmenü den Eintrag DIAGRAMMOPTIONEN und aktivieren dann die Registerkarte *Titel*. Schreiben Sie den Diagrammtitel in das entsprechende Feld. Klicken Sie auf OK.

> **Diagrammtitel**
>
> *Ein Text zur Beschreibung des Diagramms. Standardmäßig platziert Excel den Diagrammtitel oberhalb der Zeichnungsfläche, zentriert in der Diagrammfläche.*

Datenbeschriftung hinzufügen

In einem Excel-Diagramm ist die Datenbeschriftung ein Element, das den Namen (wie Schmitz) oder Wert (2.356,00 €) eines Datenpunkts einer in das Diagramm eingebundenen Datenreihe angibt. Standardmäßig zeigt Excel keine Datenbeschriftung an.

Sie können einem Diagramm zwei Arten von Datenbeschriftung hinzufügen.

- **Wert-Beschriftung:** Sie gibt den numerischen Wert der einzelnen Datenpunkte an. Sehen Sie auch Übung 4.70.
- **Text-Beschriftung:** Sie zeigt den Namen der Datenpunkte an. Standardmäßig zeigt Excel diese Namen auf den Achsen an. Sehen Sie auch Übung 4.71.

Übung 4.70: Datenbeschriftung hinzufügen

1) Klicken Sie in *Tabelle2* in die Diagrammfläche des ersten Diagramms, das Sie in Übung 23.1 erzeugt haben. Drücken Sie Strg + C, um es in die Zwischenablage zu kopieren.

2) Klicken Sie in *Tabelle3*, damit Ihnen das dritte Arbeitsblatt der Arbeitsmappe angezeigt wird. Klicken Sie in Zelle B3 und drücken Sie Strg + V, um das Diagramm aus der Zwischenablage einzufügen.

   Auf die gleiche Weise können Sie ein Diagramm nicht nur zwischen einzelnen Arbeitsblättern, sondern auch zwischen verschiedenen Arbeitsmappen kopieren und einfügen. Statt KOPIEREN und EINFÜGEN können Sie natürlich auch AUSSCHNEIDEN und EINFÜGEN verwenden, um ein Diagramm zwischen Arbeitsblättern oder Arbeitsmappen zu verschieben.

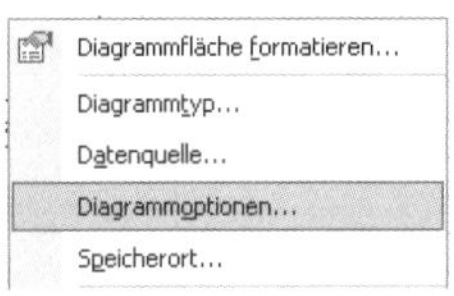

3) Klicken Sie nun mit der rechten Maustaste auf die Diagrammfläche, wählen Sie im Kontextmenü den Eintrag DIAGRAMMOPTIONEN und aktivieren Sie im angezeigten Dialogfeld die Registerkarte *Datenbeschriftungen*.

4) Aktivieren Sie dort das Kontrollkästchen *Wert*.

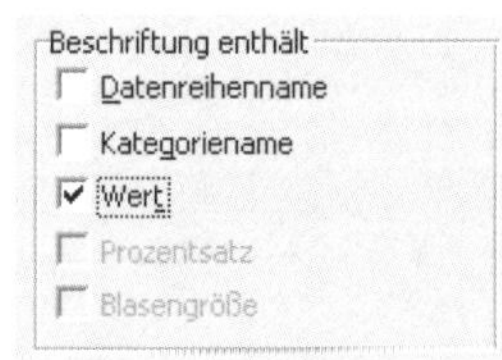

   Indem Sie Ihrem Diagramm eine Datenbeschriftung hinzufügen, geben Sie dem Leser zwar mehr Informationen, das Diagramm jedoch wird unübersichtlich. Sie können das Problem lösen, indem Sie das Diagramm horizontal strecken.

5) Klicken Sie in das Diagramm und ziehen Sie dann am mittleren Anfasspunkt der rechten Rahmenseite.

6) Ziehen Sie die Maus, bis sich der rechte Rand des Diagramms in Spalte K befindet. Die Achsen und die Zeichnungsfläche Ihres Diagramms sollten nun so aussehen:

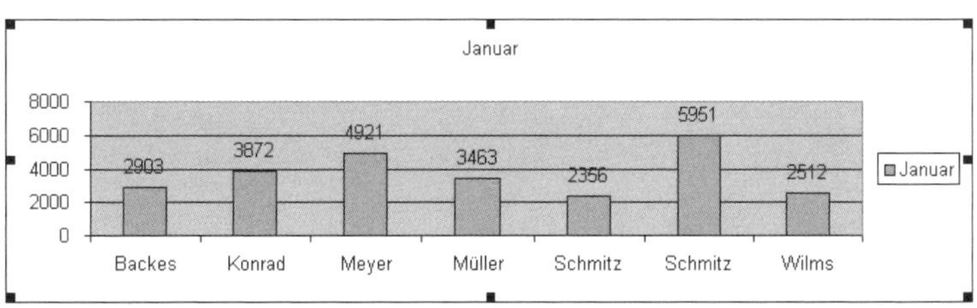

Übung 4.71: Datenbeschriftung für Text hinzufügen

1) Klicken Sie auf eine Zelle unterhalb des Diagramms, das Sie in Übung 4.70 eingefügt haben. Drücken Sie [Strg]+[V], um das noch aus Übung 4.66 in der Zwischenablage liegende Diagramm einzufügen. Klicken Sie mit der rechten Maustaste in das Diagramm, wählen Sie aus dem Kontextmenü den Eintrag DIAGRAMMOPTIONEN und wechseln Sie im Dialogfeld zur Registerkarte *Datenbeschriftungen*.

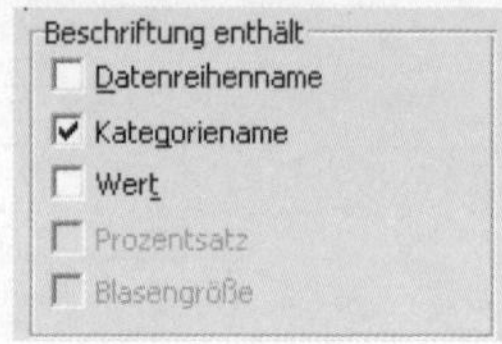

2) Aktivieren Sie dort das Kontrollkästchen *Kategoriename*.
3) Ziehen Sie wie in Übung 4.70 die Maus, bis sich der rechte Rand des Diagramms in Spalte K befindet. Die Achsen und die Zeichnungsfläche Ihres Diagramms sollten nun so aussehen:

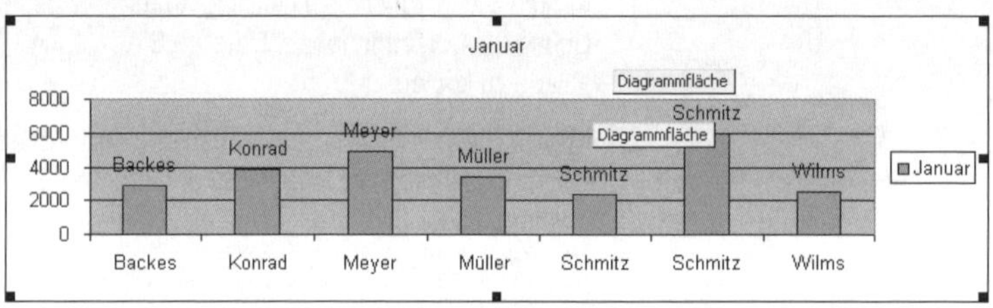

Datenbeschriftung formatieren

Um die Datenbeschriftung zu formatieren, klicken Sie mit der rechten Maustaste auf eine Beschriftung und wählen im Kontextmenü den Eintrag DATENBESCHRIFTUNGEN FORMATIEREN aus. Wählen Sie dann die gewünschten Optionen aus den vier Registerkarten des Dialogfeldes: *Muster, Schrift, Zahlen* und *Ausrichtung*.

Datenbeschriftung
Der Name oder numerische Wert eines Datenpunkts in einer im Diagramm verwendeten Datenreihe.

Maßstab ändern

Um den Maßstab einer Achse zu verändern, klicken Sie mit der rechten Maustaste irgendwo entlang einer Achse und wählen dann im Kontextmenü den Eintrag ACHSE FORMATIEREN aus.

Excel erlaubt es Ihnen, das Minimum, Maximum oder die Schritte, in denen die Werte auf der Achse angeben werden, zu verändern. In Übung 4.72 verändern Sie den Maßstab der vertikalen Achse (Y-Achse) des Diagramms.

Übung 4.72: Maßstab der vertikalen Achse ändern

1) Befindet sich das erste Diagramm, das Sie in Übung 4.66 erzeugt haben, noch in der Zwischenablage? Wenn das nicht der Fall ist, kopieren Sie es bitte jetzt hinein.

2) Klicken Sie auf *Tabelle3*, damit Ihnen das dritte Arbeitsblatt der Arbeitsmappe angezeigt wird. Klicken Sie auf eine Zelle unterhalb des Diagramms, das Sie in Übung 4.71 eingefügt haben, und drücken Sie [Strg] + [V].

3) Klicken Sie das Diagramm an und dann auf den mittleren Anfasspunkt am unteren Rand. Ziehen Sie die Maus nach unten, bis das Diagramm ungefähr doppelt so hoch ist wie vorher.

4) Führen Sie irgendwo auf der vertikalen Achse einen Doppelklick aus. Wechseln Sie im Dialogfeld *Achse formatieren* zur Registerkarte *Skalierung*.

5) Ändern Sie den Wert im Feld *Minimum* auf *2000* und den Wert im Feld *Hauptintervall* auf *500*. Klicken Sie auf OK, um das Dialogfeld wieder zu schließen.

6) Führen Sie irgendwo auf der vertikalen Achse erneut einen Doppelklick aus. Wechseln Sie im Dialogfeld *Achse formatieren* nochmals zur Registerkarte *Skalierung*.

   Sie werden bemerken, dass Excel den Wert für *Rubrikachse (X) schneidet bei:* von 0 in *2000* geändert hat. Das wurde durch die Änderung des Minimums von 0 auf *2000* hervorgerufen.

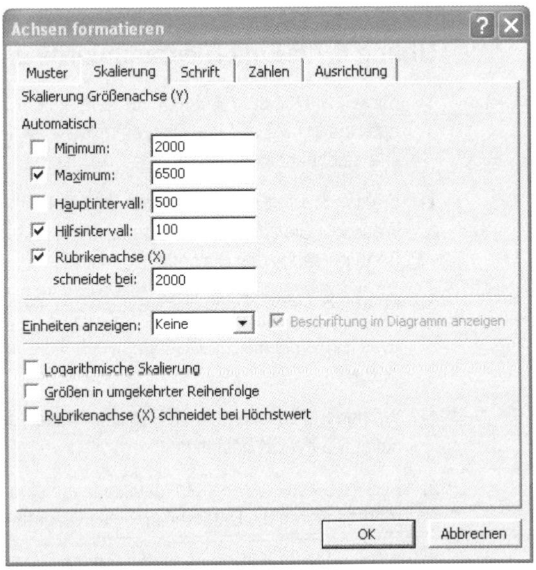

Um das Diagramm leichter lesbar zu machen, ändern Sie seine Größe, indem Sie es zur Seite hin strecken.

Das neu skalierte und vertikal gestreckte Diagramm sollte nun so aussehen:

Neu skaliertes Diagramm: Die Werte der vertikalen Achse beginnen mit 2000 anstatt mit 0.

Außerdem werden die Werte der vertikalen Achse in 500er-Schritten anstatt in 2000er-Schritten angezeigt.

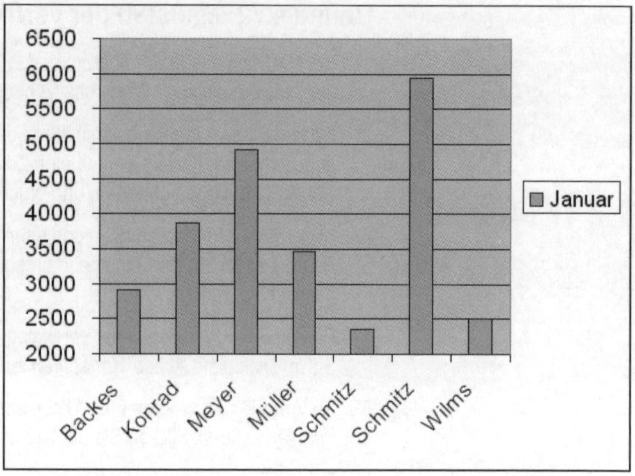

Diagrammfarben ändern

Sie können in Excel für drei Bestandteile des Diagramms die Farbe ändern: die Diagrammfläche, die Zeichnungsfläche und die Datenreihen. Klicken Sie mit der rechten Maustaste auf das jeweilige Element, wählen Sie im Kontextmenü den Eintrag <ELEMENTNAME> FORMATIEREN aus und legen dann die gewünschte Farbe fest (sehen Sie auch Übung 4.73).

Übung 4.73: Eine Diagrammfarbe ändern

1) Klicken Sie mit der rechten Maustaste auf der Diagrammfläche des Diagramms aus Übung 4.72 aus (die Diagrammfläche ist der weiße Bereich, der das eigentliche Zeichnungsfeld umgibt).

2) Wählen Sie im Kontextmenü den Eintrag DIAGRAMMFLÄCHE FORMATIEREN aus. Wechseln Sie zur Registerkarte *Muster*, klicken Sie dann auf die Farbe *Gelb* im Bereich *Fläche* des Dialogfelds und klicken Sie auf OK.

3) Führen Sie einen Doppelklick auf die Zeichnungsfläche aus.

   (Das ist die eigentliche Diagrammfläche, die von den zwei Achsen eingegrenzt wird.)

4) Wählen Sie im angezeigten Register *Muster* die Farbe *Gelb* im Bereich *Fläche*, bevor Sie mit OK bestätigen.

5) Klicken Sie mit der rechten Maustaste auf eine der Diagrammsäulen (die Säulen repräsentieren die Datenreihen eines Diagramms).

6) Wählen Sie im Kontextmenü den Eintrag DATENREIHEN FORMATIEREN aus. Wechseln Sie zur Registerkarte *Muster*, wählen Sie die Farbe *Rot* im Bereich *Fläche* des Dialogfelds aus und klicken Sie auf OK.

Im zweiten Teil dieser Übung werden Sie die Textelemente des Diagramms neu formatieren.

7) Doppelklicken Sie auf die X-Achse, wählen Sie die Registerkarte *Schrift* und ändern Sie die Schrift in *Fett* und *Blau*. Wenn Sie fertig sind, klicken Sie auf OK.

8) Wiederholen Sie Schritt 7 für die Y-Achse und schließen Sie das Dialogfeld.

9) Öffnen Sie erneut per Doppelklick auf die Y-Achse das Dialogfeld *Achse formatieren* und wechseln Sie zur Registerkarte *Zahlen*. Wählen Sie unter *Kategorie* den Eintrag *Zahl* aus und setzen Sie die Anzahl der Dezimalstellen auf 2. Klicken Sie auf OK.

10) Klicken Sie mit der rechten Maustaste auf den Diagrammtitel aus. Wählen Sie im Kontextmenü den Befehl DIAGRAMMTITEL FORMATIEREN aus und wechseln Sie dann zur Registerkarte *Schrift*. Ändern Sie die Schrift in *Times New Roman, Kursiv* und *14 Punkt*.

11) Lassen Sie das Dialogfeld geöffnet und wechseln Sie zur Registerkarte *Muster*. Wählen Sie im Bereich *Rahmen* die Option *Automatisch* und klicken Sie auf OK.

Gut gemacht! Die Übung ist hiermit beendet. Ihr Diagramm sollte nun so aussehen:

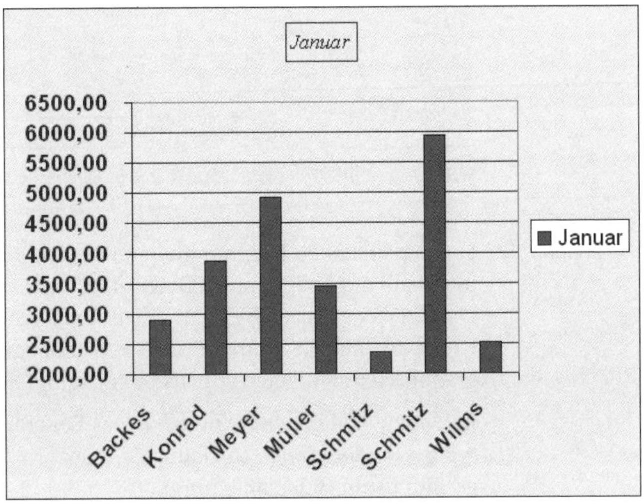

Diagrammtypen

Excel bietet Ihnen mehr als ein Dutzend Diagrammtypen. Es reicht aber aus, wenn Sie die drei folgenden kennen:

- **Säulendiagramm**: Elemente werden horizontal und Werte vertikal angezeigt. Es handelt sich um den Standarddiagrammtyp von Excel. Gleichzeitig ist er der einzige, den Sie bis jetzt in Ihren Übungen verwendet haben.

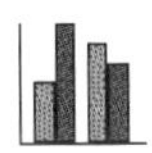

- **Balkendiagramm:** Ein Diagramm mit seitwärts angelegten Balken. Elemente werden vertikal, Werte horizontal angezeigt.

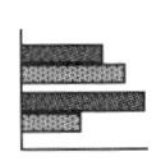

- **Kreisdiagramm:** Zeigt den proportionalen Anteil jedes einzelnen Elements am Ganzen an. Im Gegensatz zu Säulen-, Balken- und anderen Diagrammen kann man ein Kreisdiagramm nur für eine einzelne Datenreihe verwenden.

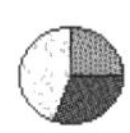

Diagrammtyp festlegen

Wenn Sie einen Zellbereich auswählen und dann den Diagramm-Assistenten auswählen, können Sie im ersten von vier angezeigten Dialogfeldern aussuchen, welchen Diagrammtyp Sie verwenden möchten. Die meisten Diagrammtypen bieten noch Untertypen oder Varianten an.

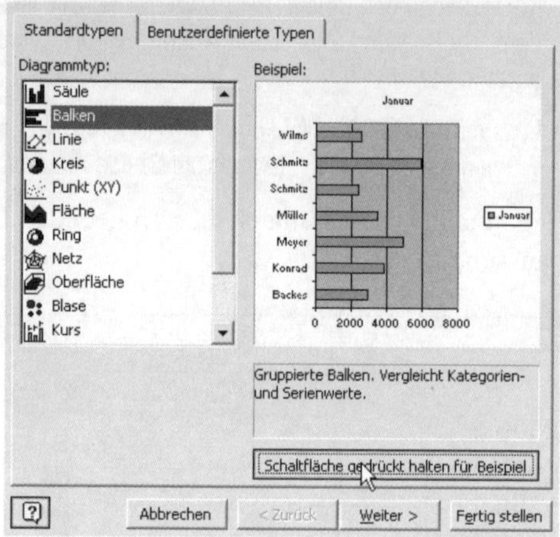

Sie können sich in der Vorschau ansehen, wie Ihre Daten in ein bestimmtes Diagramm eingebunden aussehen. Klicken Sie auf den gewünschten Diagrammtyp und halten Sie die entsprechende Schaltfläche gedrückt.

Diagrammtyp ändern

Um den aktuellen Diagrammtyp zu ändern, führen Sie irgendwo innerhalb des Diagramms (Diagrammfläche, Zeichnungsfläche oder Datenreihe, es ist völlig egal) einen Rechtsklick aus. Wählen Sie im Kontextmenü den Eintrag DIAGRAMMTYP und dann einen anderen Diagrammtyp (oder Untertyp) aus dem Dialogfeld *Diagrammtyp* aus.

In Übung 4.74 erstellen Sie ein neues Diagramm mit dem Diagrammtyp *Balkendiagramm*. In Übung 4.75 ändern Sie dann ein Säulendiagramm in ein Balkendiagramm.

Übung 4.74: Ein Balkendiagramm erstellen

1) Klicken Sie in *Tabelle3* in eine Zelle unterhalb des Diagramms, mit dem Sie in Übung 23.8 gearbeitet haben. Das ist dann die Stelle, an der das Diagramm, das Sie in dieser Übung erstellen, eingefügt wird.

2) Klicken Sie auf das Register *Tabelle1*, damit Ihnen das erste Arbeitsblatt der Arbeitsmappe angezeigt wird.

3) Markieren Sie den nicht zusammenhängenden Zellbereich B25:C26, E25:F26 und klicken Sie auf die Schaltfläche DIAGRAMM-ASSISTENT.

4) Excel zeigt Ihnen die Registerkarte *Standardtypen* im ersten Dialogfeld *Diagramm-Assistent Schritt 1 von 4* an. Wählen Sie als Typ *Balken* und klicken Sie auf *Weiter*.

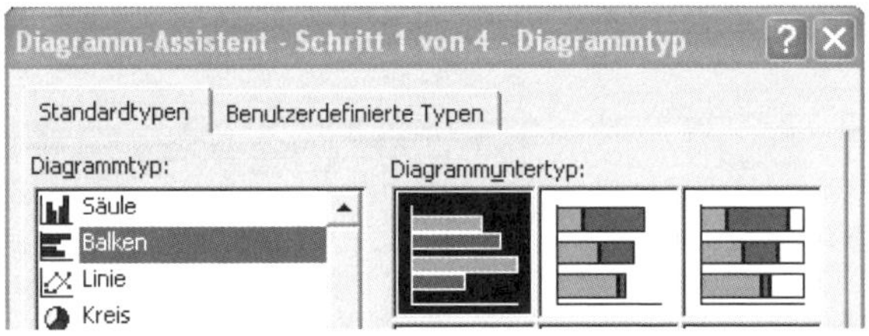

5) Excel zeigt Ihnen die Registerkarte *Datenbereich* im ersten Dialogfeld *Diagramm-Assistent Schritt 2 von 4* an. Klicken Sie auf *Weiter.*

6) Excel zeigt Ihnen die Registerkarte *Datenbeschriftung* im dritten Dialogfeld *Diagramm-Assistent Schritt 3 von 4* an.

   Klicken Sie auf die Registerlasche *Titel*, geben Sie den Titel *Produkt 1* ein und klicken Sie auf *Weiter.*

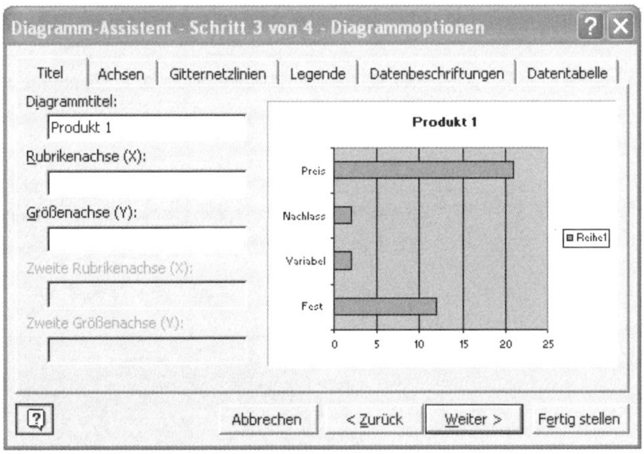

7) Excel zeigt den Schritt 4 von 4 im Diagramm-Assistenten, das Dialogfeld *Diagrammplatzierung* an.

   Ändern Sie das Feld *Als Objekt in: Tabelle3* und klicken Sie auf *Fertig stellen.*

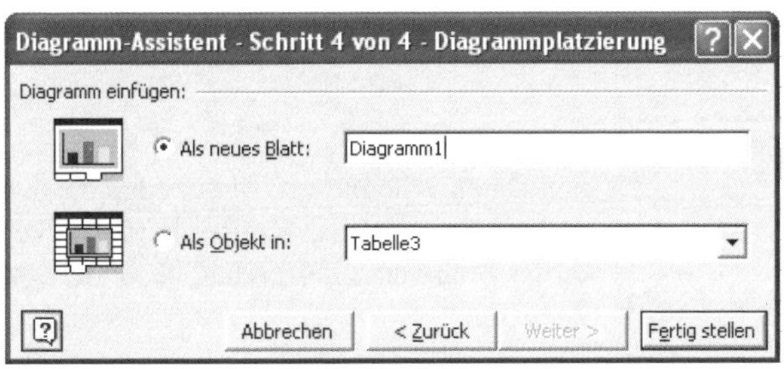

Excel positioniert Ihr Diagramm in das dritte Arbeitsblatt, *Tabelle3.* Ihr Balkendiagramm sollte nun so aussehen:

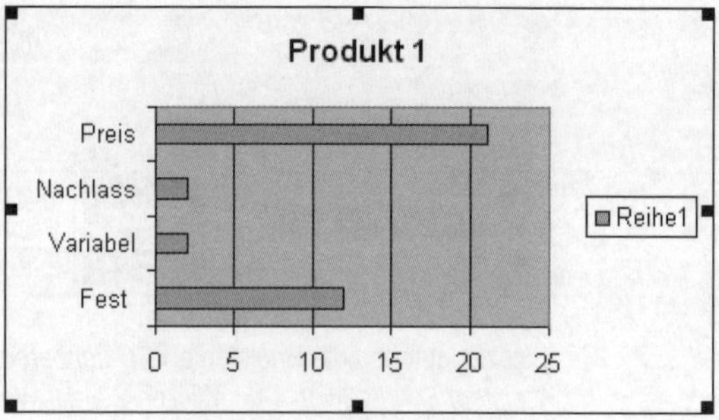

Übung 4.75: Ein Säulendiagramm in ein Balkendiagramm umwandeln

1) Klicken Sie in *Tabelle2* auf das dritte Diagramm, das Sie in Übung 4.67 erzeugt haben. Es basiert auf dem Zellbereich C4:F4, C15:F15. Kopieren Sie es in die Zwischenablage.

2) Klicken Sie auf das Register *Tabelle3*, um Ihr drittes Arbeitsblatt einzublenden. Fügen Sie das Diagramm aus der Zwischenablage in eine Zelle unterhalb des Diagramms aus Übung 4.74 ein.

3) Klicken Sie mit der rechten Maustaste in die Diagrammfläche und wählen Sie im Kontextmenü den Eintrag DIAGRAMMTYP. Legen Sie im Dialogfeld den Typ *Balkendiagramm* fest und klicken Sie auf OK.

   Ihr Balkendiagramm sollte nun so aussehen:

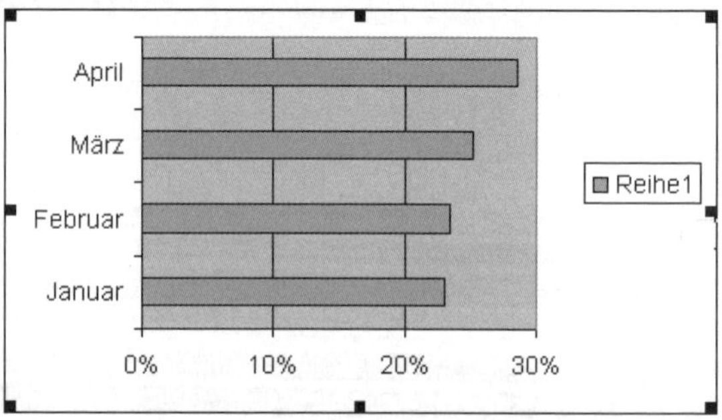

Mit Kreisdiagrammen arbeiten

In Übung 4.76 erzeugen Sie ein Kreisdiagramm, das auf einer einzelnen Datenreihe basiert. Sie werden das Kreisdiagramm formatieren und ein Segment des Kreises herausrücken, um so dem Anteil, den dieses Stück am Ganzen hat, besondere Aufmerksamkeit zukommen zu lassen.

Übung 4.76: Ein Kreisdiagramm erzeugen und formatieren

1) Wählen Sie in *Tabelle2* den nicht zusammen hängenden Zellbereich A4:A11 und C4:C11 aus.

2) Klicken Sie auf die Schaltfläche *Diagramm-Assistent*.

3) Wählen Sie im Dialogfeld *Diagrammtyp* das *Kreisdiagramm* als Standardtyp und den *Kreis mit 3D-Effekt* als Untertyp aus. Klicken Sie auf WEITER.

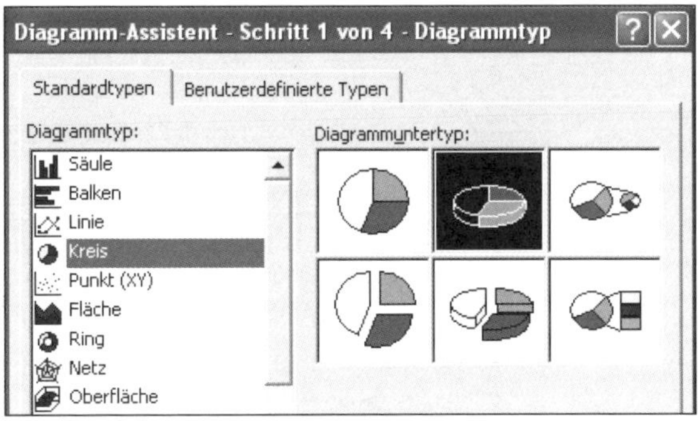

4) Klicken Sie in den weiteren Dialogfeldern des *Diagramm-Assistenten* auf Weiter und schließlich auf *Fertig stellen.*

   Ziehen Sie das Kreisdiagramm in *Tabelle2* nach unten, sodass Sie es unterhalb des Diagramms, das Sie in Übung 4.69 erzeugt haben, positionieren können. Ihr Diagramm sollte nun so aussehen:

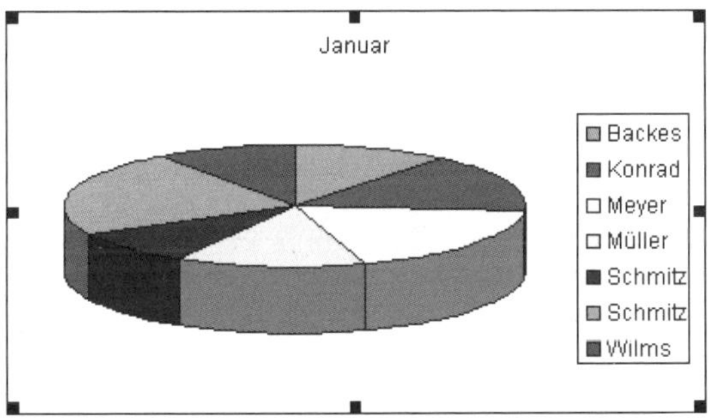

   Da Kreisdiagramme nicht über Achsen verfügen, um Namen und Werte für Datenpunkte anzugeben, werden die einzelnen Stücke normalerweise mit einer Datenbeschriftung versehen. Sie fügen diese im nächsten Schritt der Übung hinzu.

5) Doppelklicken Sie auf eines der Kreissegmente des Diagramms, um das Dialogfeld *Datenreihen formatieren* einzublenden.

6) Wechseln Sie zur Registerkarte *Datenbeschriftung* und aktivieren Sie dann das Kontrollkästchen *Prozentsatz.* Klicken Sie auf OK. Ihr Kreisdiagramm sollte nun so aussehen:

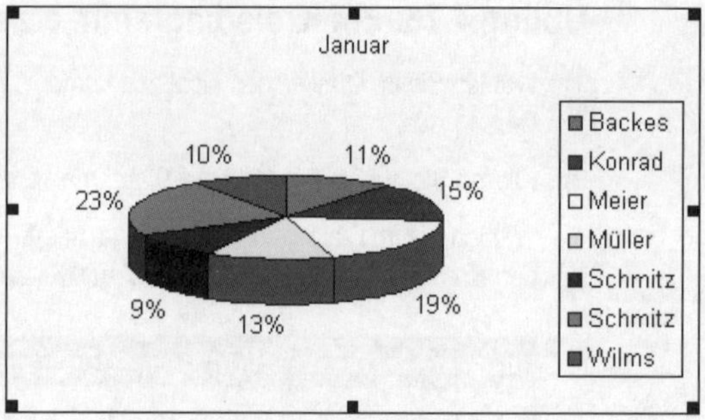

Sie werden bemerken, dass der Zeichnungsbereich »geschrumpft« ist, um Platz für die Prozentbeschriftung zu schaffen.

Im letzten Schritt dieser Übung werden Sie ein Stück des Kreises »herausziehen«.

7) Klicken Sie auf das Kreisdiagramm und dann nochmals auf jenes Kreissegment, das Sie aus dem Kreis herausziehen möchten. Ziehen Sie es nun heraus.

   Klicken Sie zum Beispiel auf das größte Stück, das mit der Datenbeschriftung 23%, und ziehen Sie es nach links.

   Ihr Diagramm sollte nun so aussehen:

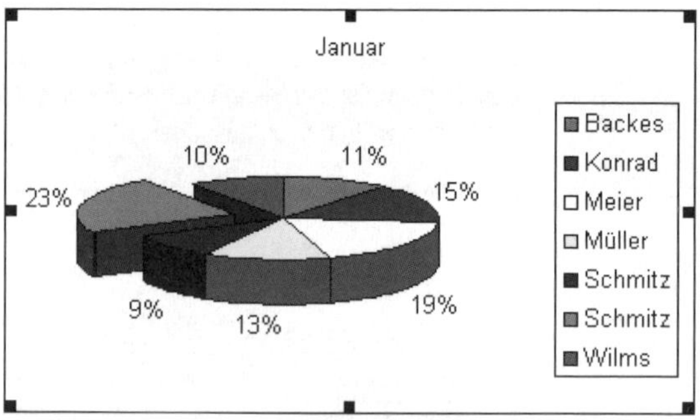

Glückwunsch! Sie haben die Lektion 4.6 des ECDL-Moduls *Tabellenkalkulation* abgeschlossen. Speichern Sie Ihre Arbeitsmappe und schließen Sie Excel.

Zusammenfassung der Lektion: Das haben Sie gelernt

Um in Excel ein Diagramm zu erstellen, wählen Sie zuerst die Zellen mit Zahlen und Text aus, die Sie als Diagramm darstellen möchten. Aktivieren Sie dann den Diagramm-Assistenten. Die Standardeinstellungen der vier Dialogfelder des Diagramm-Assistenten sind für die meisten Fälle geeignet und akzeptabel. Wenn Sie Daten, auf denen ein Diagramm beruht, ändern, so aktualisiert Excel die Diagrammdarstellung automatisch. Schauen Sie sich dazu das Beispiel in Übung 4.66 an.

Standardmäßig platziert Excel Ihr Diagramm auf Ihre Arbeitsblattdaten. Sie können das Diagramm verschieben, indem Sie irgendwo in die leere Fläche des Diagrammrahmens klicken und das Diagramm an seine neue Position ziehen.

Das Erzeugen von Diagrammen basiert auf Datenpunkten und Datenreihen. Ein Datenpunkt ist ein einzelnes Element und sein dazugehöriger Wert (z.B. Verkaufszahlen von Januar). Eine Datenreihe hingegen besteht aus einer Gruppe von Datenpunkten (z.B. die Monatsverkaufszahlen eines ganzen Jahres). Sie können gleichzeitig mehr als eine einzelne Datenreihe in einem Diagramm darstellen. Schauen Sie sich die Beispiele in Übung 4.68 und 4.69 zu diesem Thema an.

Excel bietet eine Vielzahl von Diagrammtypen. Säulen-, Balken- und Kreisdiagramme sind die gebräuchlichsten. Sie können Ihr Diagramm auf vielerlei Arten durch Hinzufügen einer Datenbeschriftung und von Farben sowie Rahmen formatieren. Schauen Sie sich dazu die Beispiele der Übungen 4.70 bis 4.73 an, um zu sehen, wie Sie Ihre Diagramme anpassen.

Schnelltest: Diagramme in Excel erzeugen

1.	**Als Zeichnungsfläche bezeichnet man:**
A	Die Zellreihe, die als Datenquelle für ein Diagramm verwendet wird.
B	Die Fläche, die das eigentliche Diagramm und seine Achsen enthält.
C	Die Randfläche innerhalb des Diagrammbereichs.
D	Einen Bereich in einem der Dialogfelder des Diagramm-Assistenten.

2.	**Ein Balkendiagramm kann enthalten:**
A	Nur einen Datenpunkt.
B	Nur eine Datenreihe.
C	Mehrere Datenreihen.
D	Mehrere Zeichnungsflächen.

3.	**Wenn Sie die Daten verändern, auf denen das Diagramm basiert, müssen Sie das Diagramm erneut erstellen, um es zu aktualisieren.**
A	Richtig
B	Falsch

4.	**Sie können die Schriftart und Farbe, die Sie in einem Diagramm verwenden, ändern, nachdem Sie das Diagramm erstellt haben.**
A	Richtig
B	Falsch

5.	**Ein Kreisdiagramm kann enthalten:**
A	Nur einen Datenpunkt.
B	Nur eine Datenreihe.
C	Mehrere Datenreihen.
D	Mehrere Zeichnungsflächen.

6.	**Was ist der Unterschied zwischen einem Balken- und einem Säulendiagramm?**

Lektion 4.7: Dateiformate und Datenimport

Zu dieser Lektion

In dieser Lektion lernen Sie, dass Excel – wie jede andere Anwendung auch – ein bestimmtes Dateiformat verwendet. Außerdem erfahren Sie, wie Sie Ihre Dokumente in andere Nicht-Excel-Formate umwandeln, sodass Anwender, die nicht mit Excel arbeiten, die Dateien auch öffnen und lesen können.

Darüber hinaus lesen Sie, wie Dateien, die Bilder, Grafiken oder Text enthalten, in Ihr Excel-Arbeitsblatt eingebunden werden können.

Neue Fähigkeiten

Am Ende dieser Lektion sollten Sie in der Lage sein,

- Excel-Dateien unter folgenden Dateiformaten abzuspeichern: als Excel-Mustervorlage, vorherige Versionen von Excel, andere Tabellenkalkulationsanwendungen, Datenbanken, Nur-Text und HTML (dem Format für das World Wide Web),
- den Unterschied zwischen zwei Arten von zeichengetrennten Textdateien zu erklären: tabstoppgetrennte und trennzeichengetrennte,
- den Unterschied zwischen zeichengetrennten und spaltengetrennten Textdateien zu erklären,
- Bilddateien und andere nicht in Excel erstellte Grafikdateien in ein Excel-Arbeitsblatt einzufügen,
- Textdateien mit dem Excel-Textkonvertierungs-Assistent zu importieren.

Neue Wörter

Am Ende dieser Lektion sollten Sie in der Lage sein, die folgenden Begriffe zu erklären:

- Dateiformat
- Tabstoppgetrennte Textdatei
- Trennzeichengetrennte (CSV) Textdateien
- Spaltengetrennte Textdatei

Dateiformate

In Modul 1 des ECDL haben Sie erfahren, dass die gesamte auf einem Computer gespeicherte Information letztendlich nur aus zwei Zeichen besteht: 1 und 0. Und dies wirft zwei Fragen auf.

- Wie werden diese Einsen und Nullen auf Ihrem Computerbildschirm in Text, Zahlen und Diagramme umgewandelt, wenn Sie eine Excel-Arbeitsmappe öffnen?

- Und wie werden der Text, die Zahlen und die Diagramme wieder in Einsen und Nullen zurückverwandelt, wenn Sie Ihre Datei speichern?

Software-Entwickler wenden einen Satz von Regeln an, der zwischen den Einsen und Nullen und dem angezeigten Text, den Zahlen und den Diagrammen umrechnet. Ein solcher Regelsatz wird als Dateiformat bezeichnet.

Dateiformat
Ein Regelpaket, das Einsen und Nullen in Text und Grafik auf dem Bildschirm umwandelt und umgekehrt.

So liegt z.B. eine Excel-Datei im Excel-Format vor, eine Access-Datei im Access-Format usw.

Verschiedene Anwendungen, unterschiedliche Dateiformate

Verschiedene Software-Hersteller verwenden auch verschiedene Regelpakete, um Einsen und Nullen in Text und Grafik auf dem Bildschirm umzuwandeln.

Und sogar verschiedene Versionen ein und desselben Programms können unterschiedliche Dateiformate verwenden. Das Dateiformat von Excel 2002 unterscheidet sich z.B. von dem vorheriger Excel-Versionen.

Wie Sie sich vorstellen können, kann es bei verschiedenen Dateiformaten zu Schwierigkeiten kommen.

- In einem Dateiformat kann 10101010 z.B. in die Zahl *12* in Zelle A4 umgewandelt werden.
- In einem anderen Dateiformat werden die gleichen Zeichen 10101010 vielleicht in die Beschriftung *Jahresgewinn* in Zelle Z54 umgewandelt.

Dateinamenerweiterung

Das Format einer Datei wird durch die Dateinamenerweiterung (drei Buchstaben) eines Dateinamens angezeigt. Diese Erweiterung wird automatisch vom Programm angehängt, sobald die Datei gespeichert wird.

Die Dateinamenerweiterung *.xls* weist z.B. auf eine Excel-Datei hin, die Erweiterung *.mdb* auf eine Access-Datei.

Das verwendete Format von Seiten im World Wide Web ist HTML. Diese Abkürzung steht für *HyperText Markup Language*. Die Erweiterung von HTML-Dateien ist üblicherweise *.htm* oder *.html*.

Mögliche Dateiformate in Excel

In Excel können Sie Ihre Dokumente auch unter einem anderen Dateityp außer dem Excel-Format abspeichern. Diese Möglichkeit kann sehr hilfreich sein, wenn Sie Ihr Dokument für jemanden abspeichern möchten, der mit einem anderen Tabellenkalkulationsprogramm als Excel arbeitet.

Sie können sich die verschiedenen Dateiformate, die Ihnen in Excel zum Speichern zur Verfügung stehen, anzeigen lassen:

- Öffnen Sie ein Dokument.
- Rufen Sie den Menübefehl DATEI/SPEICHERN UNTER auf.
- Klicken Sie auf den Pfeil, der sich neben dem Feld *Dateityp* befindet. Eine Dropdown-Liste wird angezeigt.

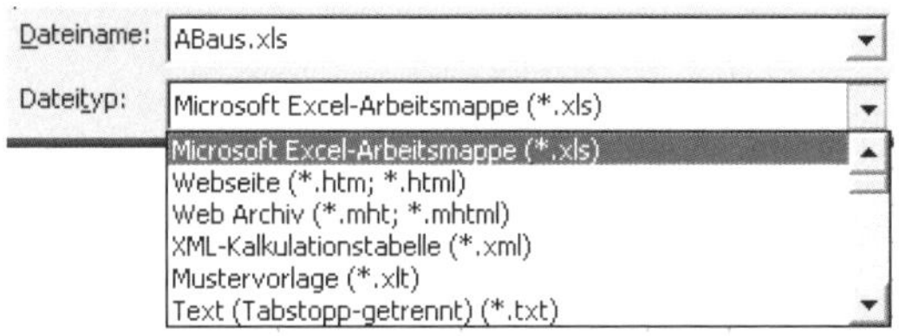

Nur einige der angezeigten Formate sind für dieses ECDL-Modul *Tabellenkalkulation* von Bedeutung. Beachten Sie bitte, dass Funktionen und Formatierungen einer Excel 2002-Arbeitsmappe möglicherweise nicht mehr zur Verfügung stehen, wenn Sie die Datei unter einem früheren Excel-Format oder einer anderen Anwendung abspeichern.

Excel-Mustervorlagen

Excel bietet Ihnen die Möglichkeit, eine Arbeitsmappe als Mustervorlage zu speichern. Sie können diese Vorlage dann später als Grundlage zur schnellen Erstellung einer ähnlichen Arbeitsmappe verwenden.

Beispielsweise könnten Sie eine Arbeitsmappe als Formular für Ausgaben erstellen. Sie könnten wichtige Beschriftungen eingeben und formatieren, Rahmen um bestimmte Zellen ziehen und =SUMME(C2:C22) in Zelle C23 eingeben, sodass, unabhängig von den in den Zellbereich C2:C22 eingegebenen Zahlen, die Summe immer in C23 angezeigt wird.

Durch das Erstellen einer solchen Mustervorlage beschleunigen Sie den Prozess des Erstellens weiterer Formulare für Ausgaben, denn Text, Formatierung und Berechnungsformeln müssen nicht erst wieder neu eingegeben werden.

Um eine Arbeitsmappe als Mustervorlage abzuspeichern, wählen Sie den Menübefehl DATEI/SPEICHERN UNTER und dann die Option *Mustervorlage (*.xlt)*.

Frühere Excel-Versionen

Sie können Ihre Excel 2002-Arbeitsmappe im Dateiformat einer früheren Microsoft Excel-Version abspeichern. Es gibt dabei zwei generelle Möglichkeiten:

- Microsoft Excel 5.0/95-Arbeitsmappe.
- Microsoft Excel 97-2002 & 5.0/95-Arbeitsmappe

dBase, Lotus 1-2-3 und Quattro Pro

Wählen Sie diese Möglichkeit aus den Optionen, um Ihre Datei so abzuspeichern, dass sie von Benutzern von dBase, einem Datenbankprogramm, und Lotus 1-2-3 und Quattro Pro, zwei anderen Tabellenkalkulationsprogrammen, geöffnet und gelesen werden kann.

Nur das aktuell angezeigte Arbeitsblatt wird konvertiert. Um noch andere Arbeitsblätter Ihrer Arbeitsmappe umzuwandeln, lassen Sie jedes einzeln anzeigen und speichern es dann ab.

Nur-Text-Format

Wie schon der Name verrät, speichert dieses Format nur den Text einer Datei. Der Begriff Text beinhaltet in diesem Kontext auch Zahlen und alphabetische Zeichen. Jegliche Formatierung geht verloren. Dieses Format wird auch als ASCII-Format bezeichnet.

Zwei der etwas gebräuchlicheren Nur-Text-Optionen sind:

- Text (tabstoppgetrennt): Nur das aktuell angezeigte Arbeitsblatt wird gespeichert. Um auch andere Arbeitsblätter umzuwandeln, wechseln Sie zu jedem einzelnen Blatt und speichern es separat. Die angehängte Dateinamenerweiterung ist *.txt*. In diesem Format werden Zelleinträge einer Zeile, aber in verschiedenen Spalten durch einen Tabulator voneinander getrennt. Verschiedene Zeilen werden durch Absätze getrennt.

Originaldatei in einer Excel-Datei

	A	B	C	D	E	F
1						
2		Januar	Februar	März	April	Mai
3		12	45	35	41	56
4		11	42	34	39	47

Excel-Datei im Format tabstoppgetrennt gespeichert und im Editor geöffnet

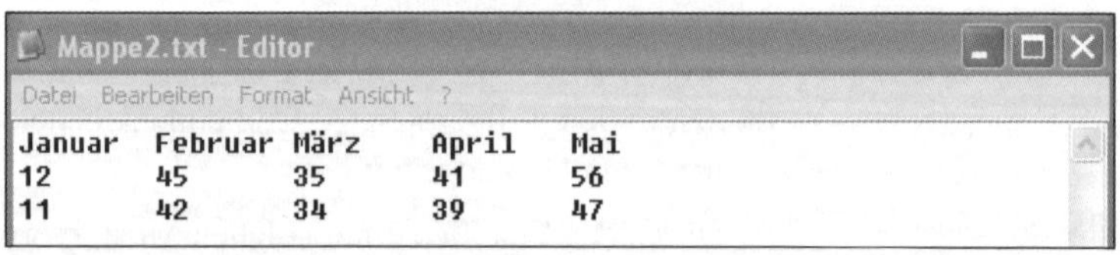

- CSV (trennzeichengetrennt): Wie tabstoppgetrennt, aber Zellen in der gleichen Zeile werden durch Semikola getrennt. Die angehängte Dateinamenerweiterung ist *.csv* und bedeutet *Comma Separated Value* (kommabegrenzte Werte; Komma deshalb, weil in der US-Version ein Komma anstatt eines Semikolon als Trennzeichen verwendet wird). Wie Sie im Beispiel unten sehen können, ist Text im Format *trennzeichengetrennt* nicht immer in ordentlichen Spalten untereinander angeordnet.

Excel-Datei im Format CSV gespeichert und im Editor geöffnet

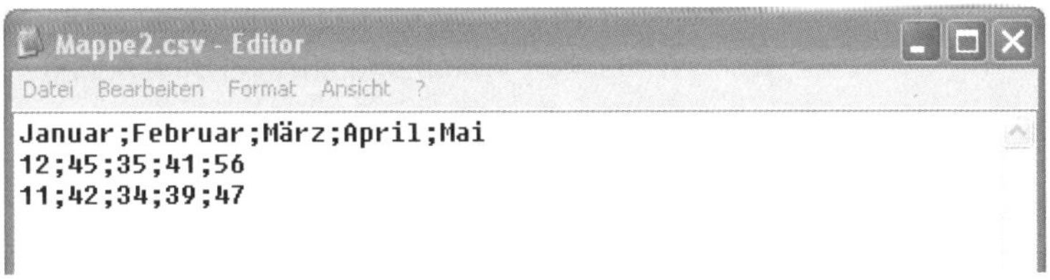

Tabstoppgetrennte Textdatei

Eine Textformatdatei, in der Datenelemente horizontal durch Tabulatoren und vertikal durch Absätze getrennt sind.

Trennzeichengetrennte (CSV)Textdatei

Eine Textformatdatei, in der Datenelemente horizontal durch Semikola und vertikal durch Absätze getrennt sind.

HTML (Web)-Format

Webseiten werden unter Verwendung des HTML-Formats erstellt. Die Dateinamenerweiterung für dieses Format ist *.htm* (manchmal auch *.html*).

Sie können ein Excel-Dokument auf zwei Arten als HTML-Datei speichern.

- Rufen Sie den Menübefehl DATEI/ALS WEBSEITE SPEICHERN auf.

– oder –

- Rufen Sie den Menübefehl DATEI/SPEICHERN UNTER auf und wählen Sie dann im Feld *Datentyp* den Eintrag *Webseite (*.htm; *.html).*

In der HTML-Datei werden die Zellen des Arbeitsblatts in Tabellen zellen umgewandelt. Sie können Dateien im HTML-Format mit einem Web-Browser wie *Microsoft Internet Explorer* oder *Netscape* anzeigen und ausdrucken.

Einfügen aus anderen Anwendungen

Microsoft Office-Anwendungen (und die meisten Windows-Anwendungen) erlauben es Ihnen, Informationen zwischen den einzelnen Anwendungen auszutauschen. Für dieses ECDL-Modul *Tabellenkalkulation* müssen Sie nur wissen, wie Sie folgende Elemente in Excel einfügen:

- Bilder
- Grafiken
- Text

Bilder einfügen

Um ein Bild einzufügen, rufen Sie den Menübefehl EINFÜGEN/GRAFIK auf und wählen dann die entsprechende Option. Das Angebot der verfügbaren Möglichkeiten hängt davon ab, ob Sie die Microsoft Office Clip Art Gallery installiert haben oder nicht und ob ein Scanner an Ihren Computer angeschlossen ist.

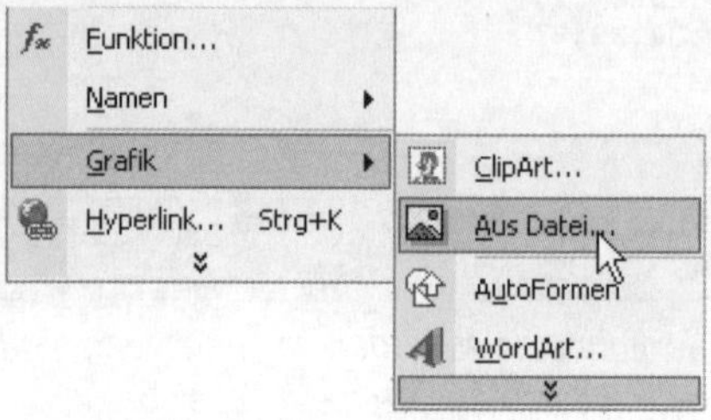

- Um ein eingefügtes Bild neu zu positionieren, klicken Sie darauf, um es auszuwählen, und ziehen es dann an die gewünschte Position in Ihrem Arbeitsblatt.
- Um die Größe eines eingefügten Bildes zu verändern, klicken Sie darauf, um es auszuwählen. Klicken Sie dann auf einen der Anfasspunkte und ziehen Sie das Bild in eine andere Form.

Wenn Sie an einem der Eckpunkte ziehen, vergrößert bzw. verkleinert sich das Bild proportional zu seiner aktuellen Größe. Wenn Sie woanders ziehen, vergrößert bzw. verkleinert sich das Bild nur in die entsprechende Richtung.

Übung 4.76: Eine Bilddatei in Excel einfügen

Um ein Bild in ein Arbeitsblatt einzufügen, benötigen Sie ein Bild, um damit zu arbeiten. Wenn Sie kein Bild zur Hand haben, folgen Sie den Schritten 1 und 2 dieser Übung, um ein Bild von der Homepage des Autors herunterzuladen.

1) Stellen Sie eine Verbindung zum Internet her. Starten Sie den Microsoft Internet Explorer (oder Netscape) und gehen Sie auf die Website des Autors: www.munnelly.com.
2) Führen Sie einen Rechtsklick auf das Bild links oben auf der ersten Seite aus, um ein Kontextmenü anzuzeigen. Wählen Sie BILD SPEICHERN UNTER (oder in Netscape GRAFIK SPEICHERN UNTER) und speichern Sie das Bild auf Ihrem Computer als *munnelly_com.jpg.*
3) Lassen Sie ein Excel-Arbeitsblatt anzeigen, klicken Sie in eine Zelle und rufen Sie den Menübefehl EINFÜGEN/GRAFIK/AUS DATEI. Suchen Sie nach *munnelly_com.jgp* (oder einer anderen Bilddatei) und klicken Sie auf *Einfügen.*

   Excel fügt das Bild wie unten zu sehen ein.

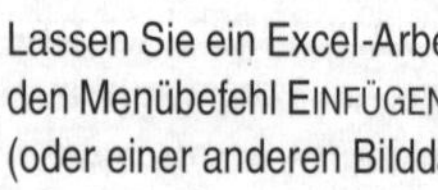

Grafiken einfügen

Grafiken können in anderen Programmen als Excel erstellt werden, z.B. in PowerPoint oder einer nicht von Microsoft stammenden Anwendung.

Um eine solche Grafik einzufügen, markieren Sie diese in der Anwendung, in der sie erstellt wurde, und kopieren Sie sie in die Zwischenablage. Öffnen Sie nun das Excel-Arbeitsblatt und wählen Sie den Menübefehl BEARBEITEN/EINFÜGEN.

Wie eingefügte Bilder, so können Sie auch eingefügte Grafiken neu positionieren, indem Sie die Grafik auswählen, und sie dann an eine andere Stelle im Arbeitsblatt ziehen. Sie können die Größe verändern, indem Sie die Grafik auswählen und dann an einen Anfasspunkt klicken und dann in verschiedene Richtungen ziehen.

Text einfügen

Es kommen zwei Arten von Text in Frage, die Sie in Excel einfügen könnten.

- Kleine Textausschnitte, die Sie aus einer Textdatei ausgewählt haben, um sie in Excel als Überschrift des Arbeitsblatts oder zur Beschriftung einzelner Zellen zu verwenden. Um Text in eine einzelne Zelle eines Arbeitsblatts einzufügen, öffnen Sie die Anwendung, in welcher der Text erstellt wurde. Kopieren Sie den Text in die Zwischenablage und verwenden Sie dann den Excel-Befehl BEARBEITEN/EINFÜGEN, um ihn in eine ausgewählte Excel-Zelle einzufügen.
- Eine ganze Textdatei mit Zahlen und Text, die Excel korrekt als Zeilen und Spalten lesen und anordnen soll. Um Ihnen bei dieser Art des Einfügens von Text in Excel behilflich zu sein, stellt Ihnen Excel einen Textkonvertierungs-Assistenten zur Verfügung.

Textkonvertierungs-Assistent

Am Anfang dieser Lektion haben Sie tabstoppgetrennte und trennzeichengetrennte Textdateien kennen gelernt, in denen ein Tabstopp oder Semikolon anzeigt, wo eine Textspalte aufhört und die nächste anfängt. Das bezeichnet man als zeichengetrennte Datei, weil ein ganz bestimmtes Zeichen durchgängig Spaltenenden anzeigt.

In anderen Textdateien kann ein Spaltenende nicht durch das einzelne Auftreten eines bestimmten Zeichens angezeigt werden, sondern durch eine Reihe von Leerstellen. Diese werden dann spaltengetrennte Dateien genannt, weil Leerstellen die Daten dazu veranlassen, sich vertikal anzuordnen.

In jedem Fall werden Zeilenenden durch Absätze angezeigt. In Übung 4.77 erstellen Sie eine tabstoppgetrennte Datei, in Übung 4.48 importieren Sie diese Datei mit dem Textkonvertierungs-Assistenten in Excel.

Spaltengetrennte Textdatei

Eine Textformatdatei, in der Datenelemente horizontal durch Leerstellen und vertikal durch Absätze getrennt sind. Die Leerstellen veranlassen die Daten, sich vertikal anzuordnen.

Übung 4.77: Eine tabstoppgetrennte Textdatei erstellen

1) Erstellen Sie eine neue Datei, indem Sie den Editor oder einen anderen Texteditor verwenden.

2) Schreiben Sie die folgenden fünf Wörter und drücken Sie nach jedem, außer dem letzten Wort, die [⇆]-Taste (fügen Sie keine Leerschritte zwischen den Wörtern ein):

   Heike Anneliese Fritz Robert Ingo

3) Drücken Sie die [↵]-Taste, um die Einfügemarke in eine neue Zeile zu setzen.

4) Schreiben Sie die folgenden fünf Zahlen und drücken Sie nach jeder, außer nach der letzten Zahl die [⇆]-Taste (fügen Sie keine Leerschritte zwischen den Zahlen ein).

   12 45 35 41 56

5) Drücken Sie die [↵]-Taste, um die Einfügemarke in eine neue Zeile zu setzen.

6) Schreiben Sie die folgenden fünf Zahlen und drücken Sie nach jeder, außer nach der letzten Zahl die [⇆]-Taste (fügen Sie keine Leerschritte zwischen den Zahlen ein).

   11 42 34 39 47

   Ihr Entwurf sollte nun so wie die Abbildung unten aussehen. Wie Sie sehen, sind die Spalten nicht, wie in tabstoppgetrennten Dateien üblich, vertikal untereinander angeordnet.

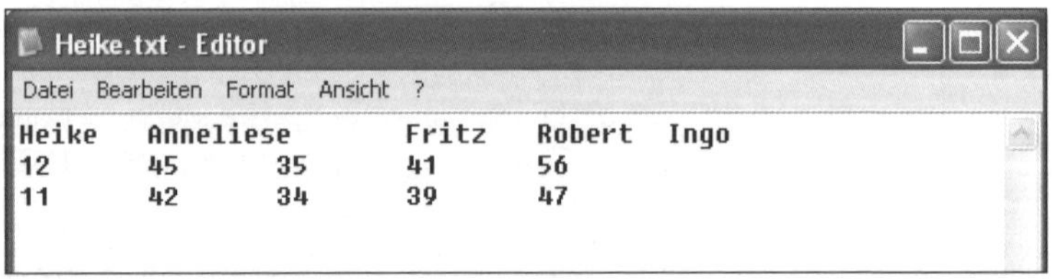

7) Speichern Sie die Datei z.B. unter dem Namen *Heike.txt* ab und schließen Sie sie.

Übung 4.78: Eine tabstoppgetrennte Textdatei importieren

1) Wählen Sie in Excel den Menübefehl DATEI/ÖFFNEN und dann die Textdatei *Heike.txt*, die Sie in Übung 4.77 erstellt haben.

2) Excel zeigt das erste der drei Dialogfelder des *Textkonvertierungs-Assistent* an. Stellen Sie sicher, dass die Werte im Dialogfeld denen der folgenden Abbildung entsprechen. Klicken Sie auf *Weiter.*

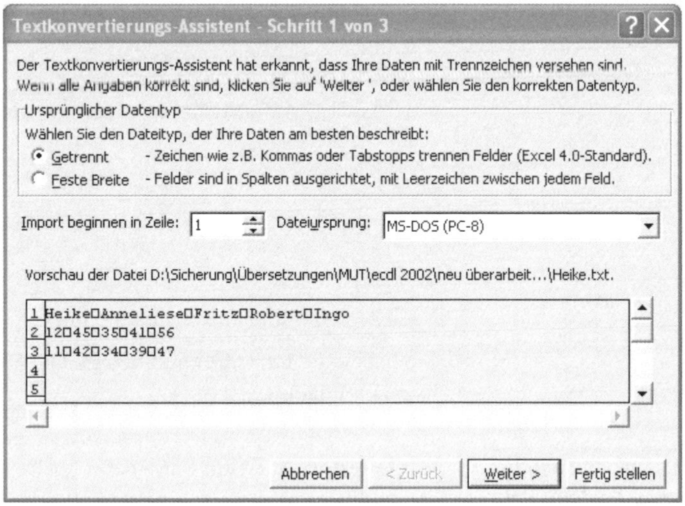

3) Excel zeigt das zweite Dialogfeld des *Textkonvertierungs-Assistent* an. Stellen Sie sicher, dass die Werte im Dialogfeld denen der folgenden Abbildung entsprechen. Klicken Sie auf *Weiter*.

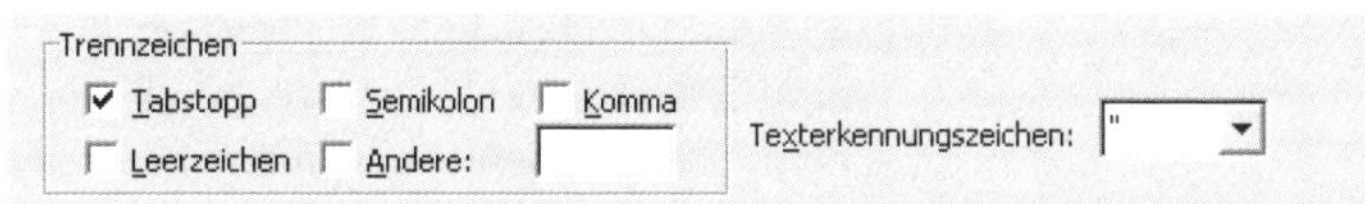

4) Excel zeigt das dritte Dialogfeld des *Textkonvertierungs-Assistent* an. Stellen Sie sicher, dass die Werte im Dialogfeld denen der folgenden Abbildung entsprechen. Klicken Sie auf *Fertig stellen*.

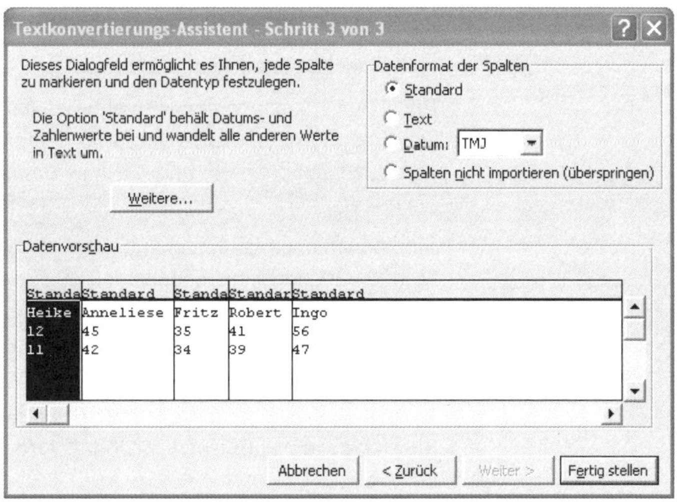

5) Excel schließt den *Textkonvertierungs-Assistent* und zeigt ein Arbeitsblatt an, das ähnlich der folgenden Abbildung sein sollte. Der Name der Arbeitsmappe wird der gleiche sein wie der der Textdatei.

6) Die Zellen Ihres Arbeitsblattes sollten nun so aussehen:

	A	B	C	D	E
1	Heike	Anneliese	Fritz	Robert	Ingo
2	12	45	35	41	56
3	11	42	34	39	47

Speichern Sie Ihre Arbeitsmappe und schließen Sie Excel.

Sie haben die letzte Lektion des ECDL-Moduls *Tabellenkalkulation* beendet. Glückwunsch!

Zusammenfassung dieser Lektion: Das haben Sie gelernt

Ein Dateiformat ist ein Satz mehrerer Regeln, nach welchen die Einsen und Nullen, die von einem Computer verwendet werden, um Informationen, Text und Grafik auf dem Bildschirm anzuzeigen, konvertiert werden. Verschiedene Anwendungen, sogar verschiedene Versionen ein und desselben Programms, können unterschiedliche und nicht kompatible Dateiformate verwenden. Damit Sie Ihre Dateien mit anderen Leuten austauschen können, können Sie in Excel Ihre Arbeitsmappen auch unter einem anderen Format als dem Excel-Format speichern. Als Möglichkeiten sind geboten: frühere Microsoft Excel-Versionen, Lotus 1-2-3 und Quattro Pro (andere Tabellenkalkulationsprogramme), dBase (ein Datenbankprogramm) und HTML (das Webseitenformat).

Eine andere Möglichkeit besteht darin, eine Excel-Arbeitsmappe als Mustervorlage zu speichern. Sie können dann den Text, die Zahlen, Formatierungen und Berechnungen in dieser Vorlage als Grundlage zum Erstellen einer neuen Arbeitsmappe verwenden.

Excel-Arbeitsmappen können aber auch als Nur-Text-Dateien gespeichert werden. Eingefügte Tab- oder Kommazeichen trennen die verschiedenen Spalten, und Absätze trennen die einzelnen Zeilen voneinander.

Sie können auch Bilddateien und in anderen Programmen erstellte Grafiken in ein Excel-Arbeitsblatt einfügen. In Übung 4.76 finden Sie ein Beispiel zum Einfügen einer Bilddatei in Excel.

Der Excel-Textkonvertierungs-Assistent ist Ihnen beim Öffnen von Textdateien behilflich. Der Assistent erkennt Zeichen, die in eine Textdatei eingefügt wurden, um Spalten und Zeilen zu trennen. Sehen Sie sich dazu das Beispiel in Übung 4.78 an.

Schnelltest: Dateiformate und Datenimport

1.	Excel kann Daten aus Dateien importieren, die abgespeichert sind als:
A	Niedrigere Versionen von Excel
B	dBase, Lotus 1-2-3 und Quattro Pro-Formate
C	Nur-Text-Format
D	Alle unter A, B, C genannten Formate

2.	Die Dateierweiterung CSV steht für:
A	Common Sharing Version
B	Current Section Values
C	Comma Separated Value
D	Consecutive Serial Values

3.	Excel kann Dateien unter folgenden Formaten speichern:
A	Niedrigere Excel-Version
B	Webseite
C	Textdatei
D	Alle der unter A, B, C aufgeführten Formate

4.	Bilder und Grafiken, die mit anderer Software erstellt wurden, können nicht in eine Excel-Tabelle eingefügt werden.
A	Richtig
B	Falsch

5.	Dateiformat bezieht sich auf:
A	Die Formatierung, die auf den Text einer Datei angewandt wurde.
B	Ein Regelpaket, das Einsen und Nullen in Text und Grafik und umgekehrt übersetzt.
C	Ob eine Datei auf Diskette, Festplatte oder CD-ROM gespeichert ist.
D	Das Seitenformat und Seitenlayout eines Dokuments.

5 Datenbanken

Man kann nie zu reich, zu gesund oder zu informiert sein. Und die beste Information ist diejenige, die so organisiert ist, dass man sie schnell und einfach abrufen kann. Außerdem ist es wichtig, dass man neue Informationen ohne Probleme ergänzend hinzufügen kann.

Es gab Datenbanken, also strukturierte Informationssammlungen zu einem bestimmten Thema, lange bevor es den Computer gab. Adressbücher, Kartenverzeichnisse und Telefonbücher, sie alle sind Beispiele für Datenbanken. Wenn Sie Ihre Fakten jedoch in einer Datenbank auf einem Computer speichern, haben Sie so die Möglichkeit, diese Information auf verschiedene Weise zu verwalten und zu verändern. Und das trifft auch für sehr umfangreiche Datenmengen zu.

Sie erfahren, wie Sie die Informationen Ihrer Datenbank aus verschiedenen Blickwinkeln heraus betrachten, sortieren und bestimmte Teile der Information, die für Sie von Interesse sind, herausfiltern können und wie Sie einen Ausdruck von Berichten erzeugen.

Mit diesem Modul sind Sie es, der katalogisiert – und nicht katalogisiert wird. Viel Glück damit!

Lektion 5.1: Was ist eine Datenbank?

Zu dieser Lektion

In dieser Lektion lernen Sie, dass eine Datenbank eine organisierte Sammlung von Information ist, bei der es um ein bestimmtes Thema oder Fachgebiet geht. Mit dem Wort *organisiert* meinen wir, dass es einfach sein sollte, eine bestimmte Information zu finden und neue Elemente hinzuzufügen.

Microsoft Access ist ein Programm, mit dem Sie Datenbanken erstellen und damit arbeiten können. Um Ihnen eine Vorstellung davon zu vermitteln, wie eine Computerdatenbank aussieht, begleiten wir Sie auf eine kleine Tour durch eine der in Access vorliegenden Beispiel-Datenbanken.

Weiterhin werden wir gemeinsam ein paar Überlegungen zu praktischen Datenbankbeispielen des täglichen Lebens anstellen. Sie gewinnen einen Einblick in die Überlegungen und Entscheidungen, die Datenbankentwickler anstellen müssen, bevor sie sich an den Aufbau einer Datenbank machen.

Neue Fähigkeiten

Am Ende dieser Lektion sollten Sie in der Lage sein,

- zu erklären, was eine Datenbank ist,
- einige allgemeine Beispiele für Datenbanken zu nennen,
- die Vorteile von Computerdatenbanken gegenüber Datenbanken auf Papier zu nennen,
- Access zu starten und zu beenden,
- die in Access vorhandene Beispiel-Datenbank zu erkunden,
- zwei Möglichkeiten zu erklären, wie man Informationen in einer Computerdatenbank sichten kann,
- die Struktur für eine einfache Datenbank zu erstellen,
- die Access-Online-Hilfe zu verwenden.

Neue Wörter

Am Ende dieser Lektion sollten Sie in der Lage sein, die folgenden Begriffe zu erklären:

- Datenbank
- Datenbankverwaltungssystem
- Tabelle
- Feld
- Datensatz
- Datenblattansicht
- Formularansicht

Eine organisierte Informationssammlung

Eine Datenbank ist eine Informationssammlung zu einem bestimmten Thema oder Sachgebiet. Sie ist für gewöhnlich so angelegt, dass man darin einfach die Information findet, die für den Bearbeiter von Interesse sind, und neue Information ergänzend hinzufügen kann.

Datenbank

Eine Datenbank ist eine organisierte Sammlung von zusammenhängenden Informationen.

Eine Datenbank muss nicht zwangsläufig auf einem Computer angelegt sein. Adressbücher, Kartenverzeichnisse und Telefonbücher sind alles Datenbanken (auch wenn kaum jemand auf den Gedanken käme, sie als solche zu bezeichnen).

Wenn Sie eine Datenbank jedoch auf einem Computer speichern, haben Sie die Möglichkeit, die Informationen schnell und einfach zu verändern. Wenn Sie z.B. ein Telefonbuch (aus Papier) verwenden, ist es relativ einfach, die Telefonnummer einer bestimmten Person herauszufinden. Es ist jedoch sehr schwierig (wenn auch nicht unmöglich), den Namen einer Person herauszufinden, wenn Ihnen nur die Telefonnummer dieser Person bekannt ist.

Eine computergestützte Datenbank hingegen ermöglicht Ihnen auch in einem solchen Fall ein schnelles und einfaches Auffinden der Information. Sie könnten auch alle Personen herausfinden, die in einer bestimmten Straße wohnen oder deren Vorname Paul ist. Sie könnten auch einen Bericht drucken, der Ihnen eine Übersicht über die fünf häufigsten Nachnamen gibt.

Computerorientierte Datenbanken sind flexibel: Sie ermöglichen das Arbeiten mit Informationen auf verschiedene Arten. Das gilt auch für sehr große Datenmengen. Microsoft Access ist ein Beispiel für ein Datenbankverwaltungssystem, also ein Programm, das es Ihnen ermöglicht, eine Datenbank auf Ihrem Computer anzulegen und zu verwalten.

Datenbankverwaltungssystem

Ein Programm wie Microsoft Access, das es ermöglicht, Informationen auf einem Computer zu sammeln, auf verschiedene Weise zu organisieren, zu sortieren und bestimmte Informationsteile herauszufiltern, die von Interesse sind. Schließlich lassen sich damit noch Berichte erzeugen.

Datensätze und Felder

Datenbanken verwenden Informationen, die in ihre kleinsten teilbaren Bestandteile zerlegt sind. Jedes Teil kommt dabei in ein eigenes mit Namen versehenes Feld. Bei der Eingaben von Namen und zugehörigen Adressen in eine Datenbank beispielsweise schreiben Sie also nicht die gesamte Information in ein einziges Feld.

Vielmehr geben Sie die einzelnen Teile der Information in separate Felder ein.

Vorname	Karl
Nachname	Schmitz
Adresse1	Bachstr. 234
Adresse2	
Postleitzahl	89524
Stadt	München
Bundesland	Bayern
Land	Deutschland

Die Felder einer Datenbank nehmen die einzelnen Teile der Information (wie z.B. eine Telefonnummer, Name, Vorname) auf. Eine zusammengehörige Reihe von Daten zu einem Element bezeichnet man als Datensatz.

Feld

Ein Feld nimmt einen einzelnen Teil der Information zu einem Thema auf. Oder genauer gesagt: Es ist der Platz, an dem bzw. in dem die Information enthalten ist.

Datensatz

Ein Datensatz besteht aus einer kompletten Reihe von Feldern zu ein und demselben Element.

Tabellen und Datenbanken

Eine Sammlung von Datensätzen mit gleichen Feldern wird *Tabelle* genannt. Wenn eine Datenbank nur aus einer Tabelle besteht, dann ist diese Tabelle die Datenbank. In diesem ECDL-Modul geht es nur um Datenbanken mit einer Tabelle. Über Datenbanken mit mehreren Tabellen müssen Sie nur wissen, dass man sie mit Access erstellen kann.

Erst bei Tausenden oder gar Hunderttausenden von Datensätzen zeigt ein Datenbankverwaltungssystem, was wirklich in ihm steckt. Wenn Sie über einen Computer eine Abfrage starten, bei der nur Datensätze herausgefiltert und angezeigt werden sollen, bei denen z.B. der Nachname mit »S« und die Postleitzahl mit »60« beginnt, dann gibt der

Computer das Ergebnis in atemberaubender Schnelligkeit aus, die über die Kapazitäten des Menschenmöglichen weit hinausgeht.

Einem Datenbankverwaltungssystem fehlt jedoch der normale Menschenverstand. Es kann keine Beurteilungen abgeben. Informationen können also nicht korrekt wiedergefunden werden, wenn sie zuvor von Ihnen ins falsche Feld eingetragen wurden.

Tabelle

Eine Tabelle ist eine Sammlung von Datensätzen, welche die gleichen Felder beinhaltet.

Zwei Ansichten: Datenblatt und Formulare

Mit Access, wie auch mit den meisten anderen Datenbankprogrammen, können Sie Informationen auf zwei Arten betrachten und verändern: in einem Datenblatt und in einem Formular.

In der *Datenblattansicht* können Sie die Information in Spalten (eine für jedes Feld) und Zeilen (eine für jeden Datensatz) angeordnet betrachten. In seinem Erscheinungsbild ähnelt ein Datenblatt einer Tabelle.

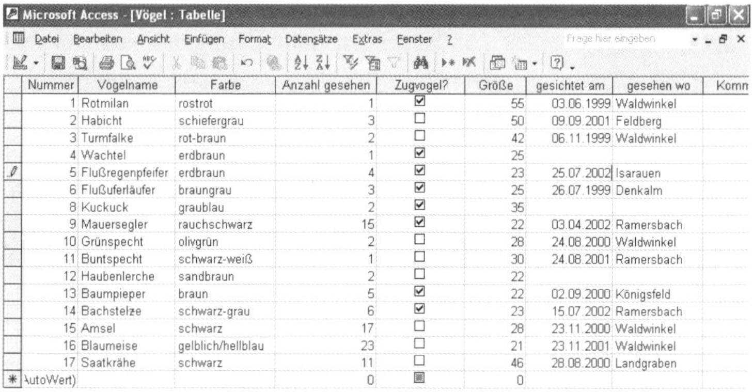

Nummer	Vogelname	Farbe	Anzahl gesehen	Zugvogel?	Größe	gesichtet am	gesehen wo	Komm
1	Rotmilan	rostrot	1	☑	55	03.06.1999	Waldwinkel	
2	Habicht	schiefergrau	3	☐	50	09.09.2001	Feldberg	
3	Turmfalke	rot-braun	2	☐	42	06.11.1999	Waldwinkel	
4	Wachtel	erdbraun	1	☑	25			
5	Flußregenpfeifer	erdbraun	4	☑	23	25.07.2002	Isarauen	
6	Flußuferläufer	braungrau	3	☑	25	26.07.1999	Denkalm	
8	Kuckuck	graublau	2	☑	35			
9	Mauersegler	rauchschwarz	15	☑	22	03.04.2002	Ramersbach	
10	Grünspecht	olivgrün	2	☐	28	24.08.2000	Waldwinkel	
11	Buntspecht	schwarz-weiß	1	☐	30	24.08.2001	Ramersbach	
12	Haubenlerche	sandbraun	2	☐	22			
13	Baumpieper	braun	5	☑	22	02.09.2000	Königsfeld	
14	Bachstelze	schwarz-grau	6	☑	23	15.07.2002	Ramersbach	
15	Amsel	schwarz	17	☐	28	23.11.2000	Waldwinkel	
16	Blaumeise	gelblich/hellblau	23	☐	21	23.11.2001	Waldwinkel	
17	Saatkrähe	schwarz	11	☐	46	28.08.2000	Landgraben	
(AutoWert)			0		0			

Ein Beispiel für die Datenblattansicht, in der mehrere Datensätze gleichzeitig angezeigt werden

Datenblattansicht

Die Ansicht einer Datenbanktabelle, in der Sie Informationen in Spalten und Zeilen angeordnet sehen. Dabei können Sie gleichzeitig mehrere Datensätze betrachten.

Die *Formularansicht* in einem einspaltigen Formular zeigt die gesamte oder ausgewählte Information zu einem einzigen Datensatz an. Ein Formular kann in einer Art und Weise ausgelegt sein, die eventuell leichter zu lesen ist; unter Umständen auch mit erklärendem Text. Sie können das Formular derart strukturieren, dass es wie ein Blattformular aussieht. Dabei befinden sich die Felder an den entsprechenden Stellen auf dem Bildschirm.

Formularansicht eines einspaltigen Formulars

Die Ansicht einer Datenbanktabelle, bei der alle oder ausgewählte Informationen zu einem einzigen Datensatz angezeigt werden.

Ein Beispiel für die Formularansicht, in der Sie die Einzelheiten eines einzigen Datensatzes sehen können

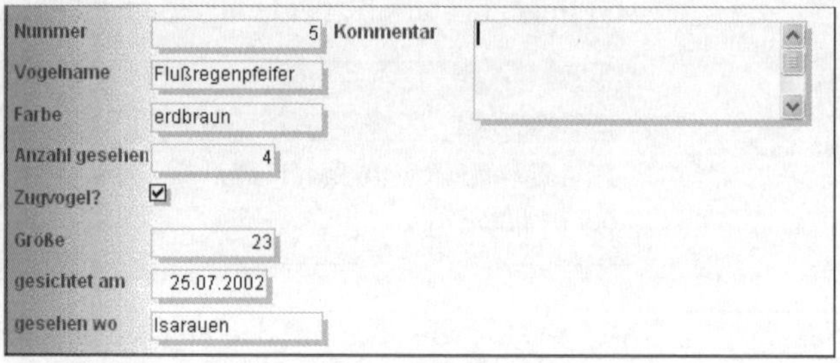

Ein guter Weg, etwas über Computerdatenbanken zu lernen, ist der, sich Beispiel-Datenbanken anzuschauen und zu ergründen. Access stellt Ihnen eine Beispiel-Datenbanken zur Verfügung: *Nordwind*. Die Übung 5.1 begleitet Sie auf eine Tour durch die *Nordwind*-Datenbank. Dazu müssen Sie zunächst einmal Access starten.

Access starten

Um Access zu starten, führen Sie einen Doppelklick auf das Symbol *Microsoft Access* aus oder Sie wählen START/ALLE PROGRAMME/MICROSOFT ACCESS.

Access wird gestartet und das Programmfenster geöffnet.

Das Access-Programm-Fenster zeigt eine Menüleiste, eine Symbolleiste und rechts den Aufgabenbereich *Neue Datei* an. Dieser Aufgabenbereich bietet Ihnen an einer Stelle die Befehle, die Sie zum Erstellen einer neuen oder zum Starten einer bereits existierenden Datenbank benötigen.

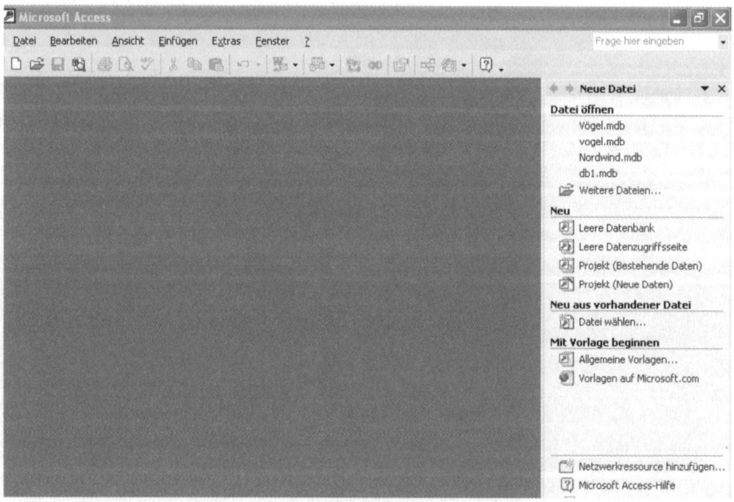

Wenn der Aufgabenbereich nicht geöffnet ist, rufen Sie den Menübefehl ANSICHT/SYMBOLLEISTEN/AUFGABENBEREICH auf, um ihn zu öffnen.

Wir starten nun zu einer Tour durch die Beispiel-Datenbank *Nordwind*, die schon vorher in Access erstellt wurde.

Übung 5.1: Datenbank Nordwind öffnen

Sie können eine bereits vorhandene Datenbank auf mehrere Arten öffnen. Wählen Sie den Menübefehl DATEI/ÖFFNEN, oder klicken Sie auf die Schaltfläche NEU auf der Symbolleiste der Datenbank, oder verwenden Sie den Aufgabenbereich *Neue Datei*. In dieser Übung verwenden wir den Aufgabenbereich.

1) Wenn Sie die Datenbank *Nordwind* zuvor schon einmal geöffnet haben, dann wird diese unter *Datei öffnen* im Aufgabenbereich *Neue Datei* aufgelistet, und Sie können sie ganz einfach durch Anklicken öffnen.

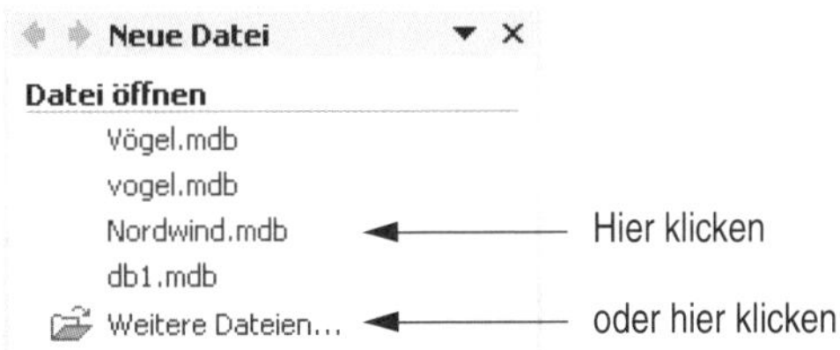

Wenn die Datenbank nicht aufgelistet ist, wählen Sie die Option *Weitere Dateien*. Über das Dialogfeld *Öffnen* können Sie dann durch die Ordner Ihres PCs navigieren, um die entsprechende Datenbank zu finden. Wahrscheinlich befindet sich die *Nordwind*-Datenbank an folgender Stelle:
C:\Programme\Microsoft Office\Office10\Samples

2) Wenn nötig, verwenden Sie den Windows-Explorer oder den Arbeitsplatz, um die Datenbank zu finden.

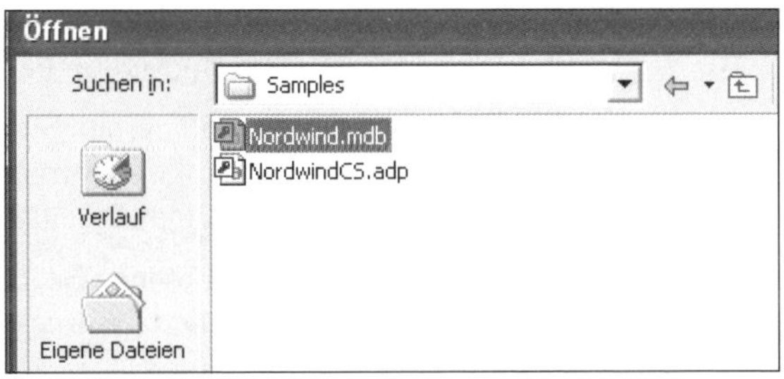

3) Wenn Sie die Datei *Nordwind.mdb* gefunden haben, klicken Sie auf ÖFFNEN.

4) Wenn eine Begrüßung auf dem Bildschirm eingeblendet wird, klicken Sie auf OK, um sie zu schließen.

Access zeigt nun das Fenster *Hauptübersicht* und das Datenbankfenster. Das Datenbankfenster ist die Kontrollstation in Access. Die Hauptübersicht ist einfacher aufgebaut und für Personen gedacht, die eine Datenbank eher verwenden, als sich mit der Gestaltung bzw. dem Erstellen einer Datenbank zu beschäftigen.

5) In diesem Modul werden Sie mit dem Datenbankfenster und nicht mit der Hauptübersicht arbeiten. Schließen Sie also die Hauptübersicht, indem Sie die Schaltfläche DATENBANKFENSTER ANZEIGEN anklicken.

Das Dialogfeld *Datenbank* ist das »Kontrollzentrum« von Access. Von hier aus können Sie mit den verschiedenen Datenbankobjekten arbeiten.

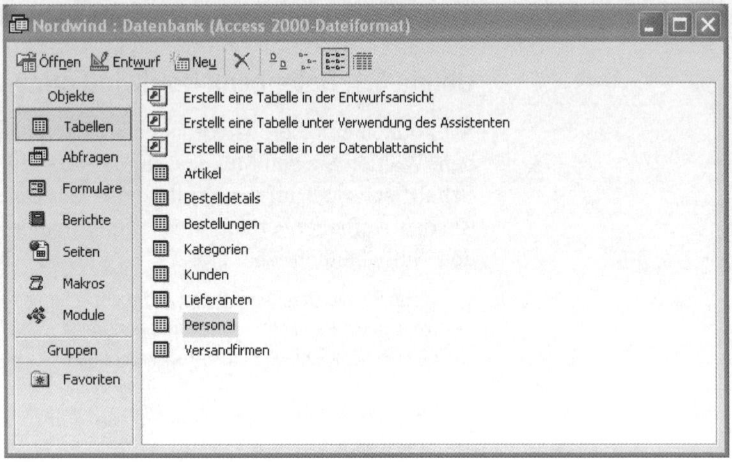

Das Datenbankfenster

Im Bereich *Objekte* des Datenbankfensters sind folgende Objekte aufgelistet: *Tabellen, Abfragen, Formulare, Berichte, Seiten, Makros* und *Module*. Bei allen handelt es sich um einen Satz von Elementen. In Access werden sie Objekte genannt, die in irgendeiner Weise der Datenbank zugeordnet sind. Für den ECDL müssen Sie nur etwas über die ersten vier lernen. Über *Seiten, Makros* und *Module* brauchen Sie sich keine Gedanken zu machen.

- **Tabellen:** In Lektion 5.2 lernen Sie, wie man eine Tabelle erstellt, die Lektion 5.3 zeigt, wie man sie verändert.
- **Abfragen:** In Lektion 5.4 lernen Sie, wie man Abfragen erstellt. Das sind vordefinierte Ansichten, über die sich die Informationen Ihrer Tabellen auf dem Bildschirm betrachten lassen.
- **Formulare:** In Lektion 5.5 lernen Sie, wie man das Erscheinungsbild eines Formular erstellt und formatiert und es dann verwendet, um Datensätze einzugeben und zu ändern.
- **Berichte:** Mit Berichten können Sie Informationen aus Ihrer Datenbank herausfiltern und ausdrucken. Die Lektion 5.6 befasst sich mit Berichten.

Wenn Sie mit Access arbeiten, werden Sie dem Datenbankfenster häufig begegnen. Sie können von hier aus jedes Objekt der Datenbank öffnen, um damit zu arbeiten oder es zu ändern. Wenn Sie mit der Arbeit an einem Objekt fertig sind, bringt Access Sie immer wieder zu diesem Fenster zurück, von wo aus Sie dann einfach mit einem anderen Objekt weiterarbeiten können. Sie können auch über FENSTER/ <DATENBANKNAME> : DATENBANK zum Datenbankfenster zurückkehren.

Wenn Sie eine Datenbank öffnen, ist normalerweise das Objekt *Tabellen* aktiv. Wenn nicht, klicken Sie einfach auf *Tabellen* in der Liste *Objekte*, um es zu aktivieren.

Sie werden bemerken, dass die *Nordwind*-Datenbank mehrere Tabellen beinhaltet. Öffnen Sie die Tabelle *Personal*, indem Sie mit der rechten Maustaste darauf klicken und dann im Kontextmenü den Eintrag ÖFFNEN wählen oder auf den Namen bzw. das Symbol doppelklicken. Die Tabelle wird in der Datenblattansicht geöffnet. Schauen Sie sich die darin enthaltene Information einmal an. Sie verschaffen sich so einen guten Einblick über die Verwendung von Datenbanken.

- Wenn eine Tabelle wie *Personal* aus mehr Feldern besteht, als gleichzeitig auf dem Bildschirm angezeigt werden können, nehmen Sie die horizontale Bildlaufleiste zu Hilfe, um im Fenster nach rechts oder links zu blättern.

  Wenn Sie Ihre Bildlaufleiste nicht sehen können, klicken Sie auf das *Maximieren*-Feld. Daraufhin wird die Bildlaufleiste sichtbar.

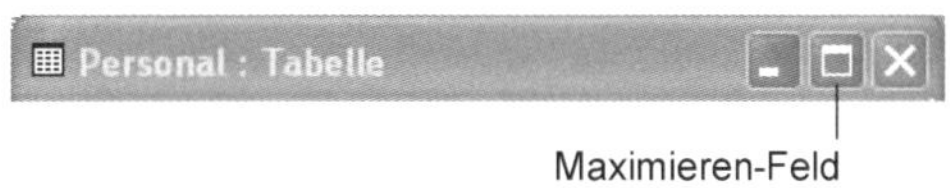

- Wenn eine Tabelle mehr Datensätze enthält, als im Fenster angezeigt werden können, nehmen Sie die vertikale Bildlaufleiste zu Hilfe, um durch die Datensätze nach oben und unten zu blättern. Oder bedienen Sie sich der Navigationsschaltflächen, die am unteren Teil des Datenbankfensters angeordnet sind.

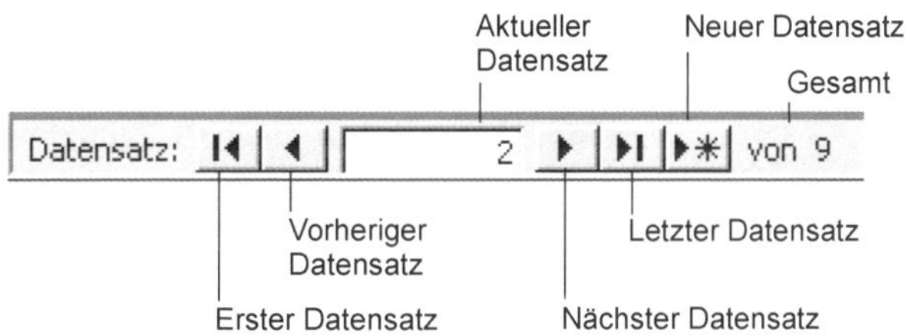

Access-Symbolleisten

Die am häufigsten verwendeten Funktionen in Access sind durch Klicken auf die entsprechende Schaltfläche in der Symbolleiste verfügbar.

In der Regel zeigt Access die gebräuchlichsten Symbolleisten an, und zwar die, welche die Schaltflächen der Funktionen enthält, die Sie wahrscheinlich verwenden werden.

Wenn Sie die Symbolleiste ausblenden (und alle Optionen über die Menüleiste abrufen möchten) oder andere Symbolleisten einblenden wollen, wählen Sie ANSICHT/SYMBOLLEISTEN und aktivieren dann die Symbolleisten, die angezeigt werden sollen, und deaktivieren jene, die ausgeblendet werden sollen.

Wenn eine bestimmte Symbolleiste nicht aufgelistet ist, wählen Sie ANSICHT/SYMBOLLEISTEN/ANPASSEN, um eine komplette Liste der verfügbaren Symbolleisten angezeigt zu bekommen. Aktivieren bzw. deaktivieren Sie hier die entsprechenden Symbolleisten und klicken Sie auf *Schließen*, wenn Sie fertig sind.

Das Datenbankfenster verfügt über seine eigene Symbolleiste, die immer angezeigt wird. Die Optionen dieser Symbolleiste können variieren, je nach dem, welchen Objekttyp Sie gerade ausgewählt haben.

Access-Dateinamenerweiterung

Die Dateierweiterung für Access-Datenbanken ist .mdb (**M**icrosoft **D**aten**b**ank). Das hilft Ihnen bei der Unterscheidung der Access-Datenbanken von anderen Dateiarten wie Excel-Tabellen (.xls) oder Word-Dokumenten (.doc).

Überlegungen zur Gestaltung einer Datenbank

In Lektion 5.2 legen Sie eine eigene Datenbank an. Bevor Sie jedoch eine Datenbank mit Access aufbauen, sollten Sie sich die Zeit nehmen und darüber nachdenken, welche Art von Information Sie in die Datenbank eingeben und wie Sie diese verwenden möchten.

Die vier folgenden Beispiele sollen veranschaulichen, welche Art von Entscheidung diejenigen treffen müssen, die Datenbanken erstellen, bevor sie mit dem Aufbau Ihrer Datenbank beginnen können.

Beispiel 1: Die Wein-Datenbank

Hans interessiert sich für Wein. Er liest die Weinkolumne in der Tageszeitung und notiert sich Empfehlungen. Wenn er dann zum Einkaufen in den Supermarkt geht, nimmt er eine Liste mit, um den Wein entsprechend der Empfehlungen auszuwählen. Wenn er dann Wein kauft, kann es sein, dass er den Wein für einige Zeit im Haus hat, bevor er ihn öffnet. Er möchte dann seine Eindrücke festhalten und seine Notizen mit der Originalbesprechung aus der Zeitung vergleichen.

Hans könnte also die folgenden Felder in seine Datenbank einbauen:

- Weinart (Rot, Weiß, Rosé, Sekt, Süß)
- Name
- Land/Region
- Winzer
- Traubensorte
- Weinlese
- Preis
- Empfohlen von
- Besprechungskommentare
- Zu kaufen bei (Geschäft)
- Anzahl gekaufter Flaschen
- Kaufdatum
- Probierdatum
- Geschmacksnotizen
- Wieder kaufen?

Mit einer solchen Datenbank ließe sich eine separate Liste für jedes einzelne Geschäft ausdrucken. Hans könnte alle Rotweine zusammenfassen, alle Weißweine auflisten, die weniger als 10 € kosten. Er könnte herausfinden, wo er die Weine eines bestimmten Winzers erwerben kann, und sich die Kommentare zu verschiedenen Weinlesen des gleichen Weins anschauen usw.

Beispiel 2: Die Datenbank eines CD-Sammlers

Michaela spielt Klavier und verfügt über eine umfangreiche CD-Sammlung. Wenn sie ein neues Stück einübt, hört sie sich gern an, wie andere Leute es spielen. Sie hat eine Datenbank mit den folgenden Feldern erstellt.

- CD-Titel
- Titel der Melodie
- Name des Künstlers
- Komponist
- Verzeichnisnummer
- Aufnahmedatum

Durch das Sortieren der Datenbank nach dem Melodietitel ist sie in der Lage, schnell eine bestimmte CD mit der Melodie, die sie gerade einstudiert, zu finden.

Beispiel 3: Die Datenbank für die Hausratverwaltung

Oskar hat mit dem Aufbau einer Datenbank für Versicherungszwecke begonnen. Das ermöglicht es ihm, einen detaillierten Bericht über seinen Hausrat anzufertigen. Die Datenbank enthält die folgenden Felder:

- Zimmer
- Kaufdatum
- Objekt
- Anschaffungspreis
- Kategorie

Mit Hilfe dieser Datenbank konnte er eine genaue Inventarliste liefern, um bei der Versicherung einen Anspruch geltend zu machen. Er war in der Lage, die Anschaffungskosten, zusammen mit dem Wertverlust und dem Wiederbeschaffungswert, anzugeben – dies alles auf der Basis des Anschaffungspreises gemessen an der Zeit, die seit dem Kauf vergangen war. Gleichfalls konnte er ohne Probleme den Wert aller im Haus befindlichen Gemälde, der gesamten Kleidung im Zimmer des Obergeschosses oder das gesamte Inventar eines bestimmten Zimmers angeben.

Beispiel 4: Die Datenbank des Vogelbeobachters

Jedes Wochenende verlässt Klara mit Fernglas und Notizbuch das Haus, um einige Zeit mit dem Beobachten von Vögeln zu verbringen. Wenn sie dann nach Hause kommt, gibt sie ihre Aufzeichnungen in eine Datenbank ein. Die Datenbank enthält die folgenden Felder:

- Name des Vogels
- Zugvogel?
- Farbe
- Wo gesehen
- Größe
- Datum, wann gesehen
- Anzahl

Klara hat die grundlegende Information für die ersten fünf Felder, basierend auf ihrem Vogelbuch, in ihre Datenbank eingegeben. Darüber hinaus trägt sie ihre Beobachtungen jede Woche ein. Wenn sie nun einen Vogel sichtet, den sie nicht identifizieren kann, so kann sie in einer Liste aller Vögel mit einer bestimmten Farbe und Größe nachschauen. (Sicherlich reicht diese Information nicht aus, um eine genaue Identifizierung vorzunehmen. Aber es hilft ihr dabei, den Vogel in ihrem Vogelbuch zu finden.) Sie kann dann auch das Datum und den Ort, wo sie den Vogel gesichtet hat, eintragen. Nach einer gewissen Zeit kann sie dann die besten Plätze und die beste Jahreszeit bestimmen, um die verschiedenen Vogelarten zu sichten.

Genaue Überlegungen zu Feldern

Überlegen Sie genau, wie und wofür die Felder verwendet werden sollen, die Sie in Ihre Datenbank integrieren. Wenn Sie z.B. Wein nach seinem Herkunftsland sortieren bzw. auswählen möchten, sollten Sie eine Spalte *Land* einbauen: Sie wissen wahrscheinlich, dass Bordeaux in Frankreich liegt, aber Access weiß es nicht. Wenn Sie alle Alben finden wollen, die Nick Lowe produziert hat, müssen Sie diese Information aufzeichnen, und zwar vorzugsweise in einer einheitlichen Form (z.B. Nachname gefolgt von Vorname).

Gehen Sie zurück und schauen Sie sich Klaras Datenbank zur Vogelbeobachtung noch einmal an. Es ist die Datenbank, die Sie in Lektion 5.2 erstellen werden.

Online-Hilfe

Wie Excel, Word, PowerPoint und andere Microsoft-Anwendungen bietet auch Access eine Online-Hilfe an, die Sie nach Themen durchsuchen können.

- Das Wort *Hilfe* in Online-Hilfe bedeutet, dass Informationen vorliegen, die Sie dabei unterstützen, eine Anwendung zu verstehen und zu benutzen.
- Das Wort *Online* weist darauf hin, dass die Information auf dem Bildschirm verfügbar ist statt auf Papier.

Sie können die Online-Hilfe auf verschiedene Arten lesen: entweder über das Menü ?, über Dialogfelder oder indem Sie den *Office-Assistenten* verwenden.

Den Office-Assistenten verwenden

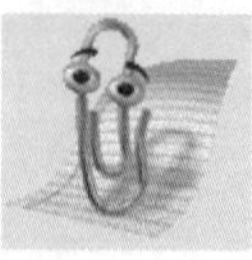

Der Office-Assistent ist ein freundliches, animiertes Tool, das es Ihnen erlaubt, ein Thema oder eine Frage, nach der Sie suchen, einzugeben. Der Assistent zeigt sodann eine Liste der gefundenen Themen an, aus der Sie auswählen können. In Übung 5.2 erfahren Sie, wie es geht.

Übung 5.2: Verwendung des Office-Assistenten

1) Klicken Sie auf den *Office-Assistenten.*

   Wenn der Office-Assistent nicht auf dem Bildschirm sichtbar ist, wählen Sie ?/OFFICE-ASSISTENTEN ANZEIGEN.

2) Schreiben Sie in die angezeigte Sprechblase das Wort *Hilfe.*
3) Klicken Sie auf die Schaltfläche *Suchen.*
4) Klicken Sie auf ein beliebiges Thema in der angezeigten Liste. Das entsprechende Thema wird dann im *Microsoft Access Hilfe Fenster* angezeigt. (Dieses Fenster wird weiter unten im Abschnitt »Verwendung des Hilfe-Fensters« erklärt.)
5) Schließen Sie das Fenster, indem Sie auf das *Schließfeld* rechts oben in der Ecke klicken.

Verwendung des Fragefensters

Das Fragefenster auf der rechten Seite der Access-Menüleiste erlaubt es Ihnen, ein Thema oder eine Frage einzugeben, ohne dass Sie den Office-Assistenten verwenden müssen.

- Schreiben Sie ein Thema oder eine Frage in das Fenster und drücken Sie die [↵]-Taste. Word zeigt eine Themenliste an, aus der Sie auf die gleiche Weise wählen können wie aus der Liste, die der Office-Assistent anzeigt.

Verwendung des Hilfe-Fensters

Um das Hilfefenster direkt zu verwenden, müssen Sie zuerst den Office-Assistenten ausschalten. Führen Sie folgende Schritte durch:

- Klicken Sie mit der rechten Maustaste auf den Office-Assistenten und wählen Sie im Kontextmenü den Eintrag OPTIONEN.
- Deaktivieren Sie das Kontrollkästchen *Den Office-Assistenten verwenden* und klicken Sie dann auf OK.

Um das Hilfe-Fenster von Microsoft Access zu öffnen, wählen Sie ?/MICROSOFT ACCESS-HILFE oder klicken Sie auf die Schaltfläche *Microsoft Access-Hilfe* auf der Standardsymbolleiste.

Das Hilfe-Fenster verfügt über drei Registerkarten, die es Ihnen erlauben, auf verschiedene Weise nach Hilfe zu suchen.

- **Registerkarte Inhalt:** Diese Registerkarte bietet Ihnen eine kurze Beschreibung der Hauptmerkmale von Access.

  Wo Sie ein Buchsymbol sehen, doppelklicken Sie darauf, damit Ihnen die damit verwandten Themen angezeigt werden.

  Doppelklicken Sie auf ein Fragezeichen, um den Hilfetext zu lesen.

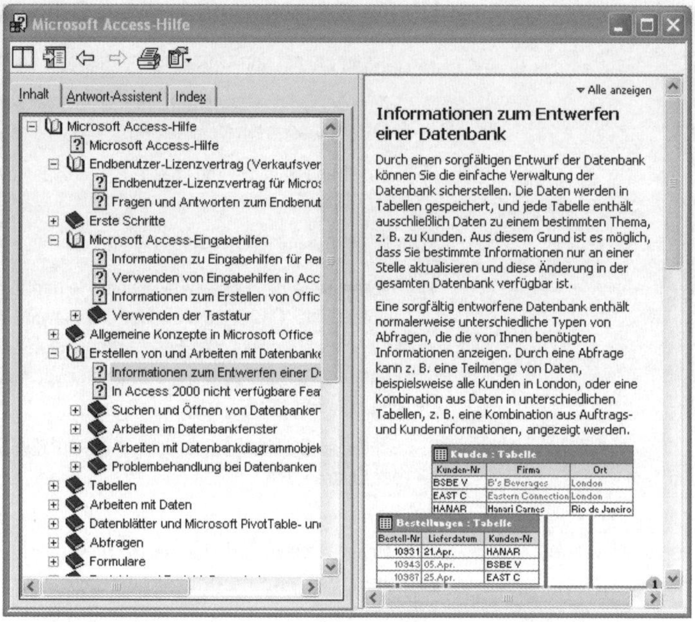

- **Registerkarte Antwort-Assistent:** Schreiben Sie Ihre Frage in das Feld *Was möchten Sie tun?* und klicken Sie auf *Suchen*. Access zeigt alle Übereinstimmungen aus der Online-Hilfe an. Klicken Sie eines der Themen an, um den gesamten Text im rechten Fenster angezeigt zu bekommen.

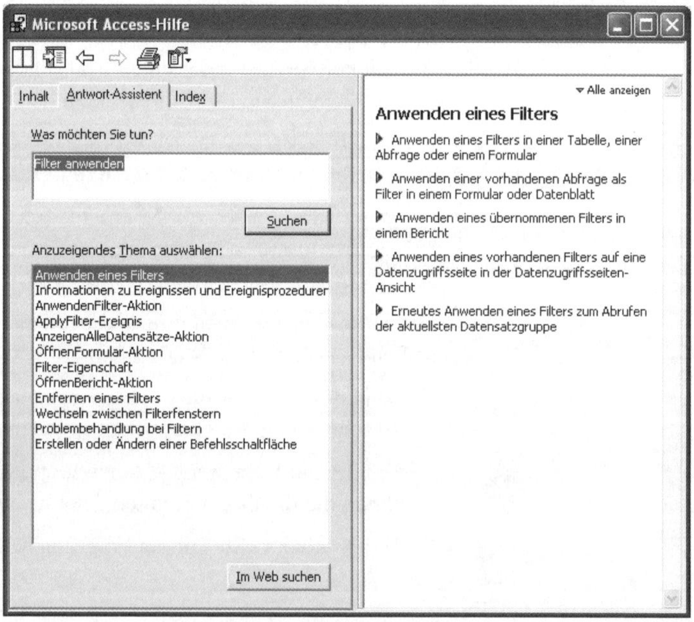

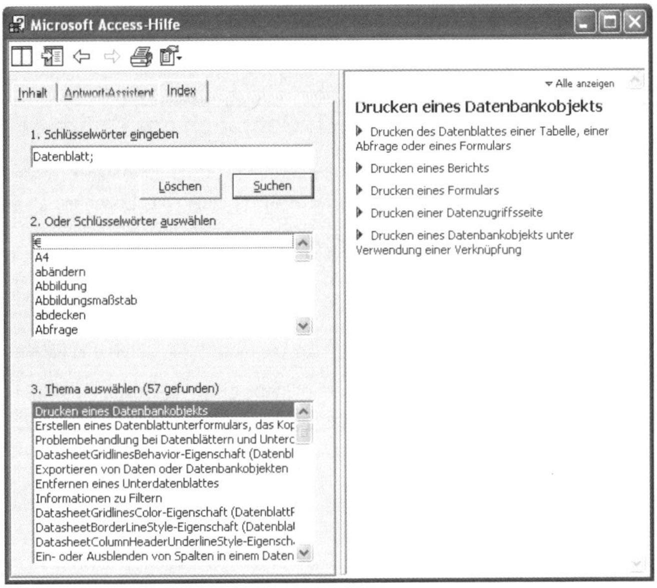

- **Registerkarte Index:** Schreiben Sie ein Wort oder einen Ausdruck oder wählen Sie ein Schlüsselwort aus der angezeigten Liste. Klicken Sie dann auf *Suchen.* Access zeigt eine Liste zur Verfügung stehender Hilfethemen im unteren linken Fenster an.

Wenn Sie das Thema, das Sie suchen, gefunden haben, klicken Sie darauf, um den dazu gehörigen Text auf der rechten Seite angezeigt zu bekommen.

Während Sie die Online-Hilfe lesen bzw. durchsuchen, sehen Sie die folgenden Schaltflächen am oberen Rand des Online-Hilfe-Fensters.

- **Automatisch nebeneinander:** Erlaubt Ihnen, das Online-Hilfe-Fenster und das Dokument, an dem Sie gerade arbeiten, zu betrachten.

- **Ausblenden/Einblenden:** Blendet den linken Fensterausschnitt des Hilfe-Fensters ein oder aus.

- **Zurück/Vorwärts:** Führt Sie vorwärts und rückwärts durch vorher schon besuchte Hilfethemen.

- **Drucken:** Druckt das ausgewählte Thema.

- **Optionen:** Bietet einige Optionen zur Ansicht und ermöglicht das Drucken gerader angezeigter Online-Hilfe-Texte.

Der Gebrauch der Hilfe im Dialogfeld

Sie können auch direkt innerhalb eines Dialogfelds auf die Online-Hilfe zugreifen. Dies wird Ihnen in Übung 5.3 demonstriert.

Übung 5.3: Gebrauch der Online-Hilfe in einem Dialogfeld

1) Wählen Sie, während Sie die Datenbank *Nordwind* geöffnet haben, den Menübefehl FORMAT/DATENBLATT, um in das Dialogfeld *Datenblatt formatieren* zu gelangen.

2) Klicken Sie auf das Fragezeichen in der rechten oberen Ecke des Dialogfeldes. Access blendet ein Fragezeichen rechts neben dem Mauszeiger ein.

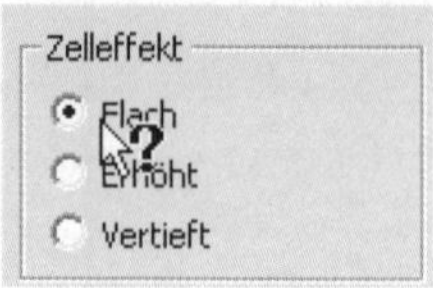

3) Bewegen Sie die Maus nach unten und klicken Sie die Option *Flach an.*

   Access zeigt Ihnen einen Hilfetext an, der Ihnen Auskunft über die Verwendung des ausgewählten Feldes gibt.

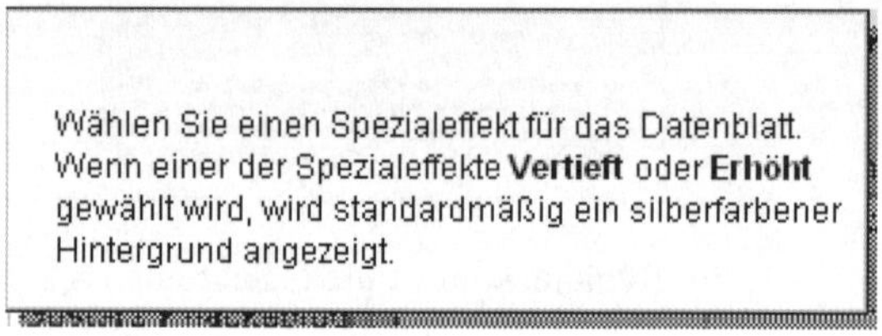

4) Klicken Sie irgendwo im Access-Fenster, um den Hilfetext auszublenden, und dann auf *Abbrechen*, um das Dialogfenster zu schließen.

5) Führen Sie diese Übung auch mit anderen Dialogfeldern in Access durch.

Eine Datenbank schließen

Um eine Access-Datenbank zu schließen, rufen Sie den Menübefehl DATEI/SCHLIESSEN auf oder klicken Sie auf das Schließen-Feld in der Titelleiste des Datenbankfensters.

Schließen-Feld im Datenbankfenster

Access beenden

Um Access selbst zu schließen, rufen Sie den Menübefehl DATEI/BEENDEN auf oder klicken auf das Schließen-Feld in der Titelleiste des Access-Fensters. Sie haben die erste Lektion des ECDL-Moduls *Datenbanken* jetzt beendet.

Zusammenfassung der Lektion: Das haben Sie gelernt

Sie wissen nun, dass eine Datenbank eine Sammlung von Informationen ist, die für gewöhnlich auf einem Computer gespeichert ist. Sie ist in der Regel so organisiert, dass man das, was man sucht, schnell und einfach findet und bei Bedarf neue Daten hinzufügen kann. Computerorientierte Datenbanken ermöglichen es ihren Benutzern, große

Datenmengen effizienter zu ändern, als das bei Datenbanken auf Papier möglich wäre.

Microsoft Access ist ein Beispiel für ein Datenbankverwaltungssystem, also ein Programm, das Informationen auf einem Computer speichert, sie auf verschiedene Weise organisiert, sortiert und einzelne Teile dieser Informationen, die von Interesse sind, herausfiltert und Berichte erstellt.

Eine Datenbank besteht aus mindestens einer Tabelle mit Informationen. Jede Tabelle enthält eine bestimmte Anzahl von Datensätzen, und jeder Datensatz umfasst eine bestimmte Anzahl von Feldern. Ein *Feld* ist eine einzelne Teilinformation zu einem Thema. Ein *Datensatz* besteht aus einer kompletten Reihe von Feldern zu ein und demselben Element. Eine Tabelle ist eine Sammlung von Datensätzen.

Das *Datenbankfenster* ist die Steuerzentrale von Access. Durch Verwendung der einzelnen Register können Sie die einzelnen Objekte der Anwendung öffnen und damit arbeiten. Objekte sind z.B. Tabellen, Abfragen, Formulare und Berichte.

Bevor Sie irgendeine Datenbank in Access aufbauen, sollten Sie darüber nachdenken, welche Informationen Sie in der Datenbank speichern und wie Sie diese nutzen möchten. Zerlegen Sie die Information in ihre kleinsten teilbaren (und nutzbaren) Teile. Jeder einzelne Teil sollte dann ein Feld in der Datenbank darstellen.

Access bietet Ihnen eine Online-Hilfe zum Durchsuchen an, auf die Sie auf verschiedene Arten zugreifen können: über das Hilfe-Fenster, über Dialogfelder und den Office-Assistenten.

Schnelltest: Was ist eine Datenbank

1.	**Ein Feld ist ein einzelnes Teil an Information zu einem bestimmten Element, ein Datensatz ist ein kompletter Satz an Feldern zu einem Element, eine Tabelle ist eine Sammlung von Datensätzen für Elemente de selben Art und mit den gleichen Feldern.**
A	Richtig
B	Falsch

2.	**In der Datenblattansicht werden Datensätze einzeln, also jeder für sich angezeigt, und zwar mit den vom Databasedesigner ausgewählten Feldern.**
A	Richtig
B	Falsch

3.	**Sie können zum Datenbankfenster zurückkehren, indem Sie ...**
A	den Menübefehl ANSICHT/DATENBANKFENSTER aufrufen.
B	den Menübefehl ANSICHT/DATENBLATTANSICHT aufrufen.
C	den Menübefehl FENSTER/<DATENBANKNAME> aufrufen.

4.	**Wie können Sie eine bereits vorhandene Datenbank öffnen?**
A	Klicken Sie auf den Datenbanknamen im Bereich DATEI ÖFFNEN im Aufgabenbereich NEUE DATEI.
B	Wähen Sie den Menübefehl DATEI/ÖFFNEN, suchen Sie die Datenbank, wählen Sie diese aus und klicken Sie auf *Öffnen*.
C	Klicken Sie auf die Schaltfläche *Öffnen* in der *Datenbank*-Symbolleiste, suchen Sie die entsprechende Datenbank, wählen Sie diese aus und klicken Sie auf *Öffnen*.
D	Wählen Sie die Option *Weitere Dateie*n im Bereich DATEI ÖFFNEN im Aufgabenbereich NEUE DATEI. Suchen Sie die entsprechende Datenbank, wählen Sie diese aus und klicken Sie auf *Öffnen*.

5.	**Wie lautet die Dateinamenerweiterung für eine Access-Datenbank?**
A	.doc
B	.adb
C	.mdb

Lektion 5.2: Erstellen Sie Ihre Access-Datenbank

Zu dieser Lektion

Bereiten Sie sich darauf vor, Ihre erste Access-Datenbank zu erstellen. Das klingt schlimmer, als es in Wirklichkeit ist. Access liefert Ihnen eine Reihe von Musterdatenbanken, die sich für alle erdenklichen Datenbanken, die Sie vielleicht erstellen möchten, verwenden lassen. Ein großer Teil der Arbeit ist also schon erledigt.

Bleibt Ihnen nur noch, ein paar grundlegende Entscheidungen zu treffen: Welche Musterdatenbank kommt meinen Vorstellungen am nächsten? Welche ihrer Felder werde ich verwenden? Welche neuen Namen werde ich den ausgewählten Feldern geben?

Zwei neue Begriffe, denen Sie in dieser Lektion begegnen werden, sind *Schlüssel* und *Index*. Der Schlüssel ist die eindeutige Identifizierung eines Datensatzes, der ihn von allen anderen Datensätzen unterscheidet. Der Index hilft Ihnen bei der schnellen Sortierung bzw. beim schnellen Auffinden von Datensätzen. Außerdem machen Sie noch mit einer weiteren Art der Betrachtung Ihrer Datenbank Bekanntschaft: der *Entwurfsansicht*.

Ein Aspekt beim Erstellen einer Datenbank bleibt, bei dem Access Ihnen nicht behilflich sein kann: die Dateneingabe. Nur Sie allein können das übernehmen.

Neue Fähigkeiten

Am Ende dieser Lektion sollten Sie in der Lage sein,

- den *Datenbank-Assistenten* zu starten,
- eine geeignete Mustertabelle aus der verfügbaren Liste zu wählen,
- die Felder, die Sie in Ihrer Tabelle verwenden möchten, aus der Mustertabelle auszuwählen,
- den ausgewählten Feldern der Mustertabelle einen neuen Namen zu geben, sodass Sie Ihren Bedürfnissen entsprechen,
- einen Primärschlüssel auszuwählen, um jeden Datensatz eindeutig zu identifizieren,
- in der *Datenblattansicht* Daten in eine Tabelle einzugeben,
- in der *Datenblattansicht* die Spaltenbreite anzupassen,
- in die *Entwurfsansicht* zu wechseln,
- einen Index zu erstellen.

Neue Wörter

Am Ende dieser Lektion sollten Sie in der Lage sein, die folgenden Begriffe zu erklären:

- Datenbankschlüssel
- Datenbankindex
- Entwurfsansicht

Ein Überblick zum Erstellen einer Datenbank

In dieser Lektion werden Sie Ihre erste Datenbank erstellen. Ihre Datenbank wird der Datenbank ähneln, die Klara für ihre Vogelbeobachtungen verwendet und die wir in Lektion 5.1 beschrieben haben.

Access stellt Ihnen einen *Datenbank-Assistenten* zur Verfügung, der Ihnen das Erstellen einer Datenbank erleichtert. Sie verwenden diese automatisierte Funktion, damit sie einige Arbeit für Sie erledigt. Aber Sie werden auch einiges selbst beitragen müssen, um mehr über den Umgang und die Arbeit mit diesem Programm zu erfahren.

Das Erstellen einer Datenbank mit dem Assistenten geht in neun Schritten vor sich:

1: Eine neue, leere Datenbank erstellen: Zunächst erstellen Sie eine neue Datenbank und speichern sie unter einem Namen ab. Siehe auch Übung 5.4.

2: Mustertabelle auswählen: Anstatt eine von Grund auf neue Tabelle zu erzeugen, ist es einfacher und schneller, eine in Access angebotene Tabelle als Grundlage zu verwenden. Siehe auch Übung 5.5.

3: Felder auswählen: Es ist nicht sehr wahrscheinlich, dass Sie alle Felder der Mustertabelle in Ihre Tabelle übernehmen möchten. Sie müssen also festlegen, welche Sie benötigen. Siehe auch Übung 5.6.

4: Felder umbenennen: In der Regel werden Sie einige der aus der Mustertabelle übernommenen Felder umbenennen müssen. Das ist der Punkt, an dem Sie auch Ihrer Tabelle einen Namen geben. Siehe auch Übung 5.7.

5: Primärschlüssel festlegen: Sie müssen Access mitteilen, welche Ihrer Felder als Schlüsselfelder fungieren. Das ist ein Feld, das eine eindeutige Unterscheidung der einzelnen Datensätze zulässt. Siehe auch Übung 5.8.

6: Daten eingeben: Sie geben die Daten in der *Datenblattansicht* in Ihre Tabelle ein. Siehe auch Übung 5.9.

7: Spaltenbreite anpassen: In der *Datenblattansicht* werden einige Spalten zu schmal, andere zu breit sein. Sie sollten also wissen, wie man die Spaltenbreite anpasst. Siehe auch Übung 5.10.

8: Wechsel in die Entwurfsansicht: Ein Schritt liegt noch vor Ihnen, und dazu müssen Sie von der *Datenblattansicht* in die *Entwurfsansicht* wechseln.

9: Ihren Index erstellen: Ein Index sorgt für einen schnellen Sortier- oder Suchlauf in den Daten. In Übung 5.11 erstellen Sie einen solchen.

Schritt 1: Eine neue, leere Datenbank erstellen

Übung 5.4: Eine neue, leere Datenbank erstellen

1) Starten Sie Access.
2) Im Aufgabenbereich *Neue Datei* klicken Sie unter Neu auf die Option *Leere Datenbank.* Access zeigt Ihnen das Dialogfenster *Neue Datenbankdatei* an.

   Wenn der Aufgabenbereich im Access-Fenster nicht geöffnet ist, Klicken Sie auf die Schaltfläche NEU in der Symbolleiste, um ihn einzublenden.

3) Geben Sie im Dialogfenster *Neue Datenbankdatei* den Namen *Vögel* ein und wählen Sie einen Ordner aus, in dem die Datei gespeichert werden soll. Access fügt der Datei automatisch die Dateierweiterung .mdb an.
4) Standardmäßig schlägt Access vor, Ihre Datenbank im Ordner *Eigene Dateien* zu speichern. Akzeptieren Sie den Speicherplatz oder ändern Sie ihn.

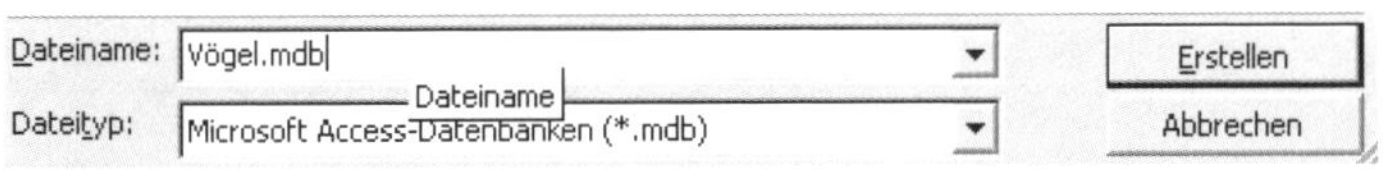

5) Klicken Sie auf die Schaltfläche ERSTELLEN.

   Access zeigt nun das Datenbankfenster für die neue Datenbank *Vögel* an.

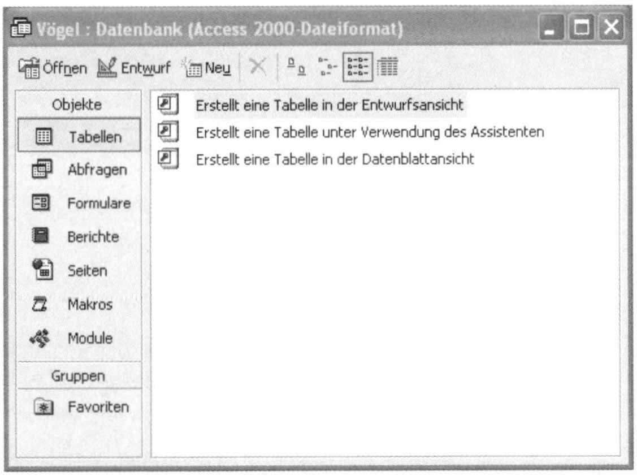

Wenn Sie eine Datenbank erstellen, ist das Objekt *Tabelle* in der Regel aktiviert. Wenn nicht, klicken Sie einfach darauf, um es zu aktivieren.

Sie werden bemerken, dass im Gegensatz zur *Nordwind*-Datenbank alle Register der gerade erstellten Datenbank leer sind. In dieser Lektion erstellen Sie ein Tabellen-Objekt. In Lektion 5.5 folgen eine Abfrage und ein Formular. Das Lektion 5.6 befasst sich dann schließlich mit der Erstellung eines Berichts.

Schritt 2: Mustertabelle auswählen

Für jedermann, auch für Microsoft, ist es absolut unmöglich, genau vorherzusehen, was Sie mit Ihrer Datenbank machen möchten. Daher bietet Ihnen der *Tabellen-Assistent* von Access eine Vielzahl von Möglichkeiten an.

In den nächsten Übungen suchen Sie sich die Optionen heraus, die Ihren Bedürfnissen am nächsten kommen. Verändern Sie sie so weit, dass Sie am Ende genau das haben, was Sie wollen.

Übung 5.5: Eine Mustertabelle auswählen

Schaltfläche Neu

1) Starten Sie den *Tabellen-Assistenten*, indem Sie einen Doppelklick auf die Option *Erstellt eine Tabelle unter Verwendung des Assistenten* ausführen oder auf die Schaltfläche NEU im Datenbankfenster klicken und dann die Option *Tabellen-Assistent* wählen und auf OK klicken.

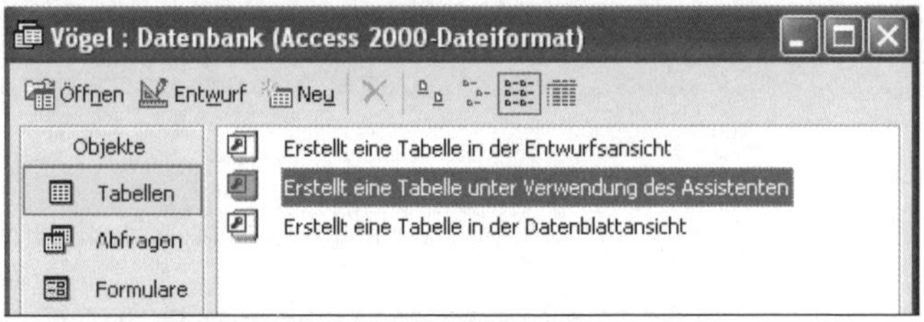

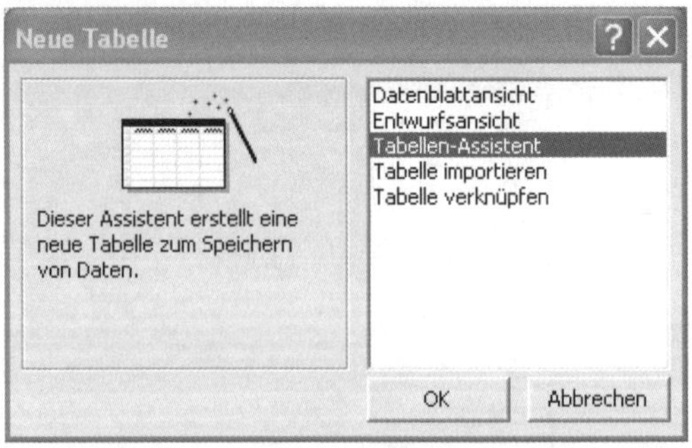

2) Im Dialogfeld *Tabellen-Assistent*, das nun angezeigt wird, sehen Sie zwei Optionen: *Geschäftlich* und *Privat*. Abhängig davon, welche der beiden Möglichkeiten Sie wählen, zeigt Ihnen Access unterschiedliche Mustertabellen in der Liste an.

3) Wählen Sie *Geschäftlich* und schauen Sie sich die Listen an. Beachten Sie auch die Felder im zweiten Listenfeld rechts. Keine der aufgeführten Tabellen scheint für Ihr Vorhaben sonderlich geeignet.

4) Wählen Sie nun die Option *Privat*. Durchstöbern Sie die Liste der Mustertabellen. Auch hier finden Sie nichts, was genau für den Zweck Vogelbeobachtung passt. Aber es gibt eine Tabelle namens *Pflanzen*, die sich den Bedürfnissen Ihrer Vogelschau-Tabelle anpassen ließe.

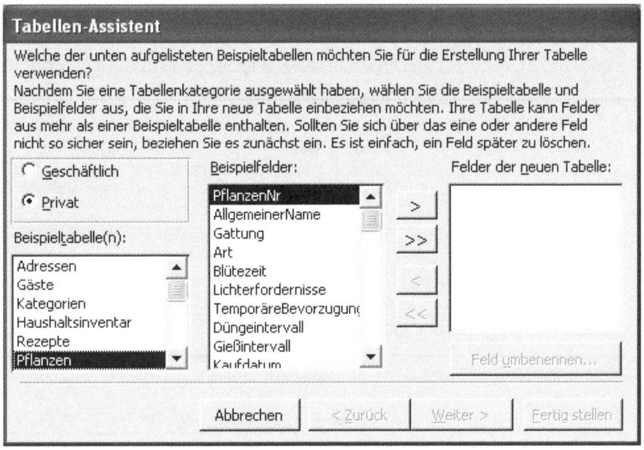

5) Wählen Sie die Tabelle *Pflanzen.* Sie werden in Übung 5.6 mit dieser Tabelle arbeiten.

Schritt 3: Felder auswählen

Die erste Anzeige des Tabellenassistenten zeigt drei Listenfelder. In der ersten Liste werden die in Access vorhandenen Mustertabellen aufgeführt (Sie haben daraus in Übung 5.5 die Tabelle *Pflanzen* ausgewählt). In der zweiten Liste sind die Felder aufgeführt, die zu der ausgewählten Musterliste gehören. In der dritten Liste werden die Felder aufgeführt, die Sie in Ihre neue Tabelle übernehmen möchten. Diese Liste ist zunächst leer.

Um ein Feld aus der Liste *Beispielfelder* in die Liste *Felder der neuen Tabelle* zu verschieben, klicken Sie auf das entsprechende Feld, um es zu markieren. Klicken Sie auf die Schaltfläche >. Sollten Sie Ihre Meinung bezüglich eines bestimmten Felds ändern, wählen Sie es einfach in der rechten Liste aus, bevor Sie auf die Schaltfläche < klicken. Sie können alle Felder in Ihre Tabelle übernehmen, indem Sie auf die Schaltfläche >> klicken. Mit der Schaltfläche << entfernen Sie alle Felder aus der rechten Liste.

Übung 5.6: Die benötigten Felder auswählen

1) Übernehmen Sie folgende Felder der Liste *Beispielfelder* in die Liste *Felder der neuen Tabelle*:

PflanzenNr.	Blütezeit
AllgemeinerName	Kaufdatum
Gattung	Einkaufsort
Gießintervall	

2) Wenn Sie fertig sind, sollte das dritte Listenfeld mit den von Ihnen für Ihre Liste ausgewählten Feldern wie in der folgenden Abbildung aussehen.

Schritt 4: Felder umbenennen

Sie haben die Felder, die Sie in Ihrer Tabelle verwenden möchten, aus der Musterliste des Assistenten ausgewählt. Ihre nächste Aufgabe besteht nun darin, den Feldern einen Namen zu geben, der sich für Ihre neue Tabelle eignet. Um ein Feld umzubenennen, klicken Sie auf den entsprechenden Namen in der Liste *Felder der neuen Tabelle* und anschließend auf die Schaltfläche FELD UMBENENNEN. Schreiben Sie den neuen Namen für das entsprechende Feld in das Dialogfeld *Feld umbenennen*. In Übung 5.7 weisen Sie Ihren Feldern neue Namen zu.

Übung 5.7: Felder umbenennen

1) Wählen Sie aus dem Feld *Felder der neuen Tabelle* den Namen *PflanzenNr.* Klicken Sie dann auf die Schaltfläche *Feld umbenennen.*

2) Schreiben Sie im Dialogfeld *Feld umbenennen* den neuen Namen für das Feld: »Nummer«. Klicken Sie auf OK.

3) Wiederholen Sie den Vorgang für die übrigen Felder gemäß der Liste.

Alter Name	Neuer Name
AllgemeinerName	Vogelname
Gattung	Farbe
Blütezeit	Zugvogel?
Gießintervall	Größe
Kaufdatum	Gesichtet am
Einkaufsort	Gesehen wo

4) Klicken Sie auf die Schaltfläche WEITER.

   Glückwunsch! Sie haben soeben Ihre erste Access-Tabelle erstellt.

5) Nun müssen Sie der Tabelle noch einen Namen geben.

   Geben Sie Ihrer Tabelle den Namen *Vögel*, also den gleichen Namen wie der Datenbank, in der sie enthalten ist.

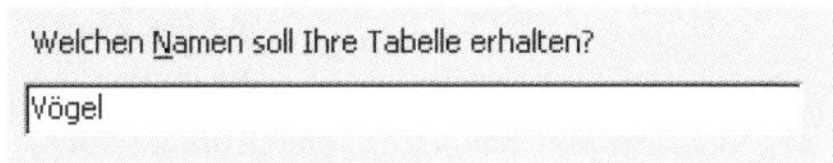

Im gleichen Dialogfeld werden Sie von *Access* gefragt, ob der Assistent den Primärschlüssel festlegen soll oder ob Sie das selbst tun. Lassen Sie uns also über Schlüssel reden.

Schritt 5: Primärschlüssel festlegen

In einem Telefonbuch stehen viele Menschen mit dem Nachnamen *Schmitz*. Davon wiederum haben einige den Vornamen *Heinz*. Um genau die gesuchte Person zu finden, benötigen Sie also noch etwas mehr Informationen. Wo wohnt diese Person? Und selbst das könnte noch nicht genügen. Vater und Sohn könnten z.B. den gleichen Namen haben. Sie müssten also wahrscheinlich noch einige Fragen stellen, um sicher zu sein, dass Sie mit der richtigen Person sprechen.

In einem Computersystem ist das natürlich keine befriedigende Lösung. Access will schon genau wissen, welchen *Heinz Schmitz* Sie meinen. Und Sie möchten wohl auch kaum eine Rechnung oder gar einen Scheck an den falschen *Heinz Schmitz* schicken. Also geben Sie jedem Datensatz eine Identifizierung, einen so genannten Schlüssel. Dieser Schlüssel ist für den jeweiligen Datensatz einmalig und eindeutig, er kommt für keinen anderen Datensatz in Frage. Die Übung 5.8 führt Sie durch die einzelnen Schritte.

Datenbankschlüssel

Ein Feld (oder eine Kombination aus Feldern) in einem Datensatz innerhalb einer Datenbank, das dazu dient, den Datensatz einwandfrei und zweifellos zu identifizieren.

Übung 5.8: Primärschlüssel festlegen

1) In der zweiten Anzeige des Tabellen-Assistenten wählen Sie die Option *Primärschlüssel selbst festlegen* und klicken dann auf die Schaltfläche WEITER.

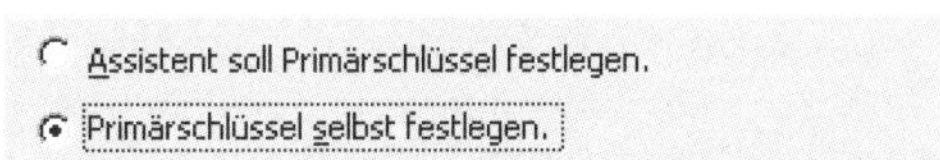

2) Die Frage *Welches Feld wird für jeden Datensatz eindeutige Daten enthalten*? beantworten Sie mit *Nummer* (es sollte standardmäßig schon so ausgewählt sein).

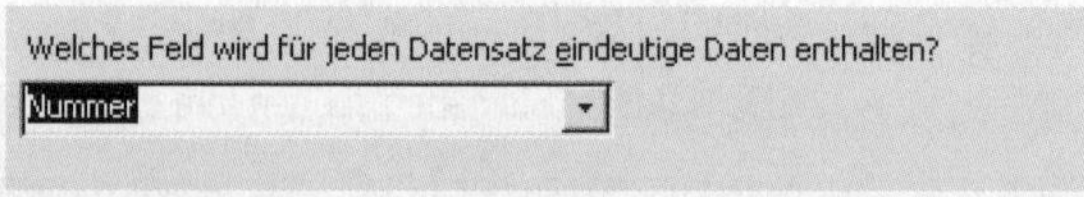

Für die Frage *Welchen Datentyp soll Ihr Primärschlüsselfeld haben?* wählen Sie die Option *Fortlaufende Zahlen, die von Microsoft Access automatisch neuen Datensätzen zugewiesen werden.*

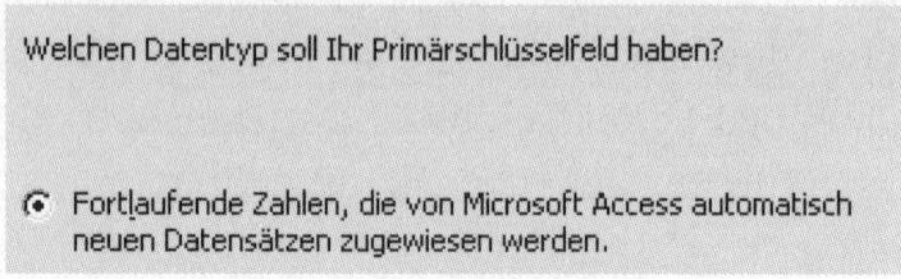

3) Klicken Sie auf die Schaltfläche WEITER.

   Damit ist der Primärschlüssel für Ihre Tabelle festgelegt.

4) *Access* fragt Sie nun, was Sie als Nächstes tun möchten: *Den Tabellenentwurf ändern, Direkt Daten in die Tabelle eingeben* oder *Daten in die Tabelle über ein vom Assistenten erstelltes Formular eingeben.*

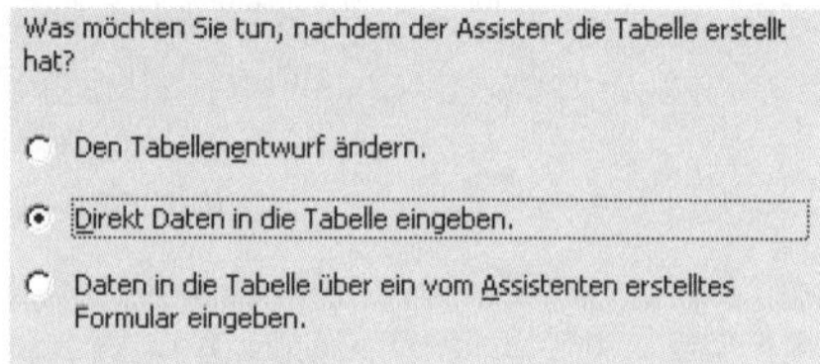

   Eine Tabelle ohne Daten ist eine recht langweilige Angelegenheit. Also möchten Sie sehr wahrscheinlich direkt ohne weitere Verzögerung Daten in Ihre Tabelle eingeben. Wählen Sie daher die entsprechende Option.

5) Klicken Sie auf die Schaltfläche *Fertig stellen.* Access zeigt Ihre Tabelle in der Datenblattansicht an.

Schritt 6: Daten in Ihre Tabelle eingeben

Nach dem Erstellen der neuen Tabelle wird diese von Access erst einmal in der *Datenblattansicht* angezeigt.

- Oben befinden sich die Spaltenköpfe mit ihren Feldnamen.
- Unterhalb der Zeile mit den Spaltenköpfen befindet sich eine einzelne leere Zeile.

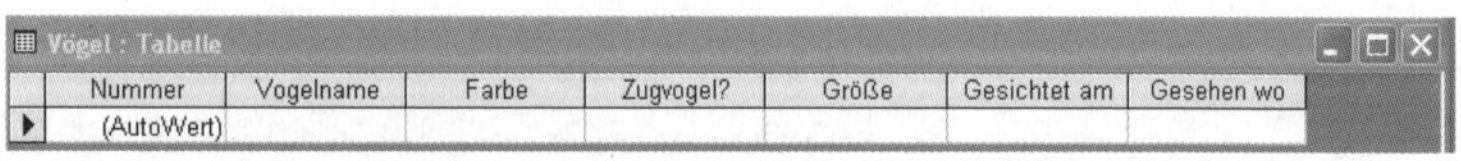

Klicken Sie in irgendein Feld: Sie können nun Daten in dieses Feld eingeben. Unter Verwendung der Tab-Taste oder der Pfeiltasten bewegen Sie sich von einem Feld ins nächste. Es gibt jedoch eine Ausnahme: das Feld *Nummer* (Ihr Primärschlüssel). Der Primärschlüssel wird von Access automatisch zugewiesen. Sie können also im Feld *Nummer* keine neue Zahl eingeben oder die vorhandene ändern. In Lektion 5.3 erfahren Sie mehr über diese Funktion.

Sobald Sie Daten in einen Datensatz eingeben, wird darunter eine neue Zeile eingefügt. Es ist also völlig egal, wie viele Datensätze Sie eingeben, es befindet sich immer eine leere Zeile am Ende der Tabelle, in der Sie einen neuen Datensatz eingeben können.

Übung 5.9: Daten in Ihre Tabelle eingeben

1) Geben Sie ein paar Details in die Tabelle *Vögel* entsprechend der Abbildung ein.

Vögel : Tabelle

Nummer	Vogelname	Farbe	Zugvogel?	Größe
1	Rotmilan	rostrot	Ja	55
2	Habicht	schiefergrau	Nein	50
3	Turmfalke	rot-braun	Nein	42
4	Wachtel	erdbraun	Ja	25
5	Flußregenpfeife	erdbraun	Ja	23
6	Flußuferläufer	braungrau	Ja	25
7	Sturmwöve	bläulich-grau	Nein	32
8	Kuckuck	graublau	Ja	35
9	Mauersegler	rauchschwarz	Ja	22
10	Grünspecht	olivgrün	Nein	28
11	Buntspecht	schwarz-weiß	Nein	30
12	Haubenlerche	sandbraun	Nein	22
13	Baumpieper	braun	Ja	22
14	Bachstelze	schwarz-grau	Ja	23
15	Amsel	schwarz	Nein	28
16	Blaumeise	gelblich	Nein	21
17	Saatkrähe	schwarz	Nein	46
(AutoWert)				

Datensatz: 17 von 17

Nun sind möglicherweise einige Felder zu schmal, um die Informationen vollständig darzustellen. Aber keine Sorge, in Lektion 5.10 lernen Sie, wie man die Spaltenbreite anpasst.

Wenn das Feld *Zugvogel?* ein Kontrollkästchen enthält, klicken Sie in dieses Kästchen, um auszudrücken, dass der Vogel ein Zugvogel ist. Wenn dieses Feld ein *Nein* enthält, ersetzen Sie es durch *Ja*, wenn der Vogel ein Zugvogel ist.

Die Felder *gesichtet am* und *gesehen wo* bleiben im Moment noch leer.

2) Nach der Eingabe aller Merkmale der *Vögel* schließen Sie das Datenblatt, indem Sie auf das Schließenfeld oben rechts im Fenster klicken. Access fragt, ob Sie die Änderungen speichern möchten. Klicken Sie auf *Ja*.

3) Sie kommen dann zum *Datenbankfenster* zurück, diesmal aber mit einem entscheidenden Unterschied: Ihre neu angelegte Tabelle *Vögel* erscheint nun im Objekt *Tabellen*.

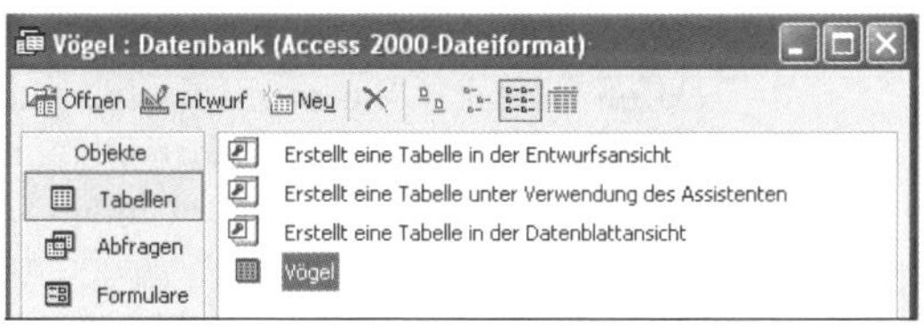

Das war's auch schon. Sie wissen nun, wie man eine Tabelle in Access erstellt und Daten in der *Datenblattansicht* eingibt. (Die Lektion 5.5 zeigt, wie man Daten in der *Formularansicht* eingibt.)

Schritt 7: Spaltenbreite verändern

Das ist ganz einfach. Sie werden bemerkt haben, dass Access alle Spalten gleich breit anlegt. Einige sind zu schmal, um den Inhalt vollständig anzuzeigen (z.B. bei einigen Vogelnamen). Andere Spalten wiederum fallen zu breit aus. Die Datenbank nimmt daher mehr Platz als nötig in Anspruch. Das kann dazu führen, dass Teile Ihrer Daten bzw. der Tabelle rechts außerhalb der Bildschirmanzeige liegen. Sie müssten dann die horizontale Bildlaufleiste verwenden, um die Information zu sehen.

Um nun die Spaltenbreite zu ändern, zeigen Sie mit der Maus auf die Trennlinie (Feldbegrenzung) zwischen dem Titel und der Spalte rechts davon.

Die Form des Mauszeigers verändert sich. Drücken Sie die linke Maustaste und ziehen Sie nach rechts oder links, bis die Spalte die richtige Breite hat.

Sie können die Spaltenbreite auch automatisch anpassen, sodass sie sich dem längsten Eintrag in der entsprechenden Spalte anpasst. Doppelklicken Sie dazu einfach auf die Feldbegrenzungslinie.

Übung 5.10: Spaltenbreite anpassen

1) Doppelklicken Sie im Datenbankfenster auf die Tabelle *Vögel*, um sie zu öffnen.
2) Ändern Sie die Spaltenbreite der Spalten Ihrer Tabelle *Vögel*, um das gesamte Erscheinungsbild der Tabelle zu verbessern.

Vorher

Nachher

Schritt 8: In die Entwurfsansicht wechseln

In Lektion 5.1 haben Sie zwei verschiedene Ansichten einer Datenbank kennen gelernt: die *Datenblattansicht*, in der Sie mehrere Datensätze in Zeilen und Spalten angeordnet sehen, und die *Formularansicht*, in der Sie nur jeweils einen Datensatz betrachten können. In Übung 5.9 haben Sie Daten in der *Datenblattansicht* in Ihrre Tabelle eingegeben.

Jetzt lernen Sie die dritte Ansicht kennen: die *Entwurfsansicht*. Das ist die Ansicht, in der Sie die Struktur Ihre Tabelle verändern können.

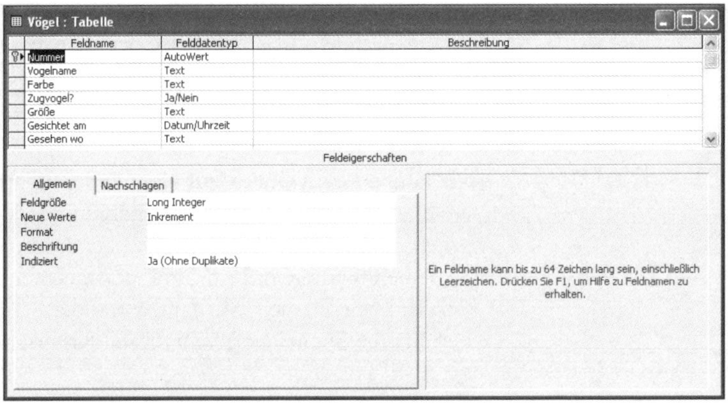

Die Entwurfsansicht zeigt eine Liste aller Felder einer Tabelle mit dem dazugehörigen Datentyp an (In Lektion 5.3 lernen Sie mehr über Datentypen). Auch werden hier die Eigenschaften der einzelnen Felder angegeben. Sie können die Entwurfsansicht dazu verwenden, eine von Grund auf neue Tabelle zu erstellen und um Felder in eine bestehende Tabelle einzufügen, zu löschen oder zu bearbeiten.

Schaltfläche Entwurfsansicht in der Datenblattansicht

Schaltfläche Datenblattansicht in der Entwurfsansicht

- Wenn Ihre Tabelle in der *Datenblattansicht* angezeigt wird, wechseln Sie in die *Entwurfsansicht*, indem Sie den Menübefehl ANSICHT/ENTWURFSANSICHT aufrufen oder in der Symbolleiste auf die Schaltfläche ENTWURFSANSICHT klicken.
- Wenn Ihre Tabelle in der Entwurfsansicht angezeigt wird, können Sie zur Datenblattansicht zurückkehren, indem Sie den Menübefehl ANSICHT/DATENBLATTANSICHT aufrufen oder in der Symbolleiste auf die Schaltfläche DATENBLATTANSICHT klicken.

Die Schaltflächen in der Symbolleiste erlauben einen schnellen Wechsel zwischen den beiden Ansichten. Wenn Sie also Änderungen am Design vornehmen, können Sie sich diese unverzüglich anschauen.

Wenn Ihre Tabelle nicht geöffnet ist, öffnen Sie sie in der *Entwurfsansicht*, indem Sie diese im Dialogfeld *Datenbank* auswählen und dann auf die Schaltfläche ENTWURF klicken.

Entwurfsansicht

Die Ansicht, in der Sie die Struktur Ihre Tabelle verändern können. In der Entwurfsansicht erstellen Sie einen Index.

Schritt 9: Index erstellen

Das Erstellen eines Index für ein oder mehrere Felder kann das Sortieren oder Suchen von Datensätzen beschleunigen, vor allem bei sehr umfangreichen Datenbanken.

Das Nachschlagen eines bestimmten Begriffs im Index eines Buchs ist einfacher, als das gesamte Buch nach ihm abzusuchen. Ein guter Index kann also helfen, zwischen den 57 verschiedenen *Schmitz* zu unterscheiden, indem beispielsweise der Vorname oder die Adresse hinzugefügt wird. Wenn Sie also einen Namen in einem Datenbankindex nachschauen möchten, spart das enorm an Zeit, da nicht Tausende von Datensätzen durchsucht werden müssen.

Sie können einen Index auf einem oder mehreren Feldern beruhend erstellen. Bei einem Index aus mehreren Feldern kann Access zwischen Datensätzen unterscheiden, bei denen z.B. das erste Feld gleich, also übereinstimmend ist. Ein Index aus mehreren Feldern könnte z.B. auf dem Nachnamen, Vornamen und der Stadt basieren. Oftmals beruht eine Suche auf genau diesen Kriterien.

Datenbankindex

Eine Liste von Schlüsseln, auf die eine Datenbank zurückgreifen kann, um Datensätze zu sortieren. Verzeichnisse beschleunigen solche Operationen, da die Datenbank nur die Indexfelder statt der gesamten Datensätze durchsuchen muss.

Die Übung 5.11 zeigt, wie Sie einen Index für Ihre Tabelle aufbauen.

Übung 5.11: Einen Index erstellen

1) Öffnen Sie die Tabelle *Vögel* in der Entwurfsansicht.

Schaltfläche Indizes

2) Rufen Sie den Menübefehl ANSICHT/INDIZES auf oder klicken Sie in der Symbolleiste auf die Schaltfläche INDIZES.

3) Sie sehen die bereits automatisch festgelegten Indizes *Primärschlüssel* und *Vogelname*, wobei jeder aus nur einem Feld besteht.

4) Geben Sie einen eindeutigen Namen in das Indexfeld einer leeren Zeile ein. Schreiben Sie *Wo & wann.*

5) Klicken Sie in die Spalte *Feldname rechts neben den neuen Indexnamen.* Klicken Sie auf den Pfeil, der erscheint, und wählen Sie aus der Dropdown-Liste *gesehen wo* und in der Zeile darunter *gesichtet am*. Sie können auch noch einen dritten Wert, z.B. *Vogelname*, in der Zeile darunter auswählen.

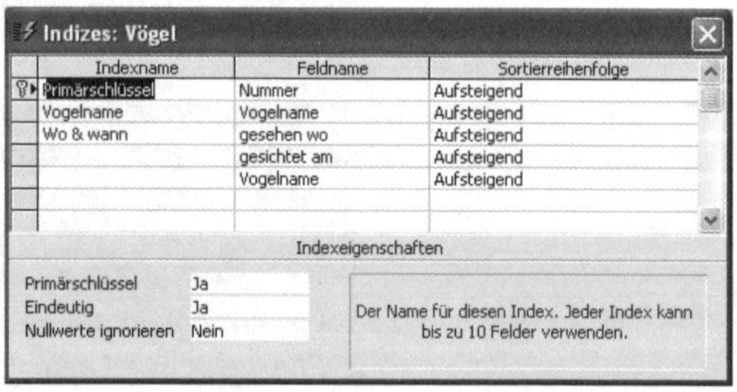

6) Klicken Sie auf das *Schließen*-Feld oben rechts im Dialogfeld, und dann auf das *Schließen*-Feld oben rechts in der Tabelle *Vögel.*

7) Wenn Sie gefragt werden, ob Sie die Änderungen speichern möchten, bestätigen Sie mit *Ja.*

Sie haben soeben einen Index aus mehreren Feldern erstellt, basierend auf den Feldern *gesehen wo*, *gesichtet am* und *Vogelname*. Access kann diesen Index nun verwenden, um schnell bestimmte Informationen dazu zu finden, welcher Vogel wann an welchem Ort gesichtet wurde.

Das war der letzte Schritt der Checkliste auf dem Weg zur Datenbank.

Natürlich können Sie die Daten Ihrer Datenbank auch ausdrucken. Dabei ist es gleichgültig, ob es sich um eine Tabelle, eine Abfrage, ein Formular oder einen Bericht handelt. Wählen Sie DATEI/DRUCKEN und anschließend im Dialogfenster die entsprechenden Optionen. Um vorher einen Überblick zu bekommen, wie die gedruckte Seite einer Tabelle, eines Berichtes oder eines Formulars aussieht, wählen Sie ANSICHT/SEITENANSICHT, oder klicken Sie auf die Schaltfläche SEITENANSICHT auf der Symbolleiste. In dieser Ansicht sehen Sie die Seite(n), wie sie auf dem Ausdruck erscheinen. Sie können Ihre Tabelle jetzt speichern und schließen und Access beenden.

Die Lektion 5.2 des ECDL-Moduls *Datenbanken* ist beendet.

Zusammenfassung der Lektion: Das haben Sie gelernt

Access bietet Ihnen einen *Datenbank-Assistenten*, der das Erstellen einer neuen Datenbank erheblich vereinfacht, indem er eine Anzahl von Mustertabellen anbietet. Wählen Sie eine aus, die der zu erstellenden Tabelle möglichst nahe kommt. Sie können eine ausgewählte Mustertabelle benutzerdefiniert anpassen, indem Sie die Felder, die Sie verwenden möchten, auswählen und dann umbenennen. Schauen Sie sich dazu die Beispiele der Übungen 5.4, 5.5, 5.6 und 5.7 an.

Wenn Sie eine neue Tabelle erstellen, zeigt Access diese zunächst in der *Datenblattansicht* an. Dabei erscheinen oberhalb einer leeren Zeile die Spaltenköpfe, in denen die Namen der ausgewählten Felder stehen. Sie können Daten zu einem Datensatz in die leere Zeile schreiben. Sobald Sie einen neuen Datensatz eingeben, öffnet Access darunter eine neue leere Zeile. Auf diese Weise steht immer ein leerer Datensatz am Ende der Tabelle, in den Sie den nächsten Datensatz eingeben können.

Sie können zu jeder Zeit die Breite der einzelnen Spalten verändern, aber auch automatisch an die längste Eingabe anpassen. Schauen Sie sich dazu das Beispiel in Übung 5.10 an.

Ein *Schlüssel* ist ein Feld (oder eine Kombination aus Feldern) in einem Datensatz innerhalb einer Datenbank, der dazu dient, den Datensatz einwandfrei und zweifellos zu identifizieren. Schauen Sie sich dazu die Übung 5.8 an. Ein Index, den Sie in der *Entwurfsansicht* erstellen, beschleunigt das Sortieren und Suchen von Datensätzen. Schauen Sie sich dazu die Übung 5.11 an.

Sie müssen sowohl die Datenbank als auch die darin enthaltene Tabelle speichern und mit einem Namen versehen.

Schnelltest: Erstellen Sie Ihre Access Datenbank

1.	**Um eine neue Datenbank zu erstellen:**
A	Klicken Sie im Datenbankfenster für eine bereits vorhandene Datenbank auf die Schaltfläche *Neu*, geben einen Namen und einen Speicherort für die neue Datenbank an und klicken dann auf *Erstellen*.
B	Öffnen Sie den Aufgabenbereich *Neue Datei*, wählen dort im Bereich *Neu* die Option *Leere Datenbank*, geben einen Namen und den Speicherort für die neue Datenbank an und klicken auf *Erstellen*.
C	Rufen Sie den Menübefehl EINFÜGEN/DATENBANK auf, geben Namen und Speicherort für die neue Datenbank ein und klicken auf *Erstellen*.

2.	**Der Primärschlüssel einer Datenbanktabelle ist ein Feld oder eine Kombination aus Feldern, die jeden einzelnen Datensatz in der Tabelle eindeutig identifizieren.**
A	Richtig
B	Falsch

3.	**Um den Tabellen-Assistenten zu starten:**
A	Rufen Sie den Menübefehl DATEI/NEU auf und wählen dann die Option *Tabellen-Assistent* im Aufgabenbereich *Neue Datei*.
B	Rufen Sie den Menübefehl EINFÜGEN/TABELLE auf, wählen die Option *Datenblattansicht* und klicken auf OK.
C	Klicken Sie im Datenbankfenster die Option *Tabelle* in der Objektliste an und klicken dann *Erstellt eine Tabelle unter Verwendung des Tabellen-Assistenten*.

4.	**Um die Breite einer Tabellenspalte zu verändern, sodass sich die Breite automatisch an den längsten Eintrag anpasst, ...**
A	ziehen Sie den Feldbegrenzer nach rechts oder links.
B	führen Sie einen Doppelklick auf den rechten Feldbegrenzer aus.
C	führen Sie einen Doppelklick auf den linken Feldbegrenzer aus.

5.	**Um von der Datenblattansicht in die Entwurfsansicht zu wechseln, ...**
A	klicken Sie auf die Schaltfläche *Ansicht* in der Symbolleiste.
B	rufen Sie den Menübefehl FENSTER/<DATENBANKNAME>:ENTWURFSANSICHT auf.
C	rufen Sie den Menübefehl DATEI/ÖFFNEN/ENTWURFSANSICHT auf.

Lektion 5.3: Änderungen an einer Access-Datenbank vornehmen

Zu dieser Lektion

Nachdem Sie nun Ihre erste Datenbank erstellt haben, erfahren Sie als Nächstes, wie man Veränderungen daran vornimmt. Diese Lektion beschreibt, wie Sie nicht mehr benötigte Datensätze aus Ihrer Datenbank entfernen und vorhandene Datensätze neu ordnen.

Access erlaubt es, zu jeder Zeit bereits vorhandenen Datensätzen neue Felder hinzuzufügen. Entweder am Ende eines Datensatzes oder einfach mittendrin. Es kann allerdings sein, dass Sie alle schon eingegebenen Datensätze bearbeiten müssen, wenn Sie neue Felder einfügen. Es macht daher Sinn, Ihre Felder schon möglichst am Anfang des Datenbankentwurfs richtig auszuwählen. Sie können die Felder Ihrer Datenbank auch neu ordnen.

Sie erfahren in dieser Lektion auch, dass jedem Feld einer Tabelle ein bestimmter Datentyp zugeordnet ist, der besagt, wie Access dieses Feld behandeln soll, wie die Daten gespeichert werden sollen und welche Art der Dateneingabe in dem entsprechenden Feld erlaubt ist. Es ist daher am besten, wenn Sie schon vor der Dateneingabe für jedes Feld den richtigen Feldtyp wählen. Die Änderung des Datentyps in einem Feld zu einem späteren Zeitpunkt kann zu einem Datenverlust führen.

Neue Fähigkeiten

Am Ende dieser Lektion sollten Sie in der Lage sein,

- den Inhalt eines Feldes zu bearbeiten,
- Datensätze zu löschen,
- zu wissen, wann Sie die folgenden Datentypen verwenden sollten: Text, Memo, Zahl, Datum/Zeit, Währung, AutoWert und Ja/Nein,
- den Datentyp eines Feldes zu ändern,
- ein neues Feld hinzuzufügen,
- Felder neu zu ordnen.

Neue Wörter

Am Ende dieser Lektion sollten Sie in der Lage sein, den folgenden Begriff zu erklären:

- Datentyp

Datensätze in einer Datenbank ändern und löschen

Die Lektion 5.1 hat gezeigt, wie man in Access eine Datenbank, bestehend aus einer Tabelle, erstellt. Jetzt wird Ihnen gezeigt, wie Sie Ihre Tabelle auf verschiedene Weisen verändern können. Um einen Datensatz in Ihrer Datenbank *Vögel* zu ändern oder zu löschen, starten Sie Access. Öffnen Sie die Datenbank *Vögel* und die Tabelle *Vögel*. Standardmäßig wird Ihre Tabelle in der *Datenblattansicht* geöffnet.

Ein Feld ändern

Um ein Feld zu ändern, klicken Sie zuerst auf das entsprechende Feld.

- Wenn Sie ganz links in ein Feld klicken, wird das ganze Feld ausgewählt. Der gesamte Inhalt wird durch Ihre Eingabe sofort überschrieben.
- Wenn Sie an irgendeine andere Stelle im Feld klicken, können Sie die [⟵]-Taste verwenden, um einzelne Zeichen zu löschen. Oder Sie können neue eingeben.

Steht für einen ausgewählten Datensatz

Sie werden bemerken, dass, wenn Sie einen Datensatz anklicken, auf der linken Seite des Datensatzes ein Pfeil eingeblendet wird. Es handelt sich hier um die *Datensatzauswahl*. Der Pfeil zeigt also an, welcher Datensatz gerade bearbeitet wird.

Denken Sie daran, dass Sie das Feld *Nummer* nicht verändern können, da die Zuteilung von Access selbst vorgenommen wird. Ändern Sie das Feld *Zugvogel?*, indem Sie darauf klicken. Wenn das Feld schon aktiv ist, wird es durch das Klicken deaktiviert und umgekehrt. (Wenn im Feld *Zugvogel?* ein *Nein* steht, können Sie es dabei belassen oder es in *Ja* umändern. Es wird keine andere Art der Eingabe akzeptiert.)

Einen Datensatz löschen

Schaltfläche Datensatz löschen

Um einen Datensatz zu löschen, klicken Sie irgendwo in den entsprechenden Datensatz. Ganz links sehen Sie einen Pfeil. Klicken Sie in der Symbolleiste auf die Schaltfläche *Datensatz löschen*. Sie können dann noch einmal bestätigen, dass Sie den Datensatz auch wirklich löschen wollen, oder Ihre Meinung ändern und ihn nicht löschen.

Übung 5.12: Daten ändern und löschen

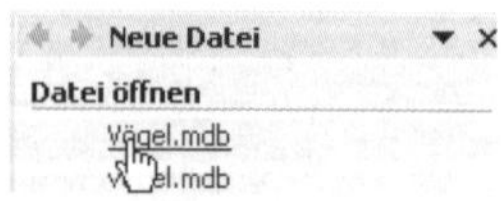

1) Öffnen Sie Access und dann die Tabelle *Vögel* aus dem Aufgabenbereich *Neue Datei*.
2) Lassen Sie die Tabelle *Vögel* in der Datenblattansicht anzeigen, indem Sie einen Doppelklick im Datenbankfenster darauf ausführen oder indem Sie die Datenbank auswählen und dann auf die Schaltfläche *Öffnen* im Datenbankfenster klicken.
3) Ändern Sie zwei Felder im Datensatz 16, die falsche Informationen zur *Blaumeise* enthalten.

   Die Farbe soll *gelblich/hellblau*, die Größe *18* sein.
4) Löschen Sie den Datensatz 7 über die *Sturmmöwe*.
5) Geben Sie Details in die Felder *gesehen wann* und *gesehen wo* ein.

Sie werden bemerken, dass das Feld *gesichtet am* nur gültige Datumsangaben akzeptiert. Sie werden also gezwungen, die Angaben in einem Standardformat einzugeben. Das Format, mit dem Sie hier das Datum eingeben müssen, ist TT.MM.JJ (z.B. 04.06.02).

6) Wenn Sie fertig sind, rufen Sie den Menübefehl DATEI/SPEICHERN auf, um die Datenbank zu speichern und sie dann zu schließen. Sie gelangen automatisch zum Datenbankfenster.

Nummer	gesichtet am	gesehen wo
1	03.06.2001	Waldwinkel
2	09.09.2000	Feldberg
3	06.11.2001	Waldwinkel
4		
5	15.07.2000	Königsfeld
6	26.07.2000	Schwangau
8		
9	23.08.2001	Landgraben
10	24.08.2001	Weibern
11	25.04.2002	Schwangau
12		
13	02.07.2002	Waldwinkel
14	15.07.2000	Königsfeld
15	23.08.2001	Landgraben
16	23.08.2001	Landgraben
17	09.09.2000	Feldberg

Wenn die Datensätze Ihrer Datenbank ein Feld *AutoWert* enthalten und Sie einen Datensatz löschen, wird die Nummer des gelöschten Datensatzes von Access nicht neu an einen anderen Datensatz vergeben. Access stellt sicher, dass die Datensätze ihre ursprünglich zugewiesene Nummer behalten und dass neuen Datensätzen immer eine höhere Nummer zugewiesen wird als vorherigen.

Die unterschiedlichen Datentypen

Wahrscheinlich gehen Sie nach der letzten Übung davon aus, dass Access Ihre Gedanken lesen kann. Wie kann Access wissen, dass die Spalte *gesichtet am* nur Datumsangaben beinhalten soll? Und wie kann *Access* wissen, dass die Spalte *Zugvogel?* entweder nur mit *Ja* belegt ist oder leer bleibt (für *Nein*)? (Oder eben, dass die Eingabe in dieses Feld nur *Ja* oder *Nein* sein kann.) Die Antwort liegt im Tabellenentwurf und um ehrlich zu sein, haben wir ein wenig gemogelt.

Wenn Sie eine Tabelle in Access aufbauen, müssen Sie für jedes Feld zwei Dinge tun:

- Sie müssen dem Feld einen Namen geben.
- Sie müssen dem Feld einen Datentyp zuweisen.

Als Sie den *Assistenten* verwendet haben, um die Tabelle *Vögel* zu erstellen, hatten die aus der Mustertabelle *Pflanzen* ausgewählten Felder die gleichen Charakteristika wie die entsprechenden Felder in der Tabelle *Vögel*. Sie änderten die Namen der Felder, um sie der Vogelsichtung anzupassen. Da Sie die einzelnen Felder jedoch sorgfältig ausgewählt hatten, brauchten Sie den Datentyp nicht mehr zu verändern.

Der Datentyp teilt Access mit, wie es ein Feld zu behandeln hat, wie die Daten gespeichert werden und welche Art von Dateneingabe erlaubt ist.

Datentyp

Der Datentyp ist entscheidend dafür, welche Art von Daten in einem Feld gespeichert werden können. Außerdem teilt er Access mit, wie es diese Daten behandeln soll.

Access erkennt eine Vielzahl verschiedener Datentypen. In der folgenden Tabelle sind die wichtigsten Datentypen für unsere Zwecke aufgeführt.

Datentyp	Findet Verwendung bei	Beispiele
Text	Jegliche Art alphabetischer und numerischer Daten. Wird in der Regel verwendet, wenn die Datenmenge begrenzt ist. Es können nicht mehr als 255 Zeichen eingegeben werden. (Wenn es sich um numerische Daten handelt, sollten Sie nicht beabsichtigen, diese später in Berechnungen zu verwenden.)	Nachname, Farbe, Postleitzahl, Telefonnummer
Memo	Jegliche Art alphabetischer und numerischer Daten. Wird in der Regel für formlose Einträge verwendet. Es können bis zu 65.535 Zeichen eingegeben werden. (Auch hier gilt: Wenn es sich um numerische Daten handelt, sollten Sie nicht beabsichtigen, diese später in Berechnungen zu verwenden.)	Beschreibungen, gesehen wo, Notizen
Zahl	Numerische Daten, die in Berechnungen verwendet werden sollen.	Warenbestand, Größe einer Herde, verkaufte Stückzahl
Datum/ Uhrzeit	Datums- oder Zeitangaben.	Kaufdatum, Ankunftszeit, Pflanzdatum
Währung	Geldbeträge oder andere numerische Daten, die in Berechnungen verwendet werden und nicht mehr als 15 Dezimalstellen aufweisen.	Preise, aktuelle Wertangaben
AutoWert	Eine Zahl, die jedem neuen Datensatz automatisch zugewiesen wird. Access weist die Zahlen in einer Reihenfolge zu und beginnt dabei mit 1.	Fortlaufende Zahlenreihe
Ja/Nein	Felder, die einfach nur Werte wie Ja/Nein, Richtig/Falsch oder An/Aus beinhalten können.	Zugvogel?, Noch einmal kaufen?

Den Datentyp ändern

Es ist einfach, den Datentyp in einem Feld zu ändern. Dennoch sollten Sie am besten schon beim Entwurf die richtige Entscheidung bezüglich des Datentyps treffen. Eine Änderung des Datentyps, nachdem Sie schon eine größere Datenmenge eingegeben haben, könnte bei Access zu Verwirrung und somit zu Datenverlust führen.

In Übung 5.13 werden Sie einige Datentypen in der Tabelle *Vögel* ändern.

Übung 5.13: Datentypen ändern

1) Lassen Sie die Tabelle *Vögel* in der *Entwurfsansicht* anzeigen. Die *Entwurfsansicht* ist in zwei Hauptbereiche unterteilt. Oben sehen Sie die Liste der Feldnamen und den dazugehörigen Datentyp. Ein Pfeil auf der linken Seite weist auf das aktuelle Feld hin. Ein Schlüsselsymbol in der Zeilenauswahl weist auf ein Primärschlüsselfeld hin.

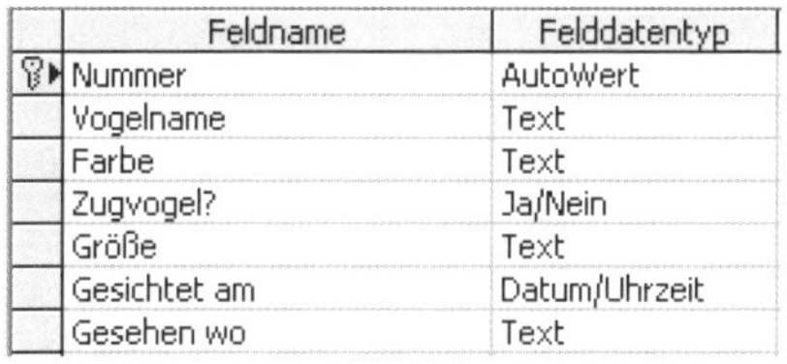

2) Klicken Sie auf irgendein Datentypfeld. Neben dem Datentyp wird ein Dropdown-Pfeil sichtbar. Klicken Sie auf den Pfeil. Eine Liste der weiter oben im Text beschriebenen Datentypen (und noch einige andere, die wir nicht genannt haben) wird angezeigt. Um einen Datentyp zu ändern, wählen Sie einfach einen neuen aus der Liste aus.

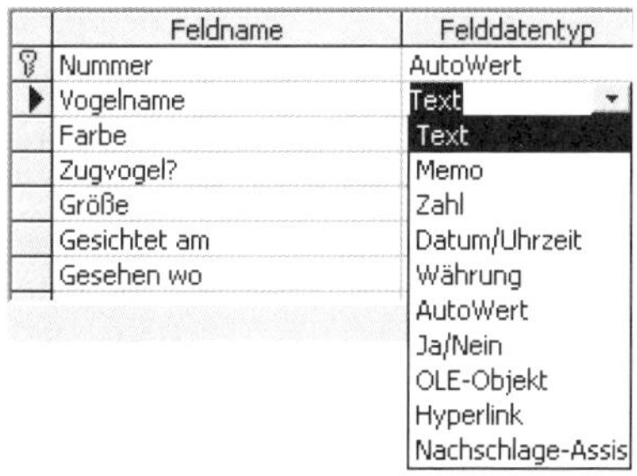

3) Experimentieren Sie einfach mal ein wenig:

   - Ändern Sie den Datentyp von *Zugvogel?* von *Ja/Nein* in *Zahl*. Schließen Sie das Dialogfeld und bestätigen Sie, dass Sie die Änderungen speichern möchten. Öffnen Sie die Tabelle. Sie sehen jetzt, wie sich die Daten im Feld *Zugvogel?* verändert haben.
   - Gehen Sie zurück in die *Entwurfsansicht*. (Klicken Sie dazu auf die Schaltfläche *Entwurfsansicht* in der Symbolleiste oder schließen Sie die Tabelle und klicken Sie auf die Schaltfläche *Entwurfsansicht*.) Ändern Sie den Datentyp des Felds *Zugvogel?* in *Datum/Uhrzeit*.

   Speichern Sie die Änderung und schauen Sie sich das Ergebnis in der *Datenblattansicht* an. Sie sehen jetzt, welch verwunderliches Ergebnis das Ändern des Datentyps bei schon eingegebenen Daten hervorbringen kann.

   Wenn Sie mit dem Experimentieren fertig sind, ändern Sie den Datentyp des Felds *Zugvogel?* wieder in *Ja/Nein*.

4) Wenn das Feld *Zugvogel?* als Werte *Ja* und *Nein* enthält, ändern Sie es wie folgt in Kontrollkästchen um.

5) Klicken Sie in der Entwurfsansicht irgendwo in das Feld *Zugvogel?*. Der untere Fensterbereich der Entwurfsansicht zeigt nun die Eigenschaften dieses Feldes an.

- Wählen Sie die Registerkarte *Nachschlagen* und klicken Sie auf *Steuerelement anzeigen*. Wählen Sie in der Dropdown-Liste die gewünschte Option *Kontrollkästchen* aus.

6) In späteren Übungen möchten Sie vielleicht die Größe der einzelnen *Vögel* miteinander vergleichen. Dafür muss das Feld *Größe* numerisch sein. Ändern Sie also den Datentyp von *Text* in *Zahl*.
7) Schließen Sie nun Ihre Tabelle und wenn Sie dazu aufgefordert werden, speichern Sie Ihre Arbeit ab.

Merken Sie sich, dass das Hilfefenster von Microsoft Access geöffnet wird, wenn Sie in der Entwurfsansicht die F1-Taste drücken. Es wird automatisch das Hilfethema für die Option oder den Bereich das Fensters angezeigt, an dem die Einfügemarke steht. Wenn Sie also Hilfe zu Datentypen benötigen, klicken Sie einfach in die Spalte *Datentyp* und drücken Sie die F1-Taste.

Neben Felddatentypen gibt es aber auch noch Feldeigenschaften, die für jedes Feld definiert werden können. Wenn sich die Einfügemarke in der Zeile eines Datenfeldes befindet, so werden im unteren Teil des Fensters die Feldeigenschaften des jeweiligen Feldes angezeigt. Auch zu den jeweiligen Feldeigenschaften erhalten Sie Hilfe, wenn Sie eine Feldeigenschaft anklicken und dann die F1-Taste drücken. Das entsprechende Hilfethema wird angezeigt.

Feldeigenschaften

Unter Feldeigenschaften können Sie z.B. die Feldgröße, das Format, Dezimalstellen, Eingabeformat, Gültigkeitsregeln etc. bestimmen. Klicken Sie die einzelnen Datenfelder an und schauen Sie sich an, welche Feldeigenschaften die verschiedenen Felder haben. Lassen Sie sich dazu auch das jeweilige Hilfethema anzeigen.

Beispiel für Feldeigenschaften des Felddatentyps Zahl

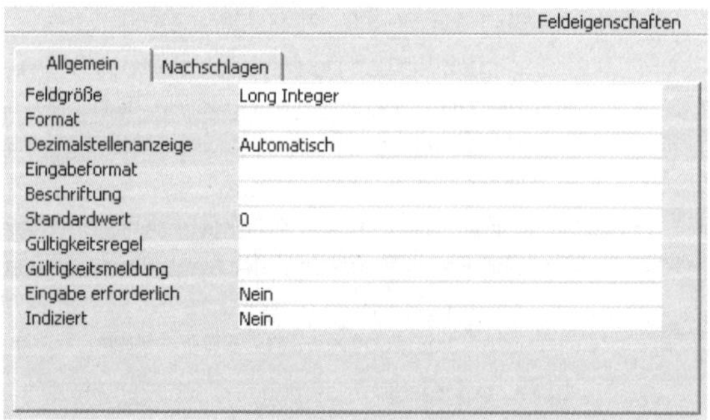

Feldgröße

Bei der Änderung der Feldgröße von Textfeldern, die schon Daten enthalten, sollten Sie jedoch vorsichtig sein. Wenn Sie die Feldgröße eines Textfeldes vergrößern, so hat dies keinen Einfluss auf die schon vorhandenen Daten. Verkleinern Sie hingegen ein Textfeld, so werden die Inhalte der Datensätze, die größer sind, abgeschnitten. Achten Sie bei der Feldgröße auf eine optimale Länge. Das bedeutet, dass das Feld so lang wie nötig, aber so kurz wie möglich sein sollte. Bei großen Datenbanken, die z.B. mehr als 2.000 oder gar 20.000 Datensätze enthalten, können überdimensional große Feldgrößen die Dauer eines Suchlaufs erheblich beeinträchtigen.

Noch unangenehmer können die Folgen bei Änderungen von Zahlenfeldern sein. Haben Sie vorher ein Feld mit der Feldgröße »Integer« (-32.768 bis 32.767) definiert und dieses Feld anschließend z.B. auf die Größe »Byte« (0 bis 255) reduziert, werden alle Inhalte gelöscht, die größer als 255 sind. Zur Warnung erfolgt ein Hinweis des Programms.

Access bietet, wie oben angedeutet, die Möglichkeit, Zahlen und Daten in unterschiedlichen Formaten auszugeben. Zahlen lassen sich mit unterschiedlichen Dezimalstellen formatieren oder als Währungsformate darstellen, um nur einige Möglichkeiten zu nennen. Auch das Datumsfeld lässt sich unterschiedlich formatieren.

In Übung 5.14 ändern Sie das Datumsformat.

Übung 5.14: Datumsformat ändern

1) Lassen Sie die Tabelle *Vögel* in der *Entwurfsansicht* anzeigen.

2) Markieren Sie die Zeile *gesichtet am*, klicken Sie dann unten bei *Feldeigenschaften* in der Registerkarte *Allgemein* auf *Format* und dann auf den Pfeil, der rechts neben der Zeile erscheint. Eine Liste mit verschiedenen Datumsformaten wird angezeigt. Um das Format zu ändern, wählen Sie einfach ein neues Format in der Liste aus. Wählen Sie z.B. *Datum, mittel*.

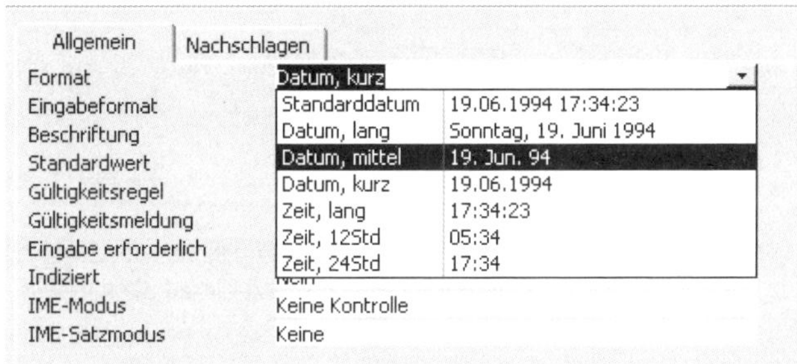

3) Gehen Sie zurück in die *Datenblattansicht* (klicken Sie dazu auf die Schaltfläche *Datenblattansicht* in der Symbolleiste) und schauen Sie sich das Ergebnis Ihrer Änderung an.

   Weiterhin können Sie ein Eingabeformat festlegen, wodurch eine Eingabemaske erstellt wird, die eine vorgegebene Schreibweise erzwingt. Auch diese Einheitlichkeit kann sich später bei großen Datenbanken positiv auf Suchläufe auswirken. Das Eingabeformat kann sich dabei vom Format (Format, in dem die Daten angezeigt werden) unterscheiden. Die Anzeige der Daten erfolgt über das unter *Format* ausgewählte Format.

   Weiterhin können Sie auch Gültigkeitsregeln für einzelne Felder festlegen, um die Eingabe »unsinniger« Daten zu verhindern, da Access die Eingabe der Daten sozusagen überprüft. Am Beispiel der Tabelle *Vögel* könnten Sie z.B. für das Feld

Größe festlegen, dass kein Wert über 200 cm eingegeben werden kann, da in unseren Bereichen kein Vogel mit diesen Maßen existiert.

Wenn Sie eine Gültigkeitsregel festlegen, so sollten Sie aber auch eine Gültigkeitsmeldung eingeben, die bei einer falschen Eingabe darauf hinweist, wie eine richtige Eingabe aussehen würde. Bei einer falschen Eingabe, also z.B. *235*, könnte dann eine Meldung erscheinen *So große Vögel gibt es nicht.*

In Übung 5.15 erstellen Sie eine Gültigkeitsregel mit einer entsprechenden Gültigkeitsmeldung.

Übung 5.15: Gültigkeitsregel und Gültigkeitsmeldung erstellen

1) Lassen Sie die Tabelle *Vögel* in der *Entwurfsansicht* anzeigen.
2) Markieren Sie die Zeile *Größe*, klicken Sie dann unten bei *Feldeigenschaften* in der Registerkarte *Allgemein* auf *Gültigkeitsregel* und dann auf den Pfeil, der rechts neben der Zeile erscheint. Das Dialogfeld *Ausdrucks-Generator* wird angezeigt.

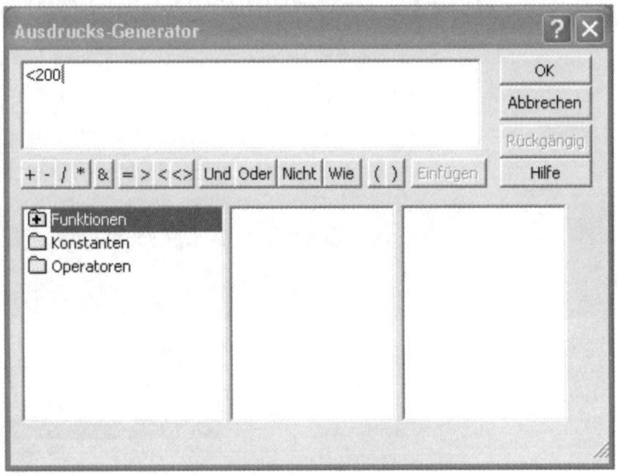

3) Geben Sie den Wert <200 ein, um festzulegen, dass der eingegebene Wert unter 200 cm liegen muss, und klicken Sie auf OK.
4) Klicken Sie nun unten bei *Feldeigenschaften* in der Registerkarte *Allgemein* auf *Gültigkeitsmeldung* und tragen Sie Folgendes ein*: So große Vögel gibt es nicht.*
5) Wenn Sie nun in die Datenblattansicht wechseln, werden Sie aufgefordert, die Tabelle zuerst zu speichern. Bestätigen Sie mit *Ja.*
6) Wenn Sie jetzt versuchen, z.B. den Größenwert des Habichts in 234 zu ändern, erscheint ein Dialogfeld entsprechend der folgenden Abbildung.

Beispiel einer Gültigkeitsmeldung

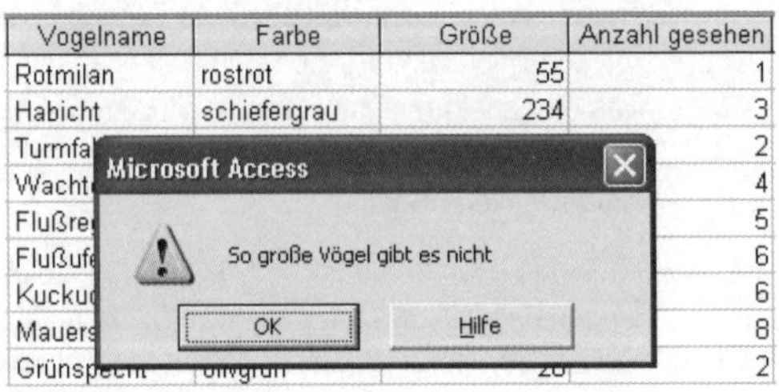

Ihrer Tabelle neue Felder hinzufügen

Können Sie jederzeit neue Felder in die Datensätze Ihrer Datenbank einfügen? Die Antwort lautet Ja. In Übung 5.16 werden Sie erfahren, dass Sie neue Felder sowohl in der Entwurfs- als auch in der Datenblattansicht hinzufügen können.

Wenn Sie dies tun, müssen Sie aber unter Umständen alle schon eingegebenen Datensätze bearbeiten. Das trifft ganz besonders auf numerische Felder (wo ein leeres Feld als 0 interpretiert werden könnte) und *Ja/Nein*-Felder (wo ein leeres Feld als Nein interpretiert werden könnte) zu. Es ist aber auch für jedes andere Feld, das Sie zum Sortieren und Filtern von Daten verwenden, von Bedeutung.

Es ist also in jedem Fall besser, wenn Sie sich schon beim Aufbau der Datenbank Gedanken über die gewünschten Felder machen, um dann später so wenig Änderungen wie möglich vorzunehmen.

Übung 5.16: Neue Felder hinzufügen

1) Öffnen Sie die Tabelle *Vögel* in der *Entwurfsansicht.*

2) Wo möchten Sie ein neues Feld hinzufügen? Am Ende des Datensatzes oder irgendwo mittendrin?

   Um am Ende des Datensatzes ein neues Feld einzufügen, klicken Sie auf das nächste unbenutzte Feld für Feldname. Für diese Übung wählen Sie bitte diese Option.

   Um ein neues Feld zwischen zwei bereits existierende Felder einzufügen, klicken Sie auf den Titel des Feldes, das sich später rechts neben dem neuen Feld befinden soll, und rufen Sie den Menübefehl EINFÜGEN/ZEILEN auf.

3) Geben Sie den eindeutigen Namen für das neue Feld ein: *Kommentare.*

4) Geben Sie den Datentyp für das neue Feld an: *Memo.*

   (Ein Feld mit dem Datentyp *Text* fasst maximal 255 Zeichen. Ein Feld mit dem Datentyp *Memo* hingegen kann bis zu 65.536 Zeichen fassen.)

5) Wechseln Sie in die Datenblattansicht. Access fordert Sie auf, Ihre Tabelle zu speichern. Klicken Sie auf *Ja.*

6) Klicken Sie auf die Überschrift der Spalte *Zugvogel?* und rufen Sie den Menübefehl EINFÜGEN/SPALTE auf.

   (Wenn Sie eine neue Spalte in der Datenblattansicht einfügen, positioniert Access die neue Spalte immer links neben der gerade ausgewählten Spalte.)

7) Standardmäßig weist Access einer neuen Spalte den Datentyp *Text* zu. In dieser Übung brauchen wir aber einen anderen Datentyp. Wechseln Sie in die Entwurfsansicht und ändern Sie den Datentyp in *Zahl*. Schreiben Sie auch einen Feldnamen *Anzahl gesehen*.

8) Wechseln Sie in die Datenblattansicht und speichern Sie dabei die Tabelle. Geben Sie die Zahlen wie abgebildet ein.

   Speichern Sie Ihre Tabelle, wenn Sie fertig sind.

	Nummer	Anzahl gesehen
▶	1	1
	2	3
	3	2
	4	4
	5	5
	6	6
	8	6
	9	8
	10	2
	11	1
	12	2
	13	5
	14	6
	15	16
	16	23
	17	11
	18	

Sie können ein Feld löschen, indem Sie z.B. entweder in der Tabellenansicht die entsprechende Spalte markieren und über das Kontextmenü, das durch einen Klick mit der rechten Maustaste geöffnet wird, den Befehl SPALTE LÖSCHEN wählen,

– oder –

indem Sie in der Entwurfsansicht die entsprechende Zeile markieren und über das Kontextmenü den Befehl ZEILE LÖSCHEN wählen.

Die Felder einer Tabelle neu ordnen

Um die Reihenfolge der Felder in einer Tabelle zu verändern, klicken Sie in den Titel des Feldes, das Sie verschieben möchten. Klicken Sie noch einmal, halten Sie aber dabei die linke Maustaste gedrückt. Am Mauszeiger wird ein kleines Kästchen angezeigt.

Ziehen Sie nun das Feld an seine neue Position nach rechts oder links. Wenn Sie dort angekommen sind, wo Sie das Feld einfügen möchten, erscheint eine dicke, schwarze Linie. Access teilt Ihnen dadurch mit, dass es verstanden hat, an welche Stelle es die verschobene Spalte positionieren soll. Wenn die Stelle korrekt ist, lassen Sie die Maustaste los und die Spalte wird an der entsprechenden Stelle eingefügt.

	Nummer	Vogelname	Farbe	Zugvogel?
▶	1	Rotmilan	rostrot	☐
	2	Habicht	schiefergrau	☐
	3	Turmfalke	rot-braun	☐
	4	Wachtel	erdbraun	☑
	5	Flußregenpfeife	erdbraun	☑

Üben Sie das einige Male, bis Sie mit dem Vorgang vertraut sind.

Tabellen drucken

Um eine Tabelle oder bestimmte Daten einer Tabelle auszudrucken, wählen Sie DATEI/DRUCKEN. Im Dialogfenster *Drucken* wählen Sie durch Aktivieren bzw. Anklicken der vorhandenen Optionen aus, ob Sie alle Seiten der Tabelle, bestimmte Seiten (Von:...Bis:...) oder nur einen bzw. mehrere markierte Datensätze aus der Tabelle drucken möchten.

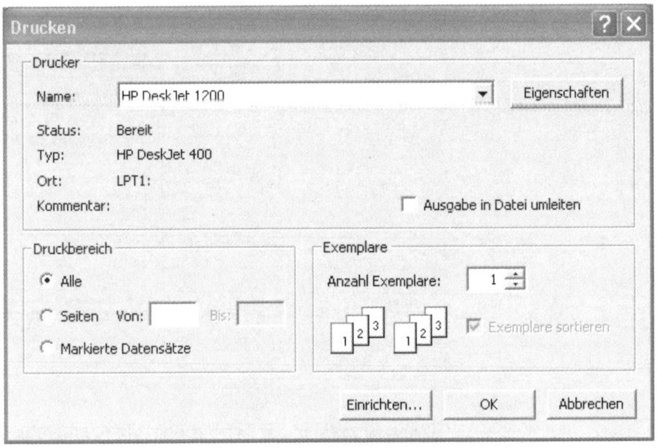

1:1 Beziehung zwischen Tabellen

Stellen Sie sich nun vor, dass Sie in Ihrer Datenbank Vögel auch von jedem Vogel ein Foto archivieren möchten.

Um die Haupttabelle zu entlasten, bietet es sich an, das Foto in einer weiteren Tabelle abzulegen. Da wir nur jeweils ein Foto von jedem Vogel benötigen, sprechen wir bei einer Verknüpfung der Haupttabelle mit der Fototabelle von einer 1:1-Beziehung. Jeweils ein Datensatz in der Tabelle Vögel steht einem Datensatz in der Tabelle Foto gegenüber. Die Fototabelle besteht dabei mindestens aus zwei Feldern: der Nummer des jeweiligen Vogels und dem Feld mit dem Foto. Zu beachten ist, dass das Feld *Nummer* indiziert sein muss (wie schon in der Tabelle *Vögel*), also ohne Duplikat, da jede Nummer nur einmal vorkommen darf.

Um eine Beziehung zwischen zwei Tabellen zu erstellen, müssen Sie zunächst eine zweite Tabelle erstellen. Erstellen Sie in der Entwurfsansicht eine neue Tabelle *Foto* wie in der folgenden Abbildung gezeigt.

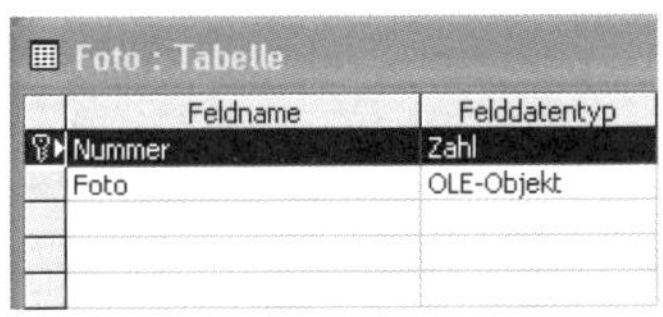

In den nächsten Übungen erstellen Sie Beziehungen zwischen zwei Tabellen.

Übung 5.17: Beziehungen zwischen Tabellen erstellen

1) Öffnen Sie die Datenbank *Vögel* und wählen Sie dann EXTRAS/BEZIEHUNGEN. Das Dialogfeld *Beziehungen* wird geöffnet, das aber zunächst leer ist.

2) Wählen Sie in der Symbolleiste BEZIEHUNG/TABELLE ANZEIGEN und dann im angezeigten Dialogfeld mit Hilfe der Schaltfläche HINZUFÜGEN die Tabellen *Vögel* und *Foto* aus. Danach schließen Sie das Dialogfeld *Tabelle anzeigen*.

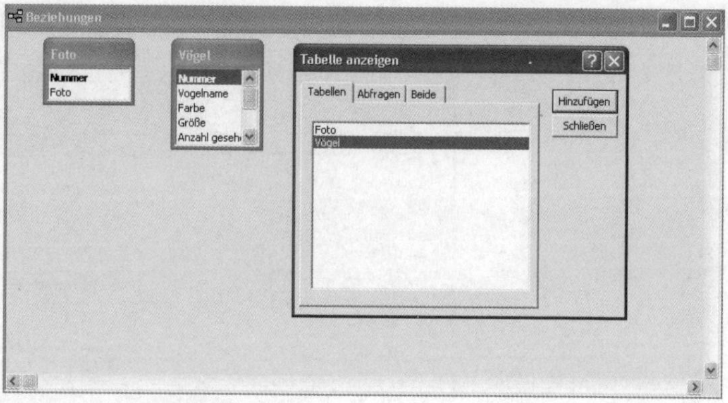

3) Klicken Sie nun in der Tabelle *Foto* auf *Nummer* und ziehen Sie den Mauszeiger bei gedrückter Maustaste auf *Nummer* in Tabelle *Vögel*. Das Dialogfeld *Beziehungen bearbeiten* wird eingeblendet.

   Wenn Sie nun noch die Option *Mit referentieller Integrität* aktivieren, so bedeutet dies unter anderem, dass eine verknüpfte Tabelle oder ein verknüpftes Feld nicht gelöscht werden kann.

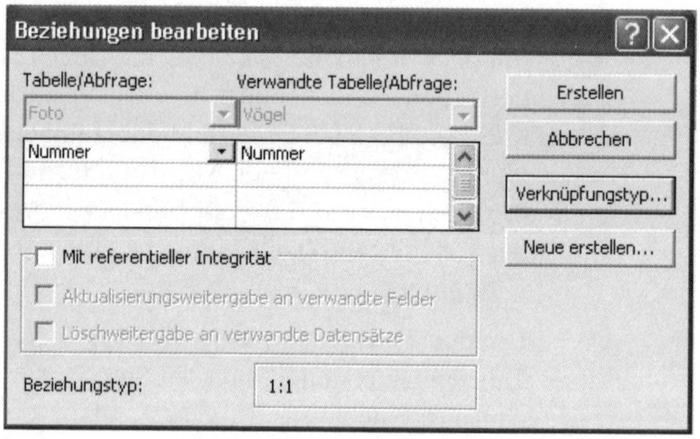

4) Klicken Sie auf *Erstellen*.

   Sie haben soeben eine 1:1 Beziehung erstellt.

Um eine Beziehung zu löschen, klicken Sie mit der rechten Maustaste auf die Verbindung und wählen Sie im angezeigten Kontextmenü den Eintrag LÖSCHEN aus.

1:1-Beziehungen sind meist überflüssig und werden (wenn überhaupt) in der Regel nur aus Gründen der Übersichtlichkeit erstellt. Eigentlich könnten Sie auch beide Tabellen in einer einzigen Tabelle zusammenfassen. In unserer Tabelle *Vögel* könnte also das Feld für *Foto* genauso gut in die Haupttabelle integriert sein.

1:n-Beziehung

Die häufigste Beziehung zwischen zwei Tabellen ist die 1:n-Beziehung. Ein Datensatz in einer Tabelle ist mit einem oder mehreren Datensätzen der zweiten Tabelle verknüpft. Stellen Sie sich z.B. vor, Sie haben eine Tabelle mit Ihren Kunden (Name und vollständige Adresse) und eine Tabelle mit Aufträgen. Die Tabelle *Kunden* enthält einen Datensatz zu jedem Ihrer Kunden und die Tabelle *Aufträge* enthält alle Aufträge, die Sie von Ihren Kunden erhalten haben. Es kann also sein, dass zu verschiedenen Kunden mehr als ein Datensatz in der Tabelle *Aufträge* existiert. Beide Tabellen enthalten jedoch das eindeutige Feld *Kundennummer*, über welches dann auch die Verbindung bzw. Verknüpfung zwischen beiden Tabellen hergestellt wird.

Allgemein gesprochen gilt: Eine 1:n-Beziehung wird erstellt, indem das Primärschlüsselfeld der Tabelle »1« in die Tabelle »n« eingefügt wird. Das Primärschlüsselfeld liefert einen eindeutigen Schlüssel, der zu jedem Datensatz der Tabelle »n« den zugehörigen Datensatz der Tabelle »1« identifiziert.

Würden Sie z.B. aus der Kundentabelle ein nicht eindeutiges Feld wie *Nachname* in die Auftragstabelle einfügen, so könnte es passieren, dass ein Verweis wie *Schmitz* oder *Müller* in einem Auftrag auf mehrere Datensätze der Kundentabelle verweist, da die Möglichkeit besteht, dass es mehrere Kunden mit dem Namen *Müller* oder *Schmitz* gibt. Sie können dann nicht erkennen, von welchem *Müller* oder *Schmitz* der Auftrag tatsächlich stammt.

Um eine 1:n-Beziehung herzustellen, legen Sie zunächst zwei neue Tabellen an.

Erstellen Sie in der Entwurfsansicht eine Tabelle *Kunden*.

- Öffnen Sie dazu *Access* und wählen Sie im Aufgabenbereich *Neue Datei* die Option *Leere Datenbank* im Bereich *Neu*.
- Wählen Sie einen Speicherort und weisen Sie der Datenbank einen Namen wie beispielsweise *Kunden-Auftrag.mdb* zu. Klicken Sie anschließend auf ERSTELLEN.
- Klicken Sie dann im Datenbankfenster in der Objektliste auf *Tabelle* sowie auf ERSTELLT EINE TABELLE IN DER ENTWURFSANSICHT.
- Erstellen Sie nun Ihre Tabelle in der Entwurfsansicht wie in der folgenden Abbildung gezeigt.

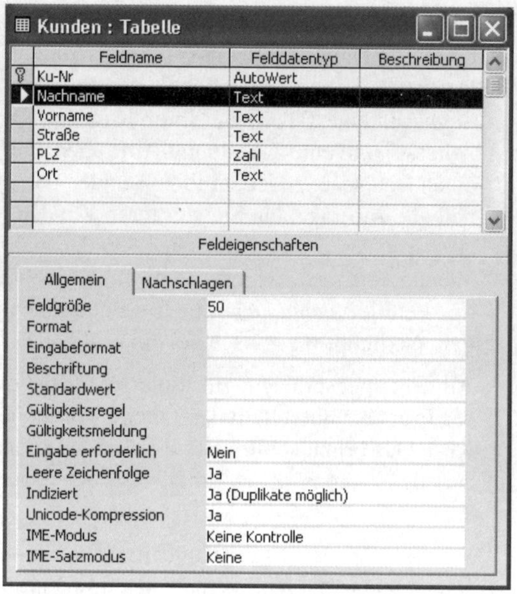

Für die Kundennummer wird in der Tabelle der Datentyp *AutoWert* verwendet. Dies bedeutet, dass Access bei jedem neuen Kunden einen um 1 höheren Wert als beim zuletzt eingetragenen Kunden in dieses Feld einträgt. Dieses Feld kann also problemlos als Primärschlüsselfeld verwendet werden, indem Sie die Zeile markieren und auf die Schaltfläche PRIMÄRSCHLÜSSEL in der Symbolleiste klicken. Für das Feld *Nachname* wird unter *Feldeigenschaften* auf der Registerkarte *Allgemein* unter *Indiziert* die Auswahl *Ja (Duplikate möglich)* oder *Nein* getroffen. Da es mehrere *Maier*, *Müller* oder *Schmitz* geben kann, muss es möglich sein, zwei verschiedene Kunden mit dem gleichen Namen einzutragen. Übernehmen Sie die Daten wie unten, erfinden Sie eigene oder erweitern Sie diese Tabelle, wenn Sie möchten.

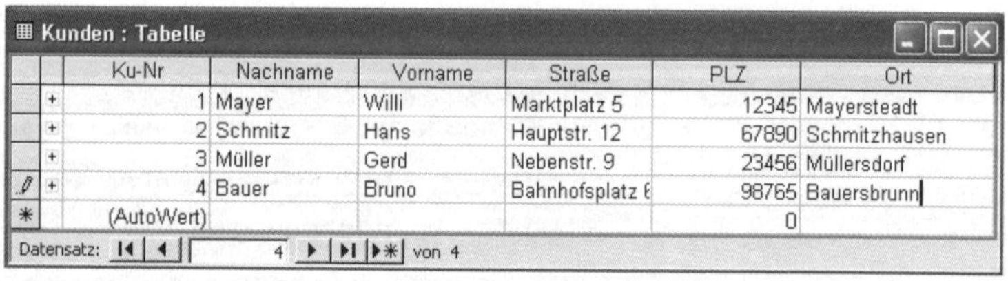

Erstellen Sie nun innerhalb der Datenbank *Kunden-Auftrag* eine zweite Tabelle in der Entwurfsansicht, und zwar mit dem Namen *Aufträge*.

Der Entwurf sollte wie folgt aussehen:

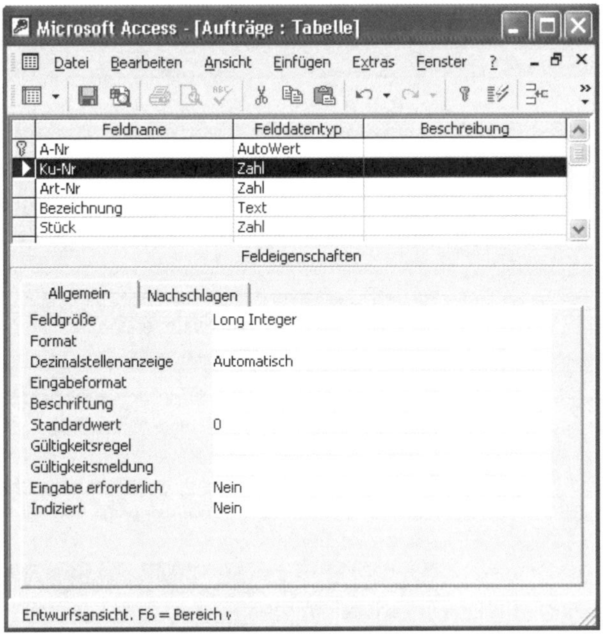

Geben Sie dann folgende Daten in die Tabelle *Aufträge* ein, oder erfinden Sie selbst Daten. Das Feld *A-Nr*, also Auftragsnummer, wird von *Access* automatisch ausgefüllt, da es mit er Feldeigenschaft *AutoWert* belegt ist.

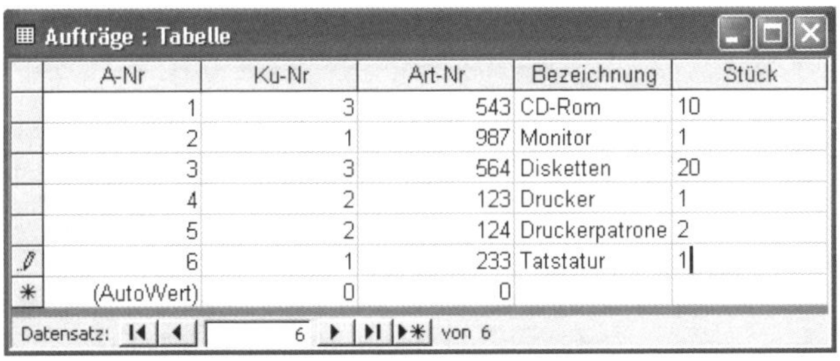

A-Nr	Ku-Nr	Art-Nr	Bezeichnung	Stück
1	3	543	CD-Rom	10
2	1	987	Monitor	1
3	3	564	Disketten	20
4	2	123	Drucker	1
5	2	124	Druckerpatrone	2
6	1	233	Tatstatur	1
(AutoWert)	0	0		

Sie haben nun zwei neue Tabellen erstellt, die in gewisser Weise auch miteinander in Beziehung stehen, nur weiß Access davon noch nichts. Sie müssen Access also noch mitteilen, wie diese Beziehung definiert sein soll.

In Übung 5.18 erstellen Sie eine Verknüpfung zwischen den Tabellen *Kunden* und *Aufträge*.

Übung 5.18: Eine 1:n Beziehung definieren

1) Schließen Sie alle geöffneten Tabellen, da zwischen geöffneten Tabellen keine Beziehung erstellt oder bearbeitet werden kann.

Schaltfläche Beziehungen

2) Klicken Sie im Datenbankfenster der Datenbank *Kunden-Auftrag* auf die Schaltfläche BEZIEHUNGEN. Das Fenster *Beziehungen*, welches noch leer ist, wird geöffnet. Gleichzeitig öffnet sich (falls Sie noch keine Beziehungen definiert haben) das Dialogfenster *Tabelle anzeigen*.

3) Wählen Sie im Dialogfeld *Tabelle anzeigen* die Tabellen *Kunden* und *Aufträge* aus, indem Sie einen Doppelklick auf den jeweiligen Tabellennamen ausführen. Alternativ können Sie die jeweilige Tabelle auch durch Anklicken markieren und dann auf die Schaltfläche HINZUFÜGEN klicken. Beide Aktionen dienen dazu, die Tabellen, zwischen denen Sie eine Beziehung definieren möchten, auszuwählen und in das Fenster *Beziehungen* zu bringen.

4) Klicken Sie nun im Fenster *Beziehungen* mit der Maus das Primärschlüsselfeld *Ku-Nr* der Tabelle *Kunden* an und ziehen Sie es bei gedrückter Maustaste zum gleichnamigen Feld der Tabelle *Aufträge* und lassen Sie dann die Maustaste los. Sie haben nun eine Beziehung zwischen den beiden Tabellen definiert. Es erscheint das Dialogfeld *Beziehungen bearbeiten*.

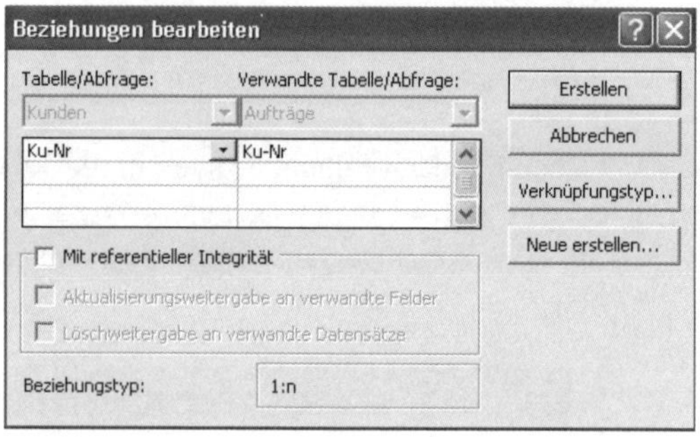

Überprüfen Sie Ihre Beziehung. Sollten Sie sich beim Ziehen geirrt haben und ein falsches Feld ausgewählt haben, klicken Sie das fehlerhafte Feld einfach an. Ein Listenpfeil erscheint. Wenn Sie diesen Pfeil anklicken, öffnet sich eine Liste aller Felder der entsprechenden Tabelle, in der Sie das zu verknüpfende Feld auswählen können.

In den weiteren Zeilen unter *Ku-Nr* können Sie nach Bedarf über die Listenfelder weitere Tabellenfelder miteinander verknüpfen.

5) Klicken Sie auf die Schaltfläche ERSTELLEN.

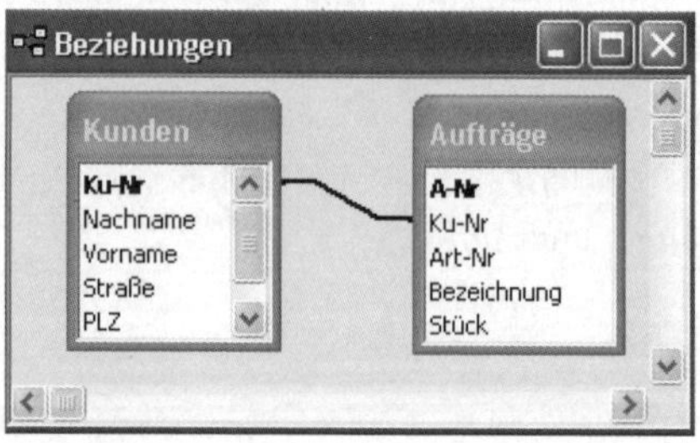

Nachdem eine Beziehung definiert wurde, wird Sie im Fenster *Beziehungen* durch eine Linie grafisch angezeigt. Mit Hilfe dieser Verknüpfungslinie können Sie definierte Beziehungen bequem nachträglich bearbeiten.

- Um eine Beziehung zu löschen, klicken Sie mit der rechten Maustaste auf die Verknüpfungslinie und wählen dann im Kontextmenü den Eintrag LÖSCHEN aus. Alternativ können Sie auch mit der linken Maustaste auf die Verknüpfungslinie klicken und dann die Entf-Taste drücken.
- Um eine Beziehung zu bearbeiten, klicken Sie mit der rechten Maustaste auf die Verknüpfungslinie und wählen dann BEZIEHUNG BEARBEITEN aus dem Kontextmenü. Alternativ dazu können Sie doppelt auf den mittleren Teil der Verknüpfungslinie klicken, um das Dialogfeld *Beziehungen bearbeiten* zu öffnen.

Wie schon bei der 1:1-Beziehung sollte man überlegen, ob man die Option *Mit referentieller Integrität* aktiviert. So verhindern Sie z.B., dass ein Kunde gelöscht wird, für den noch Aufträge zu bearbeiten sind.

Abfragen in verknüpften Tabellen

Wir möchten darauf hinweisen, wie wichtig die korrekte Definition der Beziehung zwischen zwei Tabellen ist, damit Abfragen korrekt funktionieren. Stellen Sie also sicher, dass die beiden verknüpften Felder die gleiche Bezeichnung haben, also in unserem Fall *Ku-Nr.* Wenn ein Feld *Ku-Nr*, das andere aber *Kunden-Nr.* heißt, so kann Access die Verknüpfung nicht erkennen.

Sie können nun eine Abfrage erstellen, in der Felder aus beiden miteinander verknüpften Tabellen vorkommen. In Übung 5.19 erstellen Sie eine Abfrage mit Feldern der Tabelle *Kunden* und der Tabelle *Aufträge*.

Übung 5.19: Eine Abfrage mit mehreren Tabellen erstellen

1) Öffnen Sie das Datenbankfenster *Kunden-Auftrag* und wählen Sie unter *Objekte* die Option *Abfragen* aus und dann die Option *Erstellt eine neue Abfrage in der Entwurfsansicht.*
2) Wählen Sie im Dialogfeld *Tabelle einfügen* über die Schaltfläche HINZUFÜGEN beide Tabellen aus. Klicken Sie anschließend auf SCHLIESSEN.
3) Erstellen Sie nun in der Entwurfsansicht eine Abfrage wie in der Abbildung gezeigt. Wählen Sie die entsprechenden Felder aus den Listen aus und ziehen Sie diese mit Hilfe der Maus an die entsprechende Stelle. Wählen Sie für *Nachname* und *Stück* eine Sortierung in aufsteigender Reihenfolge aus.

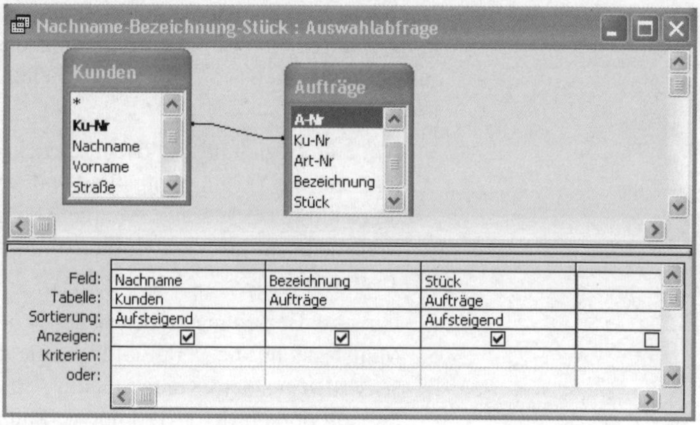

4) Klicken Sie auf die Schaltfläche AUSFÜHREN (!) auf der Symbolleiste und speichern Sie die Abfrage unter dem Namen *Nachname-Bezeichnung-Stück*.

Das Ergebnis Ihrer Abfrage sollte so aussehen:

Erstellen Sie eigene Abfragen mit verschiedenen Feldern, um sich die unterschiedlichen Ergebnisse anzuschauen. Fügen Sie auch Kriterien in die Abfrage ein, um z.B. nur die Bezeichnung der Artikel angezeigt zu bekommen, die der Kunde Müller bestellt hat. Es gibt unendlich viele Möglichkeiten der Kombination. Experimentieren Sie einfach ein wenig. Wenn Sie die Abfragen nicht mehr benötigen, löschen Sie diese einfach im Datenbankfenster.

Auf eine Diskette speichern

Haben Sie Ihre Tabelle zwischendurch mal gespeichert? Sie sollten dies unbedingt tun. Tun Sie es entweder durch Aufruf des Menübefehls DATEI/SPEICHERN oder über die Schaltfläche *Speichern* in der Symbolleiste.

Wenn Sie eine Datenbank geändert haben, fragt Access normalerweise nicht nach, ob Sie die Änderungen speichern möchten, wenn Sie die Datei schließen. Im Gegensatz zu den meisten anderen Microsoft-Anwendungen geht Access davon aus, dass die vorgenommenen Änderungen auch beibehalten werden sollen, und speichert alle neu eingegebenen Datensätze automatisch.

Außerdem ist es hilfreich, Ihre Tabelle auf Diskette zu speichern bzw. eine Sicherungskopie zu erstellen. Folgen Sie den Schritten in Übung 5.20, um zu erfahren, wie Sie vorgehen müssen.

Übung 5.20: Ihre Access-Datenbank auf Diskette speichern

1) Schieben Sie eine Diskette in das Diskettenlaufwerk Ihres Computers.
   - Stellen Sie bei einer neuen Diskette sicher, dass diese formatiert ist.
   - Wenn die Diskette schon beschrieben ist, stellen Sie sicher, dass genügend Speicherplatz vorhanden ist, um Ihre Datenbank darauf abzuspeichern. Die Größe Ihrer Posterdatei dürfte rund 270 KB betragen.
2) Schließen Sie die Tabelle *Vögel* und auch die entsprechende Datenbank, indem Sie das Datenbankfenster schließen.
3) Öffnen Sie den Windows-Explorer. Suchen Sie im linken Fensterausschnitt den Ordner, der Ihre Datenbank *Vögel* beinhaltet: z.B. den Ordner *Eigene Dateien*. Der Ordnerinhalt wird im rechten Fensterausschnitt angezeigt.
4) Klicken Sie auf die Datenbank *Vögel*, um sie auszuwählen, und rufen Sie dann den Menübefehl BEARBEITEN/KOPIEREN auf.
5) Navigieren Sie im linken Fensterausschnitt zu Laufwerk A:, klicken Sie darauf und wählen Sie den Menübefehl BEARBEITEN/EINFÜGEN.
6) Sie haben nun erfolgreich eine Kopie Ihrer Datenbank *Vögel* auf Diskette gespeichert.

Tabellen, Formulare, Abfragen und Berichte kopieren

Sie können Tabellen, Formulare, Abfragen und Berichte in einer Datenbank kopieren und löschen. Klicken Sie dazu im Datenbankfenster mit der rechten Maustaste auf das entsprechende Objekt, und wählen Sie dann aus dem angezeigten Kontextmenü den gewünschten Befehl LÖSCHEN oder KOPIEREN aus.

Falls Sie den Befehl KOPIEREN auswählen, klicken Sie anschließend mit der rechten Maustaste auf eine beliebige Stelle im Datenbankfenster und wählen dann im Kontextmenü den Eintrag EINFÜGEN. Sie werden dann im Dialogfeld *Tabelle einfügen als* aufgefordert, der Tabelle einen Namen zu geben. Geben Sie einen Namen ein, aktivieren Sie *Struktur und Daten* und klicken Sie dann auf OK.

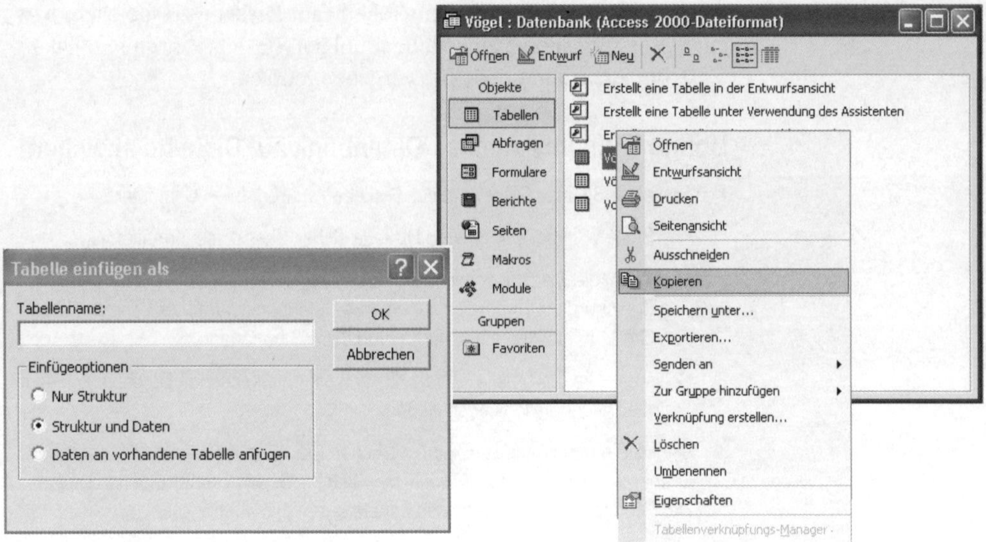

Zusammenfassung der Lektion: Das haben Sie gelernt

In der Datenblattansicht können Sie den Inhalt von Feldern ändern, und Datensätze hinzufügen oder löschen. Außerdem können Sie Felder neu ordnen. Schauen Sie sich dazu die Beispiele in den Übungen 5.12 und 5.13 an.

Der Datentyp eines Feldes teilt *Access* mit, wie es ein Feld zu behandeln hat, wie die Daten gespeichert werden und welche Art von Dateneingabe erlaubt ist. Die am häufigsten verwendeten Datentypen sind: Text, Memo, Zahl, Datum/Zeit, Währung, AutoWert und Ja/ Nein.

Versuchen Sie daher am besten, vor der Dateneingabe für jedes Feld den richtigen Feldtyp auszuwählen. Die Änderung des Datentyps eines Felds zu einem späteren Zeitpunkt kann zu Datenverlusten führen.

Sie können der Datenbank jederzeit neue Felder hinzufügen, müssen aber möglicherweise alle schon eingegebenen Datensätze danach bearbeiten. Das trifft in besonderem Maße für numerische Felder (wo ein leeres Feld als 0 interpretiert werden könnte) und Ja/Nein-Felder (wo ein leeres Feld als Nein interpretiert werden könnte) zu. Schauen Sie sich dazu das Beispiel in Übung 5.14 an.

Sie können aber nicht nur den Felddatentyp festlegen, sondern für jedes Feld auch Feldeigenschaften festlegen. Über Feldeigenschaften können Sie z.B. Feldgröße, Format, Eingabeformat, Gültigkeitsregel und andere Dinge festlegen.

Sie können Tabellen, Formulare, Berichte und Abfragen auch über das Datenbankfenster löschen.

Zwischen Tabellen können Sie 1:1- und 1:n-Beziehungen definieren und so Tabellen miteinander verknüpfen. Außerdem können Sie Abfragen zu verknüpften Tabellen erstellen.

Schnelltest: Änderungen in einer Access-Datenbank vornehmen

1.	**Um einen Datensatz aus einer Tabelle zu löschen:**
A	Lassen Sie die Tabelle in der Datenbankansicht anzeigen, klicken dann irgendwo in den Datensatz, den Sie löschen möchten, und rufen den Menübefehl BEARBEITEN/DATENSATZ LÖSCHEN auf.
B	Lassen Sie die Tabelle in der Datenbankansicht anzeigen, klicken dann irgendwo in den Datensatz, den Sie löschen möchten, und klicken auf die Schaltfläche DATENSATZ LÖSCHEN in der Symbolleiste.
C	Lassen Sie die Tabelle in der Entwurfsansicht anzeigen, klicken dann irgendwo in die Zeile, die Sie löschen möchten, und klicken auf die Schaltfläche ZEILE LÖSCHEN in der Symbolleiste.

2.	**Sie können den Datentyp eines Feldes sowohl in der Datenblatt- als auch in der Entwurfsansicht ändern.**
A	Richtig
B	Falsch

3.	**Welcher Datentyp eignet sich am besten für die Felder *Nachname* oder *Vorname*?**
A	Memo
B	Zahl
C	Text

4.	**Wie können Sie ein neues Feld in eine Tabelle einfügen?**
A	Lassen Sie die Tabelle in der Datenblattansicht anzeigen, klicken Sie auf die Spalte links , neben der Sie eine neue Spalte einfügen möchten, und rufen den Menübefehl EINFÜGEN/SPALTE auf.
B	Lassen Sie die Tabelle in der Entwurfansicht anzeigen, klicken Sie auf die Zeile, über der Sie eine neue Zeile einfügen möchten, und rufen den Menübefehl EINFÜGEN/ZEILEN auf.
C	Lassen Sie die Tabelle in der Tabellenblattansicht anzeigen, führen Sie einen Rechtsklick auf den Titel der Spalte links, neben der Sie eine neue Spalte einfügen möchten, und wählen SPALTE EINFÜGEN aus dem Kontextmenü.

5.	**Um die Position eines Feldes in einer Tabelle zu verändern ...**
A	klicken Sie auf den Titel des Feldes, das Sie verschieben möchten, und ziehen Sie das Feld an seine neue Position.
B	klicken Sie irgendwo in das Feld, das Sie verschieben möchten, und ziehen Sie es an seine neue Position.
C	klicken Sie auf den Titel des Feldes, das Sie verschieben möchten. Klicken Sie noch einmal darauf und halten Sie die Maustaste gedrückt, während Sie den Zeiger an die neue Position für das Feld ziehen. Lassen Sie dann die Maustaste los.

Lektion 5.4: Die Datenbank Ihren Bedürfnissen anpassen

Zu dieser Lektion

Nach den vorherigen Lektionen werden Sie sich vielleicht immer noch fragen: Und was soll das Ganze?

Man kann ein Textverarbeitungsprogramm verwenden, um Listen zu erstellen, und wenn man die Listen dann noch in Spalten geordnet wünscht, verwendet man ein Tabellenkalkulationsprogramm. Diese Lektion soll Sie überzeugen, dass eine Datenbank ein sehr nützliches Instrument ist, um Ihre Informationen zu verwalten und schnell eine bestimmte, für Sie wichtige Information, zu finden.

Sie könnten beispielsweise auf die Idee kommen, dass die ursprüngliche Reihenfolge, in der Sie die Datensätze eingegeben haben, nicht die ist, in der Sie die Datensätze später angezeigt haben möchten. Sie könnten eine Kundentabelle z.B. neu sortieren, sodass die potenziell größten Kunden ganz oben auf der Liste erscheinen.

Auch das Filtern ist eine sehr nützliche Funktion. Sie erlaubt es, die Menge der angezeigten Information zu reduzieren, indem man entweder weniger Felder in einem Datensatz oder nur die Datensätze anzeigen lässt, die bestimmte Kriterien erfüllen.

Zusätzlich können Sie Sortierungen und Filterungen, die Sie in regelmäßigen Abständen benötigen, als Abfragen speichern, sodass sie dann mit einem Klick auf die entsprechende Schaltfläche verfügbar sind. Sie können Abfragen auch völlig neu erstellen.

Und natürlich verfügt Access, genau wie andere Microsoft Office-Anwendungen, über eine *Suchen*-Funktion, die es erlaubt, bestimmte Elemente schnell zu finden.

Neue Fähigkeiten

Am Ende dieser Lektion sollten Sie in der Lage sein,

- die Datensätze einer Datenbank neu zu ordnen,
- eine Sortierung als Abfrage abzuspeichern und auf eine Datenbank anzuwenden,
- Filter zu verwenden, um einen bestimmten Datensatz oder ein Set von Datensätzen zu finden, und die Anzeige der Felder zu beschränken,
- eine Filterung als Abfrage abzuspeichern und auf eine Datenbank anzuwenden
- eine Abfrage mit Hilfe des Assistenten zu erstellen,
- eine Abfrage in der Entwurfsansicht zu erstellen
- Felder einer Abfrage hinzuzufügen oder wegzunehmen,
- Abfragen mit einem oder mehreren Kriterien zu erstellen,
- die Funktion *Suchen* in Access zu verwenden.

Neue Wörter

Am Ende dieser Lektion sollten Sie in der Lage sein, die folgenden Begriffe zu erklären:

- Sortieren
- Sortierreihenfolge
- Suchen
- Filter
- Abfrage

Die Reihenfolge von Datensätzen in einer Tabelle ändern

Starten Sie Access und öffnen Sie die Tabelle *Vögel*. Sie werden bemerken, dass die Datensätze im Datenblatt in der Reihenfolge angezeigt werden, wie Sie sie eingegeben haben. Das lässt sich am Feld *Nummer* ablesen, denn später eingegebene Datensätze haben höhere Zahlen.

Sie können Ihre Datensätze aber auch in einer anderen Reihenfolge anzeigen lassen, indem Sie sie sortieren.

Sortieren

Eine Operation, die man mit einer Tabelle ausführt, um die Reihenfolge zu ändern, in der die Datensätze angezeigt werden. Das Sortieren ändert nichts am Inhalt der Datensätze, sondern nur an ihrer Position.

Access bietet zwei Optionen zum Sortieren. Hierdurch wird vorgegeben, ob Datensätze in aufsteigender (1-9, A-Z) oder absteigender (9-1, Z-A) Reihenfolge sortiert werden.

Sortierreihenfolge

Eine bestimmte Weise, in der Datensätze, basierend auf ihrem Feldwert, sortiert werden. Die Sortierung erfolgt nach einer aufsteigenden (A-Z) oder einer absteigenden (Z-A) alphabetischen Reihenfolge.

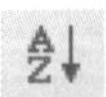

Schaltfläche Aufsteigend sortieren

Einmal angenommen, Sie möchten die Datensätze nach Vogelnamen sortiert in alphabetischer Reihenfolge oder nach Größe (der Größte zuerst, der Kleinste zuletzt) angezeigt bekommen. Kein Problem! Klicken Sie einfach auf irgendeinen Vogelnamen und dann auf die Schaltfläche für *Aufsteigend sortieren* in der Symbolleiste.

Schaltfläche Absteigend sortieren

Klicken Sie auf irgendein Feld mit *Größe* und dann auf die Schaltfläche für *Absteigend sortieren*. Das war's auch schon. Mal ehrlich, einfacher geht es doch wirklich nicht, oder?

Vogelname
Amsel
Bachstelze
Baumpieper
Blaumeise
Buntspecht
Flußregenpfeife
Flußuferläufer
Grünspecht
Habicht
Haubenlerche
Kuckuck
Mauersegler
Rotmilan
Saatkrähe
Turmfalke
Wachtel

Aufsteigend nach Vogelname sortiert

Nummer	Vogelname	Farbe	Anzahl gesehen	Größe
1	Rotmilan	rostrot	1	55
2	Habicht	schiefergrau	3	50
17	Saatkrähe	schwarz	11	46
3	Turmfalke	rot-braun	2	42
8	Kuckuck	graublau	6	35
11	Buntspecht	schwarz-weiß	1	30
10	Grünspecht	olivgrün	2	28
15	Amsel	schwarz	16	28
6	Flußuferläufer	braungrau	6	25
4	Wachtel	erdbraun	4	24
14	Bachstelze	schwarz-grau	6	23
5	Flußregenpfeife	erdbraun	5	23
12	Haubenlerche	sandbraun	2	22
13	Baumpieper	braun	5	22
9	Mauersegler	rauchschwarz	8	22
16	Blaumeise	gelblich/hellblau	23	18
(AutoWert)			0	0

Absteigend nach Größe sortiert

Wenn Sie ihre Tabelle sortiert haben, um die Datensätze in einer bestimmten Reihenfolge zu betrachten, können Sie zur unsortierten Ansicht zurückgehen, indem Sie den Menübefehl DATENSÄTZE/FILTER/SORTIERUNG ENTFERNEN aufrufen.

Diese Arten der Sortierung werden als *einfaches Sortieren* oder als *Sortieren nach einem Kriterium* bezeichnet. Aber es könnte ja auch sein, dass Sie eine komplexere Sortierung benötigen, wenn Sie z.B. alle Vögel nach Farbe sortieren möchten und innerhalb der Farbsortierung der größte Vogel noch vor den kleineren stehen soll. Das nennt man dann *Sortieren nach mehreren Kriterien*. Hierzu können Sie allerdings nicht die Schaltfläche *Aufsteigend sortieren* (bzw. *Absteigend sortieren*) verwenden. In Übung 5.21 erfahren Sie, wie das funktioniert.

Übung 5.21: Sortieren von Datensätzen nach mehreren Kriterien

1) Öffnen Sie die Tabelle *Vögel* in der Datenblattansicht. Rufen Sie den Menübefehl DATENSÄTZE/FILTER/SPEZIALFILTER/-SORTIERUNG auf. Dies zeigt das Fenster *Filter* an, mit einem Listenfeld im oberen Fensterausschnitt und einem Entwurfsgitternetz im unteren Fensterausschnitt.

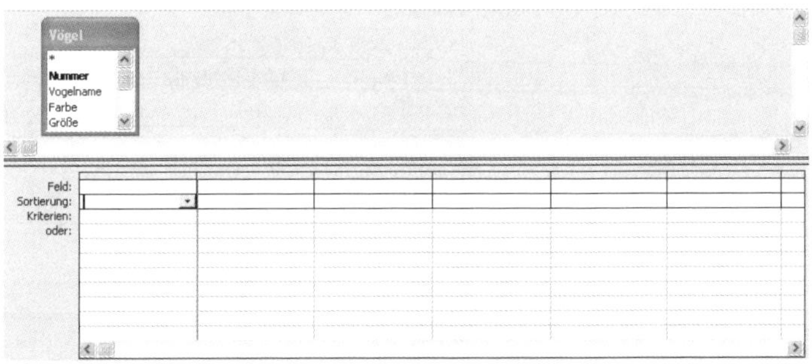

- In der Zeile *Feld* des Entwurfsgitternetzes, legen Sie die Felder fest, nach denen Sie Ihre Tabelle sortieren möchten, und zwar in der gewünschten Reihenfolge. Access nimmt als erstes Sortierfeld das Feld ganz links, dann das Feld rechts daneben usw.
- In der Zeile *Sortierung* des Entwurfsgitternetzes legen Sie die Sortierreihenfolge für jedes Feld fest.
- Die Zeile *Kriterien* wird für das Sortieren von Datensätzen nicht benötigt, sondern nur zur Filterung von Daten benötigt.

2) Klicken Sie im unteren Fensterausschnitt auf den Pfeil der ersten Spalte in der Zeile *Feld.* Eine Liste aller Felder in Ihrer Tabelle wird angezeigt. Wählen Sie den Eintrag *Farbe.*

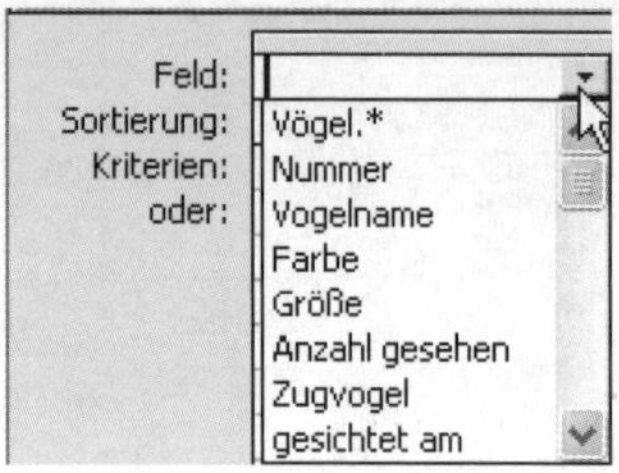

3) Klicken Sie in ersten Spalte der Zeile *Sortierung.* Auch hier wird ein Listenknopf eingeblendet. Klicken Sie auf den Listenknopf, um eine Sortierreihenfolge auszuwählen. Wählen Sie *Aufsteigend.*

4) Klicken Sie in der zweiten Spalte auf die Zeile *Feld.* Ein Listenknopf wird angezeigt. Klicken Sie darauf und wählen Sie *Größe* aus der angezeigten Liste aus.

5) Klicken Sie in die Zeile *Sortierung* unterhalb von *Größe.* Ein Pfeil wird angezeigt. Klicken Sie darauf und wählen Sie *Absteigend.*

Feld:	Farbe	Größe
Sortierung:	Aufsteigend	Absteigend
Kriterien:		
oder:		

Schaltfläche
Filter anwenden

6) Klicken Sie jetzt auf die Schaltfläche *Filter anwenden* in der Symbolleiste. Das Datenblatt wird angezeigt, dieses Mal jedoch sind die Vögel nach Farbe sortiert und der größte Vogel jeder Farbrichtung steht vor den kleineren.

Vogelname	Farbe	Anzahl gesehen	Größe
Baumpieper	braun	5	22
Flußuferläufer	braungrau	6	25
Wachtel	erdbraun	4	24
Flußregenpfeife	erdbraun	5	23
Blaumeise	gelblich/hellblau	23	18
Kuckuck	graublau	6	35
Grünspecht	olivgrün	2	28
Mauersegler	rauchschwarz	8	22
Rotmilan	rostrot	1	55
Turmfalke	rot-braun	2	42
Haubenlerche	sandbraun	2	22
Habicht	schiefergrau	3	50
Saatkrähe	schwarz	11	46
Amsel	schwarz	16	28
Bachstelze	schwarz-grau	6	23
Buntspecht	schwarz-weiß	1	30
		0	0

7) Schließen Sie die Tabelle.

Warum heißt die Schaltfläche *Filter anwenden*? Ganz einfach: Access sieht diese Art der Sortierung als ein Beispiel für einen Filter an. Was ist also ein Filter? Zerbrechen Sie sich darüber im Moment nicht den Kopf. Wir werden uns zu einem späteren Zeitpunkt diesem Thema widmen.

Eine Sortierung nach Kriterien als Abfrage speichern

Wenn Sie mit dem Sortieren ein wenig experimentieren, werden Sie sehen, dass Sie Informationen in Ihrer Tabelle auf viele unterschiedliche Arten betrachten können. Sie können Ihre Datensätze beispielsweise in *Zugvögel* und *Nicht Zugvögel* unterteilen, den kleinsten Vogel, den Sie an einem bestimmten Tag gesehen haben, ausfindig machen oder die Vögel auflisten, die Sie in *Ramersbach* gesehen haben.

Wahrscheinlich werden Sie einige dieser Sortierungen regelmäßig wiederholen wollen. Wenn Sie erst mehrere hundert Vögel in Ihrer Datenbank haben, könnte ein Sortieren nach Farbe und Größe Ihnen dabei helfen, seltene Vögel ausfindig zu machen. Sie können natürlich jedes Mal von Neuem die Kriterien zu einer bestimmten Sortierung eingeben. Sie können sich das Leben aber auch vereinfachen und eine bestimmte Art der Sortierung als Abfrage speichern.

Abfrage

Abfragen werden verwendet, um Datensätze einer Datenbank wiederholt in einer bestimmten, definierten Weise zu betrachten.

In Übung 5.22 erfahren Sie, wie man die Kriterien einer Sortierung als Abfrage speichert.

Übung 5.22: Sortierkriterien als Abfrage speichern

1) Lassen Sie die Tabelle *Vögel* in der Datenblattansicht anzeigen. Die Sortierkriterien, die Sie in Übung 5.21 angewendet haben, sollten immer noch die Reihenfolge bestimmen, in der die Felder angezeigt werden.
2) Wählen Sie den Menübefehl DATENSÄTZE/FILTER/SPEZIALFILTER/-SORTIERUNG um das Dialogfenster *Filter* angezeigt zu bekommen.
3) Rufen Sie den Menübefehl DATEI/ALS ABFRAGE SPEICHERN oder klicken Sie auf die Schaltfläche *Als Abfrage speichern* in der Symbolleiste.

Schaltfläche
Als Abfrage speichern

4) Im Dialogfenster *Als Abfrage speichern* geben Sie der Abfrage den Namen *Farbe/Größe* und bestätigen mit OK.

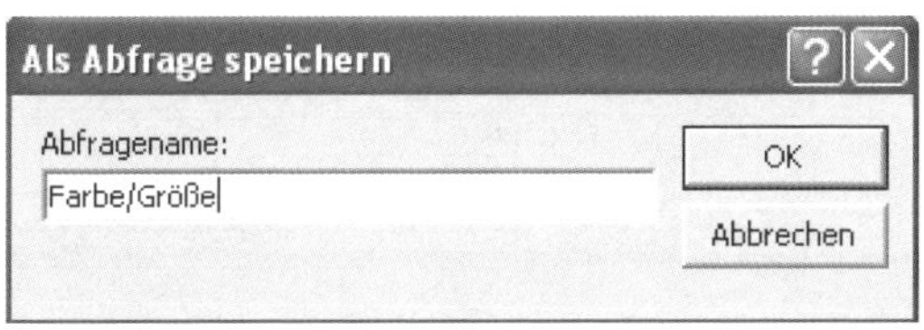

5) Schließen Sie das Dialogfeld *Filter* und die Tabelle. Access zeigt das Datenbankfenster an.

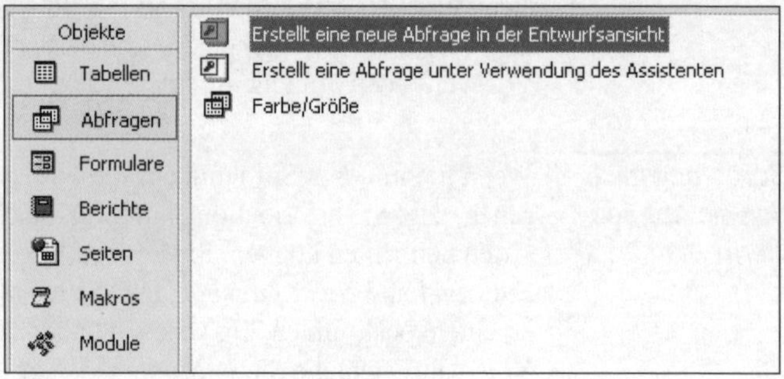

Und das war's auch schon. Die Abfrage erscheint nun unter dem Objekt *Abfragen*. Von jetzt an können Sie sich die Datensätze Ihrer Tabelle in einer in dieser Abfrage definierten Abfolge anzeigen lassen, indem Sie einfach die entsprechende Abfrage öffnen. Das gilt auch, nachdem Sie Ihrer Datenbank weitere Datensätze hinzugefügt oder schon vorhandene Datensätze geändert haben.

Auswahlabfragen nehmen keine permanenten Änderungen in einer Datenbank vor. Sie extrahieren lediglich Informationen und präsentieren sie in einer bestimmten Art und Weise.

Beachten Sie, dass in dieser Abfrage alle Felder angezeigt wurden. Was aber, wenn man nur bestimmte Spalten betrachten möchte? Dazu verwenden wir Filter.

In Übung 5.23 erfahren Sie, wie man eine Abfrage mit den Daten von bestimmten Spalten erstellt.

Datensätze in einer Tabelle filtern

Übung 5.23: Eine Abfrage für ausgewählte Spalten erstellen

1) Klicken Sie vom Dialogfeld *Datenbank* aus auf das Objekt *Abfragen* und dann auf die Schaltfläche *Neu*.

2) Wählen Sie *Entwurfsansicht* und bestätigen Sie mit OK.

3) Wählen Sie auf der Registerkarte *Tabellen* die Tabelle *Vögel*. Klicken Sie zuerst auf die Schaltfläche *Hinzufügen* und dann auf *Schließen*.

4) Wählen Sie wie in Übung 5.21 *Farbe* in der ersten Spalte *Feld* und *Aufsteigend*. In der zweiten Spalte *Feld* wählen Sie *Größe* und *Absteigend* als Sortierung.

5) Klicken Sie in der dritten Spalte auf *Vogelname*, bestimmen Sie aber hier keine Sortierreihenfolge.

Feld:	Farbe	Größe	Vogelname
Tabelle:	Vögel	Vögel	Vögel
Sortierung:	Aufsteigend	Absteigend	
Anzeigen:	☑	☑	☑

Schaltfläche Ausführen

6) Klicken Sie nun auf die Schaltfläche *Ausführen.*

   Dieses Mal zeigt die Abfrage nur die entsprechenden Spalten und schließt unnötige oder ungewollte Informationen in angrenzenden Spalten aus.

Farbe	Größe	Vogelname
braun	22	Baumpieper
braungrau	25	Flußuferläufer
erdbraun	25	Wachtel
erdbraun	23	Flußregenpfeifer
gelblich/hellblau	21	Blaumeise
graublau	35	Kuckuck
olivgrün	28	Grünspecht
rauchschwarz	22	Mauersegler
rostrot	55	Rotmilan
rot-braun	42	Turmfalke
sandbraun	22	Haubenlerche
schiefergrau	50	Habicht
schwarz	46	Saatkrähe
schwarz	28	Amsel
schwarz-grau	23	Bachstelze
schwarz-weiß	30	Buntspecht

7) Schließen Sie das Fenster. Sie werden aufgefordert, die Abfrage zu speichern. Klicken Sie auf *Ja.* Geben Sie der Abfrage einen Namen, z.B. *3-spaltig Farbe/Größe/Vogelname.* Klicken Sie auf OK. Die Abfrage ist gespeichert. Sie können später die ausgewählten Felder der Tabelle in der von Ihnen angegebenen Reihenfolge betrachten, indem Sie einfach die entsprechende Abfrage über das Objekt *Abfragen* öffnen.

Abfragen mit Kriterien

Die im Abfrageergebnis aufgenommenen Datensätze können durch verschiedene Kriterien in der Abfrage beschränkt werden. Es ist ja möglich, dass Sie z.B. nur die Vögel berücksichtigen möchten, die Sie an einem bestimmten Tag gesichtet haben oder die an einem bestimmten Ort gesichtet wurden usw. Sie können dies über Kriterien in einer Abfrage steuern.

In Übung 5.24 erfahren Sie, wie Sie das Ergebnis einer Abfrage durch ein Kriterium beschränken können.

Übung 5.24: Eine Abfrage durch ein Kriterium beschränken

1) Öffnen Sie das Dialogfenster *Datenbank* und wählen Sie das Objekt *Abfragen.*
2) Klicken Sie auf die Schaltfläche *Neu*, um das Dialogfeld *Neue Abfrage* zu öffnen. Wählen Sie dort *Entwurfsansicht* und bestätigen Sie mit OK.
3) Im Dialogfeld *Tabelle anzeigen* wählen Sie *Vögel* aus, klicken auf *Hinzufügen* und dann auf *Schließen.*

4) Um alle Felder für Ihre Abfrage auszuwählen, führen Sie einen Doppelklick auf den Tabellennamen *Vögel* des Fensters aus, das die einzelnen Feldnamen enthält. Dadurch werden alle Feldnamen ausgewählt. Klicken Sie nun auf den Bereich der ausgewählten Namen und ziehen Sie die Maus bei gedrückter Maustaste hinunter in die erste Spalte im Abfragebereich.

   Wahlweise können Sie auch jedes Feld einzeln auswählen, indem Sie einen Doppelklick darauf ausführen. Die Felder werden dann automatisch in der angeklickten Reihenfolge unten eingefügt.

5) Klicken Sie in der Zeile *Kriterien* in die Zelle des Feldes *gesichtet am*.

6) Geben Sie in die Zelle das Kriterium *23.08.2001* ein.

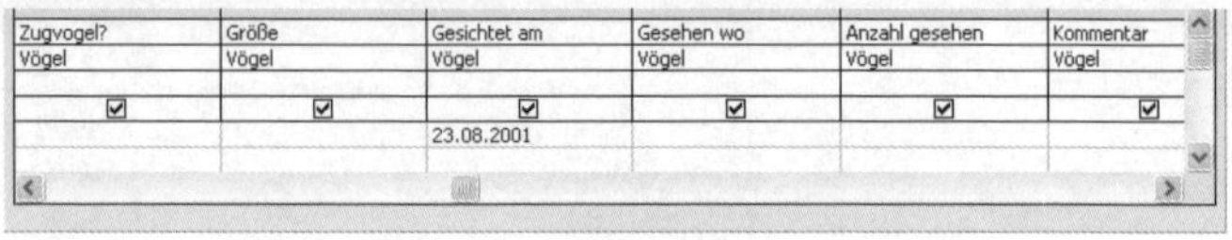

7) Klicken Sie auf die Schaltfläche *Ausführen* in der Symbolleiste oder wählen Sie den Menübefehl ABFRAGE/AUSFÜHREN. Das Ergebnis der Abfrage wird als Tabelle angezeigt.

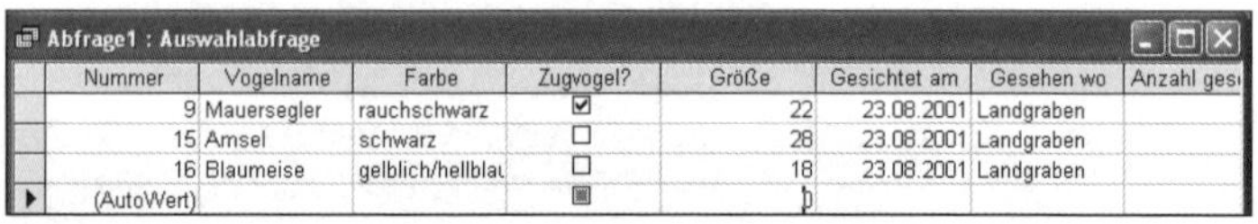

Sie können die Abfrage entweder speichern oder verwerfen.

Bei Angabe von zwei oder mehr Kriterien in einer Abfrage muss entschieden werden, ob die Auswahl alle Kriterien (UND-Verknüpfung) oder nur eines davon (ODER-Verknüpfung) erfüllen soll.

Um Bedingungen durch ein logisches UND zu verknüpfen, müssen die Bedingungen in der gleichen Zeile eingegeben werden.

In Übung 5.25 zeigen wir Ihnen, wie Sie die Kriterien für alle Vögel, die im Waldwinkel gesehen wurden und größer als 30 cm sind, festlegen.

Übung 5.25: Eine Abfrage mit einer UND-Verknüpfung

1) Führen Sie die Schritte 1 bis 4 wie in Übung 5.24 aus.

2) Klicken Sie in der Zeile *Kriterien* in die Zelle des Feldes *Größe* und geben Sie dort das Kriterium >30 ein.

3) Klicken Sie in der Zeile *Kriterien* in die Zelle des Feldes *Gesehen wo* und geben Sie das Kriterium *Waldwinkel* ein.

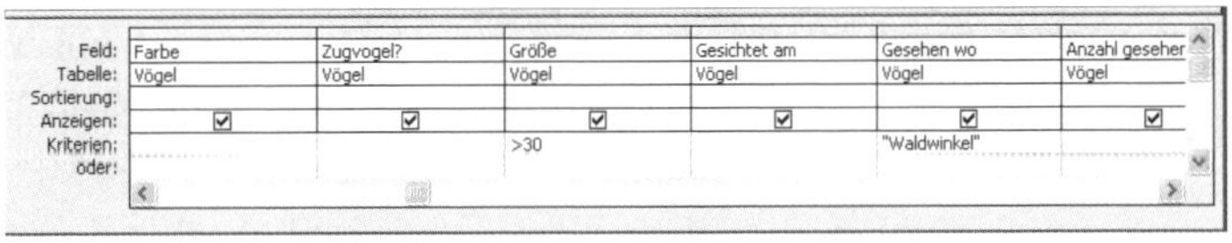

4) Klicken Sie auf die Schaltfläche *Ausführen* in der Symbolleiste oder rufen Sie den Menübefehl ABFRAGE/AUSFÜHREN auf. Das Ergebnis der Abfrage wird als Tabelle angezeigt.

Als Ergebnis erhalten Sie alle Vögel, auf die beide Kriterien zutreffen.

Statt des Kriteriums > ((größer als), können Sie natürlich auch andere Operatoren wie < (kleiner als), <= (kleiner/gleich), >= (größer/gleich), = (gleich) und <> (nicht gleich) verwenden.

Sie können die Abfrage entweder speichern oder verwerfen.

Um Bedingungen durch ein logisches ODER zu verknüpfen, müssen die Bedingungen in verschiedenen Zeilen eingegeben werden. Sie können so alle Vögel ermitteln, die entweder das eine oder andere Kriterium erfüllen.

In Übung 5.26 zeigen wir Ihnen an einem Beispiel, wie Sie mit einem logischen ODER alle Vögel ermitteln, die Zugvögel sind oder in Ramersbach gesehen wurden.

Übung 5.26: Abfrage mit logischem ODER

1) Führen Sie die Schritte 1 bis 4 wie in Übung 5.24 aus.
2) Klicken Sie in der Zeile *Kriterien* in die Zelle des Feldes *Zugvogel?* und geben Sie in die Zelle das Kriterium *Ja* ein.
3) Klicken Sie in der zweiten Kriterienzeile (*oder:*) in die Zelle des Feldes *gesehen wo* und geben Sie in die Zelle das Kriterium *Ramersbach* ein.

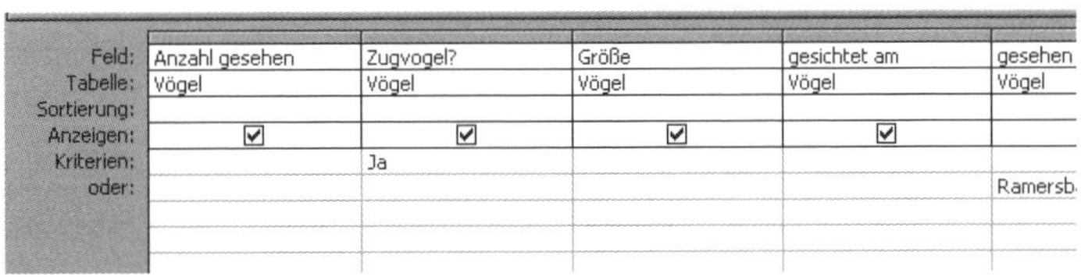

4) Klicken Sie auf die Schaltfläche *Ausführen* in der Symbolleiste oder rufen Sie den Menübefehl ABFRAGE/AUSFÜHREN auf. Das Ergebnis der Abfrage wird als Tabelle angezeigt.

Als Ergebnis erhalten Sie alle Vögel, bei denen es sich um Zugvögel handelt oder die in Ramersbach gesichtet wurden.

Sie können die Abfrage entweder speichern oder verwerfen.

Parameterabfragen

Parameterabfragen bieten eine noch höhere Flexibilität, da die Kriterien beim Öffnen der Abfrage eingegeben werden.

In Übung 5.27. zeigen wir Ihnen, wie Sie eine Parameterabfrage erstellen, die es Ihnen ermöglicht, z.B. den Ort, an dem die Vögel gesehen wurden, flexibel einzutragen.

Übung 5.27: Eine Parameterabfrage erstellen

1) Erstellen Sie eine neue Abfrage aus der Tabelle *Vögel* und übernehmen Sie alle Felder aus der Feldliste.
2) Klicken Sie in der Zeile *Kriterien* in die Zelle des Feldes *gesehen wo.*
3) Tragen Sie jetzt in eckigen Klammern den Aufforderungstext *[Bitte Ort eingeben]* ein.

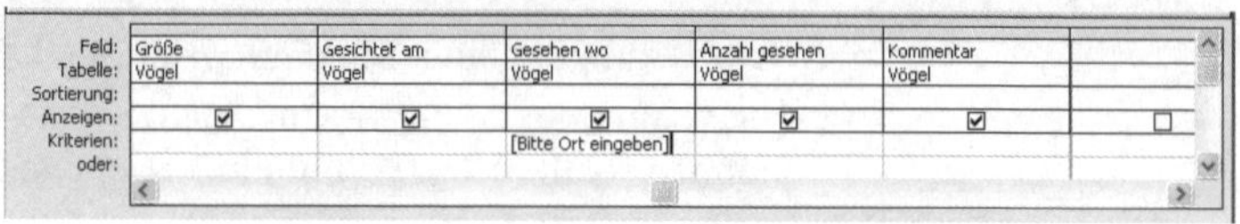

4) Speichern Sie die Abfrage unter dem Namen *Vögel nach Ort* ab und schließen Sie die Abfrage.
5) Öffnen Sie aus dem Datenbankfenster heraus die Abfrage *Vögel nach Ort*. Das Dialogfeld *Parameterwerte eingeben* wird geöffnet. Geben Sie hier einen Ort Ihrer Wahl (z.B. Waldwinkel) ein und bestätigen Sie mit OK.

   Das Ergebnis der Abfrage wird als Tabelle angezeigt. Experimentieren Sie auch mit anderen Orten.

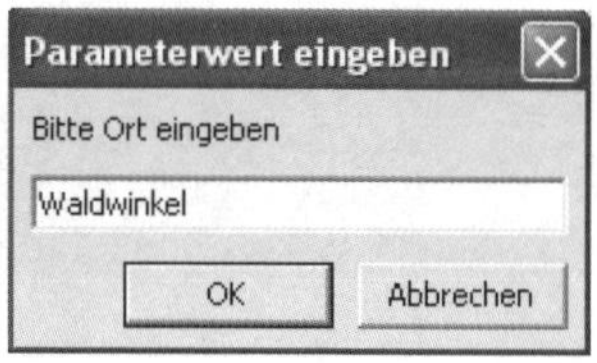

Filtern in einer Tabelle

Sie können die Menge der angezeigten Informationen eingrenzen, indem Sie entweder weniger Felder jedes Datensatzes oder nur die Datensätze, die mit den Kriterien übereinstimmen, anzeigen lassen. Das nennt man dann Filtern.

Filter

Ein Filter beschränkt die Anzeige der Informationen in Ihrer Datenbank auf Datensätze und Felder, die mit den von Ihnen festgelegten Kriterien übereinstimmen.

Um beispielsweise nur die Datensätze der Vögel anzuschauen, die Sie im Waldwinkel gesehen haben, suchen Sie einfach die Datensätze heraus, die mit dem entsprechenden Kriterium, in diesem Fall *Waldwinkel*, in der Spalte *gesehen wo* übereinstimmen.

Schaltfläche Auswahlbasierter Filter

Klicken Sie auf das entsprechende Feld *Waldwinkel* und auf die Schaltfläche *Auswahlbasierter Filter* in der Symbolleiste.

Die Bildschirmanzeige beschränkt sich augenblicklich auf Datensätze, die der Auswahl entsprechen, also auf Datensätze mit dem Eintrag *Waldwinkel* in der Spalte *gesehen wo*.

	Vogelname	Farbe	Anzahl gesehen	Größe	gesichtet am	Zugvogel	gesehen wo
	Baumpieper	braun	5	22	02.07.2002	☑	Waldwinkel
	Rotmilan	rostrot	1	55	03.06.2001	☐	Waldwinkel
▶	Turmfalke	rot-braun	2	42	06.11.2001	☐	Waldwinkel

Schaltfläche Filter entfernen

Keine Angst, die restlichen Datensätze sind auch noch in der Datenbank. Der Filter beschränkt nur die Menge der Informationen, die angezeigt wird. Um wieder alle Datensätze zu sehen, entfernen Sie den Filter einfach wieder. Klicken Sie dazu auf die Schaltfläche *Filter entfernen* in der Symbolleiste.

Ein Wort zur Vorsicht: Sie erinnern sich, dass Sie zu jeder Zeit Informationen in Ihrer Datenbank ändern können. Und Sie erinnern sich auch, dass Sie ein Feld *Ja/Nein* bzw. mit Kontrollkästchen ändern können, indem Sie darauf klicken. Mit einem Klick schalten Sie das Kästchen an, wenn es aus war, und umgekehrt. Wenn Sie nun Daten auf der Basis eines Felds *Ja/Nein* bzw. mit Kontrollkästchen filtern, verändern Sie also die Information, wenn Sie sie auswählen. Daher müssen Sie bei einem Feld *Ja/Nein* bzw. mit Kontrollkästchen zweimal klicken, bevor Sie auf die Schaltfläche *Auswahlbasierter Filter* klicken.

Gehen wir einmal davon aus, dass Sie sich nur mit Zugvögeln beschäftigen möchten. Suchen Sie einen Datensatz eines Zugvogels. Klicken Sie auf das Kontrollkästchen *Zugvogel?*. Haben Sie bemerkt, was passiert? Das Kontrollkästchen ändert sich von *mit Häkchen* (Ja, Zugvogel) in ein Kontrollkästchen *ohne Häkchen* (Nein, kein Zugvogel). Klicken Sie noch einmal auf die gleiche Stelle, sodass der richtige Status angezeigt wird. Klicken Sie jetzt auf die Schaltfläche *Filter anwenden.* Es erscheinen nur Zugvögel in der Anzeige.

	Nummer	Vogelname	Farbe	Anzahl gesehen	Größe	gesichtet am	Zugvogel	gesehen wo
▶	13	Baumpieper	braun	5	22	02.07.2002	☑	Waldwinkel
	6	Flußuferläufer	braungrau	6	25	26.07.2000	☑	Schwangau
	4	Wachtel	erdbraun	4	24		☑	
	5	Flußregenpfeife	erdbraun	5	23	15.07.2000	☑	Königsfeld
	8	Kuckuck	graublau	6	35		☑	
	9	Mauersegler	rauchschwarz	8	22	23.08.2001	☑	Landgraben
	14	Bachstelze	schwarz-grau	6	23	15.07.2000	☑	Königsfeld
*	(AutoWert)			0	0		▣	

Nach Auswahl filtern

Wenn Sie ein bestimmtes Feld auswählen und dann auf dem Inhalt dieses Feldes basierend filtern, so nennt man diesen Vorgang *Auswahlbasiertes Filtern*. Sie müssen dabei nicht das gesamte Feld auswählen. Sie interessieren sich vielleicht für Spechte oder alle Vögel, die Grau als Farbe im Gefieder haben. Kein Problem!

Wie schon zuvor suchen Sie einen Datensatz, der die gewünschten Kriterien aufweist, z.B. *Grau* in der Farbe. Klicken Sie und ziehen Sie dann die Maus über den Teil des Feldes, der das Wort beinhaltet (oder den Teil des Wortes), das als Übereinstimmung dienen soll – in unserem Fall *grau*.

Danach klicken Sie auf die Schaltfläche *Auswahlbasierter Filter.* In der Anzeige sehen Sie nur noch Vögel, die irgendwo im Feld *Farbe* den Eintrag *grau* aufweisen.

	Nummer	Vogelname	Farbe	Anzahl gesehen	Größe	gesichtet am	Zugvogel	gesehen wo
	6	Flußuferläufer	braungrau	6	25	26.07.2000	☑	Schwangau
	2	Habicht	schiefergrau	3	50	09.09.2000	☐	Feldberg
	14	Bachstelze	schwarz-grau	6	23	15.07.2000	☑	Königsfeld
▸	(AutoWert)			0	0		▩	

Welche Datensätze durch den Auswahlbasierten Filter angezeigt werden, hängt davon ab, wie Sie das Wort, auf dem der Filter basiert, ausgewählt haben. Auswahlbasiertes Filtern beinhaltet auch: *Fängt mit ... an* und *Hört mit ... auf.* Wenn Sie den ersten Buchstaben in einem Feld und die Option *Auswahlbasierter Filter* auswählen, zeigt *Access* alle Datensätze an, deren Eingabe mit genau diesem Buchstaben beginnt. Ähnlich verhält es sich, wenn Sie den letzten Buchstaben eines Felds auswählen. Access zeigt alle Datensätze an, deren Eintrag in diesem Feld mit dem ausgewählten Buchstaben endet.

Wenn Sie also basierend auf dem ersten oder letzten Wort in einem Feld filtern möchten, schließen Sie den ersten oder letzten Buchstaben nur dann in die Auswahl mit ein, wenn Sie die Auswahl auf Datensätze, die mit der Auswahl beginnen oder enden, beschränken möchten.

Wenn Sie alle Datensätze angezeigt bekommen möchten, die das Wort irgendwo im Feld stehen haben, wählen Sie einfach nur einen Teil des Worts. Das kann mitten in einem Wort sein, z.B. *eis* für *weiss* oder *war* für *schwarz*.

Probieren Sie das auswahlbasierte Filtern einfach einmal selbst aus. Entfernen Sie den Filter nach *Farbe* und schränken Sie die Anzeige diesmal auf *Spechte* ein.

Gefilterte Datensätze filtern

Wenn Sie die Auswahl der angezeigten Datensätze noch weiter einschränken möchten, z.B. auf alle roten Vögel, die Sie im Waldwinkel gesehen haben, wiederholen Sie einfach die oben aufgeführten Schritte. Suchen Sie zuerst alle Vögel, die Sie im Waldwinkel gesehen haben, und dann in der Liste alle Vögel, die irgendwie Rot als Farbe haben. Wahlweise können Sie auch zuerst alle *roten* Vögel suchen und die Liste dann noch weiter auf *Waldwinkel* einschränken.

	Nummer	Vogelname	Farbe	Anzahl gesehen	Größe	gesichtet am	Zugvogel	gesehen wo
▶	1	Rotmilan	rostrot	1	55	03.06.2001	☐	Waldwinkel
	3	Turmfalke	rot-braun	2	42	06.11.2001	☐	Waldwinkel
*	(AutoWert)			0	0		▣	

Filterkriterien als Abfrage speichern

Es ist sehr wahrscheinlich, dass sie einige Filteroperationen regelmäßig wiederholen möchten. Sie können die Filteroperation jedes Mal ausführen, wenn Sie die Tabelle in einer bestimmten Weise filtern möchten. Oder Sie können sich das Leben leichter machen, indem Sie die Filterkriterien als Abfrage speichern.

Übung 5.28: Filterkriterien als Abfrage speichern

1) Lassen Sie die Tabelle *Vögel* in der Datenblattansicht anzeigen.
2) Zuerst filtern Sie nach der Farbe weiß. Um alle Datensätze anzuzeigen, die irgendwo im Feld *Farbe* das Wort »schwarz« aufweisen, wählen Sie die Buchstaben »war« in irgendeinem Datensatz aus. Klicken Sie dann auf die Schaltfläche *Auswahlbasierter Filter.*
3) In der Spalte *gesichtet am* wählen Sie 2001 in irgendeinem Datensatz und klicken erneut auf die Schaltfläche *Auswahlbasierter Filter.*
4) Sortieren Sie die Datensätze in aufsteigender Reihenfolge nach Vogelnamen.
5) Rufen Sie den Menübefehl DATENSÄTZE/FILTER/SPEZIALFILTER/-SORTIERUNG auf, um das Fenster *Filter* anzuzeigen. Hierauf werden die Filterkriterien im Entwurfsgitternetz angezeigt.

Feld:	Vogelname	Farbe	gesichtet am
Sortierung:	Aufsteigend		
Kriterien:		Wie "*war*"	#23.08.2001#
oder:			

Schaltfläche
Als Abfrage speichern

6) Rufen Sie DATEI/ALS ABFRAGE SPEICHERN oder klicken Sie auf die Schaltfläche *Als Abfrage speichern* auf der Symbolleiste.
7) Geben Sie der Abfrage einen Namen: *Gefilterte Datensätze*
8) Klicken Sie auf OK und schließen Sie das Fenster *Filter* sowie die Tabelle.

Sie können den Filter nun jederzeit wieder anwenden, indem Sie einfach die Abfrage der gefilterten Datensätze im Datenbankfenster öffnen. Um dies zu tun, klicken Sie auf Abfragen in der Objektliste und führen dann einen Doppelklick auf den Namen der entsprechenden Abfrage aus. Die Abfrage sortiert die Datensätze der Tabelle *Vögel* nach Vogelnamen in aufsteigender Reihenfolge und filtert so, dass Datensätze angezeigt werden, die *schwarz* im Farbenfeld und 2001 im Feld *gesichtet am* haben.

Eine Abfrage mit dem Assistenten erstellen

In den Übungen 5.27 und 5.28 haben Sie gelernt, wie man Sortier- und Filterkriterien als Abfrage speichert. In Übung 5.29 werden Sie lernen, wie man eine Abfrage von Grund auf mit Hilfe des Auswahlabfrage-Assistenten erstellt.

Übung 5.29: Eine Abfrage mit dem Auswahlabfrage-Assistenten erstellen

1) Klicken Sie im Datenbankfenster die Option *Abfragen* in der Objekteliste an.
2) Doppelklicken Sie auf *Erstellt eine Abfrage unter Verwendung des Assistenten.* Daraufhin wird der Auswahlabfrage-Assistent gestartet.
3) Auf der ersten Seite des Assistenten werden Sie aufgefordert auszuwählen, auf welcher Tabelle die Abfrage basieren soll und welche Felder in der Abfrage enthalten sein sollen.
   - Wählen Sie Ihre Tabelle *Vögel* im Feld *Tabellen/Abfragen* aus.
   - Wählen Sie die Felder, die Sie in die Abfrage einbeziehen möchten, aus der Liste *Verfügbare Felder* aus, sodass diese, unter Verwendung der Pfeilschaltflächen, in der Liste *Ausgewählte Felder* erscheinen. Für diese Übung wählen Sie bitte die folgenden Felder aus.

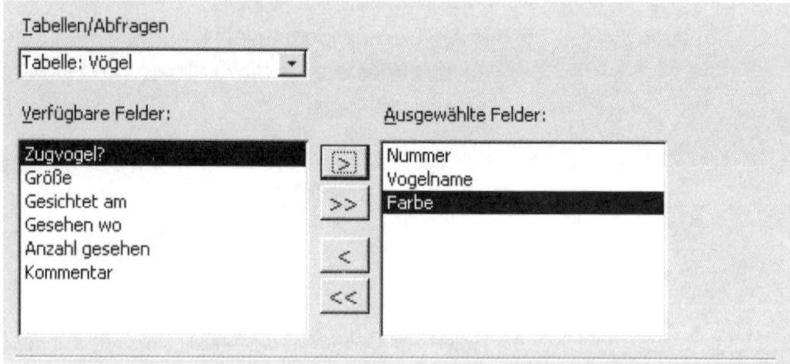

4) Sie müssen Ihrer Abfrage nun noch einen Namen geben. Nennen Sie sie *Einfache Abfrage*.

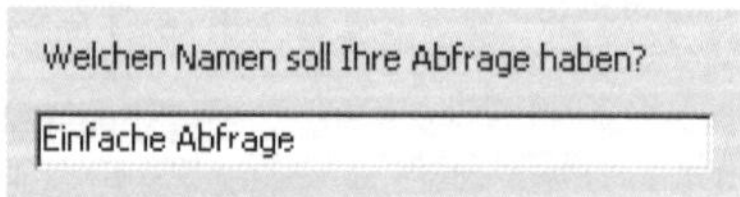

5) Sie können das Abfrageergebnis entweder sofort anschauen oder zurückgehen und Änderungen vornehmen. Wählen Sie die Option *Die Abfrage öffnen* und klicken Sie dann *Fertig stellen.*

   Ihre Abfrage zeigt die Tabelle *Vögel* an, jedoch nur mit den ausgewählten Feldern. Die Information der übrigen Zellen wird ausgespart. Sie können das Abfrage-Fenster nun schließen.

Eine Abfrage in der Entwurfsansicht erstellen

Der Auswahlabfrage-Assistent erlaubte Ihnen, die Anzeige der Felder auf diejenigen zu beschränken, die Sie zuvor ausgewählt hatten. Er gab Ihnen jedoch nicht die Möglichkeit, die Tabelle zu sortieren oder nach Datensätzen zu suchen, die bestimmte Kriterien erfüllen. Dafür müssen Sie Ihre Abfrage in der Entwurfsansicht erstellen.

Übung 5.30: Eine Abfrage in der Entwurfsansicht erstellen

Schaltfläche Neu

1) Klicken Sie im Datenbankfenster auf die Option *Abfragen* in der Objekteliste und auf die Schaltfläche *Neu* in der Symbolleiste des Datenbankfensters.
2) Im Dialogfeld *Neue Abfrage* wählen Sie *Entwurfsansicht* und bestätigen mit OK.
3) Im Dialogfeld *Tabelle anzeigen* wählen Sie die Tabelle *Vögel* und klicken auf *Hinzufügen*. Klicken Sie dann auf *Schließen*.
4) Access blendet das Fenster *Auswahlabfrage* ein, mit einer Feldliste im oberen Teil und einem Gitternetz im unteren Teil.

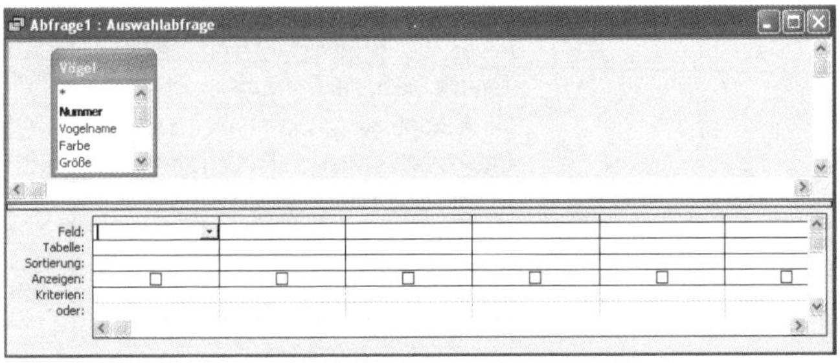

- In der Zeile *Feld* im unteren Fensterbereich wählen Sie die Felder aus, die Sie in Ihre Abfrage einbeziehen möchten, und zwar in der Reihenfolge, wie Sie die Felder angeordnet haben möchten.
- In der Zeile *Sortierung* legen Sie die Sortierreihenfolge eines jeden Feldes fest. Access sortiert von links nach rechts.
- In der Zeile *Kriterien* legen Sie die Kriterien fest, die die Suche nach Datensätzen in der Abfrage einschränken.

5) Klicken Sie auf das Feld *Farbe* oben in der Liste und ziehen Sie es in die erste Spalte der Zeile *Feld*.
6) Ziehen Sie das Feld *Größe* und *Vogelname* in die nächsten Spalten. Das Entwurfsraster unten sollte so wie in der Abbildung aussehen.

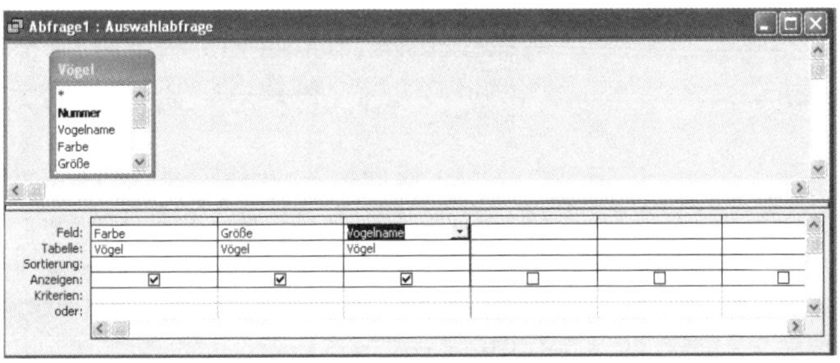

7) Klicken Sie in Zeile *Sortierung* in der Spalte *Farbe*. Access zeigt einen Pfeil rechts im Feld an. Klicken Sie darauf, um eine Sortierreihenfolge festzulegen. Wählen Sie *Aufsteigend*.

8) Klicken Sie in Zeile *Sortierung* in der Spalte *Größe*. Klicken Sie auf den Pfeil rechts im Feld, und wählen Sie dann absteigend.

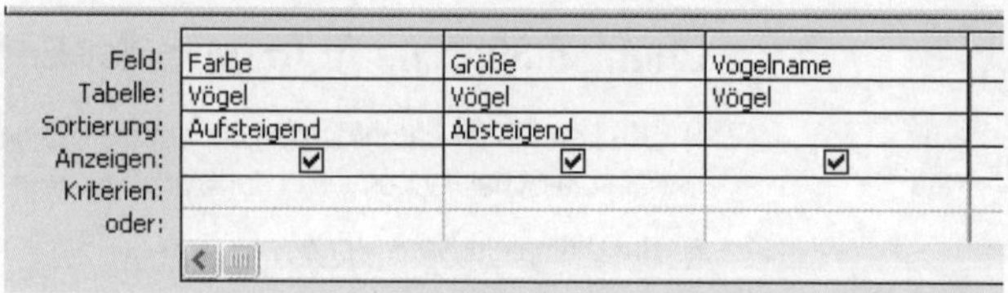

Feld:	Farbe	Größe	Vogelname
Tabelle:	Vögel	Vögel	Vögel
Sortierung:	Aufsteigend	Absteigend	
Anzeigen:	☑	☑	☑
Kriterien:			
oder:			

9) Klicken Sie in die erste Zeile *Kriterium* der Spalte *Größe* und geben Sie dort *>10* ein.

Schaltfläche Datenblattansicht

10) Wechseln Sie in die Datenblattansicht und schauen Sie sich das Ergebnis der Abfrage an. Um dies zu tun, klicken Sie auf die Schaltfläche *Datenblattansicht* auf der Symbolleiste.

In der Anzeige erscheinen nur die Felder, die Sie in der Entwurfsansicht für die Abfrage ausgesucht haben. Die Datensätze sind nach Farben sortiert, wobei der größte Vogel jeder Farbe vor den kleineren steht. Es werden nur Datensätze angezeigt, bei denen der Wert im Feld *Größe* höher als 10 ist.

Abfrage1 : Auswahlabfrage

Farbe	Größe	Vogelname
braun	22	Baumpieper
braungrau	25	Flußuferläufer
erdbraun	24	Wachtel
erdbraun	23	Flußregenpfeife
gelblich/hellblau	18	Blaumeise
graublau	35	Kuckuck
olivgrün	28	Grünspecht
rauchschwarz	22	Mauersegler
rostrot	55	Rotmilan
rot-braun	42	Turmfalke
sandbraun	22	Haubenlerche
schiefergrau	50	Habicht
schwarz	46	Saatkrähe

Datensatz: 1 von 16

11) Schließen Sie das Abfragefenster. Sie werden aufgefordert, die Abfrage zu speichern. Klicken Sie auf Ja. Geben Sie der Abfrage einen Namen, an den Sie sich erinnern können, wie z.B. *3-spaltig, Farbe/Größe/Name*. Klicken Sie auf OK und Ihre Abfrage ist gespeichert.

Sie können nun immer wieder die ausgewählten Felder der Tabelle in der festgelegten Reihenfolge anschauen, indem Sie ganz einfach die Abfrage von der Objekteliste *Abfragen* im Datenbankfenster öffnen.

Übung 5.31: Felder in einer Abfrage entfernen oder hinzufügen

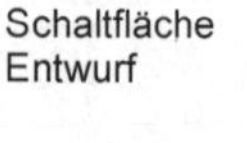

Schaltfläche Entwurf

1) Lassen Sie die Abfrage, die Sie in Übung 5.29 erstellt haben, in der Entwurfsansicht anzeigen. Um dies zu tun, wählen Sie die Abfrage im Datenbankfenster aus und klicken dann auf die Schaltfläche *Entwurf* in der Symbolleiste des Datenbankfensters.

2) Klicken Sie irgendwo in die Spalte *Größe* und rufen Sie den Menübefehl BEARBEITEN/SPALTEN LÖSCHEN auf. Das Feld wird aus der Abfrage gelöscht.

3) Klicken Sie irgendwo in die Spalte *Vogelname* und wählen Sie den Menübefehl EINFÜGEN/SPALTE. Ein leere Spalte wird links neben der Spalte *Vogelname* eingefügt.

4) Klicken Sie in die Feldzeile der neuen Spalte und dann auf den Pfeil, der rechts erscheint. Wählen Sie aus der Liste *Anzahl gesehen.*

5) Legen Sie eine absteigende Sortierreihenfolge für das neue Feld fest und geben Sie in die erste Zeile für Kriterien >10 für dieses Feld ein.

6) Geben Sie nun noch *schwarz* in die erste Zeile für Kriterien des Feldes *Farbe* ein.

Feld:	Farbe	Anzahl gesehen	Vogelname
Tabelle:	Vögel	Vögel	Vögel
Sortierung:	Aufsteigend	Absteigend	
Anzeigen:	☑	☑	☑
Kriterien:	"schwarz"	>10	
oder:			

7) Wechseln Sie in die Datenblattansicht, um sich die Abfrage anzuschauen. Die Spalte *Größe* wurde entfernt und durch die Spalte *Anzahl gesehen* ersetzt. Und dieses Mal zeigt die Abfrage nur die Datensätze an, die *schwarz* im Feld *Farbe* aufweisen und bei denen mehr als *10* Vögel gesichtet wurden. Die Vögel werden in absteigender Reihenfolge entsprechend dem Feld *Anzahl gesichtet* aufgelistet.

8) Wechseln Sie zurück in die Entwurfsansicht, indem Sie auf die Schaltfläche *Entwurfsansicht* in der Symbolleiste klicken. Löschen Sie das Kriterium, das Sie für *Anzahl gesehen* festgelegt haben, und geben Sie es in die zweite Zeile für Kriterien desselben Feldes ein.

Feld:	Farbe	Anzahl gesehen	Vogelname
Tabelle:	Vögel	Vögel	Vögel
Sortierung:	Aufsteigend	Absteigend	
Anzeigen:	☑	☑	☑
Kriterien:	"schwarz"		
oder:		>10	

9) Wechseln Sie in die Datenblattansicht. Dieses Mal zeigt Ihre Abfrage alle Datensätze an, bei denen *schwarz* im Feld *Farbe* steht oder mehr als *10* Vögel gesichtet worden sind.

10) Schließen Sie die Abfrage und speichern Sie sie.

In Übung 5.31 haben Sie mehrere Kriterien für Ihre Abfrage festgelegt. Das Feld *Farbe* musste den Wert *schwarz* und /oder der Wert im Feld *Anzahl gesehen* musste größer als *10* sein.

Kriterien die in derselben Kriterienzeile eingegeben werden, werden mit logischem Und verbunden: Ein Datensatz wird nur dann angezeigt, wenn er alle Kriterien erfüllt. Kriterien, die in unterschiedlichen Kriterienzeilen eingegeben werden, werden mit logischem ODER verbunden: Ein Datensatz wird dann angezeigt, wenn er irgendeines der Kriterien erfüllt.

So wie Sie Kriterien für verschiedenen Felder eingeben können, so können Sie auch mehrere Kriterien für ein und dasselbe Feld festlegen. Sie könnten z.B. nach Datensätzen suchen, in denen der Wert *Farbe* entweder *schwarz/weiß* oder *weiß/schwarz* ist, indem Sie die Kriterien wie in der Abbildung eingeben.

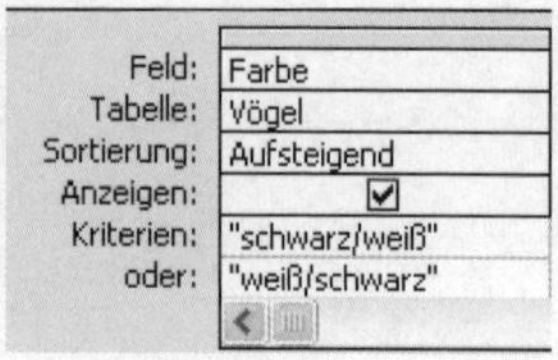

Abfrage drucken

Um die Ergebnisse Ihrer Abfragen auszudrucken, wählen Sie DATEI/DRUCKEN. Im Dialogfenster *Drucken* wählen Sie durch Aktivieren bzw. Anklicken der vorhandenen Optionen aus, ob Sie alle Seiten der Abfrage, bestimmte Seiten (Von:... Bis:...), oder nur markierte Datensätze der Abfrage drucken möchten.

Suchen

Schaltfläche Suchen

Gibt es einen schnellen Weg, um einen bestimmten Datensatz unter Hunderten herauszusuchen? Die Antwort ist Ja. Verwenden Sie die Funktion *Suchen* in Access. Sie können diese Funktion auf verschiedene Weise aufrufen: Rufen Sie den Menübefehl BEARBEITEN/SUCHEN auf, klicken Sie auf die Schaltfläche *Suchen* in der Symbolleiste oder verwenden Sie die Tastenkombination [Strg] + [F].

Die folgende Übung zeigt das Vorgehen bei der Suche nach einem bestimmten Datensatz.

Übung 5.32: Einen bestimmten Datensatz finden

1) Öffnen Sie die Datenbank *Vögel*. Rufen Sie den Menübefehl BEARBEITEN/SUCHEN auf.
2) Im Feld *Suchen nach* geben Sie *Baumpieper* ein.

   Im Feld *Suchen in* sollte der Eintrag *Vögel : Tabelle* ausgewählt sein, während das Feld *Vergleichen* den Eintrag *Ganzes Feld* aufweist.

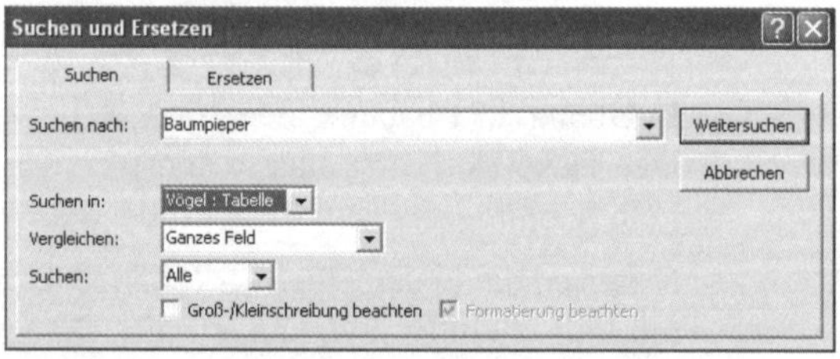

3) Klicken Sie auf die Schaltfläche *Weitersuchen*; der Datensatz *Baumpieper* wird von *Access* hervorgehoben.
4) Klicken Sie auf die Schaltfläche *Weitersuchen. Access* teilt Ihnen mit, dass es keine weiteren Datensätze gibt, die mit dem Auswahlkriterium übereinstimmen. Klicken Sie auf OK.
5) Klicken Sie im Dialogfeld *Suchen und Ersetzen* auf das Schließen-Feld.

6) Nun versuchen Sie es einmal selbst. Suchen Sie nach den folgenden Daten:

   Feldberg – der Datensatz *Habicht* und dann *Saatkrähe* wird hervorgehoben.

   55 – der Datensatz *Rotmilan* wird hervorgehoben.

   Braun – der Datensatz *Baumpieper* wird hervorgehoben. Es ist der einzige Datensatz, bei dem *Braun* das gesamte Feld ist.

7) Ändern Sie nun das Feld *Vergleichen* in *Teil des Feldinhalts* und suchen Sie noch einmal nach *braun*. Wenn Sie jetzt mehrmals auf die Schaltfläche *Weitersuchen* klicken, werden nacheinander verschiedene Datensätze hervorgehoben. Es handelt sich um Datensätze, die *braun* irgendwo als Teil eines Feldes haben.

Zusammenfassung der Lektion: Das haben Sie gelernt

Das Sortieren einer Tabelle ändert die Reihenfolge, in der die Datensätze angezeigt werden. *Access* erlaubt es Ihnen, eine Sortierung nach einem oder mehreren Kriterien vorzunehmen. Schauen Sie sich dazu das Beispiel der Übung 5.21 an.

Wenn Sie regelmäßig ein und dieselbe Sortierung durchführen, können Sie die Einzelheiten für diese Sortierreihenfolge auch als Abfrage speichern. Abfragen lassen sich verwenden, um Datensätze einer Datenbank wiederholt in einer bestimmten, definierten Weise zu betrachten. In der Übung 5.22 finden Sie ein Beispiel hierfür.

Beim Filtern reduziert man die Menge der angezeigten Information, indem man entweder weniger Felder in einem Datensatz oder nur die Datensätze anzeigen lässt, die bestimmte Kriterien erfüllen. Um wieder alle Datensätze zu sehen, entfernen Sie den Filter einfach wieder.

Sie können eine Tabelle filtern, indem Sie auf ein bestimmtes Feld klicken oder indem Sie die Maus über ein Wort (oder Teile eines Wortes) ziehen, mit dem der Filter übereinstimmen soll, und dann auf die Schaltfläche *Auswahlbasierter Filter* in der Symbolleiste klicken.

Beachten Sie, dass Sie beim Filtern auf Basis eines *Ja/Nein*-Feldes zweimal in das Feld klicken müssen, bevor Sie auf die Schaltfläche *Auswahlbasierter Filter* klicken. Ein einfacher Klick auf ein *Ja/Nein-F*eld verändert die Information in einem solchen Feld.

Sie können das Ergebnis eines Filters weiter filtern, um die angezeigte Information weiter einzugrenzen. Und Sie können diesen Filter als Abfrage speichern, sodass Sie ihn in weiteren Accesssitzungen wiederholt anwenden können.

Sie können Abfragen auch von Grund auf neu erstellen, und zwar mit Hilfe des *Auswahlabfrage-Assistenten*. Mit dem *Auswahlabfrage-Assistenten* können Sie Abfragen erstellen, die die Anzeige auf bestimmte Felder reduzieren. Wenn Sie eine Abfrage in der Entwurfsansicht erstellen, so können Sie die Anzeige so eingrenzen, dass nur solche angezeigt werden, die den bestimmten Kriterien entsprechen. Des Weiteren können Sie die Ergebnisse sortieren.

Sie können Abfragekriterien kombinieren, indem Sie logische UND- oder ODER-Operatoren verwenden. Wenn Kriterien mit UND kombiniert werden, so wird ein Datensatz nur dann angezeigt, wenn er auch alle Kriterien erfüllt. Wenn Kriterien mit ODER kombiniert werden, so wird ein Datensatz angezeigt, wenn er eines der Kriterien erfüllt

Die Funktion *Suchen* in Access bietet eine schnelle Methode zum Aufsuchen bestimmter Datensätze auf der Basis eines Feldwerts. Schauen Sie sich dazu die Übung 5.26 an.

Schnelltest: Die Datenbank Ihren Bedürfnissen anpassen.

1.	**Um Datensätze nach mehreren Kriterien zu sortieren, ...**
A	Rufen Sie in der Datenblattansicht den Menübefehl DATENSÄTZE/FILTER/SPEZIALFILTER/-SORTIERUNG auf und legen dann Ihre Sortierfelder und deren Sortierreihenfolge fest.
B	Wenden Sie in der Datenblattansicht die Schaltfläche *Aufsteigend sortieren* oder *Absteigend sortieren* nacheinander auf jedes einzelnen Sortierfeld an.
C	Wählen Sie in der Datenblattansicht nacheinander jedes der Sortierfelder aus und wählen dann DATENSÄTZE/SORTIEREN/AUFSTEIGEND SORTIEREN oder ABSTEIGEND SORTIEREN.

2.	**Um Sortierkriterien als Abfrage zu speichern, ...**
A	Führen Sie eine Sortierung in der Datenblattansicht durch, wählen DATEI/SPEICHERN UNTER, geben dann einen Namen für die Abfrage ein und klicken auf *Speichern.*
B	Führen Sie eine Sortierung in der Datenblattansicht durch, wählen DATEI/ALS ABFRAGE SPEICHERN, geben dann einen Namen für die Abfrage ein und klicken auf *Speichern.*
C	Führen Sie eine Sortierung in der Datenblattansicht durch und wählen DATENSÄTZE/FILTER/SPEZIALFILTER /-SORTIERUNG. Wählen Sie dann DATEI/ALS ABFRAGE SPEICHERN, geben Sie einen Namen für die Abfrage ein und klicken Sie auf OK.

3.	**Mit dem auswahlbasierten Filter können Sie die Anzeige auf bestimmte Felder begrenzen.**
A	Richtig
B	Falsch

4.	Um den Filter in einer Tabelle zu entfernen, ...
A	Wählen Sie BEARBEITEN/FILTER LÖSCHEN.
B	Wählen Sie DATENSÄTZE/FILTER/FILTER ENTFERNEN.
C	Klicken Sie auf die Schaltfläche *Filter entfernen* in der Symbolleiste.

5.	Um alle Datensätze zu suchen, deren Wert im Feld *Farbe* entweder schwarz/weiß oder weiß/schwarz ist ...
A	Erstellen Sie eine Abfrage in der Entwurfsansicht. Geben Sie in die erste Zeile für Kriterien der Spalte Farbe SCHWARZ/WEISS ein und in die zweite Zeile für Kriterien WEISS/SCHWARZ.
B	Erstellen Sie eine Abfrage in der Entwurfsansicht. Geben Sie in der ersten Zeile für Kriterien der Spalte Farbe SCHWARZ/WEISS und WEISS/SCHWARZ ein.
C	Wählen Sie in der Datenblattansicht in irgendeinem Datensatz SCHWARZ/WEISS aus und klicken *Auswahlbasierter Filter*. Klicken Sie dann in irgendeinem Datensatz *weiß/schwarz* an und klicken Sie noch einmal auf *Auswahlbasierter Filter*.

6.	Um ein Feld aus einer Abfrage zu entfernen, ...
A	Klicken Sie in der Entwurfsansicht irgendwo in die Spalte, die Sie entfernen möchten, und wählen BEARBEITEN/AUSSCHNEIDEN.
B	Klicken Sie in der Entwurfsansicht irgendwo in die Spalte, die Sie entfernen möchten, und wählen BEARBEITEN/LÖSCHEN.
C	Klicken Sie in der Entwurfsansicht irgendwo in die Spalte, die Sie entfernen möchten, und wählen BEARBEITEN/SPALTEN löschen.

Lektion 5.5: Mit Formularen arbeiten

Zu dieser Lektion

Bis jetzt haben Sie sich Ihre Datensätze immer nur in der *Datenblattansicht* angeschaut, d.h. in Zeilen und je einer Spalte für jedes Feld. In der Datenbankansicht kann das Lesen von Datensätzen jedoch schwierig werden und es ist lästig, wenn sich die Felder und Datensätze außerhalb des aktuellen Bildschirmbereichs befinden, sodass Sie nach rechts/links und oben/unten scrollen müssen, um die Sie interessierenden Felder zu sehen.

Wenn Sie auf einen Blick alle Informationen bezüglich eines Datensatzes, und dazu noch auf eine für das Auge angenehme Weise, sehen möchten, dann eignet sich ein Formular dafür besser. Formulare haben zusätzlich noch den Vorteil, dass sie leichter zu lesen sind, und Sie können verschiedene Formulare für unterschiedliche Zwecke erstellen.

Diese Lektion wird zeigen, dass alles, was Sie in einem Datenblatt tun können, auch in einem Formular möglich ist. Sie können neue Datensätze eingeben und bereits vorhandene ändern, Sie können die Datensätze neu sortieren und filtern, sodass nur diejenigen angezeigt werden, welche Ihren Kriterien entsprechen.

Neue Fähigkeiten

Am Ende dieser Lektion sollten Sie in der Lage sein,

- ein Formular zu erstellen, um Datensätze ganz oder teilweise einzeln anzuzeigen,
- ein Formular zu verwenden, um neue Datensätze anzulegen,
- ein Formular zu verwenden, um einen Datensatz zu suchen und ihn zu ändern,
- ein zuvor von Ihnen erstelltes Formular zu verändern,
- ein Bild oder eine Grafikdatei in ein Formular zu importieren.

Neue Wörter

Sie können entspannen. In dieser Lektion gibt es keine neuen Wörter.

Formulare: Wozu Formulare?

In Lektion 5.1 wurde bereits gezeigt, dass Access es ermöglicht, Informationen auf zwei Arten zu betrachten.

- **Datenblattansicht:** Die Anzeige mehrerer in Spalten und Zeilen angelegter Datensätze.
- **Formularansicht:** Diese Ansicht kann die Information jeweils eines Datensatzes darstellen.

Ein Formular mit dem Formular-Assistenten erstellen

Formulare basieren auf Tabellen. Sie können ein Formular erst dann erstellen, wenn Sie zuvor eine Tabelle wie z.B. *Vögel* aus Lektion 5.2, erstellt haben. In Übung 5.33 verwenden Sie den *Formular-Assistenten*, um ein neues Formular zu erstellen.

Übung 5.33: Ein Formular erstellen

1) Starten Sie Access und klicken Sie dann auf *Formulare* in der Objekteliste.

Schaltfläche Neu

2) Klicken Sie auf die Schaltfläche *Neu*. Wie bei Tabellen bietet Access auch eine Reihe von halbautomatisierten Optionen an, um ein Formular zu erstellen.
3) Wählen Sie z.B. *AutoFormular: Einspaltig*, geben Sie dafür die Tabelle *Vögel* an und klicken Sie auf OK. Schauen Sie sich das Ergebnis einmal in Ruhe an.

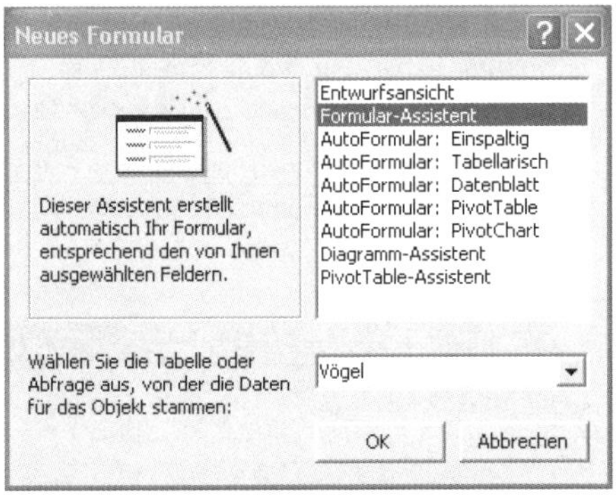

Wenn Sie fertig sind, klicken Sie auf die Schaltfläche *Schließen*, aber ohne das Formular zu speichern.

4) Klicken Sie im Datenbankfenster auf die Schaltfläche *Neu*. Wählen Sie aber dieses Mal den *Formular-Assistenten*.
5) Wählen Sie die Tabelle aus, auf der das Formular basieren soll, also *Vögel*.
6) Klicken Sie auf OK. Der *Formular-Assistent* wird gestartet.
7) Sie haben so etwas Ähnliches schon einmal gesehen, als Sie den *Tabellen-Assistenten* verwendet haben, um die Tabelle *Vögel* zu erstellen, und als Sie den *Auswahlabfrage-Assistenten* verwendet haben, um eine Abfrage zu erstellen. In der Anzeige sehen Sie zwei Listenfelder.
   - Das linke Feld enthält alle verfügbaren Felder der Tabelle.
   - Im rechten finden Sie die ausgewählten Felder, die das Formular aufnehmen soll. Anfänglich ist dieses rechte Feld leer.
8) Holen Sie also die Felder, die Sie im Formular verwenden möchten, mit Hilfe der Pfeilschaltflächen aus der Liste *Verfügbare Felder* in die Liste *Ausgewählte Felder*. Wählen Sie für diese Übung die unten angegebenen Felder aus.

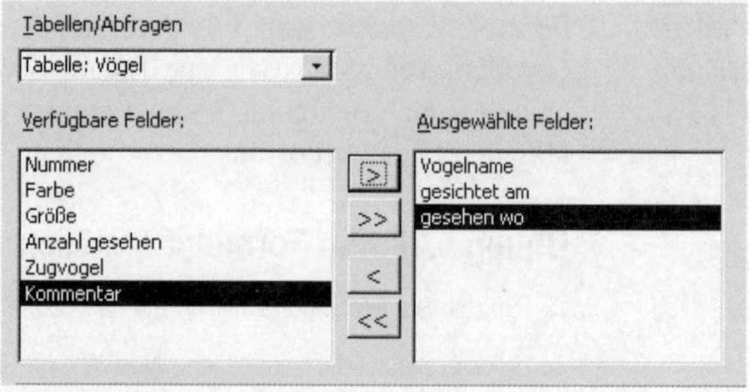

9) Klicken Sie auf die Schaltfläche *Weiter.*

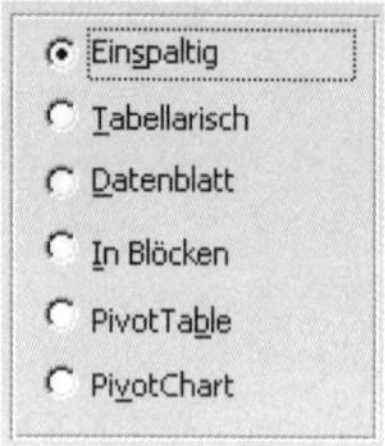

10) Der *Formular-Assistent* bietet Ihnen nun mehrere verschiedene Layout-Möglichkeiten für das Formular an. Sie können die verschiedenen Möglichkeiten ausprobieren, um sich ein Bild davon zu machen, welche Auswirkungen die einzelnen Optionen haben. Für Ihre Zwecke ist *Einspaltig* die beste Option. Entscheiden Sie sich also für diese Möglichkeit und klicken Sie auf *Weiter.*

11) Der Assistent bietet Ihnen verschiedene Formate für das Formular an. Auch hier können Sie sich die Formate in der Vorschau ansehen. Wählen Sie *Standard* und klicken Sie dann auf *Weiter.*

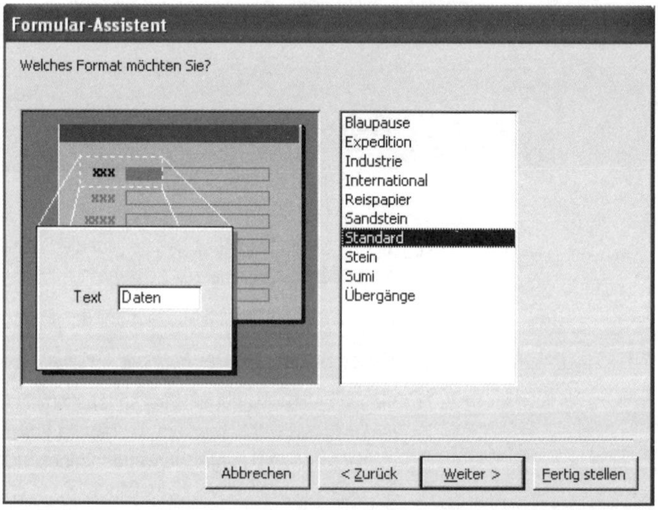

12) *Access* schlägt Ihnen einen Namen für das Formular vor: Ändern Sie den Namen in *gesichtete Vögel*, damit er später einfacher zu identifizieren ist.

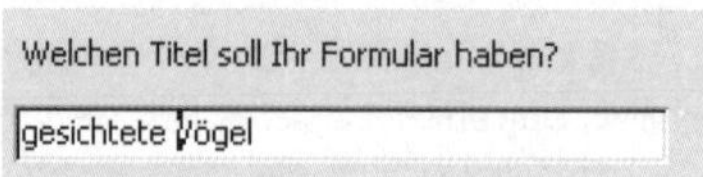

13) Sie können das Formular nun sofort verwenden oder zurückgehen, um weitere Änderungen vorzunehmen. Wählen Sie die Option *Das Formular öffnen.* Klicken Sie auf die Schaltfläche *Fertig stellen.*

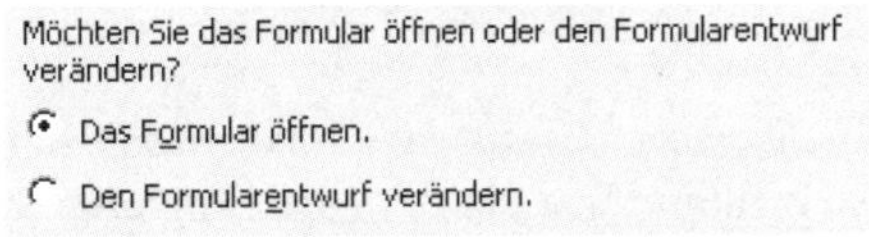

Sie können das Formular nun dazu verwenden, ausgewählte Informationen aus den Datensätzen in Ihrer Tabelle zu betrachten.

Das Formular zum Betrachten von Datensätzen verwenden

Nach Beendigung der Übung 5.33 wird Ihnen sofort eine *Formularansicht* der Tabelle *Vögel* angezeigt.

Das Formular zeigt die ausgewählten Felder des ersten Datensatzes in der Tabelle an.

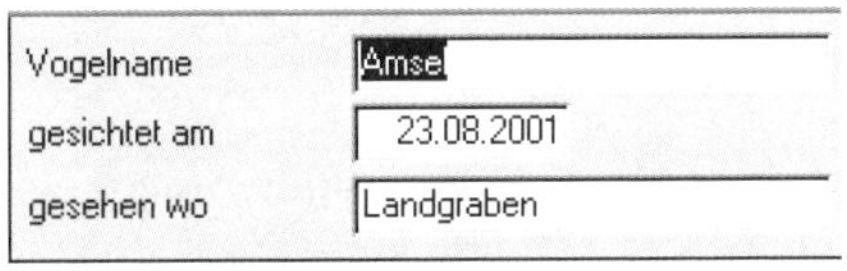

Klicken Sie auf das *Schließen*-Symbol in der Titelleiste des Formulars, um es zu schließen.

Wenn Sie zu einem späteren Zeitpunkt noch einmal in diese *Formularansicht* gelangen möchten, wählen Sie im Datenbankfenster die Option *Formulare* aus der Objekteliste und führen Sie dann einen Doppelklick auf das Formular *gesichtete Vögel* aus.

Navigieren in der Formularansicht

Sie können durch die einzelnen Datensätze blättern, indem Sie die Schaltflächen zur Navigation am unteren Rand verwenden.

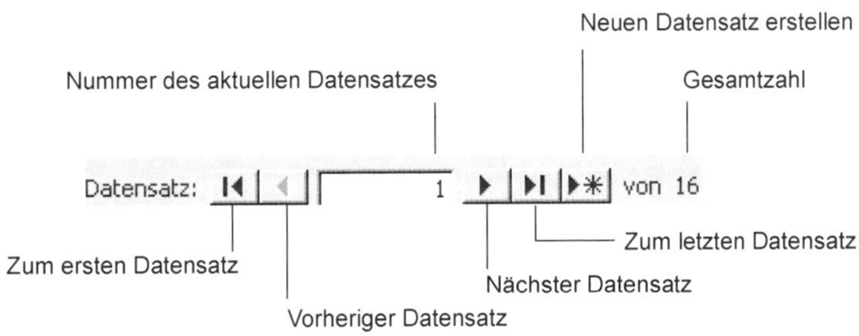

Sortieren in der Formularansicht

Genau wie in der *Datenblattansicht* können Sie die Datensätze auswahlbasiert sortieren. Klicken Sie einfach in das Feld, auf dem die Sortierung basieren soll, und klicken Sie auf die Schaltfläche *Aufsteigend sortieren* oder *Absteigend sortieren* in der Symbolleiste.

Sie können natürlich auch eine Sortierung nach mehreren Kriterien vornehmen, und zwar auf genau die gleiche Art und Weise wie in der *Datenblattansicht*. Wählen Sie DATENSÄTZE/FILTER/SPEZIALFILTER/-SORTIERUNG. Sie können Ihre Sortierkriterien als Abfrage speichern.

Auswahlbasiertes Filtern in der Formularansicht

Schaltfläche Auswahlbasierter Filter

In der *Formularansicht* können Sie Datensätze genauso auswahlbasiert filtern, wie Sie es in der *Datenblattansicht* getan haben. Suchen Sie einen Datensatz, der Ihrem Kriterium entspricht, wählen Sie das entsprechende Feld aus (oder den Teil des Feldes) und klicken Sie dann auf die Schaltfläche *Auswahlbasierter Filter* in der Symbolleiste. Sie werden feststellen, dass die Anzahl der Datensätze, die neben den Navigationsschaltflächen angegeben wird, niedriger ausfällt: die Anzahl der Datensätze, die dem ausgewählten Kriterium entsprechen.

Wie schon in der *Datenblattansicht*, können Sie die Datensätze weiter filtern, um die Suche nach für Sie relevanten Datensätzen zusätzlich einzuschränken. Und Sie können Ihre Filterkriterien als Abfrage speichern.

Formularbasierter Filter

Eine weitere Möglichkeit des Filterns ermöglicht der formularbasierte Filter. In Übung 5.34 erfahren Sie, wie Sie die Anzahl der angezeigten Datensätze auf diejenigen reduzieren, bei denen Sie tatsächlich einen Vogel gesehen haben.

Übung 5.34: Die Verwendung eines Formulars, um Datensätze zu filtern

Schaltfläche Formularbasierter Filter

1) Öffnen Sie das Formular *gesichtete Vögel*. Klicken Sie auf die Schaltfläche *Formularbasierter Filter* in der Symbolleiste oder rufen Sie den Menübefehl DATENSÄTZE/FILTER/ FORMULARBASIERTER FILTER auf.

   Access blendet ein leeres Formular ein, in das Sie Ihre Filterkriterien eintragen können. Für die Übung ist das Datum das Kriterium.

   (Wenn sich in irgendeinem Feld Standardwerte befinden, so löschen Sie diese jetzt.)

2) Klicken Sie auf das Feld *gesichtet am*. In der Dropdown-Liste werden alle Tage mit Datum angegeben, an denen Sie einen Vogel gesichtet haben. Wenn Sie z.B. alle Vögel finden wollten, die Sie an einem bestimmten Tag gesehen haben, würden Sie jetzt an dieser Stelle einfach das entsprechende Datum aus der Liste eingeben.

3) Sie möchten aber alle Vögel angezeigt bekommen, die Sie überhaupt jemals gesichtet haben, also alle Datensätze, bei denen das Datumsfeld nicht leer (demnach größer als 0) ist.

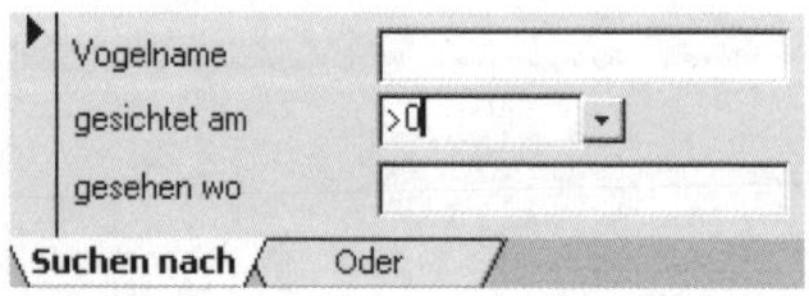

   Geben Sie bitte *>0* in das Feld *gesichtet am* ein.

4) Klicken Sie dazu auf die Schaltfläche *Filter anwenden* in der Symbolleiste. Der erste Datensatz, der eine Datumsangabe im entsprechenden Feld enthält, wird angezeigt. Im Zählerfeld wird die Anzahl der Datensätze in der Tabelle angegeben, die dem Kriterium entsprechen.

Schaltfläche
Filter entfernen

5) Klicken Sie auf die Schaltfläche *Filter entfernen* in der Symbolleiste, sodass nun wieder alle Datensätze angezeigt werden können.

Platzhalter in Filtern und Abfragen

Die Angaben für die Filterkriterien müssen nicht ganz präzise sein. Sie können so genannte Platzhalter verwenden, um *Access* mitzuteilen: Ich möchte jeden angezeigt bekommen, dessen Name Bach beinhaltet. Sie bekommen dann Offenbach, Kaltenbacher, Lüdenbach usw. angezeigt.

Die wichtigsten Platzhalter sind Sternchen (*) und Fragezeichen (?). Wenn Sie Kriterien für eine Abfrage oder einen Filter angeben, bedeutet ein Sternchen (*) beliebig viele Zeichen, ein Fragezeichen (?) hingegen steht für ein einzelnes Zeichen.

Nehmen wir einmal an, Sie möchten alle Vögel finden, die *Fluss* in ihrem Namen tragen. Geben Sie dazu Folgendes in das Feld *Vogelname* ein: *Fluss**

Wenn Sie nun den Filter anwenden, werden nur die zwei Datensätze angezeigt, die *Fluss* beinhalten.

Wenn Sie mit dem *Fragezeichen* (?) alle Vögel finden möchten, die braun am Ende ihres Namens haben, aber nicht blau, geben Sie ins Feld *Farbe* *b???? ein. Wenn Sie diesen Filter anwenden, werden nur die Datensätze angezeigt, die am Anfang beliebige Buchstaben als Farbe haben, gefolgt von einem *b* und vier weiteren Buchstaben. Wenn Sie die gleiche Eingabe machen, jedoch mit nur drei Fragezeichen (?) hinter dem *b*, so bekommen Sie alle Vögel mit blau (*b* plus drei Buchstaben am Ende) angezeigt.

Ein Formular mit allen Feldern erstellen

Die einfachste Art und Weise, Informationen in Ihre Tabelle einzugeben, bietet ein Formular. Das zuvor von Ihnen erstellte Formular ist jedoch nicht ausreichend detailliert, um neue Datensätze einzugeben. Sie benötigen ein neues Formular, das es Ihnen ermöglicht, alle Einzelheiten zu jedem Vogel einzugeben (ein Formular mit allen Feldern). Das geht ganz schnell.

Übung 5.35: Ein Formular mit allen Feldern erstellen

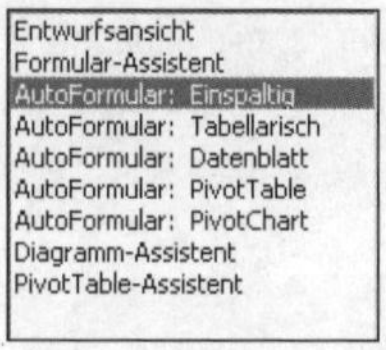

1) Wählen Sie im Dialogfeld *Datenbank* das Objekt *Formulare*. Klicken Sie auf die Schaltfläche *Neu*.
2) Wählen Sie *AutoFormular: Einspaltig* und zum Schluss die Tabelle *Vögel* als Basis aus.
3) Klicken Sie auf OK.

   Und das war's auch schon. *Access* blendet ein neues Formular ein, das sofort zur Dateneingabe bereitsteht.

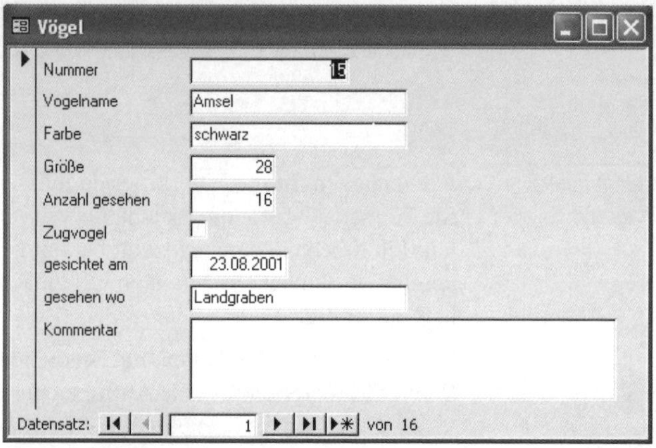

4) Schließen Sie Ihr Formular, speichern Sie es jedoch unter dem Namen *AlleFelder*.

Sie können jederzeit über das Objekt *Formulare* im Dialogfeld *Datenbank* auf dieses Formular zugreifen und darüber die Datensätze in Ihrer Tabelle anzeigen lassen, sie ändern oder neue eingeben.

Verwendung eines Formulars zur Eingabe neuer Datensätze

Schaltfläche Neuer Datensatz

Um einen neuen Datensatz einzugeben, klicken Sie auf die Schaltfläche *Neuer Datensatz* in der Navigationsleiste am unteren Rand des Formulars. Access blendet ein neues leeres Formular ein, das Sie nun ausfüllen.

Sie können die Felder in beliebiger Reihenfolge ausfüllen, indem Sie in das entsprechende Feld klicken und die Information eingeben. Die einfachste Methode, ein Formular komplett auszufüllen, ist jedoch mit dem ersten Feld (Access positioniert die Einfügemarke automatisch im ersten Feld, wenn Sie das Formular öffnen) zu beginnen und dann mit der ↹-Taste oder der -Taste ins jeweils nächste Feld zu gehen. Wenn Sie das letzte Feld im Formular ausgefüllt haben, drücken Sie die ↹- oder ↵-Taste, um ein neues leeres Formular einzublenden.

Übung 5.36: Verwendung eines Formulars zur Eingabe eines neuen Datensatzes

1) Öffnen Sie über das Dialogfeld *Datenbank* das Formular *AlleFelder*. Klicken Sie auf die Schaltfläche *Neuer Datensatz* und tragen Sie die Daten für den *Graureiher* ein.

Name des Vogels	Graureiher
Farbe	grau-weiß
Größe	120
Datum, wann gesehen	6. Juli 2002
Wo gesehen	Isarauen

2) Wenn Sie fertig sind, schließen Sie das Formular.
3) Um die Auswirkungen in Ihrer Tabelle zu sehen, lassen Sie die Tabelle in der Datenblattansicht anzeigen.

Verwendung eines Formulars zum Ändern von Datensätzen

Alle Änderungen, die Sie an Informationen in einem Formular vornehmen, werden automatisch sofort auf die jeweilige Tabelle übertragen. Rufen Sie sich ins Gedächtnis, dass die *Datenblattansicht* und die *Formularansicht* einfach nur zwei unterschiedliche Arten der Anzeige für dieselbe Information sind.

Um über das Formular Informationen in Ihrer Tabelle zu ändern, suchen Sie den Datensatz (entweder blättern Sie die einzelnen Datensätze durch oder Sie sortieren bzw. filtern), bei dem Sie die Änderungen vornehmen möchten. Klicken Sie in das entsprechende Feld und löschen oder überschreiben Sie die Information bzw. fügen Sie noch etwas hinzu.

Übung 5.37: Die Verwendung eines Formulars, um Datensätze zu ändern

1) Benutzen Sie das Formular *AlleFelder*, um alle noch leeren Felder in den Datensätzen Ihrer Tabelle auszufüllen. Überlegen Sie sich einfach etwas für diese Übung. Die Informationen müssen nicht exakt sein, sie müssen nicht einmal der Wahrheit entsprechen.
2) Wenn Sie fertig sind, schließen Sie das Formular.

Das Layout und den Inhalt eines Formulars verändern

Für den Moment, und auch für die meisten Zwecke, erfüllt der Assistent seine Aufgabe gut. Access ermöglicht es Ihnen aber zusätzlich, ein Formular von Anfang an selbst zu erstellen und Änderungen an schon bestehenden Formularen vorzunehmen. Sie können z.B.:

- die Position, Größe und Form eines Feldes ändern.
- ein bestimmtes Format auf Felder und Feldbeschriftungen anwenden.
- ein Bild (z.B. ein Firmenlogo) in ein Formular einfügen.

Sie werden in den nächsten Übungen ein paar Grundlagen des Formularentwurfs kennen lernen (man muss nicht zu tief in die Materie eintauchen).

Übung 5.38: Ein Formular in der Entwurfsansicht erstellen

1) Klicken Sie im *Datenbankfenster* in der Objekteliste auf *Formulare*. Klicken Sie dann auf die Schaltfläche *Neu* in der Symbolleiste.

2) Im Dialogfenster *Neues Formular* wählen Sie den Eintrag *Entwurfsansicht* und darunter die Tabelle *Vögel* aus. Klicken Sie auf OK. Ihr Bildschirm sollte nun so aussehen:

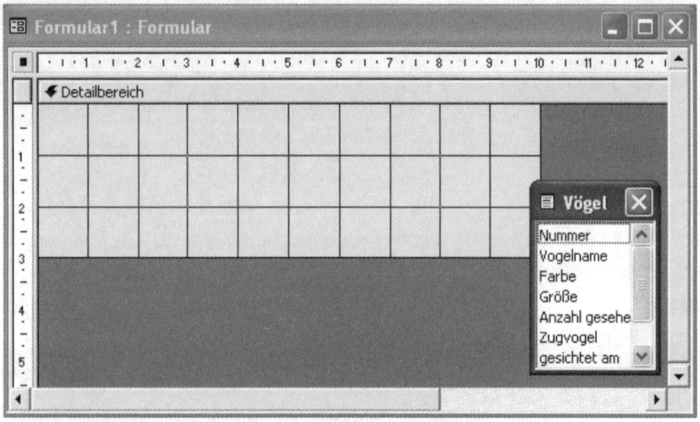

Um Ihrem Formular ein Feld hinzuzufügen, benötigen Sie die Feldliste (das ist die Liste der Felder in Ihrer Tabelle). Wenn die Liste nicht gleich angezeigt wird, rufen Sie den Menübefehl ANSICHT/FELDLISTE.

3) Ziehen Sie die folgenden Felder von der Feldliste in Ihr Formular: *Vogelname*, *Farbe*, *Größe*. (Hinweis: Wenn Sie die Maustaste loslassen, positionieren Sie den Mauszeiger lieber im Zentrum des Formulars als auf der linken Seite). Ihr Formular sollte ungefähr so aussehen:

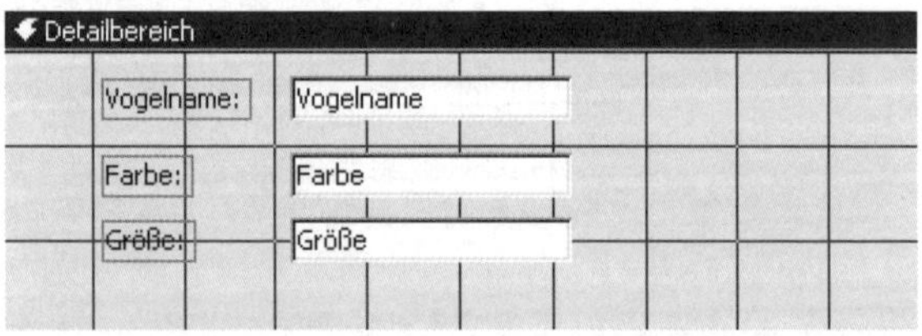

Sie werden feststellen, dass jedes Feld ein Textfeld und ein Beschriftungsfeld hat.

4) Sie müssen Ihr Formular eventuell noch ein wenig »aufräumen«, indem Sie die Beschriftungen und Textfelder richtig positionieren. Um das Beschriftungsfeld und das Textfeld gemeinsam zu verschieben:

- Klicken Sie entweder auf das entsprechende Beschriftungsfeld oder das Textfeld. Eine Verschiebehand wird links oben in beiden Elementen angezeigt, und zusätzlich erscheinen Anfasspunkte zur Größenänderung an dem Element, auf das Sie geklickt haben.

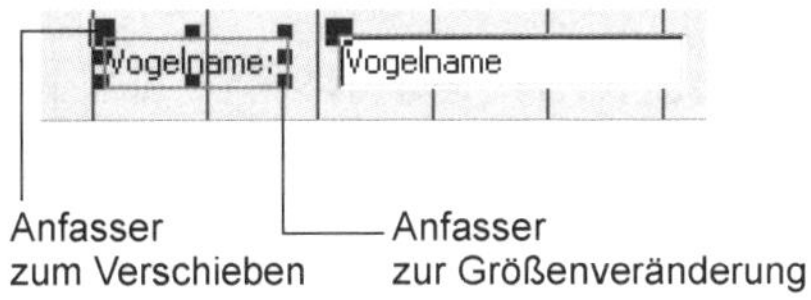

- Bewegen Sie den Mauszeiger über die Ränder des Elements mit den Anfasspunkten zur Veränderung der Größe. Der Mauszeiger verwandelt sich in eine *offene Hand*. Sie können das Feld nun an seine neue Position ziehen.

- Klicken Sie und ziehen Sie das Feld an die gewünschte Stelle.

Für kleine Veränderungen klicken Sie entweder auf das Beschriftungsfeld oder das Textfeld und verwenden Sie dann die Pfeiltasten, um das Feld nach rechts, links, oben oder unten zu verschieben. Bei minimalen Veränderungen halten Sie die `Strg`-Taste gedrückt, während Sie die Pfeiltasten drücken. Verschieben Sie Ihre Felder, bis das Formular wie in der Abbildung aussieht.

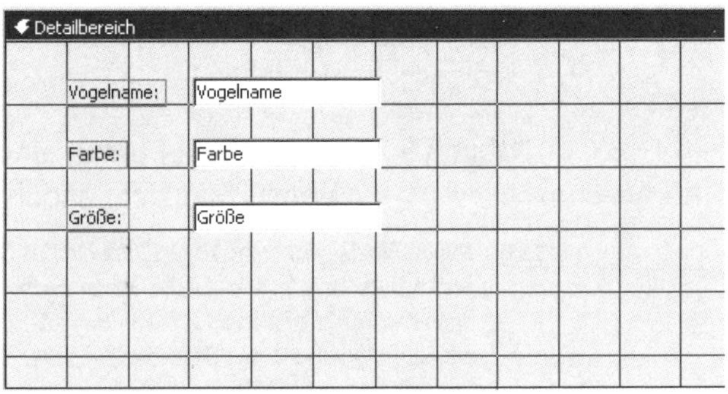

5) Um eine Beschriftung oder ein Textfeld einzeln zu verschieben, klicken Sie das entsprechende Element an und klicken dann auf die Bewegungsanfasser. Der Mauszeiger ändert sich in eine zeigende Hand. Sie können dann das beschriftungs- oder Textfeld an seine neue Stelle ziehen.

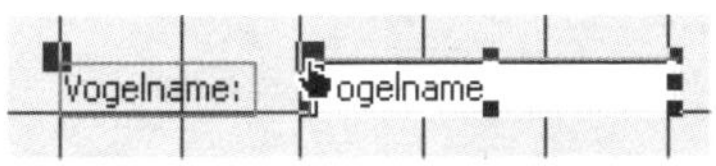

Probieren Sie es einfach aus und bringen Sie Ihre Felder an die gewünschte Stelle. Zu Anfang mag es noch etwas mühselig sein, aber mit der Zeit bekommt man Übung.

Schaltfläche Formularansicht

6) Klicken Sie auf die Schaltfläche *Formularansicht* in der Symbolleiste und schauen Sie sich Ihr Werk an. Wechseln Sie dann zurück in die Entwurfsansicht, indem Sie noch einmal auf die gleiche Schaltfläche klicken.

7) Schließen Sie das Formular und speichern Sie es unter dem Namen *Vögel Farbe/Größe.*

Sie können die Größe der Hintergrundfläche des Formulars in der Entwurfsansicht ändern, indem Sie auf den Rand klicken (der Zeiger ändert sich in einen Pfeil mit zwei Spitzen) und dann die Maus ziehen.

In den nächsten zwei Übungen werden Sie das Erscheinungsbild Ihres Formulars verändern. Die Symbolleiste *Formatierung (Format/Bericht)* bietet, wie Sie sehen werden, eine ganze Reihe von Formatierungsmöglichkeiten.

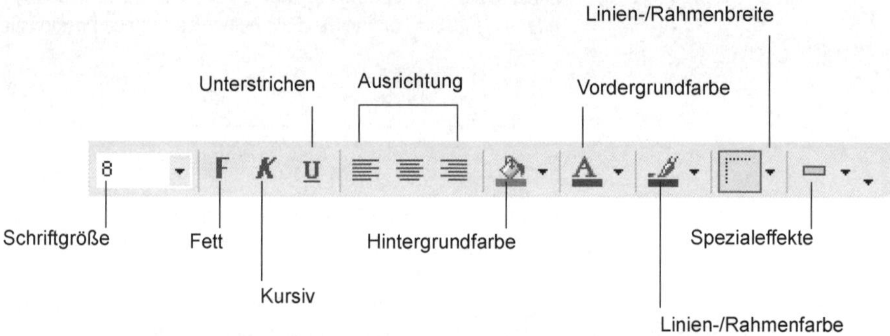

Bedenken Sie aber immer, dass die besten Formulare einfach, klar und übersichtlich angelegt sind und daher Farbe und Grafik nur sparsam verwendet werden sollte.

Übung 5.39: Layout und Format eines Formulars in der Entwurfsansicht ändern

1) Öffnen Sie das Formular *Vögel Farbe/Größe* in der *Entwurfsansicht.* (Dazu klicken Sie im Datenbankfenster auf die Option *Formulare* in der Objekteliste, wählen dann das Formular *Vögel Farbe/Größe* und klicken auf die Schaltfläche *Entwurf* auf der Symbolleiste des Datenbankfensters.

2) Klicken Sie auf die Beschriftung *Vogelname* und dann auf *Fett* in der Symbolleiste. Wiederholen Sie dies für die anderen zwei Beschriftungsfelder.

3) Klicken Sie auf das Textfeld für *Vogelname* und dann auf *kursiv* in der Symbolleiste. Wiederholen Sie dies für die anderen zwei Textfelder.

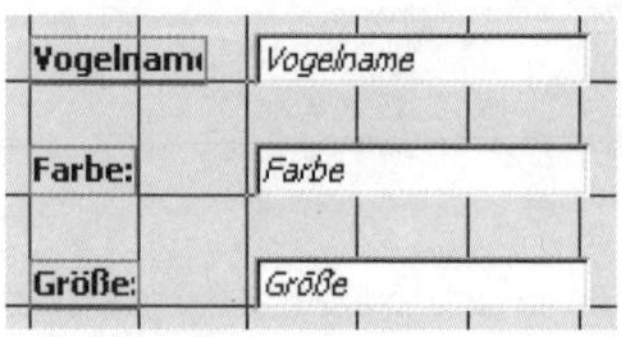

Na, haben Sie Lust bekommen? Versuchen Sie einfach, auch die Schriftfarbe der Beschriftung oder im Textfeld zu ändern.

4) Ihre nächste Aufgabe ist es, die Größe der Textfelder zu ändern.

   - Klicken Sie auf ein Textfeld, um es auszuwählen.
   - Halten Sie den Mauszeiger über einen Antasspunkt. Er ändert die Form und wird zu einem Pfeil mit zwei Spitzen.

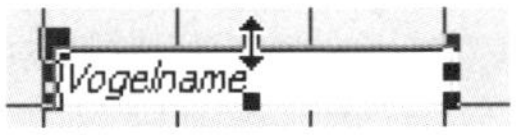

   - Ziehen Sie den Anfasser in die entsprechende Richtung.

   Vergrößern Sie Ihre drei Textfelder, indem Sie den rechten Rand etwa 2 Zentimeter nach rechts ziehen. Ihre Felder sollten nun so aussehen:

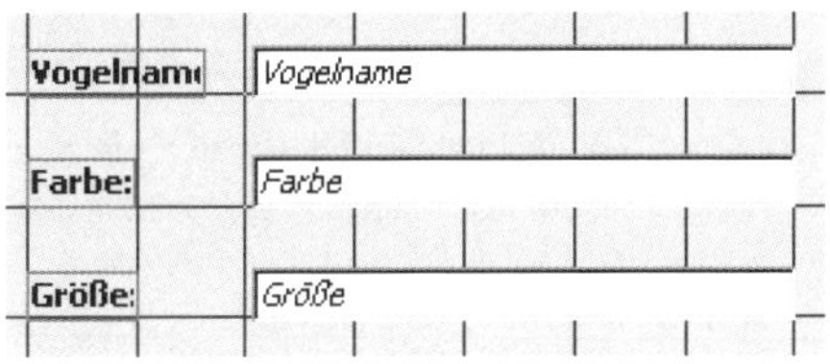

5) Schließen Sie Ihr Formular und speichern Sie es.

Möchten Sie noch ein Bild in Ihr Formular einfügen? Oder ein paar Farbeffekte hinzufügen? Access macht es Ihnen da einfach. Gehen Sie die Übung 5.40 durch, um zu erfahren, wie es geht.

Übung 5.40: Dem Formular ein Bild in der Entwurfsansicht hinzufügen

1) Öffnen Sie das Formular *Vögel Farbe/Größe* in der *Entwurfsansicht.*

2) Rufen Sie den Menübefehl EINFÜGEN/GRAFIK auf. Access zeigt ein Dialogfenster an, in dem Sie festlegen, welches Bild Sie in Ihr Formular einfügen möchten. Sie können dazu Ihre Festplatte durchsuchen bzw. auf eine Diskette oder CD-ROM zugreifen, um ein Bild zu finden.

   Wählen Sie das gewünschte Bild aus und klicken Sie dann auf OK. Access fügt das ausgewählte Bild in das Formular ein.

3) Wenn das einfügte Bild zu groß ist, klicken Sie mit der rechten Maustaste darauf. Wählen Sie im Kontextmenü den Eintrag EIGENSCHAFTEN, und auf der Registerkarte *Format* ändern Sie die *Größenanpassung in Zoomen.*

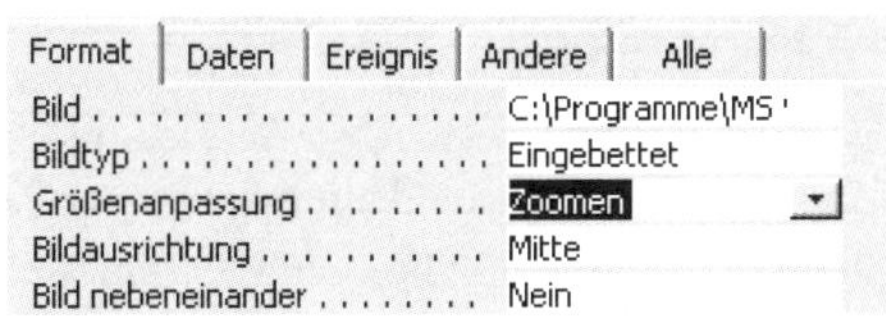

   Schließen Sie das Dialogfeld, klicken Sie dann auf einen der Anfasser in einer der Ecken des Bildes und ziehen Sie es nach innen, bis Sie die gewünschte Größe erreicht haben.

Um das Bild an eine andere Stelle im Formular zu ziehen, klicken Sie irgendwo auf das Bild, außer auf die Anfasser. Halten Sie die Maustaste gedrückt; der Mauszeiger ändert sich in eine offene Hand. Ziehen Sie das Bild nun an die rechte Seite des Formulars und lassen Sie die Maustaste los.

Passen Sie die Größe des Formularhintergrundes an, bis Ihr Formular so aussieht:

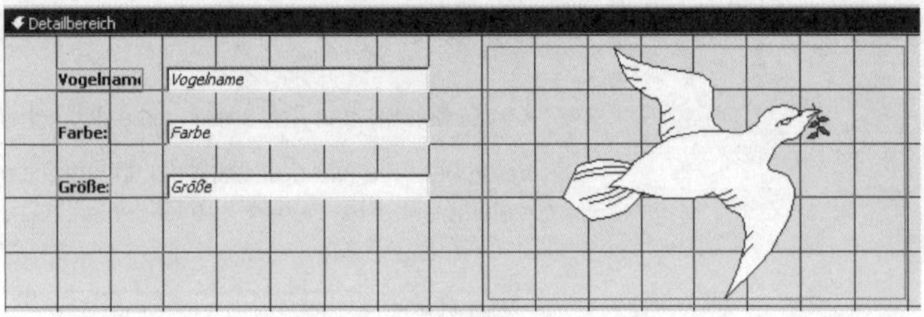

4) Lassen Sie uns Ihrem Formular nun als letzten Schritt etwas Farbe hinzufügen. Klicken Sie auf das Textfeld des Vogelnamens, um es auszuwählen, und klicken Sie auf den Pfeil der Schaltfläche *Füll-/Hintergrundfarbe* in der *Formatierung*-Symbolleiste und wählen Sie die Farbe *Gelb* aus. Wiederholen Sie diesen Schritt auch für die anderen Textfelder.

Schaltfläche Füll-/Hintergrundfarbe

5) Klicken Sie irgendwo auf den Formularhintergrund und klicken Sie auf den Pfeil der Schaltfläche *Füll-/Hintergrundfarbe* und wählen Sie diesmal ein helles Grün oder ein helles Blau aus.

6) Klicken Sie auf die Schaltfläche *Formularansicht* in der Symbolleiste und bestaunen Sie Ihr Werk. Klicken Sie noch einmal auf die gleiche Schaltfläche, um in die Entwurfsansicht zurückzugelangen.

7) Klicken Sie auf die Schaltfläche *Schließen*, um Ihr Formular zu schließen und gleichzeitig zu speichern.

Kopf- und Fußzeile eines Formulars bearbeiten

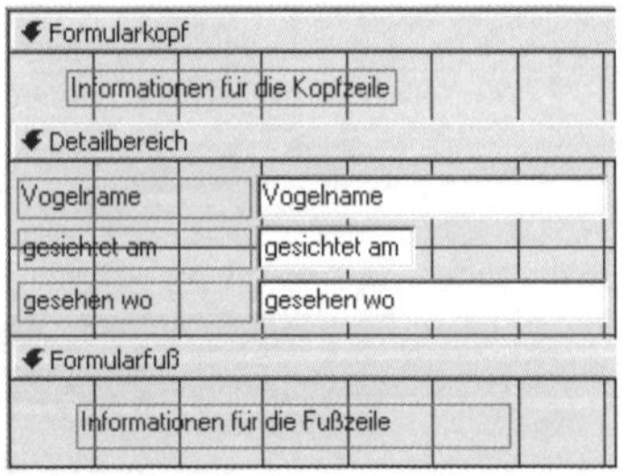

Um Kopf- und Fußzeilen in einem Formular zu bearbeiten, vergrößern Sie in der Entwurfsansicht entweder den Bereich Formularkopf oder Formularfuß, sodass Platz zum Einfügen von Information entsteht. Informationen, die hier eingegeben werden, sind, im Gegensatz zu den Informationen, die im Detailbereich stehen, in jedem Datensatz sichtbar. Um Text in den Kopf- oder Fußbereich einzugeben, öffnen Sie die Toolbox, klicken dann auf das Symbol *Bezeichnung*, ziehen ein Feld zur Texteingabe in den entsprechenden Bereich und geben den gewünschten Text darin ein. Klicken Sie dann irgendwo außerhalb des Textbereichs. Um den Bereich nun erneut zu markieren, klicken Sie einfach in ihn hinein. Sie können nun, genauso wie im Detailbereich auch, das Feld verschieben, vergrößern, löschen, den Text formatieren etc. Experimentieren Sie ein wenig mit den zur Verfügung stehenden Möglichkeiten und schauen Sie sich das Ergebnis dann in der Formularansicht an.

In der Formularansicht drucken

Um Daten in der Formularansicht zu drucken, wählen Sie DATEI/DRUCKEN. Im Dialogfenster *Datei drucken* können Sie auswählen, ob Sie alle Datensätze oder nur bestimmte Seiten (Von:... Bis:...) unter Verwendung der Formularansicht ausdrucken möchten.

Gut gemacht, Sie haben die Lektion *Arbeiten mit Formularen* des ECDL-Moduls *Datenbanken* beendet. Sie können Ihre Datenbank und Access nun schließen.

Zusammenfassung der Lektion: Das haben Sie gelernt

Formulare ermöglichen Ihnen die Anzeige einzelner Datensätze aus Ihrer Datenbank. Da Formulare auf Tabellen basieren, müssen Sie immer zuerst eine Tabelle erstellen, bevor Sie ein Formular erstellen können. Formulare enthalten die gleiche Information wie Tabellen. Alle Änderungen der Informationen, die Sie in einem Formular vornehmen, werden unverzüglich auch im Datenblatt übernommen, genau so, wie alle Änderungen in einem Datenblatt auch im Formular übernommen werden.

Mit dem *Formular-Assistenten* von Access können Sie schnell und einfach Formulare erstellen. Sie wählen ganz einfach die Felder aus Ihrer Tabelle aus, die das Formular beinhalten soll, entscheiden sich dann für ein Layout und Dekor und geben dem Ganzen einen Namen. Schauen Sie sich dazu Übung 5.33 an.

Sie können ein Formular verwenden, um bestehende Datensätze Ihrer Datenbank zu betrachten. Eine Navigationsleiste mit mehreren Knöpfen am unteren Rand des Formulars ermöglicht es Ihnen, Schritt für Schritt durch die einzelnen Datensätze zu blättern. In der *Formularansicht* können Sie Datensätze sortieren und filtern und Platzhalter für Buchstaben (* und ?) verwenden. Schauen Sie sich dazu das Beispiel in Übung 5.34 an.

Ein *AlleFelder*-Formular ist ein Formular, das alle Felder der Tabelle beinhaltet; es wird normalerweise zur Eingabe von Daten verwendet. Der schnellste Weg der Dateneingabe in ein Formular ist der, im ersten Feld anzufangen und dann mit der [⇆] - oder [↵] -Taste ins jeweils nächste Feld zu springen. Wenn Sie das letzte Feld im Formular ausgefüllt haben, drücken Sie die [⇆] - oder [↵] -Taste, um ein neues leeres Formular einzublenden. Schauen Sie sich dazu die Übung 5.35 an.

Um über ein Formular Informationen in Ihrer Tabelle zu ändern, suchen Sie den Datensatz (entweder blättern Sie die einzelnen Datensätze durch oder Sie sortieren bzw. filtern), an dem Sie die Änderungen vornehmen möchten. Klicken Sie in das entsprechende Feld und löschen oder überschreiben Sie die Information bzw. fügen Sie noch etwas hinzu. Sie können auch Grafiken bzw. Bilder in Ihre Formulare einfügen. Schauen Sie sich dazu die Übung 5.37 an.

In der *Entwurfsansicht* können Sie die Formatierung sowohl von Feldtiteln als auch von Textfeldern ändern sowie Größe und Form jedes Feldes anpassen, neue Felder hinzufügen, Grafiken importieren und in ihrer Größe ändern und verschieben. Die Übungen 5.38, 5.39 und 5.40 geben Ihnen ein Beispiel dafür.

Schnelltest: Mit Formularen arbeiten

1.	**Um ein Formular in der Entwurfsansicht anzuzeigen, ...**
A	wählen Sie DATEI/ÖFFNEN, wählen dann das Formular aus, das Sie betrachten möchten, und klicken auf *Öffnen.*
B	klicken Sie im Datenbankfenster auf *Formulare* in der Objektliste und führen dann einen Doppelklick auf das Formular aus, das Sie betrachten möchten.
C	klicken Sie im Datenbankfenster auf *Formulare* in der Objekteliste. Klicken Sie dann auf das Formular, das Sie betrachten möchten, und anschließend auf die Schaltfläche *Entwurf* in der Symbolleiste der Datenbank.

2.	**Welches ist die schnellste und einfachste Methode, um ein Formular mit allen Feldern zu erstellen?**
A	Erstellen Sie ein neues Formular in der Entwurfsansicht und fügen Sie nacheinander alle Felder der Liste ein.
B	Erstellen Sie ein Formular mit Hilfe des Formular-Assistenten, und wählen Sie alle Felder aus, wenn Sie aufgefordert werden, die Felder anzugeben, die Ihr Formular enthalten soll.
C	Erstellen Sie ein Formular unter Verwendung einer der AutoFormular-Optionen, die im Dialogfenster *Neues Formular* aufgelistet werden.

3.	**Um Datensätze in einem Formular zu sortieren, ...**
A	klicken Sie in das Feld, das Sie als Basis für die Sortierung verwenden möchten, und klicken dann auf die Schaltfläche *Aufsteigend sortieren* oder *Absteigend sortieren.*
B	klicken Sie in das Feld, das Sie als Basis für die Sortierung verwenden möchten, und klicken dann auf die Schaltfläche *Auswahlbasierter Filter.*
C	klicken Sie in das Feld, das Sie als Basis für die Sortierung verwenden möchten, und klicken dann auf die Schaltfläche *Formularbasierter Filter.*

4.	**Um über ein Formular einen neuen Datensatz einzugeben, ...**
A	öffnen Sie das Formular, klicken auf die Schaltfläche *Neuer Datensatz* in der Navigationsleiste des Formulars, geben dann die Einzelheiten des Datensatzes ein und schließen das Formular.
B	öffnen Sie das Formular in der Entwurfsansicht, geben die Einzelheiten des Datensatzes ein und schließen das Formular.
C	klicken Sie im Datenbankfenster auf das Formular, dem Sie einen Datensatz hinzufügen möchten. Wählen Sie EINFÜGEN/NEUER DATENSATZ, geben Sie dann die Einzelheiten ein und schließen Sie das Formular.

5.	**Wie Sie ein Formular erstellen, können Sie die Beschriftungsfelder und die Textfelder entweder zusammen oder jeweils einzeln neu positionieren.**
A	Richtig
B	Falsch

6.	**Um die Schriftfarbe eines Beschriftungsfeldes zu ändern ...**
A	öffnen Sie das Formular in der Entwurfsansicht, klicken auf die Beschriftung und wählen dann die Farbe aus, indem Sie die Schaltfläche *Füll-/Hintergrundfarbe* auf der Symbolleiste verwenden.
B	öffnen Sie das Formular in der Entwurfsansicht, klicken auf die Beschriftung und wählen dann die Farbe aus, indem Sie die Schaltfläche *Schrift-/Vordergrundfarbe* auf der Symbolleiste verwenden.
C	öffnen Sie das Formular in der Entwurfsansicht, klicken Sie mit der rechten Maustaste auf die Beschriftung, um in das Kontextmenü zu gelangen, und wählen dann eine Farbe aus, indem Sie die Schaltfläche *Füll-/Hintergrundfarbe* auf der Symbolleiste verwenden.

Lektion 5.6: Mit Berichten arbeiten

Zu dieser Lektion

In den vorherigen Lektionen dieses Moduls haben Sie gelernt, wie man Informationen in eine Datenbank eingibt, sie verändert und auf dem Bildschirm anzeigen lassen kann. In dieser Lektion werden Sie nun erfahren, wie man Informationen ausgibt und sie in einer nützlichen und zugänglichen Art präsentiert.

Neue Fähigkeiten

Am Ende dieser Lektion sollten Sie in der Lage sein,

- Informationen, die Sie aus der Datenbank extrahiert haben, auf dem Bildschirm anzuzeigen,
- einen Bericht über Daten aus Ihrer Datenbank auszudrucken,
- Seitenköpfe und Seitenfüße zu erstellen und anzupassen.

Neue Wörter

Am Ende dieser Lektion sollten Sie in der Lage sein, die folgenden Begriffe zu erklären:

- Bericht
- Gruppierter Bericht

Ihr erster Bericht

Allgemein gesprochen ist ein Bericht eine Möglichkeit, Informationen in einer gedruckten Form zu präsentieren. Dennoch wird dieser Begriff immer häufiger dazu verwendet, um Information zu beschreiben, die in einer für einen Ausdruck passenden Form auf dem Bildschirm angezeigt ist.

Bericht

Ein Dokument (gedruckt oder auf dem Bildschirm), das Informationen in einer strukturierten Weise anzeigt.

Sie haben ja schon gesehen, auf welche Art Sie in Access Ihre Daten strukturieren und organisieren können: durch Filtern und Sortieren von Datensätzen, durch die Verwendung von Formularen, um nur ausgesuchte Felder anzuzeigen, usw. Natürlich können Sie jede dieser Bildschirmanzeigen auch ausdrucken und das könnte auch für Ihre Zwecke genau das Richtige sein. Klicken Sie einfach auf die Schaltfläche *Drucken* in der Symbolleiste oder rufen Sie den Menübefehl DATEI/DRUCKEN auf. Im Dialogfenster *Drucken* können Sie dann unter *Druckbereich* festlegen, ob Sie alle Seiten oder nur bestimmte Seiten (Von:... Bis:...) des Berichts drucken möchten.

Schaltfläche Drucken

Vor dem Drucken können Sie über den Befehl DATEI/SEITE EINRICHTEN... Optionen zur Druckvorbereitung auswählen. Im Register *Seite* des Dialogfensters *Seite einrichten* können Sie z.B. die Papiergröße (A4,

A5 usw.) oder die Ausrichtung, also Hoch- oder Querformat, ändern bzw. festlegen. Nachdem Sie Änderungen über das Menü DATEI/SEITE EINRICHTEN vorgenommen haben, können Sie sich die Auswirkungen im Layout in der Seitenansicht anschauen.

Access gibt Ihnen jedoch eine Vielzahl von Möglichkeiten an die Hand, um die Art und Weise, in der Ihre Daten dargestellt werden, zu steuern. Sie können Ihre Daten so anlegen, dass wichtige Informationen hervorgehoben werden. Daten können in Kategorien zusammengefasst werden, Sie können Summen angeben und Informationen für jede Kategorie, Unterkategorie und für den gesamten Bericht zählen.

AutoBerichte

Der einfachste Weg, einen Bericht zu erstellen, ist der über die Funktion AutoBericht. Hier gibt es zwei Optionen:

- *AutoBericht: Spalten.* Access druckt jedes Feld in einer separaten Zeile, wobei der Feldname links steht.
- *AutoBericht: Tabellarisch.* Access druckt die Felder jedes einzelnen Datensatzes in eine Zeile. Feldnamen werden einmal oben auf jeder Seite des Berichtes gedruckt.

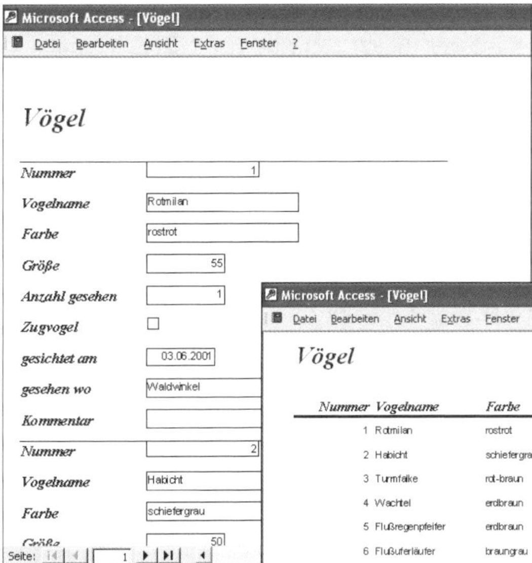

Berichtsformat Einspaltig

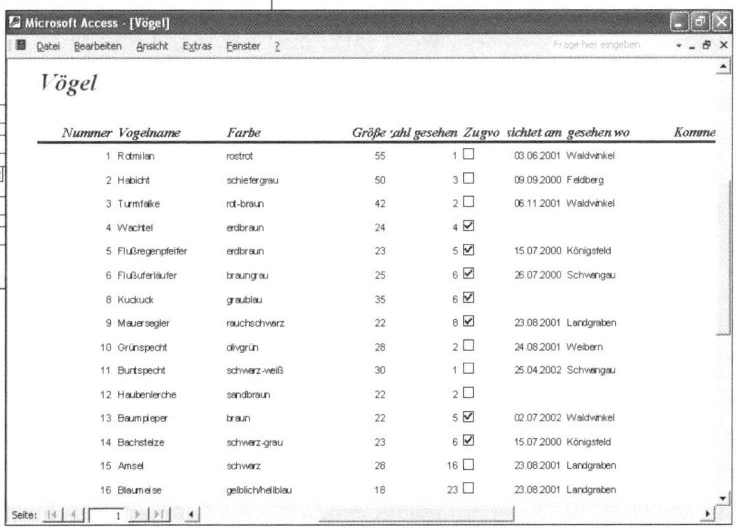

Berichtsformat Tabellarisch

Lassen Sie uns also einen Bericht erstellen.

Übung 5.41: Einen Bericht mit AutoBericht erstellen

Schaltfläche Neu

1) Öffnen Sie Access und dann die Datenbank *Vögel.* Klicken Sie im Datenbankfenster auf die Option *Berichte* in der Objekteliste und anschließend auf die Schaltfläche *Neu* in der Symbolleiste.

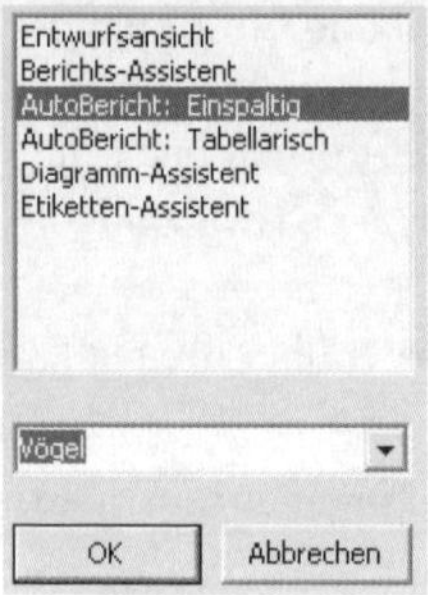

2) Wählen Sie *AutoBericht: Einspaltig.* In der Dropdown-Liste der vorhandenen Tabellen und Abfragen wählen Sie *Vögel.*

3) Klicken Sie auf OK und bewundern Sie Ihren Bericht auf dem Bildschirm. Um die nächsten Seiten des Berichts anzuzeigen, klicken Sie auf die Navigationsschaltfläche unten links am Bildschirm.

4) Wenn Sie einen Drucker besitzen, klicken Sie auf die Schaltfläche *Drucken* in der Symbolleiste oder rufen Sie den Menübefehl DATEI/DRUCKEN auf. Sie können Ihren fertigen Bericht nun an die Wand hängen.

5) Schließen Sie das Fenster mit Ihrem Bericht und (falls es angezeigt wird) das Entwurfsfenster. Sie werden aufgefordert, Ihre Arbeit zu speichern. Speichern Sie den Bericht unter dem Namen *Mein erster Bericht.*

Berichts-Assistent

Die *AutoBericht*-Funktion erstellt auf einfache Weise Berichte mit einem ansprechenden Erscheinungsbild. Sie können jedoch auch die volle Kontrolle über das Layout und den Inhalt Ihres Berichts übernehmen. Auch hier steht Ihnen Access zur Seite, um die Sache zu vereinfachen. Sie können den Assistenten verwenden. Der Assistent bietet Ihnen die folgenden Möglichkeiten:

- **Sortieren:** Sie können ein oder mehrere Sortierkriterien auf die Daten anwenden, die Sie in einem Bericht verwenden möchten. Wenn eine Firma z.B. eine Liste ihrer Kunden drucken möchte, könnte sie die Information nach Verkaufssummen (absteigend) innerhalb von bestimmten Regionsnamen (aufsteigend) sortieren.
- **Gruppieren:** Eine elegante Art, einen Bericht zu erstellen, ist es, die Datensätze basierend auf Werten in einem Feld zu gruppieren. Beim Kundenbericht könnten Sie z.B. Datensätze nach Regionen gruppieren. Access druckt dann jeden Regionsnamen nur einmal und listet dann die entsprechenden Datensätze der Kunden dieser Region darunter auf. Wenn Sie Ihre Daten auf diese Art gruppieren, können Sie Access mitteilen, dass Berechnungen der Daten innerhalb einer Gruppe vorgenommen werden sollen.
- **Layout:** Hier sind die Möglichkeiten *einspaltig* (jedes Feld in einer separaten Zeile) und *tabellarisch* (jeder Datensatz in einer Zeile).
- **Form:** Die Möglichkeiten hier reichen von *einfach* (für die meisten Fälle geeignet) bis hin zu *dekorativ* (eventuell für Marketing).

Gruppierter Bericht

Ein Bericht, in dem Informationen nach dem Wert in einem oder mehreren Feldern gruppiert werden. Es können zu Daten innerhalb jeder Gruppe Berechnungen vorgenommen werden.

Die beste Methode, den Bericht-Assistenten kennen zu lernen, ist es, ihn zu verwenden. Die Übung 5.42 führt Sie durch die einzelnen Schritte.

Übung 5.42: Den Berichts-Assistent verwenden

1) Klicken Sie im Datenbankfenster die Option *Berichte* in der Objekteliste an und anschließend auf die Schaltfläche *Neu* in der Symbolleiste.

2) Im Dialogfenster *Neuer Bericht* wählen Sie die Option *Berichts-Assistent*. Geben Sie an, dass Sie einen Bericht, basierend auf der Tabelle *Vögel*, erstellen möchten. Klicken Sie auf OK.

3) Ein Ihnen vertrautes Bild wird angezeigt, ähnlich der Bildschirmanzeige für das Erstellen von Tabellen und Formularen.

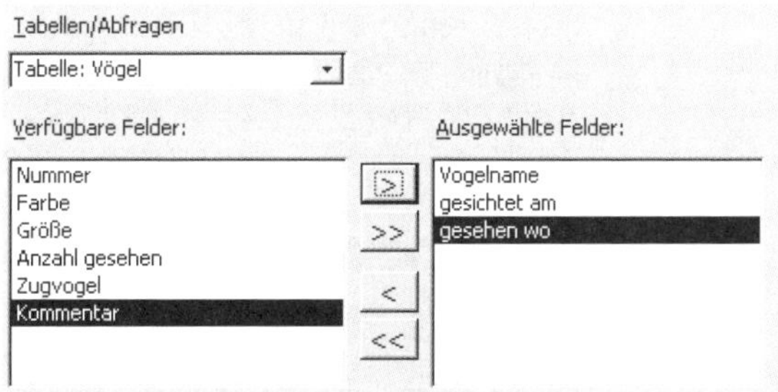

Wählen Sie die Felder, die der Bericht enthalten soll, aus der linken Liste aus und ziehen Sie sie in die rechte Liste. Wählen Sie für diese Übung die angegebenen Felder aus.

Klicken Sie auf die Schaltfläche *Weiter*.

4) Geben Sie an, wie die Datensätze im Bericht gruppiert sein sollen. Sie könnten z.B. einen Bericht für jeden Vogel erstellen, mit Angaben, wann Sie ihn wo gesehen haben. Das würde alle Sichtungen eines bestimmten Vogels gruppieren. Für unser Beispiel erstellen wir einen Bericht nach Datum. Damit werden alle Sichtungen eines Tages zusammengefasst. Wählen Sie *gesichtet am* und klicken Sie auf die >-Schaltfläche.

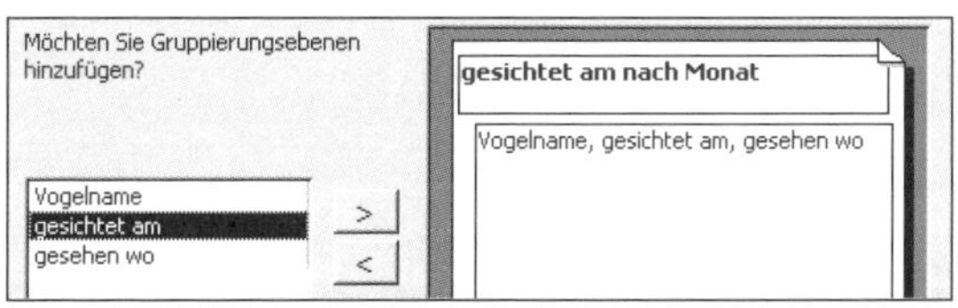

Klicken Sie auf die Schaltfläche *Gruppierungsoptionen.*

Sie können die Sichtungen nach Jahr, Vierteljahr, Monat, Woche, Tag etc. gruppieren.

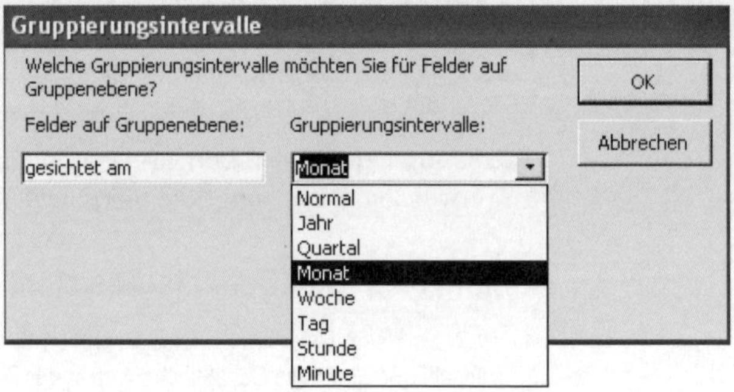

Wählen Sie *Monat* und klicken Sie auf OK.

Klicken Sie auf die Schaltfläche *Weiter.*

5) Als Nächstes geben Sie an, in welcher Reihenfolge die Datensätze im Bericht angezeigt werden sollen. Wählen Sie *gesichtet am* als erstes Kriterium aus. Die Schaltfläche *Sortieren* ist ursprünglich so eingestellt, dass in aufsteigender Reihenfolge sortiert wird. Um die Reihenfolge umzudrehen, klicken Sie einfach noch einmal auf die Schaltfläche. Bei jedem Klick wird zwischen *Aufsteigend* und *Absteigend* gewechselt. Schalten Sie auf *Absteigend.* Das bedeutet, dass Ihr Bericht die zuletzt gemachten Sichtungen zuerst anzeigt.

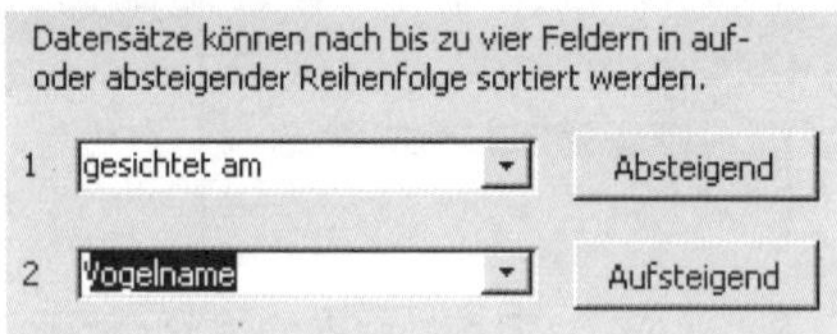

Wählen Sie *Vogelname* als zweites Kriterium aus und klicken Sie auf *Aufsteigend.* Das hat zur Folge, dass der Bericht die zuletzt gemachte Sichtung zuerst anzeigt und für jeden Tag die gesichteten Vögel in alphabetischer Reihenfolge aufführt. Klicken Sie auf die Schaltfläche *Weiter.*

6) Bestimmen Sie das Layout für Ihren Bericht. Wie schon in anderen Übungen mit *Assistenten* können Sie sich auch hier einen guten Eindruck davon verschaffen, wie das Ergebnis aussehen wird, indem Sie nacheinander die einzelnen Optionen auswählen. Das beste Layout für unsere Zwecke ist *Gliederung 2,* und, da wir nicht sehr viele Felder im Bericht haben, das Hochformat. Wählen Sie also diese Möglichkeiten aus und klicken Sie auf *Weiter.*

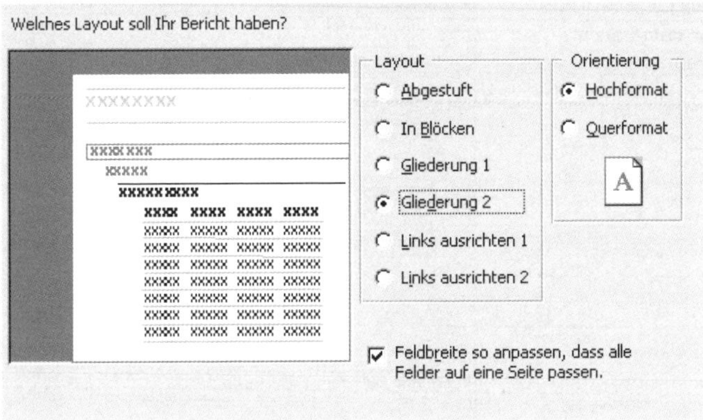

7) Geben Sie das typographische Format für Ihren Bericht an. Auch hier bietet sich Ihnen durch Auswählen die Möglichkeit einer Vorschau.

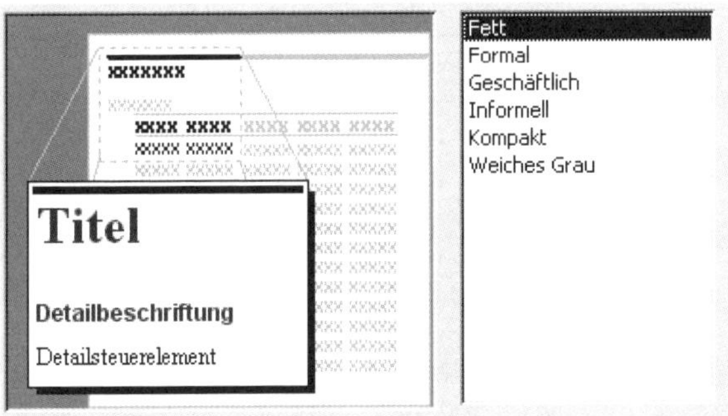

Wählen Sie für diese Übung bitte *Fett* und klicken Sie auf die Schaltfläche *Weiter.*

8) Zum Schluss geben Sie dem Bericht noch einen Titel: *Vogelschau Bericht.* Wählen Sie die Option *Berichtsvorschau anzeigen.*

   Klicken Sie auf die Schaltfläche *Fertig stellen.*

   Sie sehen den Bericht nun auf dem Bildschirm. Wenn der Bericht Ihren Vorstellungen entspricht, klicken Sie auf die Schaltfläche *Drucken* in der Symbolleiste oder rufen Sie den Menübefehl DATEI/DRUCKEN auf.

Sehen Sie sich den Bericht genau an, um zu erkennen, welche Elemente darin enthalten, und in welcher Form die Datensätze gruppiert und sortiert worden sind. Sie werden feststellen, dass der Assistent einen Berichtstitel und einen Gruppenkopf einfügt. Weiterhin wird auf jeder Seite eine Fußzeile eingefügt, in der die jeweilige Seitenzahl angegeben ist. Sie sehen, dass die Feldbezeichnungen im Gruppenkopf enthalten sind, und nur einmal für jede Gruppe von Datensätzen aufgeführt werden. Der Assistent hat auch Linien und Rahmen eingefügt, damit der Bericht einfacher zu lesen ist. Wenn Sie fertig sind, schließen Sie den Bericht.

Beispiel für einen Bericht, der mit dem Bericht-Assistenten erstellt wurde

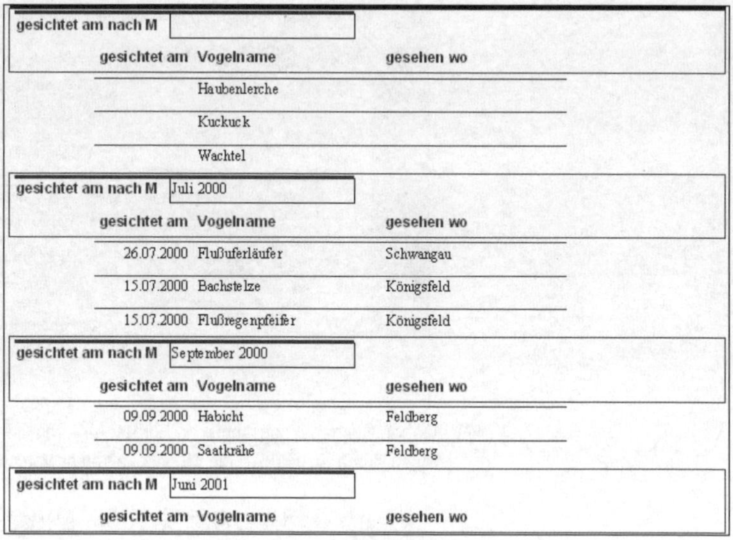

gesichtet am nach M			
	gesichtet am	Vogelname	gesehen wo
		Haubenlerche	
		Kuckuck	
		Wachtel	
gesichtet am nach M	Juli 2000		
	gesichtet am	Vogelname	gesehen wo
	26.07.2000	Flußuferläufer	Schwangau
	15.07.2000	Bachstelze	Königsfeld
	15.07.2000	Flußregenpfeifer	Königsfeld
gesichtet am nach M	September 2000		
	gesichtet am	Vogelname	gesehen wo
	09.09.2000	Habicht	Feldberg
	09.09.2000	Saatkrähe	Feldberg
gesichtet am nach M	Juni 2001		
	gesichtet am	Vogelname	gesehen wo

Wenn Sie einen Vogel aufgeführt haben, zu dem es keine Daten in den Feldern *gesichtet am* oder *gesehen wo* gibt, so werden diese Datensätze als erstes ganz oben im Bericht angezeigt. Wie würden Sie dann also einen Bericht erstellen, in dem nur die Vögel angezeigt werden, die Sie auch tatsächlich gesehen haben? Antwort: Erstellen und speichern Sie eine Abfrage, in der nur Vögel angezeigt werden, deren Felder *gesichtet am* und *gesehen wo* auch einen Wert enthalten. Erstellen Sie dann einen Bericht, der auf der Abfrage und nicht auf der eigentlichen Tabelle basiert.

Berichtsbereiche

Ein Bericht kann fünf Hauptbereiche enthalten, vier, die aus Kopf und Fuß bestehen, und der fünfte ist der Textkörper, also der eigentliche Bericht.

- **Berichtskopf und -fuß**: Access druckt diese beiden nur einmal, nämlich am Anfang und am Ende jedes Berichtes. In der Regel wird der Berichtskopf dazu verwendet, Dinge wie Berichtstitel, Firmenlogo oder Ähnliches einzusetzen. Den Berichtsfuß können Sie für Dinge wie Berichtssumme etc. verwenden.
- **Seitenkopf und -fuß**: Access druckt oben und unten auf jeder Seite. Wenn der Bericht einen Berichtskopf enthält, so druckt Access den Seitenkopf auf der ersten Seite nach diesem. Wenn ein Bericht einen Berichtsfuß enthält, so druckt Access den Seitenfuß unten nach dem Berichtsfuß auf der letzten Seite.
- **Gruppenkopf und -fuß**: Benutzerdefinierte Gruppen können Ihren eigenen Kopf und Fuß haben, der jeweils vor und nach den gruppierten Daten erscheint. In der Regel zeigt der Gruppenkopf den Wert des Feldes an, auf dem die Gruppierung basiert, wie auch

die Feldbeschriftungen. Der Gruppenfuß dient dazu, Untersummen von Werten innerhalb einer Gruppe anzuzeigen.

- **Berichtdetails**: Das ist der Teil eines Berichtes, der die Information enthält, die aus der Tabelle und Abfrage genommen wird, die Sie bestimmt haben. Die Anzahl der Zeilen dieses Bereichs hängt von der Anzahl der Datensätze in der Tabelle oder Abfrage ab. In gruppierten Berichten gibt es eine Bereich für Details für jede Gruppe. Die Anzahl der Zeilen hängt von der Anzahl der Datensätze jeder einzelnen Gruppe ab.

Der Bericht, den Sie in Übung 5.42 erstellt haben, enthält einen Berichtskopf, einen Seitenfuß, einen Gruppenkopf und Berichtseinzelheiten.

Einen Bericht verändern

Wenn der mit dem *Bericht-Assistenten* erstellte Bericht nicht genau Ihren Bedürfnissen entspricht, möchten Sie vielleicht ein paar kleine Änderungen vornehmen. Der Bericht, den Sie in Übung 5.42 erstellt haben, müsste ein wenig aufgeräumt werden. Die Möglichkeiten dazu sind in *Access* sehr vielfältig.

Entwurfsansicht eines Berichts

Um am Inhalt, Layout und der Formatierung eines Berichtes Veränderungen vorzunehmen, öffnen Sie den Bericht in der Entwurfsansicht, indem Sie den Bericht im Datenbankfenster auswählen und auf die Schaltfläche *Entwurf* auf der Symbolliste des Datenbankfensters klicken.

Die einzelnen Elemente des Berichts werden im Gitternetz dargestellt.

Bereich Gruppenkopf

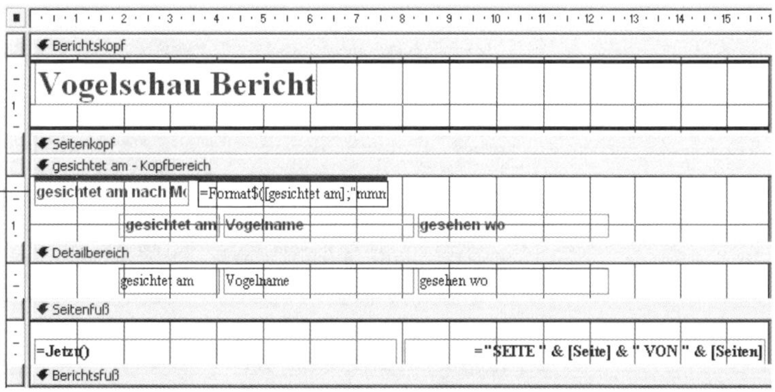

Wie Sie sehen können, sind die einzelnen Bereiche in Abteilungen angezeigt. Und jeder Bereich, den der Bericht enthält, wird einmal angezeigt. Beim Ausdruck kann es aber vorkommen, dass einige Bereiche mehrmals wiederholt werden.

Jedes Berichtsfeld (*gesichtet am*, *Vogelname*, *gesehen wo*) wird durch eine Beschriftung und ein Textfeld dargestellt. Die Beschriftungen stehen im Bereich *Gruppenkopf*, sodass sie beim Druck jeweils nur einmal angezeigt werden, und zwar innerhalb der entsprechenden Gruppe. Die Textfelder sind im Detailbereich angezeigt.

Der Titel des Berichts wird im Berichtskopf angezeigt, und die Kodierung für das aktuelle Datum und die Seitennummerierung sind im Seitenfuß platziert.

Schaltfläche Seitenansicht

Wenn ein Bericht in der Entwurfsansicht geöffnet ist, können Sie in die Seitenvorschau wechseln, indem Sie ANSICHT/SEITENANSICHT wählen oder auf die Schaltfläche *Seitenansicht* in der Symbolleiste klicken.

Wenn ein Bericht in der Seitenansicht geöffnet ist, können Sie in die Entwurfsansicht wechseln, indem Sie den Menübefehl ANSICHT/ENTWURFSANSICHT aufrufen.

Berichteigenschaften

Sie können den Inhalt, die Formatierung, die Größe und die Position der einzelnen Elemente in einem Bericht verändern, so wie Sie es auch getan haben, als Sie ein Formular erstellt haben (Übung 5.37).

Einige der Eigenschaften können Sie über Schaltflächen auf der Formatsymbolleiste ändern. Einige können Sie unter Verwendung der Maus ändern. Sie können aber auch das Eigenschaftsblatt der Elemente verwenden. Um zu diesem Eigenschaftsblatt zu gelangen, doppelklicken Sie auf das entsprechende Element oder klicken mit der rechten Maustaste darauf und wählen im Kontextmenü den Eintrag EIGENSCHAFTEN aus.

Schauen Sie sich die Eigenschaften zu einzelnen Elementen einmal an und schließen Sie das Blatt jedes Mal wieder, indem Sie auf das Schließen-Feld klicken.

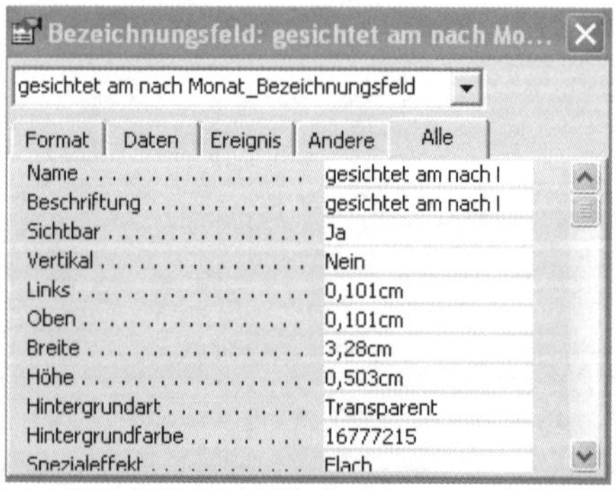

Das ist z.B. das Eigenschaftsblatt des Beschriftungsfeldes für *gesichtet am*.

In den folgenden Übungen werden Sie Änderungen in der Formatierung, an der Größe und an der Position einiger Berichtsfelder vornehmen. Außerdem werden Sie den Berichtskopf, den Seitenkopf und den Seitenfuß verändern, dem Bericht ein Feld hinzufügen und Gruppen- und Berichtssummen erstellen.

Übung 5.43: Die Felder eines Berichts formatieren

1) Öffnen Sie den Bericht *Vogelschau* in der Entwurfsansicht.

2) Ändern Sie die folgenden Beschriftungen wie abgebildet.

Vorher	Nachher
gesichtet am, nach Monaten	Monat
Datum, wann gesehen	Datum

Im Eigenschaftsblatt der Beschriftung müssen Sie die Eigenschaft *Beschriftung* auf der Registerkarte *Format* ändern.

Wahlweise können Sie die Beschriftung auch direkt ändern, indem Sie darauf klicken und sie dann wie gewünscht bearbeiten.

3) Wählen Sie das Textfeld *Monat* aus, indem Sie darauf klicken, und klicken Sie dann in der Symbolleiste auf die Schaltfläche *Fett*.

4) Im nächsten Schritt werden Sie einige der Beschriftungen und Textfelder neu positionieren und ihre Größe verändern.

- Klicken Sie auf die Beschriftung *Monat*, die Sie in Schritt 2 geändert haben. Bewegen Sie den Mauszeiger auf den Anfasser in der Mitte des rechten Randes. Der Mauszeiger wird zu einem Pfeil mit zwei Köpfen. Ziehen Sie den Rand etwa 1 cm nach links.

- Klicken Sie auf das Textfeld, das zu dieser Beschriftung gehört. Klicken Sie dann auf einen Anfasser zum Verschieben, und ziehen Sie das Feld ca. 1 cm nach links.

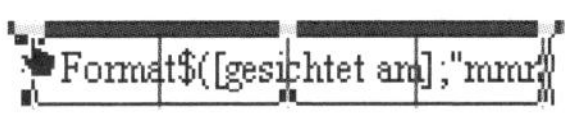

- Klicken Sie die Beschriftung *Monat* im Detailbereich. Klicken Sie auf den Anfasser zum Verschieben und ziehen Sie das Feld ca. 1 cm nach links. Wiederholen Sie diesen Schritt mit dem Textfeld *gesichtet am*.

- Schließlich klicken Sie auf die Linie über den Textfeldern im Detailbereich. Klicken Sie auf den am meisten links liegenden Bewegungsanfasser und ziehen Sie, bis sie parallel mit der linken Ecke des Textfeldes *gesichtet am* ist.

Ihr Bericht sollte nun so aussehen:

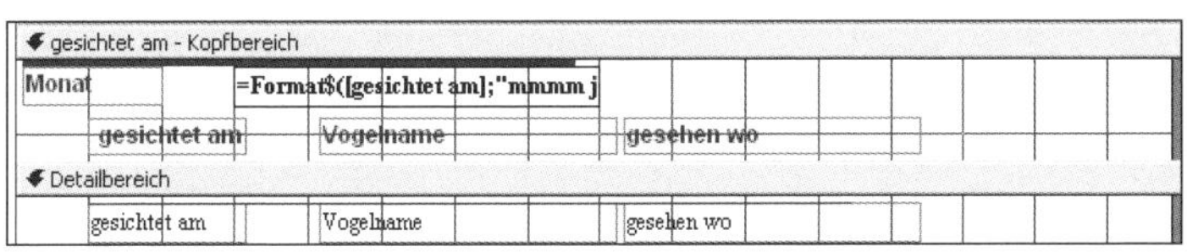

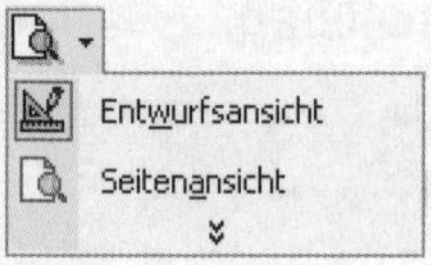

5) Klicken Sie in der Symbolleiste auf den Pfeil rechts an der Schaltfläche *Ansicht* und wählen Sie *Seitenansicht*, um Ihre Arbeit zu betrachten. Schließen Sie Ihren Bericht und speichern Sie ihn dabei.

Übung 5.44: Mit dem Berichtskopf arbeiten

1) Öffnen Sie den Bericht *Vogelsichtung* in der Entwurfsansicht.

2) Im Bereich *Berichtskopf* klicken Sie auf die Beschriftung *Vogelschau*. Sie können den Text nun bearbeiten oder löschen. Ändern Sie den Text in *Datenbank Vogelsichtung* um. Wenn nötig, vergrößern Sie das Textfeld, damit der gesamte Text hineinpasst.

3) Wechseln Sie in die Seitenansicht, um Ihre Arbeit anzuschauen. Schließen Sie Ihren Bericht und speichern Sie ihn in einem ab.

Übung 5.45: Mit dem Seitenkopf und -fuß arbeiten

1) Öffnen Sie den Bericht *Vogelschau* in der Entwurfsansicht.

2) Bewegen Sie den Mauszeiger über die Linie, die den Bereich *Seitenkopf* und *gesichtet am – Kopfbereich* unterteilt. Der Zeiger wird zu einem Bewegungswerkzeug. Ziehen Sie die Maus nach unten, um Platz zwischen *Seitenkopf* und *gesichtet am – Kopfbereich* zu schaffen.

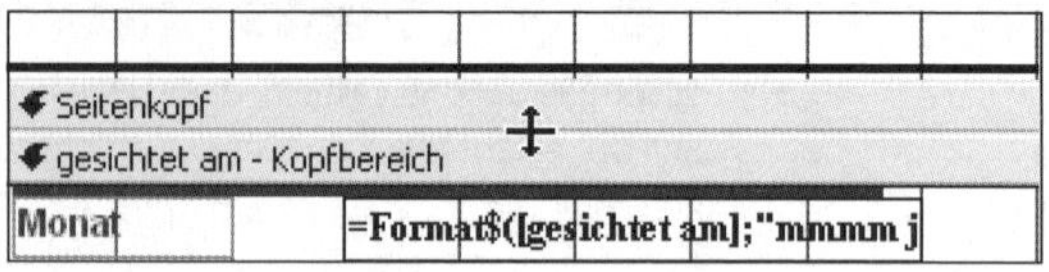

Schaltfläche Toolbox

3) Klicken Sie in der Symbolleiste auf die Schaltfläche *Toolbox*, um die Access-Werkzeugleiste anzuzeigen. Hier finden Sie Werkzeuge, um Beschriftungen, Textfelder und andere Steuerlemente für Access-Formulare und -Berichte hinzuzufügen. Klicken Sie in der Toolbox auf die Schaltfläche *Bezeichnung*.

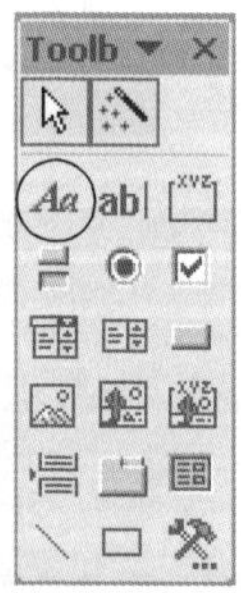

Kreuz zum Zeichnen von Bezeichnungsfeldern.

4) Bewegen Sie den Mauszeiger über den Bereich *Seitenkopf*. Sie werden bemerken, dass der Mauszeiger seine Form ändert. Klicken Sie dort, wo die linke obere Ecke des Textfeldes sein soll, das Sie einfügen. Halten Sie die Maustaste gedrückt und ziehen Sie die Maus bis zu der Stelle, an der die rechte untere Ecke des Textfeldes enden soll. Lassen Sie die Maustaste dann los.

5) Schreiben Sie den folgenden Text in das neu erzeugte Feld: »Copyright: <Ihr Name>«. Sie haben soeben einen Seitenkopf erstellt.

6) Klicken Sie im Bereich *Seitenfuß* auf das Textfeld, das *=Jetzt()* enthält. Das ist die Kodierung von Access für das aktuelle Datum. Klicken Sie in der Symbolleiste auf den Pfeil rechts neben der Schaltfläche *Schrift-/Vordergrundfarbe* und wählen Sie

die Farbe Rot aus. (In der Entwurfsansicht können Sie das aktuelle Datum überall in einen Bericht einfügen, indem Sie den Menübefehl EINFÜGEN/DATUM UND UHRZEIT aufrufen, das gewünschte Format auswählen und dann das Datumsfeld an die passende Stelle verschieben.)

7) Im Bereich *Seitenfuß* klicken Sie noch einmal in das rechte Textfeld. Dieses Feld enthält die Access-Kodierung zur Seitennummerierung. Klicken Sie auf den Pfeil rechts neben der Schaltfläche *Füll-/Hintergrundfarbe* in der Symbolleiste und wählen Sie die Farbe Gelb aus. (In der Entwurfsansicht können Sie die Seitennummerierung einfügen, indem Sie den Menübefehl EINFÜGEN/SEITENZAHLEN wählen. Sie können dann die Position und das Format der Seitennummerierung nach Ihren Vorstellungen ändern.)

8) Wechseln Sie in die Seitenansicht, um Ihre Arbeit zu betrachten.

9) Sie sind mit Ihrer Farbwahl nicht zufrieden? Wechseln Sie zurück in die Entwurfsansicht (wählen Sie dazu den Menübefehl ANSICHT/ENTWURFSANSICHT) und nehmen Sie noch ein paar Änderungen vor. Wenn Sie fertig sind, schließen Sie Ihren Bericht und speichern Sie ihn gleichzeitig.

Übung 5.46: Dem Bericht ein Feld hinzufügen

1) Öffnen Sie den Bericht *Vogelschau* in der Entwurfsansicht.

Schaltfläche Feldliste

2) Klicken Sie in der Symbolleiste auf die Schaltfläche *Feldliste*, um die Liste der Felder der Datenbank *Vögel* einzublenden. Sie haben eine solche Liste schon einmal in der Übung 5.38 verwendet, als Sie ein Formular in der Entwurfsansicht erstellt haben.

3) Klicken Sie in der Feldliste auf das Feld *Anzahl gesehen* und ziehen Sie es in den leeren Bereich rechts im Detailbereich des Berichtes. Ein Bezeichnungs- und Textfeld wird für das Feld erstellt.

4) Sie können Elemente innerhalb eines Bereichs durch Ziehen am Anfasser verschieben. Wenn Sie jedoch Elemente zwischen den einzelnen Bereichen verschieben möchten, müssen Sie die Schaltflächen *Ausschneiden* und *Einfügen* verwenden.

   Klicken Sie auf die Bezeichnung *Anzahl gesehen* und rufen Sie den Menübefehl BEARBEITEN/AUSSCHNEIDEN auf. Klicken Sie dann irgendwo in den *gesehen wo*-Kopfbereich und wählen Sie BEARBEITEN/EINFÜGEN. Das Bezeichnungsfeld *Anzahl gesehen* wird oben links im Kopfbereich eingefügt.

   Das neu eingefügte Bezeichnungsfeld ist automatisch ausgewählt. Bewegen Sie also den Mauszeiger über die den Rand des Feldes, bis sich der Zeiger in eine offene Hand verwandelt. Ziehen Sie das Bezeichnungsfeld im Bereich ganz nach rechts und positionieren Sie es direkt links neben das Bezeichnungsfeld *gesehen wo*.

   Klicken Sie auf das Textfeld *Anzahl gesehen* und verschieben Sie es an die gleiche Stelle im Detailbereich. Reduzieren Sie die Breite des Feldes, indem Sie den rechten Rand verschieben, bis das Feld so breit ist wie der darin befindliche Text.

   Klicken Sie schließlich noch auf die Linie, die sich über den Textfeldern im Detailbereich befindet, und ziehen Sie ihr rechtes Ende bis über das Ende des Bezeichnungsfeldes *Anzahl gesehen*.

   Ihr Bericht sollte nun so aussehen:

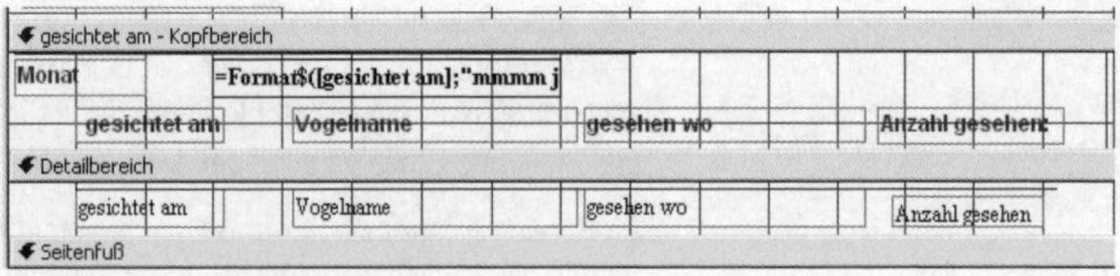

5) Wechseln Sie in die Seitenansicht, um sich Ihre Arbeit anzuschauen. Wenn Sie fertig sind, schließen Sie Ihren Bericht und speichern ihn dabei.

Übung 5.47: Gruppensummen erstellen

Schaltfläche Sortieren und gruppieren

1) Sie werden nun dem Bereich *gesehen am – Fußbereich* ein Summenfeld hinzufügen. Wenn dieser Bereich nicht sichtbar ist, klicken Sie in der Symbolleiste auf die Schaltfläche *Sortieren und gruppieren*, und im Bereich *Gruppeneigenschaften* ändern Sie den Wert des Gruppenfußes von *Nein* in *Ja*.

   Im Dialogfenster *Sortieren und gruppieren* können Sie auch eine Sortierreihenfolge für die einzelnen Felder festlegen. Klicken Sie dazu in die entsprechende Zeile der Spalte *Sortierreihenfolge*. Über den Pfeil, der rechts erscheint, gelangen Sie zu einer Dropdown-Liste, aus der Sie dann *aufsteigend* oder *absteigend* als Sortierreihenfolge auswählen. Schließen Sie das Dialogfenster, indem Sie auf das Schließfeld rechts oben klicken.

Schaltfläche Toolbox

Schaltfläche Textfeld in der Toolbox

2) Klicken Sie in der Symbolleiste auf die Schaltfläche *Toolbox*, um die Access-Werkzeugleiste einzublenden. Klicken Sie in der Toolbox auf die Schaltfläche *Textfeld* und klicken Sie irgendwo in den Fußbereich von *gesehen am*. Ein Textfeld und ein Bezeichnungsfeld werden erstellt.

3) Ändern Sie den Bezeichnungstext in *Gesamtsumme*.

4) Ändern Sie den Text im Textfeld in *=Summe([Anzahl gesehen])*.

   Das ist der Ausdruck dafür, dass die Summe aller Werte in den Feldern *Anzahl gesehen* einer Gruppe berechnet wird.

5) Ändern Sie die Größe des Bezeichnungsfeldes und des Textfeldes und verschieben Sie beide wie abgebildet.

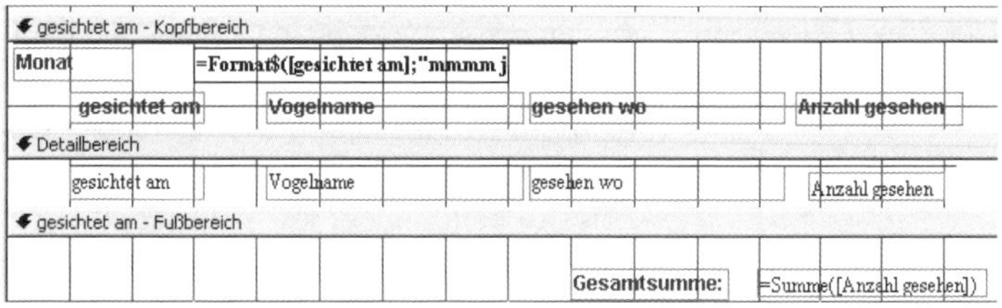

6) Wenn Sie möchten, ziehen Sie eine Linie oberhalb des Bezeichnungs- und Textfeldes, indem Sie die Schaltfläche *Linie* in der Toolbox verwenden.

7) Wechseln Sie in die Seitenansicht, um Ihre Arbeit zu begutachten. Der Bericht beinhaltet nun ein Feld *Gesamtsumme* für jede Gruppe, in dem angezeigt wird, wie viele Vögel in einem Monat insgesamt gesichtet wurden.

8) Wenn Sie fertig sind, schließen Sie Ihren Bericht und speichern Sie ihn dabei.

Übung 5.48: Eine Gesamtsumme für den Bericht erstellen

1) Öffnen Sie den Bericht *Vogelschau* in der Entwurfsansicht.

2) Bewegen Sie den Mauszeiger über den unteren Rand des Bereichs *Berichtsfuß*, er wird dann zu einem Bewegungswerkzeug. Klicken Sie auf den Rand und ziehen Sie die Maus nach unten, um Platz für Ihr Feld *Gesamtsumme* zu schaffen.

Schaltfläche Textfeld in der Toolbox

3) Klicken Sie in der Toolbox die Schaltfläche *Textfeld* an und klicken Sie irgendwo in den Berichtsfuß. Ein Textfeld und ein Bezeichnungsfeld werden erstellt.

4) Ändern Sie den Bezeichnungstext in *Gesamtsumme gesichtet.*

5) Ändern Sie den Text im Textfeld in *=Summe([Anzahl gesehen]).*

Das ist der Ausdruck dafür, dass die Summe aller Werte in den Feldern *Anzahl gesehen* in diesem Bericht berechnet wird.

6) Ändern Sie die Größe des Bezeichnungsfeldes und des Textfeldes und verschieben Sie beide wie abgebildet. Ändern Sie die Formatierung des Textfeldes in *Fett.*

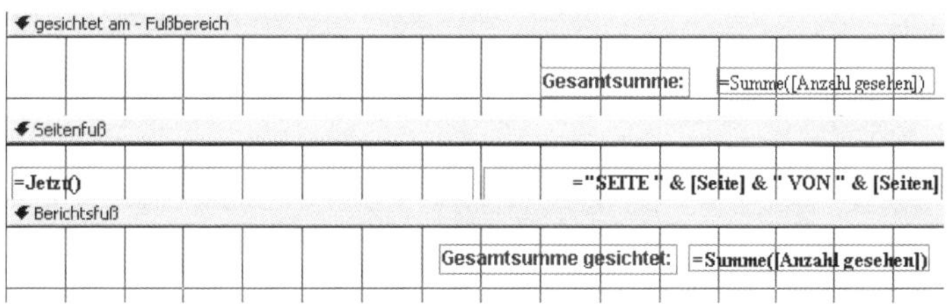

7) Wenn Sie möchten, ziehen Sie eine Linie oberhalb des Bezeichnungs- und Textfeldes, indem Sie die Schaltfläche *Linie* in der Toolbox verwenden.

8) Wechseln Sie in die Seitenansicht, um Ihre Arbeit zu begutachten. Der Bericht beinhaltet nun ein Feld *Gesamtsumme* für jede Gruppe, in dem angezeigt wird, wie viele Vögel insgesamt in diesem Bericht gesichtet wurden.

9) Wenn Sie fertig sind, schließen Sie Ihren Bericht und speichern Sie ihn dabei.

Gut gemacht. Sie können nun die Tabelle *Vögel* und auch Access schließen.

Min, Max, Mittelwert, Anzahl

In den beiden vorherigen Übungen haben Sie eine Gruppensumme bzw. eine Berichtssumme erstellt. Genauso wie Sie =*Summe* in ein Textfeld eingeben, können Sie auch noch andere Ausdrücke verwenden. So können Sie z.B. =*Min* eingeben, um den Minimalwert angezeigt zu bekommen, was in unserem Beispiel ganz einfach die Anzahl der Vogelart, von der am wenigsten gesichtet wurden wäre; =*Max* zeigt Ihnen den größten Wert an, also die Anzahl der Vogelart, die am häufigsten gesichtet wurde; =*Mittelwert* würde Ihnen einen Durchschnittswert liefern und =*Anzahl* zeigt Ihnen die Anzahl der Objekte in einer Liste an. Je nachdem, an welcher Stelle Sie das Textfeld eingeben (siehe oben), erhalten Sie einen Wert, der sich auf eine Gruppe, oder den gesamten Bericht bezieht. Versuchen Sie es einmal, indem Sie die letzten zwei Übungen noch einmal durchgehen, aber diesmal in Schritt 3 der Übung 5.47 statt *Summe* im *Ausdruck =Summe([Anzahl gesehen]) Min, Max, Mittelwert* oder *Anzahl* vor der Klammer eingeben. Das gleiche können Sie dann auch noch in Schritt 5 der Übung 5.48 tun.

Wechseln Sie nach der Änderung jeweils in die Seitenansicht, um sich die Auswirkungen der einzelnen Änderungen anzusehen. Sie brauchen die Änderungen nicht zu speichern.

Sie haben hiermit das Modul *Datenbank* des ECDL beendet.

Zusammenfassung der Lektion: Das haben Sie gelernt

Ein Bericht ist ein Dokument (gedruckt oder auf dem Bildschirm), das Information in einer strukturierten Weise anzeigt. Access bietet zwei automatisierte Lösungen an: *AutoBericht* und *Bericht-Assistent*. Für die meisten Fälle wird das Ihren Bedürfnissen genügen.

AutoBericht bietet Ihnen zwei Berichtsoptionen: *Spalten,* wobei Access jedes Feld in eine separaten Zeile druckt und der Feldname links steht. *Tabellarisch*, wobei Access die Felder jedes einzelnen Datensatzes in eine Zeile druckt. Feldnamen werden einmal oben auf jeder Seite des Berichtes gedruckt.

Um den *Bericht-Assistenten* zu verwenden, wählen Sie die entsprechende Tabelle und dann die Felder, die der Bericht beinhalten soll. Geben Sie die Gruppierung, die Sortierreihenfolge, das Layout und das typographische Format an.

Die Gruppierung ist eine elegante Lösung, um sortierte Berichte zu erstellen. Hierbei wird Information in leicht lesbare Blöcke eingeteilt, wobei die Information in jedem Block sortiert erscheint.

Ein Bericht kann fünf Hauptbereiche enthalten, vier, die aus Kopf und Fuß bestehen und der fünfte ist der Textkörper, also der eigentliche Bericht. Der Berichtskopf und Berichtsfuß werden nur jeweils einmal am Anfang und am Ende eines jeden Berichtes gedruckt. Oben und unten auf jeder Seite kann Access einen Seitenkopf und Seitenfuß drucken. Jede benutzerdefinierte Gruppe kann ihren Gruppenkopf und Gruppenfuß haben. Der Detailbereich eines Berichtes enthält schließlich die Informationen, die aus einer Tabelle oder einer Abfrage stammen, zu der Sie den Bericht erstellen.

Sie können einen Bericht verändern, indem Sie den Inhalt der Bezeichnungsfelder und der Textfelder verändern und die Größe und Position verändern. Außerdem können Sie Formatierungen wie Schriftart, Schriftfarbe und Hintergrundfarbe anwenden, Felder hinzufügen und entfernen und Gruppen- und Berichtssummen erstellen, aber auch Maximum- und Minimumwerte sowie Mittelwerte.

Sie können Seitenköpfe und -füße in Ihren Bericht einfügen – entweder für den gesamten Bericht oder für jede einzelne Seite.

Schnelltest: Mit Berichten arbeiten

1.	**Der AutoBericht von Access gibt Ihnen die Möglichkeit, auszuwählen, welche Felder Sie in Ihren Bericht einbeziehen möchten.**
A	Richtig
B	Falsch

2.	**Der Kopfbereich einer Gruppe in einem Bericht wird ...**
A	am Anfang eines Berichtes angezeigt.
B	am Anfang jeder Seite eines Berichtes angezeigt.
C	am Anfang jeder Gruppe eines Berichtes angezeigt.

3.	**Der Fußbereich einer Gruppe wird normalerweise dafür verwendet, um ...**
A	die Seitenzahl anzuzeigen.
B	den Gruppentitel anzuzeigen.
C	die Untersummen von Werten innerhalb einer Gruppe zu erstellen.

4.	**Um ein Bezeichnungsfeld oder Textfeld von einem Berichtsbereich in einen anderen zu verschieben, müssen Sie ...**
A	Das Bezeichnungs- oder Textfeld auswählen und den Menübefehl BEARBEITEN/AUSSCHNEIDEN aufrufen, um es aus dem aktuellen Bereich zu entfernen. Klicken Sie dann in den Bereich, in dem Sie es platzieren möchten und wählen Sie dann den Menübefehl BEARBEITEN/EINFÜGEN.
B	auf das Bezeichnungs- oder Textfeld Klicken. bewegen Sie den Mauszeiger über den Rand, bis der Zeiger sich in eine offene Hand verwandelt, und ziehen Sie das Bezeichnungs- oder Textfeld dann in den gewünschten Bereich.
C	auf das Bezeichnungs- oder Textfeld Klicken. klicken Sie dann auf die Bewegungsanfasser und ziehen es dann in den gewünschten Bereich.

5.	**Um einen Bericht in der Entwurfsansicht zu öffnen, ...**
A	Doppelklicken Sie auf den Berichtsnamen im Datenbankfenster aus.
B	wählen Sie den Bericht im Datenbankfenster aus. klicken Sie dann auf die Schaltfläche *Neu* und wählen Sie die Option *Entwurfsansicht*.
C	Wählen Sie den entsprechenden Bericht im Datenbankfenster aus und klicken dann auf die Schaltfläche *Entwurf* auf der Symbolleiste des Datenbankfensters.

6.	**Durch welche der folgenden Aktionen wird das Eigenschaftsblatt für ein Element im Bericht angezeigt?**
A	Lassen Sie den Bericht in der Entwurfsansicht anzeigen, klicken Sie auf das Element, dessen Eigenschaften Sie sehen möchten, und wählen Sie den Menübefehl ANSICHT/EIGENSCHAFTEN.
B	Lassen Sie den Bericht in der Entwurfsansicht anzeigen, klicken Sie mit der rechten Maustaste auf das Element, dessen Eigenschaften Sie sehen möchten, und wählen Sie *Eigenschaften* aus dem Kontextmenü.
C	Lassen Sie den Bericht in der Entwurfsansicht anzeigen, klicken Sie auf das Element, dessen Eigenschaften Sie sehen möchten, und klicken Sie auf die Schaltfläche *Eigenschaften* auf der Symbolleiste *Berichtsentwurf*.
D	Lassen Sie den Bericht in der Entwurfsansicht anzeigen und führen Sie einen Doppelklick auf das Element aus, dessen Eigenschaften Sie sehen möchten.

6 Präsentationen

Morgen haben Sie zwei Termine: Sie müssen zum Zahnarzt und Sie haben eine Präsentation vor einem Publikum, das teils aus Freunden, teils aus Fremden besteht.

Welcher der beiden Termine versetzt Sie mehr in Angst und Schrecken?

Ob nun vor einer Gruppe potenzieller Kunden, vor Kollegen bei einer nationalen Tagung oder vor einem ortsansässigen Verband – die Aussicht darauf, eine Rede halten zu müssen, kann manchmal schon etwas Unbehagen hervorrufen.

Angesichts einer solchen Situation möchte man jede Art von Hilfsmittel kennen lernen, das einem helfen kann, entspannter und besser organisiert zu sein. Also ein Werkzeug, das dazu beiträgt, sich selbstsicherer geben und seine Standpunkte klar und effektiv präsentieren zu können. Und genau das ist der Punkt, an dem eine Präsentations-Software ins Spiel kommt.

Im vorliegenden Modul werden Sie lernen, wie Sie Materialien erstellen, die Ihre Botschaft sowohl in Text als auch in Bild unterstützen. Darüber hinaus erfahren Sie, wie Sie Ihr Material gestalten, sowohl als Bildschirmfolie als auch in Form eines Handzettels auf Papier. Beides dient dazu, den Eindruck auf die Zuhörer zu verstärken.

Software macht natürlich aus einer schlechten Präsentation keine gute, aber sie kann dazu beitragen, dass eine gute Präsentation ihre Ziele erfolgreich vermittelt. Sie sorgt also für eine bessere Vermittlung und Kommunikation Ihrer grandiosen Ideen.

Mit diesem Modul sind Sie es, der spricht – und nicht der, zu dem gesprochen wird. Viel Glück!

Lektion 6.1: Grundlagen der Präsentation

Zu dieser Lektion

Diese Lektion beschäftigt sich mit den Grundlagen der Präsentations-Software, führt Sie in die nötige Terminologie ein und lässt Sie die angebotenen Möglichkeiten erproben.

Neue Fähigkeiten

Am Ende dieser Lektion sollten Sie in der Lage sein,

- zu erklären, wozu eine Präsentations-Software verwendet wird,
- PowerPoint zu starten und zu beenden,
- eine Präsentation zu erstellen und zu schließen,
- einer Präsentation Folien hinzufügen,
- Text in eine Folie einzugeben, ihn zu bearbeiten und zu löschen,
- eine Präsentation auf Festplatte oder Diskette zu speichern,
- die Online-Hilfe in PowerPoint zu verwenden,
- die Anzeige der PowerPoint-Symbolleisten zu verändern.

Neue Wörter

Am Ende dieser Lektion sollten Sie in der Lage sein, die folgenden Begriffe zu erklären:

- Präsentations-Software
- Folie
- Folienansicht
- Ansicht *Normal*
- Notizenseite
- Titelfolie
- Platzhalter
- Folienlayout
- Entwurfsansicht

Präsentationen und Präsentations-Software

Ob man ein neues Produkt vorführt, Forschungsergebnisse vorstellt oder eine neue Struktur in der Organisation bekannt gibt – man muss zu diesen Anlässen immer eine Rede halten. Zwei Dinge können Ihnen dabei helfen, dass Ihre Rede eine bessere Wirkung erzielt:

- **Visuelle Hilfen:** Während Sie sprechen, fesseln Sie das Interesse des Publikums und verleihen dem Gesagten größeren Nachdruck, indem Sie verschiedene visuelle Hilfen zum Einsatz bringen.
- **Handzettel:** Um sicherzustellen, dass Ihr Publikum die Schlüsselinformation auch wirklich aufnimmt, verteilen Sie Handzettel, die mitgenommen und noch einmal nachgelesen werden können.

Wie aber erstellen Sie nun Ihre visuellen Hilfen? Sie haben hauptsächlich vier Möglichkeiten:

- **OHP (Overheadprojektor)-Folien:** Sie können Ihre visuellen Hilfen auf Overheadfolien ausdrucken und diese dann über einen Overheadprojektor anzeigen lassen.
- **35mm-Dias:** Sie können Ihre visuellen Hilfen als 35mm-Dias erstellen, ähnlich einem Diapositiv, und sie dann mit Hilfe eines Diaprojektors anzeigen lassen.
- **Computerbildschirm:** Für die Darbietung vor einzelnen Leuten oder kleinen Gruppen können Sie Ihre Präsentation auf dem Computerbildschirm ablaufen lassen.
- **Beamer:** Sie können Ihren Computer oder Ihr Notebook an einen Beamer anschließen und Ihre Präsentation über eine große Leinwand oder sogar eine geeignete Wand anzeigen lasen.

Die Wahl der Ausgabe hängt von der Zahl der Zuhörer, der Größe des Raums, in dem die Präsentation gehalten wird, und von der verfügbaren Technik ab, und natürlich nicht zuletzt von den finanziellen Mitteln.

Die visuellen Hilfen verleihen dem Gesagten noch einmal Nachdruck und stellen eine Ergänzung dar. Sie dürfen auf keinen Fall eine reine Wiederholung des Gesagten sein. Text sollte auf ein Minimum reduziert sein und als Überschrift oder Aufzählung verwendet werden. Wenn immer möglich, sollten Präsentationen Bildmaterial (Bilder, Grafiken, Diagramme, Karten, Cartoons) enthalten.

Präsentations-Software wie Microsoft Power Point unterstützt Sie bei der Erstellung von visuellen Hilfsmitteln und Handzetteln. Leider hilft sie nicht bei der Rede an sich. Für das ECDL-Modul reicht es aus, wenn Sie wissen, wie man visuelle Hilfsmittel und Handzettel erstellt. Sie können ganz beruhigt sein, eine Rede brauchen Sie nicht zu halten!

Präsentations-Software

Eine Anwendung wie Microsoft PowerPoint zur Erstellung von visuellen Hilfen und Handzetteln, die bei einer Ansprache vor Publikum eingesetzt werden.

Folie

Eine Folie ist ein Grundbaustein einer visuellen Präsentation. Sie ist gleichzusetzen mit der Seite eines gedruckten Dokuments und kann sowohl Text als auch Grafik enthalten.

PowerPoint starten

- Doppelklicken Sie auf das Symbol PowerPoint.

– oder –

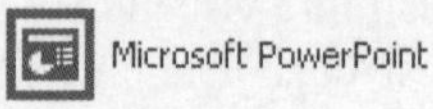

- Wählen Sie START/ALLE PROGRAMME/MICROSOFT POWERPOINT.

Eine Präsentation erstellen

In dieser ersten Übung werden Sie mit einer Folie namens »Titelfolie« arbeiten. Die erste Folie in einer PowerPoint-Präsentation ist immer die Titelfolie. Sie führt Ihre Präsentation beim Publikum ein. Wie auch die erste Seite eines Buches, hat die Titelfolie oft ein anderes Layout als der Rest der Präsentation.

Titelfolie
Die erste Folie in einer Präsentation. Im Normalfall hat sie ein anderes Layout als der Rest der Präsentation.

Übung 6.1: Mit der Titelfolie einer Präsentation arbeiten

1) Falls PowerPoint noch nicht geöffnet ist, wählen Sie START/ALLE PROGRAMME/ MICROSOFT POWERPOINT.

2) Auf dem Bildschirm erscheint ein Bereich, in dem sich zwei Felder befinden, die durch gestrichelte Außenlinien gekennzeichnet sind. Diese Felder werden in PowerPoint als Platzhalter bezeichnet.

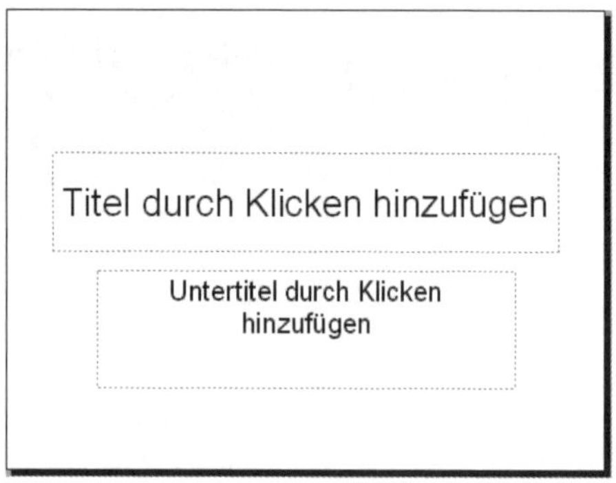

   Klicken Sie in den oberen Platzhalter.

3) Die Begrenzungslinie des Platzhalters verändert sich und im Feld erscheint eine blinkende Einfügemarke. Sie können jetzt Text in den Platzhalter eingeben.

   Geben Sie den folgenden Text in den oberen Platzhalter ein:
   Produktvermarktung

4) Klicken Sie in den zweiten Platzhalter und geben Sie folgenden Text ein:
   Runde Räder

   Ihr Bildschirm sollte nun wie in der folgenden Abbildung aussehen.

Glückwunsch! Sie haben die erste Folie Ihrer ersten Präsentation in PowerPoint erstellt.

Platzhalter
Ein Rahmen oder ein Kasten innerhalb einer Folie, der Text oder Grafik fassen kann.

Denken Sie dran:

- Klicken Sie in einen Platzhalter, um ihn auszuwählen und Text eingeben oder bearbeiten zu können.
- Klicken Sie außerhalb des Platzhalters, um die Auswahl aufzuheben.

Folien zu Ihrer Präsentation hinzufügen

Nach der Titelfolie möchten Sie sicherlich noch weitere Folien erstellen, die den Hauptteil Ihrer Präsentation beinhalten. Gehen Sie dabei wie folgt vor:

Übung 6.2: Folien zu einer Präsentation hinzufügen

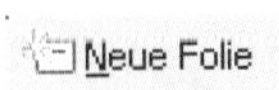

Schaltfläche Neue Folie

1) Rufen Sie den Menübefehl Einfügen/Neue Folie auf oder klicken Sie auf die Schaltfläche Neue Folie in der *Format*-Symbolleiste.
2) Im Abschnitt Textlayouts des nun angezeigten Aufgabenbereichs *Folienlayout* wählen Sie die Folie aus, die Sie verwenden möchten. Für unsere Übung wählen Sie bitte die Folie Titel und Text und klicken dann auf OK.

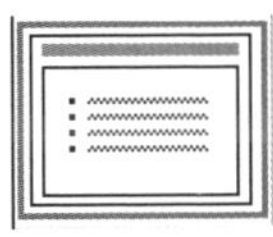

3) Klicken Sie in den oberen Platzhalter und schreiben Sie: *Hervorragende Eigenschaften*
4) Klicken Sie in den unteren Platzhalter und schreiben Sie: *Ruhiges Reisen sorgt für Wohlbefinden beim Fahrgast*
   Drücken Sie die [↵]-Taste. PowerPoint erzeugt ein Aufzählungszeichen in der neuen Textzeile.

5) Schreiben Sie: *Verringerter Benzinverbrauch* Drücken Sie die ↵-Taste.

6) Geben Sie weiter den unten aufgeführten Text ein, wobei Sie für jede neue Zeile die ↵-Taste drücken.

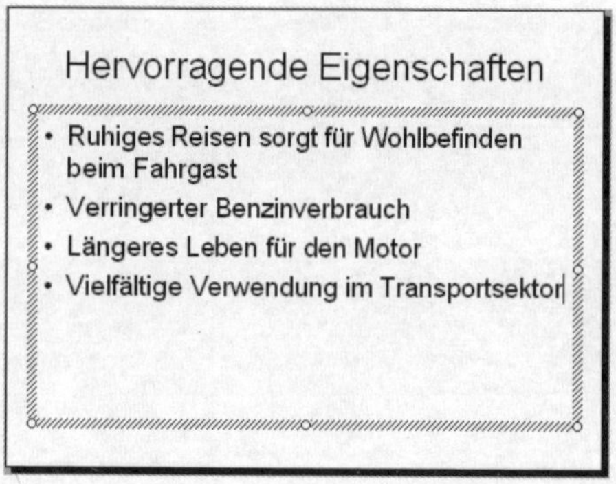

(Drücken Sie nach der letzten Eingabe nicht die ↵-Taste, da PowerPoint sonst eine neue Zeile mit Aufzählungszeichen einfügt. Sie können eine solche unnötige Zeile der Aufzählung durch zweimaliges Drücken der ←-Taste löschen.

Gut gemacht! Sie haben schon zwei Folien erstellt.

Folienlayout

Eines von 27 vorgefertigten Folien-Layouts, die Sie im Aufgabenbereich Folienlayout finden. In der Regel enthalten Folienlayouts Platzhalter für Text und andere Objekte, wie Grafiken und Diagramme.

Ihren Text bearbeiten

Wenn Ihnen in PowerPoint ein Tippfehler unterläuft, können Sie diesen schnell und einfach auf zwei Arten beheben:

- ←-Taste: Löscht das Zeichen links von der Einfügemarke. Die ←-Taste befindet sich rechts oben auf der Tastatur, gleich oberhalb der ↵-Taste.
- Entf-Taste: Löscht das Zeichen rechts von der Einfügemarke. Die Entf-Taste befindet sich rechts neben der ↵-Taste in einem Sechsertastenblock.

Zwischen Folien navigieren

Wenn Ihre Präsentation aus mehr als einer Folie besteht, möchten Sie sicher in der Lage sein, jede einzelne zu bearbeiten:

- Drücken Sie die Taste Bild↓, um jeweils eine Folie vorwärts zu navigieren.
- Drücken Sie die Taste Bild↑, um jeweils eine Folie rückwärts zu navigieren.
- Drücken Sie die Taste Pos1, um zur ersten Folie zu gelangen.
- Drücken Sie die Taste Ende, um zur letzten Folie zu gelangen.

Auf einem Desktop-PC finden Sie diese Tasten in einem Sechsertastenblock rechts neben der ↵-Taste.

In der nächsten Übung werden Sie nach der zweiten Folie noch eine dritte einfügen.

Übung 6.3: Eine dritte Folie hinzufügen

1) Wird Ihre zweite Folie gerade angezeigt? Wenn nicht, drücken Sie die Taste [Bild ↓], um sie anzuzeigen.

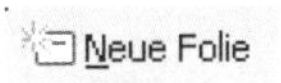

Schaltfläche Neue Folie

2) Rufen Sie den Menübefehl EINFÜGEN/NEUE FOLIE auf oder klicken Sie auf die Schaltfläche *Neue Folie* in der *Format*-Symbolleiste.

3) Wählen Sie im Abschnitt *Textlayouts* des Aufgabenbereichs *Folienlayout* die Option *Titel und zweispaltiger Text*. Ihr Bildschirm sollte nun so aussehen:

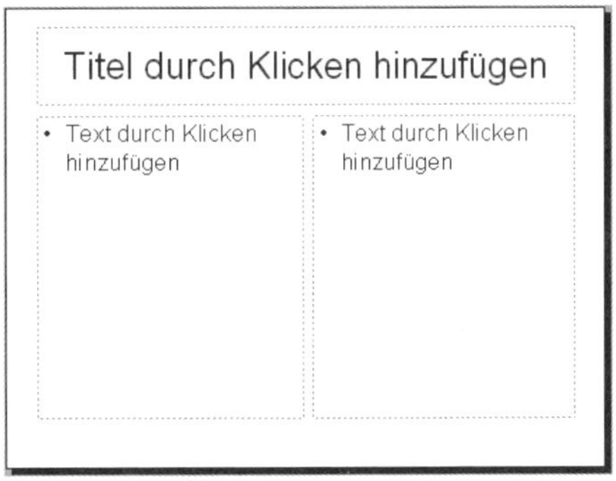

4) Klicken Sie in den oberen Platzhalter und schreiben Sie:
Farbauswahl

5) Klicken Sie in den linken Platzhalter, und schreiben Sie den folgenden Text über zwei Zeilen, indem Sie nur nach der ersten Zeile die [↵]-Taste drücken:
Rot
Grün

6) Klicken Sie in den rechten Platzhalter, und schreiben Sie den folgenden Text über zwei Zeilen, indem Sie nur nach der ersten Zeile die [↵]-Taste drücken:
Blau
Grau

Ihre Folie sollte nun so aussehen:

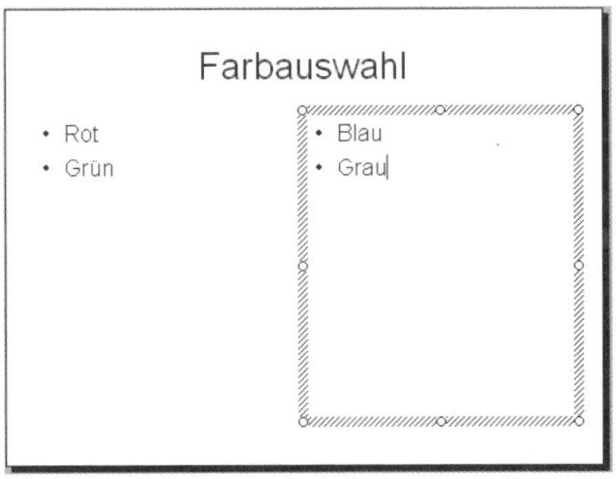

Sie haben eine Präsentation mit drei Folien erstellt.

Stelle der eingefügten Folie

Wenn Sie den Menübefehl Einfügen/Neue Folie wählen oder auf *Neue Folie* in der *Format*-Symbolleiste klicken, fügt PowerPoint eine neue Folie immer nach der aktuell angezeigten Folie ein.

Neue Folie am Ende einer Präsentation einfügen

Um eine Folie am Ende Ihrer Präsentation einzufügen (wie in Übung 6.2 und 6.3):

- lassen Sie die letzte Folie anzeigen.
- fügen Sie eine neue Folie ein.

Neue Folie irgendwo in einer Präsentation einfügen

Um eine Folie irgendwo in Ihrer Präsentation einzufügen:

- lassen Sie die Folie anzeigen, die vor der neu hinzuzufügenden Folie erscheinen soll.
- fügen Sie eine neue Folie ein.

Ihre Präsentation speichern

Auch wenn Ihre Präsentation nur aus drei Folien besteht, sollten Sie sie jetzt speichern. Wie bei anderen Anwendungen auch, erwartet PowerPoint von Ihnen beim ersten Abspeichern folgende Angaben:

- Den Ort (Laufwerk/Ordner) auf Ihrem PC, an dem die Datei gespeichert werden soll
- Den Namen der neuen Datei

PowerPoint-Dateinamenerweiterung

Die Dateinamenerweiterung von PowerPoint ist *.ppt*. Dies hilft Ihnen dabei, PowerPoint-Dateien von andern Dateitypen wie Word-Dokumenten (*.doc*) und Excel-Dateien (*.xls*) zu unterscheiden.

Übung 6.4: Ihre Präsentation speichern und ihr einen Namen geben

Schaltfläche Speichern

1) Rufen Sie den Menübefehl DATEI/SPEICHERN auf oder klicken Sie auf die Schaltfläche *Speichern* in der *Standard*-Symbolleiste.
2) Wenn Sie Ihre Präsentation das erste Mal speichern, werden Sie von PowerPoint aufgefordert, einen Speicherort auszuwählen. Standardmäßig schlägt PowerPoint Ihnen vor, Ihre Präsentation im Ordner *Eigene Dateien* zu speichern. Akzeptieren Sie den Speicherort oder ändern Sie ihn.
3) PowerPoint fordert Sie nun auf, der Präsentation einen Namen zu geben. Geben Sie einen Namen ein, den Sie einfach behalten können, z.B. *ABpräs1*.

Sie müssen die Dateinamenerweitung *.ppt* nach dem Namen nicht mit angeben, wenn Sie eine Datei speichern. Diese wird von PowerPoint automatisch hinzugefügt.

4) Klicken Sie auf die Schaltfläche *Speichern*, um die Datei zu speichern und das Dialogfeld zu schließen.

In anderen Dateiformaten speichern

Wie auch in anderen Office-Anwendungen bietet PowerPoint Ihnen die Möglichkeit, Ihre Präsentation in verschiedenen Dateiformaten und Versionen abzuspeichern: z.B. auch als HTML Datei, Entwurfsvorlage, RTF-Datei, PowerPoint 95, PowerPoint 97-2000&95 Präsentation etc. Schauen Sie sich dazu die Möglichkeiten in der Dropdown-Liste *Dateityp* an.

Verschiedene Versionstypen können hilfreich sein, wenn Sie Ihre Präsentation an eine Person schicken möchten, die z.B. nicht über die neueste Programmversion verfügt.

Auf Diskette speichern

Übung 6.5: Ihre Präsentation auf Diskette speichern

1) Schieben Sie eine Diskette in das Diskettenlaufwerk Ihres Computers.
   - Stellen Sie bei einer neuen Diskette sicher, dass diese formatiert ist.
   - Wenn die Diskette bereits beschrieben ist, stellen Sie sicher, dass genügend Speicherplatz vorhanden ist, um Ihre Präsentation darauf abzuspeichern. Die Größe Ihrer Datei dürfte rund 11 KB betragen.
2) Wählen Sie DATEI/SPEICHERN UNTER und gehen Sie auf Laufwerk A:
3) PowerPoint schlägt den aktuellen Namen Ihrer Datei vor (z.B. *ABpräs1.ppt*). Akzeptieren oder ändern Sie das, falls Sie die Präsentation unter einem anderen Namen als dem aktuellen speichern möchten (um z.B. noch eine Kopie zu haben). Klicken Sie auf die Schaltfläche *Speichern*, um die Datei zu speichern und das Dialogfeld zu schließen.

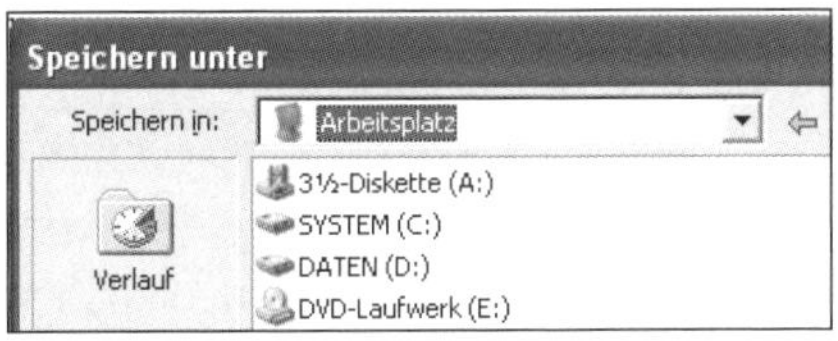

4) Wenn Sie damit fertig sind, speichern Sie Ihr Dokument noch einmal über DATEI/SPEICHERN UNTER an seinem ursprünglichen Ort auf der Festplatte Ihres Computer ab. Sie werden gefragt, ob Sie die bereits vorhandene Datei ersetzen möchten. Bestätigen Sie dies durch Anklicken der Schaltfläche *Ja*.

   Wenn Sie die Datei nicht neu an ihrem Originalspeicherort abspeichern, so wird das Dokument bei späteren Speicherungen (über DATEI/SPEICHERN oder die Schaltfläche *Speichern* in der *Standard*-Symbolleiste) automatisch wieder auf der Diskette, und nicht auf der Festplatte Ihres Computers gespeichert.

Standardspeicherort ändern

Sie können in PowerPoint auch Änderungen in der Standardeinstellung für den Speicherort eingeben.

- Wählen Sie dazu EXTRAS/OPTIONEN und dann die Registerkarte *Speichern*.
- Im Bereich *Standardarbeitsordner* geben Sie einen beliebigen Pfad bzw. eine beliebige Ablage ein.

Sie bestimmen hier den Ordner, den PowerPoint automatisch öffnet, wenn Sie SPEICHERN oder ÖFFNEN (Menü *Datei*) wählen.

Unter EXTRAS/OPTIONEN können Sie auf der Registerkarte *Allgemein* auch noch die Standardbenutzerinformationen wie Name und Initialen ändern, falls diese vom Standardbenutzer abweichen sollen.

Rückgängig und Wiederherstellen

Haben Sie falschen Text eingegeben oder die falsche Taste gedrückt? Haben Sie etwas gelöscht, das Sie nicht löschen wollten? PowerPoint erlaubt das Rückgängigmachen der letzten ausgeführten Aktionen, wenn diese zu ungewollten Ergebnissen geführt haben.

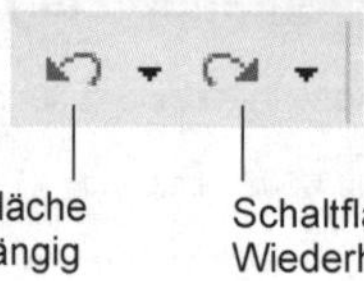

- Rufen Sie den Menübefehl BEARBEITEN/RÜCKGÄNGIG auf.

– oder –

- Klicken Sie auf die Schaltfläche *Rückgängig* in der *Standard*-Symbolleiste. Das wiederholte Drücken der Schaltfläche *Rückgängig* macht die zuletzt vorgenommenen Aktionen rückgängig.

Um eine Liste der letzten Aktionen zu sehen, die Sie rückgängig machen können, klicken Sie auf den Pfeil rechts neben der Schaltfläche *Rückgängig*. Sie können Vorgänge, die Sie rückgängig gemacht haben, auch wiederherstellen. Klicken Sie auf die Schaltfläche *Wiederherstellen* rechts neben der Schaltfläche *Rückgängig* in der *Standard*-Symbolleiste.

Experimentieren Sie ein wenig mit den Befehlen *Rückgängig* und *Wiederherstellen*, indem Sie Zeichen aus Ihrem Text löschen und dann das Löschen wieder rückgängig machen.

Die verschiedenen Ansichten Ihrer Präsentation

PowerPoint erlaubt Ihnen das Betrachten Ihrer Präsentation auf vier hauptsächliche Arten bzw. Ansichten: Normalansicht, Foliensortierung, Notizenseiten und Bildschirmpräsentation. Schauen wir uns einmal die Details der Normalansicht an. Die anderen Ansichten lernen Sie in den nächsten Lektionen kennen.

In der Normalansicht arbeiten

Dies ist die Standardansicht und jene, die Sie bis jetzt verwendet haben. Die Normalansicht enthält drei Unterfenster bzw. Fensterausschnitte:

- **Ausschnitt Folie:** Hier arbeiten Sie an einer einzelnen Folie. Sie können Text, Grafiken und Multimediaelemente hinzufügen oder bearbeiten.

- **Ausschnitt Gliederung:** Hier können Sie mit dem Text aller Folien in der Präsentation in einer strukturierten Art und Weise arbeiten. In der nächsten Lektion werden Sie mehr darüber erfahren.
- **Ausschnitt Notizen:** Hier können Sie Notizen für den Sprecher eintragen oder bearbeiten. In der nächsten Lektion werden Sie mehr darüber erfahren.

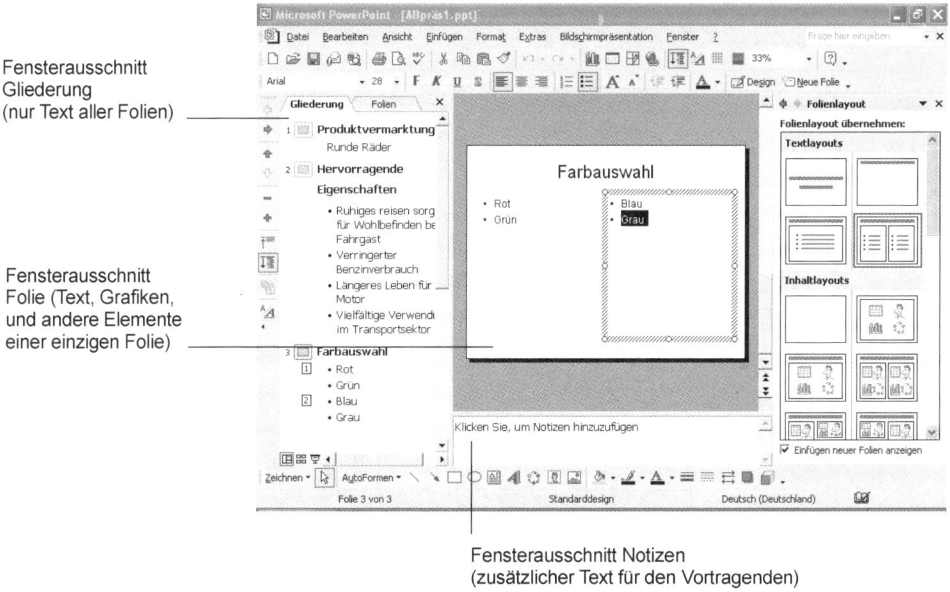

Die Fensterausschnittgröße verändern

Sie können die Größe der einzelnen Fensterausschnitte anpassen, indem Sie auf den entsprechenden Fensterausschnitt klicken und dann den Rahmen in die entsprechende Richtung ziehen. Versuchen Sie es einmal:

- Bewegen Sie den Mauszeiger über den unteren Fensterausschnittsrand. Der Zeiger ändert seine Form.

- Halten Sie die linke Maustaste gedrückt, und bewegen Sie die Maus in eine Richtung.

- Lassen Sie die Maus schließlich los.

Sie können die Größenveränderung wieder rückgängig machen, indem Sie die Rahmen wieder an ihre ursprüngliche Stelle zurückziehen.

Ansicht Normal

Eine Ansicht in PowerPoint, bestehend aus einem Folien-Fenster (in dem Sie jeweils an einer Folie arbeiten), einem Gliederungs-Fenster (in der Sie den Text aller Folien sehen und bearbeiten können) und dem Notizen-Fenster (wo Sie mit zusätzlichem Text für den Vortragenden arbeiten können).

Zoom

Die Option *Zoom* in PowerPoint erlaubt es Ihnen, die Bildschirmanzeige Ihrer Folie zu vergrößern oder zu verkleinern:

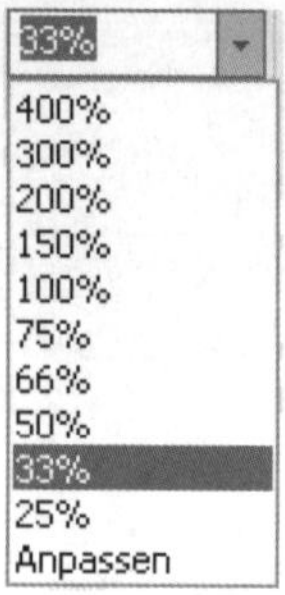

- Klicken Sie in das *Zoom*-Feld in der *Standard*-Symbolleiste, geben Sie eine Zahl zwischen 10 und 400% ein und drücken Sie die [↵]-Taste.

– oder –

- Rufen Sie den Menübefehl ANSICHT/ZOOM auf und legen Sie im Dialogfeld einen Vergrößerungs- bzw. Verkleinerungsfaktor fest.

Wenn Sie sich in der Ansicht *Normal* befinden, betrifft die Vergrößerung oder Verkleinerung nur den Fensterausschnitt, in dem sich die Einfügemarke befindet.

Zoom und Drucken

Die Zoom-Funktion wirkt sich nur darauf aus, wie PowerPoint eine Präsentation auf dem Bildschirm darstellt, und nicht darauf, wie eine Präsentation gedruckt wird. In der nächsten Lektion erfahren Sie mehr darüber.

Die Symbolleisten von PowerPoint

Die in PowerPoint integrierten Symbolleisten ermöglichen Ihnen den Zugriff auf häufig verwendete Befehle durch einen einfachen Mausklick. Standardmäßig werden in PowerPoint drei Symbolleisten angezeigt:

- Die *Standard*- und *Format*-Symbolleiste, die standardmäßig in einer Zeile am oberen Bildschirmrand angezeigt werden.
- Die Symbolleiste Zeichnen, die am unteren Rand des Bildschirms angebracht ist. In weiteren Lektionen erfahren Sie mehr über diese Symbolleiste.

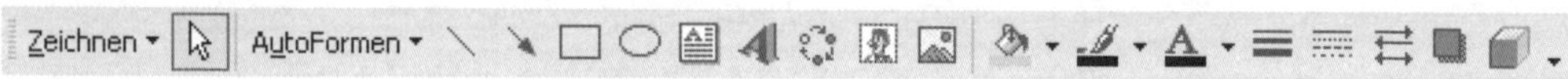

Zeichnen-Symbolleiste

Die Symbolleisten Standard und Format

Die Schaltflächen, die Sie am häufigsten benötigen, sind auf nur zwei Symbolleisten angeordnet: *Standard* und *Format*.

Die *Standard*-Symbolleiste enthält Schaltflächen zur Dateiverwaltung, also von PowerPoint-Präsentationen, Sie haben bereits zwei dieser Schaltflächen (*Neu*, *Speichern*) in dieser Lektion verwendet.

Standard-Symbolleiste

Die *Format*-Symbolleiste enthält Schaltflächen zur Veränderung und Positionierung von Text und zum Einfügen auf Aufzählungszeichen.

Format-Symbolleiste

Anstatt alle diese Schaltflächen auf einmal zu erklären, werden wir sie einzeln vorführen, und zwar in der Reihenfolge, in der sie im ECDL-Modul *Präsentation* auftreten.

Symbolleisten ein- und ausblenden

Sie können die Symbolleisten von PowerPoint ein- oder ausblenden und so Ihren persönlichen Bedürfnissen anpassen.

- Um eine bestimmte Symbolleiste anzuzeigen, wählen Sie zunächst den Menübefehl ANSICHT/SYMBOLLEISTEN und dann die Symbolleiste, die Sie anzeigen möchten. Im Untermenü der Symbolleisten zeigt PowerPoint Häkchen an, um anzuzeigen, welche Symbolleiste momentan ausgewählt ist.

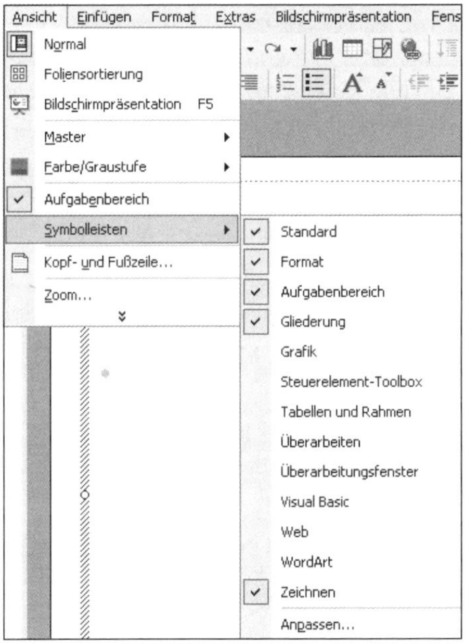

- Um eine bestimmte Symbolleiste auszublenden, wählen Sie zunächst den Menübefehl ANSICHT/SYMBOLLEISTEN und dann die Symbolleiste, die Sie ausblenden möchten. Im Untermenü der Symbolleisten entfernt PowerPoint das Häkchen von der entsprechenden Symbolleiste.

Schaltflächen auf der Symbolleiste ein- und ausblenden

Sie können eine oder mehrere Schaltflächen von der Symbolleiste entfernen. Führen Sie dazu die folgenden Schritte aus:

- Zeigen Sie die Symbolleiste an, die Sie verändern möchten.

  Drücken Sie die `Alt`-Taste, und ziehen Sie die Schaltfläche von der Symbolleiste.

- PowerPoint entfernt die ausgewählte Schaltfläche von der Symbolleiste.

Möchten Sie die Schaltfläche wiederhaben? Führen Sie dazu folgende Schritte aus:

- Zeigen Sie die Symbolleiste an. Klicken Sie auf den Pfeil rechts neben der Schaltfläche am äußeren Ende der Symbolleiste, und wählen Sie dann im Dropdown-Menü den Eintrag SCHALTFLÄCHEN HINZUFÜGEN ODER ENTFERNEN. Wählen Sie den jeweiligs angezeigten Namen für die Symbolleiste.
- Klicken Sie auf die Schaltfläche, die Sie wieder anzeigen möchten.
- Klicken Sie irgendwo außerhalb des Menüs.

PowerPoint zeigt die Schaltfläche wieder auf der Symbolleiste an.

Angepasste Menüs in PowerPoint

Die Standardeinstellung eines Menüs in PowerPoint ist so, dass beim ersten Mal nur einige Befehle bzw. Menüpunkte angezeigt werden. Um alle Befehle angezeigt zu bekommen, klicken Sie einfach auf den Doppelpfeil am unteren Ende des Menüs.

Wenn Sie einen Befehl verwenden, der nicht standardmäßig angezeigt wird, so fügt PowerPoint ihn in die Liste der beim nächsten Mal angezeigten Befehle ein.

Um immer alle Befehle angezeigt zu bekommen, führen Sie die folgenden Schritte aus:

- Rufen Sie den Menübefehl *Extras/Anpassen* auf und aktivieren Sie die Registerkarte Optionen.
- Markieren Sie das Kontrollkästchen *Menüs immer vollständig* anzeigen und bestätigen Sie über *Schließen.*

Online-Hilfe

PowerPoint bietet eine Online-Hilfe an, die Sie nach Themen durchsuchen können. Sie können die Online-Hilfe auf verschiedene Arten lesen: entweder über Dialogfelder oder über das Menü ?.

- Das Wort in Online-Hilfe bedeutet, dass Informationen vorliegen, die Sie dabei unterstützen, eine Anwendung zu verstehen und zu benutzen.
- Das Wort weist darauf hin, dass die Informationen auf dem Bildschirm verfügbar ist, statt auf Papier.

Der Gebrauch der Hilfe im Dialogfeld

Übung 6.6: Gebrauch der Online-Hilfe in einem Dialogfeld

1) Rufen Sie den Menübefehl DATEI/DRUCKEN auf, um in das Dialogfeld zu öffnen.
2) Klicken Sie auf das Fragezeichen in der rechten oberen Ecke des Dialogfeldes. PowerPoint blendet ein Fragezeichen rechts neben dem Mauszeiger ein.

3) Bewegen Sie die Maus nach unten und klicken Sie irgendwo in das Feld *Name*.

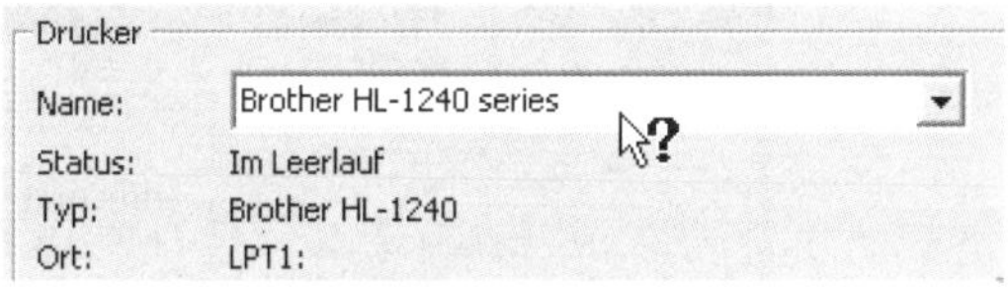

PowerPoint zeigt Ihnen einen Hilfetext an, der Ihnen Auskunft über die Verwendung des Feldes *Name* gibt.

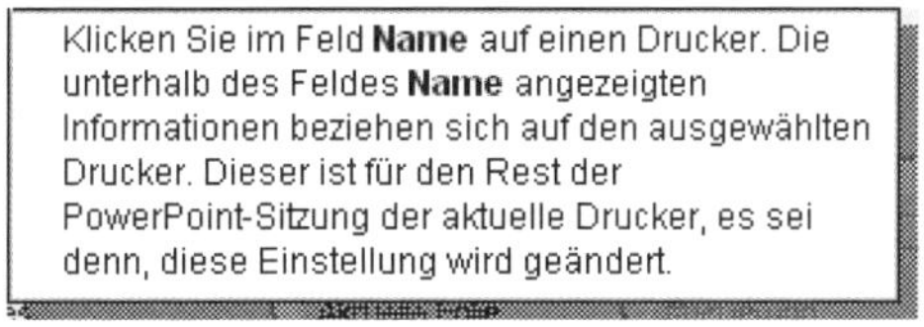

4) Führen Sie diese Übung auch mit anderen Dialogfeldern in PowerPoint durch.

Verwendung der Optionen des Hilfe-Menüs

Um das Hilfe-Fenster von Microsoft PowerPoint zu öffnen, wählen Sie ?/MICROSOFT POWERPOINT-HILFE oder klicken Sie auf die Schaltfläche Microsoft PowerPoint-Hilfe in der *Standard*-Symbolleiste, oder schreiben Sie eine Frage in das Fenster *Frage hier eingeben* oben rechts in der Menüleiste.

Das Hilfe-Fenster weist drei Registerkarten auf, die es Ihnen erlauben, auf verschiedene Weise nach Informationen zu suchen.

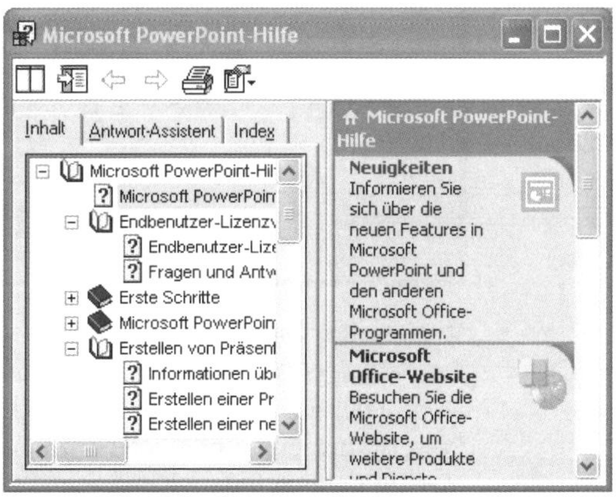

- **Registerkarte Inhalt:** Diese Registerkarte bietet Ihnen eine kurze Beschreibung der Hauptmerkmale von PowerPoint.

  Wo Sie ein Buchsymbol sehen, doppelklicken Sie darauf, damit Ihnen die damit verwandten Themen angezeigt werden.

  Doppelklicken Sie auf ein Fragezeichen, um den Hilfetext zu lesen.

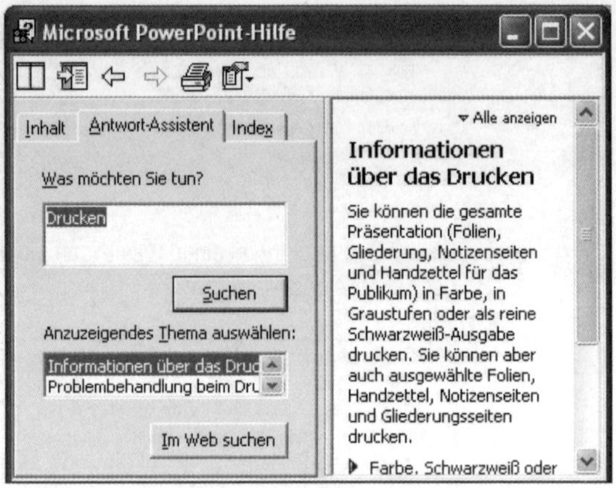

- **Registerkarte Antwort-Assistent:** Schreiben Sie Ihre Frage in das Feld *Was möchten Sie tun?* und klicken Sie auf *Suchen*. PowerPoint zeigt alle Übereinstimmungen aus der Online-Hilfe an. Klicken Sie eines der Themen an, um den gesamten Text im rechten Fenster angezeigt zu bekommen.

- **Registerkarte Index:** Tippen Sie ein Wort oder einen Ausdruck in das Feld *Schlüsselwörter eingeben* oder wählen Sie ein Schlüsselwort in der angezeigten Liste aus. Klicken Sie dann auf *Suchen*. PowerPoint zeigt eine Liste der zur Verfügung stehenden Hilfethemen im unteren linken Fenster an.

Wenn Sie das gewünschte Thema gefunden haben, klicken Sie darauf, um den dazugehörigen Text auf der rechten Seite angezeigt zu bekommen.

Während Sie die Online-Hilfe lesen bzw. durchsuchen, sehen Sie die folgenden Schaltflächen am oberen Rand des Online-Hilfe-Fensters.

- **Automatisch nebeneinander:** Erlaubt Ihnen, das Online-Hilfe-Fenster und das Dokument, an dem Sie gerade arbeiten, zu betrachten.

- **Ausblenden/Einblenden:** Blendet den linken Fensterausschnitt des Hilfe-Fensters ein oder aus.

- **Zurück/Vorwärts:** Führt Sie vorwärts und rückwärts durch vorher schon besuchte Hilfethemen.

- **Drucken:** Druckt das ausgewählte Thema.

- **Optionen:** Bietet einige Optionen zur Ansicht und ermöglicht das Drucken gerader angezeigter Online-Hilfe-Texte.

Nehmen Sie sich ein paar Minuten Zeit, um durch die PowerPoint Online-Hilfe zu schauen.

Eine Präsentation schließen

Um die Präsentation zu schließen, rufen Sie den Menübefehl DATEI/SCHLIESSEN auf oder klicken auf das Schließenfeld im Präsentationsfenster.

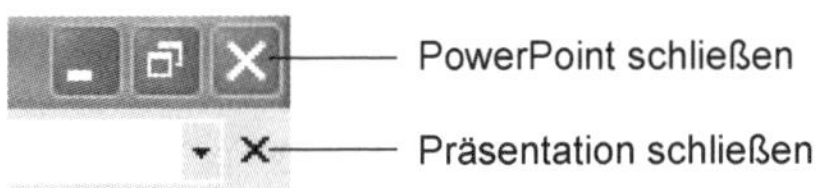

Wenn Sie seit dem letzten Speichern Änderungen an der Präsentation vorgenommen haben, werden Sie von PowerPoint aufgefordert, diese Änderungen vor dem Schließen zu speichern.

PowerPoint beenden

Um PowerPoint zu beenden, rufen Sie den Menübefehl DATEI/BEENDEN auf oder klicken auf das Schließenfeld im PowerPoint-Fenster.

Wenn Sie noch irgendwelche Dateien mit nicht gespeicherten Änderungen geöffnet haben, werden Sie von PowerPoint aufgefordert, diese zu speichern.

Sie können Ihre Präsentation und PowerPoint nun schließen. Sie haben die erste Lektion des ECDL-Moduls *Präsentation* beendet.

Zusammenfassung der Lektion: Das haben Sie gelernt

Eine Präsentation ist ein Vortrag vor Publikum, der durch visuelle Hilfsmittel unterstützt wird. Die Hilfen können in Form von Bildschirmfolien oder Overhead-Folien und möglichen Handzetteln für das Publikum vorliegen.

Präsentations-Software wie PowerPoint hilft Ihnen bei der Erstellung von unterstützendem Material für Ihre Präsentationen.

Die Grundbausteine für eine Präsentation bezeichnet man als Folien. Wenn Sie eine neue Präsentation erstellen, erstellt PowerPoint automatisch eine neue Folie. Weitere Folien fügen Sie dann selbst hinzu. PowerPoint fügt eine neue Folie immer nach der aktuell angezeigten Folie ein. Schauen Sie sich dazu die Übungen 6.1 und 6.2 an.

Wenn Sie eine neue Folie erstellen, wählen Sie aus 27 vordefinierten Folienlayouts. Einen Folie mit dem Namen Titel und Text ist z.B. als Titelfolie, also als erste Folie in einer Präsentation gestaltet. Jede Folie enthält ein oder mehrere Kästen bzw. Felder, die Platzhalter genannt werden und in die man schreiben kann. Schauen Sie sich dazu die Übung 6.3 an.

PowerPoint bietet Ihnen mehrere Ansichten für Ihre Folien. In der Normalansicht ist der Bildschirm in drei Fensterausschnitte eingeteilt. Ausschnitt *Folie* (hier arbeiten Sie an einer einzelnen Folie), Ausschnitt Gliederung, (hier können Sie mit dem Text aller Folien arbeiten) und Ausschnitt *Notizen* (hier können Sie Notizen für den Vortragenden eingeben). Sie können die Größe der einzelnen Ausschnitte anpassen, indem Sie den Rahmen des jeweiligen Fensterausschnittes in eine Richtung ziehen.

Sie können sich mit den Tasten `Bild↓` und `Bild↑` durch die Präsentation bewegen. Drücken Sie `Pos1`, um zur ersten Folie zu gelangen, und `Ende`, um zur letzten Folie zu gelangen.

Sie können die Anzeige der Symbolleisten verändern, sodass die Funktionen, die Sie am häufigsten benötigen, auf direktem Wege verfügbar sind.

PowerPoint verfügt über eine Hilfefunktion mit Hinweisen und Informationen zu allen Programmfunktionen und vielen hilfreichen Tipps zum Erstellen von überzeugenden Präsentationen.

Schnelltest:

Grundlagen der Präsentation

1.	PowerPoint fügt eine neue Folie immer ...
A	vor der aktuell angezeigten Folie ein.
B	am Anfang einer Sequenz von Folien ein.
C	nach der aktuell angezeigten Folie ein.
D	am Ende einer Sequenz von Folien ein.

2.	**Wo können Sie vordefinierte Folienlayouts für neue Folien auswählen?**
A	In der *Format*-Symbolleiste
B	Im Aufgabenbereich *Folienlayout*
C	In der *Zeichnen*-Symbolleiste
D	In der *Standard*-Symbolleiste

3.	**Was können Sie im Fensterausschnitt *Gliederung* tun?**
A	Sie können nur den Text einer Folie bearbeiten.
B	Sie können den zusätzlichen Text für den Vortragenden bearbeiten.
C	Sie können die Gliederung aller Folien ändern.
D	Sie können den Text aller Folien bearbeiten.

4.	**Die Dateinamenerweiterung für PowerPoint ist:**
A	.ppt
B	.doc
C	.ptt
D	.xls

5.	**Wie fügen Sie Ihrer Datei eine neue Folie hinzu?**
A	Wählen Sie DATEI/NEU, und dann *Leere Präsentation* im Aufgabenbereich *Neue Präsentation*.
B	Wählen Sie ANSICHT/SYMBOLLEISTEN und dann STANDARD im angezeigten Dropdown-Menü.
C	Wählen Sie DATEI/NEU. Klicken Sie auf den Pfeil an der rechten Seite des Aufgabenbereichs *Neue Präsentation* und wählen Sie *Folienlayout* in der Dropdown-Liste aus. Legen Sie das Folienlayout fest, welches Sie verwenden möchten.
D	Wählen Sie EINFÜGEN/NEUE FOLIE oder klicken Sie auf die Schaltfläche *Neue Folie* auf der *Format*-Symbolleiste.

Lektion 6.2: Mit Aufzählungszeichen arbeiten

Zu dieser Lektion

In der Lektion 6.1 haben Sie gelernt, wie man eine Präsentation erstellt, indem man mehrere Folien nacheinander einfügt und sie mit Text füllt. Nun werden Sie eine zweite Methode kennen lernen: Das Eingeben von Text in alle Folien mit Hilfe des Fensterausschnitts *Gliederung*. Dadurch brauchen Sie nicht mehr zwischen den einzelnen Folien vor und zurück zu wechseln.

Sie werden in dieser Lektion auch die Ansicht *Foliensortierung* kennen lernen, die es Ihnen ermöglicht, alle Folien einer Präsentation gleichzeitig anzuzeigen und so zu kontrollieren, ob das Erscheinungsbild der Folien einheitlich ist.

Sie können den Fensterausschnitt *Gliederung* und die Ansicht *Foliensortierung* dazu verwenden, die Reihenfolge Ihrer Folien in der Präsentation zu verändern und Folien innerhalb einer Präsentation und zwischen anderen Präsentationen zu kopieren.

Neue Fähigkeiten

Am Ende dieser Lektion sollten Sie in der Lage sein,

- eine vorhandene Präsentation zu öffnen,
- Gliederungspunkte höher oder tiefer zu stufen,
- den Abstand zwischen Aufzählungszeichen zu erhöhen oder zu verringern,
- Text innerhalb einer Folie, einer Präsentation oder zwischen verschiedenen Präsentationen zu kopieren, auszuschneiden und einzufügen,
- Folie innerhalb einer Präsentation oder zwischen verschiedenen Präsentationen zu kopieren,
- Text aus Microsoft Word oder anderen Nicht-PowerPoint-Quellen zu importieren,
- die Form der Aufzählungszeichen zu ändern,
- die Nummerierung in einer Aufzählung anzuwenden und zu verändern,
- eine PowerPoint-Präsentation auf Ihrem PC laufen zu lassen,
- einzelne Folien ein- und ausblenden.

Neue Wörter

Am Ende dieser Lektion sollten Sie in der Lage sein, die folgenden Begriffe zu erklären:

- Aufzählungszeichen
- Fensterausschnitt *Gliederung*
- Ansicht *Foliensortierung*

Eine vorhandene Präsentation öffnen

In dieser Lektion werden Sie mit der aus drei Folien bestehenden Präsentation arbeiten, die Sie in Lektion 6.1 erstellt haben. Sie beginnen damit, die gespeicherte Präsentation zu öffnen.

Um eine bestehende Präsentation zu öffnen, gehen Sie wie folgt vor:

Übung 6.7: Eine Präsentation öffnen

1) Auf welche Weise Sie eine gespeicherte Präsentation öffnen, hängt davon ab, ob PowerPoint auf Ihrem Rechner schon geöffnet ist. Wenn PowerPoint noch nicht geöffnet ist, öffnen Sie das Programm jetzt.

Schaltfläche Öffnen

2) Wenn PowerPoint noch geöffnet ist, rufen Sie den Menübefehl DATEI/ÖFFNEN auf oder klicken auf die Schaltfläche *Öffnen* in der *Standard*-Symbolleiste. Sie können Ihre Präsentation auch über den Aufgabenbereich *Neue Präsentation* öffnen.

3) Suchen Sie nach der Präsentation, die Sie in Lektion 6.1 gespeichert haben, und wählen Sie diese aus (*ABpräs1.ppt*). Klicken Sie auf OK. Ihre Präsentation wird nun auf dem Bildschirm geöffnet.

Verschiedene Level von Aufzählungspunkten

Mit Ausnahme der Titelfolie besteht der Text in einer Präsentation für gewöhnlich aus Aufzählungspunkten – einem Aufzählungszeichen, gefolgt von Text, bestehend aus einem oder mehreren Wörtern.

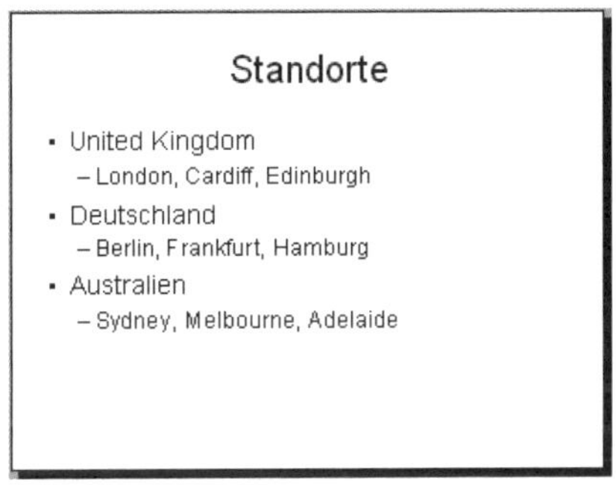

Verschiedene Aufzählungspunkte können unterschiedliche Kategorien oder Ebenen an Informationen beinhalten. Schauen Sie sich dazu das Beispiel an.

Auf der Folie sind zwei Ebenen bzw. Stufen von Aufzählungszeichen erkennbar. Drei Hauptpunkte, von denen jeder einen Unterpunkt beinhaltet. Die zwei unterschiedlichen Stufen der Aufzählung unterscheiden sich durch:

- unterschiedliche Einzüge (Abstand vom linken Folienrand)
- unterschiedliche Schriftgröße (die Unterpunkte sind in kleinerer Schrift gesetzt)
- unterschiedliche Aufzählungszeichen

Mit PowerPoint können Sie mit nur einem Klick die Stufen der Aufzählung verändern. Hierdurch wird der Einzug, die Schriftgröße und die Art des Aufzählungszeichens geändert. Folgen Sie den Schritten in Übung 6.8, um herauszufinden, wie dies funktioniert.

Aufzählungspunkt

Ein Aufzählungszeichen, gefolgt von Text, bestehend aus einem oder mehreren Wörtern. Aufzählungspunkte können unterschiedliche Stufen haben, was durch Einzug, Schriftgröße und Art des Aufzählungszeichens gekennzeichnet ist.

Übung 6.8: Aufzählungspunkte tiefer oder höher stufen

1) Verwenden Sie die Tasten [Bild↓] und [Bild↑], um die zweite Folie Ihrer Präsentation anzuzeigen.
2) Klicken Sie an das Ende des vierten Auszählungspunktes.
3) Drücken Sie die [↵]-Taste, um einen neuen Aufzählungspunkt einzufügen.
4) Schreiben Sie die folgenden Worte und drücken Sie nach dem ersten und zweiten Wort die [↵]-Taste.
   Autos
   Fahrräder
   LKW

5) Klicken Sie an den Anfang des Wortes *Auto*. Ziehen Sie die Maus bis rechts unten, sodass alle drei neuen Aufzählungspunkte ausgewählt sind.
6) Klicken Sie auf die Schaltfläche *Tiefer stufen* (auf der Symbolleiste *Gliederung* am linken Bildschirmrand. Falls die Symbolleiste nicht eingeblendet ist, gehen Sie ins Menü ANSICHT/SYMBOLLEISTEN und wählen dann *Gliederung* aus). PowerPoint ändert das Aussehen der ausgewählten Punkte. Klicken Sie irgendwo in der Folie, um die Auswahl aufzuheben.

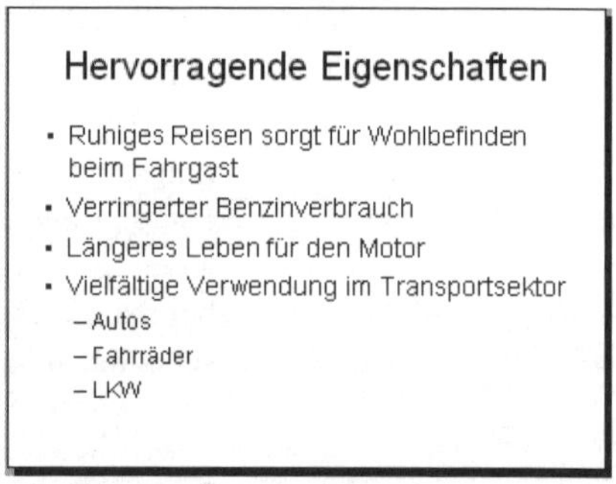

Schaltfläche Höher stufen
Schaltfläche Tiefer stufen

7) Zur Übung wählen Sie die drei Punkte noch einmal aus, klicken in der Symbolleiste *Gliederung* auf die Schaltfläche *Höher stufen* und schauen sich an, was passiert. Während Sie die drei Aufzählungspunkte noch ausgewählt haben, klicken Sie wiederum auf die Schaltfläche *Tiefer stufen.* Die Punkte werden wieder tiefer gestuft.

Die drei tiefer gestuften Punkte werden entweder als Unterpunkte oder Ebene 2-Punkte bezeichnet. Es ist ratsam, nicht mehr als zwei Aufzählungsebenen in einer Präsentation zu verwenden, da es sonst zu Verwirrung beim Publikum kommen könnte.

Die Art der Aufzählungszeichen ändern

Standardmäßig verwendet PowerPoint Punkte und Striche für die erste und die zweite Ebene einer Aufzählung.

Wie Sie in Übung 6.9 sehen werden, können Sie aus einer Fülle verschiedener Aufzählungszeichen und Farben wählen.

Übung 6.9: Art der Aufzählungszeichen ändern

1) Lassen Sie die zweite Folie Ihrer Präsentation anzeigen und wählen Sie den ersten Aufzählungspunkt aus.

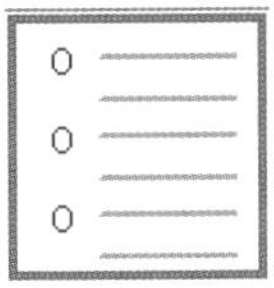

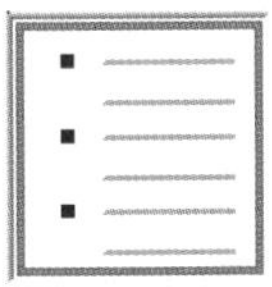

2) Rufen Sie den Menübefehl FORMAT/NUMMERIERUNG UND AUFZÄHLUNGSZEICHEN auf. Wählen Sie auf der Registerkarte *Aufzählungszeichen* des Dialogfeldes die Kreise als Aufzählungszeichen und klicken Sie auf OK.

3) Wählen Sie den zweiten Aufzählungspunkt und rufen Sie den Menübefehl FORMAT/NUMMERIERUNG UND AUFZÄHLUNGSZEICHEN auf. Wählen Sie auf der Registerkarte AUFZÄHLUNGSZEICHEN des Dialogfeldes die gefüllten Quadrate als Aufzählungszeichen.

   Klicken Sie auf den Pfeil rechts neben dem Feld *Farbe* und wählen Sie aus der Dropdown-Liste die Farbe Blau und klicken Sie auf OK.

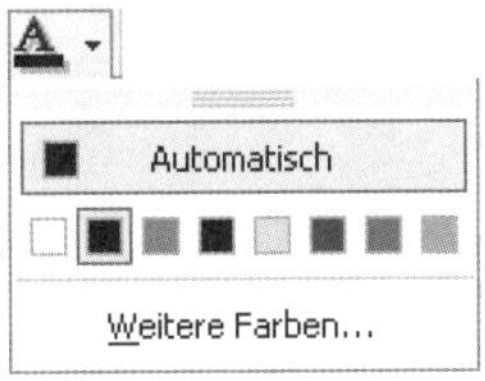

4) Wählen Sie den dritten Aufzählungspunkt und rufen Sie den Menübefehl FORMAT/NUMMERIERUNG UND AUFZÄHLUNGSZEICHEN auf. Klicken Sie auf die Schaltfläche *Bild*.

   Die PowerPoint-Bildaufzählungszeichen werden eingeblendet. Wählen Sie ein Bild aus, indem Sie darauf klicken, und bestätigen Sie dann mit OK, um die Bildgalerie zu schließen. PowerPoint ersetzt das Standardzeichen durch das ausgewählte Bild, das Sie ausgewählt haben.

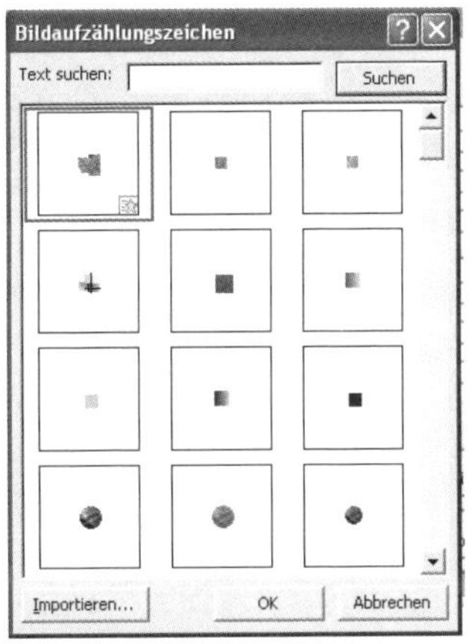

5) Wählen Sie die drei Unterpunkte auf der Folie aus, und rufen Sie den Menübefehl FORMAT/NUMMERIERUNG UND AUFZÄHLUNGSZEICHEN auf. Klicken Sie auf der Registerkarte *Aufzählungszeichen* die Schaltfläche *Benutzerdefiniert* an. Wählen Sie die Schriftart *Wingdings* aus und klicken Sie auf ein Zeichen Ihrer Wahl, um es auszuwählen. Bestätigen Sie anschließend die beiden geöffneten Dialogfelder jeweils über OK.

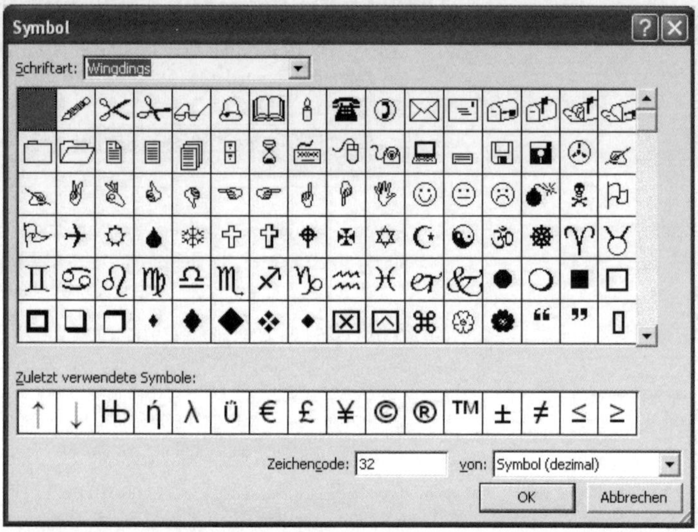

Das von Ihnen ausgewählte Zeichen wird nun als Aufzählungszeichen für die drei Unterpunkte verwendet.

6) Der Sinn dieser Übung ist nicht, das Aussehen Ihrer Folie zu verändern, sondern Sie mit der Auswahl an verschiedenen Zeichen vertraut zu machen, die zur Auswahl stehen.

Drücken Sie als letzten Schritt die Schaltfläche *Rückgängig* so oft, bis die Folie wieder so aussieht, wie sie zu Beginn der Übung ausgesehen hat.

Nummerierung in einer Liste

Sie können aufsteigende Zahlenreihen (1, 2, 3, ...) oder Buchstabenreihen (a, b, c, ...) als Nummerierungszeichen in Ihren Folien verwenden. Nummerierte Listen sind dann geeignet, wenn eine bestimmte Reihenfolge wichtig ist, z.B. bei Anweisungen.

Um eine Nummerierung zuzuweisen, wählen Sie zuerst den entsprechenden Text aus:

Schaltfläche Nummerierung

- Klicken Sie auf die Schaltfläche *Nummerierung* in der *Format*-Symbolleiste,

– oder –

- Rufen Sie den Menübefehl FORMAT/NUMMERIERUNG UND AUFZÄHLUNGSZEICHEN auf, aktivieren Sie dann die Registerkarte *Nummerierung*, wählen Sie eine Nummerierung aus und bestätigen Sie über OK.

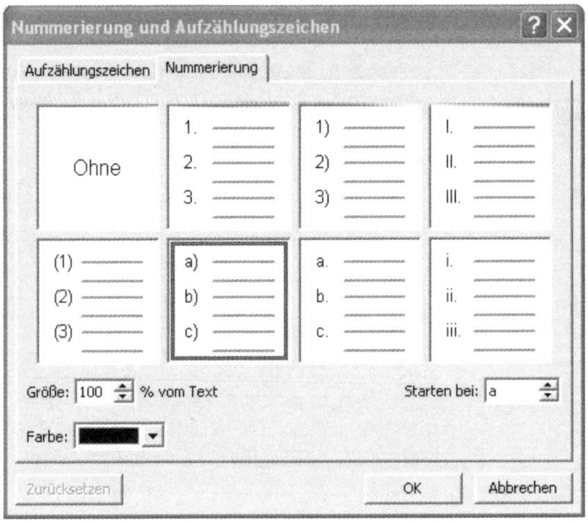

Sie können die standardmäßig eingestellten Farb- , Zahlen- oder Buchstabenwerte sowie die Größe im Verhältnis zum Zeilentext akzeptieren oder ändern.

Übung 6.10: Eine Folie mit Nummerierung erstellen

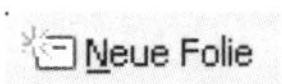

Schaltfläche Neue Folie

1) Zuerst müssen Sie eine vierte Folie zu Ihrer Präsentation hinzufügen. Lassen Sie also Ihre dritte Folie anzeigen und klicken Sie dann auf die Schaltfläche *Neue Folie* in der *Format*-Symbolleiste.

2) Im Aufgabenbereich *Folienlayout* wählen Sie unter *Textlayout* das Symbol *Titel und Text.*

   Schreiben Sie den folgenden Text in den oberen Platzhalter der neuen Folie:

   Marketing-Plan

3) In den unteren Platzhalter der neuen Folie geben Sie den folgenden Text ein:

   Preisstruktur entwickeln
   Verteilernetzwerk aufbauen
   Nationale Vermarktung
   Internationale Vermarktung

4) Wählen Sie die vier Punkte aus, die Sie gerade eingegeben haben, und klicken Sie auf das Symbol *Nummerierung* in der *Format*-Symbolleiste.

   PowerPoint wendet seine Standardnummerierung auf Ihre Listenpunkte an.

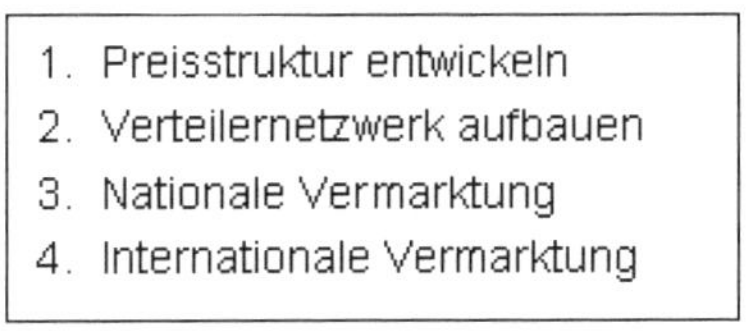

In der nächsten Übung ändern Sie die Nummerierung.

Übung 6.11: Die Nummerierungsart ändern

1) Lassen Sie die vierte Folie Ihrer Präsentation anzeigen, wählen Sie die nummerierten Punkte aus und rufen Sie den Menübefehl FORMAT/NUMMERIERUNG UND AUFZÄHLUNGSZEICHEN auf.

2) Auf der Registerkarte *Nummerierung* ändern Sie die Größe auf 120%, die Farbe in Grün und im Feld Starten bei geben sie eine 2 ein. Klicken Sie auf OK.

Schauen Sie sich die Veränderungen auf Ihrer Folie an. Verwenden Sie die Schaltfläche *Rückgängig*, um die Folie wieder in den Anfangszustand zu bringen.

Zeilenabstände

Es kann vorkommen, dass Sie auf einigen Folien nur wenig Text, und auf anderen sehr viel Text haben. PowerPoint erlaubt es Ihnen, Zeilen mit kleinerem oder größerem Zeilenabstand einzugeben, sodass der Text auf eine Folie passt. Die Übung 6.12 zeigt Ihnen ein Beispiel dafür.

Übung 6.12: Eine Folie mit Nummerierung erstellen

1) Lassen Sie die dritte Folie Ihrer Präsentation anzeigen.

2) Wählen Sie die zwei Punkte im linken Platzhalter aus.

   Rufen Sie den Menübefehl FORMAT/ZEILENABSTAND auf und ändern Sie den Zeilenabstand von 1 in 2 um und klicken Sie dann OK.

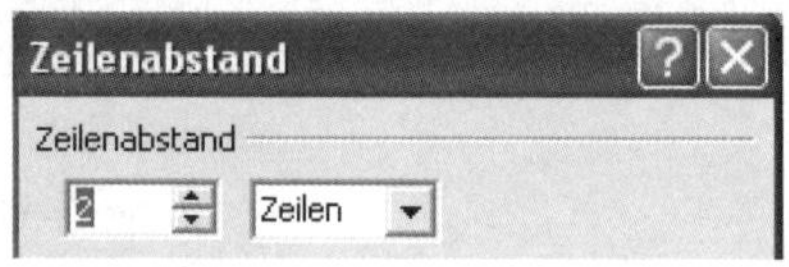

3) Wiederholen Sie die Schritte 2 und 3 für die Punkte im rechten Platzhalter.

   Ihre Folie sollte nun so aussehen.

   Speichern Sie Ihre Präsentation.

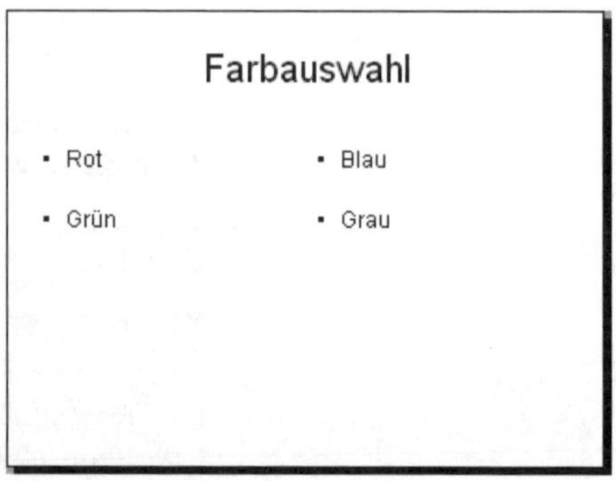

Im Dialogfeld *Zeilenabstand* können Sie auch die Abstände vor und nach ausgewählten Zeilen verändern.

Textausrichtung

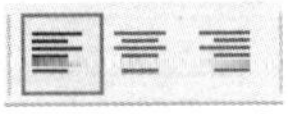

Schaltflächen für Ausrichtung

Ausrichtung bezieht sich auf die Position des Textes in der Folie. Jede der drei gebräuchlichen Optionen (linksbündig, rechtsbündig, zentriert) kann durch Anklicken der entsprechenden Schaltfläche auf der *Format*-Symbolleiste oder über den Menübefehl FORMAT/AUSRICHTUNG zugewiesen werden.

Standardmäßig weist PowerPoint den Folien die folgende Ausrichtung zu:

- Titelfolie: Der gesamte Text ist zentriert.
- Andere Folien: Titeltext wird zentriert, Aufzählungen sind linksbündig.

Wie bei anderen Microsoft-Anwendungen besteht die Textausrichtung bei PowerPoint aus zwei Schritten: erst auswählen, dann ausrichten. Die Übung 6.13 zeigt, wie es geht.

Übung 6.13: Textausrichtung ändern

1) Lassen Sie Ihre zweite Folie anzeigen und wählen Sie alle Aufzählungspunkte im unteren Platzhalter aus.

2) Rufen Sie den Menübefehl FORMAT/AUSRICHTUNG/ZENTRIERT oder klicken Sie in der *Format*-Symbolleiste auf die Schaltfläche *Zentriert.*

   Klicken Sie irgendwo, um die Auswahl aufzuheben.

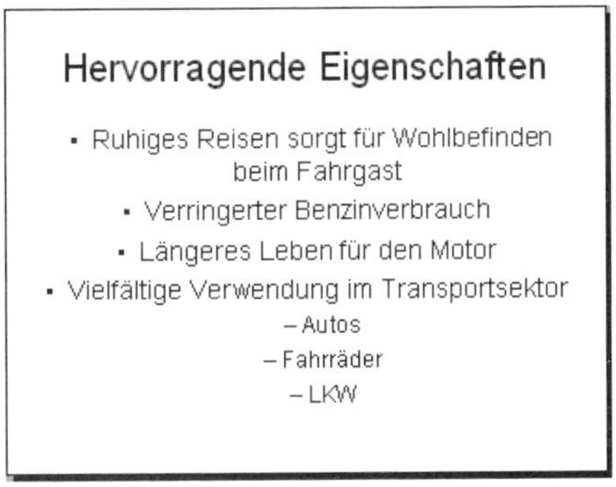

3) Ihre Folie war einfacher zu lesen, bevor sie zentriert wurde. Wählen Sie also alle Aufzählungspunkte wieder aus und klicken Sie auf die Schaltfläche *Linksbündig.* Ihre Folie sollte nun wieder so aussehen wie zu Beginn der Übung.

Eine vierte Option der Ausrichtung ist der Blocksatz, der nur über den Menübefehl FORMAT/AUSRICHTUNG/BLOCKSATZ zugänglich ist, nicht aber über die *Format*-Symbolleiste. Vermeiden Sie jedoch den Blocksatz in Folien, da er für das Publikum nur schwer lesbar ist.

Über Gliederungen

In der Gliederung in PowerPoint ist Gliederung wird der Text aller Folien einer Präsentation dargestellt, und zwar so, dass sie unterscheiden können zwischen:

- Text, welcher der Titel der Folie ist.
- Text, der eine Aufzählung innerhalb einer Folie ist.

Sehen Sie die folgende Präsentation zu ECDL als eine Art Gliederung an:

Überblick

Nutzen für Schulen

Computerkenntnisse für Schüler

Modularer, praktischer Syllabus

Nicht an einen IT-Hersteller gebunden

Nutzen für Schulkollege

Nutzen für Trainingsanbieter

Nutzen für Arbeitgeber

Fertigkeitsnachweis für neue Arbeitnehmer

Messen von Benutzerkompetenz im gesamten Unternehmen

Reduzierung der IT-Support-Kosten

Wie Sie sehen können, gibt es fünf Folientitel. Und nur die Folie 2 (*Nutzen für Schulen*) und die Folie 5 (*Nutzen für Arbeitgeber*) weisen Aufzählungspunkte auf. Der Text der Aufzählung ist weiter eingerückt als der Text der Folientitel (eingerückt bedeutet weggerückt vom linken Rand).

Arbeiten im Fensterausschnitt Gliederung

In der Ansicht *Normal* ermöglicht Ihnen der Fensterausschnitt *Gliederung*, Text in die gesamte Präsentation einzugeben und auch zu bearbeiten, ohne dass Sie zwischen einzelnen Folien hin und her wechseln müssen. Sie können den Fensterausschnitt *Gliederung* auch dazu verwenden, um die Textebene und die Reihenfolge der Folien zu ändern.

Fensterausschnitt Gliederung

In der Ansicht Normal wird in diesem Ausschnitt der Text aller Folien angezeigt, sodass Sie hier sehen können, wie gut Ihr Ideenfluss von einer Folie zur anderen ist.

In Übung 6.14 erstellen Sie eine neue Präsentation und schreiben und strukturieren deren Text im Fensterausschnitt *Gliederung*.

Übung 6.14: Eine Präsentation im Fensterausschnitt Gliederung erstellen

Schaltfläche Neu

1) Klicken Sie auf die Schaltfläche *Neu* in der *Standard*-Symbolleiste.
2) Im Aufgabenbereich *Folienlayout* wählen Sie im Abschnitt *Textlayouts* das Symbol *Titelfolie*.

3) Klicken Sie auf *Gliederung* (die Registerkarte ganz links auf dem Bildschirm).

4) Klicken Sie irgendwo in den Fensterausschnitt *Gliederung*, um ihn auszuwählen. Schreiben Sie die folgenden beiden Zeilen und drücken Sie nach der ersten Zeile die [↵]-Taste:

   ECDL: Ein Überblick

   ABC Training Corporation

   Ihr Text sollte so aussehen:

   Sie werden bemerken, dass die zweite Zeile automatisch die Eigenschaften der ersten Zeile annimmt. Sie erscheint als Folientitel.

Schaltfläche Tiefer stufen

5) Klicken Sie irgendwo in die zweite Textzeile und klicken Sie dann auf die Schaltfläche *Tiefer stufen* in der *Gliederung*-Symbolleiste.

   Ihre zweite Zeile ist jetzt ein Listenpunkt innerhalb der ersten Folie, und kein Folientitel mehr.

6) Drücken Sie die [↵]-Taste am Ende der zweiten Textzeile und geben Sie den folgenden Text ein, wobei Sie nach den ersten drei Eingaben die [↵]-Taste drücken.

   Nutzen für Schulen

   Nutzen für Schulkollege

   Nutzen für Trainingsanbieter

   Nutzen für Arbeitgeber

   Ihr geschriebener Text sollte nun wie in nebenstehender Abbildung aussehen.

7) Wählen Sie die vier Zeilen, die Sie gerade geschrieben haben aus, und wählen Sie das Symbol *Höher stufen* in der *Gliederung*-Symbolleiste. PowerPoint ändert die Stufe der ausgewählten Zeilen, die nun Folientitel sind.

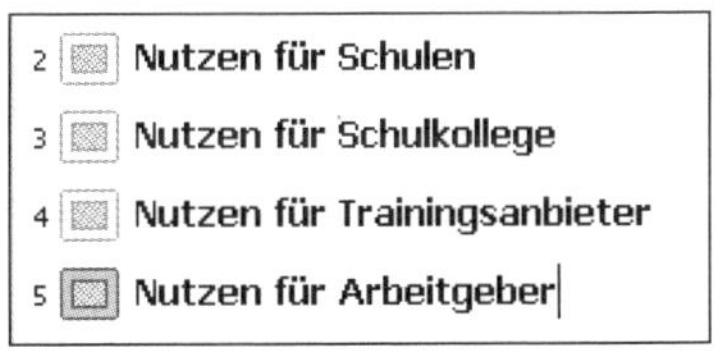

8) Klicken Sie an das Ende der Zeile, die den Titel von Folie 2 enthält (Nutzen für Schulen), drücken Sie die [↵]-Taste, klicken Sie auf *Tiefer stufen* und schreiben Sie die folgenden Zeilen:

   Computerkenntnisse für Schüler

   Modularer, praktischer Syllabus

   Hersteller unabhängig

9) Klicken Sie an das Ende der Zeile, die den Titel von Folie 3 enthält (Nutzen für Schulkollege), drücken Sie die [↵]-Taste, klicken Sie auf *Tiefer stufen* und schreiben Sie die folgenden Zeilen:

Verbesserte Effizienz der Belegschaft

Schüler können IT Einrichtungen besser nutzen

International anerkannte Qualifizierung

10) Klicken Sie an das Ende der Zeile, die den Titel von Folie 4 enthält (Nutzen für Trainingsanbieter), drücken Sie die [↵]-Taste, klicken Sie auf *Tiefer stufen* und schreiben Sie die folgenden Zeilen:

    Anerkannte Qualifikation anzubieten können

    Einfach zu handhabender Syllabus

    Option für Einstufungstests

11) Klicken Sie an das Ende der Zeile, die den Titel von Folie 5 enthält (Nutzen für Arbeitgeber), drücken Sie die [↵]-Taste, klicken Sie auf *Tiefer stufen* und schreiben Sie die folgenden Zeilen:

    Bewertung der Fertigkeiten bei neuen Arbeitnehmern

    Unternehmensweite Kompetenz

    Reduzierung der IT-Support-Kosten

    Ihre gesamte Gliederung sollte nun so aussehen:

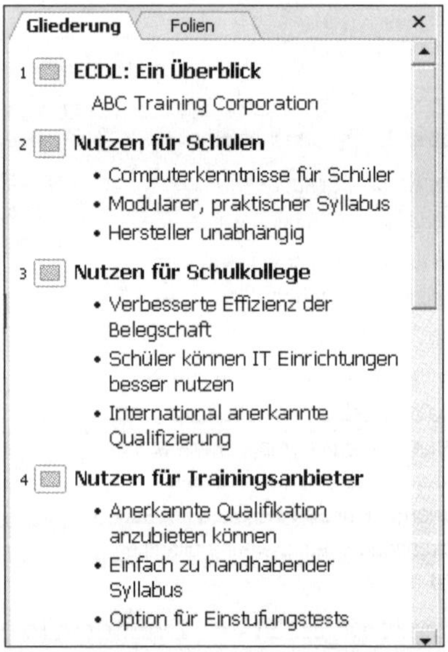

Gut gemacht! Sie haben eine weitere Präsentation erstellt. Speichern Sie Ihre Präsentation z.B. unter dem Namen *ABpräs2*.

Gliederung und einzelne Folien

Worin liegt die Beziehung zwischen dem Gliederungstext und dem Text einzelner Folien?

- **Folien:** PowerPoint erstellt eine neue Folie für jeden Folientitel, den Sie in den Fensterausschnitt *Gliederung* schreiben.

- **Aufzählungspunkte:** PowerPoint fügt tiefer gestufte Textzeilen im Fensterausschnitt *Gliederung* als Aufzählungspunkte in der zugehörigen Folie ein.

Jede Textänderung, die Sie in der Gliederung vornehmen, wird auf die einzelnen Folien übertragen, und jede Änderung auf einer individuellen Folie wird auch in der Gliederung wiedergegeben.

Zwischen Präsentation wechseln

Sie haben nun zwei Präsentationen zur gleichen Zeit in PowerPoint geöffnet. Um zwischen den Präsentationen zu wechseln, wenn Sie PowerPoint schon verwendet haben und das Programm noch geöffnet ist, gehen Sie wie folgt vor:

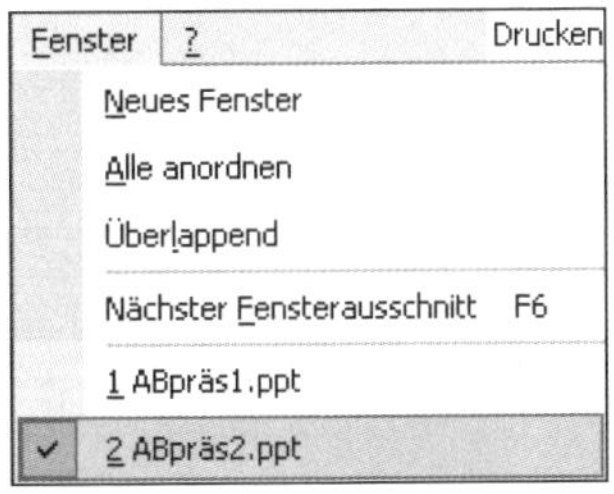

- Klicken Sie auf das Menü *Fenster* und wählen Sie die Datei aus, mit der Sie arbeiten möchten.

– oder –

- klicken Sie den Dateinamen im Aufgabenbereich *Neue Präsentation* unter PRÄSENTATION ÖFFNEN an.

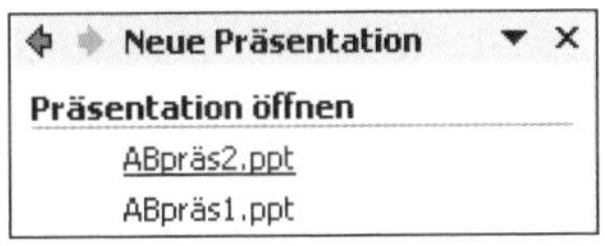

– oder –

- klicken Sie in der Windows-Taskleiste den Dateinamen an.

– oder –

- halten Sie die [Alt]-Taste gedrückt und drücken Sie die [⭾]-Taste, bis Sie beim gewünschten Punkt angekommen sind.

Zwischen Folien wechseln

Wenn Ihre Präsentation aus mehr als einer Folie besteht, so möchten Sie vielleicht verschiedene Folien in verschiedenen Momenten auf Ihrem Bildschirm anzeigen. Dazu haben Sie zwei Hauptoptionen:

- Verwenden Sie die Tasten [Bild ↓] und [Bild ↑], um vorwärts und rückwärts durch die einzelnen Folien zu blättern.
- Wechseln Sie in die Ansicht *Foliensortierung*, um alle Folien auf einmal zu sehen. Doppelklicken Sie nun auf die Folie, die Sie angezeigt haben möchten.

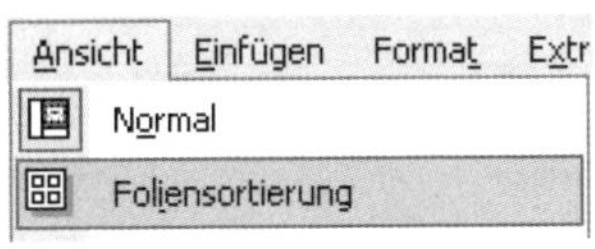

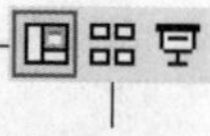

Um Ihre Präsentation in der Ansicht *Foliensortierung* anzuzeigen, rufen Sie den Menübefehl ANSICHT/FOLIENSORTIERUNG auf. Über das gleiche Menü kommen Sie auch wieder zurück zur Ansicht *Normal*.

Eine andere Möglichkeit, zwischen den verschieden Ansichten zu wechseln, ist es, die kleinen Schaltflächen unten links im Bildschirm anzuklicken.

Die Ansicht *Foliensortierung* ist auch nützlich,

- um zu kontrollieren, ob das Aussehen Ihrer Folien einheitlich ist.
- um die Reihenfolge der Folien in Ihrer Präsentation zu ändern.
- um Folien innerhalb einer Präsentation zu kopieren.

Ansicht Foliensortierung

Eine Ansicht, in der Sie alle Folien einer Präsentation auf einmal betrachten können.

Gehen Sie zu Ihrer ersten Präsentation und lassen Sie diese in der Ansicht *Foliensortierung* anzeigen.

Um das Ergebnis der Gliederung, die Sie in Übung 6.14 erstellt haben, anzuschauen, wechseln Sie zur zweiten Präsentation und lassen Sie diese auch in der Ansicht *Foliensortierung* anzeigen. Sie sollte wie folgt aussehen:

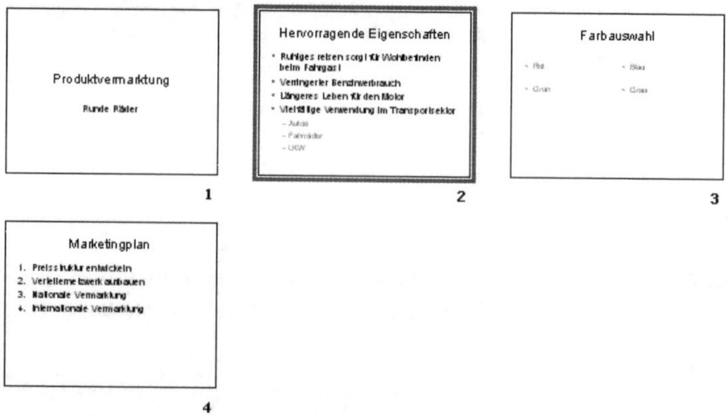

Sie können die *Zoom*-Funktion in PowerPoint dazu verwenden, die Anzeige in der Ansicht *Foliensortierung* zu vergrößern oder zu verkleinern. Die Standardeinstellung liegt bei 66%, was die Anzeige von vier Folien in einer Reihe erlaubt.

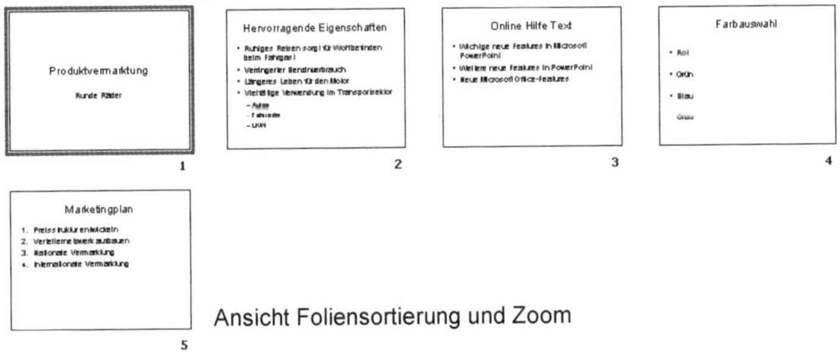

Ansicht Foliensortierung und Zoom

Neu ordnen von Folien in der Ansicht Foliensortierung

Wenn Sie Ihre Folien in der Ansicht *Foliensortierung* anschauen, kann es sein, dass Sie sich dazu entschließen, die Reihenfolge der Folien zu verändern. Dies können Sie auf zwei Arten erledigen:

- Indem Sie die Folien mit der Maus ziehen (geeignet bei nicht so umfangreichen Präsentationen).
- Indem Sie die Funktionen *Ausschneiden* und *Einfügen* verwenden (geeignet bei umfangreichen Präsentationen).

Neu ordnen durch Ziehen

Führen Sie dazu die folgenden Schritte durch:

- Wählen Sie dazu in der Ansicht *Foliensortierung* die Folie aus, die Sie verschieben möchten. Sie werden bemerken, dass PowerPoint einen breiteren Rahmen um die ausgewählte Folie legt.
- Ziehen Sie die Folie nun mit der Maus, sodass eine vertikale Linie an der Stelle angezeigt wird, an der Sie die Folie positionieren möchten.
- Lassen Sie die Maustaste los.

Neu ordnen durch Ausschneiden und Einfügen

Sie können in PowerPoint Folien ausschneiden, kopieren und einfügen, so wie Sie es mit einem Word-Dokument auch tun.

Führen Sie folgende Schritte aus:

- Wählen Sie dazu in der Ansicht *Foliensortierung* die Folie durch Anklicken aus.
- Rufen Sie den Menübefehl BEARBEITEN/AUSSCHNEIDEN auf oder klicken Sie auf die Schaltfläche *Ausschneiden* in der *Standard*-Symbolleiste oder verwenden Sie die Tastenkombination [Strg]+[X].

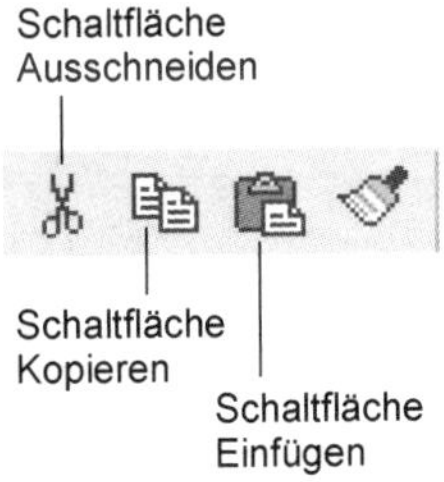

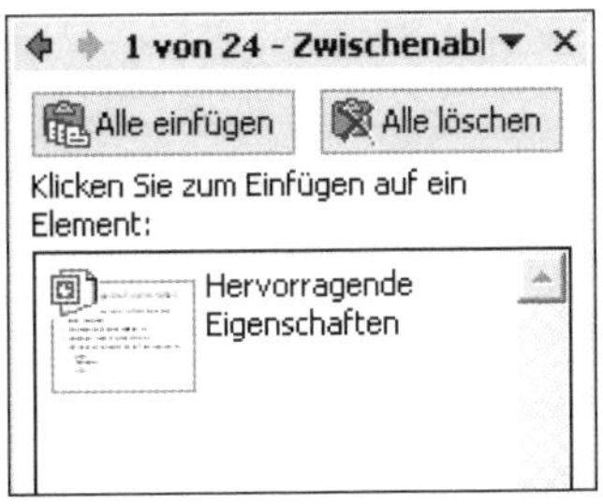

Die Folie erscheint nun im Aufgabenbereich *Zwischenablage*.

- Klicken Sie auf eine andere Folie, um sie auszuwählen.
- Rufen Sie den Menübefehl BEARBEITEN/EINFÜGEN auf oder wählen Sie das Element im Aufgabenbereich *Zwischenablage* aus, oder klicken Sie auf *Einfügen* in der *Standard*-Symbolleiste, oder verwenden Sie die Tastenkombination Strg+V.

Die eingefügte Folie erscheint nach (als rechts neben) der Folie, die Sie ausgewählt haben, bevor Sie den Befehl *Einfügen* ausgeführt haben.

Üben Sie in der Ansicht *Foliensortierung* noch ein wenig, indem Sie die fünf Folien Ihrer Präsentation durch Ziehen neu ordnen und dann mit Ausschneiden und Einfügen wieder an ihren ursprünglichen Platz bringen.

Tastenkombinationen

Eine schnelle Art, um zu kopieren, auszuschneiden und einzufügen, ist über die oben schon erwähnten Tastenkombinationen. Dafür halten Sie die Strg-Taste gedrückt und drücken gleichzeitig eine entsprechende Buchstabentaste.

Aktion	Tastenkombination
Kopieren	Strg+C
Ausschneiden	Strg+X
Einfügen	Strg+V

Folien kopieren und verschieben

Sie können Folien innerhalb oder auch zwischen einzelnen Präsentationen kopieren und verschieben. Die Übungen 6.15 und 6.16 zeigen Ihnen jeweils ein Beispiel.

Übung 6.15: Eine Folie innerhalb einer Präsentation kopieren

1) Lassen Sie Ihre zweite Präsentation mit dem Titel *ECDL: Ein Überblick* anzeigen. Klicken Sie nun in der Ansicht *Foliensortierung* auf die Titelfolie, um sie auszuwählen.

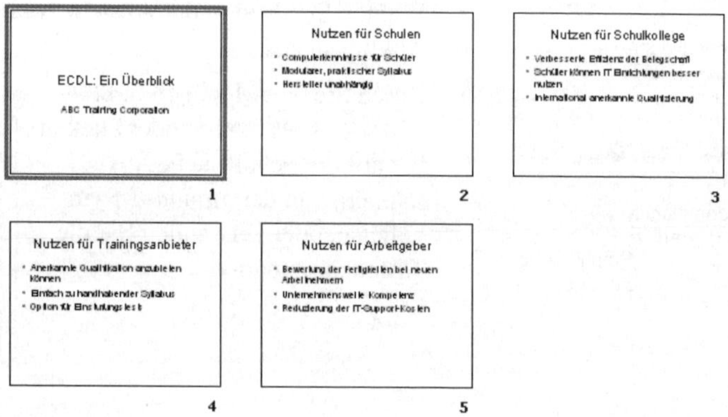

2) Drücken Sie [Strg]+[C], um die Titelfolie zu kopieren.

3) Klicken Sie nun auf die fünfte Folie, um diese auszuwählen.

4) Drücken Sie [Strg]+[V], um die Titelfolie am Ende der Präsentation einzufügen.

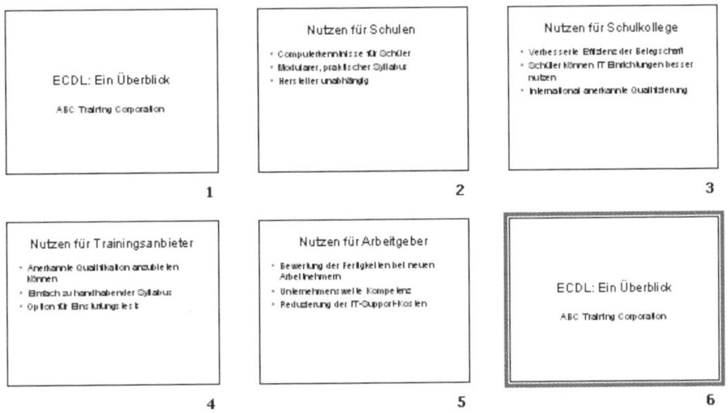

Ihre Präsentation hat nun sechs Folien. Im letzten Schritt werden Sie die Folie 6, also die letzte Folie wieder löschen.

5) Wählen Sie die Folie 6 aus und drücken Sie auf die [Entf]-Taste.

Übung 6.16: Eine Folie zwischen Präsentationen kopieren

1) Lassen Sie Ihre Präsentation mit dem Namen *ABpräs2* in der Ansicht *Foliensortierung* anzeigen.

2) Klicken Sie auf die Titelfolie und drücken Sie [Strg]+[C].

3) Gehen Sie nun in die Präsentation *Produktvermarktung* (*Abpräs1*) und lassen Sie diese in der Ansicht *Foliensortierung* anzeigen.

4) Klicken Sie auf die zweite Folie *Hervorragende Eigenschaften*, um sie auszuwählen.

5) Drücken Sie [Strg]+[V]. PowerPoint fügt die Folie als neue dritte Folie in Ihre Präsentation *Produktvermarktung* ein.

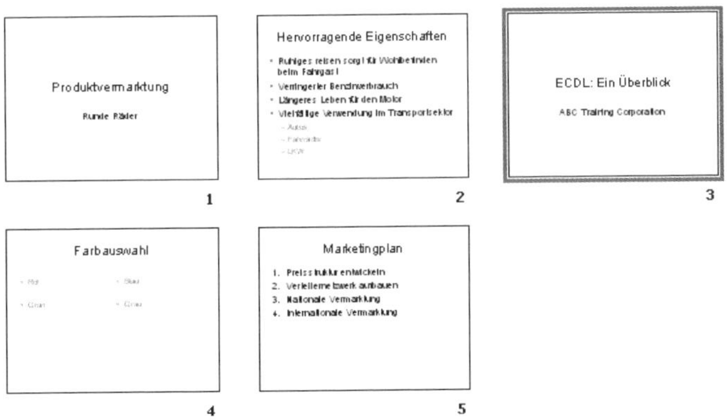

6) Während die eingefügte Folie noch ausgewählt ist, drücken Sie auf die [Entf]-Taste.

Text kopieren und verschieben

Um Text von einer Folie in eine andere der gleichen oder einer anderen Präsentation zu kopieren oder zu verschieben:

- Wählen Sie den Text durch Klicken und Ziehen aus.
- Kopieren Sie den Text oder schneiden ihn aus.
- Positionieren Sie die Einfügemarke an der Stelle, an der der Text erscheinen soll.
- Fügen Sie den Text ein.

Die Übung 6.17 zeigt Ihnen ein Beispiel für Ausschneiden und Einfügen.

Übung 6.17: Text innerhalb einer Folie verschieben

1) Lassen Sie in der Ansicht *Normal* die dritte Folie *Farbauswahl* Ihrer ersten Präsentation (*Produktvermarktung*) anzeigen.

2) Wählen Sie die beiden Aufzählungspunkte im rechten Platzhalter aus und drücken Sie Strg+X. Der ausgewählte Text wird nun aus dem rechten Platzhalter entfernt.

3) Klicken im linken Platzhalter ans Ende des zweiten Aufzählungspunktes.

4) Drücken Sie die ↵-Taste. PowerPoint erstellt eine neue Zeile, die mit einem Aufzählungszeichen beginnt.

5) Drücken Sie Strg+V, um die zwei Aufzählungspunkte einzufügen.

   Wenn PowerPoint ein zusätzliches Aufzählungszeichen in eine neue Zeile nach den zwei Aufzählungspunkte einfügt, drücken Sie einfach zweimal die ←-Taste. Einmal, um das Aufzählungszeichen zu entfernen, und das zweite Mal, um die neue Zeile zu entfernen.

6) Klicken Sie irgendwo in den rechten Platzhalter und klicken Sie dann auf seinen Rahmen. Drücken Sie die Entf-Taste, um den rechten Platzhalter zu löschen.

7) Rufen Sie den Menübefehl FORMAT/FOLIENLAYOUT auf, um die Liste der Folienlayouts im Aufgabenbereich *Folienlayout* anzuzeigen. Wählen Sie unter *Textlayouts* das Symbol *Titel und Text.*

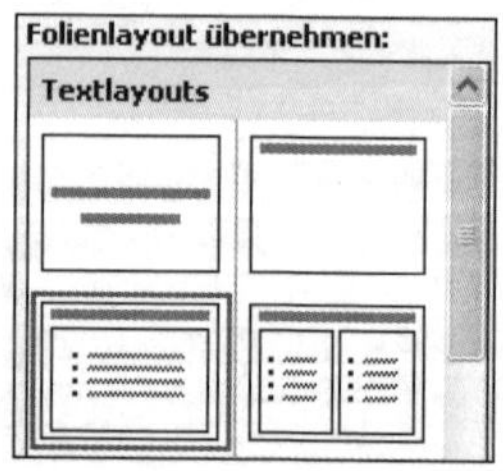

   Ihre dritte Folie sollte nun so aussehen.

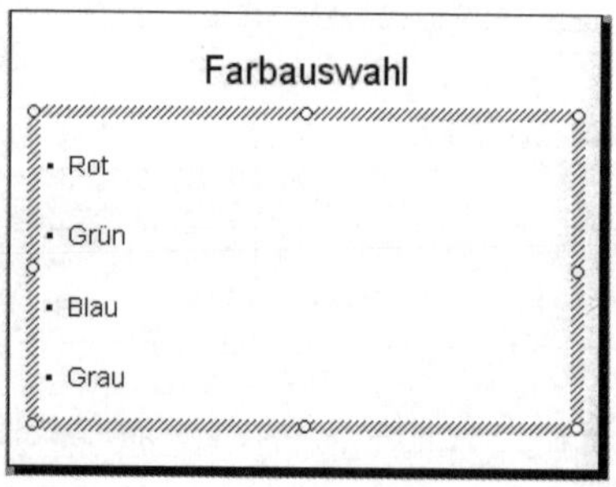

Text aus einer anderen Anwendung importieren

Wenn Sie Text in einer anderen Anwendung wie beispielsweise Microsoft Word erstellt haben und diesen in PowerPoint verwenden möchten, können Sie dies tun, ohne dass Sie ihn neu schreiben müssen. Der einfachste Weg ist der folgende:

- Wählen Sie den Text in der anderen Anwendung aus.
- Kopieren Sie den Text.
- Positionieren Sie die Einfügemarke in PowerPoint an der Stelle, an der der Text erscheinen soll.
- Fügen Sie den Text ein.

Die Übung 6.18 zeigt Ihnen ein Beispiel für Ausschneiden und Einfügen.

Übung 6.18: Import von Nicht-PowerPoint-Text

1) Lassen Sie die zweite Folie *Hervorragende Eigenschaften* Ihrer ersten Präsentation anzeigen. Klicken Sie in der Ansicht *Normal* auf das Symbol *Neue Folie* in der *Format*-Symbolleiste.

   Die neue Folie wird zur dritten Folie Ihrer Präsentation. Die früheren Folien 3 und 4 sind nun die Folien 4 und 5.

2) Wählen Sie im Aufgabenbereich Folienlayout unter *Textlayouts* die Option *Titel und Text.*

3) Klicken in den oberen Platzhalter und schreiben Sie folgenden Text:

   Online Hilfe Text

4) Rufen Sie – falls nicht bereits angezeigt – über den Menübefehl ?/MICROSOFT POWERPOINT-HILFE die Online-Hilfe auf und aktivieren Sie die Registerkarte INHALT.

5) Klicken Sie auf die Überschrift *Neuigkeiten* im rechten Fensterhauschnitt des Hilfe-Fensters. Markieren Sie die Überschrift *Wichtige neue Features in Microsoft PowerPoint* und drücken Sie [Strg]+[C], um sie zu kopieren.

6) Kehren Sie zu PowerPoint zurück. Stellen Sie sicher, dass die neue Folie, die Sie in Schritt 1 erstellt haben, angezeigt ist. Klicken Sie das erste Aufzählungszeichen an und drücken Sie [Strg]+[V], um den ausgewählten Text einzufügen. Setzen Sie die Einfügemarke ans Ende des Textes und drücken Sie die [↵]-Taste. Ihre Folie sollte nun so aussehen:

7) Wiederholen Sie die Schritte 5 und 6 für die folgenden Überschriften der PowerPoint-Hilfe.

   Weitere neue Features in PowerPoint

   Neue Microsoft Office Features

   (Wählen Sie die Überschriften nicht mit Hyperlinks aus)

8) Der eingefügte Text auf Ihrer Folie ist fett formatiert, so wie er auch in der Online-Hilfe war.

   Wählen Sie die drei Aufzählungspunkte und klicken Sie auf *Fett* in der *Format*-Symbolleiste, um den Schriftschnitt *Fett* zu entfernen.

   Ihre Folie sollte nun so aussehen.

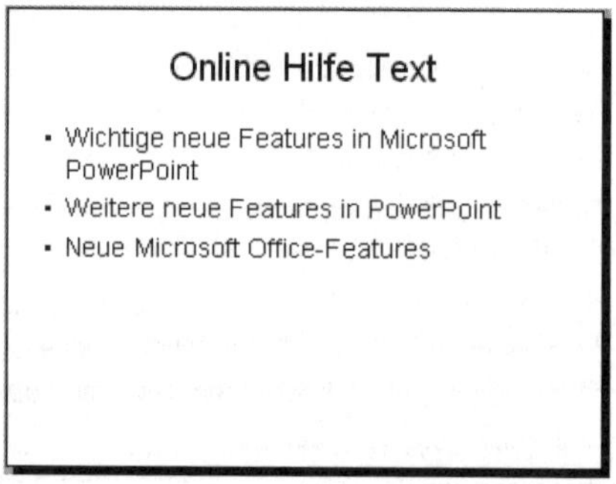

9) Schließen Sie das Fenster der Online-Hilfe.

10) Lassen Sie Ihre Präsentation in der Foliensortierung anzeigen. Sie sollte so aussehen:

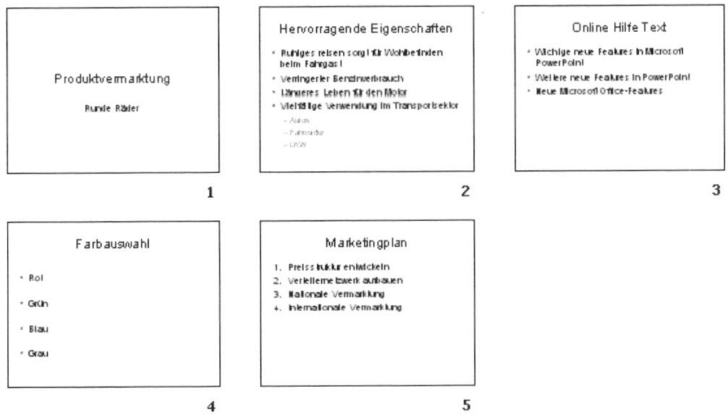

Sie können die gleiche Methode anwenden, um Folgendes in eine PowerPoint-Präsentation zu kopieren:

- Text aus einem Word-Dokument.
- Eine Zelle, einen Zellbereich oder ein Diagramm aus Excel.
- Ein Bild (wie z.B. ein gescanntes Foto) aus einer Grafikanwendung.

Eine Präsentation ablaufen lassen

Bildschirmpräsentation (von aktueller Folie)

Wenn Sie einige Folien erstellt haben, können Sie sich Ihre Arbeit in der Bildschirmpräsentation über den Menübefehl ANSICHT/BILDSCHIRMPRÄSENTATION anschauen, um festzustellen, wie Ihr Publikum sie sehen wird. Dies startet die Anzeige mit Ihrer ersten Folie. Um mit der gerade angezeigten Folie zu starten, klicken Sie auf das Symbol *Bildschirmpräsentation (von aktueller Folie)* unten links auf dem Bildschirm.

Ihre Folien werden nun ohne PowerPoint-Menüs, Symbolleisten oder andere Bildschirmelemente, die normalerweise beim Erstellen und Bearbeiten einer Präsentation sichtbar sind, angezeigt. Um sich zwischen den einzelnen Folien zu bewegen:

- drücken Sie die Tasten [Bild ↓], [Pos1], [Bild ↑] oder [Ende], genau so, wie Sie es auch in der Ansicht Normal tun.

– oder –

- klicken Sie mit der rechten Maustaste an eine beliebige Stelle auf dem Bildschirm und wählen Sie dann eine der Navigationsoptionen im angezeigten Kontextmenü aus.

– oder –

- klicken Sie mit der linken Maustaste an eine beliebige Stelle auf dem Bildschirm, um zur nächsten Folie zu gelangen.

Ansicht Bildschirmpräsentation

Eine Ansicht, die Sie verwenden, um dem Publikum Ihre Präsentation vorzuführen. Die verschiedenen Menüs und Symbolleisten werden in dieser Ansicht nicht angezeigt.

Um die Bildschirmpräsentation zu beenden und zu Ihrer vorherigen Ansicht zurückzukehren, drücken Sie die [Entf]-Taste.

Hier noch einmal die Tasten zum Navigieren, die Sie während der Bildschirmpräsentation von PowerPoint verwenden können:

Vorgang	**Tastenkombination**
Um zur nächsten Folie zu gelangen	Drücken Sie die Taste [Bild↓]
Um zur vorherigen Folie zurückzukehren	Drücken Sie die Taste [Bild↑]
Um zur ersten Folie einer Präsentation zu gelangen	Drücken Sie die Taste [Pos1]
Um zur letzten Folie zu gelangen	Drücken Sie die Taste [Ende]

In allen Ansichten, außer in der *Bildschirmpräsentation*, können Sie auch die Bildlaufleiste verwenden, um vorwärts und rückwärts zu blättern.

In der Ansicht *Bildschirmpräsentation* bieten sich Ihnen noch mehr Möglichkeiten.

Vorgang	**Tastenkombination**
Um zur nächsten Folie zu gelangen	Linker Mausklick [Leer]-Taste [N] [Pfeil→] [Pfeil↓] [↵]-Taste [Bild↓]
Um zur vorherigen Folie zurückzukehren	[⟵]-Taste [P] [Pfeil←] [Pfeil↑] [Bild↑]

Vorgang	Tastenkombination
Um zu einer bestimmten Folie zu gelangen	Geben Sie die Nummer der Folie ein und drücken Sie die [↵]-Taste
Um zur ersten Folie einer Präsentation zu gelangen	Halten Sie beide Maustasten für zwei Sekunden gedrückt
Um den Bildschirm leer erscheinen zu lassen	[B] (für schwarz) [W] (für weiß)
Um zur Präsentation zurückzukehren	[B] oder wieder [W]

Wenn Sie einige dieser Steuerelemente vergessen sollten, kein Grund zur Sorge. Drücken Sie während einer Bildschirmpräsentation einfach auf die [F1]-Taste, um sich eine Liste zur Steuerung anzeigen zu lassen. Beachten Sie bitte, dass in dieser Liste fälschlicherweise der Buchstabe »S« für einen leeren schwarzen Bildschirm angegeben ist.

Folien ausblenden und löschen

In den Übungen 6.17 und 6.18 haben Sie Folien in der Foliensortierung gelöscht, indem Sie die entsprechende Folie ausgewählt und dann die [Entf]-Taste gedrückt haben. Um eine Folie in der Ansicht *Normal* zu löschen, zeigen Sie die entsprechende Folie an und rufen Sie den Menübefehl BEARBEITEN/LÖSCHEN auf.

Üben Sie den Umgang mit diesem Befehl ein wenig, indem Sie einige Ihrer Folien löschen. Nachdem Sie eine Folie gelöscht haben, klicken Sie auf die Schaltfläche *Rückgängig* in der *Standard*-Symbolleiste, um sie wiederherzustellen. Es kann aber auch schon einmal vorkommen, dass Sie einem bestimmten Publikum nur bestimmte Folien zeigen möchten. In PowerPoint können Sie Folien ausblenden, sodass sie zwar Bestandteil der Präsentation bleiben, aber nicht angezeigt werden.

Um eine Folie auszublenden:

- In der Ansicht *Normal* zeigen Sie die entsprechende Folie an und wählen dann den Menübefehl BILDSCHIRMPRÄSENTATION/FOLIE AUSBLENDEN.

– oder –

- In der Ansicht *Foliensortierung* klicken Sie auf die entsprechende Folie, um sie auszuwählen, bevor Sie den Menübefehl BILDSCHIRMPRÄSENTATION/FOLIE AUSBLENDEN aufrufen.

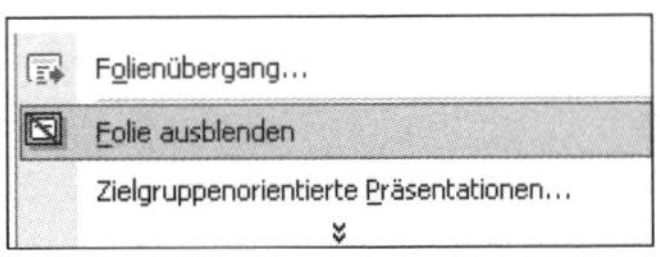

Um eine Folie wieder einzublenden, markieren Sie diese und wählen erneut den Menübefehl BILDSCHIRMPRÄSENTATION/FOLIE AUSBLENDEN.

Üben Sie ein wenig, indem Sie Folien ausblenden, dann die Bildschirmpräsentation ablaufen lassen, und danach die Folien wieder einblenden.

Sie können Ihre Präsentation nun speichern und PowerPoint schließen. Sie haben nun Lektion 6.2 des ECDL-Moduls *Präsentationen* beendet.

Zusammenfassung der Lektion: Das haben Sie gelernt

Außer in der Titelfolie wird der Text in PowerPoint-Folien normalerweise als Aufzählungspunkt dargestellt, ein Aufzählungszeichen gefolgt von Text, bestehend aus einem oder mehreren Wörtern. Die Aufzählungszeichen können Symbole, Zahlenreihen (1, 2, 3 ...) oder Buchstaben (a, b, c ...) sein.

Unterschiedliche Aufzählungspunkte können unterschiedlich eingestufte Informationen enthalten. Die verschiedenen Stufen bzw. Ebenen der Aufzählung, die sich durch ihren Einzug, Schriftgröße und Art des Aufzählungszeichens unterscheiden, können je nach Bedarf höher oder tiefer gestuft werden.

Der Fensterausschnitt *Gliederung* in der Ansicht *Normal* bietet eine schnelle Art und Weise, Text einzugeben, zu bearbeiten, die Textstufe und die Folienreihenfolge zu verändern.

Die Ansicht *Foliensortierung* in PowerPoint erlaubt es, alle Folien Ihrer Präsentation auf einmal anzuzeigen. Dies ist sehr nützlich bei der Kontrolle, ob alle Folien ein einheitliches Aussehen haben, bei Änderung der Reihenfolge und beim Kopieren von Folien zwischen einzelnen Präsentationen.

Sie können Text und andere Elemente aus anderen Anwendungen in PowerPoint kopieren und einfügen.

Die Funktion *Zeilenabstand* in PowerPoint erlaubt es Ihnen, die Zeilen eines Textes so darzustellen (geringer oder weiter Zeilenabstand), dass der darzustellende Text auf eine Folie passt.

Standardmäßig zentriert PowerPoint den Text auf der Titelfolie und richtet den Text der übrigen Folien linksbündig aus. Sie können diese Standardeinstellungen auf einzelnen Folien überschreiben, indem Sie sich der Optionen zum Ausrichten bedienen.

Schnelltest: Mit Aufzählungszeichen arbeiten

1.	Sie können nicht aus einer Excel-Tabelle in PowerPoint kopieren.
A	Richtig
B	Falsch

2.	Mit dem Fensterausschnitt *Gliederung* in der Normalansicht können Sie ...
A	Text eingeben und bearbeiten, die Stufung von Text und die Reihenfolge der Folien verändern.
B	alle Folien auf einmal betrachten.

2.	**Mit dem Fensterausschnitt *Gliederung* in der Normalansicht können Sie ...**
C	nur Text eingeben und bearbeiten.
D	Text eingeben und bearbeiten sowie die Reihenfolge der Folien ändern.

3.	**Sie gelangen zur Ansicht *Foliensortierung*, indem Sie ...**
A	den Menübefehl ANSICHT/FOLIENSORTIERUNG aufrufen.
B	den Menübefehl BILDSCHIRMPRÄSENTATION/BILDSCHIRMPRÄSENTATION VORFÜHREN aufrufen.
C	den Menübefehl ANSICHT/NORMAL aufrufen.
D	den Menübefehl ANSICHT/AUFGABENBEREICH/FOLIENLAYOUTS aufrufen.

4.	**Wie ändern Sie den Zeilenabstand in einer Präsentation?**
A	Den Menübefehl FORMAT/ZEICHEN aufrufen, den gewünschten Schrifttyp auswählen und dann auf OK klicken.
B	Den Menübefehl FORMAT/ZEILENABSTAND aufrufen, den Wert im Dialogfeld *Zeilenabstand* ändern und dann auf OK klicken.
C	Den Menübefehl FORMAT/AUSRICHTUNG aufrufen, die gewünschte Ausrichtungsoption auswählen und dann auf OK klicken.
D	Den Menübefehl FORMAT/FOLIENLAYOUT aufrufen und dann im Aufgabenbereich *Folienlayout* das gewünschte Folienlayout auswählen.

5.	**Wie ändern Sie ein Aufzählungszeichen?**
A	Das Zeichen auswählen und auf *Tiefer stufen* klicken. PowerPoint ändert die Anzeige des ausgewählten Aufzählungszeichens.
B	Den Menübefehl FORMAT/FOLIENLAYOUT aufrufen und im Aufgabenbereich *Folienlayout* das Folienlayout *Titel und Text* auswählen.
C	Das Aufzählungszeichen auswählen, den Menübefehl FORMAT/NUMMERIERUNG UND AUFZÄHLUNGSZEICHEN aufrufen, auf der Registerkarte Nummerierung das entsprechende Zeichen auswählen und mit OK bestätigen.
D	Das Aufzählungszeichen auswählen, den Menübefehl FORMAT/NUMMERIERUNG UND AUFZÄHLUNGSZEICHEN aufrufen, auf der Registerkarte AUFZÄHLUNGSZEICHEN das entsprechende Zeichen auswählen und mit OK bestätigen.

Lektion 6.3: Ihre Präsentation formatieren

Zu dieser Lektion

Die Präsentationen, die Sie in den ersten beiden Lektionen dieses Moduls erstellt haben, beinhalten schwarze Schrift auf einfachem weißen Hintergrund. PowerPoint bietet Ihnen zwei hauptsächliche Möglichkeiten, Ihre Folien zu formatieren und sie dadurch attraktiver zu gestalten.

Die eine Art ist, das Aussehen Ihrer Präsentation Folie für Folie zu ändern. Die zweite Methode ist, Ihre gesamte Präsentation in einem Arbeitsschritt neu zu formatieren. Die zweite, globale Methode ist besser. Sie spart Arbeit und Zeit, und Ihre Folien bekommen ein einheitliches Erscheinungsbild.

Neue Fähigkeiten

Am Ende dieser Lektion sollten Sie in der Lage sein,

- einzelnen Folie Text- und Hintergrundeffekte zuzuweisen,
- einer Präsentation Text- und Hintergrundeffekte unter Verwendung des Folienmasters zuzuweisen,
- einer Präsentation eine Farbskala zuzuweisen und anzupassen,
- Notizenseiten zu erstellen,
- Handzettel für das Publikum zu erstellen,
- Folien, Handzettel und Notizenseiten zu drucken.

Neue Wörter

Am Ende dieser Lektion sollten Sie in der Lage sein, die folgenden Begriffe zu erklären:

- Folienmaster
- Handzettel
- Farbskala

Präsentationsformat

Der Begriff Folienformatierung bezieht sich auf das Erscheinungsbild der Folien in Ihrer Präsentation. Dazu zählen:

- Textformat: Schriftart, Schriftgröße und Farbe des Textes in einer Folie, und jegliche Texteffekte wie fett, kursiv, mit Schatten etc.
- Hintergrundfarbe oder Muster: Die Farbe oder das dekorative Muster, das hinter dem Text Ihrer Folien liegt.

Eine Methode, Ihre Folien zu formatieren, ist Folie für Folie. Das bedeutet: erste Folie anzeigen, Text und Hintergrund neu formatieren. Und diesen Vorgang müssen Sie dann für alle Folien der Präsentation wiederholen. Gibt es einen schnelleren Weg? Ja, es gibt zwei.

Globale Änderungen vornehmen

PowerPoint bietet zwei hauptsächlich Methoden, um alle Folien Ihrer Präsentation in einem Arbeitsschritt neu zu formatieren:

- **Farbskalen:** Dies sind Kombinationen aus Text- und Hintergrundfarben. Sie wählen einfach die gewünschte Farbskala aus, und PowerPoint wendet sie auf alle Folien an. Sie können sogar jede der vordefinierten Farbskalen ändern und so Ihren Bedürfnissen anpassen.
- **Folienmaster:** Jede Folie basiert auf einem so genannten Folienmaster. Wenn Sie das Hintergrund- oder Textformat im Folienmaster verändern, werden alle Folien Ihrer Präsentation entsprechend aktualisiert.

(Eine dritte Option zur Formatierung, die Entwurfsvorlagen, wird in Lektion 6.7 dieses Moduls erklärt.)

Welche Möglichkeiten habe ich?

Während Sie mit den Funktionen zur Formatierung in PowerPoint experimentieren, werden Sie wahrscheinlich überwältigt sein von der Vielzahl der verfügbaren Möglichkeiten:

- **Dunkler Text, heller Hintergrund:** In einem hellen Raum ist diese Option vorzuziehen.
- **Heller Text, dunkler Hintergrund:** In einem abgedunkelten Raum ist heller Text auf einem dunklen Hintergrund einfacher zu lesen.

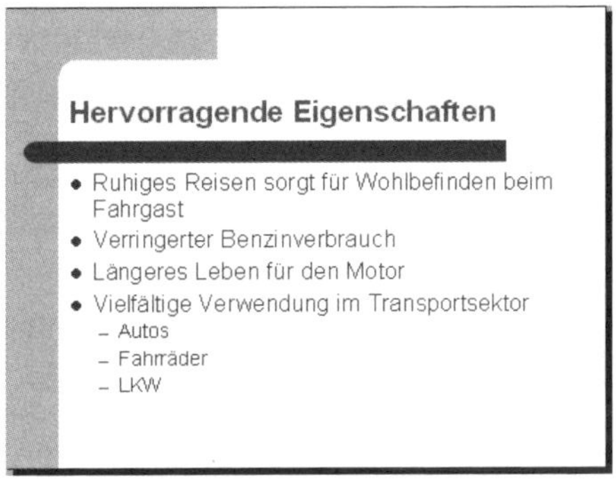

- Welche Wahl Sie auch immer treffen, stellen Sie sicher, dass die Farben, welche Sie für Schrift und Hintergrund wählen, miteinander in Kontrast stehen.

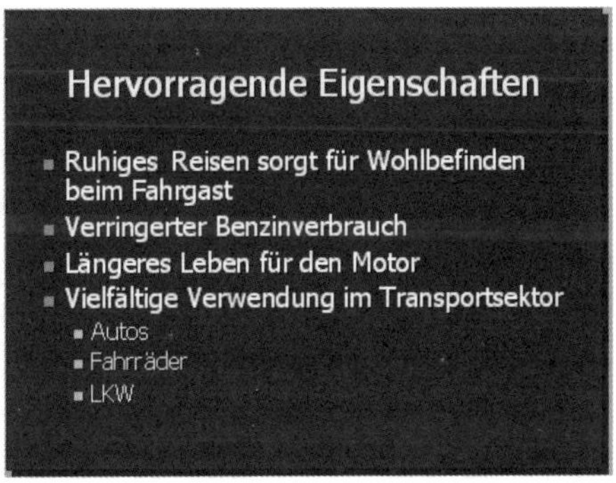

- Einfarbiger oder dekorativer Hintergrund: Sie sind nicht darauf begrenzt, einen einfarbigen Hintergrund für Ihre Folien zu verwenden. Sie können auch Abstufungen, Textur, Muster oder Bilder wählen.

Ein Wort der Vorsicht: Die dekorativen Hintergrundoptionen sollen dazu dienen, Ihre Folien interessanter zu gestalten. Wenn Sie diese Optionen jedoch nicht mit Vorsicht anwenden, kann es dazu kommen, dass Ihre Folien unleserlich werden.

Eine einfache Folie, die einfach zu lesen ist, ist wertvoller (für Sie und für das Publikum) als eine ausgefallene Folie, die keiner lesen kann.

Bevor Sie mit den Farbskalen und dem Folienmaster arbeiten, sollten Sie sich mit den Optionen zur Textformatierung in PowerPoint vertraut machen.

Textformat

Die Formatierung bezieht sich auf das Erscheinungsbild von Text. Dazu gehört z.B., einen Text fett oder kursiv zu schreiben und ihn mit einem Schatten versehen. Sie können aber auch Schriftart, Schriftgröße und Schriftfarbe ändern.

Sie können einem Text Formatierung zuweisen, indem sie ihn zuerst markieren, den Menübefehl FORMAT/ZEICHEN aufrufen, die gewünschten Optionen auswählen und dann mit OK bestätigen.

Die meisten Formatierungen können Sie einem ausgewählten Text, aber auch durch Klicken auf die entsprechenden Schaltflächen in der *Format*-Symbolleiste oder der *Zeichnen*-Symbolleiste zuweisen. Lassen Sie uns die Optionen zur Schriftgestaltung in PowerPoint etwas genauer unter die Lupe nehmen.

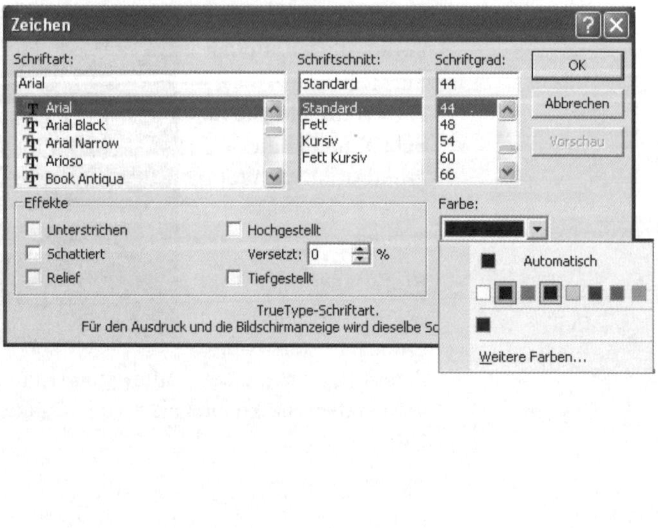

Format-Symbolleiste

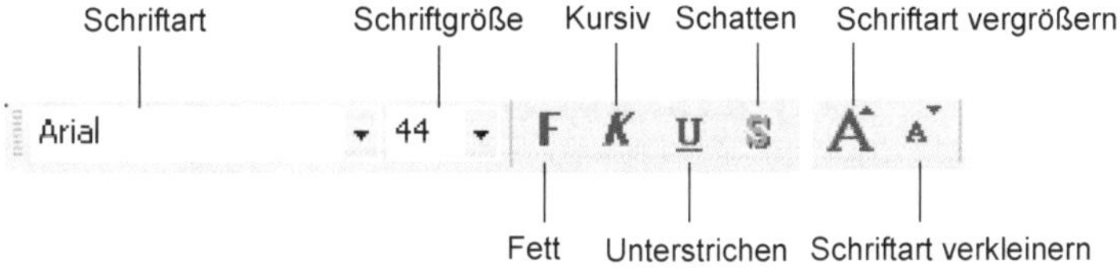

Zeichnen-Symbolleiste

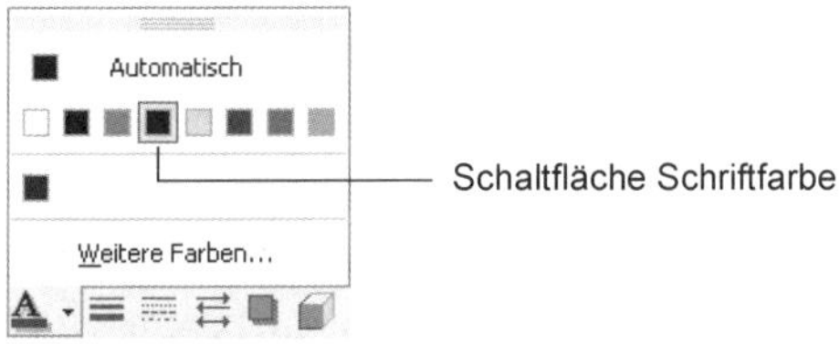

Etwas über Schriften

Sie können sehen, welche Schriften auf Ihrem Computer installiert sind, indem Sie auf den Pfeil der Dropdown-Liste der Schriftarten klicken, welche sich links in der *Format*-Symbolleiste befindet. Die meisten Schriftarten sind in zwei Kategorien unterteilt.

- **Serifenschriften:** So genannt wegen ihrer Serifen (kleine Schwänzchen). Beispiele hierfür sind Times New Roman und Garamond.
- **Serifenlose Schriften:** So genannt, weil sie keine Serifen haben. Beispiele hierfür sind Arial und Franklin Gothic.

Bei gedrucktem Text sind Serifenschriften in der Regel besser zu lesen. Dennoch sind serifenlose Schriften für Folien besser geeignet.

Schriftart ändern

Um die Schriftart eines ausgewählten Textes zu ändern:

- Klicken Sie auf den Pfeil rechts neben der Dropdown-Liste *Schriftart* in der *Format*-Symbolleiste.
- Klicken Sie in der angezeigten Liste auf die gewünschte Schriftart.

Möchten Sie die Schrift in allen Folien ändern? Rufen Sie einfach den Menübefehl FORMAT/SCHRIFTARTEN ERSETZEN auf, wählen Sie die aktuelle Schriftart aus sowie jene, mit der diese ersetzt werden soll, und klicken Sie auf *Ersetzen*.

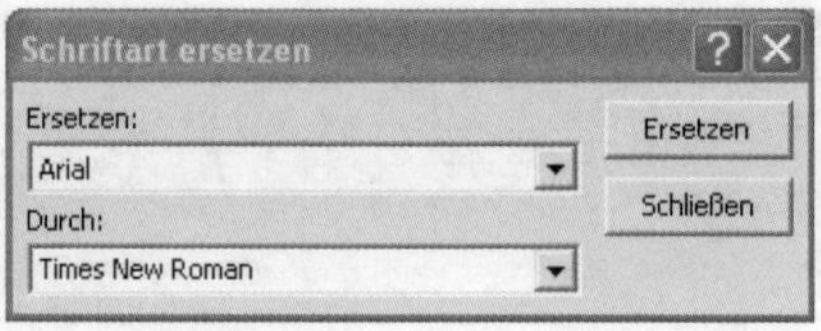

Groß-/Kleinschreibung ändern

Sie können die Groß-/Kleinschreibung eines ausgewählten Buchstabens, eines Wortes oder einer Wortgruppe ändern, indem Sie die Optionen des Menübefehls FORMAT/GROSS-/KLEINSCHREIBUNG verwenden.

Sie haben die folgenden Möglichkeiten:

- **Ersten Buchstaben im Satz groß schreiben:** Beginnt das erste Wort der markierten Sätze mit einem Großbuchstaben.
- **kleinbuchstaben:** Ändert den gesamten Text in Kleinbuchstaben.
- **GROSSBUCHSTABEN:** Ändert den gesamten Text in Großbuchstaben.
- **Ersten Buchstaben Im Wort Groß Schreiben:** Ändert den ersten Buchstaben jedes Wortes im ausgewählten Text in einen Großbuchstaben um.
- **gROSS-/kLEINSCHREIBUNG** umkehren: Ändert alle Kleinbuchstaben in Großbuchstaben und umgekehrt.

Schriftgröße ändern

Schriftgrößen werden in einer nichtmetrischen Einheit namens Punkt gemessen. Dabei entsprechen 72 Punkt ungefähr 2,5 cm.

Um Ihnen dabei behilflich zu sein, eine geeignete Schriftgröße zu wählen, enthalten die Platzhalter der vordefinierten PowerPoint-Folienlayouts auch vordefinierte Schriftgrößen.

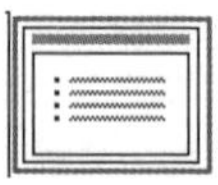

Wenn Sie das Folienlayout *Titel und Text* wählen, so weist der Text, den Sie in den oberen Platzhalter eingeben, eine Schriftgröße von 44 Punkt auf und 32 Punkt im unteren Platzhalter.

Schriftarten variieren in ihrer Lesbarkeit, und Sie müssen vielleicht bei verschiedenen Schriftarten eine unterschiedliche Schriftgröße verwenden.

Um die Schriftgröße eines ausgewählten Textes zu ändern:

- Klicken Sie auf den Pfeil rechts neben der Dropdown-Liste *Schriftgrad* in der *Format*-Symbolleiste.
- Klicken Sie in der angezeigten Liste auf die gewünschte Schriftgröße.

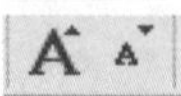

Schaltfläche zur Vergrößerung/ Verkleinerung der Schriftgröße

Wenn der gewünschte Wert nicht in der Liste erscheint, können Sie diesen auch direkt in das Feld eintragen. Wahlweise können Sie die Schriftgröße in Vier-Punkt-Schritten erhöhen oder verringern, indem Sie auf die entsprechenden Schaltflächen in der *Format*-Symbolleiste klicken.

Schriftfarbe ändern

Sie können die Schriftfarbe eines ausgewählten Textes ändern, indem Sie auf den Pfeil rechts neben der Schaltfläche *Schriftfarbe* in der *Zeichnen*-Symbolleiste klicken. Wenn Sie die gesuchte Farbe nicht sehen, klicken Sie auf *Weitere Farben...* und wählen diese dort aus.

Schriftschnitt ändern

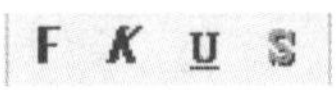

Sie können den Schriftschnitt eines ausgewählten Textes ändern, indem Sie die entsprechenden Schaltfläche für *Fett*, *Kursiv*, *Unterstrichen* und *Schatten* in der *Format*-Symbolleiste anklicken.

Zwei Effekte, die nicht über Symbolleisten zugänglich sind, sind *Hochgestellt* und *Tiefgestellt*. Um einen dieser Effekte zuzuweisen, müssen Sie den Menübefehl FORMAT/ZEICHEN aufrufen und im Dialogfeld *Zeichen* die entsprechende Option auswählen.

- **Hochgestellt:** Diese Auswahl bewirkt einen Versatz des ausgewählten Textes nach oben in der gleichen Zeile, während der Schriftgrad gleichzeitig reduziert wird. Das Hochstellen von Text wird häufig für mathematische Symbole wie 2^2, X^8 oder 10^3 verwendet.
- **Tiefgestellt:** Diese Auswahl bewirkt einen Versatz des ausgewählten Textes nach unten in der gleichen Zeile, während der Schriftgrad gleichzeitig reduziert wird. Sie werden diesen Effekt beispielsweise in chemischen Formeln wie H_2SO_4 finden.

Die Übung 6.19 führt Sie durch einige PowerPoint-Textformatierungsoptionen.

Übung 6.19: Textformat einer einzelnen Folie ändern

1) Öffnen Sie Ihre erste Präsentation (*ABpräs1*) in der Ansicht *Normal.* Lassen Sie die zweite Folie *Hervorragende Eigenschaften* anzeigen. Speichern Sie Ihre Präsentation, bevor Sie fortfahren.

2) Wählen Sie den Folientiteltext *Hervorragende Eigenschaften* aus. Verwenden Sie die Dropdown-Liste der Schriftarten links in der *Format*-Symbolleiste und ändern Sie den Text in Verdana.

3) Während der Titel noch ausgewählt ist, klicken Sie in der *Format*-Symbolleiste auf die Schaltfläche *Schatten.*

   PowerPoint fügt einen Schatten hinzu.

4) Klicken Sie in der *Zeichnen*-Symbolleiste auf den Pfeil rechts neben der Schaltfläche *Schriftfarbe* und klicken Sie auf *Weitere Farben...* Wählen Sie von den angezeigten Farben das mittlere Grün aus und klicken Sie auf OK.

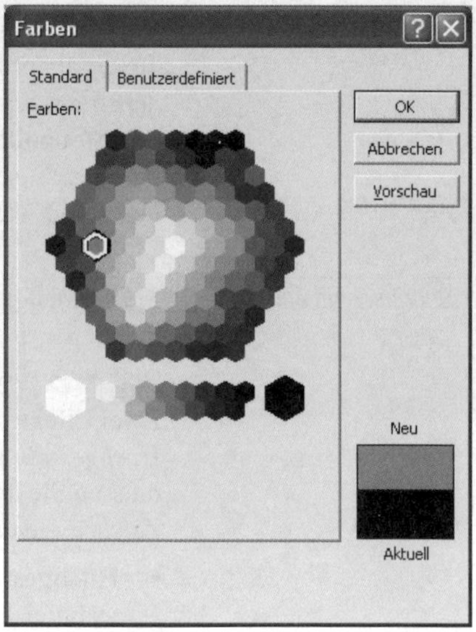

5) Wählen Sie alle Aufzählungspunkte aus, ändern Sie die Schriftart in Verdana und die Schriftfarbe in ein mittleres Grün, wie Sie es auch in Schritt 4 getan haben.

Klicken Sie an eine beliebige Stelle in der Folie, um die Auswahl des Textes aufzuheben.

Ihre Folie sollte nun so aussehen:

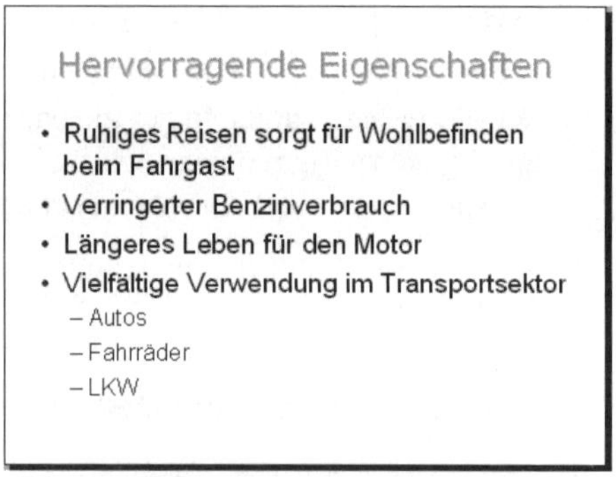

Speichern Sie Ihre Präsentation noch nicht!

Sie können sich vielleicht vorstellen, dass es bei einer Präsentation, die aus sehr vielen Folien besteht, viel Zeit und Arbeit kostet, jede Folie einzeln zu ändern. Das nächste Thema beschäftigt sich daher mit dem Folienmaster und wie man diesen anwendet, um in einem Arbeitsschritt einer gesamten Präsentation Texteffekte zuzuweisen.

Mit dem Folienmaster arbeiten

Jede Folie, die in PowerPoint eingefügt wird, basiert auf der Formatvorlage eines Folienmasters.

Vom Folienmaster erhalten alle Folien ihr Standardtextformat und ihre Ausrichtung. Darüber hinaus erscheint alles, was Sie in die Masterfolie einfügen, automatisch auch in allen anderen Folien Ihrer Präsentation. Das ist eine nützliche Einrichtung für Firmenlogos oder grafische Elemente wie Linien und Rahmen.

Um den Folienmaster anzuzeigen, Rufen Sie den Menübefehl ANSICHT/MASTER/FOLIENMASTER auf. Der Folienmaster besteht aus zwei Platzhaltern:

- **Platzhalter »Titel«:**
  Bestimmt das Format und die Position von Text in jedem Platzhalter »Titel« in Ihrer Präsentation.
- **Platzhalter »Objekt«:** Bestimmt das Format und die Position von Text in jedem Platzhalter, der nicht Titel ist.

Am unteren Rand des Folienmasters können Sie drei Platzhalter sehen: *Datumsbereich* für Datum/Zeit, *Fußzeilenbereich* für Text der Fußzeile und *Seitenzahlbereich* für die Foliennummerierung.

Das Publikum bekommt den Folienmaster nie zu sehen. Es sieht nur die Auswirkungen auf die Folien Ihrer Präsentation.

Sie können die Standardeinstellungen des Folienmasters auf jeder einzelnen Folie überschreiben.

Folienmaster

Der Folienmaster speichert alle Standardeigenschaften, die Sie neuen Folien zuweisen möchten. Dazu gehören Textformat und Textposition, Hintergrund und Standardgrafiken, wie z.B. ein Firmenlogo.

In der nächsten Übung ändern Sie das Textformat Ihrer Präsentation, indem Sie die Vorgaben im Folienmaster ändern.

Übung 6.20: Text in einem Folienmaster formatieren

1) Rufen Sie den Menübefehl ANSICHT/MASTER/FOLIENMASTER auf und markieren Sie den Text im oberen Platzhalter.
2) Fügen Sie dem Text einen Schatten hinzu. Weiterhin weisen Sie ihm als Farbe das mittlere Grün zu, das Sie schon in Übung 6.19 ausgewählt haben.
3) Wählen Sie die Aufzählungspunkte der ersten und zweiten Stufe im unteren Platzhalter aus. Ändern Sie die Schriftart in Verdana und ändern Sie die Farbe ebenfalls in ein mittleres Grün.

4) Wenn Sie fertig sind, wechseln Sie in die Ansicht *Foliensortierung.* Sie werden sehen, dass PowerPoint den Text in all Ihren Folien neu formatiert hat. Speichern Sie Ihre Präsentation noch nicht.

Mit Hintergründen arbeiten

Sie können das Erscheinungsbild Ihrer Folien verändern, indem Sie den Hintergrund ändern. Folgen Sie der Übung 6.21, um zu erfahren, wie dies geht.

Übung 6.21: Den Hintergrund in einem Folienmaster ändern

1) Rufen Sie den Menübefehl ANSICHT/MASTER/FOLIENMASTER, um den Folienmaster Ihrer Präsentation anzuzeigen.
2) Wählen Sie den Menübefehl FORMAT/HINTERGRUND. Klicken Sie auf die Dropdown-Liste und wählen Sie die Option *Weitere Farben...*

3) Wählen Sie aus den angezeigten Farben die Farbe Hellgelb. Klicken Sie auf OK und dann auf *Für alle übernehmen.*
4) Rufen Sie den Menübefehl ANSICHT/FOLIENSORTIERUNG auf, um zu überprüfen, dass auch wirklich alle Folien der Präsentation jetzt einen gelben Hintergrund haben.
5) Wie wird Ihr Publikum die nun geänderte Präsentation sehen? Um dies herauszufinden, wechseln Sie in die Bildschirmpräsentation und sehen sich in Ruhe die einzelnen Folien an.
6) Wählen Sie den Menübefehl DATEI/SPEICHERN UNTER und speichern Sie Ihre Arbeit unter einem Namen, der angibt, dass hier Farbe verwendet wurde. Nennen Sie diese z.B. *ABpräs1_grün_auf_gelb.ppt.*

   In der Foliensortierung sollte Ihre Präsentation so aussehen:

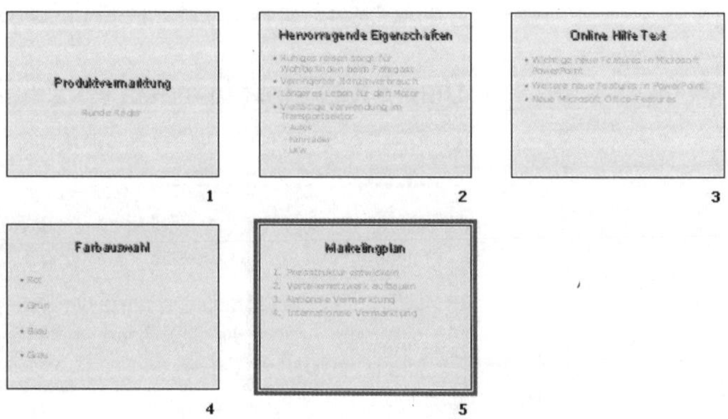

Sie haben nun zwei Versionen Ihrer ersten Präsentation. Eine mit schwarzem Text auf weißem Hintergrund und eine zweite mit grünem Text auf gelbem Hintergrund.

Folienmaster und Hintergründe

Sie müssen Ihren Folienmaster nicht anzeigen, um allen Folien der Präsentation einen Hintergrund zuzuweisen. Wenn Sie den Menübefehl FORMAT/HINTERGRUND wählen, haben Sie im Dialogfeld zwei Optionen: *Übernehmen* (nur für diese Folie) oder *Für alle übernehmen* (für die gesamte Präsentation). In der nächsten Übung weisen Sie Ihrer Präsentation einen dekorativen Hintergrund zu und ändern die Schrift, damit diese zum Hintergrund passt.

Übung 6.22: Einen dekorativen Hintergrund zuweisen

1) Rufen Sie den Menübefehl FORMAT/HINTERGRUND auf. Öffnen Sie die Dropdown-Liste im Dialogfeld und wählen Sie den Eintrag *Fülleffekte.*

2) Auf der Registerkarte *Graduell* wählen Sie *Voreinstellung* und dann aus der Dropdown-Liste *Voreingestellte Farben* den Eintrag *Morgendämmerung.* Klicken Sie auf OK und dann auf *Für alle übernehmen.*

3) Rufen Sie den Menübefehl ANSICHT/MASTER/FOLIENMASTER, um den Folienmaster der Präsentation anzuzeigen.

4) Wählen Sie im oberen Platzhalter den Titeltext aus. Klicken Sie in der *Zeichnen*-Symbolleiste auf den Pfeil neben der Schaltfläche *Schriftfarbe*, klicken Sie dann auf *Weitere Farben...*, wählen Sie ein dunkles Grün und klicken Sie auf OK.

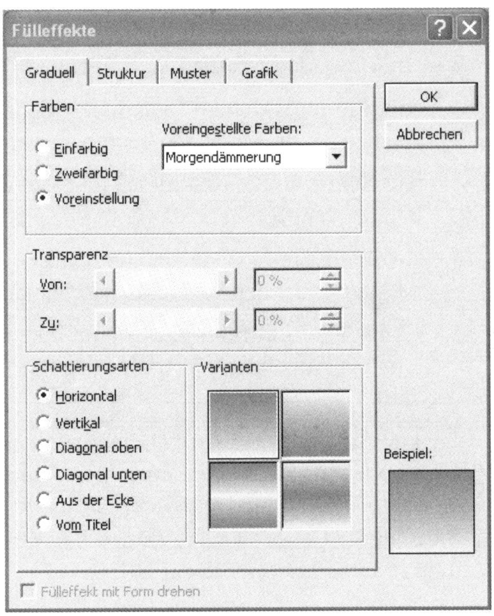

5) Wählen Sie im unteren Platzhalter alle Aufzählungspunkte aus. Ändern Sie die Schriftfarbe ebenfalls in das dunkle Grün.

   Das dunkle Grün gibt einen besseren Kontrast und ist daher einfacher zu lesen.

6) Wechseln Sie in die Ansicht *Bildschirmpräsentation* und schauen Sie sich einmal an, wie Ihre Präsentation für Ihr Publikum wirkt.

   Sie werden feststellen, dass der Text der zweiten Folie *Hervorragende Eigenschaften* immer noch in Mittelgrün dargestellt wird, jener Farbe, die Sie in Übung 6.19 zugewiesen haben.

   Warum ist das so? Wo eine einzelne Folie individuell bearbeitet wurde, überschreibt der Folienmaster die Einstellungen nicht.

   Zeigen Sie die zweite Folie in der Ansicht *Normal* an und ändern Sie die Farbe des Titels und der Aufzählungszeichen in ein dunkles Grün. Ihre Folien sollten nun alle die gleiche Textfarbe haben.

7) Wenn Sie fertig sind, rufen Sie den Menübefehl DATEI/SPEICHERN UNTER auf und speichern die Präsentation unter einem Namen, der auf die zusätzlichen Hintergrundeffekte schließen lässt. Speichern Sie die Datei beispielsweise unter *ABpräs1_Morgendämmerung.ppt.*

Sie haben nun drei Versionen Ihrer ersten Präsentation: Eine mit schwarzem Text auf weißem Hintergrund, eine zweite mit grünem Text auf gelbem Hintergrund sowie eine dritte mit dunkelgrünem Text auf dekorativem Hintergrund.

Folienmaster und Textoptionen

Sie können den Folienmaster auch dazu verwenden, andere Texteigenschaften in Ihrer Präsentation auf die gleiche Art und Weise zu ändern. Erkunden Sie ein wenig die verschiedenen Optionen des Menüs FORMAT. Im Besonderen sollten Sie folgende Möglichkeiten ausprobieren:

- **Aufzählungszeichen:** Sie können hier die Form der Aufzählungszeichen für die einzelnen Textebenen festlegen.
- **Ausrichtung:** Sie bestimmen hier, ob der Text rechts- oder linksbündig, zentriert oder als Blocksatz ausgerichtet werden soll.
- **Zeilenabstand:** Sie legen hier den Zeilenabstand innerhalb eines Absatzes oder den Abstand zwischen einzelnen Absätzen fest.
- **Groß-/Kleinschreibung:** Erlaubt Ihnen auszuwählen, ob der Titel oder die Aufzählung in Klein- oder Großbuchstaben angezeigt wird.

Sie können Text auch vertikal innerhalb eines Platzhalters, eines Textfeldes oder eines Objektes ausrichten. Rufen Sie den Menübefehl FORMAT/PLATZHALTER auf und aktivieren Sie die Registerkarte *Textfeld*. Legen Sie über die Dropdownliste *Textanchorpunkt* die gewünschte Ausrichtung fest und klicken Sie auf OK.

Mit Farbschemas arbeiten

Wie Sie gesehen haben, gibt Ihnen der Folienmaster volle Kontrolle über jeden Aspekt Ihrer Folien, den Text und Hintergrund. Gibt es noch einen schnelleren Weg, das Erscheinungsbild Ihrer Präsentation zu ändern?

Ja, denn PowerPoint verfügt über eine ganze Reihe bereits vordefinierter Farbschemen. Dabei handelt es sich um professionell gestaltete Kombinationen aus Hintergrund und Textfarbe.

In Übung 6.23 weisen Sie Ihrer Präsentation ein vorgefertigtes Farbschema zu. Und in Übung 6.24 werden Sie lernen, wie sich eine Farbschema benutzerdefiniert anpassen lässt.

Übung 6.23: Ein Farbschema zuweisen

1) Öffnen Sie Ihre gespeicherte Präsentation *Abpräs2* mit dem Titel *ECDL: Ein Überblick* und lassen Sie sie in der Foliensortierung anzeigen. In dieser Ansicht können Sie besser erkennen, wie die verschiedenen Farbschemen Ihre Präsentation beeinflussen. Speichern Sie Ihre Präsentation, bevor Sie fortfahren.

2) Rufen Sie den Menübefehl FORMAT/FOLIENDESIGN auf. Sie können auch die Schaltfläche *Design* in der *Format*-Symbolleiste anklicken. Im Aufgabenbereich *Foliendesign* wählen Sie über die Titelleiste den Menüeintrag FOLIENDESIGN – FARBSCHEMAS.

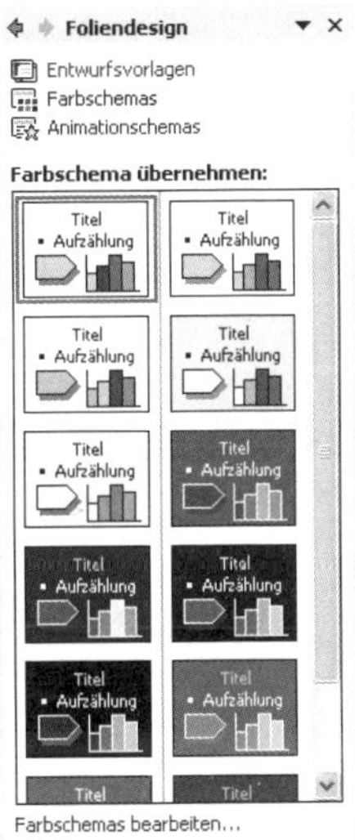

3) Wählen Sie die Folie mit dem gelben Hintergrund. Klicken Sie auf den Pfeil rechts neben der Folie. Wählen Sie aus der Dropdown-Liste die Option *Für alle Folien übernehmen.*

   In der Ansicht *Foliensortierung* können Sie sofort erkennen, welche Auswirkungen das neue Farbschema auf Ihre Präsentation hat.

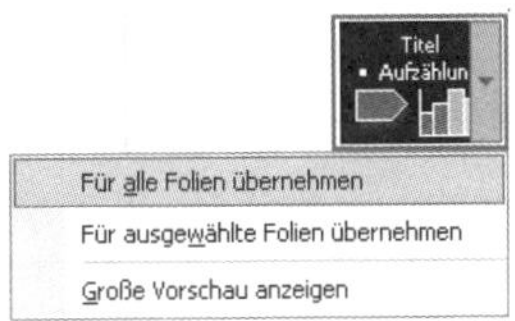

4) Sie haben jedoch schon eine Präsentation mit dunklem Text auf hellem Hintergrund. Gehen Sie also wieder zum Aufgabenbereich *Foliendesign* und wählen Sie noch einmal den Eintrag *Foliendesign – Farbschemas,* falls er nicht mehr ausgewählt ist. Diesmal wählen Sie den dunkelblauen Hintergrund und klicken dann auf *Für alle Folien übernehmen.*

5) Rufen Sie den Menübefehl FORMAT/SCHRIFTARTEN ERSETZEN auf. Im Feld *Durch* wählen Sie *Times New Roman* aus und klicken auf *Ersetzen.*

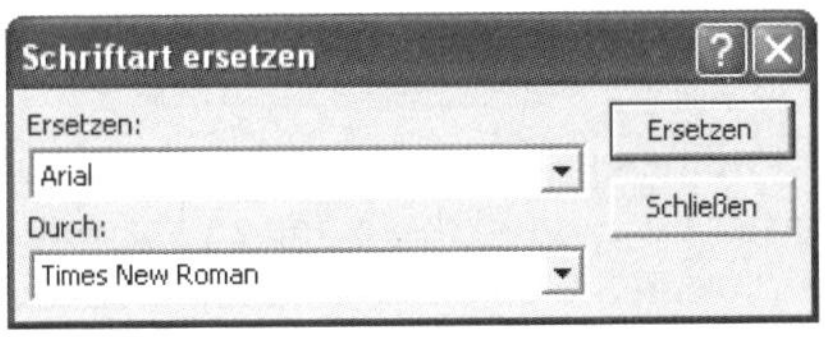

   Wenn Sie fertig sind, klicken Sie auf *Schließen*, um das Dialogfeld *Schriftart ersetzen* zu verlassen. Speichern Sie Ihre Präsentation nicht.

Farbschemas anpassen

Sie müssen die Standardeinstellungen der vordefinierten PowerPoint-Farbschemas nicht akzeptieren. Wie die nächste Übung 6.24 zeigt, können Sie ein Farbschema Ihren Bedürfnissen anpassen.

Übung 6.24: Ein Farbschema anpassen

1) Rufen Sie den Menübefehl FORMAT/FOLIENDESIGN auf. Wählen Sie über die Titelleiste des Aufgabenbereichs *Foliendesign* die Option *Foliendesign – Farbschemas.* Klicken Sie ganz im unten Aufgabenbereich auf den Link *Farbschemas bearbeiten.*

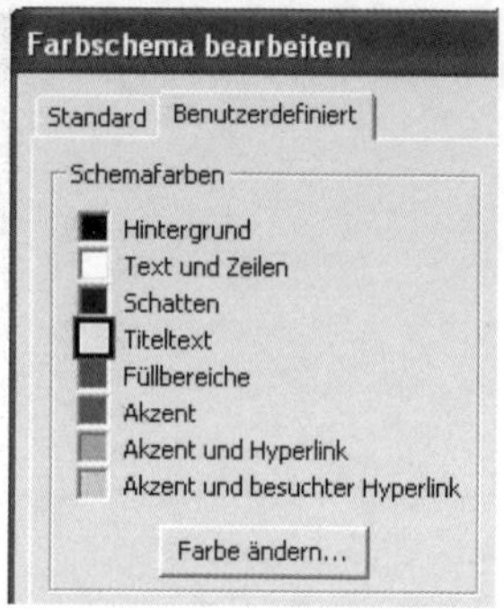

2) Klicken Sie auf der Registerkarte BENUTZERDEFINIERT in das Farbfeld neben *Titeltext* und klicken Sie dann auf *Farbe ändern.*

3) Wählen Sie aus den aufgeführten Farben ein mittleres Grau, klicken Sie dann auf OK und dann auf *Übernehmen.*

4) Öffnen Sie nochmal das Dialogfeld *Farbschema bearbeiten.* Auf der Registerkarte BENUTZERDEFINIERT klicken Sie zunächst auf das Farbfeld neben Text und Zeilen und dann auf *Farbe ändern.*

5) Wählen Sie aus den angezeigten Farben ein mittleres Gelb, klicken Sie auf OK und dann auf ÜBERNEHMEN.

6) Wechseln Sie in die Bildschirmpräsentation und inspizieren Sie Ihre Arbeit.

7) Wenn Sie fertig sind, rufen Sie den Menübefehl DATEI/SPEICHERN UNTER auf und speichern die Präsentation unter einem Namen, der angibt, dass sie ein Farbschema verwendet haben. Speichern Sie die Präsentation beispielsweise unter dem Namen *ABpräs2_gelb_auf_blau.ppt.*

Sie haben nun zwei Versionen Ihrer zweiten Präsentation. Eine mit schwarzem Text auf weißem Hintergrund und eine zweite mit grünen Titeln und gelben Aufzählungspunkten auf blauem Hintergrund.

Farbschema

Eine Serie von aufeinander abgestimmten und vordefinierten Farben, die Sie einer Präsentation zuweisen können, um ihr ein attraktives und einheitliches Erscheinungsbild zu zuweisen.

Farbschemas und Folienmastereffekte miteinander kombinieren

Sie werden in keiner Präsentation vor die Wahl gestellt, den Folienmaster oder ein Farbschema zu verwenden. Sie können beide verwenden, wenn Sie eine Präsentation formatieren. Sie können z.B.:

- Mit einem voreingestellten Farbschema beginnen.
- Passen Sie als Nächstes ein paar Elemente des Farbschemas an.

- Verwenden Sie dann den Folienmaster, um Ihrer Folie einige Effekte zuzuweisen, z.B. Schriftgröße, Zeilenabstand und spezielle Aufzählungszeichen.

Wenn nicht alle Folien gleich sind

Farbschemas verfügen im Aufgabenbereich *Foliendesign* über die Option *Für ausgewählte Folien übernehmen*. Diese Option erscheint, wenn Sie auf den Pfeil rechts neben dem ausgewählten Foliendesign klicken.

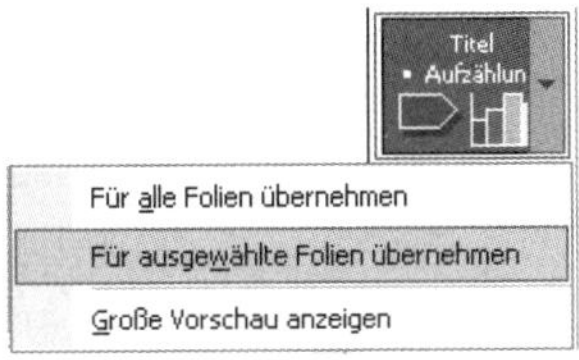

Sie verwenden diese Option,

- wenn Ihre Präsentation verschiedene Themen enthält und daher die unterschiedlichen Themen eine unterschiedliche Formatierung haben sollten.
- wenn eine oder mehrere Folien Material enthalten, das sich vom Rest der Präsentation abheben sollte.

Auch wenn Sie durch die gesamte Präsentation hindurch mit demselben Farbschema und demselben Hintergrund arbeiten, so können Sie immer noch einzelne Folien hervorheben, indem Sie Schrifteffekte auf den Text anwenden.

Notizenblätter

Für jede Folie, die Sie in einer Präsentation erstellen, erstellt PowerPoint eine so genannte Notizenseite. Sie können diese Seiten verwenden oder ignorieren, ganz wie Sie möchten. Normalerweise werden diese Seiten dazu verwendet, dem Vortragenden Stichpunkte oder Hintergrundinformation an die Hand zu geben.

Sie können den Text der Notizenseiten zu jeder Zeit während des Erstellens Ihrer Präsentation eingeben oder bearbeiten.

Notizenseiten

Eine Seite, die von PowerPoint zu jeder Folie erzeugt wird. Sie können dort Schlüsselwörter oder zusätzliche wichtige Informationen zu Ihrer Präsentation festhalten.

Ansicht Notizenseite

Sie können auf zwei Arten zu den Notizenseiten gelangen:

- In der Ansicht *Normal* können Sie Text in den Fensterausschnitt *Notizen* unterhalb der Folie eingeben und bearbeiten. Wenn nötig, können Sie diesen Fensterausschnitt vergrößern oder verkleinern, indem Sie den oberen Rahmen des Fensterausschnitts nach oben oder unten ziehen.
- Rufen Sie den Menübefehl ANSICHT/NOTIZENSEITE auf. Sie können jetzt Text für die aktuell angezeigte Folie einfügen oder bearbeiten.

Jede Notizenseite enthält eine Miniaturansicht der Folie und einen Bereich, um Text einzugeben.

Standardmäßig zeigt PowerPoint die Notizenseite in einer Größe von 56% an. Sie können diesen Wert näher an 100% bringen, wenn Ihnen dadurch das Arbeiten mit Text leichter fällt.

Übung 6.25: Notizenseiten hinzufügen

1) Öffnen Sie die »Grün auf gelb«-Version Ihrer ersten Präsentation. Lassen Sie die erste Folie *Produktvermarktung* in der Ansicht *Normal anzeigen.*
2) Klicken Sie in den Fensterausschnitt *Notizen* und schreiben Sie den folgenden Text.

   Mich selbst vorstellen

   Eine besondere Begrüßung für Anne
3) Klicken Sie in den Folienausschnitt und gehen Sie zu Folie *vier, Farbauswahl,* indem Sie die Taste `Bild↓` verwenden.
4) Wechseln Sie in die Notizenseite (Menübefehl ANSICHT/NOTIZENSEITE), erhöhen Sie den Zoom auf 100%, und schreiben Sie Folgendes:

   In Kürze werden neue Farben eingeführt
5) Wechseln Sie zurück in die Ansicht *Normal* und speichern Sie Ihre Präsentation.

Handzettel

Wie Sie im letzten Teil dieser Lektion lernen werden, können Sie Ihre Folien einfach ausdrucken, um Sie dem Publikum zu überlassen. Das ist natürlich keine sehr elegante Lösung, da das Format der Folien viel zu groß ist, um normal gelesen zu werden.

PowerPoint bietet Ihnen aber eine Möglichkeit, bei der ein, zwei, drei, vier, sechs oder neun Folien auf einer Seite erscheinen. Eine Dropdown-Liste im Dialogfeld *Drucken* erlaubt Ihnen die entsprechende Auswahl.

Rufen Sie also den Menübefehl DATEI/DRUCKEN auf, wählen Sie in der Dropdown-Liste *Drucken* den Eintrag *Handzettel* aus und legen Sie das gewünschte Format fest.

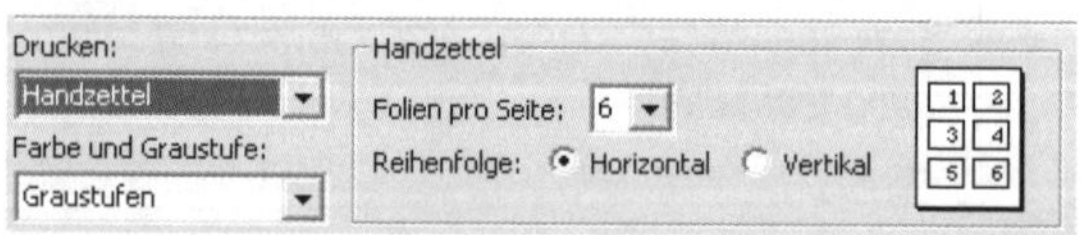

Ihre Folien nummerieren

Wenn Personen aus dem Publikum Fragen haben, beziehen sie sich meistens auf eine bestimmte Folie. Daher ist es nützlich, Folien zu nummerieren.

Übung 6.26: Foliennummern hinzufügen

1) Lassen Sie die »Gelb auf Blau«-Version Ihrer zweiten Präsentation anzeigen. In der Ansicht *Normal* rufen Sie den Menübefehl ANSICHT/KOPF- UND FUSSZEILE auf.
2) Auf der Registerkarte *Folie* aktivieren Sie das Kontrollkästchen *Foliennummer*. Lassen Sie die weiteren Optionen außer Acht.

3) Klicken Sie auf FÜR ALLE ÜBERNEHMEN.
4) Wechseln Sie in die Ansicht *Foliensortierung*, um zu sehen, dass PowerPoint Nummern auf jeder Folie eingetragen hat. Speichern Sie Ihre Präsentation.

Sie können im selben Dialogfeld *Kopf- und Fußzeile* die Registerkarte *Notizblätter und Handzettel* dazu verwenden, um den Notizseiten und Handzetteln auch eine Nummerierung hinzuzufügen.

Wenn Sie die Reihenfolge der Folien, die eine Foliennummerierung haben, verändern, aktualisiert PowerPoint automatisch die Foliennummerierung.

Wenn Sie während der Bildschirmpräsentation eine bestimmte Folie anzeigen lassen möchten, geben Sie einfach die entsprechende Zahl ein und drücken die [↵]-Taste.

Foliennummerierung formatieren

Um die Schriftart, Schriftgröße und Schriftfarbe Ihrer Foliennummern zu ändern, zeigen Sie den Folienmaster an und nehmen dort Ihre Änderungen vor. Die nächste Übung 6.27 gibt Ihnen ein Beispiel.

Übung 6.27: Foliennummern formatieren

1) Öffnen Sie die »Gelb auf Blau«-Version Ihrer zweiten Präsentation in der Ansicht *Normal*. Wählen Sie den Menübefehl ANSICHT/MASTER/FOLIENMASTER auf, um den Folienmaster anzuzeigen.

2) Klicken Sie unten rechts im Folienmaster in den Seitenzahlenbereich (*<Nr.>*), um diesen auszuwählen.
3) Rufen Sie den Menübefehl FORMAT/ZEICHEN auf und ändern Sie den Text in *Arial Black, fett, 14 Punkt*. Wählen Sie als Farbe Weiß und klicken Sie auf OK.
4) Wechseln Sie in die Ansicht *Normal*, um zu sehen, dass alle Foliennummern neu formatiert wurden. Speichern Sie Ihre Präsentation.

Datum und Text in die Fußzeile eingeben

Neben der Foliennummerierung können Sie über die Fußzeile auch ein Datum (fest oder automatisch aktualisiert) und Text anzeigen lassen. Sie können weiterhin entscheiden, ob die Fußzeile auf allen oder nur auf bestimmten Folien angezeigt werden soll. Wenn die Fußzeile nur auf bestimmten Folien erscheinen soll, so markieren Sie die entsprechenden Folien, bevor Sie die Aktion ausführen.

Um eine der Aktionen auszuführen, gehen Sie wie folgt vor:

- Rufen Sie den Menübefehl ANSICHT/KOPF- UND FUSSZEILE auf.
- Aktivieren Sie die Registerkarte *Folie* und wählen Sie die gewünschte Option aus.

Um ein Datum einzufügen, aktivieren Sie das Kontrollkästchen *Datum und Uhrzeit*. Weiterhin können Sie die Option *Automatisch aktualisieren* anklicken und dann aus der Dropdown-Liste ein Format auswählen, in dem das Datum angezeigt werden soll. Wenn Sie ein festes Datum eingeben möchten, das immer gleich bleibt, so klicken Sie die Option *Fest* an.

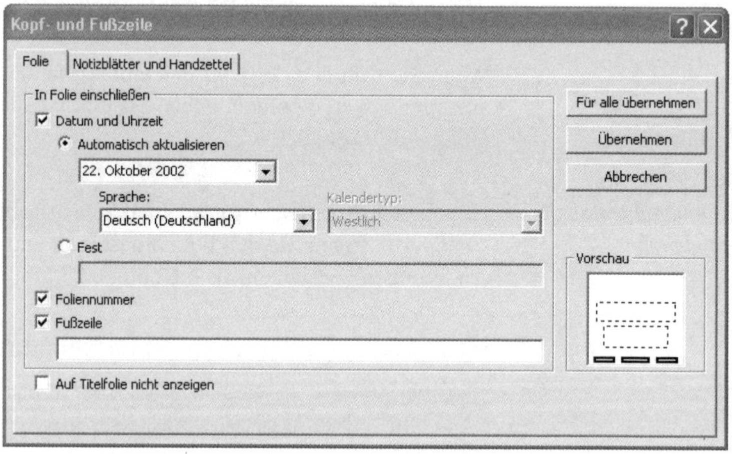

Um Text in eine Fußzeile einzugeben, aktivieren Sie das Kontrollkästchen *Fußzeile* und geben dann Ihren Text ein.

Wenn Sie die eingegebenen Optionen (Datum, Text) nur in die ausgewählte Folie einfügen möchten, klicken Sie auf ÜBERNEHMEN.

Wenn Sie die eingegebenen Optionen (Datum, Text) in alle Folien der Präsentation einfügen möchten, Klicken Sie auf FÜR ALLE ÜBERNEHMEN.

Sie haben weiterhin die Möglichkeit, zu entscheiden, ob die Informationen auf der Titelfolie angezeigt werden sollen oder nicht. Klicken Sie dafür in das entsprechende Kästchen oder entfernen Sie das Häkchen.

So weit, so gut

Sie haben nun insgesamt fünf Präsentationen gespeichert, die in der folgenden Tabelle aufgeführt sind:

Präsentationsthema	Präsentationsformat	Dateiname
Produktvermarktung	Schwarzer Text, weißer Hintergrund	ABpräs1.ppt
Produktvermarktung	Mittelgrüner Text, hellgelber Hintergrund	ABpräs1_grün_auf_gelb.ppt
Produktvermarktung	Dunkelgrüner Text, vordefinierter, dekorativer Hintergrund (Morgendämmerung)	ABpräs1_Morgendämmerung.ppt
ECDL – Ein Überblick	Schwarzer Text, weißer Hintergrund	ABpräs2.ppt
ECDL – Ein Überblick	Mittelgrüner Titeltext, mittelgelber Aufzählungstext, dunkelblauer Hintergrund	ABpräs2_gelb_auf_blau.ppt

Ihre Präsentation drucken

Abhängig von Ihren Bedürfnissen und der Ihnen zur Verfügung stehenden Hardware können Sie eine PowerPoint-Präsentation auf verschiedene Arten ausdrucken. Das Ausdrucken über PowerPoint funktioniert ähnlich wie bei anderen Anwendungen.

Schaltfläche Drucken

- Rufen Sie zunächst den Menübefehl DATEI/DRUCKEN auf oder klicken Sie auf die Schaltfläche *Drucken* in der *Standard*-Symbolleiste.
- In der Dropdown-Liste *Feld Drucken* wählen Sie entweder *Folien, Gliederungsansicht, Notizenseiten* oder *Handzettel* aus. Wenn Sie *Handzettel* auswählen, können Sie die Zahl der Folien pro Handzettel angeben.

Egal, welche Option Sie wählen, Sie können im Druckbereich des Dialogfeldes auswählen, ob Sie alle Folien (oder Handzettel, Notizenseiten, Gliederungsansichten), die aktuelle Folie oder eine bestimmte Auswahl an Folien drucken möchten.

Um aufeinander folgende Folien zu drucken, geben Sie die Nummer der ersten Folie ein, dann einen Bindestrich und die Nummer der letzten Folie, die Sie drucken möchten. Um nicht aufeinander folgende Folien zu drucken, geben Sie die einzelnen Foliennummern mit Semikolon getrennt ein.

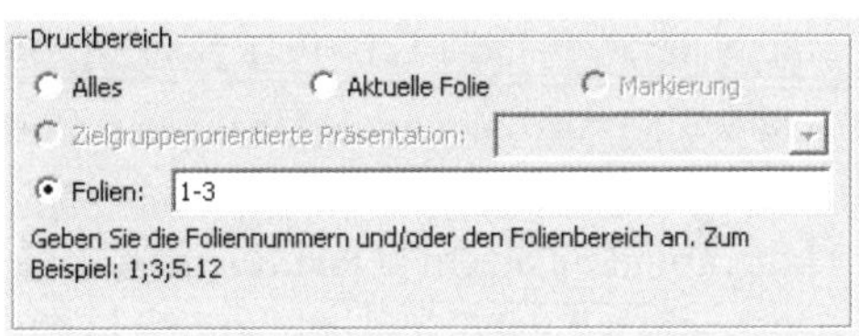

Wenn Sie Folien für eine Overhead-Präsentation erstellen möchten, müssen Sie spezielle Folien in Ihren Drucker einlegen, bevor Sie das Dialogfeld *Drucken* über OK bestätigen.

Wollen Sie 35mm-Diapositive erstellen, benötigen Sie einen speziellen Desktop-Filmrecorder, der mit Ihrem Computer verbunden sein muss.

Querformat oder Hochformat?

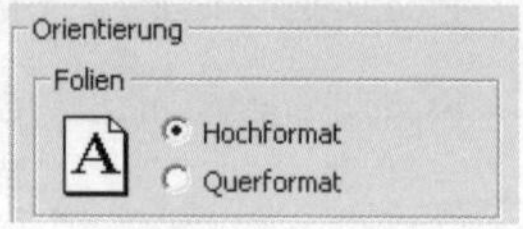

Die meisten Kinoleinwände, Fernsehbildschirme und Computerbildschirme sind breiter als hoch. Dieses Format wird als *Querformat* bezeichnet, die Alternative dazu (höher) ist *Hochformat*. Die meisten Ihrer Präsentationen werden vermutlich im Querformat erstellt werden. Sollten Sie aber einmal eine Präsentation im Hochformat benötigen, rufen Sie den Menübefehl DATEI/SEITE EINRICHTEN auf und klicken Sie dann im Bereich *Orientierung – Folien* die Option *Hochformat* an. Klicken Sie dann auf OK.

Übung 6.28: Übungen zum Drucken

1) Wechseln Sie zur »Grün auf Gelb«-Version Ihrer ersten Präsentation.
2) Drucken Sie Handzettel für die gesamte Präsentation, und zwar mit sechs Folien auf einem Blatt (da Ihre Präsentation nur fünf Folien enthält, passen alle Folien auf eine Seite).
3) Drucken Sie die erste und vierte Seite der Präsentation.
4) Drucken Sie die Notizenseiten Ihrer Präsentation.

Sie können nun alle Ihre Präsentationen speichern und schließen, und auch PowerPoint schießen. Sie haben nun die dritte Lektion des ECDL-Moduls *Präsentation* beendet.

Zusammenfassung der Lektion: Das haben Sie gelernt

Folienformatierung bezieht sich auf das Erscheinungsbild der Folien in Ihrer Präsentation. Dazu zählen: Textformatierung und Formatierung des Folienhintergrundes.

Die Optionen zur Textformatierung beziehen sich auf das Erscheinungsbild von Text. Dazu gehört, beispielsweise einen Text in fett und oder kursiv zu schreiben oder ihn mit einem Schatten zu versehen. Sie können aber auch die Schriftart, Schriftgröße und Schriftfarbe ändern.

Schauen Sie sich hierzu die Übungen 6.19 und 6.20 an.

Die zwei hauptsächliche Möglichkeiten sind dunkler Text auf hellem Hintergrund, in einem hellen Raum ist diese Option vorzuziehen, und heller Text auf dunklem Hintergrund, in einem abgedunkelten Raum ist heller Text auf einem dunklen Hintergrund einfacher zu lesen. Ein Hintergrund kann entweder einfarbig sein oder aus einer Art Muster bestehen. Schauen Sie sich dazu die Beispiele in den Übungen 6.21 und 6.22 an.

Sie können das Erscheinungsbild Ihrer gesamten Präsentation ändern, indem Sie die Formatierung des Textes oder des Hintergrundes im Folienmaster ändern.

Eine zweite Methode, eine Präsentation neu zu formatieren ist es, eine von PowerPoints vordefinierten Farbschemas zu verwenden. Das sind Kombinationen aus Text- und Hintergrundfarben. Sie können Farbschemas auch benutzerdefiniert anpassen, Farbschemas mit Folienmastereffekten kombinieren oder Farbschemas und Folienmastereffekte auf jeder einzelnen Folie überschreiben. Schauen Sie sich dazu die Übungen 6.23 und 6.24 an.

Sie können Folien eine Nummerierung hinzufügen, um Ihnen selbst und dem Publikum das Identifizieren einzelner Folien zu erleichtern. PowerPoint aktualisiert automatisch die Foliennummerierung, wenn Sie Folien hinzufügen oder die Reihenfolge ändern. Sie können die Foliennummerierung im Folienmaster formatieren. Schauen Sie sich dazu die Übungen 6.25 und 6.26 an.

Notizenseiten (oder auch Notizblätter) sind Seiten, die PowerPoint für jede einzelne Folie bereitstellt. Sie können diese dazu verwenden, um wichtige Punkte oder zusätzliche Information für den Vortragenden darauf zu vermerken. Schauen Sie sich dazu die Übung 6.27 an.

PowerPoint gibt Ihnen die Möglichkeit, Handzettel für das Publikum auszudrucken. Bei dieser Option können Sie ein, zwei, drei, vier, sechs oder neun Folien auf einer Seite ausdrucken. Schauen Sie sich dazu das Beispiel der Übung 6.28 an.

Die Druckoptionen von PowerPoint bieten Ihnen verschiedene Möglichkeiten. Sie können eine Folie, alle Folien oder eine bestimmte Folge von Folien, Handzetteln, Notizseiten oder die Gliederung ausdrucken. Wenn Sie Overheadfolien drucken möchten, müssen Sie entsprechenden Folien in den Drucker einlegen. Wenn Sie 35mm-Folien produzieren, so müssen Sie einen geeigneten Desktop-Filmprojektor an Ihren Computer angeschlossen haben.

Schnelltest: Ihre Präsentation formatieren

1.	Um zum Folienmaster zu gelangen, wählen Sie den Menübefehl:
A	FORMAT/FOLIENDESIGN
B	ANSICHT/MASTER/FOLIENMASTER
C	ANSICHT/MASTER/HANDZETTELMASTER
D	ANSICHT/FOLIENSORTIERUNG

2.	**Wie weisen Sie einer Folie ein Farbschema zu?**
A	Rufen Sie den Menübefehl FORMAT/FOLIENDESIGN auf. Wählen Sie *Farbschema* im Aufgabenbereich *Foliendesign*. Wählen Sie dann die entsprechende Folie, klicken Sie auf den Pfeil rechts daneben und wählen Sie dann aus der angezeigten Dropdown-Liste die Option *Auf alle Folien anwenden*.
B	Rufen Sie den Menübefehl FORMAT/FOLIENLAYOUT auf. Wählen Sie *Farbschema* im Aufgabenbereich *Folienlayout*. Wählen Sie dann die entsprechende Folie, klicken Sie auf den Pfeil rechts daneben und wählen Sie dann aus der angezeigten Dropdown-Liste die Option *Für ausgewählte Folien übernehmen*.
C	Rufen Sie den Menübefehl FORMAT/FOLIENDESIGN auf. Wählen Sie *Farbschema* im Aufgabenbereich *Foliendesign*. Wählen Sie dann die entsprechende Folie, klicken Sie auf den Pfeil rechts daneben und wählen Sie dann aus der angezeigten Dropdown-Liste die Option *Für ausgewählte Folien übernehmen*.
D	Rufen Sie den Menübefehl FORMAT/FOLIENDESIGN auf. Wählen Sie *Foliendesign-Entwurfsvorlagen* im Aufgabenbereich *Foliendesign*. Wählen Sie dann die entsprechende Folie, klicken Sie auf den Pfeil rechts daneben und wählen Sie dann aus der angezeigten Dropdown-Liste die Option *Für ausgewählte Folien übernehmen*.

3.	**Wie weisen Sie allen Folien einer Präsentation einen dekorativen Hintergrund zu?**
A	Rufen Sie den Menübefehl FORMAT/HINTERGRUND auf. Klicken Sie auf *Fülleffekte* in der Dropdown-Liste des Dialogfeldes. Wählen Sie auf der Registerkarte GRADUELL die Option *Voreinstellung*. Wählen Sie eine der vordefinierten Farben aus der Dropdown-Liste, klicken Sie auf OK und dann auf *Für alle übernehmen*.
B	Rufen Sie den Menübefehl FORMAT/HINTERGRUND auf. Klicken Sie auf *Fülleffekte* in der Dropdown-Liste des Dialogfeldes. Wählen Sie auf der Registerkarte GRADUELL die Option *Weitere Farben*. Wählen Sie eine Farbe, klicken Sie auf OK und dann auf *Für alle übernehmen*.
C	Klicken Sie auf den Pfeil rechts neben der Schaltfläche *Schriftfarbe* IN DER *Format*-Symbolleiste. Wählen Sie aus der Dropdown-Liste *Weitere Farben*. Wählen Sie eine Farbe, klicken Sie auf OK und dann auf *Für alle übernehmen*.
D	Rufen Sie den Menübefehl FORMAT/HINTERGRUND auf. Klicken Sie auf *Fülleffekte* in der Dropdown-Liste des Dialogfeldes. Wählen Sie auf der Registerkarte GRADUELL die Option *Voreinstellung*. Wählen Sie eine der vordefinierten Farben in der Dropdown-Liste aus, klicken Sie auf OK und dann auf *Übernehmen*.

4.	**Das Publikum kann sehen, was auf den Notizseiten geschrieben steht.**
A	Richtig
B	Falsch

5.	**Um Handzettel zu drucken, müssen Sie ...**
A	den Menübefehl DATEI/DRUCKEN aufrufen und dann unten aus der Drop-down-Liste *Drucken* die Option *Handzettel* wählen.
B	den Menübefehl DATEI/DRUCKEN aufrufen und dann unten aus der Drop-down-Liste *Drucken* die Option Notizenseiten wählen.
C	den Menübefehl DATEI/DRUCKEN aufrufen und dann unten aus der Drop-down-Liste *Drucken* die Option *Gliederungsansicht* wählen.
D	den Menübefehl DATEI/DRUCKEN aufrufen und dann unten aus der Drop-down-Liste *Drucken* die Option *Folien* wählen.

Lektion 6.4: Mit Grafiken und Bildern arbeiten

Zu dieser Lektion

In dieser Lektion lernen Sie, wie Sie Bilder und Grafiken in Ihre Folien einfügen.

Neue Fähigkeiten

Am Ende dieser Lektion sollten Sie in der Lage sein,

- einfache Grafiken wie Linien und Kästen in einer Folie zu zeichnen,
- AutoFormen in einer Folie zu zeichnen,
- Textfelder in eine Folie einzufügen und zu verwenden,
- ClipArts und andere Bilder in eine Folie einzufügen,
- Elemente in einer Folie zu verschieben, in ihrer Größe und Form zu ändern, zu drehen, zu gruppieren und zu kippen.
- Linienarten auf Linien und Objektrahmen sowie Füllfarben und Schatteneffekte in einer Folie anzuwenden,
- Objekte zwischen Folien zu kopieren.

Neue Wörter

Am Ende dieser Lektion sollten Sie in der Lage sein, die folgenden Begriffe zu erklären:

- AutoFormen
- ClipArt

Über Grafiken

Der Begriff Grafiken beinhaltet auch einfache und dekorative Linien, Quadrate und Rechtecke, Kreise und Ovale und eine Vielzahl an symbolischen Formen.

Sie haben zwei hauptsächliche Möglichkeiten, Grafik in Ihre Folien einzufügen:

- Zeichnen Sie Ihre eigenen Grafiken: Sie können die Zeichnen-Tools von PowerPoint verwenden, um Ihre eigenen Grafiken zu erstellen.
- Vorinstallierte Grafiken verwenden: PowerPoint bietet AutoFormen. Das sind fertige Formen wie beispielsweise Elemente für Flussdiagramme, Sterne und Banner und Legenden. Sie können AutoFormen so verwenden, wie sie zur Verfügung stehen, oder diese nach Ihren Wünschen und Bedürfnissen verändern.

Die Symbolleiste Zeichnen

Die *Zeichnen*-Symbolleiste, die am unteren Rand des Bildschirms angezeigt wird, enthält einige Werkzeuge zum Zeichnen einfacher Objekte. Dazu gehören Linien, Pfeile, Rechtecke und Ellipsen.

Zeichnen-Symbolleiste von PowerPoint

Wenn die Symbolleiste in der Ansicht *Normal* nicht sichtbar ist, rufen Sie den Menübefehl ANSICHT/SYMBOLLEISTEN/ZEICHNEN auf, um sie anzuzeigen.

Werkzeug Linie und Pfeil

Schaltfläche Linie

Schaltfläche Pfeil

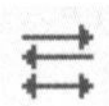

Schaltfläche Pfeilart

Um eine Linie zu zeichnen, klicken Sie auf die Schaltfläche *Linie* und setzen den Mauszeiger dann an die Stelle, an der die Linie beginnen soll.

Klicken Sie und ziehen Sie die Maus an die Stelle, an der die Linie enden soll. Lassen Sie die Maustaste wieder los.

Um einen Pfeil zu zeichnen, klicken Sie auf die Schaltfläche *Pfeil* und verfahren dann auf die gleiche Weise.

Sie können die Pfeilspitze oder die Richtung des Pfeils ändern, wenn Sie auf die Schaltfläche *Pfeilart* klicken.

Werkzeug Rechteck

Schaltfläche Rechteck

Um ein Rechteck zu zeichnen, klicken Sie auf die Schaltfläche *Rechteck* und setzen den Mauszeiger dann an die Stelle, an der sich eine Ecke des Rechtecks befinden soll. Klicken und ziehen Sie diagonal mit der Maus an die Stelle, an der die gegenüberliegende Ecke enden soll. Lassen Sie die Maustaste wieder los.

Um ein Quadrat zu zeichnen, halten Sie [⇧]-Taste gedrückt, während Sie mit der Maus ziehen.

Werkzeug Ellipse

Schaltfläche Ellipse

Um eine Ellipse zu zeichnen, klicken Sie auf die Schaltfläche *Ellipse* und setzen den Mauszeiger dann an die Stelle, an der die Form beginnen soll. Klicken und ziehen Sie die Maus, bis die Form die gewünschte Größe hat. Lassen Sie die Maustaste wieder los.

Um einen Kreis zu zeichnen, halten Sie die [⇧]-Taste gedrückt, während Sie mit der Maus ziehen.

Linienfarbe und Linienart

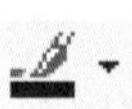

Schaltfläche Linienfarbe

Wenn Sie eine gerade Linie, einen Pfeil oder geschlossene Formen (Rechtecke und Kreise) zeichnen, können Sie die Farbe und die Dicke der Linie angeben. Klicken Sie auf die Schaltfläche *Linienfarbe* und wählen Sie eine Farbe aus. Tun Sie dies entweder, bevor Sie die Linie ziehen, oder wenn die Linie noch ausgewählt ist, nachdem Sie sie gezeichnet haben.

Um den Rand einer geschlossenen Form zu löschen, wählen Sie KEINE LINIE im Kontextmenü der Schaltfläche *Linienfarbe*.

Schaltfläche Linienart

Ändern Sie die Stärke der Linie, indem Sie auf die Schaltfläche *Linienart* klicken.

Schaltfläche Strichart

Eine gestrichelte Linie (suchen Sie sich eine aus) erhalten Sie, indem Sie auf die Schaltfläche *Strichart* klicken.

Füllfarbe

Schaltfläche Füllfarbe

Verwenden Sie diese Schaltfläche, um eine Farbe auszuwählen, mit der eine geschlossene Form gefüllt sein soll. Die verschiedenen Farbmöglichkeiten werden eingeblendet, wenn Sie auf den Pfeil klicken. Auch hier können Sie die Füllfarbe festlegen, bevor Sie die Form zeichnen, oder Sie wählen eine schon bestehende Form aus und weisen ihr eine Füllfarbe zu.

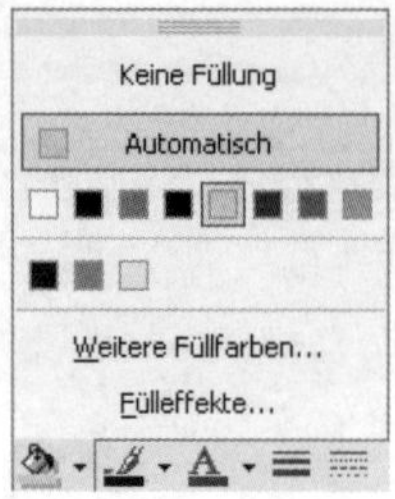

AutoFormen einfügen

AutoFormen sind häufig verwendete fertige Formen, die Sie in Ihre Präsentation einfügen können. Dazu gehören *Linien*, *Standardformen*, *Elemente für Flussdiagramme*, *Sterne und Banner* und *Legenden*.

Wenn Sie eine AutoForm in eine Folie einfügen, können Sie ihre Größe und Farbe verändern und sie nach Belieben drehen.

Um eine AutoForm auszuwählen, klicken Sie auf die Schaltfläche *AutoFormen* in der *Zeichnen*-Symbolleiste. Wählen Sie eine Option aus dem eingeblendeten Kontextmenü.

AutoFormen

Fertige Formen, beispielsweise Linien, geometrische Formen und Elemente für Flussdiagramme, die Sie für Ihre Präsentation verwenden können.

Mit Objekten arbeiten

Linien, Rechtecke, Kreise, Textfelder und AutoFormen sind alles Beispiele für das, was in PowerPoint Objekt genannt wird. Auch Platzhalter und eingefügte Bilder gehören dazu, dazu aber später in dieser Lektion mehr.

Es gibt einige allgemeine Operationen, die Sie an Objekten durchführen können, egal um welche Art von Objekt es sich handelt.

Objekte verschieben

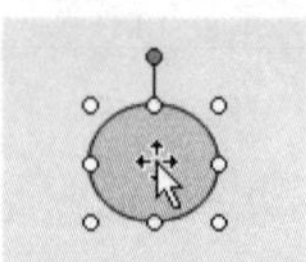

Um ein Objekt innerhalb einer Folie zu verschieben, klicken Sie irgendwo darauf, um es auszuwählen. Der Mauszeiger verwandelt sich in eine Art Kreuz. Ziehen Sie nun das Objekt an die gewünschte Position.

Um ein Objekt zwischen einzelnen Folien zu verschieben, verwenden Sie die Befehle *Ausschneiden* und *Einfügen* im Menü BEARBEITEN.

Größe und Form eines Objekte verändern

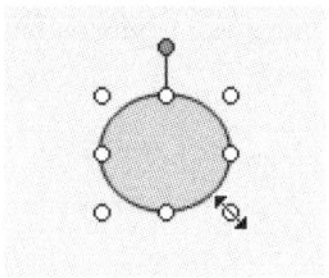

Sie können die Größe und Form eines Objektes verändern, indem Sie es auswählen und dann auf einen der Anfasser klicken. Der Mauszeiger wird zu einem Pfeil mit zwei Spitzen. Ziehen Sie an einem der Anfasspunkte, bis das Objekt die gewünschte Form oder Größe erreicht hat.

Objekte drehen und kippen

Sie können ein ausgewähltes Objekt nach links oder rechts bis zu 360° drehen. Sie können nur Objekte drehen, die in PowerPoint erstellt worden sind, und keine Bilder oder andere Dinge, die aus einer anderen Anwendung importiert wurden.

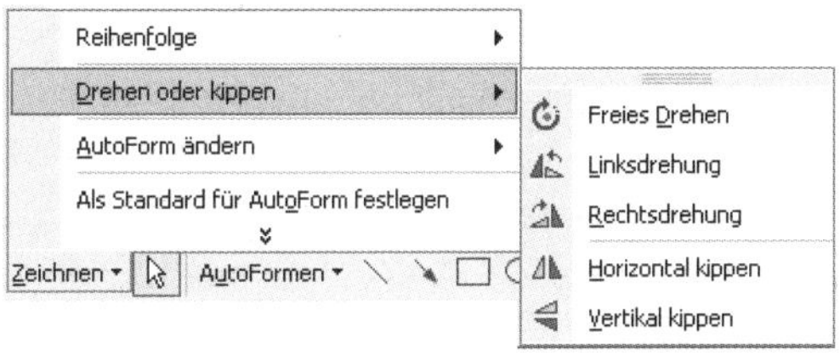

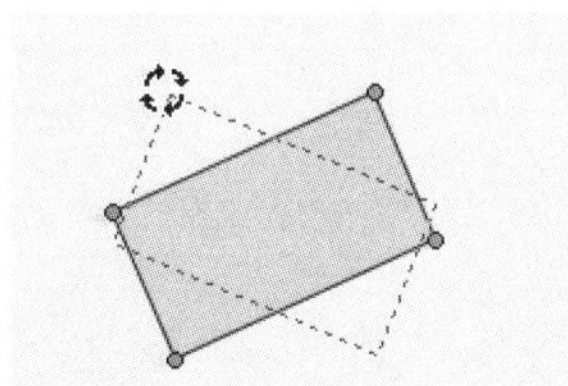

Um ein ausgewähltes Objekt zu drehen, klicken Sie darauf, um es auszuwählen. Klicken Sie in der *Zeichnen*-Symbolleiste auf das Symbol *Zeichnen* und wählen Sie dann im Kontextmenü zunächst den Eintrag *Drehen oder kippen* und dann im Untermenü den Eintrag *Freies Drehen* aus. Der Rand des ausgewählten Objektes verschwindet und es erscheinen vier grüne Punkte an jeder Ecke des Objektes.

Klicken Sie auf einen der Punkte und ziehen Sie das Objekt in die gewünschte Position. Sie können die Drehung auf 15°-Schritte beschränken, indem Sie die *Umschalt*-Taste gedrückt halten, während Sie mit der Maus ziehen.

Ähnlich funktioniert das *Kippen* eines Objekts, das mit einem Zeichenwerkzeug erstellt wurde. Klicken Sie auf ein Objekt, um es auszuwählen, dann auf *Zeichnen* und im Kontextmenü auf *Drehen oder kippen*. Wählen Sie *Horizontal kippen* oder *Vertikal kippen*. Das Objekt ändert unverzüglich seine Orientierung.

Reihenfolge von Objekten ändern

Wenn Sie zwei oder mehr Objekte haben, die sich teilweise überlappen, so können Sie entscheiden, welches Objekt sich im Vordergrund und welches sich im Hintergrund befinden soll.

Um ein ausgewähltes Objekt in den Vorder- oder Hintergrund zu bringen, klicken Sie darauf, um es auszuwählen. Klicken Sie in der *Zeich-*

nen-Symbolleiste auf das Symbol *Zeichnen* und wählen Sie dann im Kontextmenü zunächst den Eintrag Reihenfolge. Wählen Sie im Untermenü den Eintrag *In den Vordergrund* oder In *den Hintergrund* aus.

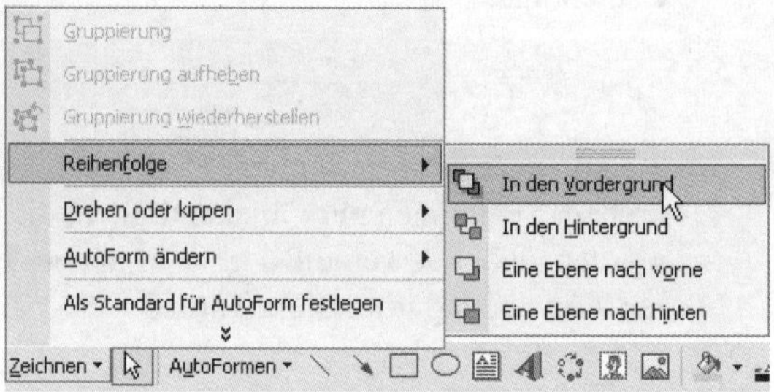

Wenn Sie ein Objekt nur um eine Ebene nach vorne oder hinten verschieben möchten, wählen Sie *Eine Ebene nach vorne* oder *Eine Ebene nach hinten*.

Schauen Sie sich dazu die folgenden Abbildungen an.

Ausgangssituation

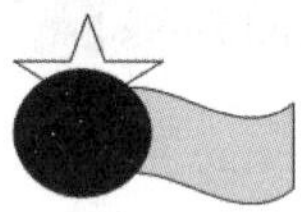

Der Kreis wurde in der Ausgangssituation ausgewählt und der Befehl In den Vordergrund angewendet.

Der Kreis wurde in der Ausgangssituation ausgewählt und der Befehl Eine Ebene nach vorne angewendet

Wählen Sie eine leere Folie und zeichnen Sie mit *Autoformen* einige Objekte, die Sie dann so anordnen, dass sie sich überlappen. Wählen Sie unterschiedliche Objekte aus und wenden Sie dann die verschiedenen Befehle im Untermenü REIHENFOLGE an. Experimentieren Sie ein wenig. Sie brauchen diese Folie nicht zu speichern und können Sie wieder löschen, wenn Sie fertig sind.

Schatteneffekte

Schaltfläche Schattenart

Um einen Schatten hinter ein ausgewähltes Objekt zu setzen, klicken Sie in der *Zeichnen*-Symbolleiste auf *Schattenart* und wählen dann eine der verfügbaren Schattenarten im Kontextmenü aus.

Objekte gruppieren und Gruppierung wieder aufheben

Sie können Objekte gruppieren, um mit ihnen wie mit einem einzelnen Objekt zu arbeiten. Sie können gruppierte Objekte in einem Arbeitsschritt formatieren, verschieben, drehen, kippen und ihre Größe ändern.

Um Objekte zu gruppieren, halten Sie die [⇧]-Taste gedrückt und klicken dann nacheinander jedes Objekt an. Klicken Sie auf die Schaltfläche *Zeichnen* in der *Zeichnen*-Symbolleiste und wählen Sie den Befehl *Gruppierung.*

Um die Gruppierung ausgewählter Objekte wieder aufzuheben, klicken Sie in der *Zeichnen*-Symbolleiste auf die Schaltfläche *Zeichen.* Wählen Sie im Kontextmenü den Befehl *Gruppierung aufheben.*

Ein Objekt, das mit einem Zeichenwerkzeug erstellt wurde, löschen Sie, indem Sie es durch Anklicken auswählen und die [Entf]-Taste drücken. Auf die gleiche Weise löschen Sie auch eine Grafik, ein Bild oder ein Diagramm. Sie können das Löschen eines Objektes, einer Grafik, eines Bildes oder eines Diagramms immer mit dem Befehl RÜCKGÄNGIG im BEARBEITEN-Menü wieder rückgängig machen.

Die folgenden sieben Übungen geben Ihnen ein paar Beispiele der Operationen, die PowerPoint an Grafiken durchführen kann.

Übung 6.29: Dem Platzhalter im Folienmaster einen Rahmen, eine Füllung und einen Schatten zuweisen

1) Wenn PowerPoint noch nicht geöffnet ist, öffnen Sie bitte das Programm jetzt.

   Öffnen Sie die Präsentation *Produktvermarktung* mit dem mittelgrünen Text auf gelbem Hintergrund. Sie ist unter dem Namen *ABpräs1_grün_auf_gelb* abgespeichert.

2) Rufen Sie den Menübefehl ANSICHT/MASTER/FOLIENMASTER auf, um den Folienmaster der Präsentation anzuzeigen.

3) Klicken Sie auf den oberen Platzhalter, um ihn auszuwählen, und dann irgendwo auf den Rahmen des Platzhalters.

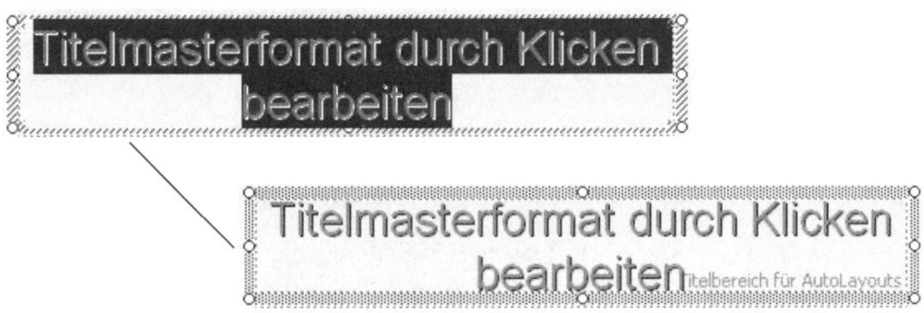

Sie werden bemerken, dass das Muster des Rahmens sich ändert, wenn Sie den Platzhalter auswählen, und noch einmal, wenn Sie den Rahmen auswählen.

Schaltfläche Linienart

4) Klicken Sie in der *Zeichnen*-Symbolleiste auf die Schaltfläche *Linienart* und wählen Sie eine Linienstärke von 3 Punkt.

Schaltfläche Linienfarbe

5) Während der obere Platzhalter ausgewählt ist, klicken Sie in der *Zeichnen*-Symbolleiste auf den Pfeil rechts neben der Schaltfläche *Linienfarbe.* Wählen Sie aus dem Kontextmenü das gleiche Grün wie für den Text aus.

   Wechseln Sie in die Ansicht *Foliensortierung.* Sie werden sehen, dass nun die Titel aller Folien einen grünen Rahmen haben.

Schaltfläche Füllfarbe

6) Wechseln Sie wieder zum Folienmaster, klicken Sie irgendwo in den oberen Platzhalter und klicken Sie in der *Zeichnen*-Symbolleiste auf den Pfeil rechts neben der Schaltfläche *Füllfarbe.*

   Wählen Sie aus dem angezeigten Kontextmenü den Eintrag WEITERE FÜLLFARBEN und dann ein dunkleres Gelb als der Hintergrund der Folie. Bestätigen Sie über OK.

7) Wechseln Sie zur Ansicht *Bildschirmpräsentation.* Sie werden sehen, dass die Titel aller Folien das dunklere Gelb als Füllfarbe haben.

Schaltfläche Schattenart

   Lassen Sie uns schließlich noch einen Schatteneffekt hinzufügen.

8) Wechseln Sie wieder zum Folienmaster, klicken Sie irgendwo in den oberen Platzhalter und klicken Sie auf die Schaltfläche *Schattenart.*

   Wählen Sie aus dem angezeigten Kontextmenü den Eintrag SCHATTENTYP 6 (Schatten nach unten rechts).

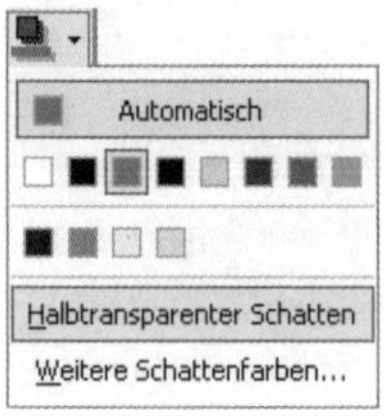

9) Während der Platzhalter noch ausgewählt ist, klicken Sie in der *Zeichen*-Symbolleiste auf die Schaltfläche *Schattenart.* Wählen Sie aus dem Kontextmenü SCHATTENEINSTELLUNGEN und klicken Sie in der daraufhin angezeigten Symbolleiste *Schatteneinstellungen* auf den Pfeil rechts neben der Schaltfläche *Schattenfarbe.*

   Aus den angezeigten Farben wählen Sie das gleiche Mittelgrün wie beim Text. Schließen Sie die Symbolleiste *Schatteneinstellungen.*

10) Wechseln Sie zur Ansicht *Foliensortierung.* Sie werden sehen, dass die Titel aller Folien einen grünen Rahmen mit Schatten und eine dunkelgelbe Füllfarbe haben.

11) Speichern Sie Ihre Präsentation.

Gut gemacht! In nur wenigen Schritten haben Sie das Erscheinungsbild Ihrer gesamten Präsentation verändert. Lassen Sie uns als Nächstes ein paar Grafikeffekte in einer einzelnen Folie anwenden.

Übung 6.30: Dem Platzhalter einer einzelnen Folie Grafikeffekte zuweisen

1) Lassen Sie in der Ansicht *Normal* den Titel der Präsentation anzeigen, mit der Sie in der Übung 6.29 gearbeitet haben.

Schaltfläche Füllfarbe

2) Klicken Sie in den oberen Platzhalter, um ihn auszuwählen, klicken Sie in der *Zeichnen*-Symbolleiste auf den Pfeil rechts neben der Schaltfläche *Füllfarbe.* Wählen Sie das gleiche Grün wie für den Text aus.

3) Während der obere Platzhalter ausgewählt ist, klicken Sie in der *Zeichnen*-Symbolleiste auf die Schaltfläche *Schattenart*. Wählen Sie im Kontextmenü den Eintrag KEINEN SCHATTEN aus (dies entfernt den Schatten vom Platzhalter, nicht aber vom Text).

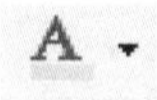

Schaltfläche Schriftfarbe

4) Wählen Sie den Text im oberen Platzhalter aus, indem Sie ihn anklicken und mit der Maus darüber ziehen. Klicken Sie in der *Zeichnen*-Symbolleiste auf den Pfeil rechts neben der Schaltfläche *Schriftfarbe*.

   Wählen Sie im Kontextmenü das gleiche dunkle Grün, das Sie für die Platzhalter des Titeltextes in Übung 6.29 gewählt haben.

5) Während der Text noch ausgewählt ist, klicken Sie in der *Format*-Symbolleiste auf die Schaltfläche *Fett*.

   Speichern Sie Ihre Präsentation.

In der nächsten Übung werden Sie Grafiken zeichnen, kopieren und gruppieren und diesen dann Füllfarben und Ränder zuweisen.

Übung 6.31: Kreise auf einer einzelnen Folie zeichnen, kopieren und gruppieren

1) Lassen Sie in der Ansicht *Normal* die Titelfolie der Präsentation anzeigen, mit der Sie in der Übung 6.29 und 6.30 gearbeitet haben.

   Der Name ist *ABpräs1_grün_auf_gelb.ppt*.

2) Klicken Sie die Schaltfläche *Ellipse* in der *Zeichen*-Symbolleiste und halten Sie die [⇧]-Taste gedrückt.

   Das führt dazu, das die Form, die Sie zeichnen, ein Kreis wird und keine Ellipse.

3) Bewegen Sie die Maus über die Folie und zeichnen Sie einen Kreis links neben *Runde Räder*.

   Wenn Ihr Kreis nicht wie in der Abbildung positioniert ist, bringen Sie ihn an die richtige Position, indem Sie am grünen Punkt oben ziehen (für kleine, präzise Bewegungen können Sie die [Strg]-Taste gedrückt halten und die Pfeiltasten verwenden).

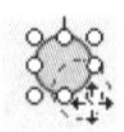

4) Während der Kreis ausgewählt ist, drücken Sie [Strg]+[C], um ihn zu kopieren, und dann [Strg]+[V], um ihn einzufügen.

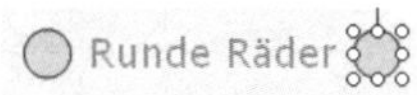

5) Ziehen Sie Ihren zweiten Kreis rechts neben die Wörter *Runde Räder*.

6) Während der zweite Kreis noch ausgewählt ist, halten Sie die [Strg]-Taste gedrückt und klicken auf den erstem Kreis. Nun sind beide Kreise ausgewählt.

7) Klicken Sie in der *Zeichnen*-Symbolleiste auf die Schaltfläche *Zeichnen*. Wählen Sie aus dem Kontextmenü den Eintrag *Gruppierung*.

   Sie können jetzt mit beiden Kreisen arbeiten, als wäre es eine einzige Grafik.

8) Klicken Sie in der *Zeichnen*-Symbolleiste auf den Pfeil rechts neben der Schaltfläche *Füllfarbe* und wählen Sie dasselbe Grün wie für den Text aus.

9) Klicken Sie in der *Zeichnen*-Symbolleiste auf den Pfeil rechts neben der Schaltfläche *Linienfarbe* und wählen Sie die Option KEINE LINIE.

   Dieser Schritt entfernt alle Ränder der zwei gruppierten Objekte.

10) Im letzten Schritt klicken Sie in der *Zeichnen*-Symbolleiste auf die Schaltfläche *Zeichnen*. Wählen Sie im Kontextmenü den Eintrag GRUPPIERUNG AUFHEBEN.

Gut gemacht! Sie haben gelernt, wie man einfache Grafiken erstellt und damit arbeitet. In der nächsten Übung fügen Sie allen Folien Ihrer Präsentation einen dekorativen Rahmen hinzu.

Übung 6.32: Linien in eine Folie einfügen

1) Lassen Sie den Folienmaster der Präsentation anzeigen, mit der Sie in der Übung 6.29, 6.30 und 6.31 gearbeitet haben.

   Der Name ist *ABpräs1_grün_auf_gelb.ppt.*

Schaltfläche Linie

2) Klicken Sie in der *Zeichnen*-Symbolleiste auf die Schaltfläche *Linie*. Bewegen Sie die Maus über die Folie und zeichnen Sie eine Linie entlang dem unteren Rand Ihres Folienmasters.

3) Während die Linie noch ausgewählt ist, klicken Sie in der *Zeichnen*-Symbolleiste auf *Linienart* und ändern die Linienstärke in 3 Punkt.

4) Klicken Sie in der *Zeichnen*-Symbolleiste auf *Linienfarbe* und wählen dann aus dem Kontextmenü das gleiche Mittelgrün wie für den Text aus.

5) Wechseln Sie in die Ansicht *Bildschirmpräsentation*.

   Sie werden feststellen , dass alle Ihre Folien eine Linie am unteren Ende haben.

   In der Ansicht *Normal* sollte Ihre Folie so aussehen.

Speichern Sie Ihre Präsentation.

Sie haben die Übung beendet und können die Präsentation nun schließen.

Übung 6.33: Eine AutoForm in den Folienmaster einfügen

1) Öffnen Sie die ECDL-Präsentation mit dem gelben Text auf dunkelblauem Hintergrund.

   Der Name ist *ABpräs1_gelb_auf_blau.ppt.*

2) Rufen Sie den Menübefehl ANSICHT/FOLIE/FOLIENMASTER auf, um den Folienmaster Ihrer Präsentation anzuzeigen.

3) Klicken Sie in der *Zeichnen*-Symbolleiste auf die Schaltfläche *AutoFormen*. Wählen Sie dann im Kontextmenü STERNE UND BANNER den Stern mit fünf Spitzen aus.

4) Zeichnen Sie den Stern rechts unten in den Bereich für AutoLayouts.

5) Erhöhen Sie auf der Standardsymbolleite den Zoom auf 100%.

6) Während der Stern ausgewählt ist, klicken Sie in der *Zeichnen*-Symbolleiste auf die Schaltfläche *Füllfarbe*, um dem Stern die gleiche gelbe Füllfarbe zu geben wie dem Text.

7) Während der Stern ausgewählt ist, klicken Sie in der *Zeichnen*-Symbolleiste auf die Schaltfläche *Linienfarbe*, um den Rand des Sterns ebenfalls in gelb zu ändern.

8) Während der Stern ausgewählt ist, drücken Sie Strg+X, um den Stern auszuschneiden und dann Strg+V, um ihn einzufügen. Drücken Sie Strg+V noch zweimal, um den Stern noch ein zweites und drittes Mal einzufügen.

9) Positionieren Sie die drei Sterne so, dass Sie eine gerade Linie unten rechts am Rand bilden. Markieren Sie dazu die drei Sterne, indem Sie diese bei gedrückter Strg-Taste nacheinander anklicken. Klicken Sie in der *Zeichnen*-Symbolleiste auf die Schaltfläche Zeichnen, und wählen Sie dann im Kontexmenü AUSRICHTEN UND VERTEILEN, und anschließend UNTEN AUSRICHTEN.

10) Unter Verwendung der Anfasser an der Ecke ändern Sie die Größe des mittleren und rechten Sterns, und zwar so, dass der ganz rechte Stern größer ist als der mittlere und der linke kleiner als der mittlere. Markieren Sie die drei Sterne noch einmal mit Hilfe der Strg-Taste und wählen Sie diesmal den Befehl HORIZONTAL VERTEILEN aus dem Kontexmenü AUSRICHTEN UND VERTEILEN. Sie haben die Sterne nun so ausgerichtet, dass Sie jeweils den gleichen Abstand zueinander haben.

11) Wechseln Sie in die Ansicht *Foliensortierung*. Sie werden feststellen, dass nun jede Folie drei Sterne rechts unten hat. Auf die gleiche Weise können Sie jede Grafik oder jedes beliebige Objekt direkt in Ihren Folienmaster importieren oder ein Objekt aus einer anderen Präsentation oder anderen Anwendungen kopieren (ausschneiden) und einfügen. Sie können die Objekte dann neu positionieren oder ihre Größe verändern, wie oben beschreiben.

Textfeld

Bis jetzt haben Sie Text in Ihre Folie eingegeben, indem Sie einen Platzhalter ausgewählt haben, und den Text hineingeschrieben. Sie können aber auch ein Textfeld zeichnen und den Text dort hineinschreiben.

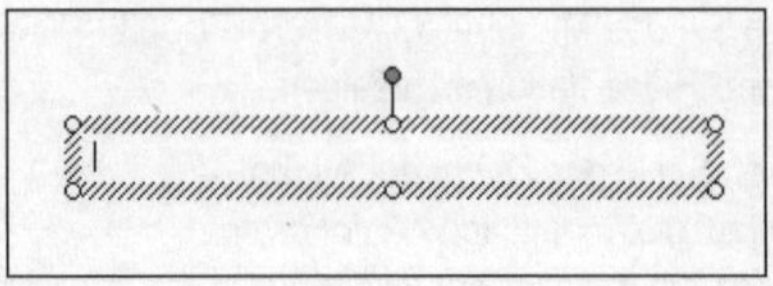

Sie können das Format und die Ausrichtung eines Textes in einem Textfeld genauso verändern wie Sie dies mit Text in einem Platzhalter tun.

Wenn Sie jedoch Text über ein Textfeld in eine Folie einfügen, wird dieser nicht in der Gliederungsansicht angezeigt.

Übung 6.34: Ein Textfeld einfügen

Schaltfläche Textfeld

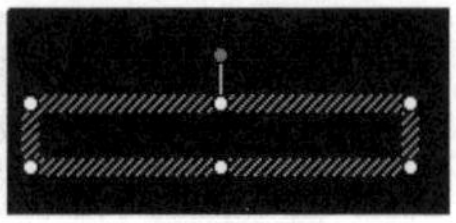

1) Lassen Sie in der Ansicht *Normal* die Titelfolie der Präsentation anzeigen, mit der Sie in der Übung 6.33 gearbeitet haben. Ändern Sie die Zoomeinstellung so, dass Sie die gesamte Folie auf dem Bildschirm sehen können.
2) Klicken Sie in der *Zeichnen*-Symbolleiste auf die Schaltfläche *Textfeld* und ziehen Sie ein Textfeld in der linken unteren Ecke Ihrer Folie auf.
3) Schreiben Sie in das markierte Textfeld den folgenden Text:

   Beste Ergebnisse
4) Wählen Sie den Text aus und weisen Sie ihm das Format Verdana, fett, 24 Punkt zu.

   Wenn der Text nicht in eine Zeile Ihres Textfeldes passt, klicken Sie auf eine Ecke des Textfeldes, um es breiter zu ziehen.
5) Mit dem ausgewählten Text ändern Sie seine Farbe in das gleiche Gelb wie beim Titel.

Klicken Sie an eine beliebige Stelle außerhalb des Textfeldes, um die Auswahl aufzuheben.

Übung 6.35: Ein Textfeld drehen

1) Klicken Sie auf das Textfeld, das Sie in Übung 6.33 erstellt haben. Sie werden bemerken, dass der Rahmen sechs weiße Punkte hat und einen grünen oben. Dieser grüne Punkt ist für das freie Drehen gedacht.

2) Klicken Sie auf den grünen Punkt und drehen Sie das Textfeld um ca. 45 Grad. Drücken Sie die [Esc]-Taste, um das Feature *Drehen* auszuschalten.

   Ihr gedrehter Text sollte nun so aussehen (eventuell müssen Sie das Textfeld in der Folie etwas nach oben verschieben). Speichern Sie Ihre Präsentation.

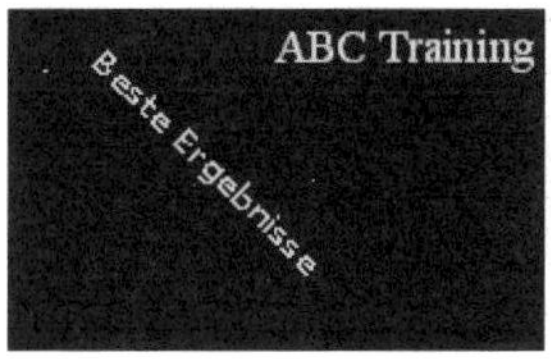

Gut gemacht! Sie haben hiermit Ihre PowerPoint-Übungen zum Thema *Präsentationen* beendet.

Bilder importieren

Sie können Ihre Folien auch mit eingefügten Grafiken und Zeichnungen aus anderen Anwendungen, eingescannten Fotos oder ClipArts illustrieren.

PowerPoint verfügt über eine ClipArt-Galerie, die Sie in verschiedenen Präsentationen verwenden können. Die Bilder sind in Kategorien zusammengefasst. Die Palette reicht von Geschäft bis Essen, über Tiere bis hin zu Zeichen. Sie können über den Aufgabenbereich *ClipArt einfügen* auf die ClipArt-Galerie zugreifen. Klicken Sie auf den Pfeil rechts neben dem aktuellen Thema des Aufgabenbereichs und wählen Sie CLIPART EINFÜGEN. Der Aufgabenbereich *ClipArt einfügen* wird eingeblendet.

ClipArt

Eine Sammlung von Standardbildern, die immer wieder verwendet bzw. in Präsentationen und andere Dokumente eingebunden werden können.

So fügen Sie ein Bild in Ihre Folie ein:

- Beginnen Sie mit einer leeren Folie oder einer, die nur einen Titel hat, und wählen Sie EINFÜGEN/GRAFIK/CLIPART.

– oder –

- Erstellen Sie eine neue Folie und wählen Sie eines der zwei Folienlayout aus dem Aufgabenbereich *Folienlayout* unter der Rubrik *Andere Layouts*: *Titel, Text und ClipArt* oder *Titel, ClipArt und Text*.

PowerPoint zeigt das ClipArt-Symbol auf Ihrer Folie an. Führen Sie einen Doppelklick auf das ClipArt-Symbol aus, suchen Sie dann das gewünschte Bild aus und klicken Sie auf OK.

– oder –

- Lassen Sie eine schon vorhandene Folie anzeigen und tun Sie einen der folgenden Schritte.
- Wählen Sie EINFÜGEN/GRAFIK/CLIPART. Der Aufgabenbereich *ClipArt einfügen* wird eingeblendet. Geben Sie im Suchfeld die Art von Bild ein, das Sie suchen, und wählen Sie dann das entsprechende Bild in der Dropdown-Liste aus. Bestätigen Sie abschließend über *Einfügen*.

– oder –

- Rufen Sie den Menübefehl FORMAT/FOLIENLAYOUT auf und wählen Sie dann entweder *Titel, Text und ClipArt* oder *Titel, ClipArt und Text* aus. Klicken Sie dann auf *Für ausgewählte Folien übernehmen.* Doppelklicken Sie auf das ClipArt-Symbol und wählen Sie das gewünschte Bild aus.

In den nächsten zwei Übungen erlernen Sie das Arbeiten mit Bildern.

Übung 6.36: Ein Bild aus der ClipArt-Galerie einfügen

1) Öffnen Sie in der Ansicht *Normal* die Präsentation, mit der Sie in Übung 6.35 gearbeitet haben, und lassen Sie die dritte Folie *Nutzen für Schulkollege* anzeigen.
2) Rufen Sie den Menübefehl FORMAT/FOLIENLAYOUT auf. Wählen Sie im Aufgabenbereich *Folienlayout* das Layout *Titel, ClipArt und Text* aus.

Ihre Folie sollte nun so aussehen. Sie werden bemerken, dass PowerPoint automatisch die Schriftgröße der Auszählungspunkte verringert.

3) Doppelklicken Sie auf das ClipArt-Symbol, um die ClipArt-Galerie im Dialogfeld *Bild suchen* zu öffnen.

4) Schreiben Sie »Computer« in das Feld *Text suchen* und klicken Sie auf *Suchen*. Wählen Sie das in der Abbildung gezeigte Bild aus und klicken Sie auf OK.

   PowerPoint fügt das Bild in Ihre Folie ein.

5) Klicken Sie auf den unteren rechten Anfasser und reduzieren Sie die Größe des Bildes um ca. 20%.

6) Lassen Sie nun in der Ansicht *Normal* die fünfte Folie mit dem Titel *Nutzen für Arbeitgeber* anzeigen. Rufen Sie den Menübefehl EINFÜGEN/GRAFIK/CLIPART auf. Schreiben Sie das Wort »Business« in das Feld *Text suchen* und klicken Sie auf *Suchen*.

7) Wählen Sie das Bild der Frau vor dem Computer. Klicken Sie auf den Pfeil rechts des Bildes und wählen Sie EINFÜGEN.

   PowerPoint hat das Bild in Ihre Folie eingefügt.

8) Reduzieren Sie die Größe des Bildes um ca. 20%.

   Ihre Folie sollte nun so aussehen:

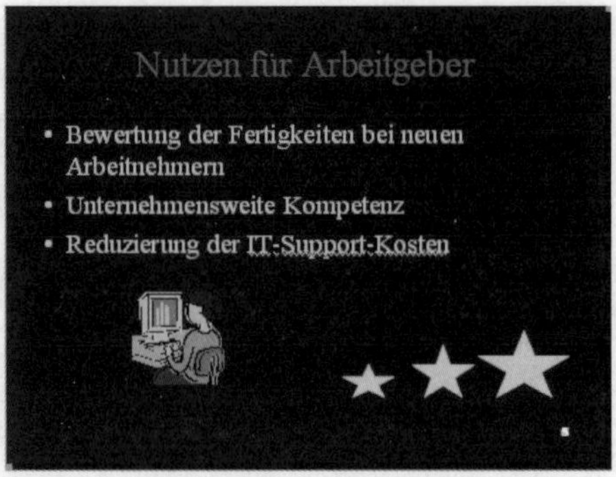

9) Mit der fünften Folie in der Ansicht *Normal* klicken Sie auf NEUE FOLIE auf der *Format*-Symbolleiste.
10) Wählen Sie im Aufgabenbereich *Folienlayout* das Layout *Titel, Text und ClipArt* aus. Klicken Sie auf *Für ausgewählte Folien übernehmen.*
11) Im Titelplatzhalter Ihrer neuen sechsten Folie geben Sie folgendes ein:

    Nutzen für die Gesellschaft

    Geben Sie im Textplatzhalter Folgendes ein:

    Teilnahme für alle an der IT-Gesellschaft
12) Doppelklicken Sie auf das ClipArt-Symbol, um die ClipArt-Galerie im Dialogfeld *Bild auswählen* zu öffnen.
13) Schreiben Sie *Computer* in das Feld für den Suchtext und klicken Sie auf *Suchen.* Wählen Sie das in der Abbildung weiter unten gezeigte Bild, und klicken Sie auf OK.

    PowerPoint hat das Bild in Ihre Folie eingefügt.
14) Klicken Sie auf den unteren rechten Anfasser und reduzieren Sie die Größe des Bildes um ca. 20%. Verschieben Sie das Bild so, dass es auf der gleichen Höhe mit den Aufzählungspunkten im rechten Platzhalter ist.

15) Rufen Sie den Menübefehl ANSICHT/BILDSCHIRMPRÄSENTATION auf oder klicken Sie auf die Schaltfläche *Bildschirmpräsentation.* Navigieren Sie vorwärts und rückwärts durch Ihre Präsentation, um einen Eindruck davon zu bekommen, wie die Präsentation auf die Betrachter wirkt.

Sie können ein importiertes Bild verschieben, seine Größe ändern oder es auch löschen (genau wie Sie es auch mit jedem anderen Objekt tun können). Die nächste Übung zeigt Ihnen, wie Sie diesen Bildern sogar Ränder und Schatten hinzufügen können.

Übung 6.37: Bildern einen Rahmen und einen Schatten hinzufügen

1) Öffnen Sie in der Ansicht *Normal* die Präsentation, mit der Sie in Übung 6.36 gearbeitet haben, und lassen Sie die dritte Folie *Nutzen für Schulkollege* anzeigen.

2) Klicken Sie auf das eingefügte Bild, um es auszuwählen.

3) Klicken Sie in der *Zeichnen*-Symbolleiste auf die Schaltfläche *Linienart*. Wählen Sie in der angezeigten Liste eine Linienstärke von 1 Punkt aus.

   PowerPoint legt einen Rahmen mit der Strichstärke von einem Punkt um das eingefügte Bild.

4) Während das Bild noch ausgewählt ist, klicken Sie auf *Linienfarbe* und ändern die Farbe in dieselbe Farbe wie bei der Titelschrift.

5) Lassen Sie die sechste Folie *Nutzen für die Gesellschaft* anzeigen. Klicken Sie auf das eingefügte Bild, um es auszuwählen.

6) Klicken Sie in der *Zeichnen*-Symbolleiste auf *Schattenart*. Wählen Sie aus dem Kontextmenü den zweiten Schattentyp. PowerPoint platziert einen Schatten um das eingefügte Bild.

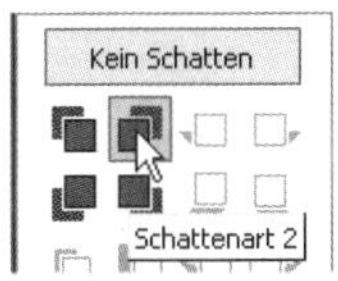

7) Während das Bild noch ausgewählt ist, klicken Sie ein zweites Mal auf *Schattenart* und wählen dann SCHATTENEINSTELLUNGEN, damit Ihnen die Symbolleiste Schatteneinstellungen eingeblendet wird.

8) Klicken Sie auf den Pfeil rechts neben *Schattenfarbe* und wählen Sie dort aus den angezeigten Farben das helle Blau aus.

9) PowerPoint platziert einen hellblauen Schatten um das importierte Bild. Speichern Sie Ihre Präsentation.

Gut gemacht! Sie haben die Übungen zu Bildern hiermit beendet.

Bilder, die keine ClipArts sind

Um ein eigenes Bild (z.B. ein Firmenlogo) einzufügen, rufen Sie den Menübefehl EINFÜGEN/GRAFIK/AUS DATEI auf, wählen das gewünschte Bild aus und klicken auf *Einfügen*.

PowerPoint akzeptiert die meisten gängigen Grafikformate.

Die Grafik-Symbolleiste

Um die Farbe, die Helligkeit oder den Kontrast des Bilds zu verändern, benötigen Sie die Grafik-Symbolleiste. Rufen Sie dazu entweder den Menübefehl ANSICHT/SYMBOLLEISTEN/GRAFIK auf oder klicken Sie mit der rechten Maustaste auf das Bild und wählen Sie dann im Kontextmenü den Eintrag *Grafiksymbolleiste anzeigen*.

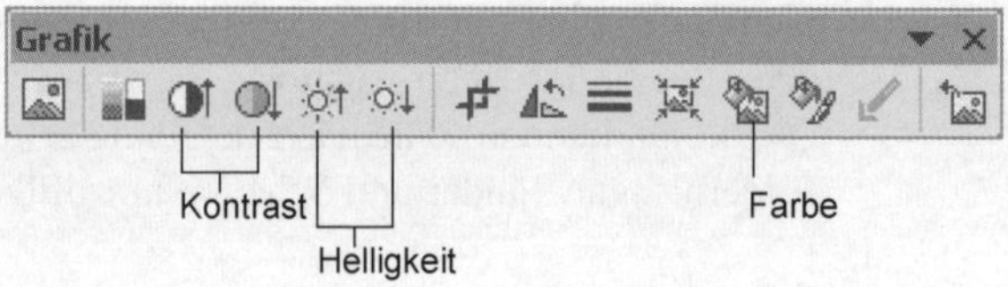

Alle Änderungen, die Sie vornehmen, werden auf dem Bildschirm angezeigt. Klicken Sie, wenn Sie fertig sind, auf das Schließ-Feld rechts oben in der *Grafik*-Symbolleiste.

Sie können in jede Folie ein Bild einfügen, auch wenn auf der Folie kein Grafik-Symbol vorhanden ist. Sie können jeder Folie ein Bild aus der ClipArt-Galerie hinzufügen, indem Sie den Menübefehl EINFÜGEN/GRAFIK/CLIPART aufrufen.

Sie können auch Bilder aus anderen Grafikprogrammen kopieren und wie in der vorherigen Lektion beschrieben in eine PowerPoint-Folie einfügen.

Sie können jetzt alle geöffneten Präsentationen speichern und schließen, und auch PowerPoint schließen. Sie haben die vierte Lektion des ECDL-Moduls *Präsentationen* beendet.

Zusammenfassung der Lektion: Das haben Sie gelernt

Sie können in PowerPoint einfache Formen (Linien, Pfeile, Rechtecke, Ellipsen) zeichnen, aber auch komplexere Formen (AutoFormen) hinzufügen.

Sie können die Form, Größe, Position und Farbe solcher Formen verändern, sie drehen, kippen und ihnen einen Schatten hinzufügen. Außerdem können Sie Objekte gruppieren, sodass Sie mit mehreren Objekten arbeiten können, als wäre es ein einziges. Schauen Sie sich dazu die Beispiele in den Übungen 6.30, 6.31, 6.32 und 6.33 an.

Ein Textfeld ist ein Platzhalter, den Sie direkt in eine Folie einfügen können. Sie können das Format und die Ausrichtung von Text in einem Textfeld genauso ändern, wie Sie es mit Text in einem Platzhalter, der Teil eines AutoLayouts ist, tun würden. Beispiele finden Sie in den Übungen 6.34 und 6.35.

Sie können Ihre Folien mit eingefügten Bilden, Zeichnungen aus anderen Anwendungen und eingescannten Fotos illustrieren. Außerdem verfügt PowerPoint über eine so genannte ClipArt-Galerie, deren Bilder Sie in Ihren Präsentationen verwenden können. Schauen Sie sich dazu die Übung 6.36 an.

Sie können eine importierte Grafik verschieben, löschen oder in der Größe verändern, wie Sie es mit jedem anderen Objekt tun würden. Außerdem können Sie den Bildern einen Rahmen oder Schatten zuweisen. Schauen Sie sich dazu die Übung 6.37 an.

Schnelltest: Mit Grafiken und Bilder arbeiten

1.	Wie können Sie zwei Kreise in einer Folie gruppieren?
A	Wählen Sie einen Kreis aus. Klicken Sie in der *Zeichnen*-Symbolleiste auf *Zeichnen* und wählen Sie dann im angezeigten Kontextmenü den Eintrag GRUPPIERUNG aus.
B	Wählen Sie beide Kreise aus. Klicken Sie in der *Zeichnen*-SYMBOLLEISTE AUF *Zeichnen* und wählen Sie dann im angezeigten Kontextmenü den Eintrag GRUPPIERUNG aus.
C	Wählen Sie beide Kreise aus. Klicken Sie in der *Zeichnen*-Symbolleiste auf *Zeichnen* und wählen Sie dann im angezeigten Kontextmenü den Eintrag DREHEN ODER KIPPEN/FREIES DREHEN aus.
D	Wählen Sie beide Kreise aus. Klicken Sie in der *Zeichnen*-Symbolleiste auf *Zeichnen* und wählen Sie dann im angezeigten Kontextmenü den Eintrag REIHENFOLGE/IN DEN VORDERGRUND aus.

2.	Wie fügen Sie ein Textfeld ein?
A	Klicken Sie in der *Zeichnen*-Symbolleiste auf *Textfeld* und zeichnen Sie ein Feld in die Folie. Wählen Sie das Feld aus und schreiben Sie Ihren Text hinein. Klicken Sie irgendwo außerhalb des Felds, um die Auswahl aufzuheben.
B	Klicken Sie in der *Zeichnen*-Symbolleiste auf *Rechteck* und zeichnen Sie ein Feld in die Folie. Wählen Sie das Feld aus und schreiben Sie Ihren Text hinein. Klicken Sie irgendwo außerhalb des Textfelds, um die Auswahl aufzuheben.
C	Klicken Sie in der *Zeichnen*-Symbolleiste auf *Linie* und zeichnen Sie einen Kasten in die Folie. Wählen Sie das Feld aus und schreiben Sie Ihren Text hinein. Klicken Sie irgendwo außerhalb des Textfelds, um die Auswahl aufzuheben.
D	Klicken Sie in der *Zeichnen*-Symbolleiste auf *Pfeil* und zeichnen Sie ein Feld in die Folie. Wählen Sie das Feld aus und schreiben Sie Ihren Text hinein. Klicken Sie irgendwo außerhalb des Textfelds, um die Auswahl aufzuheben.

3.	**Wie importieren Sie eine Grafik als ClipArt?**
A	Rufen Sie den Menübefehl FORMAT/FOLIENLAYOUT auf und wählen Sie dann im Aufgabenbereich *Folienlayout* unter *Andere Layouts* die Option *Titel und Diagramm.* Klicken Sie auf Für ausgewählte Folien übernehmen. Doppelklicken Sie auf das ClipArt-Symbol, um das Dialogfeld *Grafik auswählen* zu öffnen. Geben Sie Ihren Suchbegriff in das Feld *Text suchen* ein und klicken Sie auf *Suchen.* Wählen Sie das gewünschte Bild und klicken Sie auf OK.
B	Rufen Sie den Menübefehl FORMAT/FOLIENLAYOUT auf und wählen Sie dann im Aufgabenbereich *Folienlayout* unter *Andere Layouts* die Option *Titel und Diagramm* aus. Klicken Sie auf *Für ausgewählte Folien übernehmen.* Doppelklicken Sie auf das ClipArt-Symbol, um das Dialogfeld *Grafik auswählen* zu öffnen. Geben Sie Ihren Suchbegriff in das Feld *Text suchen* ein und klicken Sie auf *Suchen.* Wählen Sie das gewünschte Bild und klicken Sie auf OK.
C	Rufen Sie den Menübefehl FORMAT/FOLIENLAYOUT auf und wählen Sie dann im Aufgabenbereich *Folienlayout* unter *Andere Layouts* die Option *Titel, Text und Medienclip* aus. Klicken Sie auf *Für ausgewählte Folien übernehmen.* Doppelklicken Sie auf das ClipArt-Symbol, um das Dialogfeld *Grafik auswählen* zu öffnen. Geben Sie Ihren Suchbegriff in das Feld *Text suchen* ein und klicken Sie auf *Suchen.* Wählen Sie das gewünschte Bild und klicken Sie auf OK.
D	Rufen Sie den Menübefehl FORMAT/FOLIENLAYOUT auf und wählen Sie dann im Aufgabenbereich *Folienlayout* unter *Andere Layouts* die Option *Titel, Text und ClipArt* aus. Klicken Sie auf *Für ausgewählte Folien übernehmen.* Doppelklicken Sie auf das ClipArt-Symbol, um das Dialogfeld *Grafik auswählen* zu öffnen. Geben Sie Ihren Suchbegriff in das Feld *Text suchen* ein und klicken Sie auf *Suchen.* Wählen Sie das gewünschte Bild und klicken Sie auf OK.

4.	**Wie fügen Sie eine AutoForm in den Folienmaster ein?**
A	Rufen Sie den Menübefehl ANSICHT/MASTER/NOTIZENMASTER auf. Klicken Sie auf *AutoFormen* in der *Zeichnen*-Symbolleiste und wählen Sie dort die gewünschte AutoForm aus. Zeichnen Sie das Objekt in die Folie.
B	Rufen Sie den Menübefehl ANSICHT/NORMAL auf. Klicken Sie auf *AutoFormen* in der *Zeichnen*-Symbolleiste und wählen Sie dort die gewünschte AutoForm aus. Zeichnen Sie das Objekt in die Folie.
C	Rufen Sie den Menübefehl ANSICHT/FOLIENSORTIERUNG auf. Klicken Sie auf *AutoFormen* in der *Zeichnen*-Symbolleiste und wählen Sie dort die gewünschte AutoForm aus. Zeichnen Sie das Objekt in die Folie.
D	Rufen Sie den Menübefehl ANSICHT/MASTER/FOLIENMASTER auf. Klicken Sie auf *AutoFormen* in der *Zeichnen*-Symbolleiste und wählen Sie dort die gewünschte AutoForm aus. Zeichnen Sie das Objekt in die Folie.

5.	**Wie drehen Sie ein Objekt?**
A	Wählen Sie das Objekt aus und klicken Sie dann in der *Zeichnen*-Symbolleiste auf *Zeichnen*. Wählen Sie dann im Kontextmenü DREHEN ODER KIPPEN und dann FREIES DREHEN. Es werden vier grüne Punkte an den Ecken des Objekts eingeblendet. Klicken Sie darauf und drehen Sie das Objekt.
B	Wählen Sie das Objekt aus und klicken Sie in der *Zeichnen*-Symbolleiste auf *Zeichnen*. Wählen Sie dann aus dem Kontextmenü PRÄZISIONSAUSRICHTUNG und dann OBEN.
C	Klicken Sie in der *Zeichnen*-Symbolleiste auf *Zeichnen*. Wählen Sie dann aus dem Kontextmenü DREHEN ODER KIPPEN und dann FREIES DREHEN. Es werden vier grüne Punkte an den Ecken des Objekts eingeblendet. Klicken Sie darauf und drehen Sie das Objekt.
D	Wählen Sie das Objekt aus und klicken Sie in der *Zeichnen*-Symbolleiste auf *Zeichnen*. Wählen Sie dann im Kontextmenü PRÄZISIONSAUSRICHTUNG und dann UNTEN.

Lektion 6.5: Mit Tabellen und Diagrammen arbeiten

Zu dieser Lektion

Sie sind in PowerPoint nicht darauf beschränkt, Folien mit Aufzählungszeichen zu erstellen. In dieser Lektion werden Sie noch drei weitere Möglichkeiten kennen lernen, die sich dazu eignen, bestimmte Informationen zu präsentieren: Folien mit Tabellen, Folien mit Organigrammen und Folien mit Diagrammen.

Tabellen bestehen aus rechteckigen Zellen, die Text und Zahlen enthalten,und in Zeilen und Spalten angeordnet sind. Organigramme eignen sich dazu, die Positionen von Personen (durch Felder) innerhalb eines Unternehmens und ihre Beziehung zueinander (durch Pfeile) darzustellen. Diagramme, die auf Zahlen beruhen, können verschiedene Formen haben: Säulendiagramm, Balkendiagramm und Kreisdiagramm.

Neue Fähigkeiten

Am Ende dieser Lektion sollten Sie in der Lage sein,

- eine Tabelle in einer Folie zu erstellen, ihr Text hinzuzufügen und zu formatieren,
- ein Organigramm in einer Folie zu erstellen, ihm Text hinzuzufügen und zu formatieren,
- die Struktur eines Organigramms zu verändern,
- Balken- Säulen- und Kreisdiagramme zu erstellen, um Zahlenmaterial zu präsentieren,
- das Erscheinungsbild eines Diagramms oder ausgewählte Elemente eines Diagramms neu zu formatieren,
- einen Diagrammtyp zu ändern.

Neue Wörter

Am Ende dieser Lektion sollten Sie in der Lage sein, den folgenden Begriff zu erklären:

- Organigramm

Mit Tabellen arbeiten

Sie können Tabellen auf die folgenden Arten in PowerPoint erstellen:

- Bei einer vorhandenen Folie rufen Sie den Menübefehl EINFÜGEN/TABELLE auf. Legen Sie im geöffneten Dialogfeld *Tabelle einfügen* die gewünschte Anzahl von Zeilen und Spalten fest.

– oder –

- Bei einer vorhandenen Folie klicken Sie in der *Standard*-Symbolleiste auf die Schaltfläche *Tabelle einfügen*. Wählen Sie durch Ziehen mit der Maus die gewünschte Anzahl von Zeilen und Spalten aus und klicken Sie auf OK.

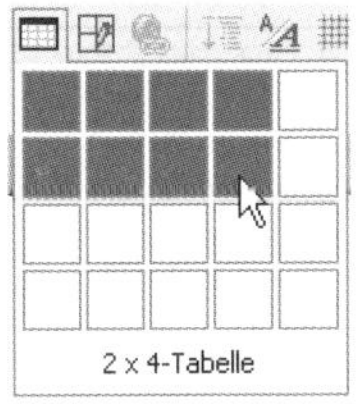

– oder –

- Klicken Sie in der *Format*-Symbolleiste auf das Symbol *Neue Folie*. Wählen Sie im Aufgabenbereich *Folienlayout* unter *Andere Layouts* die Option *Titel und Tabelle*. Klicken Sie auf den Pfeil rechts des Layouts und wählen Sie *Für ausgewählte Folien übernehmen*.

Wie auch bei Text in einem Textfeld, zeigt PowerPoint den Text einer Tabelle nicht in der Gliederung der Normalansicht an.

Übung 6.38: Eine Tabelle einfügen

1) Wenn PowerPoint noch nicht geöffnet ist, öffnen Sie das Programm jetzt.

   Öffnen Sie die ECDL-Präsentation mit dem gelben Text auf dunkelblauem Hintergrund. Sie ist unter dem Namen *ABpräs2_gelb_auf_blau* abgespeichert.

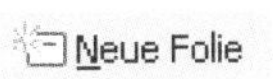

Schaltfläche Neue Folie

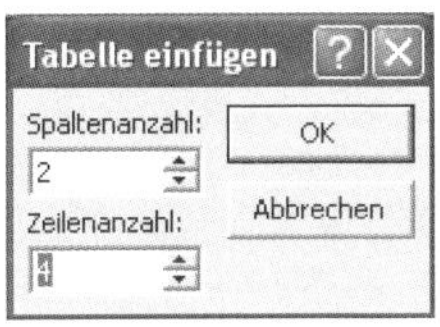

2) Lassen Sie die sechste Folie *Nutzen für die Gesellschaft* anzeigen und klicken Sie in der *Format*-Symbolleiste auf *Neue Folie*. Wählen Sie im Aufgabenbereich *Folienlayout* unter *Andere Layouts* die Option *Titel und Tabelle*. Klicken Sie auf den Pfeil rechts des Layouts und wählen Sie *Für ausgewählte Folien übernehmen*.

   Doppelklicken Sie auf das Tabellen-Symbol. Wählen Sie im Dialogfeld *Tabelle einfügen* zwei Spalten und vier Zeilen und klicken Sie dann auf OK. Geben Sie Text in die Tabelle ein, sodass diese wie folgt aussieht:

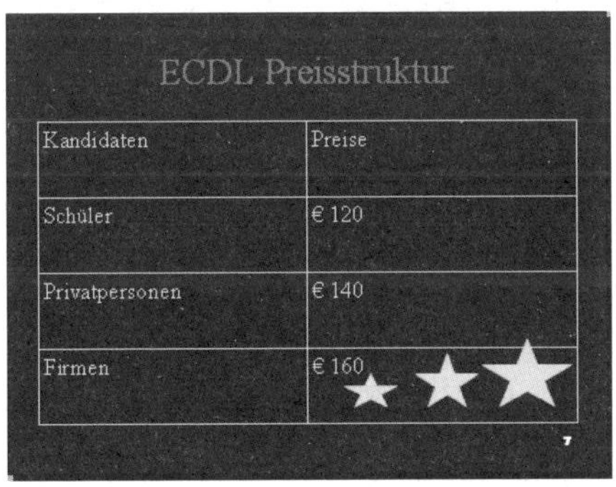

3) Wählen Sie die obere Zeile Ihrer Tabelle aus, indem Sie mit der Maus (und mit gedrückter Maustaste) über die oberen zwei Zellen fahren.

4) Während die obere Zeile noch ausgewählt ist, klicken Sie in der *Format*-Symbolleiste auf *Fett* und *Zentriert*.

Schaltfläche Füllfarbe

5) Während die obere Zeile noch ausgewählt ist, klicken Sie in der *Zeichnen*-Symbolleiste auf *Füllfarbe*. Wählen Sie eine mittelgrüne Farbe aus.

6) Während die obere Zeile immer noch ausgewählt ist, rufen Sie den Menübefehl ANSICHT/SYMBOLLEISTEN/TABELLEN UND RAHMEN auf.

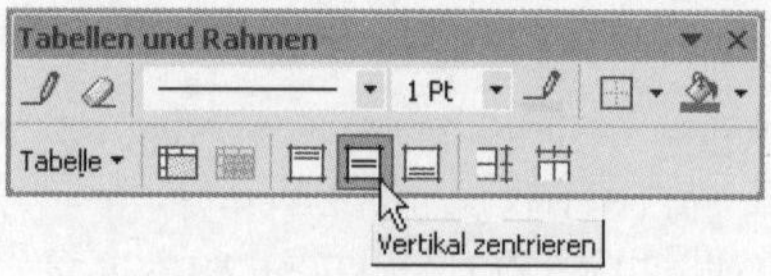

Wählen Sie in der Symbolleiste das Symbol *Vertikal zentrieren*. Schließen Sie die Symbolleiste *Tabellen und Rahmen*.

7) Wählen Sie die drei Zellen aus die Zahlen enthalten, und klicken Sie in der *Format*-Symbolleiste auf die Schaltfläche *Zentrieren*.

8) Wählen Sie den Platzhalter aus, und klicken Sie dann auf den mittleren Anfasser am unteren Rand des Tabellenplatzhalters. Der Mauszeiger wird zu einem Pfeil mit zwei Spitzen.

9) Schieben Sie den Pfeil mit zwei Spitzen nach oben, bis der Tabellenplatzhalter nicht mehr völlig von den drei Sternen überlappt wird.

Klicken Sie irgendwo außerhalb des Tabellenplatzhalters, um die Auswahl aufzuheben. Ihre Folie sollte nun so aussehen:

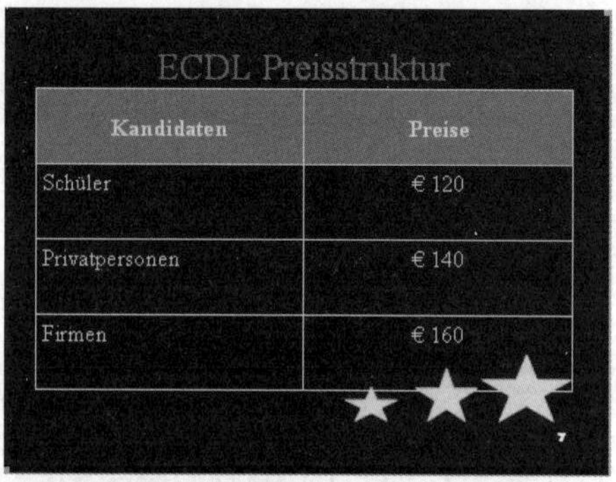

10) Speichern Sie Ihre Präsentation, die nun aus sieben Folien besteht.

Organigramme

Organisationsdiagramme werden verwendet, um eine hierarchische Struktur bzw. Organisation zu veranschaulichen. Menschen oder Einheiten und ihre gegenseitigen Beziehungen sind durch Kästchen/Felder bzw. Linien symbolisiert. Ein Organigramm besteht also aus zwei Komponenten:

- **Kästchen:** Sie repräsentieren Personen in einem Unternehmen oder Komponenten eines Systems oder Ablaufes.

– oder –

- **Linien:** Diese repräsentieren die Beziehung zwischen Personen eines Unternehmens oder zwischen Elementen eines Systems.

Sie könnten ein Organigramm natürlich mit den Zeichenwerkzeugen erstellen. Aber Organigramme werden so häufig verwendet, dass PowerPoint ein spezielles Werkzeug zur Erstellung von Organigrammen zur Verfügung stellt.

Organisationsdiagramm

Ein Diagramm, das dazu verwendet wird, die Menschen oder Einheiten in einer Organisation (durch Kästchen dargestellt) und ihre Beziehungen zueinander (durch Linien dargestellt) zu veranschaulichen. Wird auch kurz als Organigramm bezeichnet.

So fügen Sie einer Folie ein Organisationsdiagramm hinzu.

- Beginnen Sie mit einer leeren Folie oder einer, die nur einen Titel hat, und rufen Sie den Menübefehl EINFÜGEN/GRAFIK/ORGANIGRAMM auf.

– oder –

- Rufen Sie den Menübefehl FORMAT/FOLIENLAYOUT auf. Im Aufgabenbereich *Folienlayout* wählen Sie unter *Andere Layouts* das Symbol *Titel und Diagramm oder Organigramm*. Klicken Sie auf den Pfeil rechts neben dem Layout und wählen Sie *Für ausgewählte Folien übernehmen*. PowerPoint zeigt ein Organigramm-Symbol auf der Folie an. Doppelklicken Sie auf das Symbol. PowerPoint öffnet das Dialogfenster *Diagrammsammlung*, in dem eine Vorlage für ein Organigramm und andere Vorlagen abgebildet ist.

Übung 6.39: Ein Organigramm in eine neue Folie einfügen

1) Lassen Sie die Folie mit dem Titel *ECDL Preisstruktur* in der Ansicht *Normal* anzeigen.

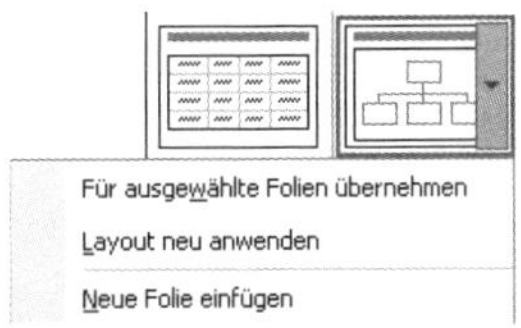

2) Klicken Sie in der *Format*-Symbolleiste auf *Neue Folie*. Im Aufgabenbereich *Folienlayout* wählen Sie unter *Andere Layouts* die Option *Titel und Diagramm oder Organigramm*. Klicken Sie auf den Pfeil rechts neben dem Layout und wählen Sie *Für ausgewählte Folien übernehmen*.

   Klicken Sie auf *Übernehmen*.

3) Führen Sie einen Doppelklick auf das Organigramm-Symbol aus, um das Dialogfeld *Diagrammsammlung* zu öffnen. Wählen Sie *Organigramm* und klicken Sie dann auf OK.

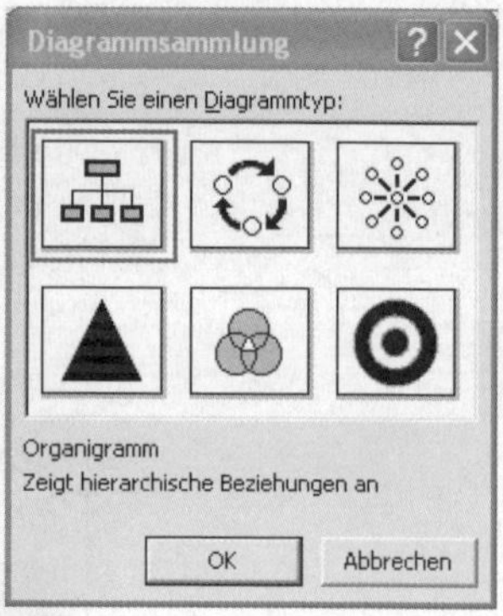

4) Geben Sie wie angegeben den Text in die Vorlage ein und speichern Sie Ihre Präsentation.

Innerhalb von PowerPoint können Sie ein Diagramm verschieben, seine Größe ändern oder es auch löschen. Außerdem können Sie Rahmen und Schatten hinzufügen.

Übung 6.40: Ein Organigramm neu formatieren

1) Lassen Sie Ihr Organigramm in der Ansicht *Normal* anzeigen und wählen Sie es aus, indem Sie darauf klicken.

2) Wie Sie schon gelernt haben, können Sie Text und Grafiken dadurch hervorheben, dass Sie einen Schatten hinzufügen

   Klicken Sie in der *Zeichnen*-Symbolleiste auf das Symbol *Schattenart* und wählen Sie dann im angezeigten Menü die Schattenart mit der Nummer 5 aus.

3) Während das Organigramm noch ausgewählt ist, klicken Sie erneut auf *Schattenart.* Wählen Sie im Kontextmenü den Eintrag SCHATTENEINSTELLUNGEN. Die Symbolleiste *Schatteneinstellungen* wird geöffnet. Klicken Sie auf den Pfeil rechts von *Schattenfarbe* und wählen Sie das helle Blau als Schattenfarbe aus.

   Schließen Sie die Symbolleiste *Schatteneinstellungen* wieder.

   Seien Sie vorsichtig bei der Auswahl der Schattenfarbe, damit die Lesbarkeit Ihres Textes nicht davon beeinträchtigt wird. Speichern Sie Ihre Präsentation.

Übung 6.41: Die Struktur eines Organigramms ändern

1) Lassen Sie die Folie mit dem Organigramm, das Sie in Übung 6.39 erstellt haben, in der Ansicht *Normal* anzeigen und wählen Sie das Diagramm aus, indem Sie darauf klicken.
2) Die Symbolleiste *Organigramm* wird eingeblendet. Diese Symbolleiste bietet Ihnen die Möglichkeit, Formen (*Untergebene*, *Kollegin*, *Assistent*) und Linien einzufügen.
3) Klicken Sie auf den Kasten mit dem Namen Gerd Schulte. Klicken Sie als Nächstes auf den Pfeil rechts neben *Form einfügen* der Symbolleiste *Organigramm*. Wählen Sie im Menü den Eintrag *Kollegin*. Ein neues Kästchen wird auf der gleichen Hierarchieebene eingefügt und die anderen Elemente des Diagramms werden neu angeordnet.

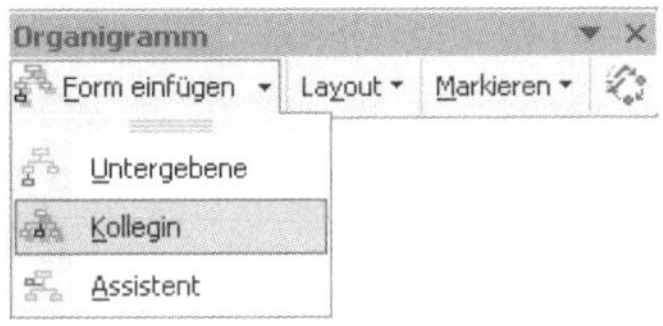

4) Klicken Sie in das neue Feld und geben Sie den Text aus der Abbildung ein.

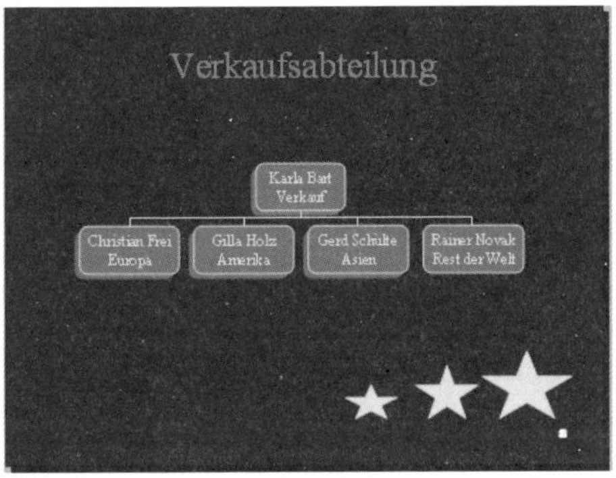

5) Speichern Sie Ihre Präsentation.

Sie können die Vorlage nach Belieben verändern und jede beliebige Art von Information eingeben.

Experimentieren Sie in einer neuen Präsentation, die Sie dann nicht speichern, ein wenig mit den einzelnen Formen wie Untergebene, Assistent, Kollegin, um zu sehen, wie sich die hierarchische Struktur durch das Hinzufügen einzelner Felder ändert.

Verwenden Sie dabei alle Typen von Feldern (Untergebene, Kollege, Assistent) sowie verschiedene Layouts, die Sie in der Symbolleiste *Organigramm* finden. Die verschiedenen Felder sind einer bestimmten hierarchischen Struktur zugeordnet.

Zahlenmaterial in einem Diagramm präsentieren

Bei vielen Gelegenheiten werden Sie nicht darum herumkommen, auch Zahlenmaterial zu präsentieren. Diese Art der Information wird in den meisten Fällen am besten in Form von Grafiken oder Diagrammen dargestellt. Sie haben Glück, PowerPoint verfügt über eine Funktion, um verschiedene Diagrammtypen wie Balken-, Säulen- und Kreisdiagramme in Ihre Folien einzufügen.

So fügen Sie eine Grafik oder ein Diagramm in eine Folie ein:

- Rufen Sie den Menübefehl EINFÜGEN/NEUE FOLIE auf oder klicken Sie in der *Format*-Symbolleiste auf das Symbol *Neue Folie*.
- Im Aufgabenbereich *Folienlayout* wählen Sie unter *Andere Layouts* die Option *Titel und Diagramm*. Klicken Sie auf den Pfeil rechts neben dem Layout und wählen Sie *Für ausgewählte Folien übernehmen*.

- Doppelklicken Sie auf das Diagramm-Symbol in der Folie.

Wenn Sie ein Diagramm in PowerPoint einfügen, wird Folgendes eingeblendet:

- **Datenblatt:** Eine kleine Tabelle, die Sie anpassen können, indem Sie ihren eigenen Text und Zahlen eingeben und so die vorhandenen Daten überschreiben. Sie können auch Spalten und Zeilen nach Wunsch löschen.

  Sie können das Datenblatt an eine andere Stelle auf dem Bildschirm verschieben, indem Sie auf die Titelleiste klicken und es an eine andere Position ziehen.
- **Diagramm:** Das Diagramm ändert sich, wenn Sie den Inhalt der Tabelle verändern. Sie können auch die Farbe und das Format aller Elemente im Diagramm verändern, indem Sie darauf klicken. Sie erhalten Optionen eingeblendet, die für das jeweilige Element relevant sind.
- **Diagrammmenü:** Excelähnliche Menüs mit Befehlen für Diagramme werden im oberen Bereich des PowerPoint-Fensters angezeigt.

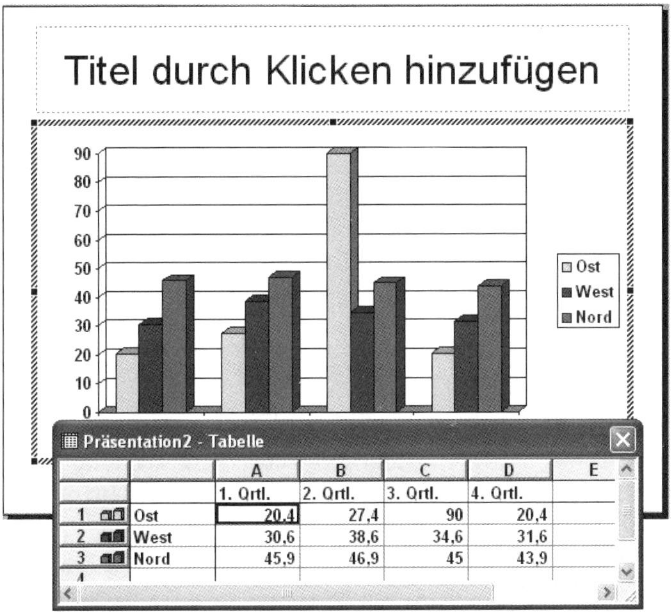

Sie können das Datenblattfenster schließen, indem Sie irgendwo in den PowerPoint-Bildschirm klicken.

Optionen zum Diagrammtyp

Die wahrscheinlich wichtigste Entscheidung bezüglich eines Diagramms ist die Entscheidung darüber, welchen Diagrammtyp Sie wählen. Die am häufigsten verwendeten Diagrammtypen sind: Säulen-, Linien- und Kreisdiagramm

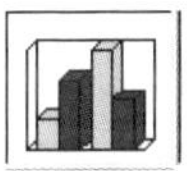

- **Säulendiagramme** werden in der Regel verwendet, um Daten darzustellen, die zu einem bestimmten Zeitpunkt gemessen werden.

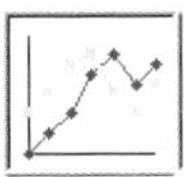

- **Liniendiagramme** werden in der Regel verwendet, um Tendenzen über einen Zeitraum hinweg darzustellen.

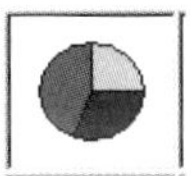

- **Kreisdiagramme** werden in der Regel verwendet, um den Anteil einzelner Daten an einem Ganzen zu analysieren und aufzuschlüsseln. Dabei ist zu beachten, dass ein Kreisdiagramm immer auf einer einzigen Zahlenspalte basiert.

So ändern Sie den Diagrammtyp:

- Wenn das Datenblattfenster nicht geöffnet ist, doppelklicken Sie auf das Diagramm, um es zu öffnen.
- Klicken Sie mit der rechten Maustaste auf das Diagramm und wählen Sie dann im eingeblendeten Kontextmenü den Eintrag DIAGRAMMTYP aus.

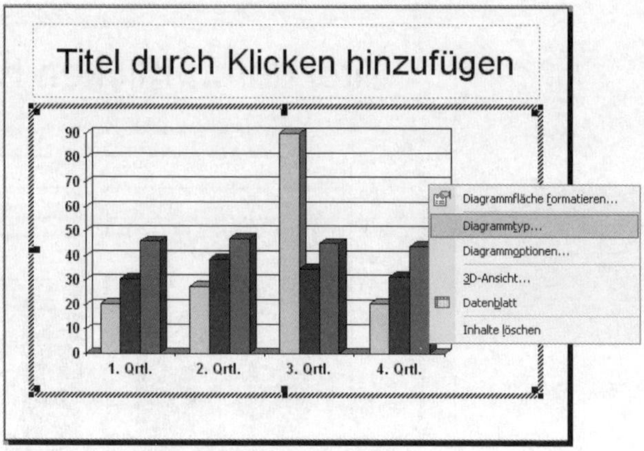

- Wählen Sie auf der Registerkarte *Standardtypen* des Dialogfeldes *Diagrammtyp* einen Diagrammtyp und einen Untertypen aus und klicken Sie dann auf OK.

PowerPoint bietet Ihnen eine große Auswahl an Präsentationsmöglichkeiten für Diagramme. Einige davon haben jedoch eher dekorativen als informativen Charakter. Achten Sie also darauf, dass das, was Sie mitteilen möchten, nicht untergeht.

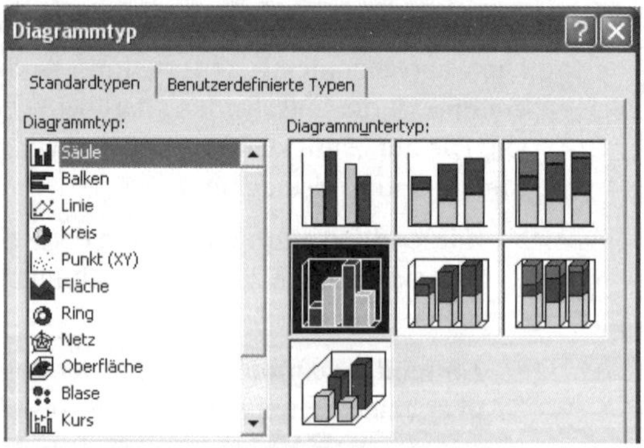

Übung 6.42: Ein Diagramm einfügen

1) Lassen Sie Ihr Organigramm, dass Sie in Übung 6.41 bearbeitet haben, in der Ansicht *Normal* anzeigen.

2) Wählen Sie in der *Format*-Symbolleiste das Symbol *Neue Folie*. Im Aufgabenbereich *Folienlayout* wählen Sie unter *Andere Layouts* die Option *Titel und Diagramm*. Klicken Sie auf den Pfeil rechts neben dem Layout und wählen Sie *Für ausgewählte Folien übernehmen*.

3) Klicken Sie in den Platzhalter mit dem Titeltext und geben Sie den folgenden Text ein:

   Verkaufsprognosen

4) Doppelklicken Sie auf das Diagramm-Symbol, um das Datenblatt-Fenster zu öffnen.

5) Geben Sie den abgebildeten Text in das Datenblatt ein. Sie können die Größe des Datenblattes jederzeit verändern, indem Sie in die rechte untere Ecke klicken und ziehen.

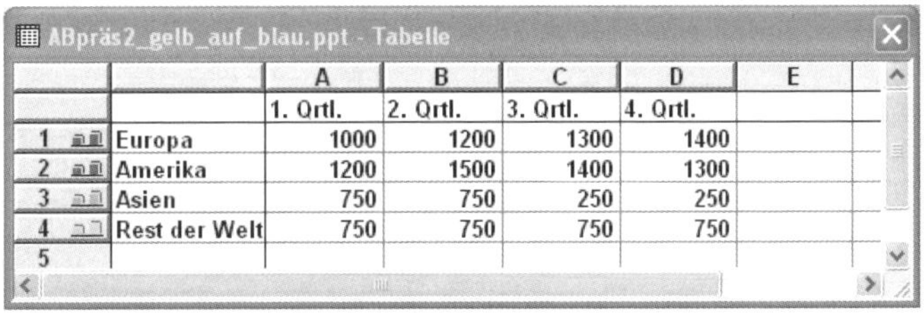
ABpräs2_gelb_auf_blau.ppt - Tabelle

		A	B	C	D	E
		1. Qrtl.	2. Qrtl.	3. Qrtl.	4. Qrtl.	
1	Europa	1000	1200	1300	1400	
2	Amerika	1200	1500	1400	1300	
3	Asien	750	750	250	250	
4	Rest der Welt	750	750	750	750	
5						

Beachten Sie auch, wie sich das Diagramm während Ihrer Eingabe verändert.

Sie werden die erste Spalte etwas breiter machen müssen, indem Sie auf die Begrenzungslinie im Spaltenkopf klicken und dann nach rechts ziehen.

6) Wenn Sie mit der Bearbeitung im Datenblatt fertig sind, schließen Sie es. Sie kommen so zu Ihrer Folie zurück.

7) Speichern Sie Ihre Präsentation.

Klicken Sie irgendwo anders in Ihre Folie um die Auswahl des Platzhalters aufzuheben.

Ihre Folie sollte nun so aussehen:

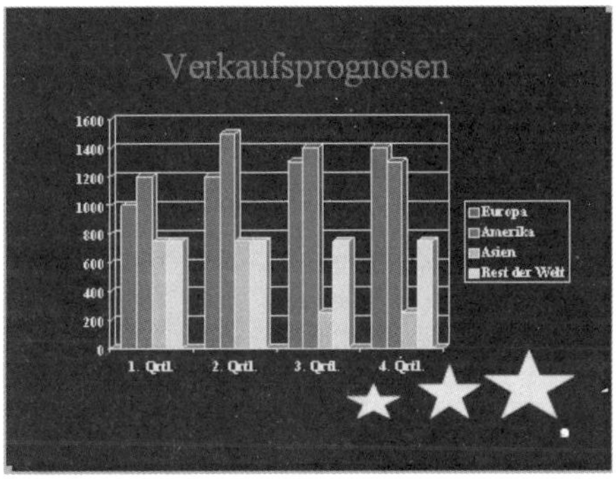

Es kann schon einmal vorkommen, dass Sie die Farbe eines Diagrammelementes (z.B. Säulen in einem Säulendiagramm, Balken in einem Balkendiagramm oder das Segment eines Kreisdiagramms) ändern möchten. Es kann sein, dass die Farbe, die Sie ändern möchten, nicht genügend Kontrast mit dem Folienhinterrund aufweist oder Ihnen die Farbe ganz einfach nicht zusagt.

Die nächste Übung zeigt Ihnen, wie Sie die Farbe einer Diagrammsäule, die Farbe der Diagrammachsen und der Legende ändern können.

Übung 6.43: Ein Diagramm neu formatieren

1) Lassen Sie Ihr Diagramm, das Sie in Übung 6.42 erstellt haben, in der Ansicht *Normal* anzeigen.

   Doppelklicken Sie auf das Diagramm und anschließend mit der rechten Maustaste auf eine der Säulen des Diagramms. Wählen Sie aus dem eingeblendeten Kontextmenü den Eintrag DATENREIHEN FORMATIEREN.

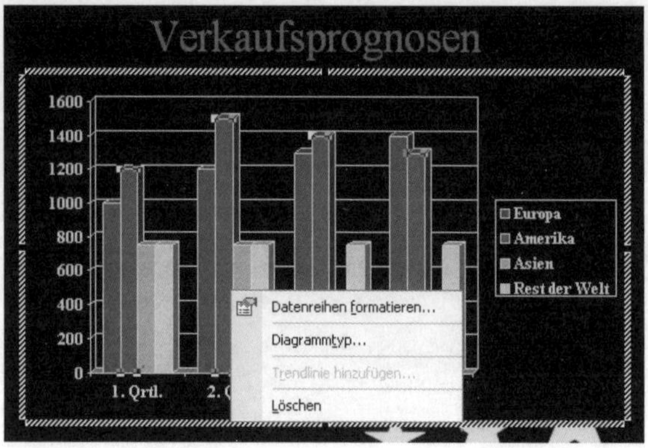

2) Wählen Sie auf der Registerkarte *Muster* des angezeigten Dialogfeldes Weiß als Farbe aus und klicken Sie dann auf OK.

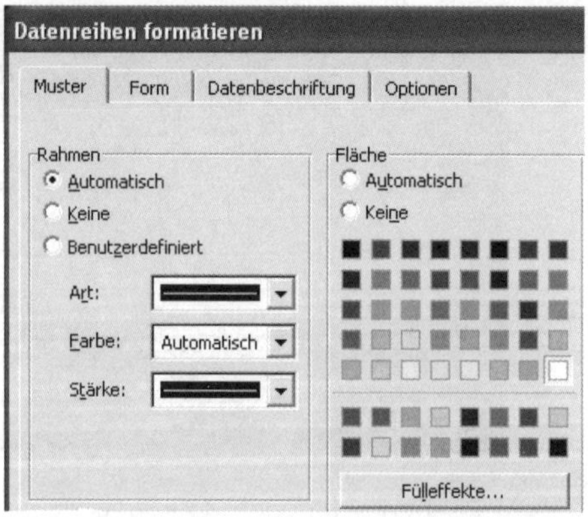

   Als Nächstes ändern Sie die Farbe der Achsen, der Achsenbeschriftung und der Legende.

3) Während das Diagramm ausgewählt ist, klicken Sie mit der rechten Maustaste auf die vertikale Achse und wählen im Kontextmenü den Eintrag ACHSE FORMATIEREN.

4) Klicken Sie im angezeigten Dialogfeld auf der Registerkarte *Schrift* auf den Pfeil rechts neben dem Feld *Farbe*. Wählen Sie Weiß als Farbe und klicken Sie auf OK.

5) Während das Diagramm ausgewählt ist, wiederholen Sie die Schritte 3 und 4 für die horizontale Achse.

6) Während das Diagramm ausgewählt ist, klicken Sie mit der rechten Maustaste auf die Legende und wählen im Kontextmenü den Eintrag LEGENDE FORMATIEREN aus. Auf der Registerkarte *Schrift* ändern Sie den Legendentext in die Farbe Weiß.

Hintergrundfarbe ändern

Wenn Sie möchten, können Sie die Hintergrundfarbe der Zeichnungsfläche oder der Diagrammfläche (oder beides) noch verändern, damit sich diese gegebenenfalls abhebt. Gehen Sie dazu wie folgt vor:

- Doppelklicken Sie auf das Diagramm, um es auszuwählen.
- Üben Sie einen Rechtsklick innerhalb der Zeichnungsfläche aus, und wählen Sie aus dem Kontexmenü ZEICHNUNGSFLÄCHE FORMATIEREN.
- Wählen Sie im Register *Muster* unter *Fläche* durch Anklicken eine Farbe Ihrer Wahl aus, und klicken Sie auf OK.

Sehen Sie sich das Ergebnis auf der Folie an.

Das gleiche können Sie mit der Diagrammfläche machen, indem Sie einen Rechtsklick darauf ausüben und wie oben beschrieben vorgehen.

Heben Sie die Änderungen gegebenenfalls mit dem Befehl RÜCKGÄNGIG wieder auf.

Innerhalb von PowerPoint können Sie ein Diagramm verschieben, seine Größe ändern oder es auch löschen, so wie Sie es mit jedem anderen Objekt tun können. Um Änderungen an den Daten eines Diagramms vorzunehmen, müssen Sie einen Doppelklick auf das Diagramm ausführen und dann Ihre Änderungen im Datenblatt selbst vornehmen.

In der nächsten Übung werden Sie den Diagrammtyp von Säulendiagramm (der PowerPoint-Standardtyp) in ein Balkendiagramm ändern.

Übung 6.44: Den Diagrammtyp ändern

1) Lassen Sie Ihr Diagramm, dass Sie in Übung 6.43 bearbeitet haben, in der Ansicht *Normal* anzeigen.

   Doppelklicken Sie auf das Diagramm, um es auszuwählen.

2) Klicken Sie mit der rechten Maustaste irgendwo in den Bereich um das Diagramm, aber innerhalb des Diagrammplatzhalters. Wählen Sie im angezeigten Kontextmenü den Eintrag DIAGRAMMTYP aus.

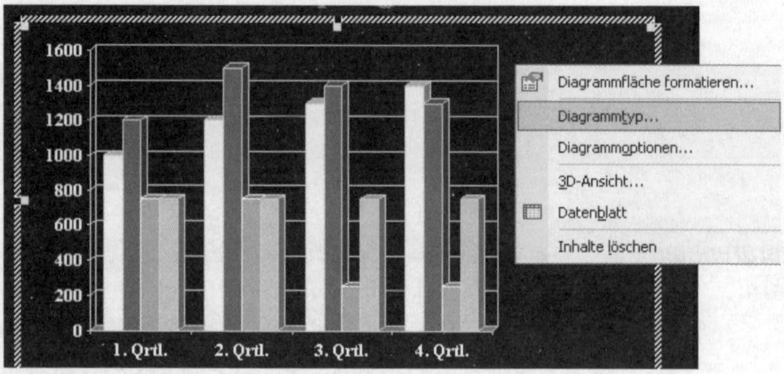

3) Wählen Sie im Dialogfeld *Diagrammtyp* den Typ *Balken* aus, klicken Sie auf den ersten Untertypen und dann auf OK.

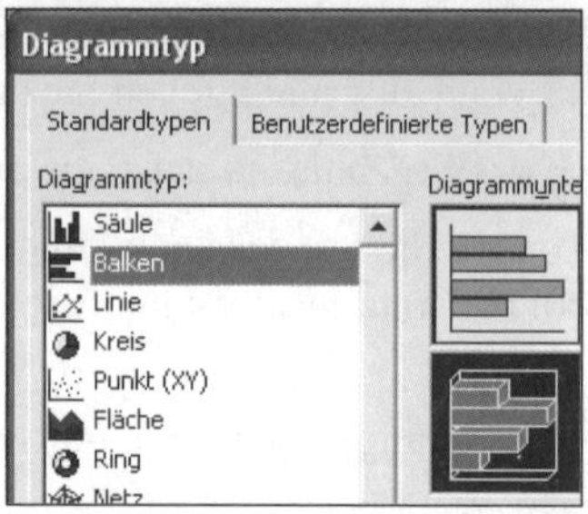

PowerPoint ändert den Diagrammtyp vom Säulen- in ein Balkendiagramm.

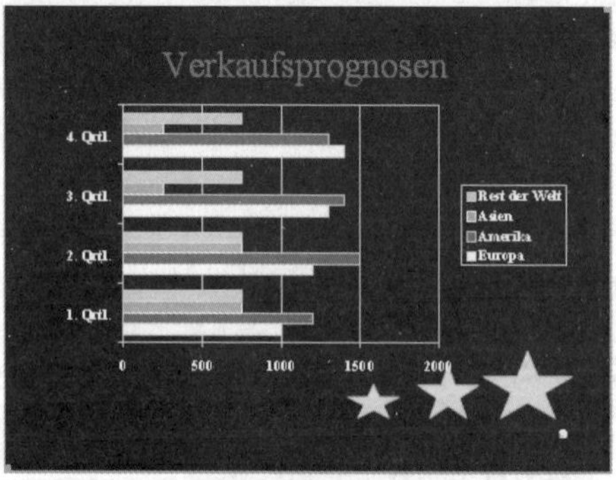

Übung 6.45: Ein Kreisdiagramm einfügen

1) Lassen Sie Ihr Diagramm, das Sie in Übung 6.44 bearbeitet haben, in der Ansicht *Normal* anzeigen.

2) Wählen Sie in der *Format*-Symbolleiste das Symbol *Neue Folie*. Im Aufgabenbereich *Folienlayout* wählen Sie unter *Andere Layouts* die Option *Titel und Diagramm*. Klicken Sie auf den Pfeil rechts neben dem Layout und wählen Sie *Für ausgewählte Folien übernehmen*.

3) Klicken Sie in den Platzhalter mit Titeltext und geben Sie den folgenden Text ein:

   Jährliches Verkaufswachstum

4) Doppelklicken Sie auf das Diagramm-Symbol, um das Datenblatt-Fenster zu öffnen.

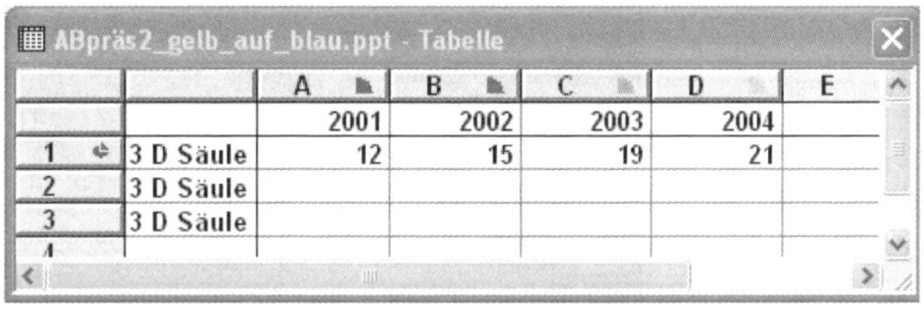

5) Geben Sie den abgebildeten Text in das Datenblatt ein. Um Beispielzahlen zu entfernen, die PowerPoint in die Zellen geschrieben hat, klicken Sie in die einzelnen Zellen und drücken dann die `Entf`-Taste. Wenn Sie damit fertig sind, schließen Sie das Datenblatt und gelangen so zu Ihrem Diagramm zurück.

6) Klicken Sie mit der rechten Maustaste auf eine der Säulen des Diagramms und wählen Sie im angezeigten Kontextmenü den Eintrag DIAGRAMMTYP aus. Wählen Sie hier den Typ *Kreis*, dann den ersten Untertypen und bestätigen Sie schließlich mit OK.

7) Während das Diagramm ausgewählt ist, klicken Sie mit der rechten Maustaste auf die Diagrammfläche.

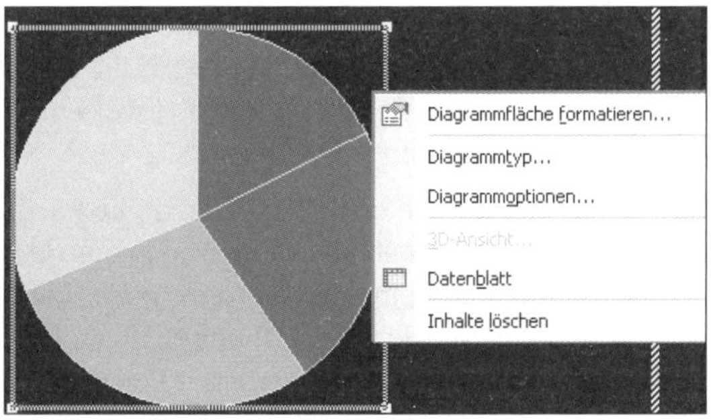

8) Wählen Sie im eingeblendeten Kontextmenü den Eintrag DIAGRAMMFLÄCHE FORMATIEREN.

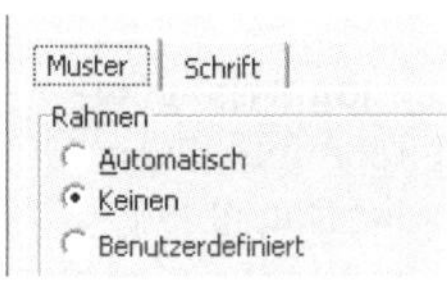

9) Im angezeigten Dialogfeld wählen Sie im Bereich *Rahmen* die Option *Keinen* und klicken auf OK.

10) Während das Diagramm ausgewählt ist, klicken Sie mit der rechten Maustaste auf die Legende und wählen im Kontextmenü den Eintrag LEGENDE FORMATIEREN aus. Auf der Registerkarte *Schrift* ändern Sie den Legendentext in die Farbe Weiß.

11) Klicken Sie mit der rechten Maustaste irgendwo auf das Kreisdiagramm, und wählen Sie im Kontextmenü den Eintrag DATENREIHEN FORMATIEREN. Auf der Registerkarte *Datenbeschriftung* aktivieren Sie das Kontrollkästchen *Wert* und bestätigen mit OK.

12) Klicken Sie irgendwo in der Folie, um die Auswahl aufzuheben. Speichern Sie Ihre Präsentation.

Ihre Folie sollte nun so aussehen:

13) Wechseln Sie in die Ansicht *Bildschirmpräsentation*, um zu sehen, wie Ihre aus nun zehn Folien bestehende Präsentation auf den Betrachter wirkt.

    Schon ganz schön imposant, oder?

Sie sollten nun alle geöffneten Präsentationen speichern und schließen, und auch PowerPoint schließen. Sie haben die fünfte Lektion des ECDL-Moduls *Präsentationen* beendet.

Zusammenfassung der Lektion: Das haben Sie gelernt

Sie können in PowerPoint eine Tabelle mit einer bestimmten Anzahl von Spalten und Zeilen in einer Folie erstellen, darin Zahlen und Text eingeben und Formatierungen zuweisen. Schauen Sie sich dazu die Übung 6.38 an.

Organigramme eignen sich dazu, die Positionen von Personen (durch Felder) innerhalb eines Unternehmens oder die Struktur von Komponenten innerhalb eines Systems oder eines Ablaufes darzustellen. Schauen Sie sich dazu Übung 6.39 an. Organigramme bestehen aus Kästchen (diese repräsentieren Personen oder Komponenten) und Linien (diese repräsentieren Beziehungen). Das PowerPoint-Werkzeug für Organigramme bietet eine Entwurfsvorlage mit hierarchisch angelegten Feldern, die angepasst werden kann. Schauen Sie sich dazu die Beispiele in den Übungen 6.40, 6.41 an.

Sie können Zahlenmaterial durch verschiedene Diagrammtypen darstellen. Dazu gehören Balken-, Säulen- und Kreisdiagramme. Das Diagramm-Werkzeug von PowerPoint enthält auch ein Datenblatt (eine kleine Tabelle), in die Sie Ihre eigenen Zahlen und Text eingeben können. Beispiele finden Sie in den Übungen 6.43 und 6.44.

Ihr Diagramm ändert sich in dem Moment, in dem Sie Daten in das Datenblatt eingeben. Sie können die Farbe und das Format jedes Elements (z.B. Säulen im Säulendiagramm, Diagrammachsen oder Legenden) im Diagramm ändern, indem Sie einen Doppelklick auf das jeweilige Element ausführen und dann aus dem angezeigten Menü auswählen. Schauen Sie sich dazu die Übung 6.43 und 6.45 an.

Sie können ein Organigramm oder ein Diagramm verschieben, in der Größe verändern oder Rahmen und Schatten hinzufügen, wie Sie es mit jedem anderen Objekt tun würden.

Schnelltest: Mit Tabellen und Diagrammen arbeiten

1.	**Wie können Sie die Farbe einer Diagrammsäule ändern?**
A	Doppelklicken Sie auf das Diagramm und klicken Sie dann auf die vertikale Achse. Wählen Sie *Format Achse* aus dem Kontextmenü. Auf der Registerkarte MUSTER wählen Sie die gewünschte Farbe aus und bestätigen über OK.
B	Doppelklicken Sie auf das Diagramm und klicken Sie dann auf die horizontale Achse. Wählen Sie *Format Achse* aus dem Kontextmenü. Auf der Registerkarte MUSTER wählen Sie die gewünschte Farbe aus und bestätigen über OK.
C	Doppelklicken Sie auf das Diagramm und klicken Sie dann auf eine der Säulen. Wählen Sie *Datenreihe formatieren* aus dem Kontextmenü. Auf der Registerkarte MUSTER wählen Sie die gewünschte Farbe aus und bestätigen über OK.
D	Doppelklicken Sie auf das Diagramm und doppelklicken Sie dann auf die Diagrammlegende. Wählen Sie *Legende formatieren* aus dem Kontextmenü. Auf der Registerkarte MUSTER wählen Sie die gewünschte Farbe aus und bestätigen über OK.

2.	**Wie fügen Sie einer Tabelle eine Hintergrundfarbe zu?**
A	Wählen Sie die Tabelle aus. Klicken Sie in der *Format*-Symbolleiste auf *Schriftfarbe* und wählen Sie die gewünschte Farbe.
B	Wählen Sie die Tabelle aus. Klicken Sie in der *Format*-Symbolleiste auf *Füllfarbe* und wählen Sie die gewünschte Farbe.
C	Wählen Sie die Tabelle aus. Klicken Sie in der *Format*-Symbolleiste auf *Linienfarbe* und wählen Sie die gewünschte Farbe.
D	Wählen Sie die Tabelle aus. Klicken Sie in der *Format*-Symbolleiste auf *Linienarte* und wählen Sie die gewünschte Farbe.

3.	**Um einem Organigramm »einen Kollegen hinzuzufügen«, ...**
A	doppelklicken Sie auf das Diagramm, sodass das Dialogfeld *AutoFormat formatieren* geöffnet wird. Auf der Registerkarte TEXTFELD ändern Sie den Wert der Textverankerung in *Oben* und klicken dann auf OK.
B	klicken Sie auf das Diagramm, sodass die Symbolleiste *Organigramm* geöffnet wird. Klicken Sie auf den Pfeil rechts neben *Markieren* und wählen Sie die gewünschte Option aus.
C	klicken Sie auf das Diagramm, sodass die Symbolleiste *Organigramm* geöffnet wird. Klicken Sie auf den Pfeil rechts neben *Layout* und wählen Sie die gewünschte Option aus.
D	klicken Sie auf das Diagramm, sodass die Symbolleiste *Organigramm* geöffnet wird. Klicken Sie auf den Pfeil rechts neben *Form einfügen* und wählen Sie die gewünschte Option aus.

4.	**Wie ändern Sie die Schattenfarbe in einem Diagramm?**
A	Wählen Sie das Diagramm aus und klicken Sie in der *Zeichnen*-Symbolleiste auf *Schattenart*. Klicken Sie auf SCHATTENEINSTELLUNGEN im angezeigten Kontextmenü. Die Symbolleiste *Schatteneinstellungen* wird angezeigt. Klicken Sie auf den Pfeil rechts neben *Schattenfarbe* und wählen Sie die gewünschte Farbe aus.
B	Wählen Sie das Diagramm aus und klicken Sie in der *Zeichnen*-Symbolleiste auf *3D-Art*. Klicken Sie auf *3D-Einstellungen* im angezeigten Kontextmenü. Die Symbolleiste *3D-Einstellunhgen* wird angezeigt. Klicken Sie auf den Pfeil rechts neben *3D-Farbe* und wählen Sie die gewünschte Farbe aus.
C	Wählen Sie das Diagramm aus und klicken Sie auf den Pfeil rechts neben *Schriftfarbe* in der *Zeichnen*-Symbolleiste. Klicken Sie auf *Weitere Farben* im angezeigten Kontextmenü. Das Dialogfeld *Farben* wird angezeigt. Wählen Sie die gewünschte Farbe aus und klicken Sie auf OK.
D	Wählen Sie das Diagramm aus und klicken Sie auf den Pfeil rechts neben *Füllfarbe* in der *Zeichnen*-Symbolleiste. Klicken Sie auf *Weitere Farben* im angezeigten Kontextmenü. Das Dialogfeld *Farben* wird angezeigt. Wählen Sie die gewünschte Farbe aus und klicken Sie auf OK.

5.	**Wie ändern Sie einen Diagrammtyp?**
A	Führen Sie einen Rechtsklick auf die Fläche aus, die das Diagramm umgibt, und zwar innerhalb des Platzhalters. Wählen Sie aus dem angezeigten Kontextmenü die Option DATENBLATT. Geben Sie die notwendige Information in das Datenblatt ein und schließen Sie das Datenblatt.
B	Führen Sie einen Rechtsklick auf die Fläche aus, die das Diagramm umgibt, und zwar innerhalb des Platzhalters. Wählen Sie aus dem angezeigten Kontextmenü die Option DIAGRAMMOPTIONEN. Wählen Sie im Dialogfeld die Registerkarte TITEL, geben Sie einen Titel in das Feld *Diagrammtitel* ein und klicken Sie dann auf OK.
C	Führen Sie einen Rechtsklick auf die Fläche aus, die das Diagramm umgibt, und zwar innerhalb des Platzhalters. Wählen Sie aus dem angezeigten Kontextmenü die Option DIAGRAMMTYP. Wählen Sie im Dialogfeld den gewünschten Diagrammtyp, z.B. *Balken*, klicken Sie dann den ersten Untertyp an und klicken Sie dann auf OK.
D	Führen Sie einen Rechtsklick auf die Fläche aus, die das Diagramm umgibt, und zwar innerhalb des Platzhalters. Wählen Sie aus dem angezeigten Kontextmenü die Option DIAGRAMMFLÄCHE FORMATIEREN. Wählen Sie im Dialogfeld den gewünschten Schrifttyp, z.B. Fett, und klicken Sie dann auf OK.

Lektion 6.6: Das Publikum begeistern

Zu dieser Lektion

Es kann schon sein, dass Ihre Präsentation überzeugenden Text, attraktive Farben und Hintergründe, sowie beeindruckende Diagramme enthält, dennoch fehlt noch etwas. Und dieses Etwas – nennen wir es einmal Bewegung – ist das, worüber Sie in dieser Lektion etwas erfahren werden.

Sie werden erfahren, wie Sie erreichen können, dass Folien nach einem bestimmten Zeitintervall automatisch zur nächsten Folie gehen, wie Sie Übergangseffekte zwischen den einzelnen Folien einbauen und Folienelemente animieren, sodass diese nacheinander eingeblendet werden, anstatt alle auf einmal auf der Folie zu erscheinen.

Wie Sie lernen werden, ist Animation mehr als ein visueller Effekt. Indem der Vortragende in der Lage ist, die einzelnen Punkte auf jeder Folie hervorzuheben, hilft eine Animation, die Aufmerksamkeit des Publikums auf die Sache zu richten.

Neue Fähigkeiten

Am Ende dieser Lektion sollten Sie in der Lage sein,

- Methoden zu manuellen, automatischen oder »Was zuerst kommt«-Effekten zum Anzeigen der nächsten Folie anzuwenden,
- die Art und den Zeitablauf für Folienübergangseffekte festlegen
- Animationseffekte anzupassen, sodass die Reihenfolge, Richtung, Soundeffekte und Dimeffekte einer Animation verändert werden,
- Grafiken und Bilder in Animationen verwenden,
- Elemente in einem Diagramm zu animieren,
- die Rechtschreibung in Ihrer Präsentation zu überprüfen.

Neue Wörter

Am Ende dieser Lektion sollten Sie in der Lage sein, die folgenden Begriffe zu erklären:

- Nächste Folie
- Folienübergang
- Animierte Folien

Nächste Folie automatisch oder manuell

Wenn Sie Ihre Präsentation dem Publikum vorführen, müsse Sie nicht jedes Mal die `Bild ↓`-Taste drücken oder mit der Maus klicken, wenn Sie zur nächsten Folie gehen möchten.

Es gibt noch eine andere Methode: Lassen Sie ganz einfach PowerPoint die Präsentation automatisch für Sie abspielen. Sie sind dann nicht daran gebunden, neben dem Computer zu stehen, und können so freier mit Ihrem Publikum kommunizieren.

Die automatische Einstellung für *Nächste Folie*, die über den Befehl BILDSCHIRMPRÄSENTATION/FOLIENÜBERGANG eingestellt wird, wird oftmals dann verwendet, wenn eine Präsentation an einer öffentlichen Stelle, z.B. auf Messen, abgespielt wird, wo sie nicht von einem Sprecher kommentiert wird.

Was zuerst kommt

Sie können die manuelle mit der automatischen Methode kombinieren, sodass derjenige, der vorträgt, zu jeder Zeit die automatischen Einstellungen mit den manuellen überschreiben kann.

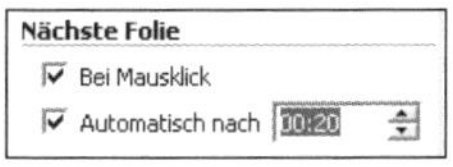

Um dies zu erreichen, legen Sie eine Zeitintervall für *Nächste Folie* fest, machen aber gleichzeitig ein Häkchen in das Kontrollkästchen *Bei Mausklick*. (Wenn *Bei Mausklick* ausgewählt ist, wird durch Betätigen der [Bild ↓]-Taste oder der [↑]-Taste die nächste Folie angezeigt.)

Übung 6.46: Einer Präsentation den Befehl Nächste Folie hinzufügen

1) Falls PowerPoint noch nicht geöffnet ist, öffnen Sie es bitte jetzt.
2) Öffnen Sie die ECDL-Präsentation mit gelbem Text auf dunkelblauem Hintergrund. Sie trägt den Namen *ABpräs2_gelb_auf_blau.ppt*.
3) Mit einer beliebigen Folie in der Ansicht *Normal* geöffnet wählen Sie den Menübefehl BILDSCHIRMPRÄSENTATION/FOLIENÜBERGANG.
4) Wählen Sie im Aufgabenbereich *Folienübergang* im Abschnitt *Übergang ändern* eine Geschwindigkeit und in der Dropdown-Liste *Sound* den Eintrag *Applaus* aus.
5) Im Abschnitt *Nächste Folie* aktivieren Sie das Kontrollkästchen *Automatisch nach* und geben dann eine Anzahl von Sekunden (z.B. 15) in das entsprechende Feld ein, die Sie als Intervall festlegen möchten. Stellen Sie sicher, dass auch das Kontrollkästchen *Auf Mausklick* aktiviert ist.

6) Klicken Sie auf *Für alle Folien übernehmen*, um die automatische Methode auf die gesamte Präsentation anzuwenden. Speichern Sie Ihre Präsentation.
7) Rufen Sie den Menübefehl ANSICHT/BILDSCHIRMPRÄSENTATION auf und schauen Sie sich an, wie sich die Automatik auf Ihre Präsentation auswirkt.

Nächste Folie

Die Art und Weise, wie PowerPoint die Folien einer Präsentation anzeigt: manuell, automatisch, oder automatisch mit manueller Möglichkeit. Die automatische Einstellung wird oft für Präsentationen ohne Sprecher verwendet.

Folienübergang

Ein Übergang ist ein grafischer Effekt, der bestimmt, wie der Wechsel von einer Folie zur anderen vor sich geht. So kann eine neue Folie beispielsweise vom oberen Rand des Bildschirms herunterfallen oder die Folie könnte sich auflösen und dabei die neue Folie zum Vorschein bringen.

PowerPoint erlaubt es Ihnen, zwei Aspekte des Übergangs zu steuern.

- **Für ausgewählte Folien übernehmen:** Die Eigenschaften des Effekts, mit dem PowerPoint zur nächsten Folie wechselt.
- **Übergang ändern:** Die Geschwindigkeit, mit der PowerPoint die visuellen Effekte ablaufen lässt, wenn zu einer neuen Folie gewechselt wird.

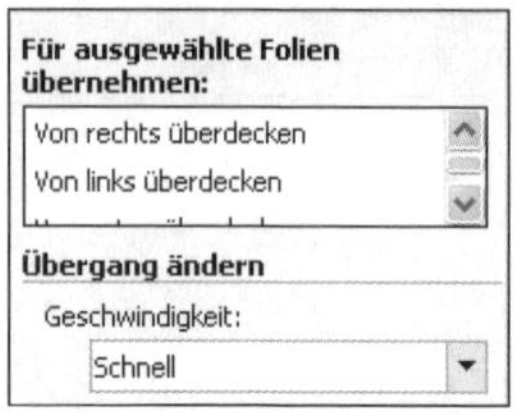

Außerdem können Sie festlegen, ob Sie den Übergängen auch noch einen Ton hinzufügen möchten.

Folienübergang

Ein visueller Effekt, wie Einblenden, Auflösen oder Überdecken, der festlegt, wie ein Übergang von einer Folie zur nächsten in einer Präsentation erfolgt.

Übung 6.47: Ihrer Präsentationen einen Folienübergang hinzufügen

1) Lassen Sie in der Ansicht *Normal* die Präsentation anzeigen, mit der Sie in Übung 6.46 gearbeitet haben. Rufen Sie den Menübefehl BILDSCHIRMPRÄSENTATION/ FOLIENÜBERGANG auf.

2) Schauen Sie sich die angebotenen Möglichkeiten erst einmal in Ruhe an.

   Für ausgewählte Folien übernehmen: Jedes Mal, wenn Sie einen der Übergangseffekte aus der Dropdown-Liste anklicken, zeigt PowerPoint Ihnen diesen Effekt im Beispielfenster. Sie können eine Vorschau wiederholen, indem Sie auf *Wiedergabe* klicken.

Übergang ändern: Die Optionen *Langsam*, *Mittel* und *Schnell* legen die Geschwindigkeit fest, mit der ein Übergang ausgeführt wird. Wenn Sie eine Option anklicken, führt PowerPoint den Übergangseffekt mit der ausgewählten Geschwindigkeit im Beispielfenster vor.

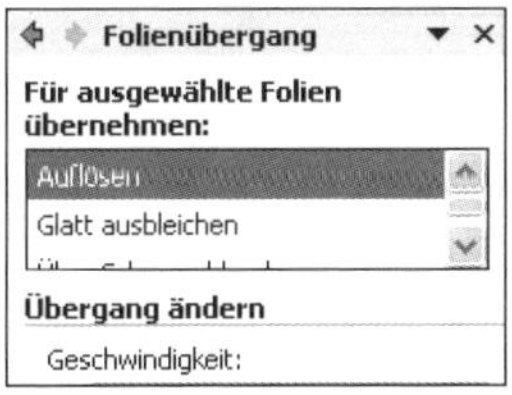

Wählen Sie für die Übung den Effekt *Auflösen* und *Schnell*.

3) Klicken Sie auf *Für alle Folien übernehmen*. Beachten Sie, dass Sie die Möglichkeit haben, jeder Folie einen eigenen Übergang zuzuweisen (indem Sie jeweils auf *Übernehmen* klicken). Seien Sie aber vorsichtig dabei: Es kann dazu beitragen, dass das Publikum abgelenkt oder unruhig wird.

4) Beobachten Sie, wie sich die Folienübergänge auf die Präsentation auswirken. Rufen Sie dazu den Menübefehl ANSICHT/BILDSCHIRMPRÄSENTATION auf und blättern Sie durch Ihre Präsentation. Speichern Sie Ihre Präsentation, aber lassen Sie sie geöffnet. Sie werden Sie für Übung 6.50 wieder benötigen.

Einstellungen zu Nächste Folie und Übergangseffekte

Beides, die Funktion *Nächste Folie* und der Folienübergangseffekt, werden im Aufgabenbereich *Folienübergang* festgelegt. Dennoch sind die beiden Effekte voneinander unabhängig.

- Sie können den Durchlauf Ihrer Präsentation automatisch ablaufen lassen, ohne Folienübergänge zuzuweisen.
- Sie können Folienübergänge zuweisen, ohne eine Automatisierung des Durchlaufs Ihrer Präsentation einzustellen.

Beachten Sie auch, dass die Zeitangaben des einen Effektes nichts mit der des anderen Effekts zu tun haben.

- Übergang ändern: Die Optionen *Langsam*, *Mittel*, *Schnell* legen die Geschwindigkeit fest, mit der ein Übergang zur nächsten Folie ausgeführt wird.
- Nächste Folie legt fest, wie lang eine Folie angezeigt wird, bevor die nächste Folie eingeblendet wird.

Animierte Folien

Animierte Folien erlauben es Ihnen, die Information einer Folie nach und nach in die Folie einfließen zu lassen. Animation wird beispielsweise häufig bei Aufzählungslisten verwendet. Zu Anfang ist nur der erste Punkt der Aufzählung für das Publikum sichtbar. Nach und nach werden dann Ihrem Vortrag entsprechend die übrigen Punkte der Liste eingeblendet. Das hat den Vorteil, dass das Publikum sich darauf konzentriert, was Sie sagen, und nicht schon die übrigen Punkte liest, während Sie noch über den ersten Punkt sprechen.

Animierte Folie

Eine Folie, in der verschiedene Elemente zu verschiedenen Zeiten eingeblendet werden.

Mit einer animierten Folie können Sie jeden Punkt einzeln hervorheben, um die Aufmerksamkeit des Publikums auf diesen Punkt zu lenken. Wenn Sie über Ihren zweiten Punkt reden, können Sie den ersten Listenpunkt ruhig auf der Folie belassen. Schwächen Sie ihn aber ab, sodass er noch als Kontext und Merkpunkt gegenwärtig ist, aber nicht ablenkt.

Sie können außerdem festlegen, wie jedes einzelne Element auf dem Bildschirm eingeblendet wird. Die verschiedenen Punkte einer Auflistung können z.B. von rechts, links, oben oder unten in die Folie fliegen. Probieren Sie es einfach einmal aus!

Sie können auf zwei verschiedene Arten animierte Folien erstellen:

- **Animationsschemas:** Eine Reihe von vordefinierten Ready-to-go-Animationen, die Sie schnell auf Ihre Folien anwenden können, und von denen einige mit Klang verbunden sind.

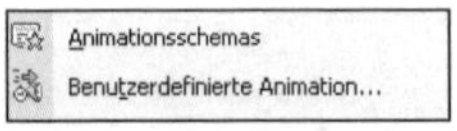

- **Benutzerdefinierte Animation:** Hier wird Ihnen eine Vielzahl an dynamischen Effekten und Optionen angeboten.

Animierte Folien helfen Ihnen, die Aufmerksamkeit auf das zu lenken, was Sie gerade sage,n und nicht das Publikum schon den zweiten Punkte lesen zu lassen, während Sie noch über den ersten sprechen.

Animationen und Folienmaster

Um einer gesamten Präsentation eine Animation zuzuweisen, lassen Sie zuerst den Folienmaster anzeigen und weisen Sie dann ein Animationsschema oder *Benutzerdefinierte Animation* zu. Lassen Sie uns damit beginnen, einem Folienmaster ein Animationsschema zuzuweisen.

Übung 6.48: Einer Präsentation ein Animationsschema hinzufügen

1) Öffnen Sie die Präsentation *Produktvermarktung* mit dunkelgrünem Text auf Morgendämmerungseffekt.
2) Rufen Sie den Menübefehl ANSICHT/MASTER/FOLIENMASTER auf, um den Folienmaster der Präsentation anzuzeigen.
3) Klicken Sie irgendwo in den unteren Platzhalter mit den Aufzählungspunkten.

4) Rufen Sie den Menübefehl Bildschirmpräsentation/Animationsschemas auf. Wählen Sie im Aufgabenbereich *Foliendesign* in der Liste *Für ausgewählte Folien übernehmen* die Option *Verblassend rollen* und klicken Sie auf die Schaltfläche *Für alle Folien übernehmen.*

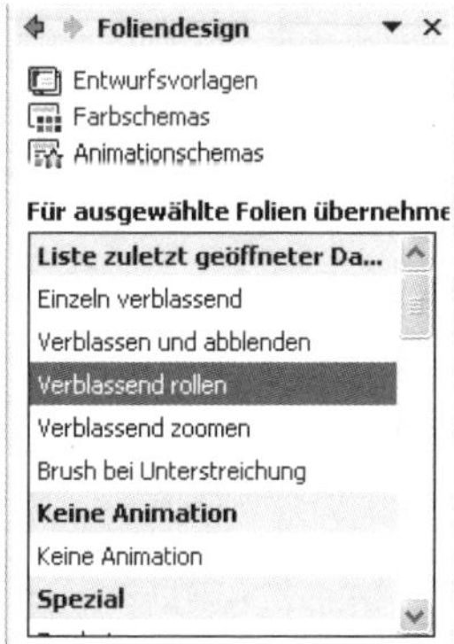

5) Rufen Sie den Menübefehl Bildschirmpräsentation/Bildschirmpräsentation vorführen auf, um sich das Ergebnis anzuschauen.

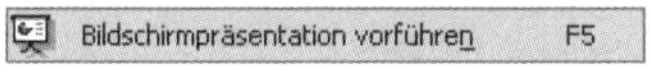

Denken Sie daran, dass Sie mit der Maus klicken oder die `Bild↓`-Taste drücken müssen, damit die einzelnen Aufzählungspunkte erscheinen.

6) Speichern Sie Ihre Präsentation.

In der nächsten Übung werden Sie einige Einstellungen ändern, die durch ein Animationsschema zugewiesen werden.

Übung 6.49: Ein Animationsschema anpassen

1) Öffnen Sie die Präsentation *Produktvermarktung*, mit der Sie in Übung 6.48 gearbeitet haben. Rufen Sie den Menübefehl Ansicht/Master/Folienmaster auf und klicken Sie irgendwo in den unteren Platzhalter.

2) Wählen Sie den Menübefehl Bildschirmpräsentation/Benutzerdefinierte Animation. Im Aufgabenbereich werden die Einstellungen der Animationsschemas angezeigt, und Sie haben die Möglichkeit, diese zu ändern.

3) Klicken Sie auf den Pfeil rechts neben dem ersten Element der Liste: *Titel 1*. Klicken Sie darauf, um den Titel der Masterfolie zu ändern. Wählen Sie aus dem angezeigten Auswahlmenü den Eintrag *Effektoptionen.*

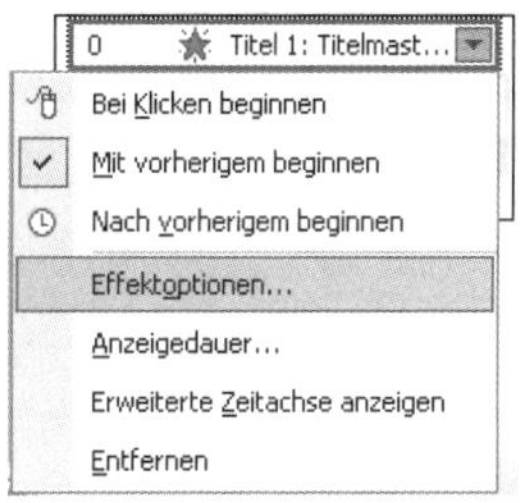

4) Auf der Registerkarte *Effekt* klicken Sie auf den Pfeil rechts neben dem Feld *Sound.* Wählen Sie aus der Dropdown-Liste *Trommelwirbel* aus. Als Nächstes wählen Sie im Feld *Nach der Animation* das mittlere Grün aus.

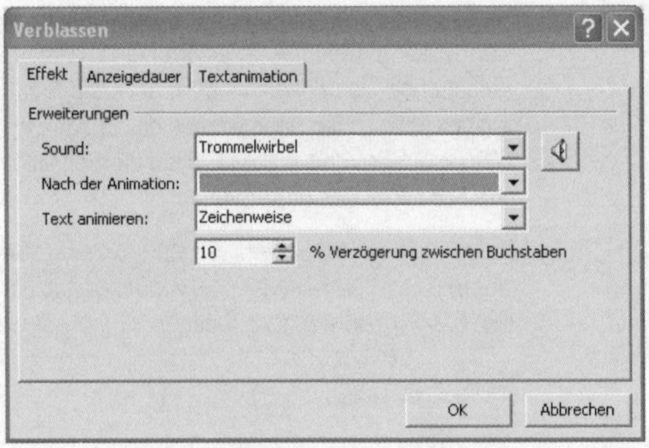

5) Klicken Sie auf die Registerkarte *Anzeigedauer* und dann auf den Pfeil rechts neben dem Feld *Starten*. Wählen Sie *Beim Klicken* und bestätigen Sie über OK. Speichern Sie Ihre Präsentation.

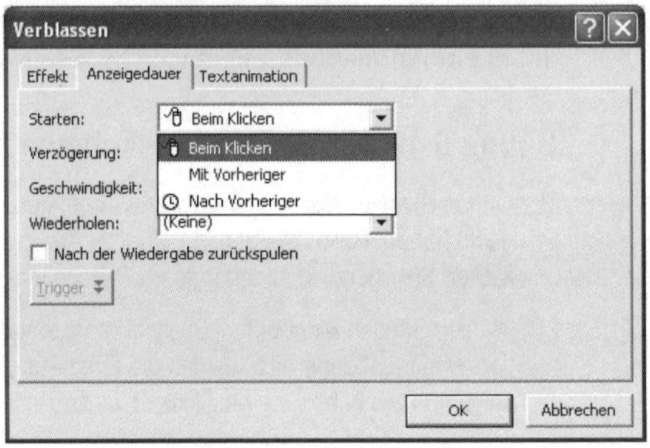

6) Wählen Sie den Menübefehl ANSICHT/BILDSCHIRMPRÄSENTATION und schauen Sie sich die Präsentation und deren Effekte an. Wenn Sie fertig sind, können Sie Ihre Präsentation schließen.

Animationsschemas anpassen

Wie Sie sehen können, wenn Sie die Präsentation laufen lassen, haben Sie die Animationseffekte in der folgenden Weise angepasst:

- **Sound:** Sie haben den Soundeffekt, der mit der Animation verbunden ist, geändert.
- **Dim-Effekte:** Sobald ein neuer Aufzählungspunkt erscheint, ändert PowerPoint den vorherigen Punkt in eine abgeschwächtere Farbe um. Dieser Dimmereffekt hilft dem Publikum, dem Fluss Ihrer Präsentation zu folgen.

Die meisten PowerPoint-Benutzer finden es am angenehmsten, die Einstellungen wie in Übung 6.48 und 6.49 zu ändern. Sie weisen zuerst ein Animationsschema zu, das ihren Vorstellungen nahe kommt, und verwenden dann die *Benutzerdefinierte Animation*, um die nötigen Anpassungen vorzunehmen.

Musik und andere Klänge

In der gleichen Weise, wie Sie nicht darauf beschränkt sind, Bilder zu verwenden, die in PowerPoint erstellt worden sind, können Sie auch Sound verwenden, der nicht von PowerPoint bereitgestellt wird.

In der Dropdown-Liste auf der Registerkarte *Sound* des Dialogfeldes *Verblassen* können Sie die Option *Anderer Sound* finden. Um Sound mit einer Animation in Verbindung zu bringen, klicken Sie auf diese Option und wählen eine beliebige Sounddatei aus.

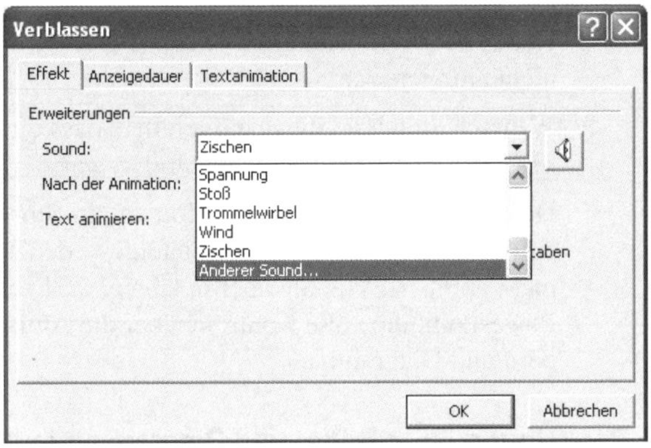

In den nächsten Übungen werden Sie Ihrer »Gelb auf Blau«-ECDL-Präsentation einen Animationseffekt hinzufügen.

Übung 6.50: Komplexere Animationen

1) Lassen Sie die Präsentation »ECDL Gelb auf Blau« anzeigen, mit der Sie zuletzt in Übung 6.47 gearbeitet haben.

2) Rufen Sie den Menübefehl ANSICHT/MASTER/FOLIENMASTER auf und klicken Sie in den oberen Platzhalter.

3) Wählen Sie den Menübefehl BILDSCHIRMPRÄSENTATION/ANIMATIONSSCHEMA und im Aufgabenbereich wählen Sie die Option *Verblassend zoomen.*

4) Klicken Sie irgendwo in den unteren Platzhalter, wählen Sie BILDSCHIRMPRÄSENTATION/ANIMATIONSSCHEMA, und im Aufgabenbereich wählen Sie wiederum die Option *Verblassend zoomen.*

5) Während der untere Platzhalter noch ausgewählt ist, rufen Sie den Menübefehl BILDSCHIRMPRÄSENTATION/BENUTZERDEFINIERTE ANIMATION auf. Klicken Sie auf den Pfeil rechts neben den zweiten Titel. Klicken Sie darauf, um den Mastertext zu bearbeiten. Wählen Sie aus dem angezeigten Kontextmenü *Effektoptionen.* Als Nächstes wählen Sie im Feld *Nach Animation* das mittlere Grün aus und klicken auf OK.

6) Speichern Sie zunächst Ihre Präsentation, rufen Sie dann den Menübefehl ANSICHT/BILDSCHIRMPRÄSENTATION auf und navigieren Sie ein wenig durch die Präsentation. Sie werden bemerken, dass die Effekte keinerlei Auswirkungen auf Ihre Folienübergänge haben. Die zwei visuellen Effekte und verbundene Soundeffekte sind unabhängig.

Tabellen, Bilder und Diagramme in eine Animation mit einbeziehen

Die Präsentation, mit der Sie in Übung 6.50 gearbeitet haben, hat eine Tabelle, drei eingefügte Bilder, ein Organigramm und zwei Diagramme.

Haben Sie beim Durchblättern der Präsentation bemerkt, das Etwas nicht animiert war?

Wahrscheinlich ist Ihnen aufgefallen, dass die Tabelle auf Folie 7, »ECDL Preisstruktur« nicht animiert war.

Die Tabelle erschien in dem Moment, in dem die entsprechende Folie eingeblendet wurde. Standardmäßig werden Tabellen von PowerPoint nicht animiert. Wie Sie aber in Übung 6.51 sehen werden, gibt Ihnen PowerPoint die volle Kontrolle über die Animation von Tabellen, Bildern und Diagrammen.

Übung 6.51: Bilder und Diagramme in die Animation einbeziehen

1) Lassen Sie die Präsentation »ECDL Gelb auf Blau«, mit der Sie in Übung 6.50 gearbeitet haben, anzeigen.

2) Zeigen Sie in der Ansicht *Normal* die Folie *Preisstruktur* an. Klicken Sie irgendwo in die Folie und rufen Sie den Menübefehl BILDSCHIRMPRÄSENTATION/BENUTZERDEFINIERTE ANIMATION auf.

3) Wählen Sie die Tabelle aus und klicken Sie im Aufgabenbereich auf *Effekte hinzufügen*. Im angezeigten Kontextmenü wählen Sie STARTEN und im Untermenü KASTEN. PowerPoint lässt den Effekt mit diesem Zeitablauf in der Folie laufen.

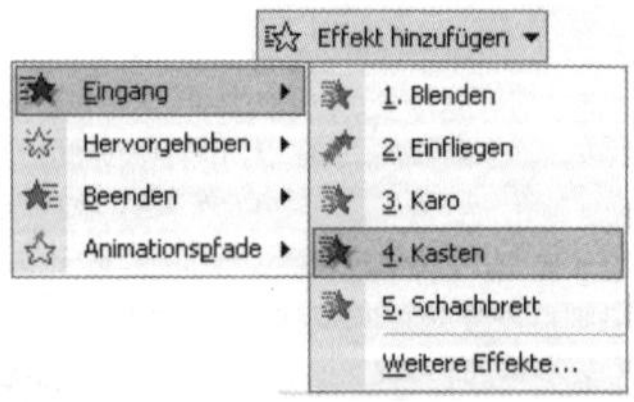

4) Speichern Sie Ihre Präsentation. Rufen Sie den Menübefehl ANSICHT/BILDSCHIRMPRÄSENTATION auf und schauen Sie sich die neuen Effekte an.

Diagramme animieren

Wie Sie gesehen haben, können Sie ein Diagramm in eine Animation mit einbeziehen oder auch ausschließen, wenn Sie dies wünschen. Aber PowerPoint bietet Ihnen noch eine andere Möglichkeit der Animation von Diagrammen. Damit können Sie einzelne Elemente innerhalb eines Diagramms animieren, sodass die einzelnen Elemente des Diagramms nacheinander statt alle zusammen angezeigt werden.

Übung 6.52: Die Elemente eines Diagramms animieren

1) Lassen Sie die Präsentation »ECDL Gelb auf Blau«, mit der Sie schon in Übung 6.51 gearbeitet haben, in der Ansicht *Normal* anzeigen, und zwar die Folie *Verkaufsprognosen*.
2) Klicken Sie einmal in das Diagramm, um es auszuwählen. Rufen Sie dann den Menübefehl BILDSCHIRMPRÄSENTATION/BENUTZERDEFINIERTE ANIMATION auf.
3) Im Aufgabenbereich klicken Sie auf *Effekt hinzufügen* und wählen anschließend im Menü die Einträge EINGANG/SCHACHBRETT aus.

4) Klicken Sie auf *Effekt hinzufügen* und im folgenden Menü nacheinander auf die Einträge ANIMATIONSPFADE/RECHTS.

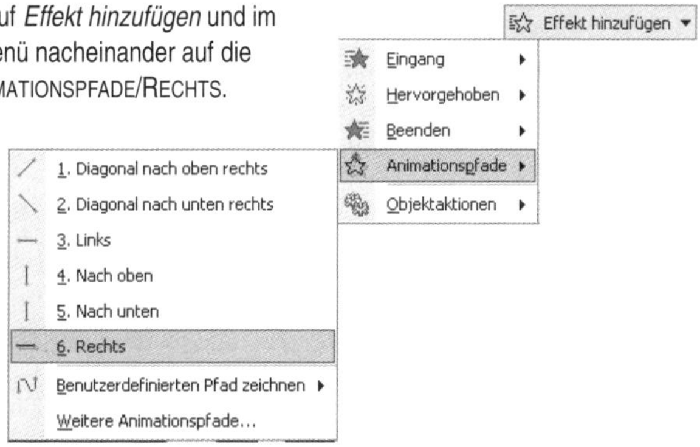

5) Speichern Sie Ihre Präsentation. Rufen Sie den Menübefehl ANSICHT/BILDSCHIRMPRÄSENTATION auf und schauen Sie sich die neuen Effekte in der Folie »Verkaufsprognosen« an.

Überprüfen Sie Ihre Rechtschreibung

Rechtschreibfehler können einer Präsentation sehr schaden. Sie lassen Sie entweder sorglos oder dumm erscheinen und machen all Ihre Anstrengungen, das Publikum zu beeindrucken, zunichte. Es ist zwar gefährlich, sich ganz und gar auf die Rechtschreibprüfung zu verlassen, aber es wäre auch nachlässig, sie gar nicht erst zu verwenden.

In PowerPoint gibt es zwei Möglichkeiten, die Rechtschreibüberprüfung zu verwenden:

- Während Sie den Text in eine Folie eingeben (automatisch). Geschlängelte Linien unter einem Wort zeigen an, dass es möglicherweise falsch geschrieben ist. Um den Schreibfehler zu korrigieren, klicken Sie mit der rechten Maustaste auf die geschlängelte Linie und wählen dann die gewünschte Option im eingeblendeten Kontextmenü aus.

Schaltfläche Rechtschreibung

- Über den Menübefehl EXTRAS/RECHTSCHREIBUNG, die F7-Taste oder Klicken auf die Schaltfläche *Rechtschreibung* in der *Standard*-Symbolleiste.

Um die automatische Rechtschreibüberprüfung ein- oder auszuschalten, rufen Sie den Menübefehl EXTRAS/OPTIONEN auf und aktivieren oder deaktivieren auf der Registerkarte RECHTSCHREIBUNG UND FORMAT die Option *Rechtschreibung während der Eingabe überprüfen.*

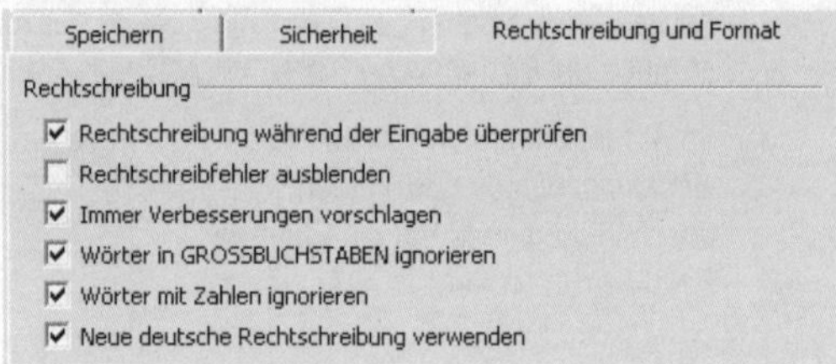

Alle Wörter, die durch die Rechtschreibprüfung fallen, werden zusammen mit vorgeschlagenen Alternativen angezeigt. Sie können entweder eine der vorgeschlagenen Alternativen akzeptieren, das Wort eigenhändig bearbeiten oder das ursprüngliche Wort unverändert lassen.

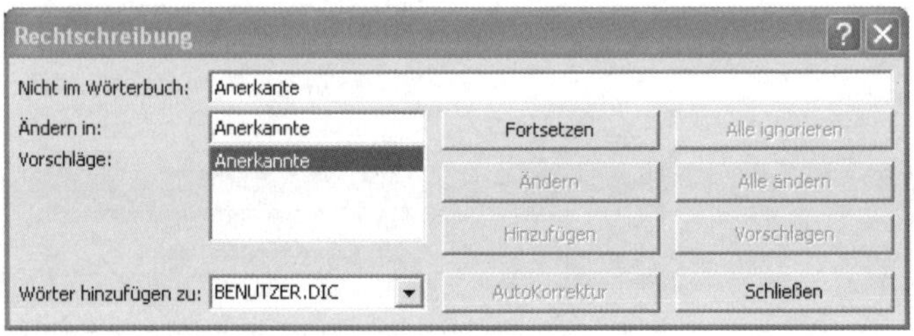

Beachten Sie, dass die Rechtschreibprüfung keine falschen Wörter findet, die in sich selbst richtig sind (z.B. formen statt Formen).

Zusammenfassung der Lektion: Das haben Sie gelernt

PowerPoint bietet Ihnen drei Möglichkeiten für »Nächste Folie«: manuell (durch den Vortragenden) automatisch (nach einem voreingestellten Zeitintervall), oder »Was zuerst kommt« (automatisch mit der Möglichkeit, manuell einzugreifen).

Ein Übergang ist ein grafischer Effekt, der kontrolliert, wann eine Folie die nächste ersetzt. Zum Beispiel kann die nächste Folie vom oberen Rand des Bildschirms hinunterfallen. Auch können Sie die Geschwindigkeit kontrollieren, mit der PowerPoint diese Effekte ablaufen lässt. Und Sie können den Übergängen Klänge oder Musik hinzufügen.

Eine animierte Folie ist eine Folie, in der einzelne Elemente nacheinander statt auf einmal erscheinen. Das kann dem Vortragenden dabei helfen, die Aufmerksamkeit des Publikums auf die einzelnen Punkte zu lenken.

PowerPoint bietet eine Reihe voreingestellter Ready-to-go-Animationen, einige davon mit Soundeffekten kombiniert, die Sie Ihren Folien schnell zuweisen können. Sie können vordefinierte Animationen bei Bedarf anpassen. Unter den zu verändernden Optionen finden sich die Reihenfolge, in der Elemente erscheinen, die Richtung, aus der sie erscheinen, und die Art und Weise, wie die vorherigen Elemente gedimmt werden.

Animierte Elemente können Dinge sein wie Aufzählungspunkte, Grafiken wie Linien und Kästen, eingefügte Bilder und Diagramme. Sie können auch ein Diagramm selbst animieren, sodass die einzelnen Diagrammelemente, wie Säulen oder Balken, nacheinander angezeigt werden.

Die PowerPoint-Rechtschreibprüfung lässt sich automatisch durchführen, sodass vermeintlich falsch geschriebene Wörter während der Eingabe hervorgehoben werden. Man kann die Rechtschreibprüfung aber auch so einstellen, dass sie nur auf Anfrage arbeitet.

Schnelltest: Das Publikum begeistern

1.	Um die Rechtschreibung zu prüfen, drücken Sie F5.
A	Richtig
B	Falsch

2.	Wie weisen Sie einer Präsentation Übergänge zu?
A	Rufen Sie den Menübefehl BILDSCHIRMPRÄSENTATION/FOLIENÜBERGANG auf. Im Aufgabenbereich *Folienübergang* wählen Sie im Feld *Auf ausgewählte Folien anwenden* einen Übergang wie z.B. *Auflösen*. Im Feld *Übergang ändern* wählen Sie eine Geschwindigkeit wie schnell und einen Sound wie Applaus. Wählen Sie dann eine Option unter *Nächste Folie* und klicken auf *Für alle Folien übernehmen.*
B	Rufen Sie den Menübefehl BILDSCHIRMPRÄSENTATION/ANIMATIONSSCHEMA auf. Im Aufgabenbereich *Foliedesign* wählen Sie ein Animationsschema wie z.B. *Alle verblassend* im Feld *Auf ausgewählte Folien anwenden.* Wählen Sie dann eine Option unter *Nächste Folie* und klicken Sie auf *Für alle Folien übernehmen.*
C	Wählen Sie BILDSCHIRMPRÄSENTATION/FOLIENÜBERGANG. Im Aufgabenbereich *Folienübergang* wählen Sie im Feld *Auf ausgewählte Folien anwenden* einen Übergang wie z.B. *Auflösen.* Im Feld *Übergang* ändern wählen Sie eine Geschwindigkeit wie Schnell und einen Sound wie Applaus. Wählen Sie dann eine Option unter *Nächste Folie.*
D	Wählen Sie BILDSCHIRMPRÄSENTATION/ANIMATIONSSCHEMA. Im Aufgabenbereich *Foliendesign* wählen Sie ein Animationsschema wie z.B. *Alle verblassend* im Feld *Auf ausgewählte Folien anwenden.*

3.	**Wie animieren Sie die Elemente eines Diagramms?**
A	Wählen Sie BILDSCHIRMPRÄSENTATION/FOLIENÜBERGANG. Im Aufgabenbereich *Folienübergang* wählen Sie im Feld *Auf ausgewählte Folien anwenden* ein Animationsschema wie z.B. *Auflösen*. Wählen Sie dann eine Option unter *Nächste Folie* und klicken Sie *Auf ausgewählte Folien anwenden*.
B	Wählen Sie BILDSCHIRMPRÄSENTATION/FOLIENÜBERGANG. Im Aufgabenbereich *Benutzerdefinierte Animation* klicken Sie auf *Effekte hinzufügen*. Aus dem angezeigten Kontextmenü wählen Sie die gewünschte Option wie z.B. *Eingang/Schachbrett/Rechts* und klicken auf *Entfernen*.
C	Wählen Sie BILDSCHIRMPRÄSENTATION/FOLIENÜBERGANG. Im Aufgabenbereich *Foliendesign* klicken Sie auf *Effekte hinzufügen*. Aus dem angezeigten Kontextmenü wählen Sie im Feld *Auf ausgewählte Folien anwenden* ein Animationsschema wie z.B. *Auflösen*. Wählen Sie dann eine Option unter *Nächste Folie*.
D	Wählen Sie BILDSCHIRMPRÄSENTATION/FOLIENÜBERGANG. Im Aufgabenbereich *Benutzerdefinierte Animation* klicken Sie auf *Effekte hinzufügen*. Aus dem angezeigten Kontextmenü wählen Sie die gewünschte Option wie z.B. *Eingang/Schachbrett/Rechts* und klicken auf *Wiedergabe*.

4.	**Wie fügen Sie einer Präsentation eine »Nächste Folie« hinzu?**
A	Wählen Sie BILDSCHIRMPRÄSENTATION/FOLIENÜBERGANG. Im Aufgabenbereich *Folienübergang* wählen Sie *Nächste Folie*. Klicken Sie auf *Automatisch nach*, und geben Sie eine Zahl für die Sekunden (z.B. 15) ein, die eine Folie auf dem Bildschirm verbleiben soll. Stellen Sie sicher, dass die Option *Bei Mausklick* ausgewählt ist. Klicken Sie auf *Auf alle ausgewählten Folien anwenden*.
B	Wählen Sie BILDSCHIRMPRÄSENTATION/FOLIENÜBERGANG. Im Aufgabenbereich *Benutzerdefinierte Animation* klicken Sie auf *Effekte hinzufügen*. Aus dem angezeigten Kontextmenü wählen Sie die gewünschte Option wie z.B. *Eingang/Schachbrett/Rechts* und klicken auf *Entfernen*.
C	Wählen Sie BILDSCHIRMPRÄSENTATION/FOLIENÜBERGANG. Im Aufgabenbereich *Folienübergang* wählen Sie *Nächste Folie*. Klicken Sie auf *Automatisch* NACH und geben Sie eine Zahl für die Sekunden (z.B. 15) ein, die eine Folie auf dem Bildschirm verbleiben soll. Stellen Sie sicher, dass die Option *Bei Mausklick ausgewählt* ist.

4.	Wie fügen Sie einer Präsentation eine »Nächste Folie« hinzu?
D	Wählen Sie BILDSCHIRMPRÄSENTATION/BENUTZERDEFINIERTE ANIMATION. Im Aufgabenbereich *Benutzerdefinierte Animation* klicken Sie auf *Effekte hinzufügen*. Aus dem angezeigten Kontextmenü wählen Sie die gewünschte Option wie z.B. *Eingang/Schachbrett/Rechts* und klicken auf *Effekte hinzufügen*.

5.	Wie passen Sie ein Animationsschema an?
A	Wählen Sie BILDSCHIRMPRÄSENTATION/BENUTZERDEFINIERTE ANIMATION. Im Aufgabenbereich *Benutzerdefinierte Animation* klicken Sie auf den Pfeil rechts neben dem ersten Element in der Liste *Benutzerdefinierte Animation*. Aus dem Kontextmenü wählen Sie *Effektoptionen*. Wählen Sie die gewünschte Option und klicken Sie auf OK.
B	Wählen Sie BILDSCHIRMPRÄSENTATION/BENUTZERDEFINIERTE ANIMATION. Im Aufgabenbereich *Benutzerdefinierte Animation* klicken Sie auf den Pfeil rechts neben dem ersten Element in der Liste *Benutzerdefinierte Animation*. Aus dem Kontextmenü wählen Sie *Entfernen*. Wählen Sie die gewünschte Option und klicken Sie auf OK.
C	Wählen Sie BILDSCHIRMPRÄSENTATION/BENUTZERDEFINIERTE ANIMATION. Im Aufgabenbereich *Benutzerdefinierte Animation* klicken Sie auf den Pfeil rechts neben dem ersten Element in der Liste *Benutzerdefinierte Animation*. Aus dem Kontextmenü wählen Sie *Effektoptionen*. Wählen Sie *Erweiterte Zeitachse anzeigen* und klicken Sie auf *Wiedergabe*.
D	Wählen Sie BILDSCHIRMPRÄSENTATION/BENUTZERDEFINIERTE ANIMATION. Im Aufgabenbereich *Benutzerdefinierte Animation* klicken Sie auf den Pfeil rechts neben dem ersten Element in der Liste *Benutzerdefinierte Animation*. Aus dem Kontextmenü wählen Sie *Effektoptionen*. Wählen Sie *Erweiterte Zeitachse ausblenden* und klicken Sie auf *Wiedergabe*.

Lektion 6.7: Präsentationen und Dateiformate

In diesem Kapitel

In diesem Kapitel verwenden Sie Elemente mit anderen Dateiformaten, wie z.B. Webseiten und Grafikdateien, die in PowerPoint-Präsentationen enthalten sind. Darüber hinaus lernen Sie, wie Sie Tabellendaten in eine PowerPoint-Folie importieren.

PowerPoint bietet Ihnen eine Vielzahl an Entwurfsvorlagen, die Sie als Basis verwenden, um möglichst schnell andere, ähnliche Präsentationen zu erstellen. Sie erfahren, wie man diese vorgefertigten Vorlagen benutzt und wie Sie selbst eine Vorlage erstellen.

Neue Fähigkeiten

Am Ende dieses Kapitels sollten Sie in der Lage sein,

- PowerPoint-Präsentationen in den folgenden Formaten abzuspeichern: PowerPoint Pack & Go-Präsentation, vorherige Versionen von PowerPoint, Excel, HTML (Webformat), Grafik (GIF oder JPEG), Rich Text Format (RTF) und als PowerPoint-Entwurfsvorlage.
- eine Präsentation zu erstellen, die auf einer Entwurfsvorlage beruht, und eine Entwurfsvorlage auf eine neue Präsentation anzuwenden.
- Zellen und Diagramme aus Microsoft Excel in PowerPoint-Folien zu importieren.

Neue Wörter

Am Ende dieses Kapitels sollten Sie in der Lage sein, den folgenden Begriff zu erklären:

- Entwurfsvorlage

Ihre Präsentation als Pack & Go-Präsentation speichern

Sie wissen bereits, wie Sie die Ansicht *Bildschirmpräsentation* verwenden, um vorab abzuschätzen, wie das Publikum Ihre Präsentation sehen wird. Eine andere Möglichkeit besteht darin, die Präsentation so zu speichern, dass sie immer als Bildschirmpräsentation geöffnet wird, egal, ob Sie sie vom Desktop oder in PowerPoint selbst öffnen.

Um Präsentationen als Bildschirmpräsentation zu speichern und zu öffnen:

- Wählen Sie DATEI/SPEICHERN UNTER.
- Klicken Sie auf den Pfeil rechts neben dem Feld *Dateityp*.

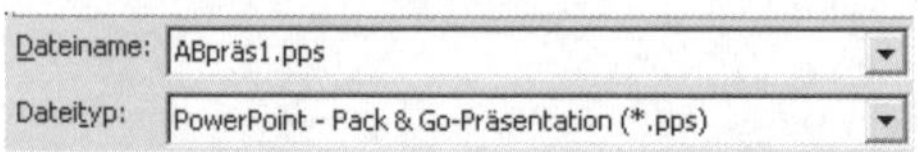

- Wählen Sie PowerPoint – Pack & Go-Präsentation.

PowerPoint speichert die Datei mit der Dateinamenerweiterung *.pps*. Ihre Originaldatei bleibt davon unberührt. In Übung 6.53 gehen wir ein Beispiel durch.

Übung 6.53: Eine Präsentation als Pack & Go-Präsentation speichern

1) Falls PowerPoint noch nicht geöffnet ist, öffnen Sie es bitte jetzt.

   Öffnen Sie die ECDL-Präsentation mit dem gelben Text auf blauem Hintergrund. Sie trägt den Namen *ABpräs2_gelb_auf_blau.ppt.*

2) Wählen Sie DATEI/SPEICHERN UNTER und dann den Ordner, in dem Sie die Datei speichern möchten.

3) Im Feld *Dateityp* wählen Sie *PowerPoint Pack & Go-Präsentation.pps.* Akzeptieren oder ändern Sie den vorgegebenen Dateinamen und klicken Sie auf SPEICHERN.

4) Öffnen Sie den *Arbeitsplatz* und suchen Sie den Ordner, in dem Sie Ihre Präsentation gespeichert haben.

5) Führen Sie einen Doppelklick auf die pps-Datei aus. PowerPoint spielt die Präsentation als Bildschirmpräsentation ab. Wenn Sie fertig sind, schließen Sie die Bildschirmpräsentation, aber lassen Sie die eigentliche Präsentation geöffnet.

Mit früheren Versionen von PowerPoint arbeiten

Jede Version von PowerPoint beinhaltet Funktionen, die es in der jeweils vorherigen Version nicht gab. Das bedeutet, dass Sie normalerweise mit einer höheren Version problemlos Präsentationen öffnen können, die mit niedrigeren Versionen erstellt wurden. Umgekehrt ist dies nicht unbedingt der Fall.

Sie können PowerPoint-2002-Präsentationen im Dateiformat vorheriger Versionen speichern. Sie haben dabei drei Hauptmöglichkeiten:

- PowerPoint 2000
- PowerPoint 97
- PowerPoint 95

HTML (web) -Format

Webseiten werden mit dem Format HTML erstellt. Die Dateinamenerweiterung für dieses Format ist *.htm* (oder manchmal auch *.html*).

Sie können eine gesamte PowerPoint-Präsentation, eine einzelne Folie oder ausgewählte Folien in das HTML-Format umwandeln, sodass diese in einem Webbrowser wie MS Internet Explorer oder Netscape Navigator angezeigt werden können. Folgen Sie den Schritten der Übung 6.54, um zu erfahren, wie es funktioniert.

Übung 6.54: Ihre Präsentationen im Web-Format speichern

1) Falls Sie die Präsentation, mit der Sie in Übung 6.53 gearbeitet haben, nicht mehr geöffnet haben, öffnen Sie diese nun.
2) Wählen Sie DATEI/ALS WEBSEITE SPEICHERN und wählen Sie einen Ordner aus, in dem Sie die Datei speichern möchten.
3) Um den Titel der Webseite zu ändern (Text, der in der Titelleiste des Webbrowsers erscheint), klicken Sie auf TITEL ÄNDERN, geben dann den neuen Titel im Feld *Seitentitel* ein und klicken auf OK. Wenn Sie fertig sind klicken Sie auf VERÖFFENTLICHEN.

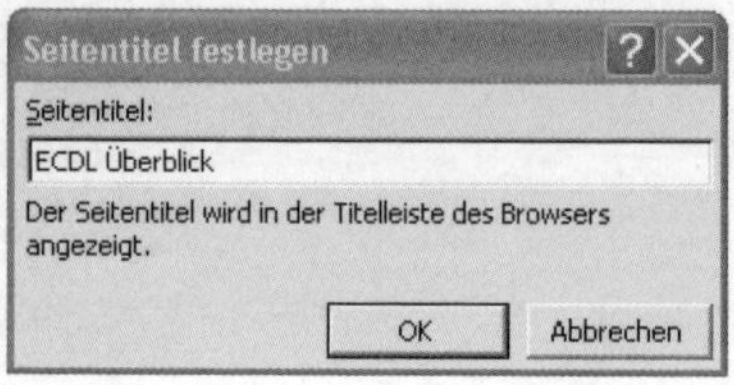

4) Wählen Sie im Dialogfenster ALS WEBSEITE VERÖFFENTLICHEN die im Bild angegebenen Optionen.

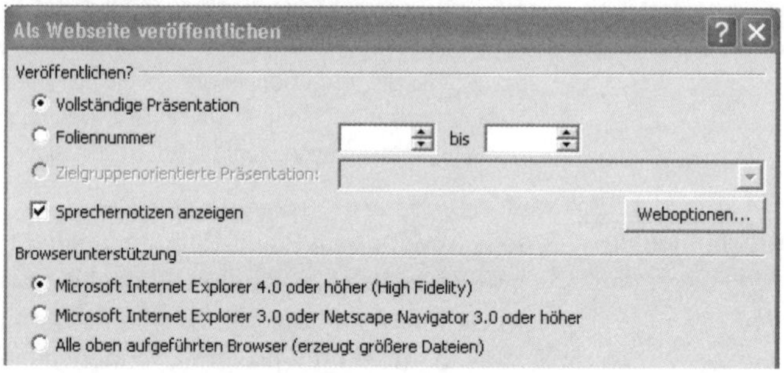

- Um zu sehen, wie die Web-Version Ihrer Präsentation in einem Webbrowser aussieht, aktivieren Sie das Kontrollkästchen ÖFFNEN DER VERÖFFENTLICHTEN WEBSITE IM BROWSER. Klicken Sie dann auf VERÖFFENTLICHEN.

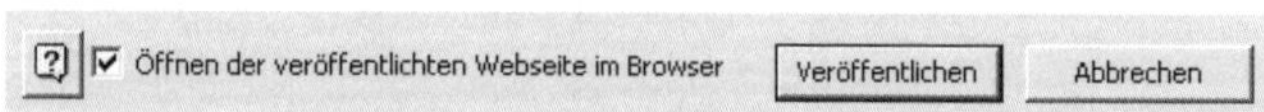

- Nach einigen Sekunden führt PowerPoint die Dateiumwandlung durch und öffnet die erste Seite Ihrer Präsentation im Webbrowser. Wenn Sie fertig sind, schließen Sie die Datei.

HTML Optionen

PowerPoint bietet einige Optionen bei der Umwandlung einer Präsentation in HTML an. Um die verfügbaren Möglichkeiten für eine geöffnete Präsentation anzusehen:

1) Wählen Sie DATEI/ALS WEBSEITE SPEICHERN und wählen Sie einen Ordner aus, in dem Sie die Datei speichern möchten.
2) Klicken Sie auf VERÖFFENTLICHEN, um das DIALOGFELD ALS WEBSEITE SPEICHERN anzuzeigen, und klicken Sie auf WEBOPTIONEN. Ein Dialogfeld mit sechs Registern wird angezeigt.
3) Sehen Sie sich die zur Verfügung stehenden Optionen in Ruhe an.

Folien als Grafik speichern

Wenn Sie Ihre Folien in anderen Grafikprogrammen oder innerhalb von Webseiten verwenden möchten, so können Sie diese in zwei üblichen Grafikformaten speichern: JPEG und GIF.

Um eine geöffnete Präsentation als Grafik zu speichern:

- Wählen Sie *Datei/Speichern unter.*
- Wählen Sie den Ordner, in dem Sie die Datei speichern möchten, und akzeptieren oder ändern Sie den Dateinamen.
- Klicken Sie auf den Pfeil rechts neben dem Feld *Dateityp.*
- Wählen Sie GIF (Graphic Interchange Format-*.gif) oder JPEG (Interchange Format-*.jpg) und klicken Sie auf *Speichern.*
- PowerPoint fragt Sie, ob Sie JEDE FOLIE oder NUR AKTUELLE FOLIE umwandeln möchten. Klicken Sie die entsprechende Schaltfläche an.

PowerPoint speichert die Datei(en) mit der Dateinamenerweiterung *.gif* oder *. jpeg*. Ihre Originalpräsentation bleibt davon unberührt.

PowerPoint-Folien in anderen Anwendungen verwenden

Im Normalfall müssen Sie Informationen, die Sie in eine Anwendung eingeben haben, nicht noch einmal eingeben, wenn Sie sie in einer anderen Anwendung verwenden möchten. Wenn Sie also in einem Worddokument Text verwenden möchten, den Sie schon einmal in einer PowerPoint-Folie eingegeben haben, so müssen Sie den Text nicht noch einmal schreiben.

Um Text und/oder Grafiken aus einer einzelnen Folie zu verwenden, kopieren Sie den Text oder die Grafik in PowerPoint ([Strg] + [C] drücken) und fügen ihn/sie dann in Word wieder ein (Cursor positionieren und [Strg] + [V] drücken).

RTF-Format

Um die gesamte Präsentation wieder in einer anderen Anwendung zu verwenden, speichern Sie diese am besten im RTF-Format ab. Das ist das Format, das alle Microsoft-Office-Anwendungen gemeinsam haben. Die Dateinamenerweiterung ist *.rtf.*

Um eine Präsentation im RTF-Format zu speichern:

- Wählen Sie DATEI/SPEICHERN UNTER.
- Wählen Sie den Ordner, in dem Sie die Datei speichern möchten, und akzeptieren oder ändern Sie den Dateinamen.
- Klicken Sie auf den Pfeil rechts neben dem Feld *Dateityp.*
- Wählen Sie *Gliederung/RTF* (*.rtf) und klicken Sie auf SPEICHERN.

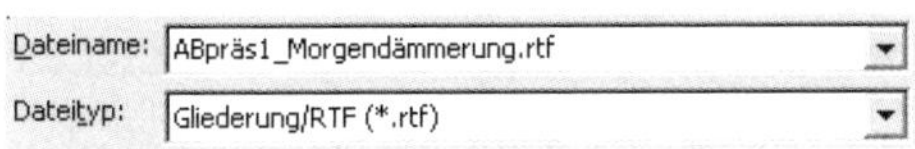

PowerPoint speichert die Datei(en) mit der Dateinamenerweiterung *.rtf.* Ihre Originalpräsentation bleibt davon unberührt.

Mit Entwurfsvorlagen arbeiten

Sie haben in PowerPoint die Möglichkeit, eine Präsentation als Entwurfsvorlage abzuspeichern. Sie können diese Vorlage dann dazu verwenden, schnell ähnliche Präsentationen zu erstellen.

Um eine Präsentation als Entwurfsvorlage zu speichern:

- Wählen Sie DATEI/SPEICHERN UNTER.
- Klicken Sie auf den Pfeil rechts neben dem Feld *Dateityp.*

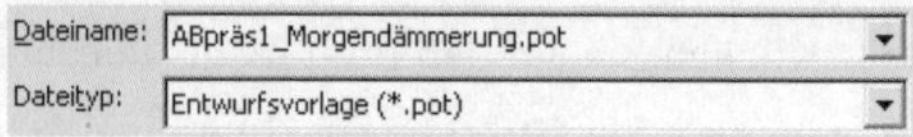

- Wählen Sie *Entwurfsvorlage (*.pot).*
- Wählen Sie unter *Dateiname* den Ordner, in dem Sie die Datei speichern möchten, und akzeptieren oder ändern Sie den Dateinamen.
  Üblicherweise schlägt PowerPoint Ihnen vor, dass Sie Vorlagen in folgendem Ordner speichern: *C:\Dokumente und Einstellungen\Ihr Name\Anwendungsdaten\Microsoft\Vorlagen*
- Klicken Sie auf SPEICHERN.

PowerPoint speichert die Entwurfsvorlage mit der Dateinamenerweiterung *.pot*. Ihre Originalpräsentation bleibt davon unberührt. Wenn Sie das nächste Mal eine Präsentation erstellen, können Sie mit dem gespeicherten Entwurf beginnen, sodass alle Folien dessen Eigenschaften annehmen.

Entwurfsvorlage

Eine PowerPoint-Datei, die ein Farbschema und einen Folienmaster mit Schriftfestlegungen enthält. Möglicherweise sind auch vordefinierte Grafiken und Text enthalten, die auf eine Präsentation angewendet werden können. Entwurfsvorlagen haben die Dateinamenerweiterung .pot.

Vorhandene Entwurfsvorlagen

Neben den Entwurfsvorlagen, die Sie möglicherweise selbst erstellen, bietet Ihnen PowerPoint eine reichhaltige Palette an professionellen vorgefertigten Entwurfsvorlagen an. Sie können diese Vorlagen sofort verwenden und sie gemäß Ihren eigenen Bedürfnissen und Ihrem Geschmack verändern oder dem Unternehmenslayout anpassen und dann für den späteren Gebrauch speichern.

Um sich die enthaltenen Entwurfsvorlagen anzuschauen:

- Wählen Sie DATEI/NEU.
- Wählen Sie im Aufgabenbereich unter *Mit Vorlage beginnen* den Link *Allgemeine Vorlagen.*

- Im Dialogfeld *Vorlagen* klicken Sie die verschiedenen Vorlagen an, um sie in der Vorschau rechts im Dialogfeld angezeigt zu bekommen.

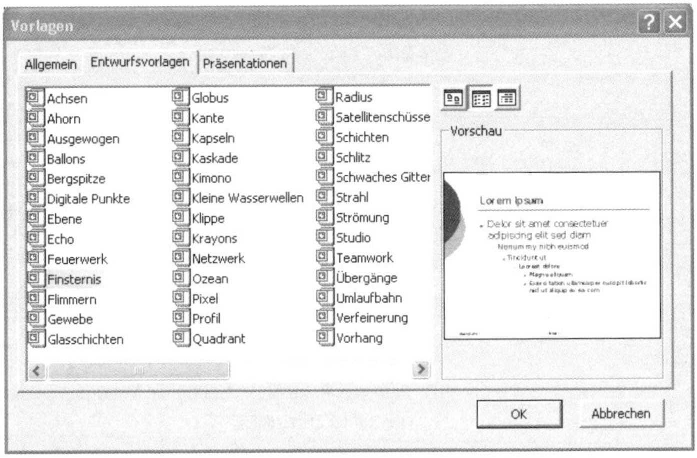

- Wenn Sie sich einen Überblick verschafft haben, klicken Sie auf ABBRECHEN.

Entwurfsvorlagen können Farbschemas und Folienmaster mit optional integriertem Text und Grafiken enthalten.

Entwurfsvorlagen anwenden

Sie können eine Entwurfsvorlage auf zwei Arten auf eine Präsentation anwenden:

- **Neue Präsentation:** Wählen Sie DATEI/NEU und dann die entsprechende Vorlage aus dem Aufgabenbereich.
- **Vorhandene Präsentation:** Wählen Sie FORMAT/FOLIENDESIGN. Klicken Sie im Aufgabenbereich unten auf den Link *Durchsuchen*. Wählen Sie im Dialogfeld *Entwurfsvorlage übernehmen* den Ordner *Presentation Designs*.
- Wählen Sie die gewünschte Entwurfsvorlage aus der angezeigten Liste.

Wenn Sie eine Entwurfsvorlage auf eine schon vorhandene Präsentation anwenden, so wird das vorhandene Farbschema und der Folienmaster vom Farbschema und Folienmaster der Entwurfsvorlage ersetzt.

Übung 6.55: Eine Entwurfsvorlage anwenden

1) Lassen Sie die Präsentation anzeigen, mit der Sie in Übung 6.53 gearbeitet haben.
2) Wählen Sie in der Normalansicht FORMAT/FOLIENDESIGN. Klicken Sie im Aufgabenbereich unten auf den Link *Durchsuchen*. Wählen Sie im Dialogfeld *Entwurfsvorlage übernehmen* den Ordner *Presentation Designs*.

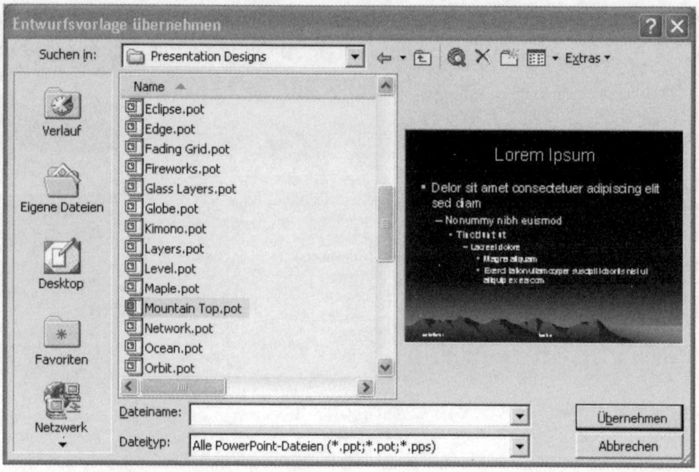

3) Wählen Sie für diese Übung die Vorlage *Mountain Top (Bergspitze)* und klicken Sie auf ÜBERNEHMEN.

4) Wechseln Sie in die Ansicht *Bildschirmpräsentation*, um sich das Ergebnis anzuschauen. Ganz gut, oder?

5) Gehen Sie in die Normalansicht zurück und experimentieren Sie ein wenig mit den Entwurfsvorlagen.

6) Wenn Sie fertig sind, wählen Sie DATEI/SPEICHERN UNTER und speichern Sie die Präsentation unter einem Namen ab, der angibt, dass es sich um eine Vorlage handelt. Wenn Ihre Initialien AB sind, speichern Sie die Präsentation als *ABpräs2_Entwurfsprobe.ppt*. Schließen Sie Ihre Präsentation, aber nicht PowerPoint.

Tabellen und Diagramme importieren

Weiter vorne haben Sie gelernt, wie Sie Bilder und Sound in Ihre Folien importieren. PowerPoint erlaubt es Ihnen aber auch, numerische Daten und Diagramme aus einer Tabellenkalkulation zu importieren.

In Übung 6.56 werden Sie eine neue Präsentation erstellen und Daten aus einem Excel-Arbeitsblatt importieren. Und in Übung 6.57 werden Sie ein Excel-Diagramm in Ihre Präsentation importieren.

Übung 6.56: Ein Excel-Arbeitsblatt importieren

1) Öffnen Sie Microsoft Excel. Geben Sie in eine neue Arbeitsmappe die Informationen ein, die Sie in der Abbildung sehen. Speichern Sie die Arbeitsmappe unter dem Namen *Flüsse.xls*.

	A	B	C
1	**Fluss**	**Länge**	**Ort**
2	Nil	6693	Nord/Ost Afrika
3	Amazonas	6436	Südamerika
4	Yangtze	6378	China
5	Huang He	5463	China
6	Ob-Irtysh	5410	Russland

2) Wechseln Sie zu PowerPoint und wählen Sie DATEI/NEU. Wählen Sie im Aufgabenbereich unter *Mit Vorlage beginnen* den Link *Allgemeine Vorlagen* und wählen Sie dann die Vorlage mit dem Namen *Radius* aus. Klicken Sie auf OK.
3) Klicken Sie im Aufgabenbereich unter *Text Layouts* auf den Pfeil rechts von der Option *Titelfolie* und wählen Sie dann *Für ausgesuchte Folie übernehmen*.
4) Geben Sie Text wie in der Abbildung ein.

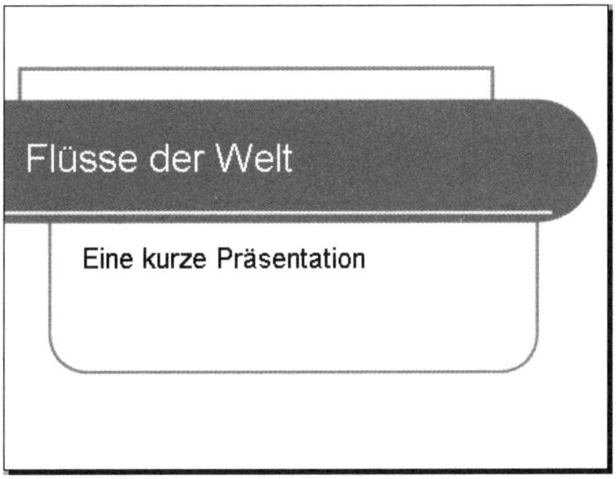

5) Fügen Sie noch eine zweite Folie hinzu, indem Sie auf die Schaltfläche *Neue Folie* in der Symbolleiste klicken. Klicken Sie im Aufgabenbereich unter *Text Layouts* auf den Pfeil rechts von der Option *Nur Titel* und wählen Sie dann *Für ausgesuchte Folie übernehmen*.
6) Schreiben Sie in den oberen Platzhalter den Text: *Längste Flüsse*. Klicken Sie irgendwo außerhalb des Platzhalters, um die Markierung aufzuheben.
7) Wählen Sie EINFÜGEN/OBJEKT. Im angezeigten Dialogfeld wählen Sie *Aus Datei erstellen* und klicken auf DURCHSUCHEN.

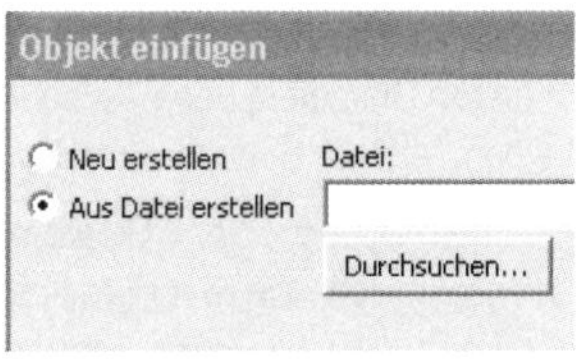

8) Navigieren Sie im nächsten Dialogfeld zu dem Ordner, in dem Sie die Datei *Flüsse.xls* gespeichert haben, wählen Sie die Datei aus und klicken Sie dann auf OK. Das Excel-Arbeitsblatt wir nun in Ihre Folie eingefügt.
9) Ändern Sie die Größe des Arbeitsblattes und verschieben Sie es, bis Ihre Folie wie in der Abbildung aussieht.

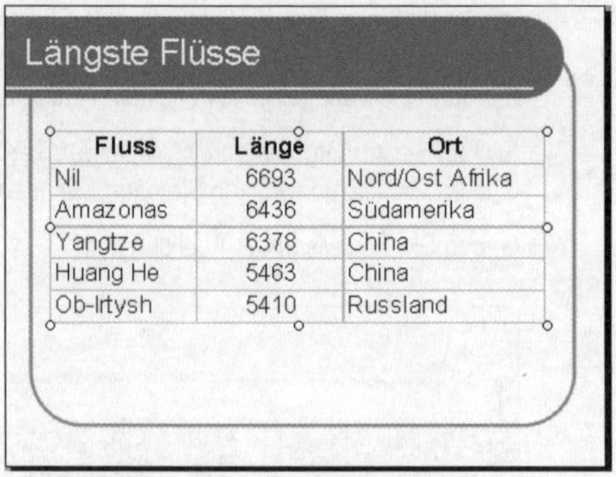

Fluss	Länge	Ort
Nil	6693	Nord/Ost Afrika
Amazonas	6436	Südamerika
Yangtze	6378	China
Huang He	5463	China
Ob-Irtysh	5410	Russland

10) Speichern Sie Ihre Präsentation unter einem passenden Namen. Wenn Ihre Initialen AB sind, dann speichern Sie sie z.B. unter dem Namen *AB_Flüsse.ppt.*

Sie können mit dem importierten Arbeitsblatt genauso arbeiten wie mit jedem anderen importierten Bild. So können Sie z.B. einen Rahmen oder Schatten hinzufügen oder es auf eine andere Folie oder den Folienmaster kopieren. Eine Arbeitsmappe, die im Folienmaster eingefügt wird, erscheint auf jeder Folie der Präsentation.

Um den Inhalt oder das Erscheinungsbild des Arbeitsblattes zu verändern, führen Sie einen Doppelklick darauf aus und verwenden dann die angezeigten Excelmenüs und Symbolleisten. Um die Markierung der Arbeitsmappe aufzuheben, klicken Sie irgendwo außerhalb der Arbeitsmappe.

Übung 6.57: Ein Excel-Diagramm importieren

1) Lassen Sie das Excel-Arbeitsblatt anzeigen, das Sie in Übung 6.56 erstellt und gespeichert haben.
2) Wählen Sie den Zellbereich A1:B6 aus und klicken Sie auf die Schaltfläche *Diagramm-Assistent* in der Symbolleiste.
3) Wählen Sie im ersten Dialogfeld des Assistenten den Typ *Balkendiagramm* aus und klicken Sie dann auf die Schaltfläche *Weiter.*
4) Im zweiten und dritten Dialogfeld des Diagramm-Assistenten klicken Sie auch jeweils auf *Weiter*, womit Sie die Standardeinstellungen akzeptieren. Klicken Sie im vierten Dialogfeld auf *Fertig stellen.* Excel erstellt ein Diagramm in Ihrem Arbeitsblatt.

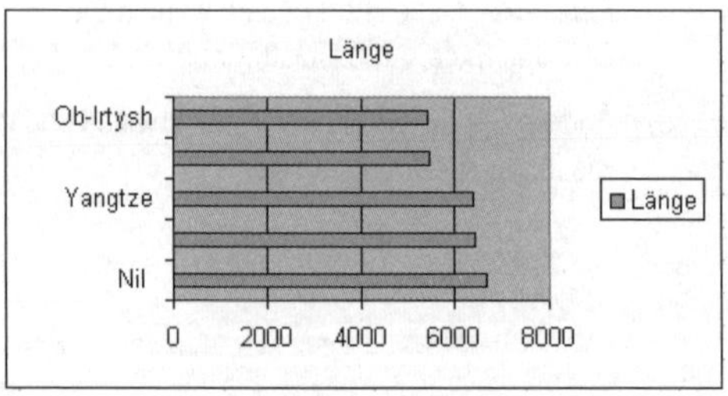

5) Kopieren Sie das ausgewählte Diagramm in die Zwischenablage, klicken Sie dann auf NEU in der Standardsymbolleiste und fügen Sie das Diagramm in die neue Arbeitsmappe ein. Speichern Sie die Arbeitsmappe als *Flüsse_Diagramm.xls*. Sie können Excel jetzt schließen.

6) Wechseln Sie zu PowerPoint und lassen Sie die Fluss-Präsentation aus der vorherigen Übung in der Normalansicht anzeigen.

7) Klicken Sie auf NEUE FOLIE auf der Standardsymbolleiste, um eine dritte Folie einzufügen. Wählen Sie im Aufgabenbereich unter *Inhaltslayout* die Folie *Leer* und wählen Sie über die Dropdown-Liste *Für ausgewählte Folien übernehmen*.

8) Wählen Sie EINFÜGEN/OBJEKT und dann im angezeigten Dialogfeld das Register *Aus Datei erstellen*. Klicken Sie dann auf DURCHSUCHEN.

9) Navigieren Sie zu dem Ordner, in dem Sie die Datei *Flüsse_ Diagramm.xls* gespeichert haben. Wählen Sie die Datei aus und klicken Sie auf OK. PowerPoint fragt Sie, ob Sie die verknüpften Daten aktualisieren möchten oder nicht. Klicken Sie auf OK.

10) Das Excel-Diagramm wird in die Folie eingefügt. Bringen Sie das importierte Diagramm an die richtige Stelle und verändern Sie seine Größe, bis es gut passt. Ihre Folie sollte ungefähr so aussehen:

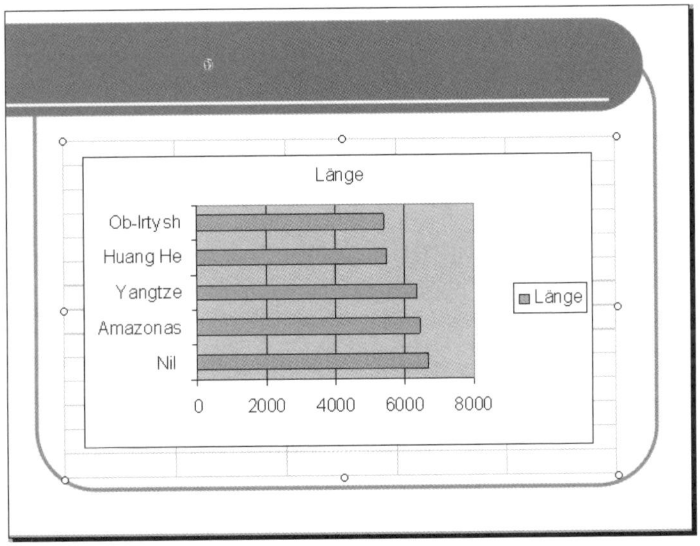

11) Speichern Sie Ihre Präsentation und schließen Sie sie.

Sie können jetzt alle offenen Präsentationen speichern und PowerPoint schließen. Sie haben hiermit das Modul Präsentationen des ECDL beendet.

Zusammenfassung des Kapitels: Das haben Sie gelernt

Um Ihre Präsentationsdateien mit anderen zu teilen, bietet Ihnen PowerPoint 2002 die Möglichkeit, Ihre Präsentation in verschiedenen Formaten zu speichern. Die verschiedenen Möglichkeiten reichen vom Format vorheriger Versionen von PowerPoint über HTML (Webseiten-Format), Grafikdateien (GIF und JPEG) bis hin zu Rich Text Format (RTF).

Sie können eine Präsentation aber auch im Pack & Go-Format speichern sodass diese immer als Bildschirmpräsentation abgespielt wird, egal, ob Sie die Datei in PowerPoint direkt öffnen oder über den Desktop. PowerPoint-Folien haben die Dateinamenerweiterung *.pps*.

Eine weitere Möglichkeit, Ihre Präsentation zu speichern, ist die der Entwurfsvorlage. Sie können diese Vorlagen als Basis verwenden, um schnell ähnliche Präsentationen zu erstellen. Entwurfsvorlagen können Farbschemas und Folienmaster mit Schriftformaten, eingebauten Text und/oder Grafiken enthalten.

Neben den Entwurfsvorlagen, die Sie selbst erstellen, bietet PowerPoint eine Reihe professionell vorgefertigter Entwurfsvorlagen. Sie können die vorgefertigten Vorlagen so verwenden, wie sie sind, oder sie an Ihre Bedürfnisse oder Ihren eigenen Geschmack anpassen. Sie können die Vorlagen auch an einen bestimmten Unternehmensstil anpassen und dann für den späteren Gebrauch speichern.

Weiterhin können Sie auch Tabellenkalkulationsdaten in eine PowerPoint-Präsentation einfügen. Das gilt für Zahlenmaterial genauso wie für Diagramme. Sie können die Größe verändern, das Objekt verschieben, Rahmen und Schattierungen anwenden und die importierten Tabellenkalkulationsobjekte kopieren und einfügen, wie Sie es mit jedem anderen importierten Bild auch tun würden.

Schnelltest: Präsentationen und Dateiformate

1.	Wie importieren Sie ein Tabellenblatt aus Microsoft Excel in PowerPoint?
A	Wählen Sie EINFÜGEN/TABELLE. Wählen Sie im *Dialogfeld Tabelle einfügen* die gewünschte Anzahl der Spalten und Zeilen aus und klicken Sie auf OK.
B	Wählen Sie EINFÜGEN/OBJEKT. Im angezeigten Dialogfeld wählen Sie *Aus Datei erstellen* und klicken auf DURCHSUCHEN. Im nächsten Dialogfeld navigieren Sie zum Ordner, in dem Sie die Tabelle gespeichert haben. Wählen Sie die Datei aus und klicken Sie auf OK.

C	Wählen Sie FORMAT/FOLIENLAYOUT. Im Aufgabenbereich *Folienlayout* wählen Sie das Layout für Titel, Text und Diagramm unter dem Bereich *Andere Layouts*. Klicken Sie auf den Pfeil rechts neben dem gewünschten Layout und dann auf *Für ausgewählte Folien übernehmen*.
D	Wählen Sie EINFÜGEN/OBJEKT. Im angezeigten Dialogfeld wählen Sie dann *Neu erstellen*. Aus der Liste *Objekttyp* wählen Sie *Microsoft Excel Arbeitsblatt* und klicken dann auf OK.

2.	**Um eine Präsentation als Bildschirmpräsentation (.pps) zu speichern, ...**
A	wählen Sie DATEI/SPEICHERN UNTER. Im Feld *Dateityp* wählen Sie dann Webseite und klicken auf *Speichern*.
B	wählen Sie DATEI/SPEICHERN UNTER. Im Feld *Dateityp* wählen Sie *Microsoft Pack & Go-Präsentation* und klicken auf *Speichern*.
C	wählen Sie DATEI/SPEICHERN UNTER. Im Feld *Dateityp* wählen Sie dann *Präsentation* und klicken auf *Speichern*.
D	WÄHLEN SIE DATEI/SPEICHERN UNTER. Im Feld *Dateityp* wählen Sie dann *Entwurfsvorlage* und klicken auf *Speichern*.

3.	**Wie speichern Sie eine Präsentation im Web-Format?**
A	Wählen Sie DATEI/ALS WEBSEITE SPEICHERN und wählen Sie dann den Ordner aus, in dem Sie die Datei speichern möchten. Anschließend klicken Sie auf *Veröffentlichen*. Im Dialogfeld ALS WEBSEITE VERÖFFENTLICHEN wählen Sie die gewünschten Optionen. Wenn Sie fertig sind, klicken Sie auf *Veröffentlichen*.
B	Wählen Sie DATEI/SPEICHERN UNTER. Im Dialogfeld *Speichern unter* wählen Sie unter Dateityp *Präsentation*. Klicken Sie auf *Speichern*.
C	Wählen Sie DATEI/SPEICHERN UNTER. Im Dialogfeld *Speichern unter* wählen Sie unter Dateityp *Webarchiv*. Klicken Sie auf *Speichern*.
D	Wählen Sie DATEI/SPEICHERN UNTER. Im Dialogfeld *Speichern unter* wählen Sie unter Dateityp *Gliederung/RTF*. Klicken Sie auf *Speichern*.

4.	**Wie wenden Sie eine Entwurfsvorlage an?**
A	Wählen Sie FORMAT/FOLIENDESIGN. Im Aufgabenbereich *Foliendesign* klicken Sie auf *Farbschemas.* Wählen Sie unter *Farbschema übernehmen* in der Rubrik *Angemessen* die Option *Elegant.* Klicken Sie auf *Für alle Folien übernehmen.*
B	Wählen Sie FORMAT/ FOLIENDESIGN. Im Aufgabenbereich *Foliendesign* klicken Sie auf *Animationsschemas.* Wählen Sie unter *Für ausgewählte Folien übernehmen* das Farbschema mit dem grünen Hintergrund aus. Klicken Sie auf den Pfeil rechts neben dem besagten Farbschema und wählen Sie dann *Für alle Folien übernehmen.*
C	Wählen Sie FORMAT/ FOLIENDESIGN. Im Aufgabenbereich *Foliendesign* klicken Sie auf *Durchsuchen.* Im Dialogfeld *Entwurfsvorlage übernehmen* wählen Sie *Presentation Designs.* Wählen Sie eine entsprechende Vorlage aus und klicken Sie auf *Übernehmen.*
D	Wählen Sie FORMAT/ FOLIENDESIGN. Im Aufgabenbereich *Foliendesign* klicken Sie auf *Durchsuchen.* Im Dialogfeld *Entwurfsvorlage übernehmen* wählen Sie *MSE New File Items.* Wählen Sie eine entsprechende Vorlage aus und klicken Sie auf *Übernehmen.*

7 Information und Kommunikation

Das Internet gleicht einer riesigen Bibliothek. Diese und ähnliche Aussagen werden Sie öfter von Leuten zu hören bekommen, die wahrscheinlich von beidem nicht sehr viel Ahnung haben.

Wenn das Internet eine Bibliothek ist, dann in der Tat eine sehr merkwürdige. Für Neulinge gibt es kein Verzeichnissystem und die Bücher sind auch nicht in nummerierten Regalen angeordnet, sondern liegen wahllos auf dem Boden verstreut. Vieles, was in den Büchern steht, entspricht schlichtweg nicht der Wahrheit, auch wenn es sich um den Inhalt von Sachbüchern handelt. Es gibt keinen Bibliothekar und keinen Informationsschalter. Bleibt noch zu erwähnen, dass auch das Licht abgeschaltet ist.

Außerdem können Sie so viel Krach machen, wie Sie wollen, während Sie das Internet benutzen, und gleichzeitig Fakten und Zahlen (und Romane, Musik, Videos, Sportergebnisse, Aktienpreise, Wetterberichte und Rezepte) aus aller Welt sammeln.

Tatsächlich ist das Internet hervorragend für den Gebrauch von E-Mail gemacht. Das bedeutet, dass man Nachrichten von seinem Computer auf die Computer anderer Leute schickt, unabhängig davon, ob sich die Computer im nächsten Zimmer oder am anderen Ende der Welt befinden.

Sehen Sie in diesem Modul einfach die Chance, sich Wissen und Fähigkeiten anzueignen, die Sie nie wieder zurückgeben müssen, und Teil der elektronischen Online-Gesellschaft zu werden. Willkommen im Internet-Zeitalter!

Lektion 7.1: Das Web erkunden

Zu dieser Lektion

Bereiten Sie sich darauf vor, erste Schritte zu unternehmen, um das World Wide Web, allgemein auch als Web bekannt, zu erkunden. Bevor Sie allerdings ins Netz der Netze starten, möchten wir Sie mit einigen grundlegenden Dingen vertraut machen, denen Sie im Zusammenhang mit dem Internet und einem Browser begegnen werden.

In dieser Lektion besuchen und erkunden Sie Webseiten nationaler Zeitungen in Deutschland, Spanien und Italien und sie besuchen die Website des Markt&Technik-Verlags.

Weiterhin erlernen Sie in dieser Lektion die Grundlagen für die Arbeit mit dem Internet Explorer, einem Microsoft-Programm, mit dem Sie das Web erkunden bzw. durchs Web surfen können.

Neue Fähigkeiten

Am Ende dieser Lektion sollten Sie in der Lage sein,

- den Internet Explorer zu starten und eine Website zu besuchen,
- eine Website durch Scrollen und über Hyperlinks zu erkunden,
- durch vorher besuchte Webseiten vorwärts und rückwärts zu blättern,
- gleichzeitig mehrere Fenster im Internet Explorer zu öffnen,
- Webseiten auszudrucken und die verschiedenen Optionen zum Seite einrichten und Drucken zu verwenden,
- Text, Bilder und komplette Seiten aus dem Web zu speichern,
- die Online-Hilfe des Internet Explorers zu verwenden.

Neue Wörter

Am Ende dieser Lektion sollten Sie in der Lage sein, die folgenden Begriffe zu erklären:

- Homepage
- Adressleiste
- Website
- Webserver
- FTP
- Cookie
- Firewall

Das Internet bietet eine Vielzahl von Möglichkeiten. Es ist eine weltweite Zusammenführung von Netzwerken. Über das Internet können Sie sich Zugang zu Informationen verschaffen, die auf Computern rund um den Erdball gespeichert sind. Der Begriff World Wide Web (WWW) beschreibt die komplette Sammlung von Dokumenten, die über das Internet verbreitet werden und ein bestimmtes grafisches Format aufweisen. Diese Dokumente können durch einen Link miteinander verbunden sein, unabhängig davon, wo ihr physikalischer Standort ist. Die Software, die verwendet wird, um WWW-Dokumente (auch Webseiten genannt) anzuzeigen, wird Browser genannt. Die bekanntesten Browser sind der Microsoft Internet Explorer und der Netscape Navigator. Man kann nach bestimmten Informationen suchen, Dateien hoch- und herunterladen, E-Mails von jedem Standort der Welt abrufen und vieles mehr. Was E-Mail betrifft, so sollten Sie sich der Tatsache bewusst sein, dass Sie, wenn Sie viel im Internet surfen und vielleicht auch an einigen Stellen Ihre E-Mail-Adresse hinterlassen, gelegentlich unerwünschte E-Mails erhalten. Das kann durch "Ausspionieren" Ihrer E-Mail-Adresse oder auch durch eventuell unrechtmäßige Weitergabe Ihrer Daten hervorgerufen werden. Rund um die Welt des Internets gibt es eine Vielzahl von Ausdrücken und Abkürzungen, von denen man einige kennen sollte, um sich zurechtzufinden. Dazu gehören z.B. ISP, URL, HTTP, FTP, Cookie, Cache, Suchmaschine, digitales Zertifikat, Firewall, Verschlüsselung, gesicherte Seite etc. Einige Begriffe möchten wir in den Lektionen dieses Moduls erklären. Wenn Sie darüber hinaus auf Begriffe stoßen, deren Bedeutung Sie nicht kennen, so können Sie das Internet nutzen, um Glossare, Definitionen und Informationen zu bestimmten Wörtern zu finden.

FTP

Das Internet stellt unendlich viel Information, Software, Bilder, Filme und Musikdateien zur Verfügung. Um sich diese Daten auf den eigenen Computer herunterzuladen, benutzt man in der Regel FTP (File Transfer Protocol), zu Deutsch Dateiübertragungsprotokoll. Mit einem FTP-Client-Programm, das in den meisten Fällen wie ein normaler Datei-Manager (z.B. der Norton Commander oder Windows-Explorer) aussieht, verbinden Sie sich mit einem FTP-Server im Internet und können dann auf dem Server fast so arbeiten, als handle es sich um ein Verzeichnis auf Ihrem eigenen Computer: Sie können Dateien auf den Server kopieren oder vom Server herunterladen, Dateien vom Server löschen und Verzeichnisse auf dem Server anlegen, sofern Sie über die nötigen Zugriffsrechte verfügen. Bei öffentlichen FTP-Servern können Sie sich aber normalerweise ohne Zugriffsrechte bzw. Registrierung, also »anonym« einloggen, was bedeutet, dass Sie keinen Benutzernamen und auch kein Passwort benötigen.

Der Vorteil von FTP liegt im schnellen Datentransport. Auch das Übertragen beispielsweise von eigenen Webseiten auf den Webserver (Datei-Upload) wird deshalb meistens per FTP erledigt. Wer FTP verwendet, sollte aber auf jeden Fall auch einen aktuellen Virenschutz installiert haben. Denn gerade beim Herunterladen von Dateien aus dem Internet ist die Gefahr groß, dass man auch Viren mit auf den Computer lädt. Nähere Information zu Viren finden Sie auch in Modul 1 und 2.

Cookies

Aber es kommen nicht nur Viren aus dem Internet. Es gibt auch »Spione«, die sich, während Sie online, also mit dem Internet verbunden sind, auf Ihrem Rechner breit machen können. Es handelt sich hier um so genannte Cookies, von denen manche harmlos sind, andere aber wiederum nicht. Einige Websites speichern, während Sie online sind, kleine Textdateien auf Ihrem Rechner, eben diese Cookies. Es gibt verschiedene Arten von Cookies, und es liegt bei Ihnen, durch die Einstellungen im Browser zu bestimmen, ob das Speichern von Cookies (einige, keine, alle) auf Ihrem Rechner gestattet ist. Wenn Sie die Ablage von Cookies auf Ihrem Computer komplett untersagen, führt dies jedoch dazu, dass einige Websites möglicherweise nicht angezeigt werden. Es gibt Cookies, die z.B. Ihre Einstellungen beim Besuch einer bestimmten Internetseite speichern, was dabei helfen kann, die Ansicht bei Ihrem nächsten Besuch anzupassen. So gibt es Sites, bei denen Sie dann beim nächsten Mal persönlich begrüßt werden. Diese Cookies dienen also dazu, bestimmte Dienste auf Sie »zuzuschneiden«. Ein Cookie, das auf Ihrem Computer gespeichert wurde, kann jedoch nur über die Website gelesen werden, über die es auch erstellt wurde. Aber es gibt auch nicht sichere Cookies. Dabei handelt es sich um solche, die möglicherweise einen Zugriff auf persönliche Identifikationsinformationen bieten und diese ohne Ihre Zustimmung für sekundäre Zwecke nutzen. Darüber hinaus gibt es dauerhafte Cookies, die auf Ihrem Rechner verbleiben, auch wenn der Browser geschlossen wird, und temporäre Cookies, die nur für die aktuelle Browsersitzung verwendet und dann gelöscht werden. Cookies werden in der Regel auf Ihrem Rechner im Cache bzw. im Ordner TEMPORÄRE INTERNETDATEIEN gespeichert. Sie können die Cookies wie jede andere Datei auch aus dem Ordner löschen.

Firewall

Wenn Sie viel im Internet surfen oder gar über eine Standleitung verfügen, laufen Sie natürlich auch Gefahr, Opfer eines Hackerangriffs zu werden. Um sich vor solchen Angriffen zu schützen, kann man eine so genannte Firewall installieren. Was aber genau ist eine Firewall? Das Bundesamt für Sicherheit in der Informationstechnik definiert eine Firewall grundsätzlich als ein Gerät bzw. Konzept, das ein Netz mit geringem Schutzbedarf, z.B. das Internet, von einem Netz mit höherem Schutzbedarf, z.B. lokales Netz (LAN), trennt. Es handelt sich hier um eine ziemlich allgemein gehaltene Definition, die auch die Möglichkeit einschließt, dass eine Firewall zwei oder mehrere lokale Netze von einander trennt. Der häufigste Einsatz einer Firewall findet aber zwischen dem Internet und einem lokalen Netz statt. In der einfachsten Form ist eine Firewall eine Software auf dem PC, die aufpasst, dass keine Verbindungen von außen zum eigenen Rechner aufgebaut werden und dass vom eigenen PC ausgehend in das Internet nur die Verbindungen aufgebaut werden, die man vorher als erlaubt definiert hat. Für den Schutz einzelner Computer kommen so genannte Personal Firewalls zum Einsatz. Für den Einsatz im Unternehmen stehen komplexere Lösungen zur Verfügung.

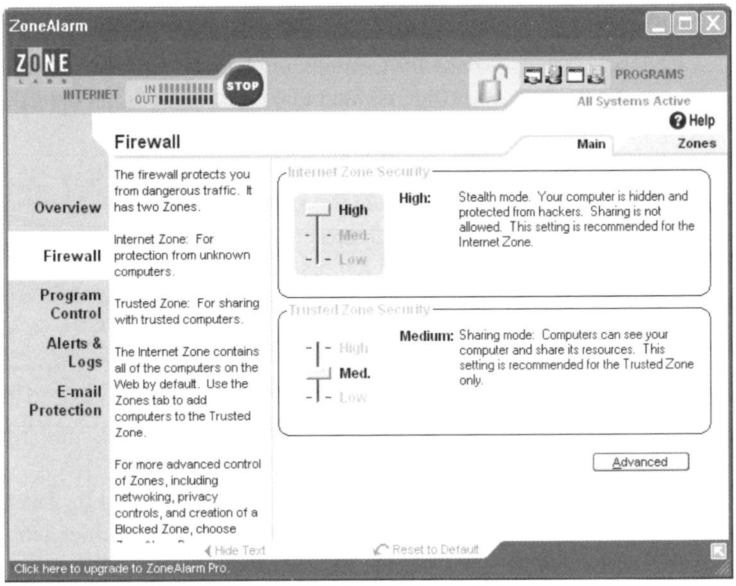

ZoneAlarm, eine Freeware Firewall, die aus dem Internet heruntergeladen werden kann.

Gesicherte Sites

Im Internet stoßen Sie bisweilen auch auf so genannte gesicherte Sites. Das sind Seiten, die so eingerichtet sind, das der Zugriff auf eingehende und ausgehende Daten verhindert wird, indem ein Sicherheitsprotokoll verwendet wird. Beim Besuch einer sicheren Website wird Ihnen automatisch ein Zertifikat zugesandt, und in der Statusleiste erscheint ein Schloss als Symbol. Ein Zertifikat ist die Bescheinigung für die Identität einer Person oder die Sicherheit einer Website. Oftmals müssen Sie sich mit einem Benutzernamen und einem Passwort einloggen. Die Adressen solcher Seiten beginnen in der Regel mit https://. Zu solchen Seiten zählen z.B. Bankseiten zum Online-Banking oder Webmailseiten verschiedener Anbieter, von denen aus Sie Ihre E-Mails von jedem Standort der Welt abrufen können. Aber auch Seiten, auf denen Sie z.B. Ihre Kreditkartennummer hinterlassen sollen, um online zu bezahlen, sollten gesicherte Sites sein. Wenn Sie Daten wie Ihre Kreditkartennummer in einer nicht sicheren Webseite eingeben, so laufen Sie Gefahr, dass diese Daten von unbefugten Personen »eingesehen« und missbraucht werden können. Auf einer gesicherten Seite werden die Daten so verschlüsselt, dass sie von Unbefugten nicht gelesen werden können.

Dies ist nur ein kleiner Einstig in die Welt der Internet-Terminologie. Weitere Begriffe lernen Sie im Verlauf des Moduls kennen. Jetzt geht es aber erst einmal ab ins Internet.

Den Internet Explorer starten

- Doppelklicken Sie auf dem Desktop auf das Symbol *Internet Explorer*.

– oder –

- Wählen Sie START/ALLE PROGRAMME/INTERNET EXPLORER.

Falls Ihr Computer über eine permanente Verbindung zum Internet verfügt, ist jetzt alles startklar, um mit dem Internet Explorer durchs Web zu surfen.

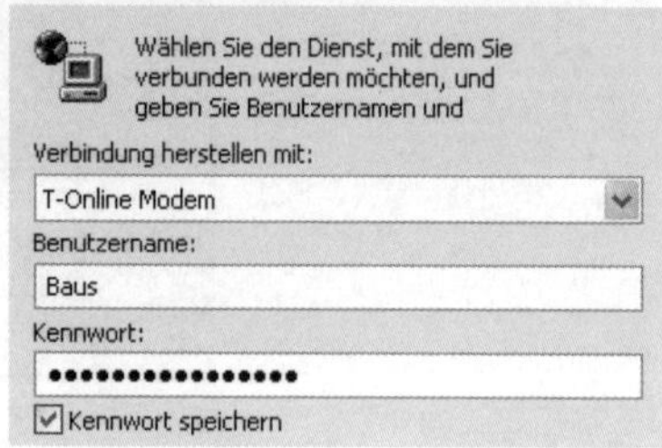

Wenn Sie eine Einwahl benötigen, müssen Sie zuerst die Nummer Ihres Internet-Dienstanbieters anwählen. Es kann sein, dass der Internet Explorer so eingestellt ist, dass die Einwahl automatisch erfolgt. Wenn nicht, müssen Sie Ihren Internet-Dienstanbieter (ISP = Internet Service Provider) gesondert anwählen.

Geben Sie Ihren Benutzernamen und Ihr Passwort ein (falls der Internet Explorer diese Daten nicht bei der letzten Anwahl gespeichert hat) und klicken Sie auf *Verbinden*.

Die Startseite Ihres Browsers

In der Regel ist der Internet Explorer so eingestellt, dass er beim Start der Anwendung eine ganz bestimmte Seite öffnet.

Wenn Sie den Internet Explorer über Ihren Internet-Dienstanbieter erhalten haben, wird beim Start wahrscheinlich dessen Seite geöffnet. Eine solche Eingangsseite wird *Homepage* genannt. Oben sehen Sie zwei Beispiele für Internet-Dienstanbieter: T-Online und AOL. Es gibt natürlich noch viele andere.

Homepage

Die erste Seite einer Website. In der Regel finden sich hier Links, denen Sie folgen können, um auf die anderen Seiten der Website zu gelangen.

In der nächsten Lektion erfahren Sie, wie Sie die Startseite des Internet Explorers ändern können.

Die Homepage zweier Internet-Dienstanbieter (ISP)

Eine Website besuchen und erkunden

In Übung 7.1 besuchen und erkunden Sie die Website von Markt+Technik.

Übung 7.1: Eine Website besuchen und erkunden

1) Wählen Sie DATEI/ÖFFNEN oder drücken Sie [Strg]+[O].
2) Im Dialogfeld *Öffnen* tippen Sie *www.mut.de* ein.

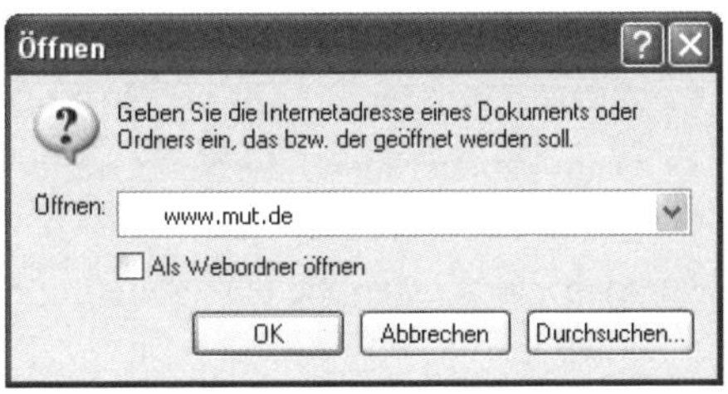

Der Internet Explorer zeigt Ihnen die Homepage von Markt+Technik an.

3) Am linken Rand der Homepage sehen Sie eine Liste der einzelnen Rubriken – *Autoren, X GAMES, Handelspartner, Presse* usw.

   Wenn Sie mit der Maus über die einzelnen Namen fahren, nimmt der Mauszeiger die Form einer Hand mit ausgestrecktem Zeigefinger an. Das bedeutet, dass der Begriff mit einem Hyperlink hinterlegt ist.

   Ein Hyperlink ist ein Textelement (oder eine Grafik) auf einer Webseite, das zu einer anderen Webseite führt, wenn man darauf klickt.

   Klicken Sie auf die Rubrik *Autoren*.

4) Der Internet Explorer zeigt Ihnen eine neue Webseite an, auf der Sie unten eine Liste der verschiedenen Autoren finden.

Hinter jedem der aufgelisteten Namen finden Sie noch mehr persönliche Informationen zu den einzelnen Autoren und Autorinnen sowie eine Liste der jeweiligen lieferbaren M+T-Buchtitel.

Said Baloui	Malte Borges
Günter Born	Gabriele Broszat
Caroline Butz	Dr. Giesbert Damaschke
Ingo Dellwig	Klaus Dembowski
Markus Eberl	Dr. Thomas Faderl
Susanne Franz	Bernd Held
Hans-Gerd Henke	Ursula Hentschläger
Ute Hertzog	Dirk Jasper
Brigitte J[illegible]inek	Daniel Jokat
Olaf G. Koch	Klemens Konopasek
Robert Kronthaler	Ingo Lackerbauer
Frank Langenau	Laura Lemay
Sven Letzel	Dirk Louis
Rene Meyer	Peter Monadjemi
Heico Neumeyer	Svend Nissen
Elke Nominikat	Oliver Pott
Susanne Rupp	Ignatz Schels
Anja Schubert	Joerg Schumacher
Walter Schwabe	Werner Sommer
Ralph Steyer	Harald Taglinger
Stefanie Teufel	Ernst Tiemeyer
Eric Tierling	Lynda Weinman
Zelko Wiener	Peter Winkler

Wenn Sie mit der Maus über die einzelnen Namen gehen, sehen Sie, dass auch jeder Name wiederum mit einem Hyperlink hinterlegt ist.

5) Klicken Sie auf einen der Namen, um detailliertere Informationen zu einem bestimmten Autor angezeigt zu bekommen.

Lassen Sie die aktuelle Seite für die Übung 7.2 geöffnet.

Sie sind nun über drei Ebenen ins Innere der Markt+Technik-Homepage eingedrungen:

- Zuerst gelangten Sie auf die Homepage, die erste Seite.
- Dann kamen Sie auf die Seite, auf der die einzelnen Autoren aufgelistet sind.
- Als Drittes sahen Sie eine Seite mit näheren Informationen zum angeklickten Autor.

Internet Explorer-Symbolleiste

Wie Microsoft Word und Microsoft Excel verfügt auch der Internet Explorer über eine Standard-Symbolleiste, die den schnellen Zugriff auf die am häufigsten verwendeten Funktionen bzw. Befehle bietet. Ein Klick, und schon ist es passiert. Anstatt alle Schaltflächen der Symbolleiste auf einmal vorzustellen, werden wir jede einzelne von ihnen erklären, wenn sie in diesem Modul verwendet wird.

In Übung 7.2 verwenden Sie die Schaltflächen VORWÄRTS und ZURÜCK auf der Symbolleiste des Internet Explorers.

Wenn die Standard-Symbolleiste auf Ihrem Bildschirm nicht angezeigt wird, wählen Sie *Ansicht/Symbolleisten/Standardschaltflächen*, um sie anzuzeigen.

Sich durch mehrere Webseiten bewegen

In Übung 7.2 lernen Sie, wie Sie zu einer vorher besuchten Webseite zurückkehren und dann wieder vorwärts gehen, um zu der zuletzt besuchten Seite zu gelangen.

Übung 7.2: Vorwärts und rückwärts durch Webseiten bewegen

Bringt Sie zur vorherigen Webseite zurück

1) Sie haben die Informationen zu einem bestimmten Autor auf dem Bildschirm. Klicken Sie auf die Schaltfläche *Zurück* ganz links auf der Standard-Symbolleiste des Internet Explorers.

   Dieser Vorgang bringt Sie zu der zuletzt besuchten Seite zurück – die Seite der Autoren.

2) Klicken Sie nun ein zweites Mal auf die Schaltfläche ZURÜCK.

   Dieser Vorgang bringt Sie zur vorletzten Seite, die Sie besucht haben, die Homepage der Markt+Technik-Website.

Macht den Befehl der Schaltfläche Zurück wieder rückgängig

3) Mit der Homepage von Markt+Technik auf dem Bildschirm klicken Sie auf die Schaltfläche VORWÄRTS. Sie befindet sich direkt rechts neben der Schaltfläche ZURÜCK in der Standard-Symbolleiste.

   Diese Schaltfläche führt in die andere Richtung, also nach vorne, und zwar immer um eine Seite. Dabei wird die Reihenfolge der von Ihnen zuvor angesteuerten Websites beibehalten.

4) Klicken Sie ein zweites Mal auf die Schaltfläche VORWÄRTS.

   Sie sind nun auf der Seite angelangt, mit der Sie angefangen haben, sich rückwärts zu bewegen, der Informationsseite zu einem bestimmten Autoren.

Das Browsen mit der Adressleiste

Wenn Sie eine Webseite besuchen, wird die Webadresse dieser Seite in einem Bereich direkt über dem eigentlichen Hauptfenster des Internet Explorers angezeigt. Diesen Bereich bezeichnet man als Adressleiste.

Sie können auch eine Internet-Adresse in die Adressleiste eingeben. Obwohl in der Adressleiste immer *http://* vor einer Webadresse angezeigt wird, müssen Sie *http://* in der Regel nicht eingeben, wenn Sie eine Adresse in die Leiste schreiben (Es gibt aber Ausnahmen, wie z.B. msdn.microsoft.com, bei der das http:// vorangestellt werden muss.). Über den Pfeil am Ende der Adressleiste gelangen Sie zu einer Liste der zuletzt besuchten Webseiten. Sie können diese Liste verwenden, um schnell zu einer der in der Liste vorhandenen Seiten zu gelangen. Klicken Sie auf den Pfeil und dann in der angezeigten Liste auf die Seite, die Sie besuchen möchten.

Wenn die Adressleiste auf Ihrem Bildschirm nicht angezeigt wird, rufen Sie den Menübefehl Ansicht/Symbolleisten/Adressleiste auf, um sie anzuzeigen.

Übung 7.3: Eine Adresse in die Adressleiste eingeben

1) Klicken Sie irgendwo in die Adressleiste. Die zurzeit angezeigte Webadresse wird ausgewählt, sie wird negativ (also hell auf dunkel) dargestellt.

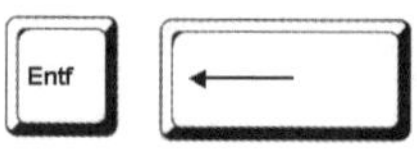

2) Schreiben Sie die folgende Webadresse in die Leiste und klicken Sie auf WECHSELN ZU oder drücken Sie die [↵]-Taste: *www.ecdl.de.*

Der Internet Explorer zeigt Ihnen die erste Seite des ECDL in Deutschland an.

Üben Sie das Browsen durchs Web noch ein wenig, indem Sie auf die verschiedenen Hyperlinks klicken, um auf andere Seiten der ECDL-Website zu gelangen. Blättern Sie dabei auf jeder angesteuerten Webseite auch zum unteren Teil der jeweiligen Seite.

Adressleiste

Ein Bereich über dem eigentlichen Hauptfenster, in dem die Adresse (http:// vorangestellt) der zurzeit eingeblendeten Webseite angezeigt wird. Sie können auch eine Webadresse in die Adressleiste eingeben (Sie brauchen dabei nicht http:// zu schreiben).

Eine Webseite drucken

Sie können die aktuell angezeigte Webseite ausdrucken, indem Sie den Menübefehl *Datei/Drucken* aufrufen und anschließend das Dialogfeld *Drucken* mit OK bestätigen.

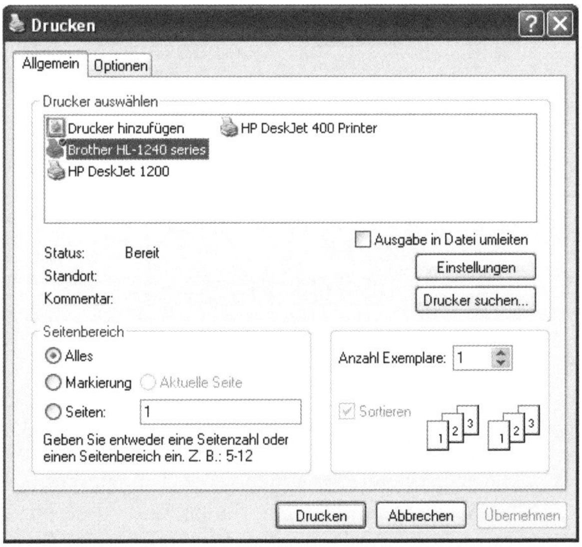

Hier können Sie entscheiden, was gedruckt werden soll: Alles, Markierung (falls Sie einen Text oder einen Teil der Website markiert haben) oder bestimmte Seiten.

Falls die auszudruckende Seite über Frames verfügt, so werden Ihnen im Register *Optionen* des Dialogfensters *Drucken* noch verschiedene Möglichkeiten zum Drucken der Frames angeboten:

- Wie in der Bildschirmansicht
- Nur die markierten Frames
- Jeden Frame individuell

Über das Menü DATEI/DRUCKVORSCHAU gelangen Sie in die Druckvorschau einer Webseite. Hier können Sie sehen, wie der spätere Ausdruck der Seite aussehen wird.

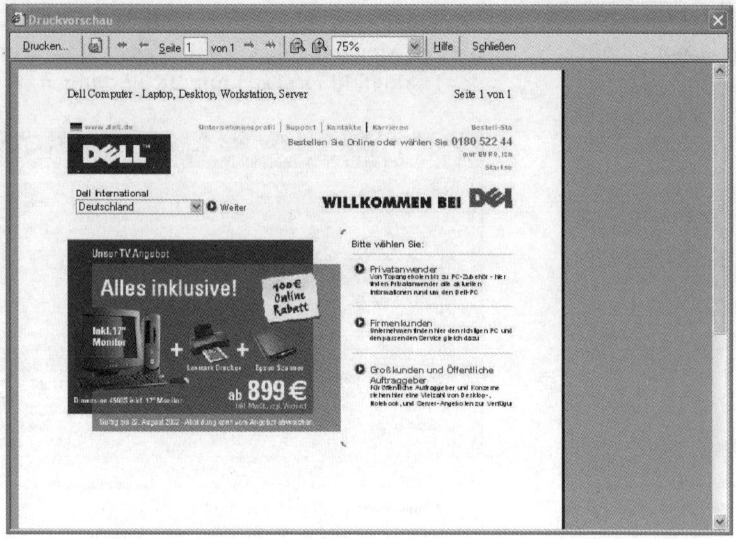

Über das Symbol *Seite einrichten* in der Druckvorschau können Sie noch weitere Optionen wie z.B. Papiergröße, Hochformat, Querformat, Seitenränder etc. finden bzw. Änderungen vornehmen.

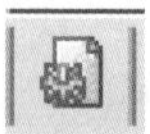

Schaltfläche Seite einrichten

Wahlweise können Sie auch auf die Schaltfläche DRUCKEN in der Standard-Symbolleiste des Internet Explorers klicken. Wenn Sie auf die Schaltfläche DRUCKEN in der Symbolleiste klicken, wird das Dialogfeld *Drucken* nicht angezeigt.

Optionen zum Seite einrichten

Die Menübefehle DATEI/SEITE EINRICHTEN und DATEI/DRUCKEN im Internet Explorer ermöglichen Ihnen folgende Anpassungen:

- **Papierformat:** A4 ist das europäische Standardformat.
- **Ausrichtung:** Hochformat und Querformat
- **Druckbereich:** Ihre Möglichkeiten hier sind: alle Seiten, ausgewählte Seiten oder ein Teil einer von Ihnen ausgewählten Seite.
- **Anzahl der Kopien:** Wenn Sie hier eine Zahl größer 1 wählen, können Sie noch festlegen, ob die ausgegebenen Seiten sortiert werden sollen oder nicht.
- **Seitenränder:** Der Abstand des zu druckenden Seiteninhalts (Text oder Grafik) zum Papierrand. Sie können die vier Seitenränder (oben, unten, rechts und links) unabhängig voneinander festlegen.
- **Kopfzeile und Fußzeile:** Sie können die folgenden Dinge im Kopf- bzw. Fußbereich einer gedruckten Webseite ein- bzw. ausschließen:
  - Seitentitel
  - Webseitenadresse

- Seitennummer im Ausdruck
- Gesamtanzahl der ausgedruckten Seiten
- Druckdatum

Der Internet Explorer zeigt diese Optionen durch Symbole wie *&P* und *&d* an. Müssen Sie sich diese Symbole jetzt alle merken? Nein, natürlich nicht. Sie können sich der Online-Hilfe im Internet Explorer bedienen. Sie werden am Ende der Lektion noch Näheres über die Online-Hilfe erfahren.

Objekte aus dem Web speichern

Wenn Sie im Web etwas sehen, das Ihnen gefällt – ein Bild, einen Text oder sogar die gesamte Website –, können Sie dies dann aus dem Web auf Ihren Computer speichern? Die Antwort ist Ja. Wir zeigen Ihnen jetzt, wie es geht.

Sie können aber nicht nur Bilder von einer Webseite auf Ihrem Rechner speichern bzw. herunterladen, sondern auch Musik, Videos oder z.B. Freeware-Programme. Mit den meisten Browsern funktioniert dies, wie in Übung 7.4 beschrieben, über die rechte Maustaste und ein Kontextmenü. Auf Webseiten mit Musik, Videos oder Programmen zum Herunterladen gibt es jedoch oft auch eine Schaltfläche »Zum Download«. In den meisten Fällen können Sie den Anweisungen auf dem Bildschirm folgen, nachdem Sie die Aufforderung zum Download ausgewählt haben. Sie können dabei, wie auch beim normalen Speichern einer Datei, den von Ihnen gewünschten Speicherort angeben und damit den vorgeschlagenen Speicherort überschreiben.

Ein Bild speichern

Um ein Bild von einer aktuell angezeigten Webseite zu speichern, führen Sie einen Rechtsklick auf das Bild aus. Es öffnet sich ein Kontextmenü. Wählen Sie daraus Bild speichern unter, dann den Ort auf Ihrem Computer, an dem Sie die Datei speichern möchten, akzeptieren oder ändern Sie den angegebenen Namen des Bilds und klicken Sie dann auf *Speichern*.

Sie können Bilder auch mit Hilfe der Symbolleiste *Bild* speichern, die erscheint, wenn Sie im Web auf ein Bild zeigen. Allerdings wird die Bildsymbolleiste nicht bei allen Bildern angezeigt. Das entsprechende Bild muss eine Mindestgröße von 200 x 200 Pixel aufweisen, damit die Bildsymbolleiste verwendet werden kann. Sie können damit:

- das Bild speichern
- das Bild drucken
- das Bild per E-Mail verschicken
- den Ordner *Eigene Bilder* öffnen

In Übung 7.4 geben wir Ihnen ein Beispiel, wie man ein Bild von einer Webseite speichert.

Übung 7.4: Ein Bild von einer Webseite speichern

1) Wählen Sie DATEI/ÖFFNEN (oder drücken Sie [Strg]+[O]) und geben Sie noch einmal die Webadresse von Markt+Technik ein: *www.mut.de.*

   Der Internet Explorer öffnet wieder die erste Seite der Website.

2) Rechts oben im Fenster sehen Sie ein Bild *Online Lexikon.*

3) Klicken Sie mit der rechten Maustaste auf dieses Bild und wählen Sie im Kontextmenü den Eintrag *Bild speichern unter* aus.

4) Im Dialogfeld *Bild speichern,* das angezeigt wird, akzeptieren oder ändern Sie den Dateinamen. Wählen Sie dann das Laufwerk und den Ordner aus, wo Sie das Bild ablegen möchten, und klicken Sie auf OK.

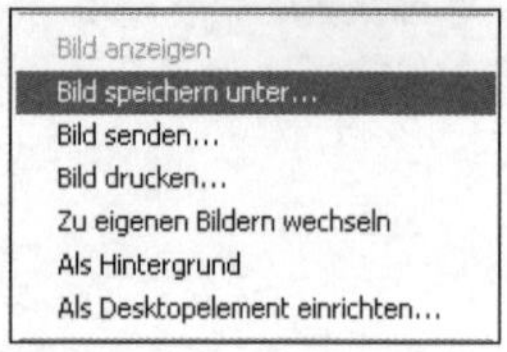

Dateiformate für Bilder

Die meisten Bilder im Web sind entweder im Format .gif oder .jpg.

Text auswählen und speichern

Sie können auch Text aus einer aktuell angezeigten Webseite speichern und wiederverwenden. Dies ist ein Vorgang, der in zwei Schritten abläuft:

- **Kopieren:** Sie wählen den Text zuerst aus und kopieren ihn dann in die Zwischenablage, einen temporären Speicher.
- **Einfügen:** Sie fügen den Text aus der Zwischenablage in eine andere Datei, z.B. eine Word- oder Excel-Datei ein.

Es gibt vier Dinge, die Sie sich bezüglich der Zwischenablage merken sollten:

- Die Zwischenablage ist ein temporärer Speicher. Wenn Sie Ihren Computer abschalten, wird der Inhalt der Zwischenablage gelöscht.
- Text verbleibt auch nach dem Einfügen weiterhin in der Zwischenablage. Sie können denselben Text also in so viele Dateien einfügen, wie Sie möchten.
- Die Zwischenablage kann gleichzeitig bis zu vierundzwanzig kopierte Elemente beinhalten. Wenn Sie das fünfundzwanzigste Element kopieren oder ausschneiden, wird das erste Element dadurch ersetzt usw.
- Bei Text, der von einer Webseite kopiert und in ein anderes Dokument eingefügt wird, kann die Formatierung verloren gehen.

So wie Sie Text kopieren und einfügen können, können Sie auch ein Bild direkt über den Befehl KOPIEREN und EINFÜGEN von einer Website kopieren und in ein Dokument einfügen.

Wenn Sie einen URL in ein Dokument kopieren möchten, markieren Sie diesen in der Adressleiste und verwenden Sie die Befehle KOPIEREN und dann EINFÜGEN.

Die Übung 7.5 führt Sie durch die einzelnen Schritte des Kopierens und Einfügens eines ausgewählten Texts von einer Webseite.

Übung 7.5: Text von einer Webseite speichern

1) Wählen Sie DATEI/ÖFFNEN (oder drücken Sie Strg+O) und geben Sie die folgende Webadresse ein: *www.ecdl.de.*

   Sie befinden sich nun auf der Website des *ECDL – Europäischer Computer Führerschein.*

2) Wenn die Webseite komplett geladen ist, blättern Sie auf der Seite nach unten, um zu sehen, was sie alles enthält (wenn Sie Strg+Ende drücken, gelangen Sie sofort ans Ende der Seite).

   Drücken Sie mehrmals auf Bild ↑, um wieder an den Anfang der Seite zu gelangen.

3) Klicken Sie links im Fensterausschnitt auf den Link *Module.* Sie gelangen nun zu einer Seite, auf der die einzelnen Module beschrieben werden. Klicken Sie an den Anfang der Zeile *Die Teilprüfungen* ... und ziehen Sie die Maus über den zu kopierenden Text (siehe Abbildung).

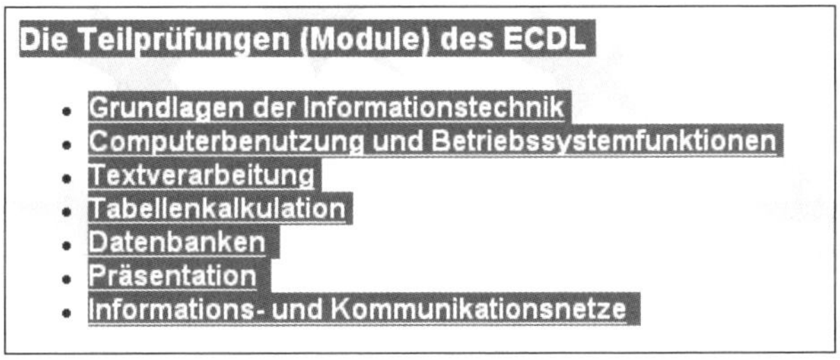

   Wenn Sie Text auswählen, stellt der Internet Explorer diesen Text negativ dar (weißer Text auf dunklem Hintergrund), ähnlich wie das Negativ eines Fotos.

4) Rufen Sie den Menübefehl Bearbeiten/Kopieren auf oder drücken Sie Strg+C, um den Text in die Zwischenablage zu kopieren.

5) Öffnen Sie Microsoft Word und dann ein neues Dokument. Wählen Sie den Menübefehl *Bearbeiten/Einfügen* (oder drücken Sie Strg+V), um den Text in Word einzufügen.

Wenn Sie fertig sind, können Sie das Word-Dokument ohne zu speichern schließen und Word beenden.

Gesamten Text speichern

Wenn Sie den gesamten Text einer Webseite speichern möchten, bietet der Internet Explorer Ihnen zwei Möglichkeiten:

- *Bearbeiten/Alles auswählen* und den Text in die Zwischenablage kopieren.

– oder –

- *Datei/Speichern unter* und dort die Option *Textdatei (.txt)* wählen. Legen Sie den Ort fest, an dem die Datei gespeichert werden soll. Akzeptieren oder ändern Sie den Dateinamen und klicken Sie dann auf *Speichern.*

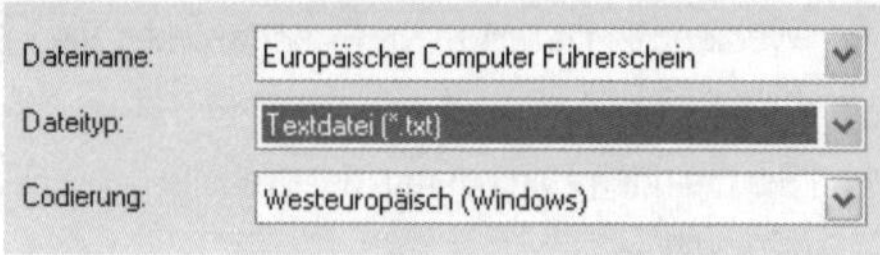

Eine Webseite speichern

Sie können eine komplette Webseite mit Text, Grafik und anderen Komponenten speichern. Die Übung 7.6 zeigt Ihnen, wie es geht.

Übung 7.6: Eine Webseite speichern

1) Besuchen Sie einmal die Musikseite von MP3 unter *www.mp3.com.*
2) Wählen Sie *Datei/Speichern unter* und dort die Option *Webseite, komplett (*.htm, *.html).* Legen Sie den Ort fest, an dem die Datei gespeichert werden soll, akzeptieren oder ändern Sie den Dateinamen und klicken Sie auf *Speichern.*

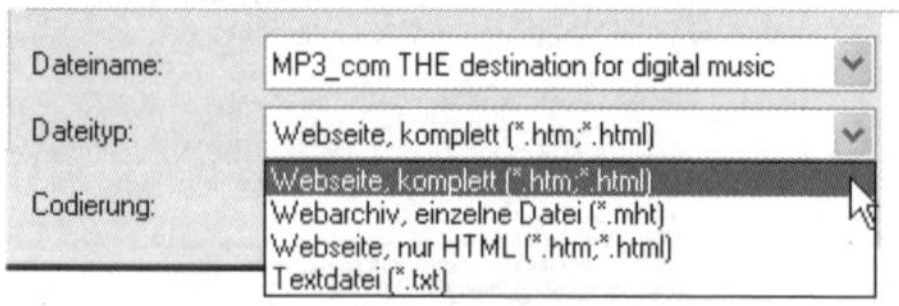

Die Webseite befindet sich natürlich noch auf der Website. Sie haben lediglich eine Kopie der Seite auf Ihrem Computer gespeichert.

Sie können eine Website auch als Textdatei ohne Bilder speichern. Führen Sie die Schritte wie in Übung 7.6 durch, wählen Sie dann aber als Dateityp *Textdatei (*.txt).*

Copyright

Wie Sie bereits gelernt haben, ist es nicht sehr schwierig, Text und auch Bilder aus dem Web auf Ihrem Computer zu speichern. Aber es könnte sein, dass das nicht immer ganz legal ist. Wenn Sie also beabsichtigen, durch Copyright geschütztes Material aus dem Internet zu vervielfältigen, holen Sie sich vorher eine Genehmigung ein.

Mehrere Webseiten öffnen

Mit dem Internet Explorer können Sie auch mehrere Webseiten gleichzeitig öffnen. Führen Sie Übung 7.7 aus, um zu erfahren, wie es geht.

Übung 7.7: Mehrere Webseiten öffnen

1) Besuchen Sie die folgende Website: *www.elpais.es.*

   Der Internet Explorer zeigt die Homepage der spanischen Tageszeitung El Pais.

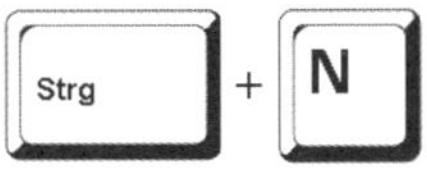

2) Wählen Sie DATEI/NEU/FENSTER oder drücken Sie [Strg]+[N].

   Der Internet Explorer öffnet ein neues, zweites Fenster. Standardmäßig wird im neuen Fenster die gleiche Webseite angezeigt wie im vorherigen, in unserem Fall also die Homepage von El Pais.

3) Drücken Sie [Strg]+[O] und schreiben Sie *www.welt.de*, die Webadresse der deutschen Tageszeitung Die Welt.

4) Öffnen Sie ein drittes Fenster und geben Sie die folgende Adresse ein: *www.lastampa.it.* Das ist die Homepage der italienischen Tageszeitung La Stampa.

   Sie können so weitermachen und beliebig viele Fenster im Internet Explorer öffnen. Der einzige Faktor, der die Anzahl der gleichzeitig geöffneten Fenster begrenzt, ist die Speicherkapazität Ihres Computers.

5) Schließen Sie alle Fenster bis auf eines. Sie schließen ein Fenster, indem Sie auf das Schließenfeld rechts oben im Fenster des Internet Explorers klicken oder indem Sie *Datei/Schliessen* wählen.

Webwörter

Wir haben zuvor das Wort *Website* verwendet. Schauen wir uns einmal an, was dieser und mit ihm verwandte Begriffe eigentlich bedeuten.

Das Internet oder Netz ist ein Inter-Netzwerk – ein Netzwerk aus Netzwerken. Wie Sie vielleicht noch aus Modul 1 wissen, ist ein Netzwerk eine Gruppe von Computern (und vielleicht noch anderen Geräten wie Druckern und Scannern), die untereinander verbunden sind.

Im Netz oder auch Web wird das Wort *Site* dazu verwendet, ein einzelnes Netzwerk zu beschreiben. Eine Netz-Site wird zur Website, wenn dahinter ein Computer steht, der als Webserver fungiert. Es gab allerdings das Netz, lange bevor es Webserver gab. Und heute steht nicht hinter jeder Website auch ein Webserver.

Website
Ein mit dem Internet verbundenes Netzwerk, das sich im Besitz und unter der Verwaltung einer Person oder einer Firma bzw. Organisation befindet und einen Webserver einbezieht.

Webserver und Webbrowser

Was ist ein Webserver? Ein Webserver ist ein Computer, der Dateien in einem bestimmten Format speichert und diese Dateien über das Internet für Computerbenutzer zugänglich macht, die über eine Software verfügen, den so genannten Webbrowser.

Webserver
Ein Computer eines mit dem Internet verbundenen Netzwerks, der Dateien speichert und sie auf Anfrage eines Webbrowsers über das Internet liefert.

Was ist ein Webbrowser? Ein Webbrowser ist eine Software-Anwendung, die eine Anfrage nach Dateien an einen Webserver schickt und diese Dateien dann auf dem Bildschirm des Benutzers anzeigt. Microsoft Internet Explorer und Netscape Navigator sind zwei der bekanntesten Webbrowser.

Webbrowser
Ein Programm wie beispielsweise der Microsoft Internet Explorer, das es einem Benutzer ermöglicht, Dateien über das Internet von einem Webserver abzufragen und diese Dateien dann auf dem Bildschirm anzuzeigen.

Man spricht vom Web oder dem Netz. Begriffe wie Webserver, Webbrowser, Website usw. werden für gewöhnlich zusammengeschrieben.

Online-Hilfe

Wie Excel, Access, PowerPoint und andere Microsoft-Anwendungen bietet auch der Internet Explorer eine Online-Hilfe an, die Sie nach Themen durchsuchen können.

- Das Wort *Hilfe* in Online-Hilfe bedeutet, dass Informationen vorliegen, die Sie dabei unterstützen, Internet Explorer zu verstehen und zu benutzen.
- Das Wort *Online* bedeutet, dass die Information auf dem Bildschirm verfügbar ist statt auf Papier.

Sie können die Online-Hilfe auf zwei Arten durchsuchen bzw. sie lesen: über die Dialogfelder oder über das Menü *Hilfe*, meist abgekürzt durch ein Fragezeichen (?).

Gebrauch der Online-Hilfe in Dialogfeldern

Sie können direkt über ein Dialogfeld auf die Online-Hilfe zugreifen. In Übung 7.8 erfahren Sie, wie dies funktioniert.

Übung 7.8: Die Online-Hilfe in einem Dialogfenster verwenden

1) Wählen Sie *Datei/Seite einrichten*, um das Dialogfeld *Seite einrichten* anzuzeigen.

2) Klicken Sie auf das Fragezeichen oben rechts im Dialogfeld. Der Internet Explorer zeigt ein Fragezeichen rechts neben dem Mauszeiger an.

3) Ziehen Sie die Maus nach rechts unten und klicken Sie irgendwo in das Feld *Kopfzeile*.

4) Der Internet Explorer zeigt einen Hilfetext an, der ihnen Informationen über verschiedene Zeichen zur Eingabe der Kopfzeile anbietet. Führen Sie die Übung 7.8 auch mit anderen Dialogfeldern des Internet Explorers durch.

Optionen im Menü Hilfe verwenden

Sie können auch über das Menü ? auf die Online-Hilfe zugreifen. Wählen Sie *?/Inhalt und Index*, um die vier Registerkarten des Hilfe-Fensters angezeigt zu bekommen.

Registerkarte *Inhalt*

Diese Registerkarte bietet Ihnen eine kurze Beschreibung der Hauptmerkmale des Internet Explorers.

Wo Sie ein Buchsymbol sehen, doppelklicken Sie darauf, damit Ihnen die damit verwandten Themen angezeigt werden.

Doppelklicken Sie auf ein Fragezeichen, um den Hilfetext zu lesen.

Registerkarte *Index*

Die Anzeige in diesem Feld liest sich wie der Index in einem Buch. Schreiben Sie ein Wort oder einen Ausdruck oder wählen Sie ein Schlüsselwort in der angezeigten Liste aus. Klicken Sie dann auf *Suchen*. Der Internet Explorer zeigt eine Liste zur Verfügung stehender Hilfethemen im unteren linken Fenster an.

Wenn Sie das gewünschte Thema gefunden haben, doppelklicken Sie darauf oder klicken auf *Anzeigen*, um den dazugehörigen Text auf der rechten Seite angezeigt zu bekommen.

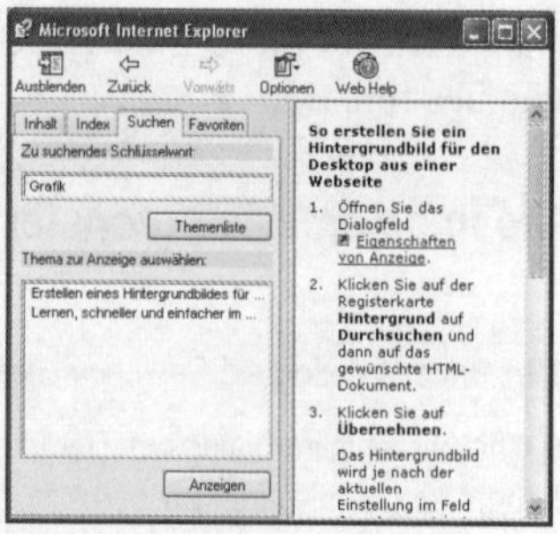

Registerkarte *Suchen*

Suchen: Sie können das gesucht Wort oder Thema nicht über die Registerkarten Inhalt oder Index finden? Dann versuchen Sie es mit der Registerkarte *Suchen*.

Wenn Sie ein Wort oder einen Satz schreiben und auf die Schaltfläche THEMENLISTE klicken, führt der Internet Explorer eine Suche durch, die bis in die Tiefen der Online-Hilfe vordringt.

Wenn Sie das gesuchte Element bzw. Thema gefunden haben, doppelklicken Sie darauf oder klicken Sie auf die Schaltfläche ANZEIGEN.

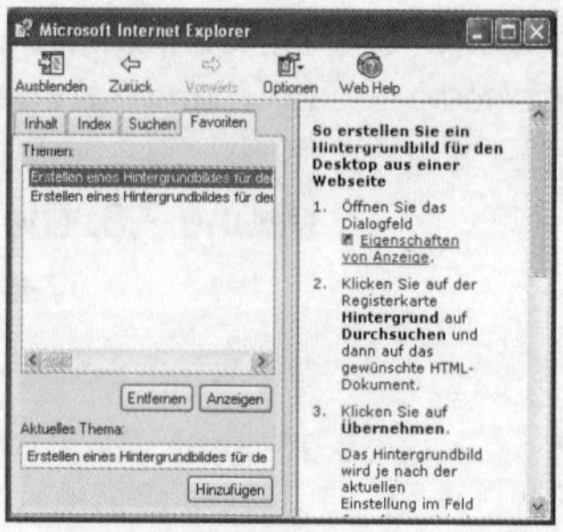

Registerkarte *Favoriten*

Sie möchten eine Liste der von Ihnen häufig aufgesuchten Hilfethemen erstellen? Dann verwenden Sie diese Registerkarte. Wenn Sie ein Hilfethema nachschauen, können Sie dieses zu Ihren Favoriten hinzufügen, indem Sie auf HINZUFÜGEN klicken.

Wenn Sie ein Wort oder einen Satz schreiben und auf die Schaltfläche THEMENLISTE klicken, führt der Explorer eine Suche durch, die bis in die Tiefen der Online-Hilfe vordringt.

Während Sie die Online-Hilfe lesen bzw. durchsuchen, sehen Sie die folgenden Schaltflächen am oberen Rand des Online-Hilfe-Fensters.

Ausblenden

- **Ausblenden/Einblenden:** Blendet den linken Fensterausschnitt mit den Registerkarten des Hilfe-Fensters ein oder aus.

Zurück

- **Zurück/Vorwärts:** Führt Sie vorwärts und rückwärts durch vorher schon besuchte Hilfethemen.

Optionen

- **Optionen:** Bietet einige Optionen zur Ansicht und ermöglicht das Drucken gerader angezeigter Online-Hilfe-Texte.

Web Help

- **Web Help:** Führt Sie zur webbasierten Support-Site für den Internet Explorer.

Nehmen Sie sich einige Minuten Zeit, um durch die Online-Hilfe zum Internet Explorer zu stöbern.

Wenn Sie fertig sind, können Sie den Internet Explorer beenden, indem Sie auf das Schließenfeld klicken oder den Menübefehl *Datei/ Schliessen* wählen. Vergessen Sie nicht eine eventuell noch bestehende Internet-Verbindung zu beenden. Sie haben damit die erste Lektion des ECDL-Moduls *Information und Kommunikation* beendet.

Zusammenfassung der Lektion: Das haben Sie gelernt

Der Internet Explorer ist ein Webbrowser, der es Ihnen ermöglicht, Informationen über das Internet bei einem Webserver abzufragen.

Der Internet Explorer öffnet bei jedem Programmstart eine bestimmte Seite, die so genannte Startseite oder auch Homepage. Wenn Sie den Internet Explorer über Ihren Internet-Dienstanbieter erhalten haben, so ist der Internet Explorer wahrscheinlich so eingestellt, dass als Startseite die Website des ISP geöffnet wird.

Eine Homepage ist die erste Seite einer Website. In der Regel finden sich hier Hyperlinks, denen Sie folgen können, um auf die anderen Seiten der Website zu gelangen.

Sie können eine Webadresse in den Internet Explorer eingeben, indem Sie den Befehl *Datei/Öffnen* verwenden, [Strg]+[O] drücken oder die Adresse einfach in die Adressleiste schreiben. Die Adressleiste oberhalb des Hauptfensters zeigt immer die Adresse der gerade angezeigten Webseite an. Schauen Sie sich dazu die Beispiele der Übungen 7.1 und 7.3 an.

Die am oberen Rande des Internet Explorers verlaufende Standard-Symbolleiste ermöglicht Ihnen den Zugriff auf häufig benötigte Befehle, wie z.B. *Vorwärts* und *Zurück*, um zur letzten bzw. vorherigen Webseite zu blättern. In Übung 7.2 finden Sie dazu ein Beispiel.

Sie können im Internet Explorer mehrere Fenster gleichzeitig öffnen und so verschiedene Webseiten zur gleichen Zeit anzeigen. Das Programm erlaubt auch das Speichern von Webseiten oder ausgewählten Bildern bzw. Text einer Webseite auf Ihrem Computer.

Schnelltest: Das Web erkunden

1.	Wie blättern Sie rückwärts durch Webseiten?
A	Drücken Sie die [Bild ↑]-Taste.
B	Klicken Sie auf die Schaltfläche *Vorwärts*.
C	Klicken Sie auf die Schaltfläche *Rückwärts*.

2.	Wie können Sie mit der Adressleiste browsen?
A	Schreiben Sie eine Webadresse in die Adresszeile und klicken Sie auf *Wechseln zu*.
B	Schreiben Sie einen Suchbegriff in die Adresszeile und klicken Sie auf *Wechseln zu*.
C	Schreiben Sie eine Webadresse in die Adresszeile und klicken Sie auf *Suchen*.

D	Schreiben Sie eine Webadresse in die Adresszeile und klicken Sie auf *Aktualisieren*.

3.	Wie speichern Sie ein Bild aus dem Web?
A	Klicken Sie mit der rechten Maustaste auf das Bild und wählen Sie EIGENSCHAFTEN aus dem Kontextmenü.
B	Klicken Sie mit der rechten Maustaste auf das Bild und wählen Sie BILD DRUCKEN aus dem Kontextmenü.
C	Klicken Sie mit der rechten Maustaste auf das Bild und wählen Sie LINK ÖFFNEN aus dem Kontextmenü.
D	Klicken Sie mit der rechten Maustaste auf das Bild und wählen Sie BILD-SPEICHERN UNTER aus dem Kontextmenü.

4.	Wie speichern Sie eine Webseite?
A	Wählen Sie DATEI/SPEICHERN UNTER. Im Feld Dateityp wählen Sie *Textdatei* und klicken auf SPEICHERN.
B	Wählen Sie DATEI/SPEICHERN UNTER. Im Feld *Dateityp* wählen Sie *Webseite, komplett* und klicken auf SPEICHERN.
C	Wählen Sie DATEI/SPEICHERN UNTER. Im Feld *Dateityp* wählen Sie *Webarchiv, einzelne Datei* und klicken auf SPEICHERN.
D	Wählen Sie DATEI/SPEICHERN UNTER. Im Feld *Dateityp* wählen Sie *Webseite, nur HTML* und klicken auf SPEICHERN.

5.	Um Text von einer Webseite zu kopieren, wählen Sie:
A	[Strg]+[B]
B	[Strg]+[V]
C	[Strg]+[C]
D	[Strg]+[P]

Lektion 7.2: Informationen innerhalb von Websites suchen

Zu dieser Lektion

Viele Websites beinhalten Hunderte, ja sogar Tausende von Seiten. Die Online-Ausgabe einer Tageszeitung z.B. besteht normalerweise aus mehr als hundert Seiten. Wenn eine Zeitung ein Online-Archiv ihrer Ausgaben der letzten drei Jahre anbietet, so kann die Zahl der Seiten dieser Website leicht die Zahl 10.000 weit überschreiten.

Andere Beispiele für sehr umfangreiche Websites sind die von Online-Warenanbietern, da ihr Warensortiment möglicherweise Zehntausende von Musik-CDs oder Millionen von Büchern umfasst. Auch Websites zum Thema Reise und Urlaub können große Mengen an Seiten beinhalten, die unter anderem Fahrpläne und Informationen über Reiseziele zur Verfügung stellen.

Wie also finden Sie ganz bestimmte Informationen auf solchen Seiten? Wir zeigen Ihnen, wie es geht.

Darüber hinaus lernen Sie in dieser Lektion etwas über Standards von Webadressen und wie verschiedene Länder geringfügig unterschiedliche Abmachungen zur Webadressierung haben.

Neue Fähigkeiten

Am Ende dieser Lektion sollten Sie in der Lage sein,

- ein Wort oder eine Phrase auf einer Webseite zu finden,
- einen Site-Index zu verwenden, um Informationen innerhalb einer Website zu finden,
- eine Suchmaschine zu verwenden, um Informationen innerhalb einer Website zu finden,
- ein interaktives Formular zu verwenden, um Informationen innerhalb einer Website zu finden,
- die Standards von Webadressen zu beschreiben, die in Deutschland, Frankreich, USA, England, Australien und Südafrika verwendet werden,
- zu erklären, wie Namen von Ordnern und Dateien in eine Webadresse mit eingebunden sind.

Neue Wörter

Am Ende dieser Lektion sollten Sie in der Lage sein, die folgenden Begriffe zu erklären:

- Navigationsleiste
- Interaktives Formular
- Schlüsselwort
- Webadresse (URL)
- Suchmaschine für Websites

Text innerhalb einer Webseite suchen

Um Ihnen bei der Suche nach einem bestimmten Wort oder einem Satz behilflich zu sein, stellt Ihnen der Internet Explorer den Befehl *Bearbeiten/Suchen (aktuelle Seite)* zur Verfügung. Dieser Befehl durchsucht nur:

- die *gerade angezeigte Webseite*, nicht aber die gesamte Website und auch nicht das gesamte World Wide Web.
- den *gerade geladenen Teil* einer Webseite. Warten Sie also, bis die komplette Seite geladen ist (von der Website in den Speicher Ihres Computers kopiert ist), bevor Sie diesen Befehl verwenden.

Die Statusleiste zeigt an, wenn die Webseite vollständig geladen ist

- den *Text der Seite*. Wörter, die als Teil einer Grafik angezeigt werden, werden ignoriert.

In Übung 7.9 führen wir Ihnen vor, wie Sie diesen Befehl auf eine sehr umfangreiche und textintensive Webseite anwenden können.

Übung 7.9: Information innerhalb einer Webseite suchen

1) Öffnen Sie den Internet Explorer und besuchen Sie die Webseite *www.ecdl.de*. Klicken Sie auf den Link *Die 7 Module*.

   Eine Seite mit der Beschreibung der sieben Module des ECDL wird angezeigt.

2) Wählen Sie *Bearbeiten/Suchen (aktuelle Seite)* oder drücken Sie `Strg`+`F`. Geben Sie dann *World Wide Web* im Dialogfeld *Suchen* ein und klicken Sie auf *Weitersuchen*.

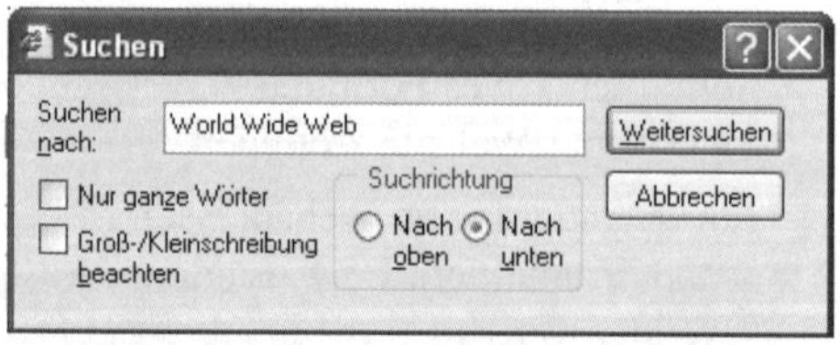

3) Der Internet Explorer geht an die Stelle im Text, an der eine Übereinstimmung mit dem gesuchten Wort gefunden wird. Das Dialogfeld bleibt geöffnet.

4) Um weitere Übereinstimmungen zu finden, wählen Sie WEITERSUCHEN.

Information innerhalb einer Website suchen

Umfangreiche Websites können aus mehreren hundert oder tausend einzelnen Webseiten bestehen. Um Ihnen bei der Suche nach einer bestimmten Information behilflich zu sein, bieten solch große Websites in der Regel eines oder mehrere der drei folgenden Merkmale:

- **Site-Index:** Wird oft auch als Sitemap bezeichnet. Dies ist eine Webseite, auf der die Hauptbestandteile einer Website aufgelistet sind.
- **Suchmaschine:** Ein Programm, das nach dem Vorkommen von bestimmtem Text (Wörter, Zahlen oder Tastaturzeichen), den Sie eingeben, sucht und dann eine Liste aller Webseiten anzeigt, in denen der gesuchte Text vorkommt. Die Liste umfasst eine kurze Beschreibung der entsprechenden Seiten.
- **Interaktive Formulare:** Sie erlauben die Abfrage ganz bestimmter Informationen. In der Regel finden Sie solche Formulare auf Websites zum Thema Reise und Urlaub und auf Sites von Herstellern bzw. Verkäufern höchst unterschiedlich konfigurierbarer Produkte (wie z.B. Computer).

Website-Indexseiten

Die Übungen 7.10, 7.11 und 7.12 liefern Ihnen Beispiele für die Anzeige von Indexseiten von drei verschiedenen Websites.

Klicken Sie in jeder Übung auf einige der angegebenen Links auf der Indexseite, um die jeweilige Website ein wenig kennen zu lernen. Klicken Sie jedes Mal wieder auf die Schaltfläche ZURÜCK, um Ihre Schritte zurückverfolgen zu können.

Übung 7.10: Die Indexseite einer Website eines Software-Herstellers anzeigen

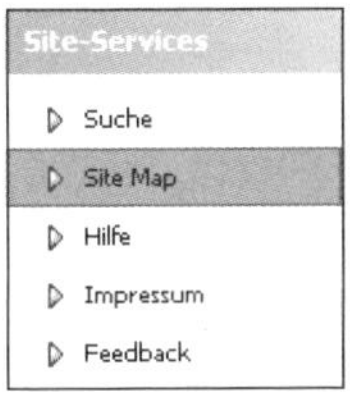

1) Besuchen Sie die Seite von Microsoft, indem Sie die folgende Adresse angeben: *www.microsoft.com/germany*
2) Unten auf der linken Seite der angezeigten Homepage sehen Sie mehrere Hyperlinks. Klicken Sie auf den Link *Site Map.*
3) Sie gelangen so auf die Indexseite von Microsoft Deutschland, wo Sie eine Liste des Inhalts der Website finden.

Übung 7.11: Die Indexseite eines Reisebüros anzeigen

1) Besuchen Sie die folgende Website: *www.deinurlaub.de*
2) Klicken Sie dann auf *Navigation.*

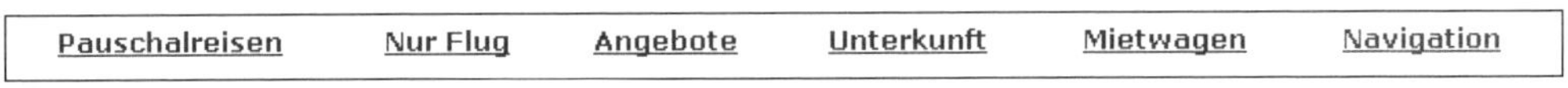

3) Sie gelangen auf eine Übersichtsseite.

Übung 7.12: Die Indexseite der Stadt Wiesbaden anzeigen

1) Besuchen Sie die Website der Stadt Wiesbaden unter *www.wiesbaden.de.*

   Am oberen Rand der Seite finden Sie den Link *Sitemap.*

2) Klicken Sie darauf, um einen Überblick über den Inhalt der Website von Wiesbaden zu bekommen.

Einige Websites listen ihre wichtigsten Links am oberen Rand der Homepage, andere am linken Seitenrand auf. Die Liste der Hauptlinks einer Website wird Navigationsleiste genannt. Eine Navigationsleiste kann aus Text, aber auch aus Grafiken bestehen.

Navigationsleiste

Eine horizontale oder vertikale Liste mit Hyperlinks, die zu den Hauptkomponenten der jeweiligen Site führen. Meistens gibt es Links zur Anfangsseite (Home), zum Index, zum Firmenprofil, zu Produkten, zu Dienstleistungen und zur Kontaktaufnahme.

Site-Index

Site-Index wird oft auch als Sitemap bezeichnet. Es ist eine Webseite, auf der die Hauptbestandteile einer Website aufgelistet sind.

Suchmaschinen für Websites

Ein Index kann Ihnen dabei helfen, das Informationsspektrum, das auf einer Website angeboten wird, zu erkunden. Um jedoch ein bestimmtes Element oder mehrere zu suchen, sind Suchmaschinen besser geeignet. Die Übungen 7.13, 7.14 und 7.15 geben Ihnen Beispiele für Suchmaschinen auf drei Websites: in einer Filmdatenbank, auf einer Seite für aktuelle Informationen zu wissenschaftlichen Themen und für ein Online-Wörterbuch.

Übung 7.13: Eine Filmdatenbank durchsuchen

1) Besuchen Sie eine Internet-Filmdatenbank, indem Sie die folgende Adresse eingeben: *www.filmsurf.de*

2) Klicken Sie links im Bild auf den Hyperlink *Suchen.* Sie gelangen auf eine weitere Seite.

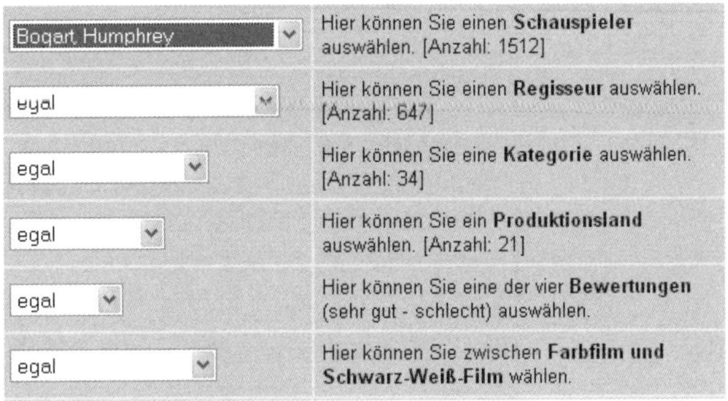

3) Hier können Sie Ihre Suchkriterien zu Filmen, Schauspielern usw. eingeben und dann unten auf *Suchen* klicken. Probieren Sie es einfach einmal aus.

Übung 7.14: Eine Site zu wissenschaftlichen Themen durchsuchen

1) Besuchen Sie die Website von *g-o.de Wissen Online*. Auf dieser Website finden Sie aktuelle Berichte zu Themen der Geo- und Naturwissenschaft und ein wertvolles Archiv beispielsweise für Lehrer und andere Wissenshungrige. Geben Sie folgende Adresse ein: *www.g-o.de*

2) Rechts im Bild sehen Sie ein Suchfeld mit dem Titel *Themenpool*. Wählen Sie aus der Dropdown-Liste ein Thema aus und drücken Sie die [↵]-Taste.

Die verfügbaren Informationen zum jeweiligen Thema werden angezeigt.

Übung 7.15: Ein Online-Wörterbuch durchsuchen

1) Besuchen Sie die Website des Online-Wörterbuchs LEO unter *http:// dict.leo.org/*.

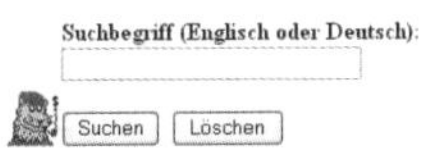

2) Im Bild sehen Sie ein Feld für Suchbegriff. Geben Sie ein englisches oder deutsches Wort ein und klicken Sie dann auf Suchen.

LEO zeigt Ihnen eine Liste der gefundenen Übersetzungsmöglichkeiten an.

In der nächsten Lektion machen wir Sie mit Suchmaschinen bekannt, die das gesamte Web durchsuchen, und nicht nur eine einzelne Website. Darüber hinaus erfahren Sie, wie Sie eine Suche mit mehreren Schlüsselwörtern durchführen.

Zunächst möchten wir aber ein paar wichtige Wörter definieren, die zu einer Suche innerhalb einer Website und dem gesamten Web gehören.

Schlüsselwort

Text oder andere Tastaturzeichen, die in eine Suchmaschine eingegeben werden. Die Suchmaschine zeigt dann eine Liste von Dokumenten an, die den eingegebenen Text beinhalten. In der Regel enthält eine solche Liste Links zu einzelnen Seiten und zeigt gleichzeitig eine Kurzbeschreibung dieser Seiten an.

Suchmaschinen für Websites

Ein Programm, das Websites nach Schlüsselwörtern durchsucht, die vorher vom Benutzer eingegeben wurden. Das Programm zeigt eine Liste von Webseiten an, auf denen es die eingegebenen Wörter gefunden hat.

Interaktive Formulare

Im Web ist ein interaktives Formular eine Seite, die leere Felder enthält, in die Sie als Benutzer Information eingeben können. In der Regel werden solche Formulare verwendet, um ein bestimmtes Produkt (z.B. eine Musik-CD) oder Informationen (z.B. Fahrzeiten von Zügen), die Sie benötigen, näher zu bestimmen.

Sie können Formulare auch verwenden, um Informationen an eine Website zu übermitteln. Wenn Sie beispielsweise bei einem Online-Buchladen ein Buch kaufen möchten, werden Sie aufgefordert, Ihren Namen und Angaben zu Ihrer Kreditkarte in ein Formular einzutragen.

Interaktives Formular

Mehrere Felder auf einer Webseite, die Sie dazu verwenden, bestimmte Informationen, ein Produkt oder eine Dienstleistung abzufragen. Sie können ein Formular aber auch dazu verwenden, Informationen wie Ihren Namen und Ihre Kreditkartennummer zu übermitteln.

Die Übungen 7.16 und 7.17 geben Ihnen zwei Beispiele für interaktive Formulare auf Websites. Mit dem ersten Formular können Sie die Abfahrtszeiten von Zügen, mit dem zweiten den Preis eines Computers mit einer bestimmten Konfiguration abfragen.

Übung 7.16: Verwendung eines Formulars zur Abfrage von Zugabfahrtszeiten

1) Besuchen Sie die Deutsche Bundesbahn unter *www.bahn.de*
2) Füllen Sie auf der Startseite die angezeigten Suchfelder *Von* und *Nach* aus.

3) Geben Sie als Beispiel die Verbindung Köln – München ein und klicken Sie auf Suchen.

4) Als nächste Seite wird Ihnen eine Liste der gefundenen Verbindungen angezeigt.

Verbindung | Druckansicht | Grafik | MobilCheck | UmweltMobilCheck

Ihre Reisemöglichkeiten (Einfache Fahrt)

Details	Bahnhof/Haltestelle	Ticket	Datum	Zeit	Dauer	Umst.	Produkte	Preis*
				◂ früher				
	Köln Hbf München Hbf	Zur Buchung	26.07.02 27.07.02	ab 18:54 an 00:32	5:38	1	IC, ICE	102,40 EUR Standardpreis
	Köln Hbf München Hbf	Zur Buchung	26.07.02 27.07.02	ab 19:00 an 01:26	6:26	0	ICE	102,40 EUR Standardpreis**
	Köln Hbf München Hbf (tief)	Zur Buchung	26.07.02 27.07.02	ab 20:00 an 03:35	7:35	3	IC, RE, EN, S	92,60 EUR Standardpreis
				später ▸				

Autos und Computer sind Beispiele für Produkte, die auf verschiedene Weise individuell zusammengestellt werden können. Der Preis des Produkts ändert sich dabei, je nachdem, welche Komponenten Sie auswählen. In Übung 7.17 verwenden Sie ein Formular, um die Konfiguration eines Computers zu bestimmen und als Ergebnis den entsprechenden Preis angezeigt zu bekommen.

Heutzutage verkaufen die meisten Computerhersteller ihre Produkte auch online. Beachten Sie bitte, dass sich die angegebenen Websiteadressen, beispielsweise die der Firma Dell, mit der Zeit ändern können.

Übung 7.17: Verwendung eines Formulars zur Preisausgabe eines benutzerdefinierten Computers

1) Besuchen Sie die deutsche Website des Computerherstellers *Dell* unter *www.dell.de*.

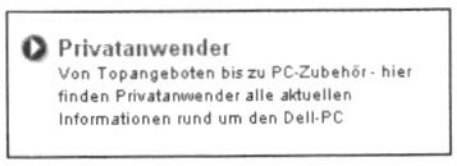

2) Klicken Sie hier auf den Link *Privatanwender*.

3) Klicken Sie nun auf den Link *Notebook*. Eine Liste mit mehreren Modellen wird angezeigt. Wählen Sie durch Klicken eines der Modelle aus, gehen Sie dann über den Link *Detail-Informationen* und klicken Sie dann auf der nächsten Seite auf den Link *Konfigurieren und Bestellen*.

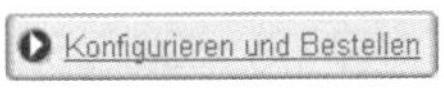

4) Sie sehen nun ein Formular (eventuell müssen Sie etwas nach unten blättern), in dem sämtliche Komponenten für das ausgewählte Notebook, wie Prozessor, Hauptspeicher, Festplatte usw., aufgeführt sind.

5) Ändern Sie einige der angegebenen Optionen durch Anklicken.

Beachten Sie, dass sich der ganz unten auf der Seite angegebene Preis entsprechend der Konfigurationsänderungen verändert.

Beispiel für ein Formular für eine PC-Konfiguration, bei dem sich der Preis bei Konfigurationsänderung anpasst

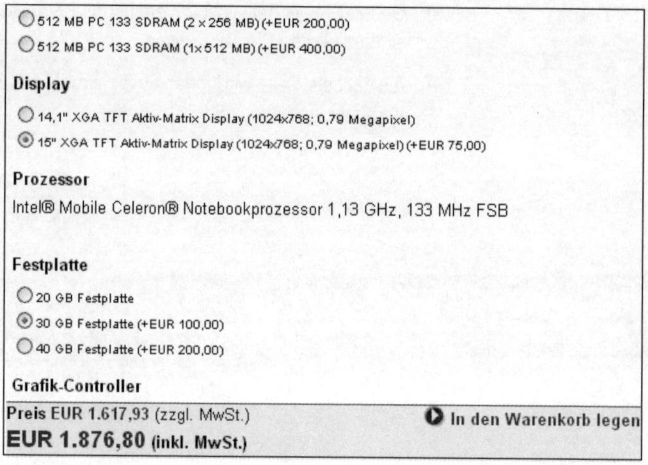

6) Wenn Sie ausreichend mit dem Formular experimentiert haben, klicken Sie mehrmals auf die Schaltfläche *Zurück*, um zur Startseite bzw. Homepage von Dell zurückzukehren.

Etwas über Webadressen

In dieser und in der vorherigen Lektion haben Sie Webadressen eingegeben und die damit verbundenen Webseiten besucht. Eine Webseite ist eigentlich nur eine andere Art von Computerdatei. Word-Dateien haben die Endung *.doc* und Excel-Dateien die Endung *.xls*. Webseiten hingegen haben die Erweiterung *.htm* (manchmal auch *.html* oder *.shtml*). Wir wollen uns Webadressen nun einmal etwas genauer ansehen.

Um mit dem Internet Explorer eine Webseite aufzurufen, müssen Sie zwei Dinge wissen:

- Den Namen des Webservers – also den Namen des Computers, der mit dem Internet verbunden ist und auf dem sich die jeweilige Webseite befindet.
- Den Namen der Webseite (also der Datei) auf dem entsprechenden Webserver.

Wenn Sie diese zwei Dinge zusammennehmen, haben Sie das, was man eine Webadresse nennt. Ein anderer, aber sehr viel technischer Ausdruck für eine Webadresse ist URL (Uniform Resource Locator).

Webadresse (URL)

Die eindeutige Adresse einer Webseite. Sie enthält den Namen des Webservers und den Namen der jeweiligen Webseite.

Beispiele für URLs

Der beste Weg, etwas über Webadressen zu lernen, besteht darin, sich einige Beispiele anzuschauen und zu erfahren, warum Sie gerade so zusammengestellt sind. Hier die Adressen von drei amerikanischen Webseiten.

www.latimes.com

www.princeton.edu

www.cia.gov

Bei einer amerikanischen Webadresse zeigt der letzte Teil einer Adresse, das so genannte Suffix, die Art der Organisation an.

Kommerzielle, also geschäftliche Seiten (wie beispielsweise die Tageszeitung *Los Angeles Times*), haben die Endung *.com,* pädagogische Einrichtungen (beispielsweise die *Princeton University*) haben die Endung *.edu* und Regierung bzw. Verwaltung (beispielsweise die CIA oder das FBI) erhalten die Endung *.gov.*

Hier ein paar Beispiele für italienische (*.it*), französische (*.fr*) und deutsche (*.de*) URLs.

www.yahoo.it	www.smartweb.fr	www.infoseek.de
www.juventus.it	www.renault.fr	www.bmw.de
www.ferrari.it	www.louvre.fr	www.bonn.de

In jedem der oben aufgeführten Fälle weist das Suffix lediglich auf das jeweilige Land hin. Die Adressen sind also nicht weiter kategorisiert.

Britische Webadressen enden in *.uk*, beinhalten jedoch auch eine Komponente zur Identifizierung des Organisationstyps: *.co* steht für kommerzielle Einrichtungen, *.ac* für den Ausbildungs- und Erziehungssektor und *.gov* für Regierung. Hier einige Beispiele:

www.ecdl.co.uk	www.mcc.ac.uk
www.landrover.co.uk	www.cam.ac.uk
www.thisislondon.co.uk	www.ox.ac.uk
www.itn.co.uk	www.bcs.org.uk
www.chelseafc.co.uk	www.amnesty.org.uk

Das Suffix für Grund- und weiterführende Schulen, *.sch.uk*, ist auch auf dem besten Wege, eine schnelle Verbreitung zu finden.

Weitere Länder, die zwei Suffixe verwenden (eines für den Organisationstyp und eines für das Land selbst), sind Australien und Südafrika. Hier einige Beispiele:

www.smh.com.au	www.southafrica.co.za
www.Microsoft.com.au	www.icdl.co.za
www.ntu.edu.au	www.unisa.ac.za
www.uwa.edu.au	www.up.ac.za
www.ics.org.au	www.cssa.org.za
www.foe.org.au	www.sarl.org.za
www.deet.gov.au	www.finance.gov.za
www.thesource.gov.au	www.durban.gov.za

Üben Sie Ihre Fähigkeiten im Surfen durchs Web, indem Sie einige der aufgelisteten URLs besuchen.

URLs und Dateien

Ein URL legt zwei Dinge fest: den Namen des Webservers und den Namen einer bestimmten Webseite auf diesem Server. Wo also ist der Name der Webseite in dieser URL?

www.munnelly.com

Die Antwort: Wenn Sie nur den Namen des Webservers eingeben, zeigt der Server die Standardwebseite an. Und das ist die erste bzw. Hauptseite einer Website, die normalerweise auch mit *index.htm* (oder *index.html*) bezeichnet wird.

Die Webadresse von www.munnelly.com ist daher eigentlich:

www.munnelly.com/index.htm

Hier ein paar URLs, bei denen der Name der Standardseite als Teil der Adresse enthalten ist:

www.bianca-meidt.de/index.html

www.fliegen-sparen.de/index.html

www.holz-regional.de/index.html

Sie können erkennen, dass ein Schrägstrich (/) den Namen der Webseite vom Namen des Webservers trennt.

Wenn Sie also eine Seite sehen möchten, die nicht die Hauptseite ist, geben Sie den URL einschließlich des Namens einer Seite ein, zum Beispiel:

www.welt.de/politik/

www.toshiba.de/computer/

www.t-online.de/reisen/

www.3sat.de/nano/

URLs und Ordner

Wie auf anderen Computern, so sind auch auf einem Webserver Dateien in Ordnern organisiert. In den vier Beispielen, die wir oben angegeben haben, befinden sich die Webseiten im Hauptordner des Webservers. Webserver können aber auch Seiten in Unterordnern oder Unter-Unterordnern speichern. Hier ein paar Beispiele für URLs, die den Namen von Unterordnern beinhalten.

http://www.toshiba.de/computer/haendler/liste.htm

http://www.euro.dell.com/countries/de/deu/gen/default.htm

http://www.geocities.com/SoHo/9009/NEUEZitateSTART.htm

http://www.de.bluemountain.com/indexpages/congrat/

Ein Schrägstrich (/) trennt Ordnernamen von Seitennamen.

Manchmal enthält ein URL nur den Namen des Webservers und des Ordners, aber nicht den Namen der Seite im Ordner. In solchen Fällen zeigt Ihr Webbrowser die Standardwebseite des jeweiligen Ordners an. Auch diese Seiten werden normalerweise *index.html* oder *index.htm* (manchmal aber auch *default.htm* bzw. *default.html*) genannt. Zum Beispiel:

www.tcd.ie/drama/

ist in Wirklichkeit

www.tcd.ie/drama/index.html

Üben Sie das Surfen im Web noch ein wenig, indem Sie einige der oben aufgeführten URLs besuchen, die Ordner- und Dateinamen enthalten.

Wenn Sie fertig sind, können Sie den Internet Explorer beenden. Vergessen Sie nicht, auch die Internet-Verbindung zu trennen. Sie haben die zweite Lektion des ECDL-Moduls *Information und Kommunikation* beendet.

Zusammenfassung der Lektion: Das haben Sie gelernt

In der Regel wird auf Websites eine Navigationsleiste angezeigt, eine horizontale oder vertikale Liste mit Hyperlinks zu den wichtigsten Seiten einer Website. Diese Navigationsleiste befindet sich entweder am oberen oder am linken Rand einer Seite.

Umfangreichere Websites helfen Benutzern, indem Sie eine, zwei oder drei der folgenden Funktionen zur Navigation anbieten:

- Einen *Site-Index,* der häufig auch als *Sitemap* bezeichnet wird. Es ist eine Webseite, auf der die Hauptinhaltspunkte einer Website aufgelistet sind. Der Sinn und Zweck einer solchen Seite entspricht ungefähr dem eines Inhaltsverzeichnisses in einem Buch. Schauen Sie sich dazu die Übung 7.10, 7.11 und 7.12 an.
- Eine *Suchmaschine für Websites* ist ein Programm, das Websites nach Schlüsselwörtern durchsucht, die vorher vom Benutzer eingegeben wurden. Das Programm zeigt eine Liste von Webseiten an, auf der es die eingegebenen Wörter gefunden hat. Schauen Sie sich dazu die Übung 7.13 und 7.14 an.
- Ein *interaktives Formular* besteht aus mehreren Feldern auf einer Webseite, die Sie dazu verwenden, bestimmte Informationen, ein Produkt oder eine Dienstleistung abzufragen. Sie können ein Formular aber auch dazu benutzen, Informationen, wie Ihren Namen und Ihre Kreditkartennummer, zu übermitteln. Schauen Sie sich dazu die Übungen 7.16 und 7.17 an.

Ein URL (Uniform Resource Locator) ist die eindeutige Webadresse, die den Namen des Webservers und den Namen der jeweiligen Webseite enthält. Wenn in einem URL keine bestimmte Seite mit angegeben ist, zeigt der Webbrowser die Standardseite an, welche im Normalfall die Seite *index.htm* oder *index.html* ist.

URLs bestehen mindestens aus zwei Teilen, die durch einen Punkt voneinander getrennt sind. In den USA bezeichnet der erste Teil den Namen der Organisation, der zweite den Typ. Kommerzielle Seiten haben die Endung *.com*, Seiten des Erziehungswesens *.edu* und Regierungsseiten *.gov.*

Italienische, deutsche und französische Seiten sind nicht nach Typen kategorisiert. Ihr Domänenname besteht lediglich aus dem Namen der Organisation und einem Suffix, aus dem das Land ersichtlich wird *(.it, .fr, .de*).

In England enden kommerzielle Seiten mit *.co.uk*, akademische Seiten mit *.ak.uk* oder *.sch.uk* und Regierungsseiten mit *.gov.uk*. Auch Australien und Südafrika kategorisieren ihre Webadressen nach Organisationen.

Schnelltest: Informationen innerhalb von Websites suchen

1.	Um Information innerhalb einer Website zu finden, drücken Sie:
A	Strg + X
B	Strg + V
C	Strg + C
D	Strg + F

2.	Was ist eine Seiten-Index?
A	Eine Webseite, die den Hauptinhalt einer Website auflistet.
B	Eine Webseite, die den Inhalt der angezeigten Webseite auflistet.
C	Eine Webseite, die die Webadresse einer Website auflistet.
D	Eine Webseite, die Schlüsselwörter in der Website auflistet.

3.	Ein anderer Name für eine Webadresse ist:
A	GRL
B	UFO
C	RLU
D	URL

4.	Die Webadresse einer Universität in England endet mit:
A	co.uk
B	ac.uk
C	org.uk
D	gov.uk

5.	Eine französische Webadresse endet mit:
A	.uk
B	.fr
C	.de
D	.za

Lektion 7.3: Informationen im Web suchen

Zu dieser Lektion

In einem Bericht, der Anfang 2000 veröffentlicht wurde, steht, dass im Web über 1 Billion Seiten auf fast 5 Millionen Webservern gespeichert sind. Etwa 85% der Seiten waren in englischer Sprache und etwas über die Hälfte (55%) der Seiten hatten die Endung *.com*. Wie können Websurfer nun, angesichts einer solch enormen Datenmenge, die Hoffnung haben, eine Seite zu finden, auf der sie ganz bestimmte Informationen zu ihren Interessen erwarten?

Das ist nicht ganz so schwierig, wie es sich anhört, wenn Sie erst einmal wissen, wie es funktioniert. In dieser Lektion lernen Sie die Techniken kennen, um Informationen im Web zu suchen und auch zu finden.

Neue Fähigkeiten

Am Ende dieser Lektion sollten Sie in der Lage sein,

- Informationen im Web zu finden, indem Sie durch die Kategorien einer Verzeichnissite navigieren.
- Informationen im Web zu finden, indem Sie ein Schlüsselwort in eine Such- bzw. Metasuchmaschine eingeben,
- eine Suche aus Phrasen vorzunehmen, indem Sie Anführungszeichen verwenden,
- eine Suche mit mehreren Schlüsselwörtern durchzuführen, indem Sie Plus (+) und Minus (–) als logische Operatoren verwenden.

Neue Wörter

Am Ende dieser Lektion sollten Sie in der Lage sein, die folgenden Begriffe zu erklären:

- Webverzeichnis
- Websuchmaschine
- Webmetasuchmaschine
- Logische Suche

Informationen im Web suchen

Wenn Sie das Web nach Informationen zu einem bestimmten Thema absuchen, können Ihnen vier Arten von Websites dabei behilflich sein.

- **Verzeichnissites:** Das sind Websites, die Informationen im Web nach bestimmten Themen katalogisieren.
- **Suchmaschinen:** Das sind Websites, die das Web nach Schlüsselwörtern, also dem Vorkommen bestimmter Wörter oder Sätze absuchen.
- **Metasuchmaschinen:** Das sind Websites, die Schlüsselwörter an verschiedene Suchmaschinen übermitteln. Sie erlauben die gleichzeitige Verwendung mehrerer Suchmaschinen.

- **Natural Language Suchmaschinen** (auch Antwortsucher genannt). Das sind Websites, die Fragen in einfacher Sprache annehmen, zum Beispiel: Wer ist der Premierminister von Neuseeland?

In dieser Lektion lernen Sie die verschiedenen Arten von Websites kennen und wie Sie diese dann am besten für die Suche nach Informationen, die Sie benötigen, verwenden können.

Web Directory Sites

Verzeichnis-Websites organisieren bzw. strukturieren Informationen in einfacher Weise, von oben nach unten. Sie neigen dazu, nur die besseren Informationsquellen auszusuchen. Leider ändert sich das Web so schnell, dass Verzeichnisseiten nicht immer ganz aktuell sind.

Die erste und auch größte Verzeichnissite ist Yahoo!, auf der Sie Informationen nach Kategorien und Unterkategorien und häufig auch noch nach Unter-Unter-Unterkategorien abrufen bzw. suchen können. In Übung 7.18 geben wir Ihnen ein Beispiel.

Übung 7.18: Informationen in Yahoo! finden

1) Öffnen Sie den Internet Explorer und besuchen Sie die Website von Yahoo! unter *www.yahoo.de*.
2) Klicken Sie auf den Unterlink *Dt. Städte* des Links *Städte und Länder*.
3) Sie bekommen eine neue Webseite angezeigt. Klicken Sie auf den Link: *M.* im angezeigten Alphabet. Sie gelangen nun zu einer neuen Seite, auf der alle Städte mit M aufgelistet sind, zu denen Sie hier Information finden können. Klicken Sie z.B. auf den Link *München*.
4) Eine Liste mit verschiedenen Themen zu München wird angezeigt. Klicken Sie auf einen Link Ihrer Wahl, um mehr zu erfahren. Sie können sich weiter durch die Informationsseiten klicken, entsprechend den Themen, die Sie suchen.

Die Übung ist hiermit beendet.

Übung 7.18 beweist Ihnen nicht nur die Fülle und Tiefe an vorhandener Information im Web, sondern auch die Nützlichkeit einer Verzeichnis-Site wie beispielsweise Yahoo!

Es gibt länderspezifische Versionen von Yahoo! für eine Vielzahl von Ländern. Unter anderem für UK, Irland, Frankreich, Italien, Australien, Neuseeland, Mexiko usw. Von der Hauptseite aus unter www.yahoo.com gelangen Sie über einen Link zu den einzelnen länderspezifischen Seiten. Eine weitere bekannte Verzeichnis-Site ist Web.de.

Verzeichnis-Sites
www.yahoo.de
www.web.de

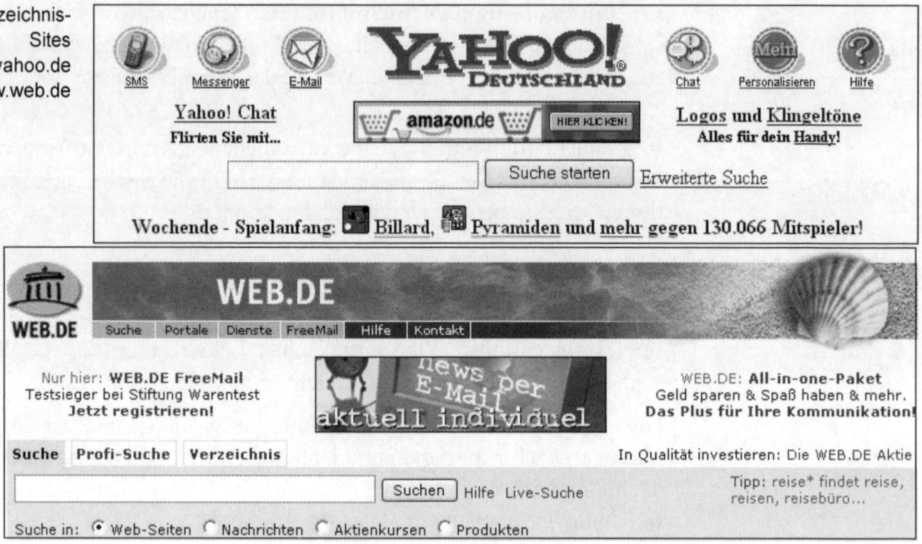

Die meisten Verzeichnis-Sites bieten auch eine Funktion zum Suchen an.

Web-Verzeichnis-Site

Eine Website, die andere Seiten im Web nach Themen geordnet auflistet und kategorisiert. In der Regel bietet eine solche Site verschiedene hierarchische Ebenen, wobei die unterste Ebene eine Liste von Websiteadressen aufweist.

Suchmaschinen für Websites

Eine Suchmaschine erlaubt es Ihnen, ein Wort oder eine Phrase einzugeben, sucht dann nach Beispielen bzw. Übereinstimmungen und zeigt eine Liste von Webadressen an, die mit den eingegebenen Suchkriterien übereinstimmen. Hinzu kommt eine Zusammenfassung der jeweiligen Site. Sie können auf das Suchergebnis klicken, das Ihren Vorstellungen am nächsten kommt.

Suchmaschinen durchsuchen nicht das gesamte Web, sondern nur ihre eigenen kleinen, aber regelmäßig aktualisierten Listen mit Websites. Das entspricht ungefähr 10 bis 15% des Gesamtvolumens der im Web vorhandenen Sites.

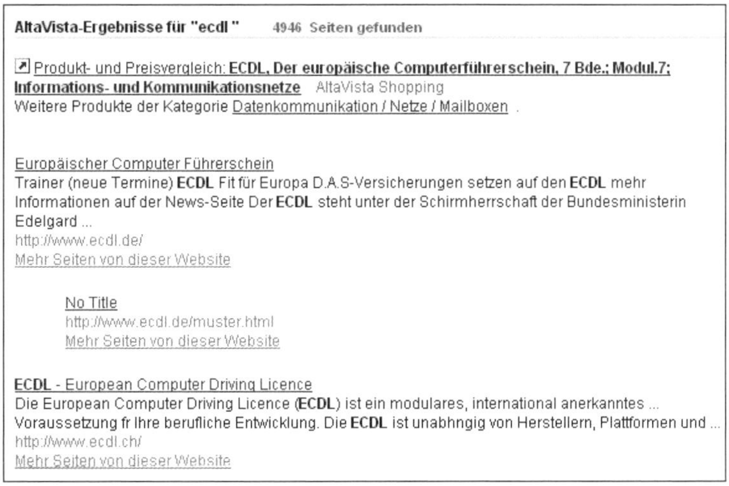

Web-Suchmaschinen funktionieren ähnlich wie Website-Suchmaschinen, denen Sie in der ersten Lektion begegnet sind. Der Hauptunterschied liegt darin, dass sie das Web durchsuchen, und nicht nur eine bestimmte Website.

Suchmaschinen finden gelegentlich einzelne Seiten einer Website, die nichts mit dem, was Sie wirklich suchen, zu tun haben. Sie können dabei aber des Öfteren schon mal auf sehr gute Informationen stoßen. Seien Sie aber auch darauf vorbereitet, sich durch eine Menge unnützer Information kämpfen zu müssen.

Die Übungen 7.19 und 7.20 geben Ihnen ein Beispiel für eine Suche mit Hilfe einer Suchmaschine, mit einem einzelnen Schlüsselwort. In Übung 7.19 verwenden Sie dazu die Standardsuchmaschine des Internet Explorers.

Übung 7.19: Suche mit der Standardsuchmaschine des Internet Explorers

Schaltfläche Suchen

1) Klicken Sie auf die Schaltfläche *Suchen* in der Standard-Symbolleiste des Internet Explorers.

   Links neben dem Hauptfenster wird die Suchleiste eingeblendet.

   (Ihre Suchleiste kann etwas anders aussehen, abhängig davon, wie der Internet Explorer eingestellt ist.)

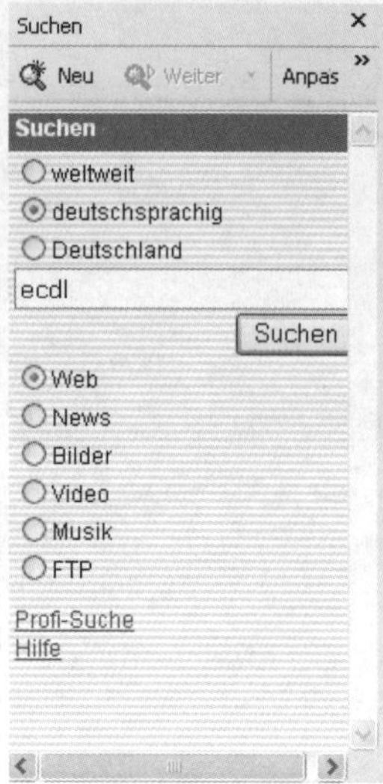

2) Mit den Standardeinstellungen geben Sie als Schlüsselwort bzw. Suchbegriff *ECDL* ein.
3) Klicken Sie auf die Schaltfläche *Suchen*.

   Sie bekommen nun eine Liste von Seiten angezeigt, die das Wort ECDL enthalten.

Sie können die Standardsuchmaschine im Internet Explorer wechseln, indem Sie auf *Anpassen* oben rechts in der Leiste *Suchen* klicken und eine andere Suchmaschine auswählen.

Das Web bietet Dutzende von Suchmaschinen. Sie sollten die angebotenen Möglichkeiten ausprobieren und dann die für Sie beste auswählen.

Hier die Websites einiger Suchmaschinen:

www.google.de	www.sharelook.de
www.altavista.de	www.yahoo.de
www.crawler.de	www.alexana.de
www.lycos.de	www.snap.com
www.excite.com	www.dino-online.de
www.fireball.de	www.northernlight.com

In Übung 7.20 besuchen Sie die Suchmaschine Google, um mit deren Hilfe Informationen zum ECDL zu finden.

Übung 7.20: Das Web mit Google durchsuchen

1) Besuchen Sie die Suchmaschine Google unter *www.google.de.*
2) Geben Sie als Schlüsselwort ECDL ein und klicken Sie auf *Google-Suche.*

Google zeigt Ihnen eine Liste von Webseiten an, die das eingegebene Suchwort enthalten.

Wenn zu Ihrer Anfrage mehr als eine Seite mit Suchergebnissen gefunden wird, bietet Ihnen die Suchmaschine am Ende der Seite Schaltflächen wie *Nächste* und *Vorherige*, damit Sie in den Suchergebnissen vorwärts und rückwärts blättern können. Sie können die Suche auch eingrenzen, indem Sie *Seiten auf Deutsch* oder *Seiten aus Deutschland* anklicken

Um das Ergebnis einer Websuche auf Papier zu erhalten, drucken Sie diese Seite einfach aus – genauso, wie Sie auch jede andere Webseite ausdrucken würden.

Web-Suchmaschine

Eine Website, die es ermöglicht, durch Eingabe von Wörtern oder Sätzen nach bestimmten Informationen zu suchen. Die Suchmaschine gibt als Ergebnis eine Liste mit Sites aus, in denen das gesuchte Wort enthalten ist.

Suche mit Phrasen

Wenn Sie nach einer ganzen Phrase oder einer bestimmten Reihenfolge von Wörtern suchen, geben Sie den Satz einfach in Anführungsstrichen ein. Eine Phrasensuche wird in der Regel dazu verwendet, um Informationen zu Personen oder Organisationen oder sogar Liedertexten zu finden. Hier einige Beispiele:

"Bayern München"

"Edgar Allan Poe"

"Verteidigungsministerium"

"Candle in the Wind"

Warum muss man Sätze in Anführungszeichen setzen? Die Antwort ist einfach. Wenn Sie beispielsweise nach Bayern München statt nach "Bayern München" suchen, listet das Suchergebnis auch Seiten auf, die einfach nur Bayern oder München beinhalten.

Indem Sie den Ausdruck allerdings in Anführungszeichen setzen, stellen Sie sicher, dass Sie nur Seiten suchen, die

- alle Wörter der Anfrage enthalten
- die Wörter in der Reihenfolge enthalten, in der Sie sie eingegeben haben.

Suche mit Phrasen

Eine Anfrage an eine Suchmaschine, die in Anführungszeichen gesetzt ist. Nur Webseiten, die alle Wörter in genau der eingegebenen Reihenfolge enthalten, werden gesucht bzw. gefunden.

Trainieren Sie Ihre Fähigkeiten zur Phrasensuche, indem Sie Ihren Namen (Vor- und Zunamen) in Anführungsstrichen in Google eingeben.

Der Plus-Operator

Oftmals sucht man nach mehreren Wörtern, die aber nicht unbedingt hintereinander stehen müssen. In solchen Fällen ist eine Suche nach Phrasen ungeeignet. Stattdessen können Sie das Pluszeichen (+) verwenden.

Nehmen wir einmal an, Sie suchen Informationen zu den Spielregeln des Kartenspiels Solitär. Dann könnten Sie

Solitär +Spielregeln

eingeben.

Nur Webseiten, die auch beide Wörter beinhalten, werden als Ergebnis angezeigt. Beachten Sie drei Dinge zum Plus-Operator:

- Sie müssen das Pluszeichen nicht vor das erste Wort in Ihrer Abfrage schreiben.
- Geben Sie keinen Leerschritt zwischen Pluszeichen und dem nachfolgenden Wort ein.
- Geben Sie einen Leerschritt nach jedem Wort ein.

Hier einige Beispiele:

Word +XP +Vorlagen
Excel +XP +AutoSumme
ECDL +Zypern
Rezept +Thai
Shakespeare +Hamlet

Sie können den Plus-Operator auch mit einer Phrase in Anführungszeichen kombinieren. Hier ein paar Beispiele:

Algebra +"Gleichung mit zwei Unbekannten"
"Excel XP" +"Mustervorlagen ändern"

Volkswagen +Golf +"blau metallic"
"Bayern München" +"Oliver Kahn"
Rilke +"Seltsam im Nebel"
Bogart +Hepburn +"African Queen"

Die Übungen 7.21, 7.22 und 7.23 geben Ihnen Beispiele für Anfragen, also Suchen, die den Plus-Operator beinhalten.

Übung 7.21: Den Plus-Operator bei Fireball verwenden

1) Besuchen Sie die Suchmaschine *Fireball* unter *www.fireball.de*.
2) Schreiben Sie die folgenden Begriffe und klicken Sie dann auf *Suchen*:
   Bizet +Carmen +Domingo

Im Suchergebnis sollten Seiten enthalten sein, die sich auf Aufführungen von *Bizets Oper Carmen* beziehen, bei denen *Placido Domingo* als Sänger auftritt.

Übung 7.22: Den Plus-Operator bei Altavista verwenden

1) Besuchen Sie die Suchmaschine *www.altavista.de*.
2) Schreiben Sie die folgenden Begriffe und klicken Sie dann auf *Suchen*:
   "James Bond" +"Sean Connery"

In der Ergebnisliste sollten Webseiten über *James-Bond*-Filme enthalten sein, in denen *Sean Connery* mitspielt.

Übung 7.23: Den Plus-Operator bei Abacho verwenden

1) Besuchen Sie die Suchmaschine *www.abacho.de*.
2) Schreiben Sie die folgenden Begriffe und klicken Sie dann auf *Suchen*:
   München +Restaurants +vegetarisch

Die Ergebnisliste sollte Seiten mit Angaben zu vegetarischen Restaurants in München enthalten.

Der Plus-Operator ist dann sehr nützlich, wenn Sie sich bei einer Websuche mit einer wahren Flut von Ergebnisseiten konfrontiert sehen. Wenn Sie einen oder mehrere Begriffe hinzufügen, wobei jedem ein Pluszeichen vorangeht, können Sie so Ihre Suche immer weiter einschränken, sodass Sie schließlich nur die gewünschte Information angezeigt bekommen.

Der Minus-Operator

Manchmal möchte man, dass eine Suchmaschine nach Seiten sucht, die ein bestimmtes Wort enthalten sollen, ein anderes dafür aber nicht. Das können Sie erreichen, indem Sie den Minus-Operator verwenden.

Nehmen wir einmal an, Sie möchten Informationen zur Solokarriere von *Geri Halliwell* finden, jedoch nicht mit Webseiten überhäuft werden, die sich auf ihre Karriere mit ihrer früheren Gruppe, den *Spice Girls*, beziehen. Dann könnten Sie

"Geri Halliwell" -"Spice Girls"

eingeben.

Ähnlich könnten Sie für Informationen zur Karriere von *John Lennon* nach den *Beatles*

"John Lennon" -Beatles

eingeben.

Wenn Sie ein wahrer *Star-Trek*-Fan sind, aber nicht all die Seiten der Nachfolgeserien angezeigt bekommen möchten, könnten Sie z.B.

"Star Trek" -Voyager -"Die nächste Generation" eingeben.

In Übung 7.24 suchen Sie im Web Informationen über John Lennon, jedoch ohne die Beatles.

Übung 7.24: Verwendung des Minus-Operators bei Share Look.de

1) Besuchen Sie Suchmaschine *www.sharelook.de.*
2) Schreiben Sie die folgenden Begriffe und klicken Sie auf *Suchen.*

   Lennon -Beatles -Beatle

Als Ergebnis sollten Sie Informationen zu John Lennon, aber auch zu seinem Sohn erhalten.

In Übung 7.25 durchsuchen Sie das Web nach Hinweisen zu Star Trek, aber möglichst ohne Information zu Voyager oder Die nächste Generation.

Übung 7.25: Verwendung des Minus-Operators bei Lycos.de

1) Besuchen Sie die Suchmaschine *www.lycos.de.*
2) Schreiben Sie die folgenden Begriffe und klicken Sie auf *Go Get It!.*

   "Star Trek" -Voyager -"Die nächste Generation"

Das Suchergebnis sollte Seiten enthalten, die Informationen über *Star Trek* enthalten, jedoch ohne die nachfolgenden Filme *Voyager* oder *Die nächste Generation* zu enthalten.

Im Allgemeinen hilft Ihnen der Minus-Operator dabei, zu einem besseren Ergebnis zu gelangen, indem er Begriffe, die nicht von Interesse sind, ausschließt. Sie können den Plus- und den Minus-Operator auch gemeinsam in einer Suchanfrage verwenden.

Logische Suchen

Eine Suche im Web oder auch innerhalb einer einzelnen Website, die Plus- und/oder Minus-Operatoren beinhaltet, wird logische Suche genannt

Wahlweise kann eine logische Suche auch unter Verwendung der so genannten *Booleschen Operatoren* anstelle der Plus- und Minus-Operatoren erstellt werden. Benannt nach ihrem Erfinder, dem im 19. Jahrhundert lebenden englischen Mathematiker *George Boole*, beinhalten diese Operatoren die Wörter UND (AND), ODER (OR) und NICHT (NOT). Sie werden in der Regel in Großbuchstaben geschrieben.

Die zwei folgenden logischen Suchen ergeben z.B. das gleiche Ergebnis.

"James Bond" UND "Sean Connery"

"James Bond" +"Sean Connery"

Boolesche Suchen wurden bei der Datenbanksuche verwendet. Im Web wird die Verwendung von Plus- und Minus-Operatoren jedoch von mehr Suchmaschinen unterstützt und sie sind dazu einfacher zu behalten und zu verwenden.

Logische Suche

Eine Websuche, die logische Operatoren wie Plus- und/oder Minuszeichen verwendet, um bestimmte Wörter oder Phrasen bei der Suche ein- und/oder auszuschließen.

Metasuchmaschinen

Eine Metasuchmaschine ist eine Suchmaschine, die Suchmaschinen durchsucht. Geben Sie einfach ein Wort oder eine Phrase ein und die Metasuchmaschine übermittelt den Text an verschiedene einzelne Suchmaschinen und gibt dann das Ergebnis aus.

Drei bekannte Metasuchmaschinen sind:

www.metager.de
www.metaspinner.de
www.metacrawler.de

Übung 7.26: Verwenden der Metasuchmaschine Metaspinner

1) Besuchen Sie die Metasuchmaschine unter *www.metaspinner.de*.
2) Schreiben Sie die folgenden Begriffe und klicken Sie dann auf *Suchen*:
   "Access XP" +sort

Als Ergebnis bekommen Sie Seiten, die von mehreren Suchmaschinen gefunden wurden und Sortiervorgänge in Microsoft Access XP beschreiben.

Natural Language Suchmaschinen

Die *Ask Jeeves Website* unter *www.askjeeves.com* ist ein Beispiel für eine Suchmaschine, die Fragen in einfachem Englisch (leider nicht in Deutsch) akzeptiert. Hier ein paar Fragen, die Sie eingeben könnten.

Who is the president of the USA?
Who invented plastic?
What is the capital of France?
What is the currency in Portugal?
What is the temperature in Florence?

Eine andere Version der Suchmaschine, die für jüngere Benutzer gedacht ist und mehr kindgerechte Seiten als Ergebnis liefert, wird Ask Jeeves for Kids genannt und ist unter www.ajkids.com zu finden.

Übung 7.27: Die Verwendung der Suchmaschine Ask Jeeves Natural Language

1) Rufen Sie die *Ask Jeeves Website* unter *www.askjeeves.com* auf.

2) Schreiben Sie den folgenden Satz und klicken Sie auf *Ask*:
Who is the president of the USA?

Das Ergebnis auf Ihrem Bildschirm sollte ungefähr so aussehen.

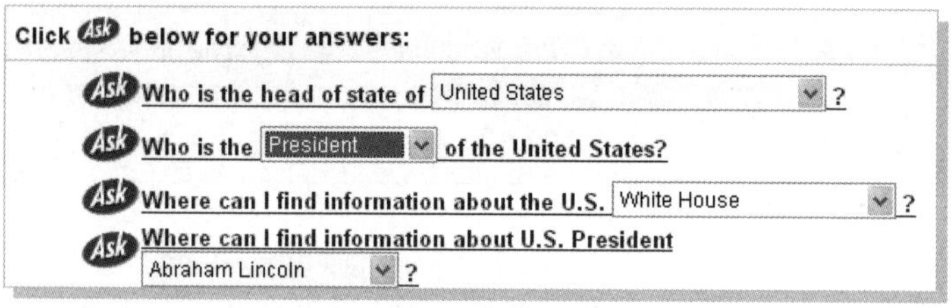

Klicken Sie weiter, um Ihre Frage beantwortet zu bekommen.

Sie können den Internet Explorer nun schließen bzw. beenden. Vergessen Sie nicht, die Internet-Verbindung zu trennen. Sie haben die dritte Lektion des ECDL-Moduls *Information und Kommunikation* beendet.

Zusammenfassung der Lektion: Das haben Sie gelernt

Verzeichnis-Websites wie Yahoo! sind Websites, die Informationen im Web nach bestimmten Themen katalogisieren. Sie können Informationen im Web finden, indem Sie durch die verschiedenen Kategorieebenen navigieren. Die Übung 7.18 gibt dafür ein Beispiel.

Websuchmaschinen durchsuchen das Web nach Schlüsselwörtern, also Übereinstimmung mit bestimmten Wörtern und Phrasen, und geben eine Ergebnisliste mit Websites aus, in denen die gesuchten Wörter gefunden wurden. Schauen Sie sich dafür die Beispiele der Übungen 7.19 und 7.20 an.

Eine Phrasensuche mit einer Suchmaschine ist eine Anfrage, die in Anführungszeichen gesetzt ist. Nur Webseiten, die alle Wörter in genau der eingegebenen Reihenfolge enthalten, werden gesucht bzw. gefunden. Eine Phrasensuche verwendet man in der Regel, um Informationen zu Personen oder Organisationen zu finden.

Eine logische Suche ist eine Websuche, die logische Operatoren wie Plus- und/oder Minuszeichen verwendet, um bestimmte Wörter oder Phrasen bei der Suche ein- und/oder auszuschließen. Schauen Sie sich dazu die Übung 7.26 an.

Wenn Sie bei der Websuche mit unwichtigen Ergebnissen überflutet werden, fügen Sie einen oder mehrere Begriffe mit vorangestelltem Pluszeichen ein, um Ihre Suche so einzugrenzen, dass Sie nur die wirklich brauchbaren Informationen bekommen.

Durch den Minus-Operator erhalten Sie ein besseres Suchergebnis, das es Ihnen erlaubt, für Sie uninteressante Begriffe von der Suche auszuschließen. Sie können den Plus- und Minus-Operator auch gemeinsam in einer Suchanfrage verwenden. Schauen Sie sich dazu die Beispiele der Übungen 7.24 und 7.25 an.

Eine Metasuchmaschine ist eine Suchmaschine, die Schlüsselwörter an andere Suchmaschinen übermittelt. Auf diese Weise können Sie mehrere Suchmaschinen gleichzeitig verwenden. In Übung 7.26 finden Sie ein Beispiel dafür.

Eine Natural Language-Suchmaschine (auch Antwortgeber genannt) wie *Ask Jeeves* akzeptiert Fragen in einfacher (englischer) Sprache. Schauen Sie sich die Übung 7.27 an.

Schnelltest: Informationen innerhalb von Websites suchen

1.	**Wie suchen Sie in einer Suchmaschine nach Informationen zu PowerPoint 2002?**
A	Schreiben Sie in die Suchmaschine *PowerPoint +2002.*
B	Schreiben Sie in die Suchmaschine *PowerPoint -2002.*

2.	**Wie suchen Sie in einer Suchmaschine nach Informationen zu PowerPoint, ohne Information zu PowerPoint 2002?**
A	Schreiben Sie in die Suchmaschine *PowerPoint +2002.*
B	Schreiben Sie in die Suchmaschine *PowerPoint -2002.*

3.	**Wie suchen Sie nach einem Satz oder einem Zitat wie Candle in the Wind?**
A	Schreiben Sie in die Suchmaschine "Candle in the wind" und klicken Sie auf *Suchen*.
B	Schreiben Sie in die Suchmaschine Candle +in the +wind und klicken Sie auf *Suchen*.
C	Schreiben Sie in die Suchmaschine Candle-in-the-wind und klicken Sie auf *Suchen*.
D	Schreiben Sie in die Suchmaschine Candle in the wind und klicken Sie auf *Suchen*.

4.	**Welches Beispiel ist ein Beispiel für eine logische Suche?**
A	James Bond -Sean Connery
B	James Bond +Sean Connery
C	James Bond, Sean Connery
D	"James Bond" +"Sean Connery"

5.	**Welches Beispiel ist ein Beispiel einer Suchabfrage in einer Natural language-Suchmaschine wie Ask Jeeves?**
A	Geben Sie das Folgende ein und klicken Sie auf *Ask*: James Bond-Sean Connery.
B	Geben Sie das Folgende ein und klicken Sie auf *Ask*: James Bond+Sean Connery.
C	Geben Sie das Folgende ein und klicken Sie auf *Ask*: How many times did Sean Connery play James Bond?
D	Geben Sie das Folgende ein und klicken Sie auf *Ask*: James Bond and Sean Connery.

Lektion 7.4: Internet Explorer beherrschen

Zu dieser Lektion

In dieser Lektion erfahren Sie, wie Sie das Erscheinungsbild und die Operationen des Internet Explorers an Ihre Arbeitsweise und Ihren persönlichen Geschmack anpassen können.

Zu Beginn lernen Sie, wie man die Anzeige von Grafiken auf Webseiten ausschaltet, um so schneller durchs Web surfen zu können. Falls es eine Webseite gibt, die Sie besonders oft besuchen, erfahren Sie, wie Sie den Internet Explorer so einstellen, dass diese Seite bei jedem Programmstart angezeigt wird.

Sehr nützlich ist auch die Fähigkeit des Internet Explorers, Webadressen zu speichern und sie in Ordnern zusammenzufassen, um so einen einfachen Zugriff zu ermöglichen.

Schließlich und endlich lernen Sie noch, wie Sie die Anzeige der Symbolleisten des Internet Explorers sowie einige weitere Bildschirmelemente steuern können und wie Sie die Anzeige von Text auf einer Webseite im Programm festlegen.

Neue Fähigkeiten

Am Ende dieser Lektion sollten Sie in der Lage sein,

- die Anzeige von Grafik in Webseiten ein- und auszuschalten,
- Webadressen als Favoriten zu speichern,
- gespeicherte Adressen in Ordnern zu verwalten,
- gespeicherte Webadressen aufzurufen und zu besuchen,
- die Startseite im Internet Explorer zu ändern,
- die Standard-Symbolleiste und die Adressleiste des Internet Explorers ein- und auszublenden,
- die vier Explorerleisten (Suchen, Favoriten, Medien und Verlauf) des Internet Explorers ein- und auszublenden,
- die Schriftgröße des angezeigten Textes einer Webseite anzupassen.

Neue Wörter

Am Ende dieser Lektion sollten Sie in der Lage sein, den folgenden Begriff zu erklären:

- Favoriten

Bilder auf Webseiten an- und ausschalten

Das Symbol im Explorer für ein nicht angezeigtes Bild

Webseiten mit vielen Bildern oder auch wenigen großen Bildern können zu unendlich langen Ladezeiten führen. Sehr oft sind diese Bilder aber nur Werbung, Firmenlogos und dekorative Elemente, die als nebensächlich betrachtet werden können, vor allem, wenn Sie an Ihre monatliche Telefonrechnung denken.

Der Internet Explorer erlaubt es Ihnen aber, die Anzeige von Bildern auszuschalten, um Webseiten schneller anzeigen zu können. In diesem Fall zeigt Ihnen der Internet Explorer nur den Text der besuchten Webseiten an. Zusätzlich finden sich kleine Symbole für die nicht angezeigten Bilder.

Wenn Sie eine Webseite mit Bildern besuchen, die Sie gerne angezeigt haben möchten, können Sie die Anzeige wieder einschalten. Scheuen Sie sich nicht davor, diese Funktion einmal auszuprobieren. Sie spart viel Zeit und ist, wie Sie in Übung 7.28 sehen werden, auch ganz einfach zu handhaben.

Übung 7.28: Anzeige von Bildern ausschalten

1) Öffnen Sie den Internet Explorer und rufen Sie den Menübefehl *Extras/Internetoptionen* auf.

2) Aktivieren Sie die Registerkarte *Erweitert* und blättern Sie nach unten bis zur Kategorie *Multimedia*. Heben Sie hier die Auswahl *Bilder anzeigen* auf, indem Sie in das Kontrollkästchen klicken.

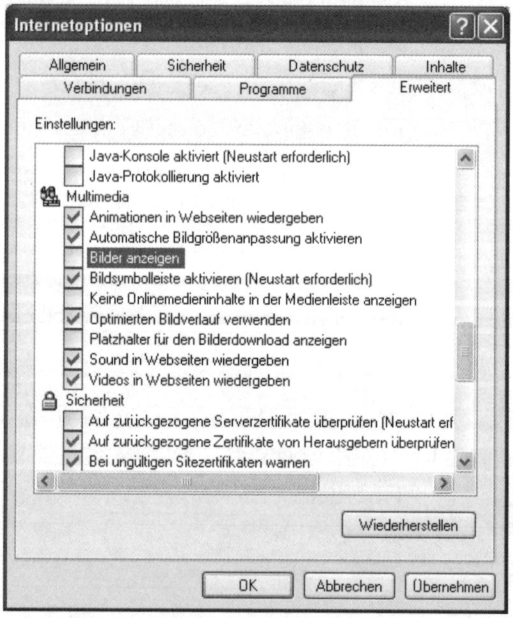

3) Bestätigen Sie über OK.

Um Bilder auf allen Webseiten anzuzeigen, machen Sie den Vorgang aus Schritt 2 einfach wieder rückgängig.

Wenn die Bildanzeige ausgeschaltet ist, können Sie ein einzelnes Bild anzeigen lassen, indem Sie mit der rechten Maustaste auf das entsprechende Symbol klicken und im Kontextmenü den Eintrag BILD ANZEIGEN wählen.

Favoriten

Wenn Sie durch das Web browsen, werden Sie auf Seiten stoßen, die Sie zu einem späteren Zeitpunkt vielleicht erneut besuchen möchten. Sie können den Internet Explorer dazu auffordern, eine Webadresse zu speichern. Verwenden Sie dazu die Funktion *Favoriten*.

Eine Webseite als Favoriten zu speichern, erspart Ihnen die Mühe, diese Adresse im Kopf zu behalten oder sie aufschreiben zu müssen. Um eine solche Seite erneut zu besuchen, klicken Sie ganz einfach auf den entsprechenden Namen in der gespeicherten Favoritenliste. Das ist wesentlich einfacher, als die Adresse jedes Mal neu einzugeben.

Unter den Favoriten wird nur die Webadresse auf Ihrem Computer gespeichert, nicht aber die Webseite selbst.

Die Übungen 7.29 bis 7.31 führen Sie durch die einzelnen Schritte: Webadressen speichern, in Ordnern verwalten und erneut besuchen.

Übung 7.29: Eine Webadresse speichern

Schaltfläche Favoriten

1) Besuchen Sie die Webseite, deren Adresse Sie gern speichern möchten, z.B. *www.klugsuchen.de*.
2) Werden die Favoriten links neben dem Hauptfenster des Explorers angezeigt? Wenn nicht, klicken Sie auf die Schaltfläche *Favoriten* in der Standard-Symbolleiste.
3) Am oberen Rand des Bereichs *Favoriten* klicken Sie auf den Befehl *Hinzufügen*.

4) Das Dialogfeld *Zu Favoriten hinzufügen* wird eingeblendet. Akzeptieren oder ändern Sie den Namen der Webseite, deren Adresse Sie speichern möchten (in diesem Fall »Klug Suchen! Deutschland«).

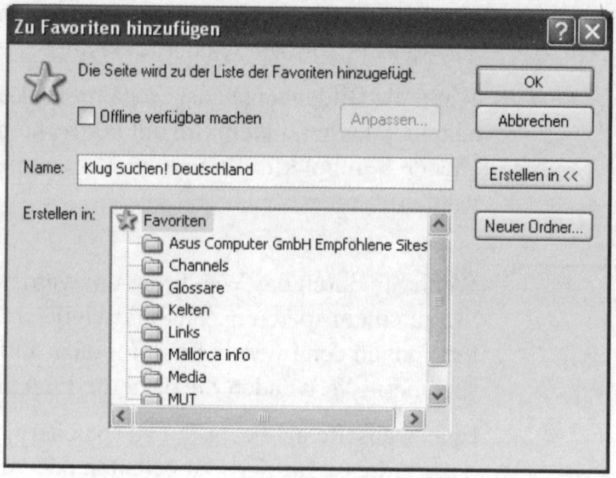

5) Klicken Sie auf OK.

Der Internet Explorer fügt den Namen der aktuell angezeigten Webseite als letztes Element in die Favoritenliste ein.

Ihre Favoriten verwalten

Sie können Favoriten in Ordnern zusammenfassen, um sie dann einfacher zu finden. In Übung 7.30 erstellen Sie einen Ordner, um Adressen von Suchmaschinen zu speichern. Sie werden dann einige Adressen in diesem Ordner abspeichern.

Übung 7.30: Favoriten in Ordnern verwalten

1) Werden die Favoriten links neben dem Hauptfenster des Explorers angezeigt? Wenn nicht, klicken Sie auf die Schaltfläche *Favoriten* auf der Standard-Symbolleiste.

2) Klicken Sie im oberen Bereich der Favoriten auf den Befehl *Verwalten*, um das entsprechende Dialogfeld einzublenden.

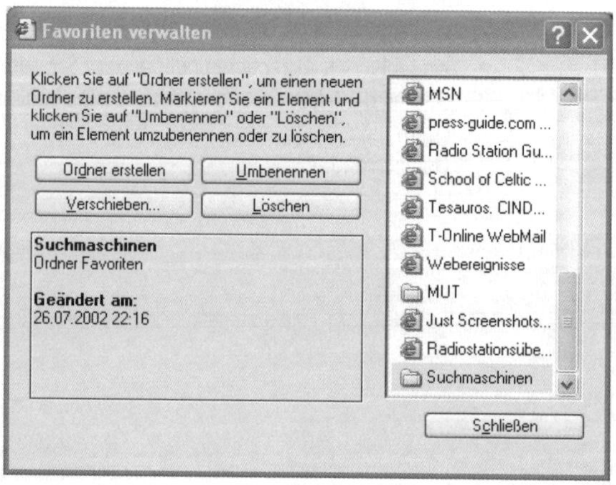

3) Klicken Sie die Schaltfläche ORDNER ERSTELLEN an, nennen Sie den neuen Ordner *Suchmaschinen* und klicken Sie auf SCHLIESSEN.

4) Besuchen Sie die folgende Website: *www.altavista.de*

5) Am oberen Rand des Bereichs *Favoriten* klicken Sie auf den Befehl *Hinzufügen.*

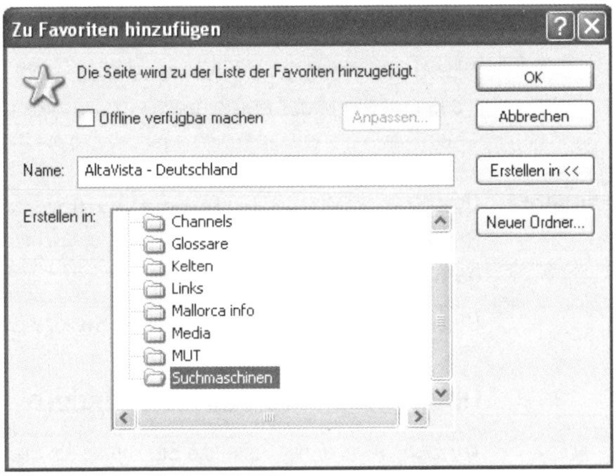

6) Klicken Sie im eingeblendeten Dialogfeld auf *Erstellen in<<,* wählen Sie dann den Ordner *Suchmaschinen* aus und klicken Sie auf OK.

7) Wiederholen Sie die Schritte 4, 5 und 6 für die folgenden Suchmaschinen:

www.abacho.de
www.altavista.de
www.lycos.de
www.google.de
www.fireball.de

Gut gemacht! Sie haben nun einen neuen Ordner vorliegen, in dem Webadressen gespeichert sind.

Eine gespeicherte Webadresse erneut besuchen

Eine gespeicherte Webadresse erneut zu besuchen, ist einfach. In Übung 7.31 besuchen Sie erneut eine Webadresse, die Sie in Übung 7.30 unter *Favoriten* abgespeichert haben.

Übung 7.31: Eine gespeicherte Webadresse erneut besuchen

1) Werden die Favoriten links neben dem Hauptfenster des Internet Explorers angezeigt? Wenn nicht, klicken Sie auf die Schaltfläche *Favoriten* in der Standard-Symbolleiste.

2) Blättern Sie in der Liste der Favoriten nach unten, bis Sie zum Ordner *Suchmaschinen* gelangen, den Sie in Übung 40.3 erstellt haben. Klicken Sie darauf.

3) Klicken Sie nun auf eine der gespeicherten Adressen im Ordner *Suchmaschinen,* z.B. *www.fireball.de.* Der Internet Explorer zeigt die entsprechende Webseite an.

Um einen Favoriten zu löschen, klicken Sie in der Favoritenleiste auf VERWALTEN, wählen dann aus der Liste den entsprechenden Eintrag und wählen dann LÖSCHEN.

Favoriten

Eine Liste mit Website-Adressen, die im Internet Explorer gespeichert ist. Favoriten ersparen die Notwendigkeit, sich URLs von oft besuchten Websites merken oder neu eingeben zu müssen.

Ihre Startseite ändern

Ihre Startseite (die der Internet Explorer »Homepage« nennt) ist die Seite, die das Programm anzeigt, wenn Sie den Internet Explorer öffnen.

In Übung 7.32 erfahren Sie, wie Sie die Startseite ändern können.

Übung 7.32: Ihre Startseite ändern

1) Gehen Sie zu der Seite, die Sie künftig als Startseite angezeigt haben möchten, wenn Sie den Internet Explorer aufrufen, beispielsweise: *www.mut.de*.
2) Rufen Sie den Menübefehl *Extras/Internetoptionen* auf und aktivieren Sie die Registerkarte *Allgemein*. Klicken Sie im Bereich *Startseite* auf die Schalftläche *Aktuelle Seite* und bestätigen Sie über *OK*.

Um Ihre bevorzugte Seite zu jeder Zeit anzeigen zu lassen, klicken Sie einfach auf die Schaltfläche *Startseite* in der Standard-Symbolleiste des Internet Explorers.

Sie können die ursprüngliche Startseite, welche bei der Installation des Internet Explorers angegeben war, wiederherstellen, indem Sie im Dialogfeld *Internetoptionen* auf der Registerkarte *Allgemein* die Schaltfläche *Standardseite* anklicken.

Um eine leere Seite anzugeben – also keine Startseite –, wählen Sie die Schaltfläche *Leere Seite*.

Bildschirmelemente

Das Hauptfenster des Internet Explorers ist jener Bereich, in dem das Programm Webseiten anzeigt. Um das Hauptfenster herum sind verschiedene Bildschirmelemente angeordnet, die Ihnen dabei helfen sollen, das Web zu erkunden und Informationen zu finden.

- Oben am Hauptfenster entlang verläuft die Standard-Symbolleiste und die Adressleiste.
- Links vom Hauptfenster befinden sich die drei Explorerleisten: Favoriten, Verlauf und Suchen.

In diesem Abschnitt werden Sie noch etwas mehr über diese Bildschirmelemente erfahren.

Standard-Symbolleiste

Sie haben bereits den Sinn und Zweck der folgenden Schaltflächen in der Standard-Symbolleiste des Internet Explorers kennen gelernt: *Zurück, Vorwärts, Startseite, Suchen, Favoriten, Drucken.*

Die Internet Explorer-Symbolleiste

Zwei weitere und auch wichtige Schaltflächen sind *Abbrechen* und *Aktualisieren*. Klicken Sie auf die Schaltfläche *Abbrechen*, wenn das Laden der Seite, die Sie angezeigt haben möchten, zu lange dauert. Die Schaltfläche *Aktualisieren* ruft die aktuelle Webseite noch einmal von der Website ab. Klicken Sie auf diese Schaltfläche, wenn eine Webseite nicht korrekt oder nur unvollständig angezeigt wird.

Um die Standard-Symbolleiste auszublenden, wählen Sie den Menübefehl ANSICHT/SYMBOLLEISTEN und heben die Auswahl für die Standard-Symbolleiste auf, indem Sie im Untermenü den Eintrag STANDARDSCHALTFLÄCHEN wählen. Um die Symbolleiste wieder einzublenden, wählen Sie ANSICHT/SYMBOLLEISTEN und die Symbolleiste *Standardschaltflächen* wieder aus.

Adressleiste

Unterhalb der Standard-Symbolleiste befindet sich die Adressleiste. Wie Sie gelernt haben, wird in diesem Bereich die Adresse der zurzeit angezeigten Webseite eingeblendet. Sie können auch eine Webadresse direkt in die Adressleiste eingeben und dann auf *Wechseln zu* klicken oder die [↵]-Taste drücken.

Um die Adressleiste auszublenden, wählen Sie *Ansicht/Symbolleisten* und heben die Auswahl für die Adressleiste auf. Um die Adressleiste wieder einzublenden, wählen Sie *Ansicht/Symbolleisten* und aktivieren die Adressleiste.

Explorer-Leisten

Als *Explorer-Leisten* werden im Internet Explorer die drei Bildschirmelemente bezeichnet, die Sie links neben dem Hauptfenster anzeigen können. Sie können jedoch immer nur jeweils ein Element anzeigen lassen.

Um die *Favoriten*-Leiste anzuzeigen, klicken Sie auf die Schaltfläche *Favoriten* in der Standard-Symbolleiste oder rufen den Menübefehl *Ansicht/Explorer-Leiste* und im Untermenü den Eintrag FAVORITEN auf. Die Liste Ihrer gespeicherten Webadressen wird angezeigt.

Um die *Suchen*-Leiste anzuzeigen, klicken Sie auf die Schaltfläche *Suchen* in der Standard-Symbolleiste oder rufen den Menübefehl *Ansicht/Explorer-Leiste* und im Untermenü den Eintrag SUCHEN auf.

Um die *Medien*-Leiste anzuzeigen, klicken Sie auf die Schaltfläche *Medien* in der Standard-Symbolleiste oder rufen den Menübefehl *Ansicht/Explorer-Leiste* und im Untermenü den Eintrag MEDIEN auf.

Um die *Verlauf*-Leiste anzuzeigen, klicken Sie auf die Schaltfläche *Verlauf* in der Standard-Symbolleiste oder rufen den Menübefehl *Ansicht/Explorer-Leiste* und im Untermenü den Eintrag VERLAUF auf.

Die *Verlauf*-Leiste zeigt Ihnen die Webadressen an, die Sie in den letzten Tagen und Wochen besucht haben. Um eine Webadresse, die in der *Verlauf*-Leiste angezeigt wird, erneut zu besuchen, klicken Sie einen Tag oder eine Woche an und dann auf einen Websiteordner, um einzelne Webseiten angezeigt zu bekommen. Schließlich klicken Sie noch auf das Seitensymbol, damit Ihnen die entsprechende Webseite angezeigt wird.

Sie können die *Verlauf*-Leiste sortieren oder auch durchsuchen, indem Sie auf den Pfeil neben der Schaltfläche *Ansicht* oben in der *Verlauf*-Leiste klicken.

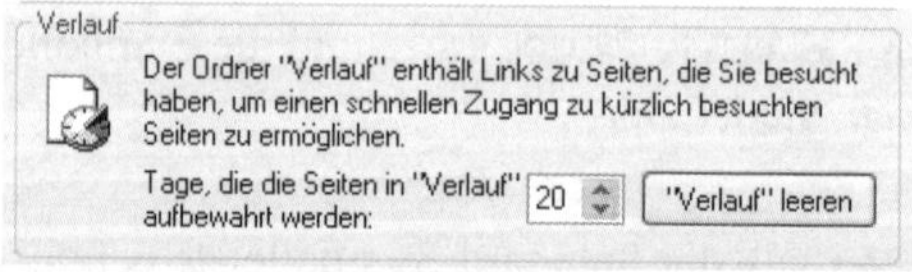

Um die Anzahl der Tage zu ändern, an denen der Internet Explorer die besuchten Webseiten aufzeichnet, oder um die Liste vollständig zu löschen, rufen Sie den Menübefehl *Extras/Internetoptionen* auf. Auf der Registerkarte *Allgemein* nehmen Sie die entsprechenden Änderungen vor und klicken auf OK.

Anzeige der Textgröße

Die Standardschriftgröße, in der der Internet Explorer Text anzeigt, lässt sich auch ändern. Eine nützliche Funktion, falls Ihre Sehkraft beeinträchtigt sein sollte.

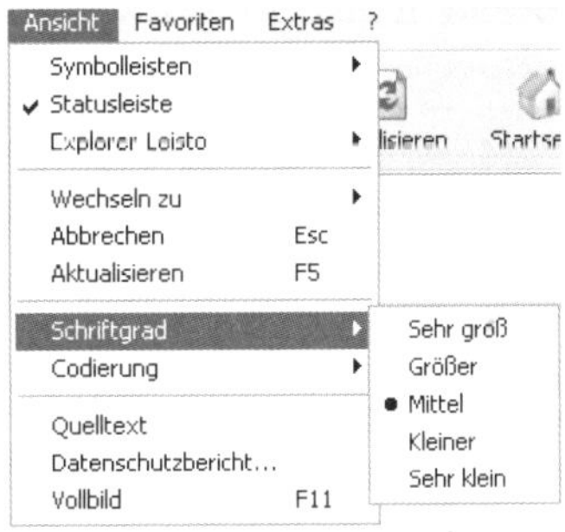

Rufen Sie den Menübefehl *Ansicht/ Schriftgrad* auf und legen Sie die gewünschte Textgröße fest.

Sie können jederzeit zur Standardgröße *Mittel* zurückkehren.

Die Größe des Internet Explorer-Hauptfensters maximieren Sie, indem Sie den Menübefehl *Ansicht/Vollbild* wählen.

Um zur normalen Anzeige zurückzukehren, klicken Sie auf das Wiederherstellenfeld rechts oben im Bild.

Einige Webseiten, wie beispielsweise *www.adobe.com* und *www.zdnet.com*, sind mit einer fest eingestellten Schriftgröße erstellt. Hier hat der Befehl ANSICHT/SCHRIFTGRÖSSE keinerlei Auswirkung auf die Anzeige.

Glückwunsch! Sie haben die erste Hälfte des ECDL-Moduls *Information und Kommunikation* beendet.

Zusammenfassung der Lektion: Das haben Sie gelernt

Sie können das Erscheinungsbild und die Operationen des Internet Explorers an Ihre Arbeitsbedingungen und an Ihren persönlichen Stil anpassen.

Um Webseiten schneller anzuzeigen, schalten Sie die Anzeige von Bildern aus. Der Internet Explorer zeigt Ihnen dann nur den Text der besuchten Webseiten an. Zusätzlich finden sich kleine Symbole als Platzhalter für nicht angezeigte Bilder. Schauen Sie sich dazu die Übung 7.28 an.

Sie können Webadressen für einen einfacheren Zugriff speichern und in Ordnern verwalten, indem Sie die Internet Explorer-Favoriten verwenden. Schauen Sie sich dazu die Beispiele in Übung 7.29, 7.30 und 7.31 an. Eine Webseite, die Sie sehr häufig besuchen, können Sie zu Ihrer Standardstartseite machen. Schauen Sie sich dazu Übung 7.32 an.

Die Standard-Symbolleiste des Internet Explorers bietet einen schnellen Zugriff auf die am häufigsten verwendeten Aktionen im Web. Am linken Rand des Hauptfensters können Sie jeweils eine der vier folgenden Leisten einblenden: *Verlauf*, *Suchen*, *Medien* oder *Favoriten*.

Der Internet Explorer erlaubt es Ihnen, die Größe des Textes auf dem Bildschirm anzupassen.

Schnelltest: **Internet Explorer beherrschen**

1.	**Wie speichern Sie eine Webadresse?**
A	Besuchen Sie die Webseite, deren Adresse Sie speichern möchten. Klicken Sie auf *Favoriten.* Klicken Sie in der Favoritenleiste auf *Hinzufügen.* Wählen Sie den Ordner aus, in dem Sie die Webseite speichern möchten, und klicken Sie auf OK.
B	Besuchen Sie die Webseite, deren Adresse Sie speichern möchten. Wählen Sie die Adresse aus, die Sie speichern möchten, und drücken Sie [Strg]+[C]. Öffnen Sie ein Microsoft Word-Dokument und drücken Sie [Strg]+[V].
C	Besuchen Sie die Webseite, deren Adresse Sie speichern möchten. Klicken Sie auf *Suchen.* Im Dialogfenster *Suchen* wählen Sie *Webpage suchen.* Geben Sie die Adresse der Webseite ein und klicken Sie auf *Suchen.*
D	Besuchen Sie die Webseite, deren Adresse Sie speichern möchten. Klicken Sie auf *Favoriten.* Klicken Sie in der Favoritenleiste auf *Hinzufügen.* Wählen Sie den Ordner aus , in dem Sie die Webseite speichern möchten, und klicken Sie auf *Abbrechen.*

2.	**Wie ändern Sie Ihre Startseite?**
A	Wählen Sie die Webseite, die Sie anzeigen möchten. Rufen Sie den Menübefehl EXTRAS/INTERNETOPTIONEN auf und aktivieren Sie die Registerkarte Allgemein. Unter *Startseite* klicken Sie auf *Leere Seite* und dann auf OK.
B	Wählen Sie die Webseite, die Sie anzeigen möchten. Rufen Sie den Menübefehl EXTRAS/INTERNETOPTIONEN auf und aktivieren Sie die Registerkarte Allgemein. Unter *Startseite* klicken Sie auf *Standardseite* und dann auf OK.
C	Wählen Sie die Webseite, die Sie anzeigen möchten. Rufen Sie den Menübefehl EXTRAS/INTERNETOPTIONEN auf und aktivieren Sie die Registerkarte *Allgemein.* Unter *Startseite* klicken Sie auf *Aktuelle Seite* und dann auf OK.
D	Wählen Sie die Webseite, die Sie anzeigen möchten. Rufen Sie den Menübefehl EXTRAS/INTERNETOPTIONEN auf und aktivieren Sie die Registerkarte *Allgemein.* Unter *Startseite* klicken Sie auf *Aktuelle Seite* und dann auf *Abbrechen.*

3.	**Die *Verlauf*-Liste zeigt ...**
A	Media-Optionen an.
B	gespeicherte Webseiten an.
C	Suchelemente an.
D	zuvor besuchte Websites an.

4.	**Wie ändern Sie die Schriftgröße in einer Webseite?**
A	Rufen Sie den Menübefehl ANSICHT/SCHRIFTGRAD auf und wählen Sie im Untermenü die gewünschte Größe aus.
B	Rufen Sie den Menübefehl ANSICHT/CODIERUNG auf und wählen Sie im Untermenü die gewünschte Codierung aus.
C	Rufen Sie den Menübefehl ANSICHT/SCHRIFTGRAD auf und wählen Sie im Untermenü die gewünschte Symbolleiste aus.

5.	**Wo können Sie im Internet Explorer die Web-Adresse einer Seite hinterlegen bzw. speichern, um einen raschen Zugriff darauf zu haben, weil Sie diese Seite gern wiederholt besuchen möchten? Klicken Sie auf die Schaltfläche:**
A	*Verlauf*
B	*Favoriten*
C	*Medien*
D	*Suchen*

Lektion 7.5: E-Mail mit Outlook

Zu dieser Lektion

Frage: Wozu verwenden die meisten Leute das Internet? Antwort: Zum Verschicken von E-Mails. E-Mail befindet sich auf dem rasanten Vormarsch, die bevorzugte Kommunikationsart der Geschäftswelt zu werden. Und weil E-Mail darüber hinaus eine schnelle, zuverlässige, flexible, komfortable und auch noch kostengünstige Art der Kommunikation darstellt, wird sie auch gerne von Freunden und Familien verwendet, um in Kontakt zu bleiben. E-Mails mit jeglicher Art von Information (Text, Bilder, Musik, Programme) können innerhalb von Sekunden oder Minuten ans andere Ende der Welt übertragen werden, und das wenn nötig, auch noch an mehrere Personen gleichzeitig.

Diese Lektion ist eine Einführung in Outlook, dem E-Mail-Programm von Microsoft. Sie lernen die wichtigsten Bildschirmelemente dieser Anwendung kennen und erfahren, wie man sie anordnet, um das Programm seinen persönlichen Bedürfnissen anzupassen.

Sie erfahren, wie man E-Mails adressiert, erstellt und über das Internet verschickt. Außerdem lernen Sie, wie Sie an eingehende, an Sie adressierte E-Mails gelangen und diese dann lesen.

Neue Fähigkeiten

Am Ende dieser Lektion sollten Sie in der Lage sein,

- Microsoft Outlook zu starten und zu beenden,
- die folgenden vier Bildschirmelemente anzuzeigen: Ordnerliste, Nachrichtenliste, Vorschaufenster und Symbolleiste,
- eine E-Mail aus der Nachrichtenliste auszuwählen und im Vorschaufenster anzuzeigen,
- eine E-Mail aus der Nachrichtenliste auszuwählen und in einem separaten Fenster anzuzeigen,
- E-Mails zu erstellen und zu verschicken,
- eingehende E-Mails abzuholen und zu lesen,
- eine E-Mail zu drucken und zu löschen.

Neue Wörter

Am Ende dieser Lektion sollten Sie in der Lage sein, die folgenden Begriffe zu erklären:

- Ordnerliste
- Nachrichtenliste
- Vorschaufenster
- E-Mail-Abruf

Outlook starten

Doppelklicken Sie auf das Symbol *Outlook* im Windows-Desktop oder rufen Sie den Befehl START/ALLE PROGRAMME/MICROSOFT OUTLOOK auf.

Falls Ihr Computer über eine permanente Internet-Verbindung verfügt, ist nun alles startklar, um mit Outlook E-Mails zu senden und zu empfangen.

Wenn Sie eine separate Einwahl benötigen, müssen Sie zuerst die Nummer Ihres Internet-Dienstanbieters anwählen. Möglicherweise ist Outlook so eingestellt, dass die Einwahl automatisch erfolgt.

Wenn nicht, müssen Sie Ihren Internet-Dienstanbieter gesondert anwählen.

Geben Sie Ihren Benutzernamen und Ihr Passwort ein (falls Outlook diese Daten nicht bei der letzten Anwahl aufgezeichnet hat) und klicken Sie auf *Verbinden*.

Wenn Ihr Computer von mehreren Personen genutzt wird, müssen Sie sich möglicherweise identifizieren, um Zugang zu Ihrer persönlichen E-Mail-Liste zu erhalten.

Das Layout von Outlook ändern

Sie können die Bildschirmanzeige von Outlook so verändern, dass die Funktionen, die Sie am häufigsten verwenden, angezeigt und die seltener benötigten ausgeblendet werden. Das kann bedeuten, dass zwei Leute, die Outlook verwenden, zwei völlig unterschiedliche Bildschirmanzeigen haben. Für die Übungen in diesem Modul ändern Sie das Layout von Outlook bitte wie in Übung 7.33 beschrieben.

Übung 7.33: Die angezeigten Elemente auswählen

1) Gehen Sie ins Menü ANSICHT. Es werden hier verschiedene Layout-Optionen angezeigt.
2) Wählen Sie:

   ANSICHT/OUTLOOK-LEISTE

   ANSICHT/ORDNERLISTE

   ANSICHT VORSCHAUFENSTER

   ANSICHT/STATUSLEISTE
3) Rufen Sie den Menübefehl ANSICHT/SYMBOLLEISTEN auf und wählen Sie im Untermenü die drei Einträge STANDARD, ERWEITERT und WEB aus.
4) Wählen Sie ANSICHT/AKTUELLE ANSICHT/NACHRICHTEN. (Wenn Sie sich im Fenster *Outlook Heute* befinden, ist dieser Menübefehl nicht vorhanden.)

   Ihr Outlook-Bildschirm sollte nun wie unten angezeigt aussehen.

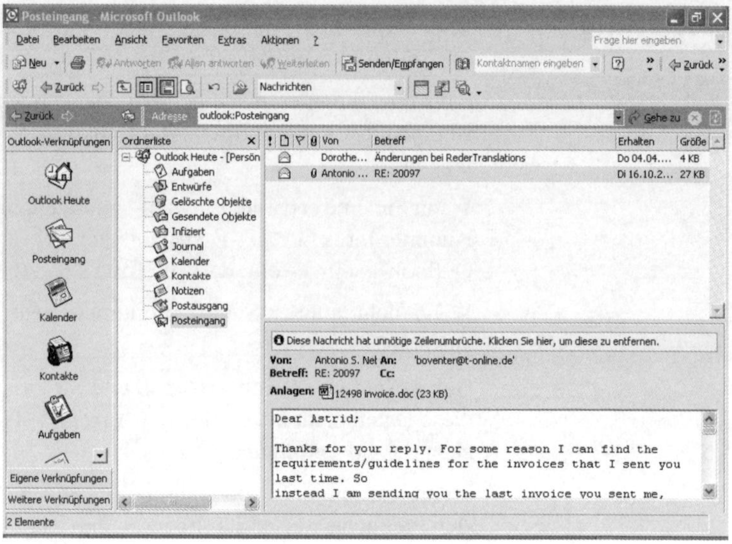

Die vier Layout-Elemente

Schauen wir uns einmal die vier Hauptbildschirmelemente in Outlook an: *Ordnerliste, Nachrichtenliste, Vorschaufenster* und *Symbolleiste*.

Ordnerliste

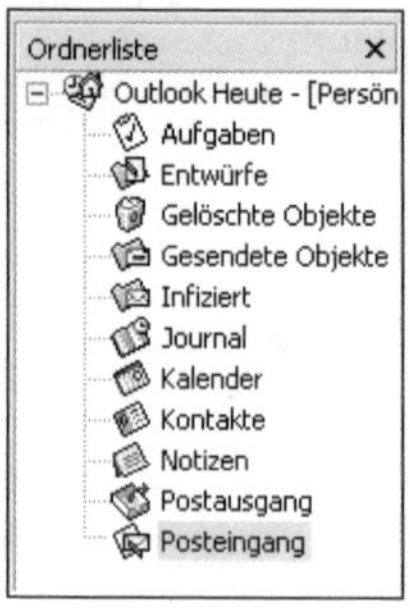

Die Ordnerliste auf der linken Seite enthält fünf für uns momentan wichtige Ordner:

- **Posteingang:** Dieser Ordner enthält alle eingehenden E-Mails, also die, die jemand an Sie gesendet hat.
- **Postausgang:** Hier werden Ihre selbst erstellten und zum Versand anstehenden E-Mails so lange gespeicher, bis sie verschickt sind.
- **Gesendete Objekte:** Dieser Ordner enthält Kopien aller E-Mails, die Sie anderen Leuten geschickt haben.
- **Gelöschte Objekte**: In diesem Ordner legen Sie alle E-Mails ab, eingehende und ausgehende, die Sie nicht mehr benötigen.
- **Entwürfe:** Hier speichern Sie die E-Mails, die Sie noch nicht fertig gestellt haben.

Wenn in einem Ordner eine noch nicht gelesene E-Mail vorhanden ist, zeigt Outlook den Namen dieses Ordners fett an und schreibt die Zahl der ungelesenen E-Mails in Klammern dahinter.

Zusätzlich zu diesen fünf Ordnern, die Outlook bereitstellt, können Sie auch eigene Ordner und Unterordner erstellen und E-Mails zwischen diesen Ordnern verschieben. Sie erfahren später noch, wie das funktioniert.

Ordnerliste

Der Teil in Outlook, in dem E-Mails entsprechend ihrem Typ zusammen gefasst werden: erhaltene (Posteingang), zum Versenden fertige (Postausgang), schon gesendete (Gesendete Objekte), gelöschte (Gelöschte Objekte) und E-Mails zur weiteren Bearbeitung (Entwürfe). Benutzer können zusätzliche Ordner und Unterordner erstellen, um ihre E-Mails noch detaillierter zu organisieren.

Nachrichtenliste

Wenn Sie auf irgendeinen Ordner in der Ordnerliste klicken, zeigt Outlook Ihnen den Inhalt dieses Ordners im rechten Feld des Bildschirms in der so genannten *Nachrichtenliste* an. Dieser Vorgang wird als *Öffnen eines Ordners* bezeichnet.

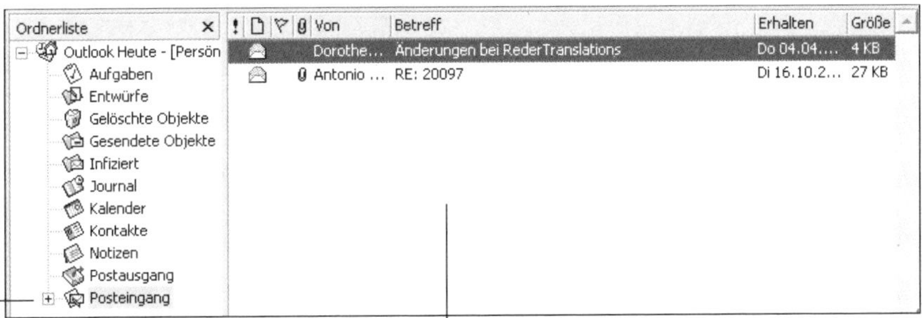

Klicken Sie auf einen Ordner, um dessen Inhalt in der Nachrichtenliste anzuzeigen

Nachrichtenliste

Outlook zeigt ein paar grundlegende Details zur jeweiligen E-Mail an – Verfasser oder Adressat, Betreff, Versanddatum oder Empfangsdatum – und verwendet dazu die folgenden Symbole, um Sie mit zusätzlicher Information zu versorgen.

Eine gelesene E-Mail wird hell dargestellt.

Eine ungelesene E-Mail wird fett dargestellt.

Eine E-Mail, gelesen oder ungelesen, mit einer oder mehreren angehängten Dateien (Sie werden später noch mehr über Dateianhänge bei E-Mails erfahren).

Eine E-Mail mit dem Symbol für hohe Dringlichkeit (Sie werden später noch mehr über E-Mail-Dringlichkeit erfahren).

Nachrichtenliste

Die Liste der E-Mails, die sich in einem gerade geöffneten Ordner in Outlook befinden. Outlook zeigt eine Zusammenfassung der Informationen zu jeder E-Mail an.

Spalten in Nachrichtenlisten ein- und ausblenden

Wie sie gesehen haben, zeigt Outlook Ihnen im Fensterausschnitt der Nachrichtenliste bestimmte Informationen zu den jeweiligen Nachrichten an. Sie können diese Spalten jedoch auch einzeln entfernen oder andere hinzufügen. Sie können sich die Felder, die Sie in der Ansicht verwenden möchten, selbst auswählen und organisieren.

Wählen Sie dazu entweder ANSICHT/AKTUELLE ANSICHT/AKTUELLE ANSICHT ANPASSEN, oder üben Sie einen Rechtsklick auf die Zeile aus, in der sich die Felder *Betreff, Von, Erhalten* etc. befinden und wählen Sie AKTUELLE ANSICHT ANPASSEN aus dem Kontextmenü. Über beide Wege gelangen Sie zum Dialogfenster Ansichtszusammenfassung. Klicken Sie auf FELDER.

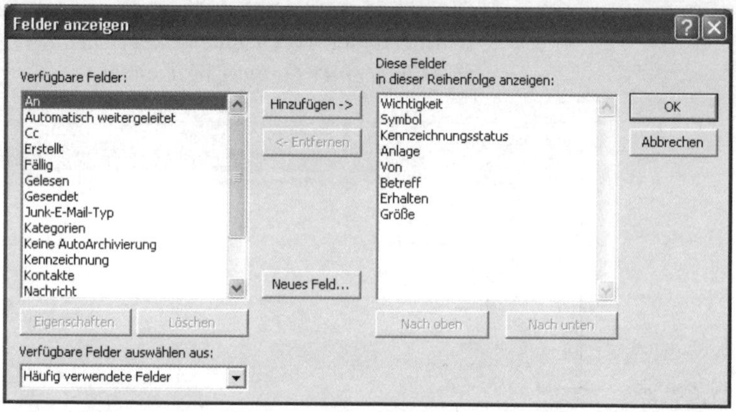

Im Dialogfenster Felder anzeigen können Sie nun mit Hilfe der Schaltflächen HINZUFÜGEN und ENTFERNEN entscheiden, welche Felder Sie im Fenster der Nachrichtenliste angezeigt haben möchten.

Vorschaufenster

Wenn Sie auf eine E-Mail in Ihrer Nachrichtenliste klicken, zeigt Outlook den Inhalt dieser E-Mail in einem Bereich unterhalb der Nachrichtenliste an. Dieser Bereich wird Vorschaufenster genannt.

Klicken Sie auf eine E-Mail in der Nachrichtenliste, um deren Inhalt im Vorschaufenster anzuzeigen

Um eine andere E-Mail im Vorschaufenster anzuzeigen, klicken Sie einfach auf die entsprechende E-Mail in der Nachrichtenliste.

Sie können die Größe der Fensterausschnitte für Nachrichtenliste und Vorschau durch Ziehen mit der Maus verändern

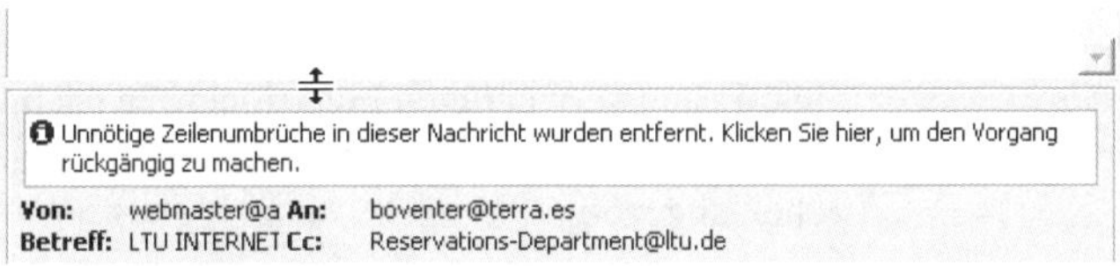

Sie können die Größe der Fensterausschnitte für Vorschau und Nachrichtenliste verändern, indem Sie auf die Trennlinie zwischen den beiden Fensterausschnitten klicken, die Maustaste gedrückt halten und die Trennlinie nach oben oder unten verschieben.

Vorschaufenster

Ein Fensterbereich in Outlook, der den Inhalt der aktuell in der Nachrichtenliste ausgewählten E-Mail anzeigt.

Wenn Sie eine umfangreiche E-Mail empfangen, möchten Sie diese vielleicht lieber in einem separaten Fenster lesen. Dazu führen Sie einfach einen Doppelklick auf die entsprechende E-Mail in der Nachrichtenliste aus.

Eine E-Mail in einem separaten Fenster lesen

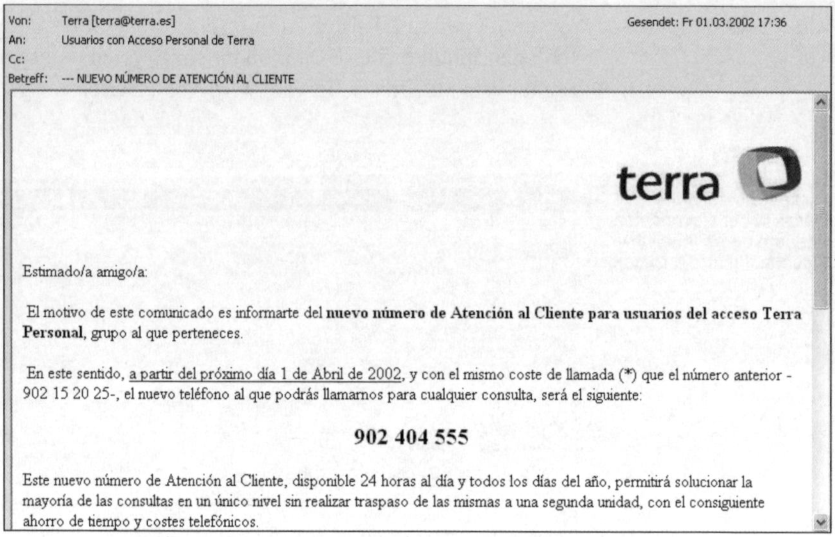

Sie können das separate Fenster für die E-Mail minimieren (sodass Sie jederzeit darauf zugreifen können) oder maximieren (sodass es den gesamten Bildschirm einnimmt). Wenn Sie mit dem Lesen fertig sind, klicken Sie auf das Schließenfeld rechts oben im Fenster. Dadurch wird nur das separate E-Mail-Fenster geschlossen, nicht aber Outlook.

Die Outlook-Symbolleiste

Die Outlook-Symbolleiste enthält Schaltflächen für die von Ihnen am häufigsten verwendeten Funktionen. Je nachdem, in welchem Teil von Outlook Sie gerade arbeiten, werden Ihnen unterschiedliche Schaltflächen angezeigt.

Anstatt alle Schaltflächen auf einmal vorzustellen, werden wir jede einzeln beschreiben, sobald sie in diesem Modul verwendet wird.

Symbolleisten ein- und ausblenden

Sie können die einzelnen Symbolleisten von Outlook über den Menübefehl ANSICHT/SYMBOLLEISTEN ein- oder ausblenden, indem Sie die entsprechenden Symbolleisten mit einem Häkchen aktivieren bzw. deaktivieren. Ein Häkchen neben der Symbolleiste zeigt an, das diese ausgewählt ist.

Eine E-Mail erstellen und versenden

Beim Thema E-Mail erstellen sollten wir kurz auf die Internet-Etikette, die so genannte Netiquette zu sprechen kommen. Die Netiquette ist ein Satz von Regeln, die den Umgang zwischen Menschen im Internet regeln sollte. Es handelt sich dabei nicht um ein offizielles Dokument, sondern vielmehr um eine Sammlung von Hilfestellungen für die ersten Schritte beim E-Mail-Schreiben oder für Beiträge in Newsgroups. Man sollte sich über die geltenden Spielregeln informieren (es gibt im Internet viele Beiträge zum Thema), aber auch der gesunde Menschenverstand, Höflichkeit und Rücksichtnahme sind immer angebracht. Für das Schreiben von E-Mails gelten die gleichen Grundsätze wie für ganz normale Korrespondenz. Denken Sie immer daran, dass auf der anderen Seite auch ein Mensch sitzt, fassen Sie sich kurz und halten Sie auch beim E-Mailen Rechtschreib- und Grammatikregeln ein. Machen Sie also Gebrauch von Groß- und Kleinschreibung, wobei Sie wissen sollten, dass WORTE IN GROSSBUCHSTABEN im Internet als Brüllen verstanden werden. Verwenden Sie eine aussagekräftige Betreffzeile und blähen Sie Ihre Signatur nicht unnötig auf.

Die Übung 7.34 führt Sie durch die einzelnen Schritte, die nötig sind, um eine E-Mail in Outlook zu erstellen und zu versenden.

Übung 7.34: Eine E-Mail erstellen und versenden

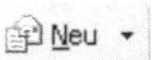

Schaltfläche Neu

1) Wählen Sie *Datei/Neu/E-Mail Nachricht* oder klicken Sie auf die Schaltfläche *Neu*. Als dritte Alternative können Sie auch auf den Pfeil rechts neben der Schaltfläche *Neu* in der Symbolleiste klicken und in der Dropdown-Liste den Eintrag *E-Mail-Nachricht* auswählen.

2) Klicken Sie in das Feld *An* und geben Sie die Adresse der Person ein, der Sie eine E-Mail schicken möchten. Sie werden bemerken, dass die Adresse unterstrichen wird.

   Eine E-Mail-Adresse setzt sich zusammen aus dem Namen, dem Trennzeichen @, der Domäne (Provider, Online-Dienst) und der Kennung.

   Beispiel: *Anna.Baus@t-online.de*

3) Klicken Sie in das Feld *Betreff* und geben Sie eine Kurzbeschreibung Ihrer E-Mail an.

4) Klicken Sie in das große Haupttextfeld und geben Sie dort den Text Ihrer E-Mail ein.

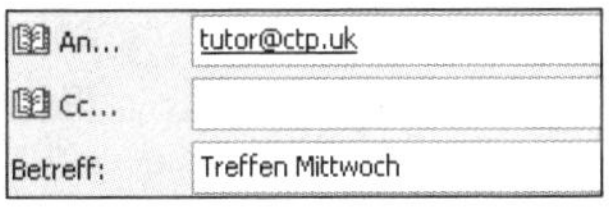

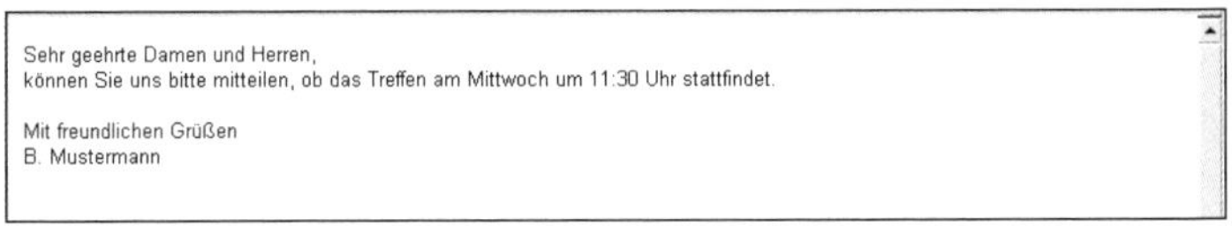

5) Wenn Sie mit dem Schreiben der E-Mail fertig sind, klicken Sie auf die Schaltfläche *Senden* in der Symbolleiste.

Glückwunsch! Sie haben soeben Ihre erste E-Mail verfasst und verschickt.

Was geschieht mit Ihrer ausgehenden E-Mail? Das hängt von einigen Dingen ab:

- Ist Ihre Internet-Verbindung permanenter Natur oder müssen Sie sich extra einwählen?
- Welche Sendeoption haben Sie gewählt, sofort oder in einer Gruppe mit anderen ausgehenden E-Mails?

Ausgehende E-Mail: permanente Internet-Verbindung

Wenn Sie eine E-Mail versenden, kann Outlook sie sofort ans Internet übermitteln. Um diese Option festzulegen, wählen Sie EXTRAS/OPTIONEN und dann auf der Registerkarte *Mail-Setup* die Option *Bei bestehender Verbindung sofort senden*. Klicken Sie auf OK.

Wenn Sie diese Option nicht auswählen, gelangt Ihre E-Mail nur bis in den Ordner *Postausgang*. Die E-Mail verbleibt dort mit allen anderen ausgehenden E-Mails so lange, bis Sie den Menübefehl *Extras/Senden/Empfangen/Alle senden* aufrufen oder auf die Schaltfläche *Senden/Empfangen* in der Outlook-Symbolleiste klicken.

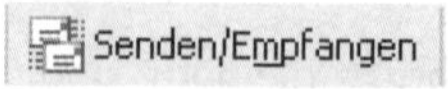

Verwechseln Sie die Schaltfläche *Senden* in der Symbolleiste *Neue Nachricht* nicht mit der Schaltfläche *Senden/Empfangen* in der Outlook-Symbolleiste.

- **Schaltfläche Senden:** Über diese Schaltfläche wird die aktuelle E-Mail ins Internet oder in Ihren Ordner *Postausgang* geschickt, je nachdem, wie Outlook eingestellt ist.
- **Schaltfläche Senden/Empfangen:** Über diese Schaltfläche werden alle E-Mails im Postausgang ans Internet übermittelt und dort für Sie anstehende E-Mails auf Ihren Rechner geladen.

Ausgehende E-Mail: Einwahlverbindung

Wie bei einer permanenten Internet-Verbindung können Sie auch hier auswählen, ob Sie jede E-Mail sofort versenden oder E-Mails im Postausgang speichern und später alle gemeinsam verchicken möchten.

Normalerweise behält man ausgehende E-Mails im Postausgang, bis man mit der Arbeit fertig ist. Auf diese Weise können Sie E-Mails schreiben und anschauen, ohne mit dem Internet verbunden sein zu müssen. Sie müssen Ihren Internet-Dienstanbieter nur dann anwählen, wenn Sie auch tatsächlich E-Mails senden oder empfangen möchten. So können Sie alle Nachrichten (auch Hunderte davon in alle Gegenden der Welt) mit einem einzigen Telefonanruf übermitteln.

Ausgehende E-Mails und der Ordner Gesendete Objekte

Outlook kann eine Kopie aller gesendeten E-Mails im Ordner *Gesendete Objekte* ablegen, sodass Sie eine Kopie aller E-Mails haben, um sich später einmal darauf beziehen zu können.

Ihre E-Mails abrufen und lesen

Ebenso wie Sie Ihre ausgehenden E-Mails einzeln oder alle zusammen versenden können, können Sie auch Ihre eingehenden E-Mails jederzeit abrufen, und zwar entweder automatisch oder manuell.

Sie können auf zwei Arten E-Mails aus dem Internet abrufen:

- Automatisch in festgelegten Intervallen. Wählen Sie *Extras/Optionen* und dann auf der Registerkarte *Mail-Setup* die Option *Bei bestehender Nachricht sofort senden*. Wenn Sie E-Mails nicht sofort versenden möchten, klicken Sie im Register *Mail-Setup* auf die Schaltfläche SENDEN/EMPFANGEN und stellen Sie dann im angezeigten Dialogfenster das Zeitintervall nach Ihren Bedürfnissen ein.

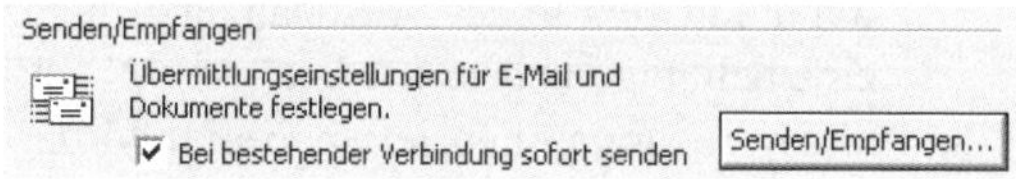

- Manuell, indem Sie den Menübefehl *Extras/Senden/Empfangen/ Alle senden und empfangen* aufrufen oder auf die Schaltfläche SENDEN/EMPFANGEN in der Outlook-Symbolleiste klicken.

Auch wenn Sie einen automatischen E-Mail-Abruf nach bestimmten Zeitintervallen eingestellt haben, können Sie jederzeit durch Klicken auf SENDEN/EMPFANGEN überprüfen, ob neue E-Mails für Sie vorliegen.

E-Mail-Abruf: Einwahlverbindung

Wenn Sie eine Einwahlverbindung verwenden, benutzen Sie normalerweise ein und denselben Telefonanruf, um ausgehende Nachrichten zu versenden und eingehende abzurufen. Und genau das passiert, wenn Sie den Menübefehl *Extras/Senden/Empfangen/Alle senden und empfangen* aufrufen oder auf die Schaltfläche SENDEN/EMPFANGEN klicken.

Nachdem Sie Ihre E-Mails abgerufen haben, können Sie diese lesen, egal ob Sie online oder offline sind. Sie müssen nur online gehen, um Ihre E-Mails aus dem Internet abzurufen.

E-Mail-Abruf

Der Vorgang, E-Mails aus dem Internet auf Ihren Computer zu übermitteln. Sie müssen mit dem Internet verbunden sein, um E-Mails abzurufen, aber Sie können Ihre E-Mails lesen, egal ob Sie online sind oder nicht.

E-Mail-Abfrage bei Programmstart

Sie können Outlook so einstellen, dass E-Mails automatisch beim Starten des Programms aus dem Internet abgeholt werden. Um dies zu tun, rufen Sie den Menübefehl *Extras/Optionen* auf, aktivieren die Registerkarte *Mail-Setup* und wählen die Option *Bei bestehender Verbindung sofort senden*. Klicken Sie auf OK.

Wenn Sie über eine separate Einwahlverbindung ins Internet gelangen, brauchen Sie diese Option nicht auszuwählen. Andernfalls werden Sie von Outlook bei jedem Programmstart aufgefordert, Ihren Internet-Dienstanbieter anzuwählen.

Eine E-Mail lesen

Outlook legt Ihre eingehenden E-Mails im Ordner *Posteingang* ab. Wenn Sie auf den Ordner *Posteingang* in der Ordnerliste klicken, werden alle eingegangenen E-Mails in einer Nachrichtenliste angezeigt, wobei eine davon hervorgehoben wird. Der Text dieser E-Mail erscheint im Vorschaufenster.

Klicken Sie auf eine beliebige andere E-Mail in der Nachrichtenliste, um deren Text in der Vorschau anzuzeigen. Doppelklicken Sie auf eine beliebige andere E-Mail in der Nachrichtenliste, damit ihr Text in einem separaten Fenster angezeigt wird.

Das gleiche Vorgehen kann auf alle Ordner, egal in welchem sich eine E-Mail befindet, angewendet werden. Ordner öffnen, Nachricht auswählen, lesen.

Sie können natürlich auch mehrere Nachrichten gleichzeitig geöffnet haben. Um zwischen den einzelnen geöffneten E-Mail-Nachrichten zu wechseln, bzw. eine bestimmte in den Vordergrund zu holen, klicken Sie auf das Symbol der entsprechenden Nachricht auf der Taskleiste.

Sobald Sie eine Nachricht gelesen haben, wird diese in der Nachrichtenliste nicht mehr fett dargestellt. Sie können eine gelesene Nachricht jedoch wieder als ungelesen markieren, indem Sie einen Rechtsklick auf die entsprechende E-Mail ausführen und aus dem Kontextmenü den Befehl ALS UNGELESEN MARKIEREN wählen.

Sie können eine Nachricht aber auch zur Nachverfolgung kennzeichnen. So können Sie sich daran erinnern lassen, dass Sie in Bezug auf das entsprechende Element noch etwas zu erledigen haben. Die Nachricht wird dann mit einem roten Fähnchen markiert, das sich in ein graues Fähnchen verwandelt, wenn die Erinnerung als erledigt gekennzeichnet wird. Sie kennzeichnen eine E-Mail, indem Sie einen Rechtsklick auf die entsprechende Nachricht ausführen und aus dem Kontextmenü den Befehl ZUR NACHVERFOLGUNG auswählen. Auf die gleiche Weise können Sie die Nachverfolgung über das Kontextmenü dann später ALS ERLEDIGT KENNZEICHNEN.

Im Dialogfeld *Zur Nachverfolgung kennzeichnen* können Sie verschiedene Einstellungen wie die Art der Kennzeichnung und die Fälligkeit vornehmen.

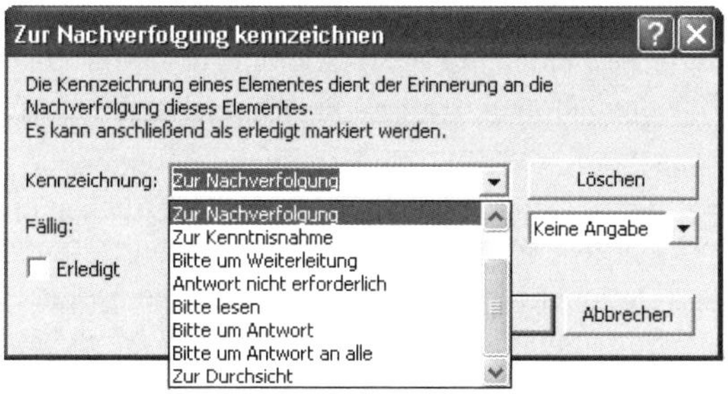

Die entsprechende Kennzeichnung (*Zur Nachverfolgung*, *Zur Kenntnisnahme*, *Bitte um Weiterleitung* etc.) und die gewählte Fälligkeit werden oben im Element angezeigt. Über den Befehl KENNZEICHNUNG LÖSCHEN im Kontextmenü können Sie eine Kennzeichnung auch wieder komplett löschen.

Eine E-Mail drucken

Schaltfläche Drucken

Um eine E-Mail zu drucken, wählen Sie *Datei/Drucken* oder klicken auf die Schaltfläche *Drucken* in der Symbolleiste.

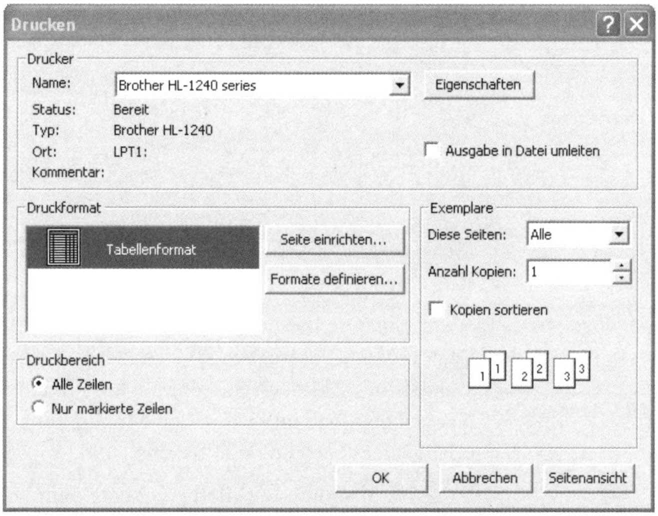

Im Dialogfeld *Drucken* (das nur angezeigt wird, wenn Sie *Datei/Drucken* wählen, und nicht, wenn Sie die entsprechende Schaltfläche in der Symbolleiste anklicken) werden Ihnen verschiedene Optionen angeboten:

- **Diese Seiten:** Hier können Sie angeben, ob Sie alle Seiten einer E-Mail drucken möchten, gerade Seiten oder ungerade Seiten.
- **Anzahl Kopien:** Hier geben Sie an, wie viele Kopien Sie drucken möchten.

Weitere Optionen im Dialogfeld *Drucken* ermöglichen es Ihnen, zu entscheiden, ob Sie die Seiten sortiert drucken möchten oder ob Sie angehängte Dateien drucken wollen.

Über das Menü DATEI/SEITENANSICHT können Sie sich eine Druckvorschau der jeweiligen Nachricht vor dem Drucken ansehen. Im Fenster *Seitenansicht* können Sie dann über den Befehl SEITE EINRICHTEN weitere Optionen zum Druck, wie z.B. Papiergröße, Hochformat, Querformat, Seitenränder etc. vornehmen. Über die Schaltfläche SEITENANSICHT werden Ihnen die Auswirkungen der vorgenommenen Änderungen auf das Druckergebnis angezeigt.

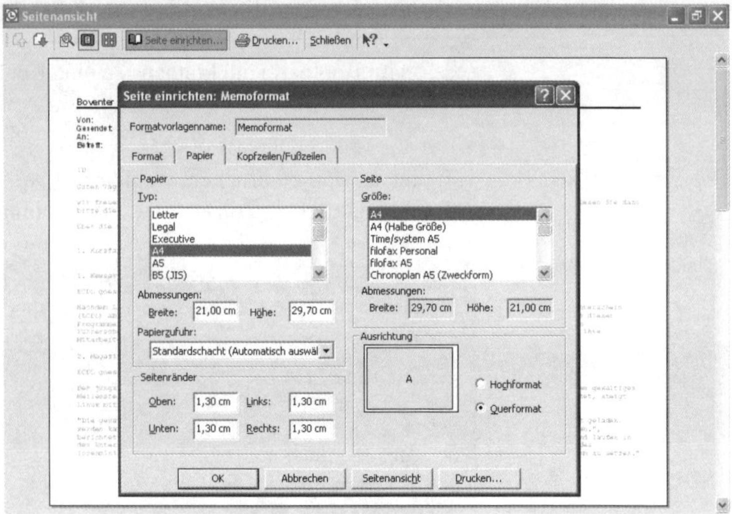

Eine E-Mail löschen

Schaltfläche Löschen

Wenn Sie eine E-Mail löschen möchten, egal in welchem Ordner – Posteingang, Postausgang, Gesendete Objekte oder Entwürfe – sie sich befindet, klicken Sie einfach auf die entsprechende E-Mail in der Nachrichtenliste und rufen den Menübefehl *Bearbeiten/Löschen* auf oder klicken auf die Schaltfläche LÖSCHEN in der Symbolleiste.

Ist die E-Mail nun wirklich gelöscht? Nein, Outlook legt die E-Mail im Ordner *Gelöschte Objekte* ab. Um eine gelöschte E-Mail wiederzufinden:

- Klicken Sie auf den Ordner *Gelöschte Objekte* in der Ordnerliste. Die Nachrichtenliste zeigt alle gelöschten E-Mails an.
- Klicken Sie auf die E-Mail in der Nachrichtenliste und halten Sie die Maustaste gedrückt.
- Ziehen Sie die E-Mail von der Nachrichtenliste in den Posteingang oder einen anderen Ordner in der Ordnerliste.

E-Mails manuell löschen

Sie können alle gelöschten E-Mails permanent aus Outlook löschen bzw. entfernen, indem Sie den Ordner Gelöschte Objekte leeren. Dazu wählen Sie den Ordner Gelöschte Objekte in der Ordnerliste aus, rufen den Menübefehl EXTRAS/ORDNER "GELÖSCHTE OBJEKTE" LEEREN und klicken dann auf *Ja*.

E-Mails automatisch löschen

Wenn Sie nicht möchten, dass E-Mails in Ihrem Ordner *Gelöschte Objekte* gespeichert werden, sobald Sie Outlook beenden, wählen Sie *Extras/Optionen* und auf der Registerkarte *Weitere* die Option *Bei Programmbeendigung Ordner "Gelöschte Objekte" leeren*. Klicken Sie dann auf OK.

Outlook beenden

So verlassen Sie Outlook:

Rufen Sie den Menübefehl *Datei/Beenden* auf oder klicken Sie auf das Schließenfeld rechts oben im Outlook-Fenster.

Verwendung der Online-Hilfe

Wie der Internet Explorer und andere Microsoft-Anwendungen bietet auch Outlook eine Hilfe an, die durchsucht werden kann. Sie können die Online-Hilfe über Dialogfelder, das Fragefeld in der Standard-Symbolleiste und über das Menü ? durchsuchen bzw. lesen.

Gebrauch der Online-Hilfe in Dialogfeldern

Die Übung 7.35 zeigt ein Beispiel, wie Sie über ein Dialogfeld auf die Online-Hilfe zugreifen können.

Übung 7.35: In einem Dialogfenster auf die Online-Hilfe zugreifen

1) Rufen Sie den Menübefehl Extras/Optionen auf und aktivieren Sie die Registerkarte *Einstellungen*.
2) Klicken Sie auf das Fragezeichen oben rechts im Dialogfeld. Outlook zeigt ein Fragezeichen rechts neben dem Mauszeiger an.

3) Ziehen Sie die Maus zum Eingabefeld *Erinnerungszeit*.

4) Klicken Sie irgendwo in das Feld oder auf den Namen der Option.

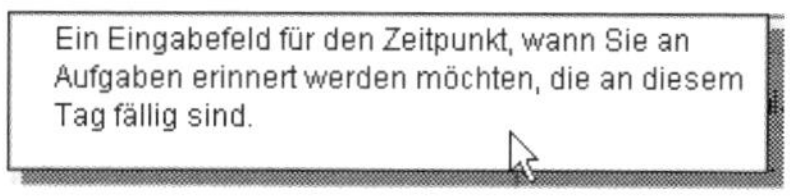

Outlook zeigt einen Hilfetext an, der Auskunft über diese Option gibt. Führen Sie die Übung 7.35 auch mit anderen Dialogfeldern in Outlook durch.

Optionen im Menü Hilfe verwenden

Sie können auch über das Menü ? auf die Online-Hilfe zugreifen. Wählen Sie *?/Microsoft Outlook-Hilfe*, um die drei Registerkarten des Dialogfelds *Hilfe* angezeigt zu bekommen.

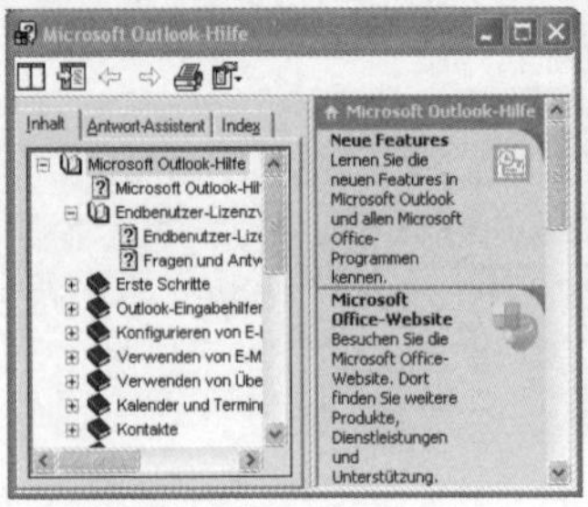

Registerkarte *Inhalt*

Diese Registerkarte bietet Ihnen eine kurze Beschreibung der Hauptmerkmale von Outlook.

Wo Sie ein Buchsymbol sehen, doppelklicken Sie darauf, damit Ihnen die damit verwandten Themen angezeigt werden.

Doppelklicken Sie auf ein Fragezeichen, um den Hilfetext zu lesen.

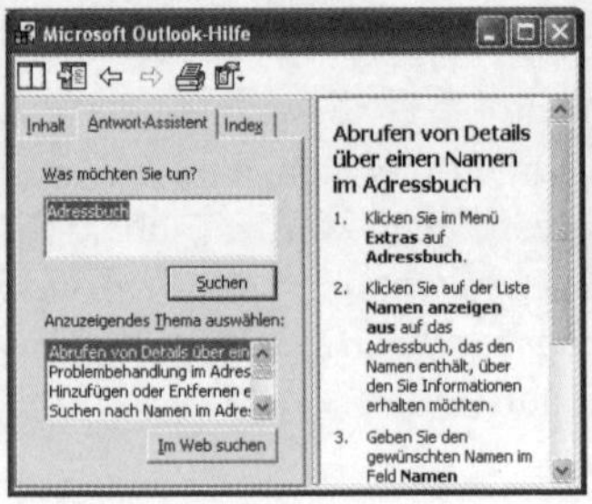

Registerkarte *Antwort-Assistent*

Sie können das, was Sie suchen, auf den Registerkarten *Inhalt* oder *Index* nicht finden? Dann versuchen Sie es hier. Wenn Sie ein Wort oder einen Satz in das Feld *Was möchten Sie tun?* schreiben und auf *Suchen* klicken, führt Outlook eine Suche durch, die bis in die Tiefen der Online-Hilfe vordringt. Wenn Sie das gesuchte Element bzw. Thema gefunden haben, führen Sie einen Doppelklick darauf aus, um das Thema anzuzeigen.

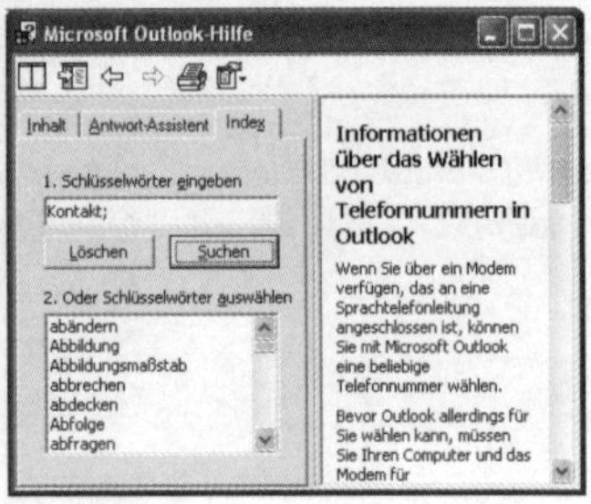

Registerkarte *Index*

Das hier eingeblendete Material liest sich wie der Index eines Buches. Schreiben Sie die ersten Buchstaben eines Wortes oder eines Ausdrucks oder wählen Sie ein Schlüsselwort aus der angezeigten Liste. Klicken Sie dann auf *Suchen*. Outlook zeigt eine Liste zur Verfügung stehender Hilfethemen im unteren linken Fenster an. Wenn Sie den gesuchten Indexeintrag gefunden haben, führen Sie einen Doppelklick darauf aus.

Während Sie die Online-Hilfe lesen bzw. durchsuchen, sehen Sie die folgenden Schaltflächen am oberen Rand des Online-Hilfe-Fensters.

- **Automatisch nebeneinander: Diese Einstellung erlaubt es Ihnen, das Hilfe-Fenster und Outlook gleichzeitig zu sehen.**
- **Ausblenden/Einblenden:** Blendet den linken Fensterausschnitt mit den Registerkarten des Hilfe-Fensters ein oder aus.
- **Zurück/Vorwärts:** Führt Sie vorwärts und rückwärts durch vorher schon besuchte Hilfethemen.
- **Drucken:** Druckt das ausgewählte Thema aus.
- **Optionen:** Bietet einige Optionen zur Ansicht und ermöglicht das Drucken gerade angezeigter Online-Hilfe-Texte.

Nehmen Sie sich einige Minuten Zeit, um sich mit der Online-Hilfe von Outlook vertraut zu machen. Wenn Sie fertig sind, können Sie Outlook beenden, indem Sie auf das Schließenfeld klicken oder den Menübefehl DATEI/BEENDEN wählen. Sie haben die fünfte Lektion des ECDL-Moduls *Information und Kommunikation* beendet.

Zusammenfassung der Lektion: Das haben Sie gelernt

Microsoft Outlook ist ein E-Mail-Programm, das es Ihnen ermöglicht, neue E-Mails zu erstellen (adressieren, schreiben und bearbeiten), zu versenden (von Ihrem Computer ins Internet), eingehende E-Mails abzurufen (aus dem Internet auf Ihren Computer) und abgerufene E-Mails zu lesen. Übung 7.34 zeigt Ihnen, wie es geht.

Um Ihnen bei der Organisation Ihrer E-Mails behilflich zu sein, bietet Outlook eine Ordnerliste, in der Nachrichten gespeichert und nach Typ zusammengefasst werden: erhaltene E-Mails (Posteingang), zum Versenden fertige E-Mails (Postausgang), bereits gesendete E-Mails (Gesendete Objekte), gelöschte E-Mails (Gelöschte Objekte) und die E-Mails zur weiteren Bearbeitung (Entwürfe). Benutzer können zusätzliche Ordner erstellen, um ihre E-Mails noch detaillierter zu organisieren.

Sie können Ihre eingehenden E-Mails manuell vom Internet abrufen oder Outlook so einstellen, dass E-Mails automatisch jedes Mal bei Programmstart oder nach festgelegten Zeitintervallen abgerufen werden.

Darüber hinaus können Sie dem Programm mitteilen, ob Sie ausgehende E-Mails sofort nach Fertigstellung versenden oder im Ordner *Postausgang* speichern möchten, um sie später alle zusammen zu verschicken.

Wenn Sie über eine Einwahlverbindung verfügen, können Sie Ihre E-Mails lesen und verfassen, egal ob Sie online oder offline sind. Nur zum Versenden und Abrufen Ihrer E-Mails müssen Sie online gehen. Sie können Kopien aller versendeten E-Mails im Ordner Gesendete Objekte aufbewahren.

Wenn Sie einen Ordner in Outlook öffnen, wird die E-Mail dieses Ordners in einer Nachrichtenliste gemeinsam mit einer Übersicht von Informationen zu jeder einzelnen E-Mail angezeigt.

Ein einfaches Klicken auf die E-Mail in einer Nachrichtenliste führt dazu, dass der Inhalt der E-Mail in einem Vorschaufenster unterhalb der Nachrichtenliste angezeigt wird. Ein Doppelklick bewirkt, dass die E-Mail in einem separaten Fenster angezeigt wird.

Wenn Sie eine E-Mail löschen, legt Outlook diese E-Mail im Ordner *Gelöschte Objekte* ab. Sie können den Ordner *Gelöschte Objekte* manuell leeren oder Outlook so einstellen, dass der Ordner jedes Mal bei Verlassen des Programms geleert wird.

Schnelltest: E-Mail mit Outlook

1.	**Die Schaltfläche SENDEN versendet Ihre E-Mail an ...**
A	den Empfänger.
B	den Outlook-Ordner.
C	an den Ordner *Gesendete Objekte*.
D	an den Ordner *Entwürfe*.

2.	**Eingehende Mail können Sie im Ordner *Postausgang* finden.**
A	Richtig
B	Falsch

3.	**Kopien aller E-Mails, die Sie versenden, werden in welchem Ordner gespeichert?**
A	Posteingang
B	Entwürfe
C	Postausgang
D	Gesendete Objekte

4.	**Wie löschen Sie eine E-Mail?**
A	Wählen Sie die E-Mail aus und rufen Sie dann den Menübefehl BEARBEITEN/AUSSCHNEIDEN auf.
B	Wählen Sie die E-Mail aus und rufen Sie dann den Menübefehl DATEI/ALLE ELEMENTE SCHLIESSEN auf.
C	Wählen Sie die E-Mail aus und rufen Sie dann den Menübefehl EXTRAS/ALLE SYNCHRONISIEREN auf.
D	Wählen Sie die E-Mail aus und klicken Sie auf die Schaltfläche LÖSCHEN oder wählen Sie BEARBEITEN/LÖSCHEN.

5.	**Wie entfernen Sie E-Mails aus dem Ordner *Gelöschte Objekte*?**
A	Wählen Sie den Ordner *Gelöschte Objekte* aus. Rufen Sie den Menübefehl EXTRAS/NACHRICHTENREGELN auf und klicken Sie auf OK.
B	Wählen Sie den Ordner *Gelöschte Objekte* aus. Rufen Sie den Menübefehl EXTRAS/OPTIONEN auf und klicken Sie auf OK.
C	Wählen Sie den Ordner *Gelöschte Objekte* aus. Rufen Sie den Menübefehl EXTRAS/ORDNER "GELÖSCHTE OBJEKTE" LEEREN auf und klicken Sie auf OK .
D	Wählen Sie den Ordner *Posteingang* auf. Rufen Sie den Menübefehl BEARBEITEN/LÖSCHEN auf und klicken Sie auf OK.

Lektion 7.6: Weitere Informationen zu ausgehenden E-Mails

Zu dieser Lektion

In dieser Lektion werden Sie einige Optionen zum Erstellen und Versenden von E-Mails kennen lernen.

Sie werden lernen, wie man Text aus einer anderen Anwendung in eine E-Mail kopiert, wie Sie die Rechtschreibung in Ihren E-Mails überprüfen, wie Sie eine E-Mail mit dem Merkmal *Hohe Wichtigkeit* versehen und wie Sie die gleiche E-Mail an mehrere Leute versenden. Es gibt verschiedene Möglichkeiten, dies zu tun.

Darüber hinaus werden Sie erfahren, wie Sie eine Signatur erstellen und diese Ihren ausgehenden Nachrichten hinzufügen und wie man Dateien – Textdokumente, Tabellen oder Fotografien Ihrer Familie – an ausgehende E-Mails anhängt.

Neue Fähigkeiten

Am Ende dieser Lektion sollten Sie in der Lage sein,

- Text in eine E-Mail zu kopieren,
- die Rechtschreibung Ihrer E-Mail zu überprüfen,
- die gleiche E-Mail an mehrere Leute zu verschicken,
- eine *Blind carbon copy* einer E-Mail zu versenden,
- die Dringlichkeit einer ausgehenden E-Mail festzulegen,
- ausgehenden E-Mails eine Signatur hinzuzufügen,
- einer ausgehenden E-Mail eine Datei anzuhängen,
- zu erklären, warum eine E-Mail zurückkommt – bounced – und was man in einem solchen Fall unternehmen kann,
- die E-Mail-Warteschlange Ihrer ausgehenden E-Mails zu steuern.

Neue Wörter

Am Ende dieser Lektion sollten Sie in der Lage sein, die folgenden Begriffe zu erklären:

- Carbon copy (Cc)
- Blind carbon copy (Bcc)
- E-Mail-Dateianhang
- Signatur
- Digitale Signatur
- Dringlichkeit einer Nachricht
- Zurückkommende – bounced – E-Mail
- Ordner *Entwürfe*

Text in eine E-Mail kopieren

Einen Text direkt in Outlook einzugeben ist nur eine Art, eine E-Mail zu erstellen. Eine andere Methode ist es, vorher erstellten Text wiederzuverwenden, indem man ihn aus einer anderen E-Mail (egal ob empfangen oder gesendet) kopiert und in eine neue einfügt.

Wie die Übung 7.36 zeigt, können Sie auch Text in eine ausgehende E-Mail kopieren, und zwar auch aus einer anderen Anwendung wie z.B. Microsoft Word. (Sie sollten sich im Umgang mit Microsoft Word auskennen und ein Word-Dokument, das Sie für Übung 7.36 verwenden können, zur Hand haben. Falls nicht, müssen Sie's uns einfach glauben.)

Übung 7.36: Text von Word in Outlook kopieren

1) Öffnen Sie Microsoft Word und das Dokument mit dem Text, den Sie in Ihre E-Mail kopieren möchten.
2) Markieren Sie den zu kopierenden Text, indem Sie an den Anfang klicken und dann den Mauszeiger an das Ende des Textes ziehen.

   (Um den gesamten Text eines Word-Dokuments zu markieren, halten Sie Strg gedrückt und klicken dann irgendwo in den linken Marginalbereich.)

Ein aus Word ausgewählter Text

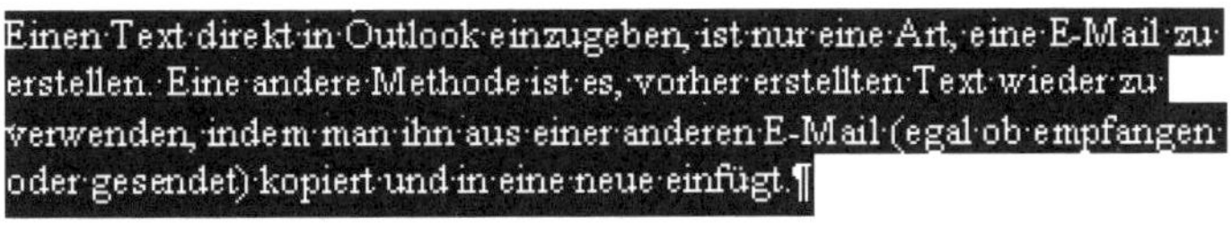

3) Wählen Sie *Bearbeiten/Kopieren* oder drücken Sie Strg+C, um den Text in die Zwischenablage zu kopieren.
4) Öffnen Sie Outlook und eine E-Mail, der Sie den Text hinzufügen möchten, oder erstellen Sie eine neue E-Mail.
5) Positionieren Sie die Einfügemarke an der Stelle, an der Ihr Text in der E-Mail erscheinen soll, und wählen Sie dann *Bearbeiten/Einfügen* oder drücken Sie Strg+V.

Ausgehende E-Mail mit eingefügtemText aus Word

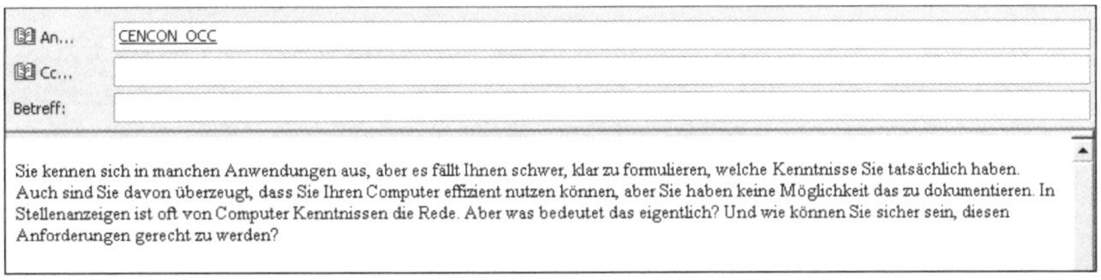

Überprüfen Sie Ihre Rechtschreibung

Wie sieht es mit Ihrer Rechtschreibung aus? Outlook bietet zwei Möglichkeiten, Ihre Rechtschreibung zu überprüfen und Korrekturvorschläge zu unterbreiten:

- Beim Versenden der E-Mail (die automatische Option)
- Wenn Sie den Menübefehl *Extras/Rechtschreibung* aufrufen.

Sie können Outlook so einstellen, dass Ihre E-Mail, nachdem Sie auf die Schaltfläche *Senden* in der Symbolleiste *Neue Nachricht* geklickt haben, auf Rechtschreibfehler überprüft wird.

Outlook verwendet das gleiche Wörterbuch wie Word und andere Microsoft-Anwendungen. Wenn Sie diese Funktion nicht auf Ihrem Computer installiert haben, ist eine Rechtschreibprüfung in Outlook nicht möglich.

Übung 7.37: Rechtschreibprüfung einschalten

1) Wählen Sie *Extras/Optionen* und die Registerkarte *Rechtschreibung.*
2) Wählen Sie die zwei folgenden Optionen aus und klicken Sie auf OK: *Automatische Korrekturvorschläge für falsch buchstabierte Wörter* und *Rechtschreibprüfung vor dem Senden.*

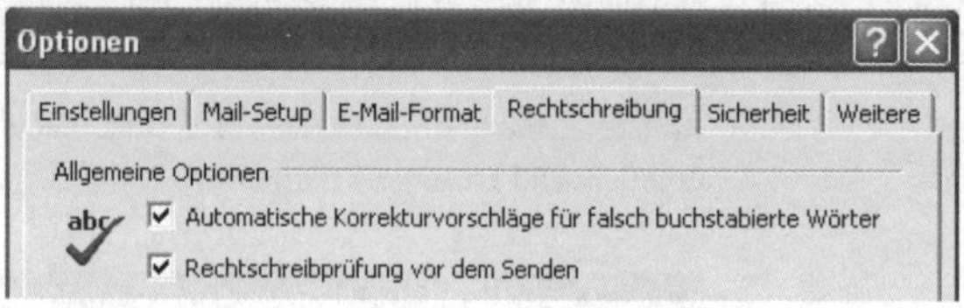

Diese Einstellung führt dazu, dass Outlook Sie vor dem Versenden einer E-Mail warnt, falls ein unbekanntes Wort gefunden wird. Es werden Alternativen für dieses Wort angeboten. (Nicht jede ungewöhnliche Rechtschreibung ist falsch und nicht jede gewöhnliche ist richtig.)

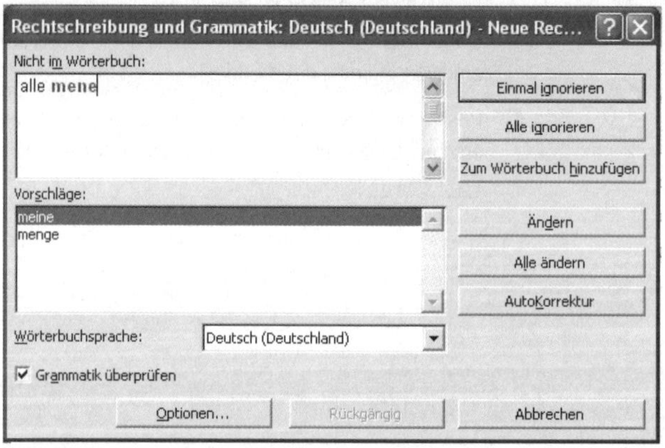

Sie können die Warnung ignorieren, das Problemwort durch eine hervorgehobene Alternative ersetzen oder das Wort, welches die Warnung auslöste, zum Wörterbuch hinzufügen, sodass es in Zukunft keine Warnung bei diesem Wort gibt.

Eine E-Mail-Adresse suchen

Sie haben gesehen, dass das Versenden einer E-Mail recht einfach ist, vorausgesetzt, Sie kennen die E-Mail-Adresse der Person, der Sie schreiben. Wo finden Sie diese Adressen? Es gibt hierfür fünf Hauptquellen: Visitenkarten, eingehende E-Mails, Websites, die Option *Personen suchen* und das Adressbuch des Internet Explorers.

- **Visitenkarten:** In der heutigen Geschäftswelt schreiben die meisten Leute ihre E-Mail-Adresse auf ihre Visitenkarte. (Es soll sogar Leute geben, die nur ihre E-Mail-Adresse angeben, weil sie nur auf diesem Wege kontaktiert werden möchten.)
- **Eingehende E-Mails**: Viele Leute, denen Sie eine E-Mail schicken möchten, haben wahrscheinlich schon auf diesem Wege Kontakt mit Ihnen gehabt. Gehen Sie einfach in den Ordner Posteingang, suchen Sie dort nach der E-Mail der gewünschten Person, kopieren Sie die Adresse in die Zwischenablage und fügen Sie die Adresse in Ihre E-Mail ein.
- **Websites:** Wenn Sie wissen, zu welcher Organisation die betreffende Person gehört, suchen Sie die entsprechende Website. Viele dieser Websites (vor allem Bildungsinstitute und Behörden) verfügen über ein E-Mail-Verzeichnis.
- **Adressbuch:** Im Adressbuch von Outlook können Sie E-Mail-Adressen erfassen, um einen einfachen Zugriff darauf zu haben (Sie werden in der nächsten Lektion mehr über das Adressbuch erfahren).

Eine E-Mail an mehrere Empfänger versenden

Sie können eine E-Mail an mehr als eine Person schicken. Dazu gibt es drei Möglichkeiten: mehrere gleichberechtigte Empfänger, ein Hauptempfänger und Kopien an andere Empfänger und die so genannte *Blind carbon copy*. Jede dieser Möglichkeiten wird für verschiedene Zwecke genutzt.

Mehrere gleichberechtigte Empfänger

Wenn Sie eine E-Mail an mehrere Personen schicken möchten, geben Sie von jedem einzelnen die jeweilige Adresse im Feld *An* ein. Trennen Sie die einzelnen Adressen durch Komma oder Semikolon. Um eine Liste mehrerer Adressen hintereinander leichter lesbar zu gestalten, fügen Sie nach jedem Komma oder Semikolon einen Leerschritt ein.

Mehrere Empfänger im Feld An

Ein Hauptempfänger und eine Kopie an eine andere Person

Um eine Kopie der E-Mail an eine andere Person zu schicken, geben Sie die entsprechende Adresse im Feld *Cc* (Carbon copy) ein. In der Regel wird das *Cc*-Feld dazu verwendet, um hier die Adresse anderer Empfänger einzutragen, denen man aus Höflichkeit oder organisatorischen Gründen eine Kopie der E-Mail zukommen lassen möchte.

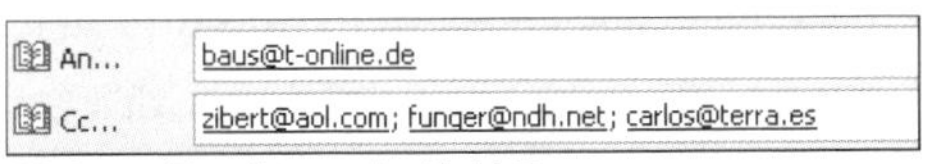

Mehrere Empfänger im Feld Cc:

Cc vermittelt diese Art von hintergründigen, aber einflussreichen Nachrichten, die das Büroleben so aufregend machen. Sie können in die Felder *An* und *Cc* beliebig viele Adressen eingeben.

Cc (Carbon copy)

Ein Feld im Kopfbereich einer E-Mail, in das Sie Adressen derjenigen Personen eintragen können, denen Sie eine Kopie der E-Mail zukommen lassen möchten.

Blind carbon copy

Mit der Funktion *Blind carbon copy* können Sie eine Kopie der E-Mail an eine zweite Person versenden, ohne dass der Hauptempfänger davon Kenntnis bekommt. Dazu müssen Sie das Feld *Bcc* einblenden. Rufen Sie dazu den Menübefehl *Ansicht/"Bcc"-Feld* auf. Das *Bcc*-Feld wird nun zukünftig in allen E-Mails, die Sie erstellen, angezeigt, bis Sie es wieder ausblenden (indem Sie erneut den Menübefehl *Ansicht/"Bcc"-Feld* wählen).

Geben Sie in das Feld *Bcc* einfach die E-Mail-Adresse derjenigen Person ein, der Sie eine Blindkopie der E-Mail zukommen lassen möchten.

- *Bcc*-Empfänger sehen den Namen der Empfänger im *An*- und im *Cc*-Feld.
- Empfänger im *An*- und *Cc*-Feld sehen den Namen der Empfänger im *Bcc*-Feld nicht.
- Die einzelnen Empfänger im *Bcc*-Feld sehen nicht den Namen des anderen.

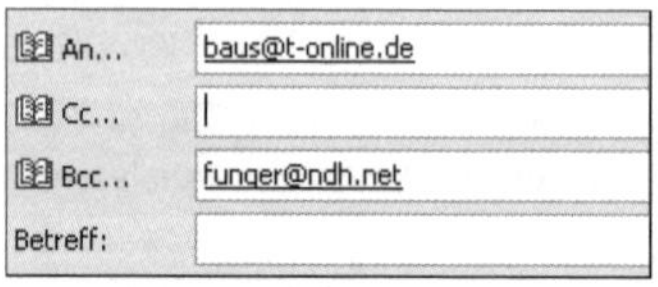

Empfänger im Feld An und Bcc

Mit *Bcc* werden noch »hintergründigere« E-Mails versendet als mit *Cc*. Nehmen wir einmal an, Sie schicken eine E-Mail an Anna mit *Bcc* an Peter. Das hat folgende Auswirkungen:

- Anna (Hauptempfänger) bekommt die E-Mail.
- Peter (*Bcc*-Empfänger) erfährt, dass Anna die E-Mail bekommen hat (und sieht auch, was darin stand).
- Anna weiß nicht, dass Peter weiß, dass sie eine E-Mail bekommen hat, und er auch noch weiß, was drin steht.
- Peter weiß, dass Anna nicht weiß, dass er es weiß.

- Peter weiß auch, dass Sie nicht wollen, dass Anna weiß, dass er es weiß. Macht Spaß, oder? Sie können auch in das Feld *An* und *Bcc* so viele Adressen eingeben, wie Sie möchten. Und Sie können für ein und dieselbe E-Mail beide Felder, also *Cc* und *Bcc*, verwenden.

Bcc (Blind carbon copy)

Ein Feld im Kopfbereich einer E-Mail, das es Ihnen ermöglicht, anderen Personen eine Kopie der E-Mail zukommen zu lassen. Bcc-Empfänger können Empfänger im Feld An und im Feld Cc sehen. Sie sehen aber nicht die Adressen im Bcc-Feld. An- und Cc-Empfänger können nicht die Empfänger im Feld Bcc sehen.

Massen-E-Mail und Blind carbon copy

Ein beliebter Gebrauch (Missbrauch?) des *Bcc*-Feldes bezieht sich auf das Versenden von Massenmails, die für Produkte und Dienstleistungen werben.

Der Absender gibt alle Empfängeradressen in das *Bcc*-Feld ein. So erfährt kein Empfänger dieser Massen-E-Mail, wer außer ihm noch diese E-Mail empfängt. Sollte diese E-Mail versehentlich in die Hände der Konkurrenz gelangen, so ist es wenigstens unmöglich, die Liste aller Empfänger zu sehen. Im Feld *An* schreibt der Absender seine eigene E-Mail-Adresse.

Jede E-Mail, die Sie versenden, muss wenigstens einen Empfänger im Feld *An* enthalten. Andernfalls kann sie nicht versendet werden.

Dateien an eine E-Mail anhängen

E-Mails sind in der Regel kurze Textmitteilungen. Aber nehmen wir einmal an, Sie möchten Ihrem Onkel ein Familienfoto zusenden, Ihrem Buchhalter eine Tabelle, eine PowerPoint-Präsentation an das Hauptbüro oder ein schön formatiertes Textverarbeitungsdokument an Ihren Tutor schicken. Kein Problem, Sie fügen es ganz einfach als Anhang Ihrer E-Mail hinzu.

Um zu erfahren, wie man einer E-Mail einen Anhang hinzufügt, folgen Sie bitte den einzelnen Schritten in Übung 7.38.

Schaltfläche Datei einfügen

Übung 7.38: Einen Anhang versenden

1) Erstellen Sie Ihre E-Mail wie gewohnt.
2) Wählen Sie *Einfügen/Datei* oder klicken Sie auf die Schaltfläche *Datei einfügen* in der *Standard*-Symbolleiste.
3) Suchen Sie über das Dialogfeld *Anlage einfügen* die Datei, die Sie an Ihre E-Mail anhängen möchten, und klicken Sie auf *Einfügen*.

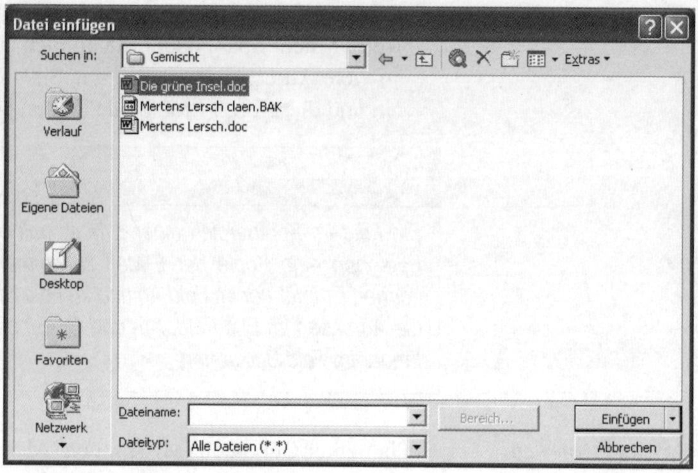

Outlook fügt eine Zeile in den Kopfbereich der E-Mail ein, um den Namen und die Größe der angehängten Datei anzuzeigen. Um mehrere Dateien anzuhängen, wiederholen Sie einfach Schritt 2 und 3 dieser Übung.

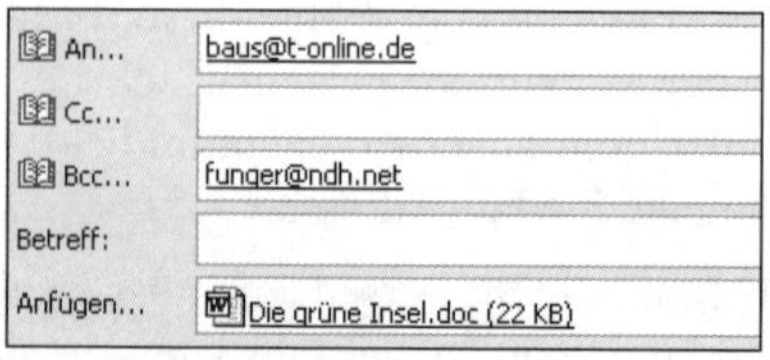

4) Klicken Sie auf *Senden*, um die E-Mail samt Anhang zu verschicken.

Beachten Sie dabei, dass der Empfänger Ihrer E-Mail nur mit dem Anhang arbeiten kann, wenn er über das entsprechende Software-Programm verfügt.

Sollten Sie aus Versehen eine falsche Datei angehängt haben oder den Anhang aus irgendeinem anderen Grund wieder entfernen wollen, so markieren Sie den entsprechenden Anhang mit der Maus, führen dann einen Rechtsklick aus und wählen aus dem Kontextmenü den Befehl *Entfernen*.

E-Mail-Dateianhang

Eine Datei, in der Regel eine formatierte wie z.B. ein Word-Dokument, die der E-Mail angehängt und mit ihr versendet wird.

E-Mail-Dringlichkeit

Jede E-Mail, die Sie versenden, ist wichtig, oder? Aber einige E-Mails sind eben wichtiger als andere und Sie möchten sichergehen, dass der Empfänger darüber auch in Kenntnis gesetzt wird. In Übung 7.39 erfahren Sie, wie man eine ausgehende E-Mail als dringlich kennzeichnet.

Übung 7.39: Versenden einer E-Mail mit hoher Dringlichkeit

1) Erstellen Sie eine E-Mail.
2) Klicken Sie auf die Schaltfläche *Wichtigkeit: Hoch.*

3) Klicken Sie auf die Schaltfläche SENDEN.

E-Mails mit hoher Wichtigkeit (eingehende wie ausgehende) werden durch ein rotes Ausrufezeichen gekennzeichnet. Verwenden Sie das Merkmal *Hohe Wichtigkeit* nur sparsam. Wenn jede von Ihnen geschickte E-Mail mit *Hohe Wichtigkeit* gekennzeichnet ist, werden alle gleich behandelt.

Sie können auf die gleiche Weise auch E-Mails mit der Kennzeichnung *Niedrige Wichtigkeit* versenden. Aber wer möchte das schon? (E-Mails mit niedriger Dringlichkeit werden durch einen blauen Pfeil nach unten gekennzeichnet.)

Die Dringlich- bzw. Wichtigkeit einer E-Mail hat keinen Einfluss darauf, mit welcher Geschwindigkeit sie im Internet oder einem internen Netzwerk übermittelt wird.

Sie können auch die Wichtigkeit eingegangener E-Mails verändern. Das ist eine praktische Methode, um E-Mails zu markieren, mit denen Sie sich noch näher beschäftigen möchten.

Wichtigkeit einer E-Mail

Ein Hinweis für den E-Mail Empfänger, dass die Nachricht dringend ist, in der Regel durch ein rotes Ausrufezeichen gekennzeichnet. Die Wichtigkeit einer E-Mail hat keinen Einfluss darauf, wie schnell sie im Internet oder einem privaten Netzwerk verschickt wird.

Nachrichten, die zurückkommen (bounced)

Wenn Sie eine E-Mail an jemanden versenden und diese Mail aus irgendeinem Grund nicht zugestellt werden kann, werden Sie normalerweise davon benachrichtigt. Für solche Mails wird auch das Wort *bounced* verwendet. Ein Ausdruck, der aus dem Englischen übernommen wurde und so viel wie abprallen, zurückprallen bedeutet.

Der häufigste Grund für einen solchen Vorgang ist, dass eine falsche Adresse eingetragen wurde. Ist die Adresse richtig geschrieben? Sind die Interpunktionszeichen richtig gesetzt? Haben Sie einen Gedankenstrich (–) statt eines Unterstrichs (_) verwendet?

Bounced E-Mail

Eine E-Mail, die aus irgendeinem Grund den Empfänger nicht erreicht und daher an den Absender zurückgeschickt wird.

Es kann vorkommen, dass Ihre E-Mail den Empfänger nicht erreicht und Sie davon nicht unterrichtet werden. Es ist zwar selten, aber es kommt vor. Gehen Sie also nicht einfach davon aus, dass der Empfänger die Mail auch definitiv bekommen hat, nur weil Sie eine E-Mail verschickt haben. Wenn es für Sie wichtig ist, bitten Sie um eine Empfangsbestätigung, entweder in der E-Mail selbst oder automatisch. Übung 7.40 zeigt Ihnen, wie es geht.

Übung 7.40: Eine Lesebestätigung erbitten

1) Erstellen Sie wie gewohnt eine neue E-Mail.

2) Klicken Sie in der *Standard*-Symbolleiste auf *Optionen.* Unter *Abstimmungs- und Verlaufoptionen* machen Sie ein Häkchen im Kontrollkästchen *Das Lesen dieser Nachricht bestätigen.*

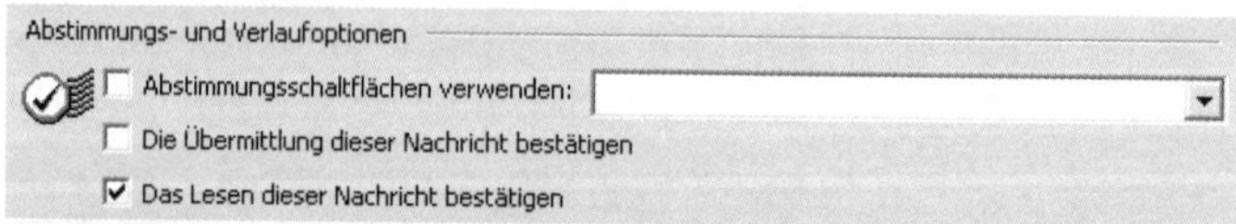

3) Versenden Sie die E-Mail nun wie gewohnt.

   Wenn die E-Mail vom Empfänger empfangen und geöffnet wird, wird dieser darüber informiert, dass Sie eine Lesebestätigung möchten. Der Empfänger kann entscheiden, ob er die Bestätigung sendet oder nicht, braucht aber dazu nicht viel tun, sondern muss nur auf *Ja* klicken.

   Sie erhalten dann eine Bestätigung, dass die E-Mail vom Empfänger geöffnet wurde.

Ihre E-Mail-Signatur

Wenn Sie eine E-Mail verfassen, möchten Sie vielleicht am Ende einen kleinen Textblock einfügen, Ihre Signatur. Der einfachste und gleichzeitig effizienteste Weg dies zu tun, ist, ganz einfach eine Signatur (manchmal als Signaturdatei oder *.sig*-Datei bekannt) zu erstellen. Outlook hängt diese Signatur dann entweder automatisch an alle oder nur an ausgewählte E-Mails an.

Die meisten Leute geben in der Signatur ihren Namen und Einzelheiten zur Kontaktaufnahme an. Manche fügen auch einen Werbeslogan, eine kurze Nachricht oder den Link zu ihrer Website hinzu. Sie können auch verschiedene Signaturen für unterschiedliche Zwecke erstellen.

Eine Signatur erstellen

Folgen Sie den Schritten in Übung 7.41, um zu erfahren, wie man eine Signatur für E-Mails erstellt. Um auf die unten beschriebne Art eine Signatur zu erstellen, wählen Sie in Outlook EXTRAS/OPTIONEN und dann das Register *E-Mail-Format*. Im Bereich *Nachrichtenformat* setzen Sie ein Häkchen in das Kontrollkästchen *E-Mail mit Microsoft Word bearbeiten*.

Übung 7.41: Ihre Signatur erstellen

1) Erstellen Sie wie gewohnt eine neue E-Mail.
2) Rufen Sie den Menübefehl *Extras/Optionen* auf, gehen Sie ins Register *Allgemein* und klicken Sie auf die Schaltfläche *E-Mail-Optionen*.
3) Gehen Sie zur Registerkarte *E-Mail Signatur* und geben Sie einen Namen für die E-Mail-Signatur ein oder wählen Sie aus der Liste.

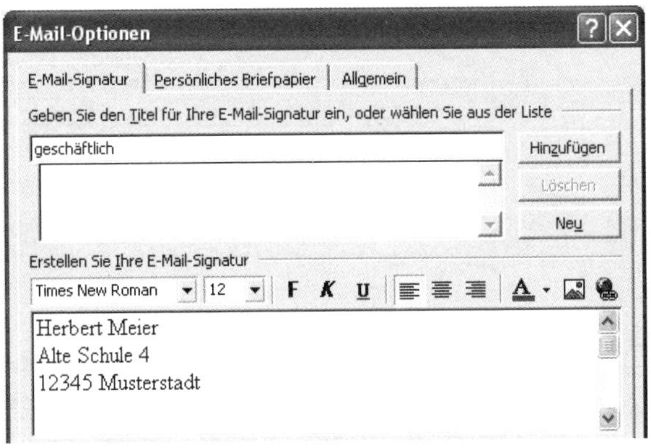

4) Unter *Erstellen Sie Ihre E-Mail-Signatur* geben Sie Ihren Namen, Adresse, Telefonnummer und andere Kontaktdaten in das Textfeld ein. Klicken Sie dann auf OK.
5) Wählen Sie Ihre Standardsignatur für die Felder *Für neue Nachrichten* und für *Zum Antworten und Weiterleiten*.

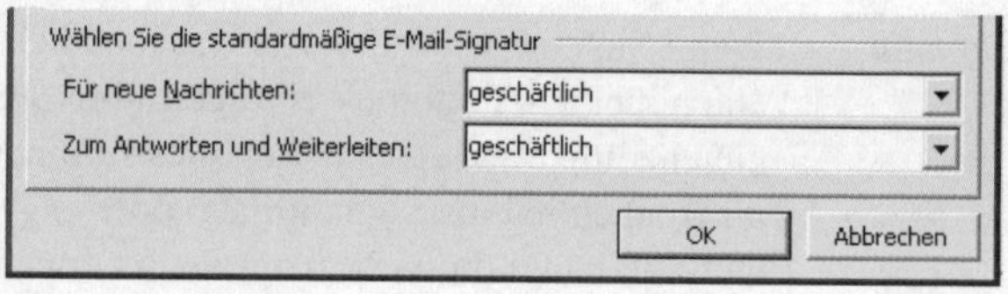

6) Klicken Sie auf OK.

Outlook fügt zukünftig allen E-Mails, die Sie erstellen bzw. versenden, Ihre Signatur hinzu.

Wenn Sie etwas wählerischer sein möchten, geben Sie im Feld *Zum Antworten und Weiterleiten* die Option (ohne) an.

In jedem Fall können Sie aber eine Signatur auch über das Menü EXTRAS/OPTIONEN erstellen. Gehen Sie dazu ins Register E-Mail-Format und klicken Sie auf die Schaltfläche SIGNATUREN. Über das Dialogfeld Signatur erstellen können Sie nun über die entsprechenden Schaltflächen eine Signatur bearbeiten, entfernen oder neu erstellen.

Probieren Sie beide Möglichkeiten einmal aus und experimentieren Sie ein wenig.

Signaturen zur Auswahl

Um eine zweite (oder dritte) Signatur zu erstellen, wählen Sie *Extras/Optionen* und die Registerkarte *Allgemein*. Klicken Sie auf die Schaltfläche *E-Mail-Optionen,* gehen Sie dann zur Registerkarte *E-Mail-Signaturen* und klicken Sie auf die Schaltfläche *Neu*. Machen Sie es dann genau so wie beim Erstellen Ihrer ersten Signatur.

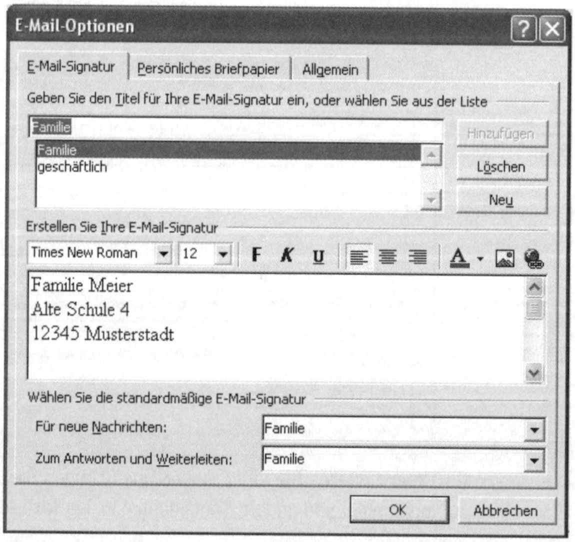

Wählen Sie aus, welche Ihrer Signaturen die Standardsignatur sein soll, indem Sie die entsprechende Signatur auswählen und auf *Standard* klicken. Wenn Sie fertig sind, klicken Sie auf OK.

Wenn Sie mehr als eine Signatur erstellt haben, wird Ihnen künftig immer dann, wenn Sie den Menübefehl *Einfügen/Signatur* aufrufen, eine Auswahl Ihrer verfügbaren Signaturen angeboten.

Ihre Signatur ändern

Sie können Ihre Signatur ändern, sodass es später einfacher ist, die einzelnen Namen für bestimmte Zwecke auseinander zu halten. So könnten Sie beispielsweise eine Signatur mit Namen *Geschäftlich*, eine mit *Persönlich* und eine mit *Familie* haben. Oder eine für die Kollegen und eine andere für die Hauptgeschäftsstelle.

Dazu wählen Sie *Extras/Optionen* und die Registerkarte *Allgemein*. Klicken Sie als Nächstes auf *E-Mail-Optionen* und gehen Sie dann zur Registerkarte *E-Mail-Signaturen*. Wählen Sie die Signatur aus, die Sie ändern möchten, nehmen Sie die entsprechenden Änderungen vor und klicken Sie dann auf *Ersetzen*.

Signatur

Ein Zusatz am Ende einer E-Mail. In der Regel enthält eine Signatur Vor- und Zunamen, Beruf und Stellung, Telefon- und Faxnummer, E-Mail-Adresse und Website-Adresse. Manche Leute fügen auch einen Spruch, den Firmenslogan oder ein kurzes persönliches Statement hinzu.

Digitale Signatur

Eine digitale Signatur ist so etwas wie eine digitale Unterschrift – eine digitale ID, anhand der man feststellen kann, dass die Nachricht auch wirklich vom Unterzeichner stammt. Die digitale Signatur ist eine Bitfolge, die aus dem zu signierenden Text und dem privaten Schlüssel des Unterzeichners errechnet bzw. verschlüsselt wird. Die digitale Signatur verwendet Verschlüsselungsverfahren, die mit einem öffentlichen Schlüssel des Unterzeichners gelesen werden können. Eine Nachricht kann, solange der private Schlüssel nicht bekannt ist, auch nicht gefälscht oder verändert werden. Eine digitale Signatur kann nicht von der Nachricht getrennt und daher auch nicht zum Unterzeichnen anderer Nachrichten missbraucht werden.

Eine Nachricht kann sowohl verschlüsselt als auch signiert werden, wobei die Verschlüsselung die Vertraulichkeit und die Signatur die Authentizität des Unterzeichners garantiert.

Digitale Signatur

Eine digitale Unterschrift, die garantiert, dass die Nachricht auch tatsächlich vom Unterzeichner stammt.

Der Ordner Entwürfe

Wenn Ihre E-Mails im Ordner Postausgang abgelegt sind, sind Sie bis zu dem Zeitpunkt, an dem Sie auf *Senden/Empfangen* klicken, in der glücklichen Lage, Ihre Meinung noch ändern zu können.

Sie können eine E-Mail im Postausgang genau wie eine andere E-Mail löschen. Sie markieren sie in der Nachrichtenliste und führen dann eine der folgenden Aktionen durch: Klicken Sie auf die Schaltfläche *Löschen* auf der Symbolleiste, rufen Sie den Menübefehl *Bearbeiten/Löschen* auf oder drücken Sie die Taste `Entf`.

Wahlweise können Sie die E-Mail auch in den Ordner *Entwürfe* verschieben und noch einmal darüber nachdenken.

E-Mail im Ordner Entwürfe speichern

Der Ordner *Entwürfe* ist der Ort, an dem Sie halb fertige Nachrichten aufbewahren – Ihre Kündigung, Ihre Bewerbung – bis Sie ganz sicher sind, dass sie korrekt sind und Sie sie auch wirklich versenden möchten.

Um eine neue E-Mail im Ordner *Entwürfe* abzulegen, erstellen Sie wie gewohnt Ihre E-Mail und wählen dann *Datei/Speichern*. Um sich eine E-Mail aus dem Ordner *Entwürfe* noch einmal anzuschauen, öffnen Sie den Ordner, wählen die entsprechende E-Mail in der Nachrichtenliste aus und öffnen sie durch einen Doppelklick. Sie können nun alle Änderungen oder Ergänzungen vornehmen und die E-Mail entweder im Ordner *Entwürfe* speichern oder versenden.

Sie können eine E-Mail auch direkt vom Ordner Entwürfe in den Postausgang verschieben, indem Sie die E-Mail einfach aus der Nachrichtenliste in den Postausgang in der Ordnerliste ziehen.

Ordner Entwürfe

Ein Bereich innerhalb von Outlook, in dem Sie E-Mails speichern können, die Sie noch nicht sofort versenden möchten. Sie können E-Mails im Ordner Entwürfe beliebig öffnen und bearbeiten.

Anzeige der Textgröße

Die Standardschriftgröße, in der Outlook Text anzeigt, lässt sich auch ändern. Eine nützliche Funktion, wenn Ihre Sehkraft in irgendeiner Weise beeinträchtigt ist.

Wählen Sie *Ansicht/Aktuelle Ansicht/Aktuelle Ansicht* anpassen. Klicken Sie auf die Schaltfläche *Weitere Einstellungen*. Im Abschnitt *Spaltenüberschriften* klicken Sie auf *Schriftart*. Suchen Sie die gewünschte Schriftart aus und klicken Sie dann auf OK. Sie können das Gleiche auch für die anderen Zeilen und die AutoVorschau durchführen.

Wenn Sie fertig sind, können Sie Outlook beenden. Sie haben die sechste Lektion des ECDL-Moduls *Information und Kommunikation* beendet.

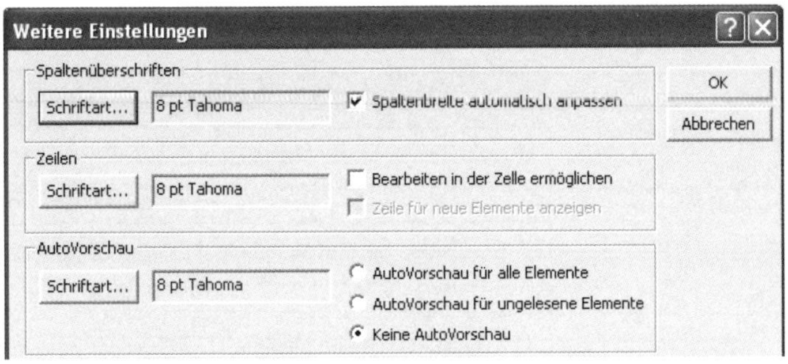

Zusammenfassung der Lektion: Das haben Sie gelernt

Sie können Text aus einer Textverarbeitungsanwendung oder einem anderen Programm in eine E-Mail in Outlook kopieren und die Rechtschreibung Ihrer E-Mails überprüfen lassen, wie Sie es auch mit einem Word-Dokument tun können. Schauen Sie sich dazu die Übung 7.36 und 7.37 an.

Sie können eine ausgehende Nachricht an mehrere Empfänger adressieren. Entweder als gleichberechtigte Empfänger (*An*), als Carbon-copy-Adressen (*Cc*) oder als Blind-carbon-copy-Adressen (*Bcc*). *Bcc*-Empfänger können Empfänger im Feld *An* und *Cc* sehen. Sie sehen aber nicht die Adressen im *Bcc*-Feld. *An* und *Cc*-Empfänger sehen nicht die Empfänger im Feld *Bcc*.

Wenn Sie eine E-Mail an mehrere Personen versenden, trennen Sie die einzelnen Adressen durch Komma oder Semikolon. Wahlweise können Sie auch einen Leerschritt nach jedem Komma oder Semikolon einfügen, um das Lesen der einzelnen Adressen zu vereinfachen.

Nachrichten lassen sich mit *Hoher* oder *Niedriger Wichtigkeit* kennzeichnen, um dem Empfänger die Dringlichkeit der Nachricht mitzuteilen. Das hat jedoch keinen Einfluss darauf, wie schnell die Nachricht über das Internet oder ein privates Netzwerk übermittelt wird. Schauen Sie sich dazu die Übung 7.39 an.

Sie können Ihren ausgehenden Nachrichten eine Signatur anhängen und dabei verschiedene Signaturen für unterschiedliche Zwecke auswählen. In der Regel enthält eine Signatur Vor- und Zunamen, Beruf und Stellung, Telefon- und Faxnummer, E-Mail-Adresse und Website-Adresse. Manche Leute fügen auch einen Spruch, den Firmenslogan oder ein kurzes persönliches Statement hinzu.

Sie können Ihrer E-Mail formatierte Dateien wie Bilder, Tabellen und Textdokumente aus einer Textverarbeitung anhängen. Schauen Sie sich dazu das Beispiel in Übung 7.38 an.

Eine *bounced* E-Mail hat aus irgendeinem Grund den Empfänger nicht erreicht und wurde daher an den Absender zurückgeschickt.

Im Ordner *Entwürfe* in Outlook speichern Sie Nachrichten, die Sie noch nicht gleich verschicken möchten.

Schnelltest: Weitere Information zu ausgehenden E-Mails

1.	**Wie wechseln Sie zur Rechtschreibüberprüfung in Outlook?**
A	Rufen Sie den Menübefehl EXTRAS/OPTIONEN auf und klicken Sie auf die Registerkarte *Rechtschreibung*. Wählen Sie die gewünschten Optionen.
B	Rufen Sie den Menübefehl EXTRAS/OPTIONEN auf und klicken Sie auf die Registerkarte *Erstellen*. Wählen Sie die gewünschten Optionen.
C	Rufen Sie den Menübefehl EXTRAS/OPTIONEN auf und klicken Sie auf die Registerkarte *Allgemein*. Wählen Sie die gewünschten Optionen.
D	Rufen Sie den Menübefehl EXTRAS/OPTIONEN auf und klicken Sie auf die Registerkarte *Sicherheit*. Wählen Sie die gewünschten Optionen.

2.	**Wie schicken Sie eine E-Mail an eine Person und eine Kopie an eine andere Person?**
A	Geben Sie die E-Mail-Adresse in das Feld *An* ein und geben Sie die E-Mail-Adresse der anderen Person ins Feld *Bcc* ein. Klicken Sie auf *Senden*.
B	Geben Sie die E-Mail-Adresse in das Feld *An* ein und geben Sie die E-Mail-Adresse der anderen Person ins Feld *Cc* ein. Klicken Sie auf *Senden*.
C	Geben Sie die E-Mail-Adresse in das Feld *An* ein und lassen Sie das Feld *Cc* und das Feld *Bcc* leer. Klicken Sie auf *Senden*.
D	Geben Sie die E-Mail-Adresse des Hauptempfängers in das Feld *An* ein und tragen Sie die E-Mail-Adresse der anderen Person ins Feld *Cc* ein.

3.	**Wie schicken Sie eine E-Mail an eine Person, ohne dass die anderen Empfänger davon Kenntnis bekommen?**
A	Geben Sie die E-Mail-Adresse des Hauptempfängers in das Feld *An* und in das Feld *Cc* ein und tragen Sie die E-Mail-Adresse der anderen Personen ins Feld *Bcc* ein. Klicken Sie auf SENDEN.
B	Geben Sie die E-Mail-Adresse des Hauptempfängers in das Feld *Cc* und in das Feld *Bcc* ein. Klicken Sie auf SENDEN.
C	Geben Sie die E-Mail-Adresse des Hauptempfängers in das Feld *An* ein und tragen Sie die E-Mail-Adresse der anderen Personen ins Feld *Cc* ein. Klicken Sie auf SENDEN.
D	Geben Sie die E-Mail-Adresse des Hauptempfängers in das Feld *An* und in das Feld *Cc* ein und tragen Sie die E-Mail-Adresse der anderen Personen ins Feld *Bcc* ein.

4.	**Wie versenden Sie einen Dateianhang?**
A	Wählen Sie EINFÜGEN/DATEI oder klicken Sie auf die Schaltfläche *Datei einfügen.* Suchen Sie die entsprechende Datei im Dialogfenster *Datei einfügen* und klicken Sie auf *Einfügen.*
B	Wählen Sie EINFÜGEN/DATEI oder klicken Sie auf die Schaltfläche *Datei einfügen.* Suchen Sie die entsprechende Datei im Dialogfenster *Datei einfügen* und klicken Sie auf *Abbrechen.*
C	Wählen Sie EINFÜGEN/DATEI oder klicken Sie auf die Schaltfläche DATEI EINFÜGEN. Suchen Sie die entsprechende Datei im Dialogfenster *Datei einfügen* und klicken Sie auf *Einfügen.* Dann klicken Sie auf *Senden.*
D	Wählen Sie EINFÜGEN/SYMBOL. Suchen Sie das entsprechende Symbol im Dialogfenster *Symbol* und klicken Sie auf *Einfügen.* Dann klicken Sie auf *Senden.*

5.	**Wo finden Sie die Optionen zu E-Mail-Signaturen?**
A	Wählen Sie im Nachrichtenfenster EXTRAS/OPTIONEN, dann die Registerkarte *Rechtschreibung* und dann *Internetadressen.*
B	Wählen Sie im Nachrichtenfenster EXTRAS/OPTIONEN, dann die Registerkarte *Benutzerinformation* und klicken Sie dann auf OK.
C	Wählen Sie im Nachrichtenfenster EXTRAS/OPTIONEN, dann die Registerkarte *Bearbeiten* und klicken Sie dann auf *Einstellungen.*
D	Wählen Sie im Nachrichtenfenster EXTRAS/OPTIONEN, dann die Registerkarte *Allgemein* und dann *E-Mail-Optionen.*

Lektion 7.7: Weitere Informationen zu eingehenden E-Mails

Zu dieser Lektion

In dieser Lektion werden Sie einige der Optionen für bei Ihnen eintreffende E-Mails kennen lernen.

Sie erfahren, wie man empfangene E-Mails an andere Personen weiterleitet, wie man dem Verfasser einer E-Mail oder jedem, der diese E-Mail erhalten hat, antwortet und wie man Text zwischen einzelnen E-Mails oder von einer E-Mail in ein Textverarbeitungsprogramm oder eine andere Anwendung kopiert.

Es wird außerdem beschrieben, wie Sie angehängte Dateien, die Sie erhalten, öffnen und wie Sie diese dann speichern oder löschen.

Ein weiteres Thema sind die Mailordner. Hier erfahren Sie, wie Sie selbst neue Ordner erstellen, Ihre E-Mails darin auf verschiedene Weise sortieren und wie Sie Ihre Ordner nach bestimmten Mails durchsuchen können.

Neue Fähigkeiten

Am Ende dieser Lektion sollten Sie in der Lage sein,

- eine erhaltene E-Mail an eine andere Person weiterzuleiten,
- nur dem Verfasser einer E-Mail zu antworten,
- allen Empfängern einer E-Mail zu antworten,
- Text zwischen einzelnen E-Mails und von E-Mails in ein anderes Programm zu kopieren,
- Dateianhänge zu speichern und zu löschen,
- Ordner zu erstellen und zu löschen,
- E-Mails zwischen einzelnen Ordnern zu verschieben,
- in Ihren Ordnern nach einer bestimmten E-Mail zu suchen.

Neue Wörter

Am Ende dieser Lektion sollten Sie in der Lage sein, die folgenden Begriffe zu erklären:

- E-Mail-Weiterleitung
- Allen antworten
- Nur dem Verfasser antworten

Was Sie mit Ihren eingehenden E-Mails tun können

Sie haben gelernt, wie Sie eingegangene E-Mails aus der Nachrichtenliste anzeigen können: durch einfaches (um sie in der Vorschau zu betrachten) oder zweifaches (um sie in einem separaten Fenster zu betrachten) Klicken. In dieser Lektion werden Sie erfahren, welche unterschiedlichen Dinge Sie mit einer eingegangenen E-Mail tun können. Zusammengefasst sind das die folgenden Aktionen:

- Weiterleiten an eine andere Person
- Nur dem Verfasser antworten
- Dem Verfasser und allen anderen Adressaten dieser E-Mail antworten
- Text daraus in eine ausgehende E-Mail oder in eine andere Microsoft-Anwendung zu kopieren
- Die angehängten Dateien speichern oder löschen

Eine E-Mail weiterleiten

Die einfachste Methode, eine erhaltene E-Mail an eine andere Person weiterzugeben, ist ganz einfach das Weiterleiten. Führen Sie Übung 7.42 aus, um zu erfahren, wie es geht.

Übung 7.42: Eine E-Mail weiterleiten

1) Wählen Sie die Nachricht, die Sie weiterleiten möchten, durch Klicken oder Doppelklicken aus.

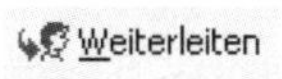

2) Rufen Sie den Menübefehl *Aktionen/Weiterleiten* auf oder klicken Sie auf die Schaltfläche *Weiterleiten* in der Symbolleiste.

   Outlook blendet ein Fenster ein, das so aussieht wie das zum Erstellen neuer E-Mails, jedoch mit einem Unterschied:

   Das Feld *Betreff* zeigt den Betreff der ursprünglichen E-Mail mit einem vorangestellten *WG:*.

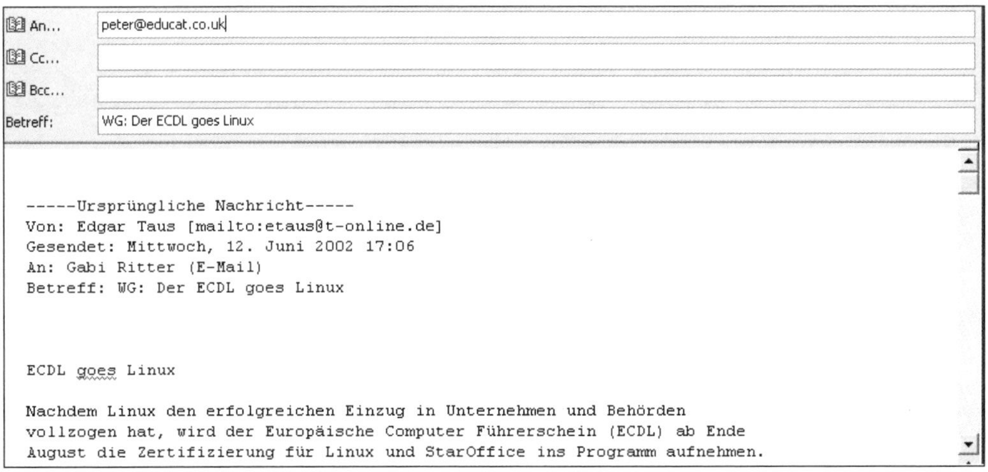

3) Im Feld *An* geben Sie die Adresse der Person ein, der Sie die E-Mail weiterleiten möchten.

4) Geben Sie im Textbereich eigenen Text ein. (Es ist für den Empfänger der Nachricht hilfreich, wenn Sie klar zwischen Ihrem Text und dem Originaltext der E-Mail unterscheiden.)

5) Klicken Sie auf *Senden.*

E-Mail-Weiterleitung

Der Vorgang, eine empfangene E-Mail an eine andere Person weiterzuleiten. In der Regel schreiben Sie ein paar eigene Worte in die E-Mail, die Sie weiterleiten.

Nur dem Verfasser antworten

Wenn Sie eine E-Mail erhalten, können Sie entweder nur dem Verfasser dieser Nachricht antworten oder allen Personen, die diese Nachricht erhalten haben.

In den meisten Fällen werden Sie nur dem Verfasser der Nachricht antworten wollen. Die Übung 7.43 zeigt Ihnen, wie es geht.

Übung 7.43: Nur dem Verfasser einer E-Mail antworten

1) Wählen Sie die Nachricht, auf die Sie antworten möchten, durch Klicken oder Doppelklicken aus.

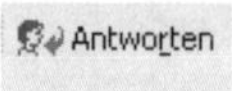

2) Rufen Sie den Menübefehl *Aktionen/Antworten* auf oder klicken Sie in der Symbolleiste auf die Schaltfläche *Antworten.* Das Fenster, das eingeblendet wird, sieht aus wie das zum Erstellen neuer E-Mails, jedoch mit zwei Unterschieden:

- Das Feld *An* und das Feld *Betreff* sind bereits ausgefüllt.
- Die ursprüngliche E-Mail wird angezeigt und identifiziert.

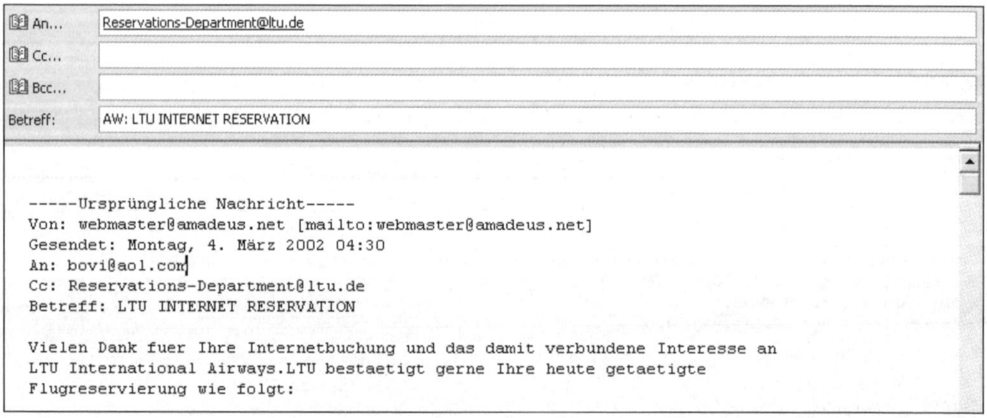

Sie können das Feld *Betreff* bearbeiten, wenn Sie möchten. Sie können auch die ursprüngliche Nachricht oder Teile daraus entfernen.

3) Geben Sie Ihren Antworttext in das Nachrichtenfeld oberhalb der ursprünglichen Nachricht ein.

4) Klicken Sie auf *Senden*.

Denken Sie daran, dass es nicht sehr hilfreich ist, eine Nachricht mit nur einem Wort als Antwort zu bekommen (»Ja« oder »4:30«). Die Person, die Ihre Antwort liest, könnte Hunderte von E-Mails verschickt haben und liest Ihre Antwort vielleicht erst Tage später. Daher ist es immer ratsam, die Originalnachricht mit der Antwort mitzuschicken.

Wenn die Originalnachricht jedoch sehr umfangreich ist und Ihre Antwort einfach nur »Ja« lautet, ist es hilfreich, wenn Sie den Teil des Textes, der nichts mit der Antwort zu tun hat, ausschneiden. So ist es eindeutig, worauf Sie sich beziehen.

Nur dem Verfasser antworten

Der Vorgang, auf eine erhaltene E-Mail zu antworten. Nur die Person, die Ihnen die E-Mail geschickt hat, bekommt die Antwort. Die Antwort enthält in der Regel den Text der Originalnachricht.

Allen Antworten

Die Option *Allen antworten* gibt Ihnen die Möglichkeit, auf eine E-Mail zu antworten, sodass jeder, der die ursprüngliche E-Mail erhalten hat, eine Antwort von Ihnen bekommt. Diese Funktion wird genau wie die Funktion *Antworten* (nur dem Verfasser) verwendet.

Diese Funktion kann besonders hilfreich sein, wenn Sie mit mehreren Personen zusammen an einem Projekt arbeiten (beispielsweise das Aufsetzen eines Vertrags) oder eine Sache diskutieren, die von allen Zustimmung verlangt (beispielsweise Terminabstimmung für eine Sitzung).

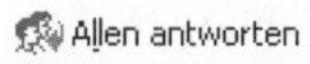

Um diese Option bei einer erhaltenen E-Mail zu nutzen, rufen Sie den Menübefehl *Aktionen/Allen antworten* auf oder klicken in der Symbolleiste auf die Schaltfläche *Allen antworten*.

Allen antworten

Der Vorgang des Antwortens auf eine erhaltene E-Mail, wobei jeder, der die Originalnachricht erhalten hat, auch Ihre Antwort bekommt. Die Antwort enthält in der Regel den Text der Originalnachricht.

Text der ursprünglichen Nachricht beifügen

Egal ob Sie nun dem *Verfasser* oder *Allen antworten*, können Sie über EXTRAS/OPTIONEN im Register *Einstellungen* unter E-MAIIL-OPTIONEN einstellen, ob der Text der ursprünglichen Nachricht mitgeschickt wird oder nicht. Des Weiteren haben Sie noch die Möglichkeit auszuwählen, ob die ursprüngliche Nachricht als Anhang oder eingerückt beigefügt wird. Schauen Sie sich die verschiedenen Optionen in der Dropdown-Liste an. Die gleichen Optionen haben Sie auch bei der Einstellung zum Weiterleiten von Nachrichten. Sie finden diese im selben Register.

Den Text einer Nachricht kopieren und verschieben

Sie können den Text einer E-Mail in einer anderen E-Mail oder einem anderen Microsoft-Programm wiederverwenden. Und Sie können Text innerhalb einer Nachricht verschieben. In Übung 7.44 und 7.45 trainieren Sie Ihre Fähigkeiten, Text zu verschieben.

Übung 7.44: Den Text einer E-Mail innerhalb von Outlook verschieben

1) Öffnen Sie eine E-Mail oder erstellen Sie eine neue.
2) Markieren Sie den zu kopierenden Text, indem Sie an den Anfang des Textes klicken und dann den Mauszeiger an das Ende des Textes ziehen.
3) Wählen Sie den Menübefehl *Bearbeiten/Kopieren* oder drücken Sie [Strg]+[C].
4) Gehen Sie nun an die Stelle, an der Sie den kopierten Text einfügen möchten. Das ist entweder innerhalb der gleichen E-Mail oder in einer anderen E-Mail.
5) Wählen Sie den Menübefehl *Bearbeiten/Einfügen* oder drücken Sie [Strg]+[V].

Übung 7.45: Text aus einer E-Mail in ein anderes Programm kopieren

1) Wie schon in Übung 7.44, wählen Sie auch hier den Text aus, den Sie kopieren möchten, und drücken dann [Strg]+[C].
2) Öffnen Sie das zweite Programm (wie z.B. Microsoft Word), positionieren Sie die Einfügemarke an jene Stelle, an der der kopierte Test erscheinen soll, und drücken Sie [Strg]+[V].

In beiden Fällen können Sie den besagten Text auch verschieben (also an der Ursprungsstelle löschen und ihn an anderer Stelle einfügen), indem Sie *Bearbeiten/Ausschneiden* statt *Bearbeiten/Kopieren* wählen oder [Strg]+[X] statt [Strg]+[C] drücken.

Text löschen

Um Text zu löschen, markieren Sie den Text, den Sie löschen wollen, und fahren Sie dann folgendermaßen fort: Wählen Sie *Bearbeiten/Ausschneiden*, drücken Sie [Strg]+[X] oder die Taste [Entf].

Dateianhänge erhalten

Die meisten E-Mails sind einfache Textnachrichten. Einige jedoch haben auch Dateianhänge wie Tabellen, formatierte Dokumente, Präsentationen, Grafiken oder Audiodateien. Sie erkennen eine E-Mail mit angehängter Datei folgendermaßen:

- In der Nachrichtenliste wird besagte E-Mail mit einer Büroklammer versehen angezeigt.

- Im Vorschaufenster wird im Nachrichtenkopf Typ, Name und Größe des Anhangs angezeigt.

- Wenn die Nachricht in einem separaten Fenster angezeigt wird, erscheint im Kopfbereich eine Zeile für Anlagen mit Angaben zu Name und Größe der Datei.

Einen Anhang öffnen

Sie können einen Anhang nur dann öffnen, wenn Sie über das entsprechendes Programm verfügen. Einen Anhang, der in einer Anwendung erstellt wurde, die nicht auf Ihrem Computer installiert ist (oder einfach nur in einer anderen Version), können Sie möglicherweise nicht öffnen.

Einen Anhang öffnen Sie auf zwei Arten:

- Wenn Sie die E-Mail in der Vorschau anzeigen lassen, klicken Sie auf das Symbol *Büroklammer* im Kopfbereich der E-Mail, damit der Name des Anhangs angezeigt wird. Wählen Sie aus dem eingeblendeten Kontextmenü den entsprechenden Dateinamen.
- Wenn Sie die E-Mail in einem separaten Fenster anzeigen lassen, führen Sie einen Doppelklick auf den Dateinamen im Feld *Anlagen* aus.

Anhänge speichern

Sie können einen Anhang auf drei Arten speichern:

- Wählen Sie *Datei/Anlagen* speichern. (Dieser Befehl steht zur Verfügung, egal ob Sie die E-Mail in der Vorschau oder in einem separaten Fenster anzeigen lassen.)
- Doppelklicken Sie in der Vorschau im Kopfbereich der Nachricht auf das Anlagensymbol, wählen Sie im folgenden Dialogfeld die Option *Auf Datenträger speichern* und bestätigen Sie über OK.
- Wenn Sie die E-Mail in einem separaten Fenster anzeigen lassen, klicken Sie mit der rechten Maustaste auf den Dateinamen im Feld *Anlagen* und wählen im Kontextmenü den Eintrag SPEICHERN UNTER aus.

In jedem Fall geben Sie jedoch an, wo auf Ihrem Computer die Datei gespeichert werden soll. Akzeptieren oder ändern Sie den Dateinamen und klicken Sie dann auf OK.

Wenn Sie einen Anhang öffnen und ihn nicht speichern, können Sie ihn später nur über Outlook öffnen. Wenn Sie den Anhang jedoch speichern, können Sie ihn zukünftig auch über die entsprechende Anwendung öffnen.

Wenn Sie einen Anhang speichern und später löschen, werden Sie ihn weder über Outlook noch über die entsprechende Anwendung öffnen können. Und wenn Sie die E-Mail löschen, ohne vorher den Anhang gespeichert zu haben, so ist auch der Anhang gelöscht.

Vorsicht: Anhänge können gefährlich sein

E-Mail-Anhänge sind die beliebteste Art, um Computerviren zu verteilen. Aus diesem Grund sollten Sie ein Antivirenprogramm auf Ihrem Computer installiert haben, das die eingehenden E-Mails bzw. Anhänge scannt.

Verwendung von E-Mail-Ordnern

Wenn Sie erst einmal anfangen, mit E-Mails zu arbeiten, werden Sie auch eine Menge davon bekommen. Einige der E-Mails sind wichtig, andere dagegen nur kurzlebig (Wir treffen uns zum Mittagessen, o.k.). Einige müssen Sie aufbewahren, um sich darauf berufen zu können (die TOP eines Projekt-Meetings). Einige der E-Mails sind einfach nur Massenmails bzw. Rundmails. Wie also können Sie da Ordnung halten, damit Sie das Gesuchte auch finden, wenn Sie es brauchen? Sie erstellen einfach Ordner für Ihre E-Mails.

Übung 7.46: Einen Ordner für E-Mails erstellen

1) Rufen Sie den Menübefehl DATEI/NEU/ORDNER auf.

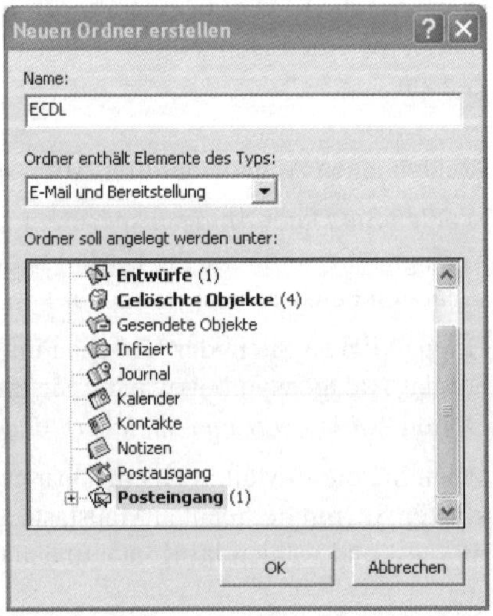

2) Tippen Sie den Namen ein, den Sie dem neuen Ordner geben möchten.

3) Klicken Sie auf den Ordner, in dem Sie Ihren neuen Ordner ablegen möchten:

- Wenn sich der neue Ordner auf der gleichen Ebene wie Posteingang, Postausgang und andere Hauptordner in Outlook befinden soll, klicken Sie auf *Persönlicher Ordner.*
- Wenn der neue Ordner ein Unterordner eines bestehenden Ordners wie z.B. Ihres Posteingangs sein soll, klicken Sie auf den entsprechenden Ordner.

4) Klicken Sie auf den Pfeil rechts neben dem Feld für *Ordner enthält Elemente des Typs* und treffen Sie eine Wahl.

5) Klicken Sie auf OK.

E-Mails zwischen Ordnern verschieben

In Übung 7.47 verschieben Sie E-Mails von einem Ordner in den anderen.

Übung 7.47: Eine E-Mail vom Posteingang in einen anderen Ordner verschieben

1) Öffnen Sie Ihren Posteingang in der Ordnerliste und markieren Sie die E-Mail, die Sie verschieben möchten.

2) Rufen Sie den Menübefehl *Bearbeiten/In Ordner verschieben* auf.

3) Klicken Sie den Ordner an, in den Sie die Nachricht verschieben möchten.

4) Klicken Sie auf OK.

Wahlweise können Sie auch in der Nachrichtenliste auf die E-Mail klicken und sie in den Ordner in der Ordnerliste auf der linken Seite ziehen. Welchen Ordner verwenden Sie für Massen-E-Mails und für die Einladung zum Essen von letzter Woche? Natürlich den Ordner *Gelöschte Objekte*.

Wenn Sie in Übung 7.47 den Menübefehl *Bearbeiten/In Ordner kopieren* aufrufen, würde die E-Mail in den zweiten Ordner kopiert. Sie würde also in beiden Ordnern erscheinen.

Einen Ordner löschen

Seien Sie vorsichtig. Es ist natürlich möglich, einen Mailordner zu löschen, aber Sie können es sich dann nicht mehr anders überlegen. Der Ordner mit seinem gesamten Inhalt ist für immer verschwunden. Folgen Sie den Schritten in Übung 7.48, um zu erfahren, wie das vor sich geht.

Übung 7.48: Einen Ordner löschen

1) Klicken Sie in der Ordnerliste auf den Ordner, den Sie löschen möchten.

2) Wählen Sie *Datei/Ordner/"<Ordnername>" löschen* oder klicken Sie mit der rechten Maustaste auf den Order und wählen Sie im Kontextmenü den Eintrag "<ORDNERNAME>" LÖSCHEN.

3) Outlook fordert von Ihnen eine Bestätigung, dass Sie den Ordner wirklich löschen wollen.

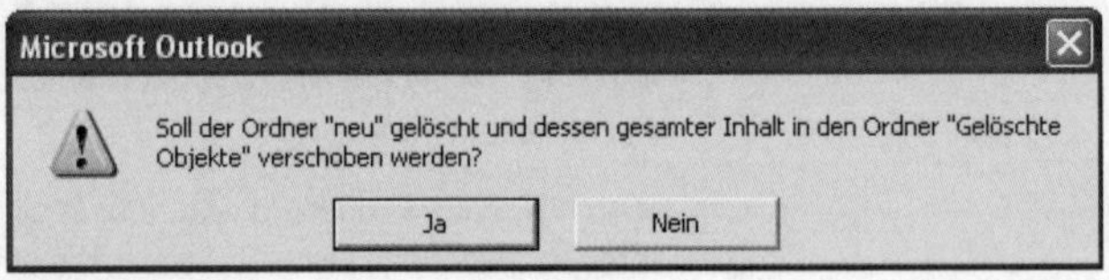

4) Klicken Sie auf *Ja*.

Nach bestimmten E-Mails suchen

Sie wissen, dass jemand Ihnen Informationen über den neuen MP3 Music Player geschickt hat, aber Sie wissen nicht mehr, wer es war. Ihr Freund aus Australien hat Ihnen irgendwann um die Weihnachtszeit eine Nachricht geschickt. Sie brauchen alle Antworten, die Sie zum morgigen Meeting bekommen haben. Wie finden Sie das, was Sie suchen?

Die schnellste Methode, diese Stecknadeln im E-Mail-Heuhaufen zu finden, bietet die Funktion *Nachricht suchen*. Die Übung 7.49 zeigt ein Beispiel.

Übung 7.49: Eine bestimmte E-Mail suchen

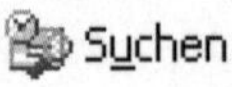

1) Rufen Sie den Menübefehl *Extras/Suchen* auf oder klicken Sie in der Symbolleiste auf die Schaltfläche *Suchen*.
2) Geben Sie im Feld *Suchen nach* irgendeinen Begriff ein, den Sie noch von der E-Mail her kennen: von wem sie war, an wen sie ging, den Betreff, oder ein Wort oder einen Satz in der E-Mail. Sie müssen keine vollständigen Wörter verwenden und Sie können auch ein Datum angeben.
3) Wählen Sie in der Leiste oberhalb der Nachrichtenliste im Feld *Suchen in* den oder die Ordner aus, die durchsucht werden sollen.

4) Klicken Sie auf *Suche starten*. Outlook zeigt eine Liste mit Nachrichten an, die Ihre Kriterien erfüllen.

   Wenn Sie die gewünschte Nachricht gefunden haben, öffnen Sie sie mit einem Doppelklick.

Nachrichten in einem Ordner sortieren

Eine weitere Methode, bestimmte E-Mails in einem Ordner zu finden, ist das Sortieren der Nachrichten im Ordner. Indem Sie Ihren Posteingang alphabetisch nach Verfassernamen sortieren (das Feld *Von*), können Sie alle Nachrichten einer bestimmten Person suchen und finden. Sie können aber auch nach Ihren zuletzt erhaltenen E-Mails suchen, indem Sie nach dem Feld *Erhalten* sortieren.

Übung 7.50: Den Inhalt eines Mailordners sortieren

1) Klicken Sie auf Ihren Posteingang in der Ordnerliste.
2) Klicken Sie in der Nachrichtenliste im Kopfbereich auf das Wort *Von*. Outlook sortiert die Nachrichten alphabetisch nach den Verfassernamen.

3) Klicken Sie noch einmal auf das Wort *Von*. Outlook sortiert die Nachrichten neu, diesmal in umgekehrter alphabetischer Reihenfolge.
4) Klicken Sie im Kopfbereich auf das Wort *Erhalten*. Outlook sortiert Ihre Nachrichten nach dem Eingangsdatum. Wie schon zuvor können Sie die Sortierung umkehren, indem Sie noch einmal auf *Erhalten* klicken.

Wenn Sie fertig sind, können Sie Outlook beenden. Sie haben die siebte Lektion des ECDL-Moduls *Information und Kommunikation* beendet.

Zusammenfassung der Lektion: Das haben Sie gelernt

Outlook erlaubt es Ihnen, verschiedenen Handlungen an den E-Mails, die Sie von anderen Personen erhalten, vorzunehmen.

Sie können eine E-Mail an jemanden weiterleiten, in der Regel zusammen mit ein paar eigenen Worten, die Sie in den unteren Textbereich, oberhalb der ursprünglichen E-Mail eingeben. Schauen Sie sich dazu die Übung 7.42 an. Sie können nur dem Verfasser der Nachricht antworten, sodass nur dieser Ihre Antwort sieht, oder Sie antworten allen Empfängern einer E-Mail. Schauen Sie sich dazu die Übung 7.43 an.

Eine weitere Option ist das *Kopieren* und *Einfügen*. So können Sie Text aus einer erhaltenen E-Mail in eine ausgehende Nachricht oder in eine andere Anwendung wie z.B. Microsoft Word kopieren. Schauen Sie sich dazu die Übungen 7.44 und 7.45 an

Outlook zeigt Ihnen an, ob eine eingehende E-Mail einen Dateianhang hat. Sie können solche Anhänge öffnen, speichern und löschen. Dateianhänge können Viren enthalten. Daher sollten Sie mit einem zuverlässigen Antivirenprogramm arbeiten, das die Anhänge vorher überprüft.

Mailordner erstellen Sie, um ein bisschen Ordnung in Ihre E-Mails zu bringen. Schauen Sie sich dazu die Übung 7.46 an. Darüber hinaus können Sie die E-Mails in einem Ordner sortieren (nach Verfasser, Empfänger, Betreff oder Datum) und die Funktion *Suchen* verwenden, um bestimmte E-Mails zu finden. Schauen Sie sich dazu die Übungen 7.49 und 7.50 an.

Schnelltest: Weitere Informationen zu eingehenden E-Mails

1.	**Wie leiten Sie eine E-Mail weiter?**
A	Klicken Sie auf *Allen antworten* und schreiben Sie ins Feld *An* den Namen der Person, der Sie die E-Mail schicken möchten. Klicken Sie auf *Senden.*
B	Klicken Sie auf *Antworten* und schreiben Sie ins Feld *An* den Namen der Person, der Sie die E-Mail schicken möchten. Klicken Sie auf *Senden.*
C	Klicken Sie auf *Weiterleiten* und schreiben Sie ins Feld *An* den Namen der Person, der Sie die E-Mail schicken möchten.
D	Klicken Sie auf *Weiterleiten* und schreiben Sie ins Feld *An* den Namen der Person, der Sie die E-Mail schicken möchten. Klicken Sie auf *Senden.*

2.	**Wie antworten Sie ausschließlich der Person, die Ihnen die E-Mail geschickt hat?**
A	Klicken Sie auf *Allen antworten* und schreiben Sie die Nachricht, die Sie verschicken möchten. Klicken Sie auf *Senden.*
B	Klicken Sie auf *Antworten* und schreiben Sie die Nachricht, die Sie verschicken möchten. Klicken Sie auf *Senden.*
C	Klicken Sie auf *Weiterleiten* und schreiben Sie die Nachricht, die Sie verschicken möchten. Klicken Sie auf *Senden.*
D	Klicken Sie auf *Antworten* und schreiben Sie die Nachricht, die Sie verschicken möchten.

3.	**Wie antworten Sie allen Empfängern einer erhaltenen E-Mail?**
A	Klicken Sie auf *Antworten* und schreiben Sie die Nachricht, die Sie verschicken möchten. Klicken Sie auf *Senden.*
B	Klicken Sie auf *Weiterleiten* und schreiben Sie die Nachricht, die Sie verschicken möchten. Klicken Sie auf *Senden.*
C	Klicken Sie auf *Allen antworten* und schreiben Sie die Nachricht, die Sie verschicken möchten. Klicken Sie auf *Senden.*
D	Klicken Sie auf *Allen antworten* und schreiben Sie die Nachricht, die Sie verschicken möchten.

4.	**Wie verschieben Sie eine E-Mail vom Posteingang in einen anderen Ordner?**
A	Wählen Sie die E-Mail aus, die Sie verschieben möchten. Wählen Sie BEARBEITEN/IN ORDNER VERSCHIEBEN. Klicken Sie auf den Order, in den Sie die E-Mail verschieben möchten. Klicken Sie auf OK.
B	Wählen Sie die E-Mail aus, die Sie verschieben möchten. Wählen Sie BEARBEITEN/IN ORDNER KOPIEREN. Klicken Sie auf den Order, in den Sie die E-Mail verschieben möchten. Klicken Sie auf OK.
C	Wählen Sie die E-Mail aus, die Sie verschieben möchten. Wählen Sie DATEI/NEU/ORDNER. Schreiben Sie den Namen des Ordners und wählen Sie einen Ort aus, an dem Sie den Ordner platzieren möchten. Klicken Sie auf OK.
D	Wählen Sie die E-Mail aus, die Sie verschieben möchten. Wählen Sie DATEI/ORDNER/VERSCHIEBEN. Klicken Sie auf den Order, in den Sie die E-Mail verschieben möchten. Wählen Sie einen Ort aus, an dem Sie den Ordner platzieren möchten. Klicken Sie auf OK.

5.	**Wie speichern Sie einen Anhang?**
A	Wählen Sie DATEI/ANLAGEN SPEICHERN. Wählen Sie einen Ort, an dem Sie die Datei speichern möchten, und klicken Sie auf *Speichern.*
B	Wählen Sie *Speichern.* Wählen Sie einen Ort, an dem Sie die Datei speichern möchten, und vergeben Sie einen Namen und klicken Sie auf *Speichern.*
C	Wählen Sie *Speichern.* Wählen Sie einen Ort, an dem Sie die Datei speichern möchten, und vergeben Sie einen Namen und klicken Sie auf *Speichern.*
D	Wählen Sie BEARBEITEN/IN ORDNER VERSCHIEBEN. Wählen Sie einen Ort, an dem Sie die Datei speichern möchten, und vergeben Sie einen Namen und klicken Sie auf OK.

Lektion 7.8: Adressbuch und Kontaktgruppen

Zu dieser Lektion

Sie werden sicherlich bemerkt haben, dass es recht schwierig sein kann, sich E-Mail-Adressen zu merken. Einige von ihnen sind kryptisch (bill@xyz.de), andere wiederum komplex (bs_p.sales@xy.pqr-corp.co.uk). Auch innerhalb der gleichen Firma oder Organisation verwenden einzelne Personen oft unterschiedliche Möglichkeiten der E-Mail-Adresse (peterschmitz, pschmitz,peter.schmitz, peter_schmitz, pschzt...). Wie also kann man all diese Adressen behalten?

Sie müssen diese Adressen gar nicht im Kopf behalten, Sie sammeln sie einfach in einem Adressbuch.

In dieser Lektion lernen Sie, wie Sie Kontakte in Ihrem Adressbuch organisieren, sodass Sie sich keine E-Mail-Adressen merken müssen. Sie fügen diese einfach jedes Mal ein, wenn Sie eine E-Mail versenden möchten.

Weiterhin erfahren Sie, wie Sie Kontaktgruppen (so genannte Mailinglisten) zusammenstellen, sodass Sie dieselbe Nachricht in einem Arbeitsschritt an eine ganze Gruppe von Personen schicken können.

Neue Fähigkeiten

Am Ende dieser Lektion sollten Sie in der Lage sein,

- Ihrem Adressbuch Kontakte hinzuzufügen, sie zu ändern oder zu löschen,
- Kontaktgruppen zu erstellen, um in einem Arbeitsschritt eine E-Mail an eine ganze Gruppe von Personen zu senden.

Neue Wörter

Am Ende dieser Lektion sollten Sie in der Lage sein, die folgenden Begriffe zu erklären:

- E-Mail-Kontakt
- Adressbuch
- Alias
- Mailingliste (Kontaktgruppe)

Ihr Adressbuch

Outlook verfügt über ein Adressbuch, in dem Sie Informationen zu Personen, mit denen Sie in Kontakt stehen, speichern können.

Sie können hier alle möglichen Details über Ihre Kontakte hinterlegen – selbstverständliche Dinge wie Name, Adresse und Telefonnummer (und E-Mail-Adresse) und weniger selbstverständliche Dinge wie Geburtstag oder die Namen der Kinder.

E-Mail-Kontakt

Eine Person oder Organisation, deren Details (wie Name und E-Mail-Adresse) Sie im Adressbuch Ihrer E-Mail-Anwendung hinterlegt haben.

Schaltfläche Adressbuch

Um sich einen Überblick über die Vielfalt der Aufzeichnungsmöglichkeiten von Kontakten zu verschaffen, öffnen Sie Outlook und rufen entweder den Menübefehl EXTRAS/ADRESSBUCH auf oder klicken in der Outlook-Symbolleiste auf die Schaltfläche *Adressbuch.*

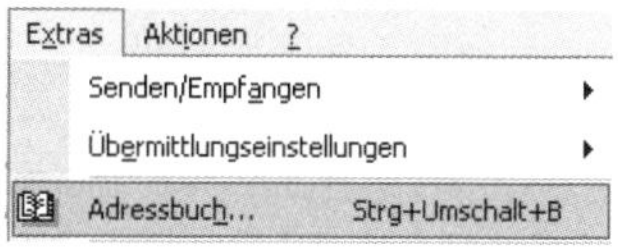

Wählen Sie einen Kontakt aus und klicken Sie dann in der Symbolleiste des Adressbuchs auf *Eigenschaften* oder wählen Sie den Menübefehl DATEI/EIGENSCHAFTEN.

Klicken Sie hintereinander auf die fünf Registerkarten im Dialogfeld und schauen Sie sich die verfügbaren Felder an. Wenn Sie fertig sind, klicken Sie auf *Abbrechen.*

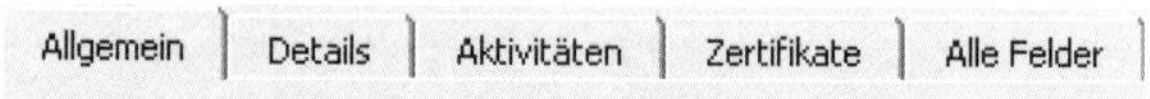

Adressbuch

Im Adressbuch Ihrer E-Mail-Anwendung speichern Sie detaillierte Informationen über Ihre E-Mail-Kontakte, um später darauf zurückgreifen zu können.

Kontakte eingeben

In Übung 7.51 üben Sie das Eingeben von neuen Kontakten in das Adressbuch von Outlook.

Übung 7.51: Ihrem Adressbuch einen neuen Kontakt hinzufügen

1) Öffnen Sie Ihr Adressbuch in Outlook, indem Sie den Menübefehl Extras/Adressbuch wählen.
2) Klicken Sie auf die Schaltfläche *Neuer Eintrag.* Im Feld *In* des Dialogfeldbereichs *Eintrag einfügen* wählen Sie *Kontakte* und bestätigen über OK.
3) Geben Sie auf der Registerkarte *Allgemein* den Vor- und Zunamen sowie die E-Mail-Adresse eines Kontakts ein.
4) Geben Sie im Feld *Anzeigen als* eine kurze, leicht zu behaltende Version des Namens ein. So wird der Name in Ihrem Adressbuch bzw. in Ihren Kontakten angezeigt.
5) Klicken Sie auf die Symbolschaltfläche *Speichern und schließen.*

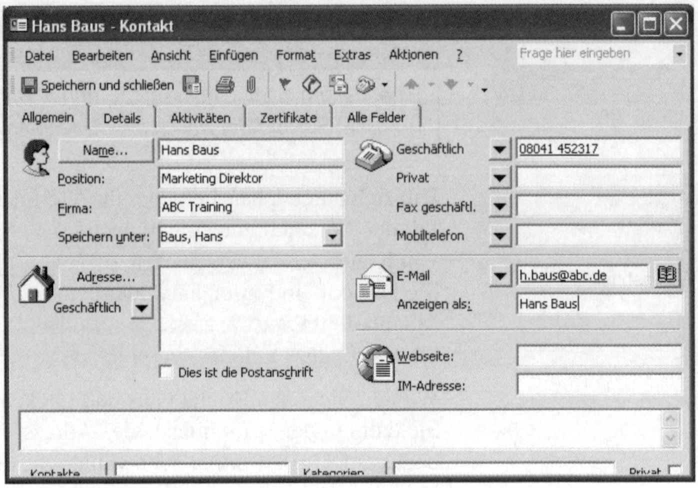

6) Klicken Sie auf OK.

Um mehrere neue Kontakte in einem Arbeitsschritt einzugeben, wählen Sie den Menübefehl *Datei/Neu/Kontakt*.

E-Mail-Alias

Eine verkürzte Form einer E-Mail-Adresse, die in das Feld An in einer Nachricht eingegeben werden kann, statt der vollständigen E-Mail-Adresse des jeweiligen Kontakts.

Kontakte: Das Minimum an Information

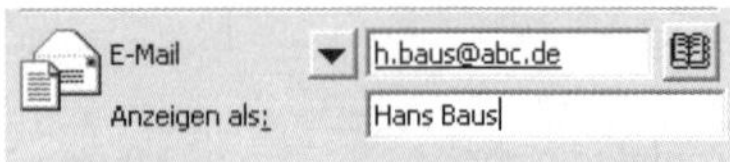

Das Minimum an Information, das ein Kontakt in Ihrem Adressbuch enthalten muss, sind der Vor- und Zuname und ein angezeigter Name. Alle übrigen Detailangaben sind optional. Vor- und Zunamen geben Sie ein, die Anzeige wird dann standardmäßig von Outlook erstellt.

Der Name im Feld *Anzeigen als* ist jener, der später im Feld *An* erscheint, wenn Sie eine Nachricht an den Kontakt versenden, und auch im Feld *Von*, wenn Sie E-Mails von dieser Person empfangen.

Sie können den standardmäßig eingefügten Namen im Feld *Anzeigen als* ändern oder eine andere Möglichkeit aus der Dropdown-Liste auswählen. Die Dropdown-Liste enthält verschiedene Variationen aus Vor- und Zuname und allem anderen, was Sie im Feld *Name* oder im Feld *Firma* eingetragen haben.

Kontakte bearbeiten

Sie können die Informationen zu den einzelnen Kontakten jederzeit ändern oder ergänzen. Gehen Sie folgendermaßen vor:

- Rufen Sie den Menübefehl *Extras/Adressbuch* auf, um das Adressbuch zu öffnen.
- Doppelklicken Sie auf den gewünschten Kontakt.
- Überschreiben oder löschen Sie Informationen oder fügen Sie neue hinzu.

Kontakte löschen

Zum Löschen eines Kontakts öffnen Sie Ihr Adressbuch, wählen den entsprechenden Kontakt aus und führen dann eine der folgenden Handlungen aus: Klicken Sie auf die Schaltfläche *Löschen*, drücken Sie `Entf` oder benutzen Sie den Menübefehl *Datei/Löschen*.

Kontaktinformation von einer E-Mail hinzufügen

In Übung 7.51 haben Sie gelernt, wie Sie einen neuen Kontakt durch Öffnen des Adressbuchs und Eingabe und Speicherung relevanter Informationen in Ihr Adressbuch aufnehmen. Ein neuer Kontakt lässt sich auf zwei weitere Arten hinzufügen:

- Öffnen Sie die E-Mail, die den Namen enthält, den Sie in Ihr Adressbuch aufnehmen möchten. Klicken Sie mit der rechten Maustaste im Feld *Von* auf den Namen und wählen Sie dann im Kontextmenü den Eintrag ZU DEN KONTAKTEN HINZUFÜGEN.
- Wenn Sie auf eine E-Mail antworten, klicken Sie mit der rechten Maustaste auf den Namen im Feld *An* und wählen dann im Kontextmenü den Eintrag ZU DEN KONTAKTEN HINZUFÜGEN.

Ihre Kontakte sortieren

Sie erinnern sich an den Vornamen einer Person, aber nicht an den Nachnamen? Sie kennen die Telefonnummer, aber nicht den Namen der Firma? Mit einem normalen Telefonbuch hätten Sie jetzt ein Problem. Nicht jedoch mit Outlook. Die Übungen 7.52 und 7.53 führen Sie durch die einzelnen Schritte.

Übung 7.52: Nach Namen sortieren (Methode 1)

1) Klicken Sie auf den Ordner *Kontakte.*
2) Rufen Sie den Menübefehl *Ansicht/Aktuelle Ansicht/Adresskarten* auf.
3) Outlook zeigt eine Liste der Kontakte mit den Namen, die Sie zuvor ins Feld *Anzeigen als* eingegeben haben.

Sie können nun einfach die Liste durchblättern, um den gesuchten Kontakt zu finden.

Übung 7.53: Nach Telefonnummern sortieren (Methode 2)

1) Klicken Sie auf den Ordner *Kontakte.*
2) Rufen Sie den Menübefehl ANSICHT/AKTUELLE ANSICHT/TELEFONLISTE auf.

3) Klicken Sie auf *Telefon geschäftlich* in der Kopfzeile. Klicken Sie dann noch einmal auf den gleichen Spaltenkopf.

Die Reihenfolge ändert sich mit jedem Klick von aufsteigend in absteigend und wieder aufsteigend. Sie finden den gesuchten Namen, indem Sie zu der Telefonnummer blättern, die Ihnen ja bekannt ist.

Mailingliste (Kontaktgruppe)

Wenn Sie regelmäßig E-Mail verwenden, um z.B. mit Ihrem Fußballteam, Ihrer Forschungsgruppe oder Ihrer weit verstreuten Familie in Kontakt zu bleiben, können Sie, wie schon beschrieben, die gleiche E-Mail an alle Personen einer Gruppe versenden, indem Sie deren Namen in das Feld *An* oder in das Feld *Cc* schreiben (denken Sie aber daran, die Namen durch Semikola zu trennen).

Aber nach einer Weile kann diese ganze Schreiberei von Namen auch lästig werden. Was also kann man tun? Sie erstellen einfach eine Mailingliste, die in Outlook als Kontaktgruppe bezeichnet wird. In Übung 7.54 wird gezeigt, wie man eine Kontaktgruppe erstellt und ihr weitere Mitglieder hinzufügt.

Übung 7.54: Eine Verteilerliste erstellen

1) Rufen Sie den Menübefehl *Datei/Neu/Verteilerliste* auf.
2) Geben Sie der Verteilerliste einen Namen, indem Sie diesen in das Feld *Name* eingeben.

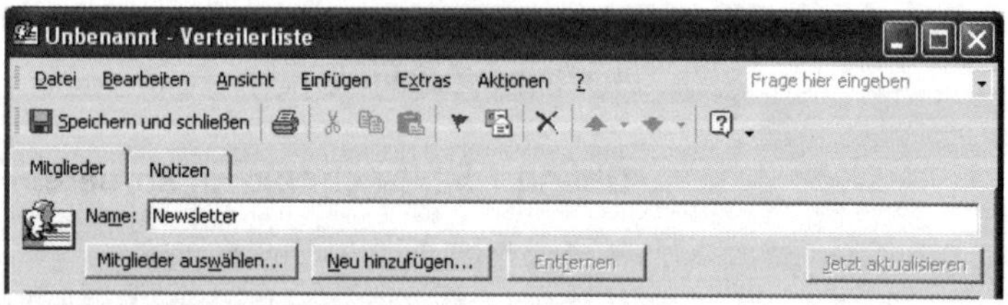

3) Nun gibt es zwei Möglichkeiten:
   - Die Personen, die Sie in die Kontaktgruppe aufnehmen möchten, existieren bereits in Ihrem Adressbuch.
   - Die Personen, die Sie in die Kontaktgruppe aufnehmen möchten, existieren noch nicht in Ihrem Adressbuch.
4) Wenn eine Person schon in Ihrem Adressbuch steht, klicken Sie auf *Mitglieder auswählen.* In einem neuen Dialogfeld wird eine Liste Ihrer E-Mail-Kontakte ange-

zeigt. Wählen Sie das entsprechende Adressbuch aus. Geben Sie den Namen in das Feld *Namen eingeben oder aus Liste auswählen* ein oder klicken Sie unten in der Liste auf den Namen, den Sie der Verteilerliste hinzufügen möchten, und klicken Sie dann auf die Schaltfläche *Mitglieder*.

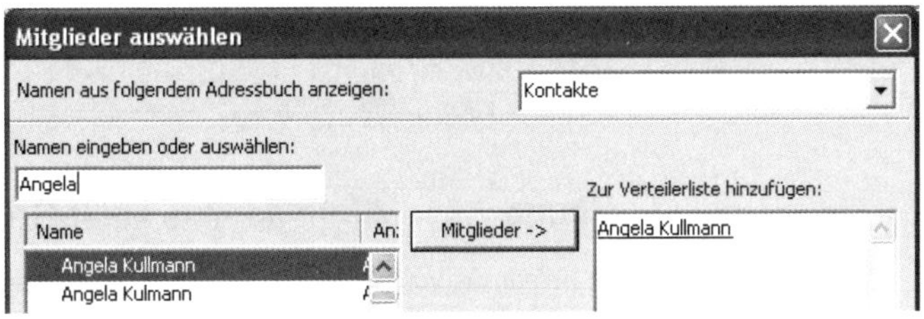

Wenn Sie fertig sind, klicken Sie auf OK, um zum Dialogfeld *Verteilerliste* zurückzukehren. Gehen Sie nun weiter zu Schritt 5.

5) Wenn die Personen, die Sie in die Gruppe aufnehmen möchten, noch nicht im Adressbuch sind, und Sie auch nicht möchten, dass sie sich dort befinden (weil Sie diese Personen nie einzeln ansprechen möchten), geben Sie die entsprechenden Namen und E-Mail-Adressen ein und klicken dann auf *Hinzufügen*. Im Dialogfeld *Neues Mitglied hinzufügen* geben Sie den Namen ein und die entsprechende E-Mail-Adresse. Machen Sie ein Häkchen in das Feld *Zu den Kontakten hinzufügen*, wenn Sie dies wünschen. Klicken Sie auf OK.

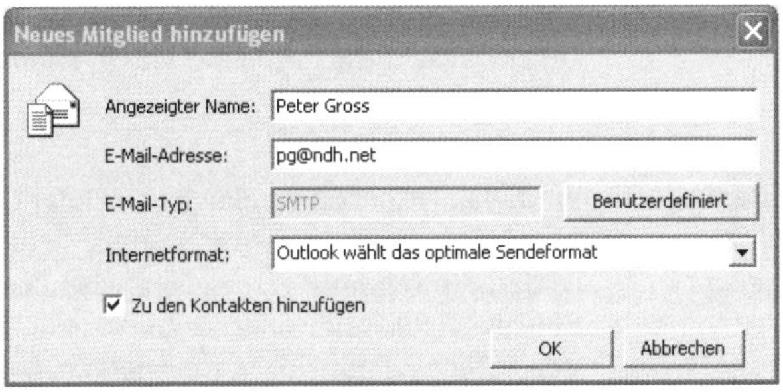

6) Wenn Sie fertig sind, klicken Sie auf die Symbolschaltfläche *Speichern und schließen*.

Wenn Sie erst einmal eine Gruppe erstellt haben, brauchen Sie nur noch den Namen der Gruppe in das Feld *An* einer Nachricht zu schreiben und Outlook sendet die E-Mail an jede Person dieser Gruppe.

Mailingliste/Kontaktgruppe

Eine Liste von E-Mail-Adressen, die es ermöglicht, allen Personen einer Gruppe in einem Arbeitsschritt eine E-Mail zu senden, indem man den Namen der entsprechenden Gruppe ins Feld An in der Nachricht schreibt.

Gruppen innerhalb von Gruppen

Eine Verteilerliste kann weitere Verteilerlistenn enthalten. Ihre überregionale Verkaufsgruppe enthält z.B. drei weitere Gruppen – Europa, USA, Asien.

Eine Einzelperson kann dabei auch Mitglied in mehr als einer Gruppe sein. Sie können die Zusammensetzung einer Gruppe jederzeit ändern, indem Sie Mitglieder hinzufügen (siehe Übung 7.54) oder Mitglieder löschen (siehe Übung 7.55).

Übung 7.55: Mitglieder aus einer Gruppe löschen

1) Wenn die Verteilerliste nicht geöffnet ist, öffnen Sie sie im Ordner *Kontakte* über die Liste.
2) Doppelklicken Sie auf den Namen der gewünschten Verteilerliste.
3) Klicken Sie auf den Namen der Person, die Sie entfernen möchten, und dann auf *Entfernen*.
4) Klicken Sie auf *Speichern und schließen*.

Wenn Sie einen Namen aus einer Gruppe löschen, bleibt er dennoch weiterhin in Ihrem Adressbuch bzw. in jeder anderen Gruppe, in der er Mitglied ist. Wenn Sie jedoch einen Namen in Ihrem Adressbuch löschen (oder ändern), wird dieser Name in jeder Gruppe, in der die Person Mitglied ist, gelöscht (oder geändert).

Glückwunsch! Sie haben das ECDL-Modul *Information und Kommunikation* beendet.

Zusammenfassung der Lektion: Das haben Sie gelernt

Ein E-Mail-Kontakt ist eine Person oder Organisation, deren Details (wie Name und E-Mail-Adresse) Sie in einem Adressbuch einer E-Mail-Anwendung gespeichert haben. Outlook erlaubt Ihnen die Eingabe vieler verschiedener Informationen zu Ihren Kontakten. Es stehen Ihnen dafür sieben Registerkarten eines Dialogfelds zur Verfügung.

Das Minimum an Informationen, das ein Kontakt enthalten muss, sind der Vor- und Zuname und ein angezeigter Name. Vor- und Zuname geben Sie ein, die Anzeige wird dann standardmäßig von Outlook erstellt. Ein E-Mail-Alias (Rufname) ist eine verkürzte E-Mail-Adresse, die statt der vollständigen E-Mail-Adresse des jeweiligen Kontakts in das Feld *An* eingegeben werden kann.

Das Adressbuch einer E-Mail-Anwendung speichert Ihre Kontakte, damit Sie einfach und schnell darauf zugreifen können. Sie schreiben Informationen zu Kontakten direkt in Ihr Adressbuch oder Sie übernehmen Kontaktinformationen von eingehenden und ausgehenden Nachrichten in Ihr Adressbuch.

Outlook erlaubt es Ihnen auch, Kontaktinformationen zu bearbeiten und Kontakte nach Überschriften wie Nachname und Telefonnummer zu sortieren.

Eine Mailingliste oder auch Kontaktgruppe ist eine Liste von E-Mail-Adressen, die es ermöglicht, allen Personen einer Gruppe in nur einem Arbeitsschritt eine E-Mail zu senden, indem man den Namen der entsprechenden Gruppe ins Feld *An* in der Nachricht schreibt. Eine Kontaktgruppe kann auch andere Kontaktgruppen enthalten. Die Zusammensetzung einer Kontaktgruppe lässt sich durch Hinzufügen und Löschen von Mitgliedern verändern. Eine Einzelperson kann dabei auch Mitglied in mehr als einer Gruppe sein.

Schnelltest: Adressbuch und Kontaktgruppen

1.	**Wie fügen Sie Ihrem Adressbuch einen neuen Kontakt hinzu?**
A	Rufen Sie den Menübefehl EXTRAS/ADRESSBUCH auf. Klicken Sie auf *Neu*. Wählen Sie den Eintragstyp aus und geben Sie dann auf der Registerkarte *Name* die Details an, die Sie eingetragen haben möchten. Klicken Sie auf OK.
B	Rufen Sie den Menübefehl EXTRAS/ADRESSBUCH auf. Klicken Sie auf *Neu*. Wählen Sie den Eintragstyp aus und geben Sie dann auf der Registerkarte *Name* die Details an, die Sie eingetragen haben möchten.
C	Rufen Sie den Menübefehl EXTRAS/ADRESSBUCH auf. Klicken Sie auf *Neu*. Schreiben Sie in der Registerkarte *Allgemein* den Namen und die Details, die Sie eingetragen haben möchten. Klicken Sie auf OK.
D	Rufen Sie den Menübefehl EXTRAS/ADRESSBUCH auf. Klicken Sie auf *Neu*. Schreiben Sie in der Registerkarte *Allgemein* den Namen und die Details, die Sie eingetragen haben möchten.

2.	**Um eine neue Verteilerliste zu erstellen, wählen Sie ...**
A	EXTRAS/*Adressbuch* und dann im Dialogfeld *Adressbuch* DATEI/NEUER KONTAKT.
B	EXTRAS/*Adressbuch* und dann im Dialogfeld Adressbuch DATEI/NEUER ORDNER.
C	EXTRAS/*Adressbuch* und dann im Dialogfeld Adressbuch DATEI/NEUE GRUPPE.
D	EXTRAS/*Adressbuch* und im Dialogfeld Adressbuch DATEI/EIGENSCHAFTEN.

3.	**Wie löschen Sie eine Person aus einer Verteilerliste?**
A	Öffnen Sie das Adressbuch und wählen Sie die entsprechende Verteilerliste aus. Klicken Sie den Namen der Person an, die Sie löschen möchten, und dann auf *Person suchen*.
B	Öffnen Sie das Adressbuch und wählen Sie die entsprechende Verteilerliste aus. Klicken Sie den Namen der Person an, die Sie löschen möchten, und dann auf *Aktion*.
C	Öffnen Sie das Adressbuch und wählen Sie die entsprechende Verteilerliste aus. Klicken Sie den Namen der Person an, die Sie löschen möchten, und dann auf *Eigenschaften*.
D	Öffnen Sie das Adressbuch und wählen Sie die entsprechende Verteilerliste aus. Klicken Sie den Namen der Person an, die Sie löschen möchten, und dann auf *Löschen*.

4.	**Ein E-Mail-Alias ist eine verkürzte Form der E-Mail-Adresse einer Person.**
A	Richtig
B	Falsch

5.	**Den Befehl zum Sortieren finden Sie im Adressbuchfenster unter dem Menüpunkt** ANSICHT.
A	Richtig
B	Falsch

Anhang A: Antworten zu den Schnelltests

Modul 1

Streifzug durch die Geschichte der Informatik

Antworten Lektion 1.1

1 C; 2 A, B, C; 3 B; 4 B

Was genau ist ein Computer?

Antworten Lektion 1.2

1 C, D; 2 B, D; 3 B; 4 A; 5 C, D; 6 B

Hardware

Antworten Lektion 1.3

1 A; 2 A; 3 B; 4 B; 5 A

6 B: Ein Megabyte sind 1 Mio. Bytes
C: 1.000.000.000 Bytes sind ein GB

7 A,C,D,E; 8 Maus, Joystick, Trackball, Lichtgriffel, Touchscreen

9 Laserdrucker und Tintenstrahldrucker; 10 Zip-Diskette

11 Touchscreen, Modem

Software und Daten

Antworten Lektion 1.4

1 B; 2 A; 3 Freeware ist kostenlos; 4 C

5 Programme, die dazu erstellt werden, die normale Funktion eines Computers zu beeinträchtigen und auch Daten oder Datenträger zu zerstören.

6 Regelmäßiges Speichern, Verwendung von Passwortschutz, regelmäßiges Erstellen von Sicherungskopien, Verwendung von aktualisierter Anti-Virus-Software.

7 Die Mailingliste wurde für einen ganz bestimmten Grund zusammengestellt und darf daher nicht ohne das Wissen der Personen, die auf dieser Liste erscheinen, weitergegeben werden.

Netzwerke und das Internet

Antworten Lektion 1.5

1 Austausch von E-Mails, Austausch oder gemeinsamer Zugriff auf Dateien, gemeinsame Nutzung von Hardware

2 B; 3 C;

4 A: Falsch. Computer sind ein Teil des modernen Telefonsystems, so wie dessen Nutzer.'
B: Falsch. Modems werden dazu verwendet, damit ein Computer über eine Telefonleitung kommunizieren kann.

C: Falsch. Das Telefonnetz ist nicht ideal. Es hat zwar den Vorteil, dass es schon an Ort und Stelle ist, wurde aber für die Übertragung von sprachlicher Kommunikation konzipiert.
D: Falsch. E-Mail ist eine der häufigsten Nutzungen des Internets.

5 Ein großes Netzwerk von untereinander verbundenen Netzwerken. Nutzungsmöglichkeiten: z.B. Kommunikation über E-Mail, Informationsbeschaffung

6 Eine enorme Summe an Dokumenten, die über das Internet zugänglich ist. Diese Dokumente liegen in einem Format vor, sodass sie mit einer Browser-Software angezeigt werden können.

7 Ein Programm, das im WWW nach Dokumenten sucht, die den eingegebenen Suchkriterien entsprechen.

Computer in der Gesellschaft

Antworten Lektion 1.6

1 A: Das stimmt in den meisten Fällen
B: Das stimmt nicht, jedenfalls in den meisten Fällen. Wenn ein Computer jedoch ausfällt, fällt er komplett aus.
C: Stimmt nicht. Was der Computer produziert, sieht vielleicht aus wie ein Gedicht, hört sich vielleicht auch an wie ein Gedicht, aber ist es auch wirklich ein Gedicht?
D: Stimmt nicht. Solange es um komplexe Dinge geht, ist das Bewertungs- bzw. Beurteilungsvermögen des Menschen gefragt.

2 Zum Beispiel das Scannen. Es erleichtert die Lagerhaltung, ermöglicht eine nahezu fehlerfreie Abrechnung und erleichtert die Identifizierung von einzelnen Artikeln.
Warenkontrolle: Es kann sichergestellt werden, dass immer genügend Vorrat eines Artikels zur Verfügung steht, ohne dass der Vorrat eine bestimmte Quantität übersteigt. Es kann schnell festgestellt werden, welche Artikel nachbestellt werden müssen. Der Kunde bekommt so fast immer das gewünschte Produkt.
Büroverwaltung: Dienstplanerstellung, Lohnabrechnung, Rechnungswesen. Das Personal profitiert von einem reibungslosen Ablauf. Für den Kunden ist der Vorteil nicht direkt erkennbar, aber auch er profitiert von einer abgestimmten Organisation.

3 Der Begriff wird dazu verwendet, um eine Gesellschaft zu beschreiben, deren Werte eng mit Informationsprodukten und -Dienstleistungen zusammenhängen.

4 Diejenigen, die an der Produktion von Informationsgütern und Dienstleistungen beteiligt sind, und diejenigen, die sich den Konsum dieser Güter leisten können, profitieren von der Informationsgesellschaft. Probleme tauchen dann auf, wenn sind die Vorzüge nur in der Hand einer kleinen Gruppe konzentrieren oder ein Großteil der Bevölkerung vom Zugang zu diesen Produkten oder Dienstleistungen ausgeschlossen ist, weil ihm das notwendige Wissen fehlt.

5 Bitte diskutieren

6 Die Vermarktung und der Handel von Waren und Dienstleistungen über das Internet bzw. über andere elektronische Medien wird als E-Commerce bezeichnet.

7 Nicht verderbbare Waren und Information.

8 **Reisebüro**: Reisen können über E-Mail oder über eine Website gebucht werden. Reservierungen für Flüge, Hotel, Mietwagen etc. können über das Internet vorgenommen werden.
Plattenfirma: Verwendung des Webs, um bestimmte Künstler und ihre neuen Produktionen zu promoten. Es können Hörproben über MP3 angeboten werden.
Supermarkt: Ein Supermarkt kann Online-Shopping anbieten, d.h. Bestellung per Internet oder E-Mail, worauf die Waren ins Haus geliefert werden. Vernetzung von Wareneinkauf und Zulieferern, damit keine Engpässe im Produktangebot entstehen.
Restaurant: Werbung über das Internet, wobei Menüs und Speisekarte vorgestellt werden. Tischreservation online vornehmen, eventuell kann der Gast selbst einen Tisch auswählen. Kundenkontakt über E-Mail.
Friseur: Die Website kann dazu verwendet werden, neue Haarmode, Produkte und Sonderangebote anzubieten, dem Kunden Terminvereinbarungen mit »seinem« Friseur online zugänglich machen, zum Kunden durch E-Mail Kontakt zu halten.

9 Als Telearbeit bezeichnet man die Arbeit, die jemand außerhalb des Unternehmens vom PC aus erledigen kann, bzw. wenn er seine Arbeit per Computer an seine Firma übermittelt.

10 CBT steht für Computer Based Training und bedeutet computergestütztes Training. Es handelt sich hierbei also in der Regel um Lernprogramme.

Gesundheit und Sicherheit

Antworten Lektion 1.7

1 Keine der Antworten ist richtig.

2 A; 3 B;

4 RSI – durch regelmäßige Pausen und adäquate Arbeitsmöbel zu vermeiden.
Überanstrengung der Augen – den Blick regelmäßig vom Bildschirm abwenden.
Unfälle – sichere Verlegung von Kabeln und keine Überladung von elektrischen Steckverbindungen.

5 C

Modul 2

Einschalten, klicken, ausschalten

Antworten Lektion 2.1

1 B; 2 A; 3 D; 4 C; 5 B; 6 C: 7 C

Entdecken Sie Ihren Computer

Antworten Lektion 2.2

1 A; 2 D; 3 C; 4 B; 5 A
6 Miniaturansicht, Kacheln, Symbole, Liste, Details

Mit Ordnern und Dateien arbeiten

Antworten Lektion 2.3

1 A; 2 B; 3 C; 4 D; 5 A; 6 B

Windows beherrschen

Antworten Lektion 2.4

1 B; 2 C; 3 C; 4 A; 5 D

Modul 3

Ihr erster Brief mit Word

Antworten Lektion 3.1

1 C; 2 B; 3 C; 4 C

Formatieren, Positionieren und Kopieren von Text

Antworten Lektion 3.2

1 B; 2 A; 3 C; 4 B,C; 5 B; 6 B

Umfangreiche Dokumente, kleine Details

Antworten Lektion 3.3

1 C; 2 A; 3 B; 4 B; 5 A; 6 B
7 Bei der Einstellung *Erste Zeile* wird nur die jeweils erste Zeile eines Absatzes eingerückt. Bei der Einstellung *Hängend* bleibt die erste Zeile eines Absatzes unverändert, während die nachfolgenden Zeilen eingerückt werden.
8 Sie sollten die Seitenränder so einstellen, dass der Druckbereich außerhalb des Logobereichs liegt.

Tabellen, Tabstopps und Grafiken

Antworten Lektion 3.4

1 B; 2 A; 3 B; 4 C; 5 B; 6 C
7 Links, zentriert, rechts, dezimal, Leiste

Seriendruck und Dokumentvorlagen

Antworten Lektion 3.5

1 C; 2 A; 3 C; 4 A; 5 B; 6 B

Dateiformate und Tabellendaten importieren

Antworten Lektion 3.6

1 C; 2 A; 3 A; 4 C;
5 Sie gibt die Zugehörigkeit zu einem bestimmten Programm an.
6 Die Dateinamenerweiterung wird automatisch hinzugefügt.

Modul 4

Erste Schritte in Excel

Antworten Lektion 4.1

1 B; 2 B; 3 B; 4 A;
5 Text wird linksbündig, Zahlen rechtsbündig ausgerichtet.; 6 B

Arithmetik mit Excel

Antworten Lektion 4.2

1 A; 2 B; 3 D; 4 A; 5 B

Funktionen, Formatierung und Drucken

Antworten Lektion 4.3

1 B; 2 C; 3 D; 4 D; 5 B; 6 B

Zellen einfügen, sortieren und verschieben

Antworten Lektion 4.4

1 C; 2 B; 3 B; 4 D; 5 B

Mehr über Zahlen, Texte und Berechnungen

Antworten Lektion 4.5

1 B; 2 A; 3 B; 4 A; 5 D

Diagramme in Excel erzeugen

Antworten Lektion 4.6

1 B; 2 C; 3 B; 4 A; 5 B;
6 Im Balkendiagramm werden die Werte waagerecht, im Säulendiagramm senkrecht dargestellt.

Dateiformate und Datenimport

Antworten Lektion 4.7

1 D; 2 C; 3 D; 4 B; 5 B

Modul 5

Was ist eine Datenbank

Antworten Lektion 5.1

1 A; 2 B; 3 C; 4 Alle; 5 C

Erstellen Sie Ihre Access Datenbank

Antworten Lektion 5.2

1 B; 2 A; 3 C; 4 B; 5 A

Änderungen in einer Access-Datenbank vornehmen

Antworten Lektion 5.3

1 B; 2 B; 3 C; 4 Alle; 5 C

Die Datenbank Ihren Bedürfnissen anpassen

Antworten Lektion 5.4

1 A; 2 C; 3 B; 4 C; 5 A; 6 C

Mit Formularen arbeiten

Antworten Lektion 5.5

1 C; 2 C; 3 A; 4 A; 5 A; 6 B

Mit Berichten arbeiten

Antworten Lektion 5.6

1 B; 2 C; 3 C; 4 A; 5 C; 6 Alle

Modul 6

Grundlagen der Präsentation

Antworten Lektion 6.1

1 C; 2 B; 3 D; 4 A; 5 D

Mit Aufzählungszeichen arbeiten

Antworten Lektion 6.2

1 B; 2 A; 3 A; 4 B; 5 D

Ihre Präsentation formatieren

Antworten Lektion 6.3

1 B; 2 C; 3 A; 4 B; 5 A

Mit Grafiken und Bilder arbeiten

Antworten Lektion 6.4

1 B; 2 A; 3 D; 4 D; 5 A

Mit Tabellen und Diagrammen arbeiten

Antworten Lektion 6.5

1 C; 2 B; 3 D; 4 A; 5 C

Das Publikum begeistern

Antworten Lektion 6.6

1 B; 2 A; 3 D; 4 A; 5 A

Präsentationen und Dateiformate

Antworten Lektion 6.6

1 B; 2 C; 3 A; 4 C

Modul 7

Das Web erkunden

Antworten Lektion 7.1

1 C; 2 A; 3 D; 4 B; 5 C

Informationen innerhalb von Websites suchen

Antworten Lektion 7.2

1 D; 2 A; 3 D; 4 B; 5 B

Informationen innerhalb von Websites suchen

Antworten Lektion 7.3

1 A; 2 B; 3 A; 4 D; 5 C

Internet Explorer beherrschen

Antworten Lektion 7.4

1 A; 2 C; 3 D; 4 A; 5 B

E-Mail mit Outlook

Antworten Lektion 7.5

1 B; 2 B; 3 D; 4 D; 5 C

Weitere Information zu ausgehenden E-Mails

Antworten Lektion 7.6

1 A; 2 B; 3 A; 4 C; 5 D

Weitere Informationen zu eingehenden E-Mails

Antworten Lektion 7.7

1 D; 2 B; 3 C; 4 A; 5 A

Adressbuch und Kontaktgruppen

Antworten Lektion 7.8

1 A; 2 C; 3 D; 4 A; 5 B

Anhang B: Die CD zum Buch

Auf der CD finden Sie zahlreiche Materialen, die Sie als Schulungsteilnehmer oder Selbstlerner bei der Prüfungsvorbereitung unterstützen.

Aber auch speziell für Sie als Trainer und Seminarleiter haben wir Einiges zusammengestellt, was Ihre Unterrichtsvorbereitung erleichtert.

CD starten

Die Benutzung der CD ist sehr einfach. Legen Sie sie in Ihr CD-ROM-Laufwerk ein und wählen Sie Start/Arbeitsplatz. Klicken Sie im Arbeitsplatzfenster doppelt auf das Symbol Ihres CD-ROM-Laufwerks und wählen Sie unter den angezeigten Ordnern, welchen Sie benutzen möchten.

Prüfungsfragen und -antworten

Im gleichnamigen Ordner finden Sie zu jedem Modul 50 Fragen, die in etwa der Art der Fragestellung bei der ECDL-Prüfung entsprechen. Anhand der Antworten, jeweils in einer eigenen Datei abgespeichert, überprüfen Sie Ihren Lernerfolg.

Praktische Übungen

In diesem Ordner finden zu den Modulen 2 bis 7 jeweils drei umfangreiche praktische Übungen mit Aufgaben aus dem täglichen (Computer-)Leben. Die Aufgabenstellung umfasst die Arbeitsanweisung und ggf. das Material, in der Lösung sind alle notwendigen Schritte aufgeführt.

Folienpool

Mit diesem Folienpool erhalten Trainer und Seminarleiter PowerPoint-Folien zur Unterrichtsgestaltung, die Sie zur visuellen Unterstützung bestimmter Unterrichtsthemen einsetzen können. Sie ersparen sich das zeitaufwändige Erstellen von Inhalten und sind trotz allem frei, sie nach Ihren Vorstellungen oder den Anforderungen Ihrer Schüler zu modifizieren.

Datenmaterial zum Buch

Dieser Ordner enthält zum einen alle Übungen aus dem Buch in Form einer Word-Datei. Sie können sie für Ihre Anforderungen weiterbearbeiten und für Ihren Unterricht einsetzen.

Außerdem finden Sie alle Dateien, die in den Lektionen erstellt und bearbeitet werden, als Datei.

Zum Download

Stoffverteilungsplan

Ab ca. Januar 2003 steht unter *www.mut.de/books/3827264456* ein Stoffverteilungsplan zum Download zur Verfügung (kostenpflichtig, 1,50 €) Mit dem Stoffverteilungsplan erleichtern Sie sich die Unterrichtsplanung. Alle Lektionen sind tabellarisch aufgeschlüsselt und mit Zeitangaben versehen.

Index

A

G

H

I

O

P

T

U

V

W

Z